Langenscheidt

Pocket French Dictionary

French – English
English – French

edited by the
Langenscheidt editorial staff

Langenscheidt

New York · Berlin · Munich · Vienna · Zurich

Compiled by LEXUS with: / Réalisé par LEXUS :

Sandrine François • Jane Goldie
Claire Guerreau • Julie Le Boulanger
Peter Terrell

6. 7. 8.   2009 08 07

© 2005 Langenscheidt KG, Berlin and Munich
Printed in Germany

frétiller [fretije] ⟨1a⟩ wriggle

Informations sur les conjugaisons françaises

Information on French conjugations

gâteau [gɑto] *m* (*pl* -x) cake

gérant, ~e [ʒerɑ̃, -t] *m/f* manager

TROM
FR II H ×103

insulaire [ɛ̃syler] **1** *adj* island *att* **2** *m/f* islander

Informations grammaticales

Grammatical information

menacer ⟨1k⟩ threaten (*de* with; *de faire* to do)

portable [pɔrtabl] **1** *adj* portable **2** *m* *ordinateur* laptop; *téléphone* cell phone, cell, *Br* mobile

Articles divisés en catégories grammaticales

Entries divided into grammatical categories

acolyte [akɔlit] *m péj* crony

maint, ~e [mɛ̃, -t] *fml* many

minet, ~te [mine, -t] *m/f* F pussy (cat); *fig* darling, sweetie pie F

Indicateurs de registre de langue

Register labels

moustache [mustaʃ] *f* mustache, *Br* moustache

courgette [kurʒet] *f* BOT zucchini, *Br* courgette

Variantes britanniques

British variants

A B C D E F G H I J K L M N O P Q R S T U V W X Y Z

Preface

Here is a new dictionary of English and French, a tool with some 50,000 references for those who work with the English and French languages at beginner's or intermediate level.

Focusing on modern usage, the dictionary offers coverage of everyday language and this means including vocabulary from areas such as computer use and business. English means both American and British English.

The editors have provided a reference tool to enable the user to get straight to the translation that fits a particular context of use. Indicating words are given to identify senses. Is the *box* you use to store things in, for example, the same in French as the *box* you enter data in on a form? Is *flimsy* referring to furniture the same in French as *flimsy* referring to an excuse? This dictionary is rich in sense distinctions like this and in translation options tied to specific, identified senses.

Vocabulary needs grammar to back it up. So in this dictionary you'll find irregular verb forms, in both English and French, irregular English plural forms, guidance on French feminine endings and French plurals and on prepositional usage with verbs.

Since some vocabulary items are often only clearly understood when contextualized, a large number of idiomatic phrases are given to show how the two languages correspond in particular contexts.

All in all, this is a book full of information, which will, we hope, become a valuable part of your language toolkit.

Préface

Nous vous présentons un tout nouveau dictionnaire d'anglais et de français, proposant plus de 50 000 mots et expressions à l'attention de tous ceux qui utilisent les langues anglaise et française à un niveau débutant ou intermédiaire.

Axé sur l'usage moderne, ce dictionnaire est consacré à la langue de tous les jours et couvre ainsi de multiples domaines, parmi lesquels l'informatique ou encore le commerce. Ici, anglais signifie à la fois anglais américain et anglais britannique.

Les rédacteurs ont conçu un ouvrage de référence permettant à l'utilisateur de trouver directement la traduction adaptée à un contexte particulier. Des indicateurs contextuels et sémantiques permettent de distinguer les différents sens d'un mot. Par exemple, est-ce que l'*égalité* des hommes se traduit en anglais de la même façon que l'*égalité* dans un match de tennis ? Est-ce que l'on dit la même chose en anglais pour *plaquer* un meuble ou *plaquer* sa copine ? Le dictionnaire regorge de distinctions sémantiques de ce type et de choix de traductions liés à un sens spécifique et identifié.

Le vocabulaire ne se suffisant pas à lui-même pour communiquer dans une langue, il doit être complété par des connaissances grammaticales. C'est pourquoi vous trouverez dans ce dictionnaire des formes verbales irrégulières, aussi bien en anglais qu'en français, des pluriels irréguliers anglais ainsi que des indications sur les terminaisons des féminins et pluriels français et sur l'usage des prépositions avec les verbes.

Étant donné que certains mots de vocabulaire ne peuvent être vraiment compris qu'en contexte, le dictionnaire propose un grand nombre d'expressions idiomatiques pour montrer les correspondances entre les deux langues dans des contextes particuliers.

En résumé, voici un ouvrage rempli d'informations qui, nous espérons, vous sera d'une aide précieuse pour tous vos échanges en anglais.

Contents

Preface 3

Préface 4

How to use the dictionary 6

Comment utiliser le dictionnaire 13

Pronunciation / La prononciation 20

Abbreviations / Abréviations 21

French-English dictionary 23

English-French dictionary 329

Remarque sur le verbe anglais 689

French verb conjugations 694

Numbers / Les nombres 718

How to use the dictionary

To get the most out of your dictionary you should understand how and where to find the information you need. Whether you are yourself writing text in a foreign language or wanting to understand text that has been written in a foreign language, the following pages should help.

1. How and where do I find a word?

1.1 French and English headwords. The word list for each language is arranged in alphabetical order and also gives irregular forms of verbs and nouns in their correct alphabetical order.

Sometimes you might want to look up terms made up of two separate words, for example **shooting star**, or hyphenated words, for example **hands-on**. These words are treated as though they were a single word and their alphabetical ordering reflects this.

The only exception to this strict alphabetical ordering is made for English phrasal verbs - words like **go off**, **go out**, **go up**. These are positioned in a block directly after their main verb (in this case **go**), rather than being split up and placed apart.

French headwords belonging to a group of related words are run on in a block. All headwords are given in blue:

> **fumée** [fyme] *f* smoke; **fumer** ⟨1a⟩ smoke; *défense de* ~ no smoking; **fumeur, -euse** *m/f* smoker; **fumeux, -euse** *fig* hazy

1.2 French feminine headwords are shown as follows:

> **commentateur, -trice** *m/f* commentator
> **danseur, -euse** *m/f* dancer
> **débutant, ~e** [debytɑ̃, -t] *m/f* beginner
> **délégué, ~e** *m/f* delegate
> **dentiste** *m/f* dentist
> **échotier, -ère** [ekɔtje, -ɛr] *m/f* gossip columnist

When a French headword has a feminine form which translates differently from the masculine form, the feminine is entered as a separate headword in alphabetical order:

dépanneur *m* repairman; *pour voitures* mechanic; **dépanneuse** *f* wrecker, *Br* tow truck

1.3 Running heads

If you are looking for a French or English word you can use the **running heads** printed in bold in the top corner of each page. The running head on the left tells you the *first* headword on the left-hand page and the one on the right tells you the *last* headword on the right-hand page.

1.4 How is the word spelt?

You can look up the spelling of a word in your dictionary in the same way as you would in a spelling dictionary. British spelling variants are marked *Br*.

2. How do I split a word?

French speakers find English hyphenation very difficult. All you have to do with this dictionary is look for the bold dots between syllables. These dots show you where you can split a word at the end of a line. But you should avoid having just one letter before or after the hyphen as in **a·mend** or **thirst·y**. In such cases it is better to take the entire word over to the next line.

2.1 When an English or a French word is written with a hyphen, then this dictionary makes a distinction between a hyphen which is given just because the dictionary line ends at that point and a hyphen which is actually part of the word. If the hyphen is a real hyphen then it is repeated at the start of the following line. So, for example:

> **radio** [radjo] *f* radio; (*radiographie*) X-
> -ray; ~ **privée** commercial radio; **pas-**
> **ser une** ~ have an X-ray

Here the hyphen in *X-ray* is a real hyphen; the hyphen in *passer* is not.

3. Swung dashes

3.1 A swung dash (~) replaces the entire headword, when the headword is repeated within an entry:

face [feɪs] **1** *n* visage *m*, figure *f*; *of mountain* face *f*; **~ to ~** en personne; **lose ~** perdre la face

Here **~ to ~** means **face to face**.

pont [põ] *m* bridge; MAR deck; **~ aérien** airlift; **faire le ~** make a long weekend of it

Here **faire le ~** means **faire le pont**.

3.2 When a headword changes form in an entry, for example if it is put in the past tense or in the plural, then the past tense or plural ending is added to the swung dash – but only if the rest of the word doesn't change:

flame [fleɪm] *n* flamme *f*; **go up in ~s** être détruit par le feu

compliment [kõplimã] *m* compliment; **mes ~s** congratulations

But:

sur·vive [sərˈvaɪv] **1** *v/i* survivre; **how are you? – I'm surviving** comment ça va? – pas trop mal

affirmatif, -ive [afirmatif, -iv] ... **répondre par l'affirmative** answer in the affirmative

3.3 Double headwords are replaced by a single swung dash:

'cash flow COM trésorerie *f*; **I've got ~ problems** j'ai des problèmes d'argent

'one-track mind *hum*: **have a ~** ne penser qu'à ça

4. What do the different typefaces mean?

4.1 All French and English headwords and the Arabic numerals differentiating between parts of speech appear in **bold**:

'outline 1 *n* silhouette *f*, *of plan, novel* esquisse *f* **2** *v/t plans etc* ébaucher

antagoniste 1 *adj* antagonistic **2** *m/f* antagonist

4.2 *Italics* are used for :

a) abbreviated grammatical labels: *adj, adv, v/i, v/t* etc
b) gender labels: *m, f, mpl* etc
c) all the indicating words which are the signposts pointing to the correct translation for your needs. Here are some examples of indicating words in italics:

squeak [skwiːk] **1** *n of mouse* couinement *m*; *of hinge* grincement *m*

♦ **work out 1** *v/t solution,* *(find out)* trouver; *problem* résoudre **2** *v/i at gym* s'entraîner; *of relationship, arrangement etc* bien marcher

spirituel, *~***le** spiritual; *(amusant)* witty

agrafe [agraf] *f d'un vêtement* fastener, hook; *de bureau* staple

réussir ⟨2a⟩ **1** *v/i d'une personne* succeed; *~ à faire qch* manage to do sth, succeed in doing sth **2** *v/t vie, projet* make a success of; *examen* be successful in

Note: subjects of verbs are given with *of* or *d'un, d'une* etc.

4.3   All phrases (examples and idioms) are given in ***bold italics***:

shave [ʃeɪv] **1** *v/t* raser **2** *v/i* se raser **3** *n*: ***have a ~*** se raser; ***that was a close ~*** on l'a échappé belle

porte [pɔrt] *f* door; *d'une ville* gate; ***entre deux ~s*** very briefly; ***mettre qn à la ~*** throw s.o. out, show s.o. the door

4.4   The normal typeface is used for the translations.

4.5   If a translation is given in italics, and not in the normal typeface, this means that the translation is more of an *explanation* in the other language and that an explanation has to be given because there just is no real equivalent:

con'trol freak F *personne qui veut tout contrôler*

andouille [ɑ̃duj] *f* CUIS *type of sausage*

5. Stress

To indicate where to put the **stress** in English words, the stress marker ' appears before the syllable on which the main stress falls:

rec·ord[1] ['rekərd] *n* MUS disque *m*; SP *etc* record *m*

rec·ord[2] [rɪ'kɔrd] *v/t electronically* enregistrer; *in writing* consigner

Stress is shown either in the pronunciation or, if there is no pronunciation given, in the actual headword or compound itself:

'rec·ord hold·er recordman *m*, recordwoman *f*

6. What do the various symbols and abbreviations tell you?

6.1   A solid blue diamond is used to indicate a phrasal verb:

♦ **crack down on** *v/t* sévir contre

6.2 A white diamond is used to divide up longer entries into more easily digested chunks of related bits of text:

> **on** [ō] (*après* **que, et, où, qui, si** *souvent* **l'on**) *pron personnel* ◊ (*nous*) we;
> **~ y a été hier** we went there yesterday; **~ est en retard** we're late
> ◊ (*tu, vous*) you; **alors, ~ s'amuse bien?** having fun?
> ◊ (*quelqu'un*) someone; **~ m'a dit que** I was told that …; **a volé mon passeport** somebody has stolen my passport, my passport has been stolen
> ◊ (*eux, les gens*) they, people; **que pensera-t-~ d'un tel comportement?** what will they *ou* people think of such behavior?
> ◊ *autorités* they; **~ va démolir …** they are going to demolish …
> ◊ *indéterminé* you; **~ ne sait jamais** you never know, one never knows *fml*

6.3 The abbreviation F tells you that the word or phrase is used colloquially rather than in formal contexts. The abbreviation V warns you that a word or phrase is vulgar or taboo. Words or phrases labeled P are slang. Be careful how you use these words.

These abbreviations, F, V and P are used both for headwords and phrases (placed after) and for the translations of headwords/phrases (placed after). If there is no such label given, then the word or phrase is neutral.

6.4 A colon before an English or French word or phrase means that usage is restricted to this specific example (at least as far as this dictionary's translation is concerned):

> **catch-22** [kætʃtwentɪˈtuː]: **it's a ~ situation** c'est un cercle vicieux
> **opiner** [ɔpine] ⟨1a⟩: **~ de la tête** *ou* **du bonnet** nod in agreement

7. Does the dictionary deal with grammar too?

7.1 All English headwords are given a part of speech label:

> **tooth·less** [ˈtuːθlɪs] *adj* édenté
> **top·ple** [ˈtɑːpl] **1** *v/i* s'écrouler **2** *v/t government* renverser

But if a headword can only be used as a noun (in ordinary English) then no part of speech is given, since none is needed:

> **'tooth·paste** dentifrice *m*

7.2 French gender markers are given:

oursin [ursɛ̃] *m* ZO sea urchin
partenaire [partənɛr] *m/f* partner

If a French word can be used both as a noun and as an adjective, then this is shown:

patient, ~e *m/f & adj* patient

No part of speech is shown for French words which are only adjectives or only transitive verbs or only intransitive verbs, since no confusion is possible. But where confusion might exist, grammatical information is added:

patriote [patrijɔt] **1** *adj* patriotic **2** *m/f* patriot
verbaliser ⟨1a⟩ **1** *v/i* JUR bring a charge **2** *v/t* (*exprimer*) verbalize

7.3   If an English translation of a French adjective can only be used in front of a noun, and not after it, this is marked with *atr*:

villageois, ~e 1 *adj* village *atr* **2** *m/f* villager
vinicole [vinikɔl] wine *atr*

7.4   If the French, unlike the English, doesn't change form if used in the plural, this is marked with *inv*:

volte-face [vɔltəfas] *f* (*pl inv*) about-turn (*aussi fig*)
appuie-tête *m* (*pl inv*) headrest

7.5   If the English, in spite of appearances, is not a plural form, this is marked with *nsg*:

bil·liards ['bɪljərdz] *nsg* billard *m*
mea·sles ['miːzlz] *nsg* rougeole *f*

English translations are given a *pl* or *sg* label (for plural or singular) in cases where this does not match the French:

bagages [bagaʒ] *mpl* baggage *sg*
balance [balɑ̃s] *f* scales *pl*

7.6   Irregular English plurals are identified and French plural forms are given in cases where there might well be uncertainty:

the·sis ['θiːsɪs] (*pl* **theses** ['θiːsiːz]) thèse *f*
thief [θiːf] (*pl* **thieves** [θiːvz]) voleur(-euse) *m(f)*
trout [traʊt] (*pl* **trout**) truite *f*
fédéral, ~e [federal] (*mpl* -aux) federal

festival [festival] *m* (*pl* -s) festival

pneu [pnø] *m* (*pl* -s) tire, *Br* tyre

7.7 Words like **physics** or **media studies** have not been given a label to say if they are singular or plural for the simple reason that they can be either, depending on how they are used.

7.8 Irregular and semi-irregular verb forms are identified:

sim·pli·fy ['sɪmplɪfaɪ] *v/t* (*pret & pp* **-ied**) simplifier

sing [sɪŋ] *v/t & v/i* (*pret* **sang**, *pp* **sung**) chanter

la·bel ['leɪbl] **1** *n* étiquette *f* **2** *v/t* (*pret & pp* **-ed**, *Br* **-led**) *also fig* étiqueter

7.9 Cross-references are given to the tables of French conjugations on page 694:

balbutier [balbysje] ⟨1a⟩ stammer, stutter

abréger ⟨1g⟩ abridge

7.10 Grammatical information is provided on the prepositions you'll need in order to create complete sentences:

un·hap·py [ʌn'hæpɪ] *adj* malheureux*; *customers etc* mécontent (**with** de)

un·re·lat·ed [ʌnrɪ'leɪtɪd] *adj* sans relation (**to** avec)

accoucher ⟨1a⟩ give birth (**de** to)

accro [akro] F addicted (**à** to)

7.11 In the English-French half of the dictionary an asterisk is given after adjectives which do not form their feminine form just by adding an **-e**. The feminine form of these adjectives can be found in the French-English half of the dictionary:

un·true [ʌn'truː] *adj* faux*

faux, fausse [fo, fos] **1** *adj* false ...

Comment utiliser le dictionnaire

Pour exploiter au mieux votre dictionnaire, vous devez comprendre comment et où trouver les informations dont vous avez besoin. Que vous vouliez écrire un texte en langue étrangère ou comprendre un texte qui a été écrit en langue étrangère, les pages suivantes devraient vous aider.

1. Comment et où trouver un terme ?

1.1 Entrées françaises et anglaises. Pour chaque langue, la nomenclature est classée par ordre alphabétique et présente également les formes irrégulières des verbes et des noms dans le bon ordre alphabétique.

Vous pouvez parfois avoir besoin de rechercher des termes composés de deux mots séparés, comme **shooting star**, ou reliés par un trait d'union, comme **hands-on**. Ces termes sont traités comme un mot à part entière et apparaissent à leur place dans l'ordre alphabétique.

Il n'existe qu'une seule exception à ce classement alphabétique rigoureux : les verbes composés anglais, tels que **go off**, **go out** et **go up**, sont rassemblés dans un bloc juste après le verbe (ici **go**), au lieu d'apparaître séparément.

Les entrées françaises appartenant à un groupe de mots apparentés sont présentées dans un même bloc et apparaissent toutes en bleu.

> **fumée** [fyme] *f* smoke; **fumer** (1a) smoke; *défense de ~* no smoking; **fumeur, -euse** *m/f* smoker; **fumeux, -euse** *fig* hazy

1.2 Les formes féminines des entrées françaises sont présentées de la façon suivante :

> **commentateur, -trice** *m/f* commentator
> **danseur, -euse** *m/f* dancer
> **débutant, ~e** [debytã, -t] *m/f* beginner
> **délégué, ~e** *m/f* delegate
> **dentiste** *m/f* dentist
> **échotier, -ère** [ekɔtje, -ɛr] *m/f* gossip columnist

Lorsque la forme féminine d'une entrée française ne correspond pas à la même traduction que le masculin, elle est traitée comme une entrée à part entière et classée par ordre alphabétique.

> **dépanneur** *m* repairman; *pour voitures* mechanic; **dépanneuse** *f* wrecker, *Br* tow truck

1.3 Titres courants

Pour rechercher un terme anglais ou français, vous pouvez utiliser les **titres courants** qui apparaissent en gras dans le coin supérieur de chaque page. Le titre courant à gauche indique la *première* entrée de la page de gauche tandis que celui qui se trouve à droite indique la *dernière* entrée de la page de droite.

1.4 Orthographe des mots

Vous pouvez utiliser votre dictionnaire pour vérifier l'orthographe d'un mot exactement comme dans un dictionnaire d'orthographe. Les variantes orthographiques britanniques sont signalées par l'indication *Br*.

2. Comment couper un mot ?

Les francophones trouvent généralement que les règles de coupure des mots en anglais sont très compliquées. Avec ce dictionnaire, il vous suffit de repérer les ronds qui apparaissent entre les syllabes. Ces ronds vous indiquent où vous pouvez couper un mot en fin de ligne, mais évitez de ne laisser qu'une seule lettre avant ou après le tiret, comme dans **a•mend** ou **thirst•y**. Dans ce cas, il vaut mieux faire passer tout le mot à la ligne suivante.

2.1 Lorsqu'un terme anglais ou français est écrit avec le signe « - », ce dictionnaire indique s'il s'agit d'un tiret servant à couper le mot en fin de ligne ou d'un trait d'union qui fait partie du mot. S'il s'agit d'un trait d'union, il est répété au début de la ligne suivante. Par exemple :

> **radio** [radjo] *f* radio; (*radiographie*) X--ray; ~ *privée* commercial radio; **passer une** ~ have an X-ray

Dans ce cas, le tiret de *X-ray* est un trait d'union, mais pas celui de *passer*.

3. Signe ~ (ou tilde)

3.1 L'entrée est remplacée par un tilde (~) lorsqu'elle est répétée dans le corps de l'article :

> **face** [feɪs] **1** *n* visage *m*, figure *f*; *of mountain* face *f*; *~* **to** *~* en personne; **lose** *~* perdre la face

Ici, *~* **to** *~* signifie *face to face*.

> **pont** [põ] *m* bridge; *mar deck*; *~* **aérien** airlift; **faire le** *~* make a long weekend of it

Ici, **faire le** *~* signifie *faire le pont*.

3.2 Lorsqu'une entrée change de forme au sein d'un article, par exemple si elle est conjuguée au passé ou mise au pluriel, la terminaison du passé ou du pluriel est ajoutée au tilde, à condition que le reste du mot reste identique :

> **flame** [fleɪm] *n* flamme *f*; **go up in** *~***s** être détruit par le feu
> **compliment** [kõplimã] *m* compliment; **mes** *~***s** congratulations

Mais :

> **sur·vive** [sər'vaɪv] **1** *v/i* survivre; **how are you? – I'm surviving** comment ça va? – pas trop mal
> **affirmatif, -ive** [afirmatif, -iv] … **répondre par l'affirmative** answer in the affirmative

3.3 Les entrées doubles sont remplacées par un seul tilde :

> **'cash flow** COM trésorerie *f*; **I've got** *~* **problems** j'ai des problèmes d'argent
> **'one-track mind** *hum*: **have a** *~* ne penser qu'à ça

4. Que signifient les différents styles typographiques ?

4.1 Les entrées françaises et anglaises ainsi que les numéros signalant les différentes catégories grammaticales apparaissent tous en **gras** :

> **'out·line 1** *n* silhouette *f*; *of plan, novel* esquisse *f* **2** *v/t plans etc* ébaucher
> **antagoniste 1** *adj* antagonistic **2** *m/f* antagonist

4.2 L'*italique* est utilisé pour :

a) les indicateurs grammaticaux abrégés : *adj, adv, v/i, v/t, etc.*

b) les indicateurs de genre : *m, f, mpl, etc.*

c) tous les indicateurs contextuels et sémantiques qui vous permettent de déterminer quelle traduction choisir. Voici quelques exemples d'indicateurs en italique :

squeak [skwi:k] **1** *n of mouse* couinement *m*; *of hinge* grincement *m*
♦ **work out 1** *v/t solution*, *(find out)* trouver; *problem* résoudre **2** *v/i at gym* s'entraîner; *of relationship, arrangement etc* bien marcher
spirituel, **⁓le** spiritual; *(amusant)* witty
agrafe [agraf] *f d'un vêtement* fastener, hook; *de bureau* staple
réussir (2a) **1** *v/i d'une personne* succeed; **⁓ à faire qch** manage to do sth, succeed in doing sth **2** *v/t vie, projet* make a success of; *examen* be successful in

Remarque : les sujets de verbes sont précédés de *of* ou *d'un, d'une,* etc.

4.3 Toutes les locutions (exemples et expressions) apparaissent en ***gras et italique*** :

shave [ʃeiv] **1** *v/t* raser **2** *v/i* se raser **3** *n:* ***have a ⁓*** se raser; ***that was a close ⁓*** on l'a échappé belle
porte [pɔrt] *f* door; *d'une ville* gate; ***entre deux⁓s*** very briefly; ***mettre qn à la ⁓*** throw s.o. out, show s.o. the door

4.4 Le style normal est utilisé pour les traductions.

4.5 Si une traduction apparaît en italique et non en style normal, ceci signifie qu'il s'agit plus d'une *explication* dans la langue d'arrivée que d'une traduction à proprement parler et qu'il n'existe pas vraiment d'équivalent.

con'trol freak F *personne qui veut tout contrôler*
andouille [ɑ̃duj] *f* CUIS *type of sausage*

5. Accent

Pour indiquer où mettre l'**accent** dans les mots anglais, l'indicateur d'accent « **'** » est placé devant la syllabe sur laquelle tombe l'accent tonique.

rec·ord[1] ['rekərd] *n* MUS disque *m*; SP *etc* record *m*
rec·ord[2] [ri'kɔːrd] *v/t electronically* enregistrer; *in writing* consigner

L'accent apparaît dans la prononciation ou, s'il n'y a pas de prononciation, dans l'entrée ou le mot composé.

'rec·ord hold·er recordman *m*, recordwoman *f*

6. Que signifient les différents symboles et abréviations ?

6.1 Un losange plein bleu indique un verbe composé :

♦ **crack down on** *v/t* sévir contre

6.2 Un losange blanc sert à diviser des entrées particulièrement longues en plusieurs blocs plus accessibles afin de regrouper des informations apparentées.

on [õ] (*après **que, et, où, qui, si*** *souvent* l'**on**) *pron personnel* ◊ (*nous*) we;
~ **y a été hier** we went there yesterday; ~ **est en retard** we're late
◊ (*tu, vous*) you; **alors,** ~ **s'amuse bien?** having fun?
◊ (*quelqu'un*) someone; ~ **m'a dit que ...** I was told that ...; ~ **a volé mon passeport** somebody has stolen my passport, my passport has been stolen

6.3 L'abréviation F indique que le mot ou la locution s'emploie dans un registre familier plutôt que dans un contexte solennel. L'abréviation V signale qu'un mot ou une locution est vulgaire ou injurieux. L'abréviation P désigne des mots ou locutions argotiques. Employez ces mots avec prudence.

Ces abréviations, F, V et P, sont utilisées pour les entrées et les locutions ainsi que pour les traductions des entrées/locutions, et sont toujours placées après les termes qu'elles qualifient. S'il n'y a aucune indication, le mot ou la locution est neutre.

6.4 Un signe « : » (deux-points) précédant un mot ou une locution signifie que l'usage est limité à cet exemple précis (au moins pour les besoins de ce dictionnaire) :

catch-22 [kætʃtwentɪ'tuː]: **it's a** ~ **situation** c'est un cercle vicieux
opiner [ɔpine] (1a): ~ **de la tête** *ou* **du bonnet** nod in agreement

7. Est-ce que le dictionnaire traite aussi de la grammaire ?

7.1 Les entrées anglaises sont, en règle générale, assorties d'un indicateur grammatical :

tooth·less ['tuːθlɪs] *adj* édenté
top·ple ['tɑːpl] **1** *v/i* s'écrouler **2** *v/t government* renverser

18

Par contre, si une entrée peut uniquement être utilisée en tant que nom (en anglais courant), l'indicateur grammatical est omis, car inutile :

'tooth·paste dentifrice *m*

7.2　Le genre des entrées françaises est indiqué :

oursin [ursɛ̃] *m* ZO sea urchin
partenaire [partənɛr] *m/f* partner

Le dictionnaire précise également si un mot français peut être utilisé à la fois en tant que nom et en tant qu'adjectif :

patient, **∼e** *m/f* & *adj* patient

La catégorie grammaticale est omise pour les mots français qui ne peuvent être utilisés qu'en tant qu'adjectifs, verbes transitifs ou verbes intransitifs, étant donné qu'il n'y a pas de confusion possible. Par contre, lorsqu'il y a un risque de confusion, la catégorie grammaticale est précisée :

patriote [patrijɔt] **1** *adj* patriotic **2** *m/f* patriot
verbaliser (1a) **1** *v/i* JUR bring a charge **2** *v/t* (*exprimer*) verbalize

7.3　Si la traduction anglaise d'un adjectif français ne peut être placée que devant un nom, et pas après, la traduction est suivie de l'indication *atr* :

villageois, **∼e 1** *adj* village *atr* **1** *m/f* villager
vinicole [vinikɔl] wine *atr*

7.4　*inv* indique que le terme français, contrairement à l'anglais, ne s'accorde pas au pluriel :

volte-face [vɔltəfas] *f* (*pl inv*) about-turn (*aussi fig*)
appuie-tête *m* (*pl inv*) headrest

7.5　*nsg* indique que l'anglais, en dépit des apparences, n'est pas au pluriel :

bil·liards [ˈbɪljərdz] *nsg* billard *m*
mea·sles [ˈmiːzlz] *nsg* rougeole *f*

Les traductions anglaises sont assorties d'un indicateur *pl* ou *sg* (pluriel ou singulier) en cas de différence avec le français :

bagages [bagaʒ] *mpl* baggage *sg*

balance [balɑ̃s] *f* scales *pl*

7.6 Les pluriels irréguliers sont indiqués pour les entrées anglaises. Du côté français, le pluriel est donné à chaque fois qu'il peut y avoir un doute.

the·sis ['θiːsɪs] (*pl* **theses** ['θiːsiːz]) thèse *f*
thief [θiːf] (*pl* **thieves** [θiːvz]) voleur(-euse) *m(f)*
trout [traʊt] (*pl* **trout**) truite *f*
fédéral, **~e** [federal] (*mpl* -aux) federal
festival [fɛstival] *m* (*pl* -s) festival
pneu [pnø] *m* (*pl* -s) tire, *Br* tyre

7.7 Pour certains termes, tels que **physics** ou **media studies**, aucune indication ne précise s'ils sont singuliers ou pluriels, pour la simple et bonne raison qu'ils peuvent être les deux, selon leur emploi.

7.8 Les formes verbales qui ne suivent pas les modèles réguliers apparaissent après le verbe :

sim·pli·fy ['sɪmplɪfaɪ] *v/t* (*pret & pp* **-ied**) simplifier
sing [sɪŋ] *v/t & v/i* (*pret* **sang**, *pp* **sung**) chanter
la·bel ['leɪbl] **1** *n* étiquette *f* **2** *v/t* (*pret & pp* **-ed**, *Br* **-led**) *also fig* étiqueter

7.9 Pour les verbes français, des renvois vous permettent de vous reporter au tableau de conjugaison correspondant (page 694) :

balbutier [balbysje] ⟨1a⟩ stammer, stutter
abréger ⟨1g⟩ abridge

7.10 Les prépositions dont vous aurez besoin pour construire une phrase sont également indiquées :

un·hap·py [ʌnˈhæpɪ] *adj* malheureux*; *customers etc* mécontent (**with** de)
un·re·lat·ed [ʌnrɪˈleɪtɪd] *adj* sans relation (**to** avec)
accoucher ⟨1a⟩ give birth (**de** to)
accro [akro] F addicted (**à** to)

7.11 Dans la partie anglais-français du dictionnaire, un astérisque signale les adjectifs qui ne forment pas leur féminin en ajoutant simplement un **-e** au masculin. Vous trouverez le féminin de ces adjectifs dans la partie français-anglais du dictionnaire.

un·true [ʌnˈtruː] *adj* faux*
faux, **fausse** [fo, fos] **1** *adj* false ...

Pronunciation / La Prononciation

Equivalent sounds, especially for vowels and diphthongs can only be approximations. *Les équivalences, surtout pour les voyelles et les diphtongues, ne peuvent être qu'approximatives.*

1. Consonants / Les consonnes

*b*ouche	[b]	*b*ag	*r*eine	[r]	right (*la	
*d*ans	[d]	*d*ear			*langue	
*f*oule	[f]	*f*all			*vers le	
*g*ai	[g]	*g*ive			*haut*)	
et *h*op	[h]	*h*ole		(*r* from		
ra*d*io	[j]	*y*es			throat)	
*qu*i	[k]	*c*ome	*s*auf	[s]	*s*un	
*l*a	[l]	*l*and	*t*able	[t]	*t*ake	
*m*on	[m]	*m*ean	*v*ain	[v]	*v*ain	
*n*uit	[n]	*n*ight	*ou*i	[w]	*w*ait	
*p*ot	[p]	*p*ot	*r*ose	[z]	*r*ose	
			feeling	[ŋ]	bri*ng*	
			agneau	[ɲ]	o*ni*on	

*ch*at	[ʃ]	*sh*e	
cha-cha-cha	[ʧ]	*ch*air	
a*dj*uger	[dʒ]	*j*oin	
*j*uge	[ʒ]	lei*s*ure	
langue entre les dents	[θ]	*th*ink	
langue derrière les dents	[ð]	*th*e	
du haut			
h*ui*t	[ɥ]	roughly sweet	

2. Les voyelles anglaises

*â*me	[ɑː]	f*ar*	*i très court*	[ɪ]	st*i*ck	*entre à et eux*	[ʌ]	m*o*ther	
s*a*lle	[æ]	m*a*n	*si*	[iː]	n*ee*d	*bouquin (très court)*	[ʊ]	b*oo*k	
s*e*c	[e]	g*e*t	ph*a*se	[ɒː]	in-l*aw*s	*sous*	[uː]	h*oo*t	
l*e*	[ə]	utt*er*	ess*or*	[ɔː]	m*ore*				
b*eurre*	[ɜː]	*a*bsurd							

3. Les diphtongues anglaises

aïe	[aɪ]	t*i*me	*cow-boy*	[ɔɪ]	p*oi*nt	
ciao	[aʊ]	cl*ou*d	*eau suivi d'un u court*	[oʊ]	s*o*	
nez suivi d'un y court	[eɪ]	n*a*me				

4. French vowels and nasals

*a*bats	[a]	f*a*t	*po*che	[ɔ]	h*o*t (*British accent*)	
*â*me	[ɑ]	M*ars*	*leur*	[œ]	f*ur*	
les	[e]	p*ay* (*no y sound*)	*meute, nœud*	[ø]	l*ear*n (*no r sound*)	
père, sec	[ɛ]	b*e*d	*souci*	[u]	t*oo*l	
le, dehors	[ə]	lett*er*	*tu, eu*	[y]	*mouth ready to say oo, then say ee*	
ici, style	[i]	p*ee*l				
beau, au	[o]	b*o*ne				

*d*a*ns, entrer*	[ɑ̃]	roughly as in s*o*ng (*no ng*)
vin, bien	[ɛ̃]	roughly as in v*a*n (*no n*)
ton, pompe	[õ]	roughly as in s*o*ng (*no ng but with mouth more rounded*)
un, aucun (*also pronounced as* ɛ̃)	[œ̃]	roughly as in h*uh*

5. ['] means that the following syllable is stressed: *ability* [ə'bɪlətɪ]

Some French words starting with h have ' before the h. This ' is not part of the French word. It shows i) that a preceding vowel does not become an apostrophe and ii) that no elision takes place. (This is called an aspirated h).

'hanche: la hanche, les hanches [leɑ̃ʃ] *but* **habit: l'habit, les habits** [lezabi]

Abbreviations / Abréviations

and	&	et
see	→	voir
registered trademark	®	marque déposée
abbreviation	*abbr*	abréviation
abbreviation	*abr*	abréviation
adjective	*adj*	adjectif
adverb	*adv*	adverbe
agriculture	AGR	agriculture
anatomy	ANAT	anatomie
architecture	ARCH	architecture
article	*art*	article
astronomy	ASTR	astronomie
astrology	ASTROL	astrologie
attributive	*atr*	devant le nom
motoring	AUTO	automobiles
aviation	AVIAT	aviation
biology	BIOL	biologie
botany	BOT	botanique
British English	*Br*	anglais britannique
chemistry	CHIM	chimie
commerce, business	COMM	commerce
computers, IT term	COMPUT	informatique
conjunction	*conj*	conjonction
cooking	CUIS	cuisine
economics	ÉCON	économie
education	EDU	éducation
education	ÉDU	éducation
electricity	ÉL	électricité
electricity	ELEC	électricité
especially	*esp*	surtout
euphemism	*euph*	euphémisme
familiar, colloquial	F	familier
feminine	*f*	féminin
figurative	*fig*	figuré
finance	FIN	finance
formal	*fml*	langage formel
feminine plural	*fpl*	féminin pluriel
geography	GEOG	géographie
geography	GÉOGR	géographie
geology	GÉOL	géologie
geometry	GÉOM	géométrie
grammar	GRAM	grammaire
historical	HIST	historique
humorous	*hum*	humoristique
IT term	INFORM	informatique
interjection	*int*	interjection
invariable	*inv*	invariable
ironic	*iron*	ironique
law	JUR	juridique
law	LAW	juridique
linguistics	LING	linguistique

literary	*litt*	littéraire
masculine	*m*	masculin
nautical	MAR	marine
mathematics	MATH	mathématiques
medicine	MED	médecine
medicine	MÉD	médecine
masculine and feminine	*m/f*	masculin et féminin
military	MIL	militaire
motoring	MOT	automobiles
masculine plural	*mpl*	masculin pluriel
music	MUS	musique
noun	*n*	nom
nautical	NAUT	marine
plural noun	*npl*	nom pluriel
singular noun	*nsg*	nom singulier
oneself	o.s.	se, soi
popular, slang	P	populaire
pejorative	*pej*	péjoratif
pejorative	*péj*	péjoratif
pharmacy	PHARM	pharmacie
photography	PHOT	photographie
physics	PHYS	physique
plural	*pl*	pluriel
politics	POL	politique
past participle	*pp, p/p*	participe passé
preposition	*prep*	préposition
preposition	*prép*	préposition
preterite	*pret*	prétérit
pronoun	*pron*	pronom
psychology	PSYCH	psychologie
something	*qch*	quelque chose
someone	*qn*	quelqu'un
radio	RAD	radio
railroad	RAIL	chemin de fer
religion	REL	religion
singular	*sg*	singulier
someone	s.o.	quelqu'un
sports	SP	sport
something	*sth*	quelque chose
subjunctive	*subj*	subjonctif
noun	*subst*	substantif
theater	THEA	théâtre
theater	THÉÂT	théâtre
technology	TECH	technique
telecommunications	TÉL	télécommunications
telecommunications	TELEC	télécommunications
typography, typesetting	TYP	typographie
television	TV	télévision
vulgar	V	vulgaire
auxiliary verb	*v/aux*	verbe auxiliaire
intransitive verb	*v/i*	verbe intransitif
transitive verb	*v/t*	verbe transitif
zoology	ZO	zoologie

A

à [a] *prép* ◊ *lieu* in; **~ la campagne** in the country; **~ Chypre / Haïti** in *ou* on Cyprus / Haiti; **aux Pays-Bas** in the Netherlands; **au bout de la rue** at the end of the street; **~ 2 heures d'ici** 2 hours from here
◊ *direction* to; **~ l'étranger** to the country; **aux Pays-Bas** to the Netherlands
◊ *temps*: **~ cinq heures** at five o'clock; **~ Noël** at Christmas; **~ tout moment** at any moment; **~ demain** until tomorrow
◊ *but*: **tasse f ~ café** coffee cup; **machine f ~ laver** washing machine
◊ *fonctionnement*: **un moteur ~ gazoil** a diesel engine; **une lampe ~ huile** an oil lamp
◊ *appartenance*: **c'est ~ moi** it's mine, it belongs to me; **c'est ~ qui?** whose is this?, who does this belong to?; **un ami ~ moi** a friend of mine
◊ *caractéristiques*: with; **aux cheveux blonds** with blonde hair
◊ : **~ toi de décider** it's up to you; **ce n'est pas ~ moi de ...** it's not up to me to ...
◊ *mode*: **~ pied** on foot, by foot; **~ la russe** Russian-style; **~ quatre mains** MUS for four hands; **~ dix euros** at *ou* for ten euros; **goutte ~ goutte** drop by drop; **vendre qch au kilo** sell sth by the kilo; **on y est allé ~ trois** three of us went
◊ *objet indirect*: **donner qch ~ qn** give sth to s.o.
◊ *en tennis* all; **trente ~** thirty all

abaissement [abɛsmɑ̃] *m d'un store, d'un prix, d'un niveau* lowering; *(humiliation)* abasement; **abaisser** ⟨1b⟩ *rideau, prix, niveau* lower; *fig (humilier)* humble; **s'~** drop; *fig* demean o.s.

abandon [abɑ̃dɔ̃] *m* abandonment; *(cession)* surrender; *(détente)* abandon; SP withdrawal; **laisser à l'~** abandon; **abandonner** ⟨1a⟩ abandon; *pouvoir, lutte* give up; SP withdraw from; **s'~** *(se confier)* open up; **s'~ à** give way to

abasourdi, ~e [abazurdi] amazed, dumbfounded; **abasourdir** ⟨2a⟩ *fig* astonish, amaze

abat-jour [abaʒur] *m (pl inv)* (lamp-)shade

abats [aba] *mpl* variety meat *sg*

abattage [abataʒ] *m de bois* felling; *d'un animal* slaughter; **abattement** *m* COMM rebate; PSYCH depression; **abattoir** *m* slaughterhouse, *Br* abattoir; **abattre** ⟨4a⟩ *arbre* fell; AVIAT bring down, shoot down; *animal* slaughter; *péj (tuer)* kill, slay; *fig (épuiser)* exhaust; *(décourager)* dishearten; **je ne me laisserai pas ~** I won't let myself be discouraged; **~ beaucoup de besogne** get through a lot of work; **s'~** collapse; **abattu, ~e** *(fatigué)* weak, weakened; *(découragé)* disheartened, dejected

abbaye [abei] *f* abbey

abbé [abe] *m* abbot; *(prêtre)* priest

abcès [apsɛ] *m* abscess

abdomen [abdomɛn] *m* abdomen; **abdominal, ~e** *abdominal*

abeille [abɛj] *f* bee

aberrant, ~e [abɛrɑ̃, -t] F absurd; **aberration** *f* aberration

abêtir [abetir] ⟨2a⟩ make stupid; **abêtissant, ~e**: **être ~** addle the brain

abîme [abim] *m* abyss; **abîmer** ⟨1a⟩ spoil, ruin; **s'~** be ruined; *d'aliments* spoil, go off

abject, ~e [abʒɛkt] abject; *personne, comportement* despicable; **abjection** *f* abjectness

abjurer [abʒyre] ⟨1a⟩ *foi* renounce

aboiement

24

aboiement [abwamã] *m* barking

abois [abwa]: *être aux ~ fig* have one's back to the wall

abolir [abɔlir] ⟨2a⟩ abolish; **abolition** *f* abolition

abominable [abɔminabl] appalling

abondance [abõdɑ̃s] *f* abundance, wealth; *société f d'~* affluent society; **abondant**, **~e** abundant; **abonder** ⟨1a⟩ be plentiful, abound; *~ en* have an abundance of

abonné, **~e** [abɔne] *m/f aussi* TÉL subscriber; **abonnement** *m* subscription; *de transport, de spectacles* season ticket; **abonner** ⟨1a⟩: *s'~ à une revue* subscribe to a magazine

abord [abɔr] *m*: *être d'un ~ facile* approachable; *d'~* first; *tout d'~* first of all; *dès l'~* from the outset; *au premier ~*, *de prime ~* at first sight; *~s* surroundings; **abordable** approachable; **abordage** *m* MAR (*collision*) collision; (*assaut*) boarding; **aborder** ⟨1a⟩ **1** *v/t* (*prendre d'assaut*) board; (*heurter*) collide with; *fig*: *question* tackle; *personne* approach **2** *v/i* land (*à* at)

aboutir [abutir] ⟨2a⟩ *d'un projet* succeed, be successful; *~ à / dans* end at / in; *~ à fig* lead to; **aboutissement** *m* (*résultat*) result

aboyer [abwaje] ⟨1h⟩ bark

abrasif, **-ive** [abrazif, -iv] TECH **1** *adj* abrasive **2** *m* abrasive

abrégé [abreʒe] *m* *d'un roman* abridgment; **abréger** ⟨1g⟩ abridge

abreuver [abrœve] ⟨1a⟩ water; *s'~* F drink; **abreuvoir** *m* watering place

abréviation [abrevjasjõ] *f* abbreviation

abri [abri] *m* shelter; *à l'~ de* sheltered from, protected from; *mettre à l'~ de* shelter from, protect from; *être sans ~* be homeless

abribus [abribys] *m* bus shelter

abricot [abriko] *m* apricot; **abricotier** *m* apricot (tree)

abriter [abrite] ⟨1a⟩ (*loger*) take in, shelter; *~ de* (*protéger*) shelter from, protect from; *s'~* take shelter, take cover

abroger [abrɔʒe] ⟨1l⟩ JUR repeal

abrupt, **~e** [abrypt] *pente* steep; *personne*, *ton* abrupt

abruti, **~e** [abryti] stupid; **abrutir** ⟨2a⟩: *~ qn* turn s.o.'s brain to mush; (*surmener*) exhaust s.o.; **abrutissant**, **~e** *bruit* deafening; *travail* exhausting

absence [apsɑ̃s] *f* absence; **absent**, **~e** absent; *air* absent-minded; **absentéisme** *m* absenteeism; **absenter** ⟨1a⟩: *s'~* leave, go away

absolu, **~e** [apsɔly] absolute; **absolument** *adv* (*à tout prix*, *tout à fait*) absolutely

absolution [apsɔlysjõ] *f* REL absolution

absorbant, **~e** [apsɔrbɑ̃, -t] absorbent; **absorber** ⟨1a⟩ absorb; *nourriture* eat; *boisson* drink; *s'~ dans qch* be absorbed ou engrossed in sth; **absorption** *f* absorption

absoudre [apsudr] ⟨4b⟩ absolve

abstenir [apstənir] ⟨2h⟩: *s'~* POL abstain; *s'~ de faire qch* refrain from doing sth; **abstention** *f* POL abstention; **abstentionniste** *m* POL abstainer

abstraction [apstraksjõ] *f* abstraction; *faire ~ de qch* disregard sth; *~ faite de* leaving aside

abstrait, **~e** [apstrɛ, -t] abstract

absurde [apsyrd] absurd; **absurdité** *f* absurdity; **~(s)** nonsense *sg*

abus [aby] *m* abuse; *~ de confiance* breach of trust; **abuser** ⟨1a⟩ overstep the mark, be out of line; *~ de qch* misuse ou abuse sth; *s'~* be mistaken; *si je ne m'abuse* if I'm not mistaken; **abusif**, **-ive** excessive; *emploi d'un mot* incorrect

académicien [akademisjɛ̃] *m* academician (*especially of the Académie française*); **académie** *f* academy; **académique** academic

acajou [akaʒu] *m* mahogany

acariâtre [akarjɑtr] bad-tempered

accablant, **~e** [akablɑ̃, -t] *preuve* overwhelming; *chaleur* oppressive; **accabler** ⟨1a⟩: *être accablé de problèmes*, *soucis* be weighed down by, be overwhelmed by; *~ qn de qch* repro-

ches shower s.o. with sth, heap sth on s.o.

accalmie [akalmi] *f aussi fig* lull

accaparer [akapare] ⟨1a⟩ ÉCON, *fig* monopolize; **~ le marché** corner the market; **accapareur**: **il est ~** he doesn't like sharing

accéder [aksede] ⟨1f⟩: **~ à** reach, get to; INFORM access; *au pouvoir* gain, achieve; *d'un chemin* lead to

accélérateur [akseleratœr] *m* AUTO gas pedal, *Br* accelerator; **accélération** *f* acceleration; **accélérer** ⟨1f⟩ *aussi* AUTO accelerate, speed up

accent [aksã] *m* accent; (*intonation*) stress; **mettre l'~ sur qch** *fig* put the emphasis on sth; **accentuation** *f* stressing; *fig* growth; **accentuer** ⟨1n⟩ *syllabe* stress, accentuate

acceptable [akseptabl] acceptable; **acceptation** *f* acceptance; **accepter** ⟨1a⟩ accept; (*reconnaître*) agree; **~ de faire qch** agree to do sth; **je n'accepte pas que tu fasses ça** I won't have you doing that

acception [aksepsjõ] *f* sense

accès [akse] *m aussi* INFORM access; MÉD fit; **accessible** *région, lecture, sujet* accessible (**à** to); *prix* affordable; **~ à tous** accessible to all, within everyone's reach; **accession** *f* accession (**à** to)

accessoire [akseswar] **1** *adj* incidental **2** *m* detail; **~s** accessories; **~s de théâtre** props

accident [aksidã] *m* accident; *événement fortuit* mishap; **~ de terrain** bump, unevenness in the ground; **~ de travail** accident in the workplace, work-related accident; **par ~** by accident, accidentally; **dans un ~** in an accident; **~ avec délit de fuite** hit--and-run accident; **~ mortel** fatality, fatal accident; **accidenté, ~e** damaged (in an accident); *terrain* uneven; **accidentel, ~le** accidental; **accidentellement** *adv* accidentally

acclamation [aklamasjõ] *f* acclamation; **~s** cheers, cheering *sg*; **acclamer** ⟨1a⟩ cheer

acclimatation [aklimatasjõ] *f* acclimatization; **acclimater** ⟨1a⟩: **s'~** become acclimatized

accointances [akwẽtãs] *fpl souvent péj* contacts; **avoir des ~ avec qn** have dealings with s.o.

accolade [akɔlad] *f* embrace; *signe* brace, *Br* curly bracket

accommodation [akɔmɔdasjõ] *f* adaptation; **accommodement** *m* compromise; **accommoder** ⟨1a⟩ adapt; CUIS prepare; **s'~ à** adapt to; **s'~ de** put up with, make do with

accompagnateur, -trice [akõpanatœr, -tris] *m/f* guide; MUS accompanist; **accompagnement** *m* MUS accompaniment; **accompagner** ⟨1a⟩ go with, accompany; MUS accompany

accompli, ~e [akõpli] accomplished; **accomplir** ⟨2a⟩ accomplish; *souhait* realize, carry out; **accomplissement** *m* accomplishment

accord [akɔr] *m* agreement, consent; (*pacte*) agreement; MUS chord; **d'~** OK, alright; **être d'~** agree (**avec** with); **tomber d'~** come to an agreement, reach agreement; **avec l'~ de** with the agreement of; **en ~ avec** in agreement with; **donner son ~** give one's consent, agree; **~ d'extradition** extradition treaty

accordé, ~e [akɔrde]: (**bien**) **~** in tune

accordéon [akɔrdeõ] *m* accordion

accorder [akɔrde] ⟨1a⟩ *crédit, délai* grant, give; GRAM make agree; MUS tune; **~ un sursis à** reprieve, grant a reprieve to; **s'~** get on; GRAM agree; **s'~ pour faire qch** agree to do sth; **s'~ qch** allow o.s. sth

accostage [akɔstaʒ] *m* MAR bringing alongside; **accoster** ⟨1a⟩ **1** *v/i* MAR come alongside **2** *v/t personne* approach

accotement [akɔtmã] *m* shoulder

accouchement [akuʃmã] *m* birth; **accoucher** ⟨1a⟩ give birth (**de** to); **accoucheur, -euse** *m/f* midwife; *médecin* obstetrician

accouder [akude] ⟨1a⟩: **s'~** lean (one's elbows); **accoudoir** *m* armrest

accouplement [akupləmã] *m* connection; BIOL mating; **accoupler** ⟨1a⟩ connect; **s'~** BIOL mate

accourir [akurir] ⟨2i⟩ come running

accoutrement [akutrəmã] *m péj* get-up; **accoutrer** ⟨1a⟩: **s'~** dress

accoutumance [akutymãs] *f* MÉD dependence; **accoutumé**, **~e** usual; **être ~ à qch** be used to sth; **accoutumer** ⟨1a⟩: **~ qn à qch** get s.o. used to sth, accustom s.o. to sth; **s'~ à qch** get used to sth

accréditer [akredite] ⟨1a⟩ give credence to

accro [akro] F addicted (*à* to)

accroc [akro] *m* (*déchirure*) tear; (*obstacle*) hitch

accrochage [akrɔʃaʒ] *m* AUTO (minor) collision, fender-bender F; **accrocher** ⟨1a⟩ *tableau* hang (up); *manteau* hang up; AUTO collide with; **~ le regard** be eye-catching; **s'~ à** hang on to, hold tight to; *fig* cling to; **accrocheur**, **-euse** eye-catching

accroissement [akrwasmã] *m* increase; **~ démographique** population growth; **accroître** ⟨4w⟩ increase; **s'~** grow

accroupir [akrupir] ⟨2a⟩: **s'~** crouch, squat; **accroupis** squatting on their haunches

accru, **~e** [akry] 1 *p/p → **accroître*** 2 *adj* increased, greater

accu [aky] *m* F battery

accueil [akœj] *m* reception, welcome; **accueillant**, **~e** friendly, welcoming; **accueillir** ⟨2c⟩ greet, welcome

accumulateur [akymylatœr] *m* battery; **accumulation** *f* accumulation; **accumuler** ⟨1a⟩ accumulate; **s'~** accumulate, pile up

accusateur, **-trice** [akyzatœr, -tris] *m/f* accuser; **accusation** *f* accusation; JUR prosecution; *plainte* charge; **accusé**, **~e** *m/f* JUR: **l'~** the accused 2 COMM: **accusé m de réception** acknowledgement (of receipt); **accuser** ⟨1a⟩ (*incriminer*) accuse (*de* of); (*faire ressortir*) emphasize; **~ réception de qch** COMM acknowledge receipt of sth

acerbe [asɛrb] caustic

acéré, **~e** [asere] sharp (*aussi fig*)

acétique [asetik] acetic; **acide** *m* ~ acetic acid; **acétone** *f* CHIM acetone

achalandage [aʃalɑ̃daʒ] *m* custom

acharné, **~e** [aʃarne] combat, efforts desperate; **~ à faire qch** desperate to do sth; **acharnement** *m* grim determination, desperation; **acharner** ⟨1a⟩: **s'~ à faire qch** be bent on doing sth; **s'~ sur** *ou* **contre qn** pick on s.o., have it in for s.o.

achat [aʃa] *m* purchase; **pouvoir** *m* **d'~** purchasing power; **prix** *m* **d'~** purchase price; **faire des ~s** go shopping

acheminer [aʃmine] ⟨1a⟩ *paquet* dispatch; **s'~ vers** make one's way toward

acheter [aʃte] ⟨1e⟩ buy; **~ qch à qn** (*pour qn*) buy sth for s.o.; (*de qn*) buy sth from s.o.; **~ qn** bribe s.o., buy s.o. off F; **acheteur**, **-euse** *m/f* buyer, purchaser

achèvement [aʃɛvmã] *m* completion

achever [aʃve] ⟨1d⟩ finish; **~ de faire qch** finish doing sth; **s'~** finish; **~ qn** *fig* finish s.o. off

acide [asid] 1 *adj* sour; CHIM acidic 2 *m* CHIM acid; **acidité** *f* sourness; CHIM acidity

acier [asje] *m* steel; **d'~** *regard* steely

aciérie [asjeri] *f* steel plant

acné [akne] *f* acne

acolyte [akɔlit] *m péj* crony

acompte [akõt] *m* installment, *Br* instalment; **par ~s** in installments

à-côté [akote] *m* (*pl* à-côtés) side issue; **~s** *de revenus* extras, perks F

à-coup [aku] *m* (*pl* à-coups) jerk; **par ~s** in fits and starts

acoustique [akustik] 1 *adj* acoustic; **appareil** *m* ~ hearing aid 2 *f* acoustics

acquéreur [akerœr] *m* purchaser; **acquérir** ⟨2l⟩ acquire; *droit* win; *coutume* acquire, get into

acquiescer [akjese] ⟨1k⟩: **~ à** agree to

acquis, **~e** [aki] 1 *p/p → **acquérir*** 2 *adj* acquired; *résultats* achieved; **c'est un point ~** it's an established

fact; *considérer qn / qch comme ~* take s.o. / sth for granted

acquisition [akizisjɔ̃] *f* acquisition

acquit [aki] *m* COMM: *pour ~* received with thanks; *par ~ de conscience fig* to set my / his *etc* mind at rest

acquittement [akitmɑ̃] *m d'une dette* discharge; JUR acquittal; **acquitter** ⟨1a⟩ *facture, dette* pay; JUR *acquit*; *s'~ de* carry out; *dette* pay

acres [ɑkr] *mpl* acreage *sg*

âcre [ɑkr] acrid; *goût, fig* bitter; **âcreté** *f au goût, fig* bitterness

acrimonieux, -euse [akrimɔnjø, -z] acrimonious

acrobate [akrɔbat] *m/f* acrobat; **acrobatie** *f* acrobatics *pl*; **acrobatique** acrobatic

acronyme [akrɔnim] *m* acronym

acrylique [akrilik] *m* acrylic

acte [akt] *m (action)* action, deed; *(document officiel)* deed; THÉÂT act; *faire ~ de présence* put in an appearance; *dresser un ~* draw up a deed; *prendre ~ de qch* note sth; *~ de décès* death certificate; *~ de mariage* marriage certificate; *~ de naissance* birth certificate; *~ de vente* bill of sale

acteur, -trice [aktœr, -tris] *m/f* actor; actress

actif, -ive [aktif, -iv] **1** *adj* active **2** *m* COMM assets *pl*; **activiste** *m/f* activist

action [aksjɔ̃] *f aussi* JUR action; COMM share; *~s* stock *sg*, shares *pl*; **actionnaire** *m/f* shareholder

actionnement [aksjɔnmɑ̃] *m* TECH operation; *d'une alarme etc* activation; **actionner** ⟨1a⟩ TECH operate; *alarme etc* activate

activer [aktive] ⟨1a⟩ *(accélérer)* speed up

activité [aktivite] *f* activity

actualiser [aktɥalize] update, bring up to date

actualité [aktɥalite] *f* current events *pl*; *d'~* topical; *~s* TV news *sg*

actuel, ~le [aktɥɛl] *(présent)* current, present; *(d'actualité)* topical; **actuellement** *adv* currently, at present

acuité [akɥite] *f des sens* shrewdness; *d'une douleur* intensity, acuteness

acupuncteur, -trice [akypɔ̃ktœr, -tris] *m/f* acupuncturist; **acupuncture** *f* acupuncture

adaptabilité [adaptabilite] *f* adaptability, versatility; **adaptable** adaptable; **adaptateur** *m* ÉL adapter; **adaptation** *f* adaptation; **adapter** ⟨1a⟩ adapt; *s'~ à* adapt to

additif [aditif] *m* additive

addition [adisjɔ̃] *f aussi* MATH addition; *au restaurant* check, *Br* bill; **additionnel, ~le** additional; **additionner** ⟨1a⟩ MATH add (up); *(ajouter)* add

adepte [adept] *m/f* supporter; *d'une activité, d'un sport* fan

adéquat, ~e [adekwa, -t] suitable; *montant* adequate

adhérence [aderɑ̃s] *f* adherence; *des pneus* grip; **adhérent, ~e** *m/f* member; **adhérer** ⟨1f⟩ stick, adhere (*à* to); *~ à une doctrine* agree with *ou* support a doctrine; *~ à un parti* be a member of a party, belong to a party; *~ à la route* grip *ou* hold the road

adhésif, -ive [adezif, -iv] **1** *adj* sticky, adhesive **2** *m* adhesive; **adhésion** *f* membership; *(consentement)* support (*à* for), agreement (*à* with)

adieu [adjø] *m* goodbye; *dire ~ à qn* say goodbye to s.o., take one's leave of s.o.; *~x* farewells; *faire ses ~x* say one's goodbyes (*à qn* to s.o.)

adipeux, -euse [adipø, -z] fatty, adipose

adjacent, ~e [adʒasɑ̃, -t] adjacent

adjectif [adʒɛktif] *m* GRAM adjective

adjoindre [adʒwɛ̃dr] ⟨4b⟩: *~ à* add to; *s'~ qn* hire *ou* recruit s.o.; **adjoint, ~e 1** *adj* assistant *atr*, deputy *atr* **2** *m/f* assistant, deputy; *~ au maire* deputy mayor

adjudication [adʒydikasjɔ̃] *f dans vente aux enchères* sale by auction; *travaux* award; *(attribution)* adjudication

adjuger [adʒyʒe] ⟨1l⟩ award

admettre [admetr] ⟨4p⟩ *(autoriser)* allow; *(accueillir)* admit, allow in; *(reconnaître)* admit; *~ que* (+ *ind ou subj*) admit that; **admettons que, en admettant que** (+ *subj*) supposing *ou* assuming that

administrateur, -trice [administratœr, -tris] *m/f* administrator; ~ **judiciaire** (official) receiver; administratif, -ive administrative; administration *f* administration; (*direction*) management, running; administrer ⟨1a⟩ administer; (*diriger*) manage

admirable [admirabl] admirable; admirateur, -trice 1 *adj* admiring, of admiration 2 *m/f* admirer; admiratif, -ive admiring; admiration *f* admiration; admirer ⟨1a⟩ admire

admis [admi] admissible; admissible *candidat* eligible; **ce n'est pas ~** that's unacceptable

admission [admisjõ] *f* admission

A.D.N. [adeɛn] *m abr* (= **acide désoxyribonucléique**) DNA (=desoxyribonucleic acid)

adolescence [adɔlesɑ̃s] *f* adolescence; adolescent, ~e *m/f* adolescent, teenager

adonner [adɔne] ⟨1a⟩: **s'~ à qch** devote o.s. to sth; **s'~ à la boisson** drink, hit the bottle F

adopter [adɔpte] ⟨1a⟩ adopt; adoptif, -ive *enfant* adopted; *parent* adoptive; adoption *f* adoption; **patrie** *f* **d'~** adopted country

adorable [adɔrabl] adorable; adorateur, -trice *m/f* worshipper; (*admirateur*) admirer; adoration *f* adoration; adorer ⟨1a⟩ REL worship; *fig* (*aimer*) adore

adosser [adose] ⟨1a⟩ lean; **s'~ contre** *ou* **à** lean against *ou* on

adoucir [adusir] ⟨1a⟩ soften; **s'~ du** *temps* become milder; adoucissant *m* softener

adrénaline [adrenalin] *f* adrenalin

adresse [adrɛs] *f domicile* address; (*habileté*) skill; **à l'~ de qn** aimed at s.o., meant for s.o.; ~ **électronique** e-mail address; ~ **personnelle** home address; **sans adresse** ⟨1b⟩ *lettre* address (*à* to); *compliment, remarque* aim, direct (*à* at); ~ **la parole à qn** address s.o., speak to s.o.; **s'~ à qn** apply to

s.o.; (*être destiné à*) be aimed at s.o.

adroit, ~e [adrwa, -t] skillful, *Br* skilful

adulateur, -trice [adylatœr, -tris] *m/f* idolizer; aduler ⟨1a⟩ idolize

adulte [adylt] 1 *adj* adult; *plante* mature 2 *m/f* adult, grown-up

adultère [adyltɛr] 1 *adj* adulterous 2 *m* adultery

advenir [advənir] ⟨2h⟩ happen; **advienne que pourra** come what may

adverbe [adverb] *m* GRAM adverb

adversaire [adverser] *m/f* opponent, adversary

adverse [advɛrs] adverse

adversité [advɛrsite] *f* adversity

aérateur [aeratœr] *m* ventilator; aération *f* ventilation; aérer ⟨1f⟩ ventilate; *literie, pièce qui sent le renfermé* air; aérien, ~ne air *atr*; *vue* aerial; **pont** *m* ~ airlift

aérobic [aerɔbik] *f* aerobics

aéroclub [aerɔklœb] *m* flying club; aérodrome *m* airfield; aérodynamique aerodynamic; aérogare *f* air terminal, terminal building; aéroglisseur *m* hovercraft; aéronautique 1 *adj* aeronautical 2 *f* aeronautics; aéronef *m* aircraft; aéroport *m* airport; aéroporté *troupes* airborne; aérosol *m* aerosol

affable [afabl] affable

affaiblir [afeblir] ⟨2a⟩ weaken; **s'~** weaken, become weaker; affaiblissement *m* weakening; (*déclin*) decline

affaire [afer] *f* (*question*) matter, business; (*entreprise*) business; (*marché*) deal; (*bonne occasion*) bargain; JUR case; (*scandale*) affair, business; **avoir** ~ **à qn** deal with s.o.; **se tirer d'~** get out of trouble; ~**s** *biens personnels* things, belongings; **ce sont mes ~s** that's my business; **occupe-toi de tes affaires!** mind your own business!; **le monde des ~s** the business world; **les ~s étrangères** foreign affairs; ~ **qui marche** going concern

affairé, ~e [afere] busy; affairer ⟨1b⟩: **s'~** busy o.s.

affaissement [afɛsmɑ̃] *m*: ~ **de ter-**

rain subsidence; **affaisser** ⟨1b⟩: *s'~ du terrain* subside; *d'une personne* collapse

affamé, ~e [afame] hungry; **~ de gloire** hungry for fame

affectation [afεktasjɔ̃] *f d'une chose* allocation; *d'un employé* assignment, appointment; MIL posting; (*pose*) affectation; **affecté, ~e** affected; **affecter** ⟨1a⟩ (*destiner*) allocate, allot; *employé* assign, appoint; MIL post; (*émouvoir*) affect; **~ la forme de** have the shape of

affectif, -ive [afεktif, -iv] emotional

affection [afεksjɔ̃] *f* affection; MÉD complaint

affectueux, -euse [afεktɥø, -z] affectionate

affermir [afεrmir] ⟨2a⟩ strengthen

affichage [afiʃaʒ] *m* billposting; INFORM display; *panneau m d'~* bulletin board, *Br* notice board; **~ à cristaux liquides** liquid crystal display; **~ numérique** digital display; *montre f à ~ numérique* digital watch

affiche [afiʃ] *f* poster; **afficher** ⟨1a⟩ *affiche* put up, stick up; *attitude* flaunt, display; INFORM display; **~ des bénéfices** post profits; **afficheur** *m* billposter

affilée [afile]: *d'~* at a stretch; **affiler** ⟨1a⟩ sharpen

affilier [afilje] ⟨1a⟩: *s'~ à club, parti* join; *être affilié à un parti* be a member of a party

affiner [afine] ⟨1a⟩ refine

affinité [afinite] *f* affinity

affirmatif, -ive [afirmatif, -iv] *réponse* affirmative; *personne* assertive; **répondre par l'affirmative** answer in the affirmative

affirmation [afirmasjɔ̃] *f* statement; **affirmer** ⟨1a⟩ (*prétendre*) maintain; *volonté, autorité* assert

affligeant, ~e [afliʒɑ̃, -t] distressing, painful; **affliger** ⟨1l⟩ distress

affluence [aflyɑ̃s] *f: heures fpl d'~* rush hour *sg*; **affluent** [-ɑ̃] *m* tributary; **affluer** ⟨1a⟩ come together

afflux [afly] *m de capitaux* influx

affolement [afɔlmɑ̃] *m* panic; **affoler**

⟨1a⟩ (*bouleverser*) madden, drive to distraction; *d'une foule, d'un cheval* panic; *s'~* panic, get into a panic; *être affolé* be in a panic, be panic-stricken

affranchir [afrɑ̃ʃir] ⟨2a⟩ (*libérer*) free; *lettre* meter, *Br* frank; **affranchissement** *m montant* postage

affréter [afrete] ⟨1f⟩ MAR, AVIAT charter

affreux, -euse [afrø, -z] horrible; *peur, mal de tête* terrible

affront [afrɔ̃] *m* insult, affront; **affrontement** *m* POL confrontation; **affronter** ⟨1a⟩ confront, face; SP meet; *situation* face; *s'~* confront ou face each other; SP meet

affût [afy] *m: être à l'~ de qch* fig be on the lookout for sth

afin [afɛ̃]: **~ de faire qch** in order to do sth, so as to do sth; **~ que** (+ *subj*) so that; **~ de ne pas se mouiller** so as not to get wet; **~ qu'il soit mis au courant** so that he can be put in the picture

africain, ~e [afrikɛ̃, -εn] **1** *adj* African **2** *m/f* **Africain, ~e** African; **Afrique** *f: l'~* Africa

agaçant, ~e [agasɑ̃, -t] infuriating, annoying; **agacement** *m* annoyance; **agacer** ⟨1k⟩ annoy; (*taquiner*) tease

âge [aʒ] *m* age; *Moyen-Âge* Middle Ages *pl*; *personnes fpl du troisième ~* senior citizens; *retour m d'~* MÉD change of life; *quel ~ a-t-il?* how old is he?, what age is he?; *limite f d'~* age limit; **~ de la retraite** retirement age; **âgé, ~e** elderly; **~ de deux ans** aged two, two years old

agence [aʒɑ̃s] *f* agency; *d'une banque* branch; **~ immobilière** realtor, *Br* estate agent's; **~ de placement** employment agency; **~ de presse** news agency; **~ de publicité** advertising agency; **~ de voyages** travel agency

agencement [aʒɑ̃smɑ̃] *m* layout, arrangement; **agencer** ⟨1k⟩ arrange

agenda [aʒɛ̃da] *m* diary; **~ électronique** (personal) organizer

agenouiller [aʒnuje] ⟨1a⟩ *s'~* kneel (down)

...t [aʒɑ̃] m agent; **~ d'assurance** insurance broker; **~ de change** stockbroker; **~ de la circulation** traffic policeman; **~ immobilier** realtor, Br real estate agent; **~ de police** police officer; **~ secret** secret agent

agglomération [aglɔmerasjɔ̃] f built-up area; *concentration de villes* conurbation; **l'~ parisienne** Greater Paris, the conurbation of Paris

aggloméré [aglɔmere] m *planche* chipboard, composite

aggraver ⟨1a⟩ make worse; **s'~** worsen, deteriorate

agile [aʒil] agile; **agilité** f agility

agios [aʒjo] mpl ÉCON bank charges

agir [aʒir] ⟨2a⟩ act; **~ sur qn** affect s.o.; **il s'agit de** it's about; **il s'agit de votre santé** it's a question *ou* a matter of your health; **il s'agit de ne pas faire d'erreurs** it's important not to make any mistakes

agitateur, -trice [aʒitatœr, -tris] m/f agitator, rabble-rouser; **agitation** [aʒitasjɔ̃] f hustle and bustle; POL unrest; *(nervosité)* agitation; **agité, ~e** agitated, restless; *mer* rough; **agiter** ⟨1a⟩ *bouteille, liquide* shake; *mouchoir, main* wave; *(préoccuper, énerver)* upset; **s'~ d'un enfant** fidget; *(s'énerver)* get upset

agneau [aɲo] m (pl -x) lamb

agnostique [agnɔstik] m/f agnostic

agonie [agɔni] f death throes pl

agrafe [agraf] f *d'un vêtement* fastener, hook; *de bureau* staple; **agrafer** ⟨1a⟩ *vêtements* fasten; *papier* staple; **agrafeuse** f stapler; **à tissu** staple gun

agrandir [agrɑ̃dir] ⟨2a⟩ *photographie, ouverture* enlarge; **agrandissement** m enlargement; *d'une ville* expansion; **agrandisseur** m enlarger

agréable [agreabl] pleasant *(à* to); **agréer** ⟨1a⟩: **veuillez ~, Monsieur, mes salutations distinguées** Yours truly

agrégation [agregasjɔ̃] f competitive examination for people wanting to teach at college and university level

agrément [agremɑ̃] m *(consentement)* approval, consent; **les ~s** *(attraits)* the delights

agresser [agrese] ⟨1b⟩ attack; **agresseur** m attacker; *pays* aggressor; **agressif, -ive** aggressive; **agression** f attack; PSYCH stress; **agressivité** f aggressiveness

agricole [agrikɔl] agricultural, farm atr; **ouvrier** m **~** agricultural laborer *ou* Br labourer, farm worker

agriculteur [agrikyltœr] m farmer; **agriculture** f agriculture, farming

agripper [agripe] ⟨1a⟩ clutch; **s'~ à qch** clutch sth, cling to sth

agroalimentaire [agroalimɑ̃ter] f food industry, agribusiness

agronome [agrɔnɔm] m agronomist, agricultural economist; **ingénieur** m **~** agricultural engineer

agrumes [agrym] mpl citrus fruit sg

aguerri, ~e [ageri] *(expérimenté)* veteran

aguets [age]: **être aux ~** be on the lookout

ahuri, ~e [ayri] astounded, thunderstruck; **ahurir** ⟨2a⟩ astound; **ahurissant, ~e** astounding

aide [ed] **1** f help, assistance; **à l'~ de qch** with the help of sth, using sth; **avec l'~ de qn** with s.o.'s help; **appeler à l'~** shout for help **2** m/f *(assistant)* assistant; **~-soignant** m orderly; **aider** ⟨1b⟩ **1** v/t help; **s'~ de qch** use sth **2** v/i help; **~ à qch** contribute to sth

aïeul, ~e [ajœl] m/f ancestor; **aïeux** ancestors

aigle [egl] m eagle

aiglefin [egləfɛ̃] m haddock

aigre [egr] sour; *vent* bitter; *paroles, critique* sharp; *voix* shrill; **aigre-doux, aigre-douce** CUIS sweet and sour

aigreur [egrœr] f sourness; *fig* bitterness; **aigrir** ⟨2a⟩ turn sour; *fig* make bitter, embitter

aigu, ~ë [egy] sharp; *son* high-pitched; *conflit* bitter; *intelligence* keen; MÉD, GÉOM, GRAM acute

aiguille [eguij] f needle; *d'une montre* hand; *tour* spire; **~ à tricoter** knitting needle; **aiguiller** ⟨1a⟩ *fig* steer, guide; **aiguilleur** *m* AVIAT: **~ du ciel** air-traffic controller

aiguillon [egɥijɔ̃] *m* (*dard*) sting; **aiguillonner** ⟨1a⟩ *fig* spur (on)

aiguiser [egize] ⟨1a⟩ sharpen; *fig*: *appétit* whet

ail [aj] *m* (*pl* ails, *parfois* aulx [o]) garlic; **gousse** *f* **d'~** clove of garlic

aile [ɛl] *f* wing; AUTO fender, *Br* wing

ailier [elje] *m* SP wing, winger

ailleurs [ajœr] somewhere else, elsewhere; **d'~** besides; *par* ~ moreover; **nulle part** ~ nowhere else

aimable [emabl] *adj* kind

aimant[1], **~e** [emɑ̃, -t] loving

aimant[2] [emɑ̃] *m* magnet; **aimanter** ⟨1a⟩ magnetize

aimer [eme] ⟨1b⟩ like; *parent, enfant, mari etc* love; **~ mieux** prefer, like … better; **~ faire qch** like to do sth; **~ mieux faire qch** prefer to do sth; **je l'aime bien** I like him (a lot), I really like him

aine [en] *f* groin

aîné, ~e [ene] **1** *adj de deux* elder; *de trois ou plus* eldest **2** *m/f* elder / eldest; **il est mon ~** he is older than me; **il est mon ~ de deux ans** he is two years older than me

ainsi [ɛ̃si] this way, thus *fml*; **~ que** and, as well as; **~ soit-il!** so be it; **pour ~ dire** so to speak

aïoli [ajɔli] *m* CUIS *mayonnaise flavored with garlic*

air [ɛr] *m atmosphérique, vent* air; *aspect, expression* look; MUS tune; **en plein ~** in the open; **menace** *f* **en l'~** empty threat; **avoir l'~ fatigué** look tired; **il a l'~ de ne pas écouter** he looks as if he isn't listening, he appears not to be listening; **se donner des ~s** give o.s. airs; **~ conditionné** air conditioning

airbag [erbag] *m* airbag

aire [ɛr] *f* area; **~ de jeu** playground; **~ de repos** picnic area

aisance [ɛzɑ̃s] *f* (*naturel*) ease; (*richesse*) wealth

aise [ɛz] *f* ease; **à l'~, à son ~** comfortable; **être à l'~** be comfortable; *dans une situation* be comfortable, feel at ease; **être mal à l'~** be uncomfortable; *dans une situation* be uncomfortable, feel ill at ease; **se mettre à l'~** make o.s. comfortable; **en faire à son ~** do as one pleases; **prendre ses ~s** make o.s. at home; **aisé, ~e** (*facile*) easy; (*assez riche*) comfortable; **aisément** *adv* easily

aisselle [ɛsɛl] *f* armpit

ajournement [aʒurnəmɑ̃] *m* postponement; JUR adjournment; **ajourner** ⟨1a⟩ postpone (*d'une semaine* for a week); JUR adjourn

ajouter [aʒute] ⟨1a⟩ add; **s'~ à** be added to

ajusté, ~e [aʒyste]: (**bien**) **~** close-fitting; **ajustement** *m* adjustment; **ajuster** ⟨1a⟩ adjust; *vêtement* alter; (*viser*) aim at; (*joindre*) fit (**à** to)

alarmant, ~e [alarmɑ̃, -t] alarming; **alarme** *f signal, inquiétude* alarm; **donner l'~** raise the alarm; **~ antivol** burglar alarm; **alarmer** ⟨1a⟩; **s'~ de** be alarmed by; **alarmiste** *m/f* alarmist

Albanie [albani] *f*: **l'~** Albania; **albanais, ~e 1** *adj* Albanian **2** *m langue* Albanian **3** *m/f* **Albanais, ~e** Albanian

album [albɔm] *m* album; **~ photos** photo album

alcool [alkɔl] *m* alcohol; **alcoolémie** *f*: **taux** *m* **d'~** blood alcohol level; **alcoolique** *adj & m/f* alcoholic; **alcoolisé, ~e** alcoholic; **alcoolisme** alcoholism

alco(o)test [alkɔtɛst] *m* Breathalyzer®, *Br* Breathalyser®

aléas [alea] *mpl* risks, hazards; **aléatoire** uncertain; INFORM, MATH random

alentour [alɑ̃tur] **1** *adv* around about **2**: **~s** *mpl* surroundings; **aux ~s de** in the vicinity of; (*autour de*) about

alerte [alert] **1** *adj* alert **2** *f* alarm; **donner l'~ à qn** alert s.o.; **~ à la bombe** bomb scare; **alerter** ⟨1a⟩ alert

algèbre [alʒɛbr] *f* algebra

Algérie [alʒeri] *f*: **l'~** Algeria; **algérien, ~ne 1** *adj* Algerian **2** *m/f* Algérien, **∼ne** Algerian

algue [alg] f BOT seaweed

alibi [alibi] m alibi

aliéner ⟨1f⟩ alienate

alignement [aliɲmɑ̃] m alignment (**sur** with); (*rangée*) line, row; **aligner** ⟨1a⟩ TECH align, line up (**sur** with); (*mettre sur une ligne*) line up; **s'∼** line up; **s'∼ sur qch** align o.s. with sth

aliment [alimɑ̃] m foodstuff; **∼s** food sg; **∼s diététiques** health food; **∼s surgelés** deep-frozen food; **alimentaire** food atr; **chaîne f ∼** food chain; **alimentation** f food; **en eau, en électricité** supply; **∼ de base** staple diet; **∼ en courant (électrique)** power supply; **∼ énergique** energy supply; **alimenter** ⟨1a⟩ feed; **en eau, en électricité** supply (**en** with); *conversation* keep going

alinéa [alinea] m paragraph

aliter [alite] ⟨1a⟩: **être alité(e)** be in bed; **s'∼** take to one's bed

allaiter [alete] ⟨1b⟩ breast-feed

allant [alɑ̃] m energy, drive

allécher [aleʃe] ⟨1f⟩ tempt

allée [ale] f (*avenue*) path; **∼s et venues** comings and goings; **des ∼s et venues continuelles** a constant to-and-fro sg

allégation [alegasjɔ̃] f allegation

allégé, **∼e** [aleʒe] *yaourt* low-fat; *confiture* low-sugar; **∼ à 5% de ...** 95% ... --free; **alléger** ⟨1g⟩ lighten, make lighter; *impôt* reduce; *tension* allevi-ate

allègre [alegr] cheerful; **allégrement** *adv* cheerfully

alléguer [alege] ⟨1f⟩ excuse put forward, offer

Allemagne [almaɲ] f: **l'∼** Germany; **allemand, ∼e 1** *adj* German **2** *m langue* German **3** *m/f* **Allemand, ∼e** German

aller [ale] ⟨1o⟩ **1** *v/i* (*aux être*) go; **∼ en voiture** drive, go by car; **∼ à un en bicyclette** cycle, go by bike; **∼ chercher** go for, fetch; **∼ voir qn** go to see s.o.; **comment allez-vous?** how are you?; **je vais bien** I'm fine; **ça va?** is that OK?; (*comment te portes-tu?*)

how are you?, how are things?; **ça va bien merci** fine, thanks; **∼ bien avec** go well with; **cela me va pour projet, proposition** that's fine by me, that suits me; **il y a va de sa réputation** his reputation is at stake; **on y va!** F let's go!; **il va sans dire** needless to say, it goes without saying; **allez!** come on!; **allons!** come on!; **allons donc!** come now!; **s'en ∼** leave; *d'une tâche* disappear; **cette couleur te va bien** that color really suits you **2** *v/aux*: **je vais partir demain** I'm going to leave tomorrow, I'm leaving tomorrow; **j'allais dire** I was going to say, I was about to say

3 *m*: **∼ et retour** round trip, Br return trip; *billet* round-trip ticket, Br return (ticket); **∼ simple** one-way ticket, Br single; **match** m **∼** away game; **au pis ∼** if the worst comes to the worst

allergie [alerʒi] f allergy; **allergique** allergic (**à** to)

alliage [aljaʒ] m CHIM alloy; **alliance** f POL alliance; (*mariage*) marriage; (*anneau*) wedding ring; **tante** f **par ∼** aunt by marriage; **allié, ∼e 1** *adj* allied; *famille* related by marriage **2** *m/f* ally; *famille* relative by marriage; **allier** ⟨1a⟩ combine (**à** with, and); **s'∼ à qn** ally o.s. with s.o.

allô [alo] hello

allocation [alɔkasjɔ̃] f allowance; **∼s familiales** dependents' allowance sg, Br child benefit sg; **∼ chômage** workers' compensation, Br unemployment benefit

allocution [alɔkysjɔ̃] f speech

allonger [alɔ̃ʒe] ⟨1l⟩ lengthen, make longer; *bras, jambes* stretch out; **∼ le pas** lengthen one's stride, step out; **s'∼** get longer; (*s'étendre*) lie down; **être allongé** be lying down, be stretched out

allouer [alwe] ⟨1a⟩ allocate

allumage [alymaʒ] m AUTO ignition; **allumer** ⟨1a⟩ **1** *v/t cigarette, feu, bougie* light; *chauffage, télévision etc* turn on, switch on **2** *v/i* turn *ou* switch the lights on; **allumette** f match

allure [alyr] f (*démarche*) walk; (*vitesse*) speed; (*air*) appearance; **prendre des ~s de mannequin** act *ou* behave like a model; **avoir de l'~** have style *ou* class; **à toute ~** at top speed

allusion [alyzjõ] f allusion; **faire ~ à** allude to

alors [alɔr] (*à ce moment-là*) then; (*par conséquence*) so; **ça ~!** well!; **~? so?; ~ que** *temps* when; *opposition* while

alouette [alwɛt] f lark

alourdir [alurdir] ⟨2a⟩ make heavy

aloyau [alwajo] m sirloin

Alpes [alp] *fpl*: **les ~** the Alps

alpestre [alpɛstr] alpine

alphabet [alfabɛ] m alphabet; alphabétique alphabetical; alphabétiser teach to read and write

alpin, ~e [alpɛ̃, -in] alpine; alpinisme m mountaineering; alpiniste m/f mountaineer

Alsace [alzas] f: **l'~** Alsace; alsacien, ~ne **1** *adj* of / from Alsace, Alsatian **2** *m* LING Alsace dialect **3** *m/f* Alsacien, ~ne inhabitant of Alsace

altercation [altɛrkasjõ] f argument, altercation *fml*

altérer [altere] ⟨1f⟩ *denrées* spoil; *couleur* fade; *vérité* distort; *texte* change, alter

altermondialiste [altɛrmõdjalist] *m/f & adj* alternative globalist

alternance [altɛrnãs] f alternation; *de cultures* rotation; **alternatif, -ive** alternative; **alternative** f alternative; **alternativement** alternately, in turn; **alterner** ⟨1a⟩ alternate

altimètre [altimɛtr] m altimeter; **altitude** f altitude

alto [alto] m MUS *saxophone, voix* alto; *instrument à cordes* viola

altruisme [altryism] m altruism; **altruiste 1** *adj* altruistic **2** *m/f* altruist

aluminium [alyminjɔm] m aluminum, *Br* aluminium

alunir [alynir] ⟨2a⟩ land on the moon; **alunissage** m moon landing

amabilité [amabilite] f kindness

amadouer [amadwe] ⟨1a⟩ softsoap

amaigri, ~e [amɛgri] thinner; **amaigrir** ⟨2a⟩: **~ qn** *de maladie* cause

s.o. to lose weight; **s'~** lose weight, get thinner

amalgame [amalgam] m mixture, amalgamation; **amalgamer** ⟨1a⟩ amalgamate

amande [amãd] f BOT almond

amant [amã] m lover

amarre [amar] f MAR mooring line; **amarrer** ⟨1a⟩ MAR moor

amas [ama] m pile, heap; **amasser** ⟨1a⟩ amass

amateur [amatœr] m qui aime bien lover; *non professionnel* amateur; **~ d'art** art lover; **en ~** *péj* as a hobby; **d' ~** *péj* amateurish

ambages [ābaʒ] *fpl*: **sans ~** without beating about the bush

ambassade [ābasad] f embassy; ambassadeur, -drice *m/f* ambassador

ambiance [ābjãs] f (*atmosphère*) atmosphere; **ambiant, ~e: température** f **~e** room temperature

ambidextre [ābidɛkstr] ambidextrous

ambigu, ~ë [ābigy] ambiguous; ambiguïté f ambiguity

ambitieux, -euse [ābisjø, -z] **1** *adj* ambitious **2** *m/f* ambitious person; **ambition** f ambition; **ambitionner** ⟨1a⟩: **~ de faire qch** want to do sth

ambivalence [ābivalãs] f ambivalence; **ambivalent, ~e** ambivalent

ambulance [ābylãs] f ambulance; **ambulancier** m paramedic, *Br aussi* ambulance man

ambulant, ~e [ābylā, -t] traveling, *Br* travelling, itinerant

âme [am] f soul; **état** m **d'~** state of mind; **rendre l'~** breathe one's last; **~ charitable** do-gooder

amélioration [ameljɔrasjõ] f improvement; **améliorer** ⟨1a⟩ improve; **s'~** improve, get better

aménagé, ~e [amenaʒe]: **cuisine** f **~e** fitted kitchen; **aménagement** m arrangement, layout; *d'une vieille maison* conversion; **aménager** ⟨11⟩ *appartement* arrange, lay out; *terrain* develop; *vieille maison* convert

amende [amãd] f fine; **sous peine d'~** or you will be liable to a fine

amendement [amãdmã] m improvement; POL amendment; **amender** ⟨1a⟩ improve; *projet de loi* amend

amener [amne] ⟨1d⟩ bring; *(causer)* cause; **~** *qn* **à faire** *qch* get s.o. to do sth; *s'***~** turn up

amer, -ère [amɛr] bitter

américain, ~e [amerikɛ̃, -ɛn] **1** *adj* American **2** *m* LING American English **3** *m/f* **Américain, ~e** American; **américaniser** Americanize

amérindien, ~ne [amerɛ̃djɛ̃, -ɛn] **1** *adj* Native American, Amerindian; **2** *m/f* **Amérindien, ~ne** Native American, Amerindian

Amérique [amerik] *f*: *l'***~** America; *l'***~** *centrale* Central America; *l'***~** *latine* Latin America; *l'***~** *du Nord* North America; *l'***~** *du Sud* South America; *les* **Amériques** the Americas

amerrir [amerir] ⟨2a⟩ AVIAT splash down; **amerrissage** *m* splashdown

amertume [amɛrtym] *f* bitterness

ameublement [amœbləmɑ̃] *m* (*meubles*) furniture

ameuter [amøte] ⟨1a⟩ rouse

ami, ~e [ami] **1** *m/f* friend; *(amant)* boyfriend; *(maîtresse)* girlfriend; *petit* **~** boyfriend; *petite* **~e** girlfriend; *devenir* **~** *avec qn* make friends with s.o. **2** *adj* friendly; **amiable:** *à l'***~** amicably; JUR out of court; *arrangement* amicable, friendly; JUR out-of-court

amiante [amjɑ̃t] *m* asbestos

amical, ~e [amikal] (*mpl* -aux) **1** *adj* friendly **2** *f* association; **amicalement** in a friendly way

amincir [amɛ̃sir] ⟨2a⟩ **1** *v/t chose* make thinner; *d'une robe* make look thinner **2** *v/i* get thinner

amiral [amiral] *m* (*pl* -aux) admiral

amitié [amitje] *f* friendship; **~s** best wishes, regards

amnésie [amnezi] *f* amnesia

amnistie [amnisti] *f* amnesty

amoindrir [amwɛ̃drir] ⟨2a⟩ diminish, lessen; *mérite* detract from; *s'***~** diminish; **amoindrissement** *m* decline, decrease

amollir [amɔlir] ⟨2a⟩ soften

amonceler [amɔ̃sle] ⟨1c⟩ pile up

amont [amɔ̃]: *en* **~** upstream (*de* from)

amoral, ~e [amɔral] (*mpl* -aux) amoral

amorce [amɔrs] *f* (*début*) beginning; **amorcer** ⟨1k⟩ begin; INFORM boot up

amorphe [amɔrf] *sans énergie* listless

amortir [amɔrtir] ⟨2a⟩ *choc* cushion; *bruit* muffle; *douleur* dull; *dettes* pay off; **amortisseur** *m* AUTO shock absorber

amour [amur] *m* love; *mon* **~** my love, darling; **~s** love life *sg*; *faire l'***~** make love; **amoureux, -euse** *regard* loving; *vie* love *atr*; *personne* in love (*de* with); *tomber* **~** fall in love

amour-propre [amurprɔpr] *m* pride

amovible [amɔvibl] *housse* removable

amphibie [ɑ̃fibi] *m* amphibious

amphithéâtre [ɑ̃fiteɑtr] *m d'université* lecture hall; *(théâtre classique)* amphitheater, Br amphitheatre

ample [ɑ̃pl] *vêtements* loose, roomy; *sujet, matière* broad, wide; *ressources* ample; *pour de plus* **~s** *informations* for more *ou* further information; **amplement** *décrire, expliquer* fully; *c'est* **~** *suffisant* it's more than enough; **ampleur** *f d'un désastre* extent, scale; *d'une manifestation* size

amplificateur [ɑ̃plifikatœr] *m* TECH amplifier; **amplification** *f* TECH amplification; *fig* growth, expansion; **amplifier** ⟨1a⟩ TECH amplify; *fig*: *problème, scandale* magnify; *idée* expand, develop

amplitude [ɑ̃plityd] *f* PHYS amplitude

ampoule [ɑ̃pul] *f sur la peau* blister; *de médicament* ampoule; *lampe* bulb

amputation [ɑ̃pytasjɔ̃] *f* amputation; **amputer** ⟨1a⟩ amputate; *fig* cut

amusant, ~e [amyzɑ̃, -t] funny, entertaining, amusing

amuse-gueule [amyzgœl] *m* (*pl inv*) appetizer, nibble F

amusement [amyzmɑ̃] *m* amusement; **amuser** ⟨1a⟩ amuse; *(divertir)* entertain, amuse; *s'***~** have a good time, enjoy o.s.; *amuse-toi bien!* have fun!, enjoy yourself!; *s'***~** *à faire qch* have fun doing sth, enjoy doing

sth; **faire qch pour s'~** do sth for fun;
s'~ de make fun of

amygdale [ami(g)dal] *f* ANAT tonsil;
amygdalite *f* tonsillitis

an [ã] *m* year; **le jour** *ou* **le premier de
l'~** New Year's Day, New Year's; **bon
~, mal ~** averaged out over the years;
deux fois par ~ twice a year; **20 000
euros par ~** 20,000 euros a year *ou*
per annum; **elle a 15 ~s** she's 15
(years old); **tous les ~s** every year;
l'~ prochain next year; **l'~ dernier**
last year

anachronisme [anakrɔnism] *m* anachronism

analgésique [analʒezik] *m* PHARM
analgesic, pain killer

analogie [analɔʒi] *f* analogy; **analogique** INFORM analog; **analogue** analogous (**à** with), similar (**à** to)

analphabète [analfabɛt] illiterate;
analphabétisme *m* illiteracy

analyse [analiz] *f* analysis; **de sang**
test; **analyser** ⟨1a⟩ analyze, *Br* analyse; *sang* test; **analyste** *m/f* analyst;
analytique analytical

ananas [anana(s)] *m* BOT pineapple

anarchie [anarʃi] *f* anarchy; **anarchiste** *m* anarchist

anatomie [anatɔmi] *f* anatomy

ancêtres [ãsɛtr] *mpl* ancestors

anchois [ãʃwa] *m* anchovy

ancien, ~ne [ãsjɛ̃, -ɛn] old; (*précédent*)
former, old; **de l'Antiquité** ancient; **~
combattant** (war) veteran, vet F;
anciennement *adv* formerly; **ancienneté** *f* **dans une profession** seniority

ancre [ãkr] *f* anchor; **ancrer** ⟨1a⟩ anchor; **être ancré** be at anchor; *fig* be
embedded, be firmly rooted

Andorre [ãdɔr] *f*: **l'~** Andorra

andouille [ãduj] *f* CUIS *type of sausage*;
fig F idiot, noodle F

âne [an] *m* donkey; *fig* ass

anéantir [aneãtir] ⟨2a⟩ annihilate;
anéantissement *m* annihilation

anecdote [anɛgdɔt] *f* anecdote

anémie [anemi] *f* MÉD anemia, *Br*
anaemia; **anémique** anemic, *Br*
anaemic

anesthésiant [anɛstezjã] *m* anesthetic, *Br* anaesthetic; **anesthésie** *f*
MÉD anesthesia, *Br* anaesthesia; **~
générale / locale** general / local
anesthetic; **anesthésier** ⟨1a⟩ anesthetize, *Br* anaesthetize; **anesthésique** *m* anesthetic, *Br* anaesthetic;
anesthésiste *m/f* anesthesiologist,
Br anaesthetist

ange [ãʒ] *m* angel; **être aux ~s** *fig* be
in seventh heaven; **~ gardien** guardian angel; **angélique** angelic

angine [ãʒin] *f* MÉD throat infection; **~
de poitrine** angina

anglais, ~e [ãglɛ, -ɛz] **1** *adj* English
2 *m langue* English **3** *m/f* **Anglais,
~e** Englishman; Englishwoman; **les
~** the English

angle [ãgl] *m* angle; (*coin*) corner; **~
droit** right angle; **~ mort** blind spot

Angleterre [ãglətɛr] *f*: **l'~** England

anglicisme [ãglisism] *m* anglicism

anglophone [ãglɔfɔn] English-speaking; **anglo-saxon** Anglo-Saxon

angoissant, ~e [ãgwasã] painful, distressing; **angoisse** *f* anguish, distress; **angoisser** ⟨1a⟩ distress

anguille [ãgij] *f* eel

anguleux, -euse [ãgylø, -z] angular

anicroche [anikrɔʃ] *f* hitch

animal [animal] (*mpl* -aux) **1** *m* animal; **~ domestique** pet **2** *adj* (*f* **~e**)
animal *atr*

animateur, -trice [animatœr, -tris] *m/f*
d'une émission de radio, de télévision
host, presenter; *d'une discussion*
moderator; *d'activités culturelles* organizer, leader; *d'une entreprise* leader;
de dessin animé animator; **animation**
f (*vivacité*) liveliness; *de mouvements*
hustle and bustle; *de dessin animé* animation; **~ (culturelle)** community-
based activities *pl*; **animé, ~e** *rue,
quartier* busy; *conversation* lively, animated; **animer** ⟨1a⟩ *conversation,
fête* liven up; (*stimuler*) animate; *discussion, émission* host; **s'~** *d'une rue,
d'un quartier* come to life, come alive;
d'une personne become animated

animosité [animozite] *f* animosity

anis [anis] *m* aniseed; *liqueur* aniseed-

flavored alcoholic drink; **anisette** f *aniseed-flavored alcoholic drink*

anneau [ano] m (pl -x) ring

année [ane] f year; **les ~s 90** the 90s; **bonne ~!** happy New Year!; **~ fiscale** fiscal year; **~ sabbatique** sabbatical (year); **année-lumière** f light year

annexe [anɛks] f *d'un bâtiment* annex; *d'un document* appendix; *d'une lettre* enclosure, Br attachment; **annexer** ⟨1a⟩ *document* enclose, Br attach; *pays* annex

annihiler [aniile] ⟨1a⟩ annihilate

anniversaire [anivɛrsɛr] m birthday; *d'un événement* anniversary; **~ de mariage** wedding anniversary

annonce [anɔ̃s] f (*nouvelle*) announcement; *dans journal* ad(vertisement); (*présage*) sign; **petites ~s** classified advertisements, classifieds; **annoncer** ⟨1k⟩ announce; **s'~ bien / mal** be off to a good / bad start; **annonceur** m *dans un journal* advertiser; TV, *à la radio* announcer

annotation [anɔtasjɔ̃] f annotation; **annoter** ⟨1a⟩ annotate

annuaire [anɥɛr] m yearbook; **~ du téléphone** phone book

annuel, ~le [anɥɛl] annual, yearly

annulaire [anɥlɛr] m ring finger

annulation [anɥlasjɔ̃] f cancellation; *d'un mariage* annulment; **annuler** ⟨1a⟩ cancel; *mariage* annul

anodin, ~e [anɔdɛ̃, -in] harmless; *personne* insignificant; *blessure* slight

anomalie [anɔmali] f anomaly

anonymat [anɔnima] m anonymity; **anonyme** anonymous; **société** f **~** incorporated *ou* Br limited company

anorak [anɔrak] m anorak

anorexie [anɔrɛksi] f anorexia; **anorexique** anorexic

anormal, ~e [anɔrmal] abnormal

anse [ɑ̃s] f *d'un panier etc* handle; GÉOGR cove, bay

antagonisme [ɑ̃tagɔnism] m antagonism; **antagoniste 1** adj antagonistic **2** m/f antagonist

antarctique [ɑ̃tarktik] **1** adj Antarctic **2** m l'**Antarctique** Antarctica,

the Antarctic

antécédents [ɑ̃tesedɑ̃] mpl history sg

antenne [ɑ̃tɛn] f ZO antenna, feeler; TV, *d'une radio* antenna, Br aerial; **être à l'~** be on the air

antérieur, ~e [ɑ̃terjœr] (*de devant*) front; (*d'avant*) previous, earlier; **~ à** prior to, before

anthologie [ɑ̃tɔlɔʒi] f anthology

anthropologie [ɑ̃trɔpɔlɔʒi] f anthropology; **anthropologue** m/f anthropologist

antiadhésif, -ive [ɑ̃tiadezif, -iv] nonstick

antibiotique [ɑ̃tibjɔtik] m antibiotic

antibrouillard [ɑ̃tibrujar] m fog lamp

antibruit [ɑ̃tibrɥi] soundproof

antichoc [ɑ̃tiʃɔk] shock-proof

anticipation [ɑ̃tisipasjɔ̃] f anticipation; **payer par ~** pay in advance; **d'~** *film, roman* science-fiction; **anticipé, ~e** early; *paiement* advance; **anticiper** ⟨1a⟩ anticipate; **~ un paiement** pay in advance

anticlérical, ~e [ɑ̃tiklerikal] (mpl -aux) anticlerical

anticonceptionnel, ~le [ɑ̃tikɔ̃sɛpsjɔnɛl] contraceptive

anticonstitutionnel, ~le [ɑ̃tikɔ̃stitysjɔnɛl] unconstitutional

anticorps [ɑ̃tikɔr] m antibody

antidater [ɑ̃tidate] ⟨1a⟩ backdate

antidérapant, ~e [ɑ̃tiderapɑ̃, -t] AUTO **1** adj non-skid **2** m non-skid tire, Br non-skid tyre

antidote [ɑ̃tidɔt] m MÉD antidote

antigel [ɑ̃tiʒɛl] m antifreeze

antillais, ~e [ɑ̃tijɛ, -z] **1** adj West Indian **2** m/f **Antillais, ~e** West Indian; **Antilles** f / pl: **les ~** the West Indies

antimondialiste [ɑ̃timɔ̃djalist] m/f & adj antiglobalist

antipathie [ɑ̃tipati] f antipathy; **antipathique** unpleasant

antipelliculaire [ɑ̃tipelikylɛr]: **shampoing** m **~** dandruff shampoo

antipode [ɑ̃tipɔd] m: **aux ~s** fig poles apart (**de** from)

antipollution [ɑ̃tipɔlysjɔ̃] anti-pollution

antiquaire [ɑ̃tikɛr] *m* antique dealer; **antique** ancient; *meuble* antique; *péj* antiquated; **antiquités** *fpl meubles, objets d'art* antiques

antirouille [ɑ̃tiruj] antirust

antisocial, **~e** [ɑ̃tisɔsjal] antisocial

antisémite [ɑ̃tisemit] **1** *adj* anti-Semitic **2** *m/f* anti-Semite

antiseptique [ɑ̃tisɛptik] *m & adj* antiseptic

antiterroriste [ɑ̃titɛrɔrist] anti-terrorist

antivol [ɑ̃tivɔl] *m* anti-theft device

anxiété [ɑ̃ksjete] *f* anxiety; **anxieux**, **-euse** anxious; **être ~ de faire qch** be anxious to do sth

août [u(t)] *m* August

apaiser [apeze] ⟨1b⟩ *personne* pacify, calm down; *douleur* soothe; *soif* slake; *faim* satisfy

apathie [apati] *f* apathy

apercevoir [apɛrsəvwar] ⟨3a⟩ see; **s'~ de qch** notice sth; **aperçu 1** *p/p* → **apercevoir 2** *m* broad outline

apéritif [aperitif] *m* aperitif, **apéro** *m* F → **apéritif**

apesanteur [apəzɑ̃tœr] *f* weightlessness

à-peu-près [apøprɛ] *m* (*pl inv*) approximation

apeuré, **~e** [apœre] frightened

apitoyer [apitwaje] ⟨1h⟩: **~ qn** move s.o. to pity; **s'~ sur qn** feel sorry for s.o.

aplanir [aplanir] ⟨2a⟩ flatten, level; *fig*: *différend* smooth over; *difficultés* iron out

aplatir [aplatir] ⟨2a⟩ flatten; **s'~** (*s'écraser*) be flattened; **s'~ devant qn** kowtow to s.o.

aplomb [aplõ] *m* (*confiance en soi*) self-confidence; (*audace*) nerve; **d'~** vertical, plumb; **je ne suis pas d'~** *fig* I don't feel a hundred percent; **avec ~** confidently

apogée [apɔʒe] *m fig* height, peak

apolitique [apɔlitik] apolitical

apostrophe [apɔstrɔf] *f* (*interpellation*) rude remark; *signe* apostrophe; **apostropher** ⟨1a⟩: **~ qn** F shout at s.o., tear s.o. off a strip

apôtre [apotr] *m* apostle

apparaître [aparɛtr] ⟨4z⟩ appear; **faire ~** bring to light; **il apparaît que** it appears *ou* seems that, it would appear that

appareil [aparɛj] *m* device; AVIAT plane; **qui est à l'~?** TÉL who's speaking?, who's this?; **~ (dentaire)** brace; **~ ménager** household appliance; **~ photo** camera; **appareiller** ⟨1a⟩ match (*à* with); MAR set sail (*pour* for)

apparemment [aparamɑ̃] apparently

apparence [aparɑ̃s] *f* appearance; **en ~** on the face of things; **sauver les ~s** save face; **selon toute ~** judging by appearances; **apparent**, **~e** (*visible*) visible; (*illusoire*) apparent

apparenté, **~e** [aparɑ̃te] related (*à* to)

apparition [aparisjõ] *f* appearance

appartement [apartəmɑ̃] *m* apartment, *Br* flat

appartenance [apartənɑ̃s] *f à une association, à un parti* membership; **appartenir** ⟨2h⟩ belong (*à qn* to s.o.); **il ne m'appartient pas de d'en décider** it's not up to me to decide

appât [apɑ] *m aussi fig* bait; **appâter** ⟨1a⟩ lure

appauvrir [apovrir] ⟨2a⟩ impoverish; **s'~** become impoverished; **appauvrissement** *m* impoverishment

appel [apɛl] *m* call; TÉL (*telephone*) call; (*exhortation*) appeal, call; MIL (*recrutement*) draft, *Br* call-up; JUR appeal; ÉDU roll-call; **faire ~** JUR appeal; **sans ~** final; **faire ~ à qch** (*nécessiter*) require; **faire ~ à qn** appeal to s.o.; **~ d'offres** invitation to tender; **appelé** *m* MIL conscript; **appeler** ⟨1c⟩ call; (*nécessiter*) call for; **en ~ à qn** approach s.o., turn to s.o.; **comment t'appelles-tu?** what's your name?, what are you called?; **je m'appelle ...** my name is ..., I'm called ...

appendice [apɛ̃dis] *m* appendix; **appendicite** *f* MÉD appendicitis

appesantir [apəzɑ̃tir]: **s'~** grow heavier; **s'~ sur** dwell on

appétissant, **~e** [apetisɑ̃, -t] appetizing; **appétit** *m* appetite; **bon ~!** enjoy (your meal)!

applaudir [aplodir] ⟨2a⟩ applaud, clap; **applaudissements** *mpl* applause *sg*, clapping *sg*

applicable [aplikabl] applicable; **applicateur** *m* applicator; **application** *f* application; **appliqué, ~e** *science* applied; **appliquer** ⟨1m⟩ apply; *loi* apply, enforce; **s'~** *d'une personne* apply o.s., work hard; **~ Y sur X** smear X with Y, smear Y on X; **s'~ à qch** apply to sth; **s'~ à faire qch** take pains to do sth with

appointements [apwɛ̃tmɑ̃] *mpl* salary *sg*

apport [apɔr] *m* contribution; **apporter** ⟨1a⟩ bring; **~ du soin à qch** take care over sth; **~ de l'attention à qch** pay attention to sth; **~ des raisons** provide reasons

apposer [apoze] ⟨1a⟩: **~ sa signature** append one's signature

appréciable [apresjabl] significant, appreciable; **appréciation** *f* *d'un prix, d'une distance* estimate; *(jugement)* comment, opinion; COMM appreciation; **apprécier** ⟨1a⟩ *valeur, distance* estimate; *personne, musique, la bonne cuisine* appreciate

appréhender [apreɑ̃de] ⟨1a⟩: **~ qch** be apprehensive about sth; **~ qn** JUR arrest s.o.; **appréhensif, -ive** apprehensive; **appréhension** *f* apprehension

apprendre [aprɑ̃dr] ⟨4q⟩ *leçon* learn; *nouvelle* learn, hear *(par qn* from s.o.); **~ qch à qn** *(enseigner)* teach s.o. sth; *(raconter)* tell s.o. sth; **~ à lire** learn to read

apprenti, ~e [aprɑ̃ti] *m/f* apprentice; *fig* beginner, novice; **~ conducteur** student driver, *Br* learner driver; **apprentissage** *m* *d'un métier* apprenticeship; *processus psychologique* learning

apprêté, ~e [aprete] affected; **apprêter** ⟨1a⟩ prepare; **s'~ à faire qch** prepare to do sth, get ready to do sth

apprivoiser [aprivwaze] ⟨1a⟩ tame

approbateur, -trice [aprɔbatœr, -tris] approving; **approbation** *f* approval

approche [aprɔʃ] *f* approach; **approcher** ⟨1a⟩ **1** *v/t* bring closer *(de* to) **2** *v/i* approach; **s'~ de** approach

approfondi, ~e [aprɔfɔ̃di] thorough, detailed; **approfondir** ⟨2a⟩ deepen; *(étudier)* go into in detail

approprié, ~e [apraprije] appropriate, suitable *(à* for); **approprier** ⟨1a⟩: **s'~ qch** appropriate sth

approuver [apruve] ⟨1a⟩ *projet, loi* approve; *personne, manières* approve of

approvisionnement [aprɔvizjɔnmɑ̃] *m* supply *(en* of); **approvisionner** ⟨1a⟩ supply; **~ un compte bancaire** pay money into a bank account

approximatif, -ive [aprɔksimatif, -iv] approximate; **approximation** *f* approximation; **approximativement** *adv* approximately

appui [apɥi] *m* support; *d'une fenêtre* sill; **prendre ~ sur** lean on; **à l'~ de** in support of; **preuves** *fpl* **à l'appui** supporting evidence *sg*; **appuie- tête** *m (pl inv)* headrest; **appuyer** ⟨1h⟩ **1** *v/t* lean; *(tenir debout)* support; *fig candidat, idée* support, back **2** *v/i*: **~ sur** *bouton* press, push; *fig* stress; **s'~ sur** lean on; *fig* rely on

âpre [apr] bitter

après [apre] **1** *prép* after; **l'un ~ l'autre** one after the other; **~ coup** after the event; **~ quoi** and then, after that; **~ tout** after all; **~ avoir lu le journal, il ...** after reading the paper he ..., after having read the paper, he ...; **d'~ (ce que disent) les journaux** according to the papers, going by what the papers say **2** *adv* afterward, *Br aussi* afterwards **3** *conj*: **~ que** after; **~ qu'il soit** *(subj)* **parti nous avons** ... after he left we ...; **~ qu'il soit** *(subj)* **parti nous aurons** ... after he leaves we will have ...

après-demain [apredmɛ̃] the day after tomorrow

après-guerre [apreger] *m (pl après- guerres)* post-war period

après-midi [apremidi] *m ou f (pl inv)* afternoon

après-rasage [aprɛrazaʒ]: *lotion f ~* aftershave

après-vente [aprɛvɑ̃t]: *service m ~* after-sales service

apr. J.-C. *abr* (= *après Jésus-Christ*) AD (= anno Domini)

à-propos [apropo] *m* aptness

apte [apt] apt (*à* to)

aptitude [aptityd] *f* aptitude

aquarelle [akwarɛl] *f* watercolor, *Br* watercolour

aquarium [akwarjɔm] *m* aquarium

aquatique [akwatik] aquatic; *oiseau* water *atr*

aqueduc [akdyk] *m* aqueduct

arabe [arab] **1** *adj* Arab **2** *m langue* Arabic **3** *m/f* **Arabe** Arab; **Arabie** *f*: *l'~ Saoudite* Saudi (Arabia)

arachide [araʃid] *f* BOT peanut

araignée [arɛɲe] *f* spider

arbitrage [arbitraʒ] *m* arbitration; *à la Bourse* arbitrage

arbitraire [-ɛr] arbitrary

arbitre [arbitr] *m* referee; *libre ~ m* free will; **arbitrer** ⟨1a⟩ *m* arbitrate

arbre [arbr] *m* tree; TECH shaft; *~ généalogique* family tree; *~ de Noël* Christmas tree

arbuste [arbyst] *m* shrub

arc [ark] *m* ARCH arch; GÉOM arc

arcades [arkad] *fpl* ARCH arcade *sg*

arc-boutant [arkbutɑ̃] *m* (*pl* arcs-boutants) ARCH flying buttress

arc-en-ciel [arkɑ̃sjɛl] *m* (*pl* arcs-en-ciel) rainbow

archange [arkɑ̃ʒ] *m* REL archangel

arche [arʃ] *f* arch; *Bible* Ark

archéologie [arkeɔlɔʒi] *f* archeology, *Br* archaeology; **archéologique** archeological, *Br* archaeological; **archéologue** *m/f* archeologist, *Br* archaeologist

archet [arʃɛ] *m* MUS bow

archevêque [arʃəvɛk] *m* archbishop

architecte [arʃitɛkt] *m/f* architect; **architecture** *f* architecture

archives [arʃiv] *fpl* records, archives

arctique [arktik] **1** *adj* Arctic **2** *m* **l'Arctique** the Arctic

ardent, ~e [ardɑ̃, -t] *soleil* blazing; *désir* burning; *défenseur* fervent; ar-

deur *f fig* ardor, *Br* ardour

ardoise [ardwaz] *f* slate

ardu, ~e [ardy] arduous

arène [arɛn] *f* arena; *~s* arena *sg*

arête [arɛt] *f d'un poisson* bone; *d'une montagne* ridge

argent [arʒɑ̃] *m* silver; (*monnaie*) money; *~ liquide ou comptant* cash; *~ du ménage* housekeeping; *~ de poche* allowance, *Br* pocket money; **argenterie** *f* silver(ware)

argentin, ~e [arʒɑ̃tɛ̃, -in] **1** *adj* Argentinian **2** *m/f* **Argentin, ~e** Argentinian; **Argentine** *f*: *l'~* Argentina

argile [arʒil] *f* GÉOL clay

argot [argo] *m* slang; **argotique** slang *atr*

argument [argymɑ̃] *m* argument; **argumenter** ⟨1a⟩ argue

aride [arid] arid, dry; *sujet* dry; **aridité** *f* aridity, dryness

aristocrate [aristɔkrat] *m/f* aristocrat; **aristocratie** *f* aristocracy; **aristocratique** aristocratic

arithmétique [aritmetik] **1** *adj* arithmetical **2** *f* arithmetic

armateur [armatœr] *m* shipowner

armature [armatyr] *f* structure, framework

arme [arm] *f* weapon (*aussi fig*); *~s* (*blason*) coat of arms *sg*; *~ à feu* firearm; **armé, ~e** armed (*de* with); (*équipé*) equipped (*contre* for; *de* with); **armée** *f* army; *~ de l'air* airforce; *Armée du Salut* Salvation Army; **armement** *m* arming; *~s moyens d'un pays* armaments; *course f aux ~s* armaments race; **armer** ⟨1a⟩ arm (*de* with); *fig* equip (*de* with)

armistice [armistis] *m* armistice; *l'Armistice* Veterans' Day, *Br* Remembrance Day

armoire [armwar] *f* cupboard; *pour les vêtements* closet, *Br* wardrobe

arnaque [arnak] *f* F rip-off F, con F; **arnaquer** ⟨1b⟩ F rip off F; **arnaqueur, -euse** *m/f* F hustler F

aromate [arɔmat] *m* herb; (*épice*) spice; **aromathérapie** *m* aromatherapy; **aromatique** aromatic; **arome,** arôme *m* flavor, *Br* flavour; *(odeur)* aroma

arpenter [arpɑ̃te] ⟨1a⟩ measure; *fig: salle* pace up and down; **arpenteur** *m* surveyor

arrache-pied [araʃpje]: **travailler d'~** slave; **arracher** ⟨1a⟩ pull out; *pommes de terre* pull up, lift; *page* pull out, tear out; **~ qch à qn** snatch sth from s.o.; **~ un aveu à qn** extract a confession from s.o.; **s'~ à ou de qch** free o.s. from sth; **s'~ qch** fight over sth; **s'~ les cheveux** pull one's hair out

arrangeant, **~e** [arɑ̃ʒɑ̃] obliging; **arrangement** *m* *(disposition, accord)* MUS arrangement; **arranger** ⟨1l⟩ arrange; *objet* mend, fix; *différend* settle; F **~ qn** *(maltraiter)* beat s.o. up; **cela m'arrange** that suits me; **s'~ avec qn pour faire qch** come to an arrangement with s.o. about sth; **tout s'arrange** everything works out in the end; **s'~ pour faire qch** manage to do sth; **s'~ de qch** put up with sth

arrestation [arɛstasjɔ̃] *f* arrest; **en état d'~** under arrest

arrêt [arɛ] *m* *(interruption)* stopping; *d'autobus* stop; JUR judgment; **sans ~** constantly; AUTO **à l'~** stationary; **~(s) de jeu** overtime; *Br* injury ou stoppage time; **~ de travail** work stoppage; **arrêté** *m* decree; **arrêter** ⟨1b⟩ **1** *v/i* stop **2** *v/t* stop; *moteur* turn off, switch off; *voleur* arrest; *jour, date* set, fix; **~ de faire qch** stop doing sth; **s'~** stop

arrhes [ar] *fpl* COMM deposit

arrière [arjɛr] **1** *adv* back; **en ~** backward; *regarder* back; *(à une certaine distance)* behind; **en ~ de** behind, at the back of **2** *adj inv feu* rear *atr*; **siège** *m* **~** back seat **3** *m* AUTO, SP back; **à l'~** in back, at the back

arriéré, **~e** [arjere] **1** *adj paiement* late, in arrears; *enfant, idées* backward **2** *m* COMM arrears *pl*

arrière-goût [arjɛrgu] *m* aftertaste

arrière-grand-mère [arjɛrgrɑ̃mɛr] *f* (*pl* arrière-grand⟨s⟩-mères) great-

grandmother; **arrière-grand-père** *m* (*pl* arrière-grands-pères) great-grandfather

arrière-pays [arjɛrpei] *m* hinterland

arrière-pensée [arjɛrpɑ̃se] *f* (*pl* arrière-pensées) ulterior motive, hidden agenda

arrière-petit-fils [arjɛrp(ə)tifis] *m* (*pl* arrière-petits-fils) great-grandson

arrière-plan [arjɛrplɑ̃] *m* background

arrière-saison [arjɛrsɛzɔ̃] *f* fall, *Br* autumn

arrimer [arime] ⟨1a⟩ *chargement* stow

arrivage [arivaʒ] *m* consignment; **arrivée** *f* arrival; SP finish line, *Br* finishing line; **arriver** ⟨1a⟩ *(aux être)* arrive; *d'un événement* happen; **~ à un endroit** reach a place, arrive at a place; **ses cheveux lui arrivent aux épaules** her hair comes down to her shoulders; **qu'est-ce qui est arrivé?** what happened?; **~ à faire qch** manage to do sth; **~ à qn** happen to s.o.; **il arrive qu'il soit** (*subj*) **en retard** he's late sometimes; **j'arrive!** (I'm) coming!

arriviste [arivist] *m/f* social climber

ar(r)obase [arɔbaz] *f* INFORM at, at sign

arrogance [arɔgɑ̃s] *f* arrogance; **arrogant, ~e** arrogant

arrondir [arɔ̃dir] ⟨2a⟩ *somme d'argent: vers le haut* round up; *vers le bas* round down; **arrondissement** *m* *d'une ville* district

arroser [aroze] ⟨1a⟩ water; **~ qch** *fig* have a drink to celebrate sth; **arrosoir** *m* watering can

arsenal [arsənal] *m* (*pl* -aux) MAR naval dockyard; MIL arsenal

arsenic [arsənik] *m* arsenic

art [ar] *m* art; **avoir l'~ de faire qch** have a knack *ou* a gift for doing sth; **~s décoratifs** decorative arts; **~s graphiques** graphic arts; **~s plastiques** fine arts

artère [artɛr] *f* ANAT artery; *(route)* main road

artériel, **~le** [arterjel]: **tension** *f* **artérielle** blood pressure; **artériosclérose** *f* MÉD hardening of the arteries

arthrite [artrit] *f* arthritis

artichaut [artiʃo] *m* artichoke; **cœur m d'~** artichoke heart

article [artikl] *m* article, item; JUR article, clause; *de presse*, GRAM article; **~ de fond** *presse* feature article; **~s de luxe** luxury goods

articulation [artikylasjõ] *f* ANAT joint; *d'un son* articulation; **articulé, ~e** *son* articulate; **articuler** ⟨1a⟩ *son* articulate

artifice [artifis] *m* trick; **artificiel, ~le** artificial

artillerie [artijri] *f* artillery

artisan [artizã] *m* craftsman; **artisanal, ~e** (*mpl -aux*) *tapis, poterie etc* hand-made; *fromage, pain etc* traditional; **artisanat** *m* crafts *pl*; **~ d'art** arts and crafts *pl*

artiste [artist] **1** *m/f* artist; *comédien, chanteur* performer **2** *adj* artistic; **artistique** artistic

as [as] *m* ace

asbeste [asbɛst] *m* asbestos

ascendance [asãdãs] *f* ancestry; **ascendant, ~e 1** *adj* upward **2** *m* influence (**sur**, on, over)

ascenseur [asãsœr] *m* elevator, *Br* lift; **ascension** *f d'un alpiniste, d'une fusée, d'un ballon* ascent; *fig* (*progrès*) rise; **l'Ascension** REL Ascension

asiatique [azjatik] **1** *adj* Asian **2** *m/f* **Asiatique** Asian; **Asie** *f*: **l'~** Asia

asile [azil] *m* (*refuge*) shelter; POL asylum; **~ de vieillards** old people's home; **demande** *f* **d'~** request for asylum; **demandeur** *m* **d'~** asylum seeker

asocial, ~e [asɔsjal] antisocial

aspect [aspe] *m* (*vue*) look; (*point de vue*) angle, point of view; *d'un problème* aspect; (*air*) appearance; **sous cet ~** looked at that way; **à l'~ de** at the sight of

asperge [aspɛrʒ] *f* BOT stalk of asparagus; **asperges** asparagus *sg*

asperger [aspɛrʒe] ⟨1l⟩ sprinkle; **~ qn de qch** spray s.o. with sth

asphalte [asfalt] *m* asphalt

asphyxie [asfiksi] *f* asphyxiation; **as-**

phyxier ⟨1a⟩ asphyxiate

aspirateur [aspiratœr] *m* vacuum (cleaner); **aspiration** *f* suction; *fig* aspiration (**à** to)

aspirer [aspire] ⟨1a⟩ *de l'air* breathe in, inhale; *liquide* suck up; **~ à qch** aspire to sth; **~ à faire qch** aspire to doing sth

aspirine [aspirin] *f* aspirin

assagir [asaʒir] ⟨2a⟩: **s'~** settle down

assaillant, ~e [asajã, -t] *m/f* assailant; **assaillir** ⟨2c, *futur* 2a⟩ *vedette* mob; **être assailli de** *de doutes* be assailed by; *de coups de téléphone* be bombarded by

assainir [asenir] ⟨2a⟩ (*nettoyer*) clean up; *eau* purify

assaisonnement [asɛzɔnmã] *m* seasoning; **assaisonner** ⟨1a⟩ season

assassin [asasɛ̃] *m* murderer; *d'un président* assassin; **assassinat** *m* assassination; **assassiner** ⟨1a⟩ murder; *un président* assassinate

assaut [aso] *m* assault, attack

assécher [aseʃe] ⟨1f⟩ drain

assemblage [asãblaʒ] *m* assembly; *fig* collection; **assemblée** *f* gathering; (*réunion*) meeting; **~ générale** annual general meeting; **Assemblée nationale** POL National Assembly; **assembler** ⟨1a⟩ (*unir*) assemble, gather; TECH assemble; **s'~** assemble, gather

assentiment [asãtimã] *m* consent

asseoir [aswar] ⟨3l⟩: **s'~** sit down

assermenté, ~e [asɛrmãte] *fonctionnaire* sworn; *témoin* on oath

assertion [asɛrsjõ] *f* assertion

assez [ase] *adv* enough; (*plutôt*) quite; **~ d'argent** enough money (*pour faire qch* to do sth); **la maison est ~ grande** the house is quite big; **la maison est ~ grande pour tous** the house is big enough for everyone; **j'en ai ~!** I've had enough!

assidu, ~e [asidy] *élève* hard-working

assiéger [asjeʒe] ⟨1g⟩ besiege (*aussi fig*)

assiette [asjɛt] *f* plate; **ne pas être dans son ~** *fig* be under the weather; **~ anglaise** cold cuts *pl*, *Br* cold meat

assignation [asiɲasjõ] *f* allocation; ~
(*à comparaître*) JUR summons *sg*;
assigner ⟨1a⟩ *à un rôle, un emploi,
une tâche* assign; ~ *à comparaître*
subpoena

assimiler [asimile] ⟨1a⟩ (*comparer*)
compare; *connaissances, étrangers* as-
similate; *il s'assimile à …* he thinks
he's like …, he compares himself
with …

assis, ~e [asi, -z] **1** *p/p* → *asseoir*
2 *adj:* **place** *f* **~e** seat; **être ~** be sitting; **rester ~** keep sitting; **assises** *fpl*
JUR: **cour** *f* **d'~** court of assizes

assistance [asistãs] *f* (*public*) audience; (*aide*) assistance; **être placé à
l'Assistance Publique** be taken
into care; **assistant, ~e** *m/f* assistant; **~e sociale** social worker; **assister** ⟨1a⟩ **1** *v/i:* ~ *à qch* attend
sth, be (present) at sth **2** *v/t:* ~ *qn* assist s.o.; **assisté(e) par ordinateur**
computer-aided

association [asɔsjasjõ] *f* association;
~ *de parents d'élèves* parent-tea-
cher association, PTA; **associé, ~e**
m/f partner; **associer** ⟨1a⟩ associate
(*à* with); **s'~** join forces; COMM go
into partnership; **s'~ à** *douleur* share
in

assoiffé, ~e [aswafe] thirsty; ~ *de* *fig*
hungry for

assombrir [asõbrir] ⟨2a⟩: **s'~** darken

assommant, ~e [asɔmã, -t] F deadly
boring; **assommer** ⟨1a⟩ stun; F bore
to death

Assomption [asõpsjõ] *f* REL Assumption

assorti, ~e [asɔrti] matching; **gants
~s au bonnet** matching hat and
gloves; **fromages** *mpl* **~s** cheese
platter *sg*, assortment of cheeses; ~
de accompanied by; **assortiment**
m assortment; **assortir** ⟨2a⟩ match

assoupir [asupir] ⟨2a⟩ send to sleep;
fig: douleur, sens dull; **s'~** doze off; *fig*
die down

assouplissant [asuplisã] fabric softener

assourdir [asurdir] ⟨2a⟩ (*rendre
comme sourd*) deafen; *bruit* muffle

assouvir [asuvir] ⟨2a⟩ satisfy (*aussi
fig*)

assujettir [asyʒetir] ⟨2a⟩ subjugate; ~
qn à qch subject s.o. to sth; **assujet-
ti à l'impôt** subject to tax; **assujet-
tissement** *m* subjugation

assumer [asyme] ⟨1a⟩ take on, assume

assurance [asyrãs] *f* (*confiance en
soi*) assurance, self-confidence; (*promesse*) assurance; (*contrat*) insurance;
~ *auto* car insurance; ~ *maladie*
health insurance; ~ *responsabilité
civile* public liability insurance; ~
tous risques all-risks insurance; ~
au tiers third party insurance; ~
vie life insurance; **assuré, ~e 1**
(*sûr*) confident **2** *m/f* insured party;
assurément *adv* certainly; **assurer**
⟨1a⟩ *victoire, succès* ensure, make
sure of; (*couvrir par une assurance*) in-
sure; ~ *à qn que* assure s.o. that; ~
qch à qn provide s.o. with sth; **s'~**
take out insurance (*contre* against);
s'~ de qch (*vérifier*) make sure of
sth, check sth

astérisque [asterisk] *m* asterisk

asthmatique [asmatik] asthmatic;
asthme *m* asthma

astiquer [astike] ⟨1m⟩ *meuble* polish;
casserole scour

astre [astr] *m* star

astreindre [astrẽdr] ⟨4b⟩ compel (*à
faire qch* to do sth)

astrologie [astrɔlɔʒi] astrology; **astrologue** *m/f* astrologer

astronaute [astrɔnot] *m/f* astronaut;
astronome *m/f* astronomer; **astronomie** *f* astronomie; **astronomique**
astronomical (*aussi fig*)

astuce [astys] *f* (*ingéniosité*) astute-
ness, shrewdness; (*truc*) trick; **astu-
cieux, -euse** astute, shrewd

atelier [atəlje] *m* workshop; *d'un artiste* studio

athée [ate] *m/f* atheist; **athéisme** *m*
atheism

athlète [atlet] *m/f* athlete; **athlétique**
athletic; **athlétisme** *m* athletics *sg*

atlantique [atlãtik] **1** *adj* Atlantic;
l'océan m Atlantique the Atlantic

Ocean **2** *m*: *l'Atlantique* the Atlantic

atlas [atlas] *m* (*pl inv*) atlas

atmosphère [atmɔsfer] *f* atmosphere; **atmosphérique** atmospheric

atome [atom] *m* atom; **atomique** atomic; **bombe** *f* ~ atom bomb; **atomiseur** *m* spray, atomizer

atout [atu] *m fig* asset

atroce [atrɔs] dreadful, atrocious; **atrocité** *f* atrocity

attabler [atable] ⟨1a⟩: *s'~* sit at the table

attachant, **~e** [ataʃɑ̃, -t] captivating; **attache** *f* fastener, tie; *~s fig* ties; **attaché**, **~e**: *être ~ à qn / qch* be attached to s.o. / sth; **attaché-case** *m* executive briefcase; **attacher** ⟨1a⟩ **1** *v/t* attach, fasten; *animal* tie up; *prisonnier* secure; *chaussures* do up; *~ de l'importance à qch fig* attach importance to sth **2** *v/i* CUIS (*coller*) stick; *s'~ à personne, objet* become attached to

attaquant, **~e** [atakɑ̃, -t] *m/f* SP striker; **attaque** *f* attack; *~ à la bombe* bomb attack; **attaquer** ⟨1m⟩ attack; *travail, difficulté* tackle; *s'~ à* attack; *problème* tackle

attarder [atarde] ⟨1a⟩: *s'~* linger; *s'~ ou sur qch* dwell on sth

atteindre [atɛ̃dr] ⟨4b⟩ reach; *but* reach, achieve; *d'un projectile, d'un coup* strike, hit; *d'une maladie* affect; *être atteint du cancer* have cancer; **atteinte** *f fig* attack; *porter ~ à qch* undermine sth; *hors d'~* out of reach

atteler [atle] ⟨1c⟩ *cheval* harness

attenant, **~e** [atnɑ̃, -t] adjoining; *~ à* adjacent to

attendant [atɑ̃dɑ̃]: *en ~* in the meantime; *en ~ qu'il arrive* (*subj*) while waiting for him to arrive; **attendre** ⟨4a⟩ wait; *~ qn* wait for s.o.; *j'attends que les magasins ouvrent* (*subj*) I'm waiting for the shops to open; *s'~ à qch* expect sth; *~ qch de qn, qch* expect sth from s.o. / sth; *~ un enfant* be expecting a baby

attendrir [atɑ̃drir] ⟨2a⟩ *fig: personne*

move; *cœur* soften; *s'~* be moved (*sur* by); **attendrissement** *m* tenderness

attendu, **~e** [atɑ̃dy] **1** *adj* expected **2** *prép* in view of; *~ que* considering that

attentat [atɑ̃ta] *m* attack; *~ à la bombe* bombing, bomb attack; *~ à la pudeur* indecent assault; *~ suicide* suicide bomb attack; *~ terroriste* terrorist attack

attente [atɑ̃t] *f* wait; (*espoir*) expectation

attenter [atɑ̃te] ⟨1a⟩: *~ à la vie de qn* make an attempt on s.o.'s life

attentif, **-ive** [atɑ̃tif, -iv] attentive (*à* to); **attention** *f* attention; (*fais*) *~!* look out!, (be) careful!; *faire ~ à qch* pay attention to sth; *faire ~ (à ce) que* (+ *subj*) make sure that; *à l'~ de* for (the attention of)

atténuant, **~e** [atenɥɑ̃, -t] JUR: *circonstances fpl atténuantes* mitigating *ou* extenuating circumstances; **atténuer** ⟨1n⟩ reduce, diminish; *propos, termes* soften, tone down

atterrer [atere] ⟨1b⟩: *être atterré par* be staggered by

atterrir [aterir] ⟨2a⟩ AVIAT land; *~ en catastrophe* crash-land; **atterrissage** *m* AVIAT landing; *~ forcé* crash landing

attestation [atɛstasjɔ̃] *f* certificate; **attester** ⟨1a⟩ certify; (*prouver*) confirm

attirail [atiraj] *m péj* gear

attirance *f* attraction; **attirer** ⟨1a⟩ attract; *~ l'attention de qn sur qch* draw s.o.'s attention to sth; *s'~ des critiques* come in for criticism, be criticized

attiser [atize] ⟨1b⟩ *émotions* whip up

attitude [atityd] *f* attitude; *d'un corps* pose

attractif, **-ive** [atraktif, -iv] attractive; **attraction** *f* attraction; *~ touristique* tourist attraction

attrait [atre] *m* attraction, appeal

attrape-nigaud [atrapnigo] *m* (*pl attrape-nigauds*) trick, scam F

attraper [atrape] ⟨1a⟩ catch; (*duper*)

take in; **~ un rhume** catch (a) cold

attrayant, ~e [atrɛjɑ̃, -t] attractive

attribuer [atribɥe] ⟨1n⟩ attribute; *prix* award; *part, rôle, tâche* assign, allot; *valeur, importance* attach; **s'~** take; **attribut** *m* attribute; **attribution** *f* allocation; *d'un prix* award; **~s** (*compétence*) competence *sg*

attrister [atriste] ⟨1a⟩ sadden

attroupement [atrupmɑ̃] *m* crowd; **attrouper** ⟨1a⟩: **s'~** gather

aubaine [obɛn] *f* stroke of luck

aube [ob] *f* dawn; **à l'~** at dawn

auberge [obɛrʒ] *f* inn; **~ de jeunesse** youth hostel

aubergine [obɛrʒin] *f* BOT eggplant, *Br* aubergine

aubergiste [obɛrʒist] *m/f* innkeeper

aucun, ~e [okœ̃, -yn] **1** *adj* ◊ *avec négatif* no, not …any; **il n'y a ~e raison** there is no reason, there isn't any reason; **sans ~ doute** without a *ou* any doubt; **en ~ cas** under no circumstances

◊ *avec positif, interrogatif* any; **plus qu'~ autre** more than any other **2** *pron* ◊ *avec négatif* none; **~ des deux** neither of the two

◊ *avec positif, interrogatif* anyone, anybody; **d'~s** *litt* some (people)

aucunement [okynəmɑ̃] *adv* not at all, not in the slightest

audace [odas] *f* daring, audacity; *péj* audacity; **audacieux, -euse** (*courageux*) daring, audacious; (*insolent*) insolent

au-delà [ou(ə)la] **1** *adv* beyond; **~ de** above **2** *m* REL hereafter

au-dessous [odsu] **1** *adv* below **2** *prép*: **~ de** below

au-dessus [odsy] **1** *adv* above **2** *prép*: **~ de** above

au-devant [odvɑ̃]: **aller ~ de** *personne, danger* meet; *désirs* anticipate

audible [odibl] audible

audience [odjɑ̃s] *f* (*entretien*) audience; *d'un tribunal* hearing

audiovisuel, ~le [odjovizɥɛl] audiovisual

audit *m* FIN audit

auditeur, -trice [oditœr, -tris] *m/f* listener; FIN auditor; **audition** *f* audition; (*ouïe*) hearing; *de témoins* examination; **auditionner** ⟨1a⟩ audition; **auditoire** *m* audience

augmentation [ogmɑ̃tasjõ] *f* increase; *de salaire* raise, *Br* rise; **augmenter** ⟨1a⟩ **1** *v/t* increase; *salarié* give a raise *ou Br* rise to **2** *v/i* increase, rise

augure [ogyr] *m* omen; **être de bon / mauvais ~** be a good / bad sign *ou* omen

aujourd'hui [oʒurdɥi] today; (*de nos jours*) nowadays, these days, today

auparavant [oparavɑ̃] *adv* beforehand; **deux mois ~** two months earlier

auprès [oprɛ] *prép*: **~ de** beside, near

auquel [okɛl] → **lequel**

aura [ɔra] *f* aura

auréole [ɔreɔl] *f* halo; (*tâche*) ring

auriculaire [ɔrikylɛr] *m* little finger

aurore [ɔrɔr] *f* dawn

ausculter [oskylte, ɔs-] ⟨1a⟩ MÉD sound

aussi [osi] **1** *adv* too, also; **c'est ~ ce que je pense** that's what I think too *ou* also; **il est ~ grand que moi** he's as tall as me; **~ jeune qu'elle soit** (*subj*) young though she may be, as young as she is **2** *conj* therefore

aussitôt [osito] immediately; **~ que** as soon as

austère [ostɛr] austere; **austérité** *f* austerity

austral, ~e [ostral] (*mpl* -s) GÉOGR southern

Australie [ostrali] *f*: **l'~** Australia; **australien, ~ne 1** *adj* Australian **2 Australien, ~ne** *m/f* Australian

autant [otɑ̃] ◊ (*tant*) as much (*que* as); *avec pluriel* as many (*que* as); **je ne pensais pas manger ~** I didn't mean to eat as *ou* so much

◊ *comparatif*: **~ de … que …** as much … as …; *avec pluriel* as many … as …

◊: (*pour*) **~ que je sache** (*subj*) as far as I know; **en faire ~** do the same, do likewise; **d'~ plus / moins / mieux que** all the more / less / better because; *mais elles ne sont pas plus satisfaites pour* ~ but that doesn't make them any happier for that; ~ *parler à un sourd* you might as well be talking to a brick wall

autel [otɛl] *m* altar

auteur [otœr] *m/f* (*écrivain*) author; *d'un crime* perpetrator; **auteur-compositeur** *m* songwriter

authenticité [otɑ̃tisite] *f* authenticity; **authentique** authentic

autiste [otist] autistic

auto [oto] *f* car, automobile; ~ *tamponneuse* dodgem

autobiographie [otobjɔgrafi] *f* autobiography

autobus [otobys] *m* bus

autocar [otokar] *m* bus

autochtone [otɔktɔn] *adj & m/f* native

autocollant, ~e [otokɔlɑ̃, -t] **1** *adj* adhesive **2** *m* sticker

autocrate [otokrat] *m* autocrat; **autocratique** autocratic

autodéfense [otodefɑ̃s] *f* self-defense, *Br* self-defence

autodétermination [otodetɛrminasjɔ̃] *f* self-determination

autodidacte [otodidakt] self-taught

auto-école [otoekɔl] *f* (*pl* auto-écoles) driving school

autogéré, ~e [otoʒere] self-managed; **autogestion** *f* self-management

autographe [otograf] *m* autograph

automatique [otomatik] **1** *adj* automatic **2** *m pistolet* automatic; **automatiquement** *adv* automatically; **automatisation** *f* automation; **automatiser** ⟨1a⟩ automate

automnal, ~e [otonal] fall *atr*, *Br* autumn *atr*, autumnal; **automne** *m* fall, *Br* autumn; **en ~** in fall

automobile [otomɔbil] **1** *adj* automobile *atr*, car *atr* **2** *f* car, automobile; **automobilisme** *m* motoring; **automobiliste** *m/f* driver

autonome [otonɔm] independent; POL autonomous; **autonomie** *f* independence; POL autonomy

autopsie [otɔpsi] *f* autopsy

autoradio [otoradjo] *m* car radio

autorisation [otorizasjɔ̃] *f* authorization, permission; **autoriser** ⟨1a⟩ authorize, allow

autoritaire [otoritɛr] authoritarian; **autorité** *f* authority; **faire ~ en qch** be an authority on sth

autoroute [otorut] *f* highway, *Br* motorway; **autoroutier, -ère: réseau** *m* ~ highway *ou Br* motorway network

auto-stop [otostɔp] *m*: **faire de l'~** hitchhike, thumb a ride; **auto-stoppeur, -euse** *m/f* (*pl* auto-stoppeurs, -euses) hitchhiker

autour [otur] *adv* around; ~ *de* around

autre [otr] **1** *adj* other; *un / une ~ ...* another ...; *l'~ jour* the other day; *nous ~s Américains* we Americans; *rien d'~* nothing else; ~ *part* somewhere else; *d'~ part* on the other hand; *de temps à ~* from time to time; *elle est tout ~ maintenant* she's quite different now **2** *pron*: *un / une ~* another (one); *l'~* the other (one); *les ~s* the others; (*autrui*) other people; *d'~s* others; *l'un l'~*, *les uns les ~s* each other, one another; *tout ~ que lui* anyone other than him

autrefois [otrəfwa] in the past

autrement [otrəmɑ̃] *adv* (*différemment*) differently; (*sinon*) otherwise; ~ *dit* in other words

Autriche [otriʃ] *f*: *l'~* Austria; **autrichien, ~ne 1** *adj* Austrian **2** *m/f* **Autrichien, ~ne** Austrian

autrui [otrɥi] other people *pl*, others *pl*; *l'opinion d'~* what other people think

auvent [ovɑ̃] *m* awning

auxiliaire [oksiljɛr] **1** *adj* auxiliary **2** *m/f* (*assistant*) helper, auxiliary; ~ *médical(e)* paramedic **3** *m* GRAM auxiliary

auxquelles, auxquels [okɛl] → *lequel*

av. *abr* (= *avenue*) Ave (= avenue)

aval [aval] **1** *adv*: **en ~** downstream (*de* from) **2** FIN guarantee; *donner son ~* give one's backing

avalanche [avalɑ̃ʃ] *f* avalanche
avaler [avale] ⟨1a⟩ swallow
avance [avɑ̃s] *f* advance; *d'une course*
lead; *à l'~, par ~, d'~* in advance,
ahead of time; *en ~* ahead of time;
~ rapide fast forward; **avancé** advanced; *travail* well-advanced;
avancement *m* (*progrès*) progress;
(*promotion*) promotion; **avancer**
⟨1k⟩ **1** *v/t chaise* bring forward; *main*
put out, stretch out; *argent* advance;
date, rendez-vous bring forward; *proposition, thèse* put forward **2** *v/i* make
progress; MIL advance; *d'une montre*
be fast; *s'~ vers* come up to
avant [avɑ̃] **1** *prép* before; *~ six mois*
within six months; *~ tout* above all; *~
de faire qch* before doing sth **2** *adv*
temps before; *espace* in front of; *en ~*
forward; *il est parti en ~* he went on
ahead; *en ~!* let's go!; *en ~, marche!*
forward march! **3** *conj*: *~ que* (+
subj) before; *~ que cela ne se
rompe* before it breaks **4** *adj*: *roue
f ~* front wheel **5** *m* front; *d'un navire*
bow; SP forward
avantage [avɑ̃taʒ] *m* advantage; *~s
sociaux* fringe benefits; **avantager**
⟨1l⟩ suit; (*favoriser*) favor, *Br* favour;
avantageux, -euse advantageous;
prix good
avant-bras [avɑ̃bʁa] *m* (*pl inv*) fore-
arm
avant-coureur [avɑ̃kuʁœʁ] (*pl avant-
-coureurs*): *signe m ~* precursor
avant-dernier, -ère [avɑ̃dɛʁnje, -ɛʁ]
(*pl avant-derniers, avant-dernières*)
last but one
avant-goût [avɑ̃gu] *m fig* foretaste
avant-hier [avɑ̃tjɛʁ] *adv* the day before yesterday
avant-poste [avɑ̃pɔst] *m* (*pl avant-
-postes*) outpost
avant-première [avɑ̃pʁəmjɛʁ] *f* pre-
view
avant-projet [avɑ̃pʁɔʒɛ] *m* (*pl avant-
-projets*) preliminary draft
avant-propos [avɑ̃pʁɔpo] *m* (*pl inv*)
foreword
avant-veille [avɑ̃vɛj] *f*: *l'~* two days
before

avare [avaʁ] **1** *adj* miserly; *être ~ de
qch* be sparing with sth **2** *m* miser;
avarice *f* miserliness
avarié, ~e [avaʁje] *nourriture* bad
avec [avɛk] **1** *prép* with; *et ~ cela?*
(will there be) anything else?
2 *adv*: *tu viens ~?* F are you coming
too?
avenant, ~e [avnɑ̃, -t] *fml* **1** *adj* pleasant **2** *adv*: *le reste est à l'~* the rest
is in keeping with it
avènement [avɛnmɑ̃] *m* advent
avenir [avniʁ] *m* future; *à l'~* in future;
dans un ~ prochain in the near fu-
ture; *d'~* promising
Avent [avɑ̃] *m* Advent; *calendrier m
de l'~* Advent calendar
aventure [avɑ̃tyʁ] *f* adventure; (*liaison*) affair; **aventurer** ⟨1a⟩: *s'~* venture (*dans* into); **aventureux, -euse**
adventurous; *projet* risky
avenu [avny]: *nul et non ~* null and
void
avenue [avny] *f* avenue
avérer [aveʁe] ⟨1f⟩: *s'~* (+ *adj*) prove
averse [avɛʁs] *f* shower
aversion [avɛʁsjɔ̃] *f* aversion (*pour* ou
contre to); *prendre qn en ~* take a
dislike to s.o.
averti, ~e [avɛʁti] informed; **avertir**
⟨2a⟩ inform (*de* of); (*mettre en garde*)
warn (*de* of); **avertissement** *m*
warning; **avertisseur** *m* AUTO horn;
~ d'incendie fire alarm
aveu [avø] *m* (*pl -x*) confession, admission
aveuglant, ~e [avœglɑ̃, -t] blinding;
aveugle 1 *adj* blind **2** *m/f* blind
man; blind woman; **aveuglement**
m fig blindness; **aveuglément** *adv*
blindly; **aveugler** ⟨1a⟩ blind; *d'une
lumière* blind, dazzle; **aveuglette**: *à
l'~ fig* blindly
aviateur, -trice [avjatœʁ, -tʁis] *m/f* pilot; **aviation** *f* aviation, flying
avide [avid] greedy, avid (*de* for); **avidité** *f* greed
avilir [aviliʁ] ⟨2a⟩ degrade; **avilissant** degrading
avion [avjɔ̃] *m* (air)plane, *Br* (aero)-
plane; *aller en ~* fly, go by plane;

par ~ (by) airmail; **~-cargo** freighter, freight plane; ~ **de chasse** , ~ **de combat** fighter (aircraft); ~ **commercial** commercial aircraft; ~ **furtif** stealth bomber; ~ **de ligne** passenger aircraft *ou* plane

aviron [avirõ] *m* oar; SP rowing

avis [avi] *m* (*opinion*) opinion; (*information*) notice; **à mon** ~ in my opinion; **je suis du même** ~ **que vous** I share your opinion, I agree with you; **changer d'**~ change one's mind; **sauf** ~ **contraire** unless I / you / *etc* hear anything to the contrary, unless otherwise stated; ~ **de réception** acknowledgment of receipt; ~ **de tempête** storm warning; **avisé**, **~e** sensible; **être bien** ~ **de faire qch** be well-advised to do sth; **aviser** ⟨1a⟩: ~ **qn de qch** advise *ou* inform s.o. of sth; ~ **à qch** think about sth; **s'**~ **de qch** notice sth; **s'**~ **de faire qch** take it into one's head to do sth

av. J.-C. *abr* (= *avant Jésus-Christ*) BC (= before Christ)

avocat, **~e** [avɔka, -t] **1** *m/f* lawyer; (*défenseur*) advocate **2** *m* BOT avocado

avoine [avwan] *f* oats *pl*

avoir [avwar] ⟨1⟩ **1** *v/t* ◊ (*posséder*) have, have got; **il a trois filles** he has three daughters, he's got three daughters

◊ (*obtenir*) *permis etc* get; **il a eu de bonnes notes** he had *ou* he got good grades

◊ F (*duper*): ~ **qn** take s.o. for a ride

F; **on vous a eu** you've been had

◊ **j'ai froid / chaud** I am cold / hot

◊: ~ **20 ans** be 20, be 20 years old

◊: **elle eut un petit cri** she gave a little cry

◊: **tu n'as qu'à …** all you have to do is …

◊: **il y a** there is; *avec pluriel* there are; **qu'est-ce qu'il y a?** what's the matter?; **il y a un an** a year ago; **il y a deux mois jusqu'à …** it is *ou* it's two months until …

2 *v/aux* have; **j'ai déjà parlé** I have *ou* I've already spoken; **il a déjà parlé** he has *ou* he's already spoken; **je lui ai parlé hier** I spoke to him yesterday; **je ne lui ai pas parlé hier** I didn't speak to him yesterday

3 *m* COMM credit; (*possessions*) property, possessions *pl*

avoisinant, **~e** [avwazinã, -t] neighboring, *Br* neighbouring; **avoisiner** ⟨1a⟩: ~ **qch** border *ou* verge on sth

avorté, **~e** [avɔrte] abortive; **avortement** *m* miscarriage; *provoqué* abortion; **avorter** ⟨1a⟩ **1** *v/t femme* terminate the pregnancy of; **se faire** ~ have an abortion *ou* a termination **2** *v/i* miscarry; *fig* fail; **avorteur**, **-euse** *m/f* abortionist

avouer [avwe] ⟨1a⟩ confess; ~ **avoir fait qch** confess to having done sth

avril [avril] *m* April

axe [aks] *m* axle; GÉOM axis; *fig* basis; **axer** ⟨1a⟩ base (**sur** on); **être axé sur qch** center *ou Br* centre on sth

azote [azɔt] *m* CHIM nitrogen

B

baba [baba] **1** *m*: ~ **au rhum** rum baba **2** *adj inv* F: **en rester** ~ be staggered

babillage [babijaʒ] *m* babble; **babil-** **ler** ⟨1a⟩ babble

babiole [babjɔl] *f* trinket; *fig* trifle

bâbord [bɑbɔr] *m* MAR: **à** ~ to port

baby-foot [bebifut] *m* (*pl inv*) table

B

football

baby-sitter [bebisitœr] *m/f* (*pl* baby--sitters) baby-sitter

bac[1] [bak] *m bateau* ferry; *récipient* container

bac[2] [bak] *m* F, **baccalauréat** [bakalɔrea] *m exam that is a prerequisite for university entrance*

bâche [baʃ] *f* tarpaulin

bacille [basil] *m* BIOL, MÉD bacillus

bâcler [bakle] ⟨1a⟩ F botch F

bactérie [bakteri] *f* BIOL, MÉD bacteria *pl*, bacterium *fml*; **~s** bacteria

badaud [bado] *m* onlooker, rubberneck F

badge [badʒ] *m* badge

badigeonner [badiʒɔne] ⟨1a⟩ paint (*aussi* MÉD), slap some paint on *péj*

badinage [badinaʒ] *m* banter

badiner [badine] ⟨1a⟩ joke; **ne pas ~ avec qch** not treat sth as a joke

baffe [baf] *f* F slap

bafouer [bafwe] ⟨1a⟩ ridicule

bafouiller [bafuje] ⟨1a⟩ **1** *v/t* stammer **2** *v/i* F talk nonsense

bâfrer [bafre] ⟨1a⟩ F pig out F

bagages [bagaʒ] *mpl* baggage *sg*, luggage *sg*; *fig* (*connaissances*) knowledge *sg*; **faire ses ~** pack one's bags; **~ à main** hand baggage, hand luggage; **bagagiste** *m* baggage handler

bagarre [bagar] *f* fight, brawl; **bagarrer** ⟨1a⟩ F: **se ~** fight, brawl; **bagarreur, -euse 1** *adj* scrappy, pugnacious **2** *m* F brawler

bagatelle [bagatɛl] *f* trifle

bagne [baɲ] *m* prison

bagnole [baɲɔl] *f* F car

bague [bag] *f* ring; **~ de fiançailles** engagement ring

baguette [bagɛt] *f* stick; MUS baton; *pain* French stick; **~s pour manger** chopsticks; **~ magique** magic wand

baie[1] [bɛ] *f* BOT berry

baie[2] [bɛ] *f* (*golfe*) bay; **Baie d'Hudson** Hudson Bay

baignade [beɲad] *f action* swimming; **baigner** ⟨1b⟩ *enfant* bathe, *Br* bath; **se ~** go for a swim; **baigneur** *m* doll; **baignoire** *f* (bath)tub

bail [baj] *m* (*pl* baux [bo]) lease

bâiller [baje] ⟨1a⟩ yawn; *d'un trou* gape; *d'une porte* be ajar

bailleur, -eresse [bajœr, -rɛs] *m/f* lessor; **~ de fonds** backer

bâillon [bajɔ̃] *m* gag; **bâillonner** ⟨1a⟩ gag (*aussi fig*)

bain [bɛ̃] *m* bath; **salle f de ~s** bathroom; **être dans le ~** *fig* (*au courant*) be up to speed; **prendre un ~** take a bath; **prendre un ~ de soleil** sunbathe; **~ de bouche** mouthwash; **~ moussant** bubble bath; **~ de sang** bloodbath; **bain-marie** *m* (*pl* bains-marie) CUIS double boiler

baïonnette [bajɔnɛt] *f* MIL bayonet

baiser [beze] **1** *v/t* ⟨1b⟩ kiss; V screw V; **se faire ~** V be screwed V

baisse [bɛs] *f* drop, fall; **être en ~** be dropping *ou* falling; **baisser** ⟨1b⟩ **1** *v/t tête, voix, yeux, store, prix etc* lower; *radio, chauffage* turn down **2** *v/i de forces* fail; *de lumière* fade; *d'un niveau, d'une température, d'un prix, d'actions* drop, fall; *de vue* deteriorate; **se ~** bend down

bal [bal] *m* (*pl* bals) dance; *formel* ball

balade [balad] *f* walk, stroll; **faire une ~** go for a walk *ou* stroll; **balader** ⟨1a⟩ walk; **se ~** go for a walk *ou* stroll

baladeur [baladœr] *m* Walkman®

balafre [balafr] *f* (*blessure*) gash; (*cicatrice*) scar

balai [balɛ] *m* broom; **donner un coup de ~ à qch** give sth a sweep; **un coup de ~** *fig* F dismissals *pl*, job losses *pl*; **balai-brosse** *m* (*pl* balais-brosses) long-handled scrubbing brush

balance [balɑ̃s] *f* scales *pl*; COMM balance; ASTROL Libra; **~ commerciale** trade balance; **balancer** ⟨1k⟩ *bras, jambes* swing; F (*lancer*) throw, chuck F; F (*jeter*) chuck out F; **se ~** swing; **je m'en balance** F I don't give a damn F; **balancier** *m* (*pendule*) pendulum; **balançoire** *f* swing

balayer [baleje] ⟨1i⟩ sweep; *fig: gouvernement* sweep from power; *soucis* sweep away, get rid of; **~ devant sa porte** put one's own house in order; **balayette** *f* handbrush; **ba-**

layeur, -euse *m/f* street sweeper

balbutier [balbysje] ⟨1a⟩ stammer, stutter

balcon [balkɔ̃] *m* balcony

Baléares [balear] *fpl*: **les ~** the Balearic Islands, the Balearics

baleine [balɛn] *f* whale

balise [baliz] *f* MAR (marker) buoy; AVIAT (marker) light

balivernes [balivern] *fpl* nonsense *sg*

balkanique [balkanik] Balkan; **Balkans** *mpl*: **les ~** the Balkans

ballade [balad] *f* ballad

balle [bal] *f* ball; *d'un fusil* bullet; *de marchandises* bale; **renvoyer la ~ à qn** *fig* answer s.o. back; **500 ~s** P 500 euros / francs; **~ de golf** golf ball; **~ de match** match point; **~ de tennis** tennis ball

ballerine [balrin] *f* ballerina

ballet [balɛ] *m* ballet

ballon [balɔ̃] *m* ball; *pour enfants*, AVIAT balloon; **~ rond** soccer ball, Br football; SP soccer, Br football; **ballonné, ~e** *ventre* bloated

ballot [balo] *m* bundle; *fig* F jerk F, idiot; **ballottage** *m*: (*scrutin de*) **~** second ballot; **ballotter** ⟨1a⟩ **1** *v/t* buffet **2** *v/i* bounce up and down

balnéaire [balneɛr]: **station** *f* **~** seaside resort

balourd, ~e [balur, -d] clumsy

balte [balt] Baltic; **les pays ~s** the Baltic countries

Baltique [baltik]: **la (mer) ~** the Baltic (Sea)

balustrade [balystrad] *f* balustrade

bambin [bɑ̃bɛ̃] *m* child

bambou [bɑ̃bu] *m* BOT bamboo

banal, ~e [banal] (*mpl* -als) banal; **banalité** *f* banality

banane [banan] *f* banana; *sac* fanny pack, Br bum bag; **bananier** *m* banana tree

banc[1] [bɑ̃] *m* bench, seat; **~ des accusés** dock; **~ d'essai** test bed; **~ de sable** sandbank

banc[2] [bɑ̃] *m de poissons* shoal

bancaire [bɑ̃kɛr] bank *atr*; **chèque** *m* **~** check, Br cheque

bancal, ~e [bɑ̃kal] (*mpl* ⋯) wobbly

bandage [bɑ̃daʒ] *m* MÉD bandage

bande [bɑ̃d] *f de terrain, de tissu* strip; MÉD bandage; (*rayure*) stripe; (*groupe*) group; *péj* gang, band; **~ annonce** trailer; **~ dessinée** comic strip; **~ magnétique** magnetic tape; **~ originale** sound track; **~ son** sound track; **bandeau** *m* (*pl* -x) *sur le front* headband; *sur les yeux* blindfold; **bander** ⟨1a⟩ MÉD bandage; P have an erection *ou* hard-on P; **~ les yeux à qn** blindfold s.o.

banderole [bɑ̃drɔl] *f* banner

bandit [bɑ̃di] *m* bandit; (*escroc*) crook

bandoulière [bɑ̃duljɛr] *f*: **en ~** across the shoulder

banlieue [bɑ̃ljø] *f* suburbs *pl*; **de ~** suburban; **trains** *mpl* **de** suburban *ou* commuter trains; **banlieusard, ~e** *m/f* suburbanite

bannière [banjɛr] *f* banner; **~ étoilée** Stars and Stripes *sg ou pl*

bannir [banir] ⟨2a⟩ banish

banque [bɑ̃k] *f* bank; **Banque centrale européenne** European Central Bank; **~ de données** data bank; **Banque mondiale** World Bank; **~ du sang** blood bank; **~ du sperme** sperm bank

banqueroute [bɑ̃krut] *f* bankruptcy

banquet [bɑ̃kɛ] *m* banquet

banquette [bɑ̃kɛt] *f* seat

banquier [bɑ̃kje] *m* banker

banquise [bɑ̃kiz] *f* pack ice

bans [bɑ̃] *mpl* banns

baptême [batɛm] *m* baptism; **baptiser** ⟨1a⟩ baptize

baquet [bakɛ] *m* tub

bar [bar] *m établissement, comptoir* bar; *meuble* cocktail cabinet

baragouin [baragwɛ̃] *m* gibberish

baraque [barak] *f* shack; (*maison*) house; **baraqué, ~e** F: (*bien*) **~** well-built

baratin [baratɛ̃] *m* F spiel F; **baratiner** ⟨1a⟩ sweet-talk; *fille* chat up

barbant, ~e [barbɑ̃, -t] F boring

barbare [barbar] **1** *adj* barbaric **2** *m/f* barbarian; **barbarie** *f* barbarity

~! F what ...ton candy, Br

...əkju, -ky] m barbecue ...s [barbəle] **1** adj: **fil** m **de** ...barbed wire **2** m: **~s** barbed wire sg

barber [barbe] ⟨1a⟩ F bore rigid F

barbiturique [barbityrik] m PHARM barbiturate

barboter [barbɔte] ⟨1a⟩ dans l'eau paddle

barbouiller [barbuje] ⟨1a⟩ (peindre grossièrement) daub; visage smear (de with); **avoir l'estomac barbouillé** feel nauseous

barbu, ~e [barby] bearded

barda [barda] m kit

barder [barde] ⟨1a⟩ F: **ça va ~** there's going to be trouble

barème [barem] m scale

baril [baril] m barrel

bariolé, ~e [barjɔle] gaudy

baromètre [barɔmɛtr] m barometer

baron [barõ] m baron; **baronne** f baroness

baroque [barɔk] ART, MUS baroque; (bizarre) weird

barque [bark] f MAR boat; **mener la ~** fig be in charge

barrage [baraʒ] m ouvrage hydraulique dam; (barrière) barrier; **~ de police** roadblock

barre [bar] f bar; MAR helm; (trait) line; **~ d'espacement** INFORM space-bar; **~ d'état** INFORM status bar; **~ des témoins** JUR witness stand, Br witness box; **~ oblique** oblique, slash; **barreau** m (pl -x) bar; d'échelle rung; **le ~** JUR the bar; **derrière les ~x** behind bars; **barrer** ⟨1a⟩ (obstruer) block, bar; mot cross out; chèque Br cross; **se ~** F leave, take off

barrette [barɛt] f pour cheveux barrette, Br hairslide

barreur [barœr] m helmsman

barricade [barikad] f barricade; **barricader** ⟨1a⟩ barricade

barrière [barjɛr] f barrier; (clôture) fence; **~s douanières** customs barriers; **~ linguistique** language bar-rier

barrique [barik] f barrel

bar-tabac [bartaba] m bar-cum-tobacco store

baryton [baritõ] m baritone

bas, ~se [ba, -s] **1** adj low (aussi fig); GÉOGR lower; instrument bass; voix deep; **à voix ~se** in a low voice, quietly **2** adv ~ low; parler in a low voice, quietly; **à ~ ...!** down with ...!; **en ~** downstairs; **là~** there **3** m (partie inférieure) bottom; (vêtement) stocking; **au ~ de** at the bottom ou foot of

basané, ~e [bazane] weather-beaten; naturellement swarthy

bas-côté [bakote] m (pl bas-côtés) d'une route shoulder

bascule [baskyl] f jeu teeter-totter, Br seesaw; (balance) scales pl; **à ~** cheval, fauteuil rocking atr; **basculer** ⟨1a⟩ topple over

base [baz] f base; d'un édifice foundation; fig: d'une science, de discussion basis; **de ~** basic; **à ~ de lait** milk-based; **être à la ~ de** form the basis of

base-ball [bezbol] m baseball

base f **de données** [bazdɔdɔne] database

baser [baze] ⟨1a⟩ base (sur on); **se ~ sur** draw on; d'une idée be based on

bas-fond [bafõ] m (pl bas-fonds) MAR shallow; **~s** fig: d'une ville sleazy area

basilic [bazilik] m BOT basil

basilique [bazilik] f ARCH basilica

basket(-ball) [basket(bol)] m basketball; **baskets** fpl sneakers, Br trainers; **basketteur, -euse** m/f basketball player

basque [bask] **1** adj Basque **2** m langue Basque **3** m/f **Basque** Basque

basse [bas] f voix, musicien, instrument bass; (contrebasse) double bass

basse-cour [baskur] f (pl basses--cours) AGR farmyard; animaux poultry

bassin [basẽ] m basin; dans un jardin pond; ANAT pelvis; MAR dock; **~ de radoub** dry dock; **bassine** f bowl

bassiste [basist] m/f bass (player)

basson [bɑsõ] *m* MUS *instrument* bassoon; *musicien* bassoonist

bastide [bastid] *f country house in the South of France*

bastingage [bastɛ̃gaʒ] *m* MAR rail

bastion [bastjõ] *m* bastion

bas-ventre [bɑvɑ̃tr] *m* lower abdomen

bataille [bataj] *f* battle; **livrer ~** give battle; **batailler** ⟨1a⟩ *fig* battle, fight; **bataillon** *m* MIL battalion

bâtard, ~e [bɑtar, -d] *m enfant* bastard; *chien* mongrel

bateau [bato] *m* (*pl* -x) boat; **faire du ~** (*faire de la voile*) go sailing, sail; **mener qn en ~** *fig* have s.o. on, *Br* have s.o. on; **bateau-mouche** *m* (*pl* bateaux-mouches) *boat that carries tourists up and down the Seine*

bâti, ~e [bati] **1** *adj* built on; **bien ~** *personne* well-built **2** *m* frame

bâtiment [batimɑ̃] *m* (*édifice*) building; *secteur* construction industry; MAR ship

bâtir [batir] ⟨2a⟩ build

batisse [batis] *f souvent péj* (ugly) big building

bâton [batõ] *m* stick; **parler à ~s rompus** make small talk; **~ de rouge** lipstick; **~ de ski** ski pole *ou* stick

battage [bataʒ] *m* (*publicité*) hooha, ballyhoo; **~ médiatique** media hype

battant, ~e [batɑ̃, -t] *adj pluie* driving; **le cœur ~** with pounding heart **2** *m d'une porte* leaf; *personne* fighter

batte [bat] *f de base-ball* bat

battement [batmɑ̃] *m de cœur* beat; *intervalle de temps* interval, window

batterie [batri] *f* ÉL battery; MUS drums *pl*; *dans un orchestre* percussion; **batteur** *m* CUIS whisk; *électrique* mixer; MUS drummer; *en base-ball* batter

battre [batr] ⟨4a⟩ **1** *v/t* beat; *monnaie* mint; *cartes* shuffle; **~ son plein** be in full swing; **~ des cils** flutter one's eyelashes; **~ en retraite** retreat **2** *v/i* beat; *d'une porte, d'un volet* bang; **se ~** fight; **battu, ~e 1** *p/p* → **battre 2** *adj* beaten

bavard, ~e [bavar, -d] **1** *adj* talkative

2 *m/f* chatterbox; **bavardage** *m* chatter; **bavarder** ⟨1a⟩ chatter; (*divulguer un secret*) talk, blab F

bave [bav] *f* drool, slobber; *d'escargot* slime; **baver** ⟨1a⟩ drool, slobber; **bavette** *f* bib; **baveux, -euse** *omelette* runny

Bavière [bavjer]: **la ~** Bavaria

bavure [bavyr] *f fig* blunder, blooper F; **sans ~** impeccable

BCBG [besebeʒe] *adj abr* (= **bon chic bon genre**) preppie

B.C.E. [beseə] *f abr* (= **Banque centrale européenne**) ECB (= European Central Bank)

Bd *abr* (= **boulevard**) Blvd (= Boulevard)

B.D. [bede] *f abr* (= **bande dessinée**) comic strip

béant, ~e [beɑ̃, -t] gaping

béat, ~e [bea, -t] *péj: sourire* silly

beau, bel, belle [bo, bɛl] (*mpl* beaux) beautiful, lovely; *homme* handsome, good-looking; **il fait ~** (*temps*) it's lovely weather; **il a ~ dire / faire ...** it's no good him saying / doing ...; **l'échapper belle** have a narrow escape; **bel et bien** well and truly; **de plus belle** more than ever; **un ~ jour** one (fine) day; **le ~ monde** the beautiful people *pl*

beaucoup [boku] a lot; **~ de** lots of, a lot of; **~ de gens** lots *ou* a lot of people, many people; **~ d'argent** lots *ou* a lot of money; **je n'ai pas ~ d'amis** I don't have a lot *ou* too many friends; **je n'ai pas ~ d'argent** I don't have a lot *ou* much money; **~ trop cher** much too expensive

beau-fils [bofis] *m* (*pl* beaux-fils) *m* son-in-law; *d'un remariage* stepson; **beau-frère** *m* (*pl* beaux-frères) brother-in-law; **beau-père** *m* (*pl* beaux-pères) father-in-law; *d'un remariage* stepfather

beauté [bote] *f* beauty

beaux-arts [bozar] *mpl*: **les ~** fine art *sg*

beaux-parents [boparɑ̃] *mpl* parents--in-law

bébé [bebe] *m* baby; **bébé-éprouv-**

B

ette *m* (*pl* bébés-éprouvettes) test-tube baby

bec [bɛk] *m d'un oiseau* beak; *d'un récipient* spout; MUS mouthpiece; F mouth; *un ~ fin* a gourmet

bécane [bekan] *f* F bike

béchamel [beʃamɛl] *f* CUIS: (*sauce f*) *~* béchamel (sauce)

bêche [bɛʃ] *f* spade; **bêcher** ⟨1b⟩ dig

bedaine [bədɛn] *f* (beer) belly, paunch

bée [be]: *bouche ~* open-mouthed

beffroi [befrwa] *m* belfry

bégayer [begeje] ⟨1i⟩ stutter, stammer

béguin [begɛ̃] *m fig* F: *avoir le ~ pour qn* have a crush on s.o.

B.E.I. [beəi] *f abr* (= *Banque européenne d'investissement*) EIB (= European Investment Bank)

beige [bɛʒ] beige

beignet [bɛɲɛ] *m* CUIS fritter

bêler [bɛle] ⟨1b⟩ bleat

belette [bəlɛt] *f* weasel

belge [bɛlʒ] **1** *adj* Belgian **2** *m/f* **Belge** Belgian; **Belgique** [bɛlʒik]: *la ~* Belgium

bélier [belje] *m* ZO ram; ASTROL Aries

belle → *beau*

belle-famille [bɛlfamij] *f* in-laws *pl*

belle-fille [bɛlfij] *f* (*pl* belles-filles) daughter-in-law; *d'un remariage* stepdaughter; **belle-mère** *f* (*pl* belles-mères) mother-in-law; *d'un remariage* stepmother; **belle-sœur** *f* (*pl* belles-sœurs) sister-in-law

belligérant, ~e [beliʒerɑ̃, -t] belligerent

belliqueux, -euse [belikø, -z] warlike

belvédère [bɛlvedɛr] *m* viewpoint, lookout point

bémol [bemɔl] *m* MUS flat

bénédictin [benediktɛ̃] *m* Benedictine (monk)

bénédiction [benediksjɔ̃] *f* blessing

bénéfice [benefis] *m* benefit, advantage; COMM profit; **bénéficiaire 1** *adj marge* profit *atr* **2** *m/f* beneficiary; **bénéficier** ⟨1a⟩: *~ de* benefit from; **bénéfique** beneficial

Bénélux [benelyks]: *le ~* the Benelux countries *pl*

bénévolat [benevɔla] *m* voluntary work; **bénévole 1** *adj travail* voluntary **2** *m/f* volunteer, voluntary worker

bénin, -igne [benɛ̃, -iɲ] *tumeur* benign; *accident* minor

bénir [benir] ⟨2a⟩ bless; **bénit, ~e** consecrated; *eau f ~e* holy water; **bénitier** *m* stoup

benne [bɛn] *f d'un téléphérique* (cable) car; *~ à ordures* garbage truck, *Br* bin lorry

B.E.P. [beəpe] *m abr* (= *brevet d'études professionnelles*) type of vocational qualification

B.E.P.C. [beəpese] *m abr* (= *brevet d'études du premier cycle*) equivalent of high school graduation

béquille [bekij] *f* crutch; *d'une moto* stand

bercail [bɛrkaj] *m* (*sans pl*) fold

berceau [bɛrso] *m* (*pl -x*) cradle; **bercer** ⟨1k⟩ rock; *~ qn de promesses fig* delude s.o. with promises; *se ~ d'illusions* delude o.s.; **berceuse** *f* lullaby; (*chaise à bascule*) rocking chair

béret [bɛrɛ] *m* beret

berge [bɛrʒ] *f* bank

berger [bɛrʒe] *m* shepherd; *chien* German shepherd, *Br aussi* Alsatian; **bergère** *f* shepherd

berline [bɛrlin] *f* AUTO sedan, *Br* saloon

berlingot [bɛrlɛ̃go] *m bonbon* humbug; *emballage* pack

bermuda(s) [bɛrmyda] *m(pl)* Bermuda shorts *pl*

Bermudes [bɛrmyd] *fpl*: *les ~* Bermuda *sg*

berner [bɛrne] ⟨1a⟩: *~ qn* fool s.o., take s.o. for a ride

besogne [bəzɔɲ] *f* job, task

besoin [bəzwɛ̃] *m* need; *avoir ~ de qch* need sth; *avoir ~ de faire qch* need to do sth; *il n'est pas ~ de dire* needless to say; *au ~* if necessary, if need be; *si ~ est* if necessary, if need be; *être dans le ~* be in need; *faire ses ~s* relieve o.s.; *d'un animal* do its business

best-seller [bɛstsɛlœr] *m* best-seller

bestial, ~e [bɛstjal] (*mpl* -iaux) bestial; **bestialité** *f* bestiality; **bestiaux** *mpl* cattle *pl*; **bestiole** *f* small animal; (*insecte*) insect, bug F

bétail [betaj] *m* (*sans pl*) livestock

bête [bɛt] **1** *adj* stupid **2** *f* animal; (*insecte*) insect, bug F; **~s** (*bétail*) livestock *sg*; **chercher la petite ~** nitpick, quibble; **bêtement** *adv* stupidly; **bêtise** *f* stupidity; **dire des ~s** talk nonsense; **une ~** a stupid thing to do / say

béton [betɔ̃] *m* concrete; **~ armé** reinforced concrete; **bétonnière** *f* concrete mixer

betterave [betrav] *f* beet, *Br* beetroot; **~ à sucre** sugar beet

beugler [bøgle] ⟨1a⟩ *de bœuf* low; F *d'une personne* shout

beur [bœr] *m/f* F *French-born person of North African origin*

beurre [bœr] *m* butter; **~ de cacahuètes** peanut butter; **beurrer** ⟨1a⟩ butter; **beurrier** *m* butter dish

beuverie [bœvri] *f* drinking session, booze-up *Br* F

bévue [bevy] *f* blunder; **commettre une ~** blunder, make a blunder

biais [bjɛ] **1** *adv*: **en ~** traverser, couper diagonally; **de ~** regarder sideways **2** *m fig* (*aspect*) angle; **par le ~ de** through

bibelots [biblo] *mpl* trinkets

biberon [bibrɔ̃] *m* (baby's) bottle; **nourrir au ~** bottlefeed

Bible [bibl] *f* bible

bibliographie [bibljɔgrafi] *f* bibliography

bibliothécaire [bibljɔtekɛr] *m/f* librarian; **bibliothèque** *f* library; *meuble* bookcase

biblique [biblik] biblical

bic® [bik] *m* ballpoint (pen)

bicarbonate [bikarbɔnat] *m* CHIM: **~ de soude** bicarbonate of soda

bicentenaire [bisɑ̃tənɛr] *m* bicentennial, *Br* bicentenary

biceps [bisɛps] *m* biceps *sg*

biche [biʃ] *f* ZO doe; **ma ~** *fig* my love

bichonner [biʃɔne] ⟨1a⟩ pamper

bicolore [bikɔlɔr] two-colored, *Br* two-coloured

bicoque [bikɔk] *f* tumbledown house

bicyclette [bisiklɛt] *f* bicycle; **aller en** ou **à ~** cycle

bidet [bidɛ] *m* bidet

bidon[1] [bidɔ̃] *m*: **~ à essence** gas ou *Br* petrol can

bidon[2] [bidɔ̃] *fig* F **1** *adj* phony **2** *m* baloney

bidonville [bidɔ̃vil] *m* shanty town

bidule [bidyl] *m* F gizmo F

bien [bjɛ̃] **1** *m* good; (*possession*) possession, item of property; **le ~** *ce qui est juste* good; **faire le ~** do good; **le ~ public** the common good; **faire du ~ à qn** do s.o. good; **dire du ~ de** say nice things about, speak well of; **c'est pour son ~** it's for his own good; **~s** (*possessions*) possessions, property *sg*; (*produits*) goods; **~s de consommation** consumer goods **2** *adj* good; (*beau, belle*) good-looking; **être ~** feel well; (*à l'aise*) be comfortable; **être ~ avec qn** be on good terms ou get on well with s.o.; **ce sera très ~ comme ça** that will do very nicely; **se sentir ~** feel well; **avoir l'air ~** look good; **des gens ~** respectable ou decent people **3** *adv* well; (*très*) very; **~ jeune** very young; **~ sûr** of course, certainly; **tu as ~ de la chance** you're really ou very lucky; **~ des fois** lots of times; **eh ~** well; **oui, je veux ~** yes please; **~ comprendre** understand properly **4** *conj* **~ que** (+ *subj*) although

bien-être [bjɛ̃nɛtr] *m matériel* welfare; *sensation agréable* well-being

bienfaisance [bjɛ̃fəzɑ̃s] *f* charity; **bienfaisant, ~e** (*salutaire*) beneficial; **bienfait** *m* benefit; **bienfaiteur, -trice** *m/f* benefactor

bien-fondé [bjɛ̃fɔ̃de] *m* legitimacy

bien-fonds [bjɛ̃fɔ̃] *m* (*pl* biens-fonds) JUR land, property

bienheureux, -euse [bjɛ̃nørø, -z] happy; REL blessed

biennal, ~e [bjenal] (*mpl* -aux) *contrat* two-year *atr*; *événement* biennial

3

bienséance [bjɛ̃seãs] *f* propriety; **bienséant**, **~e** proper

bientôt [bjɛ̃to] soon; *à ~!* see you (soon)!

bienveillance [bjɛ̃vejãs] *f* benevolence; **bienveillant**, **~e** benevolent

bienvenu, **~e** [bjɛ̃vny] **1** *adj* welcome **2** *m/f*: *être le ~ / la ~e* be welcome **3** *f*: *souhaiter la ~e à qn* welcome s.o.; *~e en France!* welcome to France!

bière [bjɛr] *f boisson* beer; *~ blanche* wheat beer; *~ blonde* beer, *Br* lager; *~ brune* dark beer, *Br* bitter; *~ pression* draft (beer), *Br* draught (beer)

bifteck [biftɛk] *m* steak

bifurcation [bifyrkasjõ] *f* fork; **bifurquer** ⟨1m⟩ fork; *~ vers* fork off onto; *fig* branch out into

bigame [bigam] **1** *adj* bigamous **2** *m/f* bigamist; **bigamie** *f* bigamy

bigarreau [bigaro] *m* type of cherry

bigot, **~e** [bigo, -ɔt] **1** *adj* excessively pious **2** *m/f* excessively pious person

bijou [biʒu] *m* (*pl* -x) jewel; *~x* jewelry *sg*, *Br* jewellery *sg*; **bijouterie** *f* jewelry store, *Br* jeweller's; **bijoutier**, **-ère** *m/f* jeweler, *Br* jeweller

bikini [bikini] *m* bikini

bilan [bilã] *m* balance sheet; *fig* (*résultat*) outcome; *faire le ~ de* take stock of; *déposer son ~* file for bankruptcy; *~ de santé* check-up

bilatéral, **~e** [bilateral] (*mpl* -aux) bilateral

bile [bil] *f* F: *se faire de la ~* fret, worry

bilingue [bilɛ̃g] bilingual; **bilinguisme** *m* bilingualism

billard [bijar] *m* billiards *sg*; *table* billiard table; *~ américain* pool

bille [bij] *f* marble; *billard* (billiard) ball; *stylo m* (*à*) *~* ball-point (pen)

billet [bijɛ] *m* ticket; (*petite lettre*) note; *~ (de banque)* bill, *Br* (bank)note; **billeterie** *f* ticket office; *automatique* ticket machine; FIN ATM, automated teller machine, *Br* cash dispenser

billion [biljõ] *m* trillion

bimensuel, **~le** [bimãsɥɛl] bimonthly, twice a month

binaire [binɛr] binary

binocles [binɔkl] *mpl* F specs F

biochimie [bjɔʃimi] *f* biochemistry; **biochimique** biochemical; **biochimiste** *m/f* biochemist

biodégradable [bjɔdegradabl] biodegradable

biodiversité [bjɔdiversite] *f* biodiversity

biographie [bjɔgrafi] *f* biography; **biographique** biographical

biologie [bjɔlɔʒi] *f* biology; **biologique** biological; *aliments* organic; **biologiste** *m/f* biologist

biopsie [bjɔpsi] *f* biopsy

biorythme [bjɔritm] *m* biorhythm

biotechnologie [bjɔteknɔlɔʒi] *f* biotechnology

bipartisme [bipartism] *m* POL two-party system; **bipartite** POL bipartite

biplace [biplas] *m* two-seater

bipolaire [bipɔlɛr] bipolar

bis [bis] **1** *adj*: *24 ~* 24A **2** *m* (*pl inv*) encore

bisannuel, **~le** [bizanɥɛl] biennial

biscornu, **~e** [biskɔrny] *fig* weird

biscotte [biskɔt] *f* rusk

biscuit [biskɥi] *m* cookie, *Br* biscuit

bise [biz] *f*: *faire la ~ à qn* kiss s.o., give s.o. a kiss; *grosses ~s* love and kisses

bisexuel, **~le** [biseksɥel] bisexual

bison [bizõ] *m* bison, buffalo

bisou [bizu] *m* F kiss

bissextile [bisɛkstil]: *année f ~* leap year

bistro(t) [bistro] *m* bistro

bit [bit] *m* INFORM bit

bitume [bitym] *m* asphalt

bivouac [bivwak] *m* bivouac

bizarre [bizar] strange, bizarre; **bizarrerie** *f* peculiarity

blafard, **~e** [blafar, -d] wan

blague [blag] *f* (*plaisanterie*) joke; (*farce*) trick, joke; *sans ~!* no kidding!; **blaguer** ⟨1a⟩ joke

blaireau [blɛro] *m* (*pl* -x) ZO badger; *pour se raser* shaving brush

blâme [blɑm] *m* blame; (*sanction*) reprimand; **blâmer** ⟨1a⟩ blame; (*sanctionner*) reprimand

blanc, blanche [blɑ̃, -ʃ] **1** *adj* white; *feuille, page* blank; *examen* m ~ practice exam, *Br* mock exam; *mariage* m ~ unconsummated marriage; *nuit* f **blanche** sleepless night; **en** ~ blank; **chèque** m **en** ~ blank check, *Br* blank cheque **2** m white; *de poulet* white meat, *Br* breast; *vin* white (wine); *textile* (household) linen; *par opposé aux couleurs* whites pl; *dans un texte* blank; ~ **(d'œuf)** (egg) white; **tirer à** ~ shoot blanks **3** m/f *Blanc,* *Blanche* white, White

blanc-bec [blɑ̃bɛk] m (pl blancs-becs) greenhorn

blanchâtre [blɑ̃ʃɑtr] whiteish

Blanche-Neige [blɑ̃ʃnɛʒ] f Snow-white

blancheur [blɑ̃ʃœr] f whiteness; **blan-chir** ⟨2a⟩ **1** v/t whiten; *mur* white-wash; *linge* launder, wash; *du soleil* bleach; CUIS blanch; *fig: innocenter* clear; ~ **de l'argent** launder money **2** v/i go white; **blanchisserie** f laun-dry

blasé, ~e [blaze] blasé

blason [blazɔ̃] m coat of arms

blasphème [blasfɛm] m blasphemy; **blasphémer** ⟨1f⟩ blaspheme

blé [ble] m wheat, *Br* corn

bled [blɛd] m F *péj* dump F, hole F

blême [blɛm] pale; **blêmir** ⟨2a⟩ turn pale

blessant [blɛsɑ̃] hurtful; **blessé, ~e** **1** *adj* hurt (*aussi fig*); *dans un accident* injured; *avec une arme* wounded **2** m/f: **les** ~**s** the injured, the casualties; *avec une arme* the wounded, the ca-sualties; **blesser** ⟨1b⟩ hurt (*aussi fig*); *dans un accident* injure; *à la guerre* wound; **se** ~ injure *ou* hurt o.s.; **je me suis blessé à la main** I injured *ou* hurt my hand; **blessure** f *d'accident* injury; *d'arme* wound

bleu, ~e [blø] (*mpl* -s) **1** *adj* blue; *viande* very rare, practically raw **2** m blue; *fromage* blue cheese; *marque sur la peau* bruise; *fig* (*novice*) new recruit, rookie F; TECH blue-print; ~ **(de travail)** blues pl, over-alls pl; ~ **marine** navy blue; **avoir**

une peur ~*e* be scared stiff

bleuet [bløɛ] m BOT cornflower

blindage [blɛ̃daʒ] m armor, *Br* ar-mour; **blindé, ~e 1** *adj* MIL ar-mored, *Br* armoured; *fig* hardened **2** m MIL armored *ou Br* armoured vehicle; **blinder** ⟨1a⟩ armor, *Br* ar-mour; *fig* F harden

bloc [blɔk] m block; POL bloc; *de pa-pier* pad; **en** ~ in its entirety; **faire** ~ join forces (**contre** against); ~ **opé-ratoire** operating room, *Br* operating theatre

blocage [blɔkaʒ] m jamming; *d'un compte en banque, de prix* freezing; PSYCH block

bloc-notes [blɔknɔt] m (pl blocs-no-tes) notepad

blocus [blɔkys] m blockade

blond, ~e [blɔ̃, -d] **1** *adj cheveux* blonde; *tabac* Virginian; *sable* golden; **bière** f ~*e* beer, *Br* lager **2** m/f blonde **3** f *bière* beer, *Br* lager

bloquer [blɔke] ⟨1m⟩ block; *méca-nisme* jam; *roues* lock; *compte, crédits* freeze; (*regrouper*) group together; ~ **le passage** be in the way, bar the way

blottir [blɔtir] ⟨2a⟩: **se** ~ huddle (up)

blouse [bluz] f MÉD white coat; *de chi-rurgien* (surgical) robe; *d'écolier* lab coat; (*chemisier*) blouse

blouson [bluzɔ̃] m jacket, blouson; ~ **noir** *fig* young hoodlum

bluff [blœf] m bluff; **bluffer** ⟨1a⟩ bluff

B. O. [beo] f abr (= **bande originale**) sound track

bobard [bobar] m F tall tale, *Br* tall story

bobine [bɔbin] f reel

bobsleigh [bɔbslɛg] m bobsled, *Br aussi* bobsleigh

bocal [bɔkal] m (pl -aux) (glass) jar

bock [bɔk] m: **un** ~ a (glass of) beer

bœuf [bœf, pl bø] m *mâle castré* steer; *viande* beef; ~**s** cattle pl; ~ **bourgui-gnon** CUIS kind of beef stew

bof! [bɔf] *indifférence* yeah, kinda

bogue [bɔg] m INFORM bug

bohème [bɔɛm] m/f Bohemian; **bohémien, ~ne** m/f gipsy

boire [bwar] ⟨4u⟩ drink; *(absorber)* soak up; ~ **un coup** F have a drink; ~ **comme un trou** F drink like a fish F

bois [bwa] *m matière, forêt* wood; **en ou de ~** wooden; ~ **de construction** lumber; **boisé, ~e** wooded; **boiserie** *f* paneling, *Br* panelling

boisson [bwasõ] *f* drink; ~**s alcoolisées** alcohol *sg*, alcoholic drinks

boîte [bwat] *f* box; *en tôle* can, *Br aussi* tin; F *(entreprise)* company; **sa ~** his company, the place where he works; ~ **(de nuit)** nightclub; **en ~** canned, *Br aussi* tinned; ~ **de conserves** can, *Br aussi* tin; ~ **à gants** glove compartment; ~ **aux lettres** mailbox, *Br* letterbox; ~ **noire** black box; ~ **postale** post office box; ~ **de vitesses** AUTO gearbox; ~ **vocale** INFORM voicemail

boiter [bwate] ⟨1a⟩ limp; *fig: de raisonnement* be shaky, not stand up very well; **boiteux, -euse** *chaise, table etc* wobbly; *fig: raisonnement* shaky; **être ~ d'une personne** have a limp

boîtier [bwatje] *m* case, housing

bol [bɔl] *m* bowl

bolide [bɔlid] *m* meteorite; AUTO racing car

Bolivie [bɔlivi]: **la ~** Bolivia; **bolivien, ~ne 1** *adj* Bolivian **2** *m/f* **Bolivien, ~ne** Bolivian

bombardement [bõbardəmã] *m* bombing; *avec obus* bombardment; **bombarder** ⟨1a⟩ bomb; *avec obus, questions* bombard; **bombardier** *m avion* bomber; **bombe** *f* MIL bomb; *(atomiseur)* spray; ~ **atomique** atom bomb; ~ **incendiaire** incendiary device; ~ **à retardement** time bomb

bombé, ~e [bõbe] *front, ventre* bulging; **bomber** ⟨1a⟩ bulge

bon, ~ne [bõ, bɔn] **1** *adj* good; *route, adresse, moment* right, correct; *brave* kind, good-hearted; **de ~ne foi** *personne* sincere; **de ~ne heure** early; **(à) ~ marché** cheap; **être ~ en qch** be good at sth; ~ **à rien** good-for-nothing; **elle n'est pas ~ne à grand-chose** she's not much use;

pour de ~ for good; **il est ~ que ...** (+ *subj*) it's a good thing that ..., it's good that ...; **à quoi ~?** what's the point?, what's the use?; ~ **mot** witty remark, witticism; ~ **anniversaire!** happy birthday!; ~ **voyage!** have a good trip!, bon voyage!; ~**ne chance!** good luck!; ~**ne année!** Happy New Year!; ~**ne nuit!** good night!; **ah ~** really

2 *adv*: **sentir ~** smell good; **tenir ~** not give in, stand one's ground; **trouver ~ de faire qch** think it right to do sth; **il fait ~ vivre ici** it's good living here

3 *m* COMM voucher; **avoir du ~** have its good points; ~ **d'achat** gift voucher; ~ **de commande** purchase order; ~ **du Trésor** Treasury bond

bonbon [bõbõ] *m* candy, *Br* sweet; ~**s** candy *sg*, *Br* sweets

bonbonne [bõbɔn] *f* cannister; ~ **d'oxygène** oxygen tank

bond [bõ] *m* jump, leap; *d'une balle* bounce

bondé, ~e [bõde] packed

bondir [bõdir] ⟨2a⟩ jump, leap (**de** with)

bonheur [bɔnœr] *m* happiness; *(chance)* luck; **par ~** luckily, fortunately; **porter ~ à qn** bring s.o. luck; **au petit ~** at random; **se promener au petit ~** stroll *ou* wander around

bonhomie [bɔnɔmi] *f* good nature, bonhomie; **bonhomme** *m* (*pl* bonshommes) *m* F *(type)* guy F, man; ~ **de neige** snowman

bonification [bɔnifikasjõ] *f* improvement; *assurance* bonus; **bonifier** ⟨1a⟩ improve

boniment [bɔnimã] *m battage* spiel F, sales talk; F *(mensonge)* fairy story

bonjour [bõʒur] *m* hello; *avant midi* hello, good morning; **dire ~ à qn** say hello to s.o.; **donne le ~ de ma part à ta mère** tell your mother I said hello, give your mother my regards

bonne [bɔn] *f* maid

bonnement [bɔnmã] *adv*: **tout ~** simply

bonnet [bɔnɛ] *m* hat; **gros ~** *fig* F big

shot F; **~ de douche** shower cap

bonsoir [bõswar] *m* hello, good evening

bonté [bõte] *f* goodness; **avoir la ~ de faire qch** be good *ou* kind enough to do sth

bonus [bɔnys] *m* no-claims bonus

boom [bum] *m* boom

bord [bɔr] *m* edge; (*rive*) bank; *d'une route* side; *d'un verre* brim; **au ~ de la mer** at the seaside; **être au ~ des larmes** be on the verge *ou* brink of tears; **être un peu bête sur les ~** *fig* F be a bit stupid; **tableau m de ~** AUTO dash(board); **à ~ d'un navire / d'un avion** on board a ship / an aircraft; **monter à ~** board, go on board; **jeter qch par-dessus ~** throw sth overboard; **virer de ~** turn, go about; *fig: d'opinion* change one's mind; *de parti* switch allegiances

bordeaux [bɔrdo] **1** *adj inv* wine-colored, *Br* wine-coloured, claret **2** *m vin* claret, Bordeaux

bordel [bɔrdɛl] *m* F brothel; (*désordre*) mess F, shambles *sg*

bordelais, ~e [bɔrdəlɛ, -z] of / from Bordeaux, Bordeaux *atr*

bordélique [bɔrdelik] F chaotic; **c'est vraiment ~** it's a disaster area F

border [bɔrde] ⟨1a⟩ (*garnir*) edge (*de* with); (*être le long de*) line, border; *enfant* tuck in

bordereau [bɔrdəro] *m* (*pl -x*) COMM schedule, list; **~ d'expédition** dispatch note

bordure [bɔrdyr] *f* border, edging; **en ~ de** *forêt, ville* on the edge of

boréal, ~e [bɔreal] (*mpl -aux*) northern

borgne [bɔrɲ] one-eyed

borne [bɔrn] *f* boundary marker; ÉL terminal; **~s** *fig* limits; **sans ~s** unbounded; **dépasser les ~s** go too far; **~ kilométrique** milestone; **borné, ~e** narrow-minded; **borner** ⟨1a⟩: **se ~ à (faire) qch** restrict o.s. to (doing) sth

bosniaque [bɔznjak] **1** *adj* Bosnian **2** *m/f* **Bosniaque** Bosnian; **Bosnie** *f* Bosnia

bosquet [bɔskɛ] *m* copse

bosse [bɔs] *f* (*enflure*) lump; *d'un bossu, d'un chameau* hump; *du sol* bump; *en ski* mogul; **avoir la ~ de** F have a gift for

bosser [bɔse] ⟨1a⟩ F work hard

bossu, ~e *m/f* [bɔsy] hunchback

botanique [bɔtanik] **1** *adj* botanical **2** *f* botany; **botaniste** *m/f* botanist

botte[1] [bɔt] *f de carottes, de fleurs, de radis* bunch

botte[2] [bɔt] *f chaussure* boot

botter [bɔte] ⟨1a⟩: **~ le derrière à qn** F give s.o. a kick up the rear end, let s.o. feel the toe of one's boot; **ça me botte** F I like it

bottin [bɔtɛ̃] *m* phone book

bottine [bɔtin] *f* ankle boot

bouc [buk] *m* goat; **~ émissaire** *fig* scapegoat

boucan [bukɑ̃] *m* F din, racket

bouche [buʃ] *f* mouth; *de métro* entrance; **~ d'aération** vent; **~ d'incendie** (fire) hydrant; **bouche-à--bouche** *m* MÉD mouth-to-mouth resuscitation

bouché, ~e [buʃe] blocked; *nez* blocked, stuffed up; *temps* overcast

bouchée [buʃe] *f* mouthful; **~ à la reine** vol-au-vent

boucher[1] [buʃe] ⟨1a⟩ block; *trou* fill (in); **se ~ d'un évier, d'un tuyau** get blocked; **se ~ les oreilles** put one's hands over one's ears; *fig* refuse to listen, turn a deaf ear; **se ~ le nez** hold one's nose

boucher[2], **-ère** [buʃe, -ɛr] *m/f* butcher (*aussi fig*)

boucherie [buʃri] *f magasin* butcher's; *fig* slaughter

bouche-trou [buʃtru] *m* (*pl* bouche--trous) stopgap

bouchon [buʃõ] *m* top; *de liège* cork; *fig: trafic* hold-up, traffic jam

boucle [bukl] *f* loop (*aussi* INFORM); *de ceinture, de sandales* buckle; *de cheveux* curl; **~ d'oreille** earring; **bouclé, ~e** *cheveux* curly; **boucler** ⟨1a⟩ *ceinture* fasten; *porte, magasin* lock; MIL surround; *en prison* lock away; **boucle-la!** F shut up! F

bouclier [buklije] *m* shield (*aussi fig*)

bouddhisme [budism] *m* Buddhism; **bouddhiste** *m* Buddhist

bouder [bude] ⟨1a⟩ **1** *v/i* sulk **2** *v/t*: ~ **qn** / **qch** give s.o. / sth the cold shoulder; **boudeur, -euse** sulky

boudin [budɛ̃] *m*: ~ **(noir)** blood sausage, *Br* black pudding

boudiné, ~e [budine] *doigts* stubby; **elle est ~e dans cette robe** that dress is too small for her

boue [bu] *f* mud

bouée [bwe] *f* MAR buoy; ~ **(de sauvetage)** lifebuoy, lifebelt

boueux, -euse [bwø, -z] muddy

bouffe [buf] *f* F grub F, food

bouffée [bufe] *f de fumée* puff; *de vent* puff, gust; *de parfum* whiff; **une ~ d'air frais** a breath of fresh air; ~ **de chaleur** MÉD hot flash, *Br* hot flush

bouffer [bufe] ⟨1a⟩ F eat

bouffi, ~e [bufi] bloated

bougeoir [buʒwar] *m* candleholder

bougeotte [buʒɔt] *f*: **avoir la ~** fidget, be fidgety; **bouger** ⟨11⟩ move; *de prix* change

bougie [buʒi] *f* candle; AUTO spark plug

bougonner [bugɔne] ⟨1a⟩ F grouse F

bouillabaisse [bujabɛs] *f* CUIS bouillabaisse, fish soup

bouillant, ~e [bujɑ̃, -t] *qui bout* boiling; *(très chaud)* boiling hot

bouillie [buji] *f* baby food

bouillir [bujir] ⟨2e⟩ boil; *fig* be boiling (with rage); **faire ~** boil; **bouilloire** *f* kettle

bouillon [bujɔ̃] *m (bulle)* bubble; CUIS stock, broth; **bouillonner** ⟨1a⟩ *de source, de lave etc* bubble; *fig: d'idées* seethe

bouillotte [bujɔt] *f* hot water bottle

boulanger, -ère [bulɑ̃ʒe, -ɛr] *m/f* baker; **boulangerie** *f* bakery, baker's

boule [bul] *f (sphère)* ball; **jeu** *m* **de ~s** bowls *sg*; ~ **de neige** snowball; **faire ~ de neige** snowball

bouleau [bulo] *m (pl -x)* BOT birch (tree)

bouledogue [buldɔg] *m* bulldog

bouler [bule] ⟨1a⟩ F: **envoyer ~ qn** kick s.o. out, send s.o. packing

boulette [bulɛt] *f de papier* pellet; ~ **(de viande)** meatball

boulevard [bulvar] *m* boulevard; ~ **périphérique** belt road, *Br* ring road

bouleversement [bulvɛrsəmɑ̃] *m* upheaval; **bouleverser** ⟨1a⟩ *(mettre en désordre)* turn upside down; *traditions, idées* overturn; *émotionnellement* shatter, deeply move

boulimie [bulimi] *f* bulimia

boulon [bulɔ̃] *m* TECH bolt; **boulonner** ⟨1a⟩ **1** *v/t* TECH bolt **2** *v/i fig* F slave away F

boulot¹, ~te [bulo, -ɔt] plump

boulot² [bulo] *m* F work

bouquet [bukɛ] *m* bouquet, bunch of flowers; *de vin* bouquet

bouquin [bukɛ̃] *m* F book; **bouquiner** ⟨1a⟩ read; **bouquiniste** *m/f* bookseller

bourbe [burb] *f* mud; **bourbeux, -euse** muddy; **bourbier** *m* bog; *fig* quagmire

bourde [burd] *f* blunder, booboo F, blooper F

bourdon [burdɔ̃] *m* ZO bumblebee; **faux ~** drone

bourdonnement [burdɔnmɑ̃] *d'insectes* buzzing; *de moteur* humming; **bourdonner** ⟨1a⟩ *d'insectes* buzz; *de moteur* hum; *d'oreilles* ring

bourg [bur] *m* market town; **bourgade** *f* village

bourgeois, ~e [burʒwa, -z] **1** *adj* middle-class; *péj* middle-class, bourgeois **2** *m/f* member of the middle classes; *péj* member of the middle classes *ou* the bourgeoisie; **bourgeoisie** *f* middle classes *pl*; *péj* middle classes *pl*, bourgeoisie; **haute ~** upper middle classes *pl*; **petite ~** lower middle classes *pl*

bourgeon [burʒɔ̃] *m* BOT bud

Bourgogne [burgɔɲ]: **la ~** Burgundy; **bourgogne** *m* burgundy; **bourguignon, ~ne 1** *adj* Burgundian, of / from Burgundy **2** *m/f* **Bourguignon, ~ne** Burgundian

bourlinguer [burlɛ̃ge] ⟨1m⟩: **il a pas**

mal **bourlingué** F he's been around

bourrage [buraʒ] *m* F: **~ de crâne** brain-washing

bourrasque [burask] *f* gust

bourratif, -ive [buratif, -iv] stodgy

bourré, ~e [bure] full (*de* of), packed (*de* with), crammed (*de* with); F (*ivre*) drunk, sozzled F

bourreau [buro] *m* (*pl* -x) executioner; **~ de travail** workaholic

bourrer [bure] ⟨1a⟩ *coussin* stuff; *pipe* fill; **se ~ de qch** F stuff o.s. with sth

bourrique [burik] *f fig* (*personne têtue*) mule

bourru, ~e [bury] surly, bad-tempered

bourse [burs] *f d'études* grant; (*porte-monnaie*) coin purse, *Br* purse; **Bourse (des valeurs)** Stock Exchange; *la Bourse monte / baisse* stock *ou Br* share prices are rising / falling; **boursicoter** ⟨1a⟩ dabble on the Stock Exchange; **boursier, -ère** 1 *adj* stock exchange *atr* 2 *m/f* grant recipient

boursouf(f)lé, ~e [bursufle] swollen

bousculade [buskylad] *f* crush; (*précipitation*) rush; **bousculer** ⟨1a⟩ (*heurter*) jostle; (*presser*) rush; *fig: traditions* overturn, upset

bouse [buz] *f*: **~ (de vache)** cowpat

bousiller [buzije] ⟨1a⟩ F *travail* screw up F, bungle; (*détruire*) wreck

boussole [busɔl] *f* compass; *perdre la* **~** F lose one's head

bout¹ [bu] *m* (*extrémité*) end; *de doigts, de nez, de bâton* end, tip; (*morceau*) piece; **~ à ~** end to end; *tirer à ~ portant* fire at point-blank range; *au ~ de* at the end of; *au ~ du compte* when all's said and done; *d'un ~ à l'autre* right the way through; *aller jusqu'au ~ fig* see it through to the bitter end; *être à ~* be at an end; *être à ~ de ...* have no more ... (left); *venir à ~ de qch / qn* overcome sth / s.o.; *connaître qch sur le ~ des doigts* have sth at one's fingertips; *manger un ~* eat something, have a bite (to eat)

bout² [bu] → *bouillir*

boutade [butad] *f* joke

bouteille [butɛj] *f* bottle; *d'air comprimé, de butane* cylinder

boutique [butik] *f* store, *Br* shop; *de mode* boutique

bouton [butõ] *m* button; *de porte* handle; ANAT spot, zit F; BOT bud; **bouton-d'or** *m* (*pl* boutons-d'or) BOT buttercup; **boutonner** ⟨1a⟩ button; BOT bud; **boutonneux, -euse** spotty; **boutonnière** *f* buttonhole; **bouton-pression** *m* (*pl* boutons-pression) snap fastener, *Br* auss press stud fastener

bouture [butyr] *f* BOT cutting

bovin, ~e [bɔvɛ̃, -in] 1 *adj* cattle *atr* 2 *mpl* **~s** cattle *pl*

bowling [bulin] *m* bowling, *Br* ten-pin bowling; *lieu* bowling alley

box [bɔks] *m* (*pl* boxes) *f* JUR: **~ des accusés** dock

boxe [bɔks] *f* boxing; **boxer** ⟨1a⟩ box; **boxeur** *m* boxer

boycott [bɔjkɔt] *m* boycott; **boycottage** *m* boycott; **boycotter** ⟨1a⟩ boycott

B.P. [bepe] *abr* (= *boîte postale*) PO Box

bracelet [braslɛ] *m* bracelet

braconner [brakone] ⟨1a⟩ poach; **braconnier** *m* poacher

brader [brade] ⟨1a⟩ sell off

braguette [bragɛt] *f* fly

braille [braj] *m* braille

brailler [braje] ⟨1a⟩ bawl, yell

braire [brɛr] ⟨4s⟩ *d'un âne* bray; F bawl, yell

braise [brɛz] *f* embers *pl*; **braiser** ⟨1b⟩ CUIS braise

brancard [brãkar] *m* (*civière*) stretcher; **brancardier, -ère** *m/f* stretcher-bearer

branche [brãʃ] *f* branch; *de céleri* stick

brancher [brãʃe] ⟨1a⟩ connect up (*sur* to); *à une prise* plug in; *être branché fig* F (*informé*) be clued up; (*en vogue*) be trendy F

brandir [brãdir] ⟨2a⟩ brandish

brandy [brãdi] *m* brandy

branle [brãl] *m*: *mettre en ~* set in motion; **branle-bas** *m fig* commotion; **branler** ⟨1a⟩ shake

B

braquage [brakaʒ] *m* AUTO turning; *rayon m de ~* turning circle; **braquer** ⟨1m⟩ **1** *v/t arme* aim, point (*sur* at); *~ qn contre qch / qn* fig turn s.o. against sth / s.o. **2** *v/i* AUTO: *~ à droite* turn the wheel to the right

bras [bra, brɑ] *m* arm; *être le ~ droit de qn* fig be s.o.'s right-hand man; *~ de mer* arm of the sea; *~ dessus dessous* arm in arm; *avoir le ~ long* fig have influence *ou* F clout; *avoir qn / qch sur les ~* fig F have s.o. / sth on one's hands; *accueillir qn / qch à ~ ouverts* welcome s.o. / sth with open arms; *cela me coupe ~ et jambes* F I'm astonished; *de fatigue* it knocks me out F

brasier [brɑzje] *m* blaze

brassage [brasaʒ] *m* brewing

brassard [brasar] *m* armband

brasse [bras] *f* stroke; *~ papillon* butterfly (stroke)

brasser [brase] ⟨1a⟩ *bière* brew; *~ de l'argent* turn over huge sums of money; **brasserie** *f* brewery; *établissement* restaurant; **brasseur** *m* brewer

brave [brav] **1** *adj* (*after the noun: courageux*) brave; (*before the noun: bon*) good **2** *m:* *un ~ a* brave man; **braver** ⟨1a⟩ (*défier*) defy; **bravoure** *f* bravery

break [brɛk] *m* AUTO station wagon, *Br* estate (car)

brebis [brəbi] *f* ewe

brèche [brɛʃ] *f* gap; *dans les défenses* breach; *être toujours sur la ~* fig be always on the go

bredouille [brəduj]: *rentrer ~* return empty-handed; **bredouiller** ⟨1a⟩ mumble

bref, -ève [brɛf, -ɛv] **1** *adj* brief, short **2** *adv* briefly, in short

Brésil [brezil]: *le ~* Brazil; **brésilien, ~ne 1** *adj* Brazilian **2** *m/f* **Brésilien, ~ne** Brazilian

Bretagne [brətaɲ]: *la ~* Britanny

bretelle [brətɛl] *f de lingerie* strap; *d'autoroute* ramp, *Br* slip road; *~s de pantalon* suspenders, *Br* braces

breton, ~ne [brətõ, -ɔn] **1** *adj* Breton **2** *m langue* Breton **3** *m/f* **Breton, ~ne** Breton

breuvage [brœvaʒ] *m* drink

brevet [brəve] *m diplôme* diploma; *pour invention* patent; **breveter** ⟨1c⟩ patent

bribes [brib] *fpl de conversation* snippets

bric-à-brac [brikabrak] *m* (*pl inv*) bric-a-brac

bricolage [brikɔlaʒ] *m* do-it-yourself, DIY

bricole [brikɔl] *f* little thing

bricoler [brikɔle] ⟨1a⟩ do odd jobs; **bricoleur, -euse** *m/f* handyman, DIY expert

bride [brid] *f* bridle

bridé, ~e [bride]: *yeux mpl ~s* almond-shaped eyes, slant eyes

bridge [bridʒ] *m* bridge

brièvement [brijevmã] *adv* briefly; **brièveté** *f* briefness, brevity

brigade [brigad] *f* MIL brigade; *de police* squad; *d'ouvriers* gang; **brigadier** *m* MIL corporal

brillamment [brijamã] *adv* brilliantly; **brillant, ~e** shiny; *couleur* bright; fig brilliant; **briller** ⟨1a⟩ shine (*aussi* fig); *faire ~ meuble* polish

brimer [brime] ⟨1a⟩ bully

brin [brɛ̃] *m d'herbe* blade; *de corde* strand; *de persil* sprig; *un ~ de* fig a bit of

brindille [brɛ̃dij] *f* twig

brio [brijo] *m:* *avec ~* with panache

brioche [brijoʃ] *f* CUIS brioche; F (*ventre*) paunch

brique [brik] *f* brick

briquet [brike] *m* lighter

brise [briz] *f* breeze

brisé, ~e [brize] broken

brise-glace(s) [brizglas] *m* (*pl inv*) icebreaker; **brise-lames** *m* (*pl inv*) breakwater

briser [brize] ⟨1a⟩ **1** *v/t chose, grève, cœur, volonté* break; *résistance* crush; *vie, amitié, bonheur* destroy; (*fatiguer*) wear out **2** *v/i de la mer* break; *se ~ de verre etc* break, shatter; *de la voix* break, falter; *des espoirs* be shattered

brise-tout [briztu] *m* (*pl inv*) klutz F, clumsy oaf

briseur [brizœr] *m*: ~ **de grève** strikebreaker

britannique [britanik] **1** *adj* British **2** *m/f* **Britannique** Briton, Britisher, Brit F; **les** ~**s** the British

broc [bro] *m* pitcher

brocante [brokɑ̃t] *f magasin* second-hand store; **brocanteur, -euse** *m/f* second-hand dealer

brocart [brokar] *m* brocade

broche [brɔʃ] *f* CUIS spit; *bijou* brooch

brochet [brɔʃɛ] *m* pike

brochette [brɔʃɛt] *f* CUIS skewer; *plat* shish kebab

brochure [brɔʃyr] *f* brochure

brocolis [brɔkɔli] *mpl* broccoli *sg*

broder [brɔde] ⟨1a⟩ embroider

broderie [brɔdri] *f* embroidery

bronches [brɔ̃ʃ] *fpl* ANAT bronchial tubes, bronchials

broncher [brɔ̃ʃe] ⟨1a⟩: **sans** ~ without batting an eyelid

bronchite [brɔ̃ʃit] *f* MÉD bronchitis

bronze [brɔ̃z] *m* bronze

bronzé, ~e [brɔ̃ze] tanned; **bronzer** ⟨1a⟩ **1** *v/t peau* tan **2** *v/i* get a tan; **se** ~ sunbathe

brosse [brɔs] *f* brush; *coiffure* crew-cut; ~ **à dents / cheveux** toothbrush / hairbrush; **brosser** ⟨1a⟩ brush; **se** ~ **les dents / cheveux** brush one's teeth / hair; ~ **un tableau de la situation** *fig* outline the situation

brouette [bruɛt] *f* wheelbarrow

brouhaha [bruaa] *m* hubbub

brouillage [brujaʒ] *m* interference; *délibéré* jamming

brouillard [brujar] *m* fog; **il y a du** ~ it's foggy

brouille [bruj] *f* quarrel; **brouillé, ~e: être** ~ **avec qn** have quarreled *ou Br* quarrelled with s.o.; **œufs** *mpl* ~**s** CUIS scrambled eggs; **brouiller** ⟨1a⟩ *œufs* scramble; *cartes* shuffle; *papiers* muddle, jumble; *radio* jam; *involontairement* cause interference to; *amis* cause to fall out; **se** ~ **du ciel** cloud over, become overcast; *de vi-*

tres, lunettes mist up; *d'idées* get muddled *ou* jumbled; *d'amis* fall out, quarrel

brouillon [brujɔ̃] *m* draft; **papier** *m* ~ scratch paper, *Br* scrap paper

broussailles [brusaj] *fpl* undergrowth *sg*; **broussailleux, -euse** *cheveux, sourcils* bushy

brousse [brus] *f* GÉOGR bush; **la** ~ F *péj* the boonies F, the back of beyond

brouter [brute] ⟨1a⟩ graze

broutille [brutij] *f* trifle

broyer [brwaje] ⟨1h⟩ grind; ~ **du noir** *fig* be down

broyeur *m*: ~ **à ordures** garbage *ou Br* waste disposal unit

bru [bry] *f* daughter-in-law

brugnon [bryɲɔ̃] *m* BOT nectarine

bruine [brɥin] *f* drizzle; **bruiner** ⟨1a⟩ drizzle; **bruineux, -euse** drizzly

bruissement [brɥismɑ̃] *m* rustle, rustling

bruit [brɥi] *m* sound; *qui dérange* noise; (*rumeur*) rumor, *Br* rumour; **un** ~ a sound, a noise; **faire du** ~ make a noise; *fig* cause a sensation; **faire grand** ~ **de qch** make a lot of fuss about sth; **le** ~ **court que ...** there's a rumor going around that ...; ~ **de fond** background noise; **bruitage** *m à la radio, au théâtre* sound effects *pl*

brûlant, ~e [brylɑ̃, -t] burning (*aussi fig*); (*chaud*) burning hot; *liquide* scalding; *vêtement en repassant* scorch; *électricité* use; ~ **un feu rouge** go through a red light; ~ **les étapes** *fig* cut corners **2** *v/i* burn; ~ **de fièvre** be burning up with fever; **se** ~ burn o.s.; *d'eau bouillante* scald o.s.; **se** ~ **la cervelle** blow one's brains out; **brûleur** *m* burner; **brûlure** *f* sensation burning; *lésion* burn; ~**s d'estomac** heartburn *sg*

brume [brym] *f* mist; **brumeux, -euse** misty

B

brun, ~e [brɛ̃ *ou* brœ̃, bryn] **1** *adj* brown; *cheveux, peau* dark **2** *m/f* dark-haired man / woman; *une ~e* a brunette **3** *m couleur* brown; **brunâtre** brownish; **brunir** ⟨2a⟩ tan

brushing® [brœʃiŋ] *m* blow-dry

brusque [brysk] (*rude*) abrupt, brusque; (*soudain*) abrupt, sudden; **brusquement** *adv* abruptly, suddenly; **brusquer** ⟨1m⟩ *personne, choses* rush; **brusquerie** *f* abruptness

brut, ~e [bryt] **1** *adj* raw, unprocessed; *bénéfice, poids, revenu* gross; *pétrole* crude; *sucre* unrefined; *champagne* very dry **2** *m* crude (petroleum) **3** *f* brute; **brutal, ~e** (*mpl* -aux) brutal; **brutalement** *adv* brutally; **brutaliser** ⟨1a⟩ ill-treat; **brutalité** *f* brutality

Bruxelles [bry(k)sɛl] Brussels

bruyamment [brɥijamɑ̃] *adv* noisily; **bruyant, ~e** noisy

bruyère [bryjɛr, brɥijɛr] *f* BOT heather; *terrain* heath

bu, ~e [by] *p/p* → **boire**

buanderie [bɥɑ̃dri] *f* laundry room

bûche [byʃ] *f* log; **~ de Noël** Yule log

bûcher[1] [byʃe] *m* woodpile; (*échafaud*) stake

bûcher[2] [byʃe] ⟨1a⟩ work hard; ÉDU F hit the books, *Br* swot; **bûcheur, -euse** *m/f* ÉDU grind, *Br* swot

budget [bydʒɛ] *m* budget; **~ de la Défense** defense budget

budgétaire [bydʒetɛr] budget *atr*; **déficit** *m* **~** budget deficit

buée [bɥe] *f sur vitre* steam, condensation

buffet [byfɛ] *m de réception* buffet; *meuble* sideboard; **~ (de la gare)** (station) buffet

buffle [byfl] *m* buffalo

buisson [bɥisɔ̃] *m* shrub, bush; **buissonnière**: **faire l'école ~** play truant

bulbe [bylb] *f* BOT bulb

bulldozer [buldozɛr] *m* bulldozer

bulgare [bylgar] **1** *adj* Bulgarian **2** *m langue* Bulgarian **3** *m/f* **Bulgare** Bulgarian; **Bulgarie**: **la ~** Bulgaria

bulle [byl] *f* bubble; *de bande dessinée* (speech) bubble *ou* balloon; **~ de savon** soap bubble

bulletin [byltɛ̃] *m* (*formulaire*) form; (*rapport*) bulletin; *à l'école* report card, *Br* report; **~ (de vote)** ballot (paper); **~ météorologique** weather report; **~ de salaire** paystub, *Br* payslip

bureau [byro] *m* (*pl* -x) office; *meuble* desk; **~ de change** exchange office, *Br* bureau de change; **~ de location** box office; **~ de poste** post office; **~ de tabac** tobacco store, *Br* tobacconist's; **~ de vote** polling station

bureaucrate [byrokrat] *m/f* bureaucrat; **bureaucratie** *f* bureaucracy; **bureaucratique** bureaucratic

bureautique [byrotik] *f* office automation

bus [bys] *m* bus

busqué, ~e [byske] *nez* hooked

buste [byst] *m* bust

but [by(t)] *m* (*cible*) target; *fig* (*objectif*) aim, goal; *d'un voyage* purpose; SP goal; **de ~ en blanc** point-blank; **dans le ~ de faire qch** with the aim of doing sth; **j'ai pour seul ~ de ...** my sole ambition is to ...; **marquer un ~** score (a goal); **errer sans ~** wander aimlessly; **à ~ lucratif** profit-making; **à ~ non lucratif** not-for-profit, *Br* non-profit making

butane [bytan] *m* butane gas

buté, ~e [byte] stubborn; **buter** ⟨1a⟩: **~ contre qch** bump into sth, collide with sth; **~ sur un problème** come up against a problem, hit a problem; **se ~** *fig* dig one's heels in

buteur [bytœr] *m* goalscorer

butin [bytɛ̃] *m* booty; *de voleurs* haul

butte [byt] *f* (*colline*) hillock; **être en ~ à** be exposed to

buvable [byvabl] drinkable; **buvette** *f* bar; **buveur, -euse** *m/f* drinker

C

c' [s] → **ce**

CA [sea] *abr* (= *chiffre d'affaires*) turnover; ÉL (= *courant alternatif*) AC (= alternating current)

ça [sa] *that*; **~, c'est très bon** that's very good; **nous attendons que ~ commence** we're waiting for it to start; **~ va?** how are things?; (*d'accord?*) ok?; **~ y est** that's it; **c'est ~!** that's right!; **~ alors!** well I'm damned!; **et avec ~?** anything else?; **où / qui ~?** where's / who's that?

çà [sa] *adv*: **~ et là** here and there

cabale [kabal] *f* (*intrigue*) plot

cabane [kaban] *f* (*baraque*) hut; **cabanon** *m cellule* padded cell; *en Provence* cottage

cabaret [kabaʀɛ] *m* (*boîte de nuit*) night club

cabas [kaba] *m* shopping bag

cabillaud [kabijo] *m* cod

cabine [kabin] *f* AVIAT, MAR cabin; *d'un camion* cab; **~ d'essayage** changing room; **~ de pilotage** AVIAT cockpit; **~ téléphonique** phone booth

cabinet [kabinɛ] *m petite pièce* small room; *d'avocat* chambers *pl*; *de médecin* office, *Br* surgery; (*clientèle*) practice; POL Cabinet; **~s** toilet *sg*

câble [kabl] *m* cable; **~ de remorque** towrope; **le ~, la télévision par ~** cable (TV)

cabosser [kabɔse] ⟨1a⟩ dent

cabrer [kabʀe] ⟨1a⟩: **se ~** *d'un animal* rear

cabriolet [kabʀijɔlɛ] *m* AUTO convertible

caca [kaka] *m* F poop F, *Br* poo F; **faire ~** do a poop

cacahuète [kakawɛt, -ɥɛt] *f* BOT peanut

cacao [kakao] *m* cocoa; BOT cocoa bean

cache-cache [kaʃkaʃ] *m* hide-and-seek; **jouer à ~** play hide-and-seek

cache-col [kaʃkɔl] *m* (*pl inv*) scarf

cachemire [kaʃmiʀ] *m tissu* cashmere

cache-nez [kaʃne] *m* (*pl inv*) scarf

cacher [kaʃe] ⟨1a⟩ hide; **se ~ de qn** hide from s.o.; **il ne cache pas que** he makes no secret of the fact that; **~ la vérité** hide the truth, cover up

cachet [kaʃɛ] *m* seal; *fig* (*caractère*) style; PHARM tablet; (*rétribution*) fee; **~ de la poste** postmark

cacheter [kaʃte] ⟨1c⟩ seal

cachette [kaʃɛt] *f* hiding place; **en ~** secretly

cachot [kaʃo] *m* dungeon

cachotterie [kaʃɔtʀi] *f*: **faire des ~s** be secretive; **cachottier, -ère** secretive

cactus [kaktys] *m* cactus

c.-à-d. *abr* (= *c'est-à-dire*) ie (= id est)

cadavre [kadavʀ] *m d'une personne* (dead) body, corpse; *d'un animal* carcass

caddie[1]® [kadi] *m* cart, *Br* trolley

caddie[2] [kadi] *m* GOLF caddie

cadeau [kado] *m* (*pl -x*) present, gift; **faire un ~ à qn** give s.o. a present *ou* a gift; **faire ~ de qch à qn** give s.o. sth (as a present *ou* gift)

cadenas [kadna] *m* padlock; **cadenasser** ⟨1a⟩ padlock

cadence [kadɑ̃s] *f tempo* rhythm; *de travail* rate; **cadencé, ~e** rhythmic

cadet, ~te [kadɛ, -t] *m/f de deux* younger; *de plus de deux* youngest; **il est mon ~ de trois ans** he's three years my junior, he's three years younger than me

cadran [kadʀɑ̃] *m* dial; **~ solaire** sundial

cadre [kadʀ] *m* frame; *fig* framework;

d'une entreprise executive; (*environnement*) surroundings *pl*; **s'inscrire dans le ~ de** form part of, come within the framework of; **~s supérieurs / moyens** senior / middle management *sg*; **cadrer** ⟨1a⟩: **~ avec** tally with

CAF [kaf] **1** *f abr* (= **Caisse d'allocations familiales**) Benefits Agency **2** *m abr* (= **Coût, Assurance, Fret**) CIF (= cost insurance freight)

cafard [kafar] *m* ZO cockroach; **avoir le ~** F be feeling down; **donner le ~ à qn** depress s.o., get s.o. down

café [kafe] *m boisson* coffee; (*établissement*) café; **~ crème** coffee with milk, *Br* white coffee; **~ noir** black coffee

caféine [kafein] *f* caffeine

cafeteria [kafeterja] *f* cafeteria

cafetière [kaftjɛr] *f* coffee pot; **~ électrique** coffee maker, coffee machine

cage [kaʒ] *f* cage; **~ d'ascenseur** elevator shaft, *Br* lift shaft; **~ d'escalier** stairwell

cageot [kaʒo] *m* crate

cagibi [kaʒibi] *m* F storage room

cagneux, -euse [kaɲø, -z] *personne* knock-kneed

cagnotte [kaɲɔt] *f* kitty

cagoule [kagul] *f de moine* cowl; *de bandit* hood; (*passe-montagne*) balaclava

cahier [kaje] *m* notebook; ÉDU exercise book

cahot [kao] *m* jolt; **cahoter** ⟨1a⟩ jolt; **cahoteux, -euse** bumpy

caille [kaj] *f* quail

cailler [kaje] ⟨1a⟩ *du lait* curdle; *du sang* clot; **ça caille!** *fig* F it's freezing!

caillot [kajo] *m* blood clot

caillou [kaju] *m* (*pl* -x) pebble, stone

caisse [kɛs] *f* chest; *pour le transport* crate; *de déménagement* packing case; *de champagne, vin* case; (*argent*) cash; (*guichet*) cashdesk; *dans un supermarché* checkout; **tenir la ~** look after the money; **grosse ~** MUS bass drum; **~ enregistreuse** cash register; **~ d'épargne** savings bank; **~ noire** slush fund; **~ de retraite** pension fund; **caissier, -ère** *m/f* cashier

cajoler [kaʒole] ⟨1a⟩ (*câliner*) cuddle

cake [kɛk] *m* fruit cake

calamité [kalamite] *f* disaster, calamity

calandre [kalɑ̃dr] *f* AUTO radiator grille

calcaire [kalkɛr] **1** *adj massif* limestone *atr*; *terrain* chalky; *eau* hard **2** *m* GÉOL limestone

calcium [kalsjɔm] *m* calcium

calcul[1] [kalkyl] *m* calculation (*aussi fig*); **~ mental** mental arithmetic

calcul[2] [kalkyl] *m* MÉD stone *m*; **~ biliaire** gallstone; **~ rénal** kidney stone

calculateur, -trice [kalkylatœr, -tris] **1** *adj* calculating **2** *f*: **~ (de poche)** (pocket) calculator

calculer [kalkyle] ⟨1a⟩ calculate; **calculette** *f* pocket calculator

cale [kal] *f* MAR hold; *pour bloquer* wedge; **~ sèche** dry dock

calé, ~e [kale] F: **être ~ en qch** be good at sth

caleçon [kalsɔ̃] *m d'homme* boxer shorts *pl*, boxers *pl*; *de femme* leggings *pl*

calembour [kalɑ̃bur] *m* pun, play on words

calendrier [kalɑ̃drje] *m* calendar; *emploi du temps* schedule, *Br* timetable

calepin [kalpɛ̃] *m* notebook

caler [kale] ⟨1a⟩ **1** *v/t moteur* stall; TECH wedge **2** *v/i d'un moteur* stall

calibre [kalibr] *m d'une arme, fig* caliber, *Br* calibre; *de fruits, œufs* grade

califourchon [kalifurʃɔ̃]: **à ~** astride

câlin, ~e [kalɛ̃, -in] **1** *adj* affectionate **2** *m* (*caresse*) cuddle; **câliner** ⟨1a⟩ (*caresser*) cuddle

calmant, ~e [kalmɑ̃, -t] **1** *adj* soothing; MÉD (*tranquillisant*) tranquilizing, *Br* tranquillizing; *contre douleur* painkilling **2** *m* tranquilizer, *Br* tranquillizer; *contre douleur* painkiller

calmar [kalmar] *m* squid

calme [kalm] **1** *adj calm*; *Bourse, vie* quiet **2** *m* calmness, coolness; MAR calm; (*silence*) peace and quiet, quietness; **calmement** *adv* calmly, coolly; **calmer** ⟨1a⟩ *personne* calm down; *douleur* relieve; **se ~** calm down

calomnie [kalɔmni] *f* slander; *écrite* libel; **calomnier** ⟨1a⟩ insult; *par écrit* libel; **calomnieux, -euse** slanderous *par écrit* libelous, *Br* libellous

calorie [kalɔri] *f* calorie; *régime basses* ~*s* low-calorie diet

calque [kalk] *m* TECH tracing; *fig* exact copy; **calquer** ⟨1m⟩ trace; ~ *qch sur fig* model sth on

calva [kalva] *m* F, **calvados** [kalvadɔs] *m* Calvados, apple brandy

calvaire [kalvɛr] *m* REL wayside cross; *fig* agony

calvitie [kalvisi] *f* baldness

camarade [kamarad] *m/f* friend; POL comrade; ~ *de jeu* playmate; **camaraderie** *f* friendship, camaraderie

Cambodge [kãbɔdʒ]: *le* ~ Cambodia; **cambodgien, ~ne 1** *adj* Cambodian **2** *m langue* Cambodian **3** *m/f* **Cambodgien, ~ne** Cambodian

cambouis [kãbwi] *m* (dirty) oil

cambrer [kãbre] ⟨1a⟩ arch

cambriolage [kãbrijɔlaʒ] *m* break-in, burglary; **cambrioler** ⟨1a⟩ burglarize, *Br* burgle; **cambrioleur, -euse** *m/f* house-breaker, burglar

cambrousse [kãbrus] *f* F péj: *la* ~ the back of beyond, the sticks *pl*

came [kam] *f* TECH cam; *arbre m à* ~*s* camshaft

camelote [kamlɔt] *f* F junk

camembert [kamãber] *m* Camembert; *diagramme* pie chart

caméra [kamera] *f* camera; ~ *vidéo* video camera

Cameroun [kamrun]: *le* ~ Cameroon; **camerounais, ~e 1** *adj* Cameroonian **2** *m/f* **Camerounais, ~e** Cameroonian

caméscope [kameskɔp] *m* camcorder

camion [kamjõ] *m* truck, *Br aussi* lorry; ~ *de livraison* delivery van; **camion-citerne** *m* (*pl* camions-citernes) tanker

camionnette [kamjɔnɛt] *f* van; **camionneur** *m conducteur* truck driver, *Br aussi* lorry driver; *directeur d'entreprise* trucker, *Br* haulier

camomille [kamɔmij] *f* BOT camomile

camouflage [kamuflaʒ] *m* camouflage; **camoufler** ⟨1a⟩ camouflage; *fig: intention, gains* hide; *faute* cover up

camp [kã] *m* camp (*aussi* MIL, POL); ~ *de concentration* concentration camp; ~ *militaire* military camp *m*; ~ *de réfugiés* refugee camp; ~ *de vacances* summer camp, *Br* holiday camp; *ficher le* ~ F clear off, get lost F

campagnard, ~e [kãpaɲar, -d] **1** *adj* country *atr* **2** *m/f* person who lives in the country

campagne [kãpaɲ] *f* country, countryside; MIL, *fig* campaign; *à la* ~ in the country; *en pleine* ~ deep in the countryside; ~ *de diffamation* smear campaign; ~ *électorale* election campaign; ~ *publicitaire* advertising campaign

campement [kãpmã] *m action* camping; *installation* camp; *lieu* campground; **camper** ⟨1a⟩ camp; *se* ~ *devant* plant o.s. in front of; **campeur, -euse** *m/f* camper

camping [kãpiŋ] *m* camping; (*terrain m de*) ~ campground, campsite; *faire du* ~ go camping; **camping-car** *m* (*pl* camping-cars) camper; **camping-gaz**® *m* campstove

Canada [kanada]: *le* ~ Canada; **canadien, ~ne 1** *adj* Canadian **2** *m/f* **Canadien, ~ne** Canadian

canal [kanal] *m* (*pl* -aux) channel; (*tuyau*) pipe; (*bras d'eau*) canal; ~ *d'irrigation* irrigation canal; *le* ~ *de Suez* the Suez Canal

canalisation [kanalizasjõ] *f* (*tuyauterie*) pipes *pl*, piping; **canaliser** *fig* channel

canapé [kanape] *m* sofa; CUIS canapé; **canapé-lit** *m* sofa-bed

canard [kanar] *m* duck; F newpaper; *il fait un froid de* ~ F it's freezing

canari [kanari] *m* canary

cancans [kãkã] *mpl* gossip *sg*

cancer [kãser] *m* MÉD cancer; *avoir un* ~ *du poumon* have lung cancer; *le Cancer* ASTROL Cancer

cancéreux, -euse [kãserø, -z] **1** *adj tumeur* cancerous **2** *m/f* person with cancer, cancer patient; **cancérigène, -ogène** carcinogenic; **cancérologue** m/f cancer specialist

candeur [kɑ̃dœr] f ingenuousness

candidat, ~e [kɑ̃dida, -t] m/f candidate; **candidature** f candidacy; *à un poste* application; **~ spontanée** unsolicited application; **poser sa ~ à un poste** apply for a position

candide [kɑ̃did] ingenuous

cane [kan] f (female) duck; **caneton** m duckling

canette [kanɛt] f (bouteille) bottle

canevas [kanva] m canvas; *de projet* outline

caniche [kaniʃ] m poodle

canicule [kanikyl] f heatwave

canif [kanif] m pocket knife

canin, ~e [kanɛ̃, -in] dog atr, canine

canine [kanin] f canine

caniveau [kanivo] m (pl -x) gutter

canne [kan] f pour marcher cane, stick; **~ à pêche** fishing rod; **~ à sucre** sugar cane

cannelle [kanɛl] f cinnamon

canoë [kanɔe] m canoe; *activité* canoeing; **canoéiste** m/f canoeist

canon [kanɔ̃] m MIL gun; HIST cannon; *de fusil* barrel; **~ à eau** water cannon

canoniser [kanɔnize] ⟨1a⟩ REL canonize

canot [kano] m small boat; **~ pneumatique** rubber dinghy; **~ de sauvetage** lifeboat

cantatrice [kɑ̃tatris] f singer

cantine [kɑ̃tin] f canteen

cantonner [kɑ̃tɔne] ⟨1a⟩ MIL billet; **se ~** shut o.s. away; **se ~ à** fig confine o.s. to

canular [kanylar] m hoax

caoutchouc [kautʃu] m rubber; (bande élastique) rubber band; **~ mousse** foam rubber

cap [kap] m GÉOGR cape; AVIAT, MAR course; **franchir le ~ de la quarantaine** fig turn forty; **mettre le ~ sur** head for, set course for

C.A.P. [seape] m abr (= **certificat d'aptitude professionnelle**) vocational training certificate

capable [kapabl] capable; **~ de faire qch** capable of doing sth; **capacité** f (compétence) ability; (contenance) capacity; **~ d'absorption** absorbency; **~ de production** production capacity; **~ de stockage** storage capacity

cape [kap] f cape; **rire sous ~** fig laugh up one's sleeve

capillaire [kapiler] capillary; *lotion, soins* hair atr

capitaine [kapitɛn] m captain

capital, ~e [kapital] (mpl -aux) **1** adj essential; **peine f ~e** capital punishment **2** m capital; **capitaux** capital sg; **capitaux propres** equity sg **3** f ville capital (city); *lettre* capital (letter)

capitalisme [kapitalism] m capitalism; **capitaliste** m/f & adj capitalist

capiteux, -euse [kapitø, -z] parfum, vin heady

capitonner [kapitɔne] ⟨1a⟩ pad

capitulation [kapitylasjɔ̃] f capitulation; **capituler** ⟨1a⟩ capitulate

caporal [kapɔral] m (pl -aux) MIL private first class, Br lance-corporal; **caporal-chef** corporal

capot [kapo] m AUTO hood, Br bonnet; **capote** f vêtement greatcoat; AUTO top, Br hood; **(anglaise)** F condom, rubber F; **capoter** ⟨1a⟩ AVIAT, AUTO overturn

câpre [kɑpr] f CUIS caper

caprice [kapris] m whim; **capricieux, -euse** capricious

Capricorne [kaprikɔrn] m: **le ~** ASTROL Capricorn

capsule [kapsyl] f capsule; *de bouteille* top; **~ spatiale** space capsule

capter [kapte] ⟨1a⟩ attention, regard catch; RAD, TV pick up; **capteur** m: **~ solaire** solar panel

captif, -ive [kaptif, -iv] m/f & adj captive; **captivant, ~e** personne captivating, enchanting; *histoire, lecture* gripping; **captiver** ⟨1a⟩ fig captivate; **captivité** f captivity

capture [kaptyr] f capture; (proie) catch; **capturer** ⟨1a⟩ capture

capuche [kapyʃ] f hood; **capuchon**

m de vêtement hood; *de stylo* top, cap
capucine [kapysin] *f* BOT nasturtium
car¹ [kar] *m* bus, *Br* coach
car² [kar] *conj* for
carabine [karabin] *f* rifle; **carabiné,**
~e F: *un … carabiné* one hell of a
… F
caractère [karaktɛr] *m* character; *en*
~s gras in bold; **~s d'imprimerie**
block capitals; *avoir bon* ~ be
good-natured; *avoir mauvais* ~ be
bad-tempered
caractériel [karakterjɛl] *troubles* emotional; *personne* emotionally dis-
turbed
caractérisé, ~e [karakterize] *affront,*
agression outright; **caractériser**
⟨1a⟩ be characteristic of; **caractér-**
istique *f & adj* characteristic
carafe [karaf] *f* carafe
caraïbe [karaib] **1** *adj* Caribbean
2 *fpl* **les Caraïbes** the Caribbean
sg; *la mer des* **~** the Caribbean (Sea)
carambolage [karãbɔlaʒ] *m* AUTO
pile-up; **caramboler** ⟨1a⟩ AUTO collide with
caramel [karamɛl] *m* caramel
carapace [karapas] *f* ZO, *fig* shell
carat [kara] *m* carat; *or (à) 18 ~s* 18-
carat gold
caravane [karavan] *f* AUTO trailer, *Br*
caravan; **caravaning** *m* caravanning
carbone [karbɔn] *m* CHIM carbon;
carbonique CHIM carbonic; *neige*
f ~ dry ice; *gaz m* ~ carbon dioxide;
carboniser ⟨1a⟩ burn; **carbonisé** F
burnt to a crisp
carburant [karbyrã] *m* fuel; **carbura-**
teur *m* TECH carburet(t)or
carcasse [karkas] *f d'un animal* carcass; *d'un bateau* shell
cardiaque [kardjak] MÉD **1** *adj* cardi-
ac, heart *atr*; *être* ~ have a heart condition; *arrêt m* ~ heart failure **2** *m/f*
heart patient
cardinal, ~e [kardinal] *(mpl* -aux)
1 *adj* cardinal; *les quatre points*
mpl **cardinaux** the four points of
the compass **2** *m* REL cardinal
cardiologie [kardjɔlɔʒi] *f* cardiology;
cardiologue *m/f* cardiologist, heart

specialist; **cardio-vasculaire** cardi-
ovascular
carême [karɛm] *m* REL Lent
carence [karãs] *f (incompétence)* in-
adequacy, shortcoming; *(manque)*
deficiency; ~ *alimentaire* nutritional
deficiency; *maladie f par* ~ deficiency disease; ~ *affective* emotional deprivation
caresse [karɛs] *f* caress; **caresser**
⟨1b⟩ caress; *projet, idée* play with; *es-*
poir cherish
cargaison [kargɛzõ] *f* cargo; *fig* load
cargo [kargo] *m* MAR freighter, cargo
boat
caricature [karikatyr] caricature; **car-**
icaturer ⟨1a⟩ caricature
carie [kari] *f* MÉD: ~ *dentaire* tooth
decay; *une* ~ a cavity
carié, ~e [karje] *dent* bad
carillon [karijõ] *m air, sonnerie* chimes
pl
caritatif, -ive [karitatif, -iv] charitable
carlingue [karlɛ̃g] *f* AVIAT cabin
carnage [karnaʒ] *m* carnage
carnassier, -ère [karnasje, -ɛr] carni-
vorous
carnation [karnasjõ] *f* complexion
carnaval [karnaval] *m (pl* -als) carni-
val
carnet [karnɛ] *m* notebook; *de tickets,*
timbres book; ~ *d'adresses* address
book; ~ *de chèques* checkbook,
Br chequebook; ~ *de rendez-vous*
appointments diary
carnivore [karnivɔr] **1** *adj* carnivor-
ous **2** *m* carnivore
carotte [karɔt] *f* carrot; *poil de* ~ ginger
carpe [karp] *f* ZO carp
carpette [karpɛt] *f* rug
carré, ~e [kare] **1** *adj* square; *fig: per-*
sonne, réponse straightforward; *mè-*
tre m ~ square meter **2** *m* square;
élever au ~ square
carreau [karo] *m (pl* -x) *de faïence etc*
tile; *fenêtre* pane (of glass); *motif*
check; *cartes* diamonds; *à ~x tissu*
check(ed)
carrefour [karfur] *m* crossroads *sg*

(aussi fig)

carrelage [karlaʒ] *m (carreaux)* tiles *pl*; **carreler** ⟨1c⟩ tile

carrément [karemɑ̃] *adv répondre, refuser* bluntly, straight out

carrière [karjɛr] *f* quarry; *profession* career; **militaire** *m* **de ~** professional soldier

carrossable [karɔsabl] suitable for cars

carrosse [karɔs] *m* coach; **carrosserie** *f* AUTO bodywork

carrousel [karuzɛl] *m* AVIAT carousel

carrure [karyr] *f* build

cartable [kartabl] *m* schoolbag; *à bretelles* satchel

carte [kart] *f* card; *dans un restaurant* menu; GÉOGR map; MAR, *du ciel* chart; **donner ~ blanche à qn** *fig* give s.o. a free hand; **à la ~** à la carte; **~ d'abonnement** membership card; **~ bancaire** cash card; **~ bleue** credit card; **~ de crédit** credit card; **~ d'embarquement** boarding pass; **~ d'étudiant** student card; **~ de fidélité** loyalty card; **~ graphique** graphics card; **~ grise** AUTO registration document; **~ d'identité** identity card; **~ à mémoire** INFORM smartcard; **~ mère** INFORM motherboard; **~ postale** postcard; **~ à puce** INFORM smart card; **~ routière** road map; **~ de séjour** residence permit; **~ son** sound card; **~ vermeil** senior citizens' rail-pass; **~ de vœux** greeting card; **~ (de visite)** card; **~ des vins** wine list

carte-clé *f* key card

cartel [kartɛl] *m* ÉCON cartel

carter [kartɛr] *m* TECH casing; AUTO sump

cartilage [kartilaʒ] *m* cartilage

carton [kartɔ̃] *m matériau* cardboard; *boîte* cardboard box, carton; **~ à dessin** portfolio; **~ ondulé** corrugated cardboard; **~ jaune / rouge** *en football* yellow / red card; **cartonné, ~e: livre** hardback

cartouche [kartuʃ] *f* cartridge; *de cigarettes* carton; **cartouchière** *f* cartridge belt

cas [kɑ, ka] *m* case; **en aucun ~** under no circumstances; **dans ce ~-là, en ce ~** in that case; **en tout ~** in any case; **au ~ où il voudrait faire de la natation** in case he wants to go swimming, if he should want to go swimming; **en ~ de** in the event of; **en ~ de besoin** if need be; **le ~ échéant** if necessary; **faire (grand) ~ de** have a high opinion of; **faire peu de ~** not think a lot of

casanier, -ère [kazanje, -ɛr] *m/f* stay-at-home

cascade [kaskad] *f* waterfall; **cascadeur** *m* stuntman; **cascadeuse** *f* stuntwoman

case [kɑz] *f (hutte)* hut; *(compartiment)* compartment; *dans formulaire* box; *dans mots-croisés, échiquier* square; **retourner à la ~ départ** go back to square one

caser [kaze] ⟨1a⟩ *(ranger)* put; *(loger)* put up; **se ~** *(se marier)* settle down

caserne [kazɛrn] *f* barracks *sg ou pl*; **~ de pompiers** fire station

cash [kaʃ]: **payer ~** pay cash

casier [kazje] *m pour courrier* pigeon-holes *pl*; *pour bouteilles, livres* rack; **~ judiciaire** criminal record

casino [kazino] *m* casino

casque [kask] *m* helmet; *de radio* headphones *pl*; **les ~s bleus** the Blue Berets, the UN forces; **casquer** ⟨1m⟩ P pay up, cough up P

casquette [kaskɛt] *f* cap

cassable [kasabl] breakable; **cassant, ~e** fragile; *fig* curt, abrupt

cassation [kasasjõ] *f* JUR quashing; **Cour** *f* **de ~** final court of appeal

casse [kas] *f* AUTO scrapyard; **mettre à la ~** scrap; **payer la ~** pay for the damage

casse-cou [kasku] *m (pl inv)* daredevil

casse-croûte [kaskrut] *m (pl inv)* snack

casse-noisettes [kasnwazɛt] *m (pl inv)* nutcrackers *pl*

casse-pieds [kaspje] *m/f (pl inv)* F pain in the neck F

casser [kase] ⟨1a⟩ **1** *v/t* break; *noix* crack; JUR quash; **~ les pieds à qn**

F bore the pants off s.o. F; (*embêter*) get on s.o.'s nerves F; **~ les prix** COMM slash prices; **~ la croûte** have a bite to eat; **~ la figure** *ou* **gueule à qn** F smash s.o.'s face in F; **se ~ break**; **se ~ la figure** *ou* **gueule** F fall over; *fig* fail; **se ~ la tête** rack one's brains; **ne pas se ~** F not exactly bust a gut **2** *v/i* break

casserole [kasrɔl] *f* (sauce)pan

casse-tête [kastɛt] *m* (*pl inv*) *fig*: *problème* headache

cassette [kasɛt] *f* (*bande magnétique*) cassette; **magnétophone m à ~** cassette recorder; **~ vidéo** video

casseur, -euse *m/f* rioter; AUTO scrap metal merchant

cassis [kasis] *m* BOT blackcurrant; (*crème f de*) **~** blackcurrant liqueur

cassoulet [kasulɛ] *m* CUIS *casserole of beans, pork, sausage and goose*

cassure [kasyr] *f* (*fissure*) crack; *fig* (*rupture*) split, break-up

caste [kast] *f* caste

castor [kastɔr] *m* beaver

castrer [kastre] ⟨1a⟩ castrate

cataclysme [kataklism] *m* disaster

catalogue [katalɔg] *m* catalog, *Br* catalogue; **cataloguer** ⟨1m⟩ catalog, *Br* catalogue; F *péj* label, pigeonhole

catalyseur [katalizœr] *m* catalyst (*aussi fig*); **catalytique** AUTO: *pot m* **~** catalytic converter

catapulte [katapylt] *f* catapult; **catapulter** ⟨1a⟩ catapult (*aussi fig*)

cataracte [katarakt] *f* (*cascade*) waterfall; MÉD cataract

catastrophe [katastrɔf] *f* disaster, catastrophe; **en ~** in a rush; **~ naturelle** act of God; **catastrophé, ~e** stunned; **catastrophique** disastrous, catastrophic

catch [katʃ] *m* wrestling

catéchisme [kateʃism] *m* catechism

catégorie [kategɔri] *f* category; **~ d'âge** age group; **catégorique** categorical; **catégoriser** ⟨1a⟩ categorize

cathédrale [katedral] *f* cathedral

catholicisme [katɔlisism] *m* (Roman) Catholicism; **catholique 1** *adj* (Roman) Catholic; **pas très ~** *fig* F a bit

dubious **2** *m/f* Roman Catholic

catimini [katimini] F: **en ~** on the quiet

cauchemar [koʃmar] *m* nightmare (*aussi fig*); **cauchemardesque** nightmarish

causant, ~e [kozɑ̃, -t] talkative

cause [koz] *f* cause; JUR case; **à ~ de** because of; **pour ~ de** owing to, on account of; **sans ~** for no reason; **pour ~** with good reason; **faire ~ commune avec qn** join forces with s.o.; **être en ~** d'honnêteté, de loyauté be in question; **mettre en ~** honnêteté, loyauté question; *personne* suspect of being involved

causer [koze] **1** *v/t* (*provoquer*) cause **2** *v/i* (*s'entretenir*) chat (*avec qn de* with s.o. about); **causerie** *f* talk; **causette** *f* chat; **faire la ~** have a chat; **causeur, -euse** *m/f* speaker

caustique [kostik] CHIM, *fig* caustic

cautériser [koterize] ⟨1a⟩ MÉD cauterize

caution [kosjõ] *f* security; *pour logement* deposit; JUR bail; *fig* (*appui*) backing, support; **libéré sous ~** released on bail; **cautionner** ⟨1a⟩ stand surety for; JUR bail; *fig* (*se porter garant de*) vouch for; (*appuyer*) back, support

cavale [kaval] *f* F break-out F, escape; **être en ~** be on the run; **cavaler** ⟨1a⟩ F: **~ après qn** chase after s.o.; **cavalerie** *f* cavalry; **cavalier, -ère 1** *m/f pour cheval* rider; *pour bal* partner **2** *m aux échecs* knight **3** *adj* offhand, cavalier

cave [kav] *f* cellar; **~ (à vin)** wine cellar; **caveau** *m* (*pl* -x) *d'enterrement* vault

caverne [kavern] *f* cave

caviar [kavjar] *m* caviar

cavité [kavite] *f* cavity

CC [sese] *abr* (**= courant continu**) DC (**= direct current**); (**= charges comprises**) all inclusive

CD [sede] *m abr* (**= compact disc**) CD; **CD-Rom** *m* CD-Rom

CE *f abr* (**= Communauté f européenne**) EC (**= European Commu-**

nity)

ce [sə] *m* (**cet** *m*, **cette** *f*, **ces** *pl*) **1** *adj* this, *pl* these; **~ matin / soir** this morning / evening; **en ~ moment** at the moment; **~ livre-ci** this book; **~ livre-là** that book; **ces jours-ci** these days; **cette vie est difficile** it's a hard life;
2 *pron* ◇ : **c'est pourquoi** that is *ou* that's why; **c'est triste** it's sad; **~ sont mes enfants** these are my children; **c'est un acteur** he is *ou* he's an actor; **c'est une actrice** she is *ou* she's an actress; **c'est la vie** that's life; **c'est à qui ce manteau?** whose coat is this?; **c'est elle qui me l'a dit** she's the one who told me, it was her that told me; **qui est-~?** who is it?; **c'est que...** it's that ...; **c'est que tu as grandi!** how you've grown!
◇ : **~ que tu fais** what you're doing; **~ qui me plaît** what I like; **ils se sont mis d'accord, ~ qui n'arrive pas souvent** they reached an agreement, which doesn't often happen; **~ qu'il est gentil!** isn't he nice!
◇ : **pour ~ faire** to do that; **sur ~** with that

ceci [səsi] this; **~ ou cela** this or that

cécité [sesite] *f* blindness

céder [sede] ⟨1f⟩ **1** *v/t* give up; **cédez le passage** AUTO yield, *Br* give way **2** *v/i* give in (**à** to); (*se casser*) give way; **elle ne lui cède en rien** she is every bit as good as he is

cédille [sedij] *f* cedilla

cèdre [sedr] *m* BOT cedar

ceinture [sɛ̃tyr] *f* belt; ANAT waist; **se serrer la ~** *fig* tighten one's belt; **~ de sauvetage** lifebelt; **~ de sécurité** seatbelt; **~ verte** green belt

cela [s(ə)la] that; **il y a cinq ans de ~** that was five years ago; **à ~ près** apart from that

célébration [selebrasjɔ̃] *f* celebration

célèbre [selɛbr] famous

célébrer [selebre] ⟨1f⟩ celebrate; **~ la mémoire de qn** be a memorial to s.o.; **célébrité** *f* fame; *personne* celebrity

céleri [sɛlri] *m* BOT: **~ (en branche)**

celery; **~(-rave)** celeriac

célérité [selerite] *f litt* speed

céleste [selɛst] heavenly

célibat [seliba] *m* single life; *d'un prêtre* celibacy; **célibataire 1** *adj* single, unmarried **2** *m* bachelor **3** *f* single woman

celle, celles [sɛl] → **celui**

cellier [sɛlje] *m* cellar

cellophane [selɔfan] *f* cellophane

cellule [selyl] *f* cell

cellulite [selylit] *f* MÉD cellulite

cellulose [selyloz] *f* cellulose

Celsius [sɛljys]: **20 degrés ~** 20 degrees Celsius

celtique [sɛltik] Celtic

celui [səlɥi] *m* (**celle** *f*, **ceux** *mpl*, **celles** *fpl*) the one, *pl* those; **~ dont je parle** the one I'm talking about; **meilleurs que ceux que ma mère fait** better than the ones *ou* than those my mother makes; **~ qui ...** *personne* he who ...; *chose* the one which; **tu peux utiliser celle de Claude** you can use Claude's; **celui-ci** this one; **celui-là** that one

cendre [sɑ̃dr] *f* ash; **~s** ashes; **~s de cigarette** cigarette ash *sg*

cendré, ~e [sɑ̃dre] ash-gray, *Br* ash-grey; **cendrée** *f* SP cinder track; **cendrier** *m* ashtray

cène [sɛn] *f* REL: **la ~** (Holy) Communion; **la Cène** *peinture* the Last Supper

censé, ~e [sɑ̃se]: **il est ~ être malade** he's supposed to be sick; **censeur** *m* censor; ÉDU vice-principal, *Br* deputy head; *fig* critic

censure [sɑ̃syr] *f* censorship; *organe* board of censors; **motion** *f* **de ~** POL motion of censure; **censurer** ⟨1a⟩ censor

cent [sɑ̃] **1** *adj* hundred **2** *m* a hundred, one hundred; *monnaie* cent; **pour ~** per cent; **deux ~s personnes** two hundred people; **centaine** *f*: **une ~ de personnes** a hundred or so people; **des ~s de personnes** hundreds of people; **centenaire 1** *adj* hundred-year-old **2** *m fête* centennial, *Br* centenary

centième [sɑ̃tjɛm] hundredth; **centilitre** *m* centiliter, *Br* centilitre; **centime** *m* centime; **centimètre** *m* centimeter, *Br* centimetre; *ruban* tape measure

central, ~e [sɑ̃tral] (*mpl* -aux) **1** *adj* central **2** *m* TÉL telephone exchange **3** *f* power station; **centrale nucléaire** *ou* **atomique** nuclear power station; **centralisation** centralization; **centraliser** ⟨1a⟩ centralize

centre [sɑ̃tr] *m* center, *Br* centre; **~ d'accueil** temporary accommodations *pl*; **~ d'appel** call center; **~ d'attention** center of attention; **~ commercial** shopping mall, *Br aussi* shopping centre; **~ de gravité** center of gravity; **~ d'intérêt** center of interest; **~ de loisirs** leisure center; **~ de planning familial** family planning clinic; **centrer** ⟨1a⟩ center, *Br* centre

centre-ville *m* downtown area, *Br* town centre

centrifuge [sɑ̃trifyʒ] centrifugal

centrifugeuse *f* juicer, juice extractor

centuple [sɑ̃typl] *m*: **au ~** a hundredfold

cep [sɛp] *m* vine stock; **cepage** *m* wine variety

cèpe [sɛp] *m* BOT cèpe, boletus

cependant [səpɑ̃dɑ̃] yet, however

céramique [seramik] *f* ceramic

cercle [sɛrkl] *m* circle; **~ vicieux** vicious circle

cercueil [sɛrkœj] *m* casket, *Br* coffin

céréales [sereal] *fpl* (breakfast) cereal *sg*

cérébral, ~e [serebral] (*mpl* -aux) cerebral

cérémonial [seremɔnjal] *m* ceremonial; **cérémonie** *f* ceremony; **sans ~ repas** *etc* informal; **se présenter** *etc* informally; **mettre à la porte** unceremoniously; **cérémonieux, -euse** *manières* formal

cerf [sɛr] *m* deer

cerfeuil [sɛrfœj] *m* BOT chervil

cerf-volant [sɛrvɔlɑ̃] *m* (*pl* cerfs-volants) kite

cerise [s(ə)riz] *f* cherry; **cerisier** *m* cherry(-tree)

cerne [sɛrn] *m*: **avoir des ~s** have bags under one's eyes; **cerner** ⟨1a⟩ (*encercler*) surround; *fig*: *problème* define

certain, ~e [sɛrtɛ̃, -ɛn] **1** *adj* ◇ (*après le subst*) certain; **être ~ de qch** be certain of sth; ◇ (*devant le subst*) certain; **d'un ~ âge** middle-aged; **~s enfants** certain *ou* some children **2** *pron*: **certains, -aines** some (people); **certains d'entre eux** some of them

certainement [sɛrtɛnmɑ̃] *adv* certainly; (*sûrement*) probably; **~ pas!** definitely not

certes [sɛrt] *adv* certainly

certificat [sɛrtifika] *m* certificate; **~ de mariage** marriage certificate; **~ médical** medical certificate; **certifier** ⟨1a⟩ guarantee; **copie f certifiée conforme** certified true copy; **~ qch à qn** assure s.o. of sth

certitude [sɛrtityd] *f* certainty

cerveau [sɛrvo] *m* (*pl* -x) brain

cervelas [sɛrvəla] *m* saveloy

cervelle [sɛrvɛl] *f* brains *pl*; **se brûler la ~** *fig* blow one's brains out

ces [se] → **ce**

césarienne [sezarjɛn] *f* MÉD cesarian, *Br* caesarian

cessation [sɛsasjɔ̃] *f* cessation; **après leur ~ de commerce** when they ceased trading; **~ de paiements** suspension of payments; **cesse: sans ~** constantly; **cesser** ⟨1b⟩ stop; **~ de faire qch** stop doing sth; **cessez-le-feu** *m* (*pl inv*) ceasefire

cession [sɛsjɔ̃] *f* disposal

c'est-à-dire [sɛtadir] that is, that is to say

cet, cette [sɛt] → **ce**

ceux [sø] → **celui**

CFC [seɛfse] *mpl abr* (= chlorofluorocarbones) CFCs (= chlorofluorocarbons)

chacun, ~e [ʃakɛ̃ *ou* ʃakœ̃, -yn] *m/f* each (one); **~ de** *ou* **d'entre nous** each (one) of us; **c'est ~ pour soi** it's every man for himself; **accessible à tout un ~** available to each and every person; **~ le sait** everybody knows it

chagrin [ʃagrɛ̃] m grief; *faire du ~ à qn* upset s.o.; *un ~ d'amour* an unhappy love affair; **chagriner** ⟨1a⟩ sadden

chahut [ʃay] m F racket, din; **chahuter** ⟨1b⟩ heckle

chaîne [ʃɛn] f chain; *radio*, TV channel; **~s** AUTO snow chains; *~ hi-fi* hi-fi; *~ (de montage)* assembly line; *travail à la ~* assembly line work; *~ payante* TV pay channel; *~ de montagnes* range of mountains

chair [ʃɛr] f flesh; *en ~ et en os* in the flesh; *avoir la ~ de poule* have goosebumps, *Br aussi* have goosepimples; *être bien en ~* be plump

chaire [ʃɛr] f *dans église* pulpit; *d'université* chair

chaise [ʃɛz] f chair; *~ longue (transatlantique)* deck chair; *~ électrique* electric chair; *~ roulante* wheelchair

châle [ʃɑl] m shawl

chalet [ʃalɛ] m chalet

chaleur [ʃalœr] f heat; *plus modérée* warmth (*aussi fig*); **chaleureusement** warmly; **chaleureux, -euse** warm

chaloupe [ʃalup] f boat

chalumeau [ʃalymo] m (pl -x) blowtorch

chalutier [ʃalytje] m MAR trawler

chamailler [ʃamaje] ⟨1a⟩ F: *se ~* bicker

chambouler [ʃɑ̃bule] ⟨1a⟩ turn upside down

chambranle [ʃɑ̃brɑ̃l] m frame

chambre [ʃɑ̃br] f (bed)room; JUR, POL chamber; *~ à air de pneu* inner tube; *Chambre du Commerce et de l'Industrie* Chamber of Commerce; *~ à coucher* bedroom; *~ à un lit* single (room); *~ à deux lits* twin-bedded room; *~ d'amis* spare room, guest room; *~ noire* PHOT darkroom

chambré [ʃɑ̃bre] *vin* at room temperature

chameau [ʃamo] m (pl -x) camel

chamois [ʃamwa] m ZO chamois; *cuir* shammy

champ [ʃɑ̃] m field (*aussi fig*); *à travers ~* across country; *laisser le ~ libre à qn* give s.o. a free hand; *~ de bataille* battlefield; *~ de courses* racecourse; *~ de mines* minefield; *~ pétrolifère* oilfield

champagne [ʃɑ̃paɲ] m champagne

champêtre [ʃɑ̃pɛtr] country *atr*

champignon [ʃɑ̃piɲɔ̃] m BOT, MÉD fungus; *nourriture* mushroom; *~ de Paris* button mushroom; *~ vénéneux* toadstool

champion, ~ne [ʃɑ̃pjɔ̃, -ɔn] m/f champion (*aussi fig*); **championnat** m championship

chance [ʃɑ̃s] f (*sort*) luck, fortune; (*occasion*) chance; *il y a des ~s que cela se produise (subj)* there is a chance that it might happen; *bonne ~!* good luck!; *avoir de la ~* be lucky; *c'est une ~ que (+ subj)* it's lucky that; *il y a peu de ~s pour que cela se produise (+ subj)* there is little chance of that happening

chanceler [ʃɑ̃sle] ⟨1c⟩ stagger; *d'un gouvernement* totter

chancelier [ʃɑ̃səlje] m chancellor

chanceux, -euse [ʃɑ̃sø, -z] lucky

chandail [ʃɑ̃daj] m (pl -s) sweater

chandelier [ʃɑ̃dəlje] m candlestick

chandelle [ʃɑ̃dɛl] f candle

change [ʃɑ̃ʒ] m exchange; *taux m de ~* exchange rate, rate of exchange; *contrôle m des ~s* exchange control; *~ du jour* current rate of exchange; *donner le ~ à qn* deceive s.o.; **changeable** changeable; **changeant, ~e** changeable; **changement** m change; *~ de vitesse* AUTO gear shift

changer [ʃɑ̃ʒe] ⟨11⟩ **1** *v/t* change (*en* into); (*échanger*) exchange (*contre* for) **2** *v/i* change; *~ de qch* change sth; *~ d'adresse* change address; *~ d'avis* change one's mind; *~ de place avec qn* change places with s.o.; *~ de sujet* change the subject; *~ de train* change trains; *~ de vitesse* shift gear(s), *Br* change gear(s); *se ~* change

chanson [ʃɑ̃sɔ̃] f song; **chansonnier**

m singer

chant [ʃɑ̃] *m* song; *action de chanter* singing; *d'église* hymn

chantage [ʃɑ̃taʒ] *m* blackmail; *faire du ~ à qn* blackmail s.o.

chanter [ʃɑ̃te] ⟨1a⟩ **1** *v/i* sing; *d'un coq* crow; *faire ~ qn* blackmail s.o.; *si cela te chante* if you feel like it **2** *v/t* sing; **chanteur, -euse** *m/f* singer

chantier [ʃɑ̃tje] *m* building site; **~ naval** shipyard

chantonner [ʃɑ̃tɔne] ⟨1a⟩ sing under one's breath

chanvre [ʃɑ̃vr] *m* BOT hemp

chaos [kao] *m* chaos; **chaotique** chaotic

chapardage [ʃapardaʒ] *m* F pilfering; **chaparder** ⟨1a⟩ F pinch F

chapeau [ʃapo] *m* (*pl* -x) hat; *~!* congratulations!; **chapeauter** *fig* head up

chapelet [ʃaplɛ] *m* REL rosary

chapelle [ʃapɛl] *f* chapel

chapelure [ʃaplyr] *f* CUIS breadcrumbs *pl*

chaperon [ʃaprɔ̃] *m* chaperone; **chaperonner** chaperone

chapiteau [ʃapito] *m* (*pl* -x) *de cirque* big top; ARCH capital

chapitre [ʃapitr] *m* chapter; *division de budget* heading; *fig* subject

chapon [ʃapɔ̃] *m* capon

chaque [ʃak] each

char [ʃar] *m* cart; *de carnaval* float; MIL tank; **~ funèbre** hearse

charabia [ʃarabja] *m* F gibberish

charbon [ʃarbɔ̃] *m* coal; **~ de bois** charcoal; **être sur des ~s ardents** be like a cat on a hot tin roof

charcuterie [ʃarkytri] *f* CUIS cold cuts *pl*, *Br* cold meat; *magasin* pork butcher's; **charcutier** *m* pork butcher

chardon [ʃardɔ̃] *m* BOT thistle

charge [ʃarʒ] *f* (*fardeau*) load; *fig* burden; ÉL, JUR, MIL, *d'explosif* charge; (*responsabilité*) responsibility; *à la ~ de qn* dependent on s.o.; FIN chargeable to s.o.; **avoir des enfants à ~** have dependent children; **prendre en ~** take charge of; *passager* pick

up; **~s** charges; (*impôts*) costs; **~s fiscales** taxation *sg*; **~s sociales** social security contributions paid by the employer, FICA, *Br* national insurance contributions

chargé, ~e [ʃarʒe] **1** *adj* loaded; *programme* full; *être ~ de faire qch* have been given the job of doing sth **2** *m* EDUC: **~ de cours** lecturer; **chargement** *m* loading; *ce qui est chargé* load; **charger** ⟨1l⟩ **1** *v/t voiture, navire, arme* load; *batterie*, JUR charge; (*exagérer*) exaggerate; **~ qn de qch** put s.o. in charge of sth; **se ~ de qch / qn** look after sth / s.o. **2** *v/i* charge; **chargeur** *m*: **~** (**de batterie**) battery charger

chariot [ʃarjo] *m pour bagages, achats* cart, *Br* trolley; (*charrette*) cart

charismatique [karismatik] charismatic; **charisme** *m* charisma

charitable [ʃaritabl] charitable; **charité** *f* charity; **faire la ~ à qn** give s.o. money; **fête de ~** charity sale *ou* bazaar

charivari [ʃarivari] *m* din, racket

charlatan [ʃarlatɑ̃] *m péj* charlatan

charmant, ~e [ʃarmɑ̃, -t] charming, delightful; **prince ~** Prince Charming; (*mari idéal*) Mr Right; **charme** *m* charm; **charmer** ⟨1a⟩ charm

charnel, ~le [ʃarnɛl] carnal

charnier [ʃarnje] *m* mass grave

charnière [ʃarnjɛr] *f* hinge

charnu, ~e [ʃarny] fleshy

charognard [ʃarɔɲar] *m* scavenger; **charogne** *f* P bastard; *femme* bitch

charpente [ʃarpɑ̃t] *f* framework; **charpentier** *m* carpenter

charrette [ʃarɛt] *f* cart; **charrier** ⟨1a⟩ **1** *v/t* (*transporter*) carry; (*entraîner*) carry along **2** *v/i* F (*exagérer*) go too far

charrue [ʃary] *f* plow, *Br* plough

charte [ʃart] *f* charter

charter [ʃartɛr] *m* charter

chasse¹ [ʃas] *f* hunting; (*poursuite*) chase; **prendre en ~** chase (after); **la ~ est ouverte / fermée** the hunting season has started / finished; **~ à courre** hunting; **~ à l'homme** manhunt; **~ privée** private game reserve; **~ aux sorcières** witchhunt

chasse² [ʃas]: **~ d'eau** flush; **tirer la ~** flush the toilet, pull the chain

chasse-neige [ʃasnɛʒ] *m* (*pl inv*) snowplow, *Br* snowplough

chasser [ʃase] ⟨1a⟩ *gibier* hunt; (*expulser*) drive away; *employé* dismiss; **chasseur** *m* hunter; AVIAT fighter; *dans un hôtel* bellhop, *Br* bellboy; **~ de têtes** headhunter

châssis [ʃɑsi] *m* frame; AUTO chassis

chaste [ʃast] chaste; **chasteté** *f* chastity

chat¹ [ʃa] *m* cat

chat² [tʃat] *m* INFORM chatroom; *conversation* (online) chat

châtaigne [ʃatɛɲ] *f* chestnut; **châtaignier** *m* chestnut (tree); **châtain** *adj inv* chestnut

château [ʃato] *m* (*pl -x*) castle; **~ fort** (fortified) castle; **~ d'eau** water tower *m*; **le ~ de Versailles** the Palace of Versailles; **construire des ~x en Espagne** *fig* build castles in Spain

châtié, **~e** [ʃo, ʃatje] *style* polished

châtier [ʃatje] ⟨1a⟩ punish; **châtiment** *m* punishment

chatoiement [ʃatwamɑ̃] *m* shimmer

chaton [ʃatõ] *m* kitten

chatouiller [ʃatuje] ⟨1a⟩ tickle; **chatouilleux, -euse** ticklish; *fig* touchy

chatoyer [ʃatwaje] ⟨1h⟩ shimmer

chatte [ʃat] *f* cat

chatter [tʃate] INFORM chat (online)

chaud, **~e** [ʃo, -d] **1** *adj* hot; *plus modéré* warm; **tenir ~** keep warm; **il fait ~** it's hot / warm **2** *m* heat; *plus modéré* warmth; **j'ai ~** I'm hot / warm; **chaudière** *f* boiler

chaudron [ʃodrõ] *m* cauldron

chauffage [ʃofaʒ] *m* heating; **~ central** central heating

chauffard [ʃofar] *m* F roadhog

chauffe-eau [ʃofo] *m* (*pl inv*) water heater; **chauffe-plats** *m* (*pl inv*) hot plate

chauffer [ʃofe] ⟨1a⟩ **1** *v/t* heat (up), warm (up); *maison* heat; **se ~** warm o.s.; *d'un sportif* warm up **2** *v/i d'eau*, *d'un four* warm *ou* heat up; *d'un moteur* overheat; **faire ~** *eau* heat; *moteur* warm up; **chaufferie** *f* boiler room

chauffeur [ʃofœr] *m* driver; *privé* chauffeur, driver; **~ de taxi** taxi *ou* cab driver

chaume [ʃom] *m* AGR *champ* stubble; **toit** *m* **de ~** thatched roof; **chaumière** *f* thatched cottage

chaussée [ʃose] *f* pavement, *Br* roadway

chausse-pied [ʃospje] *m* (*pl* chausse--pieds) shoehorn; **chausser** ⟨1a⟩ *bottes* put on; **~ qn** put shoes on s.o.; **se ~** put one's shoes on; **~ du 40** take a size 40

chaussette [ʃosɛt] *f* sock; **chausson** *m* slipper; **~ (de bébé)** bootee *m*; **~ aux pommes** CUIS apple turnover; **chaussure** *f* shoe; **~s de marche** hiking boots; **~s de ski** ski boots

chauve [ʃov] bald

chauve-souris [ʃovsuri] *f* (*pl* chauves-souris) bat

chauvin, **~e** [ʃovɛ̃, -in] **1** *adj* chauvinistic **2** *m/f* chauvinist; **chauvinisme** *m* chauvinism

chaux [ʃo] *f* lime

chavirer [ʃavire] ⟨1a⟩ MAR capsize; **~ qn** *fig* overwhelm s.o.

chef [ʃef] *m* (*meneur*), POL leader; (*patron*) boss, chief; *d'une entreprise* head; *d'une tribu* chief; CUIS chef; **au premier ~** first and foremost; **de mon propre ~** on my own initiative; **rédacteur m en ~** editor-in--chief; **~ d'accusation** JUR charge, count; **~ d'équipe** foreman; **~ d'État** head of State; **~ de famille** head of the family; **~ de gare** station manager; **~ d'orchestre** conductor

chef-d'œuvre [ʃɛdœvr] *m* (*pl* chefs--d'œuvre) masterpiece; **chef-lieu** *m* (*pl* chefs-lieux) capital (*of département*)

chemin [ʃ(ə)mɛ̃] *m* way; (*route*) road; (*allée*) path; **~ de fer** railroad, *Br* railway; **se mettre en ~** set out; **elle n'y est pas allée par quatre ~s** she didn't beat about the bush, she got straight to the point

cheminée [ʃ(ə)mine] *f* chimney; *(âtre)* fireplace; *(encadrement)* mantelpiece; *de bateau* funnel; *d'usine* smokestack, chimney

cheminement [ʃ(ə)minmɑ̃] *m* progress; **~ de la pensée** *fig* thought processes *pl*; **cheminer** ⟨1a⟩ walk, make one's way; *d'une idée* take root; **cheminot** *m* rail worker

chemise [ʃ(ə)miz] *f* shirt; *(dossier)* folder; **~ de nuit** *de femme* nightdress; *d'homme* nightshirt; **chemisette** *f* short-sleeved shirt; **chemisier** *m* blouse

chenal [ʃ(ə)nal] *m* (*pl* -aux) channel

chêne [ʃɛn] *m* BOT oak (tree)

chenil [ʃəni(l)] *m* kennels *pl*

chenille [ʃ(ə)nij] *f* ZO caterpillar; **véhicule m à ~s** tracked vehicle

chèque [ʃɛk] *m* COMM check, *Br* cheque; **~ barré** crossed check; **~ sans provision** bad check, rubber check F; **~ de voyage** traveler's check, *Br* traveller's cheque; **chéquier** *m* checkbook, *Br* chequebook

cher, chère [ʃɛr] **1** *adj* dear (*à qn* to s.o.); *coûteux* dear, expensive **2** *adv*: **payer qch ~** pay a lot for sth; *fig* pay a high price for sth; **nous l'avons vendu ~** we got a lot *ou* a good price for it **3** *m/f* **mon cher, ma chère** my dear

chercher [ʃɛrʃe] ⟨1a⟩ look for; **~ à faire qch** try to do sth; **aller ~** fetch, go for; **venir ~** collect, come for; **envoyer ~** send for; **chercheur, -euse** *m/f* researcher

chère [ʃɛr] *f* food; **aimer la bonne ~** love good food

chéri, ~e [ʃeri] beloved, darling; *(mon)* **~** darling; **chérir** ⟨2a⟩ cherish

chérubin [ʃerybɛ̃] *m* cherub

chétif, -ive [ʃetif, -iv] puny

cheval [ʃ(ə)val] *m* (*pl* -aux) horse; AUTO horsepower, HP; **aller à ~** SP ride; **être à ~ sur qch** straddle sth; **à ~** on horseback; **à ~ bascule** rocking horse; **~ de bataille** *fig* hobby-horse; **~ de course** racehorse; **chevaleresque** chivalrous;

chevalerie *f* chivalry

chevalet [ʃ(ə)vale] *m* de peinture easel

chevalier [ʃ(ə)valje] *m* HIST knight; **chevalière** *f* signet ring; **chevalin, ~e** horse *atr*; **boucherie f ~e** horse butcher's; **cheval-vapeur** *m* horsepower

chevaucher [ʃ(ə)voʃe] ⟨1a⟩ ride; **se ~** overlap

chevelu, ~e [ʃəvly] *personne* longhaired; **cuir** *m* **~** scalp; **chevelure** *f* hair; **avoir une belle ~** have beautiful hair

chevet [ʃəve] *m* bedhead; **table f de ~** nightstand, *Br aussi* bedside table; **être au ~ de qn** be at s.o.'s bedside

cheveu [ʃ(ə)vø] *m* (*pl* -x) hair; **~x** hair *sg*; **aux ~x courts** short-haired; **avoir les ~x courts** have short hair; **couper les ~x en quatre** *fig* split hairs

cheville [ʃ(ə)vij] *f* ANAT ankle; TECH peg

chèvre [ʃɛvr] *f* goat

chevreau [ʃəvro] *m* kid

chèvrefeuille [ʃɛvrəfœj] *m* BOT honeysuckle

chevreuil [ʃəvrœj] *m* deer; CUIS venison

chevronné, ~e [ʃəvrɔne] experienced

chez [ʃe] ◇: **~ lui** at his place; *direction* to his place; **tout près de ~ nous** close to our place, close to where we live; **~ Marcel** at Marcel's; **quand nous sommes ~ nous** when we are at home; **rentrer ~ soi** go home ◇: **aller ~ le coiffeur** go to the hairdresser *ou Br* hairdresser's; **~ le boucher** at the butcher's shop *ou Br* butcher's ◇: **~ Molière** in Molière ◇ *(parmi)* amongst; **courant ~ les personnes âgées** common amongst *ou* with old people; **beaucoup admiré ~ les Américains** much admired by Americans

chez-soi *m* home

chiant, ~e [ʃiɑ̃, -t] *adj* F boring

chic [ʃik] **1** *m (élégance)* style; **avoir le ~ pour faire qch** have a gift for doing sth **2** *adj* chic; *(sympathique)* decent, nice; **~!** F great! F

chicane [ʃikan] f (querelle) squabble;
chicaner ⟨1a⟩ quibble (sur over)

chiche [ʃiʃ] mean; BOT pois m ~ chick
pea; tu n'es pas ~ de le faire F
you're too chicken to do it F

chicorée [ʃikɔre] f BOT chicory; ~ (endive)

chien [ʃjɛ̃] m dog; temps de ~ fig F
filthy weather; ~ d'arrêt retriever; ~
d'aveugle seeing-eye dog, Br guide
dog; ~ de berger sheepdog; ~ de
garde guard dog; ~ policier police
dog; chien-loup m (pl chiens-loups)
wolfhound; chienne f dog; le chien
et la ~ the dog and the bitch

chier [ʃje] ⟨1a⟩ P shit P; ça me fait ~
P it pisses me off P

chiffon [ʃifɔ̃] m rag; ~ (à poussière)
duster; chiffonner ⟨1a⟩ crumple; fig
F bother

chiffre [ʃifr] m numeral; (nombre)
number; (code) cipher; ~ d'affaires
COMM turnover; chiffrer ⟨1a⟩ revenus, somme work out (à at); (encoder)
encipher; se ~ à amount to

chignon [ʃiɲɔ̃] m bun

Chili [ʃili]: le ~ Chili; chilien, ~ne
1 adj Chilean 2 m/f Chilien, ~ne
Chilean

chimère [ʃimɛr] f fantasy

chimie [ʃimi] f chemistry; chimiothérapie f chemotherapy

chimique [ʃimik] chemical; chimiste
m/f chemist

Chine [ʃin]: la ~ China; chinois, ~e
1 adj Chinese 2 m langue Chinese
3 m/f Chinois, ~e Chinese

chiot [ʃjo] m pup

chiper [ʃipe] ⟨1a⟩ F pinch

chipoter [ʃipɔte]⟨1b⟩ haggle (sur for,
over)

chips [ʃip(s)] mpl chips, Br crisps

chirurgical, ~e [ʃiryrʒikal] (mpl -aux)
surgical; chirurgie f surgery; ~ esthétique plastic surgery; chirurgien, ~ne m/f surgeon; ~ dentiste
dental surgeon; ~ esthétique cosmetic surgeon

chlorofluorocarbone [klɔrɔflyɔrɔ-
karbɔn] m chlorofluorocarbon

choc [ʃɔk] m impact, shock; MÉD,

PSYCH shock; d'opinions, intérêts
clash

chocolat [ʃɔkɔla] m chocolate; ~ au
lait milk chocolate

chœur [kœr] m choir (aussi ARCH);
THÉÂT chorus; en ~ in chorus

choisir [ʃwazir] ⟨2a⟩ 1 v/t choose, select 2 v/i (se décider) choose; ~ de
faire qch decide to do sth; choix
m choice; (sélection, assortiment)
range, selection; c'est au ~ you have
a choice; de (premier) ~ choice;
avoir le ~ have the choice

cholestérol [kɔlesterɔl] m cholesterol

chômage [ʃomaʒ] m unemployment;
être au ~ be unemployed, be out of
work; ~ de longue durée long-term
unemployment; ~ partiel short time;
chômer ⟨1a⟩ be unemployed, be out
of work; chômeur, -euse m/f unemployed person; les ~s the unemployed pl

chope [ʃɔp] f beer mug

choquant, ~e [ʃɔkã, -t] shocking;
choquer ⟨1a⟩: ~ qch knock sth; ~
qn shock s.o.

chorale [kɔral] f choir; choriste m/f
chorister

chose [ʃoz] f thing; autre ~ something
else; c'est peu de ~ it's nothing;
quelque ~ something; c'est ~ faite
it's done; voilà où en sont les ~s
that's where things stand

chou [ʃu] m (pl -x) BOT cabbage; ~x
de Bruxelles Brussels sprouts;
mon (petit) ~ fig my love

choucroute [ʃukrut] f sauerkraut

chouette [ʃwet] 1 f owl 2 adj F great

chou-fleur [ʃuflœr] m (pl choux-
-fleurs) cauliflower

choyer [ʃwaje] ⟨1h⟩ coddle

chrétien, ~ne [kretjɛ̃, -ɛn] 1 adj
Christian 2 m/f Christian; chré-
tienté f Christendom

Christ [krist] m: le ~ Christ

christianiser [kristjanize] ⟨1a⟩
Christianize; christianisme m
Christianity

chrome [krom] m chrome; chromé,
~e chrome-plated

chronique [krɔnik] 1 adj chronic 2 f

d'un journal column; *reportage* report; **la ~ locale** the local news *sg*; **chroniqueur** *m pour un journal* columnist

chronologique [krɔnɔlɔʒik] chronological

chronomètre [krɔnɔmɛtr] *m* stopwatch; **chronométrer** ⟨1f⟩ time

chuchoter [ʃyʃɔte] ⟨1a⟩ whisper

chut [ʃyt]: **~!** hush

chute [ʃyt] *f* fall; **~ des cheveux** hair loss; **~ de pluie** rainfall; **faire une ~ de bicyclette** fall off one's bike

Chypre [ʃipr]: **l'île *f* de ~** Cyprus; **chypriote 1** *adj* Cypriot **2** *m/f* Chypriote Cypriote

ci [si] *après **ce** (+ subst)*; **à cette heure-~** at this time; **comme ~ comme ça** F so-so; **par-~, par-là** here and there

ci-après [siapre] below

cible [sibl] *f* target; **cibler** ⟨1b⟩ target

ciboulette [sibulɛt] *f* BOT chives *pl*

cicatrice [sikatris] *f* scar (*aussi fig*); **cicatriser** ⟨1a⟩: **(se) ~** heal

ci-contre [sikɔ̃tr] opposite; **ci-dessous** below; **ci-dessus** above

cidre [sidr] *m* cider

ciel [sjɛl] *m* (*pl* cieux [sjø]) sky; REL heaven; **au ~** in heaven

cierge [sjɛrʒ] *m dans église* candle

cigale [sigal] *f* cicada

cigare [sigar] *m* cigar; **cigarette** *f* cigarette

ci-gît [siʒi] here lies

cigogne [sigɔɲ] *f* stork

ci-inclus [siɛ̃kly] enclosed; **ci-joint** enclosed, attached

cil [sil] *m* eyelash

ciller [sije] ⟨1a⟩ blink

cime [sim] *f d'une montagne* top, summit; *d'un arbre* top

ciment [simã] *m* cement; **cimenter** ⟨1a⟩ cement (*aussi fig*)

cimetière [simtjɛr] *m* cemetery

ciné [sine] *m* F movie theater, *Br* cinema; **cinéaste** *m* film-maker; **cinéma** *m* movie theater, *Br* cinema; *art* cinema, movies *pl*; **cinématographique** [sinematɔgrafik] cinematic; **cinéphile** *m/f* moviegoer

cinglé, ~e [sɛ̃gle] F mad, crazy; **cingler** ⟨1a⟩ **1** *v/t* lash **2** *v/i*: **~ vers**

cinq [sɛ̃k] five; → **trois**

cinquantaine [sɛ̃kãten] *f* about fifty; **une ~ de personnes** about fifty people *pl*; **elle approche la ~** she's almost fifty, she's getting on for fifty; **cinquante** fifty; **cinquantième** fiftieth

cinquième [sɛ̃kjem] fifth; **cinquièmement** *adv* fifthly

cintre [sɛ̃tr] *m* ARCH arch; *pour vêtements* coathanger; **cintré, ~e** *veste* waisted; ARCH arched

cirage [siraʒ] *m pour parquet* wax, polish; *pour chaussures* polish

circoncision [sirkɔ̃sizjɔ̃] *f* REL circumcision

circonférence [sirkɔ̃ferãs] *f* circumference

circonscription [sirkɔ̃skripsjɔ̃] *f*: **~ électorale** district, *Br* constituency; **circonscrire** ⟨4f⟩ MATH circumscribe; *fig: sujet* delimit

circonspect, ~e [sirkɔ̃spɛ, -kt] circumspect; **circonspection** *f* circumspection

circonstance [sirkɔ̃stãs] *f* circumstance; **dans ces ~s** in the circumstances; **circonstancié, ~e** detailed

circuit [sirkɥi] *m* circuit; *de voyage* tour; SP track; **court ~** short circuit; **~ intégré** INFORM integrated circuit

circulaire [sirkyler] *adj & f* circular

circulation [sirkylasjɔ̃] *f* circulation; *voitures* traffic; **~ du sang** MÉD circulation (of the blood); **libre ~** freedom of movement; **~ à double sens** two-way traffic; **circuler** ⟨1a⟩ circulate; *de personnes, véhicules aussi* move about; **faire ~ nouvelles** spread

cire [sir] *f* wax; **ciré, ~e 1** *adj* polished **2** *m* MAR oilskin; **cirer** ⟨1a⟩ *chaussures* polish; *parquet* polish, wax

cirque [sirk] *m* circus

cirrhose [siroz] *f*: **~ du foie** cirrhosis of the liver

cisaille [sizaj] *f(pl)* shears *pl*; **ciseau** *m* (*pl* -x) chisel; **ciseaux** *mpl* scissors; **une paire de ~** a pair of scissors, some scissors; **~ à ongles** nail scissors; **ciseler** ⟨1d⟩ chisel; *fig* hone

citadelle [sitadɛl] f citadel; fig stronghold

citadin, ~e [sitadɛ̃, -in] **1** adj town atr, city atr **2** m/f town-dweller, city-dweller

citation [sitasjɔ̃] f quotation; JUR summons sg

cité [site] f city; **~ universitaire** fraternity house, Br hall of residence; **~ ouvrière** workers' accommodations pl; **droit m de ~** freedom of the city; **cité-dortoir** f (pl cités-dortoirs) dormitory town

citer [site] 〈1a〉 quote; JUR summons; **~ qch en exemple** hold sth up as an example

citerne [sitɛrn] f tank

citoyen, ~ne [sitwajɛ̃, -ɛn] m/f citizen; **citoyenneté** f citizenship

citron [sitrɔ̃] m lemon; **~ vert** lime; **citronnier** m lemon (tree)

citrouille [sitruj] f pumpkin

civet [sivɛ] m CUIS: **~ de lièvre** stew made with hare

civière [sivjɛr] f stretcher

civil, ~e [sivil] **1** adj civil; non militaire civilian; **responsabilité f ~e** public liability; **état m ~** marital status; **bureau m de l'état ~** registry office; **mariage m ~** civil marriage; **service m ~** community service **2** m civilian; **en ~** in civilian clothes; policier in plain clothes; **civilement** adv se marier in a registry office

civilisation [sivilizasjɔ̃] f civilization; **civiliser** 〈1a〉 civilize

civique [sivik] civic; **civisme** m public-spiritedness

clair, ~e [klɛr] **1** adj clear; couleur light; chambre bright; **vert ~** light green **2** adv voir clearly; dire, parler plainly **3** m: **~ de lune** moonlight

clairière [klɛrjɛr] f clearing

clairon [klɛrɔ̃] m MUS bugle

clairsemé, ~e [klɛrsəme] sparse

clairvoyance [klɛrvwajɑ̃s] f perceptiveness; **clairvoyant, ~e** perceptive

clameur [klamœr] f clamor, Br clamour

clan [klɑ̃] m clan; fig clique

clandestin, ~e [klɑ̃dɛstɛ̃, -in] secret, clandestine; **passager m ~** stowaway

clapotement [klapɔtmɑ̃] m, **clapotis** [klapɔti] m lapping; **clapoter** 〈1a〉 lap

claque [klak] f slap; **claquement** m d'une porte, d'un volet slamming, banging; de fouet crack; de dents chattering; de doigts snap; **claquer** 〈1m〉 **1** v/t porte slam, bang; argent F blow; **~ des doigts** snap one's fingers; **faire ~ sa langue** click one's tongue **2** v/i d'un fouet crack; des dents chatter; d'un volet slam, bang; **claquettes** fpl tap dancing sg

clarifier [klarifje] 〈1a〉 clarify

clarinette [klarinɛt] f clarinet

clarté [klarte] f (lumière) brightness; (transparence) clarity, clearness; fig clarity

classe [klas] f d'école, fig class; local class(room); **de première ~** first-class; **il a de la ~** he's got class; **faire la ~** teach; **~ affaires** business class; **~ économique** economy class; **~ de neige** school study trip to the mountains; **~ sociale** social class

classement [klasmɑ̃] m position, place; BOT, ZO classification; de lettres filing; **elle était seconde au ~** SP she took second place

classer [klase] 〈1a〉 classify; actes, dossiers file; **~ une affaire** consider a matter closed; **~ qn** F size s.o. up; **être classé monument historique** be a registered historic site, Br be a listed building; **classeur** m cahier binder; meuble file cabinet, Br filing cabinet

classicisme [klasisism] m classicism

classification [klasifikasjɔ̃] f classification; **classifier** 〈1a〉 classify

classique [klasik] **1** adj classical; (traditionnel) classic **2** m en littérature classical author; MUS classical music; film, livre classic

claudication [klodikasjɔ̃] f limp

clause [kloz] f clause; **~ pénale** penalty clause

clavecin [klavsɛ̃] m harpsichord

clavicule [klavikyl] f collarbone, clavicle fml

clavier [klavje] *m d'un ordinateur, d'un piano* keyboard

clé [kle] *f* key; TECH wrench; **~ de fa** MUS bass clef; **fermer à ~** lock; **sous ~** under lock and key; **prendre la ~ des champs** *fig* take off; **mot** *m* **~** key word; **position** *f* **~** key position; **~ de contact** ignition key; **~s de voiture** car keys

clef [kle] *f* → **clé**

clémence [klemɑ̃s] *f* clemency; **clément, ~e** merciful

clerc [klɛr] *m de notaire* clerk; REL cleric

clergé [klɛrʒe] *m* clergy

clérical, ~e [klerikal] (*mpl* -aux) clerical

clic [klik] *m bruit*, INFORM click

cliché [kliʃe] *m* cliché; (*photo*) negative

client, ~e [klijɑ̃, -t] *m/f* (*acheteur*) customer; *d'un médecin* patient; *d'un avocat* client; **clientèle** *f* customers *pl*, clientèle; *d'un médecin* patients *pl*; *d'un avocat* clients *pl*

cligner [kliɲe] ⟨1a⟩: **~ (des yeux)** blink; **~ de l'œil à qn** wink at s.o.

clignotant [kliɲɔtɑ̃] *m* turn signal, *Br* indicator; **clignoter** ⟨1a⟩ *d'une lumière* flicker

climat [klima] *m* climate; *fig* atmosphere, climate; **climatique** climatic; **station** *f* **~** health resort; **changement** *m* **~** climate change

climatisation [klimatizasjɔ̃] *f* air conditioning; **climatisé, ~e** air conditioned

clin [klɛ̃] *m*: **~ d'œil** wink; **en un ~ d'œil** in a flash, in the twinkling of an eye

clinique [klinik] **1** *adj* clinical **2** *f* clinic

clique [klik] *f péj* clique

cliquer [klike] ⟨1a⟩ INFORM click (**sur** on)

cliqueter [klikte] ⟨1c⟩ *de clés* jingle; *de verres* clink, chink; **cliquetis** *m* jingling; *de verres* chinking

clivage [klivaʒ] *m fig* split

clochard, ~e [klɔʃar, -d] *m/f* hobo, *Br* tramp

cloche [klɔʃ] *f* bell; F (*idiot*) nitwit F; **clocher 1** *m* steeple; **esprit** *m* **de ~** *fig* parochialism **2** *v/i* ⟨1a⟩ F: **ça cloche** something's not right; **clochette** *f* (small) bell

cloison [klwazɔ̃] *f* partition; **cloisonner** ⟨1b⟩ partition off

cloître [klwatr] *m* monastery; ARCH cloisters *pl*; **cloîtrer** ⟨1a⟩ *fig*: **se ~** shut o.s. away

clope [klɔp] *m ou f* F (*cigarette*) cigarette, *Br* F fag; (*mégot*) cigarette end

clopin-clopant [klɔpɛ̃klɔpɑ̃] *adv* F limping, with a limp

clopinettes [klɔpinɛt] *fpl* F peanuts F

cloque [klɔk] *f* blister

clore [klɔr] ⟨4k⟩ *débat*, *compte* close

clos, ~e [klo, -z] *p/p* → **clore**

clôture [klotyr] *f d'un débat* closure; *d'un compte* closing; (*barrière*) fence; **clôturer** ⟨1a⟩ *espace* enclose, fence off; *débat*, *compte* close

clou [klu] *m* nail; *fig* main attraction; MÉD boil; **~s** F crosswalk, *Br* pedestrian crossing; **~ de girofle** clove; **clouer** ⟨1a⟩ nail; **être cloué au lit** be confined to bed; **cloué, ~e** studded; **passage** *m* **~** crosswalk, *Br* pedestrian crossing

clown [klun] *m* clown

club [klœb] *m* club; **~ de golf** golf club; **~ de gym** gym

coaguler [kɔagyle] ⟨1a⟩ *du lait* curdle; *du sang* coagulate

coaliser [kɔalize] ⟨1a⟩ POL: **se ~** form a coalition; **coalition** *f* POL coalition

coasser [kɔase] ⟨1a⟩ croak

cobaye [kɔbaj] *m* ZO, *fig* guinea pig

coca [kɔka] *m* Coke®

cocagne [kɔkaɲ] *f*: **pays** *m* **de ~** land flowing with milk and honey

cocaïne [kɔkain] *f* cocaine

cocasse [kɔkas] F ridiculous, comical

coccinelle [kɔksinɛl] *f* ladybug, *Br* ladybird; F AUTO Volkswagen® beetle

cocher [kɔʃe] ⟨1a⟩ *sur une liste* check, *Br* tick off

cochère [kɔʃɛr]: **porte** *f* **~** carriage entrance

cochon [kɔʃɔ̃] **1** *m* ZO, *fig* pig; **~ d'Inde** guinea pig **2** *adj* **cochon,**

~ne F dirty, smutty; **cochonnerie** f
F: **des ~s** filth sg; *nourriture* junk
food sg

cocktail [kɔktɛl] m cocktail; *réception*
cocktail party

coco [koko] m: **noix** f **de ~** coconut

cocon [kokõ] m cocoon

cocotier [kokɔtje] m coconut palm

cocotte [kɔkɔt] f CUIS casserole; F
darling; *péj* tart; **~ minute** pressure
cooker

cocu [kɔky] m F deceived husband,
cuckold

code [kɔd] m code; **~ civil** civil code; **~
pénal** penal code; **~ de la route** traffic regulations, *Br* Highway Code; **se
mettre en ~s** switch to low beams,
Br aussi dip one's headlights; **phares**
mpl **~s** low beams, *Br aussi* dipped
headlights; **~ (à) barres** bar code; **~
postal** zipcode, *Br* postcode; **~ secret** secret code

coéquipier, -ière [koekipje, -ɛr] m/f
team mate

cœur [kœr] m heart; **à ~ joie** *rire, s'en
donner* whole-heartedly; **au ~ de** in
the heart of; **de bon ~** gladly, willingly; **apprendre qch par ~** learn
sth by heart; **connaître qch par ~**
know sth by heart; **j'ai mal au ~**
I'm nauseous, *Br aussi* I feel sick; **cela lui tient à ~** he feels quite strongly
about it; **avoir bon ~** have a good
heart

coexistence [koɛgzistɑ̃s] f co-exis-
tence; **coexister** ⟨1a⟩ co-exist

coffre [kɔfr] m *meuble* chest; FIN safe;
AUTO trunk, *Br* boot; **coffre-fort** m
(*pl* coffres-forts) safe

coffret [kɔfrɛ] m box

cogérer [kɔʒere] ⟨1f⟩ co-manage; **co-
gestion** f joint management; *avec les
ouvriers* worker participation

cognac [kɔɲak] m brandy, cognac

cognée [kɔɲe] f ax, *Br* axe; **cogner**
⟨1a⟩ *d'un moteur* knock; **~ à** *ou*
contre qch bang against sth; **se ~
à** *ou* **contre qch** bump into sth

cohabitation [koabitɑsjõ] f living together, cohabitation; POL cohabitation; **cohabiter** ⟨1a⟩ cohabit

cohérence [kɔerɑ̃s] f *d'une théorie*
consistency, coherence; **cohérent,
~e** *théorie* consistent, coherent

cohésion [kɔezjõ] f cohesiveness

cohue [kɔy] f crowd, rabble

coiffer [kwafe] ⟨1a⟩: **~ qn** do s.o.'s
hair; **~ qn de qch** put sth on s.o.('s
head); **~ un service** head a department; **se ~** do one's hair; **coiffeur**
m hairdresser, hair stylist; **coiffeuse**
f hairdresser, hair stylist; *meuble* dressing table; **coiffure** f *de cheveux* hairstyle

coin [kwɛ̃] m corner (*aussi fig*); *cale*
wedge; **au ~ du feu** by the fireside;
les gens du ~ the locals

coincer [kwɛ̃se] ⟨1k⟩ squeeze; *porte,
tiroir* jam, stick; **~ qn** *fig* (*acculer*) corner s.o.; **être coincé dans un embouteillage** be stuck in a traffic jam

coïncidence [kɔɛ̃sidɑ̃s] f coincidence; **coïncider** ⟨1a⟩ coincide
(*avec* with)

col [kɔl] m *d'une robe, chemise* collar;
d'une bouteille, d'un pull neck;
GÉOGR col; **~ blanc / bleu** white-
-collar / blue-collar worker

colère [kɔlɛr] f anger; **se mettre en ~**
get angry; **coléreux, -euse: être ~**
have a terrible temper; **colérique** irritable

colimaçon [kɔlimasõ] m snail; **escalier** m **en ~** spiral staircase

colin [kɔlɛ̃] m hake

colique [kɔlik] f colic; (*diarrhée*) diarrhea, *Br* diarrhoea

colis [kɔli] m parcel, package

collaborateur, -trice [kɔlabɔratœr,
-tris] m/f collaborator (*aussi* POL
péj); **collaboration** f collaboration,
cooperation; POL *péj* collaboration;
collaborer ⟨1a⟩ collaborate, cooperate (*avec* with; *à* on); POL *péj* collaborate

collant, ~e [kɔlɑ̃, -t] 1 *adj* sticky; *vêtement* close-fitting; F *personne* clingy
2 m pantyhose *pl*, *Br* tights *pl*

collation [kɔlasjõ] f CUIS light meal

colle [kɔl] f glue; *fig* P *question* tough
question; (*retenue*) detention

collecte [kɔlɛkt] f collection; **collec-**

comète

tif, **-ive** collective, joint; ***billet*** *m* ~ group ticket; ***voyage*** *m* ~ group tour
collection [kɔlɛksjɔ̃] *f* collection; **collectionner** ⟨1a⟩ collect; **collectionneur, -euse** *m/f* collector
collectivité [kɔlɛktivite] *f* community
collège [kɔlɛʒ] **1** *m école* junior high, *Br* secondary school; (*assemblée*) college; **collégien, ~ne** *m/f* junior high student, *Br* secondary school pupil
collègue [kɔlɛg] *m/f* colleague, co-worker
coller [kɔle] ⟨1a⟩ **1** *v/t* stick, glue **2** *v/i* stick (*à* to); ~ ***à la peau*** *d'un vêtement* be close-fitting; ***ça colle bien entre eux*** *F* they get on well; ***se*** ~ ***contre mur*** press o.s against; *personne* cling to
collet [kɔlɛ] *m d'un vêtement* collar; *pour la chasse* snare; ***prendre qn au*** ~ *fig* catch s.o
collier [kɔlje] *m bijou* necklace; *de chien* collar
colline [kɔlin] *f* hill
collision [kɔlizjɔ̃] *f* collision; ***entrer en*** ~ ***avec*** collide with
colloque [kɔlɔk] *m* seminar
collyre [kɔlir] *m* eye drops *pl*
colocataire [kɔlɔkatɛr] *m/f* roommate, *Br* flatmate
Cologne [kɔlɔɲ]: ***eau*** *f* ***de*** ~ eau de Cologne
colombe [kɔlɔ̃b] *f* dove (*aussi fig*)
Colombie [kɔlɔ̃bi] *la* ~ Colombia; **colombien, ~ne 1** *adj* Colombian **2** *m/f* **Colombien, ~ne** Colombian
colon [kɔlɔ̃] *m* colonist
colonel [kɔlɔnɛl] *m* colonel
colonial, ~e [kɔlɔnjal] (*mpl* -iaux) colonial; **colonialisme** *m* colonialism; **colonie** *f* colony; ~ ***de vacances*** summer camp, *Br* holiday camp; **colonisation** *f* colonization; **coloniser** ⟨1a⟩ colonize
colonne [kɔlɔn] *f* column; ~ ***vertébrale*** spine, spinal column
colorant, ~e [kɔlɔrɑ̃, -t] **1** *adj* shampoing color *atr*, *Br* colour *atr* **2** *m* dye; *dans la nourriture* coloring, *Br* colouring; **coloration** *f* coloring, *Br* colouring; **coloré, ~e** *teint* ruddy;

colorer ⟨1a⟩ color, *Br* colour; **coloris** *m* color, *Br* colour
colossal, ~e [kɔlɔsal] (*mpl* -aux) colossal, gigantic; **colosse** *m* colossus
colza [kɔlza] *m* BOT rape
coma [kɔma] *m* coma
combat [kɔ̃ba] *m* fight; MIL *aussi* battle; ***mettre hors de*** ~ put out of action; ***aller au*** ~ go into battle; ~ ***à mains nues*** unarmed combat
combattant, ~e [kɔ̃batɑ̃, -t] **1** *adj* fighting **2** *m* combatant; ***ancien*** ~ veteran, *Br aussi* ex-serviceman; **combattre** ⟨4a⟩ fight; ~ ***contre qn*** fight s.o.; ~ ***pour qch*** fight for sth
combien [kɔ̃bjɛ̃] **1** *adv quantité* how much; *avec pl* how many; ~ ***de fois*** how many times, how often; ~ ***de personnes*** how many people; ~ ***de temps*** how long; ~ ***est-ce que ça coûte?*** how much is this?; ~ ***je regrette …*** how I regret …
2 *m*: ***tous les*** ~ how often; ***on est le*** ~ ***aujourd'hui?*** what date is it today?
combinaison [kɔ̃binɛzɔ̃] *f* combination; (*astuce*) scheme; *de mécanicien* coveralls *pl*, *Br* boiler suit; *lingerie* (full-length) slip; ~ ***de plongée*** wet suit; ~ ***de ski*** ski suit
combiné [kɔ̃bine] *m* TÉL receiver
combine [kɔ̃bin] *f* F trick; **combiner** ⟨1a⟩ combine; *voyage, projet* plan
comble [kɔ̃bl] **1** *m fig: sommet* height; ~***s*** *pl* attic *sg*; ***de fond en*** ~ from top to bottom; ***ça, c'est le*** ~***!*** that's the last straw! **2** *adj* full (*to capacity*); **combler** ⟨1a⟩ *trou* fill in; *déficit* make good; *personne* overwhelm; ~ ***une lacune*** fill a gap; ~ ***qn de qch*** shower s.o. with sth
combustible [kɔ̃bystibl] **1** *adj* combustible **2** *m* fuel; **combustion** *f* combustion
comédie [kɔmedi] *f* comedy; ~ ***musicale*** musical; **comédien, ~ne** *m/f* actor; *qui joue le genre comique* comic actor
comestible [kɔmɛstibl] **1** *adj* edible **2** *mpl* ~***s*** food *sg*
comète [kɔmɛt] *f* comet

comique [kɔmik] **1** *adj* THÉÂT comic; *(drôle)* funny, comical **2** *m* comedian; *acteur* comic (actor); *genre* comedy

comité [kɔmite] *m* committee; **~ d'entreprise** plant committee, *Br* works council; **~ d'experts** think tank

commandant [kɔmãdã] *m* MIL commanding officer; MAR captain; **~ de bord** AVIAT captain; **~ en chef** commander-in-chief

commande [kɔmãd] *f* COMM order; TECH control; INFORM command; **commandement** *m* MIL command; *(ordre)* command, order; REL commandment; **commander** ⟨1a⟩ **1** *v/t* COMM order; *(ordonner)* command, order; MIL be in command of, command; TECH control **2** *v/i (diriger)* be in charge; *(passer une commande)* order

commanditaire [kɔmãditer] *m* silent partner, *Br* sleeping partner; **commandite:** *société f en* ~ limited partnership; **commanditer** ⟨1a⟩ *entreprise* fund, finance

commando [kɔmãdo] *m* MIL commando

comme [kɔm] **1** *adv* like; **chanter ~ un oiseau** sing like a bird; **noir ~ la nuit** as black as night; **~ cela** like that; **~ ci ~ ça** F so-so; **~ vous voulez** as you like; **~ si** as if
◊ *(en tant que)* **il travaillait ~ …** he was working as a …
◊ *(ainsi que)* as well as; **moi, ~ les autres, je …** like the others, I …
◊: **j'ai ~ l'impression que …** F I've kind of got the feeling that … F
◊: **qu'est-ce qu'on a ~ boissons?** what do we have in the way of drinks?, what sort of drinks do we have?
2 *conj (au moment où, parce que)* as; **~ elle sortait de la banque** as she was coming out of the bank; **~ tu m'as aidé autrefois** as *ou* since you helped me once before

commémoratif, -ive [kɔmemɔratif, -iv] *plaque etc* memorial, commemmorative; **commémoration** *f* cérémonie commemoration; **commémorer** ⟨1a⟩ commemorate

commencement [kɔmãsmã] *m* beginning, start; **commencer** ⟨1k⟩ **1** *v/t* begin, start; **~ qch par qch** start sth with sth; **~ à faire qch** start to do sth, start doing sth **2** *v/i* begin, start; **~ par faire qch** start by doing sth; **~ par le commencement** start at the beginning; **~ mal** get off to a bad start

comment [kɔmã] *adv* how; **~?** *(qu'avez-vous dit?)* pardon me?, *Br* sorry?; **~! surpris** what!; **le pourquoi et le ~** the whys and the wherefores *pl*

commentaire [kɔmãter] *m* comment; RAD, TV commentary; **commentateur, -trice** *m/f* commentator; **commenter** ⟨1a⟩ comment on; RAD, TV commentate on

commérages [kɔmera3] *mpl* gossip *sg*

commerçant, ~e [kɔmersã, -t] **1** *adj:* **rue f ~e** shopping street **2** *m/f* merchant, trader

commerce [kɔmers] *m activité* trade, commerce; *(magasin)* store, *Br* shop; *fig (rapports)* dealings *pl*; **commercer** ⟨1k⟩ trade, do business

commercial, ~e [kɔmersjal] *(mpl -iaux)* commercial; **commercialiser** ⟨1a⟩ market

commère [kɔmer] *f* gossip

commettre [kɔmetr] ⟨4p⟩ commit; *erreur* make

commis [kɔmi] *m dans l'administration* clerk; *d'un magasin* clerk, *Br* (shop) assistant; **~ voyageur** commercial traveler *ou Br* traveller

commissaire [kɔmiser] *m* commission member; *de l'UE* Commissioner; SP steward; **~ aux comptes** COMM auditor; **commissaire-priseur** *m* (*pl* commissaires-priseurs) auctioneer

commissariat [kɔmisarja] *m* commissionership; **~ (de police)** police station

commission [kɔmisjõ] *f (comité, mission)*, COMM commission; *(message)* message; **faire les ~s** go shopping; **commissionnaire** *m* COMM agent; *dans un hôtel* commissionaire

commode [kɔmɔd] **1** *adj* handy; *arrangement* convenient; **pas ~** *personne* awkward; **~ d'accès** *lieu* easy to get to **2** *f* chest of drawers; **commodité** *f d'arrangement* convenience; **toutes les ~s** all mod cons

commotion [kɔmosjõ] *f* MÉD: **~ cérébrale** stroke

commun, ~e [kɔmɛ̃ *ou* kɔmœ̃, -yn] **1** *adj* common; *œuvre* joint; **transports** *mpl* **en ~**, mass transit *sg*, *Br* public transport *sg*; **mettre en ~** *argent* pool **2** *m*: **hors du ~** out of the ordinary

communal, ~e [kɔmynal] *(mpl* -aux) *(de la commune)* local

communautaire [kɔmynotɛr] community *atr*, **communauté** *f* community; *de hippies* commune; **~ européenne** European Community; **la ~ internationale** the international community; **~ des biens** JUR common ownership of property

commune [kɔmyn] *f* commune

communément [kɔmynemã] *adv* commonly

communicatif, -ive [kɔmynikatif, -iv] *personne* communicative; *rire, peur* contagious; **communication** *f* communication; *(message)* message; **~s** *routes, téléphone* communications; **~ téléphonique** telephone call; **la ~ a été coupée** the line is dead; **se mettre en ~ avec qn** get in touch with s.o.

communier [kɔmynje] ⟨1a⟩ REL take Communion; **communion** *f* REL Communion

communiqué [kɔmynike] *m* POL press release

communiquer [kɔmynike] ⟨1m⟩ **1** *v/t* communicate; *nouvelle, demande* convey, pass on; *maladie* pass on, give *(à qn* to s.o.) **2** *v/i* communicate

communisme [kɔmynism] *m* communism; **communiste** *m/f & adj* Communist

commutateur [kɔmytatœr] *m* TECH switch; **commutation** *f* JUR: **bénéficier d'une ~ de peine** have one's sentence reduced

compact, ~e [kõpakt] compact; **compact disc** *m* compact disc

compagne [kõpaɲ] *f* companion; *dans couple* wife; **compagnie** *f* company; **en ~ de** accompanied by; **tenir ~ à qn** keep s.o. company; **~ aérienne** airline; **~ d'assurance** insurance company; **~ pétrolière** oil company; **compagnon** *m* companion; *dans couple* husband; *employé* journeyman

comparable [kõparabl] comparable *(à* to, *avec* with); **comparaison** *f* comparison; **en ~ de, par ~ à, par ~ avec** compared with; **par ~** by comparison

comparaître [kõparɛtr] ⟨4z⟩ appear *(en justice* in court)

comparer [kõpare] ⟨1a⟩ compare *(à* to, *avec* with); **comparatif, -ive** comparative

compartiment [kõpartimã] *m* compartment; *de train* car, *Br* compartment; **~ fumeurs** smoking car

comparution [kõparysjõ] *f* JUR appearance

compas [kõpa] *m* MATH, MAR compass

compassion [kõpasjõ] *f* compassion

compatibilité [kõpatibilite] *f* compatibility; **compatible** compatible

compatir [kõpatir] *v/i*: **~ à** sympathize with, feel for

compatriote [kõpatrijɔt] *m/f* compatriot

compensation [kõpãsasjõ] *f* compensation; **en ~** by way of compensation; **compenser** ⟨1a⟩ compensate for; *paresse, terreur* make up for

compétence [kõpetãs] *f (connaissances)* ability, competence; JUR jurisdiction; **compétent, ~e** competent, skillful, *Br* skilful; JUR competent

compétitif, -ive [kõpetitif, -iv] competitive; **compétition** *f* competition; **compétitivité** *f* competitiveness

compiler [kõpile] ⟨1a⟩ compile

complainte [kõplɛ̃t] *f* lament

complaire [kõplɛr] ⟨4a⟩: **se ~ dans qch / à faire qch** delight in sth / in doing sth

complaisance [kɔ̃plɛzɑ̃s] f (*amabilité*) kindness; *péj* complacency; **complaisant, ~e** kind (*pour, envers qn* to s.o.) *péj* complacent

complément [kɔ̃plemɑ̃] m remainder; MAT complement; **complémentaire** *article, renseignement* further, additional

complet, -ète [kɔ̃plɛ, -t] **1** *adj* complete; *hôtel, description, jeu de cartes* full; *pain* whole wheat, *Br* wholemeal **2** m suit; **complètement** *adv* completely; **compléter** ⟨1f⟩ complete; **se ~** complement each other

complexe [kɔ̃plɛks] **1** *adj* complex; (*compliqué*) complex, complicated **2** m complex; **~ d'infériorité** inferiority complex; **complexé, ~e** uptight, full of complexes; **complexité** f complexity

complication [kɔ̃plikasjɔ̃] f complication

complice [kɔ̃plis] **1** *adj* JUR: **être ~ de qch** be an accessory to sth **2** m/f accomplice; **complicité** f collusion

compliment [kɔ̃plimɑ̃] m compliment; **mes~s** congratulations; **complimenter** ⟨1a⟩ *pour coiffure etc* compliment (*pour* on); *pour réussite etc* congratulate (*pour* on)

compliqué, ~e [kɔ̃plike] complicated; **compliquer** ⟨1m⟩ complicate; **se ~** become complicated; **pourquoi se ~ la vie?** why complicate things?, why make life difficult?

complot [kɔ̃plo] m plot; **comploter** plot

comportement [kɔ̃pɔrtəmɑ̃] m behavior, *Br* behaviour; **comporter** ⟨1a⟩ (*comprendre*) comprise; (*impliquer*) involve, entail; **se ~** behave (o.s)

composant [kɔ̃pozɑ̃] m component; **composé, ~e 1** *adj corps, mot* compound **2** m compound; **composer** ⟨1a⟩ **1** v/t (*former*) make up; MUS compose; *livre, poème* write; **être composé de** be made up of, consist of; **~ un numéro** dial a number **2** v/i *transiger* come to terms (*avec* with); **se ~ de** be made up of, consist of

composite [kɔ̃pozit] composite

compositeur, -trice [kɔ̃pozitœr, -tris] m/f composer; **composition** f composition (*aussi* MUS); *de livre, poème* writing; *d'un plat, une équipe* make-up

composter [kɔ̃pɔste] ⟨1a⟩ *billet* punch; **composteur** m punch

compote [kɔ̃pɔt] f: **~ de pommes / poires** stewed apples / pears

compréhensible [kɔ̃preɑ̃sibl] (*intelligible*) understandable, comprehensible; (*concevable*) understandable; **compréhensif, -ive** understanding; **compréhension** f understanding, comprehension; (*tolérance*) understanding

comprendre [kɔ̃prɑ̃dr] ⟨4q⟩ understand, comprehend *fml*; (*inclure*) include; (*comporter*) comprise; **faire ~ qch à qn** (*expliquer*) make s.o. understand sth; (*suggérer*) give s.o. to understand sth; **se faire ~** make o.s. understood

compresse [kɔ̃prɛs] f MÉD compress

compresseur [kɔ̃presœr] m TECH compressor; **compression** f compression; *de dépenses, effectifs* reduction

comprimé [kɔ̃prime] m tablet; **comprimer** ⟨1a⟩ *air, substance* compress; *dépenses, effectifs* cut (back), reduce

compris, ~e [kɔ̃pri, -z] (*inclus*) included (*dans* in); **y ~** including

compromettre [kɔ̃prɔmɛtr] ⟨4p⟩ compromise; **compromis** m compromise

comptabilité [kɔ̃tabilite] f accountancy; (*comptes*) accounts *pl*; **comptable** m/f accountant; **comptant** COMM **1** *adj*: **argent** m **~** cash **2** m: **acheter qch au ~** pay cash for sth

compte [kɔ̃t] m account; (*calcul*) calculation; **~s** accounts; **à bon ~** *acheter qch* for a good price; **en fin de ~** at the end of the day, when all's said and done; **faire le ~ de qch** count up sth; **rendre ~ de qch** give an account of sth; (*expliquer*) account for sth; **se rendre ~ de qch** realize sth; **tenir ~ de qch** take sth into account, bear sth in mind; **~ tenu de** bearing in mind, in view of; **pour mon ~** for my part, as far as I'm concerned; **prendre qch à son ~** take responsibility for sth; **mets-le sur le ~ de la fatigue** put it down to fatigue; **s'installer à son ~** set up on one's own, go into business for o.s.; **~ chèque postal** post office account; **~ courant** checking account, Br current account; **~ de dépôt** savings account, Br deposit account; **~ à rebours** countdown; **~ rendu** report; de réunion minutes pl; **faire le ~ rendu d'une réunion** take the minutes of a meeting

compte-gouttes [kɔ̃tgut] dropper; **je lui donne son argent au ~** fig I give him his money in dribs and drabs

compter [kɔ̃te] ⟨1a⟩ 1 v/t count; (prévoir) allow; (inclure) include; **~ faire qch** plan on doing sth; **~ que** hope that; **ses jours sont comptés** his days are numbered; **sans ~ le chien** not counting the dog 2 v/i (calculer) count; (être important) matter, count; **~ avec** reckon with; **~ sur** rely on; **il ne compte pas au nombre de mes amis** I don't regard him as a friend; **à ~ de demain** starting (from) tomorrow, (as) from tomorrow

compte-tours [kɔ̃t(ə)tur] m (pl inv) TECH rev counter

compteur [kɔ̃tœr] m meter; **~ de vitesse** speedometer

comptine [kɔ̃tin] f nursery rhyme

comptoir [kɔ̃twar] m d'un café bar; d'un magasin counter

compulsif, -ive [kɔ̃pylsif, -iv] comportement compulsive

comte [kɔ̃t] m en France count; en Grande-Bretagne earl; comté m county; comtesse f countess

con, ~ne [kɔ̃, kɔn] P 1 adj damn stupid F 2 m/f damn idiot F; espèce de ~! V fucking bastard! V

concave [kɔ̃kav] concave

concéder [kɔ̃sede] ⟨1f⟩ (accorder) grant; (consentir) concede; **~ que** admit that

concentration [kɔ̃sɑ̃trasjɔ̃] f concentration (aussi fig); concentrer ⟨1a⟩

concentrate; **se ~** concentrate (**sur** on)

concept [kɔ̃sɛpt] m concept

conception [kɔ̃sɛpsjɔ̃] f (idée) concept; (planification) design; BIOL conception; **avoir la même ~ de la vie** have the same outlook on life, share the same philosophy

concernant [kɔ̃sɛrnɑ̃] prép concerning, about; concerner ⟨1a⟩ concern, have to do with; **en ce qui me concerne** as far as I'm concerned; **cela ne vous concerne pas du tout** it's none of your concern, it has nothing to do with you

concert [kɔ̃sɛr] m MUS concert; **de ~ avec** together with; **agir de ~** take concerted action

concerter [kɔ̃sɛrte] ⟨1a⟩ agree on; **se ~** consult

concerto [kɔ̃sɛrto] m concerto

concession [kɔ̃sesjɔ̃] f concession; AUTO dealership; concessionnaire m dealer

concevable [kɔ̃səvabl] conceivable; concevoir ⟨3a⟩ (comprendre) understand, conceive; (inventer) design; BIOL, plan, idée conceive

concierge [kɔ̃sjɛrʒ] m/f d'immeuble superintendent, Br caretaker; d'école janitor, Br aussi caretaker; d'un hôtel concierge

concilier ⟨1a⟩ idées, théories reconcile

concis, ~e [kɔ̃si, -z] concise; concision f concision, conciseness

concitoyen, ~ne [kɔ̃sitwajɛ̃, -ɛn] m/f fellow citizen

concluant, ~e [kɔ̃klyɑ̃, -t] conclusive; conclure ⟨4l⟩ 1 v/t (finir, déduire) conclude; **~ un contract** enter into a contract 2 v/i: **~ à** JUR return a verdict of; **~ de** conclude from; conclusion f conclusion

concombre [kɔ̃kɔ̃br] m BOT cucumber

concordance [kɔ̃kɔrdɑ̃s] f agreement; concorder ⟨1a⟩ (correspondre) tally (**avec** with); (convenir) match; **~ avec** (convenir avec) go with

concourir [kɔ̃kurir] ⟨2i⟩: **~ à qch** contribute to sth; concours m competition; (*assistance*) help; **avec le ~ de qn** with the help of s.o.; **~ de circonstances** combination of circumstances; **~ hippique** horse show

concret, -ète [kõkrɛ, -t] concrete; **concrétiser** ⟨1a⟩ *idée, rêve* turn into reality; *projet* make happen; (*illustrer*) give concrete form to; **le projet se concrétise** the project is taking shape

conçu, ~e [kõsy] *p/p* → **concevoir**

concubin [kõkybɛ̃] *m* common-law husband; **concubinage** *m* co-habitation; **concubine** *f* common-law wife

concurrence [kõkyrɑ̃s] *f* competition; *faire* ~ compete with; **jusqu'à ~ de 300 000 euros** to a maximum of 300,000 euros; **concurrent, ~e 1** *adj* competing, rival **2** *m/f* *aussi concours* competitor; COMM competitor, rival; **concurrentiel, ~le** competitive

condamnable [kõdanabl] reprehensible; **condamnation** *f* sentence; *action* sentencing; *fig* condemnation; **~ à perpétuité** life sentence; **condamner** ⟨1a⟩ JUR sentence; *malade* give up; (*réprouver*) condemn; *porte* block up

condenser [kõdɑ̃se] ⟨1a⟩ condense (*aussi fig*); *se ~* condense

condescendance [kõdesɑ̃dɑ̃s] *f* *péj* condescension; **condescendre** ⟨4a⟩: **~ à faire qch** condescend to do sth

condiment [kõdimɑ̃] *m* seasoning

condition [kõdisjõ] *f* condition; **~ préalable** prerequisite; **~ requise** precondition; **à (la) ~ que** (+ *subj*) on condition that, **à (la) ~ de faire qch** on condition of doing sth; **~s de travail** working conditions; **conditionnel, ~le 1** *adj accord etc* conditional **2** *m* GRAM conditional; **conditionnement** *m* (*emballage*) packaging; PSYCH conditioning; **conditionner** ⟨1a⟩ (*emballer*) package; PSYCH condition

condoléances [kõdɔleɑ̃s] *fpl* condolences

conducteur, -trice [kõdyktœr, -tris] **1** *adj* ÉL *matériau* conductive **2** *m/f* driver **3** *m* PHYS conductor

conduire [kõdɥir] ⟨4c⟩ **1** *v/t* (*accompagner*) take; (*mener*) lead; *voiture* drive; *eau* take, carry; ÉL conduct; **~ qn à faire qch** lead s.o. to do sth; *se ~* behave **2** *v/i* AUTO drive; (*mener*) lead (*à* to); **permis** *m* **de ~** driver's license, *Br* driving licence

conduit [kõdɥi] *m* d'eau, de gaz pipe; **~ d'aération** ventilation shaft; **~ lacrymal** ANAT tear duct; **conduite** *f* (*comportement*) behavior, *Br* behaviour; *direction* management; *d'eau, de gaz* pipe; AUTO driving; **~ en état d'ivresse** drunk driving

cône [kon] *m* cone

confection [kõfɛksjõ] *f* d'une robe, d'un plat etc making; *industrie* clothing industry; **une tarte de sa ~** a tart she'd made (herself); **confectionner** ⟨1a⟩ make

confédération [kõfederasjõ] *f* confederation

conférence [kõferɑ̃s] *f* (*congrès*) conference; (*exposé*) lecture; **être en ~** be in a meeting; **~ de presse** press conference; **~ au sommet** POL summit conference; **conférencier, -ère** *m/f* speaker; **conférer** ⟨1f⟩ (*accorder*) confer

confesser [kõfɛse] ⟨1b⟩ confess (*aussi* REL); **~ qn** REL hear s.o.'s confession; *se ~* REL go to confession; **confession** *f* confession (*aussi* REL); (*croyance*) (religious) denomination, faith; **confessionnal** *m* (*pl* -aux) confessional

confiance [kõfjɑ̃s] *f* (*foi, sécurité*) confidence, trust; (*assurance*) confidence; **avoir ~ en qch / qn** have faith in s.o. / sth, trust s.o. / sth; **faire ~ à qn** trust s.o.; **~ en soi** self-confidence; **confiant, ~e** (*crédule*) trusting; (*optimiste*) confident; (*qui a confiance en soi*) (self-)confident

confidence [kõfidɑ̃s] *f* confidence; **faire une ~ à qn** confide in s.o.; **confident, ~e** *m/f* confidant; **confidentiel, ~le** confidential

confier [kɔ̃fje] ⟨1a⟩: ~ **qch à qn** (*laisser*) entrust s.o. (with sth); **se ~ à** confide in

configuration [kɔ̃figyrasjɔ̃] *f* configuration

confiner [kɔ̃fine] ⟨1a⟩ **1** *v/t*: ~ **à** confine to **2** *v/i*: ~ **à** border (on); **confins** *mpl* borders; **aux ~ de** on the border between

confirmation [kɔ̃firmasjɔ̃] *f* confirmation (*aussi* REL); **confirmer** ⟨1a⟩ confirm (*aussi* REL); *l'exception confirme la règle* the exception proves the rule

confiscation [kɔ̃fiskasjɔ̃] *f* confiscation

confiserie [kɔ̃fizri] *f* confectionery; *magasin* confectioner's; **~s** candy *sg*, *Br* sweets

confisquer [kɔ̃fiske] ⟨1m⟩ confiscate (*qch à qn* sth from s.o.)

confit, ~e [kɔ̃fi, -t] *fruits* candied

confiture [kɔ̃fityr] *f* jelly, *Br* jam

conflictuel, ~le [kɔ̃fliktɥel] adversarial; **conflit** *m* conflict; *d'idées* clash; ~ **des générations** generation gap; ~ **social** industrial dispute

confluent [kɔ̃flyɑ̃] *m* tributary

confondre [kɔ̃fɔ̃dr] ⟨4a⟩ *mêler dans son esprit* confuse (*avec* with); (*déconcerter*) take aback; **se ~** (*se mêler*) merge, blend; **se ~ en excuses** apologize profusely

conforme [kɔ̃fɔrm]: ~ **à** in accordance with; *copie ~ à l'original* exact copy of the original; **conformément** *adv*: ~ **à** in accordance with; **conformer** ⟨1a⟩: ~ **à** adapt to; **se ~ à qch** comply with sth; **conformisme** *m* conformity; **conformiste** *m/f* conformist; **conformité** *f caractère de ce qui est semblable* similarity; **en ~ avec** in accordance with

confort [kɔ̃fɔr] *m* comfort; *tout ~* with every convenience

confortable [kɔ̃fɔrtabl] comfortable; *somme* sizeable

confrère [kɔ̃frɛr] *m* colleague

confrontation [kɔ̃frɔ̃tasjɔ̃] *f* confrontation; (*comparaison*) comparison; **confronter** ⟨1a⟩ confront; (*compa-* *rer*) compare

confus, ~e [kɔ̃fy, -z] *amas, groupe* confused; *bruit* indistinct; *souvenirs* vague; *personne* (*gêné*) embarrassed; **confusion** *f* confusion; (*embarras*) embarrassment

congé [kɔ̃ʒe] *m* (*vacances*) vacation, *Br* holiday; MIL leave; *avis de départ* notice; *prendre ~ de qn* take one's leave of s.o.; *être en ~* be on vacation; ~ *de maladie* sick leave; ~ *de maternité* maternity leave; **congédier** ⟨1a⟩ dismiss

congélateur [kɔ̃ʒelatœr] *m* freezer; **congélation** *f* freezing; **congelé, ~e** *aliment* frozen; **congeler** ⟨1d⟩ freeze

congénère [kɔ̃ʒenɛr] *m*: *avec ses ~s* with its own kind

congénital, ~e [kɔ̃ʒenital] (*mpl* -aux) congenital

congère [kɔ̃ʒɛr] *f* (snow)drift

congestion [kɔ̃ʒestjɔ̃] *f* MÉD congestion; ~ *cérébrale* stroke; **congestionner** ⟨1a⟩ *rue* cause congestion in, block; **congestionné, ~e** *visage* flushed

congrès [kɔ̃grɛ] *m* convention, conference; *Congrès aux États-Unis* Congress; **congressiste** *m/f* conventioneer, *Br* conference member

conifère [kɔnifɛr] *m* BOT conifer

conique [kɔnik] conical

conjecture [kɔ̃ʒɛktyr] *f* conjecture; **conjecturer** ⟨1a⟩ conjecture about

conjoint, ~e [kɔ̃ʒwɛ̃, -t] **1** *adj* joint **2** *m/f* spouse

conjonction [kɔ̃ʒɔ̃ksjɔ̃] *f* GRAM conjunction

conjonctivite [kɔ̃ʒɔ̃ktivit] *f* MÉD conjunctivitis

conjoncture [kɔ̃ʒɔ̃ktyr] *f* situation, circumstances *pl*; ÉCON economic situation

conjugaison [kɔ̃ʒygɛzɔ̃] *f* GRAM conjugation

conjugal, ~e [kɔ̃ʒygal] (*mpl* -aux) conjugal; *vie* married; *quitter le domicile ~* desert one's wife / husband

conjuguer [kɔ̃ʒyge] ⟨1m⟩ *efforts* combine; GRAM conjugate

conjuration [kõʒyrasjõ] *f* (*conspiration*) conspiracy; **conjurer** ⟨1a⟩: **~** *qn de faire qch* implore s.o. to do sth; *se* **~** *contre* conspire against

connaissance [kɔnɛsãs] *f* (*savoir*) knowledge; (*conscience*) consciousness; *personne connue* acquaintance; **~***s d'un sujet* knowledge *sg*; *avoir* **~** *de qch* know about sth, be aware of sth; *prendre* **~** *de qch* acquaint o.s. with sth; *perdre* **~** lose consciousness; *reprendre* **~** regain consciousness, come to; *faire* **~** *avec qn, faire la* **~** *de qn* make s.o.'s acquaintance, meet s.o.; *à ma* **~** to my knowledge, as far as I know; **connaisseur** *m* connoisseur; **connaître** ⟨4z⟩ know; (*rencontrer*) meet; *s'y* **~** *en qch* know all about sth, be an expert on sth; *il s'y connaît* he's an expert

connecter [kɔnɛkte] ⟨1a⟩ TECH connect; *se* **~** INFORM log on

connerie [kɔnri] *f* P damn stupidity; *une* **~** a damn stupid thing to do / say; *dire des* **~***s* talk crap P

connexion [kɔnɛksjõ] *f* connection (*aussi* ÉL); *hors* **~** INFORM off-line

connivence [kɔnivãs] *f* connivance; *être de* **~** *avec qn* connive with s.o.

connu, **~***e* [kɔny] **1** *p/p* → **connaître** **2** *adj* well-known

conquérant [kõkerã] *m* winner; *Guillaume le Conquérant* William the Conqueror; **conquérir** ⟨2l⟩ *peuple, pays* conquer; *droit, indépendance, estime* win, gain; *marché* capture, conquer; *personne* win over; **conquête** *f* conquest

consacrer [kõsakre] ⟨1a⟩ REL consecrate; (*dédier*) dedicate; *temps, argent* spend; *se* **~** *à qch / qn* dedicate *ou* devote o.s. to sth / s.o.; *une expression consacrée* a fixed expression

consanguin, **~***e* [kõsãgɛ̃, -in] *frère* **~** half-brother (*who has the same father*); *unions fpl* **~***es* inbreeding *sg*

conscience [kõsjãs] *f moral* conscience; *physique,* PSYCH consciousness; *avoir bonne / mauvaise* **~** have a clear / guilty conscience; *prendre* **~** *de qch* become aware

of sth; *perdre* **~** lose consciousness; **consciencieux, -euse** conscientious; **conscient,** **~***e* conscious; *être* **~** *de qch* be aware *ou* conscious of sth

consécration [kõsekrasjõ] *f* REL consecration; (*confirmation*) confirmation

consécutif, -ive [kõsekytif, -iv] consecutive; **~** *à* resulting from; **consécutivement** *adv* consecutively

conseil [kõsɛj] *m* (*avis*) advice; (*conseiller*) adviser; (*assemblée*) council; *un* **~** a piece of advice; **~** *municipal* town council; **~** *d'administration* board of directors; **~** *des ministres* Cabinet; *Conseil de Sécurité de l'ONU* Security Council

conseiller[1] [kõseje] ⟨1b⟩ *personne* advise; **~** *qch à qn* recommend sth to s.o.

conseiller[2]**, -ère** [kõseje, -ɛr] *m* adviser; **~** *en gestion* management consultant; **~** *municipal* councilman, *Br* town councillor

consentement [kõsãtmã] *m* consent; **consentir** ⟨2b⟩ *v/i* consent, agree (*à* to); **~** *à faire qch* agree *ou* consent to do sth; **~** *à ce que qn fasse* (*subj*) *qch* agree to s.o.'s doing sth **2** *v/t prêt, délai* grant, agree

conséquence [kõsekãs] *f* consequence; *en* **~** (*donc*) consequently; *en* **~** *de* as a result of; **conséquent,** **~***e* (*cohérent*) consistent; *par* **~** consequently

conservateur, -trice [kõservatœr, -tris] **1** *adj* POL conservative **2** *m/f* POL conservative; *d'un musée* curator **3** *m* CUIS preservative; **conservation** *f* preservation; *des aliments* preserving

conservatoire [kõservatwar] *m* school, conservatory

conserve [kõserv] *f* preserve; *en boîte* canned food, *Br aussi* tinned food; *en* **~** (*en boîte*) canned, *Br aussi* tinned; **conserver** ⟨1a⟩ (*garder*) keep; *aliments* preserve

considérable [kõsiderabl] considerable; **considérablement** *adv* considerably; **considération** f consideration; **en ~ de** in consideration of; **prendre en ~** take into consideration; **considérer** ⟨1f⟩ consider; **~ comme** consider as, look on as

consigne [kõsiɲ] f orders pl; d'une gare baggage checkroom, Br left luggage office; pour bouteilles deposit; ÉDU detention; **consigner** ⟨1a⟩ (noter) record; écolier keep in; soldat confine to base, Br confine to barracks; **bouteille** f **consignée** returnable bottle

consistance [kõsistãs] f consistency; **consistant, ~e** liquide, potage thick; mets substantial; **consister** ⟨1a⟩: **~ en / dans qch** consist of sth; **~ à faire qch** consist in doing sth

consolant, ~e [kõsolã, -t] consoling; **consolation** f consolation

console [kõsol] f (table) console table; INFORM console; **jouer à la ~** play computer games

consoler [kõsole] ⟨1a⟩ console, comfort; **se ~ de qch** get over sth

consolider [kõsolide] ⟨1a⟩ strengthen, consolidate; COMM, FIN consolidate

consommateur, -trice [kõsomatœr, -tris] m/f consumer; dans un café customer; **consommation** f consumption; dans un café drink

consommé [kõsome] m CUIS consommé, clear soup; **consommer** ⟨1a⟩ **1** v/t bois, charbon, essence etc consume, use **2** v/i dans un café drink

consonne [kõsɔn] f consonant

conspirateur, -trice [kõspiratœr, -tris] m/f conspirator; **conspiration** f conspiracy; **conspirer** ⟨1a⟩ conspire

constamment [kõstamã] adv constantly

constance [kõstãs] f (persévérance) perseverance; en amour constancy

constant, ~e [kõstã, -t] **1** adj ami steadfast, staunch; efforts persistent; souci, température, quantité constant; intérêt unwavering **2** f constant

constat [kõsta] m JUR report

constatation [kõstatasjõ] f observa-

tion; **constater** ⟨1a⟩ observe

constellation [kõstelasjõ] f constellation

consternation [kõsternasjõ] f consternation; **consterner** ⟨1a⟩ fill with consternation, dismay; **consterné, ~e** dismayed

constipation [kõstipasjõ] f constipation; **constipé, ~e** constipated

constituer [kõstitɥe] ⟨1a⟩ constitute; comité, société form, set up; rente settle (à on); **être constitué de** be made up of; **se ~** collection, fortune amass, build up; **se ~ prisonnier** give o.s. up

constitution [kõstitysjõ] f (composition) composition; ANAT, POL constitution; d'un comité, d'une société formation, setting up; **constitutionnel, ~le** constitutional

constructeur [kõstryktœr] m de voitures, d'avions, d'ordinateurs manufacturer; de maisons builder; **~ mécanicien** m mechanical engineer; **~ naval** shipbuilder; **constructif, -ive** constructive; **construction** f action, bâtiment construction, building; **construire** ⟨4c⟩ construct, build; théorie, roman construct

consul [kõsyl] m consul; **consulat** m consulate

consultatif, -ive [kõsyltatif, -tiv] consultative; **consultation** f consultation; **(heures** fpl **de) ~** MÉD office hours, Br consulting hours; **consulter** ⟨1a⟩ **1** v/t consult **2** v/i be available for consultation

consumer [kõsyme] ⟨1a⟩ de feu, passion consume

contact [kõtakt] m contact; **lentilles** fpl ou **verres** mpl **de ~** contact lenses, contacts F; **entrer en ~ avec qn** (first) come into contact with s.o.; **prendre ~ avec qn, se mettre en ~ avec qn** contact s.o., get in touch with s.o.; **mettre / couper le ~** AUTO switch the engine on / off

contagieux, -euse [kõtaʒjø, -z] contagious; rire infectious; **contagion** f contagion

container [kõtɛner] m container; **~ à**

verre bottle bank

contamination [kõtaminasjõ] *f* contamination; MÉD *d'une personne* infection; **contaminer** ⟨1a⟩ contaminate; MÉD *personne* infect

conte [kõt] *m* story, tale; *~ de fées* fairy story *ou* tale

contemplation [kõtãplasjõ] *f* contemplation; **contempler** ⟨1a⟩ contemplate

contemporain, ~e [kõtãpɔrɛ̃, -ɛn] *m/f* & *adj* contemporary

contenance [kõtnãs] *f* (*capacité*) capacity; (*attitude*) attitude; *perdre ~* lose one's composure; **conteneur** *m* container; *~ à verre* bottle bank; **contenir** ⟨2h⟩ contain; *foule* control, restrain; *larmes* hold back; *peine* suppress; *se ~* contain o.s., control o.s.

content, ~e [kõtã, -t] pleased, content (*de* with); **contentement** *m* contentment; **contenter** ⟨1a⟩ *personne, curiosité* satisfy; *se ~ de qch* be content with sth; *se ~ de faire qch* be content with doing sth

contentieux [kõtãsjø] *m* disputes *pl*; *service* legal department

contenu [kõtny] *m* content

conter [kõte] ⟨1a⟩ tell

contestable [kõtestabl] *décision* questionable; **contestataire** POL **1** *adj propos* of protest **2** *m/f* protester; **contestation** *f* discussion; (*opposition*) protest; **contester** ⟨1a⟩ challenge

contexte [kõtekst] *m* context

contigu, ~ë [kõtigy] adjoining

continent [kõtinã] *m* continent

contingent [kõtɛ̃ʒã] *m* (*part*) quota; **contingenter** ⟨1a⟩ apply a quota to

continu, ~e [kõtiny] continuous; ÉL *courant* direct; **continuation** *f* continuation; **continuel, ~le** continual; **continuer** ⟨1n⟩ **1** *v/t voyage, travaux* continue (with), carry on with; *rue, ligne* extend **2** *v/i* continue, carry *ou* go on; *de route* extend; *~ à ou de faire qch* continue to do sth, carry *ou* go on doing sth; **continuité** *f* continuity; *d'une tradition* continuation

contorsion [kõtɔrsjõ] *f* contorsion

contour [kõtur] *m* contour; *d'une fenêtre, d'un visage* outline; *~s* (*courbes*) twists and turns; **contourner** ⟨1a⟩ *obstacle* skirt around; *fig: difficulté* get around

contraceptif, -ive [kõtraseptif, -iv] contraceptive; **contraception** *f* contraception

contracter [kõtrakte] ⟨1a⟩ *dette* incur; *maladie* contract, incur; *alliance, obligation* enter into; *assurance* take out; *habitude* acquire; **contractuel, ~le 1** *adj* contractual **2** *m/f* traffic officer, *Br* traffic warden

contradiction [kõtradiksjõ] *f* contradiction; **contradictoire** contradictory

contraindre [kõtrɛ̃dr] ⟨4b⟩: *~ qn à faire qch* force *ou* compel s.o. to do sth; **contrainte** *f* constraint; *agir sous la ~* act under duress; *sans ~* freely, without restraint

contraire [kõtrer] **1** *adj sens* opposite; *principes* conflicting; *vent* contrary; *~ à* contrary to **2** *m: le ~ de* the opposite *ou* contrary of; *au ~* on the contrary; **contrairement** *adv: ~ à* contrary to; *~ à toi* unlike you

contrarier [kõtrarje] ⟨1a⟩ *personne* annoy; *projet, action* thwart; **contrariété** *f* annoyance

contraste [kõtrast] *m* contrast; **contraster** ⟨1a⟩ contrast (*avec* with)

contrat [kõtra] *m* contract; *~ de location* rental agreement

contravention [kõtravãsjõ] *f* (*infraction*) infringement; (*procès-verbal*) ticket; *~ pour excès de vitesse* speeding fine

contre [kõtr] **1** *prép* against; SP *aussi* versus; (*en échange*) (in exchange) for; *tout ~ qch* right next to sth; *joue ~ joue* cheek to cheek; *par ~* on the contrary; *quelque chose ~ la diarrhée* something for diarrhea **2** *m: le pour et le ~* the pros and the cons *pl*

contre-attaque [kõtratak] *f* counterattack

contrebalancer [kõtrəbalãse] ⟨1k⟩ counterbalance

contrebande [kɔ̃trəbɑ̃d] *f* smuggling; *marchandises* contraband; **faire la ~ de qch** smuggle sth; **contrebandier** *m* smuggler

contrebasse [kɔ̃trəbas] *f* double bass

contrecarrer [kɔ̃trəkare] ⟨1a⟩ *projets* thwart

contrecœur [kɔ̃trəkœr]: **à ~** unwillingly, reluctantly

contrecoup [kɔ̃traku] *m* after-effect

contre-courant [kɔ̃trəkurɑ̃] *m*: **nager à ~** swim against the current

contredire [kɔ̃trədir] ⟨4m⟩ contradict

contrée [kɔ̃tre] *f* country

contre-espionnage [kɔ̃trɛspjɔnaʒ] *m* counterespionage

contrefaçon [kɔ̃trəfasɔ̃] *f action* counterfeiting; *de signature* forging; *objet* fake, counterfeit; **contrefaire** ⟨4n⟩ *(falsifier)* counterfeit; *signature* forge; *personne, gestes* imitate; *voix* disguise; **contrefait, ~e** *(difforme)* deformed

contre-interrogatoire [kɔ̃trɛ̃terogatwar] *m* cross-examination

contre-jour [kɔ̃trəʒur] PHOT backlighting; **à ~** against the light

contremaître [kɔ̃trəmɛtr] *m* foreman

contre-mesure [kɔ̃trəm(ə)zyr] *f (pl* contre-mesures) countermeasure

contre-nature [kɔ̃trənatyr] unnatural

contre-offensive [kɔ̃trɔfɑ̃siv] *f* counteroffensive

contrepartie [kɔ̃trəparti] *f* compensation; **en ~** in return

contre-pied [kɔ̃trəpje] *m* opposite; **prendre le ~ d'un avis** ask for advice and then do the exact opposite

contre-plaqué [kɔ̃trəplake] *m* plywood

contrepoids [kɔ̃trəpwa] *m* counterweight

contre-productif, -ive [kɔ̃trəprɔdyktif, -iv] counterproductive

contrer [kɔ̃tre] ⟨1b⟩ counter

contresens [kɔ̃trəsɑ̃s] *m* misinterpretation; **prendre une route à ~** AUTO go down a road the wrong way

contresigner [kɔ̃trəsiɲe] ⟨1a⟩ countersign

contretemps [kɔ̃trətɑ̃] *m* hitch

contre-terrorisme [kɔ̃trəterɔrism] *m* counterterrorism

contrevenir [kɔ̃trəv(ə)nir] ⟨2h⟩ JUR: **~ à qch** contravene sth

contribuable [kɔ̃tribyabl] *m* taxpayer; **contribuer** ⟨1n⟩ contribute (*à* to); **~ à faire qch** help to do sth; **contribution** *f* contribution; *(impôt)* tax

contrôle [kɔ̃trol] *m (vérification)* check; *(domination)* control; *(maîtrise de soi)* self-control; **perdre le ~ de son véhicule** lose control of one's vehicle; **~ aérien** air-traffic control; **~ des bagages** baggage check; **~ douanier** customs inspection; **~ de qualité** quality control; **~ radar** radar speed check, radar trap; **~ de soi** self-control; **contrôler** ⟨1a⟩ *comptes, identité, billets etc* check; *(maîtriser, dominer)* control; **se ~** control o.s.; **contrôleur, -euse** *m/f* controller; *de train* ticket inspector; **~ de trafic aérien** air-traffic controller

controverse [kɔ̃trɔvɛrs] *f* controversy; **controversé, ~e** controversial

contumace [kɔ̃tymas] *f* JUR: **être condamné par ~** be sentenced in absentia

contusion [kɔ̃tyzjɔ̃] *f* MÉD bruise, contusion

convaincant, ~e [kɔ̃vɛ̃kɑ̃, -t] convincing; **convaincre** ⟨4i⟩ *(persuader)* convince; JUR convict *(de* of); **~ qn de faire qch** persuade s.o. to do sth; **convaincu, ~e** convinced

convalescence [kɔ̃valesɑ̃s] *f* convalescence; **convalescent, ~e** *m/f* convalescent

convenable [kɔ̃vnabl] suitable, fitting; *(correct) personne* respectable, decent; *tenue* proper, suitable; *salaire* adequate; **convenance** *f*: **les ~s** the proprieties; **quelque chose à ma ~** something to my liking

convenir [kɔ̃vnir] ⟨2h⟩: **~ à qn** suit s.o.; **~à qch** be suitable for sth; **~ de qch** *(décider)* agree on sth;

(*avouer*) admit sth; **~ que** (*reconnaître que*) admit that; **il convient de respecter les lois** the laws must be obeyed; **il convient que tu ailles** (*subj*) **voir ta grand-mère** you should go and see your grandmother; **il a été convenu de …** it was agreed to …; **comme convenu** as agreed

convention [kɔ̃vɑ̃sjɔ̃] *f* (*accord*) agreement, convention; POL convention; **les ~s** the conventions; **~ collective** collective agreement; **conventionné, ~e: médecin** *m* ~ doctor who charges according to a nationally agreed fee structure; **conventionnel, ~le** conventional

convergence [kɔ̃vɛrʒɑ̃s] *f* ÉCON convergence; **converger** ⟨1l⟩ converge (*aussi fig*)

conversation [kɔ̃vɛrsasjɔ̃] *f* conversation; **~ téléphonique** telephone conversation, phonecall; **converser** ⟨1a⟩ converse, talk

conversion [kɔ̃vɛrsjɔ̃] *f* conversion (*aussi* REL)

convertible [kɔ̃vɛrtibl] convertible; **convertir** ⟨2a⟩ convert (**en** into); REL convert (**à** to)

conviction [kɔ̃viksjɔ̃] *f* conviction

convier [kɔ̃vje] ⟨1a⟩ *fml*: **~ qn à qch** invite s.o. to sth; **~ qn à faire qch** urge s.o. to do sth

convive [kɔ̃viv] *m/f* guest; **convivial, ~e** convivial, friendly; INFORM user-friendly; **convivialité** *f* conviviality, friendliness; INFORM user-friendliness

convocation [kɔ̃vɔkasjɔ̃] *f d'une assemblée* convening; JUR summons *sg*

convoi [kɔ̃wa] *m* convoy

convoiter [kɔ̃vwate] ⟨1a⟩ covet; **convoitise** *f* covetousness

convoquer [kɔ̃vɔke] ⟨1m⟩ *assemblée* convene; JUR summons; *candidat* notify; *employé, écolier* call in, summon

convoyer [kɔ̃vwaje] ⟨1h⟩ MIL escort

convulser [kɔ̃vylse] ⟨1a⟩ convulse; **convulsion** *f* convulsion

coopérant [kɔɔperɑ̃] *m* aid worker

coopératif, -ive [kɔɔperatif, -iv] cooperative; **coopération** *f* coopera-

tion; **être en ~** be an aid worker

coopérer [kɔɔpere] ⟨1f⟩ cooperate (**à** in)

coordinateur, -trice [kɔɔrdinatœr, -tris] *m/f* coordinator; **coordination** *f* coordination

coordonner [kɔɔrdɔne] ⟨1a⟩ coordinate; **coordonnées** *fpl* MATH coordinates; *d'une personne* contact details; **je n'ai pas pris ses ~** I didn't get his address or phone number

copain [kɔpɛ̃] *m* F pal, *Br* mate; **être ~ avec** be pally with

copie [kɔpi] *f* copy; ÉDU paper; **~ de sauvegarde** INFORM back-up (copy); **~ sur papier** hard copy

copier [kɔpje] ⟨1a⟩ **1** *v/t* copy **2** *v/i* ÉDU copy (**sur qn** from s.o.); **copieur, -euse** *m/f* copier, copy cat F

copieux, -euse [kɔpjø, -z] copious

copilote [kɔpilɔt] *m* co-pilot

copinage [kɔpinaʒ] *m* cronyism

copine [kɔpin] *f* F pal, *Br* mate

coproduction [kɔprɔdyksjɔ̃] *f d'un film* coproduction

copropriétaire [kɔprɔprijetɛr] *m/f* co-owner; **copropriété** *f* joint ownership; **un immeuble en ~** a condo

copyright [kɔpirajt] *m* copyright

coq [kɔk] *m* rooster, *Br* cock

coque [kɔk] *f d'œuf, de noix* shell; MAR hull; AVIAT fuselage; **œuf** *m* **à la ~** soft-boiled egg

coquelicot [kɔkliko] *m* BOT poppy

coqueluche [kɔklyʃ] *f* whooping cough

coquet, ~te [kɔkɛ, -t] flirtatious; (*joli*) charming; (*élégant*) stylish; **une somme ~te** a tidy amount

coquetier [kɔktje] *m* eggcup

coquetterie [kɔkɛtri] *f* flirtatiousness; (*élégance*) stylishness

coquillage [kɔkijaʒ] *m* shell; **des ~s** shellfish *sg*

coquille [kɔkij] *f d'escargot, d'œuf, de noix etc* shell; *erreur* misprint, typo; **~ Saint-Jacques** CUIS scallop

coquin, ~e [kɔkɛ̃, -in] **1** *adj enfant* naughty **2** *m/f* rascal

cor [kɔr] *m* MUS horn; MÉD corn

corail [kɔraj] *m* (*pl* coraux) coral

cosmétique

Coran [kɔrɑ̃]: *le* ~ the Koran

corbeau [kɔrbo] *m* (*pl* -x) ZO crow

corbeille [kɔrbɛj] *f* basket; *au théâtre* circle; ~ *à papier* wastebasket, *Br* wastepaper basket

corbillard [kɔrbijar] *m* hearse

corde [kɔrd] *f* rope; MUS, *de tennis* string; ~ *raide* high wire; ~*s* MUS strings; ~*s vocales* vocal cords; **cordée** *f en alpinisme* rope

cordial, ~e [kɔrdjal] (*mpl* -iaux) cordial; **cordialité** *f* cordiality

cordon [kɔrdõ] *m* cord; ~ *littoral* offshore sand bar; ~ *ombilical* umbilical cord; **cordon-bleu** *m* (*pl* cordons-bleus) cordon bleu chef

cordonnier [kɔrdɔnje] *m* shoe repairer, *Br aussi* cobbler

Corée [kɔre]: *la* ~ Korea; **coréen, ~ne** 1 *adj* Korean 2 *m langue* Korean 3 *m/f* **Coréen, ~ne** Korean

coriace [kɔrjas] tough (*aussi fig*); *être* ~ *en affaires* be a hard-headed businessman

corne [kɔrn] *f* horn; *avoir des* ~*s fig* be a cuckold; **cornée** *f* cornea

corneille [kɔrnɛj] *f* crow

cornemuse [kɔrnəmyz] *f* bagpipes *pl*

corner [kɔrnɛr] *m en football* corner

cornet [kɔrnɛ] *m sachet* (paper) cone; MUS cornet

corniche [kɔrniʃ] *f* corniche; ARCH cornice

cornichon [kɔrniʃõ] *m* gherkin

corniste [kɔrnist] *m* MUS horn player

coronaire [kɔrɔnɛr] coronary

coroner [kɔrɔnɛr] *m* coroner

corporation [kɔrpɔrasjõ] *f* body; HIST guild

corporel, ~le [kɔrpɔrɛl] *hygiène* personal; *châtiment* corporal; *art* body *atr*; *odeur* ~*le* BO, body odor *or Br* odour

corps [kɔr] *m* body; *mort* (dead) body, corpse; MIL corps; *prendre* ~ take shape; *le* ~ *diplomatique* the diplomatic corps; *le* ~ *électoral* the electorate; ~ *étranger* foreign body; ~ *expéditionnaire* task force; ~ *médical* medical profession

corpulence [kɔrpylɑ̃s] *f* stoutness,

corpulence; **corpulent, ~e** stout, corpulent

correct, ~e [kɔrɛkt] correct; *personne* correct, proper; *tenue* right, suitable; F (*convenable*) acceptable, ok F

correcteur [kɔrɛktœr] *m*: ~ *orthographique* spellchecker

correction [kɔrɛksjõ] *f qualité* correctness; (*modification*) correction; (*punition*) beating

corrélation [kɔrelasjõ] *f* correlation

correspondance [kɔrɛspõdɑ̃s] *f* correspondence; *de train etc* connection; **correspondant, ~e** 1 *adj* corresponding 2 *m/f* correspondent

correspondre [kɔrɛspõdr] ⟨4a⟩ *de choses* correspond; *de salles* communicate; *par courrier* correspond (*avec* with); ~ *à réalité* correspond with; *preuves* tally with; *idées* fit in with

corridor [kɔridɔr] *m* corridor

corriger [kɔriʒe] ⟨1l⟩ correct; *épreuve* proof-read; (*battre*) beat; ~ *le tir* adjust one's aim

corroborer [kɔrɔbɔre] ⟨1a⟩ corroborate

corroder [kɔrɔde] ⟨1a⟩ corrode

corrompre [kɔrõpr] ⟨4a⟩ (*avilir*) corrupt; (*soudoyer*) bribe; **corrompu, ~e** *p/p* → **corrompre 2** *adj* corrupt

corrosif, -ive [kɔrozif, -iv] 1 *adj* corrosive; *fig* caustic 2 *m* corrosive; **corrosion** *f* corrosion

corsage [kɔrsaʒ] *m* blouse

corse [kɔrs] 1 *adj* Corsican 2 *m/f* **Corse** Corsican 3 *f* **la Corse** Corsica

corsé, ~e [kɔrse] *vin* full-bodied; *sauce* spicy; *café* strong; *facture* stiff; *problème* tough

corset [kɔrsɛ] *m* corset

cortège [kɔrtɛʒ] *m* cortège; (*défilé*) procession; ~ *funèbre* funeral cortège; ~ *nuptial* bridal procession

cortisone [kɔrtizɔn] *f* PHARM cortisone

corvée [kɔrve] *f* chore; MIL fatigue

cosmétique [kɔsmetik] *m & adj* cosmetic

cosmique [kɔsmik] cosmic

cosmonaute [kɔsmonot] *m/f* cosmonaut

cosmopolite [kɔsmɔpɔlit] cosmopolitan

cosmos [kɔsmɔs] *m* cosmos

cosse [kɔs] *f* BOT pod

cossu, ~e [kɔsy] *personne* well-off; *château* opulent

costaud [kɔsto] (*f inv*) F sturdy

costume [kɔstym] *m* costume; *pour homme* suit; **se ~** ⟨1a⟩: get dressed up (*comme* as)

cote [kɔt] *f en Bourse* quotation; *d'un livre, document* identification code; **avoir la ~** *fig* F be popular; **~ de popularité** POL popularity (rating)

côte [kɔt] *f* ANAT rib; (*pente*) slope; *à la mer* coast; *viande* chop; **~ à ~** side by side

Côte d'Azur [kotdazyr] French Riviera

Côte-d'Ivoire [kotdivwar]: **la ~** the Ivory Coast

côté [kote] *m* side; **à ~** (*près*) nearby; **à ~ de l'église** next to the church, beside the church; **de ~** aside; **de l'autre ~ de la rue** on the other side of the street; **du ~ de** in the direction of; **sur le ~** on one's / its side; **laisser de ~** leave aside; **mettre de ~** put aside; **de tous ~s** from all sides

coteau [kɔto] *m* (*pl* -x) (*colline*) hill; (*pente*) slope

côtelette [kotlɛt] *f* CUIS cutlet

coter [kɔte] ⟨1a⟩ *en Bourse* quote; **valeurs cotées en Bourse** listed *ou* quoted stocks

côtier, -ère [kotje, -ɛr] coastal

cotisation [kɔtizasjõ] *f* contribution; *à une organisation* subscription; **cotiser** ⟨1a⟩ contribute; *à une organisation* subscribe

coton [kɔtõ] *m* cotton; **~ hydrophile** absorbent cotton, *Br* cotton wool

côtoyer [kotwaje] ⟨1h⟩: **~ qn** rub shoulders with s.o.; **~ qch** border sth; *fig* be verging on sth

cottage [kɔtaʒ] *m* cottage

cou [ku] *m* (*pl* -s) neck

couchage [kuʃaʒ] *m*: **sac** *m* **de ~** sleeping bag; **couchant 1** *m* west **2** *adj*: **soleil** *m* **~** setting sun

couche [kuʃ] *f* layer; *de peinture aussi* coat; *de bébé* diaper, *Br* nappy; **fausse ~** MÉD miscarriage; **~ d'ozone** ozone layer; **~s sociales** social strata *pl*

couché, ~e [kuʃe] lying down; (*au lit*) in bed; **coucher** ⟨1a⟩ **1** *v/t* (*mettre au lit*) put to bed; (*héberger*) put up; (*étendre*) put *ou* lay down **2** *v/i* sleep; **~ avec qn** sleep with s.o., go to bed with s.o.; **se ~** go to bed; (*s'étendre*) lie down; *du soleil* set, go down **3** *m*: **~ du soleil** sunset

couchette [kuʃɛt] *f* couchette

coucou [kuku] **1** *m* cuckoo; (*pendule*) cuckoo clock **2** *int*: **~! hi!**

coude [kud] *m* ANAT elbow; *d'une route* turn; **jouer des ~s** elbow one's way through; *fig* hustle

cou-de-pied [kudpje] *m* (*pl* cous-de-pied) instep

coudre [kudr] ⟨4d⟩ sew; *bouton* sew on; *plaie* sew up

couenne [kwan] *f* rind

couette [kwɛt] *f* comforter, *Br* quilt

couffin [kufɛ̃] *m* basket

couilles [kuj] *fpl* V balls V

couillon [kujõ] *m* F jerk F

couinement [kwinmã] *m* squeak

coulant, ~e [kulã, -t] *style* flowing; *fig* easy-going; **couler** ⟨1a⟩ **1** *v/i* flow, run; *d'eau de bain* run; *d'un bateau* sink; **l'argent lui coule entre les doigts** money slips through his fingers **2** *v/t liquide* pour; (*mouler*) cast; *bateau* sink

couleur [kulœr] *f* color, *Br* colour

couleuvre [kulœvr] *f* grass snake

coulisse [kulis] *f* TECH runner; **à ~** sliding; **~s** *d'un théâtre* wings; **dans les ~s** *fig* behind the scenes

couloir [kulwar] *m* *d'une maison* passage, corridor; *d'un bus, avion, train* aisle; **place** *f* **~ côté ~** aisle seat

coup [ku] *m* blow; *dans jeu* move; **à ~s de marteau** using a hammer; **boire qch à petits ~s** sip sth; **boire un ~** F have a drink; **~ droit** TENNIS fore-hand; **~ franc** SP free kick; **~ monté** frame-up; **à ~ sûr** certainly; **du ~** and so; **du même ~** at the same time; **d'un seul ~** *tout d'un coup* all at once; **pour le ~** as a result; *cette fois* this time; **après ~** after the event; **tout d'un ~, tout à ~** suddenly, all at once; **~ sur ~ coup** in quick succession; **être dans le ~** be with it; *être impliqué* be involved; **tenir le ~** stick it out, hang on in there; **coup d'État** coup (d'état); **coup de balai** *fig:* **donner un ~ dans le couloir** give the passage a sweep; **donner un ~** *fig* have a shake-up; **coup de chance** stroke of luck; **coup de couteau** stab; *il a reçu trois coups de couteau* he was stabbed three times; **coup d'envoi** kickoff; **coup de feu** shot; **coup de foudre:** *ce fut le ~* it was love at first sight; **coup de main:** *donner un ~ à qn* give s.o. a hand; **coup de maître** master stroke; **coup d'œil:** *au premier ~* at first glance; **coup de pied** kick; **coup de poing** punch; **donner un ~ à punch;** **coup de pub** F plug; **coup de téléphone** (phone) call; **coup de tête** whim; **coup de tonnerre** clap of thunder; **coup de vent** gust of wind; **coup de soleil:** *avoir un ~* have sun stroke

coupable [kupabl] **1** *adj* guilty **2** *m/f* culprit, guilty party; **le / la ~** JUR the guilty man / woman, the guilty party

coupe[1] [kup] *f de cheveux, d'une robe* cut

coupe[2] [kup] *f (verre)* glass; SP cup; *de fruits, glace* dish

coupe-circuit [kupsirkɥi] *m (pl inv)* ÉL circuit breaker

coupe-ongles [kupõgl] *m (pl inv)* nail clippers *pl*

couper [kupe] ⟨1a⟩ **1** *v/t* cut; *morceau, eau* cut off; *viande* cut (up); *robe, chemise* cut out; *vin* dilute; *animal* castrate **2** *v/i* cut; **se ~** cut o.s.; *(se trahir)* give o.s. away; **~ court à qch** put a stop to sth; **~ la parole à qn** interrupt s.o.; **~ par le champ** cut across the field

couplage [kuplaʒ] *m* TECH coupling

couple [kupl] *m* couple; **coupler** ⟨1a⟩ couple

couplet [kuplɛ] *m* verse

coupole [kupɔl] *f* ARCH cupola

coupon [kupõ] *m de tissu* remnant; COMM coupon; *(ticket)* ticket

coupure [kupyr] *f blessure, dans un film, dans un texte* cut; *de journal* cutting, clipping; *(billet de banque)* bill, *Br* note; **~ de courant** power outage, *Br* power cut

cour [kur] *f* court; ARCH courtyard; **faire la ~ à qn** court s.o.; **Cour internationale de justice** International Court of Justice

courage [kuraʒ] *m* courage, bravery; **courageux, -euse** brave, courageous

couramment [kuramɑ̃] *adv parler, lire* fluently

courant, ~e [kurɑ̃, -t] **1** *adj* current; *eau* running; *langage* everyday **2** *m* current *(aussi* ÉL); **~ d'air** draft, *Br* draught; **être au ~ de qch** know about sth; **tiens-moi au ~** keep me informed *ou* posted; **~ alternatif** alternating current; **~ continu** direct current

courbature [kurbatyr] *f* stiffness; **avoir des ~s** be stiff

courbe [kurb] **1** *adj* curved **2** *f* curve, bend; GÉOM curve; **courber** ⟨1a⟩ bend; **se ~** *(se baisser)* stoop, bend down; **courbure** *f* curvature

coureur [kurœr] *m* runner; *péj* skirtchaser; **~ de jupons** womanizer

courge [kurʒ] *f* BOT squash, *Br* marrow

courgette [kurʒɛt] *f* BOT zucchini, *Br* courgette

courir [kurir] ⟨2i⟩ **1** *v/i* run *(aussi d'eau)*; *d'un bruit* go around; *monter / descendre en courant* run up / down **2** *v/t:* **~ les magasins** go around the stores; **~ les femmes** run after *ou* chase women; **~ un risque / ~ un danger** run a risk / a danger

couronne [kurɔn] *f* crown; *de fleurs* wreath; **couronné, ~e** crowned *(de* with); **couronnement** *m* coronation; **couronner** ⟨1a⟩ crown; *fig: auteur, livre* award a prize to; *vos efforts seront couronnés de succès* your efforts will be crowned with success

courrier [kurje] *m* mail, *Br aussi* post; (*messager*) courier; *par retour de ~* by return of mail, *Br* by return of post; *le ~ des lecteurs* readers' letters; *~ électronique* electronic mail, e-mail

courroie [kurwa] *f* belt

cours [kur] *m d'un astre, d'une rivière* course (*aussi temporel*); ÉCON price; *de devises* rate; ÉDU course; (*leçon*) lesson; *à l'université* class, *Br aussi* lecture; *au ~ de* in the course of; *donner libre ~ à qch* give free rein to sth; *donner des ~* ÉDU lecture; *en ~ de route* on the way; *~ du change* exchange rate; *~ d'eau* waterway; *~ du soir* ÉDU evening class

course [kurs] *f à pied* running; SP race; *en taxi* ride; (*commission*) errand; *~s* (*achats*) shopping *sg*; *faire des ~s* go shopping; *la ~ aux armements* the arms race; **coursier** *m* messenger; *à moto* biker, courrier

court[1] [kur] *m* (*aussi ~ de tennis*) (tennis) court

court[2], *~e* [kur, -t] short; *à ~ de* short of

courtage [kurtaʒ] *m* brokerage

court-circuit [kursirkɥi] *m* (*pl* courts-circuits) ÉL short circuit

courtier [kurtje] *m* broker

courtisane [kurtizan] *f* courtesan; **courtiser** *femme* court, woo

courtois, *~e* [kurtwa, -z] courteous; **courtoisie** *f* courtesy

couru, *~e* [kury] *p/p* 1 → *courir* 2 *adj* popular

couscous [kuskus] *m* CUIS couscous

cousin, *~e* [kuzɛ̃, -in] *m/f* cousin

coussin [kusɛ̃] *m* cushion

coussinet [kusinɛ] *m* small cushion; TECH bearing

coût [ku] *m* cost; *~s de production* production costs; **coûtant** [kutɑ̃]: *au prix ~* at cost (price)

couteau ⟨kuto⟩ *m* (*pl* -x) knife; *~ de poche* pocket knife

coûter ⟨1a⟩ *v/t* cost; *combien ça coûte?* how much is it?, what does it *ou* how much does it cost?; *cette décision lui a coûté beaucoup* it was a very difficult decision for him; *coûte que coûte* at all costs; *~ les yeux de la tête* cost a fortune, cost an arm and a leg 2 *v/i* cost; *~ cher* be expensive; *~ cher à qn fig* cost s.o. dear

coûteux, *-euse* expensive, costly

coutume [kutym] *f* custom; *avoir ~ de faire qch* be in the habit of doing sth

couture [kutyr] *f activité* sewing; *d'un vêtement, bas etc* seam; *haute ~* fashion, haute couture; *battre à plates ~s* take apart; **couturier** *m* dress designer, couturier; **couturière** *f* dressmaker

couvée [kuve] *f* clutch; *fig* brood

couvent [kuvɑ̃] *m* convent

couver [kuve] ⟨1a⟩ 1 *v/t* hatch; *fig: projet* hatch; *personne* pamper; *~ une grippe* be coming down with flu 2 *v/i d'un feu* smolder, *Br* smoulder; *d'une révolution* be brewing

couvercle [kuvɛrkl] *m* cover

couvert, *~e* [kuver, -t] 1 *p/p* → *couvrir* 2 *adj ciel* overcast; *~ de* covered with *ou* in; *être bien ~* be warmly dressed 3 *m à table* place setting; *~s* flatware *sg*, *Br* cutlery *sg*; *mettre le ~* set the table; *sous le ~ de faire qch fig* on the pretext of doing sth; *se mettre à ~ de l'orage* take shelter from the storm

couverture [kuvertyr] *f* cover; *sur un lit* blanket; *~ chauffante* electric blanket; *~ médiatique* media coverage

couveuse [kuvøz] *f* broody hen; MÉD incubator

couvre-feu [kuvrəfø] *m* (*pl* couvre-feux) curfew; **couvre-lit** *m* (*pl* couvre-lits) bedspread

couvreur [kuvrœr] *m* roofer

couvrir [kuvrir] ⟨2f⟩ cover (*de* with *ou*

in); ~ **qn** *fig* (*protéger*) cover (up) for s.o.; **se** ~ (*s'habiller*) cover o.s. up; *du ciel* cloud over

CPAM [sepeaɛm] *f abr* (= *Caisse primaire d'assurance maladie*) local health authority

cow-boy [kɔbɔj] *m* cowboy

crabe [krab] *m* crab

crachat [kraʃa] *m* spit; MÉD sputum; *un* ~ a gob of spit

cracher [kraʃe] ⟨1a⟩ **1** *v/i* spit **2** *v/t* spit; *injures* spit, hurl; F *argent* cough up F

crachin [kraʃɛ̃] *m* drizzle

crack [krak] *m* F genius; *drogue* crack

craie [krɛ] *f* chalk

craindre [krɛ̃dr] ⟨4b⟩ (*avoir peur de*) fear, be frightened of; *cette matière craint la chaleur* this material must be kept away from heat; *craint la chaleur* COMM keep cool; ~ **de faire qch** be afraid of doing sth; ~ **que (ne)** (+ *subj*) be afraid that

crainte [krɛ̃t] *f* fear; **de** ~ **de** for fear of

craintif, -ive [krɛ̃tif, -iv] timid

cramoisi, -e [kramwazi] crimson

crampe [krɑ̃p] *f* MÉD cramp; **avoir des** ~**s d'estomac** have cramps, *Br* have stomach cramps

crampon [krɑ̃pɔ̃] *m d'alpinisme* crampon; **cramponner** ⟨1a⟩: **se** ~ hold on (**à** to)

cran [krɑ̃] *m* notch; *il a du* ~ F he's got guts F

crâne [krɑn] *m* skull; **crâner** F (*pavaner*) show off; **crâneur, -euse** big-headed

crapaud [krapo] *m* ZO toad

crapule [krapyl] *f* villain

craquelé, ~e [krakle] cracked; **craquelure** *f* crack; **craquement** *m* crackle; **craquer** ⟨1m⟩ crack; *d'un parquet* creak; *de feuilles* crackle; *d'une couture* give way, split; *fig: d'une personne* (*s'effondrer*) crack up; *plein à* ~ full to bursting

crasse [kras] **1** *adj ignorance* crass **2** *f* dirt; **crasseux, -euse** filthy

cratère [krater] *m* crater

cravache [kravaʃ] *f* whip

cravate [kravat] *f* necktie, *Br* tie

crawl [krol] *m* crawl

crayon [krɛjɔ̃] *m* pencil; ~ **à bille** ballpoint pen; ~ **de couleur** crayon; ~ **feutre** felt-tipped pen, felt-tip

créance [kreɑ̃s] *f* COMM debt; **créancier, -ère** *m/f* creditor

créateur, -trice [kreatœr, -tris] **1** *adj* creative **2** *m/f* creator; *de produit* designer; **créatif, -ive** creative; **création** *f* creation; *de mode, design* design; **créativité** *f* creativity

créature [kreatyr] *f* creature

crèche [krɛʃ] *f* day nursery; *de Noël* crèche, *Br* crib

crédibilité [kredibilite] *f* credibility; **crédible** credible

crédit [kredi] *m* credit; (*prêt*) loan; (*influence*) influence; **acheter à** ~ buy on credit; **faire** ~ **à qn** give s.o. credit; *il faut bien dire à son* ~ **que** *fig* it has to be said to his credit that; **crédit-bail** *m* leasing; **créditer** ⟨1a⟩ credit (**de** with); **créditeur, -trice 1** *m/f* creditor **2** *adj solde* credit *air*; **être** ~ be in credit

crédule [kredyl] credulous; **crédulité** *f* credulity

créer [kree] ⟨1a⟩ create; *institution* set up; COMM *produit nouveau* design

crémaillère [kremajɛr] *f*: **pendre la** ~ *fig* have a housewarming party

crémation [kremasjɔ̃] *f* cremation; **crématorium** [krematɔrjəm] *m* crematorium

crème [krɛm] **1** *f* cream; ~ **anglaise** custard; ~ **dépilatoire** hair remover; ~ **fouettée** *ou* **Chantilly** whipped cream; ~ **glacée** CUIS ice cream; ~ **de nuit** night cream; ~ **pâtissière** pastry cream; ~ **solaire** suntan cream **2** *m* coffee with milk, *Br* white coffee **3** *adj inv* cream; **crémerie** *f* dairy; **crémeux, -euse** creamy

créneau [kreno] *m* (*pl* -x) AUTO space; COMM niche; **faire un** ~ reverse into a tight space

crêpe [krɛp] **1** *m tissu* crêpe; **semelle** *f* **de** ~ crêpe sole *f* CUIS pancake, crêpe

crêper [krepe] ⟨1b⟩ *cheveux* back-comb

crépi [krepi] *m* roughcast; **crépir** ⟨2a⟩ roughcast

crépiter [krepite] ⟨1a⟩ crackle

crépu, ~e [krepy] frizzy

crépuscule [krepyskyl] *m* twilight

cresson [kresõ *ou* krəsõ] *m* BOT cress

Crète [krɛt]: **la ~** Crete

crête [krɛt] *f* crest; *d'un coq* comb

crétin, ~e [kretɛ̃, -in] **1** *adj* idiotic, cretinous **2** *m/f* idiot, cretin

crétois, ~e [kretwa, -z] **1** *adj* Cretan **2** *m/f* Crétois, ~e Cretan

creuser [krøze] ⟨1a⟩ *(rendre creux)* hollow out; *trou* dig; *fig* look into; **ça creuse** it gives you an appetite; **se ~ la tête** rack one's brains

creuset [krøzɛ] *m* TECH crucible; *fig* melting pot

creux, -euse [krø, -z] **1** *adj* hollow; **assiette** *f* **creuse** soup plate; **heures** *fpl* **creuses** off-peak hours **2** *adv*: **sonner ~** ring hollow **3** *m* hollow; **le ~ de la main** the hollow of one's hand

crevaison [krəvɛzõ] *f* flat, *Br* puncture

crevant, ~e [krəvã, -t] F *(épuisant)* exhausting; *(drôle)* hilarious

crevasse [krəvas] *f de la peau, du sol* crack; GÉOL crevasse; **crevasser** ⟨1a⟩ *peau, sol* crack; **des mains crevassées** chapped hands; **se ~** crack

crever [krəve] ⟨1d⟩ **1** *v/t ballon* burst; *pneu* puncture **2** *v/i* burst; F *(mourir)* kick the bucket F; F AUTO have a flat, *Br* have a puncture; **je crève de faim** F I'm starving; **~ d'envie de faire qch** be dying to do sth

crevette [krəvɛt] *f* shrimp

cri [kri] *m* shout, cry; **c'est le dernier ~** *fig* it's all the rage

criant, ~e [krijã, -t] *injustice* flagrant; *mensonge* blatant; **criard, ~e** *voix* shrill; *couleur* gaudy, garish

crible [kribl] *m* sieve; **cribler** ⟨1a⟩ sieve; **criblé de** *fig* riddled with

cric [krik] *m* jack

criée [krije] *f*: **vente** *f* **à la ~** sale by auction; **crier** ⟨1a⟩ **1** *v/i* shout; *d'une porte* squeak; **~ au scandale** protest **2** *v/t* shout, call; **~ ven-** **geance** call for revenge; **~ qch sur les toits** shout sth from the rooftops

crime [krim] *m* crime; *(assassinat)* murder; **~ organisé** organized crime; **criminalité** *f* crime; **~ informatique** computer crime; **criminel, ~le 1** *adj* criminal **2** *m/f* criminal; *(assassin)* murderer

crin [krɛ̃] *m* horsehair

crinière [krinjɛr] *f* mane

crique [krik] *f* creek

criquet [krikɛ] *m* ZO cricket

crise [kriz] *f* crisis; MÉD attack; **~ cardiaque** heart attack; **avoir une ~ de nerfs** have hysterics

crisper [krispe] ⟨1a⟩ *muscles* tense; *visage* contort; fig F irritate; **se ~** go tense, tense up

crisser [krise] ⟨1a⟩ squeak

cristal [kristal] *m* (*pl* -aux) crystal; **~ de roche** rock crystal; **cristallin, ~e** *eau* crystal clear; *son, voix* clear; **cristalliser** ⟨1a⟩: **se ~** crystallize

critère [kritɛr] *m* criterion; **~s** criteria

critique [kritik] **1** *adj* critical **2** *m* critic **3** *f* criticism; *d'un film, livre, pièce* review; **critiquer** ⟨1m⟩ criticize; *(analyser)* look at critically

croasser [krɔase] ⟨1a⟩ crow

croc [kro] *m* *(dent)* fang; *de boucherie* hook

croche-pied [krɔʃpje] *m* (*pl* croche-pieds): **faire un ~ à qn** trip s.o. up

crochet [krɔʃɛ] *m* hook; *pour l'ouvrage* crochet hook; *ouvrage* crochet; *d'une route* sharp turn; **~s en typographie** square brackets; **faire du ~** (do) crochet; **faire un ~** *d'une route* bend sharply; *d'une personne* make a detour; **crochu, ~e** *nez* hooked

crocodile [krɔkɔdil] *m* crocodile

crocus [krɔkys] *m* crocus

croire [krwar] ⟨4v⟩ **1** *v/t* believe; *(penser)* think; **~ qch de qn** believe sth about s.o.; **je vous crois sur parole** I'll take your word for it; **on le croyait médecin** people thought he was a doctor; **à l'en ~** if you believed him / her; **à en ~ les journaux** judging by the newspapers **2** *v/i*: **~ à qch** believe in sth; **~ en**

qn believe in s.o.; **~ en Dieu** believe in God **3**: *il se croit intelligent* he thinks he's intelligent

croisade [krwazad] *f* crusade (*aussi fig*)

croisé, ~e [krwaze] **1** *adj veston* double-breasted **2** *m* crusader; **croisement** *m action* crossing (*aussi* BIOL); *animal* cross; **croiser** ⟨1a⟩ **1** *v/t cross* (*aussi* BIOL); **~ qn dans la rue** pass s.o. in the street **2** *v/i* MAR cruise; **se ~ de routes** cross; *de personnes* meet; **leurs regards se croisèrent** their eyes met; **croiseur** *m* MAR cruiser; **croisière** *f* MAR cruise

croissance [krwasɑ̃s] *f* growth; **~ zéro** zero growth; **croissant** *m de lune* crescent; CUIS croissant

croître [krwatr] ⟨4w⟩ grow

croix [krwa] *f* cross; *la Croix-Rouge* the Red Cross; *mettre une ~ sur qch fig* give sth up; *chemin m de ~* way of the cross

croquant, ~e [krɔkɑ̃, -t] crisp, crunchy

croque-monsieur [krɔkməsjø] *m* (*pl inv*) CUIS sandwich of ham and melted cheese

croque-mort [krɔkmɔr] *m* F (*pl croque-morts*) mortician, *Br* undertaker

croquer [krɔke] ⟨1m⟩ **1** *v/t* crunch; (*dessiner*) sketch **2** *v/i* be crunchy

croquis [krɔki] *m* sketch

crosse [krɔs] *f d'un évêque* crosier; *d'un fusil* butt

crotte [krɔt] *f* droppings *pl*; **crottin** *m* road apples *pl*, *Br* dung

croulant, ~e [krulɑ̃, -t] **1** *adj* crumbling, falling to bits **2** *m/f* F oldie F; **crouler** ⟨1a⟩ (*s'écrouler*) collapse (*aussi fig*)

croupe [krup] *f* rump

croupir [krupir] ⟨2a⟩ *d'eau* stagnate (*aussi fig*)

croustillant, ~e [krustijɑ̃, -t] crusty

croûte [krut] *f de pain* crust; *de fromage* rind; MÉD scab; **croûter** ⟨1a⟩ F eat; **croûton** *m* crouton

croyable [krwajabl] believable; **croy-**

ance *f* belief; **croyant, ~e** *m/f* REL believer

CRS [seers] *abr* (= *compagnie républicaine de sécurité*): *les ~ mpl* the riot police; *un ~* a riot policeman

cru, ~e [kry] **1** *p/p → croire* **2** *adj légumes* raw; *lumière, verité* harsh; *paroles* blunt **3** *m* (*domaine*) vineyard; *de vin* wine; *de mon ~ fig* of my own (devising)

cruauté [kryote] *f* cruelty

cruche [kryʃ] *f* pitcher

crucial, ~e [krysjal] (*mpl* -aux) crucial

cruciement [krysifimɑ̃] *m* crucifixion; **crucifier** ⟨1a⟩ crucify; **crucifix** *m* crucifix; **crucifixion** *f* crucifixion

crudité [krydite] *f* crudeness; *de paroles* bluntness; *de lumière* harshness; *de couleur* gaudiness, garishness; **~s** CUIS raw vegetables

crue [kry] *f* flood; *être en ~* be in spate

cruel, ~le [kryɛl] cruel

crûment [krymɑ̃] *adv parler* bluntly; *éclairer* harshly

crustacés [krystase] *mpl* shellfish *pl*

crypte [kript] *f* crypt

Cuba [kyba] *f* Cuba

cubage [kybaʒ] *m* (*volume*) cubic capacity

cubain, ~e [kybɛ̃] **1** *adj* Cuban; **2** *m/f* Cubain, **~e** Cuban

cube [kyb] **1** *m* cube **2** *adj* cubic; **cubique** cubic; **cubisme** *m* cubism; **cubiste** *m* cubiste

cueillette [kœjɛt] *f* picking; **cueillir** ⟨2c⟩ pick

cuiller, cuillère [kɥijɛr] *f* spoon; **~ à soupe** soupspoon; **~ à café** coffee spoon; **cuillerée** *f* spoonful

cuir [kɥir] *m* leather; **~ chevelu** scalp

cuirasse [kɥiras] *f* armor, *Br* armour; **cuirasser** ⟨1a⟩ *navire* armorplate, *Br* armourplate

cuire [kɥir] ⟨4c⟩ cook; *au four* bake; *rôti* roast; *faire ~ qch* cook sth

cuisine [kɥizin] *f* cooking; *pièce* kitchen; *faire la ~* do the cooking; *la ~ italienne* Italian cooking *ou* cuisine *ou* food

cuisiné [kɥizine]: *plat m ~* ready-to-eat meal; **cuisiner** ⟨1a⟩ cook; **cuisinier** *m* cook; **cuisinière** *f* cook; *(fourneau)* stove; **~ à gaz** gas stove

cuisse [kɥis] *f* ANAT thigh; CUIS *de poulet* leg

cuisson [kɥisɔ̃] *f* cooking; *du pain* baking; *d'un rôti* roasting

cuit, ~e [kɥi, -t] 1 *p/p →* **cuire** 2 *adj légumes* cooked, done; *rôti, pain* done; *pas assez ~* underdone; *trop ~* overdone

cuivre [kɥivr] *m* copper; **~ jaune** brass; **~s** brasses

cul [ky] *m* P ass P, *Br* arse P

culasse [kylas] *d'un moteur* cylinder head

culbute [kylbyt] *f* somersault; *(chute)* fall; *faire la ~* do a somersault; *(tomber)* fall

culbuteur [kylbytœr] *m* tumbler

cul-de-sac [kydsak] *m* (*pl* culs-de-sac) blind alley; *fig* dead end

culinaire [kyliner] culinary

culminant [kylminɑ̃]: **point** *m* **~** *d'une montagne* highest peak; *fig* peak; **culminer** ⟨1a⟩ *fig* peak, reach its peak; **~ à 5 000 mètres** be 5,000 metres high at its highest point

culot [kylo] *m* F nerve, *Br* cheek

culotte [kylɔt] *f* short pants *pl*, *Br* short trousers *pl*; *de femme* panties *pl*, *Br aussi* knickers *pl*; **culotté, ~e** F: *être ~* be nervy, *Br* have the cheek of the devil

culpabilité [kylpabilite] *f* guilt

culte [kylt] *m* *(vénération)* worship; *(religion)* religion; *(service)* church service; *fig* cult

cultivable [kyltivabl] AGR suitable for cultivation; **cultivateur, -trice** *m/f* farmer; **cultivé, ~e** cultivated (*aussi fig*); **cultiver** ⟨1a⟩ AGR *terre* cultivate (*aussi fig*); *légumes, tabac* grow; *se ~* improve one's mind

culture [kyltyr] *f* culture; AGR *action* cultivation; *de légumes, fruits etc* growing; **~ générale** general knowledge; **~ physique** physical training; **~ de la vigne** wine-growing; **culturel, ~le** cultural; **choc** *m* **~** culture shock

culturisme [kyltyrism] *m* body build-

ing

cumin [kymɛ̃] *m* BOT cumin

cumulatif, -ive [kymylatif, -iv] cumulative; **cumuler** ⟨1a⟩: **~ des fonctions** hold more than one position; **~ deux salaires** have two salaries (coming in)

cupide [kypid] *adj* greedy; **cupidité** *f* greed, cupidity

curable [kyrabl] curable

curateur [-atœr] *m* JUR *de mineur* guardian

cure [kyr] *f* MÉD course of treatment; **~ de repos** rest cure; **~ thermale** stay at a spa (in order to take the waters); **je n'en ai ~** I don't care

curé [kyre] *m* curate

cure-dent [kyrdɑ̃] *m* (*pl* cure-dents) tooth pick

curer [kyre] ⟨1a⟩ *cuve* scour; *dents* pick; *se ~ le nez* pick one's nose

curieux, -euse [kyrjø, -z] curious

curiosité [kyrjozite] *f* curiosity; *objet bizarre, rare* curio; *une région pleine de ~s* an area full of things to see

curiste [kyrist] *m/f* person taking a 'cure' at a spa

curriculum vitae [kyrikylɔmvite] *m* (*pl inv*) resumé, *Br* CV

curry [kyri] *m* curry

curseur [kyrsœr] *m* INFORM cursor

cutané, ~e [kytane] skin *atr*

cuticule [kytikyl] *f* cuticle

cuve [kyv] *f* tank; *de vin* vat; **cuvée** *f de vin* vatful; *vin* wine, vintage; **cuver** ⟨1a⟩ **1** *v/i* mature **2** *v/t*: **~ son vin** *fig* sleep it off

cuvette [kyvet] *f* (*bac*) basin; *de cabinet* bowl

C.V. [seve] *m abr* (= **curriculum vitae**) resumé, *Br* CV (= **curriculum vitae**)

cybercafé [siberkafe] *m* Internet café

cyberespace [siberespas] *m* cyberspace

cybernétique [sibernetik] *f* cybernetics

cyclable [siklabl]: **piste** *f* **~** cycle path

cyclamen [siklamen] *m* BOT cyclamen

cycle [sikl] *m* *nature*, ÉCON, *littérature*, *véhicule* cycle

cyclisme [siklism] *m* cycling; **cycliste**

m/f cyclist

cyclomoteur [siklɔmɔtœr] *m* moped; **cyclomotoriste** *m/f* moped rider

cyclone [siklon] *m* cyclone

cygne [siɲ] *m* swan

cylindre [silɛ̃dr] *m* MATH, TECH cylinder; **cylindrée** *f* AUTO cubic capacity; **cylindrer** ⟨1a⟩ roll; **cylindrique** cylindrical

cymbale [sɛ̃bal] *f* MUS cymbal

cynique [sinik] **1** *adj* cynical **2** *m/f* cynic; **cynisme** *m* cynicism

cyprès [siprɛ] *m* cypress

cystite [sistit] *f* MÉD cystitis

D

D

dactylo [daktilo] *f* typing; *personne* typist; **dactylographie** *f* typing

dada [dada] *m* F hobby horse

dahlia [dalja] *m* BOT dahlia

daigner [deɲe] ⟨1b⟩: ~ *faire qch* deign *ou* condescend to do sth

daim [dɛ̃] *m* ZO deer; *peau* suede

dallage [dalaʒ] *m* flagstones *pl*; *action* paving; **dalle** *f* flagstone; **daller** ⟨1a⟩ pave

daltonien, ~ne [daltɔnjɛ̃, -ɛn] color-blind, *Br* colourblind

dame [dam] *f* lady; *aux échecs, cartes* queen; *jeu m de ~s* checkers *sg, Br* draughts *sg*; **damier** *m* checkerboard, *Br* draughts board

damnation [danasjõ] *f* damnation; **damner** ⟨1a⟩ damn

dancing [dɑ̃siŋ] *m* dance hall

dandiner [dɑ̃dine] ⟨1a⟩: *se ~* shift from one foot to the other

Danemark [danmark]: *le ~* Denmark

danger [dɑ̃ʒe] *m* danger; ~ *de mort!* danger of death!; *mettre en ~* endanger, put in danger; *courir un ~* be in danger

dangereux, -euse [dɑ̃ʒrø, -z] dangerous

danois, ~e [danwa, -z] **1** *adj* Danish **2** *m langue* Danish **3** *m/f* **Danois, ~e** Dane

dans [dɑ̃] ◊ *lieu* in; *direction* in(to); ~ *la rue* in the street; ~ *le train* on the train; ~ *Molière* in Molière; *être ~ le commerce* be in business; *boire ~* *un verre* drink from a glass; *il l'a pris ~ sa poche* he took it out of his pocket ◊ *temps* in; ~ *les 24 heures* within *ou* in 24 hours; ~ *trois jours* in three days, in three days' time; ◊ *mode:* ~ *ces circonstances* in the circumstances; *avoir ~ les 50 ans* be about 50

dansant, ~e [dɑ̃sɑ̃, -t]: *soirée f ~e* party (with dancing); **danse** *f* dance; *action* dancing; ~ *classique* ballet, classical dancing; ~ *folklorique* folk dance; **danser** ⟨1a⟩ dance; **danseur, -euse** *m/f* dancer

dard [dar] *m d'une abeille* sting

dare-dare [dardar] *adv* F at the double

date [dat] *f* date; *quelle ~ sommes--nous?* what date is it?, what's today's date?; *de longue ~ amitié* long-standing; ~ *d'expiration* expiration date, *Br* expiry date; ~ *limite* deadline; ~ *limite de conservation* use-by date; ~ *de livraison* delivery date; **dater** ⟨1a⟩ **1** *v/t* date **2** *v/i:* ~ *de* date from; *à ~ de ce jour* from today; *cela ne date pas d'hier* that's nothing new

datte [dat] *f* date; **dattier** *m* date palm

daube [dob] *f* CUIS: *bœuf m en ~* braised beef

dauphin [dofɛ̃] *m* ZO dolphin; *le Dauphin* HIST the Dauphin

davantage [davɑ̃taʒ] *adv* more; *en veux-tu ~?* do you want (some) more?

de [də] **1** *prép* ◊ *origine* from; *il vient ~ Paris* he comes from Paris; *du centre à la banlieue* from the center to the suburbs

◊ *possession* of; *la maison ~ mon père* my father's house; *la maison ~ mes parents* my parents' house; *la maison des voisins* the neighbors' house

◊ *fait par* by; *un film ~ Godard* a movie by Godard, a Godard movie

◊ *matière* (made) of; *fenêtre ~ verre coloré* colored glass window, window made of colored glass

◊ *temps*: *~ jour* by day; *je n'ai pas dormi ~ la nuit* I lay awake all night; *~ ... à* from ... to

◊ *raison*: *trembler ~ peur* shake with fear

◊ *mode ~ force* by force

◊: *~ plus en plus grand* bigger and bigger; *~ moins en moins valable* less and less valid

◊: *la plus grande ... du monde* the biggest ... in the world

◊ *mesure*: *une planche ~ 10 cm ~ large* a board 10 centimeters wide

◊ *devant inf*: *cesser ~ travailler* stop working; *décider ~ faire qch* decide to do sth

2 *partitif*: *du pain* (some) bread; *des petits pains* (some) rolls; *je n'ai pas d'argent* I don't have any money, I have no money; *est-ce qu'il y a des disquettes?* are there any diskettes?

dé [de] *m jeu* dice; *~ (à coudre)* thimble

dealer [dilœr] *m* dealer

déambulateur [deɑ̃bylatœr] *m* walker; **déambuler** ⟨1a⟩ stroll

débâcle [debɑkl] *f de troupes* rout; *d'une entreprise* collapse

déballer [debale] ⟨1a⟩ unpack

débandade [debɑ̃dad] *f* stampede

débarbouiller [debarbuje] ⟨1a⟩: *~ un enfant* wash a child's face

débarcadère [debarkadɛr] *m* MAR landing stage

débardeur [debardœr] *m vêtement* tank top

débarquement [debarkəmɑ̃] *m de marchandises* unloading; *de passagers* landing; MIL disembarkation; **débarquer** ⟨1m⟩ **1** *v/t marchandises* unload; *passagers* land, disembark **2** *v/i* land, disembark; MIL disembark; *~ chez qn fig* F turn up at s.o.'s place

débarras [debara] *m* **1** F: *bon ~* good riddance **2** (*cagibi*) storage room, *Br aussi* boxroom; **débarrasser** ⟨1a⟩ *table etc* clear; *~ qn de qch* take sth from *ou* off s.o.; *se ~ de qn / qch* get rid of s.o. / sth

débat [deba] *m* debate, discussion; POL debate; (*polémique*) argument

débattre [debatr] ⟨4a⟩: *~ qch* discuss *ou* debate sth; *se ~* struggle

débauche [deboʃ] *f* debauchery; **débauché, ~e 1** *adj* debauched **2** *m/f* debauched person; **débaucher** ⟨1a⟩ (*licencier*) lay off; F lead astray

débile [debil] **1** *adj* weak; F idiotic **2** *m*: *~ mental* mental defective; **débilité** *f* weakness; *~ mentale* mental deficiency

débiner [debine] ⟨1a⟩ F badmouth, *Br* be spiteful about; *se ~* run off

débit [debi] *m* (*vente*) sale; *d'un stock* turnover; *d'un cours d'eau* rate of flow; *d'une usine, machine* output; (*élocution*) delivery; FIN debit; *~ de boissons* bar; *~ de tabac* smoke shop, *Br* tobacconist's; **débiter** ⟨1a⟩ *marchandises* sell (retail); *péj: fadaises* talk; *texte étudié* deliver, *péj* recite; *d'une pompe*: *liquide, gaz* deliver; *d'une usine, machine, de produits* output; *bois, viande* cut up; FIN debit; *~ qn d'une somme* debit s.o. with an amount; **débiteur, -trice 1** *m/f* debtor **2** *adj compte* overdrawn; *solde* debit

déblais [deble] *mpl* (*décombres*) rubble *sg*

déblatérer [deblatere] ⟨1f⟩: *~ contre qn* run s.o. down

déblayer [debleje] ⟨1i⟩ *endroit* clear; *débris* clear (away), remove

déblocage [deblɔkaʒ] *m* TECH release; ÉCON *des prix, salaires* unfreezing

débloquer [deblɔke] ⟨1m⟩ **1** *vt* TECH release; ÉCON *prix, compte* unfreeze; *fonds* release **2** *vi* F be crazy; *se ~ d'une situation* be resolved, get sorted out

déboguer [debɔge] ⟨1m⟩ debug

déboires [debwar] *mpl* disappointments

déboisement [debwazmɑ̃] *m* deforestation; **déboiser** ⟨1a⟩ deforest, clear

déboîter [debwate] ⟨1a⟩ **1** *v/t* MÉD dislocate **2** *v/i* AUTO pull out; *se ~ l'épaule* dislocate one's shoulder

débonnaire [debɔner] kindly

débordé, ~e [debɔrde] snowed under (*de* with); *~ par les événements* overwhelmed by events; **débordement** *m* overflowing; *~s fig* excesses; **déborder** ⟨1a⟩ *d'une rivière* overflow its banks; *du lait, de l'eau* overflow; *c'est la goutte d'eau qui fait ~ le vase fig* it's the last straw; *~ de santé* be glowing with health

débouché [debuʃe] *m d'une vallée* entrance; COMM outlet; *~s d'une profession* prospects; **déboucher** ⟨1a⟩ **1** *v/t tuyau* unblock; *bouteille* uncork **2** *v/i: ~ de* emerge from; *~ sur* lead to (*aussi fig*)

débourser [deburse] ⟨1a⟩ (*dépenser*) spend

déboussolé, ~e [debusɔle] disoriented

debout [dəbu] standing; *objet* upright, on end; *être ~* stand; (*levé*) be up, be out of bed; *tenir ~ fig* stand up; *voyager ~* travel standing up; *se mettre ~* stand up, get up

déboutonner [debutɔne] ⟨1a⟩ unbutton

débraillé, ~e [debraje] untidy

débrancher [debrɑ̃ʃe] ⟨1a⟩ ÉL unplug

débrayage [debrejaʒ] *m* AUTO declutching; *fig* work stoppage; **débrayer** ⟨1i⟩ AUTO declutch; *fig* down tools

débridé, ~e [debride] unbridled

débris [debri] *mpl* debris *sg*; *fig* remains

débrouillard, ~e [debrujar, -d] resourceful; **débrouillardise** *f* resourcefulness

débrouiller [debruje] ⟨1a⟩ disentangle; *fig: affaire, intrigue* clear up; *se ~* cope, manage

début [deby] *m* beginning, start; *~s* THÉÂT debut *sg*, first appearance *sg*; POL debut *sg*; *~ mai* at the beginning *ou* start of May

débutant, ~e [debytɑ̃, -t] *m/f* beginner; **débuter** ⟨1a⟩ begin, start

déca [deka] *m* F decaff F

décacheter [dekaʃte] ⟨1c⟩ *lettre* open

décadence [dekadɑ̃s] *f* decadence; **décadent, ~e** decadent

décaféiné, ~e [dekafeine]: *café m ~* decaffeinated coffee, decaff F

décalage [dekalaʒ] *m dans l'espace* moving, shifting; (*différence*) difference; *fig* gap; *~ horaire* time difference; **décaler** ⟨1a⟩ *rendez-vous* reschedule, change the time of; *dans l'espace* move, shift

décalquer [dekalke] ⟨1m⟩ transfer

décamper [dekɑ̃pe] ⟨1a⟩ F clear out

décapant [dekapɑ̃] *m* stripper; **décaper** ⟨1a⟩ *surface métallique* clean; *meuble vernis* strip

décapiter [dekapite] ⟨1a⟩ decapitate

décapotable [dekapɔtabl] **1** *adj* convertible **2** *f*: (*voiture f*) *~* convertible

décapsuler [dekapsyle] ⟨1a⟩ take the top off, open; **décapsuleur** *m* bottle opener

décarcasser [dekarkase] ⟨1a⟩: *se ~* F bust a gut F

décédé, ~e [desede] dead; **décéder** ⟨1f⟩ die

déceler [desle] ⟨1d⟩ (*découvrir*) detect; (*montrer*) point to

décembre [desɑ̃br] *m* December

décemment [desamɑ̃] *adv* (*convenablement*) decently, properly; (*raisonnablement*) reasonably

décence [desɑ̃s] *f* decency

décennie [deseni] *f* decade

décent, ~e [desɑ̃, -t] decent, proper; *salaire* decent, reasonable

décentralisation [desɑ̃tralizasjɔ̃] *f* decentralization; **décentraliser**

⟨1a⟩ decentralize

déception [desepsjõ] *f* disappointment

décerner [deserne] ⟨1a⟩ *prix* award

décès [dese] *m* death

décevant, ~e [desəvã, -t] disappointing; **décevoir** ⟨3a⟩ disappoint

déchaînement [deʃɛnmã] *m passions, fureur* outburst; **déchaîner** ⟨1b⟩ *fig* provoke; **se ~** *d'une tempête* break; *d'une personne* fly into an uncontrollable rage

déchanter [deʃãte] ⟨1a⟩ change one's tune

décharge [deʃarʒ] *f* JUR acquittal; *dans fusillade* discharge; **à la ~ de qn** in s.o.'s defense *ou Br* defence; **~ publique** dump; **~ électrique** electric shock; **déchargement** *m* unloading; **décharger** ⟨1l⟩ unload; *batterie* discharge; *arme (tirer)* fire, discharge; *accusé* acquit; *colère* vent **(contre** *qn)***; ~** *qn de qch* relieve s.o. of sth; **~ sa conscience** get it off one's chest

décharné, ~e [deʃarne] skeletal

déchausser [deʃose] ⟨1a⟩: **~** *qn* take s.o.'s shoes off; **se ~** take one's shoes off; **avoir les dents qui se déchaussent** have receding gums

déchéance [deʃeãs] *f* decline; JUR forfeiture

déchets [deʃe] *mpl* waste *sg*; **~ industriels** industrial waste; **~ nucléaires** atomic waste; **~ radioactifs** radioactive waste; **~ toxiques** toxic waste

déchiffrer [deʃifre] ⟨1a⟩ decipher; *message aussi* decode

déchiqueté, ~e [deʃikte] *montagne, côte* jagged; **déchiqueter** ⟨1c⟩ *corps, papier* tear to pieces

déchirant, ~e [deʃirã, -t] heart-rending, heart-breaking; **déchirement** *m* tearing; *fig: chagrin* heartbreak; **déchirer** ⟨1a⟩ *tissu* tear; *papier* tear up; *fig: silence* pierce; **se ~** *d'une robe* tear; **se ~** *un muscle* tear a muscle; **déchirure** *f* tear, rip

déchu, ~e [deʃy] *roi* dethroned; **ange** *m* **~** fallen angel

décidé, ~e [deside] *(résolu)* deter-

mined; **c'est (une) chose ~e** it's settled; **être ~ à faire qch** be determined to do sth; **décidément** *adv* really; **décider** ⟨1a⟩ **1** *v/t* decide on; *question* settle, decide; **~ que** decide that; **~** *qn à faire qch* convince *ou* decide s.o. to do sth; **~ de qch** decide on sth; **~ de faire qch** decide to do sth **2** *v/i* decide; **se ~** make one's mind up, decide **(à faire qch** to do sth); **décideur** *m* decision-maker

décimal, ~e [desimal] *(mpl* -aux) decimal

décimer [desime] ⟨1a⟩ decimate

décimètre [desimetr] *m*: **double ~** ruler

décisif, -ive [desizif, -iv] decisive; **décision** *f* decision; *(fermeté)* determination

déclamer [deklame] ⟨1a⟩ declaim

déclaration [deklarasjõ] *f* declaration, statement; *(fait d'annoncer)* declaration; *d'une naissance* registration; *de vol, perte* report; **~ d'impôts** tax return; **déclarer** ⟨1a⟩ declare; *naissance* register; **se ~** declare o.s.; *(faire une déclaration d'amour)* declare one's love; *d'un feu, d'une épidémie* break out; **~ une personne innocente / coupable** find a person innocent / guilty

déclenchement [deklãʃmã] *m* triggering; **déclencher** ⟨1a⟩ *(commander)* trigger, set off; *(provoquer)* trigger; **se ~** be triggered; **déclencheur** *m* PHOT shutter release

déclic [deklik] *m bruit* click

déclin [deklẽ] *m* decline

déclinaison [deklinɛzõ] *f* GRAM declension; **décliner** ⟨1a⟩ **1** *v/i du soleil* go down; *du jour, des forces, du prestige* wane; *de la santé* decline **2** *v/t offre* decline *(aussi* GRAM); **~ ses nom, prénoms, titres et qualités** state one's full name and qualifications; **la société décline toute responsabilité** the company will not accept any liability for

décocher [dekɔʃe] ⟨1a⟩ *flèche, regard* shoot

décoder [dekɔde] ⟨1a⟩ decode; **dé-**

codeur *m* decoder

décoiffer [dekwafe] ⟨1a⟩ *cheveux* ruffle

décollage [dekɔlaʒ] *m* AVIAT take-off; **décoller** ⟨1a⟩ **1** *v/t* peel off **2** *v/i* AVIAT take off; **se ~** peel off

décolleté, **~e** [dekɔlte] **1** *adj robe* low-cut **2** *m en V, carré etc* neckline

décolonisation [dekɔlɔnizasjɔ̃] *f* decolonization; **décoloniser** ⟨1a⟩ decolonize

décolorer [dekɔlɔre] ⟨1a⟩ *tissu, cheveux* fade; *cheveux* bleach; **se ~** fade

décombres [dekɔ̃br] *mpl* rubble *sg*

décommander [dekɔmɑ̃de] ⟨1a⟩ cancel; **se ~** cancel

décomposer [dekɔ̃poze] ⟨1a⟩ *mot, produit* break down (**en** into); CHIM decompose; **se ~** *d'un cadavre* decompose; *d'un visage* become contorted; **décomposition** *f* breakdown; *d'un cadavre* decomposition

décompresser [dekɔ̃prese] ⟨1b⟩ F unwind, relax, chill out F

décompte [dekɔ̃t] *m* deduction; *d'une facture* breakdown; **décompter** ⟨1a⟩ deduct

déconcentrer [dekɔ̃sɑ̃tre] ⟨1a⟩: **~ qn** make it hard for s.o. to concentrate

déconcertant, **~e** [dekɔ̃sɛrtɑ̃, -t] disconcerting; **déconcerter** ⟨1a⟩ disconcert

déconfit, **~e** [dekɔ̃fi, -t] *air, mine* disheartened; **déconfiture** *f* collapse

décongeler [dekɔ̃ʒle] ⟨1d⟩ *aliment* thaw out

décongestionner [dekɔ̃ʒɛstjɔne] ⟨1a⟩ *route* relieve congestion on, decongest; *nez* clear

déconnecter [dekɔnɛkte] ⟨1a⟩ unplug, disconnect

déconner [dekɔne] ⟨1a⟩ P (*faire des conneries*) fool around, Br *aussi* bugger around P; (*dire des conneries*) talk nonsense *ou* crap P

déconseiller [dekɔ̃seje] ⟨1b⟩ advise against; **je te déconseille ce plat** I wouldn't advise you to have this dish; **c'est tout à fait déconseillé dans votre cas** it's definitely inadvisable in your case

décontenancer [dekɔ̃tnɑ̃se] ⟨1k⟩ disconcert

décontracté, **~e** [dekɔ̃trakte] relaxed; F relaxed, laid-back F; **décontracter** relax; **se ~** relax

déconvenue [dekɔ̃vny] *f* disappointment

décor [dekɔr] *m d'une maison* decor; *fig* (*cadre*) setting, surroundings *pl*; **~s** *de théâtre* sets, scenery *sg*; **décorateur**, **-trice** *m/f* decorator; THÉÂT set designer; **décoratif**, **-ive** decorative; **décoration** *f* decoration; **décorer** ⟨1a⟩ decorate (**de** with)

décortiquer [dekɔrtike] ⟨1m⟩ shell; *texte* analyze, Br analyse

découcher [dekuʃe] ⟨1a⟩ not sleep in one's own bed

découdre [dekudr] ⟨4d⟩ *ourlet* unstitch; **se ~** *d'un pantalon* come apart at the seams

découler [dekule] ⟨1a⟩: **~ de** arise from

découper [dekupe] ⟨1a⟩ (*diviser en morceaux*) cut up; *photo* cut out (**dans** from); **se ~ sur** *fig* stand out against

décourageant, **~e** [dekuraʒɑ̃, -t] discouraging; **découragement** *m* discouragement; **décourager** ⟨1l⟩ discourage; **~ qn de faire qch** discourage s.o. from doing sth; **se ~** lose heart, become discouraged

décousu, **~e** [dekuzy] coming apart at the seams; *fig: propos* incoherent, disjointed

découvert, **~e** [dekuvɛr, -t] **1** *adj tête, épaules* bare, uncovered; **à ~** FIN overdrawn **2** *m* overdraft **3** *f* discovery; **découvreur**, **-euse** *m/f* discoverer; **découvrir** ⟨2f⟩ uncover; (*trouver*) discover; *ses intentions* reveal; **je découvre que** (*je comprends que*) I find that; **~ les épaules** *d'un vêtement* leave the shoulders bare; **se ~** *d'une personne* take off a couple of layers (of clothes); (*enlever son chapeau*) take one's hat; *du ciel* clear

décrépit, **~e** [dekrepi, -t] decrepit

décret [dekre] *m* decree; **décréter** ⟨1f⟩ decree

décrire

décrire [dekrir] ⟨4f⟩ describe; **~ une orbite autour de** orbit; **~ X comme (étant) Y** describe X as Y

décrocher [dekrɔʃe] ⟨1a⟩ *tableau* take down; *fig* F *prix, bonne situation* land F; **~ le téléphone** *pour ne pas être dérangé* take the phone off the hook; *pour répondre, composer un numéro* pick up the receiver

décroissant, ~e [dekrwasã, -t] decreasing

décroître [dekrwatr] ⟨4w⟩ decrease, decline

décrypter [dekripte] ⟨1a⟩ decode

déçu, ~e [desy] **1** *p/p* → **décevoir** **2** *adj* disappointed

décupler [dekyple] ⟨1a⟩ increase tenfold

dédaigner [dedεɲe] ⟨1b⟩ **1** *v/t* scorn; *personne* treat with scorn; **un avantage qui n'est pas à ~** an advantage that's not to be sniffed at **2** *v/i*: **~ de faire qch** disdain to do sth; **dédaigneux, -euse** disdainful; **dédain** *m* disdain

dédale [dedal] *m* labyrinth, maze

dedans [dədã] **1** *adv* inside; **là-~** in it; **en ~** on the inside; **de ~** from the inside, from within **2** *m* inside; **au ~ (de)** inside

dédicace [dedikas] *f* dedication; **dédicacer** ⟨1k⟩ dedicate

dédier [dedje] ⟨1a⟩ dedicate

dédire [dedir] ⟨4m⟩: **se ~** cry off

dédommagement [dedɔmaʒmã] *m* compensation; **dédommager** ⟨1l⟩ compensate (**de** for)

dédouanement [dedwanmã] *m* customs clearance; **dédouaner** ⟨1a⟩: **~ qch** clear sth through customs; **~ qn** *fig* clear s.o.

dédoublement [dedubləmã] *m*: **~ de personnalité** split personality; **dédoubler** ⟨1a⟩ split in two; **se ~** split

dédramatiser [dedramatize] ⟨1a⟩ *situation* play down, downplay

déductible [dedyktibl] COMM deductible; **~ des impôts** tax-deductible; **déduction** *f* COMM, (*conclusion*) deduction; **avant / après ~s** before / after tax; **déduire** ⟨4c⟩ COMM de-

déesse [deεs] *f* goddess

défaillance [defajãs] *f* weakness; *fig* failing, shortcoming; *technique* failure; **défaillant, ~e** *santé* failing; *forces* waning; **défaillir** ⟨2n⟩ (*faiblir*) weaken; (*se trouver mal*) feel faint

défaire [defεr] ⟨4n⟩ undo; (*démonter*) take down, dismantle; *valise* unpack; **se ~** come undone; **se ~ de qn / de qch** get rid of s.o. / sth; **défait, ~e** *visage* drawn; *chemise, valise* undone; *armée, personne* defeated; **défaite** *f* defeat; **défaitisme** *m* defeatism; **défaitiste** *m/f* defeatist

défaut [defo] *m* (*imperfection*) defect, flaw; (*faiblesse morale*) shortcoming, failing; TECH defect; (*manque*) lack; JUR default; **à ~ de glace je prendrai ...** if there isn't any ice cream, I'll have ...; **faire ~** be lacking, be in short supply; **par ~** INFORM default *atr*; **~ de caractère** character flaw; **~ de conception** design fault; **~ d'élocution** speech impediment

défaveur [defavœr] *f* disfavor, *Br* disfavour

défavorable [defavɔrabl] unfavorable, *Br* unfavourable; **défavorisé** disadvantaged; **les milieux ~s** the underprivileged classes; **défavoriser** ⟨1a⟩ put at a disadvantage

défection [defεksjõ] *f* desertion; POL defection; *d'un invité* cancellation; **défectueux, -euse** defective; **défectuosité** *f* defectiveness; (*défaut*) defect

défendable [defãdabl] defensible; **défendre** [defãdr] ⟨4a⟩ (*protéger*) defend (*aussi* JUR, *fig*); **~ à qn de faire qch** forbid s.o. to do sth; **le médecin lui a défendu l'alcool** the doctor has forbidden him to drink, the doctor has ordered him to stop drinking

défense [defãs] *f* defense, *Br* defence *f* (*aussi* JUR, *fig*); *d'un éléphant* tusk; **~ d'entrer / de fumer / de stationner** no entry / smoking / parking; **défenseur** *m* (*protecteur*) defender; *d'une cause* supporter; JUR defense attorney, *Br* counsel for the defence;

défensif, -ive 1 *adj* defensive **2** *f* defensive; **être sur la ~** be on the defensive

déférence [deferɑ̃s] *f* deference; **déférent, ~e** deferential; **déférer** ⟨1f⟩ *v/t:* **~ qn à la justice** prosecute s.o.

déferler [deferle] ⟨1a⟩ *de vagues* break; **~ sur tout le pays** *fig* sweep the entire country

défi [defi] *m* challenge; *(bravade)* defiance

défiance [defjɑ̃s] *f* distrust, mistrust; **défiant, ~e** distrustful

déficience [defisjɑ̃s] *f* deficiency; **~ immunitaire** immune deficiency

déficit [defisit] *m* deficit; **déficitaire** *balance des paiements* showing a deficit; *compte* in debit

défier [defje] ⟨1a⟩ *(provoquer)* challenge; *(braver)* defy; **des prix qui défient toute concurrence** unbeatable prices; **~ qn de faire qch** dare s.o. to do sth

défigurer [defigyre] ⟨1a⟩ disfigure; *fig: réalité, faits* misrepresent; **~ la campagne** be a blot on the landscape

défilé [defile] *m* parade; GÉOGR pass; **~ de mode** fashion show; **défiler** ⟨1a⟩ parade, march

défini, ~e [defini] definite *(aussi* GRAM); *article m* **~** definite article; **bien ~, well-defined; définir** ⟨2a⟩ define; **définitif, -ive** definitive; **en définitive** in the end; **définition** definition; **définitivement** *adv* definitely; *(pour de bon)* for good

défiscaliser [defiskalize] ⟨1a⟩ lift the tax on

déflagration [deflagrasjɔ̃] *f* explosion

déflation [deflasjɔ̃] *f* deflation

défoncer [defɔ̃se] ⟨1k⟩ *voiture* smash up, total; *porte* break down; *terrain* break up; **défoncé, ~e** *route* potholed

déformation [defɔrmasjɔ̃] *f* deformation; *fig: d'un fait* distortion, misrepresentation; *de pensées, idées* misrepresentation; **déformer** ⟨1a⟩ deform; *chaussures* stretch (out of shape); *visage, fait* distort; *idée* misre-

present; **se ~ de chaussures** lose their shape

défouler [defule] ⟨1a⟩: **se ~** give vent to one's feelings

défraîchi, ~e [defreʃi] dingy

défricher [defriʃe] ⟨1a⟩ AGR clear

défroisser [defrwase] ⟨1a⟩ *vêtement* crumple, crease

défunt, ~e [defœ̃, -œ̃t] **1** *adj* late **2** *m/f:* **le ~** the deceased

dégagé, ~e [degaʒe] *route, ciel* clear; *vue* unimpeded; *air, ton* relaxed; **dégagement** *m d'une route* clearing; *de chaleur, vapeur* release; **voie** *f* **de ~** filter lane; **dégager** ⟨1l⟩ *(délivrer)* free; *route* clear; *odeur* give off; *chaleur, gaz* give off, release; *personne d'une obligation* release, free; **se ~** free o.s.; *d'une route, du ciel* clear; **une odeur désagréable se dégageait de la cuisine** an unpleasant smell was coming from the kitchen

dégarnir [degarnir] ⟨2a⟩ empty; **se ~** *d'un arbre* lose its leaves; **ses tempes se dégarnissent** he's going a bit thin on top

dégât [dega] *m* damage; **~s** damage *sg*

dégel [deʒɛl] *m* thaw *(aussi* POL)

dégeler [deʒle] ⟨1d⟩ **1** *v/t frigidaire* defrost; *crédits* unfreeze **2** *v/i d'un lac* thaw

dégénérer [deʒenere] ⟨1f⟩ degenerate *(en* into)

dégivrer [deʒivre] ⟨1a⟩ defrost; TECH de-ice; **dégivreur** *m* de-icer

déglingué, ~e [deglɛ̃ge] F beat-up F

déglutir [deglytir] ⟨2a⟩ swallow

dégonflé, ~e [degɔ̃fle] *pneu* deflated; **dégonfler** ⟨1a⟩ let the air out of, deflate; **se ~** deflate; *fig* F lose one's nerve

dégot(t)er [degɔte] ⟨1a⟩ F *travail* find; *livre, objet de collection* track down

dégouliner [deguline] ⟨1a⟩ trickle

dégourdi, ~e [degurdi] resourceful; **dégourdir** ⟨2a⟩ *membres* loosen up, get the stiffness out of; **se ~ les jambes** stretch one's legs

dégoût [degu] *m* disgust; **dégoûtant, ~e** disgusting; **dégoûter** ⟨1a⟩ disgust; **~ qn de qch** put s.o. off sth;

se ~ de qch take a dislike to sth

dégradant, ~e [degradɑ̃, -t] degrading; **dégrader** ⟨1a⟩ MIL demote; *édifice* damage; *(avilir)* degrade; **se ~** *d'une situation, de la santé* deteriorate; *d'un édifice* fall into disrepair; *d'une personne (s'avilir)* demean o.s.

degré [dəgre] *m* degree; *(échelon)* level; **de l'alcool à 90 ~s** 90 degree proof alcohol; **un cousin au premier ~** a first cousin

dégressif, -ive [degrɛsif, -iv] *tarif* tapering

dégrèvement [degrɛvmɑ̃] *m*: **~ d'impôt** tax relief

dégriffé, ~e [degrife] *vêtements* sold at a cheaper price with the designer label removed

dégringoler [degrɛ̃gɔle] ⟨1a⟩ fall

dégriser [degrize] ⟨1a⟩ sober up

déguerpir [degɛrpir] ⟨2a⟩ take off, clear off

dégueulasse [degœlas] P disgusting, F sick-making; **il a été ~ avec nous** P he was a real bastard to us P

dégueuler [degœle] ⟨1a⟩ F puke F, throw up

déguisement [degizmɑ̃] *m* disguise; *pour bal masqué, Halloween etc* costume; **déguiser** ⟨1a⟩ disguise; *enfant* dress up (*en* as); **se ~** disguise o.s. (*en* as); *pour bal masqué etc* dress up

dégustation [degystasjɔ̃] *f* tasting; **~ de vins** wine tasting; **déguster** ⟨1a⟩ taste

dehors [dəɔr] **1** *adv* outside; **jeter ~** throw out **2** *prép*: **en ~ de la maison** outside the house; **un problème en ~ de mes compétences** a problem I'm not competent to deal with, a problem beyond my area of competence **3** *m* exterior

déjà [deʒa] already; **je l'avais ~ vu** I'd seen it before, I'd already seen it; **c'est qui ~?** F who's he again?

déjanté, ~e [deʒɑ̃te] F crazy, whacky F

déjeuner [deʒœne] **1** *v/i* ⟨1a⟩ *midi* (have) lunch; *matin* (have) breakfast **2** *m* lunch; **petit ~** breakfast; **~ d'affaires** business lunch

déjouer [deʒwe] ⟨1a⟩ thwart

DEL [dɛl] *f abr* (= **diode électroluminescente**) LED (= light-emitting diode)

delà [dəla] → **au-delà**

délabré, ~e [delabre] dilapidated; **délabrement** *m* decay

délacer [delase] ⟨1k⟩ loosen, unlace

délai [dele] *m* (*temps imparti*) time allowed; (*date limite*) deadline; (*prolongation*) extension; **sans ~** without delay, immediately; **dans les ~s** within the time allowed, within the allotted time; **dans les plus courts ~s** as soon as possible; **dans un ~ de 8 jours** within a week; **~ de réflexion** cooling-off period

délaisser [delese] ⟨1b⟩ (*abandonner*) leave; (*négliger*) neglect

délassement [delasmɑ̃] *m* relaxation; **délasser** ⟨1a⟩ relax; **se ~** relax

délateur, -trice [delatœr, -tris] *m/f* informer; **délation** *f* denunciation

délavé, ~e [delave] faded

délayer [deleje] ⟨1i⟩ dilute, water down; *fig: discours* pad out

délectation [delɛktasjɔ̃] *f* delight; **délecter** ⟨1a⟩: **se ~ de** take delight in

délégation [delegasjɔ̃] *f* delegation; **délégué, ~e** *m/f* delegate; **délégué(e) syndical(e)** *m/f* union representative, *Br* shop steward; **déléguer** ⟨1f⟩ *autorité, personne* delegate

délestage [delɛstaʒ] *m*: **itinéraire m de ~** diversion, alternative route (to ease congestion); **délester** ⟨1a⟩ remove ballast from; **~ qn de qch** *iron* relieve s.o. of sth

délibération [deliberasjɔ̃] *f* (*débat*) deliberation, discussion; (*réflexion*) consideration, deliberation; (*décision*) resolution

délibéré, ~e [delibere] (*intentionnel*) deliberate; **délibérément** *adv* deliberate

délibérer [delibere] ⟨1f⟩ deliberate, discuss; (*réfléchir*) consider, deliberately

délicat, ~e [delika, -t] (*fin, fragile*) situation delicate; *problème* tricky; (*plein de tact*) tactful; **délicatesse** *f* delicacy; (*tact*) tact; **délicatement** delicately

délice [delis] *m* delight; **délicieux, -euse** delicious; *sensation* delightful

délier [delje] ⟨1a⟩ loosen, untie; **~ la langue à qn** loosen s.o.'s tongue

délimiter [delimite] ⟨1a⟩ define

délinquance [delɛ̃kɑ̃s] *f* crime, delinquency; **~ juvénile** juvenile delinquency; **délinquant, ~e 1** *adj* delinquent **2** *m/f* criminal, delinquent

délire [delir] *m* delirium; *enthousiasme, joie* frenzy; **foule f en ~** ecstatic crowd; **c'est du ~!** *fig* F it's sheer madness!; **délirer** ⟨1a⟩ be delirious; F *être fou* be stark raving mad; **~ de joie** *fig* be delirious with joy

délit [deli] *m* offense, *Br* offence; **commettre un ~ de fuite** leave the scene of an accident; **~ d'initié** insider dealing

délivrance [delivrɑ̃s] *f* release; (*soulagement*) relief; (*livraison*) delivery; *d'un certificat* issue; **délivrer** ⟨1a⟩ release; (*livrer*) deliver; *certificat* issue

délocaliser [delokalize] ⟨1a⟩ relocate

déloger [delɔʒe] ⟨1l⟩ *ennemi* dislodge

déloyal, ~e [delwajal] (*mpl* -aux) *ami* disloyal; **concurrence f ~e** unfair competition

delta [dɛlta] *m* GÉOGR delta

deltaplane [deltaplan] *m* hang-glider; **faire du ~** go hang-gliding

déluge [delyʒ] *m* flood

déluré, ~e [delyre] sharp; *péj* forward

demain [d(ə)mɛ̃] *adv* tomorrow; **à ~!** see you tomorrow!; **~ matin / soir** tomorrow morning / evening

demande [d(ə)mɑ̃d] *f* (*requête*) request; *écrite* application; ÉCON demand; **sur** *ou* **à la ~ de qn** at the request of s.o.; **~ d'emploi** job application; **~ en mariage** proposal; **~ de renseignements** inquiry

demandé, ~e [d(ə)mɑ̃de] popular, in demand; **demander** ⟨1a⟩ ask for; *somme d'argent* ask; (*nécessiter*) call for, take; *qch à qn* ask s.o. for sth; (*vouloir savoir*) ask s.o. sth; **~ à qn de faire qch** ask s.o. to do sth; **il demande que le vol soit** (*subj*) re-

tardé he's asking for the flight to be delayed; **je ne demande qu'à le faire** I'd be only too delighted; **se ~ si** wonder if; **il est demandé au téléphone** he's wanted on the phone, there's a call for him; **on demande un programmeur** *offre d'emploi* programmer wanted

démangeaison [demɑ̃ʒɛzõ] *f* itch; **démanger** ⟨1l⟩: **le dos me démange** my back itches, I have an itchy back; **ça me démange depuis longtemps** I've been itching to do it for ages

démanteler [demɑ̃tle] ⟨1d⟩ dismantle

démaquillant [demakijɑ̃] *m* cleanser; **lait** *m* ~ cleansing milk; **démaquiller** ⟨1a⟩: **se ~** take off *ou* remove one's make-up

démarcation [demarkasjõ] *f* demarcation; **ligne f de ~** boundary, demarcation line

démarchage [demarʃaʒ] *m* selling

démarche [demarʃ] *f* step (*aussi fig*); **faire des ~s** take steps

démarquer [demarke] ⟨1a⟩: **se ~** stand out (**de** from)

démarrage [demaraʒ] *m* start (*aussi fig*); **~ à froid** INFORM cold start; **démarrer** ⟨1a⟩ **1** *v/t* AUTO start (up) (*aussi fig*); INFORM boot up, start up **2** *v/i* AUTO start (up); **~ bien** *fig* get off to a good start; **démarreur** *m* AUTO starter

démasquer [demaske] ⟨1m⟩ unmask

démêlé [demele] *m* argument; **avoir des ~s avec la justice** be in trouble with the law; **démêler** ⟨1b⟩ disentangle; *fig* clear up

déménagement [demenaʒmɑ̃] *m* move; **déménager** ⟨1l⟩ move; **déménageurs** *mpl* movers, *Br* removal men

démence [demɑ̃s] *f* dementia; **dément, ~e** demented; **c'est ~** *fig* F it's unbelievable

démener [demne] ⟨1d⟩: **se ~** struggle; (*s'efforcer*) make an effort

démenti [demɑ̃ti] *m* denial

démentiel, ~le [demɑ̃sjɛl] insane

démentir [demɑ̃tir] ⟨2b⟩ (*nier*) deny;

(*infirmer*) belie

démerder [demɛrde] ⟨1a⟩: *se ~* F manage, sort things out

démesure [demǝzyr] *f* excess; **démesuré, ~e** *maison* enormous; *orgueil* excessive

démettre [demɛtr] ⟨4p⟩ *pied, poignet* dislocate; *~ qn de ses fonctions* dismiss s.o. from office; *se ~ de ses fonctions* resign one's office

demeurant [dǝmœrã]: *au ~* moreover

demeure [dǝmœr] *f* residence; demeuré, ~e retarded; **demeurer** ⟨1a⟩ (*habiter*) live; (*rester*) stay, remain

demi, ~e [d(ǝ)mi] **1** *adj* half; *une heure et ~e* an hour and a half; *il est quatre heures et ~e* it's four thirty, it's half past four **2** *adv* half; *à ~* half **3** *m* half; *bière* half a pint; *en football, rugby* halfback; *~ de mêlée* scrum half; *~ d'ouverture* stand-off (half), fly half

demi-cercle [d(ǝ)misɛrkl] *m* semi-circle

demi-finale [d(ǝ)mifinal] *f* (*pl* demi-finales) semi-final

demi-frère [d(ǝ)mifrɛr] *m* (*pl* demi-frères) half-brother

demi-heure [d(ǝ)mijœr] *f* (*pl* demi-heures) half-hour

démilitariser [demilitarize] ⟨1a⟩ demilitarize

demi-litre [d(ǝ)militr] *m* half liter *ou Br* litre

demi-mot [d(ǝ)mimo]: *il nous l'a dit à ~* he hinted at it to us

demi-pension [d(ǝ)mipãsjõ] *f* American plan, *Br* half board

demi-pression [d(ǝ)mipresjõ] *f* half-pint of draft *ou Br* draught

demi-sel [d(ǝ)misɛl] *m* slightly salted butter

demi-sœur [d(ǝ)misœr] *f* (*pl* demi-sœurs) half-sister

démission [demisjõ] *f* resignation; *fig* renunciation; *donner sa ~* hand in one's resignation, hand in one's notice; **démissionner** ⟨1a⟩ **1** *vi* resign; *fig* give up **2** *vt* sack

demi-tarif [d(ǝ)mitarif] *m* half price

demi-tour [d(ǝ)mitur] *m* AUTO U-turn; *faire ~ fig* turn back

démocrate [demɔkrat] democrat; *US* POL Democrat; **démocratie** *f* democracy; **démocratique** democratic

démodé, ~e [demɔde] old-fashioned

démographique [demɔgrafik] demographic; *poussée f ~* population growth

demoiselle [d(ǝ)mwazɛl] *f* (*jeune fille*) young lady; *~ d'honneur* bridesmaid

démolir [demɔlir] ⟨2a⟩ demolish (*aussi fig*); **démolition** *f* demolition

démon [demõ] *m* demon

démonstratif, -ive [demõstratif, -iv] demonstrative; **démonstration** *f* (*preuve*) demonstration, proof; *d'un outil, sentiment* demonstration

démonter [demõte] ⟨1a⟩ dismantle; *fig* disconcert

démontrer [demõtre] ⟨1a⟩ (*prouver*) demonstrate, prove; (*faire ressortir*) show

démoraliser [demɔralize] ⟨1a⟩ demoralize

démordre [demɔrdr] ⟨4a⟩: *il n'en démordra pas* he won't change his mind

démotiver [demɔtive] ⟨1a⟩ demotivate

démuni, ~e [demyni] penniless; **démunir** ⟨2a⟩: *~ qn de qch* deprive s.o. of sth

dénaturé, ~e [denatyre] unnatural; **dénaturer** ⟨1a⟩ distort

déneigement [denɛʒmã] *m* snow removal *ou* clearance

dénicher [deniʃe] ⟨1a⟩ find

dénier [denje] ⟨1a⟩ deny; *~ à qn le droit de faire qch* deny s.o. the right to do sth

dénigrer [denigre] ⟨1a⟩ denigrate

dénivellation [denivɛlasjõ] *f* difference in height

dénombrement [denõbrǝmã] *m* count; **dénombrer** ⟨1a⟩ count

dénominateur [denɔminatœr] *m* MATH denominator; **dénomination** *f* name

dénoncer [denõse] ⟨1k⟩ denounce; *à la police* report; *contrat* terminate; *se*

dépilatoire

~ à la police give o.s. up to the police; **dénonciateur, -trice** *m/f* informer; **dénonciation** *f* denunciation

dénoter [denɔte] ⟨1a⟩ indicate, point to, denote

dénouement [denumã] *m d'une pièce de théâtre, affaire* difficile ending, denouement *fml*; **dénouer** ⟨1a⟩ loosen; **se ~** *fig d'une scène* end; *d'un mystère* be cleared up

dénoyauter [denwajote] ⟨1a⟩ pit, *Br* stone

denrée [dãre] *f*: **~s (alimentaires)** foodstuffs; **une ~ rare** *fig* a rare commodity

dense [dãs] dense; *brouillard, forêt* dense, thick; **densité** *f* density; *du brouillard, d'une forêt* denseness, thickness

dent [dã] *f* tooth; **~ de sagesse** wisdom tooth; **j'ai mal aux ~s** I've got toothache; **faire ses ~s** *d'un enfant* be teething; **avoir une ~ contre qn** have a grudge against s.o. ; **~ de lait** milk tooth; **dentaire** dental

dentelé, ~e [dãtle] jagged

dentelle [dãtɛl] *f* lace

dentier [dãtje] *m* (dental) plate, false teeth *pl*; **dentifrice** *m* toothpaste; **dentiste** *m/f* dentist; **dentition** *f* teeth *pl*

dénuder [denyde] ⟨1a⟩ strip

dénué, ~e [denɥe]: **~ de qch** devoid of sth; **~ de tout** deprived of everything; **denuement** *m* destitution

déodorant [deɔdɔrã] *m* deodorant; **~ en aérosol** spray deodorant; **~ à bille** roll-on deodorant

dépannage [depanaʒ] *m* AUTO *etc* repairs *pl*; *(remorquage)* recovery; **service** *m* **de ~** breakdown service; **dépanner** ⟨1a⟩ repair; *(remorquer)* recover; **~ qn** *fig* F help s.o. out of a spot; **dépanneur** *m* repairman; *pour voitures* mechanic; **dépanneuse** *f* wrecker, *Br* tow truck

dépareillé, ~e [depareje] odd

départ [depar] *m d'un train, bus, avion* departure; SP start *(aussi fig)*; **au ~** at first, to begin with; **point** *m* **de ~** starting point

départager [departaʒe] ⟨1l⟩ decide between

département [departəmã] *m* department; **départemental, ~e** departmental; **route ~e** secondary road

dépassé, ~e [depase] out of date, old-fashioned; **dépasser** ⟨1b⟩ *personne* pass; AUTO pass, *Br* overtake; *but, ligne d'arrivée etc* overshoot; *fig* exceed; **cela me dépasse** it's beyond me, I can't understand it; **tu dépasses les limites** you're overstepping the mark; **se ~** surpass o.s.

dépaysé, ~e [depeize]: **se sentir ~** feel out of place; **dépaysement** *m* disorientation; *changement agréable* change of scene

dépecer [depøse] ⟨1d *aussi* 1k⟩ cut up

dépêche [depɛʃ] *f* dispatch; **dépêcher** ⟨1b⟩ dispatch; **se ~ de faire qch** hurry to do sth; **dépêche-toi!** hurry up!

dépeindre [depɛ̃dr] ⟨4b⟩ depict

dépendance [depãdãs] *f* dependence, dependancy; **~s** *bâtiments* outbuildings; **entraîner une (forte) ~** be (highly) addictive; **dépendant, ~e** dependent; **dépendre** ⟨4a⟩: **~ de** depend on; *moralement* be dependent on; **cela dépend** it depends

dépens [depã] *mpl*: **aux ~ de** at the expense of

dépense [depãs] *f* expense, expenditure; *de temps, de forces* expenditure; *d'essence, d'électricité* consumption, use; **~s** expenditure *sg*; **~s publiques** public *ou* government spending; **dépenser** ⟨1a⟩ spend; *son énergie, ses forces* use up; *essence* consume, use; **se ~** be physically active; *(faire des efforts)* exert o.s.; **dépensier, -ère 1** *adj* extravagant, spendthrift **2** *m/f* spendthrift

dépérir [deperir] ⟨2a⟩ *d'un malade, d'une plante* waste away; *fig d'une entreprise* go downhill

dépeuplement [depœpləmã] *m* depopulation; **dépeupler** ⟨1a⟩ depopulate

dépilatoire [depilatwar] : **crème** *f* **~** hair remover, depilatory cream

dépistage [depistaʒ] *m d'un criminel* tracking down; MÉD screening; **~ du sida** Aids screening; **dépister** ⟨1a⟩ track down; MÉD screen for; *(établir la présence de)* detect, discover

dépit [depi] *m* spite; **en ~ de** in spite of; **dépité, ~e** crestfallen

déplacé, ~e [deplase] out of place; *(inconvenant)* uncalled for; POL displaced; **déplacement** *m du matériel* moving; *du personnel* transfer; *(voyage)* trip; **frais mpl de ~** travel expenses; **déplacer** ⟨1k⟩ move; *personnel* transfer; *problème, difficulté* shift the focus of; **se ~** move; *(voyager)* travel

déplaire [depler] ⟨4a⟩: **~ à qn** *(fâcher)* offend s.o.; **elle me déplaît** *(ne me plaît pas)* I don't like her, I dislike her; **cela lui déplaît de faire ...** he dislikes doing ..., he doesn't like doing ...; **ça ne me déplaît pas** I quite like it

déplaisant, ~e [deplezɑ̃, -t] unpleasant

dépliant [deplijɑ̃] *m* leaflet; **déplier** ⟨1a⟩ unfold, open out

déploiement [deplwamɑ̃] *m* MIL deployment; *de forces, courage* display

déplorable [deplɔrabl] deplorable; **déplorer** ⟨1a⟩ deplore

déployer [deplwaje] ⟨1h⟩ *aile, voile* spread; *carte, drap* open out, unfold; *forces, courage* display

déportation [depɔrtasjɔ̃] *f* POL deportation; **déporter** ⟨1a⟩ POL deport; **se ~** *d'un véhicule* swing

déposer [depoze] ⟨1a⟩ **1** *v/t* put down; *armes* lay down; *passager* drop; *roi* depose; *argent, boue* deposit; *projet de loi* table; *ordures* dump; *plainte* lodge; **~ ses bagages à la consigne** leave one's bags at the baggage checkroom; **~ le bilan** file for bankruptcy **2** *v/i d'un liquide* settle; JUR **~ contre / en faveur de qn** testify against / on behalf of s.o.; **se ~** *de la boue* settle; **déposition** *f* JUR testimony, deposition

déposséder [deposede] ⟨1f⟩ deprive *(de* of)

dépôt [depo] *m* deposit; *action* deposit, depositing; *chez le notaire* lodging; *d'un projet de loi* tabling; *des ordures* dumping; *(entrepôt)* depot

dépotoir [depɔtwar] *m* dump, *Br* tip *(aussi fig)*

dépouille [depuj] *f:* **la ~ (mortelle)** the (mortal) remains *pl*

dépouillé, ~e [depuje] *style* pared down; **~ de** deprived of; **dépouiller** ⟨1a⟩ *animal* skin; *(voler)* rob *(de* of); *(examiner)* go through; **~ le scrutin ou les votes** count the votes

dépourvu, ~e [depurvy] : **~ de** devoid of; **prendre qn au ~** take s.o. by surprise

dépoussiérer [depusjere] ⟨1a⟩ dust; *fig* modernize

dépravation [depravasjɔ̃] *f* depravity; **dépraver** ⟨1a⟩ deprave

déprécier [depresje] ⟨1a⟩ *chose* lower *ou* decrease the value of; *personne* disparage, belittle; **se ~** depreciate, lose value; *d'une personne* belittle o.s.

dépressif, -ive [depresif, -iv] depressive; **dépression** *f* depression; **faire une ~** be depressed, be suffering from depression

déprimant, ~e [deprimɑ̃, -t] depressing; **déprime** *f* depression; **déprimer** ⟨1a⟩ depress

dépuceler [depysle] ⟨1c⟩ deflower

depuis [dəpɥi] **1** *prép* ◇ since; **j'attends ~ une heure** I have been waiting for an hour; **~ quand es-tu là?** how long have you been there?; **~ quand permettent-ils que tu ...?** since when do they allow you to ...?; **je ne l'ai pas vu ~ des années** I haven't seen him in years ◇ *espace* from; **il est venu en courant ~ chez lui** he came running all the way from his place **2** *adv* since; **elle ne lui a pas reparlé ~** she hasn't spoken to him again since **3** *conj:* **~ que** since; **~ qu'elle habite ici** since she has been living here

député [depyte] *m* POL MP, Member of Parliament; **~ européen** *m* Euro MP, *Br aussi* MEP

déraciner [derasine] ⟨1a⟩ *arbre, personne* uproot; (*extirper*) root out, eradicate

dérailler [deraje] ⟨1a⟩ go off the rails; *fig F d'un mécanisme* go on the blink; (*déraisonner*) talk nonsense; **dérailleur** *m d'un vélo* derailleur

déraisonnable [derezɔnabl] unreasonable

dérangeant [derãʒã] disturbing

dérangement [derãʒmã] *m* disturbance; **déranger** ⟨1l⟩ disturb

déraper [derape] ⟨1a⟩ AUTO skid

déréglé, ~e [deregle] *vie* wild

déréglementation [dereglǝmãtasjɔ̃] *f* deregulation; **déréglementer** ⟨1a⟩ deregulate

dérégler [deregle] ⟨1f⟩ *mécanisme* upset

dérision [derizjɔ̃] *f* derision; **tourner en ~** deride

dérisoire [derizwar] derisory, laughable

dérivatif [derivatif] *m* diversion; **dérivation** *f* derivation

dérive [deriv] *f* MAR drift; **aller à la ~** *fig* drift; **à la ~** adrift; **dériver** ⟨1a⟩ **1** *v/t* MATH derive; *cours d'eau* divert **2** *v/i* MAR, AVIAT drift; **~ de** *d'un mot* be derived from; **dériveur** *m* dinghy

dermatologue [dermatɔlɔg] *m/f* dermatologist

dernier, -ère [dɛrnje, -ɛr] last; (*le plus récent*) mode, film, roman *etc* latest; *extrême* utmost; **ce ~** the latter; **dernièrement** *adv* recently, lately

dérobée [derɔbe]: **à la ~** furtively; **dérober** ⟨1a⟩ steal; **~ qch à qn** rob s.o. of sth, steal sth from s.o.; **se ~ à** *discussion* shy away from; *obligations* shirk

dérogation [derɔgasjɔ̃] *f* JUR exception; **~ à** exception to, departure from; **déroger** ⟨1l⟩ JUR: **~ à** make an exception to, depart from

déroulement [derulmã] *m* unfolding; **pour faciliter le ~ du projet** to facilitate the smooth running of the project; **dérouler** ⟨1a⟩ unroll; *bobine, câble* unwind; **se ~** take place; *d'une cérémonie* go (off)

déroutant, ~e [derutã, -t] disconcerting; **dérouter** ⟨1a⟩ (*déconcerter*) disconcert

derrière [dɛrjɛr] **1** *adv* behind; **être assis ~** *en voiture* be sitting in back *ou Br* in the back **2** *prép* behind **3** *m* back; ANAT bottom, rear end; **de ~** *patte etc* back *atr*

des [de] → **de**

dès [de] *prép* from, since; **~ lors** from then on; (*par conséquent*) consequently; **~ demain** tomorrow; (*à partir de*) as of tomorrow, as from tomorrow; **~ lundi** as of Monday, as from Monday; **~ qu'il part** the moment (that) he leaves, as soon as he leaves

désabusé, ~e [dezabyze] disillusioned; **désabuser** ⟨1a⟩ disillusion

désaccord [dezakɔr] *m* disagreement; **désaccordé, ~e** [dezakɔrde] out of tune

désaffecté, ~e [dezafɛkte] disused; *église* deconsecrated

désagréable [dezagreabl] unpleasant, disagreeable

désagréger [dezagreʒe] ⟨1g⟩: **se ~** disintegrate

désagrément [dezagremã] *m* unpleasantness, annoyance

désaltérant, ~e [dezalterã, -t] thirst-quenching

désamorcer [dezamɔrse] ⟨1k⟩ *bombe, mine* defuse (*aussi fig*)

désappointement [dezapwɛ̃tmã] *m* disappointment; **désappointer** ⟨1a⟩ disappoint

désapprobateur, -trice [dezaprɔbatœr, -tris] disapproving

désapprouver [dezapruve] ⟨1a⟩ disapprove of

désarmement [dezarmǝmã] *m* MIL disarmament; **désarmer** ⟨1a⟩ disarm (*aussi fig*)

désarroi [dezarwa] *m* disarray

désastre [dezastr] *m* disaster; **désastreux, -euse** disastrous

désavantage [dezavãtaʒ] *m* disadvantage; **désavantager** ⟨1l⟩ put at a disadvantage; **désavantageux, -euse** disadvantageous

désaveu [dezavø] *m* disowning; *d'un*

propos retraction; **désavouer** ⟨1a⟩ disown; *propos* retract

descendance [desãdãs] *f* descendants *pl*; **descendant**, **~e** *m/f* descendant

descendre [desãdr] ⟨4a⟩ **1** *v/i* (*aux être*) (*aller vers le bas*) go down; (*venir vers le bas*) come down; *d'un train, un autobus* get off; *d'une voiture* get out; *d'un cheval* get off, dismount; (*baisser*) go down; *de température, prix* go down, fall; *d'un chemin* drop; AVIAT descend; **~ à l'hôtel / chez qn** stay at the hotel / with s.o.; **~ de qn** be descended from s.o.; **~ d'une voiture** get out of a car; **~ de son cheval** get off one's horse, dismount; **~ du troisième étage en ascenseur / à pied** take the elevator down / walk down from the fourth floor; **~ dans la rue pour manifester** take to the streets; **~ bien bas** (*baisser*) sink very low; **le manteau lui descend jusqu'aux pieds** the coat comes down to her feet **2** *v/t* (*porter vers le bas*) bring down; (*emporter*) take down; *passager* drop off; F (*abattre*) shoot down, bring down; *vallée, rivière* descend; **~ les escaliers** come / go downstairs; **descente** *f* descent; (*pente*) slope; *en parachute* jump; **~ de lit** bedside rug

description [dɛskripsjõ] *f* description; **~ d'emploi** job description

désemparé, **~e** [dezãpare] at a loss

désenchanté, **~e** [dezãʃãte] disenchanted

déséquilibre [dezekilibr] *m* imbalance; **déséquilibré**, **~e** PSYCH unbalanced; **déséquilibrer** ⟨1a⟩ unbalance (*aussi fig*)

désert, **~e** [dezɛr, -t] **1** *adj* deserted; **une île ~e** a desert island **2** *m* desert; **déserter** [dezerte] ⟨1a⟩ desert (*aussi* MIL); **déserteur** *m* MIL deserter

désertification [dezɛrtifikasjõ] *f* desertification

désertion [dezɛrsjõ] *f* desertion

désertique [dezɛrtik] desert *atr*

désespérant, **~e** [dezɛspɛrã, -t] *temps etc* depressing; **d'une bêtise ~e** depressingly *ou* hopelessly stupid

désespéré, **~e** [dezɛspere] desperate; *air, lettre, regard* desperate, despairing; **désespérément** *adv* (*en s'acharnant*) desperately; (*avec désespoir*) despairingly; **désespérer** ⟨1f⟩ **1** *v/t* drive to despair **2** *v/i* despair, lose hope; **~ de** despair of

désespoir [dezɛspwar] *m* despair; **il fait le ~ de ses parents** his parents despair of him; **en ~ de cause** in desperation

déshabillé [dezabije] *m* negligee; **déshabiller** ⟨1a⟩ undress; **se ~** get undressed

désherbant [dezɛrbã] *m* weedkiller, herbicide

déshériter [dezerite] ⟨1a⟩ disinherit

déshonorant, **~e** [dezɔnɔrã, -t] dishonorable, *Br* dishonourable; **déshonorer** ⟨1a⟩ disgrace, bring dishonor *ou Br* dishonour on

déshydraté, **~e** [dezidrate] *aliments* dessicated; *personne* dehydrated; **déshydrater** ⟨1a⟩: **se ~** become dehydrated

design [dizajn] *m*: **~ d'intérieurs** interior design

désigner [dezine] ⟨1a⟩ (*montrer*) point to, point out; (*appeler*) call; (*nommer*) appoint (*pour* to), designate; **~ qch du doigt** point at sth

désillusion [dezilyzjõ] disillusionment

désinfectant [dezɛ̃fɛktã] *m* disinfectant; **désinfecter** ⟨1a⟩ disinfect

désintégration [dezɛ̃tegrasjõ] *f* breakup, disintegration; PHYS disintegration

désintéressé, **~e** [dezɛ̃terese] (*impartial*) disinterested, impartial; (*altruiste*) selfless; **désintéressement** *m* impartiality; (*altruisme*) selflessness; **désintéresser** ⟨1b⟩: **se ~** lose interest in

désintoxication [dezɛ̃tɔksikasjõ] *f*: **faire une cure de ~** go into detox

désinvolte [dezɛ̃vɔlt] casual; **désinvolture** *f* casualness

désir [dezir] *m* desire; (*souhait*) wish;

D

le ~ de changement / de plaire the desire for change / to please; **désirable** desirable; **désirer** ⟨1a⟩ want; *sexuellement* desire; *~ faire qch* want to do sth; *nous désirons que vous veniez* (*subj*) *avec nous* we want you to come with us; **dési- reux, - euse** eager (*de faire* to do)

désister [deziste] ⟨1a⟩ POL: *se ~* withdraw, stand down

désobéir [dezɔbeir] ⟨1a⟩ disobey; *~ à qn / à la loi / à un ordre* disobey s.o. / the law / an order; **désobéissant, ~e** disobedient

désobligeant, ~e [dezɔbliʒã, -t] disagreeable

désodorisant [dezɔdɔrizã] *m* deodorant

désœuvré, ~e [dezœvre] idle

désolé, ~e [dezɔle] upset (*de* about, over); *je suis ~* I am so sorry; **désoler** ⟨1a⟩ upset

désopilant, ~e [dezɔpilã, -t] hilarious

désordonné, ~e [dezɔrdɔne] untidy

désordre [dezɔrdr] *m* untidiness; *en ~* untidy

désorganisé, ~e [dezɔrganize] disorganized

désorienter [dezɔrjãte] ⟨1a⟩ disorient, *Br* disorientate

désormais [dezɔrmɛ] *adv* now; *à partir de maintenant* from now on

désosser [dezɔse] ⟨1a⟩ bone, remove the bones from

despote [dɛspɔt] *m* despot; **despotique** despotic; **despotisme** *m* despotism

desquels, desquelles [dekɛl] → *lequel*

dessécher [deseʃe] ⟨1f⟩ *d'un sol, rivière, peau* dry out; *de fruits* dry

dessein [desɛ̃] *m* intention; *à ~* intentionally, on purpose; *dans le ~ de faire qch* with the intention of doing sth

desserrer [desere] ⟨1b⟩ loosen

dessert [desɛr] *m* dessert

desservir [deservir] ⟨2b⟩ *des transport publics* serve; (*s'arrêter à*) call at, stop at; *table* clear; *~ qn* do s.o. a disservice

dessin [desɛ̃] *m* drawing; (*motif*) design; *~ animé* cartoon

dessinateur, -trice [desinatœr, -tris] *m/f* drawer; TECH draftsman, *Br* draughtsman; *de mode* designer; **dessiner** ⟨1a⟩ draw

dessoûler [desule] ⟨1a⟩ F sober up

dessous [d(ə)su] **1** *adv* underneath; *en ~* underneath; *agir en ~* *fig* act in an underhanded way; *des ~* below **2** *m* (*face inférieure*) underside; *les voisins du ~* the downstairs neighbors, the people in the apartment beneath; *des ~ en dentelle* lace underwear *sg*; *les ~ de la politique fig* the side of politics people don't get to hear about; *avoir le ~* get the worst of it; **dessous-de-plat** *m* (*pl inv*) table mat

dessus [d(ə)sy] **1** *adv*: *le nom est écrit ~* the name's written on top; *sens ~ dessous* upside down; *en ~* on top; *par~* over; *ci-~* above; *il nous est tombé ~ fig* F he came down on us like a ton of bricks F; *il a le nez ~* it's right under his nose **2** *m* top; *les voisins du ~* the upstairs neighbors, the people in the apartment above; *avoir le ~ fig* have the upper hand; **dessus-de-lit** *m* (*pl inv*) bedspread

destabilisant, ~e [dɛstabilizã, -t] unnerving; **déstabiliser** ⟨1a⟩ destabilize

destin [dɛstɛ̃] *m* destiny, fate

destinataire [dɛstinatɛr] *m* addressee; **destination** *f* destination; **destinée** *f* destiny; **destiner** ⟨1a⟩ mean, intend (*à* for)

destituer [dɛstitɥe] ⟨1a⟩ dismiss; MIL discharge; *destitué de ses fonctions* relieved of his duties

destroyer [dɛstrwaje] *m* destroyer

destructeur, -trice [dɛstryktœr, -tris] destructive; **destruction** *f* destruction

désuet, -ète [desɥe, -t] obsolete; *mode* out of date; **désuétude** *f*: *tomber en ~* fall into disuse

désuni, ~e [desyni] disunited

détachable [detaʃabl] detachable

détaché, ~e [detaʃe] *fig* detached; détacher ⟨1a⟩ detach; *ceinture* undo; *chien* release, unchain; *employé* second; (*nettoyer*) clean, remove the spots from; *je ne pouvais pas ~ mes yeux de ...* I couldn't take my eyes off ...; *se ~ sur* stand out against

détail [detaj] *m* detail; COMM retail trade; *vendre au ~* sell retail; *prix m de ~* retail price; *en ~* detailed

détaillant [detajɑ̃] *m* retailer

détartrage [detartraʒ] *m* descaling; détartrer ⟨1a⟩ descale

détecter [detɛkte] ⟨1a⟩ detect; détecteur *m* sensor

détective [detɛktiv] *m* detective

déteindre [detɛ̃dr] ⟨4b⟩ fade; *~ sur* come off on; *fig* rub off on

détendre [detɑ̃dr] ⟨4a⟩ slacken; *~ l'atmosphère fig* make the atmosphere less strained, take the tension out of the atmosphere; *se ~ d'une corde* slacken; *fig* relax; *détendu, ~e* relaxed; *pull* baggy

détenir [detnir] ⟨2h⟩ hold; JUR detain, hold

détente [detɑ̃t] *f d'une arme* trigger; *fig* relaxation; POL détente; détenteur *m* holder; détention *f* holding; JUR detention; *~ préventive* preventive detention

détenu, ~e [detny] *m/f* inmate

détergent [detɛrʒɑ̃] *m* detergent

détériorer [deterjɔre] ⟨1a⟩ *appareil, machine, santé* damage; *se ~* deteriorate

déterminant, ~e [detɛrminɑ̃, -t] decisive; détermination *f* determination; déterminer ⟨1a⟩ establish, determine; *son expérience passée l'a déterminée à se marier* her past experience made her decide to get married

déterrer [detere] ⟨1b⟩ dig up

détestable [detɛstabl] detestable; détester ⟨1a⟩ detest, hate

détonation [detɔnasjɔ̃] *f* detonation; détonner ⟨1a⟩ MUS sing off-key; *fig: de couleurs* clash; *d'un meuble* be *ou* look out of place

détour [detur] *m* detour; *d'un chemin, fleuve* bend; *sans ~ fig*: dire qch frankly, straight out; détourné, ~e *fig* indirect; *par des moyens ~s* by indirect means; détournement *m* diversion; *~ d'avion* hijack(ing); *~ de fonds* misappropriation of funds, embezzlement; détourner ⟨1a⟩ *trafic* divert; *avion* hijack; *tête, yeux* turn away; *de l'argent* embezzle, misappropriate; *~ la conversation* change the subject; *se ~* turn away

détracteur, -trice [detraktœr, -tris] *m/f* detractor

détraqué, ~e [detrake] *montre, radio etc* broken, kaput F; *estomac* upset

détrempé, ~e [detrɑ̃pe] soggy

détresse [detrɛs] *f* distress

détriment [detrimɑ̃] *m*: *au ~ de* to the detriment of

détritus [detritys] *m* garbage, *Br* rubbish

détroit [detrwa] *m* strait

détromper [detrɔ̃pe] ⟨1a⟩ put right

détrôner [detrone] ⟨1a⟩ dethrone

détruire [detrɥir] ⟨4c⟩ destroy; (*tuer*) kill

dette [dɛt] *f* COMM, *fig* debt; *~ publique* national debt; *avoir des ~s* be in debt

DEUG [dœg] *m abr* (= *diplôme d'études universitaires générales*) university degree obtained after two years' study

deuil [dœj] *m* mourning; *être en ~* be in mourning; *porter le ~* be in mourning, wear mourning; *il y a eu un ~ dans sa famille* there's been a bereavement in his family

deux [dø] **1** *adj* two; *les ~* both; *les ~ maisons* the two houses, both houses; *tous (les) ~* both; *tous les ~ jours* every two days, every second day; *nous ~* the two of us, both of us; *~ fois* twice **2** *m* two; *à nous ~ on y arrivera* we'll manage between the two of us; *en ~* in two, in half; *~ à ~ ou par ~* in twos, two by two; → *trois*

deuxième second; *étage* third, *Br* second; deuxièmement *adv* secondly

deux-pièces [døpjɛs] *m* (*pl inv*) bikini two-piece swimsuit; *appartement* two-room apartment

deux-points [døpwɛ̃] *m* (*pl inv*) colon

deux-roues [døru] *m* (*pl inv*) two-wheeler

dévaliser [devalize] ⟨1a⟩ *banque* rob, raid; *maison* burglarize, *Br* burgle; *personne* rob; *fig: frigo* raid

dévalorisant, **~e** [devalɔrizɑ̃, -t] de-meaning; **dévalorisation** *f* ÉCON drop in value, depreciation; *fig* belittlement; **dévaloriser** ⟨1a⟩ ÉCON devalue; *fig* belittle

dévaluation [devaluasjɔ̃] *f* ÉCON de-valuation; **dévaluer** ⟨1a⟩ devalue

devancer [dəvɑ̃se] ⟨1k⟩ (*dépasser, surpasser*), *âge, siècle* be ahead of; *désir, objection* anticipate; **~ qn de deux mètres / trente minutes** be two meters / thirty minutes ahead of s.o.

devant ~ [d(ə)vɑ̃] **1** *adv* in front; **se fermer ~** *d'un vêtement* do up at the front, do up in front; **droit ~** straight ahead **2** *prép* in front of; **passer ~ l'église** go past the church; **~ Dieu** before God; **~ un tel mensonge** *fig* when faced with such a lie **3** *m* front; **de ~** front *atr*; **prendre les ~s** take the initiative

devanture [d(ə)vɑ̃tyr] *f* shop window

dévaster [devaste] ⟨1a⟩ devastate

développement [devlɔpmɑ̃] *m* ÉCON, ANAT development, growth; PHOT development; **pays** *m* **en voie de ~** developing country; **développer** ⟨1a⟩ develop (*aussi* PHOT); *entreprise, affaire* expand, grow; **se ~** develop

devenir [dəvnir] ⟨2h⟩ (*aux être*) be-come; **il devient agressif** he's get-ting aggressive; **que va-t-il ~?** what's going to become of him?

dévergondé, **~e** [devɛrgɔ̃de] *sexuelle-ment* promiscuous

déverser [devɛrse] ⟨1a⟩ *ordures* dump; *passagers* disgorge

dévêtir [devetir] ⟨2g⟩ undress

déviation [devjasjɔ̃] *f d'une route* de-tour; (*écart*) deviation

dévier [devje] ⟨1a⟩ **1** *v/t circulation, convoi* divert, reroute **2** *v/i* deviate (*de* from)

devin [dəvɛ̃] *m*: **je ne suis pas ~!** I'm not a mind-reader; **pour l'avenir** I can't tell the future; **deviner** ⟨1a⟩ guess; **devinette** *f* riddle

devis [d(ə)vi] *m* estimate

dévisager [devizaʒe] ⟨1l⟩ look in-tently at, stare at

devise [d(ə)viz] *f* FIN currency; (*moto, règle de vie*) motto; **~s étrangères** foreign currency *sg*

dévisser [devise] ⟨1a⟩ unscrew

dévoiler [devwale] ⟨1a⟩ unveil; *secret* reveal, disclose

devoir [dəvwar] ⟨3a⟩ **1** *v/t de l'argent, respect* owe **2** *v/aux nécessité* have to; **il doit le faire** he has to do it, he must do it, he has *ou* he's got to do it; **tu as fait ce que tu devais** you did what you had to

◇ *obligation*: **il aurait dû me le dire** he should have told me; **tu devrais aller la voir** you should go and see her

◇ *conseil*: **tu devrais l'acheter** you should buy it

◇ *supposition*: **ça doit être cuit** it should be done; **je crois que ça doit suffire** I think that should be en-ough; **tu dois te tromper** you must be mistaken

◇: *prévision*: **l'usine doit fermer le mois prochain** the plant is (due) to close down next month

3 *m* duty; *pour l'école* homework; **faire ses ~s** do one's homework

dévorer [devɔre] ⟨1a⟩ devour

dévotion [devosjɔ̃] *f* devoutness; *péj* sanctimoniousness

dévoué, **~e** [devwe] devoted; **dé-vouement** *m* devotion; **dévouer** ⟨1a⟩: **se ~ pour** *cause* dedicate one's life to

dextérité [dɛksterite] *f* dexterity, skill

diabète [djabɛt] *m* diabetes *sg*; **diabè-tique** *m/f* diabetic

diable [djabl] *m* devil

diabolique [djabɔlik] diabolical

diagnostic [djagnɔstik] *m* MÉD diag-nosis; **diagnostiquer** ⟨1m⟩ MÉD di-agnose

diagonal, **~e** [djagɔnal] (*mpl* -aux)
1 *adj* diagonal **2** *f* diagonal (line);
en ~e diagonally; **lire un texte en
~e** *fig* skim (through) a text

diagramme [djagram] *m* diagram

dialecte [djalɛkt] *m* dialect

dialogue [djalɔg] *m* dialog, *Br* dialogue; **dialoguer** ⟨1m⟩ communicate, enter into a dialog *ou Br* dialogue with

dialyse [djaliz] *f* dialysis

diamant [djamɑ̃] *m* diamond

diamétralement [diametralmɑ̃] *adv* diametrically

diamètre [djamɛtr] *m* diameter; **faire
10 centimètres de ~** be 10 centimeters in diameter

diapason [djapazɔ̃] *m* MUS tuning fork; **se mettre au ~ de qn** *fig* follow s.o.'s lead

diaphragme [djafragm] *m* ANAT, PHOT, *contraceptif* diaphragm

diapositive [djapozitiv] *f* slide

diarrhée [djare] *f* diarrhea, *Br* diarrhoea

dictateur [diktatœr] *m* dictator; **dictatorial**, **~e** dictatorial; **dictature** *f* dictatorship

dictée [dikte] *f* dictation; **dicter** ⟨1a⟩ dictate

diction [diksjɔ̃] *f* diction

dictionnaire [diksjɔnɛr] *m* dictionary

dicton [diktɔ̃] *m* saying

dièse [djɛz] *m* MUS sharp

diesel [djezɛl] *m* diesel

diète [djɛt] *f* diet

diététicien, **~ne** [djetetisjɛ̃, -ɛn] *m/f* dietitian

Dieu [djø] *m* God; **~ merci!** thank God!

diffamation [difamasjɔ̃] *f* defamation (of character), slander; **diffamatoire** defamatory; **diffamer** ⟨1a⟩ slander

différence [diferɑ̃s] *f* difference (*aussi* MATH); **à la ~ de sa femme** unlike his wife; **différencier** ⟨1a⟩ differentiate, distinguish; **différend** *m* dispute; **différent**, **~e** different; **~es personnes** various people; **différentiel** *m* AUTO differential

différer [difere] ⟨1f⟩ **1** *v/t* (*renvoyer*)

defer; **en différé** *émission* recorded
2 *v/i* differ

difficile [difisil] difficult; (*dur*) difficult, hard; (*exigeant*) particular, hard to please

difficulté [difikylte] *f* difficulty

difforme [difɔrm] deformed; *chaussures* shapeless; **difformité** *f* deformity

diffuser [difyze] ⟨1a⟩ *chaleur, lumière* spread, diffuse; RAD, TV broadcast; *idées, nouvelle* spread; **diffusion** *f* spread; RAD, TV broadcast; *de chaleur, lumière* diffusion

digérer [diʒere] ⟨1f⟩ digest

digeste [diʒɛst] digestible; **digestif**, **-ive 1** *adj* digestive **2** *m* liqueur; **digestion** *f* digestion

digital, **~e** [diʒital] (*mpl* -aux) digital; **empreinte** *f* **~e** fingerprint

digne [diɲ] (*plein de dignité*) dignified; **~ de** worthy of; **~ de foi** reliable, **~ d'intérêt** interesting; **dignitaire** *m* dignitary; **dignité** *f* dignity; (*charge*) office

digression [digresjɔ̃] *f* digression

digue [dig] *f* dyke

dilapider [dilapide] ⟨1a⟩ fritter away, squander

dilatation [dilatasjɔ̃] *f* expansion; *de pupille* dilation; **dilater** ⟨1a⟩ expand; *pupille* dilate

dilemme [dilem] *m* dilemma

diluer [dilɥe] ⟨1n⟩ dilute

dimanche [dimɑ̃ʃ] *m* Sunday

dimension [dimɑ̃sjɔ̃] *f* size, dimension; MATH dimension; *d'une faute* magnitude

diminuer [diminɥe] ⟨1n⟩ **1** *v/t nombre, prix, vitesse* reduce; *joie, enthousiasme, forces* diminish; *mérites* detract from; *souffrances* lessen, decrease; **la maladie l'a diminuée** the illness has weakened her **2** *v/i* decrease; **les jours diminuent** the days are drawing in, the nights are getting longer; **diminutif** *m* diminutive; **diminution** *f* decrease, decline; *d'un nombre, prix* reduction

dinde [dɛ̃d] *f* turkey; **dindon** *m* turkey

dîner [dine] **1** *v/i* ⟨1a⟩ dine **2** *m* dinner; **~ dansant** dinner-dance

dingue [dɛ̃g] F crazy, nuts F

dinosaure [dinɔzɔr] m dinosaur

diplomate [diplɔmat] m diplomat; **diplomatie** f diplomacy; **diplomatique** diplomatic

diplôme [diplom] m diploma; *universitaire* degree; **diplômé, ~e** diploma holder; *de l'université* graduate

dire [dir] **1** v/t & v/i ⟨4m⟩ say; (*informer, réveler, ordonner*) tell; (*penser*) think; *poème* recite; **elle dit le connaître** she says she knows him; **dis-moi où il est** tell me where he is; **~ à qn de faire qch** tell s.o. to do sth; **que dis-tu d'une pizza?** how about a pizza?; **on dirait qu'elle a trouvé ce qu'elle cherchait** it looks as if she's found what she was looking for; **vouloir ~** mean; **à vrai ~** to tell the truth; **ça veut tout ~** that says it all; **et ~ que** and to think that; **cela va sans ~** that goes without saying; **cela ne me dit rien de faire …** I'm not particularly keen on doing …, I don't feel like doing … **2** m: **au(x) ~(s) de qn** according to s.o.

direct, ~e [dirɛkt] direct; *train m ~* through train; **en ~** *émission* live; **directement** adv directly

directeur, -trice [dirɛktœr, -tris] **1** *adj comité* management **2** m/f manager; *plus haut dans la hiérarchie* director; ÉDU principal, *Br* head teacher; **direction** f (*sens*) direction; (*gestion, directeurs*) management; AUTO steering; **sous la ~ de Simon Rattle** MUS under the baton of Simon Rattle, conducted by Simon Rattle; **~ assistée** power steering; **directive** f instruction; *de l'UE* directive

dirigeable [diriʒabl] m airship; **dirigeant** m surtout POL leader; **diriger** ⟨1l⟩ manage, run; *pays* lead; *orchestre* conduct; *voiture* steer; *arme, critique* aim (**contre** at); *regard, yeux* turn (**vers** to); *personne* direct; **se ~ vers** head for

discernement [disɛrnəmɑ̃] m discernment; **discerner** ⟨1a⟩ (*percevoir*) make out; **~ le bon du mauvais** tell good from bad

disciplinaire [disipliner] disciplinary; **discipline** f discipline; **discipliné, ~e** disciplined

disc-jockey [diskʒɔke] m disc jockey, DJ

disco [disko] m disco

discontinu, ~e [diskɔ̃tiny] *ligne* broken; *effort* intermittent

discordant, ~e [diskɔrdɑ̃, -t] discordant, unmusical; **discorde** f discord

discothèque [diskɔtɛk] f (*boîte*) discotheque, *disco*; *collection* record library

discours [diskur] m speech; **faire** ou **prononcer un ~** give a speech

discréditer [diskredite] ⟨1a⟩ discredit

discret, -ète [diskrɛ, -t] (*qui n'attire pas l'attention*) unobtrusive; *couleur* quiet; *robe* plain, simple; (*qui garde le secret*) discreet; **discrétion** f discretion; **à la ~ de qn** at s.o.'s discretion

discrimination [diskriminasjɔ̃] f discrimination

disculper [diskylpe] ⟨1a⟩ clear, exonerate; **se ~** clear o.s.

discussion [diskysjɔ̃] f discussion; (*altercation*) argument; **discutable** debatable; **discuter** ⟨1a⟩ discuss; (*contester*) question

diseur, -euse [dizœr, øz] m/f: **~ de bonne aventure** fortune-teller

disgracier [disgrasje] ⟨1a⟩ dismiss

disjoindre [disʒwɛ̃dr] ⟨4b⟩ separate

disjoncter [disʒɔ̃kte] ⟨1a⟩ **1** vt ÉL break **2** vi F be crazy; **disjoncteur** m circuit breaker

disparaître [disparɛtr] ⟨4z⟩ disappear; (*mourir*) die; *d'une espèce* die out; **faire ~** get rid of

disparité [disparite] f disparity

disparition [disparisjɔ̃] f disappearance; (*mort*) death; **être en voie de ~** be dying out, be becoming extinct; **espèce en voie de ~** endangered species

dispensaire [dispɑ̃ser] m clinic; **dispenser** ⟨1a⟩: **~ qn de (faire) qch** (*exempter*) excuse s.o. from (doing) sth; **je vous dispense de vos**

commentaires I can do without your comments; *je peux me ~ de faire la cuisine* I don't need to cook

disperser [dispɛrse] ⟨1a⟩ disperse; *se ~ (faire trop de choses)* spread o.s. too thin

disponibilité [dispɔnibilite] *f* availability; **disponible** available

dispos [dispo]: *frais et ~* bright-eyed and bushy-tailed F

disposé, ~e [dispoze] disposed; **disposer** ⟨1a⟩ *(arranger)* arrange; *~ de qn / qch* have s.o. / sth at one's disposal; *se ~ à faire qch* get ready to do sth; **dispositif** *m* device; **disposition** *f (arrangement)* arrangement; *d'une loi* provision; *(humeur)* mood; *(tendance)* tendency; *être à la ~ de qn* be at s.o.'s disposal; *avoir qch à sa ~* have sth at one's disposal; *prendre ses ~s pour faire qch* make arrangements to do sth; *avoir des ~s pour qch* have an aptitude for sth

disproportionné, ~e [dispropɔrsjɔne] disproportionate

dispute [dispyt] *f* quarrel, dispute; **disputer** ⟨1a⟩ *match* play; *~ qch à qn* compete with s.o for sth.; *se ~* quarrel, fight

disqualification [diskalifikasjɔ̃] *f* disqualification; **disqualifier** ⟨1a⟩ disqualify

disque [disk] *m* disk, *Br* disc; *SP* discus; *MUS* disk, *Br* record; *INFORM* disk; *~ compact* compact disc; *~ dur* hard disk; **disquette** *f* diskette, disk, floppy; *~ de démonstration* demo disk

dissension [disɑ̃sjɔ̃] *f le plus souvent au pl ~s* dissension *sg*

disséquer [diseke] ⟨1f *et* 1m⟩ dissect

dissertation [disɛrtasjɔ̃] *f* ÉDU essay

dissident, ~e [disidɑ̃, -t] *m/f* dissident

dissimuler [disimyle] ⟨1a⟩ conceal, hide *(à* from)

dissiper [disipe] ⟨1a⟩ dispel; *brouillard* disperse; *fortune* squander; *se ~ du brouillard* clear

dissociation [disɔsjasjɔ̃] *f fig* separation

dissolu, ~e [disɔly] dissolute

dissolution [disɔlysjɔ̃] *f* POL dissolution

dissolvant [disɔlvɑ̃] *m* CHIM solvent; *pour les ongles* nail polish remover

dissoudre [disudr] ⟨4bb⟩ dissolve

dissuader [disɥade] ⟨1a⟩: *~ qn de faire qch* dissuade s.o. from doing sth, persuade s.o. not to do sth; **dissuasif, -ive** off-putting; **dissuasion** *f* dissuasion; *~ nucléaire* POL nuclear deterrent

distance [distɑ̃s] *f* distance *(aussi fig)*; *commande f à ~* remote control; *tenir qn à ~* keep s.o. at a distance; *prendre ses ~s avec qn* distance o.s. from s.o.; **distancer** ⟨1k⟩ outdistance; **distant, ~e** distant *(aussi fig)*

distiller [distile] ⟨1a⟩ distill; **distillerie** *f* distillery

distinct, ~e [distɛ̃, -kt] distinct; *~ de* different from; **distinctement** *adv* distinctly

distinctif, -ive [distɛ̃ktif, -iv] distinctive; **distinction** *f* distinction

distingué, ~e [distɛ̃ge] distinguished; **distinguer** ⟨1m⟩ *(percevoir)* make out; *(différencier)* distinguish *(de* from); *se ~ (être différent)* stand out *(de* from)

distraction [distraksjɔ̃] *f (passe-temps)* amusement, entertainment; *(inattention)* distraction

distraire [distrɛr] ⟨4s⟩ *du travail, des soucis* distract *(de* from); *(divertir)* amuse, entertain; *se ~* amuse o.s.; **distrait, ~e** absent-minded; **distraitement** *adv* absent-mindedly

distribuer [distribɥe] ⟨1n⟩ distribute; *courrier* deliver; **distributeur** *m* distributor; *~ automatique* vending machine; *~ de billets* ticket machine; *~ de boissons* drinks machine; **distribution** *f* distribution; *du courrier* delivery

district [distrikt] *m* district

dit, ~e [di, -t] *p/p* → *dire* **2** *adj (surnommé)* referred to as; *(fixé)* appointed

divaguer [divage] ⟨1m⟩ talk nonsense

divan [divɑ̃] *m* couch

divergence [diverʒɑ̃s] *f d'opinions* difference; **diverger** ⟨1l⟩ *de lignes* diverge; *d'opinions* differ

divers, ~e [diver, -s] *(différent)* different, varied; *au pl (plusieurs)* various

diversification [diversifikasjɔ̃] *f* diversification; **diversifier** ⟨1a⟩ diversify

diversion [diversjɔ̃] *f* diversion

diversité [diversite] *f* diversity

divertir [divertir] ⟨2a⟩ amuse, entertain; **divertissant, ~e** entertaining; **divertissement** *m* amusement, entertainment

dividende [dividɑ̃d] *m* dividend

divin, ~e [divɛ̃, -in] divine; **divinité** *f* divinity

diviser [divize] ⟨1a⟩ divide *(aussi fig, MATH)*; *tâche, somme, domaine* divide up; *se ~* be divided *(en* into); **division** *f* division

divorce [divɔrs] *m* divorce; **demander le ~** ask for a divorce; **divorcé, ~e** *m/f* divorcee; **divorcer** ⟨1k⟩ get a divorce *(d'avec* from)

divulguer [divylge] ⟨1m⟩ divulge, reveal

dix [dis] ten; → *trois*; **dix-huit** eighteen; **dix-huitième** eighteenth; **dixième** tenth; **dix-neuf** nineteen; **dix-neuvième** nineteenth; **dix-sept** seventeen; **dix-septième** seventeenth

dizaine [dizɛn] *f*: *une ~ de* about ten *pl*, ten or so *pl*

D.J. [didʒe] *m/f abr (= disc-jockey)* DJ, deejay (= disc jockey)

do [do] *m* MUS C

docile [dɔsil] docile

docteur [dɔktœr] *m* doctor; **doctorat** *m* doctorate, PhD; **doctoresse** *f* F woman doctor

doctrine [dɔktrin] *f* doctrine

document [dɔkymɑ̃] *m* document; **documentaire** *m & adj* documentary; **documentation** *f* documentation; **documenter** ⟨1a⟩: *se ~* collect information

dodo [dodo] *m* F: *faire ~* go to beddy-byes F

dodu, ~e [dɔdy] chubby

---

dogmatique [dɔgmatik] dogmatic; **dogme** *m* dogma

doigt [dwa] *m* finger; *~ de pied* toe; *croiser les ~s* keep one's fingers crossed; *savoir qch sur le bout des ~s* have sth at one's fingertips; **doigté** *m* MUS fingering; *fig* tact

dollar [dɔlar] *m* dollar

domaine [dɔmɛn] *m* estate; *fig* domain

dôme [dom] *m* dome

domestique [dɔmestik] **1** *adj* domestic; *animal ~* pet **2** *m* servant; **domestiquer** ⟨1m⟩ tame

domicile [dɔmisil] *m* place of residence; **domicilié, ~e:** *à* resident at

dominant, ~e [dɔminɑ̃, -t] dominant; **dominateur, -trice** domineering; **domination** *f* domination; **dominer** ⟨1a⟩ **1** *v/t* dominate *(aussi fig)* **2** *v/i (prédominer)* be predominant; *se ~* control o.s.

dommage [dɔmaʒ] *m*: *(quel) ~!* what a pity!; *c'est ~ que* (+ *subj*) it's a pity; *~s et intérêts* JUR damages

dompter [dɔ̃te] ⟨1a⟩ *animal* tame; *rebelle* subdue; **dompteur** *m* trainer

DOM-TOM [dɔmtɔm] *mpl abr (= départements et territoires d'outre-mer)* overseas departments and territories of France

don [dɔ̃] *m (donation)* donation; *charité* donation, gift; *(cadeau)* gift, present; *(aptitude)* gift; *~ du ciel* godsend; **donation** *f* donation

donc [dɔ̃k] *conclusion* so; *écoutez ~!* do listen!; *comment ~?* how (so)?; *allons ~!* come on!

donjon [dɔ̃ʒɔ̃] *m* keep

donné, ~e [dɔne] **1** *p/p* → **donner 2** *adj* given; *étant ~* given; *c'est ~* I'm / he's / *etc* giving it away; **données** *fpl* data *sg*, information *sg*; INFORM data *sg*; **donner** ⟨1a⟩ **1** *v/t* give **2** *v/i*: *~ sur la mer* overlook the sea, look onto the sea; **donneur** *m* MÉD donor

dont [dɔ̃]: *le film ~ elle parlait* the movie she was talking about; *une famille ~ le père est parti* a family whose father has left; *la manière ~*

elle me regardait the way (in which) she was looking at me; *celui ~ il s'agit* the one it is about; *ce ~ j'ai besoin* what I need; *plusieurs sujets, ~ le sexe* several subjects including sex

dopage [dɔpaʒ] *m* drug taking; **doper** ⟨1a⟩ drug; *se ~* take drugs

doré, ~e [dɔre] *bijou* gilt, gilded; *couleur* golden

dorénavant [dɔrenavɑ̃] from now on

dorer [dɔre] ⟨1a⟩ gild

dorloter [dɔrlɔte] ⟨1a⟩ pamper

dormeur, -euse [dɔrmœr, -øz] *m/f* sleeper; **dormir** ⟨2b⟩ sleep; *histoire f à ~ debout* tall tale, Br tall story

dortoir [dɔrtwar] *m* dormitory

dos [do] *m* back; *d'un chèque* back, reverse; *~ d'âne m* speed bump; *pont* hump-backed bridge

dosage [dozaʒ] *m* MÉD dose

dose [doz] *f* MÉD dose; PHARM proportion; **doser** ⟨1a⟩ measure out

dossier [dosje] *m d'une chaise* back; *de documents* file, dossier; *~ médical* medical record(s)

doter [dɔte] ⟨1a⟩ endow

douane [dwan] *f* customs *pl*; **douanier, -ère 1** *adj* customs *atr* **2** *m/f* customs officer

doublage [dublaʒ] *m d'un vêtement* lining; *d'un film* dubbing; **double 1** *adj* double **2** *m deuxième exemplaire* duplicate; *au tennis* doubles (match); *le ~* double, twice as much; **doubler** ⟨1a⟩ **1** *v/t* double; AUTO pass, Br overtake; *film* dub; *vêtement* line **2** *v/i* double; **doublon** *m* double; **doublure** *f d'un vêtement* lining

doucement [dusmɑ̃] *adv* gently; *(bas)* softly; *(lentement)* slowly; **douceur** *f d'une personne* gentleness; *~s (jouissance)* pleasures; *(sucreries)* sweet things

douche [duʃ] *f* shower; *prendre une ~* shower, take a shower

doué, ~e [dwe] ⟨1a⟩ gifted; *~ de qch* endowed with sth

douille [duj] *f* ÉL outlet, Br socket

douillet, ~te [dujɛ, -t] *lit, vêtement, intérieur* cozy, Br cosy; *personne* baby-

ish

douleur [dulœr] *f* pain

douloureux, -euse [dulurø, -z] painful

doute [dut] *m* doubt; *sans ~* without doubt; *sans aucun ~* undoubtedly; **douter** ⟨1a⟩: *~ de qn / qch* doubt s.o. / sth; *se ~ de qch* suspect sth; *se ~ que* suspect that, have an idea that; **douteux, -euse** doubtful

doux, douce [du, -s] sweet; *temps* mild; *personne* gentle; *au toucher* soft

douzaine [duzɛn] *f* dozen; **douze** twelve; *→ trois*; **douzième** twelfth

Dow-Jones [dowdʒɔns] *m*: *indice m ~ Dow Jones Average

doyen [dwajɛ̃] *m* doyen; *d'une université* dean

draconien, ~ne [drakɔnjɛ̃, -ɛn] draconian

dragée [draʒe] *f* sugared almond

dragon [dragõ] *m* dragon

draguer [dragœr] ⟨1m⟩ *rivière* dredge; F *femmes* try to pick up; **dragueur** *m* F ladies' man

drainage [drɛnaʒ] *m* drainage; **drainer** ⟨1a⟩ drain

dramatique [dramatik] dramatic *(aussi fig)*; **dramatiser** ⟨1a⟩ dramatize; **dramaturge** *m* playwright; **drame** *m* drama; *fig* tragedy, drama

drap [dra] *m de lit* sheet

drapeau [drapo] *m (pl -x)* flag

drap-housse [draus] *m* fitted sheet

dressage [dresaʒ] *m d'un échafaudage, d'un monument* erection; *d'une tente* pitching; *d'un animal* training; **dresser** ⟨1b⟩ put up; *échafaudage, monument* erect, put up; *tente* pitch, put up; *contrat* draw up; *animal* train; *~ qn contre qn* set s.o. against s.o.; *se ~* straighten up; *d'une tour* rise up; *d'un obstacle* arise

drogue [drɔg] *f* drug; *~ douce* soft drug; *~ récréative* recreational drug; **drogué, ~e** *m/f* drug addict; **droguer** ⟨1a⟩ drug; MÉD *(traiter)* give medication to; *se ~* take drugs; MÉD *péj* pop pills; **droguerie** *f* hardware store

droit, ~e [drwa, -t] **1** *adj côté* right; *li-*

gne straight; (*debout*) erect; (*honnête*) upright **2** *adv* **tout ~** straight ahead **3** *m* right; (*taxe*) fee; JUR law; **de ~** de facto; **à qui de ~** to whom it may concern; **être en ~ de faire qch** be entitled to do sth; **~s d'auteur** royalties; **~ international** international law

droite [drwat] *f* right; *côté* right-hand side; **à ~** on the right(-hand side); **droitier, -ère: être ~** be right-handed; **droiture** *f* rectitude

drôle [drol] (*amusant, bizarre*) funny; **une ~ d'idée** a funny idea; **drôlement** *adv* F awfully

dromadaire [dromader] *m* dromedary

dru, ~e [dry] thick

drugstore [drœgstor] *m* drugstore

D.S.T. [deeste] *f abr* (= **direction de la surveillance du territoire**) French secret service

du [dy] → **de**

dû, due [dy] *p/p* → **devoir**

dubitatif, -ive [dybitatif, -iv] doubtful; **dubitativement** *adv* doubtfully

duc [dyk] *m* duke

duchesse [-ɛs] *f* duchess

duel [dɥɛl] *m* duel

dûment [dymɑ̃] *adv* duly

dune [dyn] *f* (sand) dune

Dunkerque [dɛ̃kɛrk] Dunkirk

duo [dyo] *m* MUS duet

dupe [dyp] *f* dupe; **être ~ de qch** be taken in by sth; **duper** ⟨1a⟩ dupe

duplex [dyplɛks] *m* duplex

duplicata [dyplikata] *m* duplicate

duquel [dykɛl] → **lequel**

dur, ~e [dyr] **1** *adj* hard (*aussi difficile, sévère*); *climat* harsh; *viande* tough **2** *adv* *travailler, frapper* hard; **durable** durable, lasting; *croissance, utilisation de matières premières* sustainable; **durant** *prép* during; **des années ~** for years

durcir [dyrsir] ⟨2a⟩ **1** *v/t* harden (*aussi fig*) **2** *v/i: se ~* harden; **durcissement** *m* hardening (*aussi fig*)

durée [dyre] *f* duration; **~ de vie** life; *d'une personne* life expectancy

durement [dyrmɑ̃] *adv* harshly; **être frappé ~ par** be hard hit by

durer [dyre] ⟨1a⟩ last; *d'un objet, vêtement aussi* wear well

dureté [dyrte] *f* hardness (*aussi fig*)

duvet [dyve] *m* down; (*sac de couchage*) sleeping bag; **duveteux, -euse** fluffy

DVD [devede] *m abr* DVD (= digitally versatile disk); **DVD-Rom** *m* DVD-Rom

dynamique [dinamik] **1** *adj* dynamic **2** *f* dynamics; **dynamisme** *m* dynamism

dynamite [dinamit] *f* dynamite

dynamo [dinamo] *f* dynamo

dynastie [dinasti] *f* dynasty

dyslexie [dislɛksi] *f* dyslexia; **dyslexique** dyslexic

E

eau [o] *f* (*pl* -x) water; **~x internationales** international waters; **tomber à l'~** fall in the water; *fig* fall through; **faire ~** MAR take in water; **mettre à l'~** *navire* launch; **~ courante** running water; **~ gazeuse** carbonated water, *Br* fizzy water; **~ de Javel** bleach; **~ minérale** mineral water

eau-de-vie [odvi] *f* (*pl* eaux-de-vie) brandy

ébahi, ~e [ebai] dumbfounded

ébattre [ebatr] ⟨4a⟩: **s'~** frolic

ébauche [ebof] *f* *d'une peinture* sketch; *d'un roman* outline; *d'un texte* draft; **ébaucher** ⟨1a⟩ *tableau, roman* rough out; *texte* draft; **~ un sourire**

smile faintly

ébène [ebɛn] f ebony

ébéniste [ebenist] m cabinetmaker

éberlué, **~e** [eberlɥe] F flabbergasted F

éblouir [ebluir] ⟨2a⟩ dazzle (*aussi fig*); **éblouissement** m glare, dazzle; **éblouissant**, **~e** dazzling

éboueur [ebwœr] m garbageman, *Br* dustman

éboulement [ebulmã] m landslide; **éboulis** m pile

ébouriffé, **~e** [eburife] tousled; **ébouriffer** ⟨1a⟩ *cheveux* ruffle

ébranler [ebrãle] ⟨1a⟩ shake; **s'~** move off

ébréché, **~e** [ebreʃe] chipped

ébriété [ebrijete] f inebriation; **en état d'~** in a state of inebriation

ébruiter [ebrɥite] ⟨1a⟩ *nouvelle* spread

ébullition [ebylisjõ] f boiling point; **être en ~** be boiling

écaille [ekaj] f *de coquillage, tortue* shell; *de poisson* scale; *de peinture, plâtre* flake; *matière* tortoiseshell; **écailler** ⟨1a⟩ *poisson* scale; *huître* open; **s'~** *de peinture* flake (off); *de vernis à ongles* chip

écarlate [ekarlat] f & adj scarlet

écarquiller [ekarkije] ⟨1a⟩: **~ les yeux** open one's eyes wide

écart [ekar] m (*intervalle*) gap; (*différence*) difference; *moral* indiscretion; **à l'~** at a distance (**de** from)

écarteler [ekartəle] ⟨1d⟩ fig: **être écartelé** be torn

écartement [ekartəmã] m space; *action* spacing; **écarter** ⟨1a⟩ *jambes* spread; fig: *idée, possibilité* reject; *danger* avert; **s'~ de** (*s'éloigner*) stray from

ecclésiastique [eklezjastik] ecclesiastical

écervelé, **~e** [esɛrvəle] scatterbrained

échafaudage [eʃafodaʒ] m scaffolding; **échafauder** ⟨1a⟩ **1** *v/i* erect scaffolding **2** *v/t* fig: *plan* put together

échalote [eʃalɔt] f BOT shallot

échancré, **~e** [eʃãkre] low-cut;

échancrure *d'une robe* neckline; *d'une côte* cove

échange [eʃãʒ] m exchange; **~s extérieurs** foreign trade *sg*; **en ~** in exchange (**de** for); **échanger** ⟨1l⟩ exchange, trade (**contre** for); *regards, lettres* exchange (**avec** with); **échangeur** m interchange; **échangisme** m partner swapping

échantillon [eʃãtijõ] m COMM sample; **~ gratuit** free sample

échappatoire [eʃapatwar] f way out; **échappée** f *de vue* vista; *en cyclisme* breakaway; **échappement** m AUTO exhaust; **tuyau** m **d'~** tail pipe; **échapper** ⟨1a⟩: **~ à qn** *d'une personne* escape from s.o.; **~ à qch** escape sth; **l'~ belle** have a narrow escape; **s'~** escape; **le verre lui échappa des mains** the glass slipped from his fingers; **un cri lui échappa, il laissa ~ un cri** he let out a cry

écharde [eʃard] f splinter

écharpe [eʃarp] f scarf; *de maire* sash; **en ~** MÉD in a sling

échasse [eʃas] f stilt

échauffement [eʃofmã] m heating; SP warm-up; **échauffer** ⟨1a⟩ heat; **s'~** SP warm up; **~ les esprits** get people excited

échéance [eʃeãs] f COMM, JUR *d'un contrat* expiration date, *Br* expiry date; *de police* maturity; **à brève / longue ~** short- / long-term; **arriver à ~** fall due

échéant, **~e** [eʃeã, -t]: **le cas ~** if necessary

échec [eʃɛk] m failure; **essuyer** *ou* **subir un ~** meet with failure

échecs [eʃɛk] mpl chess *sg*; **jouer aux ~** play chess

échelle [eʃɛl] f ladder; *d'une carte, des salaires* scale; **sur une grande ~** on a grand scale; **à l'~ mondiale** on a global scale; **~ des salaires** salary scale

échelon [eʃlõ] m rung; fig level; *de la hiérarchie* grade, echelon; **échelonner** ⟨1a⟩ space out; *paiements* spread, stagger (**sur un an** over a year)

échevelé, **~e** [eʃəvle] disheveled, *Br* dishevelled

échine [eʃin] f spine (aussi fig); **plier ou courber l'~** give in; **échiner** ⟨1a⟩ F: **s'~ à faire qch** go to great lengths to do sth

échiquier [eʃikje] m chessboard

écho [eko] m echo

échographie [ekografi] f ultrasound (scan)

échoir [eʃwar] ⟨3m⟩ d'un délai expire

échotier, -ère [ekotje, -ɛr] m/f gossip columnist

échouer [eʃwe] ⟨1a⟩ fail; **(s')~** d'un bateau run aground

éclabousser [eklabuse] ⟨1a⟩ spatter

éclair [eklɛr] m flash of lightning; CUIS éclair; **comme un ~** in a flash; **éclairage** m lighting

éclaircie [eklɛrsi] f clear spell; **éclaircir** ⟨2a⟩ lighten; fig: mystère clear up; **s'~** du ciel clear, brighten

éclairer [eklere] ⟨1b⟩ 1 v/t light; **~ qn** light the way for s.o.; fig: **~ qn sur qch** enlighten s.o. about sth 2 v/i: **cette ampoule n'éclaire pas assez** this bulb doesn't give enough light; **éclaireur** m scout

éclat [ekla] m de verre splinter; de métal gleam; des yeux sparkle; de couleurs, fleurs vividness; **~ de rire** peal of laughter; **faire un ~** scandale make a fuss; **un ~ d'obus** a piece of shrapnel

éclatant, ~e [eklatɑ̃, -t] dazzling; couleur vivid; rire loud; **éclater** ⟨1a⟩ d'une bombe blow up; d'une chaudière explode; d'un ballon, pneu burst; d'un coup de feu ring out; d'une guerre, d'un incendie break out; fig: d'un groupe, parti break up; **~ de rire** burst out laughing; **~ en sanglots** burst into tears; **~ de santé** be blooming

éclipse [eklips] f eclipse; **éclipser** ⟨1a⟩ eclipse (aussi fig); **s'~** F vanish, disappear

éclore [eklɔr] ⟨4k⟩ d'un oiseau hatch out; de fleurs open

écluse [eklyz] f lock

écœurant, ~e [ekœrɑ̃, -t] disgusting, sickening; aliment sickly; (décourageant) discouraging, disheartening; **écœurement** m disgust; (décourage-ment) discouragement; **il a mangé de la crème jusqu'à l'~** he ate cream until he felt sick; **écœurer** ⟨1a⟩ disgust, sicken; (décourager) discourage, dishearten; **~ qn d'un aliment** make s.o. feel nauseous, Br aussi make s.o. feel sick

école [ekɔl] f school; **~ maternelle** nursery school; **~ primaire** elementary school, Br primary school; **~ privée (du secondaire)** private school; **~ publique** state school; **~ secondaire** secondary school; **écolier** m schoolboy; **écolière** f schoolgirl

écolo [ekɔlo] m F Green

écologie [ekɔlɔʒi] f ecology; **écologique** ecological; **écologiste** m/f ecologist

économe [ekɔnɔm] economical, thrifty

économie [ekɔnɔmi] f economy; science economics sg; vertu economy, thriftiness; **~ de marché** market economy; **~ planifiée** planned economy; **~ souterraine** black economy; **~s** savings; **faire des ~s** save; **économique** economic; (avantageux) economical; **économiser** ⟨1a⟩ 1 v/t save 2 v/i save; **~ sur qch** save on with sth; **économiseur m d'écran** INFORM screen saver; **économiste** m/f economist

écorce [ekɔrs] f d'un arbre bark; d'un fruit rind

écorcher [ekɔrʃe] ⟨1a⟩ animal skin; (égratigner) scrape; fig: nom, mot murder

écossais, ~e [ekɔse, -z] 1 adj Scottish 2 m/f **Écossais, ~e** Scot; **Écosse** f: **l'~** Scotland

écosser [ekɔse] ⟨1a⟩ shell

écosystème [ekɔsistɛm] m ecosystem

écoulement [ekulmɑ̃] m flow; COMM sale; **système m d'~ des eaux usées** drainage; **écouler** ⟨1a⟩ COMM sell; **s'~** flow; du temps pass; COMM sell

écourter [ekurte] ⟨1a⟩ shorten; vacances cut short

écoute [ekut] f: **être à l'~** be always

listening out; *aux heures de grande* ~ RAD at peak listening times; TV at peak viewing times; *mettre qn sur table d'*~ TÉL tap s.o.'s phone; **écouter** ⟨1a⟩ **1** *v/t* listen to **2** *v/i* listen; **écouteur** *m* TÉL receiver; ~**s** RAD headphones

écran [ekrɑ̃] *m* screen; *porter à l'*~ TV adapt for television; *le grand* ~ the big screen; *le petit* ~ the small screen; ~ *d'aide* INFORM help screen; ~ *radar* radar screen; ~ *solaire* sunblock; ~ *tactile* touch screen; ~ *total* sunblock

écrasant, ~**e** [ekrazɑ̃, -t] overwhelming; **écraser** ⟨1a⟩ (*broyer, accabler, anéantir*) crush; *cigarette* stub out; (*renverser*) run over; *s'*~ *au sol d'un avion* crash

écrémé, ~**e** [ekreme]: *lait m* ~ skimmed milk; **écrémer** ⟨1f⟩ skim

écrevisse [ekrəvis] *f* crayfish

écrier [ekrije] ⟨1a⟩: *s'*~ cry out

écrin [ekrɛ̃] *m* jewel case

écrire [ekrir] ⟨4f⟩ write; *comment est-ce que ça s'écrit?* how do you spell it?

écrit [ekri] *m* document; *l'*~ *examen* the written exam; *par* ~ in writing

écriteau [ekrito] *m* (*pl* -x) notice; **écriture** *f* writing; COMM entry; *les (Saintes) Écritures* Holy Scripture *sg*

écrivain [ekrivɛ̃] *m* writer

écrou [ekru] *m* (*pl* -s) nut

écrouer [ekrue] ⟨1a⟩ JUR imprison

écrouler [ekrule] ⟨1a⟩: *s'*~ collapse

écru, ~**e** [ekry] *couleur* natural

écueil [ekœj] *m* reef; *fig* pitfall

écuelle [ekɥɛl] *f* bowl

éculé, ~**e** [ekyle] *chaussure* down-at--heel, worn-out; *fig* hackneyed

écume [ekym] *f* foam; **écumer** ⟨1a⟩ **1** *v/i* foam; ~ *de rage* be foaming at the mouth **2** *v/t* skim; *fig* scour; **écumeux, -euse** frothy

écureuil [ekyrœj] *m* squirrel

écurie [ekyri] *f* stable (*aussi* SP)

écusson [ekysõ] *m* coat of arms

écuyer, -ère [ekɥije, -ɛr] *m/f* rider

eczéma [egzema] *m* MÉD eczema

édenté, ~**e** [edɑ̃te] toothless

édifiant, ~**e** [edifjɑ̃, -t] edifying; **édification** *f* ARCH erecting; *fig*: *d'empire etc* creation; **édifice** *m* building; **édifier** ⟨1a⟩ ARCH erect; *fig* build up

Édimbourg [edɛ̃bur] Edinburgh

éditer [edite] ⟨1a⟩ *livre* publish; *texte* edit; **éditeur, -trice** *m/f* publisher; (*commentateur*) editor; **édition** *f* action, *métier* publishing; *action de commenter* editing; (*tirage*) edition; *maison f d'*~ publishing house; **éditorial** *m* (*pl* -iaux) editorial

édredon [edrədõ] *m* eiderdown

éducateur, -trice [edykatœr, -tris] *m/f* educator; ~ *spécialisé* special needs teacher; **éducatif, -ive** educational; **éducation** *f* (*enseignement*) education; (*culture*) upbringing; *il manque d'*~ he has no manners

édulcorer [edylkɔre] ⟨1a⟩ sweeten

éduquer [edyke] ⟨1m⟩ (*enseigner*) educate; (*élever*) bring up

effacé, ~**e** [efase] self-effacing

effacer [efase] ⟨1k⟩ erase; *s'*~ *d'une inscription* wear away; *d'une personne* fade into the background

effarant, ~**e** [efarɑ̃, -t] frightening; **effarement** *m* fear; **effarer** ⟨1a⟩ frighten

effaroucher [efaruʃe] ⟨1a⟩ *personne* scare; *gibier* scare away

effectif, -ive [efɛktif, -iv] **1** *adj* effective **2** *m* manpower, personnel; **effectivement** *adv* true enough

effectuer [efɛktɥe] ⟨1a⟩ carry out

efféminé, ~**e** [efemine] *péj* effeminate

effervescence [efɛrvesɑ̃s] *f* POL excitement; **effervescent,** ~**e** *boisson* effervescent; *fig*: *foule* excited

effet [efɛ] *m* effect; COMM bill; *à cet* ~ with that in mind, to that end; *en* ~ sure enough; *faire de l'*~ have an effect; ~**s** (*personal*) effects; ~ *de serre* greenhouse effect; ~**s spéciaux** special effects

effeuiller [efœje] ⟨1a⟩ leaf through

efficace [efikas] *remède, médicament* effective; *personne* efficient; **efficacité** *f* effectiveness; *d'une personne* efficiency

effigie [efiʒi] *f* effigy

effilé, ~e [efile] tapering

efflanqué, ~e [eflɑ̃ke] thin

effleurer [eflœre] ⟨1a⟩ brush against; (*aborder*) touch on; **~ qch du bout des doigts** brush one's fingers against sth

effondrement [efɔ̃drəmɑ̃] *m* collapse; **effondrer** ⟨1a⟩: **s'~** collapse

efforcer [eforse] ⟨1k⟩: **s'~ de faire qch** try very hard to do sth

effort [efor] *m* effort; **faire un ~** make an effort, try a bit harder

effraction [efraksjɔ̃] *f* JUR breaking and entering

effrayant, ~e [efrejɑ̃, -t] frightening; **effrayer** ⟨1i⟩ frighten; **s'~** be frightened (*de* at)

effréné, ~e [efrene] unbridled; *course* frantic

effriter [efrite] ⟨1a⟩: **s'~** crumble away (*aussi fig*)

effroi [efrwa] *m* fear

effronté, ~e [efrɔ̃te] impertinent; **effronterie** *f* impertinence, effrontery

effroyable [efrwajabl] terrible, dreadful

effusion [efyzjɔ̃] *f*: **~ de sang** bloodshed; **~s** *litt* effusiveness *sg*

égal, ~e [egal] (*mpl* -aux) **1** *adj* equal; *surface* even; *vitesse* steady; **ça lui est ~** it's all the same to him **2** *m* equal; **d'~ à ~** between equals; **sans ~** unequaled, *Br* unequalled; **également** *adv* (*pareillement*) equally; (*aussi*) as well, too; **égaler** ⟨1a⟩ equal; **égaliser 1** *v/t* ⟨1a⟩ *haies, cheveux* even up; *sol* level **2** *v/i* SP tie the game, *Br* equalize; **égalité** *f* equality; *en tennis* deuce; **être à ~** be level; *en tennis* be at deuce

égard [egar] *m*: **à cet ~** in that respect; **à l'~ de qn** to(ward) s.o.; **se montrer patient à l'~ de qn** be patient with s.o.; **par ~ pour** out of consideration for; **~s** respect *sg*; **manque** *m* **d'~s** lack of consideration

égarer [egare] ⟨1a⟩ *personne* lead astray; *chose* lose; **s'~** get lost; *du sujet* stray from the point

égayer [egeje] ⟨1i⟩ cheer up; *chose,* *pièce aussi* brighten up

églantine [eglɑ̃tin] *f* dog rose

église [egliz] *f* church

égocentrique [egosɑ̃trik] egocentric

égoïsme [egoism] *m* selfishness, egoism; **égoïste 1** *adj* selfish **2** *m/f* egoist; **~!** you're so selfish!

égorger [egorʒe] ⟨1l⟩: **~ qn** cut s.o.'s throat

égosiller [egozije] ⟨1a⟩: **s'~** shout

égout [egu] *m* sewer

égoutter [egute] ⟨1a⟩ drain; **égouttoir** *m* (**à vaisselle**) drain board, *Br* draining board

égratigner [egratiɲe] ⟨1a⟩ scratch; **s'~** scratch; **égratignure** *f* scratch

égrener [egrəne] ⟨1d⟩ *épi* remove the kernels from; *grappe* pick the grapes from

Égypte [eʒipt] *f*: **l'~** Egypt; **égyptien, ~ne 1** *adj* Egyptian **2** *m/f* **Égyptien, ~ne** Egyptian

éhonté, ~e [eɔ̃te] barefaced, shameless

éjecter [eʒɛkte] ⟨1a⟩ TECH eject; F *personne* kick out

élaboré, ~e [elabore] sophisticated; **élaborer** ⟨1a⟩ *projet* draw up

élaguer [elage] ⟨1m⟩ *arbre* prune

élan¹ [elɑ̃] *m* momentum; SP run-up; *de tendresse* upsurge; *de générosité* fit; (*vivacité*) enthusiasm

élan² [elɑ̃] *m* ZO elk

élancement [elɑ̃smɑ̃] *m* twinge; *plus fort* shooting pain; **élancer** ⟨1k⟩ *v/i*: **ma jambe m'élance** I've got shooting pains in my leg; **s'~** dash; SP take a run-up

élargir [elarʒir] ⟨2a⟩ widen, broaden; *vêtement* let out; *débat* widen, extend the boundaries of

élasticité [elastisite] *f* elasticity

élastique [elastik] **1** *adj* elastic **2** *m* elastic; *de bureau* rubber band, *Br aussi* elastic band

électeur, -trice [elɛktœr, -tris] *m/f* voter; *de président* elector; **électoral, ~e** (*mpl* -aux) election *atr*; **électorat** *m droit* franchise; *personnes* electorate

électricien, ~ne [elɛktrisjɛ̃, -ɛn] *m/f*

électricité 128

electrician; **électricité** f electricity; **~ statique** static (electricity); **électrification** f electrification; **électrifier** ⟨1a⟩ electrify; **électrique** electric; **électriser** ⟨1a⟩ electrify

électrocardiogramme [elɛkrokardjɔɡram] m MÉD electrocardiogram, ECG

électrocuter [elɛktrɔkyte] ⟨1a⟩ electrocute

électroménager [elɛktromenaʒe]: **appareils** mpl **~s** household appliances

électronicien, ~ne [elɛktrɔnisjɛ̃, -ɛn] m/f electronics expert; **électronique 1** adj electronic **2** f electronics

électrophone [elɛktrɔfɔn] m record player

électrotechnicien, ~ne [elɛktrotɛknisjɛ̃, -ɛn] m/f electrical engineer; **électrotechnique** f electrical engineering

élégamment [elegamɑ̃] adv elegantly; **élégance** f elegance; **élégant, ~e** elegant

élément [elemɑ̃] m element; (composante) component; d'un puzzle piece; **~s** (rudiments) rudiments; **élémentaire** elementary

éléphant [elefɑ̃] m elephant

élevage [elvaʒ] m breeding, rearing; **~** (du bétail) cattle farming; **~ en batterie** battery farming

élévation [elevasjɔ̃] f elevation; action de lever raising; d'un monument, d'une statue erection; (montée) rise

élève [elɛv] m/f pupil

élevé, ~e [elve] high; esprit noble; style elevated; **bien / mal ~** well / badly brought up; **c'est très mal ~ de faire ça** it's very rude to do that; **élever** ⟨1d⟩ raise; prix, température raise, increase; statue, monument put up, erect; enfants bring up, raise; animaux rear, breed; **s'~** rise; d'une tour rise up; d'un cri go up; **s'~ contre** rise up against; **s'~ à** amount to; **éleveur, -euse** m/f breeder

éligible [eliʒibl] eligible

élimé, ~e [elime] threadbare

élimination [eliminasjɔ̃] f elimina-

tion; des déchets disposal; **éliminatoire** f qualifying round; **éliminer** ⟨1a⟩ eliminate; difficultés get rid of

élire [elir] ⟨4x⟩ elect

élite [elit] f elite

elle [ɛl] f ◇ personne she; après prép her; **c'est pour ~** it's for her; **je les ai vues, ~ et sa sœur** I saw them, her and her sister; **~ n'aime pas ça, ~** she doesn't like that; **ta grand-mère a-t-~ téléphoné?** did your grandmother call?
◇ chose it; **ta robe?, ~ est dans la machine à laver** your dress?, it's in the washing machine

elle-même [ɛlmɛm] herself; chose itself

elles [ɛl] fpl they; après prép them; **les chattes sont-~ rentrées?** have the cats come home?; **je les ai vues hier, ~ et et leurs maris** I saw them yesterday, them and their husbands; **~, elles ne sont pas contentes** they are not happy; **ce sont ~ qui** they are the ones who

elles-mêmes [ɛlmɛm] themselves

élocution [elɔkysjɔ̃] f way of speaking; **défaut** m d'**~** speech defect

éloge [elɔʒ] m praise; **faire l'~ de** praise; **élogieux, -euse** full of praise

éloigné, ~e [elwaɲe] remote

éloignement [elwaɲmɑ̃] m distance, remoteness; **éloigner** ⟨1a⟩ move away, take away; soupçon remove; **s'~** move away (de from); **s'~ de qn** distance o.s. from s.o.

élongation [elɔ̃gasjɔ̃] f MÉD pulled muscle

éloquemment [elɔkamɑ̃] adv eloquently; **éloquence** f eloquence; **éloquent, ~e** eloquent

élu, ~e 1 p/p → **élire 2** adj: **le président ~** the President elect **3** m/f POL (elected) representative; **l'heureux ~** the lucky man

élucider [elyside] ⟨1a⟩ mystère clear up; question clarify, elucidate fml

éluder [elyde] ⟨1a⟩ fig elude

Élysée [elize] **l'~** the Elysée Palace (where the French president lives)

émacié, ~e [emasje] emaciated

e-mail [imɛl] *m* e-mail; **envoyer un ~ à qn** send s.o. an e-mail, e-mail s.o.

émail [emaj] *m* (*pl* émaux) enamel

émancipation [emɑ̃sipasjɔ̃] *f* emancipation; **émanciper** ⟨1a⟩ emancipate; **s'~** become emancipated

émaner [emane] ⟨1a⟩: **~ de** emanate from

emballage [ɑ̃balaʒ] *m* packaging; **emballer** ⟨1a⟩ package; *fig* F thrill; **s'~ d'un moteur** race; *fig* F get excited; **emballé sous vide** vacuum packed

embarcadère [ɑ̃barkadɛr] *m* MAR landing stage; **embarcation** *f* boat

embargo [ɑ̃bargo] *m* embargo

embarquement [ɑ̃barkəmɑ̃] *m* MAR *d'une cargaison* loading; *de passagers* embarkation; **embarquer** ⟨1m⟩ **1** *v/t* load **2** *v/i ou* **s'~** embark; **s'~ dans** F get involved in

embarras [ɑ̃bara] *m* difficulty; (*gêne*) embarrassment; **être dans l'~** be in an embarrassing position; *sans argent* be short of money; **n'avoir que l'~ du choix** be spoiled for choice

embarrassant, ~e [ɑ̃barasɑ̃, -t] (*gênant*) embarrassing; (*encombrant*) cumbersome; **embarrassé, ~e** (*gêné*) embarrassed; **embarrasser** ⟨1a⟩ (*gêner*) embarrass; (*encombrer*) *escaliers* clutter up

embauche [ɑ̃boʃ] *f* recruitment, hiring; **offre f d'~** job offer; **embaucher** ⟨1a⟩ take on, hire

embaumer [ɑ̃bome] ⟨1a⟩ *corps* embalm; **~ la lavande** smell of lavender

embellir [ɑ̃belir] ⟨1a⟩ **1** *v/t* make more attractive; *fig* embellish **2** *v/i* become more attractive

embêtant, ~e [ɑ̃betɑ̃, -t] F annoying; **embêtement** *m* F: **avoir des ~s** be in trouble; **embêter** F ⟨1a⟩ (*ennuyer*) bore; (*contrarier*) annoy; **s'~** be bored

emblée [ɑ̃ble]: **d'~** right away, immediately

emblème [ɑ̃blɛm] *m* emblem

emboîter [ɑ̃bwate] ⟨1a⟩ insert; **~ le pas à qn** fall into step with s.o. (*aussi fig*); **s'~** fit together

embolie [ɑ̃bɔli] *f* embolism; **~ pulmonaire** pulmonary embolism

embonpoint [ɑ̃bɔ̃pwɛ̃] *m* stoutness, embonpoint *fml*

embouchure [ɑ̃buʃyr] *f* GÉOGR mouth; MUS mouthpiece

embourber [ɑ̃burbe] ⟨1a⟩: **s'~** get bogged down

embouteillage [ɑ̃butejaʒ] *m* traffic jam; **embouteiller** ⟨1b⟩ *rue* block

emboutir [ɑ̃butir] ⟨2a⟩ crash into

embranchement [ɑ̃brɑ̃ʃmɑ̃] *m* branch; (*carrefour*) intersection, *Br* junction

embrasser [ɑ̃brase] ⟨1a⟩ kiss; *période, thème* take in, embrace; *métier* take up; **~ du regard** take in at a glance

embrasure [ɑ̃brazyr] *f* embrasure; **~ de porte** doorway

embrayage [ɑ̃brɛjaʒ] *m* AUTO clutch; *action* letting in the clutch

embrouiller [ɑ̃bruje] ⟨1a⟩ muddle; **s'~** get muddled

embruns [ɑ̃brɛ̃, -œ̃] *mpl* MAR spray *sg*

embryon [ɑ̃brijɔ̃] *m* embryo; **embryonnaire** embryonic

embûches [ɑ̃byʃ] *fpl fig* traps

embuer [ɑ̃bɥe] ⟨1a⟩ *vitre* steam up

embuscade [ɑ̃byskad] *f* ambush

éméché, ~e [emeʃe] F tipsy

émeraude [ɛmrod] *f & adj* emerald

émerger [emɛrʒe] ⟨1l⟩ emerge

émerveillement [emɛrvɛjmɑ̃] *m* wonder; **émerveiller** ⟨1a⟩ amaze; **s'~** be amazed (*de* by)

émetteur [emɛtœr] *m* RAD, TV transmitter

émettre [emɛtr] ⟨4p⟩ *radiations etc* give off, emit; RAD, TV broadcast, transmit; *opinion* voice; COMM *action*, FIN *nouveau billet, nouvelle pièce* issue; *emprunt* float

émeute [emøt] *f* riot; **~ raciale** race riot

émietter [emjete] ⟨1a⟩ crumble

émigrant, ~e [emigrɑ̃, -t] *m/f* emigrant; **émigration** *f* emigration; **émigré, ~e** *m/f* emigré; **émigrer** ⟨1a⟩ emigrate

émincer [emɛ̃se] ⟨1k⟩ cut into thin slices

éminence [eminɑ̃s] *f* (*colline*) hill;

Éminence Eminence; **éminent**, **~e** eminent

émirat [emira] *m*: **les Émirats arabes unis** the United Arab Emirates

émissaire [emisɛr] *m* emissary; **émission** *f* emission; RAD, TV program, *Br* programme; COMM, FIN issue

emmagasiner [ɑ̃magazine] ⟨1a⟩ store

emmêler [ɑ̃mele] ⟨1a⟩ *fils* tangle; *fig* muddle

emménager [ɑ̃menaʒe] ⟨1l⟩: **~ dans** move into

emmener [ɑ̃mne] ⟨1d⟩ take

emmerder [ɑ̃mɛrde] ⟨1a⟩ F: **~ qn** get on s.o.'s nerves; **s'~** be bored rigid

emmitoufler [ɑ̃mitufle] ⟨1a⟩ wrap up; **s'~** wrap up

émoi [emwa] *m* commotion

émotif, -ive [emɔtif, -iv] emotional

émotion [emosjɔ̃] *f* emotion; F (*frayeur*) fright; **émotionnel**, **~le** emotional

émousser [emuse] ⟨1a⟩ blunt, take the edge off (*aussi fig*)

émouvant, **~e** [emuvɑ̃, -t] moving; **émouvoir** ⟨3d⟩ (*toucher*) move, touch; **s'~** be moved, be touched

empailler [ɑ̃paje] ⟨1a⟩ *animal* stuff

empaqueter [ɑ̃pakte] ⟨1c⟩ pack

emparer [ɑ̃pare] ⟨1a⟩: **s'~ de** seize; *clés, héritage* grab; *des doutes, de la peur* overcome

empâter [ɑ̃pɑte] ⟨1a⟩: **s'~** thicken

empêchement [ɑ̃pɛʃmɑ̃] *m*: **j'ai eu un ~** something has come up; **empêcher** ⟨1b⟩ prevent; **~ qn de faire qch** prevent *ou* stop s.o. doing sth; (*il*) **n'empêche que** nevertheless; **je n'ai pas pu m'en ~** I couldn't help it

empereur [ɑ̃prœr] *m* emperor

empester [ɑ̃pɛste] ⟨1a⟩: **elle empeste le parfum** she reeks *ou* stinks of perfume

empêtrer [ɑ̃petre] ⟨1b⟩: **s'~ dans** get tangled *ou* caught up in

emphase [ɑ̃faz] *f* emphasis

empiéter [ɑ̃pjete] ⟨1f⟩: **~ sur** encroach on

empiffrer [ɑ̃pifre] ⟨1a⟩ F: **s'~** stuff o.s.

empiler [ɑ̃pile] ⟨1a⟩ pile (up), stack

(up)

empire [ɑ̃pir] *m* empire; *fig* (*maîtrise*) control

empirer [ɑ̃pire] ⟨1a⟩ get worse, deteriorate

empirique [ɑ̃pirik] empirical

emplacement [ɑ̃plasmɑ̃] *m* site

emplette [ɑ̃plɛt] *f* purchase; **faire des ~s** go shopping

emplir [ɑ̃plir] ⟨2a⟩ fill; **s'~** fill (*de* with)

emploi [ɑ̃plwa] *m* (*utilisation*) use; ÉCON employment; **~ du temps** schedule, *Br* timetable; **plein ~** full employment; **un ~** a job; **chercher un ~** be looking for work *ou* for a job

employé, **~e** [ɑ̃plwaje] *m/f* employee; **~ de bureau** office worker; **~ à temps partiel** part-timer; **employer** ⟨1h⟩ use; *personnel* employ; **s'~ à faire qch** strive to do sth; **employeur, -euse** *m/f* employer

empocher [ɑ̃pɔʃe] ⟨1a⟩ pocket

empoigner [ɑ̃pwaɲe] ⟨1a⟩ grab, seize

empoisonnement [ɑ̃pwazɔnmɑ̃] *m*: **~ du sang** blood poisoning; **empoisonner** ⟨1a⟩ poison

emporter [ɑ̃pɔrte] ⟨1a⟩ take; *prisonnier* take away; (*entraîner, arracher*) carry away *ou* off; *du courant* sweep away; *d'une maladie* carry off; **l'~** win the day; **l'~ sur qn / qch** get the better of s.o. / sth; **s'~** fly into a rage

empoté, **~e** [ɑ̃pɔte] clumsy

empreinte [ɑ̃prɛ̃t] *f* impression; *fig* stamp; **~ digitale** fingerprint; **~ génétique** genetic fingerprint

empressement [ɑ̃prɛsmɑ̃] *m* eagerness; **empresser** ⟨1b⟩: **s'~ de faire qch** rush to do sth; **s'~ auprès de qn** be attentive to s.o.

emprise [ɑ̃priz] *f* hold

emprisonnement [ɑ̃prizɔnmɑ̃] *m* imprisonment; **emprisonner** ⟨1a⟩ imprison

emprunt [ɑ̃prœ̃, -œ̃t] *m* loan; **emprunté**, **~e** *fig* self-conscious; **emprunter** ⟨1a⟩ borrow (**à** from); *chemin, escalier* take

ému, **~e** [emy] **1** *p/p* → **émouvoir** **2** *adj* moved, touched

en¹ [ã] *prép* ◇ *lieu* in; **~ France** in
France; **~ ville** in town
◇ *direction* to; **~ France** to France; **~
ville** to *ou* into town
◇ *temps* in; **~ 1789** in 1789; **~ l'an
1789** in the year 1789; **~ été** in summer; **~ 10 jours** in 10 days
◇ *mode: agir ~ ami* act as a friend; **~
cercle** in a circle; **~ vente** for *ou* on
sale; **~ français** in French; **habillé ~
noir** dressed in black; **se déguiser ~
homme** disguise o.s. as a man
◇ *transport* by; **~ voiture / avion** by
car / plane
◇ *matière:* **~ or** of gold; **une bague ~
or** a gold ring
◇ *après verbes, adj, subst: croire ~
Dieu* believe in God; *riche ~ qch*
rich in sth; *avoir confiance ~ qn*
have confidence in s.o.
◇ *avec gérondif: en même temps*
while, when; *mode* by; **~ détachant
soigneusement les …** by carefully
detaching the …; **~ rentrant chez
moi, j'ai remarqué que …** when I
came home *ou* on coming home I noticed that …; *je me suis cassé une
dent ~ mangeant …* I broke a tooth
while *ou* when eating …

en² [ã] *pron* ◇: **qu'~ pensez-vous?**
what do you think about it?; **tu es
sûr de cela? - oui, j'~ suis sûr**
are you sure about that? - yes, I'm
sure; **j'~ suis** count me in
◇: **il y ~ a deux** there are two (of
them); **il n'y ~ a plus** there's none
left; **j'~ ai** I have some; **j'~ ai cinq**
I have five; **je n'~ ai pas** I don't have
any; **qui ~ est le propriétaire?** who's
the owner?, who does it belong to?; **~
voici trois** here are three (of them)
◇ *cause:* **je n'~ suis pas plus heureux** I'm none the happier for it; **il
~ est mort** he died of it
◇ *provenance:* **le gaz ~ sort** the gas
comes out (of it); **tu as vu le grenier? - oui, j'~ viens** have you seen
the attic? - yes, I've just been up
there

encadrer [ãkadre] ⟨1a⟩ *tableau* frame;
encadré de deux gendarmes *fig*

flanked by gendarmes, with a gendarme on either side
encaisser [ãkese] ⟨1b⟩ COMM take;
chèque cash; *fig* take
encart [ãkar] *m* insert
en-cas [ãka] *m (pl inv)* CUIS snack
encastrable [ãkastrabl] *four etc* which
can be built in; **encastrer** ⟨1a⟩ TECH
build in
enceinte¹ [ãsɛ̃t] pregnant
enceinte² [ãsɛ̃t] *f* enclosure; **~
(acoustique)** speaker
encens [ãsã] *m* incense
encéphalopathie *f* **spongiforme
bovine** [ãsefalɔpatispɔ̃ʒifɔrmbovin]
f bovine spongiform encephalitis
encercler [ãserkle] ⟨1a⟩ encircle
enchaînement [ãʃɛnmã] *m* d'événe-
ments series *sg;* **enchaîner** ⟨1b⟩
chien, prisonnier chain up; *fig:* pensées, faits connect, link up
enchanté, ~e [ãʃãte] enchanted; **~!**
how do you do?; **enchantement**
m enchantment; *(ravissement)* delight; **enchanter** ⟨1a⟩ *(ravir)* delight;
(ensorceler) enchant
enchère [ãʃɛr] *f* bid; **vente f aux ~s**
auction; **mettre aux ~s** put up for
auction; **vendre aux ~s** sell at auction, auction off
enchevêtrer [ãʃ(ə)vetre] ⟨1b⟩ tangle;
fig: situation confuse; **s'~ de fils** get
tangled up; *d'une situation* get
muddled
enclave [ãklav] *f* enclave
enclencher [ãklãʃe] ⟨1a⟩ engage; **s'~**
engage
enclin, ~e [ãklɛ̃, -in]: **être ~ à faire
qch** be inclined to do sth
enclos [ãklo] *m* enclosure
enclume [ãklym] *f* anvil
encoche [ãkɔʃ] *f* notch
encoller [ãkɔle] ⟨1a⟩ glue
encolure [ãkɔlyr] *f* neck; *tour de cou*
neck (size)
encombrant, ~e [ãkõbrã, -t] cumbersome; **être ~** *d'une personne* be in the
way; **encombrement** *m trafic* congestion; *d'une profession* overcrowding; **encombrer** ⟨1a⟩ *maison* clutter
up; *rue, passage* block; **s'~ de** load o.s.

down with

encontre [ɑ̃kɔ̃tr]: *aller à l'~ de* go against, run counter to

encore [ɑ̃kɔr] **1** *adv* ◊ *de nouveau* again; *il nous faut essayer ~ (une fois)* we'll have to try again ◊ *temps (toujours)* still; *est-ce qu'il pleut ~?* is it still raining?; *elles ne sont pas ~ rentrées* they still haven't come back, they haven't come back yet; *non, pas ~* no, not yet ◊ *de plus:* *~ une bière?* another beer?; *est-ce qu'il y a ~ des …?* are there any more …?; *~ plus rapide / belle* even faster / more beautiful **2** *conj:* *~ que* (+ *subj*) although

encourageant, ~e [ɑ̃kuraʒɑ̃, -t] encouraging; **encouragement** *m* encouragement; **encourager** ⟨1l⟩ encourage; *projet, entreprise* foster

encourir [ɑ̃kurir] ⟨2i⟩ incur

encrasser [ɑ̃krase] ⟨1a⟩ dirty; *s'~* get dirty

encre [ɑ̃kr] *f* ink; **encrier** *m* inkwell

encroûter [ɑ̃krute] ⟨1a⟩: *s'~* *fig* get stuck in a rut

encyclopédie [ɑ̃siklɔpedi] *f* encyclopedia

endetter [ɑ̃dete] ⟨1b⟩: *s'~* get into debt

endeuillé, ~e [ɑ̃dœje] bereaved

endiablé, ~e [ɑ̃djable] *fig* frenzied, demonic

endimanché, ~e [ɑ̃dimɑ̃ʃe] in one's Sunday best

endive [ɑ̃div] *f* BOT, CUIS chicory

endoctriner [ɑ̃dɔktrine] ⟨1a⟩ indoctrinate

endolori, ~e [ɑ̃dɔlɔri] painful

endommager [ɑ̃dɔmaʒe] ⟨1l⟩ damage

endormi, ~e [ɑ̃dɔrmi] asleep; *fig* sleepy; **endormir** ⟨2b⟩ send *ou* lull to sleep; *douleur* dull; *s'~* fall asleep

endosser [ɑ̃dose] ⟨1a⟩ *vêtement* put on; *responsabilité* shoulder; *chèque* endorse

endroit [ɑ̃drwa] *m* (*lieu*) place; *d'une étoffe* right side

enduire [ɑ̃dɥir] ⟨4c⟩: *~ de* cover with;

enduit *m* *de peinture* coat

endurance [ɑ̃dyrɑ̃s] *f* endurance

endurcir [ɑ̃dyrsir] ⟨2a⟩ harden; *fig* toughen up, harden; **endurcissement** *m* hardening

endurer [ɑ̃dyre] ⟨1a⟩ endure

énergétique [enerʒetik] energy *atr*; *repas* energy-giving; **énergie** *f* energy; *~ solaire* solar energy; **énergique** energetic; *protestation* strenuous; **énergiquement** *adv* energetically; *nier* strenuously

énervant, ~e [enervɑ̃, -t] irritating; **énervé, ~e** (*agacé*) irritated; (*agité*) on edge, edgy; **énerver** ⟨1a⟩: *~ qn* (*agacer*) get on s.o.'s nerves; (*agiter*) make s.o. edgy; *s'~* get excited

enfance [ɑ̃fɑ̃s] *f* childhood

enfant [ɑ̃fɑ̃] *m ou f* child; *~ modèle* model child, goody-goody *péj*; *~ prodige* child prodigy; *~s à charge* dependent children *pl*

enfantillage [ɑ̃fɑ̃tijaʒ] *m* childishness; **enfantin, ~e** *air* childlike; *voix* of a child, child's; (*puéril*) childish; (*très simple*) elementary; *c'est ~* it's child's play

enfer [ɑ̃fer] *m* hell (*aussi fig*)

enfermer [ɑ̃ferme] ⟨1a⟩ shut *ou* lock up; *champ* enclose; *s'~* shut o.s. up

enfiler [ɑ̃file] ⟨1a⟩ *aiguille* thread; *perles* string; *vêtement* slip on; *rue* turn into

enfin [ɑ̃fɛ̃] (*finalement*) at last; (*en dernier lieu*) lastly, last; (*bref*) in a word; *mais ~, ce n'est pas si mal* come on, it's not that bad; *nous étions dix, ~ onze* there were ten of us, well eleven; *~ et surtout* last but not least

enflammer [ɑ̃flame] ⟨1a⟩ set light to; *allumette* strike; MÉD inflame; *fig: imagination* fire; *s'~* catch; MÉD become inflamed; *fig: de l'imagination* take flight

enfler [ɑ̃fle] ⟨1a⟩ *membre* swell; **enflure** *f* swelling

enfoncer [ɑ̃fɔ̃se] ⟨1k⟩ **1** *v/t clou, pieu* drive in; *couteau* thrust, plunge (*dans* into); *porte* break down **2** *v/i dans sable etc* sink (*dans* into); *s'~* sink; *s'~ dans la forêt* go deep into the forest

enfouir [ãfwir] ⟨2a⟩ bury

enfourcher [ãfurʃe] ⟨1a⟩ *cheval, bicyclette* mount

enfourner [ãfurne] ⟨1a⟩ put in the oven; *fig* F (*avaler*) gobble up

enfreindre [ãfrɛ̃dr] ⟨4b⟩ infringe

enfuir [ãfɥir] ⟨2d⟩: **s'~** run away

enfumé, ~e [ãfyme] smoky

engagé, ~e [ãgaʒe] **1** *adj* committed **2** *m* MIL volunteer

engagement [ãgaʒmã] *m* (*obligation*) commitment; *de personnel* recruitment; THÉÂT booking; (*mise en gage*) pawning

engager [ãgaʒe] ⟨1l⟩ (*lier*) commit (*à* to); *personnel* hire; TECH (*faire entrer*) insert; *conversation, discussion* begin; (*entraîner*) involve (**dans** in); THÉÂT book; (*mettre en gage*) pawn; **cela ne vous engage à rien** this in no way commits you; **s'~** (*se lier*) commit o.s. (**à faire qch** to doing sth), promise (**à faire qch** to do sth); (*commencer*) begin; MIL enlist; **s'~ dans** get involved in; *rue* turn into

engelure [ãʒlyr] *f* chillblain

engendrer [ãʒãdre] ⟨1a⟩ *fig* engender

engin [ãʒɛ̃] *m* machine; MIL missile; F *péj* thing

englober [ãɡlɔbe] ⟨1a⟩ (*comprendre*) include, encompass

engloutir [ãɡlutir] ⟨2a⟩ (*dévorer*) devour, wolf down; *fig* engulf, swallow up

engorger [ãɡɔrʒe] ⟨1l⟩ *rue* block

engouement [ãɡumã] *m* infatuation

engouffrer [ãɡufre] ⟨1a⟩ devour, wolf down; **s'~ dans** *de l'eau* pour in; *fig*: *dans un bâtiment* rush into; *dans une foule* be swallowed up by

engourdir [ãɡurdir] ⟨2a⟩ numb; **s'~** go numb

engrais [ãɡrɛ] *m* fertilizer; **engraisser** ⟨1b⟩ *bétail* fatten

engrenage [ãɡrənaʒ] *m* TECH gear

engueuler [ãɡœle] ⟨1a⟩ F bawl out; **s'~** have an argument *ou* a fight

énigmatique [enigmatik] enigmatic; **énigme** *f* (*mystère*) enigma; (*devinette*) riddle

enivrement [ãnivrəmã] *m fig* exhilaration; **enivrer** ⟨1a⟩ intoxicate; *fig* exhilarate

enjambée [ãʒãbe] *f* stride; **enjamber** ⟨1a⟩ step across; *d'un pont* span, cross

enjeu [ãʒø] *m* (*pl* -x) stake; **l'~ est important** *fig* the stakes are high

enjoliver [ãʒɔlive] ⟨1a⟩ embellish; **enjoliveur** *m* AUTO wheel trim, hub cap

enjoué, ~e [ãʒwe] cheerful, good-humored, *Br* good-humoured

enlacer [ãlase] ⟨1k⟩ *rubans* weave (**dans** through); (*étreindre*) put one's arms around; **s'~ de personnes** hug

enlaidir [ãledir] ⟨2a⟩ make ugly

enlèvement [ãlɛvmã] *m* (*rapt*) abduction, kidnap; **enlever** ⟨1d⟩ take away, remove; *tache* take out, remove; *vêtement* take off, remove; (*kidnapper*) abduct, kidnap; **~ qch à qn** take sth away from s.o.

enliser [ãlize] ⟨1a⟩: **s'~** get bogged down (*aussi fig*)

enneigé, ~e [ãneʒe] *route* blocked by snow; *sommet* snow-capped

ennemi, ~e [ɛnmi] **1** *m/f* enemy **2** *adj* enemy *atr*

ennui [ãnɥi] *m* boredom; **~s** problems; **on lui a fait des ~s à la douane** he had a bit of bother *ou* a few problems at customs; **ennuyé, ~e** (*contrarié*) annoyed; (*préoccupé*) bothered; **ennuyer** ⟨1h⟩ (*contrarier, agacer*) annoy; (*lasser*) bore; **s'~** be bored; **ennuyeux, -euse** (*contrariant*) annoying; (*lassant*) boring

énoncé [enõse] *m* statement; *d'une question* wording; **énoncer** ⟨1k⟩ state; **~ des vérités** state the obvious

enorgueillir [ãnɔrɡœjir] ⟨2a⟩: **s'~ de qch** be proud of sth

énorme [enɔrm] enormous; **énormément** *adv* enormously; **~ d'argent** F an enormous amount of money; **énormité** *f* enormity; **dire des ~s** say outrageous things

enquérir [ãkerir] ⟨2l⟩: **s'~ de** enquire about

enquête [ãkɛt] *f* inquiry; *policière aus-*

si investigation; *(sondage d'opinion)* survey; **enquêter** ⟨1b⟩: ~ *sur* investigate

enraciné, ~e [ɑ̃rasine] deep-rooted

enragé, ~e [ɑ̃raʒe] MÉD rabid; *fig* fanatical

enrayer [ɑ̃reje] ⟨1i⟩ jam; *fig: maladie* stop

enregistrement [ɑ̃rəʒistrəmɑ̃] *m dans l'administration* registration; *de disques* recording; AVIAT check-in; ~ **des bagages** check-in; ~ **vidéo** video recording; **enregistrer** ⟨1a⟩ register; *disques* record; *bagages* check in; **enregistreur** *m*: ~ **de vol** flight recorder, black box

enrhumé, ~e [ɑ̃ryme] *être* ~ have a cold; **enrhumer** ⟨1a⟩: **s'~** catch (a) cold

enrichir [ɑ̃riʃir] ⟨2a⟩ enrich; **s'~** get richer

enrôler [ɑ̃role] ⟨1a⟩ MIL enlist

enroué, ~e [ɑ̃rwe] husky, hoarse; **enrouer** ⟨1a⟩: **s'~** get hoarse

enrouler [ɑ̃rule] ⟨1a⟩ *tapis* roll up; ~ **qch autour de qch** wind sth around sth

ensanglanté, ~e [ɑ̃sɑ̃glɑ̃te] bloodstained

enseignant, ~e [ɑ̃seɲɑ̃, -t] *m/f* teacher

enseigne [ɑ̃seɲ] *f* sign

enseignement [ɑ̃seɲmɑ̃] *m* education; *d'un sujet* teaching; **enseigner** ⟨1a⟩ teach; ~ **qch à qn** teach s.o. sth; ~ **le français** teach French

ensemble [ɑ̃sɑ̃bl] **1** *adv (simultanément)* together; *aller* ~ go together **2** *m (totalité)* whole; *(groupe)* group, set; MUS, *vêtement* ensemble; MATH set; *l'~ de la population* the whole *ou* entire population; *dans l'~* on the whole; *vue f d'~* overall picture

ensevelir [ɑ̃səvlir] ⟨2a⟩ bury

ensoleillé, ~e [ɑ̃sɔleje] sunny

ensommeillé, ~e [ɑ̃sɔmeje] sleepy, drowsy

ensorceler [ɑ̃sɔrsəle] ⟨1c⟩ cast a spell on; *fig (fasciner)* bewitch

ensuite [ɑ̃sɥit] then; *(plus tard)* after

ensuivre [ɑ̃sɥivr] ⟨4h⟩: **s'~** ensue

entacher [ɑ̃taʃe] ⟨1a⟩ smear

entaille [ɑ̃tɑj] *f* cut; *(encoche)* notch; **entailler** ⟨1a⟩ notch; **s'~ la main** cut one's hand

entamer [ɑ̃tame] ⟨1a⟩ *pain, travail* start on; *bouteille, négociations* open, start; *conversation* start; *économies* make

entasser [ɑ̃tase] ⟨1a⟩ *choses* pile up, stack; *personnes* cram

entendre [ɑ̃tɑ̃dr] ⟨4a⟩ hear; *(comprendre)* understand; *(vouloir dire)* mean; ~ **faire qch** intend to do sth; **on m'a laissé** ~ **que** I was given to understand that; ~ **dire que** hear that; **avez-vous entendu parler de …?** have you heard of …?; **s'~** *(être compris)* be understood; **s'~** *(avec qn)* get on (with s.o.); *(se mettre d'accord)* come to an agreement (with s.o.); **cela s'entend** that's understandable

entendu, ~e [ɑ̃tɑ̃dy] *regard, sourire* knowing; **bien** ~ of course; **très bien, c'est** ~ it's settled then

entente [ɑ̃tɑ̃t] *f (accord)* agreement

enterrement [ɑ̃termɑ̃] *m* burial; *cérémonie* funeral; **enterrer** ⟨1a⟩ bury

en-tête [ɑ̃tɛt] *m (pl* en-têtes) heading; INFORM header; COMM letterhead; *d'un journal* headline; **papier** *m* **à** ~ headed paper

entêté, ~e [ɑ̃tete] stubborn; **entêtement** *m* stubbornness; **entêter** ⟨1b⟩: **s'~** persist *(dans* in; **à faire qch** in doing sth)

enthousiasme [ɑ̃tuzjasm] *m* enthusiasm; **enthousiasmer** ⟨1a⟩: **cette idée m'enthousiasme** I'm enthusiastic about *ou Br aussi* keen on the idea; **s'~ pour** be enthusiastic about; **enthousiaste** enthusiastic

enticher [ɑ̃tiʃe] ⟨1a⟩: **s'~ de** *personne* become infatuated with; *activité* develop a craze for

entier, -ère [ɑ̃tje, -er] whole, entire; *(intégral)* intact; *confiance, satisfaction* full; **le livre en** ~ the whole book, the entire book; **lait** *m* ~ whole milk; **entièrement** *adv* entirely

entonner [ɑ̃tɔne] ⟨1a⟩ *chanson* start

to sing

entonnoir [ãtɔnwar] *m* funnel

entorse [ãtɔrs] *f* MÉD sprain; *faire une ~ au règlement fig* bend the rules

entortiller [ãtɔrtije] ⟨1a⟩ (*envelopper*) wrap (*autour de* around; *dans* in)

entourage [ãturaʒ] *m* entourage; (*bordure*) surround; **entourer** ⟨1a⟩: *~ de* surround with; *s'~ de* surround o.s. with

entracte [ãtrakt] *m* intermission

entraide [ãtrɛd] *f* mutual assistance; **entraider** ⟨1b⟩: *s'~* help each other

entrailles [ãtraj] *fpl d'un animal* intestines, entrails

entrain [ãtrɛ̃] *m* liveliness; **entraînant, ~e** lively

entraînement [ãtrɛnmã] *m* SP training; TECH drive; **entraîner** ⟨1b⟩ (*charrier, emporter*) sweep along; SP train; *fig* result in; *frais* entail; *personne* drag; TECH drive; *~ qn à faire qch* lead s.o. to do sth; *s'~* train; **entraîneur** *m* trainer

entrave [ãtrav] *f fig* hindrance; **entraver** ⟨1a⟩ hinder

entre [ãtr] between; *~ les mains de qn fig* in s.o.'s hands; *le meilleur d'~ nous* the best of us; *~ autres* among other things; *il faut garder ce secret ~ nous* we have to keep this secret to ourselves; *~ nous, ...* between you and me, ...

entrebâiller [ãtrəbaje] ⟨1a⟩ half open

entrechoquer [ãtrəʃɔke] ⟨1m⟩: *s'~* knock against one another

entrecôte [ãtrəkot] *f* rib steak

entrecouper [ãtrəkupe] ⟨1a⟩ interrupt (*de* with)

entrecroiser [ãtrəkrwaze] ⟨1a⟩ (*s'~*) crisscross

entrée [ãtre] *f lieu d'accès* entrance, way in; *accès au théâtre, cinéma* admission; (*billet*) ticket; (*vestibule*) entry (way); CUIS starter; INFORM *touche* enter (key); *de données* input, inputting; *d'~* from the outset; *~ gratuite* admission free; *~ interdite* no admittance

entrefilet [ãtrəfilɛ] *m* short news item

entrejambe [ãtrəʒãb] *m* crotch

entrelacer [ãtrəlase] ⟨1k⟩ interlace, intertwine

entremêler [ãtrəmele] ⟨1b⟩ mix; *entremêlé de fig* interspersed with

entremets [ãtrəmɛ] *m* CUIS dessert

entremise [ãtrəmiz] *f*: *par l'~ de* through (the good offices of)

entreposer [ãtrəpoze] ⟨1a⟩ store; **entrepôt** *m* warehouse

entreprenant, ~e [ãtrəprənã, -t] enterprising

entreprendre [ãtrəprãdr] ⟨4q⟩ undertake; **entrepreneur, -euse** *m/f* entrepreneur; *~ des pompes funèbres* mortician; *Br* undertaker; **entreprise** *f* enterprise; (*firme*) company, business; *libre ~* free enterprise; *petites et moyennes ~s* small and medium-sized businesses

entrer [ãtre] ⟨1a⟩ **1** *v/i* (*aux être*) come / go in, enter; *~ dans pièce, gare etc* come / go into, enter; *voiture* get into; *pays* enter; *catégorie* fall into; *l'armée, le parti socialiste etc* join; *faire ~ visiteur* show in; *entrez!* come in!; *elle est entrée par la fenêtre* she got in through the window **2** *v/t* bring in; INFORM *données, texte* input, enter

entre-temps [ãtrətã] *adv* in the meantime

entretenir [ãtrətnir] ⟨2h⟩ *route, maison, machine etc* maintain; *famille* keep, support; *amitié* keep up; *s'~ de qch* talk to each other about sth

entretien [ãtrətjɛ̃] *m* maintenance, upkeep; (*conversation*) conversation

entretuer [ãtrətye] ⟨1n⟩: *s'~* kill each other

entrevoir [ãtrəvwar] ⟨3b⟩ glimpse; *fig* foresee; **entrevue** *f* interview

entrouvrir [ãtruvrir] ⟨2f⟩ half open

énumération [enymerasjɔ̃] *f* list, enumeration; **énumérer** ⟨1f⟩ list, enumerate

envahir [ãvair] ⟨2a⟩ invade; *d'un sentiment* overcome, overwhelm; **envahissant, ~e** *personne* intrusive; *sentiments* overwhelming; **envahisseur** *m* invader

enveloppe [ɑ̃vlɔp] *f d'une lettre* envelope; **envelopper** ⟨1a⟩ wrap; **enveloppé de** *brume, mystère* enveloped in

envenimer [ɑ̃vnime] ⟨1a⟩ poison (*aussi fig*)

envergure [ɑ̃vɛrgyr] *f d'un oiseau, avion* wingspan; *fig* scope; *d'une personne* caliber, *Br* calibre

envers [ɑ̃vɛr] **1** *prép* toward, *Br* towards; **son attitude ~ ses parents** her attitude toward *ou* to her parents **2** *m d'une feuille* reverse; *d'une étoffe:* wrong side; **à l'~** *pull* inside out; (*en désordre*) upside down

enviable [ɑ̃vjabl] enviable

envie [ɑ̃vi] *f* (*convoitise*) envy; (*désir*) desire (*de* for); **avoir ~ de qch** want sth; **avoir ~ de faire qch** want to do sth; **envier** ⟨1a⟩ envy; **~ qch à qn** envy s.o. sth; **envieux, -euse** envious

environ [ɑ̃virɔ̃] **1** *adv* about **2** *mpl:* **~s** surrounding area *sg;* **dans les ~s** in the vicinity; **aux ~s de** *ville* in the vicinity of; *Pâques* around about; **environnant, ~e** surrounding; **environnement** *m* environment

envisager [ɑ̃vizaʒe] ⟨1l⟩ (*considérer*) think about, consider; (*imaginer*) envisage; **~ de faire qch** think about doing sth

envoi [ɑ̃vwa] *m* consignment, shipment; *action* shipment, dispatch; *d'un fax* sending

envoler [ɑ̃vɔle] ⟨1a⟩: **s'~** fly away; *d'un avion* take off (*pour* for); *fig: du temps* fly

envoûter [ɑ̃vute] ⟨1a⟩ bewitch

envoyé [ɑ̃vwaje] *m* envoy; *d'un journal* correspondent; **~ spécial** special envoy; **envoyer** ⟨1p⟩ send; *coup, gifle* give; **~ chercher** send for

éolienne [eɔljɛn] *f* wind turbine; **champ** *m* **d'~s** wind farm

épagneul [epaɲœl] *m* spaniel

épais, ~se [epɛ, -s] thick; *forêt, brouillard* thick, dense; *foule* dense; **épaisseur** *f* thickness; **épaissir** ⟨2a⟩ thicken

épancher [epɑ̃ʃe] ⟨1a⟩: **s'~** pour out one's heart (*auprès de* to)

épanoui, ~e [epanwi] *femme, sourire* radiant; (*ouvert*) open; **épanouir** ⟨2a⟩: **s'~** *d'une fleur* open up; (*se développer*) blossom; **épanouissement** *m* opening; (*développement*) blossoming

épargne [eparɲ] *f action* saving; **~s** (*économies*) savings; **épargne-logement** *f:* **plan d'~** savings plan for would-be house buyers; **épargneur, -euse** *m/f* saver

épargner [eparɲe] ⟨1a⟩ **1** *v/t* save; *personne* spare; **~ qch à qn** spare s.o. sth; **ne pas ~ qch** be generous with sth **2** *v/i* save

éparpiller [eparpije] ⟨1a⟩ scatter

épars, ~e [epar, -s] sparse

épatant, ~e [epatɑ̃, -t] *F* great, terrific; **épater** ⟨1a⟩ astonish

épaule [epol] *f* shoulder; **épauler** ⟨1a⟩ shoulder; *fig* support; **épaulette** *f* (*bretelle*) shoulderstrap; *de veste, manteau* shoulder pad; MIL epaulette

épave [epav] *f* wreck (*aussi fig*)

épée [epe] *f* sword

épeler [eple] ⟨1c⟩ spell

éperdu, ~e [epɛrdy] *besoin* desperate; **~ de** beside o.s. with

éperon [eprɔ̃] *m* spur; **éperonner** ⟨1a⟩ spur on (*aussi fig*)

éphémère [efemɛr] *fig* short-lived, ephemeral

épi [epi] *m* ear; **stationnement** *m* **en ~** AUTO angle parking

épice [epis] *f* spice; **épicer** ⟨1k⟩ spice; **épicerie** *f* grocery store, *Br* grocer's; **épicier, -ère** *m/f* grocer

épidémie [epidemi] *f* epidemic

épier [epje] ⟨1a⟩ spy on; *occasion* watch for

épilation [epilasjɔ̃] *f* removal of unwanted hair (*de* from); **épiler** ⟨1a⟩ remove the hair from

épilepsie [epilɛpsi] *f* epilepsy; **crise d'~** epileptic fit; **épileptique** *m/f* epileptic

épilogue [epilɔg] *m* epilog, *Br* epilogue

épinards [epinar] *mpl* spinach *sg*

épine [epin] *f d'une rose* thorn; *d'un hérisson* spine, prickle; **~ dorsale** backbone; **épineux, -euse** *problème* thorny

épingle [epɛ̃gl] *f* pin; **~ de sûreté** *ou* **de nourrice** safety pin; *tiré à quatre* **~s** *fig* well turned-out; **épingler** ⟨1a⟩ pin

Épiphanie [epifani] *f* Epiphany

épique [epik] *epic*

épisode [epizɔd] *m* episode

épitaphe [epitaf] *f* epitaph

éploré, ~e [eplɔre] tearful

éplucher [eplyʃe] ⟨1a⟩ peel; *fig* scrutinize; **épluchures** *fpl* peelings

éponge [epɔ̃ʒ] *f* sponge; **éponger** ⟨1l⟩ sponge down; *flaque* sponge up; *déficit* mop up

épopée [epɔpe] *f* epic

époque [epɔk] *f* age, epoch; **meubles** *mpl* **d'~** period *ou* antique furniture *sg*

époumoner [epumɔne] ⟨1a⟩: **s'~** F shout o.s. hoarse

épouse [epuz] *f* wife, spouse *fml*; **épouser** ⟨1a⟩ marry; *idées, principe etc* espouse

épousseter [epuste] ⟨1c⟩ dust

époustouflant, ~e [epustuflɑ̃, -t] F breathtaking

épouvantable [epuvɑ̃tabl] dreadful

épouvantail [epuvɑ̃taj] *m* (*pl* -s) scarecrow

épouvante [epuvɑ̃t] *f* terror, dread; **film** *m* **d'~** horror film; **épouvanter** ⟨1a⟩ horrify, fig terrify

époux [epu] *m* husband, spouse *fml*; **les ~** the married couple

éprendre [eprɑ̃dr] ⟨4q⟩: **s'~ de** fall in love with

épreuve [eprœv] *f* trial; SP event; *imprimerie* proof; *photographie* print; **à toute ~** *confiance etc* never-failing; **à l'~ du feu** fireproof; **mettre à l'~** put to the test, try out

éprouvant, ~e [epruvɑ̃, -t] trying; **éprouver** ⟨1a⟩ (*tester*) test, try out; (*ressentir*) feel, experience; *difficultés* experience; **éprouvette** *f* test tube

EPS *abr* (= **éducation physique et**

sportive) PE (= physical education)

épuisant, ~e [epɥizɑ̃, -t] punishing; **épuisé, ~e** exhausted; *livre* out of print; **épuisement** *m* exhaustion; **épuiser** ⟨1a⟩ exhaust; **~ les ressources** be a drain on resources; **s'~** tire o.s. out (**à faire qch** doing sth); *d'une source* dry up

épuration [epyrasjɔ̃] *f* purification; **station** *f* **d'~** sewage plant; **épurer** ⟨1a⟩ purify

équateur [ekwatœr] *m* equator

Équateur [ekwatœr] *m:* **l'~** Ecuador

équation [ekwasjɔ̃] *f* MATH equation

équatorien, ~ne [ekwatɔrjɛ̃, -ɛn] **1** *adj* Ecuador(i)an **2** *m* **Équatorien, ~ne** Ecuador(i)an

équerre [eker] *f à dessin* set square

équestre [ekɛstr] *statue* equestrian

équilibre [ekilibr] *m* balance, equilibrium (*aussi fig*); **équilibré, ~e** balanced; **équilibrer** ⟨1a⟩ balance

équinoxe [ekinɔks] *m* equinox

équipage [ekipaʒ] *m* AVIAT, MAR crew

équipe [ekip] *f* team; *d'ouvriers* gang; **travail** *m* **en ~** teamwork; **~ de jour / de nuit** day / night shift; **~ de secours** rescue party; **équipement** *m* equipment; **équiper** ⟨1a⟩ equip (**de** with)

équitable [ekitabl] just, equitable

équitation [ekitasjɔ̃] *f* riding, equestrianism

équité [ekite] *f* justice, equity

équivalence [ekivalɑ̃s] *f* equivalence; **équivalent, ~e 1** *adj* equivalent (**à** to) **2** *m* equivalent; **équivaloir** ⟨3h⟩: **~ à** be equivalent to

équivoque [ekivɔk] **1** *adj* equivocal, ambiguous **2** *f* (*ambiguïté*) ambiguity; (*malentendu*) misunderstanding

érable [erabl] *m* BOT maple

érafler [erafle] ⟨1a⟩ *peau* scratch; **éraflure** *f* scratch

ère [er] *f* era

érection [erɛksjɔ̃] *f* erection

éreintant, ~e [erɛ̃tɑ̃, -t] exhausting, back-breaking; **éreinter** ⟨1a⟩ exhaust; **s'~** exhaust o.s. (**à faire qch** doing sth)

ergothérapeute [ɛrgoterapøt] *m/f* occupational therapist; **ergothérapie** *f* occupational therapy

ériger [eriʒe] ⟨1l⟩ erect; *s'~ en* set o.s. up as

ermite [ɛrmit] *m* hermit

éroder [erode] ⟨1a⟩ *(aussi fig)* erode; **érosion** *f* erosion

érotique [erotik] erotic; **érotisme** *m* eroticism

errant, ~e [ɛrɑ̃, -t] *personne, vie* roving; *chat, chien* stray; **errer** ⟨1b⟩ roam; *des pensées* stray

erreur [ɛrœr] *f* mistake, error; *par ~* by mistake; *~ de calcul* miscalculation; *~ judiciaire* miscarriage of justice; **erroné, ~e** wrong, erroneous *fml*

érudit, ~e [erydi, -t] erudite; **érudition** *f* erudition

éruption [erypsjõ] *f* eruption; MÉD rash

ès [ɛs] *prép: docteur m ~ lettres* PhD

escabeau [ɛskabo] *m (pl -x) (tabouret)* stool; *(marchepied)* stepladder

escadron [ɛskadrõ] *m* squadron

escalade [ɛskalad] *f* climbing; *~ de violence etc* escalation; **escalader** ⟨1a⟩ climb

escalator [ɛskalatɔr] *m* escalator

escale [ɛskal] *f* stopover; *faire ~ à* MAR call at; AVIAT stop over in

escalier [ɛskalje] *m* stairs *pl*, staircase; *dans l'~* on the stairs; *~ roulant* escalator; *~ de secours* fire escape; *~ de service* backstairs *pl*

escalope [ɛskalɔp] *f* escalope

escamotable [ɛskamotabl] retractable; **escamoter** ⟨1a⟩ *(dérober)* make disappear; *antenne* retract; *fig: difficulté* get around

escapade [ɛskapad] *f: faire une ~* get away from it all

escargot [ɛskargo] *m* snail

escarpé, ~e [ɛskarpe] steep; **escarpement** *m* slope; GÉOL escarpment

escarpin [ɛskarpɛ̃] *m* pump, *Br* court shoe

escient [ɛsjɑ̃] *m: à bon ~* wisely

esclaffer [ɛsklafe] ⟨1a⟩: *s'~* guffaw, laugh out loud

esclandre [ɛsklɑ̃dr] *m* scene

esclavage [ɛsklavaʒ] *m* slavery; **esclave** *m/f* slave

escompte [ɛskõt] *m* ÉCON, COMM discount; **escompter** ⟨1a⟩ discount; *fig* expect

escorte [ɛskɔrt] *f* escort; **escorter** ⟨1a⟩ escort

escrime [ɛskrim] *f* fencing; **escrimer** ⟨1a⟩: *s'~* fight, struggle *(à* to*)*

escroc [ɛskro] *m* crook, swindler

escroquer [ɛskrɔke] ⟨1m⟩ swindle; *~ qch à qn, ~ qn de qch* swindle s.o. out of sth; **escroquerie** *f* swindle

espace [ɛspas] *m* space; *~ aérien* airspace; *~s verts* green spaces; **espacer** ⟨1k⟩ space out; *s'~* become more and more infrequent

espadrille [ɛspadrij] *f* espadrille, rope sandal

Espagne [ɛspaɲ] *f* Spain; **espagnol, ~e 1** *adj* Spanish **2** *m langue* Spanish **3** *m/f* **Espagnol, ~e** Spaniard

espèce [ɛspɛs] *f* kind, sort *(de* of*)*; BIOL species; *~ d'abruti! péj* idiot!; *en ~s* COMM cash

espérance [ɛsperɑ̃s] *f* hope; *~ de vie* life expectancy

espérer [ɛspere] ⟨1f⟩ **1** *v/t* hope for; *~ que* hope that; *~ faire qch* hope to do sth; *je n'en espérais pas tant* it's more than I'd hoped for **2** *v/i* hope; *~ en* trust in

espiègle [ɛspjɛgl] mischievous

espion, ~ne [ɛspjõ, -ɔn] *m/f* spy; **espionnage** *m* espionage, spying; **espionner** ⟨1a⟩ spy on

esplanade [ɛsplanad] *f* esplanade

espoir [ɛspwar] *m* hope

esprit [ɛspri] *m* spirit; *(intellect)* mind; *(humour)* wit; *faire de l'~* show off one's wit; *perdre l'~* lose one's mind; *~ d'équipe* team spirit

Esquimau, ~de [ɛskimo, -d] *(mpl -x) m/f* Eskimo

esquinter [ɛskɛ̃te] ⟨1a⟩ F *voiture* smash up, total; *(fatiguer)* wear out

esquisse [ɛskis] *f* sketch; *fig: d'un roman* outline; **esquisser** ⟨1a⟩ sketch; *fig: projet* outline

esquiver [ɛskive] ⟨1a⟩ dodge; *s'~* slip away

essai [esɛ] m (test) test, trial; (tentative) attempt, try; en rugby try; en littérature essay; à l'~, à titre d'~ on trial

essaim [esɛ̃] m swarm

essayage [esɛjaʒ] m: cabine f d'~ changing cubicle; essayer ⟨1i⟩ try; (mettre à l'épreuve, évaluer) test; plat, vin try, taste; vêtement try on; ~ de faire qch try to do sth; s'~ à qch try one's hand at sth

essence [esɑ̃s] f essence; carburant gas, Br petrol; BOT species sg

essentiel, ~le [esɑ̃sjɛl] 1 adj essential 2 m: l'~ the main thing; de sa vie the main part; n'emporter que l'~ take only the essentials

essieu [esjø] m (pl -x) axle

essor [esɔr] m fig expansion; prendre un ~ expand rapidly

essorer [esɔre] ⟨1a⟩ linge, à la main wring out; d'une machine à laver spin; essoreuse f spindryer

essoufflé, ~e [esufle] out of breath, breathless; essoufflement m breathlessness

essuie-glace [esɥiglas] m (pl inv ou essuie-glaces) AUTO (windshield) wiper, Br (windscreen) wiper; essuie--mains m (pl inv) handtowel; es-suie-tout kitchen towel ou paper

essuyer [esɥije] ⟨1h⟩ wipe; (sécher) wipe, dry; fig suffer

est [ɛst] 1 m: east; vent m d'~ east wind; à l'~ de (to the) east of 2 adj east, eastern; côte f ~ east ou eastern coast

estampe [ɛstɑ̃p] f en cuivre engraving, print

est-ce que [ɛskə] pour formuler des questions: ~ c'est vrai? is it true?; est-ce qu'ils se portent bien? are they well?

esthéticienne [ɛstetisjɛn] f beautician

esthétique [ɛstetik] esthetic, Br aesthetic

estimable [ɛstimabl] estimable; résultats, progrès respectable; estimatif, -ive estimated; devis m ~ estimate; estimation f estimation; des coûts estimate

estime [ɛstim] f esteem; estimer ⟨1a⟩ valeur, coûts estimate; (respecter) have esteem for; (croire) feel, think; s'~ heureux consider o.s. lucky (d'être accepté to have been accepted)

estival, ~e [ɛstival] (mpl -aux) summer atr; estivant, ~e m/f summer resident

estomac [ɛstɔma] m stomach; avoir mal à l'~ have stomach-ache

estomper [ɛstɔ̃pe] ⟨1a⟩: s'~ de souvenirs fade

Estonie [ɛstɔni] f Estonia; estonien, ~ne 1 adj Estonian 2 m langue Estonian 3 m/f Estonien, ~ne Estonian

estrade [ɛstrad] f podium

estragon [ɛstragɔ̃] m tarragon

estropier [ɛstrɔpje] ⟨1a⟩ cripple

estuaire [ɛstɥɛr] m estuary

et [e] and; ~ ... ~ ... both ... and ...

étable [etabl] f cowshed

établi [etabli] m workbench

établir [etablir] ⟨2a⟩ camp, entreprise establish, set up; relations, contact, ordre establish; salaires, prix set, fix; facture, liste draw up; record set; culpabilité establish, prove; raisonnement, réputation base (sur on); s'~ (s'installer) settle; s'~ à son compte set up (in business) on one's own; établissement m establishment; de salaires, prix setting; d'une facture, liste drawing up; d'un record setting; d'une loi, d'un impôt introduction; ~ scolaire educational establishment; ~ bancaire / hospitalier bank / hospital; ~ industriel factory; ~ thermal spa

étage [etaʒ] m floor, story, Br storey; d'une fusée stage; premier / deuxième ~ second / third floor, Br first / second floor

étagère [etaʒɛr] f meuble bookcase, shelves pl; planche shelf

étain [etɛ̃] m pewter

étalage [etalaʒ] m display; faire ~ de qch show sth off; étaler ⟨1a⟩ carte spread out, open out; peinture, margarine spread; paiements spread out (sur over); vacances stagger; marchandises display, spread out; fig (exhiber) show off; s'~ de peinture spread; *de paiements* be spread out (**sur** over); (*s'afficher*) show off; (*se vautrer*) sprawl; *par terre* fall flat

étalon [etalõ] *m* ZO stallion; *mesure* standard

étanche [etɑ̃ʃ] watertight; **étancher** ⟨1a⟩ TECH make watertight; *litt:* soif quench

étang [etɑ̃] *m* pond

étape [etap] *f lieu* stopover, stopping place; *d'un parcours* stage, leg; *fig* stage

état [eta] *m* state; *de santé, d'une voiture, maison* state, condition; (*liste*) statement, list; **~ civil** bureau registry office; *condition* marital status; **~ d'esprit** state of mind; **en tout ~ de cause** in any case, anyway; **être dans tous ses ~s** be in a right old state; **être en ~ de faire qch** be in a fit state to do sth; **hors d'~** out of order; **état-major** *m* (*pl* états-majors) MIL staff; **État-providence** *m* welfare state; **États-Unis** *mpl:* **les ~** the United States

étau [eto] *m* (*pl* -x) vise, *Br* vice

étayer [eteje] ⟨1i⟩ shore up

été¹ [ete] *m* summer; **en ~** in summer; **~ indien** Indian summer

été² [ete] *p/p →* **être**

éteindre [etɛ̃dr] ⟨4b⟩ *incendie, cigarette* put out, extinguish; *électricité, radio, chauffage* turn off; **s'~** *de feu, lumière* go out; *de télé etc* go off; *euph* (*mourir*) pass away

étendre [etɑ̃dr] ⟨4a⟩ *malade, enfant* lay (down); *beurre, enduit* spread; *peinture* apply; *bras* stretch out; *linge* hang up; *vin* dilute; *sauce* thin; *influence, pouvoir* extend; **s'~** extend, stretch (**jusqu'à** as far as, to); *d'une personne* lie down; *d'un incendie, d'une maladie* spread; *d'un tissu* stretch; **s'~ sur qch** dwell on sth

étendue [etɑ̃dy] *f* extent; *d'eau* expanse; *de connaissances, affaires* extent, scope; *d'une catastrophe* extent, scale

éternel, ~le [etɛrnɛl] eternal; **éterniser** ⟨1a⟩ drag out; **s'~** drag on; **éternité** *f* eternity

éternuement [etɛrnymɑ̃] *m* sneeze; **éternuer** ⟨1n⟩ sneeze

Éthiopie [etjɔpi] *f:* **l'~** Ethiopia; **éthiopien, ~ne 1** *adj* Ethiopian **2** *m langue* Ethiopic **3** *m/f* **Éthiopien, ~ne** Ethiopian

éthique [etik] **1** *adj* ethical **2** *f* ethics

ethnie [etni] *f* ethnic group; **ethnique** ethnic

étinceler [etɛ̃sle] ⟨1c⟩ sparkle; **étincelle** *f* spark

étiqueter [etikte] ⟨1c⟩ label (*aussi fig*)

étiquette [etikɛt] *f d'un vêtement, cahier* label; (*protocole*) etiquette

étirer [etire] ⟨1a⟩: **s'~** stretch

étoffe [etɔf] *f* material; **avoir l'~ de qch** *fig* have the makings of sth; **étoffer** ⟨1a⟩ *fig* flesh out

étoile [etwal] *f star* (*aussi fig*); **~ filante** falling star, *Br aussi* shooting star; **à la belle ~** out of doors; **dormir** under the stars; **~ de mer** starfish

étonnant, ~e [etɔnɑ̃, -t] astonishing, surprising; **étonné, ~e** astonished, surprised (*de* at, by); **étonnement** *m* astonishment, surprise; **étonner** ⟨1a⟩ astonish, surprise; **s'~ de** be astonished *ou* surprised at; **s'~ que** (+ *subj*) be surprised that

étouffant, ~e [etufɑ̃, -t] stifling, suffocating; **étouffée** CUIS: **à l'~** braised; **étouffer** ⟨1a⟩ suffocate; *avec un oreiller* smother, suffocate; *fig: bruit* quash; *révolte* put down, suppress; *cri* smother; *scandale* hush up

étourderie [eturdəri] *f caractère* foolishness; *action* foolish thing to do

étourdi, ~e [eturdi] foolish, thoughtless; **étourdir** ⟨2a⟩ daze; **~ qn** *d'alcool, de succès* go to s.o.'s head; **étourdissement** *m* (*vertige*) dizziness, giddiness

étourneau [eturno] *m* starling

étrange [etrɑ̃ʒ] strange

étranger, -ère [etrɑ̃ʒe, -ɛr] **1** *adj* strange; *de l'étranger* foreign **2** *m/f* stranger; *de l'étranger* foreigner **3** *m:* **à l'~** aller, vivre abroad; *investissement* foreign, outward

étranglement [etrɑ̃gləmɑ̃] *m* strangulation; **étrangler** ⟨1a⟩ strangle; *fig:*

critique, liberté stifle

être [ɛtr] ⟨1⟩ **1** *v/i* ◊ be; **~ ou ne pas ~** to be or not to be; **il est avocat** he's a lawyer; **il est de Paris** he is *ou* he's from Paris, he comes from Paris; **nous sommes lundi** it's Monday ◊ *passif* be; **nous avons été éliminé** we were eliminated; **il fut assassiné** he was assassinated

◊: **~ à qn** appartenir à belong to s.o.; **ce n'est pas à moi de le faire** it's not up to me to do it

◊ (*aller*) go; **j'ai été lui rendre visite** I have *ou* I've been to visit her; **est-ce tu as jamais été à Rouen?** have you ever been to Rouen?

2 *v/aux* have; **elle n'est pas encore arrivée** she hasn't arrived yet; **elle est arrivée hier** she arrived yesterday

3 *m* being; *personne* person

étreindre [etrɛ̃dr] ⟨4b⟩ grasp; *ami* embrace, hug; *de sentiments* grip; **étreinte** *f* hug, embrace; *de la main* grip

étrenner [etrene] ⟨1a⟩ use for the first time

étrennes [etren] *fpl* New Year's gift *sg*

étrier [etrije] *m* stirrup

étriqué, ~e [etrike] *pull, habit* too tight, too small; *fig* narrow

étroit, ~e [etrwa, -t] narrow; *tricot* tight, small; *amitié* close; **être ~ d'esprit** be narrow-minded

étroitesse [etrwates] *f* narrowness; **~ d'esprit** narrow-mindedness

Ets. *abr* (= **établissements**): **~ Morin** Morin's

étude [etyd] *f* study; MUS étude; *salle à l'école* study room; *de notaire* office; *activité* practice; **un certificat d'~s** an educational certificate; **faire des ~s** study; **~ de faisabilité** feasibility study; **~ de marché** market research; **une ~ de marché** a market study

étudiant, ~e [etydjɑ̃, -t] *m/f* student; **étudié, ~e** *discours* well thought out; (*affecté*) affected; **étudier** ⟨1a⟩ study

étui [etɥi] *m* case

étuvée [etyve] CUIS: **à l'~** braised

eu, ~e [y] *p/p* → *avoir*

euphémisme [øfemism] *m* understatement; *pour ne pas choquer* euphemism

euphorie [øfɔri] *f* euphoria; **euphorique** euphoric

euro [øro] *m* euro

Europe [ørɔp] *f*: **l'~** Europe; **européen, ~ne 1** *adj* European **2** *m/f* **Européen, ~ne** European

euthanasie [øtanazi] *f* euthanasia

eux [ø] *mpl* they; *après prép* them; **je les ai vues hier, ~ et leurs femmes** I saw them yesterday, them and their wives; **~, ils ne sont pas contents** they are not happy; **ce sont ~ qui** they are the ones who

eux-mêmes [ømɛm] themselves

évacuation [evakɥasjõ] *f* evacuation; **évacuer** ⟨1n⟩ evacuate

évadé [evade] *m* escaped prisoner, escapee; **évader** ⟨1n⟩: **s'~** escape

évaluer [evalɥe] ⟨1n⟩ (*estimer*) evaluate, assess; *tableau, meuble* value; *coût, nombre* estimate

Évangile [evãʒil] *m* Gospel

évanouir [evanwir] ⟨2a⟩: **s'~** faint; *fig* vanish, disappear; **évanouissement** *m* faint; *fig* disappearance

évaporation [evaporasjõ] *f* evaporation; **évaporer** ⟨1a⟩: **s'~** evaporate

évasé [evaze] *vêtement* flared; **évasif, -ive** evasive; **évasion** *f* escape

évêché [eveʃe] *m* bishopric; *édifice* bishop's palace

éveil [evɛj] *m* awakening; **en ~** alert; **éveillé, ~e** awake; **éveiller** ⟨1b⟩ wake up; *fig* arouse; **s'~** wake up; *fig* be aroused

événement [evɛnmã] *m* event; **~ médiatique** media event

éventail [evãtaj] *m* (*pl* -s) fan; *fig: de marchandises* range; **en ~** fan-shaped

éventé, ~e [evãte] *boisson* flat; **éventer** ⟨1a⟩ fan; *fig: secret* reveal

éventualité [evãtɥalite] *f* eventuality, possibility

éventuel, ~le [evãtɥel] possible; **éventuellement** possibly

évêque [evɛk] *m* bishop

évertuer [evɛʁtɥe] ⟨1n⟩: *s'~ à faire qch* try one's hardest *ou* damnedest F to do sth

éviction [eviksjɔ̃] *f* eviction

évidemment [evidamɑ̃] *(bien sûr)* of course

évidence [evidɑ̃s] *f* evidence; *en ~* plainly visible; *mettre en ~ idée, fait* highlight; *objet* emphasize; *de toute ~* obviously, clearly; **évident, ~e** obvious, clear

évier [evje] *m* sink

évincer [evɛ̃se] ⟨1k⟩ oust

évitable [evitabl] avoidable; **éviter** ⟨1a⟩ avoid; *~ qch à qn* spare s.o. sth; *~ de faire qch* avoid doing sth

évocation [evɔkasjɔ̃] *f* evocation

évolué, ~e [evɔlɥe] developed, advanced; **évoluer** ⟨1n⟩ *(progresser)* develop, evolve; **évolution** *f* development; BIOL evolution

évoquer [evɔke] ⟨1m⟩ *esprits* conjure up *(aussi fig)*; *~ un problème* bring up a problem

exacerber [ɛgzasɛʁbe] ⟨1a⟩ exacerbate

exact, ~e [ɛgza(kt), ɛgzakt] *nombre, poids, science* exact, precise; *compte, reportage* accurate; *calcul, date, solution* right, correct; *personne* punctual; *l'heure ~e* the right time; *c'est ~* that's right *ou* correct; **exactitude** *f* accuracy; *(ponctualité)* punctuality

ex æquo [ɛgzeko] *être ~* tie, draw

exagération [ɛgzaʒeʁasjɔ̃] *f* exaggeration; **exagérer** ⟨1f⟩ exaggerate

exalter [ɛgzalte] ⟨1a⟩ excite; *(vanter)* exalt

examen [ɛgzamɛ̃] *m* exam; MÉD examination; *passer un ~* take an exam, *Br aussi* sit an exam; *être reçu à un ~* pass an exam; *~ d'entrée* entrance exam; *mise f en ~* JUR indictment

examinateur, -trice [ɛgzaminatœʁ, -tʁis] *m/f* examiner; **examiner** ⟨1a⟩ examine *(aussi* MÉD*)*

exaspérant, ~e [ɛgzaspeʁɑ̃, -t] exasperating; **exaspérer** ⟨1f⟩ exasperate

exaucer [ɛgzose] ⟨1k⟩ *prière* answer; *vœu* grant; *~ qn* grant s.o.'s wish

excavation [ɛkskavasjɔ̃] *f* excavation

excédent [ɛkseda] *m* excess; *budgétaire, de trésorerie* surplus; *~ de bagages* excess baggage; **excéder** ⟨1f⟩ *mesure* exceed, be more than; *autorité, pouvoirs* exceed; *(énerver)* irritate

excellence [ɛkselɑ̃s] *f* excellence; *Excellence titre* Excellency; *par ~* par excellence; **excellent, ~e** excellent; **exceller** ⟨1b⟩ excel *(dans* in; *en* at; *à faire qch* at doing sth)

excentré, ~e [ɛksɑ̃tʁe] not in the center *ou Br* centre

excentrique [ɛksɑ̃tʁik] eccentric

excepté, ~e [ɛksɛpte] **1** *adj*: *la Chine ~e* except for China, with the exception of China **2** *prép* except; *~ que* except for the fact that; *~ si* unless, except if; **excepter** ⟨1a⟩ exclude, except

exception [ɛksɛpsjɔ̃] *f* exception; *à l'~ de* with the exception of; *d'~* exceptional; **exceptionnel, ~le** exceptional

excès [ɛksɛ] *m* excess; *à l'~* to excess, excessively; *~ de vitesse* speeding; **excessif, -ive** excessive

excitant, ~e [ɛksitɑ̃, -t] *m/f* stimulant; **excitation** [ɛksitasjɔ̃] *f* excitement; *(provocation)* incitement *(à* to); *sexuelle* arousal; **excité, ~e** excited; *sexuellement* aroused; **exciter** ⟨1a⟩ excite; *(provoquer)* incite *(à* to); *sexuellement, envie, passion* arouse, excite; *appétit* whet; *imagination* stir

exclamation [ɛksklamasjɔ̃] *f* exclamation; **exclamer** ⟨1a⟩: *s'~* exclaim

exclu, ~e [ɛkskly] *m/f* outcast; **exclure** ⟨4l⟩ exclude

exclusif, -ive [ɛksklyzif, -iv] exclusive

exclusion [ɛksklyzjɔ̃] *f* expulsion; *à l'~ de* to the exclusion of; *(à l'exception de)* with the exception of

exclusivement [ɛksklyzivmɑ̃] *adv* exclusively; **exclusivité** *f* COMM exclusivity, sole rights *pl*; *en ~* exclusively

excommunier [ɛkskɔmynje] ⟨1a⟩ excommunicate

excrément [ɛkskʁemɑ̃] *m* excrement

excursion [ɛkskyʁsjɔ̃] *f* trip, excursion

excuse [ɛkskyz] *f* (*prétexte, justification*) excuse; *~s* apology *sg*; *faire ses ~s* apologize, make one's apologies; **excuser** ⟨1a⟩ excuse; *s'~* apologize (*de* for); *excusez-moi* excuse me; *excusez-moi de vous déranger* I'm sorry to bother you

exécrable [ɛgzekrabl] horrendous, atrocious

exécuter [ɛgzekyte] ⟨1a⟩ *ordre, projet* carry out; MUS perform, execute; JUR *loi, jugement* enforce; *condamné* execute; **exécutif, -ive 1** *adj* executive **2** *m:* *l'~* the executive; **exécution** *f d'un ordre, projet* carrying out, execution; MUS performance, execution; JUR *d'une loi, un jugement* enforcement; *d'un condamné* execution; *mettre à ~ menaces,* plan carry out

exemplaire [ɛgzɑ̃plɛr] **1** *adj* exemplary; *une punition ~* a punishment intended to act as an example **2** *m* copy; (*échantillon*) sample; *en deux / trois ~s* in duplicate / triplicate

exemple [ɛgzɑ̃pl] *m* example; *par ~* for example; *donner / ne pas donner l'~* set a good / bad example

exempt, ~e [ɛgzɑ̃, -t] exempt (*de* from); *inquiétude, souci* free (*de* from); **exempter** ⟨1a⟩ exempt (*de* from); **exemption** *f* exemption; *~ d'impôts* tax exemption

exercer [ɛgzɛrse] ⟨1k⟩ *corps* exercise; *influence* exert, use; *pouvoir* use; *profession* practise; *mémoire* train; MIL drill; *elle exerce la médecine* she's a doctor; *s'~* (*s'entraîner*) practise

exercice [ɛgzɛrsis] *m* exercise (*aussi* ÉDU); *d'une profession* practice; COMM fiscal year, *Br* financial year; MIL drill; *~ d'évacuation* evacuation drill

exhaler [ɛgzale] ⟨1a⟩ exhale

exhaustif, -ive [ɛgzostif, -iv] exhaustive

exhiber [ɛgzibe] ⟨1a⟩ exhibit; *document* produce; *s'~* make an exhibition of o.s.; **exhibitionniste** *m* exhibitionist

exhumer [ɛgzyme] ⟨1a⟩ exhume

exigeant, ~e [ɛgziʒɑ̃, -t] demanding; **exigence** *f* (*revendication*) demand; **exiger** ⟨1l⟩ (*réclamer*) demand; (*nécessiter*) need

exigu, ~ë [ɛgzigy] tiny

exil [ɛgzil] *m* exile; **exilé, ~e** *m/f* exile; **exiler** ⟨1a⟩ exile; *s'~* go into exile

existence [ɛgzistɑ̃s] *f* existence; **exister** ⟨1a⟩ exist; *il existe* there is, *pl* there are

exode [ɛgzɔd] *m* exodus

exonérer [ɛgzɔnere] ⟨1f⟩ exempt

exorbitant, ~e [ɛgzɔrbitɑ̃, -t] exorbitant

exorbité, ~e *yeux* bulging

exotique [ɛgzɔtik] exotic

expansif, -ive [ɛkspɑ̃sif, -iv] expansive (*aussi* PHYS); **expansion** *f* expansion; *~ économique* economic expansion *ou* growth

expatrier [ɛkspatrije] ⟨1a⟩ *argent* move abroad *ou* out of the country; *s'~* settle abroad

expectative [ɛkspɛktativ] *f:* *rester dans l'~* wait and see

expédient [ɛkspedjɑ̃] *m* expedient

expédier [ɛkspedje] ⟨1a⟩ send; COMM ship, send; *travail* do quickly

expéditeur, -trice [ɛkspeditœr, -tris] *m/f* sender; COMM shipper, sender; **expéditif, -ive** speedy; *péj* hasty; **expédition** *f* sending; COMM shipment; (*voyage*) expedition

expérience [ɛksperjɑ̃s] *f* experience; *scientifique* experiment

expérimenté, ~e [ɛksperimɑ̃te] experienced; **expérimenter** ⟨1a⟩ (*tester*) test

expert, ~e [ɛkspɛr, -t] **1** *adj* expert; *être ~ en la matière* be an expert in the matter **2** *m/f* expert; **expert- -comptable** *m* (*pl* experts-comptables*) certified public accountant, *Br* chartered accountant; **expert légiste** *m* forensic scientist

expertise [ɛkspɛrtiz] *f* (*estimation*) valuation; JUR expert testimony; **expertiser** ⟨1a⟩ *tableau, voiture* value

expier [ɛkspje] ⟨1a⟩ expiate

expiration [ɛkspirasjɔ̃] *f d'un contrat,*

délai expiration, *Br* expiry; *de souffle* exhalation; **expirer** ⟨1a⟩ *d'un contrat, délai* expire; *(respirer)* exhale; *(mourir)* die, expire *fml*

explicatif, -ive [ɛksplikatif, -iv] explanatory; **explication** *f* explanation; **nous avons eu une ~** we talked things over

explicite [ɛksplisit] explicit; **explicitement** *adv* explicitly

expliquer [ɛksplike] ⟨1m⟩ explain; **s'~** explain o.s.; **s'~ qch** account for sth, find an explanation for sth; **s'~ avec qn** talk things over with s.o.

exploit [ɛksplwa] *m sportif, médical* feat, achievement; **exploitant, ~e** *m/f agricole* farmer

exploitation [ɛksplwatasjɔ̃] *f d'une ferme, ligne aérienne* operation, running; *du sol* working, farming; *de richesses naturelles* exploitation; *(entreprise)* operation, concern; *péj: des ouvriers* exploitation; **~ minière** mining; **exploiter** ⟨1a⟩ *ferme, ligne aérienne* operate, run; *sol* work, farm; *richesses naturelles* exploit *(aussi péj)*

explorateur, -trice [ɛksplɔratœr, -tris] *m/f* explorer; **exploration** *f* exploration; **explorer** ⟨1a⟩ explore

exploser [ɛksploze] ⟨1a⟩ explode *(aussi fig)*; **~ de rire** F crack up F; **explosif, -ive 1** *adj* explosive *(aussi fig)* **2** *m* explosive; **explosion** *f* explosion *(aussi fig)*

exportateur, -trice [ɛkspɔrtatœr, -tris] **1** *adj* exporting **2** *m* exporter; **exportation** *f* export; **exporter** ⟨1a⟩ export

exposant, ~e *m/f* exhibitor

exposé [ɛkspoze] *m* account, report; ÉDU presentation; **exposer** ⟨1a⟩ *art, marchandise* exhibit, show; *problème, programme* explain; *à l'air, à la chaleur* expose *(aussi PHOT)*; **exposition** *f d'art, de marchandise* exhibition; *d'un problème* explanation; *au soleil* exposure *(aussi PHOT)*

exprès¹ [ɛkspre] *adv (intentionnellement)* deliberately, on purpose; *(spécialement)* expressly, specially

exprès², -esse [ɛkspres] **1** *adj* ex-

press **2** *adj inv* **lettre f exprès** express letter

express [ɛkspres] **1** *adj inv* express; **voie f ~** expressway **2** *m* train express; *café* espresso

expressément [ɛkspresemã] *adv* expressly

expressif, -ive [ɛkspresif, -iv] expressive; **expression** *f* expression

expresso [ɛkspreso] *m* espresso (coffee)

exprimer [ɛksprime] ⟨1a⟩ express; **s'~** express o.s.

exproprier [ɛksprɔprije] ⟨1a⟩ expropriate

expulser [ɛkspylse] ⟨1a⟩ expel; *d'un pays* deport; **expulsion** *f* expulsion; *d'un pays* deportation

exquis, ~e [ɛkski, -z] exquisite

extase [ɛkstaz] *f* ecstasy; **extatique** ecstatic

extensible stretchable; **extensif, -ive** AGR extensive; **extension** *f des bras, jambes* stretching; *(prolongement)* extension; *d'une épidémie* spread; INFORM expansion

exténuer [ɛkstenɥe] ⟨1n⟩ exhaust

extérieur, ~e [ɛksterjœr] **1** *adj paroi, mur* outside, external; ÉCON, POL foreign, external; *(apparent)* external **2** *m (partie externe)* outside, exterior; **à l'~** *(dehors)* outside, out of doors; **à l'~ de** outside; **extérieurement** *adv* externally, on the outside; **extérioriser** ⟨1a⟩ express, let out; **s'~ d'un sentiment** show itself, find expression; *d'une personne* express one's emotions

exterminer [ɛkstɛrmine] ⟨1a⟩ exterminate

externe [ɛkstɛrn] external

extincteur [ɛkstɛ̃ktœr] *m* extinguisher

extinction [ɛkstɛ̃ksjɔ̃] *f* extinction *(aussi fig)*

extirper [ɛkstirpe] ⟨1a⟩ *mauvaise herbe* pull up; MÉD remove; *fig renseignement* drag out

extorquer [ɛkstɔrke] ⟨1m⟩ extort

extorsion [ɛkstɔrsjɔ̃] *f* extortion

extra [ɛkstra] **1** *adj inv* great, terrific

2 *m*: **un ~** something special

extraconjugal, **~e** [ɛkstrakõʒygal] extramarital

extraction [ɛkstraksjõ] *f de pétrole, d'une dent* extraction

extrader [ɛkstrade] ⟨1a⟩ extradite; **extradition** *f* JUR extradition

extraire [ɛkstrɛr] ⟨4s⟩ extract

extrait [ɛkstrɛ] *m* extract

extraordinaire [ɛkstraɔrdinɛr] extra-ordinary

extrapoler [ɛkstrapɔle] ⟨1a⟩ extrapolate

extrascolaire [ɛkstraskɔlɛr] extra-curricular

extraterrestre [ɛkstratɛrɛstr] *m/f* extraterrestrial, alien

extravagance [ɛkstravagãs] *f* extravagance; *d'une personne, d'une idée, d'un habit* eccentricity; **extravagant**,

~e extravagant; *habits, idées, personne* eccentric

extraverti, **~e** [ɛkstravɛrti] extrovert

extrême [ɛkstrɛm] **1** *adj* extreme **2** *m* extreme; **à l'~** to extremes; **extrême-ment** *adv* extremely; **extrême-onction** *f* REL extreme unction; **Ex-trême-Orient** *m*: **l'~** the Far East

extrémiste [ɛkstremist] *m/f* POL extremist; **~ de droite** right-wing extremist; **extrémité** *f d'une rue* (very) end; *d'un doigt* tip; *(situation désespérée)* extremity; **~s** ANAT extremities

exubérance [ɛgzyberãs] *f d'une personne* exuberance; **exubérant**, **~e** exuberant

exulter [ɛgzylte] exult

exutoire [ɛgzytwar] *m fig* outlet

eye-liner [ajlajnœr] *m* eyeliner

F

F *abr* (= **franc(s)**) FF (= French franc(s))

fa [fa] *m* MUS F

fable [fabl] *f* fable

fabricant, **~e** [fabrikã, -t] *m/f* manu-facturer, maker; **fabrication** *f* mak-ing; *industrielle* manufacture; **~ en série** mass production

fabrique [fabrik] *f* factory; **fabriquer** ⟨1m⟩ make; *industriellement aussi* manufacture; *histoire* fabricate

fabuler ⟨1m⟩ make things up

fabuleux, **-euse** [fabylø, -z] fabulous

fac [fak] *f abr* (= **faculté**) uni, univer-sity

façade [fasad] *f* façade (*aussi fig*)

face [fas] *f* face; *d'une pièce* head; **de ~** from the front; **en ~ de ~** opposite; **~ à qch** facing sth; *fig* faced with sth; **~ à ~** face to face; **en ~** opposite; **faire ~ à** *problèmes, responsabilités* face (up to); **face-à-face** *m* (*pl inv*) face-to-

-face (debate)

facétieux, **-euse** [fasesjø, -z] mis-chievous

facette [fasɛt] *f* facet

fâché, **~e** [faʃe] annoyed; **fâcher** ⟨1a⟩ annoy; **se ~** get annoyed; **se ~ avec qn** fall out with s.o.; **fâcheux**, **-euse** annoying; *(déplorable)* unfortunate

facho [faʃo] F fascist

facile [fasil] easy; *personne* easy--going; **~ à faire / utiliser** easy to do / use; **facilement** *adv* easily; **fa-cilité** *f* easiness; *à faire qch* ease; **elle a beaucoup de ~s à l'école** she shows a lot of strengths at school; **~s de paiement** easy terms; **~ d'uti-lisation** ease of use; **faciliter** ⟨1a⟩ make easier, facilitate

façon [fasõ] *f (manière)* way, method; **de ~ (à ce) que** (+*subj*) so that; **de toute ~** anyway, anyhow; **de cette ~** (in) that way; **à la ~ de chez nous**

like we have at home; **à la ~ de Monet** in the style of Monet; **~s** (*comportement*) behavior *sg*, *Br* behaviour *sg*, manners; **faire des ~s** make a fuss; **sans ~** simple, unpretentious

façonner [fasɔne] ⟨1a⟩ shape, fashion

facteur [faktœr] *m* *de la poste* mailman, letter carrier, *Br* postman; MATH, *fig* factor

factice [faktis] artificial

faction [faksjõ] *f* (*groupe*) faction

factrice [faktris] *f* mailwoman, *Br* postwoman

factuel, ~le [faktɥel] factual

facture [faktyr] *f* bill; COMM invoice; **facturer** ⟨1a⟩ invoice

facultatif, -ive [fakyltatif, -iv] optional; **arrêt** *m* **~ d'autobus** request stop

faculté [fakylte] *f* faculty (*aussi université*); **~ d'adaptation** adaptability

fade [fad] insipid (*aussi fig*)

Fahrenheit [farɛnajt] Fahrenheit

faible [fɛbl] **1** *adj* weak; *bruit, lumière, voix, espoir* faint; *avantage* slight **2** *m pour personne* soft spot; *pour chocolat etc* weakness; **faiblesse** *f* weakness; **faiblir** ⟨2a⟩ weaken

faïence [fajɑ̃s] *f* earthenware

faille [faj] *f* GÉOL fault; *dans théorie, raisonnement* flaw

faillible [fajibl] fallible; **faillir** ⟨2n⟩: **il a failli gagner** he almost won, he nearly won; **faillite** *f* COMM bankruptcy; **faire ~** go bankrupt; **être en ~** be bankrupt

faim [fɛ̃] *f* hunger; **avoir ~** be hungry; **manger à sa ~** eat one's fill; **mourir de ~** starve (*aussi fig*)

fainéant, ~e [fɛneɑ̃, -t] **1** *adj* idle, lazy **2** *m/f* idler

faire [fɛr] ⟨4n⟩ **1** *v/t* ◊ do; *gâteau, robe, meuble, repas, liste* make; **qu'est-ce que vous faites dans la vie?** what do you do for a living?; **tu ferais bien** *ou* **mieux de te dépêcher** you had better hurry up; **elle ne fait que parler** she does nothing but talk; **~ la cuisine** cook; **~ du tennis** play tennis; **~ de la natation / du bateau / du ski** swim / sail / ski,

go swimming / sailing / skiing; **~ son droit** study law, take a law degree; **~ un voyage** make *ou* take a trip; **~ jeune** look young; **~ le malade / le clown** act *ou* play the invalid / the fool; **ça fait 100 euros** that's *ou* that makes 100 euros; **cinq plus cinq font dix** five and five are *ou* make ten; **ça ne fait rien** it doesn't matter; **qu'est-ce que ça peut te ~?** what business is it of yours?; **on ne peut rien y ~** we can't do anything about it; **ce qui fait que** which means that; **... fit-il ...** he said ◊ *avec inf*: **~ rire qn** make s.o. laugh; **~ venir qn** send for s.o.; **~ chauffer de l'eau** heat some water; **~ peindre la salle de bain** have the bathroom painted

2 *v/i*: **~ vite** hurry up, be quick; **fais comme chez toi** make yourself at home; **~ avec** make do

3 *impersonnel*: **il fait chaud / froid** it is *ou* it's warm / cold; **ça fait un an que je ne l'ai pas vue** I haven't seen her in a year

4 ◊ **se ~** become; *amis, ennemis, millions* make (for o.s.); *d'une réputation* be made; **cela se fait beaucoup** it's quite common; **ça ne se fait pas** it's not done; **tu t'es fait couper les cheveux?** have you had your hair cut?; **se ~ rare** become rarer and rarer; **je me fais vieux** I'm getting old

◊ **se ~ à qch** get used to sth

◊ **je ne m'en fais pas** I'm not worried *ou* bothered

faire-part [fɛrpar] *m* (*pl inv*) announcement

faisable [fəzabl] feasible

faisan [fəzɑ̃] *m* pheasant

faisceau [feso] *m* (*pl -x*) bundle; *de lumière* beam

fait¹ [fɛ] *m* fact; (*action*) act; (*événement*) development; **au ~** by the way, incidentally; **de ~** in fact; **de ce ~** consequently; **en ~** in fact; **du ~ de** because of; **en ~ de** by way of; **tout à ~** absolutely; **un ~ divers** a brief news item; **prendre qn sur le**

~ catch s.o. in the act; ***tous ses ~s et gestes*** his every move

fait², **~e** [fɛ, fɛt] **1** *p/p* → **faire 2** *adj*: **être ~ pour qn / qch** be made for s.o. / sth; **être ~ F** be done for; **bien ~** *personne* good-looking; **c'est bien ~ pour lui** serves him right!

falaise [falɛz] *f* cliff

falloir [falwar] ⟨3c⟩ ◇ : **il faut un visa** you need a visa, you must have a visa; ***combien te faut-il?*** how much do you need?; **il faut l'avertir** we have to warn him, he has to be warned; **il me faut un visa** I need a visa; **il me faut sortir, il faut que je sorte** (*subj*) I have to go out, I must go out, I need to go out; **s'il le faut** if necessary, if need be; **il aurait fallu prendre le train** we should have taken the train; **il faut vraiment qu'elle soit** (*subj*) **fatiguée** she must really be tired; **comme il faut** respectable ◇ *avec négatif*: **il ne faut pas que je sorte** (*subj*) **avant …** I mustn't go out until …

◇: **il s'en fallait de 20 euros / 3 points** another 20 euros / 3 points was all that was needed; **il a failli nous heurter: il s'en est fallu de peu** he came within an inch of hitting us; **il s'en est fallu de peu que je vienne** (*subj*) I almost came; **…il s'en faut de beaucoup** not by a long way

falsification [falsifikasjõ] *f* forgery; *document* falsification; **falsifier** ⟨1a⟩ *argent* forge; *document* falsify; *vérité* misrepresent

famé, **~e** [fame]: **mal ~** disreputable

famélique [famelik] starving

fameux, **-euse** [famø, -z] (*célèbre*) famous; (*excellent*) wonderful, marvelous, *Br* marvellous; **c'est un ~ …** it's quite a …

familial, **~e** [familjal] (*mpl* -aux) family *atr*

familiariser [familjarize] ⟨1a⟩ familiarize (**avec** with); **familiarité** *f* familiarity (**avec** with); **familier**, **-ère** (*impertinent*, *connu*) familiar; *langage* colloquial, familiar

famille [famij] *f* family; ~ ***monoparentale*** single-parent family; ~ ***nombreuse*** large family

famine [famin] *f* famine

fan [fan] *m/f*, **fana** [fana] *m/f* F fan; **fanatique 1** *adj* fanatical **2** *m/f* (*obsédé*) fanatic; **fanatisme** *m* fanaticism

faner [fane] ⟨1a⟩: **se ~** fade, wither

fanfare [fãfar] *f* (*orchestre*) brass band; (*musique*) fanfare; **fanfaron**, **~ne 1** *adj* boastful, bragging **2** *m* boaster

fantaisie [fãtezi] *f* imagination; (*caprice*) whim; **bijoux** *mpl* ~ costume jewelry, *Br* costume jewellery; **fantaisiste** *m/f* & *adj* eccentric

fantasme [fãtasm] *m* fantasy; **fantasmer** fantasize

fantasque [fãtask] *personne* strange, weird

fantastique [fãtastik] **1** *adj* fantastic; (*imaginaire*) imaginary **2** *m*: **le ~** fantasy

fantoche [fãtɔʃ] *m* *fig* puppet

fantôme [fãtom] *m* ghost; **train** *m* ~ ghost train; **ville** *f* ~ ghost town

FAQ [efaky] *f* *abr* (= **Foire aux questions**) FAQ (= frequently asked question(s))

farce [fars] *f* *au théâtre* farce; (*tour*) joke; CUIS stuffing; **farceur**, **-euse** *m/f* joker; **farcir** ⟨2a⟩ CUIS stuff; *fig* cram

fard [far] *m* make-up; ~ **à paupières** eye shadow

fardeau [fardo] *m* (*pl* -x) burden (*aussi fig*)

farder [farde] ⟨1a⟩: **se ~** make up

farfelu, **~e** [farfəly] odd, weird

farfouiller [farfuje] ⟨1a⟩ F rummage around

farine [farin] *f* flour; ~ **de maïs** corn starch, *Br* cornflour; **farineux**, **-euse** floury

farouche [faruʃ] (*timide*) shy; (*violent*) *volonté*, *haine* fierce

fart [far(t)] *m* ski wax

fascicule [fasikyl] *m* installment, *Br* instalment

fascinant, **~e** [fasinã, -t] fascinating; **fascination** *f* fascination; **fasciner**

F

⟨1a⟩ fascinate

fascisme [faʃism] *m* fascism; **fasciste** *m/f & adj* Fascist

faste [fast] *m* pomp, splendor, *Br* splendour

fast-food [fastfud] *m* fast food restaurant

fastidieux, -euse [fastidjø, -z] tedious

fastoche [fastɔʃ] F dead easy

fastueux, -euse [fastɥø, -z] lavish

fatal, ~e [fatal] (*mpl* -s) fatal; (*inévitable*) inevitable; **fatalement** *adv* fatally; **fatalisme** *m* fatalism; **fataliste 1** *adj* fatalistic **2** *m/f* fatalist; **fatalité** *f* fate; **la ~ de l'hérédité** the inescapability of heredity

fatidique [fatidik] fateful

fatigant, ~e [fatigã, -t] tiring; (*agaçant*) tiresome; **fatigue** *f* tiredness, fatigue; **mort de ~** dead on one's feet; **fatigué, ~e** tired; **fatiguer** ⟨1m⟩ tire; (*importuner*) annoy; **se ~** tire o.s. out, get tired

faubourg [fobur] *m* (working-class) suburb

fauché, ~e [foʃe] F broke F; **faucher** ⟨1a⟩ *fig* mow down; F (*voler*) pinch F, lift F

faucille [fosij] *f* sickle

faucon [fokõ] *m* falcon

faufiler [fofile] ⟨1a⟩: **se ~ dans une pièce** slip into a room; **se ~ entre les voitures** thread one's way through the traffic

faune [fon] *f* wildlife, fauna

faussaire [foser] *m* forger; **faussement** *adv* falsely; *accuser, condamner* wrongly; *croire* wrongly; **fausser** ⟨1a⟩ *calcul, données* skew, distort; *sens, vérité* distort, twist; *clef* bend; **~ compagnie à qn** skip out on s.o.

faute [fot] *f* mistake; (*responsabilité*) fault; **c'est (de) ta ~** it's your fault, you're the one to blame; **à qui la ~?** whose fault is that?; **par sa ~** because of him; **être en ~** be at fault; **~ de** for lack of; **sans ~** without fail; **~ professionnelle** professional misconduct

fauteuil [fotœj] *m* armchair; **~ de jar-**

din garden chair; **~ roulant** wheelchair

fautif, -ive [fotif, -iv] (*coupable*) guilty; (*erroné*) incorrect

fauve [fov] **1** *adj* tawny; **bêtes** *fpl* **~s** big cats **2** *m* félin big cat

faux, fausse [fo, fos] **1** *adj* false; (*incorrect*) *aussi* wrong; *bijoux* imitation, fake; **fausse couche** *f* miscarriage; **~ billet** forged *ou* dud bill; **~ numéro** wrong number; **~ témoignage** perjury **2** *adv*: **chanter ~** sing off-key, sing out of tune **3** *m copie* forgery, fake

faux-filet [fofile] *m* (*pl* faux-filets) CUIS sirloin

faux-monnayeur [fomɔnɛjœr] *m* counterfeiter, forger

faux-semblant [fosãblã] *m* pretense, *Br* pretence

faveur [favœr] *f* favor, *Br* favour; **de ~** *traitement* preferential; *prix* special; **en ~ de** in favor of; **favorable** favorable, *Br* favourable; **favorablement** *adv* favorably, *Br* favourably

favori, ~te [favɔri, -t] *m/f & adj* favorite, *Br* favourite; **favoriser** ⟨1a⟩ favor, *Br* favour; *faciliter, avantager* promote, encourage; **favoritisme** *m* favoritism, *Br* favouritism

fax [faks] *m* fax; **faxer** ⟨1a⟩ fax

fébrile [febril] feverish

fécond, ~e [fekõ, -d] fertile (*aussi fig*); **fécondation** *f* fertilization; **~ artificielle** artificial insemination; **féconder** ⟨1a⟩ fertilize; **fécondité** *f* fertility

fécule [fekyl] *f* starch; **féculent** *m* starchy food

fédéral, ~e [federal] (*mpl* -aux) federal; **fédéralisme** *m* federalism; **fédéraliste** *m/f & adj* federalist; **fédération** *f* federation

fée [fe] *f* fairy

feeling [filiŋ] *m* feeling; **avoir un bon ~ pour qch** have a good feeling about sth

féerique [fe(e)rik] *fig* enchanting

feignant [fɛɲã, -ãt] → **fainéant**

feindre [fɛdr] ⟨4b⟩: **~ l'étonnement / l'indifférence** pretend to be astonishished / indifferent, feign astonishment / indifference; **~ de faire qch** pretend to do sth; **feinte** f feint

fêlé, ~e [fele] *aussi fig* cracked; **fêler** ⟨1b⟩: **se ~** crack

félicitations [felisitasjɔ̃] *fpl* congratulations; **féliciter** ⟨1a⟩: **~ qn de** *ou* **pour qch** congratulate s.o. on sth; **se ~ de qch** congratulate o.s. on sth

félin, ~e [felɛ̃, -in] *m & adj* feline

fêlure [felyr] f crack

femelle [fəmɛl] *f & adj* female

féminin, ~e [feminɛ̃, -in] **1** *adj* feminine; *sexe* female; *problèmes, maladies, magazines, mode* women's **2** *m* GRAM feminine; **féminisme** *m* feminism; **féministe** *m/f & adj* feminist; **féminité** f femininity

femme [fam] f woman; (*épouse*) wife; **jeune ~** young woman; **~ d'affaires** businesswoman; **~ battue** battered wife; **~-enfant** childlike woman; **~ au foyer** homemaker, *Br* housewife; **~ de ménage** cleaning woman

fendre [fɑ̃dr] ⟨4a⟩ split; (*fissurer*) crack; *cœur* break; **se ~** split; (*se fissurer*) crack

fenêtre [f(ə)nɛtr] f window

fenouil [fənuj] *m* BOT fennel

fente [fɑ̃t] f crack; *d'une boîte à lettres, jupe* slit; *pour pièces de monnaie* slot

fer [fɛr] *m* iron; **volonté / discipline de ~** *fig* iron will / discipline; **~ à cheval** horseshoe; **~ à repasser** iron

férié [ferje]: **jour** *m* **~** (public) holiday

ferme.[1] [fɛrm] **1** *adj* firm; **terre** *f* **~** dry land, terra firma **2** *adv* **travailler ~** work hard; **s'ennuyer ~** be bored stiff; **discuter ~** be having a fierce debate

ferme[2] [fɛrm] f farm

fermé, ~e [fɛrme] closed, shut; *robinet* off; *club, milieu* exclusive

fermement [fɛrməmɑ̃] *adv* firmly

fermentation [fɛrmɑ̃tasjɔ̃] f fermentation; **fermenter** ⟨1a⟩ ferment

fermer [fɛrme] ⟨1a⟩ **1** *v/t* close, shut; *définitivement* close down, shut down; *eau, gaz, robinet* turn off; *manteau* fasten; *frontière, port, chemin* close; **~ boutique** close down, go out of business; **~ à clef** lock; **ferme-la!** shut up!

2 *v/i* close, shut; *définitivement* close down, shut down; *d'un manteau* fasten; **se ~** close, shut

fermeté [fɛrməte] f firmness

fermette [fɛrmɛt] f small farmhouse

fermeture [fɛrmətyr] f closing; *définitive* closure; *mécanisme* fastener; **~ éclair** zipper, *Br* zip (fastener)

fermier, -ier [fɛrmje, -jɛr] **1** *adj œufs, poulet* free-range **2** *m* farmer; **fermière** f farmer; *épouse* farmer's wife

fermoir [fɛrmwar] *m* clasp

féroce [ferɔs] fierce, ferocious; **férocité** f fierceness, ferocity

ferraille [fɛraj] f scrap; **mettre à la ~** scrap, throw on the scrapheap

ferré, ~e [fɛre]: **voie ~e** f (railroad *ou Br* railway) track

ferroviaire [fɛrɔvjɛr] railroad *atr*, *Br* railway *atr*

ferry-boat [feribot] *m* (*pl* ferry-boats) ferry

fertile [fɛrtil] fertile; **~ en** full of, packed with; **fertilisant** *m* fertilizer; **fertilité** f fertility

fervent, ~e [fɛrvɑ̃, -t] *prière, admirateur* fervent; **ferveur** f fervor, *Br* fervour

fesse [fɛs] f buttock; **~s** butt *sg*, *Br* bottom *sg*; **fessée** f spanking

festif, -ive [fɛstif -iv] festive

festin [fɛstɛ̃] *m* feast

festival [fɛstival] *m* (*pl* -s) festival

festivités [fɛstivite] *fpl* festivities

fêtard [fɛtar] *m* F reveler, *Br* reveller; **fête** f festival; (*soirée*) party; *publique* holiday; REL feast (day), festival; *jour d'un saint* name day; **les ~s (de fin d'année)** the holidays, Christmas and New Year; **faire la ~** party; **être en ~** be in party mood; **~ foraine** fun fair; **Fête des mères** Mother's Day; **Fête nationale** Bastille Day; **fêter** ⟨1b⟩ celebrate; (*accueillir*) fête

fétiche [fetiʃ] *m* fetish; (*mascotte*) mascot; **numéro / animal ~** lucky number / animal

feu [fø] *m* (*pl* -x) fire; AUTO, AVIA, MAR light; *de circulation* (traffic) light, *Br* (traffic) lights *pl*; *d'une cuisinière* burner; *fig* (*enthousiasme*) passion; *au coin du* ~ by the fireside; *coup m de* ~ shot; ~ *d'artifice* fireworks *pl*, firework display; *mettre le* ~ *à qch* set sth on fire, set fire to sth; *prendre* ~ catch fire; *en* ~ on fire; *à* ~ *doux / vif* over a low / high heat; *faire* ~ *sur* MIL fire *ou* shoot at; *vous avez du* ~? got a light?; ~ *rouge* red light, stoplight; ~ *vert* green light (*aussi fig*); ~ *arrière* AUTO tail light, *Br* rear light; ~ *stop* brake light, stoplight; ~ *de position* side light; ~*x de croisement* low beams, *Br* dipped headlights; ~*x de route* headlights on high *ou Br* full beam; ~*x de signalisation* traffic light, *Br* traffic lights *pl*; ~*x de stationnement* parking lights

feuillage [fœjaʒ] *m* foliage; **feuille** *f* leaf; *de papier* sheet; ~ *d'impôt* tax return; ~ *de maladie* form used to claim reimbursement of medical expenses; ~ *de paie* payslip; **feuillet** [fœjɛ] *m* leaf; **feuilleter** ⟨1c⟩ *livre etc* leaf through; CUIS **pâte** *f* **feuilletée** puff pastry; **feuilleton** *m d'un journal* serial; TV soap opera

feutre [føtr] *m* felt; *stylo* felt-tipped pen; *chapeau* fedora; **feutré**, ~*e bruit* muffled

fève [fɛv] *f* BOT broad bean

février [fevrije] *m* February

FF *m abr* (= *franc(s) français*) FF (= French franc(s))

fiabilité [fjabilite] *f* reliability; **fiable** reliable

fiançailles [fi(j)ɑ̃saj] *fpl* engagement *sg*; **fiancé**, ~*e m/f* fiancé, fiancée; **fiancer** ⟨1k⟩: *se* ~ *avec* get engaged to

fiasco [fjasko] *m* fiasco

fibre [fibr] *f* fiber, *Br* fibre; *avoir la* ~ *paternelle* be a born father; *faire jouer la* ~ *patriotique* play on patriotic feelings; ~ *optique* optical fiber; *le domaine des* ~*s optiques* fiber optics; ~ *de verre* fiberglass, *Br* fibreglass

ficeler [fisle] ⟨1c⟩ tie up; **ficelle** *f* string; *pain* thin French stick

fiche [fiʃ] *f pour classement* index card;

formulaire form; ÉL plug; **ficher** ⟨1a⟩ F (*faire*) do; (*donner*) give; (*mettre*) stick; *par la police* put on file; **fiche-moi la paix!** leave me alone *ou* in peace!; **fiche-moi le camp!** clear out!, go away!; **je m'en fiche** I don't give a damn

fichier [fiʃje] *m* INFORM file; ~ *joint* attachment

fichu, ~*e* [fiʃy] F (*inutilisable*) kaput F, done-for F; (*sale*) filthy; **être mal** ~ *santé* be feeling rotten; **être** ~ (*condamné*) have had it F

fictif, **-ive** [fiktif, -iv] fictitious; **fiction** *f* fiction

fidéicommis [fideikɔmi] *m* trust; **fidéicommissaire** *m/f* trustee

fidèle [fidɛl] **1** *adj* faithful; *ami*, *supporter* faithful, loyal **2** *m/f* REL, *fig*: **les fidèles** the faithful *pl*; **fidéliser** ⟨1a⟩: ~ *la clientèle* create customer loyalty; **fidélité** *f* faithfulness

fier¹ [fje] ⟨1a⟩: *se* ~ *à* trust

fier², **-ère** [fjɛr] proud (*de* of); **fièrement** *adv* proudly; **fierté** *f* pride

fièvre [fjɛvr] *f* fever; *avoir de la* ~ have a fever, *Br* have a temperature; *avoir 40° de* ~ have a temperature of 40°; **fiévreux**, **-euse** feverish (*aussi fig*)

figer [fiʒe] ⟨1l⟩ congeal; *se* ~ *fig*: *d'un sourire*, *d'une expression* become fixed

fignoler [fiɲɔle] ⟨1a⟩ put the finishing touches to

figue [fig] *f* fig; **figuier** *m* fig tree

figurant, ~*e* [figyrɑ̃, -t] *m/f de théâtre* walk-on; *de cinéma* extra; **figuratif**, **-ive** figurative; **figure** *f* figure; (*visage*) face; *se casser la* ~ F fall flat on one's face; **figuré**, ~*e* figurative; **figurer** ⟨1a⟩ figure; *se* ~ *qch* imagine sth

fil [fil] *m* thread; *de métal*, ÉL, TÉL wire; *coup m de* ~ TÉL (phone) call; *au bout du* ~ TÉL on the phone *ou* line; *au* ~ *des jours* with the passage of time; ~ *dentaire* (dental) floss; ~ *électrique* wire; ~ *de fer barbelé* barbed wire; **filament** *m* ÉL filament

filature *f* spinning; *usine* mill; **prendre**

qn en ~ *fig* tail s.o.

file [fil] *f* line; *d'une route* lane; ~ (*d'attente*) line, *Br* queue; *à la ~* one after the other; **filer** ⟨1a⟩ **1** *v/t* spin; F (*donner*) give; (*épier*) tail F **2** *v/i* F (*partir vite*) fly, race off; *du temps* fly past

filet [file] *m* *d'eau* trickle; *de pêche, tennis* net; CUIS fillet; ~ (*à provisions*) string bag

filial, ~**e** [filjal] (*mpl* -aux) **1** *adj* filial **2** *f* COMM subsidiary

filière [filjɛr] *f* (career) path; *la ~ administrative* official channels *pl*; ~**s scientifiques / littéraires** science / arts subjects

filigrane [filigran] *m* *d'un billet de banque* watermark

fille [fij] *f* girl; *parenté* daughter; **vieille** ~ old maid; **jeune** ~ girl, young woman; **petite** ~ little girl; **fillette** *f* little girl

filleul [fijœl] *m* godson, godchild; **filleule** *f* goddaughter, godchild

film [film] *m* movie, *Br aussi* film; **couche** film; ~ **policier** detective movie *ou Br aussi* film; **se faire un** ~ see a movie; **se faire des** ~**s** *fig* imagine things; ⟨1a⟩ **filmer** film

filon [filõ] *m* MIN seam, vein; **trouver un bon** ~ *fig* strike it rich

fils [fis] *m* son; ~ **à papa** (spoilt) rich kid

filtre [filtr] *m* filter; **filtrer** ⟨1a⟩ **1** *v/t* filter; *fig* screen **2** *v/i* *d'une liquide, de lumière* filter through; *fig* leak

fin[1] [fɛ̃] *f* end; *à la* ~ in the end, eventually; *en* ~ *de compte* when all's said and done; *à cette* ~ for that purpose; *mettre* ~ *à qch* put an end to sth; *tirer à sa* ~ come to an end, draw to a close; *sans* ~ *soirée, histoire* endless; *parler* endlessly

fin[2]**,** ~**e** [fɛ̃, fin] **1** *adj* fine; (*mince*) thin; *taille, cheville* slender, neat; *esprit* refined; (*rusé, malin*) sharp, intelligent; **fines herbes** *fpl* mixed herbs; *au ~ fond de* right at the bottom of; *de garage etc* right at the back of **2** *adv* fine(ly)

final, ~**e** [final] (*mpl* -s) **1** *adj* final; ~**e** MUS finale **3** *f* SP final; **finale-**

point *m* ~ period, *Br* full stop **2** *m*: ~**e** MUS finale **3** *f* SP final; **finale-ment** *adv* finally; **finaliser** ⟨1a⟩ finalize; **finaliste** *m/f* finalist

finance [finɑ̃s] *f* finance; ~**s** finances; *Ministre m des ~s* Finance Minister, Minister of Finance; **financement** *m* funding, financing; **financer** ⟨1k⟩ fund, finance; **financier, -ère 1** *adj* financial **2** *m* financier; **financièrement** *adv* financially

finesse [fines] *f* (*délicatesse*) fineness

fini, ~**e** [fini] **1** *adj* finished, over *atr*; MATH finite **2** *m* finish; **finir** ⟨2a⟩ **1** *v/t* finish **2** *v/i* finish; ~ *de faire qch* finish doing sth; *en ~ avec qch* put an end to sth; ~ *par faire qch* end up *ou* finish up doing sth; ~ *à l'hôpital* end up *ou* finish up in the hospital; **finition** *f* *action* finishing; *qualité* finish

finlandais, ~**e** [fɛ̃lɑ̃dɛ, -z] **1** *adj* Finnish **2** *m* *langue* Finnish **3** *m/f* **Finlandais,** ~**e** Finn; **Finlande** *f*: *la ~* Finland

finnois, ~**e** [finwa, -z] → **finlandais**

fioul [fjul] *m* fuel oil

firme [firm] *f* firm

fisc [fisk] *m* tax authorities *pl*; **fiscal,** ~**e** (*mpl* -aux) tax *atr*; **fiscalité** *f* tax system; (*charges*) taxation

fission [fisjõ] *f* PHYS fission; **fissure** *f* (*craquelure*) crack; (*crevasse*) crack, fissure

fixateur [fiksatœr] *m* PHOT fixer; *pour cheveux* hair spray; **fixation** *f* fastening; (*détermination*) fixing, setting; *en ski* binding; PSYCH fixation; **fixe 1** *adj* fixed; *adresse, personnel* permanent; *prix m* ~ fixed *ou* set price **2** *m* basic salary; **fixer** ⟨1a⟩ fasten; (*déterminer*) fix, set; PHOT fix; (*regarder*) stare at; *se ~* (*s'établir*) settle down

flacon [flakõ] *m* bottle

flageolet [flaʒɔlɛ] *m* flageolet bean

flagrant, ~**e** [flagrɑ̃, -t] flagrant; *en ~ délit* red-handed, in the act

flair [flɛr] *m* *d'un animal* sense of smell; *fig* intuition; **flairer** ⟨1b⟩ smell (*aussi fig*)

flamand, ~**e** [flamɑ̃, -d] **1** *adj* Flemish

2 *m/f* **Flamand**, **~e** Fleming **3** *m* langue **Flemish**

flamant [flamɑ̃] *m*: ~ **rose** flamingo

flambant, **~e** [flɑ̃bɑ̃, -t]: ~ **neuf** (*f inv ou* flambant neuve) brand new;

flambeau *m* (*pl* -x) *f* torch; **flambée** *f* blaze; *fig* flare-up; ~ **des prix** surge in prices; **flamber** ⟨1a⟩ **1** *v/i* blaze **2** *v/t* CUIS flambé; **flamboyant**, **~e** flamboyant

flamme [flam] *f* flame; *fig* fervor, *Br* fervour; **en ~s** in flames

flan [flɑ̃] *m* flan

flanc [flɑ̃] *m* side; MIL flank

flancher [flɑ̃ʃe] ⟨1a⟩ quail

Flandre [flɑ̃dr]: **la ~** Flanders *sg*

flanelle [flanɛl] *f* flannel

flâner [flɑne] ⟨1a⟩ stroll

flanquer [flɑ̃ke] ⟨1m⟩ flank; F (*jeter*) fling; *coup* give

flaque [flak] *f* puddle

flash [flaʃ] *m* flash; *de presse* newsflash

flasque [flask] flabby

flatter [flate] ⟨1a⟩ flatter; **se ~ de qch** congratulate o.s. on sth; **flatterie** *f* flattery; **flatteur**, **-euse 1** *adj* flattering **2** *m/f* flatterer

flatulences [flatylɑ̃s] *fpl* flatulence *sg*

fléau [fleo] *m* (*pl* -x) *fig* scourge

flèche [flɛʃ] *f* arrow; *d'un clocher* spire; **monter en ~ de prix** skyrocket

fléchir [fleʃir] ⟨2a⟩ **1** *v/t* bend; (*faire céder*) sway **2** *v/i* *d'une poutre* bend; *fig* (*céder*) give in; (*faiblir*) weaken; *d'un prix, de ventes* fall, decline

flegmatique [flegmatik] phlegmatic

flemme [flɛm] *f* F laziness; **j'ai la ~ de le faire** I can't be bothered (to do it)

flétrir [fletrir] ⟨2a⟩: **se ~** wither

fleur [flœr] *f* flower; *d'un arbre* blossom; **en ~ arbre** in blossom, in flower; **à ~s** flowery, flowered; **fleuri**, **~e** *arbre* in blossom; *dessin, style* flowery, flowered; **fleurir** ⟨2a⟩ flower, bloom; *fig* flourish; **fleuriste** *m/f* florist

fleuve [flœv] *m* river

flexibilité [fleksibilite] *f* flexibility; **flexible** flexible

flic [flik] *m* F cop F

flinguer [flɛ̃ge] ⟨1a⟩ F gun *ou* shoot down

flippant, **~e** [flipɑ̃, -t] F (*effrayant*) creepy F

flipper 1 *m* [flipœr] pinball machine; *jeu pinball* **2** *v/i* [flipe] F freak out F

flirter [flœrte] ⟨1a⟩ flirt; **flirteur**, **-euse** flirtatious

flocon [flɔkɔ̃] *m* flake; ~ **de neige** snowflake

floraison [flɔrɛzɔ̃] *f* flowering; **en pleine ~** in full bloom; **floral**, **~e** (*mpl* -aux) flower *atr*, floral; **exposition** *f* **~e** flower show; **floralies** *fpl* flower show *sg*

flore [flɔr] *f* flora

Floride [flɔrid] *f* Florida

florissant, **~e** [flɔrisɑ̃, -t] *fig* flourishing

flot [flo] *m* flood (*aussi fig*); **~s** waves; **~s de larmes** floods of tears; **entrer à ~s** flood in; **à ~** MAR afloat; **remettre à ~** refloat (*aussi fig*)

flottant, **~e** [flɔtɑ̃, -t] floating; *vêtements* baggy

flotte [flɔt] *f* fleet; F (*eau*) water; F (*pluie*) rain; **flotter** ⟨1a⟩ *d'un bateau, bois* float; *d'un drapeau* flutter; *d'un sourire, air* hover; *fig* waver; **flotteur** *m* TECH float

flou, **~e** (*m* [flu]) blurred, fuzzy; *robe* loose-fitting

fluctuation [flyktɥasjɔ̃] *f* fluctuation; **fluctuer** ⟨1n⟩ COMM fluctuate

fluide [flɥid] **1** *adj* fluid; *circulation* moving freely **2** *m* PHYS fluid; **fluidité** *f* fluidity

fluorescent, **~e** [flyɔresɑ̃, -t] fluorescent

flûte [flyt] *f* MUS, *verre* flute; *pain* thin French stick; ~ **à bec** recorder; ~ **traversière** flute; **flûtiste** *m/f* flutist, *Br* flautist

fluvial, **~e** [flyvjal] (*mpl* -aux) river *atr*

flux [fly] *m* MAR flow

F.M. [efem] *abr* (= **frequency modulation**) FM

FMI [ɛfɛmi] *m abr* (= **Fonds monétaire international**) IMF (= International Monetary Fund)

focaliser [fɔkalize] ⟨1a⟩ focus

fœtal, **~e** [fetal] (*mpl* -aux) fetal, *Br aussi* foetal; **fœtus** *m* fetus, *Br aussi* foetus

foi [fwa] *f* faith; **être de bonne / mauvaise ~** be sincere / insincere; **ma ~!** goodness!

foie [fwa] *m* liver; **une crise de ~** a stomach upset, an upset stomach

foin [fwɛ̃] *m* hay

foire [fwar] *f* fair; **~-expo(sition)** (trade) fair

fois [fwa] *f* time; **une ~** once; **deux ~** twice; **trois / quatre ~** three / four times; **il était une ~ ...** once upon a time there was ...; **une ~ pour toutes** once and for all; **encore une ~** once again; **quatre ~ six** four times six; **à la ~** at the same time; **des ~** sometimes; **chaque ~ que je le vois** every time *ou* whenever I see him; **une ~** once

foisonner [fwazɔne] ⟨1a⟩ be abundant; **~ en ou de** abound in *ou* with

folie [fɔli] *f* madness; **faire des ~s achats** go on a spending spree

folk [fɔlk] *m* folk (music)

folklore [fɔlklɔr] folklore; **folklorique** folk *atr*

folle [fɔl] → **fou**; **follement** *adv* madly

fomenter [fɔmɑ̃te] ⟨1a⟩ foment

foncé, ~e [fɔ̃se] *couleur* dark; **foncer** ⟨1k⟩ *de couleurs* darken; AUTO speed along; **~ sur** rush at

foncier, -ère [fɔ̃sje, -ɛr] COMM land; **foncièrement** *adv* fundamentally

fonction [fɔ̃ksjɔ̃] *f* function; *(poste)* office; **~ publique** public service, *Br* civil service; **faire ~ de** act as; **être en ~** be in office; **en ~ de** according to; **~s** duties; **prendre ses ~s** take up office

fonctionnaire [fɔ̃ksjɔnɛr] *m/f* public servant, *Br* civil servant

fonctionnel, ~le [fɔ̃ksjɔnɛl] functional; **fonctionnement** *m* functioning; **fonctionner** ⟨1a⟩ work; *du gouvernement, système* function

fond [fɔ̃] *m* bottom; *d'une salle, armoire* back; *d'une peinture* background; *(contenu)* content; *d'un problème* heart; *d'un pantalon* seat; **au ~ du couloir** at the end of the corridor; **de ~ en comble** from top to bottom; **à ~** thoroughly; **au ~, dans le ~** basically; **~ de teint** foundation

fondamental, ~e [fɔ̃damɑ̃tal] *(mpl -aux)* fundamental; **fondamentalement** *adv* fundamentally; **fondamentalisme** *m* fundamentalism; **fondamentaliste** *m/f* fundamentalist

fondateur, -trice [fɔ̃datœr, -tris] *m/f* founder; **fondation** *f* foundation; **~s d'un édifice** foundations; **fondé, ~e 1** *adj reproche, accusation* well-founded, justified; **mal ~** groundless, ill-founded **2** *m*: **~ de pouvoir** authorized representative; **fondement** *m fig* basis; **sans ~** groundless; **fonder** ⟨1a⟩ found; **~ qch sur** base sth on; **se ~ sur** *d'une personne* base o.s. on; *d'une idée* be based on

fondre [fɔ̃dr] ⟨4a⟩ **1** *v/t neige* melt; *dans l'eau* dissolve; *métal* melt down **2** *v/i de la neige* melt; *dans l'eau* dissolve; **~ en larmes** *fig* burst into tears; **~ sur** *proie* pounce on

fonds [fɔ̃] **1** *sg* fund; *d'une bibliothèque, collection* collection; **~ de commerce** business; **Fonds monétaire international** International Monetary Fund **2** *pl (argent)* funds *pl*; **~ publics** public funds; **convoyeur** *m* **de ~** security guard

fondu, ~e [fɔ̃dy] **1** *p/p* → **fondre** **2** *adj* melted

fondue [fɔ̃dy] *f* CUIS fondue; **~ bourguignonne** beef fondue

fontaine [fɔ̃tɛn] *f* fountain; *(source)* spring

fonte [fɔ̃t] *f métal* cast iron; **~ des neiges** spring thaw

foot [fut] *m* F → **football**

football [futbol] *m* soccer, *Br aussi* football; **~ américain** football, *Br* American football; **footballeur, -euse** *m/f* soccer player, *Br aussi* footballer

footing [futiŋ] *m* jogging; **faire du ~** jog, go jogging

forage [fɔraʒ] *m pour pétrole* drilling

force [fɔrs] *f* strength; *(violence)* force; **à ~ de travailler** by working; **de ~** by force, forcibly; **de toutes ses ~s**

with all one's strength; **~ de frappe** strike force; **~s armées** armed forces; **un cas de ~ majeure** an act of God; **forcé, ~e** forced; **atterrissage** m **~** forced ou emergency landing; **forcément** adv (inévitablement) inevitably; **pas ~** not necessarily

forcené, ~e [fɔrsəne] m/f maniac, lunatic

forceps [fɔrsɛps] m forceps

forcer [fɔrse] ⟨1k⟩ force; **~ qn à faire qch** force s.o. to do sth; **~ la note** fig go too far; **se ~** force o.s.

forer [fɔre] ⟨1a⟩ drill

forestier, -ère [fɔrɛstje, -ɛr] **1** adj forest atr **2** m ranger, Br forest warden; **forêt** f forest (aussi fig); **~ tropicale (humide)** rain forest

forfait [fɔrfɛ] m COMM package; (prix) all-in price, flat rate; **déclarer ~** withdraw; **forfaitaire** prix all-in

forgeron [fɔrʒərõ] m blacksmith

formaliser [fɔrmalize] ⟨1a⟩: **se ~ de qch** take offense ou Br offence at sth; **formalité** f formality

format [fɔrma] m format; **formatage** m INFORM formatting; **formater** ⟨1a⟩ format

formateur, -trice [fɔrmatœr, -tris] **1** adj formative **2** m/f trainer; **formation** f formation (aussi MIL, GÉOL); (éducation) training; **~ continue** continuing education; **~ professionnelle** vocational training; **~ sur le tas** on-the-job training

forme [fɔrm] f form; (figure, contour) shape, form; **sous ~ de** in the form of; **en ~ de ...** ...-shaped, in the shape of ...; **pour la ~** for form's sake; **être en ~** be in form, be in good shape; **prendre ~** take shape; **garder la ~** keep fit; **formel, ~le** formal; (explicite) categorical; **formellement** adv expressly; **~ interdit** strictly forbidden; **former** ⟨1a⟩ form; (façonner) shape, form; (instruire) train; **se ~** form

formidable [fɔrmidabl] enormous; F terrific, great F

formulaire [fɔrmylɛr] m form

formulation [fɔrmylasjõ] f wording **formule** [fɔrmyl] f formula; **~ magique** magic spell; **formuler** ⟨1a⟩ formulate; vœux, jugement express

fort, ~e [fɔr, -t] **1** adj strong; (gros) stout; coup, pluie heavy; somme, différence big; **à plus ~e raison** all the more reason; **être ~ en qch** be good at sth; **2** adv crier, parler loud, loudly; pousser, frapper hard; (très) extremely; (beaucoup) a lot **3** m strong point; MIL fort; **fortement** adv pousser hard; (beaucoup) greatly

forteresse [fɔrtərɛs] f fortress

fortifiant [fɔrtifjã] m tonic

fortification [fɔrtifikasjõ] f fortification; **fortifier** ⟨1a⟩ corps, construction strengthen; MIL strengthen, fortify

fortuit, ~e [fɔrtɥi, -t] chance

fortune [fɔrtyn] f luck; **de ~** makeshift

fosse [fos] f grand trou pit; (tombe) grave; **fossé** m ditch; fig gulf; **fossette** f dimple

fossile [fosil] m & adj fossil; **fossilisé, ~e** fossilized

fou, folle [fu, fɔl] **1** adj mad, crazy, insane; (incroyable) staggering, incredible; **être ~ de qn / qch** be mad ou crazy about s.o. / sth; **~ de joie, colère** etc beside o.s. with; **une crise de rire** a fit of the giggles; **~ à lier** raving mad **2** m/f madman; madwoman

foudre [fudr] f lightning; **coup** m **de ~** fig love at first sight

foudroyant, ~e [fudrwajã, -t] regard withering; nouvelles, succès stunning; **foudroyer** ⟨1h⟩ strike down; **~ qn du regard** give s.o. a withering look

fouet [fwɛ] m whip; CUIS whisk; **fouetter** ⟨1b⟩ avec fouet whip, flog; CUIS whisk

fougère [fuʒɛr] f fern

fougue [fug] f passion; **fougueux, -euse** fiery

fouille [fuj] f search; **~s en archéologie** dig sg; **fouiller** ⟨1a⟩ **1** v/i dig; (chercher) search **2** v/t de police search; en archéologie excavate; **fouilleur, -euse** m/f en archéologie excavator

fouiner [fwine] ⟨1a⟩ nose around

foulard [fular] m scarf

foule [ful] *f* crowd; *éviter la* ~ avoid the crowds; *une* ~ *de* masses of; *en* ~ in vast numbers

fouler [fule] ⟨1a⟩ trample; *sol* set foot on; ~ *aux pieds* *fig* trample underfoot; *se* ~ *la cheville* twist one's ankle; *ne pas se* ~ *fig* F not overexert o.s.; **foulure** *f* sprain

four [fur] *m* oven; TECH kiln; *fig* F (*insuccès*) turkey F, flop F; *faire un* ~ flop; *petits* ~*s* cookies, candies *etc* served at the end of a meal

fourbe [furb] deceitful

fourbu, ~**e** [furby] exhausted

fourche [furʃ] *f* fork; **fourchette** *f* fork; ˋ(*éventail*) bracket; **fourchu** forked; *cheveux* *mpl* ~*s* split ends

fourgon [furgõ] *m camion* van; RAIL baggage car, *Br* luggage van; **fourgonnette** *f* small van

fourmi [furmi] *f* ant; *avoir des* ~*s* (*dans les pieds*) have pins and needles (in one's feet); **fourmilière** *f* anthill; *c'est une véritable* ~ it's a real hive of activity; **fourmillements** *mpl* pins and needles; **fourmiller** ⟨1a⟩ swarm (*de* with)

fournaise [furnɛz] *f fig* oven; **fourneau** *m* (*pl* -x) furnace; CUIS stove; *haut* ~ blast furnace; **fournée** *f* batch (*aussi fig*)

fourni, ~**e** [furni] *bien* ~ well stocked; **fournir** ⟨2a⟩ supply (*de*, *en* with); *occasion* provide; *effort* make; ~ *qch à qn* provide s.o. with sth; **fournisseur** *m* supplier; ~ *d'accès* (*Internet*) Internet service provider, ISP; **fourniture** *f* supply; ~*s de bureau* office supplies; ~*s scolaires* school stationery and books

fourrage [furaʒ] *m* fodder

fourré[1] [fure] *m* thicket

fourré[2], ~**e** [fure] CUIS filled; *vêtement* lined

fourrer [fure] ⟨1a⟩ stick, shove; (*remplir*) fill; ~ *son nez partout* stick one's nose into everything; *se* ~ *dans* get into; **fourre-tout** *m* (*pl inv*) (*sac*) carry-all, *Br* holdall

fourrière [furjɛr] *f* pound

fourrure [furyr] *f* fur

fourvoyer [furvwaje] ⟨1h⟩: *se* ~ go astray

foutre [futr] F ⟨4a⟩ do; (*mettre*) put, shove; *coup* give; *se* ~ *de qn* make fun of s.o.; *indifférence* not give a damn about s.o.; ~ *la paix à qn* stop bothering s.o.; ~ *le camp* get the hell out F; *je m'en fous!* I don't give a damn!; *va te faire* ~*!* go to hell F, fuck off V; **foutu**, ~**e** 1 *p/p* → **foutre** 2 *adj* → **fichu**

foyer [fwaje] *m* fireplace; *d'une famille* home; *de jeunes* club; (*pension*) hostel; *d'un théâtre* foyer; *d'un incendie* seat; *d'une infection* source; *femme f au* ~ home-maker, *Br* housewife

fracas [fraka] *m* crash; **fracassant**, ~**e** *effet*, *propos* shattering; **fracasser** ⟨1a⟩ shatter

fraction [fraksjõ] *f* fraction; **fractionner** ⟨1a⟩ divide (up) (*en* into)

fracture [fraktyr] *f* MÉD *m* fracture; **fracturer** ⟨1a⟩ *coffre* break open; *jambe* fracture

fragile [fraʒil] fragile; *santé* frail; *cœur*, *estomac* weak; **fragiliser** ⟨1a⟩ weaken; **fragilité** *f* fragility

fragment [fragmã] *m* fragment

fraîchement [frɛʃmã] *adv* cuelli freshly; *arrivé* recently, newly; *accueillir* coolly; **fraîcheur** *f* freshness; (*froideur*) coolness (*aussi fig*); **fraîchir** ⟨2a⟩ *du vent* freshen; *du temps* get cooler

frais[1], **fraîche** [frɛ, frɛʃ] 1 *adj* fresh; (*froid*) cool; *nouvelles fraîches* recent news; *servir* ~ serve chilled; *il fait* ~ it's cool; *peinture fraîche* wet paint 2 *adv* freshly, newly 3 *m*: *prendre le* ~ get a breath of fresh air; *au* ~ *garder* in a cool place

frais[2] [frɛ] *mpl* expenses; COMM costs; *faire des* ~ incur costs; *oh, tu as fait des* ~*!* hey, you've been spending a lot of money!, *Br aussi* you've been lashing out!; *à mes* ~ at my (own) expense; ~ *bancaires* bank charges; ~ *de déplacement* travel expenses; ~ *d'expédition* shipping costs; ~ *généraux* overhead *sg*, *Br* overheads; ~ *de port* postage

fraise [frɛz] *f* strawberry; **fraisier** *m* strawberry plant; *gâteau* strawberry cake

framboise [frɑ̃bwaz] *f* raspberry

franc[1], **franche** [frɑ̃, frɑ̃ʃ] *(sincère)* frank; *regard* open; COMM free

franc[2] [frɑ̃] *m* franc

français, ~e [frɑ̃sɛ, -z] **1** *adj* French **2** *m langue* French **3** *m* Français Frenchman; **les ~** the French *pl* **4** *f* Française Frenchwoman; **France** *f:* **la ~** France

franchement [frɑ̃ʃmɑ̃] *adv* frankly; *(nettement)* really

franchir [frɑ̃ʃir] ⟨2a⟩ cross; *obstacle* negotiate, get over

franchise [frɑ̃ʃiz] *f caractère* frankness; *(exemption)* exemption; COMM franchise; *d'une assurance* deductible, *Br* excess; **franchiser** franchise

franco [frɑ̃ko] *adv:* **~ (de port)** carriage free; **y aller ~** *fig* F go right ahead

francophile [frɑ̃kofil] *m/f & adj* Francophile

francophobe [frɑ̃kofɔb] *m/f & adj* Francophobe

francophone [frɑ̃kofɔn] **1** *adj* French-speaking **2** *m/f* French speaker; **francophonie** *f:* **la ~** the French-speaking world

franc-parler [frɑ̃parle] *m* outspokenness

frange [frɑ̃ʒ] *f* bangs *pl*, *Br* fringe

frangin [frɑ̃ʒɛ̃] *m* F brother, broth F; **frangine** *f* F sister, sis F

frangipane [frɑ̃ʒipan] *f* frangipane

franglais [frɑ̃glɛ] *m* Frenglish, mixture of English and French

franquette [frɑ̃kɛt] F: **à la bonne ~** simply

frappant, ~e [frapɑ̃, -t] striking; **frappe** *f* INFORM keying, keyboarding; *sur machine à écrire* typing; **faute** *f* **de ~** typo, typing error; **frapper** ⟨1a⟩ **1** *v/t* hit, strike; *(impressionner)* strike, impress; **être frappé d'une maladie** be struck by a disease; **être frappé de surprise** be surprised; **~ qn d'un impôt / d'une amende** ⸺ *l* fine s.o. **2** *v/i (agir)* strike; **à la**

porte knock (**à** at); **~ dans ses mains** clap (one's hands)

fraternel, ~le [fratɛrnɛl] brotherly, fraternal; **fraterniser** ⟨1a⟩ fraternize; **fraternité** *f* brotherhood

fraude [frod] *f* fraud; ÉDU cheating; **~ fiscale** tax evasion; **passer en ~** smuggle; **frauder** ⟨1a⟩ **1** *v/t fisc, douane* defraud **2** *v/i* cheat; **frauduleusement** *adv* fraudulently; **frauduleux, -euse** fraudulent

frayer [freje] ⟨1i⟩: **se ~ chemin** clear

frayeur [frejœr] *f* fright

fredonner [frədɔne] ⟨1a⟩ hum

free-lance [frilɑ̃s] *m/f & adj (adj inv)* freelance

frein [frɛ̃] *m* brake; **mettre un ~ à** *fig* curb, check; **sans ~** *fig* unbridled; **~ à main** parking brake, *Br* handbrake; **freiner** ⟨1b⟩ **1** *v/i* brake **2** *v/t fig* curb, check

frêle [frɛl] frail

frelon [frəlɔ̃] *m* hornet

frémir [fremir] ⟨2a⟩ shake; *de feuilles* quiver; *de l'eau* simmer; **frémissement** *m* shiver; *de feuilles* quivering

frêne [frɛn] *m* BOT ash (tree)

frénésie [frenezi] *f* frenzy; **avec ~** frantically, frenetically; **frénétique** *applaudissements* frenzied

fréquemment [frekamɑ̃] *adv* frequently; **fréquence** *f* frequency *(aussi* PHYS*);* **quelle est la ~ des bus?** how often do the buses go?; **fréquent, ~e** frequent; *situation* common

fréquentation [frekɑ̃tasjɔ̃] *f d'un théâtre, musée* attendance; **tes ~s** *(amis)* the company you keep; **fréquenter** ⟨1a⟩ *endroit* go to regularly, frequent; *personne* see; *bande, groupe* go around with

frère [frɛr] *m* brother

fresque [frɛsk] *f* fresco

fret [frɛ] *m* freight

frétiller [fretije] ⟨1a⟩ wriggle

freudien, ~ne [frødjɛ̃, -ɛn] Freudian

friable [frijabl] crumbly, friable

friand, ~e [frijɑ̃, -d]: **être ~ de qch** be fond of sth; **friandises** *fpl* sweet things

fulgurant

fric [frik] *m* F money, cash, dosh F

friche [friʃ] *f* AGR: **en ~** (lying) fallow

friction [friksjõ] *f* TECH, *fig* friction; *de la tête* scalp massage; **frictionner** ⟨1a⟩ massage

frigidaire [friʒidɛr] *m* refrigerator

frigide [friʒid] frigid; **frigidité** *f* frigidity

frigo [frigo] *m* F icebox, fridge; **frigorifier** ⟨1a⟩ refrigerate; **frigorifique** *camion, wagon* refrigerated

frileux, -euse [frilø, -z]: *être ~* feel the cold

frimer [frime] ⟨1a⟩ show off; **frimeur, -euse** show-off

fringale [frɛ̃gal] *f* F: *avoir la ~* be starving

fringues [frɛ̃g] *fpl* F clothes, gear F *sg*

friper [fripe] ⟨1a⟩ crease

fripouille [fripuj] *f* F rogue

frire [frir] ⟨4m⟩ **1** *v/i* fry **2** *v/t*: *faire ~* fry

frisé, ~e [frize] curly; **friser** ⟨1a⟩ *cheveux* curl; *fig*: *le ridicule* verge on; **~ la soixantaine** be pushing sixty, be verging on sixty

frisson [frisõ] *m* shiver; **frissonner** ⟨1a⟩ shiver

frit, ~e [fri, -t] **1** *p/p* → **frire 2** *adj* fried; *(pommes) frites fpl* (French) fries, *Br aussi* chips; **friteuse** *f* deep fryer; **friture** *f poissons Br* whitebait, small fried fish; *huile* oil; *à la radio,* TÉL interference

frivole [frivɔl] frivolous; **frivolité** *f* frivolity

froid, ~e [frwa, -d] **1** *adj* cold (*aussi fig*); *j'ai ~* I'm cold; *il fait ~* it's cold; *prendre ~* catch (a) cold **2** *m* cold; *démarrage m à ~* cold start; *à ~ fig* just like that; *(par surprise)* off guard; *humour m à ~* dry humor; **froidement** *adv fig* coldly; *(calmement)* coolly; *tuer* in cold blood; **froideur** *f* coldness

froissement [frwasmã] *m bruit* rustle; **froisser** ⟨1a⟩ crumple; *fig* offend; *se ~* crumple; *fig* take offense *ou Br* offence

frôler [frole] ⟨1a⟩ brush against; *fig: catastrophe, mort* come close to

fromage [frɔmaʒ] *m* cheese; **~ blanc** fromage frais; **~ de chèvre** goat's cheese; **~ râpé** grated cheese; **~ à tartiner** cheese spread

froment [frɔmã] *m* wheat

froncement [frõsəmã] *m*: **~ de sourcils** frown; **froncer** ⟨1k⟩ gather; **~ les sourcils** frown

fronde [frõd] *f* slingshot, *Br* catapult

front [frõ] *m* ANAT forehead; MIL, *météorologie* front; *de ~* from the front; *fig* head-on; **~ de mer** sea front; *marcher de ~* walk side by side; *faire ~ à* face up to; **frontalier, -ère** frontier *atr*, border *atr*; **frontière** *f* frontier, border

frottement [frɔtmã] *m* rubbing; **frotter** ⟨1a⟩ **1** *v/i* rub **2** *v/t* rub (*de* with); *meuble* polish; *sol* scrub; *allumette* strike; **frottis** *m* MÉD: **~** (*vaginal*) Pap test, *Br* smear

frousse [frus] *f* F fear; *avoir la ~* be scared

fructifier [fryktifje] ⟨1a⟩ BOT bear fruit; *d'un placement* yield a profit; **fructueux, -euse** fruitful

frugal, ~e [frygal] (*mpl* -aux) frugal

fruit [frɥi] *m* fruit; **un ~** some fruit; **~s** fruit *sg*; **~s de mer** seafood *sg*

fruité, ~e [frɥite] fruity; **fruitier, -ère**: *arbre m ~* fruit tree

frustrant [frystrã] frustrating; **frustration** *f* frustration; **frustrer** ⟨1a⟩ frustrate

fuel [fjul] *m* fuel oil

fugace [fygas] fleeting

fugitif, -ive [fyʒitif, -iv] **1** *adj* runaway; *fig* fleeting **2** *m/f* fugitive, runaway

fugue [fyg] *f d'un enfant* escapade; MUS fugue; *faire une ~* run away; **fuguer** ⟨1a⟩ run away

fuir [fɥir] ⟨2d⟩ **1** *v/i* flee; *du temps* fly; *d'un tonneau, tuyau* leak; *d'un robinet* drip; *d'un liquide* leak out **2** *v/t* shun; *question* avoid; **fuite** *f* flight (*devant* from); *d'un tonneau, d'un tuyau, d'informations* leak; *mettre en ~* put to flight; *prendre la ~* take flight

fulgurant, ~e [fylgyrã, -t] dazzling; *vitesse* lightning

fumé, **~e** [fyme] smoked; *verre* tinted

fume-cigarette [fymsigaret] *m* (*pl inv*) cigarette holder

fumée [fyme] *f* smoke; **fumer** ⟨1a⟩ smoke; **défense de ~** no smoking; **fumeur, -euse** *m/f* smoker; **fumeux, -euse** *fig* hazy

fumier [fymje] *m* manure

funèbre [fynɛbr] funeral *atr*; (*lugubre*) gloomy

funérailles [fyneraj] *fpl* funeral *sg*

funeste [fynɛst] *erreur, suite* fatal

funiculaire [fynikyler] *m* incline railway, *Br* funicular (railway)

fur [fyr]: **au ~ et à mesure** as I / you *etc* go along; **au ~ et à mesure que** as

furet [fyre] *m* ferret; **fureter** ⟨1e⟩ ferret around

fureur [fyrœr] *f* fury; **entrer dans une ~ noire** fly into a towering rage; **faire ~** be all the rage

furibond, **~e** [fyribɔ̃, -d] furious, livid

furie [fyri] (*colère*) fury; *femme* shrew; **furieux, -euse** furious (**contre qn** with s.o.; **de qch** with *ou* at sth)

furoncle [fyrɔ̃kl] *m* boil

furtif, -ive [fyrtif, -iv] furtive, stealthy; **furtivement** *adv* furtively, stealthily

fusain [fyzɛ̃] *m* charcoal

fuseau [fyzo] *m* (*pl* -x): **~ horaire** time zone

fusée [fyze] *f* rocket; **~ de détresse** distress rocket

fuselage [fyzlaʒ] *m* fuselage

fuser [fyze] ⟨1a⟩ *fig* come thick and fast

fusible *m* [fysibl] ÉL fuse

fusil [fyzi] *m* rifle; **~ de chasse** shotgun; **fusillade** *f* firing, gun fire; **fusiller** ⟨1a⟩ execute by firing squad; **fusil-mitrailleur** *m* (light) machine gun

fusion [fyzjɔ̃] *f* COMM merger; PHYS fusion; **fusionner** ⟨1a⟩ COMM merge

futé, **~e** [fyte] cunning, clever

futile [fytil] *chose* futile, trivial; *personne* frivolous; **futilité** *f* futility

futur, **~e** [fytyr] *m & adj* future; **futuriste** futuristic

fuyant, **~e** [fɥijɑ̃, -t] *menton* receding; *regard* evasive

G

gabarit *m* size; TECH template

gâcher [gɑʃe] ⟨1a⟩ *fig* spoil; *travail* bungle; *temps, argent* waste

gâchette [gɑʃɛt] *f* MIL trigger

gâchis [gɑʃi] *m* (*désordre*) mess; (*gaspillage*) waste

gadget [gadʒɛt] *m* gadget

gaffe [gaf] *f* F blooper F, blunder; **faire ~** à F be careful of, take care of; **gaffer** ⟨1a⟩ F make a gaffe *ou* blooper F

gag *m* joke

gage [gaʒ] *m* *fig* forfeit; (*preuve*) token; **tueur** *m* **à ~s** hired killer, hitman; **mettre en ~** pawn

gagnant, **~e** [gaɲɑ̃, -t] **1** *adj* winning **2** *m/f* winner

gagne-pain [gaɲpɛ̃] *m* (*pl inv*) livelihood

gagner [gaɲe] ⟨1a⟩ win; *salaire, réputation, amitié* earn; *place, temps* gain, save; *endroit* reach; *de peur, sommeil* overcome; **~ sa vie** earn one's living

gai, **~e** [ge, gɛ] cheerful; *un peu ivre* tipsy; **gaiement** *adv* cheerfully; **gaieté** *f* cheerfulness; **de ~ de cœur** willingly

gain [gɛ̃] *m* gain; (*avantage*) benefit; **~s** profits; *d'un employé* earnings; **~ de temps** time-saving

gaine [gɛn] *f* sheath

gala [gala] *m* gala

galant, **~e** [galɑ̃, -t] *galant;* **homme ~** gentleman; **rendez-vous ~** (romantic) rendez-vous; **galanterie** *f* galantry

galaxie [galaksi] *f* galaxy

galbé, **~e** [galbe] *jambes* shapely

galère [galɛr] *f:* **il est dans la ~** *fig* F he's in a mess; **galérer** F sweat

galerie [galri] *f* gallery; AUTO roof-rack; **~ d'art** art gallery; **~ marchande** mall, *Br aussi* (shopping) arcade

galet [galɛ] *m* pebble

galette [galɛt] *f type of flat cake;* **~ des rois** *cake traditionally eaten to celebrate Twelfth Night (6 January)*

galipette [galipɛt] *f* F somersault

Galles [gal] *fpl:* **le pays** *m* **de ~** Wales; **gallois**, **~e 1** *adj* Welsh **2** *m langue* Welsh **3** **Gallois**, **~e** *m/f* Welshman; Welsh woman

galon [galɔ̃] *m* braid; MIL stripe

galop [galo] *m* gallop; **galopant** *inflation* galloping; **galoper** ⟨1a⟩ gallop

galopin [galopɛ̃] *m* urchin

galvaniser [galvanize] ⟨1a⟩ galvanize

gambader [gambade] ⟨1a⟩ gambol, leap

gamelle [gamɛl] *f* MIL mess tin

gamin, **~e** [gamɛ̃, -in] **1** *m/f* kid **2** *adj* childlike

gamme [gam] *f* MUS scale; *fig* range; **haut de ~** top-of-the-line, *Br* top-of-the-range; **bas de ~** downscale, *Br* downmarket

ganglion [gɑ̃glijɔ̃] *m:* **avoir des ~s** have swollen glands

gang [gɑ̃g] *m* gang

gangrène [gɑ̃grɛn] *f* gangrene

gangster [gɑ̃gstɛr] *m* gangster

gant [gɑ̃] *m* glove; **~ de boxe** boxing glove; **~ de toilette** washcloth, *Br* facecloth

garage [garaʒ] *m* garage; **garagiste** *m* auto mechanic, *Br* car mechanic; *propriétaire* garage owner

garant, **~e** [garɑ̃, -t] *m/f* guarantor; **se porter ~** answer for; JUR stand guarantor for; **garantie** *f* guarantee; **sous ~** COMM under guarantee *ou*

warranty; **garantir** ⟨2a⟩ guarantee

garce [gars] *f* F bitch

garçon [garsɔ̃] *m* boy; (*serveur*) waiter; **~ d'honneur** best man; **~ manqué** tomboy; **petit ~** little boy; **garçonnière** *f* bachelor apartment *ou Br* flat

garde[1] [gard] *f* care (**de** of); MIL *soldats* guard; **chien m de ~** guard dog; **droit m de ~** JUR custody; **prendre ~** be careful; **être sur ses ~s** be on one's guard; **de ~** *médecin, pharmacien* duty *atr;* **être de ~** be on duty; **monter la ~** mount guard; **mettre qn en ~** warn s.o., put s.o. on their guard; **la relève de la ~** MIL the changing of the guard; **~ à vue** police custody

garde[2] [gard] *m* guard; **~ du corps** bodyguard; **~ forestier** (forest) ranger; **~ des Sceaux** Minister of Justice; **garde-à-vous** *m* MIL attention

garde-boue [gardəbu] *m* (*pl inv*) AUTO fender, *Br* mudguard

garde-chasse [gardəʃas] *m* (*pl gardes-chasse⟨s⟩*) gamekeeper

garde-côte [gardəkot] *m* (*pl garde-côte⟨s⟩*) coastguard boat

garde-fou [gardəfu] *m* (*pl garde-fous*) railing

garde-malade [gardəmalad] *m/f* (*pl gardes-malade⟨s⟩*) nurse

garde-manger [gardmɑ̃ʒe] *m* (*pl inv*) larder

garde-meuble [gardəmœbl] *m* (*pl garde-meuble⟨s⟩*) furniture repository

garder [garde] ⟨1a⟩ *objet* keep; *vêtement* keep on; (*surveiller*) guard; *malade, enfant, animal* look after, take care of; **~ pour soi** *renseignements* keep to o.s.; **~ le silence** remain silent; **~ la chambre** stay in *ou* keep to one's room; **se ~ de faire qch** be careful not to do sth; **garderie** *f* daycare center, *Br* daycare centre

garde-robe [gardərɔb] *f* (*pl garde-robes*) *armoire* closet, *Br* wardrobe; *vêtements* wardrobe

gardien, **~ne** [gardjɛ̃, -ɛn] *m/f de prison* guard, *Br* warder; *d'un musée* at-

G

gare 160

tendant; *d'un immeuble, d'une école*
janitor, *Br aussi* caretaker; *fig* guardian; ~ (*de but*) goalkeeper, goalie
F; ~ *de la paix* police officer
gare[1] [gar] *f* station; ~ *routière* bus
station
gare[2] [gar]: ~ *à ...!* watch out for ...!; ~
à toi! watch out!; *ça va mal se passer*
you'll be for it!
garer [gare] ⟨1a⟩ park; *se* ~ park; *pour
laisser passer* move aside
gargariser [gargarize] ⟨1a⟩: *se* ~ gargle
gargouille [garguj] *f* ARCH gargoyle;
gargouiller ⟨1a⟩ gurgle; *de l'estomac*
rumble
garnement [garnəmã] *m* rascal
garnir [garnir] ⟨2a⟩ (*fournir*) fit (*de*
with); (*orner*) trim (*de* with); *garni
de légumes* CUIS served with vegetables
garnison [garnizõ] *f* MIL garrison
garniture [garnityr] *f* CUIS *légumes* vegetables *pl*
gars [ga] *m* F guy F
Gascogne [gaskɔɲ] *f* Gascony; *golfe
m de* ~ Bay of Biscay
gasoil [gazwal, gazɔjl] *m* gas oil, *Br*
diesel
gaspillage [gaspijaʒ] *m* waste; **gaspiller** ⟨1a⟩ waste, squander; **gaspilleur, -euse 1** *adj* wasteful **2** *m/f* waster
gastrique [gastrik] gastric
gastroentérite [gastrɔãterit] *f* gastroenteritis
gastronome [gastrɔnɔm] *m/f* gourmet; **gastronomie** *f* gastronomy; **gastronomique** gourmet *atr*
gâté, ~e [gate] spoilt
gâteau [gato] *m* (*pl* -x) cake; ~ *sec*
cookie, *Br* biscuit; ~ *d'anniversaire*
birthday cake
gâter [gate] ⟨1a⟩ spoil; *se* ~ *d'un aliment* spoil; *du temps* deteriorate
gâteux, -euse [gatø, -z] senile, gaga F
gauche [goʃ] **1** *adj* left, left-hand;
manières gauche, awkward **2** *f* left;
à ~ on the left (*de* of); *tourner à* ~
turn left *ou* to the left; *la* ~ POL
the left (wing); *de* ~ POL on the left,

leftwing; **gaucher, -ère 1** *adj* left-handed **2** *m/f* left-hander, lefty F;
gauchiste *m/f* POL leftist
gaufre [gofr] *f* waffle; **gaufrette** *f* wafer
Gaule [gol]: *la* ~ Gaul
gaulliste [golist] Gaullist
gaulois, ~e [golwa, -z] **1** *adj* Gallic;
fig spicy **2** *m langue* Gaulish **3** *m/f*
Gaulois, ~e Gaul
gaver [gave] ⟨1a⟩ *oie* force-feed; ~ *qn
de qch* stuff s.o. full of sth; *se* ~
de qch stuff o.s. with sth
gaz [gaz] *m* gas; ~ *naturel* natural gas;
mettre les ~ step on the gas, *Br* put
one's foot down; ~ *pl d'échappement* AUTO exhaust *sg*, exhaust
fumes; ~ *à effet de serre* greenhouse
gas; ~ *lacrymogène* tear gas
gaze [gaz] *f* gauze
gazelle [gazɛl] *f* gazelle
gazeux, -euse [gazø, -z] *boisson, eau*
carbonated, *Br* fizzy
gazinière [gazinjɛr] *f* gas cooker
gazoduc [gazɔdyk] *m* gas pipeline
gazole [gazɔl] *m* gas oil, *Br* diesel
gazon [gazõ] *m* grass
gazouiller [gazuje] ⟨1a⟩ *oiseaux* twitter
geai [ʒɛ] *m* jay
géant, ~e [ʒeã, -t] **1** *adj* gigantic, giant
atr **2** *m/f* giant
geindre [ʒɛ̃dr] ⟨4b⟩ groan
gel [ʒɛl] *m* frost; *fig: des salaires, prix*
freeze; *cosmétique* gel
gélatine [ʒelatin] *f* gelatine
gelée [ʒəle] *f* frost; CUIS aspic; *confiture* jelly, *Br* jam; **geler** ⟨1d⟩ **1** *v/t*
freeze **2** *v/i d'une personne* freeze; *il
gèle* there's a frost
gélule [ʒelyl] *f* PHARM capsule
Gémeaux [ʒemo] *mpl* ASTROL Gemini
gémir [ʒemir] ⟨2a⟩ groan; **gémissement** *m* groan
gênant, ~e [ʒenã, -t] (*embarrassant*)
embarrassing
gencive [ʒãsiv] *f* gum
gendarme [ʒãdarm] *m* policeman,
gendarme; **gendarmerie** *f* police
force; *lieu* police station

gendre [ʒãdr] *m* son-in-law

gène [ʒɛn] *m* BIOL gene

gêne [ʒɛn] *f* (*embarras*) embarrassment; (*dérangement*) inconvenience; *physique* difficulty; **sans ~** shameless; **gêné, ~e** embarrassed; **gêner** ⟨1b⟩ bother; (*embarrasser*) embarrass; (*encombrer*) be in the way; **~ le passage** be in the way

généalogique [ʒenealɔʒik] genealogical; **arbre ~** family tree

général, ~e [ʒeneral] (*mpl* -aux) **1** *adj* general; **en ~** generally, in general; (*habituellement*) generally, usually **2** *m* MIL general **3** *f* THÉÂT dress rehearsal; **généralement** *adv* generally; **généralisation** *f* generalization; *d'un cancer* spread; **généraliser** ⟨1a⟩ generalize; **se ~** spread; **généraliste** *m* MÉD generalist; **généralités** *fpl* generalities

générateur [ʒeneratœr] *m* generator

génération [ʒenerasjõ] *f* generation; **générer** ⟨1a⟩ generate

généreux, -euse [ʒenerø, -z] generous

générique [ʒenerik] **1** *adj* generic **2** *m de cinéma* credits *pl*

générosité [ʒenerozite] *f* generosity

genêt [ʒ(ə)nɛ] *m* BOT broom, gorse

généticien, ~ne [ʒenetisjɛ̃, -ɛn] *m/f* geneticist; **génétique 1** *adj* genetic **2** *f* genetics; **génétiquement** *adv* genetically; **~ modifié** genetically modified, GM

Genève [ʒ(ə)nɛv] Geneva

génial, ~e [ʒenjal] (*mpl* -iaux) of genius; (*formidable*) great, terrific; **génie** *m* genius; TECH engineering; **de ~** of genius; *idée* which shows genius; **avoir du ~** be a genius; **~ civil** civil engineering; **~ génétique** genetic engineering

génisse [ʒenis] *f* heifer

génital, ~e [ʒenital] (*mpl* -aux) genital

génocide [ʒenɔsid] *m* genocide

génoise [ʒenwaz] *f* sponge cake

genou [ʒ(ə)nu] *m* (*pl* -x) knee; **à ~x** on one's knees; **se mettre à ~x** kneel (down), go down on one's knees; **genouillère** *f* kneepad

genre [ʒãr] *m* kind, sort; GRAM gender; **bon chic, bon ~** preppie *atr*

gens [ʒã] *mpl* people *pl*

gentil, ~le [ʒãti, -j] nice; (*aimable*) kind, nice; *enfant* good; REL Gentile; **gentillesse** *f* (*amabilité*) kindness; **gentiment** *adv* (*aimablement*) kindly, nicely; (*sagement*) nicely, well

géographie [ʒeɔgrafi] *f* geography; **géographique** geographic

géologie [ʒeɔlɔʒi] *f* geology; **géologique** geological; **géologue** *m/f* geologist

géomètre [ʒeɔmetr] *m/f* geometrician; **géométrie** *f* geometry; **géométrique** geometric

géophysique [ʒeɔfizik] *f* geophysics *sg*

géopolitique [ʒeɔpɔlitik] *f* geopolitics

gérable [ʒerabl] manageable; **gérance** *f* management

géranium [ʒeranjɔm] *m* BOT geranium

gérant, ~e [ʒerã, -t] *m/f* manager

gerbe [ʒɛrb] *f de blé* sheaf; *de fleurs* spray

gercé, ~e [ʒerse] *lèvres* chapped

gérer [ʒere] ⟨1f⟩ manage

gériatrie [ʒerjatri] *f* geriatrics; **gériatrique** geriatric

germain, ~e [ʒermɛ̃, -ɛn]: **cousin** *m* **~, cousine** *f* **~e** (first) cousin

germanique [ʒermanik] Germanic

germe [ʒɛrm] *m* germ (*aussi fig*); **germer** ⟨1a⟩ germinate

gestation [ʒɛstasjõ] *f* gestation

geste [ʒɛst] *m* gesture; **gesticuler** ⟨1a⟩ gesticulate

gestion [ʒɛstjõ] *f* management; **gestionnaire** *m/f* manager; **~ de fichiers** file manager

ghetto [ɡeto] *m* ghetto

gibet [ʒibɛ] *m* gallows *pl*

gibier [ʒibje] *m* game

giboulée [ʒibule] *f* wintry shower

gicler [ʒikle] ⟨1a⟩ spurt

gifle [ʒifl] *f* slap (in the face); **gifler** ⟨1a⟩ slap (in the face)

gigantesque [ʒigɑ̃tesk] gigantic

gigaoctet [ʒigaɔkte] *m* gigabyte

gigot [ʒigo] *m* CUIS *d'agneau* leg

gigoter [ʒigɔte] ⟨1a⟩ F fidget

gilet [ʒile] m vest, Br waistcoat; (chandail) cardigan; ~ **pare-balles** bulletproof vest; ~ **de sauvetage** lifejacket

gin [dʒin] m gin; ~ **tonic** gin and tonic, G and T

gingembre [ʒɛ̃ʒɑ̃br] m BOT ginger

girafe [ʒiraf] f giraffe

giratoire [ʒiratwar]: **sens** m ~ traffic circle, Br roundabout

girofle [ʒirɔfl] m CUIS: **clou** m **de** ~ clove

girouette [ʒirwɛt] f weather vane

gisement [ʒizmɑ̃] m GÉOL deposit; ~ **pétrolifère** ou **de pétrole** oilfield

gitan, ~e [ʒitɑ̃, -an] **1** adj gypsy atr **2** m/f gypsy

gîte [ʒit] m (rental) cottage, Br holiday cottage ou home

givre [ʒivr] m frost; **givré, ~e** covered with frost; avec du sucre frosted; F (fou) crazy; **orange** f **~e** orange sorbet

glaçage [glasaʒ] m d'un gâteau frosting, Br icing; d'une tarte glazing; **glace** f ice (aussi fig); (miroir) mirror; AUTO window; (crème glacée) ice cream; d'un gâteau frosting, Br icing; d'une tarte glaze; **glacé, ~e** (gelé) frozen; vent, accueil icy; boisson iced; papier glossy; **glacer** ⟨1k⟩ freeze; (intimider) petrify; gâteau frost, Br ice; tarte glaze; **se ~** freeze; du sang turn cold; **glacial, ~e** (mpl -iaux ou -ials) icy (aussi fig); **glacier** m glacier; vendeur ice cream seller; **glacière** f cool bag; fig icebox; **glaçon** m icicle; artificiel icecube

glaise [glɛz] f (aussi **terre** f ~) clay

gland [glɑ̃] m acorn

glande [glɑ̃d] f gland

glander [glɑ̃de]⟨1a⟩ F hang around F; **glandeur, -euse** m/f F layabout F

glaner [glane] ⟨1a⟩ fig glean

glapir [glapir] ⟨2a⟩ shriek

glas [glɑ] m death knell

glauque [glok] eau murky; couleur blue-green

glissade [glisad] f slide; accidentelle slip; **faire des ~s** slide; **glissant, ~e** slippery, slippy; **glissement** m

~ **de terrain** landslide; **glisser** ⟨1a⟩ v/t slip (**dans** into) **2** v/i slide; sur l'eau glide (**sur** over); (déraper) slip; être glissant be slippery ou slippy; **se ~ dans** slip into; **glissière** f TECH runner; **à ~ porte** sliding; **fermeture** f **à ~** zipper, Br zip; ~ **de sécurité** crash barrier

global, ~e [glɔbal] (mpl -aux) global; prix, somme total, overall; **globalement** adv globally; **globalisation** f globalization; **globe** m globe; ~ **oculaire** eyeball; ~ **terrestre** globe

globule [glɔbyl] m globule; MÉD blood cell, corpuscle; **globuleux, -euse** yeux bulging

gloire [glwar] f glory; **glorieux, -euse** glorious; **glorifier** ⟨1a⟩ glorify

glossaire [glɔsɛr] m glossary

gloussement [glusmɑ̃] m clucking; rire giggle; **glousser** ⟨1a⟩ cluck; rire giggle

glouton, ~ne [glutɔ̃, -ɔn] **1** adj greedy, gluttonous **2** m/f glutton; **gloutonnerie** f gluttony

gluant, ~e [glyɑ̃, -t] sticky

glucide [glysid] m CHIM carbohydrate

glucose [glykoz] m glucose

gluten [glytɛn] m CHIM gluten

glycine [glisin] f wisteria

gnangnan [nɑ̃nɑ̃] (fem inv) F film, livre sloppy F, sentimental

G.O. abr (= **grandes ondes**) LW (= long wave)

goal [gol] m goalkeeper

gobelet [gɔblɛ] m tumbler; en carton, plastique cup

gober [gɔbe] ⟨1a⟩ gobble; F mensonge swallow

godasse [gɔdas] f F shoe

godet [gɔdɛ] m récipient pot; de vêtements flare

goéland [gɔelɑ̃] m (sea)gull

goélette [gɔelɛt] f MAR schooner

gogo [gogo] F: **à ~** galore

goguenard, ~e [gɔgnar, -d] mocking

goinfre [gwɛ̃fr] **1** m glutton **2** adj gluttonous; **goinfrer** ⟨1a⟩: **se ~** péj stuff o.s.

golf [gɔlf] m SP golf; terrain golf course

golfe [gɔlf] m GÉOGR gulf

golfeur, -euse [gɔlfœr, -øz] *m/f* golfer

gomme [gɔm] *f* gum; *pour effacer* eraser; **gommer** ⟨1a⟩ *(effacer)* erase *(aussi fig)*

gond [gõ] *m* hinge; ***sortir de ses ~s*** fly off the handle

gondole [gõdɔl] *f* gondola; **gondoler** ⟨1a⟩: *se ~ du papier* curl; *du bois* warp

gonflable [gõflabl] inflatable; **gonflement** *m* swelling; **gonfler** ⟨1a⟩ **1** *v/i* swell **2** *v/t* blow up, inflate; *(exagérer)* exaggerate

gong [gõg] *m* gong

gonzesse [gõzɛs] *f* F *péj* chick F

gorge [gɔrʒ] *f* throat; *(poitrine)* bosom; GÉOGR gorge; ***avoir mal à la ~*** have a sore throat; **gorgée** *f* mouthful; **gorger** ⟨1a⟩: *se ~* gorge o.s. *(de* with)

gorille [gɔrij] *m* gorilla; *fig* F bodyguard, minder F

gosier [gozje] *m* throat

gosse [gɔs] *m/f* F kid F

gothique [gɔtik] **1** *adj* Gothic **2** *m/f* Goth

gouache [gwaʃ] *f* gouache

goudron [gudrõ] *m* tar; **goudronner** ⟨1a⟩ asphalt, *Br* tar

gouffre [gufr] *m* abyss; *fig* depths *pl*

goujat [guʒa] *m* boor

goulot [gulo] *m* neck; ***boire au ~*** drink from the bottle

goulu, ~e [guly] greedy

gourd, ~e [gur, -d] numb (with the cold)

gourde [gurd] *f récipient* water bottle; *fig* F moron F

gourdin [gurdɛ̃] *m* club

gourer [gure] ⟨1a⟩ F: *se ~* goof F, *Br* boob

gourmand, ~e [gurmã, -d] **1** *adj* greedy **2** *m/f* person who likes to eat, gourmand; **gourmandise** *f* greediness; ***~s*** *mets* delicacies; **gourmet** *m* gourmet

gourmette [gurmɛt] *f* chain

gourou [guru] *m* guru

gousse [gus] *f* pod; ***~ d'ail*** clove of garlic

goût [gu] *m* taste; ***de bon ~*** tasteful, in good taste; ***de mauvais ~*** tasteless,

in bad taste; ***avoir du ~*** have taste; ***prendre ~ à qch*** develop a taste *ou* liking for sth; **goûter 1** *v/t* ⟨1a⟩ taste; *fig* enjoy, appreciate **2** *v/i* prendre un goûter have an afternoon snack **3** *m* afternoon snack

goutte [gut] *f* drop; ***tomber ~ à ~*** drip; ***~ de pluie*** raindrop; **goutte-à--goutte** *m* MÉD drip; **gouttelette** *f* little drop; **goutter** ⟨1a⟩ drip; **gouttière** *f* gutter

gouvernail [guvɛrnaj] *m* (*pl* -s) tiller, helm

gouverne [guvɛrn] *f* MAR steering; ***pour ta / sa ~*** for your / his guidance

gouvernement [guvɛrnəmã] *m* government; **gouvernemental, ~e** (*mpl* -aux) government *atr*, governmental; **gouverner** ⟨1a⟩ *pays* govern; *passions* master, control; MAR steer; **gouverneur** *m* governor

grabuge [grabyʒ] *m* F stink F

grâce [grɑs] *f* grace; *(bienveillance)* favor, *Br* favour; JUR pardon; ***de bonne ~*** with good grace, willingly; ***de mauvaise ~*** grudgingly, unwillingly; ***faire ~ à qn de qch*** spare s.o. sth; ***rendre ~ à Dieu*** give thanks to God; ***~ à*** thanks to; ***être dans les bonnes ~s de qn*** be in s.o.'s good books; ***un délai de ~ de deux jours*** two days' grace; **gracier** [grasje] ⟨1a⟩ reprieve; **gracieusement** *adv* gracefully; **gracieux, -euse** graceful; ***à titre ~*** free

grade [grad] *m* rank; **gradé** *m* MIL noncommissioned officer

gradins [gradɛ̃] *mpl* SP bleachers, *Br* terraces

graduel, ~le [gradɥɛl] gradual; **graduellement** *adv* gradually; **graduer** ⟨1n⟩ *(augmenter)* gradually increase; *instrument* graduate

graffitis [grafiti] *mpl* graffiti *sg ou pl*

grain [grɛ̃] *m* grain; MAR squall; ***poulet m de ~*** cornfed chicken; ***~ de beauté*** mole, beauty spot; ***~ de café*** coffee bean; ***~ de poivre*** peppercorn; ***~ de raisin*** grape

graine [grɛn] *f* seed

graissage [gresaʒ] *m* lubrication,

greasing; **graisse** *f* fat; TECH grease; **graisser** ⟨1b⟩ grease, lubricate; (*salir*) get grease on; **graisseux, -euse** greasy

grammaire [gramer] *f* grammar; **grammatical, ~e** (*mpl* -aux) grammatical

gramme [gram] *m* gram

grand, ~e [grã, -d] **1** *adj* big, large; (*haut*) tall; (*adulte*) grown-up; (*long*) long; (*important, glorieux*) great; *frère, sœur* big; *quand je serai ~* when I grow up; *les ~es personnes fpl* grown-ups, adults; *au ~ air* in the open air; *~ malade m* seriously ill patient; *il est ~ temps* it's high time; *~e surface f* supermarket, Br superstore; *il n'y avait pas ~ monde* there weren't many people; *les ~es vacances fpl* the summer vacation *sg*, Br the summer holidays; *~ ensemble* new development, Br (housing) estate **2** *adv ouvrir* wide; *voir ~* think big **3** *m* giant, great man; *les ~s de ce monde* those in high places

grand-chose [grãʃoz]: *pas ~* not much

Grande-Bretagne [grãdbrətaɲ]: *la ~* Great Britain

grandement [grãdmã] *adv* (*beaucoup*) greatly; **grandeur** *f* (*taille*) size; *~ nature* lifesize; **grandiose** *spectacle, vue* magnificent; **grandir** ⟨2a⟩ **1** *v/i* (*croître*) grow; (*augmenter*) grow, increase **2** *v/t*: *~ qn* make s.o. look taller; *de l'expérience* strengthen s.o.

grand-mère [grãmer] *f* (*pl* grand(s)-mères) grandmother

grand-père [grãper] *m* (*pl* grands-pères) grandfather

grand-route [grãrut] *f* (*pl* grand(s)-routes) highway, main road

grand-rue [grãry] *f* (*pl* grand(s)-rues) main street

grands-parents [grãparã] *mpl* grand-parents

grange [grãʒ] *f* barn

granit(e) [granit] *m* granite

granuleux, -euse [granylø, -z] granular

graphique [grafik] **1** *adj* graphic **2** *m* chart; MATH graph; INFORM graphic; **graphiste** *m/f* graphic designer

grappe [grap] *f* cluster; *~ de raisin* bunch of grapes

grappin [grapɛ̃] *m*: *mettre le ~ sur qn* get one's hands on s.o.

gras, ~se [grα, -s] **1** *adj* fatty, fat; *personne* fat; *cheveux, peau* greasy; *faire la ~se matinée* sleep late, Br have a lie-in **2** *m* CUIS fat; **grassouillet, ~te** plump, cuddly

gratification [gratifikasjõ] *f* (*prime*) bonus; PSYCH gratification; **gratifiant, ~e** gratifying; **gratifier** ⟨1a⟩: *~ qn de qch* present s.o. with sth

gratin [gratɛ̃] *m* dish served with a coating of grated cheese; **gratiné, ~e** CUIS with a sprinkling of cheese; *fig* F addition colossal

gratis [gratis] free (of charge)

gratitude [gratityd] *f* gratitude

gratte-ciel [gratsjɛl] *m* (*pl inv*) skyscraper

gratter [grate] ⟨1a⟩ scrape; (*griffer, piquer*) scratch; (*enlever*) scrape off; *mot, signature* scratch out; *se ~* scratch; **grattoir** *m* scraper

gratuit, ~e [gratyi, -t] free; *fig* gratuitous; **gratuitement** *adv* for nothing, free of charge; *fig* gratuitously

gravats [grava] *mpl* rubble *sg*

grave [grav] (*sérieux*) serious, grave; *maladie, faute* serious; *son* deep; *ce n'est pas ~* it's not a problem, it doesn't matter; **gravement** *adv* gravely, seriously; *~ malade* seriously ill

graver [grave] ⟨1a⟩ engrave; *disque* cut; *gravé dans sa mémoire* engraved on one's memory

gravier [gravje] *m* gravel

gravillon [gravijõ] *m* grit; *~s* gravel *sg*, Br loose chippings *pl*

gravir [gravir] ⟨2a⟩ climb

gravité [gravite] *f* gravity, seriousness; *d'une maladie, d'un accident* seriousness; PHYS gravity; **graviter** ⟨1a⟩ PHYS: *~ autour de* revolve around

gravure [gravyr] *f* ART engraving; (*reproduction*) print

gré [gre] *m*: **bon ~, mal ~** like it or not; **à mon ~** to my liking; **contre mon ~** against my will; **de bon ~** willingly; **de son plein ~** of one's own free will; **savoir ~ de qch à qn** be grateful to s.o. for sth

grec, ~que [grɛk] **1** *adj* Greek **2** *m langue* Greek **3** *m/f* **Grec, ~que** Greek; **Grèce: la ~** Greece

gredin [grədɛ̃] *m* scoundrel

gréement [gremã] *m* MAR rigging

greffe [grɛf] AGR, *de peau, tissu* graft; **~ du cœur** MÉD heart transplant; **greffer** ⟨1b⟩ AGR, *peau, tissu* graft; *cœur, poumon* transplant

greffier [grefje] *m* clerk of the court

grêle[1] [grɛl] *jambes* skinny; *voix* shrill

grêle[2] [grɛl] *f* hail; **grêler** ⟨1a⟩: **il grêle** it's hailing; **grêlon** *m* hailstone

grelot [grəlo] *m* (small) bell

grelotter [grələte] ⟨1a⟩ shiver

grenade [grənad] *f* BOT pomegranate; MIL grenade; **grenadine** *f* grenadine, pomegranate syrup

grenier [grənje] *m* attic

grenouille [grənuj] *f* frog

grès [grɛ] *m* sandstone; *poterie* stoneware

grésiller [grezije] ⟨1a⟩ sizzle; RAD crackle

grève[1] [grɛv] *f* strike; **être en ~, faire ~** be on strike; **se mettre en ~** go on strike; **~ de la faim** hunger strike; **~ du zèle, ~ perlée** slowdown, *Br* go-slow

grève[2] [grɛv] *f* (*plage*) shore

grever [grəve] ⟨1d⟩ *budget* put a strain on

gréviste [grevist] *m/f* striker

gribouillage [gribujaʒ] *m* scribble; (*dessin*) doodle; **gribouiller** ⟨1a⟩ scribble; (*dessiner*) doodle; **gribouillis** *m* scribble

grief [grief] *m* grievance

grièvement [grijɛvmã] *adv blessé* seriously

griffe [grif] *f* claw; COMM label; *fig* (*empreinte*) stamp; **griffer** ⟨1a⟩ scratch

griffonnage [grifɔnaʒ] *m* scribble; **griffonner** ⟨1a⟩ scribble

grignoter [griɲɔte] ⟨1a⟩ **1** *v/t* nibble on; *économies* nibble away at, eat into **2** *v/i* nibble

grill [gril] *m* broiler, *Br* grill; **grillade** *f* broil, *Br* grill

grillage [grijaʒ] *m* wire mesh; (*clôture*) fence; **grille** *f* *d'une fenêtre* grille; (*clôture*) railings *pl*; *d'un four* rack; (*tableau*) grid; **grille-pain** *m* (*pl inv*) toaster; **griller** ⟨1a⟩ **1** *v/t viande* broil, *Br* grill; *pain* toast; *café, marrons* roast **2** *v/i d'une ampoule* burn out; **~ un feu rouge** go through a red light

grillon [grijõ] *m* cricket

grimace [grimas] *f* grimace; **faire des ~s** pull faces; **grimer** ⟨1a⟩: (**se**) **~** make up

grimper [grɛ̃pe] ⟨1a⟩ climb

grincement [grɛ̃smã] *m de porte* squeaking; **grincer** ⟨1k⟩ *d'une porte* squeak; **~ des dents** grind one's teeth

grincheux, -euse [grɛ̃ʃø, -z] bad-tempered, grouchy

gringalet [grɛ̃galɛ] *m* F puny little shrimp

griotte [grijɔt] *f* BOT *type of cherry*

grippe [grip] *f* MÉD flu; **prendre qn en ~** take a dislike to s.o.; **~ gastro-intestinale** gastric flu; **grippé, ~e** MÉD: **être ~** have flu

gris, ~e [gri, -z] gray, *Br* grey; *temps, vie* dull; (*ivre*) tipsy; **grisaille** *f* grayness, *Br* greyness

grisant, ~e [grizã, -t] exhilarating

grisâtre [grizɑtr] grayish, *Br* greyish

griser [grize] ⟨1a⟩: **~ qn** go to s.o.'s head; **se laisser ~ par** get carried away by

grisonner [grizɔne] ⟨1a⟩ go gray *ou Br* grey

grive [griv] *f* thrush

grivois, ~e [grivwa, -z] bawdy

groggy [grɔgi] *adj inv* F groggy

grognement [grɔɲmã] *m* (*plainte*) grumbling; *d'un cochon etc* grunt; **grogner** ⟨1a⟩ (*se plaindre*) grumble; *d'un cochon* grunt; **grognon, ~ne**: **être ~** be grumpy

grommeler [grɔmle] ⟨1c⟩ mutter

grondement [grɔ̃dmɑ̃] *m d'un chien* growl; *de tonnerre* rumble; **gronder** ⟨1a⟩ **1** *v/i d'une personne, d'un chien* growl; *du tonnerre* rumble; *d'une révolte* brew **2** *v/t* scold

groom [grum] *m* bellhop, *Br* page

gros, ~se [gro, -s] **1** *adj* big, large; (*corpulent*) fat; *lèvres* thick; *averse, rhume, souliers* heavy; *chaussettes* heavy, thick; *plaisanterie* coarse; *vin* rough; *avoir le cœur ~* be heavy-hearted; *~ bonnet m* F bigwig F; *toucher le ~ lot* hit the jackpot; *~se mer f* MAR rough *ou* heavy sea; *~ mots mpl* bad language *sg*, swear words; *~ plan m* close-up **2** *adv*: *gagner ~* win a lot; *en ~* (*globalement*) generally, on the whole; COMM wholesale **3** *m personne* fat man; COMM wholesale trade; *prix m de ~* COMM wholesale price; *le ~ de* the bulk of

groseille [grozɛj] *f* BOT currant; *~ à maquereau* gooseberry

grosse [gros] *f* fat woman

grossesse [grosɛs] *f* pregnancy

grosseur [grosœr] *f* (*corpulence*) fatness; (*volume*) size; (*tumeur*) growth

grossier, -ère [grosje, -ɛr] (*rudimentaire*) coarse; (*indélicat*) coarse, crude; (*impoli*) rude; *erreur* big; **grossièrement** *adv* crudely; (*impoliment*) rudely; (*à peu près*) roughly; **grossièreté** *f* crudeness; *dire des ~s* use crude *ou* coarse language

grossir [grosir] ⟨2a⟩ **1** *v/t au microscope* magnify; *nombre, rivière* swell; (*exagérer*) exaggerate; *~ qn pantalon, robe etc* make s.o. look fatter **2** *v/i d'une personne* put on weight

grossiste [grosist] *m/f* COMM wholesaler

grosso modo [grosomodo] *adv* roughly

grotesque [grotɛsk] ludicrous, grotesque

grotte [grot] *f* cave

grouiller [gruje] ⟨1a⟩: *~ de* be swarming with; *se ~* F get a move on

groupe [grup] *m* group; *~ de pression* pressure group; *~ sanguin* blood group; **groupement** *m* group;

action grouping; **grouper** ⟨1a⟩ group; *se ~ autour de qn* gather around s.o.

groupie [grupi] *f* groupie

grue [gry] *f* ZO, TECH crane

grumeau [grymo] *m* (*pl* -x) lump; **grumeleux, -euse** lumpy

gué [ge] *m* ford

guenilles [gənij] *fpl* rags

guépard [gepar] *m* cheetah

guêpe [gɛp] *f* wasp; **guêpier** *m* wasps' nest; *tomber dans un ~ fig* fall into a trap; *se mettre dans un ~* put o.s. in a difficult position

guère [gɛr]: *ne ... ~* hardly; *je ne la connais ~* I hardly know her

guéridon [geridɔ̃] *m* round table

guérilla [gerija] *f* guerrilla warfare; **guérillero** *m* guerrilla

guérir [gerir] ⟨2a⟩ **1** *v/t malade, maladie* cure (*de* of) **2** *v/i d'une blessure* heal; *d'un malade, d'une maladie* get better; **guérissable** curable; **guérison** *f* (*rétablissement*) recovery

guerre [gɛr] *f* war; *Seconde Guerre mondiale* Second World War; *en ~* at war; *faire la ~* be at war (*à* with); *faire la ~ à qch* wage war on sth; *~ bactériologique / biologique* germ / biological warfare; *~ civile* civil war; *~ froide* Cold War; *~ des gangs* gang warfare; *~ sainte* holy war; **guerrier, -ère 1** *adj* warlike **2** *m* warrior

guet [gɛ] *m*: *faire le ~* keep watch

guet-apens [gɛtapɑ̃] *m* (*pl* guets-apens) ambush

guetter [gete] ⟨1b⟩ watch for, keep an eye open for; (*épier*) watch

gueule [gœl] *f* F mouth; (*visage*) face; *ta ~!* F shut up!; *Br aussi* shut it! F; *~ de bois* hangover; **gueuler** ⟨1a⟩ F yell, shout; **gueuleton** *m* F enormous meal; *Br aussi* blow-out

guichet [giʃe] *m de banque, poste* wicket, *Br window*; *de théâtre* box office; *~ automatique* automatic teller (machine), ATM, *Br aussi* cash dispenser; **guichetier, -ère** *m/f* clerk, *Br* assistant; *dans banque* teller

guide [gid] **1** *m* guide; *ouvrage*

guide(book); **~ de conversation** phrasebook **2** f girl scout, Br guide **3**: **~s** fpl guiding reins; **guider** ⟨1a⟩ guide

guidon [gidõ] m de vélo handlebars pl

guignol [giɲɔl] m Punch; **un spectacle de ~** a Punch-and-Judy show

guillemets [gijmɛ] mpl quote marks, Br aussi inverted commas

guillotiner [gijɔtine] ⟨1a⟩ guillotine

guindé, ~e [gɛ̃de] personne, style stiff, awkward

guirlande [girlɑ̃d] f garland; **~ lumineuse** string of lights; **~s de Noël** tinsel sg

guise [giz] f: **agir à sa ~** do as one pleases; **en ~ de** as, by way of

guitare [gitar] f guitar; **guitariste** m/f guitarist

guttural, ~e [gytyral] (mpl -aux) guttural

guyanais, ~e [gɥijanɛ, -z] **1** adj département Guianese; république Guyanese **2** m/f **Guyanais, ~e** département Guianese; république Guyanese; **Guyane: la ~** Guyana

gym [ʒim] f gym

gymnase [ʒimnaz] m SP gym; **gymnaste** m/f gymnast; **gymnastique** f gymnastics sg; corrective, matinale exercises pl; **faire de la ~** do gymnastics / exercises

gynécologie [ʒinekɔlɔʒi] f gynecology, Br gynæcology; **gynécologique** gynecological, Br gynæcological; **gynécologue** m/f MÉD gynecologist, Br gynæcologist

gyrophare [ʒirɔfar] m flashing light

H

H

h abr (= **heure**) hr (= hour)

ha abr (= **hectare**) approx 2.5 acres

habile [abil] skillful, Br skilful; **habileté** f skill

habiliter [abilite] ⟨1a⟩ JUR: **être habilité à faire qch** be authorized to do sth

habillement [abijmɑ̃] m (vêtements) clothes pl; **habillé, ~e** (élégant) dressy; **habiller** ⟨1a⟩ dress; **s'~** get dressed, dress; **élégamment** get dressed up

habit [abi] m: **~s** clothes

habitable [abitabl] inhabitable; **habitacle** m AVIAT cockpit; **habitant, ~e** m/f inhabitant; **habitat** m ZO, BOT habitat; **habitation** f living; (domicile) residence; **habiter** ⟨1a⟩ **1** v/i live in **2** v/i live (**à Paris** in Paris); **habité, ~e** inhabited

habitude [abityd] f habit, custom; **d'~** usually; **par ~** out of habit; **habitué, ~e** m/f regular; **habituel, ~le** usual;

habituer ⟨1a⟩: **~ qn à qch** get s.o. used to sth; **s'~ à** get used to; **s'~ à faire qch** get used to doing sth

'hache [aʃ] f ax, Br axe; **enterrer la ~ de guerre** bury the hatchet; **'hacher** [aʃe] ⟨1a⟩ chop; **viande** f **hachée** ground beef, Br mince; **'hachette** f hatchet; **'hachis** m CUIS kind of stew in which the meat is covered with mashed potatoes

'hachisch [aʃiʃ] m hashish

'hachoir [aʃwar] m appareil meat grinder, Br mincer; couteau cleaver; planche chopping board

haddock [adɔk] m smoked haddock

'hagard, ~e [agar, -d] visage haggard; air wild

'haie [ɛ] f hedge; SP hurdle; pour chevaux fence, jump; **course** f **de ~s** hurdles; pour chevaux race over jumps; **une ~ de policiers** fig a line of police

'haillons [ajõ] mpl rags

'**haine** [ɛn] f hatred; '**haineux, -euse** full of hatred

'**haïr** [air] ⟨2m⟩ hate; '**haïssable** hateful

'**hâle** [ɑl] m (sun)tan; '**hâlé, ~e** (sun-)tanned

haleine [alɛn] f breath; **hors d'~** out of breath; **c'est un travail de longue ~** fig it's a long hard job; **avoir mauvaise ~** have bad breath

'**halètement** [alɛtmɑ̃] m gasping; '**haleter** ⟨1e⟩ pant, gasp

'**hall** [ol] m d'hôtel, immeuble foyer; de gare concourse

'**halle** [al] f market

halloween [alɔwin] f Halloween

hallucination [alysinasjɔ̃] f hallucination

'**halo** [alo] m halo

halogène [alɔʒɛn] m: (**lampe** f) ~ halogen light

'**halte** [alt] f stop; **faire ~** halt, make a stop; ~! MIL halt!

haltère [altɛr] m dumbbell; **faire des ~s** do weightlifting; **haltérophilie** f weightlifting

'**hamac** [amak] m hammock

'**hameau** [amo] m (pl -x) hamlet

hameçon [amsɔ̃] m hook

'**hamster** [amster] m hamster

'**hanche** [ɑ̃ʃ] f hip

'**handicap** [ɑ̃dikap] m handicap; '**handicapé, ~e 1** adj disabled, handicapped **2** m/f disabled ou handicapped person; **les ~s** the disabled pl, the handicapped pl; ~ **physique** disabled person, physically handicapped person; ~ **mental(e)** mentally handicapped person

'**hangar** [ɑ̃gar] m shed; AVIAT hangar

'**hanter** [ɑ̃te] ⟨1a⟩ haunt; '**hantise** f fear, dread

'**happer** [ape] ⟨1a⟩ catch; fig: de train, autobus knock

'**haranguer** [arɑ̃ge] ⟨1a⟩ speak to; péj harangue

'**haras** [arɑ] m stud farm

'**harassant, ~e** [arasɑ̃, -t] travail exhausting; '**harassé, ~e** exhausted

'**harcèlement** [arsɛlmɑ̃] m harassment; ~ **sexuel** sexual harassment;

'**harceler** ⟨1d⟩ harass

'**hard** [ard] m hardcore; MUS hard rock

'**hardi, ~e** [ardi] bold

'**hardware** [ardwɛr] m hardware

'**hareng** [arɑ̃] m herring

'**hargne** [arɲ] f bad temper; '**hargneux, -euse** venomous; chien vicious

'**haricot** [ariko] m BOT bean; ~**s verts** green beans; **c'est la fin des ~s** F that's the end

harmonica [armɔnika] m harmonica

harmonie [armɔni] f harmony; **harmonieux, -euse** harmonious; **harmoniser** ⟨1a⟩ match (up); MUS harmonize; **s'~ de couleurs** go together; **s'~ avec** d'une couleur go with

'**harnais** [arnɛ] m harness

'**harpe** [arp] f MUS harp

'**harpon** [arpɔ̃] m harpoon

'**hasard** [azar] m chance; **au ~** at random; **par ~** by chance; '**hasarder** ⟨1a⟩ hazard; **se ~ à faire qch** venture to do sth; '**hasardeux, -euse** hazardous

'**haschisch** [aʃiʃ] m hashish

'**hâte** [ɑt] f hurry, haste; **à la ~** in a hurry, hastily; **en ~** in haste; **avoir ~ de faire qch** be eager to do sth; '**hâter** ⟨1a⟩ hasten; **se ~** hurry up; **se ~ de faire qch** hurry to do sth; '**hâtif, -ive** hasty; AGR early

'**hausse** [os] f de prix, cours, température increase, rise; '**hausser** ⟨1a⟩ increase; ~ **la voix** raise one's voice; ~ **les épaules** shrug (one's shoulders)

'**haut, ~e** [o, ot] **1** adj high; immeuble tall, high; cri, voix loud; fonctionnaire high-level, senior; **la ~e Seine** the upper Seine; **à voix ~e** in a loud voice, loudly; **être ~ de 5 mètres** be 5 meters tall; ~ **de gamme** upscale, Br upmarket **2** adv high; **là-~** up there; **de ~** from above; **de ~ en bas** from top to bottom; regarder qn up and down; **les mains!** hands up!; **en ~** above; **en ~ de** at the top of; **parler plus ~** speak up, speak louder; **voir plus ~ dans un texte** see above **3** m top; **du ~ de** from the top of; **des ~s et des bas** ups and downs

'**hautain**, **~e** [otɛ̃, -ɛn] haughty

'**hautbois** [obwa] *m* MUS oboe

'**hauteur** [otœr] *f* height; *fig* haughtiness; **être à la ~ de qch** be up to sth

haut-le-cœur [olkœr] *m* (*pl inv*): **avoir un ~** retch

'**haut-parleur** [oparlœr] *m* (*pl haut-parleurs*) loudspeaker

'**havre** [avr] *m* haven

'**hayon** [ɛjɔ̃] *m*: **voiture à ~** hatchback

hebdomadaire [ɛbdɔmadɛr] *m & adj* weekly

hébergement [ebɛrʒəmɑ̃] *m* accommodations *pl*, *Br* accommodation; **héberger** [ebɛrʒe] ⟨1l⟩: **~ qn** put s.o. up; *fig* take s.o. in

hébété, **~e** [ebete] *regard* vacant

hébreu [ebrø] *m*: **l'~** Hebrew

hécatombe [ekatɔ̃b] *f* bloodbath

hectare [ɛktar] *m* hectare (*approx 2.5 acres*)

'**hein** [ɛ̃] F eh?; *c'est joli, ~?* it's pretty, isn't it?

'**hélas** [elɑs] *alas*

'**héler** [ele] ⟨1f⟩ hail

hélice [elis] *f* MAR, AVIAT propeller; *escalier m en ~* spiral staircase

hélicoptère [elikɔptɛr] *m* helicopter, chopper F; **héliport** *m* heliport

hématome [ematom] *m* MÉD hematoma, *Br* hæmatoma

hémisphère [emisfɛr] *m* hemisphere

hémophilie [emɔfili] *f* MÉD hemophilia, *Br* hæmophilia

hémorragie [emɔraʒi] *f* hemorrhage, *Br* hæmorrhage

hémorroïdes [emɔrɔid] *fpl* hemorrhoids, *Br* hæmorrhoids, piles

'**hennir** [ɛnir] ⟨2a⟩ neigh; '**hennissement** *m* neigh

hépatite [epatit] *f* hepatitis

herbe [ɛrb] *f* grass; CUIS herb; **mauvaise ~** weed; **fines ~s** herbs; **herbeux**, **-euse** grassy; **herbicide** *m* herbicide, weedkiller

héréditaire [erediter] hereditary; **hérédité** *f* heredity

hérésie [erezi] *f* heresy; **hérétique 1** *adj* heretical **2** *m/f* heretic

'**hérissé**, **~e** [erise] ruffled, standing

on end; '**hérisson** *m* hedgehog

héritage [eritaʒ] *m* inheritance; **hériter** [erite] **1** *v/t* inherit **2** *v/i*: **~ de qch** inherit sth; **~ de qn** receive an inheritance from s.o.; **héritier**, **-ère** *m/f* heir

hermétique [ɛrmetik] *récipient* hermetically sealed, airtight; *style* inaccessible

hermine [ɛrmin] *f* stoat; *fourrure* ermine

'**hernie** [ɛrni] *f* MÉD hernia; **~ discale** slipped disc

héroïne[1] [erɔin] *f drogue* heroin; **héroïnomane** *m/f* heroin addict

héroïne[2] [erɔin] *f* heroine; **héroïque** heroic; **héroïsme** *m* heroism

'**héron** [erɔ̃] *m* heron

'**héros** [ero] *m* hero

herpès [ɛrpɛs] *m* herpes

hésitant, **~e** [ezitɑ̃, -t] hesitant, tentative; **hésitation** *f* hesitation; **hésiter** ⟨1a⟩ hesitate (**à faire qch** to do sth; **sur** over)

hétéro [etero] F straight F, hetero F

hétérogène [eterɔʒɛn] heterogeneous

hétérosexuel, **~le** [eterɔsɛksɥɛl] heterosexual

'**hêtre** [ɛtr] *m* BOT beech

heure [œr] *f durée* hour; *arriver à l'~* arrive on time; *de bonne ~* early; *tout à l'~* (*tout de suite*) just a minute ago, not long ago; (*avant peu*) in a minute; *à tout à l'~!* see you soon!; *à l'~ actuelle* at the moment; *à toute ~* at any time; *quelle ~ est-il?* what time is it?; *il est six ~s* it's six (o'clock); *il est l'~ de partir* it's time to leave; **~ locale** local time; **~s d'ouverture** opening hours; **~s de pointe** rush hour *sg*; **~s supplémentaires** overtime *sg*

heureusement [œrøzmɑ̃] *adv* luckily, fortunately; **heureux**, **-euse** happy; (*chanceux*) fortunate

'**heurt** [œr] *m de deux véhicules* collision; *fig* (*friction*) clash

'**heurter** [œrte] ⟨1a⟩ collide with; *fig* offend; *se ~* collide (**à** with); *fig* (*s'affronter*) clash (*sur* over)

H

hexagone [ɛgzagɔn] *m* hexagon; *l'Hexagone* France

hiberner [ibɛrne] ⟨1a⟩ hibernate

'**hibou** [ibu] *m* (*pl* -x) owl

'**hic** [ik] *m* F problem

'**hideux, -euse** [idø, -z] hideous

hier [jɛr] yesterday

'**hiérarchie** [jerarʃi] *f* hierarchy

hiéroglyphe [jerɔglif] *m* hieroglyph

high-tech [ajtɛk] *adj inv* high tech, hi-tech

hilare [ilar] grinning; **hilarité** *f* hilarity

hindou, ~e Hindu

hippique [ipik] SP equestrian; *concours m* ~ horse show; **hippisme** *m* riding; **hippodrome** *m* race course

hippopotame [ipɔpɔtam] *m* hippo, hippopotamus

hirondelle [irɔdɛl] *f* swallow

hirsute [irsyt] hairy, hirsute *fml, hum*

hispanique [ispanik] Hispanic

'**hisser** [ise] ⟨1a⟩ *drapeau, étendard, voile* hoist; (*monter*) lift, raise; *se* ~ pull o.s. up

histoire [istwar] *f* history; (*récit, conte*) story; *faire des ~s* make a fuss; **historien, ~ne** *m/f* historian; **historique 1** *adj* historic **2** *m* chronicle

hiver [ivɛr] *m* winter; *en* ~ in winter; **hivernal, ~e** (*mpl* -aux) winter *atr*

H.L.M. [aʃɛlɛm] *m ou f abr* (= *habitation à loyer modéré*) low cost housing

'**hobby** [ɔbi] *m* hobby

'**hochement** [ɔʃmã] *m*: ~ *de tête en signe d'approbation* nod; *en signe de désapprobation* shake of the head; '**hocher** ⟨1a⟩: ~ *la tête en signe d'approbation* nod (one's head); *en signe de désapprobation* shake one's head

'**hochet** [ɔʃɛ] *m* rattle

'**hockey** [ɔkɛ] *m sur gazon* field hockey, *Br* hockey; *sur glace* hockey, *Br* ice hockey

'**holding** [ɔldiŋ] *m* holding company

'**hold-up** [ɔldœp] *m* holdup

'**hollandais, ~e** [ɔlãdɛ, -z] **1** *adj* Dutch **2** *m langue* Dutch **3** **Hollandais** *m* Dutchman; '**Hollandaise** *f* Dutchwoman; '**Hollande**: *la* ~ Hol-

land

holocauste [ɔlɔkost] *m* holocaust

hologramme [ɔlɔgram] *m* hologram

homard [ɔmar] *m* lobster

homéopathe [ɔmeɔpat] *m* homeopath; **homéopathie** *f* homeopathy; **homéopathique** homeopathic

homicide [ɔmisid] *m acte* homicide; ~ *involontaire* manslaughter; ~ *volontaire* murder

hommage [ɔmaʒ] *m* homage; *rendre* ~ *à qn* pay homage to s.o.

homme [ɔm] *m* man; ~ *d'affaires* businessman; ~ *d'État* statesman; ~ *de lettres* man of letters, literary man; ~ *de main* henchman; ~ *de paille fig* figurehead; ~ *de la rue* man in the street; **homme-grenouille** *m* (*pl* hommes-grenouilles) frogman; **homme-sandwich** *m* (*pl* hommes-sandwichs) sandwich man

homo [ɔmɔ] *m/f* gay

homogène [ɔmɔʒɛn] homogenous

homologue [ɔmɔlɔg] *m* counterpart, opposite number; **homologuer** ⟨1m⟩ *record* ratify; *tarif* authorize

homonyme [ɔmɔnim] *m* namesake; LING homonym

homophobe [ɔmɔfɔb] homophobic; **homophobie** *f* homophobia

homosexuel, ~le [ɔmɔsɛksɥɛl] *m/f & adj* homosexual

'**Hongrie** [õgri] *f*: *la* ~ Hungary; '**hongrois, ~e 1** *adj* Hungarian **2** *m langue* Hungarian **3** *m/f* **Hongrois, ~e** Hungarian

honnête [ɔnɛt] honest; (*convenable*) decent; (*passable*) reasonable; **honnêtement** *adv* honestly; (*passablement*) quite well; **honnêteté** honesty

honneur [ɔnœr] *m* honor, *Br* honour; *en l'~ de* in honor of; *faire* ~ *à qch* honor sth; **honorable** honorable, *Br* honourable

honoraire [ɔnɔrɛr] **1** *adj* honorary **2** ~**s** *mpl* fees; **honorer** ⟨1a⟩ honor, *Br* honour; **honorifique** honorific

'**honte** [õt] *f* shame; *avoir* ~ *de* ashamed of; *faire* ~ *à qn* make s.o. ashamed; '**honteusement** *adv* shamefully; *dire, admettre* shamefacedly;

'**honteux, -euse** (*déshonorant*) shameful; (*déconfit*) ashamed; *air* shamefaced

'**hooligan** [uligan] *m* hooligan; '**hooliganisme** *m* hooliganism

hôpital [ɔpital] *m* (*pl* -aux) hospital; *à l'~* in the hospital, *Br* in hospital

'**hoquet** [ɔkɛ] *m* hiccup; *avoir le ~* have (the) hiccups

horaire [ɔrɛr] **1** *adj* hourly **2** *m* emploi *du temps* timetable, schedule; *des avions, trains etc* schedule, *Br* timetable; *~ souple* flextime

horizon [ɔrizɔ̃] *m* horizon; **horizontal, ~e** (*mpl* -aux) horizontal

horloge [ɔrlɔʒ] *f* clock; **horloger, -ère** *m/f* watchmaker

'**hormis** [ɔrmi] *prép* but

hormonal, ~e [ɔrmɔnal] (*mpl* -aux) hormonal; **hormone** *f* hormone

horodateur [ɔrɔdatœr] *m dans parking* pay and display machine

horoscope [ɔrɔskɔp] *m* horoscope

horreur [ɔrœr] *f* horror; (*monstruosité*) monstrosity; *avoir ~ de qch* detest sth; (*quelle*) ~! how awful!; **horrible** horrible; **horrifiant, ~e** horrifying; **horrifié, ~e** horrified (*par* by); **horrifique** hair-raising

horripilant, ~e [ɔripilɑ̃, -t] infuriating

'**hors** [ɔr] *prép*: *~ de* (*à l'extérieur de*) outside; *~ de danger* out of danger; *c'est ~ de prix* it's incredibly expensive; *~ sujet* beside the point; *être ~ de soi* be beside o.s.; *~ service* out of service

'**hors-bord** [ɔrbɔr] *m* (*pl inv*) outboard

'**hors-d'œuvre** [ɔrdœvr] *m* (*pl inv*) CUIS appetizer, starter

'**hors-jeu** [ɔrʒœ] *adv* offside

'**hors-la-loi** [ɔrlalwa] *m* (*pl inv*) outlaw

'**hors-piste** [ɔrpist] *adv* off-piste

hortensia [ɔrtɑ̃sja] *m* hydrangea

horticulture [ɔrtikyltyr] *f* horticulture

hospice [ɔspis] *m* REL hospice; (*asile*) home

hospitalier, -ère [ɔspitalje, -ɛr] hospitable; MÉD *atr*; **hospitaliser** ⟨1a⟩ hospitalize; **hospitalité** *f* hospitality

hostie [ɔsti] *f* REL wafer, host

hostile [ɔstil] hostile; **hostilité** *f* hostility

'**hosto** [ɔsto] *m* F hospital

'**hot-dog** [ɔtdɔg] *m* hot dog

hôte [ot] *m* (*maître de maison*) host; (*invité*) guest; *table f d'~* set meal, table d'hôte

hôtel [otɛl] *m* hotel; *~* (*particulier*) town house; *~ de ville* town hall; **hôtelier, ~e 1** *adj* hotel *atr* **2** *m/f* hotelier; **hôtellerie** *f*: *l'~* the hotel business

hôtesse [otɛs] *f* hostess; *~ de l'air* air hostess

'**hotte** [ɔt] *f* (*panier*) large basket carried on the back; *d'aération* hood

'**houblon** [ublɔ̃] *m* BOT hop

'**houille** [uj] *f* coal

'**houle** [ul] *f* MAR swell; '**houleux, -euse** *fig* stormy

'**houppe** [up] *f de cheveux* tuft

'**hourra** [ura] **1** *int* hurrah **2** *m*: *pousser des ~s* give three cheers

'**housse** [us] *f de portable, vêtements* protective cover

'**houx** [u] *m* BOT holly

'**hublot** [yblo] *m* MAR porthole; AVIAT window

'**huche** [yʃ] *f*: *~ à pain* bread bin

'**huées** [ɥe] *fpl* boos, jeers; '**huer** ⟨1a⟩ boo, jeer

huile [ɥil] *f* oil; *~ solaire* suntan oil; **huiler** ⟨1a⟩ oil, lubricate; **huileux, -euse** oily

'**huis** [ɥi] *m*: *à ~ clos* behind closed doors; JUR in camera; **huissier** *m* JUR bailiff

'**huit** [ɥit] eight; *~ jours* a week; *demain en ~* a week tomorrow; '**huitaine** *f*: *une ~ de* about eight, eight or so; *une ~ (de jours)* a week; '**huitième** eighth; *~ m de finale* last sixteen

huître [ɥitr] *f* oyster

humain, ~e [ymɛ̃, -ɛn] human; *traitement* humane; **humaniser** ⟨1a⟩ humanize; **humanitaire** humanitarian; **humanité** *f* humanity

humble [ɛ̃bl] humble

humecter [ymɛkte] ⟨1a⟩ moisten

'**humer** [yme] ⟨1a⟩ breathe in

humeur [ymœr] *f* mood; (*tempérament*) temperament; **être de bonne / mauvaise ~** be in a good / bad mood

humide [ymid] damp; (*chaud et ~*) humid; **humidificateur** *m* TECH humidifier; **humidifier** ⟨1a⟩ moisten; *atmosphère* humidify; **humidité** *f* dampness; humidity

humiliation [ymiljasjõ] *f* humiliation; **humiliant, ~e** humiliating; **humilier** ⟨1a⟩ humiliate

humilité [ymilite] *f* humility

humoriste [ymɔrist] **1** *adj* humorous **2** *m/f* humorist; **humoristique** humorous; **humour** *m* humor, *Br* humour; **avoir de l'~** have a (good) sense of humor

'huppé, ~e [ype] exclusive

'hurlement [yrləmã] *m* *d'un loup* howl; *d'une personne* scream; **'hurler** ⟨1a⟩ *d'un loup* howl; *d'une personne* scream; **~ de rire** roar with laughter

'hutte [yt] *f* hut

hybride [ibrid] *m* hybrid

hydratant, ~e [idratã, -t] *cosmétique* moisturizing

hydraulique [idrolik] **1** *adj* hydraulic **2** *f* hydraulics

hydravion [idravjõ] *m* seaplane

hydrocarbure [idrɔkarbyr] *m* CHIM hydrocarbon

hydroélectrique [idroelεktrik] hydroelectric

hydrogène [idroʒεn] *m* CHIM hydrogen

hydroglisseur [idroglisœr] *m* jetfoil

hyène [jεn] *f* hyena

hygiène [iʒjεn] *f* hygiene; **avoir une bonne ~ de vie** have a healthy lifestyle; **~ intime** personal hygiene; **hygiénique** hygienic; **papier ~** toilet paper; **serviette ~** sanitary napkin, *Br* sanitary towel

hymne [imn] *m* hymn; **~ national** national anthem

hyperactif, -ive [ipεraktif, -iv] hyperactive

hyperbole [ipεrbɔl] *f* hyperbole; MATH hyperbola

hypermarché [ipεrmarʃe] *m* supermarket, *Br* hypermarket

hypermétrope [ipεrmetrɔp] far--sighted, *Br* long-sighted

hypersensible [ipεrsãsibl] hypersensitive

hypertension [ipεrtãsjõ] *f* MÉD high blood pressure

hypertexte [ipεrtεkst]: **lien** *m* **~** hypertext link

hypnose [ipnoz] *f* hypnosis; **hypnothérapie** *f* hypnotherapy; **hypnotiser** ⟨1a⟩ hypnotize

hypoallergénique [ipɔalεrʒenik] hypoallergenic

hypocrisie [ipɔkrizi] *f* hypocrisy; **hypocrite 1** *adj* hypocritical **2** *m/f* hypocrite

hypocondriaque [ipɔkõdrijak] *m/f* hypochondriac

hypothèque [ipɔtεk] *f* COMM mortgage; **hypothéquer** ⟨1m⟩ mortgage

hypothermie [ipɔtεrmi] *f* hypothermia

hypothèse [ipɔtεz] *f* hypothesis; **hypothétique** hypothetical

hystérectomie [isterεktɔmi] *f* hysterectomy

hystérie [isteri] *f* hysteria; **hystérique** hysterical

I

iceberg [ajsbεrg] *m* GÉOGR iceberg

ici [isi] here; **jusqu'~** to here; (*jusqu'à maintenant*) so far, till now; **par ~** this way; (*dans le coin*) around about here;

d'~ peu shortly, before long; **d'~ demain / la semaine prochaine** by tomorrow / next week; **d'~ là** by then, by that time; **d'~ ici**; from here; **sors d'~** get out of here

icône [ikon] *f* icon

id. *abr* (= *idem*) idem

idéal, ~e [ideal] (*mpl* -ou -aux) *m* & *adj* ideal; **idéalement** *adv* ideally; **idéaliser** idealize; **idéalisme** *m* idealism; **idéaliste 1** *adj* idealistic **2** *m/f* idealist

idée [ide] *f* idea; (*opinion*) view; **à l'~ de faire qch** at the idea of doing sth; **avoir dans l'~ de faire qch** be thinking of doing sth; **avoir dans l'~ que** have an idea that; **se faire une ~ de qch** get an idea of sth; **tu te fais des ~s** (*tu te trompes*) you're imagining things; **fausse ~** misconception; **~ fixe** obsession; **~ de génie** brainstorm, *Br* brainwave

identification [idãtifikasjõ] *f* identification; **identifier** ⟨1a⟩ identify (**avec**, **à** with); **s'~ avec** *ou* **à** identify with

identique [idãtik] identical (**à** to); **identité** *f* identity; **carte** *f* **d'~** identity *ou* ID card; **pièce** *f* **d'~** identity, identity papers *pl*, ID

idéologie [ideɔlɔʒi] *f* ideology; **idéologique** ideological

idiomatique [idjɔmatik] idiomatic; **idiome** *m* idiom

idiot, ~e [idjo, -ɔt] **1** *adj* idiotic **2** *m/f* idiot; **idiotie** *f* idiocy; **une ~** an idiotic thing to do / say; **dire des ~s** talk nonsense *sg*

idolâtrer [idɔlatre] ⟨1a⟩ idolize; **idole** *f* idol

idylle [idil] *f* romance; **idyllique** idyllic

ignare [iɲar] *péj* **1** *adj* ignorant **2** *m/f* ignoramus

ignoble [iɲɔbl] vile

ignorance [iɲɔrãs] *f* ignorance; **ignorant, ~e** ignorant; **ignorer** ⟨1a⟩ not know; *personne, talent* ignore; **vous n'ignorez sans doute pas que …** you are doubtless aware that …

il [il] ◊ *sujet* he; *chose* it; **le chat est-~ rentré?** did the cat come home? ◊ *impersonnel* it; **~ ne fait pas beau** it's not very nice (weather); **~ va pleuvoir** it is *ou* it's going to rain; **~ était une fois …** once upon a time there was …

île [il] *f* island; **~ déserte** desert island; **des ~s** West Indian; **les ~s britanniques** the British Isles; **les Îles Anglo-Normandes** the Channel Islands

illégal, ~e [ilegal] (*mpl* -aux) illegal; **illégalement** illegally

illégitime [ileʒitim] *enfant* illegitimate

illettré, ~e [iletre] **1** *adj* illiterate **2** *m/f* person who is illiterate; **illettrisme** *m* illiteracy

illicite [ilisit] illicit

illico (presto) [illiko (presto)] *adv* F pronto F

illimité, ~e [ilimite] unlimited

illisible [ilizibl] (*indéchiffrable*) illegible; *mauvaise littérature* unreadable

illogique [ilɔʒik] illogical

illuminer [ilymine] ⟨1a⟩ light up, illuminate; *par projecteur* floodlight

illusion [ilyzjõ] *f* illusion; **se faire des ~s** delude *ou* fool o.s.; **~ d'optique** optical illusion; **illusionniste** *m* illusionist; **illusoire** illusory

illustrateur, -trice [ilystratœr, -tris] *m/f* illustrator; **illustration** *f* illustration; **illustre** illustrious; **illustré 1** *adj* illustrated **2** *m* comic; (*revue*) illustrated magazine; **illustrer** ⟨1a⟩ illustrate; **s'~** distinguish o.s. (**par** by)

îlot [ilo] *m* (small) island; *de maisons* block

ils [il] *mpl* they; **tes grands-parents ont-~ téléphoné?** did your grand-parents call?

image [imaʒ] *f* picture; *dans l'eau, un miroir* reflection, image; (*ressemblance*) image; *représentation mentale* image, picture; **~ de marque** brand image

imaginable [imaʒinabl] imaginable; **imaginaire** imaginary; **imaginatif, -ive** imaginative; **imagination** *f* imagination; **avoir de l'~** be imaginative, have imagination; **imaginer** ⟨1a⟩ imagine; (*inventer*) devise; **s'~ que** imagine that

imbattable [ɛ̃batabl] unbeatable

imbécile [ɛ̃besil] **1** *adj* idiotic **2** *m/f* idiot, imbecile; **imbécillité** *f* stupidity, idiocy; *chose, parole imbécile* idiotic thing

imberbe [ɛ̃bɛrb] beardless

imbiber [ɛ̃bibe] ⟨1a⟩ soak (*de* with)

imbu, ~e [ɛ̃by]: ~ *de fig* full of

imbuvable [ɛ̃byvabl] undrinkable; *fig* unbearable

imitateur, -trice [imitatœr, -tris] *m/f* imitator; THÉÂT impersonator; **imitation** *f* imitation; THÉÂT impersonation; **imiter** ⟨1a⟩ imitate; THÉÂT impersonate

immaculé, ~e [imakyle] immaculate, spotless; *réputation* spotless

immangeable [ɛ̃mɑ̃ʒabl] inedible

immatriculation [imatrikylasjɔ̃] *f* registration; *plaque f d'~* AUTO license plate, *Br* number plate; *numéro m d'~* AUTO license plate number, *Br* registration number; **immatriculer** ⟨1a⟩ register

immature [imatyr] immature

immédiat, ~e [imedja, -t] **1** *adj* immediate **2** *m*: *dans l'~* for the moment; **immédiatement** *adv* immediately

immense [imɑ̃s] immense; **immensité** *f* immensity, vastness

immerger [imɛrʒe] ⟨11⟩ immerse; **s'~** *d'un sous-marin* submerge; **immersion** *f* immersion

immeuble [imœbl] *m* building

immigrant, ~e [imigrɑ̃, -t] *m/f* immigrant; **immigration** *f* immigration; **immigré, ~e** *m/f* immigrant; **immigrer** ⟨1a⟩ immigrate

imminent, ~e [iminɑ̃, -t] imminent

immiscer [imise] ⟨1k⟩: **s'~ dans qch** interfere in sth

immobile [imɔbil] motionless, immobile

immobilier, -ère [imɔbilje, -ɛr] **1** *adj* property *atr*; *agence f immobilière* real estate agency; *agent m ~* realtor, *Br* real estate agent; *biens mpl ~s*

real estate *sg* **2** *m* property

immobiliser [imɔbilize] ⟨1a⟩ immobilize; *train, circulation* bring to a standstill; *capital* lock up, tie up; **s'~** (*s'arrêter*) come to a standstill

immonde [imɔ̃d] foul

immoral, ~e [imɔral] (*mpl* -aux) immoral; **immoralité** *f* immorality

immortaliser [imɔrtalize] ⟨1a⟩ immortalize; **immortalité** *f* immortality; **immortel, ~le** immortal

immuable [imɥabl] unchanging

immuniser [imynize] ⟨1a⟩ immunize; *immunisé contre fig* immune to; **immunitaire**: *système ~* immune system; **immunité** *f* JUR, MÉD immunity; *~ diplomatique* diplomatic immunity

impact [ɛ̃pakt] *m* impact

impair, ~e [ɛ̃pɛr] **1** *adj* odd **2** *m* blunder

impardonnable [ɛ̃pardɔnabl] unforgiveable

imparfait, ~e [ɛ̃parfɛ, -t] imperfect

impartial, ~e [ɛ̃parsjal] (*mpl* -aux) impartial

impasse [ɛ̃pas] *f* dead end; *fig* deadlock, impasse

impassible [ɛ̃pasibl] impassive

impatiemment [ɛ̃pasjamɑ̃] *adv* impatiently; **impatience** *f* impatience; **impatient, ~e** impatient; **impatienter** ⟨1a⟩: **s'~** get impatient

impayé, ~e [ɛ̃peje] unpaid

impeccable [ɛ̃pekabl] impeccable; *linge* spotless, impeccable; **impeccablement** *adv* impeccably

impénétrable [ɛ̃penetrabl] *forêt* impenetrable

impensable [ɛ̃pɑ̃sabl] unthinkable, inconceivable

imper [ɛ̃pɛr] *m* F raincoat, *Br* F mac

impératif, -ive [ɛ̃peratif, -iv] **1** *adj* imperative **2** *m* (*exigence*) requirement; GRAM imperative

impératrice [ɛ̃peratris] *f* empress

imperceptible [ɛ̃pɛrsɛptibl] imperceptible

imperfection [ɛ̃pɛrfɛksjɔ̃] *f* imperfection

impérial, ~e [ɛ̃perjal] imperial; **im-**

périalisme *m* imperialism

impérieux, -euse [ɛ̃perjø, -z] *personne* imperious; *besoin* urgent, pressing

impérissable [ɛ̃perisabl] immortal; *souvenir* unforgettable

imperméabiliser [ɛ̃pɛrmeabilize] ⟨1a⟩ waterproof; **imperméable 1** *adj* impermeable; *tissu* waterproof **2** *m* raincoat

impersonnel, ~le [ɛ̃pɛrsɔnɛl] impersonal

impertinence [ɛ̃pɛrtinɑ̃s] *f* impertinence; **impertinent, ~e** impertinent

imperturbable [ɛ̃pɛrtyrbabl] imperturbable

impétueux, -euse [ɛ̃petɥø, -z] impetuous

impitoyable [ɛ̃pitwajabl] pitiless, ruthless; **impitoyablement** *adv* pitilessly, ruthlessly

implacable [ɛ̃plakabl] implacable

implanter [ɛ̃plɑ̃te] ⟨1a⟩ *fig* introduce; *industrie* set up, establish; **s'~** become established; *d'une industrie* set up

implication [ɛ̃plikasjɔ̃] *f* implication;

implicite [ɛ̃plisit] implicit; **impliquer** ⟨1m⟩ *personne* implicate; (*entraîner*) mean, involve; (*supposer*) imply

implorer [ɛ̃plɔre] ⟨1a⟩ *aide* beg for; ~ *qn de faire qch* implore *ou* beg s.o. to do sth

impoli, ~e [ɛ̃pɔli] rude, impolite; **impolitesse** *f* rudeness

impopulaire [ɛ̃pɔpylɛr] unpopular

importance [ɛ̃pɔrtɑ̃s] *f* importance; *d'une ville* size; *d'une somme d'argent, catastrophe* magnitude; **important, ~e 1** *adj* important; *ville, somme* large, sizeable **2** *m*: *l'~, c'est que ...* the important thing *ou* main thing is that ...

importateur, -trice [ɛ̃pɔrtatœr, -tris] **1** *adj* importing **2** *m* importer; **importation** *f* import; **importer** ⟨1a⟩ **1** *v/t* import; *mode, musique* introduce **2** *v/i* matter, be important (*à* to); *peu m'importe qu'il arrive* (*subj*) *demain* (*cela m'est égal*) I don't care if he arrives tomorrow; *peu importe la couleur* the color doesn't

matter, the color isn't important; *ce qui importe, c'est que ...* the important thing is that ...; *n'importe où* wherever; *n'importe qui* whoever; *n'importe quand* any time; *n'importe quoi* just anything; *n'importe quoi!* nonsense!

importun, ~e [ɛ̃pɔrtœ̃, -yn] troublesome; **importuner** ⟨1a⟩ bother

imposable [ɛ̃pozabl] taxable; **imposant, ~e** imposing; **imposer** ⟨1a⟩ impose; *marchandise, industrie* tax; *en ~* be impressive; *s'~* (*être nécessaire*) be essential; (*se faire admettre*) gain recognition; **imposition** *f* taxation

impossibilité [ɛ̃posibilite] *f* impossibility; *être dans l'~ de faire qch* be unable to do sth; **impossible 1** *adj* impossible **2** *m*: *l'~* the impossible; *faire l'~ pour faire qch* do one's utmost to do sth

imposteur [ɛ̃pɔstœr] *m* imposter

impôt [ɛ̃po] *m* tax; ~ *sur le revenu* income tax

impotent, ~e [ɛ̃pɔtɑ̃, -t] crippled

impraticable [ɛ̃pratikabl] *projet* impractical; *rue* impassable

imprécis, ~e [ɛ̃presi, -z] vague, imprecise

imprégner [ɛ̃preɲe] ⟨1f⟩ impregnate (*de* with); *imprégné de fig* full of

imprenable [ɛ̃prənabl] *fort* impregnable; *vue ~* unobstructed view

impression [ɛ̃presjɔ̃] *f* impression; *imprimerie* printing; **impressionnable** impressionable; **impressionnant, ~e** impressive; (*troublant*) upsetting; **impressionner** ⟨1a⟩ impress; (*troubler*) upset; **impressionnisme** *m* impressionism; **impressionniste** *m/f & adj* impressionist

imprévisible [ɛ̃previzibl] unpredictable; **imprévu, ~e 1** *adj* unexpected **2** *m*: *sauf ~* all being well, barring accidents

imprimante [ɛ̃primɑ̃t] *f* INFORM printer; ~ *laser* laser printer; ~ *à jet d'encre* ink-jet (printer); **imprimé** *m* (*formulaire*) form; *tissu* print; *poste ~s* printed matter *sg*; **imprimer**

⟨1a⟩ print; INFORM print out; *édition* publish; **imprimerie** *f établissement* printing works *sg*; ART printing; **imprimeur** *m* printer

improbable [ɛ̃prɔbabl] unlikely, improbable

improductif, -ive [ɛ̃prɔdyktif, -iv] *terre, travail* unproductive

imprononçable [ɛ̃prɔnɔ̃sabl] unpronounceable

impropre [ɛ̃prɔpr] *mot, outil* inappropriate; ~ *à* unsuitable for; ~ *à la* **consommation** unfit for human consumption

improviser [ɛ̃prɔvize] ⟨1a⟩ improvize; **improviste** *adv*: *à l'*~ unexpectedly

imprudemment [ɛ̃prydamɑ̃] *adv* recklessly; **imprudence** *f* recklessness, imprudence; **commettre une** ~ be careless; **imprudent, ~e** reckless, imprudent

impudence [ɛ̃pydɑ̃s] *f* impudence; **impudent, ~e** impudent

impudique [ɛ̃pydik] shameless

impuissance [ɛ̃pɥisɑ̃s] *f* powerlessness, helplessness; MÉD impotence; **impuissant, ~e** powerless, helpless; MÉD impotent

impulsif, -ive [ɛ̃pylsif, -iv] impulsive; **impulsion** *f* impulse; *à l'économie* boost; **sous l'**~ **de** urged on by

impunément [ɛ̃pynemɑ̃] *adv* with impunity; **impuni, ~e** unpunished; **rester** ~ go unpunished

impur, ~e [ɛ̃pyr] *eau* dirty, polluted; *(impudique)* impure

imputable [ɛ̃pytabl] FIN chargeable; ~ *à* attributable to, caused by; **imputer** ⟨1a⟩ attribute (*à* to); FIN charge (*sur* to)

inabordable [inabɔrdabl] *prix* unaffordable

inacceptable [inaksɛptabl] unacceptable

inaccessible [inaksesibl] inaccessible; *personne* unapproachable; *objectif* unattainable

inachevé, ~e [inaʃve] unfinished

inactif, -ive [inaktif, -iv] idle; *population* non-working; *remède, méthode*

ineffective; *marché* slack

inadapté, ~e [inadapte] *enfant* handicapped; ~ *à* unsuited to

inadéquat, ~e [inadekwa, -t] inadequate; *méthode* unsuitable

inadmissible [inadmisibl] unacceptable

inadvertance [inadvɛrtɑ̃s] *f*: *par* ~ inadvertently

inaltérable [inalterabl] *matériel* that does not deteriorate; *fig* unfailing

inanimé, ~e [inanime] inanimate; *(mort)* lifeless; *(inconscient)* unconscious

inanition [inanisjɔ̃] *f* starvation

inaperçu, ~e [inapɛrsy] *passer* ~ go *ou* pass unnoticed

inapplicable [inaplikabl] *règlement* unenforceable

inapproprié, ~e [inaprɔprije] inappropriate

inapte [inapt]: ~ *à* unsuited to; MÉD, MIL unfit for

inattaquable [inatakabl] unassailable

inattendu, ~e [inatɑ̃dy] unexpected

inattentif, -ive [inatɑ̃tif, -iv] inattentive; **inattention** *f* inattentiveness; **erreur d'**~ careless mistake

inaudible [inodibl] inaudible

inauguration [inogyrasjɔ̃] *f d'un édifice* (official) opening; *fig* inauguration; **inaugurer** ⟨1a⟩ *édifice* (officially) open; *fig* inaugurate

inavouable [inavwabl] shameful

incalculable [ɛ̃kalkylabl] incalculable

incapable [ɛ̃kapabl] incapable (*de* **qch** of sth; *de faire qch* of doing sth); **nous sommes** ~**s de vous répondre** we are unable to give you an answer; **incapacité** *f (inaptitude)* incompetence; *de faire qch* inability; **être dans l'**~ **de faire qch** be incapable of doing sth

incarcérer [ɛ̃karsere] ⟨1f⟩ imprison, incarcerate

incarnation [ɛ̃karnasjɔ̃] *f* embodiment, personification; **incarner** ⟨1a⟩ THÉÂT play; ~ **qch** be sth personified

incartade [ɛ̃kartad] *f* indiscretion

incassable [ɛ̃kasabl] unbreakable

incendiaire [ɛ̃sɑ̃djɛr] *adj* incendiary; *discours* inflammatory; **incendie** *m* fire; ~ *criminel* arson; **incendier** ⟨1a⟩ set fire to

incertain, ~e [ɛ̃sɛrtɛ̃, -ɛn] uncertain; *temps* unsettled; (*hésitant*) indecisive; **incertitude** *f* uncertainty

incessamment [ɛ̃sesamɑ̃] *adv* any minute now; **incessant, ~e** incessant

inceste [ɛ̃sɛst] *m* incest

inchangé, ~e [ɛ̃ʃɑ̃ʒe] unchanged

incident [ɛ̃sidɑ̃] *m* incident; ~ *de parcours* mishap; ~ *technique* technical problem

incinération [ɛ̃sinerasjɔ̃] *f* incineration; *d'un cadavre* cremation; **incinérer** ⟨1f⟩ *ordures* incinerate; *cadavre* cremate

incisif, -ive [ɛ̃sizif, -iv] incisive

incision [ɛ̃sizjɔ̃] *f* incision

inciter [ɛ̃site] ⟨1a⟩ encourage (*à faire qch* to do sth); *péj* egg on (*à faire qch* to do sth), incite

inclinable [ɛ̃klinabl] tilting

inclinaison [ɛ̃klinɛzɔ̃] *f d'un toit* slope, slant; *d'un terrain* incline, slope; **inclination** *f fig* inclination (*pour* for); ~ *de tête* (*salut*) nod; **incliner** ⟨1a⟩ tilt; *s'~* bend; *pour saluer* bow; *s'~ devant qch* (*céder*) yield to sth; *s'~ devant qn aussi fig* bow to s.o.

inclure [ɛ̃klyr] ⟨4l⟩ include; *dans une lettre* enclose; **inclus, ~e: *ci-inclus*** enclosed; *jusqu'au 30 juin ~* to 30th June inclusive

incohérence [ɛ̃kɔerɑ̃s] *f de comportement* inconsistency; *de discours, explication* incoherence; **incohérent, ~e** *comportement* inconsistent; *discours, explication* incoherent

incollable [ɛ̃kɔlabl] *riz* non-stick; *elle est ~* F she's rock solid

incolore [ɛ̃kɔlɔr] colorless, *Br* colourless

incomber [ɛ̃kɔ̃be] ⟨1a⟩: *il vous incombe de le lui dire* it is your responsibility *ou* duty to tell him

incommoder [ɛ̃kɔmɔde] ⟨1a⟩ bother

incomparable [ɛ̃kɔ̃parabl] incomparable

incompatibilité [ɛ̃kɔ̃patibilite] *f* incompatibility; **incompatible** incompatible

incompétence [ɛ̃kɔ̃petɑ̃s] *f* incompetence; **incompétent, ~e** incompetent

incomplet, -ète [ɛ̃kɔ̃plɛ, -t] incomplete

incompréhensible [ɛ̃kɔ̃preɑ̃sibl] incomprehensible; **incompréhension** *f* lack of understanding; **incompris, ~e** misunderstood (*de* by)

inconcevable [ɛ̃kɔ̃svabl] inconceivable

inconditionnel, ~le [ɛ̃kɔ̃disjɔnɛl] **1** *adj* unconditional **2** *m/f* fan, fanatic

inconfortable [ɛ̃kɔ̃fɔrtabl] uncomfortable

incongru, ~e [ɛ̃kɔ̃gry] incongruous

inconnu, ~e [ɛ̃kɔny] **1** *adj* (*ignoré*) unknown; (*étranger*) strange **2** *m/f* stranger

inconscience [ɛ̃kɔ̃sjɑ̃s] *f physique* unconsciousness; **inconscient, ~e 1** *adj physique*, PSYCH unconscious; (*irréfléchi*) irresponsible **2** *m* PSYCH: *l'~* the unconscious (mind)

inconsidéré, ~e [ɛ̃kɔ̃sidere] rash, thoughtless

inconsistant, ~e [ɛ̃kɔ̃sistɑ̃, -t] inconsistent; *fig: raisonnement* flimsy

inconsolable [ɛ̃kɔ̃sɔlabl] inconsolable

inconstant, ~e [ɛ̃kɔ̃stɑ̃, -t] changeable

incontestable [ɛ̃kɔ̃tɛstabl] indisputable; **incontestablement** *adv* indisputably; **incontesté, ~e** outright

incontournable [ɛ̃kɔ̃turnabl]: *être ~ d'un monument, d'un événement* be a must

incontrôlable [ɛ̃kɔ̃trolabl] uncontrollable; *pas vérifiable* unverifiable

inconvénient [ɛ̃kɔ̃venjɑ̃] *m* disadvantage *m*; *si vous n'y voyez aucun ~* if you have no objection

incorporer [ɛ̃kɔrpɔre] ⟨1a⟩ incorporate (*à* with, into); MIL draft; *avec flash incorporé* with built-in flash

incorrect, ~e [ɛ̃kɔrɛkt] wrong, incorrect; *comportement, tenue, langage* improper

incorrigible [ɛ̃kɔriʒibl] incorrigible

incorruptible [ɛ̃kɔryptibl] incorruptible

incrédule [ɛ̃kredyl] (*sceptique*) incredulous; **incrédulité** *f* incredulity

increvable [ɛ̃krəvabl] *pneu* punctureproof; F full of energy

incriminer [ɛ̃krimine] ⟨1a⟩ *personne* blame; JUR accuse; *paroles, actions* condemn

incroyable [ɛ̃krwajabl] incredible, unbelievable; **incroyablement** *adv* incredibly, unbelievably

incrustation [ɛ̃krystasjõ] *f ornement* inlay; **incruster: s'~** *chez qn* be impossible to get rid of

incubateur [ɛ̃kybatœr] *m* incubator; **incubation** *f* incubation

inculpation [ɛ̃kylpasjõ] *f* JUR indictment; **inculpé, ~e** *m/f: l'~* the accused, the defendant; **inculper** ⟨1a⟩ JUR charge, indict (*de, pour* with)

inculquer [ɛ̃kylke] ⟨1m⟩: **~** *qch à qn* instill *or Br* instil sth into s.o.

inculte [ɛ̃kylt] *terre* waste *atr*, uncultivated; (*ignorant*) uneducated

incurable [ɛ̃kyrabl] incurable

incursion [ɛ̃kyrsjõ] *f* MIL raid, incursion; *fig: dans la politique etc* foray, venture (*dans* into)

indécent, ~e [ɛ̃desã, -t] indecent; (*incorrect*) inappropriate, improper

indéchiffrable [ɛ̃deʃifrabl] *message, écriture* indecipherable

indécis, ~e [ɛ̃desi, -z] undecided; *personne, caractère* indecisive; **indécision** *f de caractère* indecisiveness

indéfendable [ɛ̃defɑ̃dabl] MIL, *fig* indefensible

indéfini, ~e [ɛ̃defini] indefinite; (*imprécis*) undefined; *article m* ~ indefinite article; **indéfiniment** *adv* indefinitely; **indéfinissable** indefinable

indélébile [ɛ̃delebil] indelible

indélicat, ~e [ɛ̃delika, -t] *personne, ac-*

tion tactless

indemne [ɛ̃dɛmn] unhurt

indemnisation [ɛ̃dɛmnizasjõ] *f* compensation; **indemniser** ⟨1a⟩ compensate (*de* for); **indemnité** *f* (*dédommagement*) compensation; (*allocation*) allowance

indémodable [ɛ̃demɔdabl] classic, timeless

indéniable [ɛ̃denjabl] undeniable

indépendamment [ɛ̃depɑ̃damɑ̃] *adv* independently; **~** *de* en faisant abstraction de regardless of; (*en plus de*) apart from; **indépendance** *f* independence; **indépendant, ~e** independent (*de* of); *journaliste, traducteur* freelance; **indépendantiste** (pro-)independence *atr*

indescriptible [ɛ̃dɛskriptibl] indescribable

indésirable [ɛ̃dezirabl] undesirable

indestructible [ɛ̃dɛstryktibl] indestructible

indéterminé, ~e [ɛ̃detɛrmine] unspecified

index [ɛ̃dɛks] *m d'un livre* index; *doigt* index finger

indic [ɛ̃dik] *m/f* F grass F

indicateur, -trice [ɛ̃dikatœr, -tris] *m* (*espion*) informer; TECH gauge, indicator; **indicatif** *m* GRAM indicative; *de radio* signature tune; TÉL code; **à titre~** to give me / you / *etc* an idea; **indication** *f* indication; (*information*) piece of information; **~s** instructions

indice [ɛ̃dis] *m* (*signe*) sign, indication; JUR clue; **~** *des prix* price index; **~** *de protection* protection factor

indien, ~ne [ɛ̃djɛ̃, -ɛn] **1** *adj* Indian; *d'Amérique aussi* native American **2** *m/f* Indien, **~ne** Indian; *d'Amérique aussi* native American

indifféremment [ɛ̃diferamɑ̃] *adv* indiscriminately; **indifférence** *f* indifference; **indifférent, ~e** indifferent

indigène [ɛ̃diʒɛn] **1** *adj* native, indigenous **2** *m/f* native

indigeste [ɛ̃diʒɛst] indigestible; **indigestion** *f* MÉD indigestion

indignation [ɛ̃diɲasjō] *f* indignation

indigne [ɛ̃diɲ] unworthy (*de* of); *parents* unfit

indigner [ɛ̃diɲe] ⟨1a⟩ make indignant; *s'~ de qch / contre qn* be indignant about sth / with s.o.

indiqué, ~e [ɛ̃dike] appropriate; *ce n'est pas ~* it's not advisable; **indiquer** ⟨1m⟩ indicate, show; *d'une pendule* show; (*recommander*) recommend; *~ qn du doigt* point at s.o.

indirect, ~e [ɛ̃dirɛkt] indirect; **indirectement** *adv* indirectly

indiscipline [ɛ̃disiplin] *f* lack of discipline, indiscipline; **indiscipliné, ~e** undisciplined; *cheveux* unmanageable

indiscret, -ète [ɛ̃diskrɛ, -t] indiscreet; **indiscrétion** indiscretion

indiscutable [ɛ̃diskytabl] indisputable

indispensable [ɛ̃dispɑ̃sabl] indispensable, essential

indisposer [ɛ̃dispoze] ⟨1a⟩ (*rendre malade*) make ill, sicken; (*fâcher*) annoy

indistinct, ~e [ɛ̃distɛ̃(kt), -ɛkt] indistinct; **indistinctement** *adv* indistinctly; (*indifféremment*) without distinction

individu [ɛ̃dividy] *m* individual (*aussi péj*); **individualisme** *m* individualism; **individualiste** individualistic; **individualité** *f* individuality; **individuel, ~le** individual; *secrétaire* private, personal; *liberté, responsabilité* personal; *chambre* single; *maison* detached; **individuellement** *adv* individually

indivisible [ɛ̃divizibl] indivisible

indolence [ɛ̃dɔlɑ̃s] *f* laziness, indolence; **indolent, ~e** lazy, indolent

indolore [ɛ̃dɔlɔr] painless

indomptable [ɛ̃dõtabl] *fig* indomitable

Indonésie [ɛ̃dɔnezi] *f*: *l'~* Indonesia; **indonésien, ~ne 1** *adj* Indonesian **2** *m langue* Indonesian **3** *m/f* **Indonésien, ~ne** Indonesian

indu, ~e [ɛ̃dy]: *à une heure ~e* at some ungodly hour

indubitable [ɛ̃dybitabl] indisputable

induire [ɛ̃dɥir] ⟨4c⟩: *~ qn en erreur* mislead s.o.

indulgence [ɛ̃dylʒɑ̃s] *f* indulgence; *d'un juge* leniency; **indulgent, ~e** indulgent; *juge* lenient

industrialisation [ɛ̃dystrijalizasjō] *f* industrialization; **industrialisé**: *les pays ~s* the industrialized nations; **industrialiser** ⟨1a⟩ industrialize; **industrie** *f* industry; *~ automobile* car industry, auto industry; *~ lourde* heavy industry; **industriel, ~le 1** *adj* industrial **2** *m* industrialist

inébranlable [inebrɑ̃labl] solid (as a rock); *fig: personne, foi aussi* unshakeable

inédit, ~e [inedi, -t] (*pas édité*) unpublished; (*nouveau*) original, unique

inefficace [inefikas] inefficient; *remède* ineffective

inégal, ~e [inegal] (*mpl* -aux) unequal; *surface* uneven; *rythme* irregular; **inégalé, ~e** unequalled; *Br* unequalled; **inégalité** *f* inequality; *d'une surface* unevenness

inéligible [ineliʒibl] ineligible

inéluctable [inelyktabl] unavoidable

inepte [inɛpt] inept; **ineptie** *f* ineptitude; *~s* nonsense *sg*

inépuisable [inepɥizabl] inexhaustible

inerte [inɛrt] *corps* lifeless, inert; PHYS inert; **inertie** *f* inertia (*aussi PHYS*)

inespéré, ~e [inɛspere] unexpected, unhoped-for

inestimable [inɛstimabl] *tableau* priceless; *aide* invaluable

inévitable [inevitabl] inevitable; *accident* unavoidable

inexact, ~e [inɛgza(kt), -akt] inaccurate

inexcusable [inɛkskyzabl] inexcusable, unforgiveable

inexistant, ~e [inɛgzistɑ̃, -t] non-existent

inexpérimenté, ~e [inɛksperimɑ̃te] *personne* inexperienced

inexplicable [inɛksplikabl] inexplicable; **inexpliqué, ~e** unexplained

inexploré, ~e [inɛksplɔre] unexplored

inexprimable [inɛksprimabl] inexpressible

infaillible [ɛ̃fajibl] infallible

infaisable [ɛ̃fəzabl] not doable, not feasible

infâme [ɛ̃fɑm] vile

infanterie [ɛ̃fɑ̃tri] *f* MIL infantry

infantile [ɛ̃fɑ̃til] *mortalité* infant *atr*; *péj* infantile; *maladie f ~* children's illness, childhood illness

infarctus [ɛ̃farktys] *m* MÉD: *~ du myocarde* coronary (thrombosis), myocardial infarction *fml*

infatigable [ɛ̃fatigabl] tireless, indefatigable

infect, ~e [ɛ̃fɛkt] disgusting; *temps* foul; **infecter** ⟨1a⟩ infect; *air, eau* pollute; *s'~* become infected; **infectieux, -euse** infectious; **infection** *f* MÉD infection

inférieur, ~e [ɛ̃ferjœr] **1** *adj* lower; *qualité* inferior **2** *m/f* inferior; **infériorité** *f* inferiority

infernal, ~e [ɛ̃fɛrnal] (*mpl* -aux) infernal

infester [ɛ̃feste] ⟨1a⟩ *d'insectes, de plantes* infest, overrun

infidèle [ɛ̃fidɛl] unfaithful; REL pagan *atr*; **infidélité** *f* infidelity

infiltrer [ɛ̃filtre] ⟨1a⟩: *s'~ dans* get into; *fig* infiltrate

infime [ɛ̃fim] tiny, infinitesimal

infini, ~e [ɛ̃fini] **1** *adj* infinite **2** *m* infinity; *à l'~* to infinity; **infiniment** *adv* infinitely; **infinité** *f* infinity; *une ~ de* an enormous number of

infinitif [ɛ̃finitif] *m* infinitive

infirme [ɛ̃firm] **1** *adj* disabled **2** *m/f* disabled person; **infirmerie** *f* infirmary; ÉDU infirmary; **infirmier, -ère** *m/f* nurse; **infirmité** *f* disability

inflammable [ɛ̃flamabl] flammable; **inflammation** *f* MÉD inflammation

inflation [ɛ̃flasjɔ̃] *f* inflation; **inflationniste** inflationary

inflexible [ɛ̃flɛksibl] inflexible

infliger [ɛ̃fliʒe] ⟨1l⟩ *peine* inflict (*à* on); *défaite* impose

influençable [ɛ̃flyɑ̃sabl] easily influenced *ou* swayed; **influence** *f* influence; **influencer** ⟨1k⟩ influence; **in-**

fluent, **~e** influential

influer [ɛ̃flye] ⟨1a⟩: *~ sur* affect

info [ɛ̃fo] *f* F RAD, TV news item; *les ~s* the news *sg*

informateur, -trice *m/f* informant

informaticien, ~ne [ɛ̃fɔrmatisjɛ̃, -ɛn] *m/f* computer scientist

informatif, -ive [ɛ̃fɔrmatif, -iv] informative; **information** *f* information; JUR inquiry; *une ~* a piece of information; *des ~s* some information *sg*; RAD, TV a news item; *les ~s* RAD, TV the news *sg*; *traitement m de l'~* data processing

informatique [ɛ̃fɔrmatik] **1** *adj* computer *atr* **2** *f* information technology, IT; **informatiser** ⟨1a⟩ computerize

informe [ɛ̃fɔrm] shapeless

informer [ɛ̃fɔrme] ⟨1a⟩ inform (*de* of); *s'~* find out (*de qch auprès de qn* about sth from s.o.)

infraction [ɛ̃fraksjɔ̃] *f* infringement (*à* of); *~ au code de la route* traffic violation, *Br* traffic offence

infranchissable [ɛ̃frɑ̃ʃisabl] impossible to cross; *obstacle* insurmountable

infrarouge [ɛ̃fraruʒ] infrared

infrastructure [ɛ̃frastryktyr] *f* infrastructure

infroissable [ɛ̃frwasabl] crease-resistant

infructueux, -euse [ɛ̃fryktuø, -z] unsuccessful

infuser [ɛ̃fyze] ⟨1a⟩ **1** *v/t* infuse **2** *v/i*: *faire ~* brew

infusion [ɛ̃fyzjɔ̃] *f* herb tea

ingénier [ɛ̃ʒenje] ⟨1a⟩: *s'~ à faire qch* go out of one's way to do sth

ingénierie [ɛ̃ʒenjəri] *f* engineering; **ingénieur** *m* engineer; **ingénieux, -euse** ingenious; **ingéniosité** *f* ingeniousness

ingérence [ɛ̃ʒerɑ̃s] *f* interference; **ingérer** ⟨1f⟩: *s'~* interfere (*dans* in)

ingrat, ~e [ɛ̃gra, -t] ungrateful; *tâche* thankless; **ingratitude** *f* ingratitude

ingrédient [ɛ̃gredjɑ̃] *m* ingredient

inguérissable [ɛ̃gerisabl] incurable

ingurgiter [ɛ̃gyrʒite] ⟨1a⟩ gulp down

inhabitable [inabitabl] uninhabitable; **inhabité, ~e** uninhabited

inhabituel, ~le [inabitɥɛl] unusual

inhalateur [inalatœr] *m* MÉD inhaler; **inhaler** ⟨1a⟩ inhale

inhérent, ~e [inerã, -t] inherent (*à* in)

inhibé, ~e [inibe] inhibited; **inhibition** *f* PSYCH inhibition

inhospitalier, -ère [inɔspitalje, -ɛr] inhospitable

inhumain, ~e [inymɛ̃, -ɛn] inhuman

inimaginable [inimaʒinabl] unimaginable

inimitable [inimitabl] inimitable

ininflammable [inɛ̃flamabl] non-flammable

ininterrompu, ~e [inɛ̃terɔ̃py] uninterrupted; *musique, pluie* non-stop; *sommeil* unbroken

initial, ~e [inisjal] (*mpl* -aux) **1** *adj* initial **2** *f* initial (letter); **initiation** *f* initiation; **~ à** *fig* introduction to

initiative [inisjativ] *f* initiative; **prendre l'~** take the initiative

inimitié [inimitje] *f* enmity

inintelligible [inɛ̃teliʒibl] unintelligible

inintéressant, ~e [inɛ̃teresã, -t] uninteresting

initié, ~e [inisje] *m/f* insider; **initier** ⟨1a⟩ (*instruire*) initiate (*à* in); *fig* introduce (*à* to)

injecté, ~e [ɛ̃ʒɛkte]: **~ (de sang)** blood-shot; **injecter** ⟨1a⟩ inject; **injection** *f* injection

injoignable [ɛ̃ʒwaɲabl] unreachable, uncontactable

injonction [ɛ̃ʒɔ̃ksjɔ̃] *f* injunction

injure [ɛ̃ʒyr] *f* insult; **~s** abuse *sg*; **injurier** ⟨1a⟩ insult, abuse; **injurieux, -euse** insulting, abusive

injuste [ɛ̃ʒyst] unfair, unjust; **injustice** *f* injustice; *d'une décision* unfairness; **injustifié, ~e** unjustified

inlassable [ɛ̃lasabl] tireless

inné, ~e [in(n)e] innate

innocence [inɔsãs] *f* innocence; **innocent, ~e** innocent; **innocenter** ⟨1a⟩ clear

innombrable [inɔ̃brabl] countless; *auditoire, foule* vast

innovant, ~e [inɔvã, -t] innovative; **innovateur, -trice 1** *adj* innovative

2 *m/f* innovator; **innovation** *f* innovation

inoccupé, ~e [inɔkype] *personne* idle; *maison* unoccupied

inoculer [inɔkyle] ⟨1a⟩ inoculate

inodore [inɔdɔr] odorless, *Br* odourless

inoffensif, -ive [inɔfãsif, -iv] harmless; *humour* inoffensive

inondation [inɔ̃dasjɔ̃] *f* flood; **inonder** ⟨1a⟩ flood; **~ de** *fig* inundate with

inopérable [inɔperabl] inoperable

inopiné, ~e [inɔpine] unexpected; **inopinément** *adv* unexpectedly

inopportun, ~e [inɔpɔrtœ̃, -yn] ill-timed, inopportune

inorganique [inɔrganik] inorganic

inoubliable [inublijabl] unforgettable

inouï, ~e [inwi] unheard-of

inox® [inɔks] *m* stainless steel; **inoxydable** stainless; **acier ~** stainless steel

inqualifiable [ɛ̃kalifjabl] unspeakable

inquiet, -ète [ɛ̃kjɛ, -t] anxious, worried (*de* about); **inquiétant, ~e** worrying; **inquiéter** ⟨1f⟩ worry; **s'~** worry (*de* about); **inquiétude** *f* anxiety

insaisissable [ɛ̃sezisabl] elusive; *différence* imperceptible

insalubre [ɛ̃salybr] insalubrious; *climat* unhealthy

insatiable [ɛ̃sasjabl] insatiable

insatisfaisant, ~e [ɛ̃satisfəzã, -t] unsatisfactory; **insatisfait, ~e** unsatisfied; **mécontent** dissatisfied

inscription [ɛ̃skripsjɔ̃] *f* inscription; (*immatriculation*) registration; **inscrire** ⟨4f⟩ (*noter*) write down, note; *dans registre* enter; *à examen* register; (*graver*) inscribe; **s'~** put one's name down; *à l'université* register; *à un cours* enroll, *Br* enrol, put one's name down (*à* for); **s'~ dans un club** join a club

insecte [ɛ̃sɛkt] *m* insect; **insecticide** *m* insecticide

insécurité [ɛ̃sekyrite] *f* insecurity; *il faut combattre l'~* we have to tackle the security problem

insémination [ɛ̃seminasjɔ̃] *f:* **~ artificielle** artificial insemination

insensé, ~e [ɛ̃sɑ̃se] mad, insane

insensibiliser [ɛ̃sɑ̃sibilize] ⟨1a⟩ numb; **insensibilité** *f* insensitivity; **insensible** ANAT numb; *personne* insensitive (*à* to)

inséparable [ɛ̃separabl] inseparable

insérer [ɛ̃sere] ⟨1f⟩ insert, put; **~ une annonce dans le journal** put an ad in the paper; **insertion** *f* insertion

insidieux, -euse [ɛ̃sidjø, -z] insidious

insigne [ɛ̃siɲ] *m (emblème)* insignia; *(badge)* badge

insignifiant, ~e [ɛ̃siɲifjɑ̃, -t] insignificant

insinuer [ɛ̃sinɥe] ⟨1n⟩ insinuate; **s'~ dans** worm one's way into

insipide [ɛ̃sipid] insipid

insistance [ɛ̃sistɑ̃s] *f* insistence; **insistant, ~e** insistent; **insister** ⟨1a⟩ insist, F *(persévérer)* persevere; **~ pour faire qch** insist on doing sth; **~ sur qch** *(souligner)* stress sth

insolation [ɛ̃sɔlasjɔ̃] *f* sunstroke

insolence [ɛ̃sɔlɑ̃s] *f* insolence; **insolent, ~e** insolent

insolite [ɛ̃sɔlit] unusual

insoluble [ɛ̃sɔlybl] insoluble

insolvable [ɛ̃sɔlvabl] insolvent

insomniaque [ɛ̃sɔmnjak] *m/f* insomniac; **insomnie** *f* insomnia

insonoriser [ɛ̃sɔnɔrize] soundproof

insouciant, ~e [ɛ̃susjɑ̃, -t] carefree

insoumis [ɛ̃sumi] rebellious

insoupçonnable [ɛ̃supsɔnabl] *personne* above suspicion; **insoupçonné, ~e** unsuspected

insoutenable [ɛ̃sutnabl] *(insupportable)* unbearable; *argument, revendication* untenable

inspecter [ɛ̃spɛkte] ⟨1a⟩ inspect; **inspecteur, -trice** *m/f* inspector; **inspection** *f* inspection

inspiration [ɛ̃spirasjɔ̃] *f fig* inspiration; **inspirer** ⟨1a⟩ **1** *v/i* breathe in, inhale **2** *v/t* inspire; **s'~ de** be inspired by

instable [ɛ̃stabl] unstable; *table, échelle* unsteady

installation [ɛ̃stalasjɔ̃] *f* installation;

~ électrique wiring; **~ militaire** military installation; **~s** facilities; **installer** ⟨1a⟩ install; *appartement:* fit out; *(loger, placer)* put, place; **s'~** *(s'établir)* settle down; *à la campagne etc* settle; *d'un médecin, dentiste* set up in practice; **s'~ chez qn** make o.s. at home at s.o.'s place

instance [ɛ̃stɑ̃s] *f (autorité)* authority; **ils sont en ~ de divorce** they have filed for a divorce

instant [ɛ̃stɑ̃] *m* instant, moment; **à l'~** just this minute; **en un ~** in an instant *ou* moment; **à l'~ où je vous parle** even as I speak; **ça sera fini d'un ~ à l'autre** it will be finished any minute now; **dans un ~** in a minute; **pour l'~** for the moment

instantané, ~e [ɛ̃stɑ̃tane] **1** *adj* immediate; *café* instant; *mort* instantaneous **2** *m* PHOT snap(shot); **instantanément** *adv* immediately

instaurer [ɛ̃stɔre] ⟨1a⟩ establish

instigateur, -trice [ɛ̃stigatœr, -tris] *m/f* instigator; **instigation** *f:* **à l'~ de qn** at s.o.'s instigation

instinct [ɛ̃stɛ̃] *m* instinct; **instinctif, -ive** instinctive; **instinctivement** *adv* instinctively

instituer [ɛ̃stitɥe] ⟨1n⟩ introduce

institut [ɛ̃stity] *m* institute; **~ de beauté** beauty salon

instituteur, -trice [ɛ̃stitytœr, -tris] *m/f* (primary) school teacher

institution [ɛ̃stitysjɔ̃] *f* institution

instructeur [ɛ̃stryktœr] *m* MIL instructor; **instructif, -ive** instructive; **instruction** *f (enseignement, culture)* education; MIL training; JUR preliminary investigation; INFORM instruction; **~s** instructions; **instruire** ⟨4c⟩ ÉDU educate, teach; MIL train; JUR investigate; **instruit, ~e** (well-)educated

instrument [ɛ̃strymɑ̃] *m* instrument; **~ à cordes / à vent / à percussion** string / wind / percussion instrument

insu [ɛ̃sy] *m:* **à l'~ de** unbeknownst to; **à mon ~** unbeknownst to me

insubmersible [ɛ̃sybmɛrsibl] unsinkable

insubordination [ɛ̃sybɔrdinasjɔ̃] *f* insubordination; **insubordonné, ~e** insubordinate

insuffisance *f* deficiency; **~ respiratoire** respiratory problem; **~ cardiaque** heart problem; **insuffisant, ~e** [ɛ̃syfizɑ̃, -t] *quantité* insufficient; *qualité* inadequate; **un effort ~** not enough of an effort

insulaire [ɛ̃syler] **1** *adj* island *atr* **2** *m/f* islander

insuline [ɛ̃sylin] *f* insulin

insultant, ~e [ɛ̃syltɑ̃, -t] insulting; **insulte** *f* insult; **insulter** ⟨1a⟩ insult

insupportable [ɛ̃syportabl] unbearable

insurger [ɛ̃syrʒe] ⟨11⟩: **s'~ contre** rise up against

insurmontable [ɛ̃syrmɔ̃tabl] insurmountable

insurrection [ɛ̃syreksjɔ̃] *f* insurrection

intact, ~e [ɛ̃takt] intact

intarissable [ɛ̃tarisabl] *source* inexhaustible

intégral, ~e [ɛ̃tegral] (*mpl* -aux) full, complete; *texte* unabridged; **intégralement** *adv* payer, recopier in full; **intégrant, ~e: faire partie ~e de** be an integral part of; **intégration** *f* (*assimilation*) integration

intègre [ɛ̃tegr] of integrity

intégrer [ɛ̃tegre] ⟨1a⟩ (*assimiler*) integrate; (*incorporer*) incorporate

intégrisme [ɛ̃tegrism] *m* fundamentalism; **intégriste** *m/f* & *adj* fundamentalist

intégrité [ɛ̃tegrite] *f* integrity

intellectuel, ~le [ɛ̃telɛktyel] *m/f* & *adj* intellectual

intelligemment [ɛ̃teliʒamɑ̃] *adv* intelligently; **intelligence** *f* intelligence; **~ artificielle** artificial intelligence; **intelligent, ~e** intelligent; **intello** *m/f* F egghead F

intempéries [ɛ̃tɑ̃peri] *fpl* bad weather *sg*

intempestif, -ive [ɛ̃tɑ̃pestif, -iv] untimely

intenable [ɛ̃t(ə)nabl] *situation, froid*

unbearable

intense [ɛ̃tɑ̃s] intense; **intensif, -ive** intensive; **intensification** *f* intensification; *d'un conflit* escalation; **intensifier** intensify, step up; **s'~** intensify; *d'un conflit* escalate; **intensité** *f* intensity

intenter [ɛ̃tɑ̃te] ⟨1a⟩: **~ un procès contre** start proceedings against

intention [ɛ̃tɑ̃sjɔ̃] *f* intention; **avoir l'~ de faire qch** intend to do sth; **à l'~ de** for; **c'est l'~ qui compte** it's the thought that counts; **intentionné, ~e: bien ~** well-meaning; **mal ~** ill-intentioned; **intentionnel, ~le** intentional

interactif, -ive [ɛ̃teraktif, -iv] interactive

intercaler [ɛ̃terkale] ⟨1a⟩ insert

intercéder [ɛ̃tersede] ⟨1f⟩: **~ pour qn** intercede for s.o.

intercepter [ɛ̃tersepte] ⟨1a⟩ intercept; *soleil* shut out

interchangeable [ɛ̃terʃɑ̃ʒabl] interchangeable

interclasse [ɛ̃terklas] *m* ÉDU (short) break

intercontinental [ɛ̃terkɔ̃tinɑ̃tal] intercontinental

interdépendance [ɛ̃terdepɑ̃dɑ̃s] *f* interdependence; **interdépendant, ~e** interdependent

interdiction [ɛ̃terdiksjɔ̃] *f* ban; **interdire** ⟨4m⟩ ban; **~ à qn de faire qch** forbid s.o. to do sth; **interdit, ~e** forbidden; (*très étonné*) taken aback

intéressant, ~e [ɛ̃teresɑ̃, -t] interesting; (*avide*) selfish; *prix* good; *situation* well-paid; **intéressé, ~e** interested; **les parties ~es** the people concerned; **être ~ aux bénéfices** COMM have a share in the profits; **intéressement** *m* aux bénéfices share; **intéresser** ⟨1b⟩ interest; (*concerner*) concern; **s'~ à** be interested in

intérêt [ɛ̃tere] *m* interest; (*égoïsme*) self-interest; **~s** COMM interest *sg*; **il a ~ à le faire** it's in his interest to do it; **agir par ~** act out of self-interest; **prêt sans ~** interest-free loan

interface [ɛ̃terfas] *f* interface

interférence [ɛ̃tɛrferɑ̃s] *f* PHYS, *fig* interference

intérieur, **~e** [ɛ̃terjœr] **1** *adj* poche inside; *porte, cour, vie* inner; *commerce, marché, politique, vol* domestic; *mer* inland **2** *m* inside; *d'un pays, d'une auto* interior; **à l'~** (**de**) inside; **ministre** *m* **de l'Intérieur** Secretary of the Interior, *Br* Home Secretary

intérim [ɛ̃terim] *m* interim; *travail* temporary work; **assurer l'~** stand in; **par ~** acting; **intérimaire 1** *adj* *travail* temporary **2** *m/f* temp

intérioriser [ɛ̃terjɔrize] ⟨1a⟩ internalize

interlocuteur, **-trice** [ɛ̃tɛrlɔkytœr, -tris] *m/f*: **mon / son ~** the person I / she was talking to

interloquer [ɛ̃tɛrlɔke] ⟨1m⟩ take aback

interlude [ɛ̃tɛrlyd] *m* interlude

intermède [ɛ̃tɛrmɛd] *m* interlude

intermédiaire [ɛ̃tɛrmedjɛr] **1** *adj* intermediate **2** *m/f* intermediary, go-between; COMM middleman; **par l'~ de qn** through s.o.

interminable [ɛ̃tɛrminabl] interminable

intermittence [ɛ̃tɛrmitɑ̃s] *f*: **par ~** intermittently; **intermittent**, **~e** intermittent

internat [ɛ̃tɛrna] *m* ÉDU boarding school

international, **~e** [ɛ̃tɛrnasjɔnal] (*mpl* -aux) *m/f & adj* international

interne [ɛ̃tɛrn] **1** *adj* internal; *oreille* inner; *d'une société* in-house **2** *m/f* *élève* boarder; *médecin* intern, *Br* houseman; **interné**, **~e** *m/f* inmate; **interner** ⟨1a⟩ intern

Internet [ɛ̃tɛrnɛt] *m* Internet; **sur~** on the Internet *ou* the Net

interpeller [ɛ̃tɛrpɛle] ⟨1a *orthographe*, 1c *prononciation*⟩ call out to; *de la police*, POL question

interphone [ɛ̃tɛrfɔn] *m* intercom; *d'un immeuble* entry phone

interposer [ɛ̃tɛrpoze] ⟨1a⟩ interpose; **par personne interposée** through an intermediary; **s'~** (*intervenir*) intervene

interprétation [ɛ̃tɛrpretasjõ] *f* interpretation; *au théâtre* performance; **interprète** *m/f* (*traducteur*) interpreter; (*porte-parole*) spokesperson; **interpréter** ⟨1f⟩ interpret; *rôle*, MUS play

interrogateur, **-trice** [ɛ̃terɔgatœr, -tris] questioning; **interrogatif**, **-ive** *air*, *ton* inquiring, questioning; GRAM interrogative; **interrogation** *f* question; *d'un suspect* questioning, interrogation; **point** *m* **d'~** question mark; **interrogatoire** *m* *par police* questioning; *par juge* cross-examination; **interroger** ⟨1l⟩ question; *de la police* question, interrogate; *d'un juge* cross-examine

interrompre [ɛ̃terɔ̃pr] ⟨4a⟩ interrupt; **s'~** break off

interrupteur [ɛ̃teryptœr] *m* switch; **interruption** *f* interruption; **sans ~** without stopping; **~ volontaire de grossesse** termination, abortion

intersection [ɛ̃tɛrsɛksjõ] *f* intersection

interstice [ɛ̃tɛrstis] *m* crack

interurbain, **~e** [ɛ̃teryrbɛ̃, -ɛn] long-distance

intervalle [ɛ̃tɛrval] *m* *d'espace* space, gap; *de temps* interval

intervenant, **~e** [ɛ̃tɛrvənɑ̃, -t] *m/f* participant; **intervenir** ⟨2h⟩ (*aux être*) intervene (**en faveur de** on behalf of); *d'une rencontre* take place

intervention [ɛ̃tɛrvɑ̃sjõ] *f* intervention; MÉD operation; (*discours*) speech

interview [ɛ̃tɛrvju] *f* interview; **interviewer** ⟨1a⟩ interview

intestin, **~e** [ɛ̃tɛstɛ̃, -in] **1** *adj* internal **2** *m* intestin; **intestinal**, **~e** (*mpl* -aux) intestinal

intime [ɛ̃tim] **1** *adj* intimate; *ami* close; *pièce* cozy, *Br* cosy; *vie* private **2** *m/f* close friend

intimidation [ɛ̃timidasjõ] *f* intimidation; **intimider** ⟨1a⟩ intimidate

intimité [ɛ̃timite] *f* *entre amis* closeness, intimacy; *vie privée* privacy, private life; **dans l'~** in private; *dîner* with a few close friends

intituler [ɛ̃tityle] ⟨1a⟩ call; **s'~** be

called

intolérable [ɛ̃tɔlerabl] intolerable; **intolérance** f intolerance; **intolérant, ~e** intolerant

intoxication [ɛ̃tɔksikasjɔ̃] f poisoning; **~ alimentaire** food poisoning; **intoxiquer** ⟨1m⟩ poison; fig brainwash

intraduisible [ɛ̃tradɥizibl] untranslatable; peine, souffrance indescribable

intraitable [ɛ̃tretabl] uncompromising

Intranet [ɛ̃tranɛt] m intranet

intransigeant, ~e [ɛ̃trɑ̃ziʒɑ̃, -t] intransigent

intransitif, -ive [ɛ̃trɑ̃zitif, -iv] GRAM intransitive

intraveineux, -euse [ɛ̃travɛnø, -z] intravenous

intrépide [ɛ̃trepid] intrepid

intrigant, ~e [ɛ̃trigɑ̃, -t] scheming; **intrigue** f plot; **~s** scheming sg, plotting sg; **intriguer** ⟨1m⟩ **1** v/i scheme, plot **2** v/t intrigue

intrinsèque [ɛ̃trɛ̃sɛk] intrinsic

introduction [ɛ̃trɔdyksjɔ̃] f introduction

introduire [ɛ̃trɔdɥir] ⟨4c⟩ introduce; visiteur show in; (engager) insert; **s'~ dans** gain entry to

introuvable [ɛ̃truvabl] impossible to find

introverti, ~e [ɛ̃trɔvɛrti] m/f introvert

intrus, ~e [ɛ̃try, -z] m/f intruder; **intrusion** f intrusion

intuitif, -ive [ɛ̃tɥitif, -iv] intuitive; **intuition** f intuition; (pressentiment) premonition

inusable [inyzabl] hard-wearing

inutile [inytil] qui ne sert pas useless; (superflu) pointless, unnecessary; **inutilisable** unuseable; **inutilisé, ~e** unused

invaincu, ~e [ɛ̃vɛ̃ky] unbeaten

invalide [ɛ̃valid] **1** adj (infirme) disabled **2** m/f disabled person; **~ du travail** person who is disabled as the result of an industrial accident; **invalider** ⟨1a⟩ JUR, POL invalidate; **invalidité** f disability

invariable [ɛ̃varjabl] invariable

invasion [ɛ̃vazjɔ̃] f invasion

invendable [ɛ̃vɑ̃dabl] unsellable; **invendus** mpl unsold goods

inventaire [ɛ̃vɑ̃ter] m inventory; COMM opération stocktaking

inventer [ɛ̃vɑ̃te] ⟨1a⟩ invent; histoire make up; **inventeur, -trice** m/f inventor; **inventif, -ive** inventive; **invention** f invention

inverse [ɛ̃vers] **1** adj MATH inverse; sens opposite; **dans l'ordre ~** in reverse order; **dans le sens ~ des aiguilles d'une montre** counterclockwise, Br anticlockwise **2** m opposite, reverse; **inverser** ⟨1a⟩ invert; rôles reverse

investigation [ɛ̃vestigasjɔ̃] f investigation

investir [ɛ̃vestir] ⟨2a⟩ FIN invest; (cerner) surround; **investissement** m FIN investment; **investisseur, -euse** m/f investor

invétéré, ~e [ɛ̃vetere] inveterate

invincible [ɛ̃vɛ̃sibl] adversaire, armée invincible; obstacle insuperable

inviolable [ɛ̃vjɔlabl] inviolable

invisible [ɛ̃vizibl] invisible

invitation [ɛ̃vitasjɔ̃] f invitation; **invité, ~e** m/f guest; **inviter** ⟨1a⟩ invite; **~ qn à faire qch** (exhorter) urge s.o. to do sth

invivable [ɛ̃vivabl] unbearable

involontaire [ɛ̃vɔlɔ̃ter] unintentional; témoin unwilling; mouvement involuntary

invoquer [ɛ̃vɔke] ⟨1m⟩ Dieu call on, invoke; aide call on; texte, loi refer to; solution put forward

invraisemblable [ɛ̃vrɛsɑ̃blabl] unlikely, improbable

invulnérable [ɛ̃vylnerabl] invulnerable

iode [jɔd] m CHIM iodine

Iran [irɑ̃] m: **l'~** Iran; **iranien, ~ne** **1** adj Iranian **2** m/f Iranien, ~ne Iranian

Iraq [irak] m: **l'~** Iraq; **iraquien, ~ne** **1** adj Iraqi **2** m/f Iraquien, ~ne Iraqi

irascible [irasibl] irascible

iris [iris] m MÉD, BOT iris

irlandais, ~e [irlɑ̃dɛ, -z] **1** *adj* Irish; **2** *m langue* Irish (Gaelic) **3 Irlandais** *m* Irishman; **Irlandaise** *f* Irishwoman; **Irlande** *f*: *l'~* Ireland

ironie [irɔni] *f* irony; **ironique** ironic; **ironiser** ⟨1a⟩ be ironic

irradier [iradje] ⟨1a⟩ **1** *v/i* radiate **2** *v/t (exposer aux radiations)* irradiate

irraisonné, ~e [irɛzɔne] irrational

irrationnel, ~le [irasjɔnɛl] irrational

irréalisable [irealizabl] *projet* impracticable; *rêve* unrealizable; **irréaliste** unrealistic

irréconciliable [irekɔ̃siljabl] irreconcilable

irrécupérable [irekyperabl] beyond repair; *personne* beyond redemption; *données* irretrievable

irréductible [iredyktibl] indomitable; *ennemi* implacable

irréel, ~le [ireɛl] unreal

irréfléchi, ~e [irefleʃi] thoughtless, reckless

irréfutable [irefytabl] irrefutable

irrégularité [iregylarite] *f* irregularity; *de surface, terrain* unevenness; **irrégulier, -ère** irregular; *surface, terrain* uneven; *étudiant, sportif* erratic

irrémédiable [iremedjabl] *maladie* incurable; *erreur* irreparable

irremplaçable [irɑ̃plasabl] irreplaceable

irréparable [ireparabl] *faute, dommage* irreparable; *vélo* beyond repair

irrépressible [irepresibl] irrepressible; *colère* overpowering

irréprochable [ireprɔʃabl] irreproachable, beyond reproach

irrésistible [irezistibl] irresistible

irrésolu, ~e [irezɔly] *personne* indecisive; *problème* unresolved

irrespectueux, -euse [irespɛktɥø, -z] disrespectful

irrespirable [irespirabl] unbreathable

irresponsable [irespɔ̃sabl] irresponsible

irrévérencieux, -euse [ireverɑ̃sjø, -z] irreverent

irréversible [ireversibl] irreversible

irrévocable [irevɔkabl] irrevocable

irrigation [irigasjɔ̃] *f* AGR irrigation;

irriguer ⟨1m⟩ irrigate

irritable [iritabl] irritable; **irritant, ~e** irritating; **irritation** *f* irritation; **irriter** ⟨1a⟩ irritate; **s'~** get irritated

irruption [irypsjɔ̃] *f*: *faire ~ dans une pièce* burst into a room

islam [islam] *m* REL Islam; **islamique** Islamic; **islamiste** Islamic fundamentalist

islandais, ~e [islɑ̃dɛ, -z] **1** *adj* Icelandic; **2** *m langue* Islandic **3** *m/f* **Islandais, ~e** Icelander; **Islande** *f*: *l'~* Iceland

isolant, ~e [izɔlɑ̃, -t] **1** *adj* insulating **2** *m* insulation; **isolation** *f* insulation; *contre le bruit* soundproofing; **isolé, ~e** *maison, personne* isolated; TECH insulated; **isolement** *m* isolation; **isoler** ⟨1a⟩ isolate; *prisonnier* place in solitary confinement; ÉL insulate; **isoloir** *m* voting booth

isotherme [izɔtɛrm] *camion etc* refrigerated; *sac ~* cool bag

Israël [israɛl] *m* Israel; **israélien, ~ne** **1** *adj* Israeli **2** *m/f* **Israélien, ~ne** Israeli

issu, ~e [isy]: *être ~ de parenté* come from; *résultat* stem from

issue [isy] *f* way out *(aussi fig)*, exit; *(fin)* outcome; *à l'~ de* at the end of; *voie f sans ~* dead end; *~ de secours* emergency exit

Italie [itali] *f*: *l'~* Italy; **italien, ~ne** **1** *adj* Italian **2** *m langue* Italian **3** *m/f* **Italien, ~ne** Italian

italique *m*: *en ~* in italics

itinéraire [itinerɛr] *m* itinerary

IUT [iyt] *m abr (= Institut universitaire de technologie)* technical college

IVG [iveʒe] *f abr (= interruption volontaire de grossesse)* termination, abortion

ivoire [ivwar] *m* ivory

ivoirien, ~ne [ivwarjɛ̃, -ɛn] **1** *adj* Ivorian **2** *m/f* **Ivoirien, ~ne** Ivorian

ivre [ivr] drunk; *~ de fig*: *joie, colère* wild with; **ivresse** *f* drunkenness; *conduite f en état d'~* drunk driving, *Br aussi* drink driving; **ivrogne** *m/f* drunk

J

j' [ʒ] → **je**

jacasser [ʒakase] ⟨1a⟩ chatter

jachère [ʒaʃɛr] f AGR: **en ~** lying fallow; **mise en ~** set-aside

jacinthe [ʒasɛ̃t] f BOT hyacinth

jackpot [dʒakpɔt] m jackpot

jade [ʒad] m jade

jadis [ʒadis] formerly

jaillir [ʒajir] ⟨2a⟩ *d'eau, de flammes* shoot out (**de** from)

jalousement [ʒaluzmɑ̃] *adv* jealously; **jalousie** f jealousy; *(store)* Venetian blind; **jaloux, -ouse** jealous

jamais [ʒamɛ] ◊ *positif* ever; **avez-vous- été à Vannes?** have you ever been to Vannes?; **plus que ~** more than ever; **à ~** for ever, for good; ◊ *négatif* **ne … ~** never; **je ne lui ai ~ parlé** I've never spoken to him; **on ne sait ~** you never know; **~ de la vie!** never!, certainly not!

jambe [ʒɑ̃b] f leg

jambon [ʒɑ̃bõ] m ham; **~ fumé** gammon

jante [ʒɑ̃t] f rim

janvier [ʒɑ̃vje] m January

Japon [ʒapõ]: **le ~** Japan; **japonais, ~e 1** *adj* Japanese **2** *m/f* **Japonais, ~e** Japanese **3** *m langue* Japanese

jappement [ʒapmɑ̃] m yap; **japper** ⟨1a⟩ yap

jaquette [ʒakɛt] f *d'un livre* dust jacket

jardin [ʒardɛ̃] m garden; **~ botanique** botanical gardens *pl*; **~ d'enfants** kindergarten; **~ public** park

jardinage [ʒardinaʒ] m gardening; **jardiner** garden; **jardinerie** f garden center *ou Br* centre; **jardinier** m gardener; **jardinière** f *à fleurs* window box; *femme* gardener

jargon [ʒargõ] m jargon; *péj (charabia)* gibberish

jarret [ʒarɛ] m back of the knee; CUIS shin; **jarretière** f garter

jaser [ʒaze] ⟨1a⟩ gossip

jatte [ʒat] f bowl

jauge [ʒoʒ] f gauge; **~ de carburant** fuel gauge; **jauger** ⟨1l⟩ gauge

jaunâtre [ʒonɑtr] yellowish; **jaune 1** *adj* yellow **2** *adv*: **rire ~** give a forced laugh **3** m yellow; F *ouvrier* scab F; **~ d'œuf** egg yolk; **jaunir** ⟨2a⟩ turn yellow; **jaunisse** f MÉD jaundice

Javel [ʒavɛl]: **eau f de ~** bleach

javelot [ʒavlo] m *sports* javelin

jazz [dʒaz] m jazz; **jazzman** m jazz musician

je [ʒə] I

jean [dʒin] m jeans *pl*: **veste m en ~** denim jacket

jeep [dʒip] f jeep

je-m'en-foutisme [ʒəmɑ̃futism] m F I-don't-give-a-damn attitude

jérémiades [ʒeremjad] *fpl* complaining *sg*, moaning *sg* F

Jésus-Christ [ʒezykri] Jesus (Christ)

jet [ʒɛ] m *(lancer)* throw; *(jaillissement)* jet; *de sang* spurt; **~ d'eau** fountain

jetable [ʒətabl] disposable

jetée [ʒ(ə)te] f MAR jetty

jeter [ʒ(ə)te] ⟨1c⟩ throw; *(se défaire de)* throw away, throw out; **~ un coup d'œil à qch** glance at sth, cast a glance at sth; **~ qn dehors** throw s.o. out

jeton [ʒ(ə)tõ] m token; *de jeu* chip

jeu [ʒø] m *(pl -x)* play *(aussi* TECH); activité, en tennis game; *(série, ensemble)* set; *de cartes* deck, *Br* pack; MUS playing; THÉÂT acting; **un ~ de cartes / d'échecs / de tennis** a game of cards / of chess / of tennis; **le ~** gambling; **faites vos ~x** place your bets; **les ~x sont faits** no more bets please; **mettre en ~** stake; **être en ~** be at stake; **~ éducatif** educational game; **~ de mots** play on words, pun;

Jeux Olympiques Olympic Games, Olympics; **~ de société** board game; **~ vidéo** video game

jeudi [ʒødi] *m* Thursday

jeun [ʒɛ̃, ʒœ̃]: **à ~** on an empty stomach; **être à ~** have eaten nothing, have nothing in one's stomach

jeune [ʒœn] **1** *adj* young; **~s mariés** newly-weds **2** *m/f*: **un ~** a young man; **les ~s** young people *pl*, the young *pl*

jeûne [ʒøn] *m* fast; **jeûner** ⟨1a⟩ fast

jeunesse [ʒœnɛs] *f* youth; *caractère jeune* youthfulness

jingle [dʒiŋgəl] *m* jingle

J.O. [ʒio] *mpl abr* (= *Jeux Olympiques*) Olympic Games

joaillerie [ʒɔajri] *f magasin* jewelry store, *Br* jeweller's; *articles* jewelry, *Br* jewellery; **joaillier, -ère** *m/f* jeweler, *Br* jeweller

jockey [ʒɔke] *m* jockey

jogging [dʒɔgiŋ] *m* jogging; (*survêtement*) sweats *pl*, *Br* tracksuit; **faire du ~** go jogging

joie [ʒwa] *f* joy; **débordant de ~** jubilant

joignable [ʒwaɲabl] contactable

joindre [ʒwɛ̃dr] ⟨4b⟩ *mettre ensemble* join; (*relier, réunir*) join, connect; *efforts* combine; *à un courrier* enclose (*à* with); *personne* contact, get in touch with; *par téléphone* get, reach; *mains* clasp; **se ~ à qn pour faire qch** join s.o. in doing sth; **~ les deux bouts** make ends meet; **pièce** *f* **jointe** enclosure; **veuillez trouver ci-joint** please find enclosed

joint [ʒwɛ̃] *m* ANAT joint (*aussi* TECH); *d'étanchéité* seal, gasket; *de robinet* washer

joker [ʒɔkɛr] *m cartes* joker; INFORM wild card

joli, ~e [ʒɔli] pretty

joncher [ʒɔ̃ʃe] ⟨1a⟩ strew (*de* with)

jonction [ʒɔ̃ksjɔ̃] *f* junction

jongler [ʒɔ̃gle] juggle; **~ avec** *fig* juggle; **jongleur** *m* juggler

jonquille [ʒɔ̃kij] *f* BOT daffodil

Jordanie [ʒɔrdani] *f*: **la ~** Jordan; **jordanien, ~ne 1** *adj* Jordanian **2** *m/f*

Jordanien, ~ne Jordanian

joue [ʒu] *f* cheek

jouer [ʒwe] ⟨1a⟩ **1** *v/t* play; *argent, réputation* gamble; THÉÂT *pièce* perform; *film* show; **~ un tour à qn** play a trick on s.o.; **la comédie** put on an act **2** *v/i* play; *d'un acteur* act; *d'un film* play, show; *miser de l'argent* gamble; **~ aux cartes / au football** play cards / football; **~ d'un instrument** play an instrument; **~ sur** *cheval etc* put money on; **jouet** *m* toy; *fig* plaything; **joueur, -euse** *m/f* player; *de jeux d'argent* gambler; **être beau / mauvais ~** be a good / bad loser

joufflu, ~e [ʒufly] chubby

jouir [ʒwir] ⟨2a⟩ have an orgasm, come; **~ de qch** enjoy sth; (*posséder*) have sth; **jouissance** *f* enjoyment; JUR possession

jour [ʒur] *m* day; (*lumière*) daylight; (*ouverture*) opening; **le ou de ~** by day; **un ~** one day; **vivre au ~ le ~** live from day to day; **au grand ~** in broad daylight; **de nos ~s** nowadays, these days; **du ~ au lendemain** overnight; **l'autre ~** the other day; **être à ~** be up to date; **mettre à ~** update, bring up to date; **mettre au ~** bring to light; **se faire ~** *fig*: *de problèmes* come to light; **trois fois par ~** three times a day; **un ~ ou l'autre** one of these days; **il devrait arriver d'un ~ à l'autre** he should arrive any day now; **de ~ en ~** day by day, from day to day; **deux ans ~ pour ~** two years to the day; **il fait ~** it's (getting) light; **à ce ~** to date, so far; **au petit ~** at dawn, at first light; **~ férié** (public) holiday

journal [ʒurnal] *m* (*pl* -aux) (news)paper; *intime* diary, journal; TV, *à la radio* news *sg*; **~ de bord** log(book)

journalier, -ère [ʒurnalje, -ɛr] daily

journalisme [ʒurnalism] *m* journalism; **journaliste** *m/f* journalist, reporter

journée [ʒurne] *f* day; **~ portes ouvertes** open house, open day

jovial, ~e [ʒɔvjal] (*pl* -aux) jovial

joyau [ʒwajo] *m* (*pl* -x) jewel

joyeux, -euse [ʒwajø, -z] joyful; **~**

Noël! Merry Christmas!

jubilation [ʒybilasjɔ̃] *f* jubilation; **jubiler** ⟨1a⟩ be jubilant; *péj* gloat

jucher [ʒyʃe] ⟨1a⟩ perch

judas [ʒyda] *m* spyhole

judiciaire [ʒydisjɛr] judicial, legal; *combat* legal

judicieux, -euse [ʒydisjø, -z] sensible, judicious

judo [ʒydo] *m* judo

juge [ʒyʒ] *m* judge; **~ d'instruction** examining magistrate (*whose job it is to question witnesses and determine if there is a case to answer*); **~ de paix** police court judge; **~ de touche** SP linesman, assistant referee; **jugement** *m* judge(e)ment; *en matière criminelle* sentence; **porter un ~ sur qch** pass judg(e)ment on sth; **le Jugement dernier** REL the Last Judg(e)ment; **jugeote** *f* F gumption; **juger** ⟨1l⟩ **1** *v/t* JUR try; (*évaluer*) judge; **~ qch / qn intéressant** consider sth / s.o. to be interesting; **~ que** think that; **bon de faire qch** think it right to do sth; **~ de qn / qch** judge s.o. / sth **2** *v/i* judge

juif, -ive [ʒɥif, -iv] **1** *adj* Jewish **2** *m/f* **Juif, -ive** Jew

juillet [ʒɥijɛ] *m* July

juin [ʒɥɛ̃] *m* June

juke-box [dʒukbɔks] *m* jukebox

jumeau, jumelle [ʒymo, ʒymɛl] (*mpl* -x) *m/f & adj* twin; **jumelage** *m de villes* twinning; **jumeler** ⟨1c⟩ *villes* twin; **jumelles** *fpl* binoculars

jument [ʒymɑ̃] *f* mare

jumping [dʒœmpiŋ] *m* show-jumping

jungle [ʒɛ̃glə, ʒœ̃-] *f* jungle

jupe [ʒyp] *f m* skirt; **jupe-culotte** *f* (*pl* jupes-culottes) culottes *pl*; **jupon** *m* slip, underskirt

juré [ʒyre] *m* JUR juror, member of the jury; **jurer** ⟨1a⟩ **1** *v/t* swear; **~ de faire qch** swear to do sth **2** *v/i* swear; **~ avec qch** clash with sth; **~ de qch**

swear to sth

juridiction [ʒyridiksjɔ̃] *f* jurisdiction

juridique [ʒyridik] legal

jurisprudence [ʒyrisprydɑ̃s] *f* jurisprudence, case law

juron [ʒyrɔ̃] *m* curse

jury [ʒyri] *m* JUR jury; *d'un concours* panel, judges *pl*; ÉDU board of examiners

jus [ʒy] *m* juice; **~ de fruit** fruit juice

jusque [ʒysk(ə)] **1** *prép*: **jusqu'à** *lieu* as far as, up to; *temps* until; **aller jusqu'à la berge** go as far as the bank; **jusqu'au cou / aux genoux** up to the neck / knees; **jusqu'à trois heures** until three o'clock; **jusqu'alors** up to then, until then; **jusqu'à présent** until now, so far; **jusqu'à quand restez-vous?** how long are you staying?; **jusqu'où vous allez?** how far are you going? **2** *adv* even, including; **jusqu'à lui** even him **3** *conj*: **jusqu'à ce qu'il s'endorme** (*subj*) until he falls asleep

justaucorps [ʒystokɔr] *m* leotard

juste [ʒyst] **1** *adj* (*équitable*) fair, just; *salaire, récompense* fair; (*précis*) right, correct; *vêtement* tight **2** *adv* viser, tirer accurately; (*précisément*) exactly, just; (*seulement*) just, only; **chanter ~** sing in tune; **justement** *adv* (*avec justice*) justly; (*précisément*) just, exactly; (*avec justesse*) rightly

justesse [ʒystɛs] *f* accuracy; **de ~** only just

justice [ʒystis] *f* fairness, justice; JUR justice; **la ~** the law; **faire** *ou* **rendre ~ à qn** do s.o. justice

justifiable [ʒystifjabl] justifiable; **justification** *f* justification; **justifier** ⟨1a⟩ justify; **~ de qch** prove sth

juteux, -euse [ʒytø, -z] juicy

juvénile [ʒyvenil] youthful; **délinquance ~** juvenile delinquency

juxtaposer [ʒykstapoze] ⟨1a⟩ juxtapose

K

kaki [kaki] khaki

kamikaze [kamikaz] *m/f* suicide bomber

kangourou [kɑ̃guru] *m* kangaroo

karaté [karate] *m* karate

kébab [kebab] *m* kabob, *Br* kebab

Kenya [kenja]: **le ~** Kenya; **kenyan, ~e 1** *adj* Kenyan **2** *m/f* **Kenyan, ~e** Kenyan

képi [kepi] *m* kepi

kermesse [kɛrmɛs] *f* fair

kérosène [kerozɛn] *m* kerosene

ketchup [kɛtʃœp] *m* ketchup

kg *abr* (= **kilogramme**) kg (= kilogram)

kidnapping [kidnapiŋ] *m* kidnapping; **kidnapper** ⟨1a⟩ kidnap; **kidnappeur, -euse** *m/f* kidnapper

kif-kif [kifkif]: **c'est ~** F it's all the same

kilo(gramme) [kilo, kilɔgram] *m* kilo(gram)

kilométrage [kilɔmetraʒ] *m* mileage;

kilomètre *m* kilometer, *Br* kilometre; **kilométrique** *distance* in kilometers, *Br* in kilometres

kilo-octet [kiloɔktɛ] *m* kilobyte, k

kinésithérapeute [kineziterapøt] *m/f* physiotherapist; **kinésithérapie** *f* physiotherapy

kiosque [kjɔsk] *m* pavilion; COMM kiosk; **~ à journaux** newsstand

kit [kit] *m*: **en ~** kit

kiwi [kiwi] *m* ZO kiwi; BOT kiwi (fruit)

klaxon [klaksɔn] *m* AUTO horn; **klaxonner** ⟨1a⟩ sound one's horn, hoot

km *abr* (= **kilomètre**) km (= kilometer)

knock-out [nɔkawt] *m* knockout

K-O [kao] *m abr* (= **knock-out**) KO

Ko *m abr* (= **kilo-octet** *m*) k(= kilobyte)

krach [krak] *m* ÉCON crash; **~ boursier** stockmarket crash

Kremlin [krɛmlɛ̃]: **le ~** the Kremlin

kyste [kist] *m* MÉD cyst

L

l' [l] → **le, la**

la[1] [la] → **le**

la[2] [la] *pron personnel* her; *chose* it; **je ne ~ supporte pas** I can't stand her / it

la[3] [la] *m* MUS A

là [la] here; *dans un autre lieu qu'ici* there; **de ~** from there; *causal* hence; **par ~** that way; **que veux-tu dire par ~?** what do you mean by that?; **là--bas** (over) there

label [label] *m* COMM label

labeur [labœr] *m* labor, *Br* labour, toil

labyrinthe [labirɛ̃t] *m* labyrinth, maze

laboratoire [labɔratwar] *m* laboratory, lab; **~ de langues** language lab

laborieux, -euse [labɔrjø, -z] *tâche* laborious; *personne* hardworking

labour [labur] *m* plowing, *Br* ploughing; **labourer** ⟨1a⟩ plow, *Br* plough

lac [lak] *m* lake

lacer [lase] ⟨1k⟩ tie

lacérer [lasere] ⟨1f⟩ lacerate

lacet [lasɛ] *m* *de chaussures* lace; *de la*

route sharp turn; **~s** twists and turns

lâche [laʃ] **1** *adj fil* loose, slack; *nœud*, *vêtement* loose; *personne* cowardly **2** *m* coward

lâcher [laʃe] ⟨1a⟩ **1** *v/t* let go of; (*laisser tomber*) drop; (*libérer*) release; *ceinture* loosen; *juron*, *vérité* let out; SP leave behind **2** *v/i de freins* fail; *d'une corde* break

lâcheté [laʃte] *f* cowardice

laconique [lakɔnik] laconic, terse

lacrymogène [lakrimɔʒɛn] *gaz* tear *atr*; *grenade* tear-gas *atr*

lacté, **~e** [lakte] milk *atr*

lacune [lakyn] *f* gap

là-dedans [lad(ə)dɑ̃] inside; **là-dessous** underneath; *derrière cette affaire* behind it; **là-dessus** on it, on top; *à ce moment* at that instant; *sur ce point* about it

lagon [lagõ] *m* lagoon

là-haut [lao] up there

laïc [laik] → *laïque*

laid, **~e** [lɛ, -d] ugly

laideur [lɛdœr] *f* ugliness; (*bassesse*) meanness, nastiness

lainage [lɛnaʒ] *m* woolen *ou Br* woollen fabric; *vêtement* woolen; **laine** *f* wool; **laineux**, **-euse** fleecy

laïque [laik] **1** *adj* REL secular; (*sans confession*) *école* State *atr* **2** *m/f* lay person

laisse [lɛs] *f* leash; **tenir en ~** *chien* keep on a leash

laisser [lɛse] ⟨1b⟩ leave; (*permettre*) let; **~ qn faire qch** let s.o. do sth; **se ~ aller** let o.s. go; **se ~ faire** let o.s. be pushed around; **laisse-toi faire!** come on!

laisser-aller [lɛseale] *m* casualness

laisser-faire [lɛsefer] *m* laissez faire

laissez-passer [lɛsepase] *m* (*pl inv*) pass

lait [lɛ] *m* milk; **laitage** *m* dairy product; **laiterie** *f* dairy; **laitier**, **-ère 1** *adj* dairy *atr* **2** *m/f* milkman, milkwoman

laiton [lɛtõ] *m* brass

laitue [lety] *f* BOT lettuce

laïus [lajys] *m* F sermon, lecture

lambeau [lɑ̃bo] *m* (*pl -x*) shred

lambin, **~e** [lɑ̃bɛ̃, -in] *m/f* F slowpoke F, *Br* slowcoach F

lambris [lɑ̃bri] *m* paneling, *Br* panelling

lame [lam] *f* blade; (*plaque*) strip; (*vague*) wave; **~ de rasoir** razor blade

lamentable [lamɑ̃tabl] deplorable

lamentation [lamɑ̃tasjõ] *f* complaining; **lamenter** ⟨1a⟩: **se ~** complain

laminoir [laminwar] *m* TECH rolling mill

lampadaire [lɑ̃padɛr] *m meuble* floor lamp, *Br aussi* standard lamp; *dans la rue* street light

lampe [lɑ̃p] *f* lamp; **~ de poche** flashlight, *Br* torch

lampée [lɑ̃pe] *f* gulp, swallow

lance [lɑ̃s] *f* spear; **~ d'incendie** fire hose

lancé, **~e** [lɑ̃se] well-known, established

lancement [lɑ̃smɑ̃] *m* launch(ing) (*aussi* COMM)

lancer [lɑ̃se] ⟨1k⟩ throw; *avec force* hurl; *injure* shout, hurl (**à** at); *cri*, *regard* give; *bateau*, *fusée*, COMM launch; INFORM *programme* run; *moteur* start; **se ~ sur** *marché* enter; *piste de danse* step out onto; **se ~ dans** *des activités* take up; *des explications* launch into; *des discussions* get involved in

lancinant, **~e** [lɑ̃sinɑ̃, -t] *douleur* stabbing

landau [lɑ̃do] *m* baby carriage, *Br* pram

lande [lɑ̃d] *f* heath

langage [lɑ̃gaʒ] *m* language; **~ de programmation** programming language; **~ des signes** sign language

lange [lɑ̃ʒ] *m* diaper, *Br* nappy

langouste [lɑ̃gust] *f* spiny lobster

langue [lɑ̃g] *f* ANAT, CUIS tongue; LING language; **mauvaise ~** gossip; **de ~ anglaise** English-speaking; **~ étrangère** foreign language; **~ maternelle** mother tongue; **~s vivantes** modern languages

languette [lɑ̃gɛt] *f d'une chaussure* tongue

langueur [lɑ̃gœr] *f* (*apathie*) listlessness; (*mélancolie*) languidness; **languir** ⟨2a⟩ languish; *d'une conversation* flag

lanière [lanjɛr] *f* strap

lanterne [lɑ̃tɛrn] *f* lantern

laper [lape] ⟨1a⟩ lap up

lapidaire [lapidɛr] *fig* concise; **lapider** ⟨1a⟩ (*assassiner*) stone to death; (*attaquer*) stone

lapin [lapɛ̃] *m* rabbit

laps [laps] *m*: **~ de temps** period of time

laque [lak] *f peinture* lacquer; *pour cheveux* hairspray, lacquer

laquelle [lakɛl] → **lequel**

larcin [larsɛ̃] *m* petty theft

lard [lar] *m* bacon

larder [larde] ⟨1a⟩ CUIS, *fig* lard

lardon [lardɔ̃] *m* lardon, diced bacon

large [larʒ] **1** *adj* wide; *épaules, hanches* broad; (*généreux*) generous; **~ d'un millimètre** one millimeter wide **2** *adv*: **voir ~** think big **3** *m* MAR open sea; **faire trois mètres de ~** be three meters wide; **prendre le ~** *fig* take off; **largement** *adv* widely; (*généreusement*) generously; **elle a ~ le temps de finir** she's got more than enough time to finish; **largesse** *f* generosity; **largeur** *f* width; **~ d'esprit** broad-mindedness

larme [larm] *f* tear; **une ~ de** a drop of; **larmoyer** ⟨1h⟩ *des yeux* water; (*se plaindre*) complain

larve [larv] *f* larva; **larvé, ~e** latent

laryngite [larɛ̃ʒit] *f* MÉD laryngitis

larynx [larɛ̃ks] *m* larynx

las, ~se [lɑ, -s] weary, tired; **~ de** *fig* weary of, tired of

laser [lazɛr] *m* laser

lasser [lɑse] ⟨1a⟩ weary, tire; **se ~ de qch** tire *ou* weary of sth; **lassitude** *f* weariness, lassitude *fml*

latent, ~e [latɑ̃, -t] latent

latéral, ~e [lateral] (*mpl* -aux) lateral, side *atr*

latin, ~e [latɛ̃, -in] Latin

latitude [latityd] *f* latitude; *fig* latitude, scope

latrines [latrin] *fpl* latrines

latte [lat] *f* lath; *de plancher* board; **lattis** *m* lathwork

lauréat, ~e [lɔrea, -t] *m/f* prizewinner

laurier [lɔrje] *m* laurel; **feuille *f* de ~** CUIS bayleaf

lavable [lavabl] washable; **lavabo** *m* (wash)basin; **~s** toilets; **lavage** *m* washing; **~ de cerveau** POL brainwashing; **~ d'estomac** MÉD stomach pump

lavande [lavɑ̃d] *f* BOT lavender

lave [lav] *f* lava

lave-glace [lavglas] *m* (*pl* lave-glaces) windshield wiper, *Br* windscreen wiper

lavement [lavmɑ̃] *m* MÉD enema; **laver** ⟨1a⟩ wash; *tâche* wash away; **se ~ les mains** wash one's hands; **se ~ les dents** brush one's teeth; **laverie** *f*: **~ automatique** laundromat, *Br* launderette

lavette [lavɛt] *f* dishcloth; *fig péj* spineless individual

laveur, -euse [lavœr, -øz] *m/f* washer; **~ de vitres** window cleaner

lave-vaisselle [lavvɛsɛl] *m* (*pl inv*) dishwasher

laxatif, -ive [laksatif, -iv] *adj & m* laxative

laxisme [laksism] *m* laxness; **laxiste** lax

layette [lɛjɛt] *f* layette

le *pron personnel, complément d'objet direct* ◊ him; *chose* it; **je ne ~ supporte pas** I can't stand him / it ◊ **oui, je ~ sais** yes, I know; **je l'espère bien** I very much hope so

le, *f* **la**, *pl* **les** [lə, la, le] *article défini* ◊ the; **le garçon / les garçons** the boy / the boys

◊ *parties du corps*: **je me suis cassé la jambe** I broke my leg; **elle avait les cheveux très longs** she had very long hair

◊ *généralité*: **j'aime le vin** I like wine; **elle ne supporte pas les enfants** she doesn't like children; **la défense de la liberté** the defense of freedom; **les dinosaures avaient ...** dinosaurs had ...

◊ *dates*: **le premier mai** May first, *Br*

the first of May; *ouvert le samedi
open (on)* Saturdays

◊: *trois euros le kilo* three euros a
ou per kilo; *10 euros les 5* 10 euros
for 5

◊ *noms de pays*: *tu connais la
France?* do you know France?; *l'Europe est …* Europe is …

◊ *noms de saison*: *le printemps est
là* spring is here

◊ *noms propres*: *le lieutenant Duprieur* Lieutenant Duprieur; *ah, la
pauvre Hélène!* oh, poor Helen!

◊ *langues*: *je ne parle pas l'italien* I
don't speak Italian

◊ *avec adjectif*: *la jaune est plus …*
the yellow one is …

leader [lidœr] *m* POL leader

leasing [liziŋ] *m* leasing

lécher [leʃe] ⟨1f⟩ lick; ~ *les bottes à
qn* F suck up to s.o.

lèche-vitrines [lɛʃvitrin]: *faire du* ~
go window shopping

leçon [l(ə)sõ] *f* lesson; ~*s particulières* private lessons

lecteur, -trice [lɛktœr, -tris] **1** *m/f*
reader; *à l'université* foreign language
assistant **2** *m* INFORM drive; ~ *de
disquette(s)* disk drive; ~ *de cassettes* cassette player; **lecture** *f*
reading; *fichier m en* ~ *seule*
read-only file

ledit, ladite [lədi, ladit] (*pl* lesdits, lesdites) the said

légal, ~e [legal] (*mpl* -aux) legal; **légaliser** ⟨1a⟩ *certificat, signature* authenticate; (*rendre légal*) legalize; **légalité**
f legality

légataire [legatɛr] *m/f* legatee; ~ *universel* sole heir

légendaire [leʒɑ̃dɛr] legendary

légende [leʒɑ̃d] *f* legend; *sous image*
caption; *d'une carte* key

léger, -ère [leʒe, -ɛr] *poids, aliment*
light; *vent, erreur, retard* slight; *mœurs*
loose; (*frivole, irréfléchi*) thoughtless;
à la légère lightly; **légèrement** *adv*
lightly; (*un peu*) slightly; (*inconsidérément*) thoughtlessly; **légèreté** *f* lightness; (*frivolité, irréflexion*) thoughtlessness

légiférer [leʒifere] ⟨1g⟩ legislate

légion [leʒjõ] *f* legion; ~ *étrangère*
Foreign Legion; **légionnaire** *m* legionnaire

législateur, -trice [leʒislatœr, -tris]
m/f legislator; **législatif, -ive** legislative; (*élections (pl)*) **législatives** *fpl*
parliamentary elections; **législation**
f legislation; **législature** *f* legislature

légitime [leʒitim] legitimate; ~ *défense* self-defense, *Br* self-defence

legs [le(g)] *m* legacy

léguer [lege] ⟨1f *et* 1m⟩ bequeath

légume [legym] *m* vegetable; ~*s secs*
pulses

Léman [lemɑ̃]: *le lac* ~ Lake Geneva

lendemain [lɑ̃dmɛ̃] *m*: *le* ~ the next *ou*
following day; *le* ~ *de son élection*
the day after he was elected

lent, ~e [lɑ̃, -t] slow; **lentement** *adv*
slowly; **lenteur** *f* slowness

lentille [lɑ̃tij] *f* TECH lens; *légume sec*
lentil

léopard [leopar] *m* leopard

lèpre [lɛpr] *f* leprosy; **lépreux, -euse**
m/f leper (*aussi fig*)

lequel, laquelle [ləkɛl, lakɛl] (*pl* lesquels, lesquelles) ◊ *pron interrogatif*
which (one); *laquelle / lesquelles
est-ce que tu préfères?* which
(one) / which (ones) do you prefer?

◊ *pron relatif, avec personne* who; *le
client pour* ~ *il l'avait fabriqué*
the customer (who) he had made it
for, the customer for whom he had
made it

◊ *pron relatif, avec chose* which; *les
cavernes dans lesquelles ils
s'étaient noyés* the caves in which
they had drowned, the caves which
they had drowned in; *les entreprises auxquelles nous avons envoyé …* the companies to which
we sent …, the companies (which)
we sent … to; *un vieux château
dans les jardins duquel …* an old
castle in the gardens of which …

les[1] [le] → *le*

les[2] [le] *pron personnel* them; *je* ~ *ai
vendu(e)s* I sold them

lesbien, ~ne [lɛsbjɛ̃, -ɛn] **1** *adj* lesbian **2** f lesbian

léser [leze] ⟨1f⟩ (*désavantager*) injure, wrong; *intérêts* damage; *droits* infringe; MÉD injure

lésiner [lezine] ⟨1a⟩ skimp (*sur* on)

lésion [lezjõ] f MÉD lesion

lesquels, lesquelles [lekɛl] → **lequel**

lessive [lesiv] f *produit* laundry detergent, Br washing powder; *liquide* detergent; *linge* laundry, Br aussi washing; **faire la ~** do the laundry

lest [lɛst] m ballast

leste [lɛst] (*agile*) agile; *propos* crude

léthargie [letarʒi] f lethargy; **léthargique** lethargic

lettre [lɛtr] f (*caractère, correspondance*) letter; **à la ~, au pied de la ~** literally; **en toutes ~s** in full; *fig* in black and white; **~ de change** bill of exchange; **~s** literature sg; *études* arts

lettré, ~e [letre] well-read

leucémie [løsemi] f MÉD leukemia, Br leukaemia

leur [lœr] **1** *adj possessif* their; **~ prof** their teacher; **~s camarades** their friends

2 *pron personnel*: **le / la ~, les ~s** theirs; **meilleur que le / la ~** better than theirs

3 *complément d'objet indirect* (to) them; **je ~ ai envoyé un e-mail** I sent them an e-mail; **je le ~ ai envoyé hier** I sent it (to) them yesterday

leurre [lœr] m bait; *fig* illusion; **leurrer** ⟨1a⟩ *fig* deceive

levé, ~e [l(ə)ve]: **être ~** be up, be out of bed; **levée** f lifting; *d'une séance* adjournment; *du courrier* collection; *aux cartes* trick; **lever** ⟨1d⟩ **1** v/t raise, lift; *main, bras* raise; *poids, interdiction* lift; *impôts* collect **2** v/i *de la pâte* rise; **se ~** get up; *du soleil* rise; *du jour* break **3** m: **~ du jour** daybreak; **~ du soleil** sunrise

levier [l(ə)vje] m lever; **~ de vitesse** gear shift, *surtout* Br gear lever

lèvre [levr] f lip

lévrier [levrije] m greyhound

levure [l(ə)vyr] f yeast; **~ chimique** baking powder

lexique [lɛksik] m (*vocabulaire*) vocabulary; (*glossaire*) glossary

lézard [lezar] m lizard

lézarde [lezard] f crack

liaison [ljezõ] f connection; *amoureuse* affair; *de train* link; LING liaison; **être en ~ avec qn** be in touch with s.o.

liant, ~e [ljã, -t] sociable

liasse [ljas] f bundle, wad; *de billets* wad

Liban [libã]: **le ~** (the) Lebanon; **libanais, ~e 1** *adj* Lebanese **2** m/f Libanais, ~e Lebanese

libeller [libele] ⟨1b⟩ *document, contrat* word; **~ un chèque** (**au nom de qn**) make out *ou* write a check (to s.o.)

libellule [libelyl] f dragonfly

libéral, ~e [liberal] (*mpl* -aux) liberal; **profession** f **~e** profession; **libéralisme** m liberalism; **libéralité** f generosity, liberality

libérateur, -trice [liberatœr, -tris] **1** *adj* liberating **2** m/f liberator; **libération** f *d'un pays* liberation; *d'un prisonnier* release; **~ conditionnelle** parole; **libérer** ⟨1f⟩ *pays* liberate; *prisonnier* release, free (**de** from); *gaz, d'un engagement* release

liberté [liberte] f freedom, liberty; **mettre en ~** set free, release; **~ d'expression** freedom of speech; **~ de la presse** freedom of the press

libraire [librɛr] m/f bookseller; **librairie** f bookstore, Br bookshop

libre [libr] free (**de faire qch** to do sth); **~ concurrence** free competition; **libre-échange** m free trade; **libre-service** m (*pl* libres-services) self-service; *magasin* self-service store

Libye [libi] f Libya; **libyen, ~ne 1** *adj* Libyan **2** m/f Libyen, ~ne Libyan

licence [lisãs] f license, Br licence; *diplôme* degree; **licencié, ~e** m/f graduate

licenciement [lisãsimã] m layoff; (*renvoi*) dismissal; **licencier** ⟨1a⟩ lay off; (*renvoyer*) dismiss

licencieux, -euse [lisãsjø, -z] licentious

lié, ~e [lje]: **être ~ par** be bound by; **être très ~ avec qn** be very close to s.o.

liège [ljɛʒ] *m* BOT cork

lien [ljɛ̃] *m* tie, bond; (*rapport*) connection; **ils ont un ~ de parenté** they are related; **lier** ⟨1a⟩ tie (up); *d'un contrat* be binding on; CUIS thicken; *fig:* *pensées, personnes* connect; **~ amitié avec** make friends with

lierre [ljɛr] *m* BOT ivy

lieu [ljø] *m* (*pl* -x) place; **~x** premises; JUR scene *sg;* **au ~ de qch / de faire qch** instead of sth / of doing sth; **avoir ~** take place, be held; **avoir ~ de faire qch** have (good) reason to do sth; **donner ~ à** give rise to; **en premier ~** in the first place, firstly; **en dernier ~** last(ly); **~ de destination** destination; **il y a ~ de faire qch** there is good reason to do sth; **s'il y a ~** if necessary; **tenir ~ de qch** act *ou* serve as sth

lieu-dit [ljødi] (*pl* lieux-dits) *m* place

lièvre [ljɛvr] *m* hare

ligne [liɲ] *f* line; *d'autobus* number; **à la ~!** new paragraph; **hors ~** top class; **garder la ~** keep one's figure; **entrer en ~ de compte** be taken into consideration; **pêcher à la ~** go angling; **adopter une ~ dure sur** take a hard line on

lignée [liɲe] *f* descendants *pl*

ligue [lig] *f* league; **liguer** ⟨1m⟩: **se ~** join forces (*pour faire qch* to do sth)

lilas [lila] **1** *m* lilac **2** *adj inv* lilac

limace [limas] *f* slug

lime [lim] *f* file; **~ à ongles** nail file; **limer** ⟨1a⟩ file

limier [limje] *m* bloodhound

limitation [limitasjɔ̃] *f* limitation; **~ de vitesse** speed limit

limite [limit] *f* limit; (*frontière*) boundary; **à la ~** if absolutely necessary; **ça va comme ça? - oui, à la ~** is that ok like that? - yes, just about; **je t'aiderai dans les ~s du possible** I'll help him as much as I can; **date f ~** deadline; **vitesse f ~** speed limit; **limiter** ⟨1a⟩ limit (**à** to)

limoger [limɔʒe] ⟨1l⟩ POL dismiss

limon [limɔ̃] *m* silt

limonade [limɔnad] *f* lemonade

limousine [limuzin] *f* limousine, limo

lin [lɛ̃] *m* BOT flax; *toile* linen

linceul [lɛ̃sœl] *m* shroud

linéaire [lineer] linear

linge [lɛ̃ʒ] *m* linen; (*lessive*) washing; **~ (de corps)** underwear; **lingerie** *f* lingerie

lingot [lɛ̃go] *m* ingot

linguiste [lɛ̃gɥist] *m/f* linguist; **linguistique 1** *f* linguistics **2** *adj* linguistic

lion [ljɔ̃] *m* lion; ASTROL Leo; **lionne** *f* lioness

lipide [lipid] *m* fat

liqueur [likœr] *f* liqueur

liquidation [likidasjɔ̃] *f* liquidation; *vente au rabais* sale

liquide [likid] **1** *adj* liquid; **argent** *m* **~** cash **2** *m* liquid; **~ de freins** brake fluid

liquider [likide] ⟨1a⟩ liquidate; *stock* sell off; *problème, travail* dispose of

lire [lir] ⟨4x⟩ read

lis [lis] *m* BOT lily

lisibilité [lizibilite] *f* legibility; **lisible** legible

lisière [lizjɛr] *f* edge

lisse [lis] smooth; **lisser** ⟨1a⟩ smooth

listage [lista3] *m* printout; **liste** *f* list; **~ d'attente** waiting list; **~ de commissions** shopping list; **~ noire** blacklist; **être sur ~ rouge** TÉL have an unlisted number, *Br* be ex-directory; **lister** ⟨1a⟩ list; **listing** *m* printout

lit [li] *m* bed; **aller au ~** go to bed; **faire son ~** make one's bed; **garder le ~** stay in bed; **~ de camp** cot, *Br* camp bed

litanie [litani] *f* litany; **c'est toujours la même ~** *fig* it's the same old thing over and over again

literie [litri] *f* bedding

litige [litiʒ] *m* dispute; **litigieux, -euse** *cas* contentious

litre [litr] *m* liter, *Br* litre

littéraire [literer] literary

littéral 196

littéral, ~e [literal] (*mpl* -aux) literal;
littéralement *adv* literally

littéraire [literɛr] *f* literature

littérature [literatyr] *f* literature

littoral, ~e [litɔral] (*mpl* -aux) **1** *adj*
coastal **2** *m* coastline

liturgie [lityrʒi] *f* liturgy

livraison [livrɛzõ] *f* delivery

livre¹ [livr] *m* book; **~ d'images** picture book; **~ de poche** paperback

livre² [livr] *f* poids, monnaie pound

livrer [livre] ⟨1a⟩ *marchandises* deliver; *prisonnier* hand over; *secret, information* divulge; **se ~** (*se confier*) open
up; (*se soumettre*) give o.s. up; **se ~ à**
(*se confier*) confide in; *activité* indulge
in; *la jalousie, l'abattement* give way to

livret [livrɛ] *m* booklet; *d'opéra* libret-
to; **~ de caisse d'épargne** passbook

livreur [livrœr] *m* delivery man; **~ de
journaux** paper boy

lobby [lɔbi] *m* lobby

lobe [lɔb] *m*: **~ de l'oreille** earlobe

local, ~e [lɔkal] (*mpl* -aux) **1** *adj* local
2 *m* (*salle*) premises *pl*; **locaux** premises; **localisation** *f* location; *de
software etc* localization; **localiser**
⟨1a⟩ locate; (*limiter*), *de software* lo-
calize; **localité** *f* town

locataire [lɔkatɛr] *m/f* tenant; **location** *f* par propriétaire renting out;
par locataire renting; (*loyer*) rent; *au
théâtre* reservation

locomotive [lɔkɔmɔtiv] *f* locomotive;
fig driving force

locution [lɔkysjõ] *f* phrase

loge [lɔʒ] *f* d'un concierge, de francs-
maçons lodge; *de spectateurs* box

logement [lɔʒmã] *m* accommodation
pl, *Br* accommodation; (*appartement*) apartment, *Br aussi* flat; **loger** ⟨11⟩ **1** *v/t* accommodate **2** *v/i*
live; **logeur** *m* landlord; **logeuse** *f*
landlady

logiciel [lɔʒisjɛl] *m* INFORM software

logique [lɔʒik] **1** *adj* logical **2** *f* logic;
logiquement *adv* logically

logistique [lɔʒistik] **1** *adj* logistical
2 *f* logistics

logo [logo] *m* logo

loi [lwa] *f* law; **~ martiale** martial law

loin [lwẽ] *adv* far; *dans le passé* long

ago, a long time ago; *dans l'avenir*
far off, a long way off; **au ~** in the distance; **de ~** from a distance; *fig* by far;
~ de far from

lointain, ~e [lwẽtẽ, -ɛn] **1** *adj* distant
2 *m* distance

loisir *m* leisure; **~s** leisure activities;
avoir le ~ de faire qch have the time
to do sth

Londres [lõdr] London

long, longue [lõ, -g] **1** *adj* long; **un
voilier ~ de 25 mètres** a 25-meter
(long) yacht, a yacht 25 meters in
length; **à ~ terme** in the long term
ou run, long-term; **à la ~ue** in time,
eventually; **être ~** (*durer*) take a long
time; **être ~ à faire qch** take a long
time doing sth **2** *adv*: **en dire ~** speak
volumes **3** *m*: **de deux mètres de ~**
two meters long, two meters in
length; **le ~ de** along; **de ~ en large**
up and down; **tout au** *ou* **le ~ de l'année** throughout the year

longe [lõʒ] *f* CUIS loin

longer [lõʒe] ⟨11⟩ follow, hug

longévité [lõʒevite] *f* longevity

longitude [lõʒityd] *f* longitude

longtemps [lõtã] *adv* a long time; **il y
a ~** a long time ago, long ago; **il y a ~
qu'il habite là** he's been living here
for a long time

longuement [lõgmã] *adv* for a long
time; *parler* at length

longueur [lõgœr] *f* length; **être sur la
même ~ d'onde** be on the same wa-
velength

longue-vue [lõgvy] *f* (*pl* longues-
-vues) telescope

lopin [lɔpẽ] *m*: **~ de terre** piece of land

loquace [lɔkas] talkative

loque [lɔk] *f* rag; **~ humaine** wreck

loquet [lɔkɛ] *m* latch

lorgner [lɔrɲe] ⟨1a⟩ (*regarder*) eye; *fig*:
héritage, poste have one's eye on

lors [lɔr]: **dès ~** from that moment on,
from then on; **dès ~ que vous ...**
should you ...; **~ de** during

lorsque [lɔrsk(ə)] *conj* when

losange [lozãʒ] *m* lozenge

lot [lo] *m* (*destin*) fate, lot; *à la loterie*
prize; (*portion*) share; COMM batch;

lutter

gagner le gros ~ hit the jackpot
loterie [lɔtri] *f* lottery
loti [lɔti] *être bien / mal ~* be
well / badly off
lotion [losjɔ̃] *f* lotion
lotissement [lɔtismɑ̃] *m* (*parcelle*)
plot; *terrain loti* housing development, *Br aussi* (housing) estate
loto [lɔto] *m* lotto; *au niveau national*
national lottery
louable [lwabl] praiseworthy;
louange *f* praise
louche¹ [luʃ] sleazy
louche² [luʃ] *f* ladle
loucher [luʃe] ⟨1a⟩ squint, have a
squint
louer¹ [lwe] ⟨1a⟩ *du locataire: appartement* rent; *bicyclette, canoë* rent, *Br
aussi* hire; *du propriétaire: appartement* rent (out), let; *bicyclette, canoë*
rent out, *Br aussi* hire (out)
louer² [lwe] ⟨1a⟩ (*vanter*) praise (*de
ou pour qch* for sth)
loufoque [lufɔk] F crazy
loup [lu] *m* wolf
loupe [lup] *f* magnifying glass
louper [lupe] ⟨1a⟩ F *travail* botch;
train, bus miss
loup-garou [lugaru] *m* (*pl* loups-ga-
rous) werewolf
lourd, ~e [lur, -d] heavy; *plaisanterie*
clumsy; *temps* oppressive; **lourdaud,
~e 1** *adj* clumsy **2** *m/f* oaf; **lourde-
ment** *adv* heavily; **lourdeur** *f* heavi-
ness
louvoyer [luvwaje] ⟨1h⟩ MAR tack; **~
entre des problèmes** *fig* sidestep
around problems
loyal, ~e [lwajal] (*mpl* -aux) honest;
adversaire fair-minded; *ami* loyal;
bons et loyaux services good
and faithful service; **loyauté** *f* honesty; *d'un ami* loyalty
loyer [lwaje] *m* rent
lubie [lybi] *f* whim
lubrifiant [lybrifjɑ̃] *m* lubricant; **lubrification** *f* lubrication; **lubrifier**
⟨1a⟩ lubricate
lucarne [lykarn] *f* skylight
lucide [lysid] lucid; (*conscient*) conscious; **lucidité** *f* lucidity

lucratif, -ive [lykratif, -iv] lucrative; *à
but non ~* not for profit, *Br aussi* non-
-profit making
lueur [lɥœr] *f* faint light; *une ~ d'espoir* a gleam *ou* glimmer of hope
luge [lyʒ] *f* toboggan; *faire de la ~* go
tobogganing
lugubre [lygybr] gloomy, lugubrious
lui [lɥi] *pron personnel* ◇ *complément
d'objet indirect, masculin* (to) him; *féminin* (to) her; *chose, animal* (to) it; *je
~ ai envoyé un e-mail* I sent him /
her an e-mail; *je le ~ ai envoyé hier* I
sent it (to) him / her yesterday; *le
pauvre chien, je ~ ai donné à boire*
the poor dog, I gave it something to
drink
◇ *après prép, masculin* him; *animal* it;
le jus d'orange, c'est pour ~ the orange juice is for him
◇: *je les ai vues, ~ et sa sœur* I saw
them, him and his sister; *il n'aime
pas ça, ~* he doesn't like that
lui-même [lɥimɛm] himself; *de chose*
itself
luire [lɥir] ⟨4c⟩ glint, glisten
lumbago [lœbago] *m* lumbago
lumière [lymjɛr] *f* light (*aussi fig*); *le
siècle des ~s* the Enlightenment;
ce n'est pas une ~ iron he's not exactly Einstein; *à la ~ de* in the light of
luminaire [lyminɛr] *m* light; **lumineux, -euse** luminous; *ciel, couleur*
bright; *affiche* illuminated; *idée* brilliant; *rayon m ~* beam of light
lunaire [lynɛr] lunar
lunatique [lynatik] lunatic
lundi [lœdi] *m* Monday; *~ de Pâques*
Easter Monday
lune [lyn] *f* moon; *~ de miel* honeymoon
lunette [lynɛt] *f*: *~s* glasses; *~s de soleil* sunglasses; *~s de ski* ski goggles;
~ arrière AUTO rear window
lurette [lyrɛt] *f* F: *il y a belle ~* an eternity ago
lustre [lystr] *m* (*lampe*) chandelier; *fig*
luster, *Br* lustre
lustrer [lystre] ⟨1a⟩ *meuble* polish
lutte [lyt] *f* fight, struggle; SP wrestling;
lutter ⟨1a⟩ fight, struggle; SP wrestle

L

luxe [lyks] *m* luxury; **de ~** luxury *atr*
Luxembourg [lyksãbur]: **le ~** Luxemburg; **luxembourgeois, ~e** 1 *adj* of / from Luxemburg, Luxemburg *atr* 2 *m/f* **Luxembourgeois, ~e** Luxemburger
luxer [lykse] ⟨1a⟩: **se ~ l'épaule** dislocate one's shoulder
luxueux, -euse [lyksɥø, -z] luxurious; **luxueusement** *adv* luxuriously
luxuriant, ~e [lyksyrjã, -t] luxuriant
luxurieux, -euse [lyksyrjø, -z] luxurious

lycée [lise] *m* senior high, *Br* grammar school; **lycéen, ~ne** *m/f* student (at a lycée)
lyncher [lɛ̃ʃe] ⟨1a⟩ lynch
Lyon [ljõ] Lyons
lyophilisé [ljɔfilize] freeze-dried
lyrique [lirik] lyric; *qui a du lyrisme* lyrical; **artiste ~** opera singer; **comédie ~** comic opera; **lyrisme** *m* lyricism
lys [lis] *m → lis*

M

m' [m] → **me**
M. *abr* (= **monsieur**) Mr
ma [ma] → **mon**
macabre [makabr] macabre
macaron [makarõ] *m* CUIS macaroon; (*insigne*) rosette
macédoine [masedwan] *f* CUIS: **~ de légumes** mixed vegetables *pl*; **~ de fruits** fruit salad
macérer [masere] ⟨1f⟩ CUIS: **faire ~** marinate
mâche [mɑʃ] *f* BOT lamb's lettuce
mâcher [mɑʃe] ⟨1a⟩ chew; **elle ne mâche pas ses mots** *fig* she doesn't mince her words
machin [maʃɛ̃] *m* F thing, thingamajig F
machinal, ~e [maʃinal] (*mpl* -aux) mechanical; **machinalement** *adv* mechanically
machination [maʃinasjõ] *f* plot; **~s** machinations
machine [maʃin] *f* machine; MAR engine; *fig* machinery; **~ à coudre** sewing machine; **~ à écrire** typewriter; **~ à laver** washing machine; **~ à sous** slot machine; **machine-outil** *f* (*pl* machines-outils) machine tool; **machiniste** *m au théâtre* stage hand
machisme [ma(t)ʃism] *m* machismo;

ious

machiste male chauvinist
macho [matʃo] 1 *adj* male chauvinist 2 *m* macho type
mâchoire [mɑʃwar] *f* ANAT jaw
mâchonner [mɑʃone] ⟨1a⟩ chew (on); (*marmonner*) mutter
maçon [masõ] *m* bricklayer; *avec des pierres* mason; **maçonnerie** *f* masonry
macro [makro] *f* INFORM macro
maculer [makyle] ⟨1a⟩ spatter
madame [madam] *f* (*pl* mesdames [medam]): **bonjour ~** good morning, **~!** ma'am!, *Br* excuse me!; **Madame Durand** Mrs Durand; **bonsoir mesdames et messieurs** good evening, ladies and gentlemen
mademoiselle [madmwazɛl] *f* (*pl* mesdemoiselles [medmwazɛl]): **bonjour ~** good morning; **~!** miss!, *Br* excuse me!; **Mademoiselle Durand** Miss Durand
Madère [mader] *m* Madeira
madone [madɔn] *f* Madonna
magasin [magazɛ̃] *m* (*boutique*) store, *surtout Br* shop; (*dépôt*) store room; **grand ~** department store; **magasinier** *m* storeman
magazine [magazin] *m* magazine
mage [maʒ] *m*: **les Rois ~s** the Three

Wise Men, the Magi

magicien, **~ne** [maʒisjɛ̃, -ɛn] *m/f* magician

Maghreb [magrɛb]: **le ~** French-speaking North Africa; **maghrébin**, **~e1** *adj* North African **2** *m/f* **Maghrébin**, **~e** North African

magie [maʒi] *f* magic (*aussi fig*); **magique** magic, magical

magistral, **~e** [maʒistral] (*mpl* -aux) *ton* magisterial; *fig* masterly; **cours** *m* **~** lecture

magistrat [maʒistra] *m* JUR magistrate

magnanime [maɲanim] magnanimous

magnat [maɲa] *m* magnate, tycoon

magner [maɲe]: **se ~** F get a move on, move it F

magnétique [maɲetik] magnetic; **magnétisme** *m* magnetism

magnéto [maɲeto] *m* F (*magnétophone*) tape recorder

magnétophone [maɲetɔfɔn] *m* tape recorder

magnétoscope [maɲetɔskɔp] *m* video (recorder)

magnifique [maɲifik] magnificent

magot [mago] *m fig* F *trésor* savings *pl*

magouille [maguj] *f* F scheming; **~s électorales** election shenanigans F; **magouiller** ⟨1a⟩ F scheme

magret [magrɛ] *m*: **~ de canard** duck's breast

mai [mɛ] *m* May

maigre [mɛgr] thin; *résultat, salaire* meager, *Br* meagre; **maigreur** *f* thinness; *de profit, ressources* meagerness, *Br* meagreness; **maigrir** ⟨2a⟩ get thin, lose weight

mailing [mɛliŋ] *m* mailshot

maille [maj] *f* stitch

maillet [majɛ] *m* mallet

maillon [majɔ̃] *m d'une chaîne* link

maillot [majo] *m* SP shirt, jersey; *de coureur* vest; **~ (de bain)** swimsuit; **~ jaune** SP yellow jersey

main [mɛ̃] *f* hand; **donner un coup de ~ à qn** give s.o. a hand; **à la ~ tenir** *qch* in one's hand; **fait / écrit à la ~** handmade / handwritten; **à ~ armée**

vol, attaque armed; **vote à ~ levée** show of hands; **la ~ dans la ~** hand in hand; **prendre qch en ~** take sth in hand; **prendre son courage à deux ~s** summon up all one's courage, steel o.s.; **en ~ propres** in person; **en un tour de ~** in no time at all; **haut les ~s!** hands up!; **donner la ~ à qn** hold s.o.'s hand; **perdre la ~** *fig* lose one's touch; **sous la ~** to hand, within reach

main-d'œuvre [mɛ̃dœvr] *f* (*pl inv*) manpower, labor, *Br* labour

main-forte [mɛ̃fɔrt] *f*: **prêter ~ à qn** help s.o.

mainmise [mɛ̃miz] *f* seizure

maint, **~e** [mɛ̃, -t] *fml* many; **à ~es reprises** time and again

maintenance [mɛ̃tnɑ̃s] *f* maintenance

maintenant [mɛ̃tnɑ̃] *adv* now; **~ que** now that

maintenir [mɛ̃t(ə)nir] ⟨2h⟩ *paix* keep, maintain; *tradition* uphold; (*tenir fermement*) hold; *d'une poutre* hold up; (*conserver dans le même état*) keep; (*soutenir*) maintain; **~ l'ordre** maintain *ou* keep law and order; **~ son opinion** stick to one's opinion, not change one's mind; **se ~** *d'un prix* hold steady; *d'une tradition* last; *de la paix* hold, last; **se ~ au pouvoir** stay in power; **le temps se maintient au beau fixe** the good weather is holding; **maintien** *m* maintenance; **~ de l'ordre** maintenance of law and order; **~ de la paix** peace keeping

maire [mɛr] *m* mayor; **mairie** *f* town hall

mais [mɛ] **1** *conj* but **2** *adv*: **~ bien sûr!** of course!; **~ non!** no!; **~ pour qui se prend-t-elle?** just who does she think she is?

maïs [mais] *m* BOT corn, *Br aussi* maize; **en boîte** sweet corn

maison [mɛzɔ̃] *f* house; (*chez-soi*) home; COMM company; **à la ~** at home; **je vais à la ~** I'm going home; **pâté** *m* **~** homemade pâté; **Maison Blanche** White House; **~ de campa-**

gne country house; **~ close** brothel; **~ mère** parent company; **~ de retraite** retirement home, old people's home

maître [mɛtr] *m* master; (*professeur*) school teacher; (*peintre, écrivain*) maestro; **~ chanteur** blackmailer; **~ d'hôtel** maitre d', *Br* head waiter; **~ nageur** swimming instructor; **maîtresse 1** *f* mistress (*aussi amante*); (*professeur*) schoolteacher; **~ de maison** lady of the house; *qui reçoit des invités* hostess **2** *adj*: **pièce** *f* **~** main piece; **idée** *f* **~** main idea

maîtrise [metriz] *f* mastery; *diplôme* MA, master's (degree); **~ de soi** self-control; **maîtriser** ⟨1a⟩ master; *cheval* gain control of; *incendie* bring under control, get a grip on

maïzena® [maizena] *f* corn starch, *Br* cornflour

majesté [maʒeste] *f* majesty; **majestueux, -euse** majestic

majeur, ~e [maʒœr] **1** *adj* major; **être ~** JUR be of age **2** *m* middle finger

majoration [maʒɔrasjō] *f des prix, salaires* increase; **majorer** ⟨1a⟩ *prix* increase

majoritaire [maʒɔritɛr] majority; **scrutin** *m* **~** majority vote; **majorité** *f* majority

majuscule [maʒyskyl] *f* & *adj*: (**lettre** *f*) **~** capital (letter)

mal [mal] **1** *m* (*pl* maux [mo]) evil; (*maladie*) illness; (*difficulté*) difficulty, trouble; **faire ~** hurt; **avoir ~ aux dents** have toothache; **se donner du ~** go to a lot of trouble; **ne voir aucun ~ à** not see any harm in; **faire du ~ à qn** hurt s.o.; **j'ai du ~ à faire cela** I find it difficult to do that; **dire du ~ de qn** say bad things about s.o.; **~ de mer** seasickness; **~ du pays** homesickness **2** *adv* badly; **~ fait** badly done; **pas ~ not** bad; **il y avait pas ~ de monde** there were quite a lot of people there; **s'y prendre ~** go about it in the wrong way; **se sentir ~** feel ill **3** *adj*: **faire / dire qch de ~** do / say sth bad; **être ~ à l'aise** be ill at ease, be uncomfortable

malade [malad] ill, sick; **tomber ~** fall ill; **~ mental** mentally ill; **maladie** *f* illness, disease; **maladif, -ive** *personne* sickly; *curiosité* unhealthy

maladresse [maladrɛs] *f* clumsiness; **maladroit, ~e** clumsy

malaise [malɛz] *m physique* physical discomfort; (*inquiétude*) uneasiness, discomfort; POL malaise; **il a fait un ~** he fainted

malaria [malarja] *f* MÉD malaria

malavisé, ~e [malavize] ill-advised

malaxer [malakse] ⟨1a⟩ mix

malchance [malʃãs] *f* bad luck; **une série de ~s** a series of misfortunes, a string of bad luck; **malchanceux, -euse** unlucky

mâle [mal] *m* & *adj* male

malédiction [malediksjō] *f* curse

maléfique [malefik] evil

malencontreux, -euse [malãkõtrø, -z] unfortunate

malentendant, ~e [malãtãdã, -t] hard of hearing

malentendu [malãtãdy] *m* misunderstanding

malfaiteur [malfɛtœr] *m* malefactor

malfamé, ~e [malfame] disreputable

malformation [malfɔrmasjō] *f* deformity

malgache [malgaʃ] **1** *adj* Malagasy **2** *m/f* Malgache Malagasy

malgré [malgre] *prép* in spite of, despite; **~ moi** despite myself; **~ tout** in spite of everything

malhabile [malabil] *personne, geste* awkward; *mains* unskilled

malheur [malœr] *m* misfortune; (*malchance*) bad luck; **par ~** unfortunately; **porter ~** be bad luck; **malheureusement** *adv* unfortunately; **malheureux, -euse** unfortunate; (*triste*) unhappy; (*insignifiant*) silly little

malhonnête [malɔnɛt] dishonest; **malhonnêteté** *f* dishonesty

malice [malis] *f* malice; (*espièglerie*) mischief; **malicieux, -euse** malicious; (*coquin*) mischievous

malin, -igne [malɛ̃, maliɲ] (*rusé*)

manivelle

crafty, cunning; (*méchant*) malicious; MÉD malignant

malle [mal] *f* trunk

malléable [maleabl] malleable

mallette [malɛt] *f* little bag

malmener [malməne] ⟨1d⟩ *personne, objet* treat roughly; (*critiquer*) maul

malnutrition [malnytrisjõ] *f* malnutrition

malodorant, ~e [malɔdɔrɑ̃, -t] foul-smelling

malpoli, ~e [malpɔli] impolite

malpropre [malprɔpr] dirty

malsain, ~e [malsɛ̃, -ɛn] unhealthy

malt [malt] *m* malt

Malte [malt] *f* Malta; **maltais, ~e 1** *adj* Maltese **2** *m/f* **Maltais, ~e** Maltese

maltraiter [maltrete] ⟨1b⟩ mistreat, maltreat

malveillant, ~e [malvɛjɑ̃, -t] malevolent

malvenu, ~e [malvəny]: *c'est ~ de sa part de faire une remarque* it's not appropriate for him to make a comment

malvoyant, ~e [malvwajɑ̃, -t] **1** *adj* visually impaired **2** *m/f* visually impaired person

maman [mamɑ̃] *f* Mom, *Br* Mum

mamelle [mamɛl] *f de vache* udder; *de chienne* teat

mamelon [mamlõ] *m* ANAT nipple

mamie [mami] *f* F granny

mammifère [mamifer] *m* mammal

manager [manadʒœr] *m* manager

manche[1] [mɑ̃ʃ] *m d'outils, d'une casserole* handle; *d'un violon* neck

manche[2] [mɑ̃ʃ] *f* sleeve; *la Manche* the English Channel; *la première / deuxième ~* the first / second round; *faire la ~* play music on the street, *Br* busk

manchette [mɑ̃ʃɛt] *f* cuff; *d'un journal* headline; **manchon** *m* muff; TECH sleeve

manchot, ~e [mɑ̃ʃo, -ɔt] **1** *adj* one-armed **2** *m/f* one-armed person **3** *m* ZO penguin

mandarine [mɑ̃darin] *f* mandarin (orange)

mandat [mɑ̃da] *m d'un député* term of office, mandate; (*procuration*) proxy; *de la poste* postal order; **~ d'arrêt** arrest warrant; **~ de perquisition** search warrant; **mandataire** *m/f à une réunion* proxy

manège [manɛʒ] *m* riding school; (*carrousel*) carousel, *Br* roundabout; *fig* game

manette [manɛt] *f* TECH lever

mangeable [mɑ̃ʒabl] edible, eatable; **mangeoire** *f* manger

manger [mɑ̃ʒe] ⟨11⟩ **1** *v/t* eat; *fig: argent, temps* eat up; *mots* swallow **2** *v/i* eat **3** *m* food; **mangeur, -euse** *m/f* eater

mangue [mɑ̃g] *f* mango

maniable [manjabl] *voiture, bateau* easy to handle

maniaque [manjak] fussy; **manie** *f* mania

manier [manje] ⟨1a⟩ handle

manière [manjer] *f* way, manner; **~s** manners; *affectées* airs and graces, affectation *sg*; **à la ~ de** in the style of; **de cette ~** (in) that way; **de toute ~** anyway, in any case; **d'une ~ générale** generally speaking, on the whole; **de ~ à faire qch** so as to do sth; **de telle ~ que** in such a way that; **maniéré, ~e** affected

manifestant, ~e [manifɛstɑ̃, -t] *m/f* demonstrator; **manifestation** *f de joie etc* expression; POL demonstration; *culturelle, sportive* event

manifeste [manifɛst] **1** *adj* obvious **2** POL manifesto; COMM manifest

manifester [manifɛste] ⟨1a⟩ **1** *v/t courage, haine* show; **se ~** *de maladie, problèmes* manifest itself / themselves **2** *v/i* demonstrate

manigance [manigɑ̃s] *f* scheme, plot

manipulateur, -trice [manipylatœr, -tris] manipulative; **manipulation** *f d'un appareil* handling; *d'une personne* manipulation; **~ génétique** genetic engineering; **manipuler** ⟨1a⟩ handle; *personne* manipulate; **manipulé génétiquement** genetically engineered

manivelle [manivɛl] *f* crank

mannequin [mankɛ̃] *m de couture* (tailor's) dummy; *dans un magasin* dummy; *femme, homme* model

manœuvre [manœvr] **1** *f* maneuver, *Br* manoeuvre; *d'un outil, une machine etc* operation **2** *m* unskilled laborer *ou Br* labourer; **manœuvrer** ⟨1a⟩ maneuver, *Br* manoeuvre

manoir [manwar] *m* manor (house)

manque [mɑ̃k] *m* lack (**de** of); **par ~ de** for lack of; **~s** *fig* failings; **être en ~** *d'un drogué* be experiencing withdrawal symptoms; **~ à gagner** COMM loss of earnings; **manqué, ~e** unsuccessful; *rendez-vous* missed; **manquement** *m* breach (**à** of)

manquer [mɑ̃ke] ⟨1m⟩ **1** *v/i (être absent)* be missing; *(faire défaut)* be lacking; *(échouer)* fail; **tu me manques** I miss you; **~ à** *parole, promesse* fail to keep; *devoir* fail in; **~ de qch** lack sth, be lacking in sth **2** *v/t (rater, être absent à)* miss; *examen* fail; **~ son coup** *au tir* miss; *fig* miss one's chance; **ne pas ~ de faire qch** make a point of doing sth; **elle a manqué (de) se faire écraser** she was almost run over **3** *impersonnel* **il manque des preuves** there isn't enough evidence, there's a lack of evidence; **il manque trois personnes** three people are missing

mansarde [mɑ̃sard] *f* attic

manteau [mɑ̃to] *m* (*pl* -x) coat; *de neige* blanket, mantle; **sous le ~** clandestinely; **~ de cheminée** mantelpiece

manucure [manykyr] *f* manicure

manuel, ~le [manɥɛl] **1** *adj* manual **2** *m* manual; **~ d'utilisation** instruction manual

manufacture [manyfaktyr] *f* manufacture; *usine* factory; **manufacturé, ~e: produits** *mpl* **~s** manufactured goods, manufactures

manuscrit, ~e [manyskri, -t] **1** *adj* handwritten **2** *m* manuscript

manutention [manytɑ̃sjɔ̃] *f* handling

mappemonde [mapmɔ̃d] *f* (*carte*) map of the world; (*globe*) globe

maquereau [makro] *m* (*pl* -x) ZO mackerel; F (*souteneur*) pimp

maquette [makɛt] *f* model

maquillage [makijaʒ] *m* make-up; **maquiller** ⟨1a⟩ make up; *crime, vérité* conceal, disguise; **toute maquillée** all made up; **se ~** make up, put one's make-up on

maquis [maki] *m* maquis, member of the Resistance

maraîcher, -ère [marɛʃe, -ɛr] *m/f* truck farmer, *Br* market gardener

marais [marɛ] *m* swamp, *Br aussi* marsh

marasme [marasm] *m* ÉCON slump

marathon [maratɔ̃] *m* marathon

marbre [marbr] *m* marble; **marbré, ~e** marbled

marc [mar] *m*: **~ de café** coffee grounds *pl*

marcassin [markasɛ̃] *m* young wild boar

marchand, ~e [marʃɑ̃, -d] **1** *adj prix, valeur* market atr; *rue* market atr; *marine, navire* merchant atr **2** *m/f* merchant, storekeeper, *Br* shopkeeper; **~ de vin** wine merchant

marchandage [marʃɑ̃daʒ] *m* haggling, bargaining; **marchander** ⟨1a⟩ haggle, bargain

marchandise [marʃɑ̃diz] *f*: **~s** merchandise *sg*; **train** *m* **de ~s** freight train, *Br aussi* goods train

marche [marʃ] *f* activité walking; *d'escalier* step; MUS, MIL march; *des événements* course; *(démarche)* walk; **assis dans le sens de la ~** *dans un train* sitting facing the engine; **~ arrière** AUTO reverse; **mettre en ~** start (up)

marché [marʃe] *m* market (*aussi* COMM); (*accord*) deal; (**à**) **bon ~** cheap; (**à**) **meilleur ~** cheaper; **par-dessus le ~** into the bargain; **~ boursier** stock market; **le Marché Commun** POL the Common Market; **~ noir** black market; **~ aux puces** flea market; **~ de titres** securities market; **le Marché unique** the Single Market

marcher [marʃe] ⟨1a⟩ *d'une personne* walk; MIL march; *d'une machine* run, work; F (*réussir*) work; *être en service*: *d'un bus, train* run; **et il a marché!** F and he fell for it!; **faire ~ qn** pull s.o.'s leg, have s.o. on *{fam}*; **~ sur** *les pieds de qn* tread on; *pelouse* walk on; **défense de ~ sur la pelouse** keep off the grass

mardi [mardi] *m* Tuesday; **Mardi gras** Mardi Gras, *Br* Shrove Tuesday

mare [mar] *f* pond; **~ de sang** pool of blood

marécage [mareka3] *m* swamp, *Br aussi* marsh; **marécageux, -euse** swampy, *Br aussi* marshy

maréchal [mareʃal] *m* (*pl* -aux) marshal; **maréchal-ferrant** *m* (*pl* maréchaux-ferrants) blacksmith

marée [mare] *f* tide; **~ basse** low tide; **~ haute** high tide; **~ noire** oil slick

marelle [marɛl] *f* hopscotch

margarine [margarin] *f* margarine

marge [mar3] *f* margin (*aussi fig*); **~ bénéficiaire** *ou* **~ de profit** profit margin; **notes** *fpl* **en ~** marginal notes; **en ~ de** on the fringes of; **laisser de la ~ à qn** fig give s.o. some leeway

marginal, ~e [marʒinal] (*mpl* -aux) **1** *adj* marginal **2** *m* person who lives on the fringes of society

marguerite [margərit] *f* daisy

mari [mari] *m* husband

mariage [marja3] *m* *fête* wedding; *état* marriage; **demander qn en ~** ask for s.o.'s hand in marriage; **marié, ~e 1** *adj* married **2** *m* (bride)groom; **les jeunes ~s** the newly weds, the bride and groom; **mariée** *f* bride; **marier** ⟨1a⟩ *du maire, du prêtre, des parents* marry (*qn avec ou à qn* s.o. to s.o.); **se ~** get married; **se ~ avec qn** marry s.o., get married to s.o.

marijuana [marirwana] *f* marihuana, marijuana

marin, ~e [marɛ̃, -in] *adj* sea *atr*; *animaux* marine **2** *m* sailor

marine *f* MIL navy; (*bleu*) **~** navy (blue)

mariner [marine] ⟨1a⟩ CUIS marinate

marionnette [marjɔnɛt] *f* puppet; *avec des ficelles aussi* marionette

maritime [maritim] *climat, droit* mari-

time; *port* sea *atr*; *ville* seaside *atr*

marmelade [marməlad] *f* marmalade

marmite [marmit] *f* (large) pot

marmonner [marmɔne] ⟨1a⟩ mutter

marmotte [marmɔt] *f* marmot

Maroc [marɔk]: **le ~** Morocco; **marocain, ~e 1** *adj* Moroccan **2** *m/f* **Marocain, ~e** Moroccan

maroquinerie [marɔkinri] *f* leather goods shop; *articles* leather goods *pl*

marquant, ~e [markɑ̃, -t] remarkable, outstanding

marque [mark] *f* mark; COMM brand; *de voiture* make; COMM (*signe*) trademark; **à vos ~s!** on your marks!; **~ déposée** registered trademark; **de ~** COMM branded; *fig: personne* distinguished; **une ~ de** *fig* (*preuve de*) a token of

marquer [marke] ⟨1m⟩ mark; (*noter*) write down, note down; *personnalité* leave an impression *ou* its mark on; *d'un baromètre* show; (*exprimer*) indicate, show; (*accentuer*) *taille* emphasize; **~ un but** score (a goal); **ma montre marque trois heures** my watch says three o'clock, it's three o'clock by my watch

marqueterie [markɛtri] *f* marquetry

marqueur [markœr] *m* marker pen

marquis [marki] *m* marquis; **marquise** *f* marchioness

marraine [marɛn] *f* godmother

marrant, ~e [marɑ̃, -t] F funny

marre [mar] F: **j'en ai ~** I've had enough, I've had it up to here F

marrer [mare] ⟨1a⟩ F: **se ~** have a good laugh

marron [marɔ̃] **1** *m* chestnut **2** *adj inv* brown; **marronnier** *m* chestnut tree

mars [mars] *m* March

Marseille [marsɛj] Marseilles

marsupiaux [marsypjo] *mpl* marsupials

marteau [marto] (*pl* -x) **1** *m* hammer; **~ piqueur** pneumatic drill **2** *adj* F crazy, nuts F

marteler [martəle] ⟨1d⟩ hammer

martial, ~e [marsjal] (*mpl* -aux) martial; **cour** *f* **~** court martial; **arts** *mpl* **martiaux** martial arts

M

martien, ~ne [marsjɛ̃, -ɛn] Martian
martyr, ~e[^1] [martir] *m/f* martyr
martyre[^2] [martir] *m* martyrdom; **martyriser** ⟨1a⟩ abuse; *petit frère, camarade de classe* bully
marxisme [marksism] *m* Marxism; **marxiste** *m/f & adj* Marxist
mas [mɑ *ou* mas] *m farmhouse in the south of France*
mascara [maskara] *m* mascara
mascarade[maskarad]*f*masquerade; *fig* (*mise en scène*) charade
mascotte [maskɔt] *f* mascot
masculin, ~e [maskylɛ̃,-in] **1** *adj* male; GRAM masculine **2** *m* GRAM masculine
masque [mask] *m* mask (*aussi fig*); **masquer** ⟨1m⟩ mask; *cacher à la vue* hide, mask; *bal m* **masqué** costume ball
massacre [masakr] *m* massacre; **massacrer** ⟨1a⟩ massacre (*aussi fig*)
massage [masaʒ] *m* massage
masse [mas] *f* masse; ÉL ground, *Br* earth; **en ~** in large numbers, en masse; *manifestation massive:* **une ~ de choses à faire** masses *pl* (of things) to do; **taillé dans la ~** carved from the solid rock; **être à la ~** F be off one's rocker F
masser [mase] ⟨1a⟩ (*assembler*) gather; *jambes* massage; **masseur, -euse** *m/f* masseur; masseuse
massif, -ive [masif, -iv] **1** *adj* massif; *or, chêne* solid **2** *m* massif; **~ de fleurs** flowerbed
massue [masy] *f* club
mastic [mastik] *m* mastic; *autour d'une vitre* putty
mastiquer[mastike]⟨1m⟩chew, masticate; *vitre* put putty around
mastodonte [mastɔdɔ̃t] *m* colossus, giant
masure [mazyr] *f péj* hovel
mat[^1]**, ~e** [mat] *adj* matt; *son* dull
mat[^2] [mat] *adj inv aux échecs* check-mated
mât [mɑ] *m* mast

matelas [matla] *m* mattress; **~ pneumatique** air bed; **matelassé, ~e** quilted
matelot [matlo] *m* sailor
matérialiser [materjalize] ⟨1a⟩: **se ~** materialize; **matérialisme** *m* materialism; **matérialiste 1** *adj* materialistic **2** *m/f* materialist
matériau [materjo] *m* (*pl* -x) material; **matériel, ~le 1** *adj* material **2** *m* MIL matériel; *de camping,* SP equipment; INFORM hardware
maternel, ~le [matɛrnɛl] **1** *adj* maternal, motherly; *instinct, grand-père* maternal; *lait m* **~** mother's milk **2** *f* nursery school; **materner** ⟨1a⟩ mother; **maternité** *f* motherhood; *établissement* maternity hospital; (*enfantement*) pregnancy; **congé** *m* (**de**) **~** maternity leave
mathématicien, ~ne [matematisjɛ̃, -ɛn] *m/f* mathematician; **mathématique 1** *adj* mathematical **2** *f pl:* **~s** mathematics; **math(s)** *fpl* math *sg, Br* maths *sg*
matière [matjɛr] *f* PHYS matter; (*substance*) material; (*sujet*) subject; **c'est une bonne entrée en ~** it's a good introduction; **en la ~** on the subject; **en ~ de** when it comes to; **~ grasse** shortening; **~ grise** gray *ou Br* grey matter, brain cells *pl*; **~ première** raw material
matin [matɛ̃] *m* morning; **le ~** in the morning; **ce ~** this morning; **du ~ au soir** from morning till night; **~ et soir** morning and evening; **tous les lundis ~s** every Monday morning; **demain ~** tomorrow morning; **matinal, ~e** (*mpl* -aux) morning *atr;* **être ~** be an early riser; **tu es bien ~!** you're an early bird!, you're up early!; **matinée** *f* morning; (*spectacle*) matinée
matou [matu] *m* tom cat
matraque [matrak] *f* blackjack, *Br* cosh
matrice [matris] *f* ANAT uterus; TECH die, matrix; MATH matrix
matricule [matrikyl] *m* number
matrimonial, ~e [matrimɔnjal] (*mpl*

[^1]:
[^2]:

-aux) matrimonial; **agence** f ~**e** marriage bureau

mature [matyr] mature; **maturité** f maturity

maudire [modir] ⟨2a et 4m⟩ curse; **maudit, ~e** F blasted F, damn F

mausolée [mozole] m mausoleum

maussade [mosad] personne sulky; ciel, temps dull

mauvais, ~e [mɔvɛ, -z] **1** adj bad, poor; (méchant) bad; (erroné) wrong **2** adv bad; **il fait ~** the weather is bad; **sentir ~** smell (bad)

mauve [mov] mauve

mauviette [movjɛt] F wimp F

maux [mo] pl de **mal**

maximal, ~e [maksimal] (mpl -aux) maximum; **maximum 1** adj (mpl et fpl aussi maxima) maximum **2** m maximum; **au ~** (tout au plus) at most, at the maximum

mayonnaise [majɔnɛz] f CUIS mayonnaise, mayo F

mazout [mazut] m fuel oil; **mazouté, ~e** oiseau covered in oil

McDrive® [makdrajv] m drive-in McDonald's

me [mə] pron personnel ◊ complément d'objet direct me; **il ne m'a pas vu** he didn't see me

◊ complément d'objet indirect (to) me; **elle m'en a parlé** she spoke to me about it; **tu vas ~ chercher mon journal?** will you fetch me my paper?

◊ avec verbe pronominal myself; **je ~ suis coupé** I cut myself; **je ~ lève à ...** I get up at ...

mec [mɛk] m F guy F

mécanicien [mekanisjɛ̃] m mechanic; **mécanique 1** adj mechanical **2** f mechanics; **mécaniquement** adv mechanically; **mécaniser** ⟨1a⟩ mechanize; **mécanisme** m mechanism

méchanceté [meʃɑ̃ste] f caractère nastiness; action, parole nasty thing to do / say; **méchant, ~e 1** adj nasty; enfant naughty **2** m/f F: **les gentils et les ~s** the goodies and the baddies

mèche [mɛʃ] f d'une bougie wick; d'explosif fuse; d'une perceuse bit; de che-

veux strand, lock

méconnaissable [mekɔnɛsabl] unrecognizable; **méconnaître** ⟨4z⟩ (mésestimer) fail to appreciate

mécontent, ~e [mekɔ̃tɑ̃, -t] unhappy, displeased (de with); **mécontenter** ⟨1a⟩ displease

Mecque [mɛk]: **la ~** Mecca

médaille [medaj] f medal; **~ de bronze / d'argent / d'or** bronze / silver / gold medal; **médaillé, ~e** m/f medalist, Br medallist; **médaillon** m medallion

médecin [medsɛ̃] m doctor; **~ de famille** family doctor; **médecine** f medicine; **les ~s douces** alternative medicines; **~ légale** forensic medicine; **~ du sport** sports medicine

média [medja] m (pl média ou médias) media pl

médiateur, -trice [medjatœr, -tris] m/f mediator

médiathèque [medjatɛk] f media library

médiation [medjasjɔ̃] f mediation

médiatique [medjatik] media atr

médical, ~e [medikal] (mpl -aux) medical; **médicament** m medicine, drug; **médicinal, ~e** [medisinal] (mpl -aux) medicinal

médiéval, ~e [medjeval] (mpl -aux) medieval, Br mediaeval

médiocre [medjɔkr] mediocre; **~ en** ÉDU poor at; **médiocrité** f mediocrity

médire [medir] ⟨4m⟩: **~ de qn** run s.o. down; **médisance** f gossip

méditation [meditasjɔ̃] f meditation; **méditer** ⟨1a⟩ **1** v/t: **~ qch** think about sth, reflect on sth fml **2** v/i meditate (**sur** on)

Méditerranée [mediterane]: **la ~** the Mediterranean; **méditerranéen, ~ne 1** adj Mediterranean **2** m/f **Méditerranéen, ~ne** Mediterranean atr

médium [medjɔm] m medium

méduse [medyz] f ZO jellyfish

meeting [mitiŋ] m meeting

méfait [mefɛ] m JUR misdemeanor, Br misdemeanour; **~s de la drogue**

harmful effects

méfiance [mefjɑ̃s] *f* mistrust, suspicion; **méfiant, ~e** suspicious; **méfier** ⟨1a⟩: **se ~ de** mistrust, be suspicious of; (*se tenir en garde*) be wary of

mégalomanie [megalɔmani] *f* megalomania

mégaoctet [megaɔktɛ] *m* INFORM megabyte

mégaphone [megafɔn] *m* bullhorn, *Br* loudhailer

mégarde [megard] *f*: **par ~** inadvertently

mégère [meʒɛr] *f* shrew

mégot [mego] *m* cigarette butt

meilleur [mɛjœr] **1** *adj* better; **le ~ ...** the best ... **2** *m*: **le ~** the best

mél [mɛl] *m* e-mail

mélancolie [melɑ̃kɔli] *f* gloom, melancholy; **mélancolique** gloomy, melancholy

mélange [melɑ̃ʒ] *m* mixture; *de tabacs, thés, vins* blend; *action* mixing; *de tabacs, thés, vins* blending; **mélanger** ⟨1l⟩ (*mêler*) mix; *tabacs, thés, vins* blend; (*brouiller*) jumble up, mix up

mélasse [melas] *f* molasses *sg*

mêlée [mɛle] *f* fray, melee; *en rugby* scrum

mêler [mɛle] ⟨1b⟩ mix; (*réunir*) combine; (*brouiller*) jumble up, mix up; **~ qn à qch** *fig* get s.o. mixed up in sth, involve s.o. in sth; **se ~ à qch** get involved with sth; **se ~ de qch** interfere in sth; **mêle-toi de ce qui te regarde!** mind your own business!; **se ~ à la foule** get lost in the crowd

mélo [melo] *m* melodrama

mélodie [melɔdi] *f* tune, melody; **mélodieux, -euse** tuneful, melodious; *voix* melodious

mélodramatique [melɔdramatik] melodramatic; **mélodrame** *m* melodrama

melon [m(ə)lɔ̃] *m* BOT melon; (*chapeau m*) **~** derby, *Br* bowler (hat)

membrane [mɑ̃bran] *f* membrane

membre [mɑ̃br] *m* ANAT limb; *fig* member; **pays ~** member country

même [mɛm] **1** *adj*: **le / la ~, les ~s** the same; **la bonté ~** kindness itself;

il a répondu le jour ~ he replied the same day *ou* that very day; **en ~ temps** at the same time; **~ chose** (the) same again; **ce jour ~** *fml* today **2** *pron*: **le / la ~** the same one; **les ~s** the same ones; **cela revient au ~** it comes to the same thing **3** *adv* even; **~ pas** not even; **~ si** even if; **ici ~** right here; **faire de ~** do the same; **de ~!** likewise!; **de ~ que** just as; **boire à ~ la bouteille** drink straight from the bottle; **être à ~ de faire qch** be able to do sth; **tout de ~** all the same; **quand ~** all the same; **moi de ~** me too; **à ~ le sol** on the ground

mémoire [memwar] **1** *f* (*faculté, souvenir*) memory (*aussi* INFORM); **~ morte** read-only memory, ROM; **~ vive** random access memory, RAM; **de ~** by heart; **à la ~ de** in memory of, to the memory of; **de ~ d'homme** in living memory **2** *m* (*exposé*) report; (*dissertation*) thesis, dissertation; **~s** memoirs

mémorable [memɔrabl] memorable

mémorandum [memɔrɑ̃dɔm] *m* memorandum

mémorial [memɔrjal] *m* (*pl* -aux) memorial

mémoriser [memɔrize] memorize

menaçant, ~e [mənasɑ̃, -t] threatening, menacing; **menace** *f* threat; **constituer une ~** pose a threat; **menacer** ⟨1k⟩ threaten (*de* with; *de faire* to do)

ménage [menaʒ] *m* (*famille*) household; (*couple*) (married) couple; **faire le ~** clean house, *Br* do the housework; **femme** *f* **de ~** cleaning woman, *Br aussi* cleaner; **~ à trois** ménage à trois, three-sided relationship; **faire bon ~ avec qn** get on well with s.o.

ménagement [menaʒmɑ̃] *m* consideration

ménager[1] ⟨1l⟩ (*traiter bien*) treat with consideration; *temps, argent* use sparingly; (*arranger*) arrange

ménager[2], **-ère** [menaʒe, -ɛr] **1** *adj* household *atr* **2** *f* home-maker, housewife

mendiant, ~e [mãdjã, -t] *m/f* beggar; **mendier** ⟨1a⟩ **1** *v/i* beg **2** *v/t* beg for

mener [məne] ⟨1d⟩ **1** *v/t* lead (*aussi fig*); (*amener, transporter*) take **2** *v/i*: **~ à** d'un chemin lead to; **ne ~ à rien** des efforts de qn come to nothing; **ceci ne nous mène nulle part** this is getting us nowhere; **meneur** *m* leader; *péj* ringleader; **~ de jeu** RAD, TV question master

menhir [menir] *m* menhir, standing stone

méningite [menẽʒit] *f* meningitis

ménopause [menopoz] *f* menopause

menotte [mənɔt] *f*: **~s** handcuffs; **menotter** ⟨1a⟩ handcuff

mensonge [mãsõʒ] *m* lie; **mensonger, -ère** false

menstruation [mãstryasjõ] *f* menstruation

mensualité [mãsyalite] *f somme à payer* monthly payment; **mensuel, ~le** monthly

mensurations [mãsyrasjõ] *fpl* measurements; *de femme* vital statistics

mental, ~e [mãtal] (*mpl* -aux) mental; **calcul** *m* ~ mental arithmetic; **mentalement** *adv* mentally; **mentalité** *f* mentality

menteur, -euse [mãtœr, -øz] *m/f* liar

menthe [mãt] *f* BOT mint; **~ poivrée** peppermint; **~ verte** spearmint

mention [mãsjõ] *f* mention; *à un examen* grade, *Br aussi* mark; **faire ~ de** mention; **rayer la ~ inutile** delete as appropriate; **mentionner** ⟨1a⟩ mention

mentir [mãtir] ⟨2b⟩ lie (*à qn* to s.o.)

menton [mãtõ] *m* chin; **double ~** double chin

mentor [mãtɔr] *m* mentor

menu, ~e [məny] **1** *adj personne* slight; *morceaux* small; **~e monnaie** *f* change **2** *adv* finely, fine **3** *m* (*liste*) menu (*aussi* INFORM); (*repas*) set meal; **par le ~** in minute detail

menuiserie [mənɥizri] *f* carpentry; **menuisier** *m* carpenter

méprendre [meprãdr] ⟨4q⟩: **se ~** be mistaken (*sur* about)

mépris [mepri] *m* (*indifférence*) dedain; (*dégoût*) scorn; **au ~ de** regardless of; **méprisable** despicable; **méprisant, ~e** scornful; **mépriser** ⟨1a⟩ *argent, ennemi* despise; *conseil, danger* scorn

mer [mer] *f* sea; **en ~** at sea; **par ~** by sea; **prendre la ~** go to sea; **la Mer du Nord** the North Sea; **mal** *m* **de ~** seasickness

mercenaire [mersəner] *m* mercenary

mercerie [mersəri] *f magasin* notions store, *Br* haberdashery; *articles* notions, *Br* haberdashery *pl*

merci [mersi] **1** *int* thanks, thank you (**de, pour** for); **~ beaucoup, ~ bien** thanks a lot, thank you very much; **Dieu ~!** thank God! **2** *f* mercy; **être à la ~ de** be at the mercy of; **sans ~** merciless, pitiless; *adv* mercilessly, pitilessly

mercredi [merkrədi] *m* Wednesday

mercure [merkyr] *m* CHIM mercury, quicksilver

merde [merd] *f* P shit P; **merder** ⟨1a⟩ P screw up P; **merdique** P shitty P, crappy P

mère [mer] *f* mother; **~ célibataire** unmarried mother; **~ porteuse** surrogate mother

méridional, ~e [meridjɔnal] (*mpl* -aux) southern

meringue [mərẽg] *f* CUIS meringue

mérite [merit] *m* merit; **mériter** ⟨1a⟩ deserve; **~ le détour** be worth a visit; **méritoire** praiseworthy

merlan [merlã] *m* whiting

merle [merl] *m* blackbird

merveille [mervej] *f* wonder, marvel; **à ~** wonderfully well; **merveilleux, -euse** wonderful, marvelous, *Br* marvellous

mes [me] → **mon**

mésange [mezãʒ] *f* ZO tit

mésaventure [mezavãtyr] *f* mishap

mesdames [medam] *pl* → **madame**

mesdemoiselles [medmwazel] *pl* → **mademoiselle**

mésentente [mezãtãt] *f* misunderstanding

mesquin, ~e [meskẽ, -in] mean, petty; (*parcimonieux*) mean

message [mɛsaʒ] *m* message; **~ d'erreur** error message; **~ téléphonique** telephone message; **messager, -ère** *m/f* messenger, courier; **messagerie** *f* parcels service; *électronique* electronic mail; **~ vocale** voicemail

messe [mɛs] *f* REL mass

messieurs [mesjø] *pl* → **monsieur**

mesurable [məzyrabl] measurable; **mesure** *f action* measurement, measuring; *grandeur* measurement; *disposition* measure, step; MUS (*rythme*) time; **à la ~ de** commensurate with; **à ~ que** as; **dans la ~ où** insofar as; **dans une large ~** to a large extent; **être en ~ de faire qch** be in a position to do sth; *outre* **~** excessive; **fait sur~** made to measure; **sur~** *fig* tailor-made; **en ~** in time; **mesurer** ⟨1a⟩ measure; *risque, importance* gauge; *paroles* weigh; **se ~ avec qn** pit o.s. against s.o.

métabolisme [metabɔlism] *m* metabolism

métal [metal] *m* (*pl* -aux) metal; **métallique** metallic; **métallisé, ~e** metallic; **métallurgie** *f* metallurgy

métamorphose [metamɔrfoz] *f* metamorphosis; **métamorphoser** ⟨1a⟩: **se ~** metamorphose

métaphore [metafɔr] *f* metaphor

métaphysique [metafizik] **1** *adj* metaphysical **2** *f* metaphysics

météo [meteo] *f* weather forecast

météore [meteɔr] *m* meteor; **météorite** *m* meteorite

météorologie [meteɔrɔlɔʒi] *f science* meteorology; *service* weather office; **météorologiste** *m/f* meteorologist

méthode [metɔd] *f* method; **méthodique** methodical

méticuleux, -euse [metikylø, -z] meticulous

métier [metje] *m* (*profession*) profession; (*occupation manuelle*) trade; (*expérience*) experience; *machine* loom

métis, ~se [metis] *m/f & adj* half-caste

métrage [metraʒ] *m d'un film* footage; **court ~** short; **long ~** feature film

mètre [mɛtr] *m* meter, *Br* metre; (*règle*) measuring tape, tape measure;

métrique metric

métro [metro] *m* subway, *Br* underground; **à Paris** metro

métropole [metropɔl] *f ville* metropolis; *de colonie* mother country; **métropolitain, ~e: la France ~e** metropolitan France

mets [mɛ] *m* dish

metteur [metœr] *m*: **~ en scène** director

mettre [mɛtr] ⟨4p⟩ ◇ put; *sucre, lait* put in; *vêtements, lunettes, chauffage, radio* put on; *réveil* set; *argent dans entreprise* invest, put in; **~ deux heures à faire qch** take two hours to do sth; **en bouteilles** bottle; **mettons que je n'aie** (*subj*) **plus d'argent** let's say I have no more money; **~ fin à qch** put an end to sth

◇ **je ne savais pas où me ~** I didn't know where to put myself; **où se mettent les …?** where do the … go?; **se ~ au travail** set to work; **se ~ à faire qch** start to do sth; **je n'ai plus rien à me ~** I have nothing to wear

meuble [mœbl] *m* piece of furniture; **~s** furniture *sg*; **meubler** ⟨1a⟩ furnish

meugler [møgle] ⟨1a⟩ moo

meule [møl] *f* millstone; **~ de foin** haystack

meunier, -ère [mønje, -ɛr] **1** *m/f* miller **2** *f* CUIS: **(à la) ~** dusted with flour and fried

meurtre [mœrtr] *m* murder; **meurtrier, -ère 1** *adj* deadly **2** *m/f* murderer

meurtrir [mœrtrir] ⟨2a⟩ bruise; **avoir le cœur meurtri** *fig* be heart-broken; **meurtrissure** *f* bruise

meute [møt] *f* pack; *fig* mob

mexicain, ~e [mɛksikɛ̃, -ɛn] **1** *adj* Mexican **2** *m/f* **Mexicain, ~e** Mexican; **Mexique: le ~** Mexico

mezzanine [medzanin] *f* mezzanine (floor)

mi [mi] *m* MUS E

mi-… [mi] half; **à mi-chemin** halfway; **(à la) mi-janvier** mid-January

miam-miam [mjammjam] yum-yum

miaou [mjau] *m* miaow

miauler [mjole] ⟨1a⟩ miaow

mi-bas [miba] *mpl* knee-highs, pop socks

miche [miʃ] *f* large round loaf

mi-clos, **~e** [miklo, -z] half-closed

micro [mikro] *m* mike; INFORM computer, PC; *d'espionnage* bug

microbe [mikrɔb] *m* microbe

microbiologie [mikrobiɔlɔʒi] *f* microbiology

microclimat [mikroklima] *m* microclimate

microcosme [mikrokɔsm] *m* microcosm

microélectronique [mikroelektrɔnik] *f* microelectronics

microfilm [mikrofilm] *m* microfilm

micro-onde [mikroɔ̃d] ⟨*pl* micro-ondes⟩ microwave; ⟨*four m à*⟩ **~s m** microwave (oven)

micro-ordinateur [mikroɔrdinatœr] *m* ⟨*pl* micro-ordinateurs⟩ INFORM microcomputer *m*

micro-organisme [mikroɔrganism] *m* microorganism

microphone [mikrofɔn] *m* microphone

microprocesseur [mikroprɔsesœr] *m* INFORM microprocessor

microscope [mikroskɔp] *m* microscope; **microscopique** microscopic

midi [midi] *m* noon, twelve o'clock; ⟨*sud*⟩ south; **~ et demi** half-past twelve; **le Midi** the South of France

mie [mi] *f de pain* crumb

miel [mjɛl] *m* honey; **mielleux**, **-euse** *fig* sugary-sweet

mien, **~ne** [mjɛ̃, mjɛn]: **le mien**, **la mienne**, **les miens**, **les miennes** mine

miette [mjɛt] *f* crumb

mieux [mjø] **1** *adv* ◇ *comparatif de bien* better; *superlatif de bien* best; **le ~** best; **le ~ possible** the best possible; **de ~ en ~** better and better; **tant ~** so much the better; **valoir ~** be better; **vous feriez ~ de ...** you would *ou* you'd do best to ...; **~ vaut prévenir que guérir** prevention is better than cure; **on ne peut ~** extre-

mely well

2 *m* ⟨*progrès*⟩ progress, improvement; **j'ai fait de mon ~** I did my best; **le ~, c'est de ...** the best thing is to ...

mièvre [mjɛvr] insipid

mignon, **~ne** [miɲõ, miɲɔn] ⟨*charmant*⟩ cute; ⟨*gentil*⟩ nice, good

migraine [migrɛn] *f* migraine

migrateur, **-trice** [migratœr, -tris] *oiseau* migratory; **migration** *f* migration; **migrer** ⟨1a⟩ migrate

mijoter [miʒɔte] ⟨1a⟩ CUIS simmer; *fig* hatch; **qu'est-ce qu'il mijote encore?** what's he up to now?

milice [milis] *f* militia

mildiou [mildju] *m* mildew

milieu [miljø] *m* ⟨*pl* -x⟩ ⟨*centre*⟩ middle; *biologique* environment; *social* environment, surroundings *pl*; **au ~ de** in the middle of; **en plein ~ de** right in the middle of; **le juste ~** a happy medium; **le ~** the underworld; **~x diplomatiques** diplomatic circles

militaire [militɛr] **1** *adj* military; **service m ~** military service **2** *m* soldier; **les ~s** the military *sg ou pl*

militant, **~e** [militɑ̃, -t] active

militariser [militarize] ⟨1a⟩ militarize

militer [milite] ⟨1a⟩ **~ dans** be an active member of; **~ pour / contre qch** *fig* militate for / against sth

mille [mil] *m* (a) thousand **2** *m mesure* mile; **~ marin** nautical mile

millénaire [milenɛr] **1** *adj* thousand-year old **2** *m* millennium

mille-pattes [milpat] *m* ⟨*pl inv*⟩ millipede

millésime [milezim] *m de timbres* date; *de vin* vintage, year

millet [mijɛ] *m* BOT millet

milliard [miljar] *m* billion; **milliardaire** *m* billionaire

millième [miljɛm] thousandth

millier [milje] *m* thousand

milligramme [miligram] *m* milligram

millimètre [milimɛtr] millimeter, *Br* millimetre

million [miljõ] *m* million; **millionnaire** *m/f* millionaire

mime [mim] *m* mimic; *de métier* mime;

mimer ⟨1a⟩ mime; *personne* mimic; **mimique** *f* expression

mimosa [mimoza] *m* BOT mimosa

minable [minabl] mean, shabby; *un salaire* ~ a pittance

mince [mɛ̃s] thin; *personne* slim, slender; *taille* slender; *espoir* slight; *somme, profit* small; *argument* flimsy; ~ *(alors)!* F what the…!, blast!

mine[1] [min] *f* appearance, look; *faire* ~ *de faire qch* make as if to do sth; *avoir bonne / mauvaise* ~ look / not look well

mine[2] [min] *f* mine *(aussi* MIL*); de crayon* lead; **miner** ⟨1a⟩ undermine; MIL mine

minerai [minrɛ] *m* ore

minéral, ~e [mineral] *(mpl -aux) adj & m* mineral

minéralogique [mineralɔʒik] AUTO: *plaque f* ~ license plate, *Br* number plate

minet, ~te [minɛ, -t] *m/f* F pussy (cat); *fig* darling, sweetie pie F

mineur[1]*, ~e* [minœr] JUR, MUS minor

mineur[2] [minœr] *m (ouvrier)* miner

miniature [minjatyr] *f* miniature

minibus [minibys] *m* minibus

minichaîne [miniʃɛn] *f* mini (hi-fi)

minier, -ère [minje, -ɛr] mining

mini-jupe [miniʒyp] *f (pl* mini-jupes*)* mini (skirt)

minimal, ~e [minimal] minimum; **minimalisme** *m* minimalism

minime [minim] minimal; *salaire* tiny; **minimiser** ⟨1a⟩ minimize

minimum [minimɔm] **1** *adj (mpl et fpl aussi* minima*)* minimum **2** *m* minimum; *au* ~ at the very least; *un* ~ *de* the least little bit of; *il pourrait avoir un* ~ *de politesse* he could try to be a little polite; *prendre le* ~ *de risques* take as few risks as possible, minimize risk-taking

ministère [ministɛr] *m* department; *(gouvernement)* government; REL ministry; **ministériel, ~le** *d'un ministère* departmental; *d'un ministre* ministerial

ministre [ministr] *m* minister; ~ *des Affaires étrangères* Secretary of State, *Br* Foreign Secretary; ~ *de la Défense* Defense Secretary, *Br* Minister of Defence; ~ *de l'Intérieur* Secretary of the Interior, *Br* Home Secretary

minitel [minitɛl] *m small home terminal connected to a number of data banks*

minoritaire [minɔritɛr] minority; **minorité** *f* JUR, POL minority

minou [minu] *m* F pussy(-cat) F

minuit [minɥi] *m* midnight

minuscule [minyskyl] **1** *adj* tiny, minuscule; *lettre* small, lower case **2** *f* small *ou* lower-case letter

minute [minyt] *f* minute; *tu n'es quand même pas à la* ~*?* you're surely not in that much of a rush!; *d'une* ~ *à l'autre* any minute now; **minuterie** *f* time switch

minutie [minysi] *f* attention to detail, meticulousness; **minutieux, -euse** meticulous

mioche [mjɔʃ] *m* F kid F

mirabelle [mirabɛl] *f* mirabelle plum

miracle [mirakl] *m* miracle *(aussi fig)*; **miraculeux, -euse** miraculous

mirador [miradɔr] *m* watch tower

mirage [miraʒ] *m* mirage; *fig* illusion

mire [mir] *f*: *point m de* ~ target *(aussi fig)*

miroir [mirwar] *m* mirror; **miroiter** ⟨1a⟩ sparkle

mis, ~e [mi, -z] *p/p* → **mettre**

mise [miz] *f au jeu* stake; *de* ~ acceptable; ~ *en bouteilles* bottling; ~ *en marche ou route* start-up; ~ *en scène d'une pièce de théâtre* staging; *d'un film* direction; ~ *en service* commissioning; ~ *en vente* (putting up for) sale

miser [mize] ⟨1a⟩ *au jeu, fig* stake (*sur* on)

misérable [mizerabl] wretched; *(pauvre)* destitute, wretched; **misère** *f (pauvreté)* destitution; *(chose pénible)* misfortune; **miséreux, -euse** poverty-stricken

miséricorde [mizerikɔrd] *f* mercifulness; **miséricordieux, -euse** merciful

misogyne [mizɔʒin] **1** *adj* misogynistic **2** *m* misogynist

missel [misɛl] *m* REL missal

missile [misil] *m* MIL missile

mission [misjõ] *f* (*charge*) mission (*aussi* POL, REL); (*tâche*) job, task; **missionnaire** *m* missionary

missive [misiv] *f* brief

mistral [mistral] *m* mistral (*cold north wind on the Mediterranean coast*)

mite [mit] *f* ZO (*clothes*) moth

mi-temps [mitã] (*pl inv*) **1** *f* SP half-time **2** *m* part-time job; *à ~ travail, travailler* part-time

miteux, -euse [mitø, -z] *vêtement* moth-eaten; *hôtel, théâtre* shabby, flea-bitten F

mitigé, ~e [mitiʒe] moderate; *sentiments* mixed

mitonner [mitɔne] ⟨1a⟩ cook on a low flame

mitoyen, ~ne [mitwajɛ̃, -ɛn] *jardin* with a shared wall / hedge; *des maisons ~nes* duplexes, *Br* semi-detached houses; *plus de deux* row houses, *Br* terraced houses

mitrailler [mitraje] ⟨1a⟩ MIL machine gun; *fig* bombard (*de* with); **mitraillette** *f* sub-machine gun; **mitrailleuse** *f* machine gun

mi-voix [mivwa]: *à ~* under one's breath

mixage [miksaʒ] *m* mixing; **mixer, mixeur** *m* CUIS blender; **mixte** mixed; **mixture** *f péj* vile concoction

MM *abr* (= *Messieurs*) Messrs.

Mme *abr* (= *Madame*) Mrs

Mo *m abr* (= *mégaoctet*) Mb (= megabyte)

mobile [mɔbil] **1** *adj* mobile; (*amovible*) movable (*aussi* REL); *feuilles* loose; *reflets, ombres* moving **2** *m* motive; ART mobile; **mobilier, -ère 1** *adj* JUR movable, personal; *valeurs fpl mobilières* FIN securities **2** *m* furniture

mobilisation [mɔbilizasjõ] *f* MIL mobilization (*aussi fig*); **mobiliser** ⟨1a⟩ MIL mobilize (*aussi fig*)

mobilité [mɔbilite] *f* mobility

mobylette® [mɔbilɛt] *f* moped

moche [mɔʃ] F (*laid*) ugly; (*mépri-sable*) mean, rotten F

modalité [mɔdalite] *f*: *~s de paiement* methods of payment

mode¹ [mɔd] *m* method; *~ d'emploi* instructions (for use); *~ de paiement* method of payment; *~ de vie* lifestyle

mode² [mɔd] *f* fashion; *être à la ~* be fashionable, be in fashion

modèle [mɔdɛl] *m* model; *tricot* pattern; **modeler** ⟨1d⟩ model

modem [mɔdɛm] *m* INFORM modem

modération [mɔderasjõ] *f* moderation; **modéré, ~e** moderate; **modérer** ⟨1f⟩ moderate; *se ~* control o.s.

moderne [mɔdɛrn] modern; **modernisation** *f* modernization; **moderniser** ⟨1a⟩ modernize

modeste [mɔdɛst] modest; **modestie** *f* modesty

modification [mɔdifikasjõ] *f* alteration, modification; **modifier** ⟨1a⟩ alter, modify

modique [mɔdik] modest

modiste [mɔdist] *f* milliner

modulable [mɔdylabl] *meuble* modular; *horaire* flexible; **modulation** *f* modulation; *~ de fréquence* frequency modulation; **module** *m* TECH module; **moduler** ⟨1a⟩ modulate

moelle [mwal] *f* marrow; *~ épinière* spinal cord

moelleux, -euse [mwalø, -z] *lit, serviette* soft; *chocolat, vin* smooth

mœurs [mœr(s)] *fpl* (*attitude morale*) morals; (*coutumes*) customs; *brigade f des ~* vice squad

mohair [mɔɛr] *m* mohair

moi [mwa] *pron personnel* me; *avec ~* with me; *c'est ~ qui l'ai fait* I did it, it was me that did it

moignon [mwaɲõ] *m* stump

moi-même [mwamɛm] myself

moindre [mwɛ̃dr] lesser; *prix, valeur* lower; *quantité* smaller; *le / la ~* the least; *c'est un ~ mal* it's the lesser of two evils

moine [mwan] *m* monk

moineau [mwano] *m* (*pl* -x) sparrow

moins [mwɛ̃] **1** *adv* less; *~ d'argent*

less money; **deux mètres de ~** two
meters less; **c'est ~ cher que ...**
it's less expensive than ..., it's not
as expensive as ...; **au** *ou* **du ~** at
least; **je ne pourrai pas venir à ~**
d'annuler mon rendez-vous I can't
come unless I cancel my meeting, **à ~**
que ... ne (+ *subj*) unless; **de ~ en ~**
less and less
2 *m*: **le ~** the least
3 *prép* MATH minus; **dix heures ~**
cinq five to ten, *Br* five to ten; **il fait**
~ deux it's 2 below zero, it's two below freezing
mois [mwa] *m* month; **par ~** a month
moisi, ~e [mwazi] **1** *adj* moldy, *Br*
mouldy **2** *m* BOT mold, *Br* mould;
moisir ⟨2a⟩ go moldy *ou Br* mouldy;
moisissure *f* BOT mold, *Br* mould
moisson [mwasõ] *f* harvest; **moissonner** ⟨1a⟩ harvest; **moisson-
neur, -euse** *m/f* harvester **2** *f*
reaper; **moissonneuse-batteuse**
f (*pl* moissonneuses-batteuses) combine harvester
moite [mwat] damp, moist
moitié [mwatje] *f* half; **à ~ vide / endormi** half-empty / -asleep; **~ ~** fifty-
fifty; **à ~ prix** (at) half-price; **à la ~ de**
travail, vie halfway through
mol [mɔl] → **mou**
molaire [mɔlɛr] *f* molar
môle [mol] *m* breakwater, mole
moléculaire [mɔlekylɛr] molecular;
molécule *f* molecule
molester [mɔlɛste] ⟨1a⟩ rough up
molette [mɔlɛt] *f* de réglage knob
mollasse [mɔlas] *péj* spineless; (*paresseux*) lethargic
mollement [mɔlmã] *adv* lethargically;
mollesse *f* *d'une chose* softness;
d'une personne, d'actions lethargy;
mollet¹, ~te soft; *œuf* soft-boiled
mollet² [mɔlɛ] *m* calf
mollir [mɔlir] ⟨2a⟩ *des jambes* give
way; *du vent* die down
mollusque [mɔlysk] *m* mollusc
môme [mom] *m/f* F kid F
moment [mɔmã] *m* moment; **à ce ~** at
that moment; **en ce ~** at the moment; **dans un ~** in a moment; **du**

~ of the moment; d'un ~ à l'autre
at any moment; **par ~s** at times,
sometimes; **pour le ~** for the moment, for the time being; **à tout ~**
at any moment
momentané, ~e [mɔmãtane] temporary; **momentanément** *adv* for a
short while
momie [mɔmi] *f* mummy
mon *m*, **ma** *f*, **mes** *pl* [mõ, ma, me] my
Monaco [mɔnako]: **la principauté de**
~ the principality of Monaco
monarchie [mɔnarʃi] *f* monarchy;
monarque *m* monarch
monastère [mɔnastɛr] *m* monastery
monceau [mõso] *m* (*pl* -x) mound
mondain, ~e [mõdɛ̃, -ɛn] *soirée, vie* society *atr*; **elle est très ~** she's a bit of
a socialite; **mondanités** *fpl* social
niceties
monde [mõd] *m* world; *gens* people *pl*;
tout le ~ everybody, everyone; **dans**
le ~ entier in the whole world, all
over the world; **l'autre ~** the next
world; **le beau ~** the beautiful people; **homme** *m* **du ~** man of the
world; **mettre au ~** bring into the
world
mondial, ~e [mõdjal] (*mpl* -aux)
world *atr*, global; **mondialement**
adv: **~ connu** known worldwide;
mondialisation *f* globalization
monégasque [mɔnegask] **1** *adj* of /
from Monaco, Monacan **2** *m/f* **Monégasque** Monacan
monétaire [mɔnetɛr] monetary; *marché* money *atr*
moniteur, -trice [mɔnitœr, -tris] **1**
m/f instructor **2** *m* INFORM monitor
monnaie [mɔnɛ] *f* (*pièces*) change;
(*moyen d'échange*) money; (*unité monétaire*) currency; **une pièce de ~** a
coin; **~ forte** hard currency; **~ unique**
single currency
monologue [mɔnɔlɔg] *m* monolog,
Br monologue
mononucléose [mɔnɔnykleoz] *f*: **~**
infectieuse glandular fever
monoparental, ~e [mɔnoparãtal] single-parent
monoplace [mɔnɔplas] *m & adj* sin-

gle-seater

monopole [mɔnɔpɔl] *m* monopoly;
monopoliser ⟨1a⟩ monopolize

monospace [mɔnɔspas] *m* people
carrier, MPV

monotone [mɔnɔtɔn] monotonous;
monotonie *f* monotony

monseigneur [mõsɛɲœr] *m* monsignor

monsieur [məsjø] *m* (*pl* messieurs
[mesjø]) *dans lettre* Dear Sir; *bonjour* ~ good morning; *~!* sir!; *Br* excuse me!; *Monsieur Durand* Mr
Durand; *bonsoir mesdames et
messieurs* good evening, ladies
and gentlemen

monstre [mõstr] **1** *m* monster (*aussi
fig*) **2** *adj* colossal; **monstrueux,
-euse** (*géant*) colossal; (*abominable*)
monstrous; **monstruosité** *f* (*crime*)
monstrosity

mont [mõ] *m* mountain; *par ~s et par
vaux* up hill and down dale

montage [mõtaʒ] *m* TECH assembly;
d'un film editing; *d'une photographie*
montage; ÉL connecting

montagnard, ~e [mõtaɲar, -d] **1** *adj*
mountain *atr* **2** *m/f* mountain dweller; **montagne** *f* mountain; *à la ~* in
the mountains; *~s russes* roller
coaster *sg*; *en haute ~* in the mountains; **montagneux, -euse** mountainous

montant, ~e [mõtã, -t] **1** *adj robe*
high-necked; *mouvement* upward
2 *m* somme amount; *d'un lit* post

monte-charge [mõtʃarʒ] *m* (*pl inv*)
hoist

montée [mõte] *f sur montagne* ascent;
(*pente*) slope; *de l'eau, des prix, de la
température* rise

monter [mõte] ⟨1a⟩ **1** *v/t montagne*
climb; *escalier* climb, go / come up;
valise take / bring up; *machine, échafaudage, étagère* assemble, put together; *tente* put up, erect; *pièce de
théâtre* put on, stage; *film, émission*
edit; *entreprise, société* set up; *cheval*
ride; *diamant, rubis etc* mount **2** *v/i*
(*aux être*) come / go upstairs; *d'un
avion, d'une route, d'une voiture* climb;

des prix climb, rise, go up; *d'un baromètre, fleuve* rise; ~ *dans* avion, train
get on; *voiture* get in(to); *monte
dans ta chambre!* go up to your
room!; ~ *à bord* go on board, board,
~ *en grade* be promoted; ~ *à cheval*
ride **3**: *se* ~ *à de frais* amount to

monteur, -euse [mõtœr, -øz] *m/f film*,
TV editor

montgolfière [mõgɔlfjɛr] *f* balloon

monticule [mõtikyl] *m* (*tas*) heap, pile

montre [mõtr] *f* (wrist)watch; *faire ~
de qch* (*faire preuve de*) show sth;
montre-bracelet *f* wristwatch

Montréal [mõreal] Montreal

montrer [mõtre] ⟨1a⟩ show; ~ *qn /
qch du doigt* point at s.o. / sth; *se
~* show o.s.

monture [mõtyr] *f* (*cheval*) mount; *de
lunettes* frame; *d'un diamant* setting

monument [mɔnymã] *m* monument;
commémoratif memorial; **monumental, ~e** monumental

moquer [mɔke] ⟨1m⟩: *se ~ de* (*railler*)
make fun of, laugh at; (*dédaigner*) not
care about; (*tromper*) fool; **moquerie** *f* mockery

moquette [mɔkɛt] *f* wall-to-wall carpet

moqueur, -euse [mɔkœr, -øz] **1** *adj*
mocking **2** *m/f* mocker

moral, ~e [mɔral] **1** *adj* (*mpl* -aux)
moral; *souffrance, santé* spiritual; *personne f ~e* JUR legal entity **2** *m* morale **3** *f* morality, morals *pl*; *d'une histoire* moral; **moralisateur, -trice**
moralistic, sanctimonious; **moralité**
morality

moratoire [mɔratwar] *m* moratorium

morbide [mɔrbid] morbid

morceau [mɔrso] *m* (*pl* -x) piece (*aussi*
MUS); *d'un livre* extract, passage

morceler [mɔrsəle] ⟨1c⟩ divide up,
parcel up; **morcellement** *m* division

mordant, ~e [mɔrdã, -t] biting; *fig* biting, scathing

mordiller [mɔrdije] ⟨1a⟩ nibble

mordre [mɔrdr] ⟨4a⟩ bite; *d'un acide*
eat into; ~ *à fig* take to

mordu, ~e [mɔrdy] *m/f* F fanatic; *un ~
de sport* a sports fanatic

M

morfondre [mɔrfõdr] ⟨4a⟩: **se ~** mope; (*s'ennuyer*) be bored

morgue [mɔrg] *f endroit* mortuary, morgue

moribond, ~e [mɔribõ, -d] dying

morille [mɔrij] *f* BOT morel

morne [mɔrn] gloomy

morose [mɔroz] morose; **morosité** *f* moroseness

morphine [mɔrfin] *f* morphine

mors [mɔr] *m* bit

morse[1] [mɔrs] *m* ZO walrus

morse[2] [mɔrs] *m* morse code

morsure [mɔrsyr] *f* bite

mort[1] [mɔr] *f* death (*aussi fig*); **à ~ lutte** to the death

mort[2], **~e** [mɔr, -t] **1** *adj* dead; *eau* stagnant; *yeux* lifeless; *membre* numb; *ivre* ~ dead drunk; ~ **de fatigue** dead tired; **être ~ de rire** F die laughing; **nature** *f* **~e** still life **2** *m/f* dead man; dead woman; **les ~s** the dead *pl*

mortalité [mɔrtalite] *f* mortality; **taux** *m* **de ~** death rate, mortality

mortel, ~le [mɔrtɛl] mortal; *blessure, dose, maladie* fatal; *péché* deadly

morte-saison [mɔrtəsɛzõ] *f* (*pl mortes-saisons*) off-season

mortier [mɔrtje] *m* mortar (*aussi* CUIS, MIL)

mort-né, ~e [mɔrne] (*pl mort-nés*) still-born

morue [mɔry] *f* cod

morve [mɔrv] *f* snot F, nasal mucus; **morveux, -euse** *m/f* F squirt F

mosaïque [mɔzaik] *f* mosaic

Moscou [mɔsku] Moscow

mosquée [mɔske] *f* mosque

mot [mo] *m* word; (*court message*) note; **bon ~** witty remark, witticism; ~ **clé** key word; ~ **de passe** password; **~s croisés** crossword *sg*; **gros ~** rude word, swearword; ~ **à ~** word for word; *traduction* literal; ~ **pour ~** word for word; **à ~s couverts** in a roundabout way; **au bas ~** at least; **sans ~ dire** without (saying) a word; **en un ~** in a word; **avoir le dernier ~** have the last word; **prendre qn au ~** take s.o. at his / her word

motard [mɔtar] *m* motorcyclist, biker; *de la gendarmerie* motorcycle policeman

motel [mɔtɛl] *m* motel

moteur, -trice [mɔtœr, -tris] **1** *adj* TECH *arbre* drive; *force* driving; ANAT motor; **à quatre roues motrices** *voiture* with four wheel drive **2** *m* TECH engine; *fig*: *personne qui inspire* driving force (**de** behind); ~ **de recherche** INFORM search engine

motif [mɔtif] *m* motive, reason; (*forme*) pattern; MUS theme, motif; *en peinture* motif

motion [mɔsjõ] *f* POL motion; ~ **de censure** motion of censure

motivation [mɔtivasjõ] *f* motivation; **motiver** ⟨1a⟩ *personne* motivate; (*expliquer*) be the reason for, prompt; (*justifier par des motifs*) give a reason for

moto [mɔto] *f* motorbike, motorcycle; **faire de la ~** ride one's motorbike

motocyclette [mɔtosiklɛt] *f* moped; **motocycliste** *m/f* motorcyclist

motoriser [mɔtorize] ⟨1a⟩ mechanize; **je suis motorisé** F I have a car

motte [mɔt] *f de terre* clump; ~ **de gazon** turf

mou, molle [mu, mɔl] soft; *personne* spineless; *caractère, résistance* weak, feeble

mouchard, ~e [muʃar, -d] *m/f* informer, grass F; **moucharder** ⟨1a⟩ F inform on, grass on F

mouche [muʃ] *f* fly; **faire ~** hit the bull's eye (*aussi fig*)

moucher [muʃe] ⟨1a⟩: **se ~** blow one's nose

moucheron [muʃrõ] *m* gnat

moucheter [muʃte] ⟨1c⟩ speckle

mouchoir [muʃwar] *m* handkerchief, hanky F

moudre [mudr] ⟨4y⟩ grind

moue [mu] *f* pout; **faire la ~** pout

mouette [mwɛt] *f* seagull

mouffette [mufɛt] *f* skunk

moufle [mufl] *f* mitten

mouillé, ~e [muje] wet; (*humide*) damp; **mouiller** ⟨1a⟩ **1** *v/t* wet; (*hu-*

mecter) dampen; *liquide* water down **2** *v/i* MAR anchor

moule [mul] **1** *m* mold, *Br* mould; CUIS tin **2** *f* ZO mussel; **mouler** ⟨1a⟩ *qch* mold, *Br* mould; **~ qch sur qch** *fig* model sth on sth

moulin [mulɛ̃] *m* mill; **~ (à vent)** windmill; **~ à café** coffee grinder; **~ à paroles** F wind-bag F; **~ à poivre** peppermill; **moulu, ~e 1** *p/p* → **moudre 2** *adj* ground

moulure [mulyr] *f* molding, *Br* moulding

mourant, ~e [murã, -t] dying; **mourir** ⟨2k⟩ *(aux être)* die (*de* of); **~ de froid** freeze to death; **~ de faim** die of hunger, starve

moussant, ~e [musã, -t]: **bain ~** foam bath; **mousse** *f* foam; BOT moss; CUIS mousse; **à raser** shaving foam; **mousser** ⟨1a⟩ lather; **mousseux, -euse 1** *adj* foamy **2** *m* sparkling wine

moustache [mustaʃ] *f* mustache, *Br* moustache

moustique [mustik] *m* mosquito

moutarde [mutard] *f* mustard

mouton [mutõ] *m* sheep *(aussi fig)*; *viande* mutton; *fourrure* sheepskin; **revenons-en à nos ~s** *fig* let's get back to the subject

mouvant, ~e [muvã, -t]: **sables** *mpl* **~s** quicksand *sg*; **terrain** *m* **~** uncertain ground *(aussi fig)*

mouvement [muvmã] *m* movement *(aussi* POL, MUS *etc)*; *trafic* traffic; **en ~** moving; **mouvementé, ~e** *existence, voyage* eventful; *récit* lively

mouvoir [muvwar] ⟨3d⟩: **se ~** move

moyen, ~ne [mwajɛ̃, -ɛn] **1** *adj* average; *classe* middle; **Moyen Âge** *m* Middle Ages *pl*; **Moyen-Orient** *m* Middle East **2** *m* *(façon, méthode)* means *sg*; **~s** *(argent)* means *pl*; *(capacités intellectuelles)* faculties; **au ~ de, par le ~ de** by means of; **vivre au-dessus de ses ~s** live beyond one's means **3** *f* average; *statistique* mean; **en ~ne** on average

moyenâgeux, -euse [mwajɛnaʒø, -z] medieval

moyennant [mwajɛnã] for

moyeu [mwajø] *m* hub

MST [ɛmɛste] *f abr* (= **maladie sexuellement transmissible**) STD (= sexually transmitted disease)

Mt *abr* (= **Mont**) Mt (= Mount)

mucus [mykys] *m* mucus

muer [mɥe] ⟨1a⟩ *d'un oiseau* molt, *Br* moult; *d'un serpent* shed its skin; *de voix* break

muet, ~te [mɥɛ, -t] dumb; *fig* silent

mufle [myfl] *m* muzzle; *fig* F boor

mugir [myʒir] ⟨2a⟩ moo; *du vent* moan; **mugissement** *m* mooing; *du vent* moaning

muguet [mygɛ] *m* lily of the valley

mule [myl] *f* mule; **mulet** *m* mule

mulot [mylo] *m* field mouse

multicolore [myltikɔlɔr] multicolored, *Br* multicoloured

multiculturel, ~le [myltikyltyrɛl] multicultural

multimédia [myltimedja] *m & adj* multimedia

multinational, ~e [myltinasjɔnal] **1** *adj* multinational **2** *f*: **multinationale** multinational

multiple [myltipl] many; *(divers)* multifaceted; **multiplication** *f* MATH multiplication; **la ~ de** *(augmentation)* the increase in the number of; **multiplicité** *f* multiplicity; **multiplier** ⟨1a⟩ MATH multiply; **~ les erreurs** make one mistake after another; **se ~ d'une espèce** multiply

multiracial, ~e [myltirasjal] multiracial

multirisque [myltirisk] *assurance* all-risks

multitude [myltityd] *f*: **une ~ de** a host of; **la ~** *péj* the masses *pl*

multiusages [myltiyzaʒ] versatile

municipal, ~e [mynisipal] *(mpl* -aux) town *atr*, municipal; *bibliothèque, piscine* public; **municipalité** *f* *(commune)* municipality; **conseil** town council

munir [mynir] ⟨2a⟩: **~ de** fit with; *personne* provide with; **se ~ de qch** *d'un parapluie, de son passeport* take sth

munitions [mynisjõ] *fpl* ammunition

sg

mur [myr] *m* wall; *mettre qn au pied du ~* have s.o. with his / her back against the wall

mûr, ~e [myr] ripe

muraille [myrɑj] *f* wall

mural, ~e [myral] (*mpl* -aux) wall *atr*

mûre [myr] *f* BOT *des ronces* blackberry; *d'un mûrier* mulberry

murer [myre] ⟨1a⟩ *enclos* wall in; *porte* wall up

mûrier [myrje] *m* mulberry (tree)

mûrir [myrir] ⟨2a⟩ ripen

murmure [myrmyr] *m* murmur; **murmurer** ⟨1a⟩ (*chuchoter, se plaindre*) murmur; (*médire*) talk

muscade [myskad] *f*: *noix (de) ~* nutmeg

muscadet [myskadɛ] *m* muscadet

muscat [myska] *m* *raisin* muscatel grape; *vin* muscatel wine

muscle [myskl] *m* muscle; **musclé, ~e** muscular; *politique* tough; **musculaire** muscle *atr*; **musculation** *f* body-building

muse [myz] *f* muse

museau [myzo] *m* (*pl* -x) muzzle

musée [myze] *m* museum

museler [myzle] ⟨1c⟩ muzzle (*aussi fig*); **muselière** *f* muzzle

musical, ~e [myzikal] (*mpl* -aux) musical; **musicien, ~ne 1** *adj* musical

2 *m/f* musician; **musique** *f* music; *~ de chambre* chamber music; *~ de fond* piped music

must [mœst] *m* must

musulman, ~e [myzylmɑ̃, -an] *m/f* & *adj* Muslim

mutation [mytasjɔ̃] *f* change; BIOL mutation; *d'un fonctionnaire* transfer, relocation; **muter** ⟨1a⟩ *fonctionnaire* transfer, relocate

mutilation [mytilasjɔ̃] *f* mutilation; **mutiler** ⟨1a⟩ mutilate

mutinerie [mytinri] *f* mutiny

mutisme [mytism] *m* *fig* silence

mutuel, ~le [mytɥɛl] mutual

myope [mjɔp] shortsighted, myopic *fml*; **myopie** *f* shortsightedness, myopia *fml*

myosotis [mjɔzɔtis] *m* forget-me-not

myrtille [mirtij] *f* bilberry

mystère [mistɛr] *m* mystery; **mystérieusement** *adv* mysteriously; **mystérieux, -euse** mysterious

mysticisme [mistisism] *m* mysticism

mystifier [mistifje] ⟨1a⟩ fool, take in

mystique [mistik] **1** *adj* mystical **2** *m/f* mystic **3** *f* mystique

mythe [mit] *m* myth; **mythique** mythical; **mythologie** *f* mythology; **mythologique** mythological

mythomane [mitɔman] *m/f* pathological liar

N

n' [n] → **ne**

nabot [nabo] *m* *péj* midget

nacelle [nasɛl] *f* *d'un ballon* basket

nacre [nakr] *f* mother-of-pearl

nage [naʒ] *f* swimming; *style* stroke; *~ sur le dos* backstroke; *~ libre* freestyle; *traverser une rivière à la ~* swim across a river; *être en ~* *fig* be soaked in sweat

nageoire [naʒwar] *f* fin

nager [naʒe] ⟨1l⟩ **1** *v/i* swim **2** *v/t*: *~ la brasse* do the breaststroke; **nageur, -euse** *m/f* swimmer

naguère [nagɛr] *adv* formerly

naïf, naïve [naif, naiv] naive

nain, ~e [nɛ̃, nɛn] *m/f* & *adj* dwarf

naissance [nɛsɑ̃s] *f* birth (*aussi fig*); *date f de ~* date of birth; *donner ~ à* give birth to; *fig* give rise to

naître [nɛtr] ⟨4g⟩ (*aux être*) be born

(aussi fig); **je suis née en 1968** I was born in 1968; **faire** ~ *sentiment* give rise to

naïvement [naivmã] *adv* naively; **naïveté** *f* naivety

nana [nana] *F* chick F, girl

nanti, ~e [nãti] **1** *adj* well-off, rich; ~ **de** provided with **2** *mpl* **les ~s** the rich *pl*; **nantir** ⟨2a⟩ provide (**de** with)

nappe [nap] *f* tablecloth; GÉOL *de gaz, pétrole* layer; ~ **d'eau** (**souterraine**), ~ **phréatique** water table; **napperon** *m* mat

narcodollars [narkɔdɔlar] *mpl* drug money *sg*

narcotique [narkɔtik] *m & adj* narcotic

narguer [narge] ⟨1m⟩ taunt

narine [narin] *f* nostril

narquois, ~e [narkwa, -z] taunting

narrateur, -trice [naratœr, -tris] *m/f* narrator; **narratif, -tive** narrative; **narration** *f* narration

nasal, ~e [nazal] (*mpl* -aux) **1** *adj* nasal **2** *f*: **nasale** nasal; **nasaliser** ⟨1a⟩ nasalize; **nasillard, ~e** nasal

natal, ~e [natal] (*mpl* -aux) *pays, région etc* of one's birth, native; **natalité** *f*: (**taux** *m* **de**) ~ birth rate

natation [natasjõ] *f* swimming; **faire de la** ~ swim

natif, -ive [natif, -v] native

nation [nasjõ] *f* nation; **les Nations Unies** the United Nations

national, ~e [nasjɔnal] (*mpl* -aux) **1** *adj* national; **route** *f* ~**e** highway **2** *mpl*: **nationaux** nationals **3** *f* highway; **nationalisation** *f* nationalization; **nationaliser** ⟨1a⟩ nationalize; **nationalisme** *m* nationalism; **nationaliste 1** *adj* nationalist; *péj* nationalistic **2** *m/f* nationalist; **nationalité** *f* nationality; **de quelle ~ est-elle?** what nationality is she?

nativité [nativite] *f* ART, REL Nativity

natte [nat] *f* (*tapis*) mat; *de cheveux* braid, plait

naturalisation [natyralizasjõ] *f* naturalization; **naturaliser** ⟨1a⟩ naturalize

nature [natyr] **1** *adj yaourt* plain; *thé,*

café without milk or sugar; *personne* natural **2** *f* nature; *genre, essence* kind, nature; **être artiste de** ~ be a natural artist, be an artist by nature; **de** ~ **à faire qch** likely to do sth; ~ **morte** ART still life; **naturel, ~le 1** *adj* natural **2** *m* (*caractère*) nature; (*spontanéité*) naturalness; **naturellement** *adv* naturally

naufrage [nofraʒ] *m* shipwreck; **faire** ~ be shipwrecked; **naufragé, ~e** person who has been shipwrecked

nauséabond, ~e [nozeabõ, -d] nauseating, disgusting; **nausée** *f* nausea (*aussi fig*); **j'ai la** ~ I'm nauseous, *Br* I feel sick; ~**s du matin** morning sickness *sg*; **nauséeux, -euse** nauseous

nautique [notik] *f* nautical; **ski** water *atr*; **nautisme** *m* water sports and sailing

naval, ~e [naval] (*mpl* -als) naval; *construction* ship *atr*; **chantier** *m* ~ shipyard

navet [navɛ] *m* rutabaga, *Br* swede; *fig* turkey F, *Br* flop

navette [navɛt] *f* shuttle; **faire la** ~ shuttle backward and forward; ~ **spatiale** space shuttle

navigable [navigabl] navigable; **navigant**: **le personnel** ~ the navigation crew; **navigateur** *m* AVIATT navigator; MAR sailor; INFORM browser; **navigation** *f* sailing; (*pilotage*) navigation; ~ **aérienne** air travel; ~ **spatiale** space travel; **naviguer** ⟨1m⟩ *d'un navire, marin* sail; *d'un avion* fly; (*conduire*) navigate; INFORM navigate; ~ **sur Internet** surf the Net

navire [navir] *m* ship; ~ **de guerre** battleship

navrant, ~e [navrã, -t] distressing, upsetting; **navré, ~e**: **je suis** ~ I am so sorry

ne [n(ə)] ◊: **je n'ai pas d'argent** I don't have any money, I have no money; **je** ~ **comprends pas** I don't understand, I do not understand; **afin de** ~ **pas l'oublier** so as not to forget

◊: ~ ... **guère** hardly; ~ ... **jamais**

never; ~ ... *personne* nobody; ~ ... *plus* no longer; not any more; ~ ... *que* only; ~ ... *rien* nothing; *voir aussi* **guère, jamais** etc

◊: *à moins que je ~ lui parle* (subj) unless I talk to him; *avant qu'il ~ meure* (subj) before he dies

né, ~e [ne] 1 p/p de *naître* 2 adj born; *~e Lepic* née Lepic

néanmoins [neãmwɛ̃] adv nevertheless

néant [neã] m nothingness

nébuleux, -euse [nebylø, -z] cloudy; *fig* hazy; **nébulosité** f cloudiness; *fig* haziness

nécessaire [neseser] 1 adj necessary 2 m necessary; *le strict ~* the bare minimum; *~ de toilette* toiletries pl **nécessité** [nesesite] f need, necessity; *~s* necessities; *par ~* out of necessity; **nécessiter** ⟨1a⟩ require, necessitate; **nécessiteux, -euse** needy

nécrologie [nekrɔlɔʒi] f deaths column, obituaries pl

néerlandais, ~e [neerlãdɛ, -z] 1 adj Dutch 2 m langue Dutch 3 m/f **Néerlandais, ~e** Dutchman; Dutchwoman

nef [nɛf] f nave

néfaste [nefast] harmful

négatif, -ive [negatif, -iv] 1 adj negative 2 m negative; **négation** f negation; GRAM negative

négligé [negliʒe] 1 adj travail careless, sloppy; *tenue* untidy; *épouse, enfant* neglected 2 m negligee; **négligeable** negligible; **négligence** f negligence, carelessness; *d'une épouse, d'un enfant* neglect; (*nonchalance*) casualness; GRAM negative; **négligent, ~e** careless, negligent; *parent* negligent; *geste* casual; **négliger** ⟨1l⟩ personne, vêtements, intérêts neglect; *occasion* miss; *avis* disregard; *~ de faire qch* fail to do sth

négoce [negɔs] m trade

négociable [negɔsjabl] negotiable

négociant [negɔsjã] m merchant

négociateur, -trice [negɔsjatœr, -tris] m/f negotiator; **négociation** f negotiation; **négocier** ⟨1a⟩ negotiate

négrier, -ère [negrije, -ɛr] m/f F slave-driver

neige [nɛʒ] f snow; **neiger** ⟨1l⟩ snow; **neigeux, -euse** snowy

nénuphar [nenyfar] m BOT waterlily

néon [neõ] m neon

nerf [nɛr] m nerve; (*vigueur*) energy, verve; *être à bout de ~s* be at the end of one's tether

nerveusement [nɛrvøzmã] adv nervously; **nerveux, -euse** nervous; (*vigoureux*) full of energy; AUTO responsive; **nervosité** f nervousness

n'est-ce pas [nɛspa]: *il fait beau, ~?* it's a fine day, isn't it?; *tu la connais, ~?* you know her, don't you?

nétiquette [netiket] f netiquette

netteté [nɛtte] f cleanliness; (*clarté*) clarity

nettoyage [nɛtwajaʒ] m cleaning; *~ ethnique* ethnic cleansing; *~ de printemps* spring-cleaning; *~ à sec* dry cleaning; **nettoyer** ⟨1h⟩ clean; F (*ruiner*) clean out F; *~ à sec* dry-clean

neuf¹ [nœf, *avec liaison* nœv] nine; → *trois*

neuf², neuve [nœf, nœv] new; *refaire à ~ maison* etc renovate; *moteur* recondition, rebuild; *quoi de ~?* what's new?, what's happening?

neurochirurgie [nørɔʃiryrʒi] f brain surgery; **neurochirurgien, ~ne** m/f brain surgeon

neurologie [nørɔlɔʒi] f neurology; **neurologue** m/f neurologist

neutraliser [nøtralize] ⟨1a⟩ neutralize; **neutralité** f neutrality

neutre [nøtr] neutral; GRAM neuter

neuvième [nœvjɛm] ninth

neveu [n(ə)vø] (pl -x) m nephew

névralgie [nevralʒi] f MÉD neuralgia; **névralgique** MÉD neuralgic

névrose f PSYCH neurosis; **névrosé, ~e** m/f neurotic

nez [ne] m nose; *avoir du ~* have a

good sense of smell; *fig* have a sixth sense; **raccrocher au ~ de qn** hang up on s.o.; **au ~ et à la barbe de qn** (right) under s.o.'s nose

ni [ni] neither, nor; **~ ... ~** (*ne before verb*) neither ... nor; **je n'ai ... intérêt ~ désir** I have neither interest nor inclination; **sans sucre ~ lait** without sugar or milk, with neither sugar nor milk; **~ l'un ~ l'autre** neither (one nor the other); **~ moi non plus** neither *ou* nor do I, me neither

niais, ~e [njɛ, -z] stupid; **niaiserie** *f* stupidity

niche [niʃ] *f dans un mur* niche; *d'un chien* kennel; **nicher** ⟨1a⟩ nest; *fig* F live

nicotine [nikɔtin] *f* nicotine

nid [ni] *m* nest; **~ d'amoureux** *fig* love nest; **~ de poule** *fig* pothole

nièce [njɛs] *f* niece

nier [nje] ⟨1a⟩ deny; **~ avoir fait qch** deny doing sth

nigaud, ~e [nigo, -d] **1** *adj* silly **2** *m* idiot, fool

nippon, ~(n)e [nipɔ̃, -ɔn] Japanese

nitouche [nituʃ] *f* F: **sainte ~** hypocrite

niveau [nivo] *m* (*pl* -x) level; ÉDU standard; *outil* spirit level; **~ d'eau** water level; **~ de vie** standard of living

niveler [nivle] ⟨1c⟩ *terrain* grade, level; *fig: différences* even out; **nivellement** *m* grading, leveling, *Br* levelling; *fig* evening out

noble [nɔbl] noble; **noblesse** *f* nobility

noce [nɔs] *f* wedding; **faire la ~** F paint the town red; **~s d'argent** silver wedding anniversary *sg*

nocif, -ive [nɔsif, -iv] harmful, noxious; **nocivité** *f* harmfulness

noctambule [nɔktãbyl] *m/f* night owl

nocturne [nɔktyrn] **1** *adj* night *atr*; ZO nocturnal **2** *f*: **ouvert en ~** open till late; **le match sera joué en ~** it's going to be an evening match

Noël [nɔɛl] *m* Christmas; **joyeux ~!** Merry Christmas!; **le père ~** Santa Claus, *Br aussi* Father Christmas; **à**

~ at Christmas

nœud [nø] *m* knot (*aussi* MAR); (*ruban*) ribbon; *fig: d'un débat, problème* nub; **~ coulant** slipknot; *de bourreau* noose; **~ papillon** bow tie; **~ plat** sailor's knot, *Br* reef knot

noir, ~e [nwar] **1** *adj* black; (*sombre*) dark; F (*ivre*) sozzled; **il fait ~** it's dark **2** *m* black; (*obscurité*) dark; **travail m au ~** moonlighting; **travailler au ~** moonlight; **Noir** *m* black man

noirceur [nwarsœr] *f* blackness; **noircir** ⟨2a⟩ blacken

Noire [nwar] *f* black woman

noisetier [nwaztje] *m* hazel; **noisette 1** *f* hazelnut **2** *adj inv* hazelnut

noix [nwa] *f* walnut; **~ de coco** coconut

nom [nɔ̃] *m* name; GRAM noun; **au ~ de qn** *ou Br* on behalf of s.o.; **du ~ de** by the name of; **~ déposé** registered trade mark; **~ de famille** surname, family name; **~ de guerre** pseudonym; **~ de jeune fille** maiden name

nombre [nɔ̃br] *m* number; (**bon**) **~ de mes amis** a good many of my friends; **ils sont au ~ de trois** they are three in number; **être du ~ de ...** be one of the ...; **sans ~** countless; **nombreux, -euse** numerous, many; *famille* large

nombril [nɔ̃bri(l)] *m* navel; **nombrilisme** *m* navel-gazing

nominal, ~e [nɔminal] (*mpl* -aux) *autorité, chef* nominal; *valeur* face *atr*; **nomination** *f* appointment; *à un prix* nomination

nommément [nɔmemã] *adv* by name; (*en particulier*) especially; **nommer** ⟨1a⟩ name, call; *à une fonction* appoint; **se ~** be called

non [nɔ̃] *m* no; **dire que ~** say no; **j'espère que ~** I hope not; **moi ~ plus** me neither; **et ~ sa sœur** and not her sister; **c'est normal, ~?** that's normal, isn't it?; **elle vient, ~?** she is coming, isn't she?; **~ que ...** (+ *subj*) not that ...

non-alcoolisé [nɔ̃nalkɔlize] non-alcoholic

nonante [nõnãt] *Belgique*, *Suisse* ninety

non-assistance *f*: **~ à personne en danger** failure to assist a person in danger (*a criminal offense in France*)

nonchalant, **~e** [nõʃalã, -t] nonchalant, casual

non-fumeur, -euse [nõfymœr, -øz] *m/f* non-smoker

non-intervention [nõnɛ̃tɛrvãsjõ] *f* POL non-intervention

nonobstant [nõnɔpstã] *prép* notwithstanding

non-polluant, **~e** [nõnpolyã, -t] environmentally friendly, non-polluting

non-sens [nõsãs] *m* (*pl inv*) (*absurdité*) nonsense; *dans un texte* meaningless word

non-violence [nõvjɔlãs] *f* POL non-violence

nord [nɔr] **1** *m* north; **vent m du ~** north wind; **au ~ de** (to the) north of; **perdre le ~** *fig* F lose one's head **2** *adj* north; *hemisphère* northern; **côte f ~** north *ou* northern coast

nord-africain, **~e** [nɔrdafrikɛ̃, -ɛn] **1** *adj* North-African **2** *m/f* **Nord-Africain**, **~e** North-African

nord-américain, **~e** [nɔramerikɛ̃, -ɛn] **1** *adj* North-American **2** *m/f* **Nord-Américain**, **~e** North-American

nord-est [nɔrɛst] *m* north-east

nordique [nɔrdik] Nordic

Nordiste [nɔrdist] *m/f & adj* HIST Unionist, Yankee

nord-ouest [nɔrwɛst] *m* north-west

normal, **~e** [nɔrmal] (*mpl* -aux) **1** *adj* normal **2** *f*: *inférieur / supérieur à la ~e* above / below average; **normalement** *adv* normally; **normalisation** *f* normalization; TECH standardization; **normalité** *f* normality

normand, **~e** [nɔrmã, -d] **1** *adj* Normandy *atr* **2** *m/f* **Normand**, **~e** Norman; **Normandie**: *la ~* Normandy

norme [nɔrm] *f* norm; TECH standard

Norvège [nɔrvɛʒ]: *la ~* Norway; **norvégien**, **~ne 1** *adj* Norwegian **2** *m* *langue* Norwegian **3** *m/f* **Norvégien**, **~ne** Norwegian

nos [no] → **notre**

nostalgie [nɔstalʒi] *f* nostalgia; **avoir la ~ de son pays** be homesick

notabilité [nɔtabilite] *f* VIP; **notable 1** *adj* noteworthy **2** *m* local worthy

notaire [nɔtɛr] *m* notary

notamment [nɔtamã] *adv* particularly

notarié, **~e** [nɔtarje] notarized

notation [nɔtasjõ] *f* notation; (*note*) note; ÉDU grading, *Br* marking

note [nɔt] *f* note; *à l'école* grade, *Br* mark; (*facture*) check, *Br* bill; **prendre ~ de qch** note sth; **prendre des ~s** take notes; **~ de bas de page** footnote; **~ de frais** expense account; **~ de service** memo; **noter** ⟨1a⟩ (*écrire*) write down, take down; (*remarquer*) note; **notice** *f* note; (*mode d'emploi*) instructions *pl*

notification [nɔtifikasjõ] *f* notification; **notifier** ⟨1a⟩ *v/t*: **~ qch à qn** notify s.o. of sth

notion [nɔsjõ] *f* (*idée*) notion, concept; **~s** basics *pl*

notoire [nɔtwar] well-known; *criminel*, *voleur* notorious

notre [nɔtr], *pl* **nos** [no] our

nôtre [notr]: *le, la ~*, *les ~s* ours

nouer [nwe] ⟨1a⟩ tie; *relations*, *amitié* establish; **noueux, -euse** gnarled

nougat [nuga] *m* nougat

nouilles [nuj] *fpl* noodles

nounou [nunu] *f* F nanny

nounours [nunurs] *m* teddy bear

nourrice [nuris] *f* childminder; **nourrir** ⟨2a⟩ feed; *fig*: *espoir*, *projet* nurture; **nourrissant** nourishing

nourrisson [nurisõ] *m* infant

nourriture [nurityr] *f* food

nous [nu] *pron personnel* ◊ *sujet* we; **à ~ deux ~ pourrons le faire** the two of us can do it, we can do it between the two of us

◊ *complément d'objet direct* us; *il ~ regarde* he is looking at us

◊ *complément d'objet indirect* (to) us; *donnez-le-~* give it to us; *il ~ a dit que …* he told us that …

◊ *emphatique*: **~, ~ préférons …** we prefer …; **~ autres Français** we French

◊ *réfléchi*: **~ ~ sommes levés tôt ce**

matin we got up early this morning; **~ ~ aimons beaucoup** we love each other very much

nouveau, nouvelle (*m* **nouvel** before a vowel or silent h; *mpl* **nouveaux**) [nuvo, -ɛl] **1** *adj* new; **rien de ~** nothing new; **de** *ou* **à ~** again; **~ venu, nouvelle venue** newcomer; **Nouvel An** *m* New Year('s); **Nouveau Monde** *m* New World; **Nouvelle--Angleterre** *f* New England; **Nouvelle-Orléans** *m* New Orleans; **Nouvelle Zélande** *f* New Zealand **2** *m* **voilà du ~!** that's new! **2** *m/f* new person

nouveau-né, ~e [nuvone] **1** *adj* newborn **2** *m* (*pl* nouveau-nés) newborn baby

nouveauté [nuvote] *f* novelty

nouvelle [nuvɛl] *f* (*récit*) short story; **une ~ dans les médias** a piece of news

nouvelles [nuvɛl] *fpl* news *sg*

nouvellement [-mɑ̃] *adv* newly

novateur, -trice [nɔvatœr, -tris] **1** *adj* innovative **2** *m/f* innovator

novembre [nɔvɑ̃br] *m* November

novice [nɔvis] **1** *m/f* novice, beginner; REL novice **2** *adj* inexperienced

noyade [nwajad] *f* drowning

noyau [nwajo] *m* (*pl* -x) pit, *Br* stone; BIOL, PHYS nucleus; *fig* (*groupe*) (small) group; **noyauter** ⟨1a⟩ POL infiltrate

noyer[1] [nwaje] ⟨1h⟩ drown; AUTO flood; **se ~** drown; *se suicider* drown o.s.

noyer[2] [nwaje] *m arbre, bois* walnut

nu, ~e [ny] **1** *adj* naked; *plaine, arbre, bras, tête etc* bare **2** *m* ART nude

nuage [nɥaʒ] *m* cloud; **être dans les ~s** *fig* be daydreaming; **nuageux, -euse** cloudy

nuance [nɥɑ̃s] *f* shade; *fig* slight difference; (*subtilité*) nuance; **nuancé, ~e** subtle; **nuancer** ⟨1k⟩ qualify

nucléaire [nykleɛr] **1** *adj* nuclear **2** *m*: **le ~** nuclear power

nudisme [nydism] *m f* nudism; **nudiste** *m/f & adj* nudist; **nudité** *f* nudity

nues [ny] *fpl fig*: **porter aux ~** praise to the skies; **tomber des ~** be astonished

nuée [nɥe] *f d'insectes* cloud; *de journalistes* horde

nuire [nɥir] ⟨4c⟩: **~ à** hurt, harm, be harmful to

nuisible [nɥizibl] harmful

nuit [nɥi] *f* night; **de ~** night *atr*, **la ~, de ~** *voyager* at night; **~ blanche** sleepless night; **il fait ~ (noire)** it's (pitch) dark

nul, ~le [nyl] **1** *adj* no; (*non valable*) invalid; (*sans valeur*) hopeless; (*inexistant*) nonexistent, nil; **~le part** nowhere; **match** *m* **~** tie, draw **2** *pron* no-one; **nullement** *adv* not in the slightest *ou* the least; **nullité** *f* JUR invalidity; *fig* hopelessness; *personne* loser

numéraire [nymerɛr] *m* cash; **numéral, ~e** (*mpl* -aux) *adj & m* numeral; **numération** *f*: **~ globulaire** blood count; **numérique** numerical; IN-FORM digital

numéro [nymero] *m* number; **~ de compte** account number; **~ de série** serial number; **~ sortant** winning number; **~ vert** toll-free number, *Br* Freefone number

numérotage [nymerɔtaʒ] *m* numbering; **numéroter** ⟨1a⟩ **1** *v/t* number **2** *v/i* TÉL dial

nu-pieds [nypje] *adj inv* barefoot

nuptial, ~e [nypsjal] (*mpl* -aux) wedding *atr*; *chambre* bridal; *messe* nuptial

nuque [nyk] *f* nape of the neck

nurse [nœrs] *f* nanny

nu-tête [nytet] *adj inv* bare-headed

nutritif, -ive [nytritif, -iv] nutritional; *aliment* nutritious; **nutrition** *f* nutrition; **nutritionniste** *m/f* nutritionist

nylon [nilɔ̃] *m* nylon

O

oasis [ɔazis] f oasis

obéir [ɔbeir] ⟨2a⟩ obey; **~ à** obey

obéissance [ɔbeisɑ̃s] f obedience; **obéissant, ~e** obedient

obèse [ɔbez] obese; **obésité** f obesity

objecter [ɔbʒɛkte] ⟨1a⟩: **~ qch pour ne pas faire qch** give as a reason; **~ que** object that; **objecteur** m: **~ de conscience** conscientious objector

objectif, -ive [ɔbʒɛktif, -iv] **1** adj objective **2** m objective, aim; MIL objective; PHOT lens

objection [ɔbʒɛksjɔ̃] f objection

objectivité [ɔbʒɛktivite] f objectivity

objet [ɔbʒɛ] m object; **de réflexions, d'une lettre** subject

obligation [ɔbligasjɔ̃] f obligation; COMM bond; **être dans l'~ de faire qch** be obliged to do sth; **obligatoire** compulsory, obligatory

obligé, ~e [ɔbliʒe] obliged; **obligeance** f obligingness; **obligeant, ~e** obliging; **obliger** ⟨1l⟩ oblige; (*forcer*) compel, force; **~ qn à faire qch** compel ou force s.o. to do sth; **être obligé de faire qch** be obliged to do sth

oblique [ɔblik] oblique; **obliquer** ⟨1m⟩: **~ vers la droite / la gauche** veer (to the) left / right

oblitérer [ɔblitere] ⟨1f⟩ *timbre* cancel

oblong, oblongue [ɔblɔ̃, -g] oblong

obscène [ɔpsen] obscene; **obscénité** f obscenity

obscur, ~e [ɔpskyr] obscure; *nuit, rue* dark; **obscurcir** ⟨2a⟩ darken; **s'~** grow dark, darken; **obscurcissement** m darkening; **obscurité** f obscurity; *de la nuit, d'une rue* darkness

obsédé, ~e [ɔpsede] m/f sex maniac; **obséder** ⟨1f⟩ obsess; **être ~ par** be obsessed by

obsèques [ɔpsek] fpl funeral sg

observateur, -trice [ɔpsɛrvatœr, -tris] m/f observer; **observation** f observation; (*remarque*) remark, observation; *d'une règle* observance; **observatoire** m observatory

observer [ɔpsɛrve] ⟨1a⟩ (*regarder*) watch, observe; *règle* observe; *changement, amélioration* notice; **faire ~ qch à qn** point sth out to s.o.

obsession [ɔpsesjɔ̃] f obsession; **obsessionnel, ~le** obsessive

obstacle [ɔpstakl] m obstacle; SP hurdle; *pour cheval* fence, jump; **faire ~ à qch** stand in the way of sth

obstétricien, ~ne [ɔpstetrisjɛ̃, -ɛn] m/f obstetrician; **obstétrique** f obstetrics

obstination [ɔpstinasjɔ̃] f obstinacy; **obstiné, ~e** obstinate; **obstiner** ⟨1a⟩: **s'~ à faire qch** persist in doing sth, be set on doing sth

obstruction [ɔpstryksjɔ̃] f obstruction; *dans tuyau* blockage; **obstruer** ⟨1n⟩ obstruct, block

obtempérer [ɔptɑ̃pere] ⟨1f⟩: **~ à** obey

obtenir [ɔptənir] ⟨2h⟩ get, obtain; **obtention** f obtaining; **~ d'un diplôme** graduation

obturateur [ɔptyratœr] m PHOT shutter; **obturation** f sealing; *d'une dent* filling; **obturer** ⟨1a⟩ seal; *dent* fill

obtus, ~e [ɔpty, -z] MATH, *fig* obtuse

obus [ɔby] m MIL shell

occasion [ɔkazjɔ̃] f opportunity; *marché* bargain; **d'~** second-hand; **à l'~** when the opportunity arises; **à l'~ de sa fête** on his name day; **en toute ~** all the time; **occasionnel, ~le** occasional; (*fortuit*) chance; **occasionner** ⟨1a⟩ cause

Occident [ɔksidɑ̃] m: **l'~** the West; **occidental, ~e** (m / pl -aux) **1** adj western **2** m/f **Occidental, ~e** westerner

occlusion [ɔklyzjɔ̃] f MÉD blockage;

buccale occlusion

occulte [ɔkylt] occult

occupant, ~e [ɔkypɑ̃, -t] **1** *adj* occupying **2** *m* occupant; **occupation** *f* occupation; **occupé, ~e** *personne* busy; *pays, appartement* occupied; *chaise* taken; TÉL busy, *Br aussi* engaged; *toilettes* occupied, *Br* engaged; **occuper** ⟨1a⟩ occupy; *place* take up, occupy; *temps* fill, occupy; *personnel* employ; *s'~ de politique, littérature* take an interest in; *malade* look after; *organisation* deal with

occurrence [ɔkyrɑ̃s] *f*: **en l'~** as it happens

océan [ɔseɑ̃] *m* ocean; **océanographie** *f* oceanography

octante [ɔktɑ̃t] *Belgique, Suisse* eighty

octet [ɔkte] *m* INFORM byte

octobre [ɔktɔbr] *m* October

oculaire [ɔkyler] eye *atr*; **oculiste** *m/f* eye specialist

odeur [ɔdœr] *f* smell, odor, *Br* odour; *parfum* smell, scent; **mauvaise ~** bad smell; **~ corporelle** body odor, BO

odieux, -euse [ɔdjø, -z] hateful, odious

odorant, ~e [ɔdɔrɑ̃, -t] scented; **odorat** *m* sense of smell

œil [œj] *m* (*pl* **yeux** [jø]) eye; **à mes yeux** in my opinion, in my eyes; **à vue d'~** visibly; **avoir l'~** be sharp-eyed; **coup d'~** glance, look; **avoir les yeux bleus** have blue eyes; **fermer les yeux sur qch** close one's eyes to sth, turn a blind eye to sth; **œillade** *f* glance, look; **œillères** *fpl* blinders, *Br* blinkers (*aussi fig*)

œillet [œjɛ] *m* BOT carnation; TECH eyelet

œsophage [ezɔfaʒ] *m* esophagus, *Br* œsophagus

œuf [œf] *m* (*pl* -s [ø]) egg; **~s brouillés** scrambled eggs; **~ à la coque** soft-boiled egg; **~ sur le plat** fried egg; **~ de Pâques** Easter egg; **dans l'~** *fig* in the bud

œuvre [œvr] **1** *f* work; **~ d'art** work of art; **se mettre à l'~** set to work; **mettre en ~** (*employer*) use; (*exécuter*) carry out, implement **2** *m* ART, litté-

rature works *pl*; **gros ~** TECH fabric

offense [ɔfɑ̃s] *f* (*insulte*) insult; (*péché*) sin; **offenser** ⟨1a⟩ offend; **s'~ de qch** take offense at sth *ou Br* offence at sth; **offensif, -ive 1** *adj* offensive **2** *f* offensive

office [ɔfis] *m* (*charge*) office; (*bureau*) office, agency; REL service; **bons ~s** good offices; **d'~** automatically; **faire ~ de** act as

officiel, ~le [ɔfisjɛl] official

officier [ɔfisje] *m* officer; **~ de police** police officer

officieux, -euse [ɔfisjø, -z] semi-official

officinal, ~e [ɔfisinal] (*mpl* -aux) *plante* medicinal; **officine** *f* PHARM dispensary

offrande [ɔfrɑ̃d] *f* REL offering; **offre** *f* offer; **~ d'emploi** job offer; **offrir** ⟨2f⟩ offer; *cadeau* give; **~ à boire à qn** offer s.o. a drink; **s'~ qch** treat o.s. to sth

offusquer [ɔfyske] ⟨1m⟩ offend

ogive [ɔʒiv] *f* MIL head; ARCH *m* rib; **~ nucléaire** nuclear warhead

OGM [ɔʒeɛm] *m abr* (= **organisme génétiquement modifié**) GMO (= genetically modified organism)

oie [wa] *f* goose

oignon [ɔɲɔ̃] *m* onion; BOT bulb

oiseau [wazo] *m* (*pl* -x) bird; **à vol d'~** as the crow flies

oiseux, -euse [wazø, -z] idle

oisif, -ive [wazif, -iv] idle; **oisiveté** *f* idleness

oléoduc [ɔleɔdyk] *m* (oil) pipeline

olfactif, -ive [ɔlfaktif, -iv] olfactory

olive [ɔliv] *f* olive; **olivier** *m* olive (tree); *bois* olive (wood)

O.L.P. [ɔelpe] *f abr* (= **Organisation de libération palestinienne**) PLO (= Palestine Liberation Organization)

olympique [ɔlɛ̃pik] Olympic

ombrage [ɔ̃braʒ] *m* shade; **ombragé, ~e** shady

ombrageux, -euse [ɔ̃braʒø, -z] *cheval* skittish; *personne* touchy

ombre [ɔ̃br] *f* (*ombrage*) shade; (*projection de silhouette*) shadow (*aussi* *fig); fig (anonymat)* obscurity; *de regret* hint, touch; **à l'~** in the shade; **être dans l'~ de qn** be in s.o.'s shadow, be overshadowed by s.o.; **ombrelle** *f* sunshade

omelette [ɔmlɛt] *f* omelet, *Br* omelette

omettre [ɔmɛtr] ⟨4p⟩ *détail, lettre* leave out, omit; **~ de faire qch** fail *ou* omit to do sth

omission [ɔmisjõ] *f* omission

omnibus [ɔmnibys] *m*: **(train m) ~** slow train

on [õ] *(après que, et, où, qui, si souvent* l'on) *pron personnel* ◊ *(nous)* we; **~ y a été hier** we went there yesterday; **~ est en retard** we're late ◊ *(tu, vous)* you; **alors, ~ s'amuse bien?** having fun? ◊ *(quelqu'un)* someone; **~ m'a dit que...** I was told that...; **~ a volé mon passeport** somebody has stolen my passport, my passport has been stolen ◊ *(eux, les gens)* they, people; **que pensera-t-~ d'un tel comportement?** what will they *ou* people think of such behavior? ◊ *autorités* they; **~ va démolir ...** they are going to demolish ... ◊ *indéterminé* you; **~ ne sait jamais** you never know, one never knows *fml*

oncle [õkl] *m* uncle

onction [õksjõ] *f* REL unction

onctueux, -euse [õktɥø, -z] smooth, creamy; *fig* smarmy F, unctuous

onde [õd] *f* wave; **sur les ~s** RAD on the air; **~s courtes** short wave *sg*; **grandes ~s** long wave *sg*; **~s moyennes** medium wave *sg*

ondée [õde] *f* downpour

on-dit [õdi] *m (pl inv)* rumor, *Br* rumour

ondoyer [õdwaje] ⟨1h⟩ *du blé* sway

ondulation [õdylasjõ] *f de terrain* undulation; *de coiffure* wave; **ondulé, ~e** *cheveux* wavy; *tôle* corrugated; **onduler** ⟨1a⟩ *d'ondes* undulate; *de cheveux* be wavy; **onduleux, -euse** undulating; *rivière* winding

onéreux, -euse [ɔnerø, -z] expensive; **à titre ~** for a fee

ONG [ɔɛnʒe] *f abr* (= **Organisation non gouvernementale**) NGO (= non-governmental organization)

ongle [õgl] *m* nail; ZO claw

onguent [õgã] *m* cream, salve

O.N.U. [ɔny *ou* ɔɛny] *f abr* (= **Organisation des Nations Unies**) UN (= United Nations)

onze [õz] eleven; **le ~** the eleventh; → **trois**; **onzième** eleventh

O.P.A. [ɔpea] *f abr* (= **offre publique d'achat**) takeover bid

opale [ɔpal] *f* opal

opaque [ɔpak] opaque

OPEP [ɔpɛp] *f abr* (= **Organisation des pays exportateurs de pétrole**) OPEC (= Organization of Petroleum Exporting Countries)

opéra [ɔpera] *m* opera; *bâtiment* opera house

opérable [ɔperabl] MÉD operable

opérateur, -trice [ɔperatœr, -tris] *m/f* operator; *en cinéma* cameraman; FIN trader

opération [ɔperasjõ] *f* operation; *action* working; FIN transaction; **opérationnel, ~le** MIL, TECH operational; **opératoire** MÉD *choc* post-operative; *bloc* operating; **opérer** ⟨1f⟩ **1** *v/t* MÉD operate on; *(produire)* make; *(exécuter)* implement, put in place **2** *v/i* MÉD operate; *(avoir effet)* work; *(procéder)* proceed; **se faire ~** have an operation

opérette [ɔperɛt] *f* operetta

ophtalmie [ɔftalmi] *f* MÉD ophthalmia; **ophtalmologiste**, **ophtalmologue** *m/f* ophthalmologist

opiner [ɔpine] ⟨1a⟩: **~ de la tête** *ou* **du bonnet** nod in agreement

opiniâtre [ɔpinjɑtr] stubborn; **opiniâtreté** *f* stubbornness

opinion [ɔpinjõ] *f* opinion

opium [ɔpjɔm] *m* opium

opportun, ~e [ɔpɔrtœ̃ *ou* ɔpɔrtœ̃, -yn] opportune; *moment* right; **opportunisme** *m* opportunism; **opportuniste** *m/f* opportunist; **opportunité** *f* timeliness; *(occasion)* opportunity

opposant, ~e [ɔpozɑ̃, -t] **1** *adj* opposing **2** *m/f* opponent; **les ~s** the opposition *sg*; **opposé, ~e 1** *adj* maisons, pôles opposite; goûts, opinions conflicting; **être ~ à qch** be opposed to sth **2** *m* opposite; **à l'~** in the opposite direction (**de** from); **à l'~ de qn** unlike s.o.; **opposer** ⟨1a⟩ personnes, pays bring into conflict; argument put forward; **s'~ à qn / à qch** oppose s.o. / sth; **opposition** *f* opposition; (contraste) contrast; **par ~ à** in contrast to, unlike

oppresser [ɔprese] ⟨1b⟩ oppress, weigh down; **oppresseur** *m* oppressor; **oppressif, -ive** oppressive; **oppression** *f* (domination) oppression

opprimer [ɔprime] ⟨1a⟩ oppress

opter [ɔpte] ⟨1a⟩: **~ pour** opt for

opticien, ~ne [ɔptisjɛ̃, -ɛn] *m/f* optician

optimal, ~e [ɔptimal] (mpl -aux) optimum; **optimisme** *m* optimism; **optimiste 1** *adj* optimistic **2** *m/f* optimist; **optimum** *m* optimum

option [ɔpsjɔ̃] *f* option

optique [ɔptik] **1** *adj* nerf optic; verre optical **2** *f* science optics; fig viewpoint

opulent, ~e [ɔpylɑ̃, -t] (riche) wealthy; poitrine ample

or[1] [ɔr] *m* gold; **d'~, en ~** gold atr; **plaqué ~** gold-plated

or[2] [ɔr] *conj* now

oracle [ɔrakl] *m* oracle

orage [ɔraʒ] *m* storm (aussi fig); **orageux, -euse** stormy (aussi fig)

oraison [ɔrezɔ̃] *f* REL prayer; **~ funèbre** eulogy

oral, ~e [ɔral] (mpl -aux) **1** *adj* oral **2** *m* oral (exam)

orange [ɔrɑ̃ʒ] **1** *f* orange **2** *adj inv* orange; **oranger** *m* orange tree

orateur, -trice [ɔratœr, -tris] *m/f* orator

orbital, ~e [ɔrbital] (mpl -aux) navigation spatiale orbital

orbite [ɔrbit] *f* ANAT eyesocket; ASTR orbit (aussi fig)

orchestre [ɔrkɛstr] *m* orchestra; de théâtre orchestra, Br stalls pl

orchidée [ɔrkide] *f* BOT orchid

ordinaire [ɔrdinɛr] **1** *adj* ordinary **2** *m* essence regular; **comme à l'~** as usual; **d'~** ordinarily

ordinateur [ɔrdinatœr] *m* computer; **assisté par ~** computer-assisted

ordonnance [ɔrdonɑ̃s] *f* arrangement, layout; (ordre) order (aussi JUR); MÉD prescription; **ordonné, ~e** tidy; **ordonner** ⟨1a⟩ choses, pensées organize; (commander) order; MÉD prescribe

ordre [ɔrdr] *m* order; **~ du jour** agenda; **~ établi** established order, status quo; **par ~ alphabétique** in alphabetical order, alphabetically; **de l'~ de** in the order of; **de premier ~** first-rate; **en ~** in order; **mettre en ~** pièce tidy (up); **jusqu'à nouvel ~** until further notice

ordures [ɔrdyr] *fpl* (détritus) garbage *sg*, Br rubbish *sg*; fig filth *sg*; **ordurier, -ère** filthy

oreille [ɔrɛj] *f* ANAT ear; d'un bol handle; **être dur d'~** be hard of hearing

oreiller [ɔreje] *m* pillow

oreillons [ɔrejɔ̃] *mpl* MÉD mumps *sg*

ores: **d'~ et déjà** [dɔrzedeʒa] already

orfèvre [ɔrfevr] *m* goldsmith

organe [ɔrgan] *m* organ; (voix, porte-parole) voice; d'un mécanisme part; **~s génitaux** genitals; **~s vitaux** vital organs

organigramme [ɔrganigram] *m* organization chart; **~ de production** production flowchart

organique [ɔrganik] organic

organisateur, -trice [ɔrganizatœr, -tris] *m/f* organizer; **organisation** *f* organization; **organiser** ⟨1a⟩ organize; **s'~** d'une personne organize o.s., get organized; **organiseur** *m* INFORM personal organizer

organisme [ɔrganism] *m* organism; ANAT system; (organisation) organization, body

organiste [ɔrganist] *m/f* organist

orgasme [ɔrgasm] *m* orgasm

orge [ɔrʒ] *f* BOT barley

orgue [ɔrg] *m* (pl f) organ

orgueil [ɔrgœj] *m* pride; **orgueilleux,**

O

-euse proud

Orient [ɔrjɑ̃] *m*: *l'~* the East; *Asie* the East, the Orient; **oriental, ~e** (*mpl* -aux) **1** *adj* east, eastern; *d'Asie* eastern, Oriental **2** *m/f* **Oriental, ~e** Oriental

orientation [ɔrjɑ̃tasjɔ̃] *f* direction; *d'une maison* exposure; **orienté, ~e** (*engagé*) biassed; **être ~ à l'est** face east; **orienter** ⟨1a⟩ orient, *Br* orientate; (*diriger*) direct; *s'~* get one's bearings; *s'~ vers fig* go in for; *s'~ à gauche* lean to the left

orifice [ɔrifis] *m* TECH opening

originaire [ɔriʒinɛr] original; **être ~ de** come from

original, ~e [ɔriʒinal] (*mpl* -aux) **1** *adj* original; *péj* eccentric **2** *m ouvrage* original; *personne* eccentric; **originalité** *f* originality

origine [ɔriʒin] *f* origin; **à l'~** originally; *d'~ française* of French origin, French in origin; **avoir son ~ dans qch** have its origins in sth; **originel, ~le** original; *péché m ~* REL original sin

orme [ɔrm] *m* BOT elm

ornement [ɔrnəmɑ̃] *m* ornament; **ornemental, ~e** (*mpl* -aux) ornamental, decorative; **ornementer** ⟨1a⟩ ornament

orner [ɔrne] ⟨1a⟩ decorate (*de* with)

ornière [ɔrnjɛr] *f* rut

ornithologie [ɔrnitɔlɔʒi] *f* ornithology

orphelin, ~e [ɔrfəlɛ̃, -in] *m/f* orphan; **orphelinat** *m* orphanage

orteil [ɔrtɛj] *m* toe

orthodoxe [ɔrtɔdɔks] orthodox

orthographe [ɔrtɔgraf] *f* spelling

orthopédique [ɔrtɔpedik] orthopedic; **orthopédiste** *m/f* orthopedist

orthophonie [ɔrtɔfɔni] *f* speech therapy; **orthophoniste** *m/f* speech therapist

ortie [ɔrti] *f* BOT nettle

os [ɔs; *pl* o] *m* bone; **trempé jusqu'aux ~** F soaked to the skin

O.S. [oɛs] *m abr* (= **ouvrier spécialisé**) semi-skilled worker

oscillation [ɔsilasjɔ̃] *f* PHYS oscillation; *fig* swing; **osciller** ⟨1a⟩ PHYS

oscillate; *d'un pendule* swing; *~ entre fig* waver *ou* hesitate between

osé, ~e [oze] daring

oseille [ozɛj] *f* BOT sorrel

oser [oze] ⟨1a⟩: *~ faire* dare to do

osier [ozje] *m* BOT osier; *en ~* wicker

ossature [ɔsatyr] *f* skeleton, bone structure

ossements [ɔsmɑ̃] *mpl* bones; **osseux, -euse** ANAT bone *atr*; *visage, mains* bony

ostensible [ɔstɑ̃sibl] evident

ostentation [ɔstɑ̃tasjɔ̃] *f* ostentation

otage [ɔtaʒ] *m* hostage

OTAN [ɔtɑ̃] *f abr* (= **Organisation du Traité de l'Atlantique Nord**) NATO (= North Atlantic Treaty Organization)

ôter [ote] ⟨1a⟩ remove, take away; *vêtement, chapeau* remove, take off; MATH take away; *tâche* remove

oto-rhino(-laryngologiste) [ɔtorino (larɛ̃gɔlɔʒist)] *m* ENT specialist, ear-nose-and-throat specialist

ou [u] *conj* or; *~ bien* or (else); *~ ... ~* ... either ... or

où [u] *adv* where; *direction ~ vas-tu?* where are you going (to)?; *d'~ vient-il?* where does he come from?; *d'~ l'on peut déduire que ...* from which it can be deduced that ...; *par ~ es-tu passé?* which way did you go?; *~ que* (+ *subj*) wherever; *le jour / soir ~ ...* the day / evening when ...

ouais [wɛ] F yeah F

ouate [wat] *f* absorbent cotton, *Br* cotton wool; **ouater** ⟨1a⟩ pad, quilt

oubli [ubli] *m* forgetting; (*omission*) oversight; **tomber dans l'~** sink into oblivion; **un moment d'~** a moment's forgetfulness; **oublier** ⟨1a⟩ forget; *~ de faire qch* forget to do sth

ouest [wɛst] **1** *m* west; **vent *m* d'~** west wind; **à l'~ de** (to the) west of **2** *adj* west, western; *côte f ~* west *ou* western coast

oui [wi] yes; *je crois que ~* I think so; *mais ~* of course; *tu aimes ça? - ~* do you like this? - yes, I do

ouï-dire [widir]: *par ~* by hearsay

ouïe [wi] *f* hearing; **~s** ZO gills
ouragan [uragɑ̃] *m* hurricane
ourdir [urdir] ⟨2a⟩ *fig*: **~ un complot** hatch a plot
ourler [urle] ⟨1a⟩ hem; **ourlet** *m* hem
ours [urs] *m* bear; **ourse** *f* she-bear; **la Grande Ourse** ASTR the Great Bear
oursin [ursɛ̃] *m* ZO sea urchin
oust(e)! [ust] F (get) out!
outil [uti] *m* tool; **~ pédagogique** teaching aid; **outillage** *m* tools *pl*
outrage [utraʒ] *m* insult; **outrager** ⟨1l⟩ insult; **outrageusement** *adv* excessively
outrance [utrɑ̃s] *f* excessiveness; **à ~** excessively
outre [utr] **1** *prép* (*en plus de*) apart from, in addition to; **~ mesure** excessively **2** *adv*: **en ~** besides; **passer ~ à qch** ignore sth
outré, ~e [utre]: **être ~ de** *ou* **par qch** be outraged by sth
outre-Atlantique *adv* on the other side of the Atlantic
outre-Manche *adv* on the other side of the Channel
outre-mer [utrəmɛr]: **d'~** overseas *atr*
outrepasser [utrəpase] ⟨1a⟩ exceed
outsider [awtsajdər] *m* outsider
ouvert, ~e [uver, -t] open (*aussi fig*); **à**

bras ~s with open arms; **ouvertement** *adv* openly; **ouverture** *f* opening; MUS overture; **des ~s** *fig* overtures; **ouvrable** working; **jour** *m* **~** workday, *Br aussi* working day
ouvrage [uvraʒ] *m* work; **ouvragé, ~e** ornate
ouvrant [uvrɑ̃] AUTO: **toit** *m* **~** sun roof
ouvre-boîtes [uvrəbwat] *m* (*pl inv*) can opener, *Br aussi* tin opener; **ouvre-bouteilles** *m* (*pl inv*) bottle opener
ouvrier, -ère [uvrije, -er] **1** *adj* working-class; *classe* working **2** *m/f* worker; **~ qualifié** skilled worker
ouvrir [uvrir] ⟨2f⟩ **1** *v/t* open; *radio, gaz* turn on **2** *v/i d'un magasin, musée* open; **s'~** open; *fig* open up
ovaire [ɔver] *m* BIOL ovary
ovale [ɔval] *m & adj* oval
ovation [ɔvasjõ] *f* ovation
ovni [ɔvni] *m abr* (= **objet volant non identifié**) UFO (= unidentified flying object)
oxyder [ɔkside] ⟨1a⟩: **(s')~** rust
oxygène [ɔksiʒen] *m* oxygen
ozone [ozɔ(o)n] *m* ozone; **trou** *m* **de la couche d'~** hole in the ozone layer

P

p. *abr* (= **page**) p; (= **pages**) pp
pacemaker [pesmekœr] *m* pacemaker
pacifier [pasifje] ⟨1a⟩ pacify
pacifique [pasifik] **1** *adj personne* peace-loving; *coexistence* peaceful; **l'océan Pacifique** the Pacific Ocean **2** *m* **le Pacifique** the Pacific; **pacifisme** *m* pacifism; **pacifiste** *m/f & adj* pacifist
pacotille [pakɔtij] *f péj* junk
pacte [pakt] *m* pact; **pactiser** ⟨1a⟩: **~ avec** come to terms with

pagaie [page] *f* paddle
pagaïe, pagaille [pagaj] *f* F mess
paganisme [paganism] *m* paganism
pagayer [pageje] ⟨1i⟩ paddle
page [paʒ] *f* page; **être à la ~** *fig* be up to date; **tourner la ~** make a new start, start over; **~s jaunes** INFORM home page; **~s jaunes** yellow pages
paie, paye [pɛ] *f* pay
paiement [pemã] *m* payment
païen, ~ne [pajɛ̃, -en] *m/f & adj* pagan
paillard, ~e [pajar, -d] bawdy

paillasson [pajasõ] m doormat

paille [paj] f straw

paillette [pajɛt] f sequin

pain [pɛ̃] m bread; **un ~** a loaf; **~ de savon** bar of soap; **~ au chocolat** chocolate croissant; **~ de campagne** farmhouse loaf; **~ complet** whole wheat ou Br wholemeal bread; **~ d'épice** gingerbread; **petit ~** roll; **~ de mie** sandwich loaf

pair, ~e [pɛr] **1** adj nombre even **2** m: **hors ~** succès unequalled, Br unequalled; artiste, cuisinier unrivaled, Br unrivalled; **aller de ~** go hand in hand; **fille** f **au ~** au pair; **être au ~** be an au pair

paire [pɛr] f: **une ~ de** a pair of

paisible [pezibl] peaceful; personne quiet; **paisiblement** adv peacefully

paître [pɛtr] ⟨4z⟩ graze

paix [pɛ] f peace; (calme) peace and quiet; **faire la ~** make peace; **fiche-moi la ~!** F leave me alone ou in peace!

Pakistan [pakistã] m: **le ~** Pakistan; **pakistanais, ~e 1** adj Pakistani **2** m/f **Pakistanais, ~e** Pakistani

palais [palɛ] m palace, ANAT palate; **~ de justice** law courts pl

pale [pal] f blade

pâle [pɑl] pale; fig: style colorless, Br colourless; imitation pale

palefrenier, -ère [palfrənje, ɛr] m/f groom

Palestine [palɛstin] f: **la ~** Palestine; **palestinien, ~ne 1** adj Palestinian **2** m/f **Palestinien, ~ne** Palestinian

palette [palɛt] f de peinture palette

pâleur [palœr] f paleness, pallor

palier [palje] m d'un escalier landing; TECH bearing; (phase) stage; **par ~s** in stages

pâlir [palir] ⟨2a⟩ d'une personne go pale, pale; de couleurs fade

palissade [palisad] f fence

pallier [palje] ⟨1a⟩ alleviate; manque make up for

palmarès [palmarɛs] m d'un concours list of prizewinners; MUS charts pl

palme [palm] f BOT palm; de natation flipper

palmeraie [palmərɛ] f palm grove; **palmier** m BOT palm tree

palombe [palõb] f wood pigeon

pâlot, ~te [palo, -ɔt] pale

palpable [palpabl] palpable; **palper** ⟨1a⟩ feel; MÉD palpate

palpitant, ~e [palpitã, -t] fig exciting, thrilling; **palpitations** fpl palpitations; **palpiter** ⟨1a⟩ du cœur pound

paludisme [palydism] m MÉD malaria

pamphlet [pɑ̃flɛ] m pamphlet

pamplemousse [pɑ̃pləmus] m grapefruit

pan [pɑ̃] m de vêtement tail; de mur section

panache [panaʃ] m plume; **avoir du ~** have panache; **panaché** m shandygaff, Br shandy

pancarte [pɑ̃kart] f sign; de manifestation placard

pancréas [pɑ̃kreas] m ANAT pancreas

paner [pane] ⟨1a⟩ coat with breadcrumbs; **poisson m pané** breaded fish

panier [panje] m basket; **~ à provisions** shopping basket

panique [panik] **1** adj: **peur** f **~** panic **2** f panic; **paniquer** ⟨1a⟩ panic

panne [pan] f breakdown; **être/rester en ~** break down; **tomber en ~ sèche** run out of gas ou Br petrol; **en ~** broken down; **~ d'électricité** power outage, Br power failure

panneau [pano] m (pl -x) board; TECH panel; **~ d'affichage** billboard; **~ publicitaire** billboard, Br aussi hoarding; **~ de signalisation** roadsign; **~ solaire** solar panel

panonceau [panõso] m (pl -x) plaque

panoplie [panɔpli] f fig range

panorama [panɔrama] m panorama; **panoramique** panoramic

panse [pɑ̃s] f F belly

pansement [pɑ̃smɑ̃] m dressing; **panser** ⟨1a⟩ blessure dress; cheval groom

pantalon [pɑ̃talõ] m pants pl, Br trousers pl; **un ~** a pair of pants

pantelant, ~e [pɑ̃tlã, -t] panting

panthère [pɑ̃tɛr] f panther

pantin [pɑ̃tɛ̃] m péj puppet

pantois [pɑ̃twa] adj inv: **rester ~** be

speechless

pantouflard [pãtuflar] *m* F stay-at-
-home

pantoufle [pãtufl] *f* slipper

PAO [peao] *f abr* (= *publication assistée par ordinateur*) DTP (=
desk-top publishing)

paon [pã] *m* peacock

papa [papa] *m* dad

papal, -e [papal] (*mpl* -aux) REL papal; **papauté** *f* REL papacy

pape [pap] *m* REL pope

paperasse [papras] *f* (*souvent au pl*
~*s*) *péj* papers *pl*

papeterie [papetri] *f magasin* stationery store, *Br* stationer's; *usine* paper
mill; **papetier, -ère** *m/f* stationer

papi, papy [papi] *m* F grandpa

papier [papje] *m* paper; ~*s* papers,
documents; ~ (*d'*)*aluminium* kitch-
en foil; ~ *hygiénique* toilet tissue;
~*s d'identité* identification, ID; ~ *à
lettres* notepaper; ~ *peint* wallpaper

papillon [papijõ] *m* butterfly; TECH
wing nut; F (*contravention*) (parking)
ticket; *nœud m* ~ bow tie; (*brasse f*)
~ butterfly (stroke)

papoter [papɔte] ⟨1a⟩ F shoot the
breeze, *Br* chat

paquebot [pakbo] *m* liner

pâquerette [pɑkrɛt] *f* BOT daisy

Pâques [pɑk] *m* / *sg ou fpl* Easter; *à* ~
at Easter; *joyeuses* ~! happy Easter

paquet [pakɛ] *m* packet; *de sucre, café*
bag; *de la poste* parcel, package

par [par] *prép* ◊ *lieu* through; ~ *la porte* through the door; *regarder* ~ *la
fenêtre de l'extérieur* look in at the
window; *de l'intérieur* look out of
the window; *tomber* ~ *terre* fall
down; *assis* ~ *terre* sitting on the
ground; *passer* ~ *Denver* go
through *ou* via Denver

◊ *temps*: ~ *beau temps* in fine
weather; ~ *une belle journée* one
fine day

◊ *raison*: ~ *conséquent* consequently; ~ *curiosité* out of curiosity;
~ *hasard* by chance; ~ *malheur* unfortunately;

◊ *agent du passif* by; *il a été ren-*
versé ~ *une voiture* he was knocked
over by a car; *faire qch* ~ *soi-même*
do sth by o.s.

◊ *moyen* by; ~ *bateau* by boat; *partir* ~ *le train* leave by train; ~ *la poste*
by mail

◊ *mode* by; ~ *centaines* in their
hundreds; ~ *avion* by airmail; ~
cœur by heart; ~ *écrit* in writing;
prendre qn ~ *la main* take s.o. by
the hand

◊ MATH: *diviser* ~ *quatre* divide by
four;

◊ *distributif*: ~ *an* a year, per annum;
~ *jour* a day; ~ *tête* each, a *ou* per
head;

◊ : *commencer* ~ / *finir* ~ *faire qch*
start / finish by doing sth

◊ : *de* ~ *le monde* all over the world;
de ~ *sa nature* by his very nature

para [para] *m* MIL *abr* → **parachutiste**

parabole [parabɔl] *f* parable; MATH
parabola; **parabolique**: *antenne f*
~ satellite dish

paracétamol [parasetamɔl] *m* parace-
tamol

parachute [parafyt] *m* parachute;
sauter en ~ parachute out; **parachuter** ⟨1a⟩ parachute; **parachutiste** *m/f* parachutist; MIL para-
trooper

parade [parad] *f* (*défilé*) parade; *en
escrime* parry; *à un argument* counter

paradis [paradi] *m* heaven, paradise

paradoxal, -e [paradɔksal] (*mpl* -aux)
paradoxical; **paradoxe** *m* paradox

parages [paraʒ] *mpl*: *dans les* ~ *de* in
the vicinity of; *est-ce que Philippe
est dans les* ~? is Philippe around?

paragraphe [paragraf] *m* paragraph

paraître [parɛtr] ⟨4z⟩ appear; *d'un livre* come out, be published; *il paraît
que* it seems that, it would appear
that; *à ce qu'il paraît* apparently;
elle paraît en pleine forme she
seems to be in top form; *cela me paraît bien compliqué* it looks very
complicated to me; *laisser* ~ show

parallèle [paralɛl] **1** *adj* parallel (*à* to)
2 *f* MATH parallel (line) **3** *m* GÉOGR
parallel (*aussi fig*)

P

paralyser [paralize] ⟨1a⟩ paralyse; *fig*: *circulation, production, ville* paralyse, bring to a standstill; **paralysie** *f* paralysis; **paralytique** paralytic

paramédical, **~e** [paramedikal] paramedical

paramètre [parametr] *m* parameter

parano [parano] F paranoid

paranoïaque [paranɔjak] *m/f & adj* paranoid

paranormal, **~e** [paranɔrmal] paranormal

parapente [parapɑ̃t] *m* paraglider; *activité* paragliding

parapet [parapɛ] *m* parapet

parapharmacie [parafarmasi] *f* (non--dispensing) pharmacy; *produits* toiletries *pl*

paraphrase [parafraz] *f* paraphrase

paraplégique [parapleʒik] *m/f & adj* paraplegic

parapluie [paraplɥi] *m* umbrella

parapsychique [parapsiʃik] psychic

parascolaire [paraskɔlɛr] extracurricular

parasite [parazit] **1** *adj* parasitic **2** *m* parasite; *fig* parasite, sponger; **~s** *radio* interference *sg*

parasol [parasɔl] *m* parasol; *de plage* beach umbrella

paratonnerre [paratɔnɛr] *m* lightning rod, *Br* lightning conductor

paravent [paravɑ̃] *m* windbreak

parc [park] *m* park; *pour enfant* playpen; **~ de stationnement** parking lot, *Br* car park

parcelle [parsɛl] *f de terrain* parcel

parce que [parskə] *conj* because

parchemin [parʃəmɛ̃] *m* parchment

par-ci [parsi] *adv*: **~, par-là** *espace* here and there; *temps* now and then

parcimonie [parsimɔni] *f*: **avec ~** sparingly, parcimoniously

parcmètre [parkmɛtr] *m* (parking) meter

parcourir [parkurir] ⟨2i⟩ *région* travel through; *distance* cover; *texte* read quickly, skim

parcours [parkur] *m* route; *course d'automobiles* circuit; **accident** *m* **de ~** snag

par-derrière [pardɛrjɛr] *adv* from behind

par-dessous [pardəsu] *prép & adv* underneath

pardessus [pardəsy] *m* overcoat

par-dessus [pardəsy] *prép & adv* over

par-devant [pardəvɑ̃] *adv* emboutir from the front

pardon [pardɔ̃] *m* forgiveness; **~!** sorry!; **~?** excuse me?, *Br aussi* sorry?; **demander ~ à qn** say sorry to s.o.; **pardonner** ⟨1a⟩: **~ qch à qn** forgive s.o. sth

pare-brise [parbriz] *m* (*pl inv*) AUTO windshield, *Br* windscreen

pare-chocs [parʃɔk] *m* (*pl inv*) AUTO bumper

pareil, **~le** [parɛj] **1** *adj* (*semblable*) similar (**à** to); (*tel*) such; **sans ~** without parallel; **elle est sans ~le** there's nobody like her; **c'est du ~ au même** F it comes to the same thing; **c'est toujours ~** it's always the same **2** *adv*: **habillés ~** similarly dressed, dressed the same way

parent, **~e** [parɑ̃, -t] **1** *adj* related **2** *m/f* relative; **~s** (*mère et père*) parents; **parental** parental; **parenté** *f* relationship

parenthèse [parɑ̃tez] *f* parenthesis, *Br* (round) bracket; (*digression*) digression; **entre ~s** in parentheses; *fig* by the way

parer [pare] ⟨1a⟩ *attaque* ward off; *en escrime* parry

pare-soleil [parsɔlɛj] *m* sun visor

paresse [parɛs] *f* laziness; **paresser** ⟨1b⟩ laze around; **paresseux**, **-euse** lazy

parfaire [parfɛr] ⟨1b⟩ perfect; *travail* complete; **parfait**, **~e 1** *adj* perfect; *before the noun* complete **2** *m* GRAM perfect (tense); **parfaitement** *adv* perfectly; *comme réponse* absolutely

parfois [parfwa] *adv* sometimes, on occasions

parfum [parfɛ̃, -œ̃] *m* perfume; *d'une glace* flavor, *Br* flavour

parfumé, **~e** [parfyme] scented; *femme* wearing perfume; **parfumer**

⟨1a⟩ *(embaumer)* scent; **parfumerie** *f* perfume store; *produits* perfumes *pl*

pari [pari] *m* bet

paria [parja] *m fig* pariah

parier [parje] ⟨1a⟩ bet

Paris [pari] *m* Paris; **parisien, ~ne 1** *adj* Parisian, of / from Paris **2** *m/f* **Parisien, ~ne** Parisian

paritaire [pariter] parity *atr*; **parité** *f* ÉCON parity

parjure [parʒyr] *litt* **1** *m* perjury **2** *m/f* perjurer

parka [parka] *m* parka

parking [parkiŋ] *m* parking lot, *Br* car park; *édifice* parking garage, *Br* car park

parlant, ~e [parlã, -t] *comparaison* striking; *preuves, chiffres* decisive; **parlé, ~e** spoken

Parlement [parləmã] *m* Parliament; **parlementaire 1** *adj* Parliamentary **2** *m/f* Parliamentarian

parlementer [parləmãter] ⟨1a⟩ talk (**avec qn de qch** to s.o. about sth)

parler [parle] ⟨1a⟩ **1** *v/i* speak, talk (**à, avec** to; **de** about); **sans ~ de** not to mention; **tu parles!** F you bet!; *refus* you're kidding! **2** *v/t*: **~ affaires** talk business; **~ anglais** speak English; **~ politique** talk politics **3** *m* speech; **~ régional** regional dialect; **parloir** *m* REL parlor, *Br* parlour

parmi [parmi] *prép* among; **ce n'est qu'un exemple ~ tant d'autres** it's just one example (out of many)

parodie [parɔdi] *f* parody; **parodier** ⟨1a⟩ parody

paroi [parwa] *f* partition

paroisse [parwas] *f* REL parish; **paroissien, ~ne** *m/f* REL parishioner

parole [parɔl] *f* *(mot, engagement)* word; *faculté* speech; **~ d'honneur** word of honor *ou Br* honour; **donner la ~ à qn** give s.o. the floor; **donner sa ~** give one's word; **~s de chanson** words, lyrics; **parolier, -ère** *m/f* lyricist

parquer [parke] ⟨1m⟩ *bétail* pen; *réfugiés* dump

parquet [parkɛ] *m* (parquet) floor; JUR public prosecutor's office

parrain [parɛ̃] *m* godfather; *dans un club* sponsor; **parrainer** ⟨1b⟩ sponsor

parsemer [parsəme] ⟨1d⟩ sprinkle (**de** with)

part [par] *f* share; *(fraction)* part, portion; **pour ma ~** for my part, as far as I'm concerned; **faire ~ de qch à qn** inform s.o. of sth; **faire la ~ des choses** make allowances; **prendre ~ à** take part in; *chagrin* share (in); **de la ~ de qn** from s.o., in *ou Br* on behalf of s.o.; **d'une ~ ... d'autre ~** on the one hand ... on the other hand; **autre ~** elsewhere; **nulle ~** nowhere; **quelque ~** somewhere; **à ~** *traiter etc* separately; **un cas à ~** a case apart; **à ~ cela** apart from that; **prendre qn à ~** take s.o. to one side

partage [partaʒ] *m* division; **~ des tâches (ménagères)** sharing the housework; **partager** ⟨1l⟩ share; *(couper, diviser)* divide (up)

partance [partãs] *f*: **en ~ bateau** about to sail; *avion* about to take off; *train* about to leave; **en ~ pour ...** bound for ...

partant [partã] *m* SP starter

partenaire [partəner] *m/f* partner

parterre [parter] *m* *de fleurs* bed; *au théâtre* rear orchestra, *Br* rear stalls *pl*

parti[1] [parti] *m* side; POL party; **prendre ~ pour** side with, take the side of; **prendre ~ contre** side against; **prendre le ~ de faire qch** decide to so sth; **tirer ~ de qch** turn sth to good use; **~ pris** preconceived idea

parti[2], ~e [parti] **1** *p/p* → **partir 2** *adj* F: **être ~** *(ivre)* be tight

partial, ~e [parsjal] *(mpl* -aux*)* biassed, prejudiced; **partialité** *f* bias, prejudice

participant, ~e [partisipã, -t] *m/f* participant; **participation** *f* participation; **~ aux bénéfices** profit sharing; **~ aux frais** contribution; **participer** ⟨1a⟩: **~ à** participate in, take part in; *bénéfices* share; *frais* contribute to; *douleur, succès* share in

particularité [partikylarite] *f* special feature, peculiarity

particule [partikyl] *f* particle

particulier, -ère [partikylje, -ɛr] **1** *adj* particular, special; *privé* private; **~ à** characteristic of, peculiar to; **en ~** in particular **2** *m* (private) individual; **particulièrement** *adv* particularly

partie [parti] *f* part (*aussi* MUS); *de boules, cartes, tennis* game; JUR party; *lutte* struggle; **en ~** partly; **faire ~ de qch** be part of sth

partiel, ~le [parsjɛl] partial; *un (examen) ~* an exam

partir [partir] ⟨2b⟩ (*aux être*) leave (*à, pour* for); SP start; *de la saleté* come out; **~ de qch** (*provenir de*) come from sth; **si on part du fait que ...** if we take as our starting point the fact that ...; **en partant de** (starting) from; **à ~ de** (starting) from, with effect from

partisan, ~e [partizɑ̃, -an] *m/f* supporter; MIL partisan; **être ~ de qch** be in favor *ou* Br favour of sth

partition [partisjɔ̃] *f* MUS score; POL partition

partout [partu] *adv* everywhere

paru, ~e [pary] *p/p* → **paraître**

parure [paryr] *f* finery; *de bijoux* set; **~ de lit** set of bed linen

parution [parysjɔ̃] *f d'un livre* appearance

parvenir [parvənir] ⟨2h⟩ (*aux être*) arrive; **~ à un endroit** reach a place, arrive at a place; **faire ~ qch à qn** forward sth to s.o.; **~ à faire qch** manage to do sth, succeed in doing sth

parvenu, ~e [parvəny] *m/f* upstart, parvenu *fml*

pas¹ [pɑ] *m* step, pace; **faux ~** stumble; *fig* blunder, faux pas; **à ~** step by step; **le Pas de Calais** the Straits *pl* of Dover

pas² [pɑ] *adv* ◇ not; **~ lui** not him; **tous les autres sont partis, mais ~ lui** all the others left, but not him *ou* he but he didn't
◇: **ne ... ~** not; **il ne pleut ~** it's not raining; **il n'a ~ plu** it didn't rain; **j'ai décidé de ne ~ accepter** I decided not to accept

passable [pasabl] acceptable

passage [pasaʒ] *m* passage; *fig* (*changement*) changeover; **~ à niveau** grade crossing, Br level crossing; **de ~** passing; **~ clouté** crosswalk, Br pedestrian crossing; **passager, -ère 1** *adj* passing, fleeting **2** *m/f* passenger; **~ clandestin** stowaway

passant, ~e [pasɑ̃, -t] *m/f* passerby

passe [pɑs] *f* SP pass

passé, ~e [pase] **1** *adj* past **2** *prép*: **~ dix heures** past *ou* after ten o'clock **3** *m* past; **~ composé** GRAM perfect

passe-partout [paspartu] *m* (*pl inv*) skeleton key

passe-passe [paspas] *m*: **tour de ~** conjuring trick

passeport [paspɔr] *m* passport

passer [pase] ⟨1a⟩ **1** *v/i* (*aux être*) *d'une personne, du temps,* pass, go past; *d'une voiture* pass; *d'une loi* pass; *d'un film* show; **~ avant qch** take precedence over sth; **je suis passé chez Sophie** I dropped by Sophie's place; **~ dans une classe supérieure** move up to a higher class; **~ de mode** go out of fashion; **~ devant la boulangerie** go past the bakery; **~ en seconde** AUTO shift into second; **~ pour qch** pass as sth; **~ sur qch** go over sth; **faire ~** *personne* let past; *plat, journal* pass, hand; **laisser ~** *personne* let past; *lumière* let in *ou* through; *chance* let slip; **en passant** in passing

2 *v/t rivière, frontière* cross; (*omettre*) *ligne* miss (out); *temps* spend; *examen* take, Br *aussi* sit; *vêtement* slip on; CUIS strain; *film* show; *contrat* enter into; **~ qch à qn** pass s.o. sth, pass sth to s.o.; **~ l'aspirateur** vacuum; **~ qch sous silence** pass over sth in silence

3: **se ~** (*se produire*) happen; **se ~ de qch** do without sth

passerelle [pasrɛl] *f* footbridge; MAR gangway; AVIAT steps *pl*

passe-temps [pɑstɑ̃] *m* (*pl inv*) hobby, pastime

passible [pasibl] JUR: **être ~ d'une peine** be liable to a fine

passif, -ive [pasif, -iv] **1** *adj* passive **2** *m* GRAM passive; COMM liabilities *pl*

passion [pasjɔ̃] *f* passion

passionnant, ~e [pasjɔnɑ̃, -t] thrilling, exciting; **passionné, ~e 1** *adj* passionate **2** *m/f* enthusiast; *être un ~ de...* be crazy about ...; **passionner** ⟨1a⟩ thrill, excite; **se ~ pour qch** have a passion for sth, be passionate about sth

passivité [pasivite] *f* passiveness, passivity

passoire [paswar] *f* sieve

pastel [pastɛl] *m* pastel; **couleurs ~** pastel colors

pastèque [pastɛk] *f* BOT watermelon

pasteur [pastœr] *m* REL pastor

pasteuriser [pastœrize] ⟨1a⟩ pasteurize

pastiche [pastiʃ] *m* pastiche

pastille [pastij] *f* pastille

patate [patat] *f* F potato, spud F

patauger [patoʒe] ⟨1l⟩ flounder

pâte [pɑt] *f* paste; CUIS *à pain* dough; *à tarte* pastry; **~s** pasta *sg*; **~ d'amandes** almond paste; **~ dentifrice** toothpaste; **~ feuilletée** flaky pastry

pâté [pɑte] *m* paté; **~ de maisons** block of houses

patère [patɛr] *f* coat peg

paternaliste [patɛrnalist] paternalistic; **paternel, ~le** paternal; **paternité** *f* paternity; **congé de ~** paternity leave

pâteux, -euse [patø, -z] doughy; *bouche* dry

pathétique [patetik] touching; F *(mauvais)* pathetic

pathologie [patɔlɔʒi] *f* pathology; **pathologique** pathological; **pathologiste** *m/f* pathologist

patibulaire [patibylɛr] sinister

patience [pasjɑ̃s] *f* patience; **patient, ~e** *m/f & adj* patient; **patienter** ⟨1a⟩ wait

patin [patɛ̃] *m*: **faire du ~** go skating; **~ (à glace)** (ice)skate; **~ à roulettes** roller skate; **patinage** *m* skating; **~ artistique** figure skating; **patiner** ⟨1a⟩ skate; AUTO skid; *de roues* spin;

patineur, -euse *m/f* skater; **patinoire** *f* skating rink

pâtisserie [pɑtisri] *f* *magasin* cake shop; *gâteaux* pastries, cakes; **pâtissier, -ère** *m/f* pastrycook

patois [patwa] *m* dialect

patraque [patrak] F: *être ~* be feeling off-color *ou* Br off-colour

patriarche [patrijarʃ] *m* patriarch

patrie [patri] *f* homeland

patrimoine [patrimwan] *m* heritage *(aussi fig)*; **~ culturel** *fig* cultural heritage

patriote [patrijɔt] **1** *adj* patriotic **2** *m/f* patriot; **patriotique** patriotic; **patriotisme** *m* patriotism

patron [patrɔ̃] *m* boss; *(propriétaire)* owner; *d'une auberge* landlord; REL patron saint; TECH stencil; *de couture* pattern; **patronal, ~e** employers' *atr*; **patronat** *m* POL employers; **patronne** *f* boss; *(propriétaire)* owner; *d'une auberge* landlady; REL patron saint; **patronner** ⟨1a⟩ sponsor

patrouille [patruj] *f* MIL, *de police* patrol; **patrouiller** ⟨1a⟩ patrol

patte [pat] *f* paw; *d'un oiseau* foot; *d'un insecte* leg; F hand, paw *péj*; **graisser la ~ à qn** *fig* F grease s.o.'s palm; **~s d'oie** crow's feet

pâturage [pɑtyraʒ] *m* pasturage

paume [pom] *f* palm; *(jeu m de)* **~** royal tennis

paumé, ~e [pome] F lost; **paumer** ⟨1a⟩ F lose

paupière [popjɛr] *f* eyelid

pause [poz] *f* *(silence)* pause; *(interruption)* break; **~-café** coffee break; **~-déjeuner** lunch break

pauvre [povr] **1** *adj* poor; **~ en calories** low in calories **2** *m/f* poor person; **les ~s** the poor *pl*; **pauvreté** *f* poverty

pavaner [pavane] ⟨1a⟩: **se ~** strut around

pavé [pave] *m* paving; *(chaussée)* pavement, Br road surface; *pierres rondes* cobbles *pl*, cobblestones *pl*; **un ~** a paving stone; *rond* a cobblestone; **paver** ⟨1a⟩ pave

pavillon [pavijɔ̃] *m* *(maisonnette)*

small house; MAR flag

pavot [pavo] *m* BOT poppy

payable [pejabl] payable

payant, ~e [pejã, -t] *spectateur* paying; *parking* which charges; *fig* profitable, worthwhile

paye [pej] *f* → **paie**

payement [pejmã] *m* → **paiement**

payer [peje] ⟨1i⟩ **1** *v/t* pay; **~ qch dix euros** pay ten euros for sth; **~ qch à qn** buy sth for s.o. **2** *v/i* pay **3:** *se* **~ qch** treat o.s. to sth

pays [pei] *m* country; **~ membre** de *l'UE* member country; **mal m du ~** homesickness; **le Pays basque** the Basque country

paysage [peizaʒ] *m* landscape; **paysager, -ère** landscaped; **bureau** *m* **~** open plan office; **paysagiste** *m/f*: (**architecte** *m*) **~** landscape architect

paysan, ~ne [peizã, -an] **1** *m/f* small farmer; HIST peasant **2** *adj mœurs* country *atr*

Pays-Bas [peiba] *mpl*: **les ~** the Netherlands

PC [pese] *m abr* (= **personal computer**) PC (= personal computer); (= **Parti communiste**) CP (= Communist Party)

PCV [peseve] *m abr* (= **paiement contre vérification**): **appel en ~** collect call

PDG [pedeʒe] *m abr* (= **président-directeur général**) President, CEO (= Chief Executive Officer)

péage [peaʒ] *m* AUTO tollbooth; **autoroute à ~** turnpike, toll road

peau [po] *f* (*pl* -x) skin; *cuir* hide, leather

pêche¹ [peʃ] *f* BOT peach

pêche² [peʃ] *f* fishing; *poissons* catch

péché [peʃe] *m* sin; **~ mignon** peccadillo; **pécher** ⟨1f⟩ sin; **~ par** suffer from an excess of

pêcher¹ [peʃe] *m* BOT peach tree

pêcher² [peʃe] ⟨1b⟩ **1** *v/t* fish for; (*attraper*) catch **2** *v/i* fish; **~ à la ligne** go angling

pécheur, -eresse [peʃœr, -ʃ(ə)rɛs] *m/f* sinner

pêcheur [peʃœr] *m* fisherman; **~ à la ligne** angler

pécule [pekyl] *m* nest egg

pécuniaire [pekynjɛr] pecuniary

pédagogie [pedagɔʒi] *f* education, teaching; **pédagogique** educational; **méthode** teaching; **pédagogue** *m/f* educationalist; (*professeur*) teacher

pédale [pedal] *f* pedal; **~ de frein** brake pedal; **pédaler** ⟨1a⟩ pedal

pédalo [pedalo] *m* pedal boat, pedalo

pédant, ~e [pedã, -t] pedantic

pédé [pede] *m* F faggot F, *Br* poof F

pédéraste [pederast] *m* homosexual, pederast

pédestre [pedɛstr]: **sentier** *m* **~** footpath; **randonnée** *f* **~** hike

pédiatre [pedjatr] *m/f* MÉD pediatrician; **pédiatrie** *f* pediatrics

pédicure [pedikyr] *m/f* podiatrist, *Br* chiropodist

pedigree [pedigre] *m* pedigree

pègre [pɛgr] *f* underworld

peigne [pɛɲ] *m* comb; **peigner** ⟨1b⟩ comb; **~ qn** comb one's hair; **peignoir** *m* robe, *Br* dressing gown

peindre [pɛ̃dr] ⟨4b⟩ paint; (*décrire*) depict

peine [pɛn] *f* (*punition*) punishment; (*effort*) trouble; (*difficulté*) difficulty; (*chagrin*) grief, sorrow; **~ capitale** capital punishment; **ce n'est pas la ~** there's no point, it's not worth it; **valoir la ~ de faire qch** be worth doing sth; **avoir de la ~ à faire qch** have difficulty doing sth, find it difficult to do sth; **prendre la ~ de faire qch** go to the trouble to do sth; **faire de la ~ à qn** upset s.o.; **à ~** scarcely, hardly

peiner [pene] ⟨1b⟩ **1** *v/t* upset **2** *v/i* labor, *Br* labour

peintre [pɛ̃tr] *m* painter

peinture [pɛ̃tyr] *f* paint; *action, tableau* painting; *description* depiction

péjoratif, -ive [peʒɔratif, -iv] pejorative

pelage [pəlaʒ] *m* coat

pêle-mêle [pɛlmɛl] *adv* pell-mell

peler [pəle] ⟨1d⟩ peel

pèlerin [pɛlrɛ̃] *m* pilgrim; **pèlerinage** *m* pilgrimage; *lieu* place of pilgrimage

pélican [pelikɑ̃] *m* pelican

pelle [pɛl] *f* spade; **~ à gâteau** cake slice; **... à la ~** huge quantities of ...

pelleteuse [pɛltøz] *f* mechanical shovel, digger

pellicule [pelikyl] *f* film; **~s** dandruff *sg*

pelote [p(ə)lɔt] *f* de fil ball

peloter [p(ə)lɔte] ⟨1a⟩ F grope, feel up

peloton [p(ə)lɔtɔ̃] *m* ball; MIL platoon; SP pack, bunch; **pelotonner** ⟨1a⟩ wind into a ball; **se ~** curl up; **se ~ contre qn** snuggle up to s.o.

pelouse [p(ə)luz] *f* lawn

peluche [p(ə)lyʃ] *f jouet* cuddly *ou* soft toy; **faire des ~s** *d'un pull etc* go fluffy *ou* picky; **ours** *m* **en ~** teddy bear

pelure [p(ə)lyr] *f* de fruit peel

pénal [penal] (*mpl* -aux) JUR penal; **pénalisation** *f* SP penalty; **pénaliser** ⟨1a⟩ penalize; **pénalité** *f* penalty

penalty [penalti] *m* SP penalty

penaud, **~e** [pəno, -d] hangdog, sheepish

penchant [pɑ̃ʃɑ̃] *m fig* (*inclination*) liking, penchant

pencher [pɑ̃ʃe] ⟨1a⟩ **1** *v/t* pour tilt; *penché écriture* sloping; **~ la tête en avant** bend *ou* lean forward **2** *v/i* lean; *d'un plateau* tilt; *d'un bateau* list; **~ pour qch** *fig* lean *ou* tend toward sth; **se ~ au dehors** lean out; **se ~ sur** *fig: problème* examine

pendaison [pɑ̃dɛzɔ̃] *f* hanging

pendant[1] [pɑ̃dɑ̃] **1** *prép* during; *avec chiffre* for; **elle a habité ici ~ trois ans** she lived here for three years **2** *conj:* **~ que** while

pendant[2], **~e** [pɑ̃dɑ̃, -t] *oreilles* pendulous; (*en instance*) pending; **pendentif** *m* pendant

penderie [pɑ̃dri] *f* armoire, *Br* wardrobe

pendiller [pɑ̃dije] ⟨1a⟩ dangle

pendre [pɑ̃dr] ⟨4a⟩ **1** *v/t* hang (up); *condamné* hang **2** *v/i* hang; **se ~** hang

o.s.

pendule [pɑ̃dyl] **1** *m* pendulum **2** *f* (*horloge*) clock

pénétration [penetrasjɔ̃] *f* penetration; *fig* (*acuité*) shrewdness; **pénétrer** ⟨1f⟩ **1** *v/t liquide, lumière* penetrate; *pensées, personne* fathom out **2** *v/i:* **~ dans** penetrate; *maison, bureaux* get into

pénible [penibl] *travail* laborious; *vie* hard; *nouvelle, circonstances* painful; *caractère* difficult; **péniblement** *adv* (*avec difficulté*) laboriously; (*à peine*) only just, barely; (*avec douleur*) painfully

péniche [peniʃ] *f* barge

pénicilline [penisilin] *f* penicillin

péninsule [penɛ̃syl] *f* peninsula

pénis [penis] *m* penis

pénitence [penitɑ̃s] *f* REL penitence; (*punition*) punishment; **pénitencier** *m* penitentiary, *Br* prison

pénombre [penɔ̃br] *f* semi-darkness

pense-bête [pɑ̃sbɛt] *m* reminder

pensée [pɑ̃se] *f* thought; BOT pansy

penser [pɑ̃se] ⟨1a⟩ **1** *v/i think;* **~ à** (*réfléchir à, s'intéresser à*) think of, think about; **faire ~ à qch** be reminiscent of sth; **faire ~ à qn à faire qch** remind s.o. to do sth **2** *v/t* think; (*imaginer*) imagine; **~ faire qch** (*avoir l'intention*) be thinking of doing sth; **~ de** think of, think about; **penseur** *m* thinker; **pensif, -ive** thoughtful

pension [pɑ̃sjɔ̃] *f* (*allocation*) allowance; *logement* rooming house, *Br* boarding house; *école* boarding school; **~ alimentaire** alimony; **~ complète** American plan, *Br* full board; **pensionnaire** *m/f* d'un hôtel guest; *écolier* boarder; **pensionnat** *m* boarding school

pente [pɑ̃t] *f* slope; **en ~** sloping; **être sur une mauvaise ~** *fig* be on a slippery slope

Pentecôte [pɑ̃tkot]: **la ~** Pentecost

pénurie [penyri] *f* shortage (*de* of)

pépin [pepɛ̃] *m de fruit* seed; **avoir un ~** F have a problem

pépinière [pepinjer] *f* nursery

pépite [pepit] *f* nugget

perçant, **~e** [pɛrsɑ̃, -t] *regard, froid* piercing; **percée** *f* breakthrough

percepteur [pɛrsɛptœr] *m* tax collector; **perceptible** perceptible; **perception** *f* perception; *des impôts* collection; **bureau** tax office

percer [pɛrse] ⟨1k⟩ **1** *v/t mur, planche* make a hole in; *porte* make; (*transpercer*) pierce **2** *v/i du soleil* break through; **perceuse** *f* drill

percevoir [pɛrsəvwar] ⟨3a⟩ perceive; *argent, impôts* collect

perche [pɛrʃ] *f* ZO perch; *en bois, métal* pole; **percher** ⟨1a⟩: (**se**) **~** *d'un oiseau* perch; F live; **perchiste** *m* pole vaulter; **perchoir** *m* perch

percolateur [pɛrkɔlatœr] *m* percolator

percussion [pɛrkysjõ] *f* MUS percussion; **percutant, ~e** *fig* powerful; **percuter** ⟨1a⟩ crash into

perdant, **~e** [pɛrdɑ̃, -t] **1** *adj* losing **2** *m/f* loser

perdre [pɛrdr] ⟨4a⟩ **1** *v/t* lose; **~ courage** lose heart; **~ une occasion** miss an opportunity, let an opportunity slip; **~ son temps** waste one's time; **~ connaissance** lose consciousness; **se ~** *disparaître* disappear, vanish; *d'une personne* get lost **2** *v/i*: **~ au change** lose out

perdrix [pɛrdri] *f* partridge

perdu, **~e** [pɛrdy] **1** *p/p* → **perdre 2** *adj* lost; *occasion* missed; *endroit* remote; *balle* stray; *emballage, verre* non-returnable

père [pɛr] *m* father (*aussi* REL)

perfection [pɛrfɛksjõ] *f* perfection; **perfectionnement** *m* perfecting; **perfectionner** ⟨1a⟩ perfect; **se ~ en anglais** improve one's English; **perfectionniste** *m/f* & *adj* perfectionist

perfide [pɛrfid] treacherous; **perfidie** *f* treachery

perforatrice [pɛrfɔratris] *f pour cuir, papier* punch; **perforer** ⟨1a⟩ perforate; *cuir* punch

performance [pɛrfɔrmɑ̃s] *f* performance; **performant, ~e** high-performance

perfusion [pɛrfyzjõ] *f* MÉD drip

péril [peril] *m* peril; **périlleux, -euse** perilous

périmé, **~e** [perime] out of date

périmètre [perimɛtr] *m* MATH perimeter; *dans un ~ de 25 km* within a 25km radius

période [perjɔd] *f period* (*aussi* PHYS); **~ de transition** transitional period *ou* phase; **en ~ de** in times of; **périodique 1** *adj* periodic **2** *m* periodical

péripéties [peripesi] *fpl* ups and downs

périphérie [periferi] *f d'une ville* outskirts *pl*; **périphérique** *m* & *adj*: (**boulevard** *m*) **~** beltway, *Br* ringroad

périple [peripl] *m* long journey

périr [perir] ⟨2a⟩ perish

périscope [periskɔp] *m* periscope

périssable [perisabl] perishable

péritel [peritɛl] *f*: **prise** *f* **~** scart

perle [pɛrl] *f* pearl; (*boule percée*) bead; *fig: personne* gem; *de sang* drop; **perler** ⟨1a⟩: *la sueur perlait sur son front* he had beads of sweat on his forehead

permanence [pɛrmanɑ̃s] *f* permanence; *être de* **~** be on duty; *en* **~** constantly; **permanent, ~e 1** *adj* permanent **2** *f coiffure* perm

perméable [pɛrmeabl] permeable

permettre [pɛrmɛtr] ⟨4p⟩ allow, permit; **~ à qn de faire qch** allow s.o. to do sth; **~ qch à qn** allow s.o. sth; **se ~ qch** allow o.s. sth

permis [pɛrmi] *m* permit; *passer son* **~** sit one's driving test; **~ de conduire** driver's license, *Br* driving licence; **~ de séjour** residence permit; **~ de travail** work permit

permissif, -ive [pɛrmisif, -iv] permissive; **permission** *f* permission; MIL leave

Pérou [peru]: **le ~** Peru

perpendiculaire [pɛrpɑ̃dikylɛr] perpendicular (**à** to)

perpétrer [pɛrpetre] ⟨1f⟩ JUR perpetrate

perpétuel, **~le** [pɛrpetɥɛl] perpetual;

perpétuellement *adv* perpetually; **perpétuer** ⟨1n⟩ perpetuate; **perpétuité** f: **à** ~ in perpetuity; JUR *condamné* to life imprisonment

perplexe [pɛrplɛks] perplexed, puzzled; **laisser** ~ puzzle; **perplexité** f perplexity

perquisitionner [pɛrkizisjɔne] ⟨1a⟩ JUR carry out a search

perron [pɛrõ] m steps pl

perroquet [pɛrɔke] m parrot

perruche [pɛryʃ] f ZO budgerigar

perruque [pɛryk] f wig

persan, ~e [pɛrsã, -an] **1** adj Persian **2** m/f **Persan, ~e** Persian

persécuter [pɛrsekyte] ⟨1a⟩ persecute; **persécution** f persecution

persévérance [pɛrseverãs] f perseverance; **persévérant, ~e** persevering; **persévérer** ⟨1f⟩ persevere

persienne [pɛrsjɛn] f shutter

persil [pɛrsi] m BOT parsley

Persique [pɛrsik]: **golfe** m ~ Persian Gulf

persistance [pɛrsistãs] f persistence; **persister** ⟨1a⟩ persist; ~ **dans sa décision** stick to one's decision; ~ **à faire qch** persist in doing sth

personnage [pɛrsɔnaʒ] m character; *(dignitaire)* important person

personnaliser [personalize] ⟨1b⟩ personalize

personnalité [pɛrsɔnalite] f personality

personne[1] [pɛrsɔn] f person; **deux** ~**s** two people; **grande** ~ grown-up; **en** ~ in person, personally; **par** ~ per person, each; **les** ~**s âgées** the old pl, old people pl

personne[2] [pɛrsɔn] pron ◇ no-one, nobody; ~ **ne le sait** no-one ou nobody knows; **il n'y avait** ~ no-one was there, there wasn't anyone there; **je ne vois jamais** ~ I never see anyone

◇ *qui que ce soit* anyone, anybody; **sans avoir vu** ~ without seeing anyone ou anybody

personnel, ~le [pɛrsɔnel] **1** adj personal; *conversation, courrier* private **2** m personnel pl, staff pl; **person-**

nellement adv personally

personnifier [pɛrsɔnifje] ⟨1a⟩ personify

perspective [pɛrspɛktiv] f perspective; *fig: pour l'avenir* prospect; *(point de vue)* viewpoint, perspective; **avoir qch en** ~ have sth in prospect

perspicace [pɛrspikas] shrewd; **perspicacité** f shrewdness

persuader [pɛrsɥade] ⟨1a⟩ persuade *(de faire qch* to do sth; *de qch* of sth); **je ne suis pas persuadé que** ... I'm not convinced that ...; **se** ~ **de qch** convince o.s. of sth; **se** ~ **que** convince o.s. that; **persuasif, -ive** persuasive; **persuasion** f persuasion; **don** persuasiveness

perte [pɛrt] f loss; *fig (destruction)* ruin; **à** ~ *vendre* at a loss; **à** ~ **de vue** as far as the eye can see; **une** ~ **de temps** a waste of time

pertinent, ~e [pɛrtinã, -t] relevant

perturbateur, -trice [pɛrtyrbatœr, -tris] disruptive; **être un élément** ~ be a disruptive influence; **perturbation** f météorologique, politique disturbance; *de trafic* disruption; **perturber** ⟨1a⟩ *personne* upset; *trafic* disrupt

péruvien, ~ne [peryvjɛ̃, -ɛn] **1** adj Peruvian **2** m/f **Péruvien, ~ne** Peruvian

pervers, ~e [pɛrver, -s] *sexualité* perverse; **perversion** f sexuelle perversion; **pervertir** ⟨2a⟩ pervert

pesamment [pəzamã] adv heavily; **pesant, ~e** heavy *(aussi fig)*; **pesanteur** f PHYS gravity

pesée [pəze] f weighing

pèse-personne [pɛzpɛrsɔn] f *(pl* pèse-personnes) scales pl

peser [pəze] ⟨1d⟩ **1** v/t weigh; *fig* weigh up; *mots* weigh **2** v/i weigh; ~ **sur** *de poids, responsabilité* weigh on; ~ **à qn** weigh heavy on s.o.

pessimisme [pesimism] m pessimism; **pessimiste 1** adj pessimistic **2** m/f pessimist

peste [pɛst] f MÉD plague; *fig* pest; **pester** ⟨1a⟩: ~ **contre qn / qch** curse s.o. / sth

P

pesticide [pɛstisid] *m* pesticide

pet [pɛ] *m* F fart F

pétale [petal] *f* petal

pétanque [petɑ̃k] *f type of bowls*

pétarader [petarade] ⟨1a⟩ AUTO backfire

pétard [petar] *m* firecracker; F (*bruit*) racket

péter [pete] ⟨1f⟩ F fart F

pétillant, ~e [petijɑ̃, -t] sparkling; pétiller ⟨1a⟩ *du feu* crackle; *d'une boisson, d'yeux* sparkle

petit, ~e [p(ə)ti, -t] **1** *adj* small, little; *en ~* in a small size; *~ à ~* gradually, little by little; *~ nom m* first name; *~ ami m* boyfriend; *~e amie f* girlfriend; *au ~ jour* at dawn; *~ déjeuner* breakfast **2** *m/f* child; *les ~s* the children; *une chatte et ses ~s* a cat and her young; *attendre des ~s* be pregnant

petit-bourgeois, petite-bourgeoise [p(ə)tiburʒwa, p(ə)titburʒwaz] petty-bourgeois

petite-fille [p(ə)titfij] *f* (*pl* petites-filles) granddaughter

petitesse [p(ə)titɛs] *f* smallness; *fig* pettiness

petit-fils [p(ə)tifis] *m* (*pl* petits-fils) grandson

pétition [petisjɔ̃] *f* petition

petits-enfants [p(ə)tizɑ̃fɑ̃] *mpl* grandchildren

pétrin [petrɛ̃] *m fig* F mess; **pétrir** ⟨2a⟩ knead

pétrochimie [petrɔʃimi] *f* petrochemistry; **pétrochimique** petrochemical

pétrole [petrɔl] *m* oil, petroleum; *~ brut* crude (oil); **pétrolier, -ère 1** *adj* oil *atr* **2** *m* tanker

peu [pø] **1** *adv* ◇: *~ gentil / intelligent* not very nice / intelligent; *~ après* a little after; *j'ai ~ dormi* I didn't sleep much

◇: *~ de pain* not much bread; *il a eu ~ de chance* he didn't have much luck; *il reste ~ de choses à faire* there aren't many things left to do; *~ de gens* few people; *dans ~ de*

temps in a little while

◇: *un ~* a little, a bit; *un tout petit ~* just a very little, just a little bit; *un ~ de chocolat / patience* a little chocolate / patience, a bit of chocolate / patience; *un ~ plus long* a bit *ou* little longer

◇: *de ~* rater le bus *etc* only just; *~ à ~* little by little, gradually; *à ~ près* (*plus ou moins*) more or less; (*presque*) almost; *elle travaille depuis ~* she has only been working for a little while, she hasn't been working for long; *quelque ~* a little; *pour ~ que* (+ *subj*) if; *sous ~* before long, by and by

2 *m*: *le ~ d'argent que j'ai* what little money I have

peuple [pœpl] *m* people

peupler [pøple, pœ-] ⟨1a⟩ *pays, région* populate; *maison* live in

peuplier [pøplije, pœ-] *m* BOT poplar

peur [pœr] *f* fear (*de* of); *avoir ~* be frightened, be afraid (*de* of); *prendre ~* take fright; *faire ~ à qn* frighten s.o.; *je ne veux pas y aller de qu'il ne soit* (*subj*) *là* I don't want to go there in case he's there; **peureux, -euse** fearful, timid

peut-être [pøtɛtr] perhaps, maybe

phalange [falɑ̃ʒ] *f* ANAT, MIL phalanx

phare [far] *m* MAR lighthouse; AVIAT beacon; AUTO headlight, headlamp; *se mettre en* (*pleins*) *~s* switch to full beam

pharmaceutique [farmasøtik] pharmaceutical; **pharmacie** *f local* pharmacy, *Br aussi* chemist's; *science* pharmacy; *médicaments* pharmaceuticals *pl*; **pharmacien, ~ne** *m/f* pharmacist

phase [faz] *f* phase

phénoménal, ~e [fenɔmenal] phenomenal; **phénomène** *m* phenomenon

philippin, ~e [filipɛ̃, -in] **1** *adj* Filippino **2**: *Philippin, ~e* Filippino

philosophe [filɔzɔf] *m* philosopher; **philosophie** *f* philosophy; **philosophique** philosophical

phobie [fɔbi] *f* PSYCH phobia

phonétique [fɔnetik] **1** *adj* phonetic **2** *f* phonetics

phoque [fɔk] *m* seal

phosphate [fɔsfat] *m* phosphate

photo [fɔto] *f* photo; *l'art* photography; *faire de la* ~ take photos; *prendre qn en* ~ take a photo of s.o.

photocopie [fɔtokɔpi] *f* photocopy; **photocopier** ⟨1a⟩ photocopy; **photocopieur** *m*, **photocopieuse** *f* photocopier

photogénique [fɔtoʒenik] photogenic

photographe [fɔtograf] *m/f* photographer; **photographie** *f* photograph; *l'art* photography; **photographier** ⟨1a⟩ photograph; **photographique** photographic

photomaton® [fɔtomatõ] *m* photo booth

phrase [fraz] *f* GRAM sentence; MUS phrase; *sans* ~s in plain English, straight out; *faire de grandes* ~s use a lot of pompous *ou* high-falutin language

physicien, **~ne** [fizisjɛ̃, -ɛn] *m/f* physicist

physionomie [fizjɔnɔmi] *f* face

physique [fizik] **1** *adj* physical **2** *m* physique **3** *f* physics; ~ *nucléaire* nuclear physics; ~ *quantique* quantum physics; **physiquement** *adv* physically

piailler [pjaje] ⟨1a⟩ *d'un oiseau* chirp; F *d'un enfant* scream, shout

pianiste [pjanist] *m/f* pianist; **piano** *m* piano; ~ *à queue* grand piano; **pianoter** ⟨1a⟩ F *sur piano* play a few notes; *sur table*, *vitre* drum one's fingers

piaule [pjol] *f* F pad F

PIB [peibe] *m abr* (= *produit intérieur brut*) GDP (= gross domestic product)

pic [pik] *m instrument* pick; *d'une montagne* peak; *à* ~ *tomber* steeply; *arriver à* ~ *fig* F come at just the right moment

pichet [piʃe] *m* pitcher, *Br* jug

pickpocket [pikpɔkɛt] *m* pickpocket

pick-up [pikœp] *m* pick-up (truck)

picorer [pikɔre] ⟨1a⟩ peck

pie [pi] *f* ZO magpie

pièce [pjɛs] *f* piece; *de machine* part; (*chambre*) room; (*document*) document; *de monnaie* coin; *de théâtre* play; *deux* ~s two-room; *à la* ~ singly; *cinq euros* (*la*) ~ five euros each; *mettre en* ~s smash to smithereens; *une* ~ *d'identité* proof of identity; ~ *jointe* enclosure; ~ *de monnaie* coin; ~ *de rechange* spare part; ~ *de théâtre* play

pied [pje] *m* foot; *d'un meuble* leg; *d'un champignon* stalk; ~ *de vigne* vine; *à* ~ on foot; ~s *nus* barefoot; *au* ~ *de* at the foot of; *de* ~ *en cap* from head to foot; *mettre sur* ~ set up

pied-à-terre [pjetater] *m* (*pl inv*) pied-à-terre

piédestal [pjedɛstal] *m* (*pl -aux*) pedestal

pied-noir [pjɛnwar] *m/f* (*pl pieds-noirs*) F French Algerian (*French person who lived in Algeria but returned to France before independence*)

piège [pjɛʒ] *m* trap; **piégé**, ~**e**: *voiture f* ~**e** car bomb; **piéger** ⟨1b⟩ trap; *voiture* booby-trap

piercing [pɛrsiŋ] *m* body piercing

pierre [pjɛr] *f* stone; ~ *précieuse* precious stone; ~ *tombale* gravestone; **pierreux**, **-euse** *sol*, *chemin* stony

piété [pjete] *f* REL piety

piétiner [pjetine] ⟨1a⟩ **1** *v/t* trample; *fig* trample underfoot **2** *v/i fig* (*ne pas avancer*) mark time

piéton, **~ne** [pjetõ, -ɔn] **1** *m/f* pedestrian **2** *adj*: *zone f* ~**ne** pedestrianized zone, *Br* pedestrian precinct; **piétonnier**, **-ère** pedestrian *atr*

pieu [pjø] *m* (*pl -x*) stake; F pit F

pieuvre [pjœvr] *f* octopus

pieux, **-euse** [pjø, -z] pious; ~ *mensonge m fig* white lie

pif [pif] *m* F nose, honker F, *Br* hooter F; *au* ~ by guesswork

pigeon [piʒõ] *m* pigeon; **pigeonnier** *m* dovecot

piger [piʒe] ⟨1l⟩ F understand, get F

pigment [pigmɑ̃] *m* pigment

pignon [piɲõ] *m* ARCH gable; TECH

gearwheel

pile[1] [pil] *f* (*tas*) pile; ÉL battery; *monnaie* tails; *à ~ ou face?* heads or tails?

pile[2] [pil] *adv*: *s'arrêter ~* stop dead; *à deux heures ~* at two o'clock sharp, at two o'clock on the dot

piler [pile] ⟨1a⟩ *ail* crush; *amandes* grind

pilier [pilje] *m* ARCH pillar (*aussi fig*)

pillage [pijaʒ] *m* pillage, plunder; **piller** ⟨1a⟩ pillage, plunder

pilotage [pilɔtaʒ] *m* AVIAT flying, piloting; MAR piloting; **pilote 1** *m* MAR, AVIAT pilot; AUTO driver; *~ automatique* automatic pilot **2** *adj*: *usine f ~* pilot plant; **piloter** ⟨1a⟩ AVIAT, MAR pilot; AUTO drive

pilule [pilyl] *f* pill; *la ~* (*contraceptive*) the pill; *prendre la ~* be on the pill, take the pill

piment [pimɑ̃] *m* pimento; *fig* spice

pimenter [pimɑ̃te] ⟨1a⟩ spice up

pimpant, *~e* [pɛ̃pɑ̃, -t] spruce

pin [pɛ̃] *m* BOT pine

pinard [pinar] *m* F wine

pince [pɛ̃s] *f* pliers *pl*; *d'un crabe* pincer; *~ à épiler* tweezers *pl*; *~ à linge* clothespin, *Br* clothespeg

pincé, *~e* [pɛ̃se] *lèvres* pursed; *air* stiff

pinceau [pɛ̃so] *m* (*pl* -x) brush

pincée [pɛ̃se] *f* CUIS: *une ~ de sel* a pinch of salt

pincer [pɛ̃se] ⟨1k⟩ pinch; MUS pluck; *se ~ le doigt dans la porte* catch one's finger in the door

pince-sans-rire [pɛ̃ssɑ̃rir] *m/f* (*pl inv*) person with a dry sense of humor *ou Br* humour

pingouin [pɛ̃gwɛ̃] *m* penguin

ping-pong [piŋpɔ̃g] *m* ping-pong

pingre [pɛ̃gr] miserly

pinson [pɛ̃sɔ̃] *m* chaffinch

pintade [pɛ̃tad] *f* guinea fowl

pioche [pjɔʃ] *f* pickax, *Br* pickaxe; **piocher** ⟨1a⟩ dig

piolet [pjɔlɛ] *m* ice ax, *Br* ice axe

pion [pjɔ̃] *m* piece, man; *aux échecs* pawn

pioncer [pjɔ̃se] ⟨1k⟩ F sleep, *Br* kip F

pionnier [pjɔnje] *m* pioneer

pipe [pip] *f* pipe; *fumer la ~* smoke a pipe

pipeau [-o] *m* (*pl* -x) pipe

pipi [pipi] *m* F pee F; *faire ~* do a pee

piquant, *~e* [pikɑ̃, -t] **1** *adj* prickly; *remarque* cutting; CUIS hot, spicy **2** *m* *épine* spine, spike; *fig* spice

pique [pik] *m aux cartes* spades

pique-assiette [pikasjɛt] *m* (*pl* pique-assiette)) F freeloader

pique-nique [piknik] *m* (*pl* pique-niques) picnic; **pique-niquer** ⟨1m⟩ picnic

piquer [pike] ⟨1m⟩ *d'une abeille, des orties* sting; *d'un moustique, serpent* bite; *d'une barbe* prickle; *d'épine* prick; *fig: curiosité* excite; *fig* F (*voler*) pinch F; *~ qn* MÉD give s.o. an injection, inject s.o.; *se ~* prick o.s.; *se faire une piqûre* inject o.s.; *la fumée me pique les yeux* the smoke makes my eyes sting; *se ~ le doigt* prick one's finger

piquet [pikɛ] *m* stake; *~ de tente* tent peg; *~ de grève* picket line

piquette [pikɛt] *f* cheap wine

piqûre [pikyr] *f* *d'abeille* sting; *de moustique* bite; MÉD injection

pirate [pirat] *m* pirate; *~ informatique* hacker; *~ de l'air* hijacker; **pirater** ⟨1a⟩ pirate

pire [pir] worse; *le / la ~* the worst

pirouette [pirwɛt] *f* pirouette

pis-aller [pizale] *m* (*pl inv*) stopgap

pisciculture [pisikyltyr] *f* fish farming

piscine [pisin] *f* (swimming) pool; *~ couverte* indoor (swimming) pool; *~ en plein air* outdoor (swimming) pool

pissenlit [pisɑ̃li] *m* BOT dandelion

pisser [pise] ⟨1a⟩ F pee F, piss F; **pissotière** *f* F urinal

pistache [pistaʃ] *f* BOT pistachio (nut)

piste [pist] *f* track; *d'animal, fig* track, trail; AVIAT runway; SP track; *ski alpin* piste; *ski de fond* trail; *~ d'atterrissage* landing strip; *~ cyclable* cycle path; *~ de danse* dance floor; *~ magnétique* magnetic stripe

pistolet [pistɔlɛ] *m* pistol

piston [pistɔ̃] *m* TECH piston; *elle est*

rentrée dans la boîte par ~ *fig* F she got the job through contacts; **pistonner** ⟨1a⟩ F: ~ **qn** pull strings for s.o., give s.o. a leg-up F

piteux, -euse [pitø, -z] pitiful

pitié [pitje] *f* pity; **avoir** ~ **de qn** take pity on s.o.

piton [pitõ] *m d'alpiniste* piton; (*pic*) peak

pitoyable [pitwajabl] pitiful

pitre [pitr] *m*: **faire le** ~ clown around

pittoresque [pitɔrɛsk] picturesque

pivert [pivɛr] *m* woodpecker

pivoine [pivwan] *f* BOT peony

pivot [pivo] *m* TECH pivot; **vous êtes le** ~ **de ce projet** *fig* the project hinges on you; **pivoter** ⟨1a⟩ pivot

pizza [pidza] *f* pizza

PJ *abr* (= **pièce(s) jointe(s)**) enclosure(s)

placage [plakaʒ] *m d'un meuble* veneer; *au rugby* tackle

placard [plakar] *m* (*armoire*) cabinet, *Br* cupboard; (*affiche*) poster; **placarder** ⟨1a⟩ *avis* stick up, post

place [plas] *f de village, ville* square; (*lieu*) place; (*siège*) seat; (*espace libre*) room, space; (*emploi*) position, place; **sur** ~ on the spot; **à la** ~ **de** instead of; **être en** ~ have everything in place; ~ **assise** seat; ~ **forte** fortress

placé, ~e [plase]: **être bien** ~ *d'une maison* be well situated; **être bien** ~ **pour savoir qch** be in a good position to know sth; **placement** *m* (*emploi*) placement; (*investissement*) investment; **agence** *f* **de** ~ employment agency; **placer** ⟨1k⟩ (*mettre*) put, place; (*procurer emploi à*) find a job for; *argent* invest; *dans une famille etc* find a place for; **je n'ai pas pu** ~ **un mot** I couldn't get a word in edgeways *ou Br* edgeways; **se** ~ take one's place

placide [plasid] placid

plafond [plafõ] *m aussi fig* ceiling; **plafonner** ⟨1a⟩ *de prix* level off; **plafonnier** *m* ceiling lamp

plage [plaʒ] *f* beach; *lieu* seaside resort; ~ **horaire** time slot

plagiat [plaʒja] *m* plagiarism; **plagier**

⟨1a⟩ plagiarize

plaider [plede] ⟨1b⟩ **1** *v/i* JUR *d'un avocat* plead **2** *v/t*: ~ **la cause de qn** defend s.o.; *fig* plead s.o.'s cause; ~ **coupable / non coupable** plead guilty / not guilty; **plaidoirie** *f* JUR speech for the defense *ou Br* defence; **plaidoyer** *m* JUR speech for the defense *ou Br* defence; *fig* plea

plaie [plɛ] *f* cut; *fig* wound; **quelle** ~**!** *fig* what a nuisance!

plaignant, ~e [plɛɲɑ̃, -t] *m/f* JUR plaintiff

plaindre [plɛ̃dr] ⟨4b⟩ pity; **se** ~ complain (*de* about; *à* to); **se** ~ (**de ce**) **que** complain that

plaine [plɛn] *f* plain

plain-pied [plɛ̃pje]: **de** ~ *maison etc* on one level

plainte [plɛ̃t] *f* (*lamentation*) moan; *mécontentement*, JUR complaint; **porter** ~ lodge a complaint (**contre** about); **plaintif, -ive** plaintive

plaire [plɛr] ⟨4a⟩: **il ne me plaît pas** I don't like him; **s'il vous plaît, s'il te plaît** please; **je me plais à Paris** I like it in Paris; **Paris me plaît** I like Paris; **ça me plairait d'aller** ... I would like to go ...; **ils se sont plu tout de suite** they were immediately attracted to each other

plaisance [plɛzɑ̃s] *f*: **navigation** *f* **de** ~ boating; **port** *m* **de** ~ marina; **plaisant, ~e** (*agréable*) pleasant; (*amusant*) funny

plaisanter [plɛzɑ̃te] ⟨1a⟩ joke; **plaisanterie** *f* joke; **plaisantin** *m* joker

plaisir [plezir] *m* pleasure; **avec** ~ with pleasure, gladly; **par** ~, **pour le** ~ for pleasure, for fun; **faire** ~ **à qn** please s.o.; **prendre** ~ **à** take pleasure in sth

plan, ~e [plɑ̃, plan] **1** *adj* flat, level **2** *m* (*surface*) surface; (*projet, relevé*) plan; **premier** ~ foreground; **de premier** ~ *personnalité* prominent; **sur ce** ~ in that respect, on that score; **sur le** ~ **économique** in economic terms, economically speaking; ~ **d'eau** stretch of water; ~ **de travail** work surface

planche [plɑ̃ʃ] *f* plank; ~ **à voile** sailboard

plancher [plɑ̃ʃe] *m* floor

planer [plane] ⟨1a⟩ hover; *fig* live in another world

planétaire [planetɛr] planetary; **planète** *f* planet

planeur [planœr] *m* glider

planification [planifikasjɔ̃] *f* planning; **planifier** ⟨1a⟩ plan

planning [planiŋ] *m*: **~ familial** family planning

planque [plɑ̃k] *f* F *abri* hiding place; *travail* cushy job F

planquer [plɑ̃ke] ⟨1m⟩ F hide; **se ~** hide

plant [plɑ̃] *m* AGR seedling; (*plantation*) plantation; **plantation** *f* plantation

plante¹ [plɑ̃t] *f* plant

plante² [plɑ̃t] *f*: **~ du pied** sole of the foot

planter [plɑ̃te] ⟨1a⟩ *jardin* plant up; *plantes, arbres* plant; *poteau* hammer in; *tente* erect, put up; **~ là qn** dump s.o.

plantureux, -euse [plɑ̃tyrø, -z] *femme* voluptuous

plaque [plak] *f* plate; (*inscription*) plaque; **~ électrique** hotplate; **~ minéralogique, ~ d'immatriculation** AUTO license plate; *Br* number plate; **~ tournante** turntable; *fig* hub; **être à côté de la ~** be wide of the mark

plaqué [plake] *m*: **~ or** gold plate; **plaquer** ⟨1m⟩ *argent, or* plate; *meuble* veneer; *fig* pin (*contre* to, against); F (*abandonner*) dump F; *au rugby* tackle

plaquette [plaket] *f de pilules* strip; *de beurre* pack; **~ de frein** brake pad

plastic [plastik] *m* plastic explosive

plastifier [plastifje] ⟨1a⟩ laminate

plastique [plastik] **1** *adj* plastic; **arts** *mpl* **~s** plastic arts **2** *m* plastic; **une chaise en ~** a plastic chair

plat, ~e [pla, plat] **1** *adj* flat; *eau* still, non-carbonated **2** *m* vaisselle, mets dish

platane [platan] *m* BOT plane tree

plateau [plato] *m* (*pl* -x) tray; *de théâtre* stage; TV, *d'un film* set; GÉOGR plateau; **~ à ou de fromages** cheeseboard

plate-bande [platbɑ̃d] *f* (*pl* plates-bandes) flower bed

plate-forme [platfɔrm] *f* (*pl* plates-formes) platform; **~ électorale** POL election platform; **~ de forage** drilling platform; **~ de lancement** launch pad

platine [platin] **1** *m* CHIM platinum **2** *f*: **~ disques** turntable; **~ laser ou CD** CD player

platitude [platityd] *f fig: d'un livre etc* dullness; (*lieu commun*) platitude

platonique [platɔnik] platonic

plâtre [plɑtr] *m* plaster; MÉD plaster cast; **plâtrer** ⟨1a⟩ plaster

plausible [plozibl] plausible

plein, ~e [plɛ̃, -ɛn] **1** *adj* full (**de** of); **à ~ temps** full time; **en ~ air** in the open (air), out of doors; **en ~ été** at the height of summer; **en ~ Paris** in the middle of Paris; **en ~ jour** in broad daylight **2** *adv*: **en ~ dans** right in; **~ de** F loads of, lots of, a whole bunch of F; **j'en ai ~ le dos!** *fig* F I've had it up to here! **3** *m*: **battre son ~** be in full swing; **faire le ~** AUTO fill up; **faire le ~ de** vin, eau, nourriture stock up on; **pleinement** *adv* fully

plein-emploi [plɛ̃nɑ̃plwa] *m* ÉCON full employment

pleurer [plœre] ⟨1a⟩ **1** *v/i* cry, weep; **~ sur qch** complain about sth, bemoan sth *fml*; **~ de rire** cry with laughter **2** *v/t* (*regretter*) mourn; **pleureur** BOT: **saule** *m* **~** weeping willow

pleurnicher [plœrniʃe] ⟨1a⟩ F snivel

pleurs [plœr] *mpl litt*: **en ~** in tears

pleuvoir [pløvwar] ⟨3e⟩ rain; **il pleut** it is raining

pli [pli] *m* fold; *d'une jupe* pleat; *d'un pantalon* crease; (*enveloppe*) envelope; (*lettre*) letter; *au jeu de cartes* trick; (*faux*) **~** crease; **mise** *f* **en ~s** coiffure set

pliant, ~e [plijɑ̃, -t] folding

plier [plije] ⟨1a⟩ **1** *v/t* (*rabattre*) fold; (*courber, ployer*) bend **2** *v/i d'un arbre, d'une planche* bend; *fig* (*céder*) give in;

se ~ à (*se soumettre*) submit to; *caprices* give in to

plisser [plise] ⟨1a⟩ pleat; (*froisser*) crease; *front* wrinkle

plomb [plõ] *m* lead; **soleil** *m* **de ~** scorching hot sun; **sans ~ essence** unleaded

plombage [plõbaʒ] *m action, amalgame* filling; **plomber** ⟨1a⟩ *dent* fill; **plomberie** *f* plumbing; **plombier** *m* plumber

plongée [plõʒe] *f* diving; **faire de la ~** go diving; **plongeoir** *m* diving board; **plongeon** *m* SP dive; **plonger** ⟨11⟩ **1** *v/i* dive **2** *v/t* plunge; **se ~ dans** bury *ou* immerse o.s. in; **plongeur, -euse** *m/f* diver

ployer [plwaje] ⟨1h⟩ *litt* (*se courber*) bend; (*fléchir*) give in

pluie [plɥi] *f* rain; *fig* shower; **sous la ~** in the rain; **~s acides** acid rain *sg*

plumage [plymaʒ] *m* plumage

plume [plym] *f* feather; **plumer** ⟨1a⟩ pluck; *fig* fleece

plupart [plypar]: **la ~ des élèves** most of the pupils *pl*; **la ~ d'entre nous** most of us; **pour la ~** for the most part, mostly; **la ~ du temps** most of the time

pluridisciplinaire [plyridisipliner] multidisciplinary

pluriel, ~le [plyrjel] **1** *adj* plural **2** *m* GRAM plural; **au ~** in the plural

plus 1 *adv* ◇ [ply] *comparatif*: more (*que, de* than); **~ grand / petit** bigger / smaller (*que* than); **~ efficace / intéressant** more efficient / interesting (*que* than); **de en ~** more and more; **~ il vieillit ~ il dort** the older he gets the more he sleeps

◇ [ply] *superlatif*: **le ~ grand / petit** the biggest / smallest; **le ~ efficace / intéressant** the most efficient / interesting; **le ~** the most; **au ~ tard** at the latest; (*tout*) **au ~** [plys] at the (very) most

◇ [plys] *davantage* more; **tu en veux ~?** do you want some more?; **rien de ~** nothing more; **je l'aime bien, sans ~** I like her, but it's no more than that

ou but that's as far as it goes; **20 euros de ~** another 20 euros, 20 euros more; **et de ~ ...** (*en outre*) and moreover ...; **en ~** on top of that

◇ [ply] *négation, quantité*: **nous n'avons ~ d'argent** we have no more money, we don't have any more money

◇ [ply] *temps*: **elle n'y habite ~** she doesn't live there any more, she no longer lives there; **je ne le reverrai ~** I won't see him again; **je ne le reverrai ~ jamais** I won't see him ever again, I will never (ever) see him again

◇ [ply]: **lui, il n'a pas compris non ~** he didn't understand either; **je n'ai pas compris - moi non ~** I didn't understand - neither *ou* nor did I, I didn't either, me neither; **je ne suis pas prêt - moi non ~** I'm not ready - neither *ou* nor am I, me neither **2** *prép* [plys] MATH plus; **trois ~ trois** three plus *ou* and three

3 *m* [plys] MATH plus (sign)

plusieurs [plyzjœr] *adj & pron* several

plus-que-parfait [plyskəparfɛ] *m* GRAM pluperfect

plutôt [plyto] rather; **il est ~ grand** he's rather tall; **~ que de partir tout de suite** rather than leave *ou* leaving straight away

pluvieux, -euse [plyvjø, -z] rainy

PME [peɛmø] *abr* (= **petite(s) et moyenne(s) entreprise(s)**) SME (= small and medium-sized enterprise(s)); **une ~** a small business

PMU [peɛmy] *m abr* (= **Pari mutuel urbain**) state-run betting system

PNB [peɛnbe] *m abr* (= **produit national brut**) GDP (= gross domestic product)

pneu [pnø] *m* (*pl* -s) tire, *Br* tyre; **pneumatique 1** *adj* **marteau** pneumatic; **matelas** air **2** *m* **~ pneu**

pneumonie [pnømɔni] *f* pneumonia

poche [pɔʃ] *f* pocket; ZO pouch; **livre** *m* **de ~** paperback; **~ revolver** back pocket; **argent de ~** pocket money; **avoir des ~s sous les yeux** have bags under one's eyes; **pocher**

P

⟨1a⟩ CUIS *œufs* poach

pochette [pɔʃɛt] *f pour photos, feuilles de papier* folder; *d'un disque,* CD sleeve; (*sac*) bag

podium [pɔdjɔm] *m* podium

poêle [pwal] **1** *m* stove **2** *f* frypan, *Br* frying pan

poêlon [pwalɔ̃] *m* pan

poème [pɔɛm] *m* poem

poésie [pɔezi] *f* poetry; (*poème*) poem

poète [pɔɛt] *m* poet; *femme f* ~ poet, female poet; **poétique** poetic; *atmosphère* romantic

pognon [pɔɲɔ̃] *m* F dough F

poids [pwa] *m* weight; *fig* (*charge, fardeau*) burden; (*importance*) weight; ~ **lourd** boxeur heavyweight; AUTO heavy truck, *Br* heavy goods vehicle; *perdre / prendre du* ~ lose / gain weight; *lancer m du* ~ putting the shot; *de* ~ influential; *ne pas faire le* ~ *fig* not be up to it

poignant, ~**e** [pwaɲɑ̃, -t] *souvenir* poignant

poignard [pwaɲar] *m* dagger; **poignarder** ⟨1a⟩ stab

poignée [pwaɲe] *f quantité, petit nombre* handful; *d'une valise, d'une porte* handle; ~ *de main* handshake

poignet [pwaɲɛ] *m* wrist

poil [pwal] *m* hair; *à* ~ naked, in the altogether F

poilu, ~**e** [pwaly] hairy

poinçon [pwɛ̃sɔ̃] *m* (*marque*) stamp; **poinçonner** ⟨1a⟩ *or, argent* hallmark; *billet* punch

poing [pwɛ̃] *m* fist; *coup m de* ~ punch

point[1] [pwɛ̃] *m* point; *de couture* stitch; *deux* ~**s** colon *sg*; *être sur le* ~ *de faire qch* be on the point of doing sth; *mettre au* ~ *caméra* focus; TECH finalize; (*régler*) adjust; *à* ~ *viande* medium; *au* ~ *d'être...* to the point of being...; *jusqu'à un certain* ~ to a certain extent; *sur ce* ~ on this point; *faire le* ~ *fig* take stock; *à ce* ~ so much; ~ *de côté* MÉD stitch (in one's side); ~ *d'exclamation* exclamation point, *Br* exclamation mark; ~ *d'interrogation* question mark; ~

du jour dawn, daybreak; ~ *de vue* point of view, viewpoint

point[2] [pwɛ̃] *adv litt: il ne le fera* ~ he will not do it

pointe [pwɛ̃t] *f* point; *d'asperge* tip; *sur la* ~ *des pieds* on tippy-toe, *Br aussi* on tiptoe; *en* ~ pointed; *de* ~ *technologie* leading-edge; *secteur* high-tech; *une* ~ *de* a touch of; **pointer** ⟨1a⟩ **1** *v/t sur liste* check, *Br* tick off **2** *v/i d'un employé* clock in

pointillé [pwɛ̃tije] *m*: *les* ~**s** the dotted line *sg*

pointilleux, -euse [pwɛ̃tijø, -z] fussy

pointu, ~**e** [pwɛ̃ty] pointed; *voix* high-pitched

pointure [pwɛ̃tyr] *f* (shoe) size; *quelle est votre* ~*?* what size are you?, what size (shoe) do you take?

point-virgule [pwɛ̃virgyl] *m* (*pl points-virgules*) GRAM semi-colon

poire [pwar] *f* BOT pear; F *visage, naïf* mug F

poireau [pwaro] *m* (*pl* -x) BOT leek

poireauter [pwarote] ⟨1a⟩ F be kept hanging around

poirier [pwarje] *m* BOT pear (tree)

pois [pwa] *m* BOT pea; *petits* ~ garden peas; *à* ~ polka-dot

poison [pwazɔ̃] **1** *m* poison **2** *m/f fig* F nuisance, pest

poisse [pwas] *f* F bad luck

poisson [pwasɔ̃] *m* fish; ~ *d'avril* April Fool; *Poissons* *mpl* ASTROL Pisces; **poissonnerie** *f* fish shop, *Br* fishmonger's

poitrine [pwatrin] *f* chest; (*seins*) bosom; *tour f de* ~ chest measurement; *d'une femme* bust measurement

poivre [pwavr] *m* pepper; ~ *et sel cheveux* pepper-and-salt; **poivrer** ⟨1a⟩ pepper; **poivrière** *f* pepper shaker

poivron [pwavrɔ̃] *m* bell pepper, *Br* pepper

poker [pɔkɛr] *m* poker

polaire [pɔlɛr] polar

polar [pɔlar] *m* F whodunnit F

polariser [pɔlarize] ⟨1a⟩ PHYS polarize; ~ *l'attention / les regards fig* be the focus of attention

polaroïd® [pɔlarɔid] *m* polaroid

pôle [pol] *m* pole; *fig* center, *Br* centre, focus; **~ Nord** North Pole; **~ Sud** South Pole

polémique [pɔlemik] **1** *adj* polemic **2** *f* controversy

poli, ~e [pɔli] (*courtois*) polite; *métal, caillou* polished

police¹ [pɔlis] *f* police; **~ judiciaire** branch of the police force that carries out criminal investigations

police² [pɔlis] *f d'assurances* policy; **~ d'assurance** insurance policy

polichinelle [pɔliʃinɛl] *m* Punch; **secret m de ~** open secret

policier, -ère [pɔlisje, -ɛr] **1** *adj* police *atr, film, roman* detective *atr* **2** *m* police officer

polio [pɔljo] *f* polio

polir [pɔlir] ⟨2a⟩ polish

polisson, ~ne [pɔlisõ, -ɔn] **1** *adj* (*coquin*) mischievous; (*grivois*) bawdy **2** *m/f* mischievous child

politesse [pɔlites] *f* politeness

politicard [pɔlitikar] *m* F *péj* unscrupulous politician, politico F

politicien, ~ne [pɔlitisjɛ̃, -ɛn] *m/f* politician

politique [pɔlitik] **1** *adj* political; **homme m ~** politician; **économie f ~** political economy **2** *f d'un parti, du gouvernement* policy; (*affaires publiques*) politics *sg*; **~ monétaire** monetary policy **3** *m* politician

politisation [pɔlitizasjõ] *f* politicization; **politiser** ⟨1a⟩ politicize

politologie [pɔlitɔlɔʒi] *f* politicial science

pollen [pɔlɛn] *m* pollen

polluant, ~e [pɔlɥã, -t] **1** *adj* polluting **2** *m* pollutant; **polluer** ⟨1n⟩ pollute; **pollution** *f* pollution; **~ atmosphérique** air pollution

polo [pɔlo] *m* polo

Pologne [pɔlɔɲ]: **la ~** Poland; **polonais, ~e 1** *adj* Polish **2** *m langue* Polish **3** *m/f* **Polonais, ~e** Pole

poltron, ~ne [pɔltrõ, -ɔn] *m/f* coward; **poltronnerie** *f* cowardice

polyclinique [pɔliklinik] *f* (general) hospital

polycopié [pɔlikɔpje] *m* (photocopied) handout

polyester [pɔliɛstɛr] *m* polyester

polyéthylène [pɔlietilɛn] *m* polyethylene

polygamie [pɔligami] *f* polygamy

polyglotte [pɔliglɔt] polyglot

Polynésie [pɔlinezi] *f* Polynesia; **polynésien, ~ne 1** *adj* Polynesian **2** *m* LING Polynesian **3** *m/f* **Polynésien, ~ne** Polynesian

polystyrène [pɔlistiren] *m* polystyrene

polyvalence [pɔlivalãs] *f* versatility; **polyvalent** multipurpose; *personne* versatile

pommade [pɔmad] *f* MÉD ointment

pomme [pɔm] *f* apple; **tomber dans les ~s** F pass out; **~ d'Adam** Adam's apple; **~ de pin** pine cone; **~ de terre** potato

pommeau [pɔmo] *m* (*pl* -x) handle; *d'une selle* pommel

pommette [pɔmɛt] *f* ANAT cheekbone

pommier [pɔmje] *m* BOT apple tree

pompe¹ [põp] *f faste* pomp; **~s funèbres** funeral director, *Br aussi* undertaker's

pompe² [põp] *f* TECH pump; **~ à essence** gas pump, *Br* petrol pump; **~ à eau** water pump; **pomper** ⟨1a⟩ pump; *fig* (*épuiser*) knock out

pompeux, -euse [põpø, -z] pompous

pompier [põpje] *m* firefighter, *Br aussi* fireman; **~s** fire department *sg*, *Br* fire brigade *sg*

pompiste [põpist] *m* pump attendant

pompon [põpõ] *m* pompom; **pomponner** ⟨1a⟩ F: **se ~** get dolled up F

ponce [põs]: **pierre f ~** pumice stone; **poncer** ⟨1k⟩ sand; **ponceuse** *f* sander

ponctualité [põktɥalite] *f* punctuality

ponctuation [põktɥasjõ] *f* GRAM punctuation

ponctuel, ~le [põktɥel] *personne* punctual; *fig: action* one-off; **ponctuer** ⟨1n⟩ GRAM punctuate (*aussi fig*)

pondération [põderasjõ] *f d'une personne* level-headedness; *de forces* balance; ÉCON weighting; **pondéré, ~e** *personne* level-headed; *forces* balanced; ÉCON weighted

pondre [põdr] ⟨4a⟩ *œufs* lay; *fig* F come up with; *roman* churn out

poney [pɔnɛ] *m* pony

pont [põ] *m* bridge; MAR deck; **~ aérien** airlift; **faire le ~** make a long weekend of it; **pont-levis** *m* (*pl* ponts-levis) drawbridge

pontage [põtaʒ] *m*: **~ coronarien** (heart) bypass

pontife [põtif] *m* pontiff

ponton [põtõ] *m* pontoon

pop [pɔp] *f* MUS pop

popote [pɔpɔt] *f* F: **faire la ~** do the cooking

populace [pɔpylas] *f péj* rabble

populaire [pɔpylɛr] popular; **populariser** ⟨1a⟩ popularize; **popularité** *f* popularity

population [pɔpylasjõ] *f* population

porc [pɔr] *m* hog, pig; *fig* pig; *viande* pork

porcelaine [pɔrsəlɛn] *f* porcelain

porcelet [pɔrsəlɛ] *m* piglet

porc-épic [pɔrkepik] *m* (*pl* porcs-épics) porcupine

porche [pɔrʃ] *m* porch

porcherie [pɔrʃəri] *f élevage* hog *ou* pig farm

pore [pɔr] *m* pore; **poreux, -euse** porous

porno [pɔrno] F porno F

pornographie [pɔrnɔgrafi] *f* pornography; **pornographique** pornographic

port[1] [pɔr] *m* port; **~ de commerce** commercial port; **~ de pêche** fishing port

port[2] [pɔr] *m d'armes* carrying; *courrier* postage; **le ~ du casque est obligatoire** safety helmets must be worn; **en ~ dû** carriage forward

portable [pɔrtabl] **1** *adj* portable **2** *m* ordinateur laptop; *téléphone* cellphone, cell, *Br* mobile

portail [pɔrtaj] *m* (*pl* -s) ARCH portal; *d'un parc* gate

portant, ~e [pɔrtã, -t] *mur* load-bearing; **à bout ~** at point-blank range; **bien ~** well; **mal ~** not well, poorly;
portatif, -ive portable

porte [pɔrt] *f* door; *d'une ville* gate; **entre deux ~s** very briefly; **mettre qn à la ~** throw s.o. out, show s.o. the door; **porte-à-porte** *m*: **faire du ~ vendre** be a door-to-door salesman

porte-avions [pɔrtavjõ] *m* (*pl inv*) aircraft carrier

porte-bagages [pɔrt(ə)bagaʒ] *m* AUTO roof rack; *filet* luggage rack

porte-bonheur [pɔrt(ə)bɔnœr] *m* (*pl inv*) lucky charm

porte-cigarettes [pɔrt(ə)sigarɛt] *m* (*pl inv*) cigarette case

porte-clés [pɔrtəkle] *m* (*pl inv*) keyring

porte-documents [pɔrt(ə)dɔkymã] *m* (*pl inv*) briefcase

portée [pɔrte] *f* ZO litter; *d'une arme* range; (*importance*) significance; **à ~ de la main** within arm's reach; **être à la ~ de qn** *fig* be accessible to s.o.; **à la ~ de toutes les bourses** affordable by all; **hors de ~ de voix** out of hearing

porte-fenêtre [pɔrt(ə)fənɛtr] *f* (*pl* portes-fenêtres) French door, *Br* French window

portefeuille [pɔrtəfœj] *m* portfolio (*aussi* POL, FIN); (*porte-monnaie*) billfold, *Br* wallet

porte-jarretelles [pɔrt(ə)ʒartɛl] *m* (*pl inv*) garter belt, *Br* suspender belt

portemanteau [pɔrt(ə)mãto] *m* (*pl* -x) coat rack; *sur pied* coatstand

portemine [pɔrtəmin] *m* mechanical pencil, *Br* propelling pencil

porte-monnaie [pɔrt(ə)mɔnɛ] *m* (*pl inv*) coin purse, *Br* purse

porte-parole [pɔrt(ə)parɔl] *m* (*pl inv*) spokesperson

porter [pɔrte] ⟨1a⟩ **1** *v/t* carry; *un vêtement, des lunettes etc* wear; (*apporter*) take; bring; *yeux, attention* turn (**sur** to); *toast* drink; *responsabilité* shoulder; *fruits, nom* bear; **~ les cheveux longs / la barbe** have long hair / a beard; **~ plainte** make a complaint; **~ son attention sur qch** direct one's attention to sth; **être porté sur qch** have a weakness for sth **2** *v/i d'une voix* carry; **~ juste**

d'un coup strike home; **~ sur** (*appuyer sur*) rest on, be borne by; (*concerner*) be about, relate to; **~ sur les nerfs de qn** F get on s.o.'s nerves 3: *il se porte bien / mal* he's well / not well; *se ~ candidat* be a candidate, run

porte-savon [pɔrtsavõ] *m* (*pl* porte- -savon(s)) soap dish

porte-serviettes [pɔrtsɛrvjɛt] *m* (*pl inv*) towel rail

porte-skis [pɔrt(ə)ski] *m* (*pl inv*) ski rack

porteur [pɔrtœr] *m pour une expédition* porter, bearer; *d'un message* bearer; MÉD carrier

porte-voix [pɔrtəvwa] *m* (*pl inv*) bull horn, *Br* megaphone

portier [pɔrtje] *m* doorman

portière [pɔrtjɛr] *f* door

portion [pɔrsjõ] *f d'un tout* portion; CUIS serving, portion

portique [pɔrtik] *m* ARCH portico; SP beam

porto [pɔrto] *m* port

Porto Rico [pɔrtoriko] Puerto Rico; **portoricain, ~e 1** *adj* Puerto Rican; **2** *m/f* **Portoricain, ~e** Puerto Rican

portrait [pɔrtrɛ] *m* portrait; *faire le ~ de qn* paint / draw a portrait of s.o.; **portrait-robot** *m* (*pl* portraits-ro- bots) composite picture, *Br* Identi- kit® picture

portuaire [pɔrtɥɛr] port *atr*

portugais, ~e [pɔrtɥgɛ, -z] **1** *adj* Por- tuguese **2** *m langue* Portuguese **3** *m/f* **Portugais, ~e** Portuguese; **Portu- gal:** *le ~* Portugal

pose [poz] *f d'un radiateur* installation; *de moquette* fitting; *de papier peint, ri- deaux* hanging; (*attitude*) pose

posé, ~e [poze] poised, composed; **posément** *adv* with composure

poser [poze] ⟨1a⟩ *v/t* (*mettre*) put (down); *compteur, radiateur* install, *Br* instal; *moquette* fit; *papier peint, ri- deaux* put up, hang; *problème* pose; **~ une question** ask a question; **~ sa candidature** *à un poste* apply; **se ~** AVIAT land, touch down; **se ~ en** set o.s. up as **2** *v/i* pose

poseur, -euse [pozœr, -øz] *m/f* **1** show-off, *Br* F pseud **2** *m*: **~ de bom- bes** person who plants bombs

positif, -ive [pozitif, -iv] positive

position [pozisjõ] *f* position; *prendre ~* take a stand; *~ sociale* (social) standing

positiver [pozitive] ⟨1b⟩ accentuate the positive

posologie [pozɔlɔʒi] *f* PHARM dosage

possédé, ~e [posede] possessed (*de* by); **posséder** ⟨1f⟩ own, possess; **possesseur** *m* owner; **possessif, -ive** possessive; **possession** *f* pos- session, ownership; *être en ~ de qch* be in possession of sth

possibilité [posibilite] *f* possibility

possible [posibl] **1** *adj* possible; *le plus souvent ~* as often as possible; *autant que ~* as far as possible; *le plus de pain ~* as much bread as pos- sible **2** *m*: *faire tout son ~* do every- thing one can, do one's utmost

postal, ~e [postal] (*mpl* -aux) mail *atr*, *Br aussi* postal

postdater [postdate] ⟨1a⟩ postdate

poste[1] [post] *f* mail, *Br* post; (*bu- reau m de*) post office; *mettre à la ~* mail, *Br aussi* post; *~ restante* gen- eral delivery, *Br* poste restante

poste[2] [post] *m* post; (*profession*) po- sition; RAD, TV set; TÉL extension; *~ de pilotage* AVIAT cockpit; *~ de se- cours* first-aid post; *~ supplémen- taire* TÉL extension; *~ de travail* IN- FORM work station

poster [poste] ⟨1a⟩ *soldat* post; *lettre* mail, *Br aussi* post

postérieur, ~e [posterjœr] **1** *adj dans l'espace* back *atr*, rear *atr*; *dans le temps* later; *~ à qch* after sth **2** *m* F posterior F, rear end F

postérité [posterite] *f* posterity

posthume [postym] posthumous

postiche [postiʃ] *m* hairpiece

postier, -ère [postje, -ɛr] *m/f* post of- fice employee

postillonner [postijɔne] ⟨1a⟩ splutter

postulant, ~e [postylã, -t] *m/f* candi- date; **postuler** ⟨1a⟩ apply for

posture [postyr] *f* (*attitude*) position,

P

posture; *fig* position

pot [po] *m* pot; ~ **à eau** water jug; ~ **de fleurs** flowerpot; **prendre un ~** F have a drink; **avoir du ~** F be lucky

potable [pɔtabl] fit to drink; *eau ~* drinking water

potage [pɔtaʒ] *m* soup; **potager, -ère**: *jardin m ~* kitchen garden

potassium [pɔtasjɔm] *m* potassium

pot-au-feu [pɔtofø] *m* (*pl inv*) boiled beef dinner

pot-de-vin [podvɛ̃] *m* (*pl pots-de-vin*) F kickback F, bribe, backhander F

pote [pɔt] *m* F pal, *Br aussi* mate

poteau [pɔto] *m* (*pl -x*) post; ~ **indicateur** signpost; ~ **télégraphique** utility pole, *Br* telegraph pole

potelé, ~e [pɔtle] chubby

potentiel, ~le [pɔtãsjɛl] *m & adj* potential

poterie [pɔtri] *f* pottery; *objet* piece of pottery; **potier** *m* potter

potins [pɔtɛ̃] *mpl* gossip *sg*

potion [posjɔ̃] *f* potion

potiron [pɔtirɔ̃] *m* BOT pumpkin

pou [pu] *m* (*pl -x*) louse

poubelle [pubɛl] *f* trash can, *Br* dustbin; *mettre qch à la ~* throw sth out

pouce [pus] *m* thumb; *manger sur le ~* grab a quick bite (*to eat*)

poudre [pudr] *f* powder; *chocolat m en ~* chocolate powder; *sucre m en ~* superfine sugar, *Br* caster sugar; **poudrer** *m* powder compact; **poudrière** *f fig* powder keg

pouf [puf] *m* pouffe

pouffer [pufe] ⟨1a⟩: ~ **de rire** burst out laughing

poulailler [pulaje] *m* henhouse; *au théâtre* gallery, *Br* gods *pl*

poulain [pulɛ̃] *m* ZO foal

poule [pul] *f* hen; **poulet** *m* chicken

poulie [puli] *f* TECH pulley

poulpe [pulp] *m* octopus

pouls [pu] *m* pulse; *prendre le ~ de qn* take s.o.'s pulse

poumon [pumɔ̃] *m* lung

poupe [pup] *f* MAR poop

poupée [pupe] *f* doll (*aussi fig*)

poupon [pupɔ̃] *m* little baby; **pouponnière** *f* nursery

pour [pur] **1** *prép* ◇ for; ~ **moi** for me; ~ **ce qui est de ...** as regards ...; *c'est ~ ça que ...* that's why ...; *c'est ~ ça* that's why; ~ **moi, ~ ma part** as for me; *aversion ~* aversion to; *avoir ~ ami* have as *ou* for a friend; *être ~ faire qch* be for doing sth, be in favor *ou Br* favour of doing sth; ~ **20 euros de courses** 20 euros' worth of shopping; ~ **affaires** on business

◇: ~ **ne pas perdre trop de temps** so as not to *ou* in order not to lose too much time; *je l'ai dit ~ te prévenir* I said that to warn you

2 *conj*: ~ **que** (+ *subj*) so that, je l'ai *fait exprès ~ que tu saches que ...* I did it deliberately so that you would know that ...; *il parle trop vite ~ que je le comprenne* he speaks too fast for me to understand

3 *m*: *le ~ et le contre* the pros and the cons *pl*

pourboire [purbwar] *m* tip

pourcentage [pursãtaʒ] *m* percentage

pourchasser [purʃase] ⟨1a⟩ chase after, pursue

pourparlers [purparle] *mpl* talks, discussions

pourpre [purpr] purple

pourquoi [purkwa] why; *c'est ~, voilà ~* that's why; *le ~* the whys and the wherefores *pl*

pourri, ~e [puri] rotten (*aussi fig*); **pourrir** ⟨2a⟩ **1** *v/i* rot; *fig: d'une situation* deteriorate **2** *v/t* rot; *fig* (*corrompre*) corrupt; (*gâter*) spoil; **pourriture** *f* rot (*aussi fig*)

poursuite [pursɥit] *f* chase, pursuit; *fig* pursuit (*de* of); ~**s** JUR proceedings; **poursuivant, ~e** *m/f* pursuer; **poursuivre** ⟨4h⟩ pursue, chase; *fig: honneurs, but, bonheur* pursue; *de pensées, images* haunt; JUR sue; *malfaiteur, voleur* prosecute; (*continuer*) carry on with, continue

pourtant [purtã] *adv* yet

pourtour [purtur] *m* perimeter

pourvoir [purvwar] ⟨3b⟩ **1** *v/t emploi* fill; ~ **de** *voiture, maison* equip *ou* fit with **2** *v/i*: *~* **à besoins** provide for; *se ~ de* provide *ou* supply o.s. with; *se ~ en cassation* JUR appeal

pourvu [purvy] *que* (+ *subj*) provided that; *exprimant désir* hopefully

pousse [pus] *f* AGR shoot; **poussée** *f* thrust; MÉD outbreak; *de fièvre* rise; *fig: de racisme etc* upsurge; **pousser** ⟨1a⟩ **1** *v/t* push; *du vent, de la marée* drive; *cri, appel* give; *fig: travail, recherches* pursue; *~ qn à faire qch* (*inciter*) drive s.o. to do sth; *se ~ d'une foule* push forward; *pour faire de la place* move over; *sur banc* move up **2** *v/i* push; *de cheveux, plantes* grow

poussette [puset] *f pour enfants* stroller, *Br* pushchair

poussière [pusjɛr] *f* dust; *particule* speck of dust; **poussiéreux, -euse** dusty

poussin [pusɛ̃] *m* chick

poutre [putr] *f* beam

pouvoir [puvwar] **1** ⟨3f⟩ be able to, can; *est-ce que vous pouvez m'aider?* can you help me?; *puis-je vous aider?* can *ou* may I help you?; *je ne peux pas aider* I can't *ou* cannot help; *je suis désolé de ne pas ~ vous aider* I am sorry not to be able to help you; *je ne pouvais pas accepter* I couldn't accept, I wasn't able to accept; *il ne pourra pas ...* he will not *ou* won't be able to ...; *j'ai fait tout ce que j'ai pu* I did all I could; *je n'en peux plus* I can't take any more; *si l'on peut dire* in a manner of speaking, if I may put it that way; *il peut arriver que* (+ *subj*) it may happen that; *il se peut que* (+ *subj*) it's possible that
◊ *permission* can, be allowed to; *elle ne peut pas sortir seule* she can't go out alone, she is not allowed to go out alone
◊: *tu aurais pu me prévenir!* you could have *ou* might have warned me!

2 *m* power; *procuration* power of attorney; *les ~s publics* the authorities; *~s exceptionels* special powers; *~ d'achat* purchasing power;

être au ~ be in power

pragmatique [pragmatik] pragmatic

prairie [preri] *f meadow; plaine* prairie

praline [pralin] *f* praline

praticable [pratikabl] *projet* feasible; *route* passable

praticien, ~ne [pratisjɛ̃, -ɛn] *m/f* MÉD general practitioner

pratiquant, ~e [pratikɑ̃, -t] REL practising

pratique [pratik] **1** *adj* practical **2** *f* practice; *expérience* practical experience; **pratiquement** *adv* (*presque*) practically, virtually; *dans la pratique* in practice; **pratiquer** ⟨1m⟩ practice, *Br* practise; *sports* play; *méthode, technique* use; TECH *trou, passage* make; *se ~* be practiced, *Br* be practised

pré [pre] *m* meadow

préado [preado] *m/f* pre-teen

préalable [prealabl] **1** *adj* (*antérieur*) prior; (*préliminaire*) preliminary **2** *m* condition; *au ~* beforehand, first

préambule [preɑ̃byl] *m* preamble

préau *m* (*pl* préaux) *f* courtyard

préavis [preavi] *m* notice; *sans ~* without any notice *ou* warning

précaire [prekɛr] precarious

précaution [prekosjɔ̃] *f* caution, care; *mesure* precaution; *par ~* as a precaution

précédent, ~e [presedɑ̃, -t] **1** *adj* previous **2** *m* precedent; *sans ~* unprecedented, without precedent; **précéder** ⟨1f⟩ precede

préchauffer [preʃofe] ⟨1a⟩ preheat

prêcher ⟨1b⟩ preach (*aussi fig*)

précieusement [presjøzmɑ̃] *adv*: *garder qch ~* treasure sth; **précieux, -euse** precious

précipice [presipis] *m* precipice

précipitamment [presipitamɑ̃] *adv* hastily, in a rush; **précipitation** *f* haste; *~s temps* precipitation *sg*; **précipiter** ⟨1a⟩ (*faire tomber*) plunge (*dans* into); (*pousser avec violence*) hurl; (*brusquer*) precipitate; *pas* hasten; *j'ai dû ~ mon départ* I had to leave suddenly; *se ~* (*se jeter*) throw o.s.; (*se dépêcher*) rush

P

précis, ~e [presi, -z] **1** *adj* precise, exact; **à dix heures ~es** at 10 o'clock precisely *ou* exactly **2** *m* précis, summary; **précisément** *adv* precisely, exactly; **préciser** ⟨1a⟩ specify; **~ que** (*souligner*) make it clear that; **précision** *f d'un calcul, d'une montre* accuracy; *d'un geste* preciseness; **pour plus de ~s** for further details; **merci de ses ~s** thanks for that information

précoce [prekɔs] early; *enfant* precocious; **précocité** *f* earliness; *d'un enfant* precociousness

préconçu, ~e [prekɔ̃sy] preconceived

préconiser [prekɔnize] ⟨1a⟩ recommend

précurseur [prekyrsœr] **1** *m* precursor **2** *adj*: **signe** *m* **~** warning sign

prédateur, -trice [predatœr, -tris] **1** *adj* predatory **2** *m/f* predator

prédécesseur [predesesœr] *m* predecessor

prédestiner [predɛstine] ⟨1a⟩ predestine (*à qch* for sth; *à faire qch* to do sth)

prédicateur [predikatœr] *m* preacher

prédiction [prediksjɔ̃] *f* prediction

prédilection [predilɛksjɔ̃] *f* predilection (*pour* for); **de ~** favorite, *Br* favourite

prédire [predir] ⟨4m⟩ predict

prédominance [predominɑ̃s] *f* predominance; **prédominant, ~e** *adj* predominant; **prédominer** ⟨1a⟩ predominate

préfabriqué, ~e [prefabrike] prefabricated

préface [prefas] *f* preface

préfecture [prefɛktyr] *f* prefecture, *local government offices*; **~ de police** police headquarters *pl*

préférable [preferabl] preferable (*à* to); **préféré, ~e** favorite, *Br* favourite; **préférence** *f* preference; **de ~** preferably; **de ~ à** in preference to; **donner la ~ à qn / qch** prefer s.o. / sth; **préférentiel, ~le** preferential; **préférer** ⟨1f⟩ prefer (*à* to); **~ faire qch** prefer to do sth; **je préfère que tu viennes** (*subj*) **demain** I

would *ou* I'd prefer you to come tomorrow, I'd rather you came tomorrow

préfet [prefɛ] *m* prefect, *head of a département*; **~ de police** chief of police

préfixe [prefiks] *m* prefix

préhistoire [preistwar] *f* prehistory

préjudice [preʒydis] *m* harm; **porter ~ à qn** harm s.o.; **préjudiciable** harmful (*à* to)

préjugé [preʒyʒe] *m* prejudice

prélasser [prelase] ⟨1a⟩: **se ~** lounge

prélavage [prelavaʒ] *m* prewash

prélèvement [prelɛvmɑ̃] *m sur salaire* deduction; **~ de sang** blood sample

prélever [prelve] ⟨1d⟩ *échantillon* take; *montant* deduct (*sur* from)

préliminaire [preliminɛr] **1** *adj* preliminary **2** *mpl*: **~s** preliminaries

prélude [prelyd] *m* MUS, *fig* prelude (*de* to); **préluder** ⟨1a⟩ *fig*: **~ à qch** be the prelude to sth

prématuré, ~e [prematyre] premature

préméditation [premeditasjɔ̃] *f* JUR premeditation; **préméditer** ⟨1a⟩ premeditate

premier, -ère [prəmje, -ɛr] **1** *adj* first; *rang* front; *objectif, souci, cause* primary; *nombre* prime; **les ~s temps** in the early days, at first; **au ~ étage** on the second floor, *Br* on the first floor; **du ~ coup** at the first attempt; **Premier ministre** Prime Minister; **~ rôle** *m* lead, leading role; **de ~ ordre** first-class, first-rate; **matière** *f* **première** raw material; **le ~ août** August first, *Br* the first of August **2** *m/f*: **partir le ~** leave first **3** *m* second floor, *Br* first floor; **en ~** first **4** *f* THÉÂT first night; AUTO first (gear); *en train* first (class); **premièrement** *adv* firstly

prémisse [premis] *f* premise

prémonition [premɔnisjɔ̃] *f* premonition; **prémonitoire** *rêve* prophetic

prenant, ~e [prənɑ̃, -t] *livre, occupation* absorbing, engrossing

prénatal, ~e [prenatal] antenatal

prendre [prɑ̃dr] ⟨4q⟩ **1** *v/t* take; (*enlever*) take away; *capturer: voleur* catch, capture; *ville* take, capture; *aliments* have, take; *froid* catch; *poids* put on; ~ **qch à qn** take sth (away) from s.o.; ~ **bien / mal qch** take sth well / badly; ~ **qn chez lui** pick s.o. up, fetch s.o.; ~ **de l'âge** get old; ~ **qn par surprise** catch *ou* take s.o. by surprise; ~ **l'eau** let in water; ~ **qn / qch pour** take s.o. / sth for; *à tout* ~ all in all, on the whole **2** *v/i* (*durcir*) set; *d'une greffe* take; *d'un feu* take hold, catch; *de mode* catch on; ~ **à droite** turn right; *ça ne prend pas avec moi* I don't believe you, I'm not swallowing that F **3**: *se* ~ (*se laisser attraper*) get caught; *s'y* ~ **bien / mal** go about it the right / wrong way; *se* ~ **d'amitié pour qn** take a liking to s.o.; *s'en* ~ **à qn** blame s.o.; *se* ~ **à faire qch** start *ou* begin to do sth

preneur, -euse [prænœr, -øz] *m/f* COMM, JUR buyer; *il y a des* ~s? any takers?; ~ **d'otages** hostage taker

prénom [prenɔ̃] *m* first name; *deuxième* ~ middle name

prénuptial, ~e [prenypsjal] prenuptial

préoccupant, ~e [preɔkypɑ̃, -t] worrying

préoccupation [preɔkypasjɔ̃] *f* concern, worry; **préoccuper** ⟨1a⟩ (*occuper fortement*) preoccupy; (*inquiéter*) worry; *se* ~ **de** worry about

préparatifs [preparatif] *mpl* preparations; **préparation** *f* preparation; **préparatoire** preparatory; **préparer** ⟨1a⟩ prepare; (*organiser*) arrange; ~ **qn à qch** prepare s.o. for sth; ~ **un examen** prepare for an exam; *se* ~ get ready; *une dispute / un orage se prépare* an argument / a storm is brewing

prépondérant, ~e [prepɔ̃derɑ̃, -t] predominant

préposé [prepoze] *m* (*facteur*) mailman, *Br* postman; *au vestiaire* attendant; *des douanes* official; **préposée** *f* (*factrice*) mailwoman, *Br* postwoman

préposition *f* GRAM preposition

préretraite [prerətrɛt] *f* early retire-ment

prérogative [prerɔgativ] *f* prerogative

près [prɛ] **1** *adv* close, near; *tout* ~ very close by; *à peu* ~ almost; *à peu de choses* ~ more or less, pretty much; *à cela* ~ except that; *de* ~ closely; *être rasé de* ~ be close-shaven **2** *prép*: ~ **de qch** near sth, close to sth; ~ **de 500** nearly 500, close to 500; *être* ~ **de faire qch** be on the point *ou* the brink of doing sth; *je ne suis pas* ~ **de l'épouser** I'm not about to marry him

présage [prezaʒ] *m* omen

presbyte [prɛzbit] MÉD farsighted, *Br* long-sighted

prescription [prɛskripsjɔ̃] *f* rule; MÉD prescription; *il y a* ~ JUR the statute of limitations applies

prescrire [prɛskrir] ⟨4f⟩ stipulate; MÉD prescribe

présence [prezɑ̃s] *f* presence; ~ **d'esprit** presence of mind; *en* ~ **de** in the presence of; *en* ~ face to face, alone together; **présent, ~e 1** *adj* present **2** *m* present (*aussi* GRAM); *les* ~**s** those present; *à* ~ at present; *à* ~ **que** now that; *jusqu'à* ~ till now

présentable [prezɑ̃tabl] presentable

présentateur, -trice [prezɑ̃tatœr, -tris] *m/f* TV presenter; ~ **météo** weatherman; **présentation** *f* presentation; (*introduction*) introduction; (*apparence*) appearance; **présenter** ⟨1a⟩ present; *chaise* offer; *personne* introduce; *pour un concours* put forward; *billet* show, present; *condoléances, félicitations* offer; *difficultés, dangers* involve; *se* ~ introduce o.s.; *pour un poste, un emploi* apply; *aux élections* run, *Br aussi* stand; *de difficultés* come up; *cette réunion se présente bien / mal* it looks like being a good / bad meeting

préservatif [prezɛrvatif] *m* condom

préservation [prezɛrvasjɔ̃] *f* protection; *du patrimoine* preservation; **préserver** ⟨1a⟩ protect, shelter (*de* from); *bois, patrimoine* preserve

présidence [prezidɑ̃s] *f* chairmanship; POL presidency; **président,**

~e *m/f d'une réunion, assemblée* chair; POL president; **~-directeur** *m* **général** president, CEO; **présidentiel, ~le** presidential; **présider** ⟨1a⟩ *réunion* chair

présomption [prezɔ̃psjɔ̃] *f (supposition)* presumption; *(arrogance aussi)* conceit; **présomptueux, -euse** presumptuous

presque [prɛsk] *adv* almost, nearly

presqu'île [prɛskil] *f* peninsula

pressant, ~e [presɑ̃, -t] *besoin* pressing, urgent; *personne* insistent

presse [prɛs] *f* press; **mise** *f* **sous ~** going to press

pressé, ~e [prese] *lettre, requête* urgent; *fruit* fresh; **je suis ~** I'm in a hurry *ou* a rush

presse-citron [prɛssitrɔ̃] *m (pl presse-citron(s))* lemon squeezer

pressentiment [presɑ̃timɑ̃] *m* foreboding, presentiment; **pressentir** ⟨2b⟩: **~ qch** have a premonition that sth is going to happen; **~ qn pour un poste** approach s.o., sound s.o. out

presse-papiers [prɛspapje] *m (pl inv)* paperweight

presser [prese] ⟨1b⟩ **1** *v/t bouton* push, press; *fruit* squeeze, juice; *(harceler)* press; *pas* quicken; *affaire* hurry along, speed up; *(étreindre)* press, squeeze; **se ~ contre** press (o.s.) against **2** *v/i* be urgent; **rien ne presse** there's no rush; **se ~** hurry up, get a move on F

pressing [presɪŋ] *m magasin* dry cleaner

pression [presjɔ̃] *f* PHYS, *fig* pressure; *bouton* snap fastener, *Br aussi* press-stud; **(bière** *f* **) ~** draft beer, *Br* draught beer; **être sous ~** be under pressure; **exercer une ~ sur** bring pressure to bear on; **faire ~ sur** pressure, put pressure on; **~ artérielle** blood pressure

pressoir [preswar] *m vin* wine press

prestance [prɛstɑ̃s] *f* presence

prestation [prɛstasjɔ̃] *f (allocation)* allowance; **~s familiales** child benefit *sg*

prestidigitateur, -trice [presti-

digitatœr, -tris] *m/f* conjuror

prestige [prɛstiʒ] *m* prestige; **prestigieux, -euse** prestigious

présumer [prezyme] ⟨1a⟩ **1** *v/t*: **~ que** presume *ou* assume that **2** *v/i*: **~ de** overrate, have too high an opinion of

présupposer [presypoze] ⟨1a⟩ presuppose

prêt[1]**, ~e** [prɛ, -t] ready (**à qch** for sth; **à faire qch** to do sth)

prêt[2] [prɛ] *m* loan; **~ immobilier** mortgage, home loan

prêt-à-porter [prɛtaporte] *m* ready-to-wear clothes *pl*, ready-to-wear *sg*

prétendre [pretɑ̃dr] ⟨4a⟩ **1** *v/t* maintain; **~ faire qch** claim to do sth **2** *v/i*: **~ à** lay claim to; **prétendu, ~e** so-called

prétentieux, -euse [pretɑ̃sjø, -z] pretentious; **prétention** [pretɑ̃sjɔ̃] *f (revendication, ambition)* claim, pretention; *(arrogance)* pretentiousness

prêter [prete] ⟨1b⟩ **1** *v/t* lend; *intentions* attribute (**à** to) **2** *v/i*: **~ à** give rise to; **se ~ à** *d'une chose* lend itself to; *d'une personne* be a party to

prétexte [pretɛkst] *m* pretext; **sous ~ de faire qch** on the pretext of doing sth; **sous aucun ~** under no circumstances; **prétexter** ⟨1a⟩ claim (**que** that); **il a prétexté une tâche urgente** he claimed he had something urgent to do

prêtre [prɛtr] *m* priest; **prêtresse** *f* woman priest

preuve [prœv] *f* proof, evidence; MATH proof; **~s** evidence *sg*; **faire ~ de courage** show courage

prévaloir [prevalwar] ⟨3h⟩ prevail (**sur** over; **contre** against); **se ~ de qch** *(tirer parti de)* make use of sth; *(se flatter de)* pride o.s. on sth

prévenance [prevnɑ̃s] *f* consideration; **prévenant, ~e** considerate, thoughtful

prévenir [prevnir] ⟨2h⟩ *(avertir)* warn (**de** of); *(informer)* tell (**de** about), inform (**de** of); *besoin, question* anticipate; *crise, maladie* avert

préventif, -ive [prevɑ̃tif, -iv] preventive; **prévention** *f* prevention; **~ rou-**

tière road safety

prévenu, **~e** [prevəny] *m/f* accused

prévisible [previzibl] foreseeable; **prévision** *f* forecast; **~s** predictions; **~s météorologiques** weather forecast *sg*; **en ~ de** in anticipation of

prévoir [prevwar] ⟨3b⟩ (*pressentir*) foresee; (*planifier*) plan; **les sanctions prévues par la loi** the penalties provided for by the law; **comme prévu** as expected; **son arrivée est prévue pour ce soir** he's expected *ou* scheduled to arrive this evening

prévoyance [prevwajãs] *f* foresight; **prévoyant**, **~e** farsighted

prier [prije] ⟨1a⟩ **1** *v/i* REL pray **2** *v/t* (*supplier*) beg; REL pray to; **~ qn de faire qch** ask s.o. to do sth; **~ Dieu** pray to God; **je vous en prie** not at all, don't mention it; **prière** *f* REL prayer; (*demande*) entreaty; **faire sa ~** say one's prayers; **~ de ne pas toucher** please do not touch

primaire [primer] primary; *péj* narrow-minded

primate [primat] *m* ZO primate

prime¹ [prim]: **de ~ abord** at first sight

prime² [prim] *f d'assurance* premium; *de fin d'année* bonus; (*cadeau*) free gift

primer [prime] ⟨1a⟩ **1** *v/i* take precedence, come first **2** *v/t* take precedence over, come before

primeur [primœr] *f*: **avoir la ~ de nouvelle* be the first to hear; *objet* have first use of; **~s** early fruit and vegetables

primevère [primver] *f* BOT primrose

primitif, **-ive** [primitif, -iv] primitive; *couleur*, *sens* original

primordial, **~e** [primɔrdjal] (*mpl* -aux) essential

prince [prɛ̃s] *m* prince; **princesse** princess; **princier**, **-ère** princely

principal, **~e** [prɛ̃sipal] (*mpl* -aux) **1** *adj* main, principal; GRAM main **2** *m*: **le ~** the main thing, the most important thing **3** *m/f* principal, *Br* head teacher

principauté [prɛ̃sipote] *f* principality

principe [prɛ̃sip] *m* principle; **par ~** on principle; **en ~** in theory, in principle

printanier, **-ère** [prɛ̃tanje, -ɛr] spring *atr*

printemps [prɛ̃tɑ̃] *m* spring

prioritaire [prijɔriter] priority; **être ~** have priority; *de véhicule aussi* have right of way

priorité [prijɔrite] *f* priority (**sur** over); *sur la route* right of way; **~ à droite** yield to cars coming from the right, *Br* give way cars to coming from the right; **donner la ~ à** prioritize, give priority to

pris, **~e** [pri, -z] *p/p* → **prendre 2** *adj place* taken; *personne* busy

prise [priz] *f* hold; *d'un pion, une ville etc* capture, taking; *de poissons* catch; ÉL outlet, *Br* socket; CINÉ take; **être aux ~s avec** be struggling with; **lâcher ~** let go; *fig* give up; **~ de conscience** awareness, realization; **~ de courant** outlet, *Br* socket; **~ d'otage(s)** hostage-taking; **~ de position** stand, stance; **~ de sang** blood sample; **~ de vue** shot

priser [prize] ⟨1a⟩ *litt* (*apprécier*) value

prison [prizɔ̃] *f* prison; **prisonnier**, **-ère** *m/f* prisoner; **~ de guerre** prisoner of war, POW; **~ politique** political prisoner *ou* detainee

privation [privasjɔ̃] *f* deprivation

privatisation [privatizasjɔ̃] *f* privatization; **privatiser** ⟨1a⟩ privatize

privé, **~e** [prive] **1** *adj* private; **agir à titre ~** act in a private capacity **2** *m* **en ~** in private; **le ~** (*intimité*) private life; *secteur* private sector; **priver** ⟨1a⟩: **~ qn de qch** deprive s.o. of sth; **se ~ de qch** go without sth

privilège [privilɛʒ] *m* privilege; **privilégié**, **privilégiée** [privilɛʒje] **1** *adj* privileged **2** *m/f*: **les ~s** the privileged *pl*; **privilégier** ⟨1a⟩ favor, *Br* favour

prix [pri] *m* price; (*valeur*) value; (*récompense*) prize; **à tout ~** at all costs; **à aucun ~** absolutely not; **hors de ~** prohibitive; **au ~ de** at the cost of; **~ brut** gross price; **~ fort** full price; **~**

Nobel Nobel Prize; *personne* Nobel prizewinner, Nobel laureate; **~ de revient** cost price

pro [pro] *m/f (pl inv)* F pro

probabilité [prɔbabilite] *f* probability; **probable** probable

probant, ~e [prɔbɑ̃, -t] convincing; *démonstration* conclusive

problématique [prɔblematik] problematic; **problème** *m* problem; **pas de ~** no problem

procédé [prɔsede] *m (méthode)* method; TECH process; **~s** *(comportement)* behavior, *Br* behaviour *sg*

procéder [prɔsede] ⟨1f⟩ proceed; **~ à qch** carry out sth; **procédure** *f* JUR procedure

procès [prɔsɛ] *m* JUR trial

processeur [prɔsɛsœr] *m* INFORM processor

procession [prɔsesjɔ̃] *f* procession

processus [prɔsesys] *m* process

procès-verbal [prɔsɛvɛrbal] *m (pl procès-verbaux)* minutes *pl*; *(contravention)* ticket; **dresser un ~** write a ticket

prochain, ~e [prɔʃɛ̃, -ɛn] **1** *adj* next **2** *m/f*: **son ~** one's fellow human being, one's neighbor *ou Br* neighbour; **prochainement** *adv* shortly, soon

proche [prɔʃ] **1** *adj* close *(de* to), near; *ami* close; *événement, changement* recent; **~ de** *fig* close to; **dans un futur ~** in the near future **2** *mpl*: **~s** family and friends

proclamation [prɔklamasjɔ̃] *f d'un événement, résultat* declaration, announcement; *d'un roi, d'une république* proclamation; **proclamer** ⟨1a⟩ *roi, république* proclaim; *résultats, innocence* declare

procréer [prɔkree] ⟨1a⟩ procreate

procuration [prɔkyrasjɔ̃] *f* proxy, power of attorney; **procurer** ⟨1a⟩ get, procure *fml*; **procureur** *m*: **~ (de la République)** District Attorney, *Br* public prosecutor

prodige [prɔdiʒ] *m* wonder, marvel; **enfant** *m* **~** child *ou* infant prodigy; **prodigieux, -euse** enormous, tremendous

prodigue [prɔdig] extravagant; **prodiguer** ⟨1m⟩ lavish

producteur, -trice [prɔdyktœr, -tris] **1** *adj* producing; **pays** *m* **~ de pétrole** oil-producing country **2** *m/f* producer; **productif, -ive** productive; **production** *f* production; **productivité** *f* productivity; **produire** ⟨4c⟩ produce; **se ~** happen; **produit** *m* product; *d'un investissement* yield; **~ d'entretien** cleaning product; **~ fini** end product; **~ intérieur brut** ÉCON gross domestic product; **~ national brut** ÉCON gross national product

proéminent, ~e [prɔeminɑ̃, -t] prominent

prof [prɔf] *m/f abr (= professeur)* teacher

profanation [prɔfanasjɔ̃] *f* desecration

profane [prɔfan] **1** *adj art, musique* secular **2** *m/f fig* lay person

profaner [prɔfane] ⟨1a⟩ desecrate, profane

proférer [prɔfere] ⟨1f⟩ *menaces* utter

professeur [prɔfesœr] *m* teacher; *d'université* professor

profession [prɔfesjɔ̃] *f* profession; **professionnel, -le** *m/f & adj* professional

professorat [prɔfesɔra] *m* teaching

profil [prɔfil] *m* profile

profit [prɔfi] *m* COMM profit; *(avantage)* benefit; **au ~ de** in aid of; **tirer ~ de qch** take advantage of sth; **profitable** beneficial; COMM profitable; **profiter** ⟨1a⟩: **~ de qch** take advantage of sth; **~ à qn** be to s.o.'s advantage; **profiteur, -euse** *m/f* profiteer

profond, ~e [prɔfɔ̃, -d] deep; *personne, penseés* deep, profound; *influence* great, profound; **profondément** *adv* deeply, profoundly; **profondeur** *f* depth *(aussi fig)*

profusion [prɔfyzjɔ̃] *f* profusion; **à ~** in profusion

progéniture [prɔʒenityr] *f litt* progeny; *hum* offspring *pl*

programme [prɔgram] *m* program, *Br* programme; INFORM program; **~ an-**

tivirus antivirus program; **~ télé** TV program; **programmer** ⟨1a⟩ TV schedule; INFORM program; **programmeur, -euse** *m/f* programmer

progrès [prɔgrɛ] *m* progress; *d'un incendie, d'une épidémie* spread

progresser [prɔgrese] ⟨1b⟩ make progress, progress; *d'une incendie, d'une épidémie* spread; MIL advance, progress; **progressif, -ive** progressive; **progression** *f* progress; **progressiste** progressive (*aussi* POL); **progressivement** progressively

prohiber [prɔibe] ⟨1a⟩ ban, prohibit; **prohibitif, -ive** *prix* prohibitive; **prohibition** *f* ban; **la Prohibition** HIST Prohibition

proie [prwa] *f* prey (*aussi fig*); **en ~ à** prey to

projecteur [prɔʒɛktœr] *m* (*spot*) spotlight; *au cinéma* projector

projectile [-il] *m* projectile

projection [prɔʒɛksjõ] *f* projection

projet [prɔʒɛ] *m* project; *personnel* plan; (*ébauche*) draft; **~ de loi** bill

projeter [prɔʒ(ə)te, prɔʃte] ⟨1c⟩ (*jeter*) throw; *film* screen; *travail, voyage* plan

prolétariat [prɔletarja] *m/f* proletariat

prolifération [prɔliferasjõ] *f* proliferation; **proliférer** ⟨1f⟩ proliferate; **prolifique** prolific

prologue [prɔlɔg] *m* prologue

prolongation [prɔlõgasjõ] *f* extension; **~s** SP overtime, *Br* extra time; **prolongement** *m* extension; **prolonger** ⟨1l⟩ prolong; *mur, route* extend; **se ~** go on, continue; *d'une route* continue

promenade [prɔmnad] *f* walk; *en voiture* drive; **promener** ⟨1d⟩ take for a walk; **~ son regard sur** *fig* run one's eyes over; **se ~** go for a walk; *en voiture* go for a drive; **envoyer ~** *fig* F: *personne* send packing; **promeneur, -euse** *m/f* stroller, walker

promesse [prɔmɛs] *f* promise

prometteur, -euse [prɔmɛtœr, -øz] promising; **promettre** ⟨4p⟩ promise (*qch à qn* s.o. sth, sth to s.o., *de faire qch* to do sth); **se ~ de faire qch**

make up one's mind to do sth

promiscuité [prɔmiskɥite] *f* overcrowding; *sexuelle* promiscuity

promontoire [prɔmõtwar] *m* promontory

promoteur, -trice [prɔmɔtœr, -tris] **1** *m/f* (*instigateur*) instigator **2** *m*: **~ immobilier** property developer; **promotion** *f* promotion; *sociale* advancement; ÉDU class, *Br* year; **~ des ventes** COMM sales promotion; **en ~** on special offer

promouvoir [prɔmuvwar] ⟨3d⟩ promote

prompt, ~e [prõ, -t] (*rapide*) prompt, swift; *rétablissement* speedy; (*soudain*) swift

prôner [prone] ⟨1a⟩ advocate

pronom [prɔnõ] *m* GRAM pronoun

prononcé, ~e [prɔnõse] *fig* marked, pronounced; *accent, traits* strong

prononcer [prɔnõse] ⟨1k⟩ (*dire*) say, utter; (*articuler*) pronounce; *discours* give; JUR *sentence* pass, pronounce; **se ~** *d'un mot* be pronounced; (*se déterminer*) express an opinion; **se ~ pour / contre qch** come out in favour ou *Br* favour of / against sth; **prononciation** *f* pronunciation; JUR passing

pronostic [prɔnɔstik] *m* forecast; MÉD prognosis

propagande [prɔpagãd] *f* propaganda

propagation [prɔpagasjõ] *f* spread; BIOL propagation; **propager** ⟨1l⟩ *idée, nouvelle* spread; BIOL propagate; **se ~** spread; BIOL reproduce

propane [prɔpan] *m* propane

propension [prɔpãsjõ] *f* propensity (*à qch* for sth)

prophète, prophétesse [prɔfɛt, -etɛs] *m/f* prophet; **prophétie** *f* prophecy

propice [prɔpis] favorable, *Br* favourable; *moment* right; **~ à** conducive to

proportion [prɔpɔrsjõ] *f* proportion; **toutes ~s gardées** on balance; **en ~ de** in proportion to; **proportionnel, ~le** proportional (*à* to); **proportionnellement** *adv* proportionally, in proportion (**à** to)

propos [prɔpo] **1** *mpl* (*paroles*) words **2** *m* (*intention*) intention; **à ~** at the right moment; **à tout ~** constantly; **mal à ~, hors de ~** at the wrong moment; **à ~!** by the way; **à ~ de** (*au sujet de*) about

proposer [prɔpoze] ⟨1a⟩ suggest, propose; (*offrir*) offer; **il m'a proposé de sortir avec lui** he suggested that I should go out with him, he offered to take me out; **se ~ de faire qch** propose doing sth; **se ~** offer one's services; **proposition** *f* (*suggestion*) proposal, suggestion; (*offre*) offer; GRAM clause

propre [prɔpr] *adj* own; (*net, impeccable*) clean; (*approprié*) suitable; **sens** *m* **~** literal meaning; **à** (*particulier à*) characteristic of **2** *m*: **mettre au ~** make a clean copy of; **proprement** *adv* carefully; **à ~ parler** properly speaking; **le / la ... ~ dit** the actual ...; **propreté** *f* cleanliness

propriétaire [prɔprijeter] *m/f* owner; *qui loue* landlord; *femme* landlady; **~ terrien** land owner; **propriété** *f* (*possession*) ownership; (*caractéristique*) property; **proprio** *m/f* F landlord; landlady

propulser [prɔpylse] ⟨1a⟩ propel; **propulsion** *f* propulsion

prorata [prɔrata]: **au ~ de** in proportion to

proscrire [prɔskrir] ⟨4f⟩ (*interdire*) ban; (*bannir*) banish

prose [proz] *f* prose

prospecter [prɔspekte] ⟨1a⟩ prospect

prospectus [prɔspektys] *m* brochure; FIN prospectus

prospère [prɔsper] prosperous; **prospérer** ⟨1f⟩ prosper; **prospérité** *f* prosperity

prosterner [prɔsterne] ⟨1a⟩: **se ~** prostrate o.s.

prostituée [prɔstitye] *f* prostitute; **prostituer** ⟨1n⟩: **se ~** prostitute o.s.; **prostitution** *f* prostitution

protagoniste [prɔtagɔnist] *m* hero, protagonist

protecteur, -trice [prɔtektœr, -tris] **1**

adj protective; *péj*: *ton, expression* patronizing **2** *m/f* protector; (*mécène*) sponsor, patron; **protection** *f* protection; **protectionnisme** *m* ÉCON protectionism; **protectorat** *m* protectorate; **protégé, ~e** *m/f* protégé; *péj* favorite, *Br* favourite; **protéger** ⟨1g⟩ protect (**contre, de** from); *arts, artistes* be a patron of; **protège-slip** *m* (*pl* protège-slips) panty-liner

protéine [prɔtein] *f* protein

protestant, ~e [prɔtestɑ̃, -t] REL *m/f* & *adj* Protestant

protestation [prɔtestasjɔ̃] *f* (*plainte*) protest; (*déclaration*) protestation; **protester** ⟨1a⟩ protest; **~ contre qch** protest against sth, *Br* protest against sth; **~ de son innocence** protest one's innocence

prothèse [prɔtez] *f* prosthesis

protocole [prɔtɔkɔl] *m* protocol

prototype [prɔtɔtip] *m* prototype

protubérance [prɔtyberɑ̃s] *f* protuberance

proue [pru] *f* MAR prow

prouesse [prues] *f* prowess

prouver [pruve] ⟨1a⟩ prove

provenance [prɔvnɑ̃s] *f* origin; **en ~ de** *avion, train* from

provençal, ~e [prɔvɑ̃sal] (*mpl* -aux) Provençal

provenir [prɔvnir] ⟨2h⟩ (*aux être*): **~ de** come from

proverbe [prɔverb] *m* proverb

providence [prɔvidɑ̃s] *f* providence; **providentiel, ~le** providential

province [prɔvɛ̃s] *f* province; **provincial, ~e** (*mpl* -iaux) provincial (*aussi fig*)

proviseur [prɔvizœr] *m* principal, *Br* head (teacher)

provision [prɔvizjɔ̃] *f* supply (**de** of); **~s** (*vivres*) provisions; (*achats*) shopping *sg*; *d'un chèque* funds *pl*; **chèque** *m* **sans ~** bad check, *Br* bad cheque

provisoire [prɔvizwar] provisional

provocant, ~e [prɔvɔkɑ̃, -t], **provocateur, -trice** [prɔvɔkatœr, -tris] provocative; **provocation** *f* provocation; **provoquer** ⟨1m⟩ provoke; *acci-*

dent cause

proxénète [prɔksenɛt] *m* (*souteneur*) pimp

proximité [prɔksimite] *f* proximity; **à ~ de** near, in the vicinity of

prude [pryd] prudish

prudence [prydɑ̃s] *f* caution, prudence; **prudent, ~e** cautious, prudent; *conducteur* careful

prune [pryn] *f* BOT plum

pruneau [pryno] *m* (*pl* -x) prune

prunelle [prynɛl] *f* ANAT pupil; BOT sloe

prunier [prynje] *m* plum (tree)

PS [peɛs] *m abr* (= *Parti socialiste*) Socialist Party; (= *Post Scriptum*) postscript

psaume [psom] *m* psalm

pseudonyme [psødɔnim] *m* pseudonym

psychanalyse [psikanaliz] *f* psychoanalysis; **psychanalyser** ⟨1a⟩ psychoanalyze; **psychanalyste** *m/f* psychoanalyst

psychiatre [psikjatr] *m/f* psychiatrist; **psychiatrie** *f* psychiatry

psychique [psiʃik] psychic

psychologie [psikɔlɔʒi] *f* psychology; **psychologique** psychological; **psychologue** *m/f* psychologist

psychopathe [psikɔpat] *m/f* psychopath, psycho F

psychose [psikoz] *f* psychosis

psychosomatique [psikosomatik] psychosomatic

puant, ~e [pɥɑ̃, -t] stinking; *fig* arrogant; **puanteur** *f* stink

pub [pyb] *f*: **une ~** an ad; *à la télé aussi* a commercial; **faire de la ~** do some advertising *ou* promotion; **je t'ai fait de la ~ auprès de lui** I put in a plug for you with him

puberté [pybɛrte] *f* puberty

public, publique [pyblik] **1** *adj* public **2** *m* public; *d'un spectacle* audience; **en ~** in public

publication [pyblikasjɔ̃] *f* publication

publicitaire [pyblisitɛr] advertising *atr*; **publicité** *f* publicity; COMM advertising; (*affiche*) ad

publier [pyblije] ⟨1a⟩ publish

publipostage [pyblipɔstaʒ] *m* mailshot; *logiciel m de* ~ mailmerge software

puce [pys] *f* ZO flea; INFORM chip; ~ **électronique** silicon chip; *marché m aux* ~**s** flea market

puceau [pyso] *m* F virgin

pucelle [pysɛl] *f* F *iron* virgin; *la* ~ *d'Orléans* the Maid of Orleans

pudeur [pydœr] *f* modesty; **pudique** modest; *discret* discreet

puer [pɥe] ⟨1a⟩ **1** *v/i* stink; ~ *des pieds* have smelly feet **2** *v/t* stink of

puériculture [pɥerikyltyr] *f* child care

puéril, ~e [pɥeril] childish

puis [pɥi] *adv* then

puiser [pɥize] ⟨1a⟩ draw (*dans* from)

puisque [pɥiskə] *conj* since

puissance [pɥisɑ̃s] *f* power; *d'une armée* strength; ~ *nucléaire* nuclear power; **puissant, ~e** powerful; *musculature, médicament* strong

puits [pɥi] *m* well; *d'une mine* shaft; ~ *de pétrole* oil well

pull(-over) [pyl(ɔver)] *m* (*pl* pulls, pull-overs) sweater, *Br aussi* pullover

pulluler [pylyle] ⟨1a⟩ swarm

pulmonaire [pylmɔnɛr] pulmonary

pulpe [pylp] *f* pulp

pulsation [pylsasjɔ̃] *f* beat, beating

pulsion [pylsjɔ̃] *f* drive; ~**s** *fpl de mort* death wish *sg*

pulvérisateur [pylverizatœr] *m* spray; **pulvériser** ⟨1a⟩ *solide* pulverize (*aussi fig*); *liquide* spray

punaise [pynɛz] *f* ZO bug; (*clou*) thumbtack, *Br* drawing pin

punch[1] [pɔ̃ʃ] *m boisson* punch

punch[2] [pœnʃ] *m en boxe* punch (*aussi fig*)

punir [pynir] ⟨2a⟩ punish; **punition** *f* punishment

pupille [pypij] **1** *m/f* JUR ward **2** *f* ANAT pupil

pupitre [pypitr] *m* desk

pur, ~e [pyr] pure; *whisky* straight

purée [pyre] *f* purée; ~ (*de pommes de terre*) mashed potatoes *pl*

pureté [pyrte] *f* purity

purge [pyrʒ] *f* MÉD, POL purge; **purger** ⟨1l⟩ TECH bleed; POL purge;

JUR *peine* serve
purification [pyrifikasjõ] *f* purification; **~ ethnique** ethnic cleansing; **purifier** ⟨1a⟩ purify
puriste [pyrist] *m* purist
puritain, ~e [pyritɛ̃, -ɛn] **1** *adj* puritanical **2** *m/f* puritan
pur-sang [pyrsã] *m* (*pl inv*) thoroughbred
pus [py] *m* pus
putain [pytɛ̃] *f* P whore; **~!** shit! P; **ce~ de ...** this god-damn P *ou* Br bloody F...
pute [pyt] *f* F slut
putréfaction [pytrefaksjõ] *f* putrefaction; **putréfier** ⟨1a⟩ putrefy; **se ~** putrefy

putsch [putʃ] *m* putsch
puzzle [pœzl(ə)] *m* jigsaw (puzzle)
P.-V. [peve] *m abr* (= **procès-verbal**) ticket
PVC [pevese] *m abr* (= **polychlorure de vinyle**) PVC (= polyvinyl chloride)
pygmée [pigme] *m* pygmy
pyjama [piʒama] *m* pajamas *pl*, *Br* pyjamas *pl*
pylône [pilon] *m* pylon
pyramide [piramid] *f* pyramid
Pyrénées [pirene] *fpl* Pyrenees
pyrex [pirɛks] *m* Pyrex®
pyromane [piroman] *m* pyromaniac; JUR arsonist
python [pitõ] *m* python

Q

Q.I. [kyi] *m abr* (= **Quotient intellectuel**) IQ (= intelligence quotient)
quadragénaire [kwadraʒener] *m/f & adj* forty-year old
quadrangulaire [kwadrãgyler] quadrangular
quadrilatère [kwadrilater, ka-] *m* quadrilateral
quadrillé, ~e [kadrije] *papier* squared; **quadriller** ⟨1a⟩ *fig: région* put under surveillance
quadrupède [kwadryped] *m* quadruped
quadruple [kwadryplə, ka-] quadruple; **quadrupler** ⟨1a⟩ quadruple; **quadruplés, -ées** *mpl, fpl* quadruplets, quads
quai [ke] *m d'un port* quay; *d'une gare* platform
qualificatif [kalifikatif] *m fig* term, word; **qualification** *f* qualification (*aussi* SP); (*appellation*) name; **~ professionnelle** professional qualification; **qualifié, ~e** qualified; **ouvrier** *m* **~ / non ~** skilled / unskilled work-

er; **qualifier** ⟨1a⟩ qualify; (*appeler*) describe; **~ qn d'idiot** describe s.o. as an idiot, call s.o. an idiot; **se ~** SP qualify
qualité [kalite] *f* quality; **de ~** quality *atr*, **en ~ d'ambassadeur** as ambassador, in his capacity as ambassador; **~ de la vie** quality of life
quand [kã] *adv & conj* when; **~ je serai de retour** when I'm back; **~ même** all the same
quant à [kãta] *prép* as for; **être certain ~ qch** be certain as to *ou* about sth
quantifier [kãtifje] ⟨1a⟩ quantify
quantité [kãtite] *f* quantity; **une ~ de grand nombre** a great many; **abondance** a great deal of; **du vin / des erreurs en ~** lots of wine / mistakes; **~ de travail** workload
quarantaine [karãten] *f* MÉD quarantine; **une ~ de personnes** about forty people *pl*, forty or so people *pl*; **avoir la ~** be in one's forties; **quarante** forty; **quarantième** for-

tieth

quart [kar] *m* quarter; *de vin* quarter liter, *Br* quarter litre; **~ d'heure** quarter of an hour; **les trois ~s** three-quarters; **~ de finale** quarter-final; *il est trois heures moins le ~* it's a quarter to three, it's two forty-five; **deux heures et ~** two fifteen, a quarter after *ou Br* past two

quartier [katrje] *m* (*quart*) quarter; *d'orange, de pamplemousse* segment; *d'une ville* area, neighborhood, *Br* neighbourhood; **de / du ~** local *atr*; **~ général** MIL headquarters *pl*

quartz [kwarts] *m* quartz

quasi [kazi] *adv* virtually; **quasiment** *adv* virtually

quatorze [katɔrz] fourteen; → **trois**; **quatorzième** fourteenth

quatre [katr] four; → **trois**; **quatre-vingt(s)** eighty; **quatre-vingt-dix** ninety

quatrième [katrijɛm] fourth; **quatrièmement** *adv* fourthly

quatuor [kwatɥɔr] *m* MUS quartet

que [kə] **1** *pron relatif* ◇ *personne* who, that; *les étudiants ~ j'ai rencontrés* the students I met, the students who *ou* that I met; *imbécile ~ tu es!* you fool!

◇ *chose, animal* which, that; *les croissants ~ j'ai mangés* the croissants I ate, the croissants which *ou* that I ate

◇: *un jour ~* one day when

2 *pron interrogatif* what; **~ veut-il?** what does he want?; **qu'y a-t-il?** what's the matter?; **qu'est-ce que c'est?** what's that?; *je ne sais ~ dire* I don't know what to say

3 *adv dans exclamations*: **~ c'est beau!** it's so beautiful!, isn't that just beautiful!; **~ de fleurs!** what a lot of flowers!

4 *conj* that; *je croyais ~ tu avais compris* I thought (that) you had understood

◇ *après comparatif* than; *plus grand ~ moi* bigger than me

◇ *dans comparaison* as; *aussi petit ~ cela* as small as that

◇ *ne ... ~* only; *je n'en ai ~ trois* I have only three

◇ *concession*: *qu'il pleuve ou non* whether it rains or not

◇ *désir*: *qu'il entre* let him come in

◇: *~ je sache* as far as I know

◇: *~ coûte ~ coûte* whatever it might cost, cost what it might;

◇: *s'il fait beau et ~ ...* if it's fine and (if) ...; *quand j'aurai fini et ~ ...* when I have finished and ...

Québec [kebɛk] Québec, Quebec; **québécois, ~e 1** *adj* from Quebec **2** *m langue* Canadian French **3** *m/f* **Québécois, ~e** Québecois, Quebecker

quel, ~le [kɛl] *interrogatif* what, which; **~ prof / film as-tu préféré?** which teacher / movie did you prefer?; **~le est la différence?** what's the difference?; **~ est le plus riche des deux?** which is the richer of the two?; **~ est ce misérable qui ...?** *surtout litt* who is this wretched person who ...?

◇ *exclamatif*: **~le femme!** what a woman!; **~les belles couleurs!** what beautiful colors!

◇: **~ que**: **~les que soient** (*subj*) **vos raisons** whatever reasons you might have, whatever your reasons might be

quelconque [kɛlkɔ̃k] ◇ (*médiocre*) very average, mediocre ◇: **un travail ~** some sort of job

quelque [kɛlkə, kɛlk] **1** *adj* ◇ some; **~s** some, a few; **à ~ distance** at some distance; **~s jours** a few days; ◇: **~ ... que** (+ *subj*) whatever, whichever; **~ solution qu'il propose** whatever *ou* whichever solution he suggests

2 *adv devant chiffre* some; **~ grands qu'ils soient** (*subj*) however big they are, however big they might be

quelque chose *pron* something; *avec interrogatif, conditionnel aussi* anything; *il y a ~ d'autre* there's something else

quelquefois [kɛlkəfwa] *adv* sometimes

quelqu'un [kɛlkœ̃] *pron* someone,

somebody; *avec interrogatif, conditionnel aussi* anyone, anybody; *il y a
~?* is anyone *ou* somebody there?;
~ d'autre someone *ou* somebody
else; **quelques-uns, quelques-
-unes** *pron pl* a few, some
quémander [kemɑ̃de] ⟨1a⟩ beg for
querelle [kərɛl] *f* quarrel; **quereller**
⟨1b⟩: *se ~* quarrel; **querelleur,
-euse 1** *adj* quarrelsome **2** *m/f* quarrelsome person
question [kɛstjõ] *f* question; *(problème)* matter, question; *~ travail* as
far as work is concerned, when it
comes to work; *en ~* in question;
c'est hors de ~ it's out of the question; *il est ~ de* it's a question *ou* a
matter of; **questionnaire** *m* questionnaire; **questionner** ⟨1a⟩ question
(sur about)
quête [kɛt] *f (recherche)* search, quest
fml; (collecte) collection; *en ~ de* in
search of; **quêter** ⟨1b⟩ collect; *(solliciter)* seek, look for
queue [kø] *f d'un animal* tail; *d'un fruit*
stalk; *d'une casserole* handle; *d'un
train, cortège* rear; *d'une classe, d'un
classement* bottom; *d'une file* line,
Br queue; *faire la ~* stand in line,
Br queue (up); *faire une ~ de poisson à qn* AUTO cut in in front of s.o.;
à la ~, en ~ at the rear; *~ de cheval*
coiffure ponytail
qui [ki] *pron* ◇ *interrogatif* who; *de ~
est-ce qu'il tient ça?* who did he get
that from?; *à ~ est-ce?* whose is
this?, who does this belong to?; *~
est-ce que tu vas voir?* who are
you going to see?; *~ est-ce qui a
dit ça?* who said that?
◇ *relatif, personne* who, that; *tous
les conducteurs ~ avaient ...* all
the drivers who *ou* that had ...;
◇ *relatif, chose, animal* which, that;
toutes les frites ~ restaient all
the fries which *ou* that were left
◇: *je ne sais ~* someone or other
◇: *~ que* (+ *subj*) whoever

quiconque [kikõk] *pron* whoever,
anyone who, anybody who; *(n'importe qui)* anyone, anybody
quille [kij] *f* MAR keel
quincaillerie [kɛ̃kɑjri] *f* hardware, *Br
aussi* ironmongery; *magasin* hardware store, *Br aussi* ironmonger's
quinquagénaire [kɛkazener] *m/f &
adj* fifty-year old
quintal [kɛ̃tal] *m* hundred kilos *pl*
quinte [kɛ̃t] *f*: *~ (de toux)* coughing
fit
quinzaine [kɛ̃zɛn] *f de jours* two
weeks *pl, Br aussi* fortnight; *une ~
de personnes* about fifteen people
pl, fifteen or so people *pl*; **quinze** fifteen; *~ jours* two weeks, *Br aussi* fortnight; *demain en ~* two weeks tomorrow; → **trois**; **quinzième** fifteenth
quittance [kitãs] *f* receipt
quitte [kit]: *être ~ envers qn* be quits
with s.o.; *~ à faire qch* even if it
means doing sth
quitter [kite] ⟨1a⟩ *endroit, personne*
leave; *vêtement* take off; *se ~* part;
ne quittez pas TÉL hold the line
please
quoi [kwa] *pron* ◇ what; *~?* what?; *à
~ penses-tu?* what are you thinking
about?; *après ~, il ...* after which he
...; *sans ~* otherwise; *à ~ bon?*
what's the point?; *avoir de ~ vivre*
have enough to live on; *il n'y a
pas de ~!* not at all, don't mention
it; *il n'y a pas de ~ rire / pleurer*
there's nothing to laugh / cry about
◇: *~ que* (+ *subj*) whatever; *~ que tu
fasses* whatever you do; *~ que ce
soit* anything at all; *~ qu'il en soit*
be that as it may
quoique [kwakə] *conj* (+ *subj*)
although, though
quote-part [kɔtpar] *f (pl* quotes-parts)
share
quotidien, ~ne [kɔtidjɛ̃, -ɛn] **1** *adj*
daily; *de tous les jours* everyday
2 *m* daily

R

rab [rab] *m* F extra; *faire du ~* do a bit extra

rabâcher [rabaʃe] ⟨1a⟩ keep on repeating

rabais [rabɛ] *m* discount, reduction; **rabaisser** [rabese] ⟨1b⟩ *prix* lower, reduce; *mérites, qualités* belittle

rabat [raba] *m d'un vêtement etc* flap

rabat-joie [rabaʒwa] *m* killjoy

rabattre [rabatr] ⟨4a⟩ **1** *v/t siège* pull down; *couvercle* close, shut; *col* turn down; *gibier* drive **2** *v/i fig*: *se ~ sur* make do with, fall back on; *d'une voiture* pull back into

rabbin [rabɛ̃] *m* rabbi

râblé, ~e [rɑble] stocky

rabot [rabo] *m* plane; **raboter** ⟨1a⟩ plane

rabougri, ~e [rabugri] stunted

rabrouer [rabrue] ⟨1a⟩ snub

racaille [rakaj] *f* rabble

raccommodage [rakɔmɔdaʒ] *m* mending; **raccommoder** ⟨1a⟩ mend; *chaussettes* darn

raccompagner [rakɔ̃paɲe] ⟨1a⟩: *je vais vous ~ chez vous à pied* I'll take you home

raccord [rakɔr] *m* join; *de tuyaux aussi* connection; *d'un film* splice; **raccorder** ⟨1a⟩ join, connect

raccourci [rakursi] *m* shortcut; *en ~* briefly; **raccourcir** ⟨2a⟩ **1** *v/t* shorten **2** *v/i* get shorter

raccrocher [rakroʃe] ⟨1a⟩ **1** *v/t* put back up; *~ le téléphone* hang up; *se ~ à* cling to **2** *v/i* TÉL hang up

race [ras] *f* race; *(ascendance)* descent; ZO breed

rachat [raʃa] *m* repurchase; *d'un otage* ransoming; REL atonement; *d'une société* buyout; **racheter** ⟨1e⟩ buy back; *otage* ransom; REL *péché* atone for; *fig: faute* make up for; *se ~* make amends

racial, ~e [rasjal] *(mpl -aux)* racial

racine [rasin] *f* root *(aussi fig et* MATH*)*; *prendre ~* take root *(aussi fig)*; *~ carrée* square root

racisme [rasism] *m* racism; **raciste** *m/f & adj* racist

racket [rakɛt] *m* racket

raclée [rɑkle] *f* F beating, *Br aussi* walloping *(aussi fig)*

racler [rɑkle] ⟨1a⟩ scrape; *se ~ la gorge* clear one's throat; **raclette** *f* TECH scraper; CUIS raclette

racoler [rakɔle] ⟨1a⟩ *péj: d'une prostituée* accost; **racoleur, -euse** *péj: affiche* flashy; *sourire* cheesy

raconter [rakɔ̃te] ⟨1a⟩ tell

radar [radar] *m* radar

radeau [rado] *m (pl -x)* raft

radiateur [radjatœr] *m* radiator

radiation [radjasjɔ̃] *f* PHYS radiation; *d'une liste, facture* deletion

radical, ~e [radikal] *(mpl -aux)* **1** *adj* radical **2** *m* radical; **radicalement** *adv* radically; **radicalisme** *m* radicalism

radier [radje] ⟨1a⟩ strike out

radieux, -euse [radjø, -z] radiant; *temps* glorious

radin, ~e [radɛ̃, -in] F mean, tight

radio [radjo] *f* radio; *(radiographie)* X-ray; *~ privée* commercial radio; *passer une ~* have an X-ray

radioactif, -ive [radjoaktif, -iv] radioactive; **radioactivité** *f* radioactivity

radiocassette [radjokaset] *f* radio cassette player

radiodiffusion [radjodifyzjɔ̃] *f* broadcasting

radiographie [radjografi] *f procédé* radiography; *photo* X-ray

radiologie [radjɔlɔʒi] *f* radiology; **radiologue** *m/f* radiologist

radiophonique [radjofɔnik] radio *atr*

radioréveil [radjorevɛj] radio alarm

radiotélévisé, ~e [radjotelevise] broadcast on both radio and TV

radis [radi] *m* BOT radish

radoter [radɔte] ⟨1a⟩ ramble

radoucir [radusir] ⟨2a⟩: **~ la température** *du vent* bring milder temperatures; **se ~** *du temps* get milder

rafale [rafal] *f de vent* gust; MIL burst

raffermir [rafɛrmir] ⟨2a⟩ *chair* firm up; *fig: autorité* re-assert

raffinage [rafinaʒ] *m* TECH refining; **raffiné, ~e** refined; **raffinement** *m* refinement; **raffiner** ⟨1a⟩ refine; **raffinerie** *f* TECH refinery; **~ de pétrole** oil refinery

raffoler [rafɔle] ⟨1a⟩: **~ de qch / qn** adore sth / s.o.

rafistoler [rafistɔle] ⟨1a⟩ F patch up

rafle [rafl] *f de police* raid; **rafler** ⟨1a⟩ F take

rafraîchir [rafrɛʃir] ⟨2a⟩ **1** *v/t* cool down; *mémoire* refresh **2** *v/i du vin* chill; **se ~** *de la température* get cooler; *d'une personne* have a drink (in order to cool down); **rafraîchissant, ~e** refreshing (*aussi fig*); **rafraîchissement** *m de la température* cooling; **~s** (*boissons*) refreshments

rage [raʒ] *f* rage; MÉD rabies *sg*; **rageur, -euse** furious

ragot [rago] *m* F piece of gossip; **des ~s** gossip *sg*

ragoût [ragu] *m* CUIS stew

raid [rɛd] *m* raid

raide [rɛd] *personne, membres* stiff (*aussi fig*); *pente* steep; *cheveux* straight; (*ivre, drogué*) stoned; **~ mort** stone dead; **raideur** *f d'une personne, de membres* stiffness (*aussi fig*); *d'une pente* steepness; **raidir** ⟨2a⟩: **se ~** *de membres* stiffen up

raie [rɛ] *f* (*rayure*) stripe; *des cheveux* part, *Br* parting; ZO skate

raifort [rɛfɔr] *m* BOT horseradish

rail [raj] *m* rail; **~ de sécurité** crash barrier

railler [raje] ⟨1a⟩ mock; **raillerie** *f* mockery; **railleur, -euse** mocking

rainure [renyr] *f* TECH groove

raisin [rezɛ̃] *m* grape; **~ de Corinthe** currant; **~ sec** raisin

raison [rezõ] *f* reason; **avoir ~** be right; **avoir ~ de** get the better of; **à ~ de** at a rate of; **à plus forte ~** all the more so, especially; **en ~ de** (*à cause de*) because of; **~ d'être** raison d'etre; **pour cette ~** for that reason; **~ sociale** company name; **raisonnable** reasonable

raisonné, ~e [rezɔne] rational; **raisonnement** *m* reasoning; **raisonner** ⟨1a⟩ **1** *v/i* reason **2** *v/t*: **~ qn** make s.o. see reason

rajeunir [raʒœnir] ⟨2a⟩ **1** *v/t pensée, thème* modernize, bring up to date; **~ qn** *d'une coiffure, des vêtements etc* make s.o. look (years) younger **2** *v/i* look younger

rajouter [raʒute] ⟨1a⟩ add

rajustement [raʒystəmã] *m* adjustment; **rajuster** ⟨1a⟩ adjust; *coiffure* put straight

ralenti [ralãti] *m* AUTO slow running, idle; *dans un film* slow motion; **au ~** *fig* at a snail's pace; **tourner au ~** AUTO tick over; **ralentir** ⟨2a⟩ slow down; **ralentissement** *m* slowing down; **ralentisseur** *m de circulation* speedbump

râler [rɑle] ⟨1a⟩ moan; F beef F, complain; **râleur, -euse** F **1** *adj* grumbling **2** *m/f* grumbler

rallier [ralje] ⟨1a⟩ rally; (*s'unir à*) join; **se ~ à** rally to

rallonge [ralõʒ] *f d'une table* leaf; ÉL extension (cable); **rallonger** ⟨1l⟩ **1** *v/t vêtement* lengthen **2** *v/i* get longer

rallumer [ralyme] ⟨1a⟩ *télé, lumière* switch on again; *fig* revive

rallye [rali] *m* rally

RAM [ram] *f* (*pl inv*) RAM (= random access memory)

ramassage [ramasaʒ] *m* collection; *de fruits* gathering; **car** *m* **de ~ scolaire** school bus; **ramasser** ⟨1a⟩ collect; *ce qui est par terre* pick up; *fruits* pick; F *coup* get; **ramassis** *m péj* pile; *de personnes* bunch

rambarde [rãbard] *f* rail

rame [ram] *f* (*aviron*) oar; *de métro* train

rameau [ramo] *m* (*pl* -x) branch (*aussi fig*); **les Rameaux** REL Palm Sunday

ramener [ramne] ⟨1d⟩ take back; (*rapporter*) bring back; *l'ordre, la paix* restore; **~ à** (*réduire*) reduce to; **se ~ à** (*se réduire à*) come down to

ramer [rame] ⟨1a⟩ row; **rameur, -euse** *m/f* rower

ramification [ramifikasjɔ̃] *f* ramification

ramollir [ramɔlir] ⟨2a⟩ soften; **se ~** soften; *fig* go soft

ramoner [ramɔne] ⟨1a⟩ sweep

rampant, ~e [rɑ̃pɑ̃, -t] crawling; BOT creeping; *fig: inflation* rampant

rampe [rɑ̃p] *f* ramp; *d'escalier* banisters *pl*; *au théâtre* footlights *pl*; **~ de lancement** MIL launch pad; **ramper** ⟨1a⟩ crawl (*aussi fig*); BOT creep

rancard [rɑ̃kar] *m* F (*rendez-vous*) date

rancart [rɑ̃kar] *m*: **mettre au ~** (*jeter*) throw out

rance [rɑ̃s] rancid

ranch [rɑ̃tʃ] *m* ranch

rancœur [rɑ̃kœr] *f* resentment (*contre* toward), rancor, *Br* rancour

rançon [rɑ̃sɔ̃] *f* ransom; **la ~ de** *fig* the price of

rancune [rɑ̃kyn] *f* resentment; **rancunier, -ère** resentful

randonnée [rɑ̃dɔne] *f* walk; *en montagne* hike, hill walk; **randonneur** *m* walker; *en montagne* hiker, hillwalker

rang [rɑ̃] *m* (*rangée*) row; (*niveau*) rank; **se mettre sur les ~s** *fig* join the fray; **rentrer dans le ~** step back in line; **être au premier ~** be in the forefront

rangé, ~e [rɑ̃ʒe] *personne* well-behaved; *vie* orderly

rangée [rɑ̃ʒe] *f* row

rangement *m* tidying; **pas assez de ~s** not enough storage space; **ranger** ⟨1l⟩ put away; *chambre* tidy up; *voiture* park; (*classer*) arrange; **se ~** (*s'écarter*) move aside; AUTO pull over; *fig* (*assagir*) settle down; **se ~ à une opinion** come around to a point of view

ranimer [ranime] ⟨1a⟩ *personne* bring around; *fig: courage, force* revive

rap [rap] *m* MUS rap

rapace [rapas] **1** *adj animal* predatory; *personne* greedy, rapacious **2** *m* bird of prey

rapatriement [rapatrimɑ̃] *m* repatriation; **rapatrier** ⟨1a⟩ repatriate

râpe [rɑp] *f* grater; TECH rasp; **râper** ⟨1a⟩ CUIS grate; *bois* file; **râpé** CUIS grated; *manteau* threadbare

rapetisser [raptise] ⟨1a⟩ **1** *v/t salle, personne* make look smaller; *vêtement* shrink; (*raccourcir*) shorten, cut down; *fig* belittle **2** *v/i d'un tissu, d'une personne* shrink

rapide [rapid] **1** *adj* fast, rapid; *coup d'œil, décision* quick **2** *m dans l'eau* rapid; *train* express, fast train; **rapidité** *f* speed, rapidity

rapiécer [rapjese] ⟨1f et 1k⟩ patch

rappel [rapɛl] *m* reminder; *d'un ambassadeur, produit* recall; THÉÂT curtain call; MÉD booster; **~ de salaire** back pay; **descendre en ~** *d'un alpiniste* abseil down

rappeler [raple] ⟨1c⟩ call back (*aussi* THÉÂT); *ambassadeur* recall; TÉL call back, *Br aussi* ring back; **~ qch / qn à qn** remind s.o. of sth / s.o.; **se ~ qch** remember sth; **se ~ avoir fait qch** remember doing sth

rapport [rapɔr] *m écrit, oral* report; (*lien*) connection; (*proportion*) ratio, proportion; COMM return, yield; MIL briefing; **~s** (*relations*) relations; **~s** (*sexuels*) intercourse *sg*, sexual relations, sex *sg*; **par ~ à** compared with; **sous tous les ~s** in all respects; **en ~ avec** suited to; **être en ~ avec qn** be in touch *ou* contact with s.o.; **~ qualité-prix** value for money; **rapporter** ⟨1a⟩ return, bring / take back; *d'un chien* retrieve, fetch; COMM bring in; *relater* report; **se ~** be connected with; **rapporteur** *m* reporter; *enfant* sneak, telltale; **rapporteuse** *f enfant* sneak, telltale

rapprochement [raprɔʃmɑ̃] *m fig* reconciliation; POL rapprochement; *analogie* connection; **rapprocher** ⟨1a⟩ *chose* bring closer *ou* nearer

R

(*de* to); *fig: personnes* bring closer together; *établir un lien* connect, link; **se ~** come closer *ou* nearer (*de qch* to sth)

rapt [rapt] *m* abduction

raquette [raket] *f* racket

rare [rur] *rare; marchandises* scarce; (*peu dense*) sparse; **il est ~ qu'il arrive** (*subj*) **en retard** it's rare for him to be late; **raréfier** 〈1a〉: **se~** become rare; *de l'air* become rarefied; **rarement** *adv* rarely; **rareté** *f* rarity

ras, **~e** [ra, -z] *short; rempli à ~ bord** full to the brim; **en~e campagne** in open country; **j'en ai ~ le bol** F I've had it up to here F; **faire table ~e** make a clean sweep

raser [raze] 〈1a〉 *shave; barbe* shave off; (*démolir*) raze to the ground; *murs* hug; F (*ennuyer*) bore; **se ~** shave; **rasoir** *m* razor; **~ électrique** electric shaver

rassasier [rasazje] 〈1a〉 satisfy

rassemblement [rasɑ̃bləmɑ̃] *m* gathering; **rassembler** 〈1a〉 collect, assemble; **se ~** gather

rasseoir [raswar] 〈3l〉 *replace;* **se~** sit down again

rassis, **~e** [rasi, -z] *stale; fig* sedate

rassurant, **~e** [rasyrɑ̃, -t] reassuring; **rassurer** 〈1a〉 reassure; **se ~: rassurez-vous** don't be concerned

rat [ra] *m* rat

ratatiner [ratatine] 〈1a〉: **se ~** shrivel up; *d'une personne* shrink

rate [rat] *f* ANAT spleen

raté, **~e** [rate] **1** *adj* unsuccessful; *occasion* missed **2** *m* personne failure; **avoir des ~s** AUTO backfire

râteau [rato] *m* (*pl* -x) rake

rater [rate] 〈1a〉 **1** *v/t* miss; **~ un examen** fail an exam **2** *v/i* d'une arme misfire; *d'un projet* fail

ratification [ratifikasjɔ̃] *f* POL ratification

ration [rasjɔ̃] *f* ration; *fig* (fair) share

rationalisation [rasjɔnalizasjɔ̃] *f* rationalization; **rationaliser** 〈1a〉 rationalize; **rationalité** *f* rationality; **rationnel**, **~le** rational

rationner [rasjɔne] 〈1a〉 ration

raton laveur *m* [ratɔ̃lavœr] raccoon

ratisser [ratise] 〈1a〉 rake; (*fouiller*) search

R.A.T.P. [ɛratepe] *f abr* (= *Régie autonome des transports parisiens*) mass transit authority in Paris

rattacher [rataʃe] 〈1a〉 *chien* tie up again; *cheveux* put up again; *lacets* do up again; *conduites d'eau* connect, join; *idées* connect; **se ~ à** be linked to

rattraper [ratrape] 〈1a〉 *animal, fugitif* recapture; *objet qui tombe* catch; (*rejoindre*) catch up (with); *retard* make up; *malentendu, imprudence* make up for; **se ~** make up for it; (*se raccrocher*) get caught

rature [ratyr] *f* deletion, crossing out

rauque [rok] hoarse

ravages [ravaʒ] *mpl* havoc *sg*, devastation *sg*; **les ~ du temps** the ravages of time; **ravager** 〈1l〉 devastate

ravaler [ravale] 〈1a〉 *aussi fierté etc* swallow; *façade* clean up

rave[1] [rav] *f: céleri ~* celeriac

rave[2] [rɛv] *f* rave

rave-party [rɛvparti] *f* rave

ravi, **~e** [ravi] delighted (*de qch* with sth; *de faire qch* to do sth)

ravin [ravɛ̃] *m* ravine

ravir [ravir] 〈2a〉 (*enchanter*) delight

raviser [ravize] 〈1a〉: **se ~** change one's mind

ravissant, **~e** [ravisɑ̃, -t] delightful, enchanting

ravisseur, **-euse** [ravisœr, -øz] *m/f* abductor

ravitaillement [ravitajmɑ̃] *m* supplying; *en carburant* refueling, *Br* refuelling; **ravitailler** 〈1a〉 supply; *en carburant* refuel

raviver [ravive] 〈1a〉 revive

rayé, **~e** [rɛje] striped; *papier* lined; *verre, carrosserie* scratched; **rayer** 〈1i〉 *meuble, carrosserie* scratch; *mot* score out

rayon [rɛjɔ̃] *m* ray; MATH radius; *d'une roue* spoke; (*étagère*) shelf; *de magasin* department; **~s X** X-rays; **dans un ~ de** within a radius of; **~ laser** laser beam; **rayonnage** *m*

rechanger

shelving

rayonnant, ~e [rɛjɔnɑ̃, -t] radiant; **rayonnement** *m* PHYS radiation; **rayonner** ⟨1a⟩ *de chaleur* radiate; *d'un visage* shine; **~ de** *fig: bonheur, santé* radiate

rayure [rejyr] *f* stripe; *sur un meuble, du verre* scratch

raz [rɑ] *m:* **~ de marée** tidal wave (*aussi fig*)

R&D *f abr* (= **recherche et développement**) R&D (= research and development)

ré [re] *m* MUS D

réabonner [reabɔne] ⟨1a⟩: **se ~** renew one's subscription

réac [reak] *m/f* F reactionary

réacteur [reaktœr] *m* PHYS reactor; AVIAT jet engine

réaction [reaksjɔ̃] *f* reaction; **avion** *m* **à ~** jet (aircraft); **réactionnaire** *m/f* & *adj* reactionary

réactualiser [reaktɥalize] ⟨1a⟩ update

réagir [reaʒir] ⟨2a⟩ react (**à** to; **contre** against)

réajuster [reaʒyste] ⟨1a⟩ → **rajuster**

réalisable [realizabl] feasible; **réalisateur, -trice** *m/f* director; **réalisation** *f d'un plan, un projet* execution, realization; *création, œuvre* creation; *d'un film* direction; **réaliser** ⟨1a⟩ *plan, projet* carry out; *rêve* fulfill, *Br* fulfil; *vente* make; *film* direct; *bien, capital* realize; *(se rendre compte)* realize; **se ~** *d'un rêve* come true; *d'un projet* be carried out

réalisme [realism] *m* realism; **réaliste 1** *adj* realistic **2** *m/f* realist; **réalité** *f* reality; **en ~** actually, in reality; **~ virtuelle** virtual reality

réanimation [reanimasjɔ̃] *f* MÉD resuscitation; **service** *m* **de ~** intensive care; **réanimer** ⟨1a⟩ resuscitate

réapparaître [reaparɛtr] ⟨4z⟩ reappear; **réapparition** *f* reappearance

réapprendre [reaprɑ̃dr] ⟨4q⟩ relearn

rebaptiser [rəbatize] ⟨1a⟩ rename

rébarbatif, -ive [rebarbatif, -iv] off-putting, daunting

rebattu, ~e [rəbaty] hackneyed

rebelle [rəbɛl] **1** *adj* rebellious **2** *m/f* rebel; **rebeller** ⟨1a⟩: **se ~** rebel (**contre** against); **rébellion** *f* rebellion

reboiser [rəbwaze] ⟨1a⟩ reforest, *Br* reafforest

rebondi, ~e [rə)bɔ̃di] rounded; **rebondir** ⟨2a⟩ *d'un ballon* bounce; *(faire un ricochet)* rebound; **faire ~ qch** *fig* get sth going again; **rebondissement** *m fig* unexpected development

rebord [r(ə)bɔr] *m* edge; *d'une fenêtre* sill

rebours [r(ə)bur] *m:* **compte** *m* **à ~** countdown

rebrousse-poil [r(ə)bruspwal]: **à ~** the wrong way; **prendre qn à ~** rub s.o. up the wrong way; **rebrousser** ⟨1a⟩: **~ chemin** retrace one's footsteps

rebuffade [rəbyfad] *f* rebuff

rebut [r(ə)by] *m* dregs *pl*; **mettre au ~** scrap, get rid of

rebuter [r(ə)byte] ⟨1a⟩ *(décourager)* dishearten; *(choquer)* offend

récalcitrant, ~e [rekalsitrɑ̃, -t] recalcitrant

récapituler [rekapityle] ⟨1a⟩ recap

recel [rəsɛl] *m* JUR receiving stolen property, fencing F

récemment [resamɑ̃] *adv* recently

recensement [r(ə)sɑ̃smɑ̃] *m* census; **recenser** ⟨1a⟩ *population* take a census of

récent, ~e [resɑ̃, -t] recent

récépissé [resepise] *m* receipt

récepteur [reseptœr] *m* TECH, TÉL receiver; **réceptif, -ive** receptive; **réception** *f* reception; *d'une lettre, de marchandises* receipt; **réceptionniste** *m/f* receptionist, desk clerk

récession [resesjɔ̃] *f* ÉCON recession

recette [r(ə)sɛt] *f* COMM takings *pl*; CUIS, *fig* recipe

receveur [rəsvœr] *m des impôts* taxman; *de la poste* postmaster; MÉD recipient; **receveuse** *f* MÉD recipient; **recevoir** ⟨3a⟩ receive; **être reçu à un examen** pass an exam

rechange [r(ə)ʃɑ̃ʒ] *m:* **de ~** spare *atr*; **rechanger** ⟨1l⟩ change again

réchapper [reʃape] ⟨1a⟩: **~ à qch** survive sth

rechargeable [rəʃarʒabl] *pile* rechargeable

recharger [r(ə)ʃarʒe] ⟨1l⟩ *camion, arme* reload; *accumulateur* recharge; *briquet, stylo* refill

réchaud [reʃo] *m* stove

réchauffement [reʃofmɑ̃] *m* warming; **~ de la planète** global warming; **réchauffer** ⟨1a⟩ warm up

rêche [rɛʃ] *aussi fig* rough

recherche [r(ə)ʃerʃ] *f* (*enquête, poursuite*) search (**de** for); *scientifique* research; **~ et développement** research and development, R&D; **~s de la police** search *sg*, hunt *sg*; **recherché, ~e** sought-after; *criminel* wanted; (*raffiné*) refined, recherché; **rechercher** ⟨1a⟩ look for, search for; (*prendre*) fetch

rechute [r(ə)ʃyt] *f* MÉD relapse

récidiver [residive] ⟨1a⟩ relapse

récif [resif] *m* GÉOGR reef

récipient [resipjɑ̃] *m* container

réciproque [resiprɔk] reciprocal

récit [resi] *m* account; (*histoire*) story

récital [resital] *m* (*pl* -s) recital

réciter [resite] ⟨1a⟩ recite

réclamation [reklamasjɔ̃] *f* claim; (*protestation*) complaint

réclame [reklam] *f* advertisement

réclamer [reklame] ⟨1a⟩ *secours, aumône* ask for; *son dû, sa part* claim, demand; (*nécessiter*) call for

reclus, ~e [rəkly] *m/f* recluse

réclusion [reklyzjɔ̃] *f* imprisonment

recoiffer [rəkwafe] ⟨1a⟩: **se ~** put one's hair straight

recoin [rəkwɛ̃] *m* nook

récolte [rekɔlt] *f* harvesting; *de produits* harvest, crop; *fig* crop; **récolter** ⟨1a⟩ harvest

recommandable [rəkɔmɑ̃dabl] *personne* respectable; **recommandation** *f* recommendation; **recommander** ⟨1a⟩ recommend; *lettre* register

recommencer [r(ə)kɔmɑ̃se] ⟨1k⟩ **1** *v/t*: **~ qch** start sth over, start sth again; **~ à faire qch** start doing sth

again, start to do sth again **2** *v/i* start *ou* begin again

récompense [rekɔ̃pɑ̃s] *f* reward; **récompenser** ⟨1a⟩ reward (**de** for)

réconciliation [rekɔ̃siljasjɔ̃] *f* reconciliation; **réconcilier** ⟨1a⟩ reconcile

reconduire [r(ə)kɔ̃dɥir] ⟨4c⟩ JUR renew; **~ qn chez lui** take s.o. home; **à la porte** see s.o. out

réconfort [rekɔ̃fɔr] *m* consolation, comfort; **réconforter** ⟨1a⟩ console, comfort

reconnaissable [r(ə)kɔnɛsabl] recognizable; **reconnaissance** *f* recognition; *d'une faute* acknowledg(e)ment; (*gratitude*) gratitude; MIL reconnaissance; **~ de dette** IOU; **~ vocale** INFORM voice recognition; **reconnaissant, ~e** grateful (**de** for); **reconnaître** ⟨4z⟩ recognize; *faute* acknowledge; **se ~** recognize o.s.; *ils se sont reconnus tout de suite* they immediately recognized each other; *un oiseau qui se reconnaît à …* a bird which is recognizable by …; **reconnu, ~e 1** *p/p* → **reconnaître 2** *adj* known

reconquérir [r(ə)kɔ̃kerir] ⟨2l⟩ reconquer; *fig* regain

reconstituer [r(ə)kɔ̃stitɥe] ⟨1a⟩ reconstitute; *ville, maison* restore; *événement* reconstruct

reconstruction [r(ə)kɔ̃stryksjɔ̃] *f* rebuilding, reconstruction; **reconstruire** ⟨4c⟩ rebuild, reconstruct

reconversion [r(ə)kɔ̃versjɔ̃] *f* retraining; **reconvertir** ⟨2a⟩: **se ~** retrain

recopier [rəkɔpje] ⟨1a⟩ *notes* copy out

record [r(ə)kɔr] *m* record; **record-man** *m* record holder; **record-woman** *f* record holder

recoudre [rəkudr] ⟨4d⟩ *bouton* sew back on

recouper [rəkupe] ⟨1a⟩ **1** *vt* re-cut, cut again; *pour vérifier* cross-check **2** *vi* cut again

recourbé, ~e [r(ə)kurbe] bent

recourir [r(ə)kurir] ⟨2i⟩: **~ à qn** consult s.o.; **~ à qch** resort to sth; **recours** *m* recourse, resort; **avoir à**

qch resort to sth; *en dernier* ~ as a last resort

recouvrer [r(ə)kuvre] ⟨1a⟩ recover; *santé* regain

recouvrir [r(ə)kuvrir] ⟨2f⟩ recover; *enfant* cover up again; *(couvrir entièrement)* cover (*de* with); *(cacher)* cover (up); *(embrasser)* cover, span

récréation [rekreasjõ] f relaxation; ÉDU recess, Br break, Br recreation

recréer ⟨1a⟩ recreate

récriminations [rekriminasjõ] fpl recriminations

recroqueviller [r(ə)krɔkvije] ⟨1a⟩: *se* ~ shrivel (up); *d'une personne* curl up

recrudescence [rəkrydesãs] f new outbreak

recrue [r(ə)kry] f recruit

recrutement [r(ə)krytmã] m recruitment; **recruter** ⟨1a⟩ recruit

rectangle [rɛktãgl] m rectangle; **rectangulaire** rectangular

recteur [rɛktœr] m rector

rectifier [rɛktifje] ⟨1a⟩ rectify; *(ajuster)* adjust; *(corriger)* correct

rectiligne [rɛktilin] rectilinear

recto [rɛkto] m *d'une feuille* front

reçu [r(ə)sy] **1** p/p → *recevoir* **2** m receipt

recueil [r(ə)kœj] m collection; **recueillement** m meditation, contemplation; **recueillir** ⟨2c⟩ collect; *personne* take in; *se* ~ meditate

recul [r(ə)kyl] m *d'un canon, un fusil* recoil; *d'une armée* retreat, fall-back; *de la production, du chômage* drop, fall-off (*de* in); *fig* detachment

reculé, -e [r(ə)kyle] remote; *(passé)* distant; **reculer** ⟨1a⟩ **1** v/t push back; *échéance, décision* postpone **2** v/i back away, recoil; MIL retreat, fall back; *d'une voiture* back, reverse; ~ *devant* fig back away from; **reculons**: *à* ~ backward, Br backwards

récupération [rekyperasjõ] f recovery; *de vieux matériel* salvaging; ~ *du temps de travail* taking time off in lieu; **récupérer** ⟨1f⟩ **1** v/t recover, retrieve; *ses forces* regain; *vieux matériel* salvage; *temps* make up **2** v/i recover

récurer [rekyre] ⟨1a⟩ scour

recyclable [rəsiklabl] recyclable; **recyclage** m *du personnel* retraining; TECH recycling; **recycler** ⟨1a⟩ retrain; TECH recycle

rédacteur, -trice [redaktœr, -tris] m/f editor; *(auteur)* writer; ~ *en chef* editor-in-chief; ~ *politique* political editor; ~ *publicitaire* copy-writer; ~ *sportif* sports editor; **rédaction** f editing; *(rédacteurs)* editorial team

redéfinir [rədefinir] ⟨2a⟩ redefine

redescendre [r(ə)desãdr] ⟨4a⟩ **1** v/i *(aux être)* come / go down again; *d'un baromètre* fall again; ~ *d'une voiture* get out of a car again, get back out of a car **2** v/t bring / take down again; *montagne* come ou climb down again

redevable [rədvabl]: *être* ~ *de qch à qn* owe s.o. sth; **redevance** f *d'un auteur* royalty; TV licence fee

rediffusion [rədifyzjõ] f repeat

rédiger [rediʒe] ⟨1l⟩ write

redire [r(ə)dir] ⟨4m⟩ *(répéter)* repeat, say again; *(rapporter)* repeat; *trouver à* ~ *à tout* find fault with everything

redistribuer [rədistribɥe] ⟨1a⟩ redistribute; *aux cartes* redeal

redonner [r(ə)dɔne] ⟨1a⟩ *(rendre)* give back, return; *(donner de nouveau)* give again

redoubler [r(ə)duble] ⟨1a⟩ **1** v/t double **2** v/i ÉDU repeat a class, Br aussi repeat a year; *d'une tempête* intensify; ~ *d'efforts* redouble one's efforts

redoutable [r(ə)dutabl] formidable; *hiver* harsh; **redouter** ⟨1a⟩ dread (*de faire qch* doing sth)

redresser [r(ə)drese] ⟨1b⟩ *ce qui est courbe* straighten; *ce qui est tombé* set upright; ~ *l'économie* fig get the economy back on its feet; *se* ~ *d'un pays* recover, get back on its feet

réduction [redyksjõ] f reduction; MÉD setting; **réduire** [redɥir] ⟨4c⟩ *dépenses, impôts* reduce, cut; *personnel* cut back; *vitesse* reduce; *se* ~ *à* amount to; **réduit, -e** [redɥi, -t] adj reduced; *possibilités* limited **2** m small room

rééditer [reedite] ⟨1a⟩ republish

rééducation [reedykasjɔ̃] *f* MÉD rehabilitation; **rééduquer** ⟨1m⟩ MÉD rehabilitate

réel, ~le [reɛl] real

réélection [reelɛksjɔ̃] *f* re-election; **réélire** ⟨4x⟩ re-elect

réellement [reɛlmɑ̃] *adv* really

rééquilibrer [reekilibre] ⟨1a⟩ *pneus* balance

réévaluer [reevalɥe] ⟨1n⟩ ÉCON revalue; **réévaluation** *f* revaluation

refaire [r(ə)fɛr] ⟨4n⟩ *faire de nouveau: travail* do over, *Br* do again; *examen* take again, retake; *erreur* make again, repeat; *remettre en état: maison* do up; **~ le monde** set the world to rights

réfection [refɛksjɔ̃] *f* repair

réfectoire [refɛktwar] *m* refectory

référence [referɑ̃s] *f* reference; **ouvrage** *m* **de ~** reference work; **~s** (*recommandation*) reference *sg*

référendum [referɛ̃dɔm] *m* referendum

référer [refere] ⟨1f⟩: **en ~ à qn** consult s.o.; **se ~ à** *refer to*

refermer [r(ə)fɛrme] ⟨1a⟩ shut again; **se ~** shut again; *d'une blessure* close (up)

refiler [r(ə)file] ⟨1a⟩ F: **~ qch à qn** pass sth on to s.o.

réfléchi, ~e [refleʃi] thoughtful; GRAM reflexive; **réfléchir** ⟨2a⟩ **1** *v/t* reflect **2** *v/i* think; **~ à ou sur qch** think about sth

reflet [r(ə)flɛ] *m de lumière* glint; *dans eau, miroir* reflection (*aussi fig*); **refléter** ⟨1f⟩ reflect (*aussi fig*)

réflexe [reflɛks] *m* reflex

réflexion [reflɛksjɔ̃] *f* PHYS reflection; *(pensée)* thought, reflection; *(remarque)* remark

réformateur, -trice [reformatœr, -tris] *m/f* reformer; **réforme** *f* reform; **la Réforme** REL the Reformation; **réformer** ⟨1a⟩ reform; MIL discharge

reformer [rəfɔrme] ⟨1a⟩ reform; **se ~** reform

refoulé, ~e [r(ə)fule] PSYCH repressed; **refoulement** *m* pushing back; PSYCH repression; **refouler** ⟨1a⟩ push back; PSYCH repress

refrain [r(ə)frɛ̃] *m* refrain, chorus

réfréner [refrene, rə-] ⟨1f⟩ control

réfrigérateur [refriʒeratœr] *m* refrigerator; **conserver au ~** keep refrigerated

refroidir [r(ə)frwadir] ⟨2a⟩ *v/t* cool down; *fig* cool; **se ~ du temps** get colder; MÉD catch a chill; **refroidissement** *m* cooling; MÉD chill

refuge [r(ə)fyʒ] *m (abri)* refuge, shelter; *pour piétons* traffic island; *en montagne* (mountain) hut; **réfugié, ~e** *m/f* refugee; **réfugier** ⟨1a⟩: **se ~** take shelter

refus [r(ə)fy] *m* refusal; **refuser** ⟨1a⟩ refuse; **~ qch à qn** refuse s.o. sth; **~ de ou se ~ à faire qch** refuse to do sth

réfuter [refyte] ⟨1a⟩ refute

regagner [r(ə)gaɲe] ⟨1a⟩ win back, regain; *endroit* get back to, regain

régal [regal] *m (pl -s)* treat; **régaler** ⟨1a⟩ regale (*de* with); **je vais me ~!** I'm going to enjoy this!

regard [r(ə)gar] *m* look; **au ~ de la loi** in the eyes of the law; **regardant, ~e** *avec argent* careful with one's money; **ne pas être ~ sur qch** not be too worried about sth; **regarder** ⟨1a⟩ **1** *v/t* look at; *télé* watch; *(concerner)* regard, concern; **~ qn faire qch** watch s.o. doing sth **2** *v/i* look; **~ par la fenêtre** look out (of) the window; **se ~** *d'une personne* look at o.s.; *de plusieurs personnes* look at each other

régate [regat] *f* regatta

régie [reʒi] *f entreprise* state-owned company; TV, *cinéma* control room

regimber [r(ə)ʒɛ̃be] ⟨1a⟩ protest

régime [reʒim] *m* POL government, régime; MÉD diet; *fiscal* system; **~ de retraite** pension scheme

régiment [reʒimɑ̃] *m* regiment

région [reʒjɔ̃] *f* region; **~ sinistrée** disaster area; **régional, ~e** (*mpl -aux*) regional; **régionalisation** *f* POL regionalization; **régionalisme** *m* regionalism

régir [reʒir] ⟨2a⟩ govern

régisseur [reʒisœr] *m d'un domaine*

managing agent; THÉÂT stage manager; *dans le film* assistant director; **~ de plateau** floor manager

registre [r(ə)ʒistr] *m* register (*aussi* MUS); *d'un discours* tone; **~ de comptes** ledger

réglable [reglabl] adjustable; **réglage** *m* adjustment

règle [regl] *f instrument* ruler; (*prescription*) rule; **de ~** customary; *en ~ papiers* in order; **en ~ générale** as a rule; **~s** (*menstruation*) period *sg*

réglé, ~e [regle] *organisé* settled; *vie* well-ordered; *papier* ruled

règlement [regləmã] *m d'une affaire, question* settlement; COMM payment, settlement; (*règles*) regulations *pl*

réglementaire [regləmɑ̃tɛr] in accordance with the rules; *tenue* regulation *atr*, **réglementation** *f* regulations *pl*; **réglementer** ⟨1a⟩ control, regulate

régler [regle] ⟨1f⟩ *affaire* settle; TECH adjust; COMM pay, settle; *épicier etc* pay, settle up with

réglisse [reglis] *f* BOT licorice, *Br* liquorice

règne [rɛɲ] *m* reign; **régner** ⟨1f⟩ reign (*aussi fig*)

regorger [r(ə)gɔrʒe] ⟨1l⟩: **~ de** abound in, have an abundance of

régression [regresjõ] *f* regression

regret [r(ə)grɛ] *m* (*repentir*) regret (*de* about); **à ~** with regret, reluctantly; **avoir le ~** *ou* **être au ~ de faire qch** regret to do sth; **regrettable** regrettable, unfortunate; **regretter** ⟨1b⟩ regret; *personne absente* miss; **~ d'avoir fait qch** regret doing sth, regret having done sth; **je ne regrette rien** I have no regrets; **je regrette mais …** I'm sorry (but) …

regrouper [r(ə)grupe] ⟨1a⟩ gather together

régulariser [regylarize] ⟨1a⟩ *finances, papiers* put in order; *situation* regularize; TECH regulate; **régularité** *f d'habitudes* regularity; *d'élections* legality

régulation [regylasjõ] *f* regulation

régulier, -ère [regylje, -ɛr] regular; *allure, progrès* steady; *écriture* even; (*ré-* *glementaire*) lawful; (*correct*) decent, honest; **régulièrement** *adv* regularly

réhabilitation [reabilitasjõ] *f* rehabilitation; *d'un quartier* renovation, redevelopment; **réhabiliter** ⟨1a⟩ rehabilitate; *d'un quartier* renovate, redevelop

réhabituer [reabitɥe] ⟨1a⟩: **se ~ à qch / faire qch** get used to sth / doing sth again

rehausser [rəose] ⟨1a⟩ raise; *fig* (*souligner*) bring out, emphasize

réimpression [reɛ̃presjõ] *f* reprint; **réimprimer** ⟨1a⟩ reprint

rein [rɛ̃] *m* ANAT kidney; **~ artificiel** kidney machine; **~s** lower back *sg*

réincarnation [reɛ̃karnasjõ] *f* reincarnation

reine [rɛn] *f* queen

réinsérer [reɛ̃sere] ⟨1f⟩ *mot etc* reinstate; *délinquant* rehabilitate; **réinsertion** *f d'un mot etc* reinstatement; *d'un délinquant* rehabilitation

réintégrer [reɛ̃tegre] ⟨1f⟩ *employé* reinstate; *endroit* return to

réinvestir [reɛ̃vɛstir] ⟨2a⟩ reinvest

réitérer [reitere] ⟨1f⟩ reiterate

rejaillir [r(ə)ʒajir] ⟨2a⟩ spurt

rejet [r(ə)ʒɛ] *m* rejection; **rejeter** ⟨1c⟩ reject; (*relancer*) throw back; (*vomir*) bring up; *responsabilité, faute* lay (**sur** on), shift (**sur** onto)

rejoindre [r(ə)ʒwɛ̃dr] ⟨4b⟩ *personne* join, meet; (*rattraper*) catch up with; MIL rejoin; *autoroute* get back onto; **se ~** meet

réjouir [reʒwir] ⟨2a⟩ make happy, delight; **se ~ de qch** be delighted about sth; **réjouissance** *f* rejoicing; **~s publiques** public festivities

relâche [r(ə)lɑʃ] *f*: **sans ~** *travailler* without a break, nonstop; **relâchement** *m d'une corde* loosening; *de discipline* easing; **relâcher** ⟨1a⟩ loosen; *prisonnier* release; **se ~** *d'un élève, de la discipline* get slack

relais [r(ə)lɛ] *m* SP relay (race); ÉL relay; **~ routier** truck stop, *Br aussi* transport café; **prendre le ~ de qn** spell s.o., take over from s.o.

R

relancer [r(ə)lɑ̃se] ⟨1k⟩ *balle* throw back; *moteur* restart; *fig: économie* kickstart; *personne* contact again, get back onto F

relater [r(ə)late] ⟨1a⟩ relate

relatif, -ive [r(ə)latif, -iv] relative (*aussi* GRAM); **~ à qch** relating to sth, about sth; **relation** *f* (*rapport*) connection, relationship; (*connaissance*) acquaintance; **être en ~ avec qn** be in touch with s.o.; **~s** relations; (*connaissances*) contacts; **~s publiques** public relations, PR *sg*; **relativement** *adv* relatively; **~ à** compared with; (*en ce qui concerne*) relating to; **relativiser** ⟨1a⟩ look at in context *ou* perspective

relax [r(ə)laks] *adj inv* F laid-back F, relaxed; **relaxation** *f* relaxation; **relaxer** ⟨1a⟩: **se ~** relax

relayer [r(ə)leje] ⟨1i⟩ take over from; TV, *radio* relay; **se ~** take turns

reléguer [r(ə)lege] ⟨1f⟩ relegate; **~ qn au second plan** ignore s.o., push s.o. into the background

relent [r(ə)lɑ̃] *m* smell; *de scandale* whiff

relève [r(ə)lɛv] *f* relief; **prendre la ~** take over

relevé, -e [r(ə)l(ə)ve] **1** *adj manche* turned up; *style* elevated; CUIS spicy **2** *m de compteur* reading; **~ de compte** bank statement; **relever** ⟨1d⟩ **1** *v/t* raise; (*remettre debout*) put up; *mur* rebuild; *col, chauffage* turn up; *manches* turn up, roll up; *siège* put up, lift; *économie, finances* improve; (*ramasser*) collect; *sauce* spice up; *défi* take up; *faute* find; *adresse, date* copy; *compteur* read; (*relayer*) relieve, take over from; **se ~** get up; *fig* recover; **~ qn de ses fonctions** relieve s.o. of his duties **2** *v/i*: **~ de** (*dépendre de*) report to, be answerable to; (*ressortir de*) be the responsibility of

relief [rəljɛf] *m* relief; **en ~** in relief; **mettre en ~** *fig* highlight

relier [rəlje] ⟨1a⟩ connect (**à** to), link (**à** with); *livre* bind; **relieur, -euse** *m/f* binder

religieux, -euse [r(ə)liʒjø, -z] **1** *adj religious* **2** *m* monk **3** *f* nun; **religion** *f* religion

relire [r(ə)lir] ⟨4x⟩ re-read

reliure [rəljyr] *f* binding

reluire [rəlɥir] ⟨4c⟩ shine

remaniement [r(ə)manimɑ̃] *m d'un texte* re-working; POL reorganization, Br reshuffle; **remanier** ⟨1a⟩ *texte* rework; POL reorganize, Br reshuffle

remarier [r(ə)marje] ⟨1a⟩: **se ~** remarry, get married again

remarquable [r(ə)markabl] remarkable; **remarque** *f* remark; **remarquer** ⟨1m⟩ (*apercevoir*) notice; (*dire*) remark; **faire ~ qch à qn** point sth out to s.o., comment on sth to s.o.; **se ~** *d'une chose* be noticed; **se faire ~** *d'un acteur, sportif etc* get o.s. noticed; *d'un écolier* get into trouble; *se différencier* be conspicuous

rembourrage [rɑ̃buraʒ] *m* stuffing; **rembourrer** ⟨1a⟩ stuff

remboursable [rɑ̃bursabl] refundable; **remboursement** *m* refund; *de dettes, d'un emprunt* repayment; **rembourser** ⟨1a⟩ *frais* refund, reimburse; *dettes, emprunt* pay back

remède [r(ə)mɛd] *m* remedy, cure; **remédier** ⟨1a⟩: **~ à qch** remedy sth

remerciement [r(ə)mɛrsimɑ̃] *m*: **~s** thanks; **une lettre de ~** a thank-you letter, a letter of thanks; **remercier** ⟨1a⟩ thank (**de**, **pour** for); (*congédier*) dismiss

remettre [r(ə)mɛtr] ⟨4p⟩ *chose* put back; *vêtement, chapeau* put on again, put back on; *peine* remit; *décision* postpone; (*ajouter*) add; **~ à neuf** recondition; **~ qch à qn** hand *ou* give sth to s.o.; **~ à l'heure** put to the right time; **se ~ au beau** *du temps* brighten up again; **se ~ à qch** take up sth again; **se ~ à faire qch** start doing sth again; **se ~ de qch** recover from sth; **s'en ~ à qn** rely on s.o.

réminiscence [reminisɑ̃s] *f* reminiscence

remède [r(ə)miz] *f* (*hangar*) shed; *d'une lettre* delivery; *de peine* remission, reduction; COMM discount; *d'une décision* postponement; **~ des bagages**

                                                         renom

baggage retrieval; **~ en jeu** goal kick; **~ à neuf** reconditioning; **~ en question** questioning

rémission [remisjõ] *f* MÉD remission

remontant [r(ə)mõtã] *m* tonic

remonte-pente [r(ə)mõtpãt] *m* (*pl* remonte-pentes) ski lift

remonter [r(ə)mõte] ⟨1a⟩ **1** *v/i* (*aux être*) come / go up again; *dans une voiture* get back in; *d'un baromètre* rise again; *de prix, température* rise again, go up again; *d'un avion, chemin* climb, rise; **~ à** (*dater de*) go back to **2** *v/t* bring / take back up; *rue, escalier* come / go back up; *montre* wind; TECH reassemble; *col* turn up; *stores* raise; **~ qn** *fig* boost s.o.'s spirits

remords [r(ə)mɔr] *mpl* remorse *sg*

remorque [r(ə)mɔrk] *f véhicule* trailer; *câble* towrope; **remorquer** ⟨1m⟩ *voiture* tow; **remorqueur** *m* tug

remous [r(ə)mu] *m d'une rivière* eddy; *d'un bateau* wash; *fig pl* stir *sg*

rempart [rãpar] *m* rampart

remplaçant, ~e [rãplasã, -t] *m/f* replacement; **remplacement** *m* replacement; **remplacer** ⟨1k⟩ replace; **~ X par Y** replace X with Y, substitute Y for X

remplir [rãplir] ⟨2a⟩ fill (*de* with); *formulaire* fill out; *conditions* fulfill, *Br* fulfil, meet; *tâche* carry out

remplissage [rãplisaʒ] *m* filling

remporter [rãpɔrte] ⟨1a⟩ take away; *prix* win; **~ une victoire** win

remue-ménage [r(ə)mymenaʒ] *m* (*pl inv*) (*agitation*) commotion

remuer [rəmɥe] ⟨1a⟩ **1** *v/t* move (*aussi fig*); *sauce* stir; *salade* toss; *terre* turn over **2** *v/i* move; **se ~** move; *fig F* get a move on F

rémunérateur, -trice [remyneratœr, -tris] well-paid; **rémunération** *f* pay, remuneration; **rémunérer** ⟨1f⟩ pay

renaissance [r(ə)nesãs] *f* renaissance, rebirth (*aussi* REL); **la Renaissance** the Renaissance

renaître [r(ə)nɛtr] ⟨4g⟩ (*aux être*) REL be born again; *fig* be reborn

renard [r(ə)nar] *m* fox

renchérir [rãʃerir] ⟨2a⟩ go up; **~ sur qn / qch** outdo s.o. / sth, go one better than s.o. / sth

rencontre [rãkõtr] *f* meeting; **faire la ~ de qn** meet s.o.; **aller à la ~ de qn** go and meet s.o.; **rencontrer** ⟨1a⟩ meet; *accueil* meet with; *difficulté* encounter, run into; *amour* find; (*heurter*) hit; **se ~** meet

rendement [rãdmã] *m* AGR yield; *d'un employé, d'une machine* output; *d'un placement* return

rendez-vous [rãdevu] *m* (*pl inv*) appointment; *amoureux* date; *lieu* meeting place; **prendre ~** make an appointment; **donner ~ à qn** arrange to meet s.o.; **avoir ~ avec qn** have an appointment / date with s.o.

rendormir [rãdɔrmir] ⟨2b⟩: **se ~** fall asleep again, go back to sleep

rendre [rãdr] ⟨4a⟩ **1** *v/t* (*donner en retour, restituer*) give back; *salut, invitation* return; (*donner*) give; (*traduire*) render; (*vomir*) bring up; MIL surrender; **~ un jugement** pass sentence; **~ visite à qn** visit s.o., pay s.o. a visit; **les choses plus difficiles** make things more difficult **2** *v/i de terre, d'un arbre* yield; **se ~ à un endroit** go; MIL surrender; **se ~ à l'avis de qn** come around to s.o.'s way of thinking; **se ~ présentable / malade** make o.s. presentable / sick

rêne [rɛn] *f* rein

renfermé, ~e [rãferme] **1** *adj* withdrawn **2** *m*: **sentir le ~** smell musty; **renfermer** ⟨1a⟩ (*contenir*) contain; **se ~ dans le silence** withdraw into silence

renforcement [rãfɔrsəmã] *m* reinforcement; **renforcer** ⟨1k⟩ reinforce

renfort [rãfɔr] *m* reinforcements *pl*; **à grand ~ de** with copious amounts of

rengaine [rãgɛn] *f* song; **la même ~** *fig* the same old story

rengorger [rãgɔrʒe] ⟨1l⟩: **se ~** strut (*aussi fig*)

renier [rənje] ⟨1a⟩ *personne* disown

renifler [r(ə)nifle] ⟨1a⟩ sniff

renne [rɛn] *m* reindeer

renom [r(ə)nõ] *m* (*célébrité*) fame, renown; (*réputation*) reputation; **renommé**, **~e** known, famous (*pour* for); **renommée** *f* fame

renoncement [r(ə)nɔ̃smɑ̃] *m* renunciation (*à* of); **renoncer** ⟨1k⟩: **~ à qch** give sth up; **~ à faire qch** give up doing sth

renouer [rənwe] ⟨1a⟩ **1** *v/t fig*: amitié, conversation renew **2** *v/i*: **~ avec qn** get back in touch with s.o.; *après brouille* get back together with s.o.

renouveau [rənuvo] *m* revival

renouveler [rənuvle] ⟨1c⟩ *contrat, passeport etc* renew; (*changer*) change, renew; *demande, promesse* repeat; **se ~** (*se reproduire*) happen again; **renouvellement** *m* renewal

rénovation [renɔvasjɔ̃] *f* renovation; *fig* (*modernisation*) updating; **rénover** ⟨1a⟩ renovate; *fig* bring up to date

renseignement [rɑ̃sɛɲmɑ̃] *m* piece of information (*sur* about); **~s** information *sg*; MIL intelligence *sg*; **prendre des ~s sur** find out about; **renseigner** ⟨1a⟩: **~ qn sur qch** tell *ou* inform s.o. about sth; **se ~** find out (*auprès de qn* from s.o.; *sur* about)

rentabilité [rɑ̃tabilite] *f* profitability; **rentable** cost-effective; *entreprise* profitable; **ce n'est pas ~** there's no money in it

rente [rɑ̃t] *f revenu d'un bien* private income; (*pension*) annuity; *versée à sa femme etc* allowance

rentrée [rɑ̃tre] *f* return; **~ des classes** beginning of the new school year; **~s** COMM takings

rentrer [rɑ̃tre] ⟨1a⟩ **1** *v/i* (*aux être*) (*entrer*) go / come in; *de nouveau* go / come back in; *chez soi* go / come home; *dans un récipient* go in, fit; *de l'argent* come in; **~ dans** (*heurter*) collide with, run into; *serrure, sac* fit in, go into; *ses responsabilités* be part of; *attributions, fonctions* form part of, come under **2** *v/t* bring / take in; *voiture* put away; *ventre* pull in

renverse [rɑ̃vɛrs] *f*: **tomber à la ~** fall backward *ou Br* backwards; **renversé**, **~e** overturned; *image* re-

versed; *fig* astonished; **renversement** *m* POL *d'un régime* overthrow; **renverser** ⟨1a⟩ *image* reverse; *chaise, verre* (*mettre à l'envers*) upturn; (*faire tomber*) knock over, overturn; *piéton* knock down *ou* over; *liquide* spill; *gouvernement* overthrow; **se ~** *d'une voiture, d'un bateau* overturn; *d'une bouteille, chaise* fall over

renvoi [rɑ̃vwa] *m* de personnel dismissal; *d'un élève* expulsion; *d'une lettre* return; *dans un texte* cross-reference (*à* to); **renvoyer** ⟨1p⟩ (*faire retourner*) send back; *ballon* return; *personnel* dismiss; *élève* expel; *rencontre, décision* postpone; (*réfléchir*) reflect; *dans un texte* refer

réorganiser [reɔrganize] ⟨1a⟩ reorganize

réouverture [reuvɛrtyr] *f* reopening

repaire [r(ə)pɛr] *m* den (*aussi fig*)

répandre [repɑ̃dr] ⟨4a⟩ spread; (*renverser*) spill; **se ~** spread; (*être versé*) spill; **se ~ en excuses** apologize profusely; **répandu**, **~e** widespread

reparaître [r(ə)parɛtr] ⟨4z⟩ reappear

réparateur [reparatœr] *m* repairman; **réparation** *f* repair; (*compensation*) reparation; **en ~** being repaired; **surface *f* de ~** SP penalty area; **réparer** ⟨1a⟩ repair; *fig* make up for

repartie [reparti] *f* retort; **avoir de la ~** have a gift for repartee

repartir [r(ə)partir] ⟨2b⟩ (*aux être*) *partir de nouveau* leave again; *d'un train* set off again; **il est reparti chez lui** he went back home again; **~ de zéro** start again from scratch

répartir [repartir] ⟨2a⟩ share out; *chargement* distribute; *en catégories* divide; **répartition** *f* distribution; *en catégories* division

repas [rəpa] *m* meal; **~ d'affaires** business lunch / dinner

repassage [rəpasaʒ] *m* ironing; **repasser** ⟨1a⟩ **1** *v/i* (*aux être*) come / go back again **2** *v/t couteau* sharpen; *linge* iron; *examen* take again

repêcher [r(ə)peʃe] ⟨1b⟩ fish out; *fig* help out; *candidat* let pass

repeindre [rəpɛ̃dr] ⟨4b⟩ repaint

repenser [r(ə)pɑ̃se] ⟨1a⟩ **1** *v/t* rethink **2** *v/i* (*réfléchir*) think again (*à* about)

repentir [r(ə)pɑ̃tir] **1** ⟨2b⟩: *se ~* REL repent; *se ~ de qch* be sorry for sth **2** *m* penitence

répercussions [reperkysjɔ̃] *fpl* repercussions; **répercuter** ⟨1a⟩: *se ~* reverberate; *fig* have repercussions (*sur* on)

repère [r(ə)pɛr] *m* mark; (*point m de*) *~* landmark; **repérer** ⟨1f⟩ (*situer*) pinpoint; (*trouver*) find, F spot; (*marquer*) mark

répertoire [repɛrtwar] *m* directory; THÉÂT repertoire

répéter [repete] ⟨1f⟩ repeat; *rôle, danse* rehearse; **répétitif, -ive** repetitive; **répétition** *f* repetition; THÉÂT rehearsal

répit [repi] *m* respite; *sans ~* without respite

replacer [r(ə)plase] ⟨1k⟩ put back, replace

repli [r(ə)pli] *m* fold; *d'une rivière* bend; **replier** ⟨1a⟩ fold; *jambes* draw up; *journal* fold up; *manches* roll up; *se ~* MIL fall back; *se ~ sur soi-même* retreat into one's shell

réplique [replik] *f* retort; (*copie*) replica; **répliquer** ⟨1m⟩ retort; *d'un enfant* answer back

répondeur [repɔ̃dœr] *m:* *~ automatique* answering machine; **répondre** ⟨4a⟩ **1** *v/t* answer, reply **2** *v/i* answer; (*réagir*) respond; *~ à* answer, reply to; (*réagir à*) respond to; *besoin* meet; *attente* come up to; *signalement* match; *~ de* answer for

réponse [repɔ̃s] *f* answer; (*réaction*) response

reportage [r(ə)pɔrtaʒ] *m* report

reporter[1] [r(ə)pɔrte] ⟨1a⟩ take back; *chiffres, solde* carry over; (*ajourner*) postpone

reporter[2] [r(ə)pɔrter] *m/f* reporter

repos [r(ə)po] *m* rest; **reposer** ⟨1a⟩ **1** *v/t* (*remettre*) put back; *question* ask again; (*détendre*) rest; *se ~* rest; *se ~ sur* *fig* (*compter sur*) rely on **2** *v/i:* *~ sur* rest on; *fig* (*être fondé sur*)

be based on

repoussant, ~e [r(ə)pusɑ̃, -t] repulsive, repellant; **repousser** ⟨1a⟩ **1** *v/t* (*dégoûter*) repel; (*différer*) postpone; *pousser en arrière*, MIL push back; (*rejeter*) reject **2** *v/i* grow again

reprendre [r(ə)prɑ̃dr] ⟨4q⟩ **1** *v/t* take back; (*prendre davantage de*) take more; *ville* recapture; (*recommencer*) resume, start again; (*réprimander*) reprimand; (*corriger*) correct; *entreprise* take over (*à* from); (*recouvrer*) regain; (*remporter*) pick up **2** *v/i retrouver vigueur* recover, pick up; (*recommencer*) start again; *se ~* (*se corriger*) correct o.s.; (*se maîtriser*) pull o.s. together

représailles [r(ə)prezaj] *fpl* reprisals; *exercer des ~* take reprisals

représentant, ~e [r(ə)prezɑ̃tɑ̃, -t] *m/f* representative (*aussi* COMM); **représentatif, -ive** representative; **représentation** *f* representation; *au théâtre* performance; **représenter** ⟨1a⟩ represent; *au théâtre* perform; *se ~ qch* imagine sth; *se ~* POL run again for election

répressif, -ive [represif, -iv] POL repressive; **répression** *f* repression; *mesures fpl de ~* crackdown (*contre* on)

réprimande [reprimɑ̃d] *f* reprimand; **réprimander** ⟨1a⟩ reprimand

réprimer [reprime] ⟨1a⟩ suppress

reprise [r(ə)priz] *f* *d'une ville* recapture; *d'une marchandise* taking back; *d'un travail, d'une lutte* resumption; *à plusieurs ~s* on several occasions; *~ économique* economic recovery; **repriser** ⟨1a⟩ darn, mend

réprobateur, -trice [reprɔbatœr, -tris] reproachful; **réprobation** *f* reproof

reproche [r(ə)prɔʃ] *m* reproach; **reprocher** ⟨1a⟩ reproach; *~ qch à qn* reproach s.o. for sth

reproducteur, -trice [rəprɔdyktœr, -tris] BIOL reproductive; **reproduction** *f* reproduction; **reproduire** ⟨4c⟩ reproduce; *se ~* happen again; BIOL reproduce, breed

reptile [rɛptil] *m* reptile

R

républicain, ~e [repyblikɛ̃, -ɛn] *m/f & adj* republican; **république** *f* republic

répugnance [repynɑ̃s] *f* repugnance (**pour** for); **répugnant, ~e** repugnant; **répugner** ⟨1a⟩: *~ à qch* be repelled by sth; *~ à faire qch* be reluctant to do sth

répulsif, -ive [repylsif, -iv] *m* repellent; **répulsion** *f* repulsion

réputation [repytasjɔ̃] *f* reputation; **réputé, ~e** famous; **elle est ~e être ...** she is said *ou* supposed to be ...

requérir [rəkerir] ⟨2l⟩ require

requête [rəkɛt] *f* request

requiem [rekwijɛm] *m* requiem

requin [r(ə)kɛ̃] *m* shark

requis, ~e [rəki, -z] necessary

réquisitionner [rekizisjɔne] ⟨1a⟩ requisition

rescapé, ~e [rɛskape] *m/f* survivor

réseau [rezo] *m* (*pl* -x) network; *~ routier* road network *ou* system

réservation [rezɛrvasjɔ̃] *f* booking, reservation

réserve [rezɛrv] *f* reserve; (*entrepôt*) stockroom, storeroom; (*provision*) stock, reserve; *indienne* reservation; **émettre des ~s (à propos de qch)** express reservations (about sth); *~ naturelle* nature reserve; **en ~** in reserve; **sans ~** unreservedly; **sous ~ de** subject to

réservé, ~e [rezɛrve] reserved (*aussi fig*); **réserver** ⟨1a⟩ reserve; *dans un hôtel, un restaurant* book, reserve; (*mettre de côté*) put aside; *~ qch à qn* keep *ou* save sth for s.o.; *~ une surprise à qn* have a surprise for s.o.

réservoir [rezɛrvwar] *m* tank; *lac etc* reservoir

résidence [rezidɑ̃s] *f* residence; *~ universitaire* dormitory, *Br* hall of residence; **résidentiel, ~le** residential; **résider** ⟨1a⟩ live; *~ dans fig* lie in

résidu [rezidy] *m* residue; MATH remainder

résignation [rezinasjɔ̃] *f* resignation; **résigner** ⟨1a⟩ *d'une fonction* resign; **se ~** resign o.s. (*à* to)

résiliation [reziljasjɔ̃] *f* cancellation;

résilier ⟨1a⟩ *contrat* cancel

résine [rezin] *f* resin

résistance [rezistɑ̃s] *f* resistance; (*endurance*) stamina; *d'un matériau* strength; *la Résistance* HIST the Resistance; **résistant, ~e** strong, tough; *~ à la chaleur* heatproof, heat-resistant; **résister** ⟨1a⟩ resist; *~ à tentation, personne* resist; *sécheresse* withstand, stand up to

résolu, ~e [rezɔly] determined (*à faire qch* to do sth); **résolution** *f* (*décision*) resolution; (*fermeté*) determination; *d'un problème* solving

résonance [rezɔnɑ̃s] *f* resonance; **résonner** ⟨1a⟩ echo, resound

résorber [rezɔrbe] ⟨1a⟩ absorb

résoudre [rezudr] ⟨4bb⟩ **1** *v/t* problème solve **2** *v/i*: *~ de faire qch* decide to do sth; **se ~ à faire qch** decide to do sth

respect [rɛspɛ] *m* respect; *tenir qn en ~* fend s.o. off; *par ~ pour* out of respect for

respectable [rɛspɛktabl] *personne, somme* respectable; **respecter** ⟨1a⟩ respect; *~ le(s) délai(s)* meet the deadline; *~ la priorité* AUTO yield, *Br* give way; **se ~** have some self-respect; *mutuellement* respect each other; **se faire ~** command respect

respectif, -ive [rɛspɛktif, -iv] respective; **respectivement** *adv* respectively

respectueux, -euse [rɛspɛktɥø, -z] respectful

respirateur [rɛspiratœr] *m* respirator; *~ artificiel* life support system; **respiration** *f* breathing; *retenir sa ~* hold one's breath; *~ artificielle* MÉD artificial respiration; **respirer** ⟨1a⟩ **1** *v/t* breathe; *fig* exude **2** *v/i* breathe

resplendir [rɛsplɑ̃dir] ⟨2a⟩ glitter

responsabilité [rɛspɔ̃sabilite] *f* responsibility (*de* for); JUR liability; *accepter la ~ de* accept responsibility for; **responsable** responsible (*de* for)

ressaisir [r(ə)sezir] ⟨2a⟩: **se ~** pull o.s. together

ressemblance [r(ə)sãblãs] f resemblance; **ressembler** ⟨1a⟩: ~ **à** resemble, be like; **se** ~ resemble each other, be like each other; **ne** ~ **à rien** péj look like nothing on earth

ressemeler [r(ə)səmle] ⟨1c⟩ resole

ressentiment [r(ə)sãtimã] m resentment

ressentir [r(ə)sãtir] ⟨2b⟩ feel; **se** ~ **de qch** still feel the effects of sth

resserrer [r(ə)sere] ⟨1b⟩ nœud, ceinture tighten; fig: amitié strengthen

resservir [r(ə)servir] ⟨2b⟩ 1 v/t: **puis-je vous** ~? would you like some more? 2 v/i be used again

ressort [r(ə)sɔr] m TECH spring; fig motive; (énergie) energy; (compétence) province; JUR jurisdiction; **ce n'est pas de mon** ~ that's not my province ou responsibility; **en dernier** ~ JUR without appeal; fig as a last resort

ressortir [r(ə)sɔrtir] ⟨2b⟩ (aux être) come / go out again; (se détacher) stand out; **faire** ~ bring out, emphasize; **il ressort de cela que** it emerges from this that; ~ **à** JUR fall within the jurisdiction of

ressortissant, ~e [r(ə)sɔrtisã, -t] m/f national

ressource [r(ə)surs] f resource

ressusciter [resysite] ⟨1a⟩ 1 v/t resuscitate; fig aussi revive 2 v/i come back to life

restant, ~e [rɛstã, -t] 1 adj remaining 2 m remainder

restaurant [rɛstorã] m restaurant; **restaurateur, -trice** m/f restaurateur; ART restorer; **restauration** f catering; ART restoration; ~ **rapide** fast food; **restaurer** ⟨1a⟩ restore

reste [rɛst] m rest, remainder; ~**s** CUIS leftovers; **du** ~, **au** ~ moreover; **être en** ~ **avec** be in debt to

rester [rɛste] ⟨1a⟩ 1 v/i (aux être) (subsister) be left, remain; (demeurer) stay, remain; **on en reste là** we'll stop there 2 impersonnel: **il reste du vin** there's some wine left; **il ne reste plus de pain** there's no bread left; (il) **reste que** nevertheless

restituer [rɛstitɥe] ⟨1n⟩ (rendre) return; (reconstituer) restore; **restitution** f restitution

restoroute [rɛstorut] m freeway ou Br motorway restaurant

restreindre [rɛstrɛ̃dr] ⟨4b⟩ restrict

restriction [rɛstriksjɔ̃] f restriction; **sans** ~ unreservedly

résultat [rezylta] m result; **résulter** ⟨1a⟩ result (**de** from)

résumé [rezyme] m summary; **résumer** ⟨1a⟩ article, discours summarize; situation sum up

résurrection [rezyrɛksjɔ̃] f REL resurrection (aussi fig)

rétablir [retablir] ⟨2a⟩ (restituer) restore; (remettre) re-establish, restore; **se** ~ recover; **rétablissement** m restoration; malade recovery

retaper [r(ə)tape] ⟨1a⟩ lettre re-type; F maison do up

retard [r(ə)tar] m lateness; dans travail, paiement delay; dans un développement backwardness; **avoir deux heures de** ~ be two hours late; **avoir du** ~ **en anglais** be behind in English; **avoir du** ~ **sur qn** be behind s.o.; **être en** ~ be late; d'une montre be slow; fig be behind; **avec 3 heures de** ~ three hours late; **sans** ~ without delay; **retardataire** m/f latecomer; (traînard) straggler; **retardé, ~e** delayed; enfant retarded; **retarder** ⟨1a⟩ 1 v/t delay, hold up; montre put back 2 v/i d'une montre be slow; ~ **de cinq minutes** be five minutes slow; ~ **sur son temps** fig be behind the times

retenir [rətnir] ⟨2h⟩ personne keep; argent withhold; (rappeler) remember; proposition, projet accept; (réserver) reserve; **se** ~ restrain o.s.

retentir [rətãtir] ⟨2a⟩ sound; d'un canon, du tonnerre boom; ~ **sur** impact on; **retentissant, ~e** resounding (aussi fig); **retentissement** m impact

retenu, ~e [rətny] (réservé) reserved; (empêché) delayed, held up; **retenue** f sur salaire deduction; fig (modération) restraint

réticence [retisãs] f (omission) omission; (*hésitation*) hesitation

rétine [retin] *f* ANAT retina

retirer [r(ə)tire] ⟨1a⟩ withdraw; *vêtement, chapeau* take off, remove; *promesse* take back; *profit* derive; **~ qch de** remove sth from; **se ~** withdraw; (*prendre sa retraite*) retire

retombées [r(ə)tɔ̃be] *fpl fig* repercussions, fallout F *sg*; **~ radioactives** PHYS radioactive fallout; **retomber** ⟨1a⟩ (*aux être*) tomber de nouveau fall again; (*tomber*) land; *de cheveux, rideau* fall; **~ sur qch** *fig* come back to sth; **~ sur qn de responsabilité** fall on s.o.; **~ dans qch** sink back into sth

rétorquer [retɔrke] ⟨1m⟩ retort

rétorsion [retɔrsjɔ̃] POL: **mesure f de ~** retaliatory measure

retouche [r(ə)tuʃ] *f d'un texte, vêtement* alteration; *d'une photographie* retouch; **retoucher** ⟨1a⟩ *texte, vêtement* alter; *photographie* retouch

retour [r(ə)tur] *m* return; **être de ~** be back; **en ~** in return; ; **bon ~!** have a good trip home!; **par ~ du courrier** by return of mail; **retourner** ⟨1a⟩ 1 *v/i* (*aux être*) return, go back; **~ sur ses pas** backtrack 2 *v/t matelas, tête* turn; *lettre* return; *vêtement* turn inside out; **~ qn** *fig* get s.o. to change their mind; **tourner et ~** *fig*: *idée* turn over and over in one's mind; **se ~ au lit** turn over (*aussi* AUTO); (*tourner la tête*) turn (around); **se ~ contre qn** turn against s.o.

rétracter [retrakte] ⟨1a⟩: **se ~** retract

retrait [r(ə)trɛ] *m* withdrawal; **en ~** set back

retraite [r(ə)trɛt] *f* retirement; (*pension*) retirement pension; MIL retreat; **prendre sa ~** retire; **retraité, ~e** *m/f* pensioner, retired person

retrancher [r(ə)trɑ̃ʃe] ⟨1a⟩ (*enlever*) remove, cut (*de* from); (*déduire*) deduct; **se ~** MIL dig in; *fig* take refuge

retransmettre [rətrɑ̃smetr] ⟨4p⟩ relay; **retransmission** *f* TV broadcast

rétrécir [retresir] ⟨2a⟩ 1 *v/t* shrink; *fig* narrow 2 *v/i* shrink; **se ~** narrow

rétribuer [retribɥe] ⟨1n⟩ pay; **rétribution** *f* remuneration, payment

rétroactif, -ive [retrɔaktif, -iv] retroactive

rétrograde [retrɔgrad] *mouvement* backward; *doctrine, politique* reactionary; **rétrograder** ⟨1a⟩ 1 *v/t* demote 2 *v/i* retreat; AUTO downshift

rétroprojecteur [retroprɔʒektœr] *m* overhead projector

rétrospectif, -ive [retrɔspɛktif, -iv] 1 *adj* retrospective 2 *f*: **rétrospective** retrospective

retrousser [r(ə)truse] ⟨1a⟩ *manches* roll up

retrouvailles [r(ə)truvaj] *fpl* F reunion *sg*; **retrouver** ⟨1a⟩ (*trouver*) find; *trouver de nouveau* find again; (*rejoindre*) meet; *santé* regain; **se ~** meet; **se ~ seul** find o.s. alone; **on ne s'y retrouve pas** it's confusing

rétroviseur [retrɔvizœr] *m* AUTO rear-view mirror

réunification [reynifikasjɔ̃] *f* reunification; **réunifier** ⟨1a⟩ reunify

réunion [reynjɔ̃] *f* (*assemblée*) meeting; POL reunion; **être en ~** be in a meeting; **réunir** ⟨2a⟩ bring together; *pays* reunite; *documents* collect; **se ~** meet

réussi, ~e [reysi] successful; **réussir** ⟨2a⟩ 1 *v/i d'une personne* succeed; **~ à faire qch** manage to do sth, succeed in doing sth 2 *v/t vie, projet* make a success of; *examen* be successful in; **~ un soufflé** make a successful soufflé; **réussite** *f* success; *aux cartes* solitaire, *Br aussi* patience

réutilisable [reytilizabl] reusable; **réutiliser** ⟨1a⟩ reuse

revanche [r(ə)vɑ̃ʃ] *f* revenge; **en ~** on the other hand

rêve [rɛv] *m* dream

revêche [rəvɛʃ] harsh

réveil [revej] *m* awakening; (*pendule*) alarm (clock); **réveiller** ⟨1b⟩ *personne* waken, wake up; *fig* revive; **se ~** wake up

réveillon [revejɔ̃] *m* special meal eaten on Christmas Eve or New Year's Eve; **réveillonner** ⟨1a⟩ have a réveillon

révélateur, -trice [revelatœr, -tris] revealing; *être ~ de qch* point to sth; **révélation** f revelation; **révéler** ⟨1f⟩ reveal; *se ~ faux* prove to be false

revenant [rəvnɑ̃] m ghost

revendeur, -euse [r(ə)vɑ̃dœr, -øz] m/f retailer

revendication [r(ə)vɑ̃dikasjɔ̃] f claim, demand; **revendiquer** ⟨1m⟩ claim, demand; *responsabilité* claim; *~ un attentat* claim responsibility for an attack

revendre [r(ə)vɑ̃dr] ⟨4a⟩ resell; *avoir du temps à ~* have plenty of time to spare

revenir [rəvnir] ⟨2h⟩ (*aux être*) come back, return (*à* to); *d'un mot* crop up; *~ sur thème, discussion* go back to; *décision, parole* go back on; *~ sur ses pas* retrace one's footsteps; *~ à qn d'une part* be due to s.o.; *sa tête ne me revient pas* I don't like the look of him; *~ de évanouissement* come around from; *étonnement* get over, recover from; *illusion* lose; *~ cher* cost a lot; *cela revient au même* it comes to the same thing; *faire ~* CUIS brown

revente [r(ə)vɑ̃t] f resale

revenu [rəvny] m income; *~s* revenue sg

rêver [reve] ⟨1a⟩ dream (*de* about); *éveillé* (day)dream (*à* about)

réverbère [reverber] m street lamp

révérence [reverɑ̃s] f (*salut*) bow; *d'une femme* curtsey

rêverie [revri] f daydream

révérifier [rəverifje] ⟨1a⟩ double--check

revers [r(ə)ver] m reverse, back; *d'une enveloppe, de la main* back; *d'un pantalon* cuff, *Br* turn-up; *fig* (*échec*) reversal; *~ de la médaille* other side of the coin

revêtement [r(ə)vetmɑ̃] m TECH cladding; *d'une route* surface; **revêtir** ⟨2g⟩ *vêtement* put on; *forme, caractère* assume; *~ qn d'une autorité / dignité* lend s.o. authority / dignity; *~ qch de* TECH cover *ou* clad sth in sth; *~ une importance particu-*

lière take on particular importance

rêveur, -euse [rɛvœr, -øz] **1** adj dreamy **2** m/f dreamer

revigorer [r(ə)vigore] ⟨1a⟩ fig reinvigorate

revirement [r(ə)virmɑ̃] m: *~ d'opinion* sudden change in public attitude

réviser [revize] ⟨1a⟩ *texte* revise; *machine* service; **révision** f revision; TECH, AUTO service

revivre [r(ə)vivr] ⟨4e⟩ **1** v/t relive **2** v/i revive

révocation [revokasjɔ̃] f revocation; *d'un dirigeant etc* dismissal

revoir [r(ə)vwar] ⟨3b⟩ see again; *texte* review; ÉDU review, *Br* revise **2** m: *au ~!* goodbye!

révolte [revolt] f revolt; **révolter** ⟨1a⟩ revolt; *se ~* rebel, revolt

révolu, -e [revoly] bygone

révolution [revolysjɔ̃] f revolution; **révolutionnaire** m/f & adj revolutionary; **révolutionner** ⟨1a⟩ revolutionize

revolver [revolver] m revolver

révoquer [revoke] ⟨1m⟩ *fonctionnaire* dismiss; *contrat* revoke

revue [r(ə)vy] f review; *passer en ~* fig review

rez-de-chaussée [redʃose] m (*pl inv*) first floor, *Br* ground floor

R.F.A. [ɛrɛfa] f abr (= *République fédérale d'Allemagne*) FRG (Federal Republic of Germany)

rhabiller [rabije] ⟨1a⟩: *se ~* get dressed again

rhétorique [retorik] f rhetoric

Rhin [rɛ̃] m Rhine

rhinocéros [rinoseros] m rhinoceros, rhino F

Rhône [ron] m Rhone

rhubarbe [rybarb] f BOT rhubarb

rhum [rom] m rum

rhumatisant, ~e [rymatizɑ̃, -t] rheumatic; **rhumatismes** mpl rheumatism sg

rhume [rym] m cold; *~ de cerveau* head cold; *~ des foins* hay fever

riant, ~e [rijɑ̃, -t] merry

ricanement [rikanmɑ̃] m sneer; *bête*

snigger; **ricaner** ⟨1a⟩ sneer; *bêtement* snigger

riche [riʃ] rich (**en** in); *sol* fertile; *décoration, meubles* elaborate; **richesse** *f* wealth; *du sol* fertility

ricocher [rikɔʃe] ⟨1a⟩ ricochet

rictus [riktys] *m* grimace

ride [rid] *f* wrinkle, line; **ridé, ~e** wrinkled, lined

rideau [rido] *m* (*pl* -x) drape, *Br* curtain; **~ de fer** POL Iron Curtain

rider [ride] ⟨1a⟩ *peau* wrinkle; **se ~** become wrinkled *ou* lined

ridicule [ridikyl] **1** *adj* ridiculous (**de faire qch** to do sth) **2** *m* ridicule; (*absurdité*) ridiculousness; **tourner qch en ~** poke fun at sth; **ridiculiser** ⟨1a⟩ ridicule; **se ~** make a fool of o.s.

rien² [rjɛ̃] **1** *pron* ◊ nothing; **de ~** *comme réponse* not at all, you're welcome; **ils ne se ressemblent en ~** they are not at all alike; **~ que cela?** just that?, nothing else?; **j'y suis pour ~** I have nothing to do with it ◊ **ne ... ~** nothing, not anything; **il ne sait ~** he knows nothing, he doesn't know anything; **~ de ~** nothing at all, absolutely nothing; **~ du tout** nothing at all; **il n'en est ~** it's not the case, it's not so ◊ *quelque chose* anything; **sans ~ dire** without saying anything **2** *m* trifle; **en un ~ de temps** in no time; **pour un ~ se fâcher** for nothing, for no reason; **un ~ de** a touch of

rigide [riʒid] rigid (*aussi fig*)

rigolade [riɡɔlad] *f* F joke

rigole [riɡɔl] *f* (*conduit*) channel

rigoler [riɡɔle] ⟨1a⟩ F joke; (*rire*) laugh; **rigolo, ~te** F (*amusant*) funny

rigoureusement [riɡurøzmɑ̃] *adv* rigorously; **rigoureux, -euse** rigorous, strict; **rigueur** *f* rigor, *Br* rigour; **à la ~** if absolutely necessary; **de ~** compulsory

rime [rim] *f* rhyme; **rimer** ⟨1a⟩ rhyme; **ne ~ à rien** fig not make sense

rinçage [rɛ̃saʒ] *m* rinse; **rincer** ⟨1k⟩ rinse

ring [riŋ] *m* en boxe ring

riposte [ripɔst] *f* riposte, response;

avec *armes* return of fire; **riposter** ⟨1a⟩ reply, response; *avec armes* return fire

rire [rir] **1** *vi* ⟨4r⟩ laugh (**de** about, at); (*s'amuser*) have fun; **~ aux éclats** roar with laughter; **pour ~** as a joke, for a laugh; **~ de qn** make fun of s.o., laugh at s.o.; **se ~ de** *fml* laugh at **2** *m* laugh; **~s** laughter *sg*

risée [rize] *f* mockery

risible [rizibl] laughable

risque [risk] *m* risk; **à mes / tes ~s et périls** at my / your own risk; **au ~ de faire qch** at the risk of doing sth; **courir le ~ de faire qch** risk doing sth, run the risk of doing sth; **risqué, ~e** risky; *plaisanterie, remarque* risqué; **risquer** ⟨1m⟩ risk; **~ de faire qch** risk doing sth, run the risk of doing sth; ; **se ~ dans** *pièce* venture into; *entreprise* venture on

rissoler [risɔle] ⟨1a⟩ CUIS brown

rite [rit] *m* REL rite; *fig* ritual; **rituel, ~le** *m & adj* ritual

rivage [rivaʒ] *m* shore

rival, ~e [rival] (*mpl* -aux) *m/f & adj* rival; **rivaliser** ⟨1a⟩ compete, vie; **rivalité** *f* rivalry

rive [riv] *f* *d'un fleuve* bank; *d'une mer, d'un lac* shore; **la Rive Gauche** *à Paris* the Left Bank

river [rive] ⟨1a⟩ TECH rivet

riverain, ~e [rivrɛ̃, -ɛn] *m/f* resident

rivet [rivɛ] *m* TECH rivet

rivière [rivjer] *f* river

rixe [riks] *f* fight, brawl

riz [ri] *m* BOT rice

robe [rɔb] *f* dress; *d'un juge, avocat* robe; **~ de chambre** robe, *Br* dressing gown; **~ de mariée** wedding dress; **~ du soir** evening dress

robinet [rɔbinɛ] *m* faucet, *Br* tap

robot [rɔbo] *m* robot

robuste [rɔbyst] sturdy, robust

roc [rɔk] *m* rock

rocaille [rɔkaj] *f* *terrain* stony ground; **rocailleux, -euse** stony; *voix* rough

roche [rɔʃ] *f* rock; **rocher** *m* rock; **rocheux, -euse** rocky; **les Montagnes Rocheuses** the Rocky Mountains rock [rɔk] m MUS rock

rococo [rɔkɔko] m rococo

rodage [rɔdaʒ] m AUTO running in

rôder [rode] ⟨1a⟩ prowl; rôdeur, -euse m/f prowler

rogne [rɔɲ] f: être en ~ F be in a bad mood

rogner [rɔɲe] ⟨1a⟩ 1 v/t cut, trim 2 v/i: ~ qch cut ou trim sth

rognon [rɔɲõ] m CUIS kidney

roi [rwa] m king

rôle [rol] m role; (registre) roll; à tour de ~ turn and turn about

ROM [rɔm] f (pl inv) abr (= read only memory) ROM

romain, ~e [rɔmɛ̃, -ɛn] 1 adj Roman 2 m/f Romain, ~e Roman

roman [rɔmã] m novel

romancier, -ère [rɔmãsje, -ɛr] m/f novelist

romand, ~e [rɔmã, -d]: la Suisse ~e French-speaking Switzerland

romanesque [rɔmanɛsk] (sentimental) romantic

romantique [rɔmãtik] m/f & adj romantic; romantisme m romanticism

romarin [rɔmarɛ̃] m BOT rosemary

rompre [rõpr] ⟨4a⟩ 1 v/i break; ~ avec petit ami break it off with; tradition break with; habitude break 2 v/t break (aussi fig); relations, négociations, fiançailles break off; se ~ break; rompu, ~e (cassé) broken; ~ à used to

ronce [rõs] f BOT: ~s brambles

rond, ~e [rõ, -d] 1 adj round; joues, personne plump; F (ivre) drunk 2 adv: tourner ~ moteur, fig run smoothly 3 m figure circle m 4 f: faire la ~e dance in a circle; faire sa ~e do one's rounds; d'un soldat be on patrol; d'un policier be on patrol, Br aussi be on the beat; à la ~e around; rondelet, ~te plump

rondelle [rõdɛl] f disk, Br disc; de saucisson slice; TECH washer

rondement [rõdmã] adv (promptement) briskly; (carrément) frankly

rondeur [rõdœr] f roundness; des bras, d'une personne plumpness; fig frankness; ~s d'une femme curves

rondin [rõdɛ̃] m log

rond-point [rõpwɛ̃] m (pl ronds-points) traffic circle, Br roundabout

ronflement [rõfləmã] m snoring; d'un moteur purr; ronfler ⟨1a⟩ snore; d'un moteur purr

ronger [rõʒe] ⟨1l⟩ gnaw at; fig torment; se ~ les ongles bite one's nails; rongeur m ZO rodent

ronronnement [rõrɔnmã] m purr; ronronner ⟨1a⟩ purr

rosace [rozas] f ARCH rose window

rosaire [rozɛr] m REL rosary

rosbif [rɔzbif] m CUIS roast beef

rose [roz] 1 f BOT rose 2 m couleur pink 3 adj pink; rosé, ~e 1 m rosé 2 adj pinkish

roseau [rozo] m (pl -x) BOT reed

rosée [roze] f dew

rosier [rozje] m rose bush

rossignol [rɔsiɲɔl] m ZO nightingale

rot [ro] m F belch

rotation [rɔtasjõ] f rotation

roter [rɔte] ⟨1a⟩ F belch

rôti [roti, ro-] m roast

rôtie [roti, ro-] f slice of toast

rotin [rɔtɛ̃] m rattan

rôtir [rotir, ro-] ⟨2a⟩ roast; rôtisserie f grill-room; rôtissoire f spit

rotule [rɔtyl] f ANAT kneecap

rouage [rwaʒ] m cogwheel; ~s d'une montre works; fig machinery sg

roublard, ~e [rublar, -d] crafty

roucouler [rukule] ⟨1a⟩ d'un pigeon coo; d'amoureux bill and coo

roue [ru] f wheel; deux ~s m two-wheeler; ~ libre freewheel

roué, ~e [rwe] crafty

rouer [rwe] ⟨1a⟩: ~ qn de coups beat s.o. black and blue

rouge [ruʒ] 1 adj red (aussi POL) 2 adv fig: voir ~ see red 3 m couleur, vin red; ~ à lèvres lipstick; ~ à joues blusher; rougeâtre reddish

rouge-gorge [ruʒgɔrʒ] m (pl rouges-gorges) robin (redbreast)

rougeole [ruʒɔl] f MÉD measles sg

rouget [ruʒɛ] m mullet

rougeur [ruʒœr] f redness; (irritation) blotch; rougir ⟨2a⟩ go red; d'une personne aussi blush (de with); de colère flush (*de* with)

rouille [ruj] *f* rust; **rouillé**, **~e** rusty (*aussi fig*); **rouiller** ⟨1a⟩ rust; **se ~** rust; *fig* go rusty

rouleau [rulo] *m* (*pl* -x) roller; *de papier peint, pellicule* roll; CUIS rolling pin

roulement [rulmã] *m de tambour* roll; *d'un train* rumble; TECH bearing; **~ à billes** TECH ball bearing

rouler [rule] ⟨1a⟩ **1** *v/i* roll; *d'une voiture* travel; **ça roule?** F how are things?, how goes it? F; **~ sur qch** *d'une conversation* be about sth **2** *v/t* roll; **~ qn** F cheat s.o.; **se ~ par terre** roll on the ground

roulette [rulɛt] *f de meubles* caster; *jeu* roulette

roulis [ruli] *m* MAR swell

roulotte [rulɔt] *f* trailer, *Br* caravan

roumain, **~e** [rumɛ̃, -ɛn] **1** *adj* Romanian **2** *m langue* Romanian **3** *m/f* **Roumain**, **~e** Romanian; **Roumanie: la ~** Romania

round [rund] *m en boxe* round

rouquin, **~e** [rukɛ̃, -in] *m/f* F redhead

rousseur [rusœr] *f:* **taches fpl de ~** freckles; **roussir** ⟨2a⟩ **1** *v/t linge* scorch **2** *v/i de feuilles* turn brown; **faire ~** CUIS brown

route [rut] *f* road; (*parcours*) route; *fig* (*chemin*) path; **en ~** on the way; **mettre en ~** *moteur, appareil* start up; **se mettre en ~** set off; *fig* get under way; **faire fausse ~** take the wrong turning; *fig* be on the wrong track, be wrong; **faire ~ vers** be heading for; **routier**, **-ère** **1** *adj* road *atr* **2** *m* (*conducteur*) truck driver, *Br* long-distance lorry driver; *restaurant* truck stop, *Br aussi* transport café

routine [rutin] *f* routine; **de ~** routine *atr*; **routinier**, **-ère** routine *atr*

rouvrir [ruvrir] ⟨2f⟩ open again, re-open

roux, **rousse** [ru, -s] **1** *adj* red-haired; *cheveux* red **2** *m* CUIS roux

royal, **~e** [rwajal] (*mpl* -aux) royal; *fig: pourboire, accueil* superb, right royal; **royaliste** *m/f* & *adj* royalist

royaume [rwajom] *m* kingdom; **Royaume-Uni** United Kingdom; **royauté** *f* royalty

R.-U. *abr* (= **Royaume-Uni**) UK (= United Kingdom)

ruban [rybã] *m* ribbon; **~ adhésif** adhesive tape

rubéole [rybeɔl] *f* German measles *sg*

rubis [rybi] *m* ruby

rubrique [rybrik] *f* heading

ruche [ryʃ] *f* hive

rude [ryd] *personne, manières* uncouth; *sévère: personne, voix, climat* harsh; *travail, lutte* hard

rudimentaire [rydimãtɛr] rudimentary; **rudiments** *mpl* rudiments, basics

rudoyer [rydwaje] ⟨1h⟩ be unkind to

rue [ry] *f* street; **dans la ~** on the street, *Br* in the street; **en pleine ~** in the middle of the street; **descendre dans la ~** take to the streets; **~ à sens unique** one-way street; **~ piétonne** pedestrianized zone, *Br aussi* pedestrian precinct

ruée [rɥe] *f* rush

ruelle [rɥɛl] *f* alley

ruer [rɥe] ⟨1n⟩ *d'un cheval* kick; **~ dans les brancards** *fig* kick over the traces; **se ~ sur** make a headlong dash for

rugby [rygbi] *m* rugby

rugir [ryʒir] ⟨2a⟩ roar; *du vent* howl; **rugissement** *m* roar

rugueux, **-euse** [rygø, -z] rough

ruine [rɥin] *f* ruin; **ruiner** ⟨1a⟩ ruin; **ruineux**, **-euse** incredibly expensive

ruisseau [rɥiso] *m* (*pl* -x) stream (*aussi fig*); (*caniveau*) gutter (*aussi fig*)

ruisseler [rɥisle] ⟨1c⟩ run

rumeur [rymœr] *f* hum; *de personnes* murmuring; (*nouvelle*) rumor, *Br* rumour

ruminer [rymine] ⟨1a⟩ **1** *v/i* chew the cud, ruminate **2** *v/t fig:* **~ qch** mull sth over

rupture [ryptyr] *f* breaking; *fig* split; *de négociations* breakdown; *de relations diplomatiques, fiançailles* breaking off; *de contrat* breach

rural, **~e** [ryral] (*mpl* -aux) rural

ruse [ryz] *f* ruse; **la ~** cunning; **rusé,**
~e crafty, cunning

russe [rys] **1** *adj* Russian **2** *m langue*
Russian **3** *m/f* **Russe** Russian; **Rus-**
sie: la ~ Russia

rustique [rystik] rustic

rustre [rystr] *péj* **1** *adj* uncouth **2** *m*
oaf

rutilant, **~e** [rytilɑ̃, -t] (*rouge*) glowing;
(*brillant*) gleaming

rythme [ritm] *m* rhythm; (*vitesse*)
pace; **rythmique** rhythmical

S

S. *abr* (= *sud*) S (= south)

s' [s] → *se*

sa [sa] → *son¹*

S.A. [ɛsa] *f abr* (= *société anonyme*)
Inc, *Br* plc

sable [sabl] *m* sand; **sablé** *m* CUIS
shortbread biscuit; **sabler** ⟨1a⟩ sand;
~ le champagne break open the
champagne; **sablier** *m* CUIS eggti-
mer; **sablonneux, -euse** sandy

sabot [sabo] *m* clog; ZO hoof; **~ de**
Denver Denver boot, *Br* clamp

sabotage [sabotaʒ] *m* sabotage; **sa-**
boter ⟨1a⟩ sabotage; F *travail* make
a mess of; **saboteur, -euse** *m/f* saboteur

sac [sak] *m* bag; *de pommes de terre*
sack; **~ de couchage** sleeping bag;
~ à dos backpack; **~ à main** purse,
Br handbag; **~ à provisions** shopping bag

saccadé, **~e** [sakade] *mouvements* jer-
ky; *voix* breathless

saccager [sakaʒe] ⟨1l⟩ (*piller*) sack;
(*détruire*) destroy

saccharine [sakarin] *f* saccharine

sachet [saʃɛ] *m* sachet; **~ de thé** tea-
bag

sacoche [sakɔʃ] *f* bag; *de vélo* saddle-
bag

sacre [sakr] *m d'un souverain* coronation

sacré, **~e** [sakre] sacred; *devant le sub-*
stantif F damn F, *Br aussi* bloody F

sacrement [sakrəmɑ̃] *m* REL sacra-
ment

sacrifice [sakrifis] *m* sacrifice (*aussi*
fig); **sacrifier** ⟨1a⟩ sacrifice (*aussi*
fig); **~ à la mode** *fig* be a slave to
fashion, be a fashion victim; **se ~** sacrifice o.s.

sacrilège [sakrilɛʒ] **1** *adj* sacrilegious
2 *m* sacrilege

sacro-saint, **~e** [sakrosɛ̃, -t] *iron* sa-
crosanct

sadique [sadik] **1** *adj* sadistic **2** *m/f*
sadist; **sadisme** *m* sadism

safran [safrɑ̃] *m* BOT, CUIS saffron

saga [saga] *f* saga

sagace [sagas] shrewd; **sagacité** *f*
shrewdness

sage [saʒ] **1** *adj* wise; *enfant* good **2** *m*
sage, wise man; **sage-femme** *f* (*pl*
sages-femmes) midwife; **sagesse** *f*
wisdom; *d'un enfant* goodness

Sagittaire [saʒiter] *m* ASTROL Sagit-
tarius

saignant, **~e** [sɛɲɑ̃, -t] bleeding; CUIS
rare; **saignement** *m* bleeding;
saigner ⟨1b⟩ **1** *v/i* bleed; **je saigne**
du nez my nose is bleeding, I have a
nosebleed **2** *v/t fig* bleed dry *ou* white

saillant, **~e** [sajɑ̃, -t] *pommettes* prominent; *fig* salient; **saillie** *f* ARCH
projection; *fig* quip; **saillir** ⟨2c⟩
ARCH project

sain, **~e** [sɛ̃, sɛn] healthy (*aussi fig*);
gestion sound; **~ et sauf** safe and
sound; **~ d'esprit** sane

saindoux [sɛ̃du] *m* lard

saint, **~e** [sɛ̃, -t] **1** *adj* holy; **vendredi**
m **~** Good Friday **2** *m/f* saint; **Saint-**

Esprit m Holy Spirit; **sainteté** f holiness; **Saint-Sylvestre**: *la* ~ New Year's Eve

saisie [sezi] f JUR, *de marchandises de contrebande* seizure; ~ **de données** INFORM data capture; **saisir** ⟨2a⟩ seize; *personne, objet* take hold of, seize; *sens, intention* grasp; *occasion* seize, grasp; INFORM capture; **se** ~ **de qn / de qch** take hold of *ou* seize s.o. / sth; **saisissant,** ~**e** striking; *froid* penetrating

saison [sezõ] f season; **saisonnier, -ère 1** *adj* seasonal **2** *m ouvrier* seasonal worker

salade [salad] f salad; ~ **de fruits** fruit salad; **saladier** m salad bowl

salaire [salɛr] m *d'un ouvrier* wages pl; *d'un employé* salary; ~ **net** take-home pay

salami [salami] m salami

salarial, ~**e** [salarjal] (*mpl* -aux) wage *atr*; **salarié,** ~**e 1** *adj travail* paid **2** *m/f ouvrier* wage-earner; *employé* salaried employee

salaud [salo] m P bastard F

sale [sal] dirty; *devant le substantif* nasty

salé, ~**e** [sale] *eau* salt; CUIS salted; *fig: histoire* daring; *prix* steep; **saler** ⟨1a⟩ salt

saleté [salte] f dirtiness; ~**s** fig (*grossièretés*) filthy remarks; F *choses sans valeur, mauvaise nourriture* junk sg

salière [saljɛr] f salt cellar

salir [salir] ⟨2a⟩: ~ **qch** get sth dirty, dirty sth; **salissant,** ~**e** *travail* dirty; *tissu* easily dirtied

salive [saliv] f saliva

salle [sal] f room; ~ **d'attente** waiting room; ~ **de bain(s)** bathroom; ~ **de classe** classroom; ~ **d'eau** shower room; ~ **à manger** dining room; ~ **de séjour** living room

salmonellose [salmɔneloz] f MÉD salmonella (poisoning)

salon [salõ] m living room; *d'un hôtel* lounge; (*foire*) show; ~ **de l'automobile** auto show, *Br* motor show; ~ **de thé** tea room; ~ **de coiffure** hair salon, *Br* hairdressing salon

salopard [salɔpar] P m → **salaud**; **salope** f P bitch; **saloperie** f F *chose sans valeur* piece of junk; (*bassesse*) dirty trick

salopette [salɔpɛt] f dungarees pl

salubre [salybr] healthy

saluer [salɥe] ⟨1n⟩ greet; MIL salute; ~ **qn (de la main)** wave to s.o.

salut [saly] m greeting; MIL salute; (*sauvegarde*) safety; REL salvation; ~**!** F hi!; (*au revoir*) bye!

salutaire [salytɛr] salutary; **salutation** f greeting; *dans lettre* **recevez mes** ~**s distinguées** yours truly, *Br* yours sincerely

samedi [samdi] m Saturday

sanatorium [sanatɔrjɔm] m sanitarium, *Br aussi* sanitorium

sanction [sãksjõ] f (*peine, approbation*) sanction; **sanctionner** ⟨1a⟩ (*punir*) punish; (*approuver*) sanction

sanctuaire [sãktɥɛr] m sanctuary

sandale [sãdal] f sandal

sandwich [sãdwitʃ] m (pl -s) sandwich

sang [sã] m blood; **se faire du mauvais** ~ F worry, fret; **sang-froid** m composure, calmness; **garder son** ~ keep one's cool; **tuer qn de** ~ kill s.o. in cold blood; **sanglant,** ~**e** bloodstained; *combat, mort* bloody

sanglier [sãglije] m (wild) boar

sanglot [sãglo] m sob; **sangloter** ⟨1a⟩ sob

sanguin, ~**e** [sãgɛ̃, -in] blood *atr*; *tempérament* sanguine; **groupe** m ~ blood group; **sanguinaire** *personne* bloodthirsty; *combat* bloody; **sanguine** f BOT blood orange

sanitaire [sanitɛr] sanitary; **installations** fpl ~**s** sanitary fittings, sanitation sg; *tuyauterie* plumbing sg

sans [sã] **1** *prép* without; ~ **manger / travailler** without eating / working; ~ **sucre** sugar-free, without sugar; ~ **parapluie / balcon** without an umbrella / a balcony; ~ **toi nous serions tous …** if it hadn't been for you we would all … **2** *conj*: ~ **que je le lui suggère** (*subj*) without me suggesting it to him

sans-abri [sãzabri] *m/f* (*pl inv*): **les ~** the homeless *pl*

sans-emploi [sãzãplwa] *m* person without a job; **les ~** the unemployed *pl*

sans-façon [sãfasõ] *m* informality

sans-gêne [sãʒɛn] **1** *m/f* (*pl inv*): **être un / une ~** be brazen *ou* impudent **2** *m* shamelessness

sans-souci [sãsusi] *adj inv* carefree

santé [sãte] *f* health; **être en bonne ~** be in good health; **à votre ~!** cheers!, your very good health!

saoudien, ~ne [saudjɛ̃, -ɛn] **1** *adj* Saudi (Arabian) **2** *m/f* **Saoudien, ~ne** Saudi (Arabian)

saoul [su] → **soûl**

saper [sape] ⟨1a⟩ undermine (*aussi fig*)

sapeur [sapœr] *m* MIL sapper; **sapeur-pompier** *m* (*pl* sapeurs-pompiers) firefighter, *Br aussi* fireman

saphir [safir] *m* sapphire

sapin [sapɛ̃] *m* BOT fir

sarcasme [sarkasm] *m* sarcasm; **sarcastique** sarcastic

Sardaigne [sardɛɲ]: **la ~** Sardinia; **sarde 1** *adj* Sardinian **2** *m/f* **Sarde** Sardinian

sardine [sardin] *f* sardine

sardonique [sardɔnik] sardonic

S.A.R.L. [ɛsaɛrɛl] *f abr* (= **société à responsabilité limitée**) Inc, *Br* Ltd

Satan [satã] *m* Satan; **satanique** satanic

satellite [satelit] *m* satellite (*aussi fig*); **ville f ~** satellite town

satin [satɛ̃] *m* satin

satire [satir] *f* satire; **satirique** satirical

satisfaction [satisfaksjõ] *f* satisfaction; **satisfaire** ⟨4n⟩ **1** *v/t*: **~ à** besoins, conditions meet; **~ à la demande** COMM keep up with *ou* meet demand **2** *v/t* satisfy; *attente* come up to; **satisfaisant, ~e** satisfactory; **satisfait, ~e** satisfied (*de* with)

saturation [satyrasjõ] *f* saturation; **saturer** ⟨1a⟩ saturate; **je suis saturé de** *fig* I've had more than enough of

sauce [sos] *f* sauce; **~ tomate** tomato sauce

saucisse [sosis] *f* sausage; **saucisson** *m* (dried) sausage

sauf[1] [sof] *prép* except; **~ que** except that; **~ si** except if; **~ le respect que je vous dois** with all due respect

sauf[2], **sauve** [sof, sov] safe, unharmed; **sauf-conduit** *m* (*pl* sauf-conduits) safe-conduct

sauge [soʒ] *f* BOT sage

saugrenu, ~e [sogrəny] ridiculous

saule [sol] *m* BOT willow; **~ pleureur** weeping willow

saumon [somõ] *m* salmon

saumure [somyr] *f* brine

sauna [sona] *m* sauna

saupoudrer [sopudre] ⟨1a⟩ sprinkle (*de* with)

saut [so] *m* jump; **faire un ~ chez qn** *fig* drop in briefly on s.o.; **au ~ du lit** on rising, on getting out of bed; **~ à l'élastique** bungee jumping; **~ en hauteur** high jump; **~ en longueur** broad jump, *Br* long jump; **~ à la perche** pole vault; **~ périlleux** somersault in the air

saute [sot] *f* abrupt change; **~ de vent** abrupt change in wind direction

sauté, ~e [sote] CUIS sauté(ed)

sauter [sote] ⟨1a⟩ **1** *v/i* jump; (*exploser*) blow up; ÉL *d'un fusible* blow; *d'un bouton* come off; **~ sur** *personne* pounce on; *occasion, offre* jump at; **faire ~** CUIS sauté; **cela saute aux yeux** it's obvious, it's as plain as the nose on your face **2** *v/t obstacle, fossé* jump (over); *mot, repas* skip

sauterelle [sotrɛl] *f* grasshopper

sautiller [sotije] ⟨1a⟩ hop

sauvage [sovaʒ] **1** *adj* wild; (*insociable*) unsociable; (*primitif, barbare*) savage; *pas autorisé* unauthorized **2** *m/f* savage; (*solitaire*) unsociable person; **sauvagement** *adv* savagely

sauvegarde [sovgard] *f* safeguard; INFORM back-up; **copie f de ~** backup (copy); **sauvegarder** ⟨1a⟩ safeguard; INFORM back up

sauve-qui-peut [sovkipø] *m* (*pl inv*) (*débandade*) stampede; **sauver** ⟨1a⟩

save; *personne en danger* save, rescue; *navire* salvage; ~ **les apparences** save face; ~ **les meubles** *fig* salvage something from the wreckage; *sauve qui peut* it's every man for himself; *se* ~ run away; F (*partir*) be off; (*déborder*) boil over

sauvetage [sovtaʒ] *m* rescue; *de navire* salvaging; **sauveteur** *m* rescuer

sauveur [sovœr] *m* savior, *Br* saviour; *le Sauveur* REL the Savior

savamment [savamɑ̃] *adv* (*habilement*) cleverly; *j'en parle* ~ (*en connaissance de cause*) I know what I'm talking about

savant, ~**e** [savɑ̃, -t] **1** *adj* (*érudit*) *personne, société, revue* learned; (*habile*) skillful, *Br* skilful **2** *m* scientist

saveur [savœr] *f* taste

savoir [savwar] **1** *v/t & v/i* ⟨3g⟩ know; *sais-tu nager?* can you swim?, do you know how to swim?; *j'ai su que* I found out that; *je ne saurais vous le dire* I couldn't rightly say; *reste à* ~ *si* it remains to be seen whether; *à* ~ namely; *faire* ~ *qch à qn* tell s.o. sth; *à ce que je sais,* (*pour autant*) *que je sache* (*subj*) as far as I know; *sans le* ~ without realizing it, unwittingly **2** *m* knowledge

savoir-faire [savwarfɛr] *m* expertise, knowhow

savoir-vivre [savwarvivr] *m* good manners *pl*

savon [savõ] *m* soap; **savonner** ⟨1a⟩ soap; **savonnette** *f* bar of toilet soap; **savonneux, -euse** soapy

savourer [savure] ⟨1a⟩ savor, *Br* savour; **savoureux, -euse** tasty; *fig: récit* spicy

saxophone [saksɔfɔn] *m* saxophone, sax

scalpel [skalpɛl] *m* scalpel

scandale [skɑ̃dal] *m* scandal; *au grand* ~ *de* to the great indignation of; *faire* ~ cause a scandal; *faire tout un* ~ make a scene; **scandaleux, -euse** scandalous; **scandaliser** ⟨1a⟩ scandalize; *se* ~ *de* be shocked by

scandinave [skɑ̃dinav] **1** *adj* Scandinavian **2** *m/f* Scandinave Scandinavian; **Scandinavie:** *la* ~ Scandinavia

scanner ⟨1a⟩ **1** *v/t* [skane] INFORM scan **2** *m* [skanɛr] INFORM, MÉD scanner

scaphandre [skafɑ̃dr] *m de plongeur* diving suit; *d'astronaute* space suit; **scaphandrier** *m* diver

scarlatine [skarlatin] *f* scarlet fever

sceau [so] *m* (*pl* -x) seal; *fig* (*marque, signe*) stamp

scellé [sele] *m* official seal; **sceller** ⟨1b⟩ seal (*aussi fig*)

scénario [senarjo] *m* scenario; (*script*) screenplay; ~ *catastrophe* worst-case scenario; **scénariste** *m/f* scriptwriter

scène [sɛn] *f* scene (*aussi fig*); (*plateau*) stage; *ne me fais pas une* ~! don't make a scene!; *mettre en* ~ *pièce, film* direct; *présenter* stage; *mise f en* ~ direction; *présentation* staging; ~ *de ménage* domestic argument

scepticisme [sɛptisism] *m* skepticism, *Br* scepticism; **sceptique 1** *adj* skeptical, *Br* sceptical **2** *m* skeptic, *Br* sceptic

sceptre [sɛptr] *m* scepter, *Br* sceptre

schéma [ʃema] *m* diagram; **schématique** diagrammatic; **schématisation** *f* oversimplification; **schématiser** ⟨1a⟩ oversimplify

schisme [ʃism] *m fig* split; REL schism

schizophrène [skizɔfrɛn] schizophrenic

sciatique [sjatik] *f* MÉD sciatica

scie [si] *f* saw; *fig* F bore

sciemment [sjamɑ̃] *adv* knowingly

science [sjɑ̃s] *f* science; (*connaissance*) knowledge; ~*s économiques* economics *sg*; ~*s naturelles* natural science *sg*; **science-fiction** *f* science-fiction; **scientifique 1** *adj* scientific **2** *m/f* scientist

scier [sje] ⟨1a⟩ saw; *branche etc* saw off

scinder [sɛ̃de] ⟨1a⟩ *fig* split; *se* ~ split up

scintiller [sɛ̃tije] ⟨1a⟩ sparkle

scission [sisjõ] *f* split

sciure [sjyr] *f* sawdust

sclérose [skleroz] *f* MÉD sclerosis; ~ **artérielle** arteriosclerosis

scolaire [skɔlɛr] school *atr*; *succès, échec* academic; **année** *f* ~ school year; **scolarité** *f* education, schooling

scoop [skup] *m* scoop

scooter [skutœr, -tɛr] *m* motor scooter

score [skɔr] *m* SP score; POL share of the vote

scorpion [skɔrpjõ] *m* ZO scorpion; ASTROL **Scorpion** Scorpio

scotch® [skɔtʃ] *m* Scotch tape®, *Br* sellotape®; **scotcher** ⟨1a⟩ tape, *Br* sellotape

scout [skut] *m* scout; **scoutisme** *m* scouting

script [skript] *m* block letters *pl*; *d'un film* script

scrupule [skrypyl] *m* scruple; **scrupuleux, -euse** scrupulous

scrutateur, -trice [skrytatœr, -tris] *regard* searching; **scruter** ⟨1a⟩ scrutinize

scrutin [skrytɛ̃] *m* ballot; ~ **de ballottage** second ballot; ~ **majoritaire** majority vote system, *Br aussi* first-past-the-post system; ~ **proportionnel** proportional representation

sculpter [skylte] ⟨1a⟩ *statue* sculpt; *pierre* carve; **sculpteur** *m* sculptor; **sculpture** *f* sculpture; ~ **sur bois** wood carving

se [sə] *pron* ◇ *réfléchi masculin* himself; *féminin* herself; *chose, animal* itself; *pluriel* themselves; *avec 'one'* oneself; **elle s'est fait mal** she hurt herself; **il s'est cassé le bras** he broke his arm
◇ *réciproque* each other, one another; **ils ~ respectent** they respect each other *ou* one another
◇ *passif*: **cela ne ~ fait pas** that isn't done; **comment est-ce que ça ~ prononce?** how is it pronounced?

séance [seɑ̃s] *f* session; *(réunion)* meeting, session; *de cinéma* show, performance; ~ **tenante** *fig* immediately

seau [so] *m* (*pl* -x) bucket

sec, sèche [sɛk, sɛʃ] **1** *adj* dry; *fruits, légumes* dried; *(maigre)* thin; *réponse, ton* curt **2** *m*: **tenir au** ~ keep dry, keep in a dry place **3** *adv*: **être à** ~ *fig* F be broke; **boire son whisky** ~ drink one's whiskey neat *ou* straight

sécateur [sekatœr] *m* secateurs *pl*

sèche-cheveux [sɛʃʃəvø] *m* (*pl inv*) hair dryer; **sèche-linge** [-lɛ̃ʒ] *m* clothes dryer; **sécher** ⟨1f⟩ **1** *v/t* dry; *rivière* dry up; ~ **un cours** cut a class **2** *v/i* dry; *d'un lac* dry up; **sécheresse** *f* dryness; *manque de pluie* drought; *fig: de réponse, ton* curtness; **séchoir** *m* dryer

second, ~e [s(ə)gõ, -d] **1** *adj* second **2** *m étage* third floor, *Br* second floor; *(adjoint)* second in command **3** *f* second; *en train* second class; **secondaire** secondary; **enseignement** *m* ~ secondary education; **seconder** ⟨1a⟩ *personne* assist

secouer [s(ə)kwe] ⟨1a⟩ shake; *poussière* shake off

secourir [s(ə)kurir] ⟨2i⟩ come to the aid of; **secourisme** *m* first aid; **secouriste** *m/f* first-aid helper; **secours** *m* help; *matériel* aid; **au** ~! help!; **appeler au** ~ call for help; **poste** *m* **de** ~ first-aid post; **sortie** *f* **de** ~ emergency exit; **premiers** ~ first aid *sg*

secousse [s(ə)kus] *f* jolt; *électrique* shock (*aussi fig*); *tellurique* tremor

secret, -ète [səkrɛ, -t] **1** *adj* secret; **garder qch** ~ keep sth secret **2** *m* secret; *(discrétion)* secrecy; **en** ~ in secret, secretly; **dans le plus grand** ~ in the greatest secrecy

secrétaire [s(ə)kreter] **1** *m/f* secretary; ~ **de direction** executive secretary; ~ **d'État** Secretary of State **2** *m* writing desk; **secrétariat** *m* bureau secretariat; *profession* secretarial work

sécréter [sekrete] ⟨1f⟩ MÉD secrete; **sécrétion** *f* secretion

sectaire [sɛkter] sectarian; **secte** *f* REL sect

secteur [sɛktœr] *m* sector; *(zone)* area, district; ÉL mains *pl*

S

section [sɛksjõ] *f* section; **sectionner** ⟨1a⟩ *(couper)* sever; *région etc* divide up

séculaire [sekylɛr] a hundred years old; *très ancien* centuries-old

séculier, -ère [sekylje, -ɛr] secular

sécurité [sekyrite] *f* security; *(manque de danger)* safety; **~ routière** road safety; **Sécurité sociale** welfare, *Br* social security; **être en ~** be safe; **des problèmes de ~** security problems

sédatif [sedatif] *m* sedative

sédentaire [sedɑ̃tɛr] *profession* sedentary; *population* settled

sédiment [sedimɑ̃] *m* sediment

séditieux, -euse [sedisjø, -z] seditious; **sédition** *f* sedition

séducteur, -trice [sedyktœr, -tris] **1** *adj* seductive **2** *m/f* seducer; **séduction** *f* seduction; *fig (charme)* attraction; **séduire** ⟨4c⟩ seduce; *fig (charmer)* appeal to; *d'une personne* charm; **séduisant, ~e** appealing; *personne* attractive

segment [sɛgmɑ̃] *m* segment

ségrégation [segregasjõ] *f* segregation

seigle [sɛgl] *m* AGR rye

seigneur [sɛɲœr] *m* REL: **le Seigneur** the Lord; HIST the lord of the manor

sein [sɛ̃] *m* breast; *fig* bosom; **au ~ de** within

séisme [seism] *m* earthquake

seize [sɛz] sixteen; → **trois**; **seizième** sixteenth

séjour [seʒur] *m* stay; *(salle f de)* **~** living room; **séjourner** ⟨1a⟩ stay

sel [sɛl] *m* salt

sélect, ~e [selɛkt] select; **sélectif, -ive** [selɛktif, -iv] selective; **sélection** *f* selection; **sélectionner** ⟨1a⟩ select

selle [sɛl] *f* saddle *(aussi* CUIS); MÉD stool; **être bien en ~** *fig* be firmly in the saddle; **seller** ⟨1b⟩ saddle; **sellette** *f*: **être sur la ~** be in the hot seat

selon [s(ə)lõ] **1** *prép* according to; **~ moi** in my opinion; **c'est ~** it all depends **2** *conj*: **~ que** depending on whether

semaine [s(ə)mɛn] *f* week; **à la ~ louer** weekly, by the week; **en ~** during the week, on weekdays

semblable [sɑ̃blabl] **1** *adj* similar; *tel* such; **~ à** like, similar to **2** *m (être humain)* fellow human being

semblant [sɑ̃blɑ̃] *m* semblance; **faire ~ de faire qch** pretend to do sth

sembler [sɑ̃ble] ⟨1a⟩ seem; **~ être / faire** seem to be / to do; **il (me) semble que** it seems (to me) that

semelle [s(ə)mɛl] *f* sole; *pièce intérieure* insole

semence [s(ə)mɑ̃s] *f* AGR seed

semer [s(ə)me] ⟨1d⟩ sow; *fig (répandre)* spread; **~ qn** F shake s.o. off

semestre [s(ə)mɛstr] *m* half-year; ÉDU semester, *Br* term; **semestriel, ~le** half-yearly

semi-circulaire [səmisirkylɛr] semi-circular

séminaire [seminɛr] *m* seminar; REL seminary

semi-remorque [səmirmɔrk] *m (pl semi-remorques)* semi, tractor-trailer, *Br* articulated lorry

semonce [səmõs] *f* reproach

semoule [s(ə)mul] *f* CUIS semolina

Sénat [sena] *m* POL Senate; **sénateur** *m* senator; **sénatorial, ~e** *(mpl -aux)* senatorial

sénile [senil] senile; **sénilité** *f* senility

sens [sɑ̃s] *m* sense; *(direction)* direction; *(signification)* sense, meaning; **~ interdit** no entry; **~ dessus dessous** [sɑ̃dsydsu] upside down; **dans tous les ~** this way and that; **dans tous les ~ du terme** in the full sense of the word; **en un ~** in a way; **à mon ~** to my way of thinking; **le bon ~**, **le ~ commun** common sense; **~ giratoire** traffic circle, *Br* roundabout; **~ de l'humour** sense of humor *ou Br* humour; **(rue f à) ~ unique** one-way street

sensation [sɑ̃sasjõ] *f* feeling, sensation; *effet de surprise* sensation; **faire ~** cause a sensation; **la presse à ~** the gutter press; **sensationnel, ~le** sensational

sensé, ~e [sɑ̃se] sensible

sensibiliser [sãsibilize] ⟨1a⟩ MÉD sensitize; **~ qn à qch** fig heighten s.o.'s awareness of sth; **sensibilité** f sensitivity; **sensible** sensitive; (*notable*) appreciable; **sensiblement** adv appreciably; *plus ou moins* more or less; **sensiblerie** f sentimentality

sensualité [sãsyalite] f sensuality; **sensuel, ~le** sensual

sentence [sãtãs] f JUR sentence

senteur [sãtœr] f litt scent, perfume

sentier [sãtje] m path

sentiment [sãtimã] m feeling; **sentimental, ~e** (mpl -aux) vie love atr; péj sentimental; **sentimentalité** f sentimentality

sentinelle [sãtinɛl] f MIL guard

sentir [sãtir] ⟨2b⟩ **1** v/t feel; (*humer*) smell; (*dégager une odeur de*) smell of; **se ~ bien** feel well; **~ le goût de qch** taste sth; **je ne peux pas la ~** F I can't stand her **2** v/i: **~ bon** smell good

séparable [separabl] separable; **séparateur** m delimiter; **séparation** f separation; (*cloison*) partition; **séparatisme** m POL separatism; **séparatiste** POL separatist

séparé, ~e [separe] separate; *époux* separated; **séparément** adv separately; **séparer** ⟨1a⟩ separate; **se ~** separate

sept [sɛt] seven; → *trois*; **septante** *Belgique, Suisse* seventy

septembre [sɛptãbr] m September

septennat [sɛptena] m term of office (*of French President*)

septentrional, ~e [sɛptãtrijɔnal] (mpl -aux) northern

septicémie [sɛptisemi] f septicemia

septième [sɛtjɛm] seventh

septique [sɛptik] septic

séquelles [sekɛl] fpl MÉD after-effects; fig aftermath sg

séquence [sekãs] f sequence

serein, ~e [sərɛ̃, -ɛn] calm, serene; *temps* calm

sérénade [serenad] f serenade

sérénité [serenite] f serenity

sergent [sɛrʒã] m MIL sergeant

série [seri] f series sg; *de casseroles*, *timbres* set; SP (*épreuve*) heat; *hors ~ numéro* special; *en ~ fabrication* mass atr; *produits* mass-produced; *fabriquer en ~* mass-produce

sérieusement [serjøzmã] adv seriously; *travailler* conscientiously; **sérieux, -euse 1** adj serious; *entreprise*, *employé* professional; (*consciencieux*) conscientious **2** m seriousness; *prendre au ~* take seriously; *garder son ~* keep a straight face

serin [s(ə)rɛ̃] m ZO canary

seringue [s(ə)rɛ̃g] f MÉD syringe

serment [sɛrmã] m oath; *prêter ~* take the oath

sermon [sɛrmõ] m sermon (*aussi fig*)

séropositif, -ive [serɔpozitif, -iv] HIV-positive

serpent [sɛrpã] m snake; **serpenter** ⟨1a⟩ wind, meander; **serpentin** m paper streamer

serpillière [sɛrpijɛr] f floor cloth

serre [sɛr] f greenhouse; **~s** ZO talons

serré, ~e [sɛre] tight; *pluie* heavy; *personnes* closely packed; *café* strong; *avoir le cœur ~* have a heavy heart; **serre-livres** m (pl inv) bookend; **serrer** ⟨1b⟩ **1** v/t (*tenir*) clasp; *ceinture*, *nœud* tighten; *d'un vêtement* be too tight for; **~ les dents** clench one's jaw; fig grit one's teeth; **~ la main à qn** squeeze s.o.'s hand; *pour saluer* shake s.o.'s hand; **~ les rangs** fig close ranks **2** v/i: **~ à droite** keep to the right; **se ~** (*s'entasser*) move up, squeeze up; **se ~ contre qn** press against s.o.; **se ~ les uns contre les autres** huddle together

serrure [seryr] f lock; **serrurier** m locksmith

serveur [sɛrvœr] m *dans un café* bartender, Br barman; *dans un restaurant* waiter; INFORM server; **serveuse** f *dans un café* bartender, Br barmaid; *dans un restaurant* server, Br waitress

serviabilité [sɛrvjabilite] f helpfulness; **serviable** helpful

service [sɛrvis] m service; (*faveur*) favor, Br favour; *au tennis* service, serve; *d'une entreprise, d'un hôpital* department; *être de ~* be on duty;

à votre ~! at your service!; **rendre ~ à qn** do s.o. a favor; **~ compris** service included; **mettre en ~** put into service; **hors ~** out of order

serviette [sɛrvjɛt] *f* serviette; *de toilette* towel; *pour documents* briefcase; **~ hygiénique** sanitary napkin, *Br aussi* sanitary towel; **~ de bain** bath towel

servile [sɛrvil] servile

servir [sɛrvir] ⟨2b⟩ **1** *v/t patrie, intérêts, personne, mets* serve **2** *v/i* serve; *(être utile)* be useful; **~ à qn** be of use to s.o.; **~ à qch / à faire qch** be used for sth / for doing sth; **ça sert à quoi?** what's this for?; **ça ne sert à rien** *(c'est vain)* it's pointless, it's no use; **~ de qch** act as sth; **cette planche me sert de table** I use the plank as a table; **~ d'interprète** act as (an) interpreter **3**: **se ~ à table** help o.s. (en to); **se ~ de** *(utiliser)* use

servodirection [sɛrvodirɛksjõ] *f* AUTO power steering

servofrein [sɛrvofrɛ̃] *m* AUTO servobrake

ses [se] → **son¹**

set [sɛt] *m au tennis* set; **~ de table** place mat

seuil [sœj] *m* doorstep; *fig* threshold; **~ de rentabilité** break-even (point)

seul, **~e** [sœl] **1** *adj* alone; *(solitaire)* lonely; *devant le subst.* sole, only, sole; **d'un ~ coup** with (just) one blow, with a single blow **2** *adv* alone; **faire qch tout ~** do sth all by o.s. *ou* all on one's own; **parler tout ~** talk to o.s. **3** *m/f*: **un ~**, **une ~e** just one; **seulement** *adv* only; **non ~ ... mais encore** *ou* **mais aussi** not only ... but also

sève [sɛv] *f* BOT sap

sévère [sever] severe; **sévèrement** *adv* severely; **sévérité** *f* severity

sévices [sevis] *mpl* abuse *sg*

sévir [sevir] ⟨2a⟩ *d'une épidémie* rage; **~ contre qn** come down hard on s.o.; **~ contre qch** clamp down on sth

sevrer [səvre] ⟨1d⟩ *enfant* wean

sexagénaire [sɛksaʒener] *m/f & adj* sixty-year old

sexe [sɛks] *m* sex; *organes* genitals *pl*; **sexiste** *m/f & adj* sexist; **sexualité** *f* sexuality; **sexuel**, **~le** sexual; **sexy** *adj inv* sexy

seyant, **~e** [sejã, -t] becoming

shampo(o)ing [ʃɑ̃pwɛ̃] *m* shampoo

shérif [ʃerif] *m* sheriff

shit [ʃit] *m* F shit F, pot F

short [ʃort] *m* shorts *pl*

si¹ [si] **1** *conj* **(s'il, s'ils)** if; **~ j'achetais celui-ci ...** if I bought this one, if I were to buy this one; **je lui ai demandé ~ ...** I asked him if *ou* whether ...; **~ ce n'est que** apart from the fact that; **comme ~** as if, as though; **même ~** even if ◊: **~ bien que** with the result that, and so

2 *adv* ◊ *(tellement)* so; **de ~ bonnes vacances** such a good vacation; **~ riche qu'il soit** *(subj)* however rich he may be

◊ *après négation* yes; **tu ne veux pas? - mais ~!** you don't want to? - oh yes, I do

si² [si] *m* MUS B

Sicile [sisil]: **la ~** Sicily; **sicilien**, **~ne 1** *adj* Sicilian **2** *m/f* **Sicilien**, **~ne** Sicilian

sida [sida] *m* MÉD Aids

sidéré, **~e** [sidere] F thunderstruck

sidérurgie [sideryrʒi] *f* steel industry; **sidérurgique** steel *atr*

siècle [sjɛkl] *m* century; *fig (époque)* age

siège [sjɛʒ] *m* seat; *d'une entreprise, d'un organisme* headquarters *pl*; MIL siege; **~ social** COMM head office; **siéger** ⟨1g⟩ sit; **~ à** *d'une entreprise, d'un organisme* be headquartered in

sien, **~ne** [sjɛ̃, sjɛn]: **le sien, la sienne, les siens, les siennes** *d'homme* his; *de femme* hers; *de chose, d'animal* its; *avec 'one'* one's; **il avait perdu la ~ne** he had lost his; **y mettre du ~** do one's bit

sieste [sjɛst] *f* siesta, nap

sifflement [siflamã] *m* whistle; **siffler** ⟨1a⟩ **1** *v/i* whistle; *d'un serpent* hiss **2** *v/t* whistle; **sifflet** *m* whistle; **~s** whistles, whistling *sg*; **coup** *m* **de ~** blow on the whistle; *il a donné un coup de* ~ he blew his whistle

sigle [sigl] *m* acronym

signal [siɲal] *m* (*pl* -aux) signal; ~ *d'alarme* alarm (signal); ~ *de détresse* distress signal

signalement [siɲalmɑ̃] *m* description

signaler [siɲale] ⟨1a⟩ *par un signal* signal; (*faire remarquer*) point out; (*dénoncer*) report; *se* ~ *par* distinguish o.s. by

signalisation [siɲalizasjɔ̃] *f dans rues* signs *pl*; *feux mpl de* ~ traffic light *sg*, *Br* traffic lights *pl*

signataire [siɲatɛr] *m* signatory; **signature** *f* signature

signe [siɲ] *m* sign; *geste* sign, gesture; *en* ~ *de* as a sign of; *faire* ~ *à qn* gesture *ou* signal to s.o.; (*contacter*) get in touch with s.o.; *c'est* ~ *que* it's a sign that; ~ *de ponctuation* punctuation mark; ~ *extérieur de richesse* ÉCON status symbol; ~*s du zodiaque* signs of the zodiac

signer [siɲe] ⟨1a⟩ sign; *se* ~ REL make the sign of the cross, cross o.s.

signet [siɲɛ] *m* bookmark

significatif, -ive [siɲifikatif, -iv] significant; ~ *de* indicative of; **signification** *f* meaning; **signifier** ⟨1a⟩ mean; ~ *qch à qn* (*faire savoir*) notify s.o. of sth

silence [silɑ̃s] *m* silence; *en* ~ in silence, silently; **silencieux, -euse 1** *adj* silent **2** *m d'une arme* muffler, *Br* silencer

silhouette [silwɛt] *f* outline, silhouette; (*figure*) figure

silicium [silisjɔm] *m* silicon

silicone [silikɔn] *f* silicone

sillage [sijaʒ] *m* wake (*aussi fig*)

sillon [sijɔ̃] *m dans un champ* furrow; *d'un disque* groove; **sillonner** ⟨1a⟩ (*parcourir*) criss-cross

silo [silo] *m* silo

simagrées [simagre] *fpl* affectation *sg*; *faire des* ~ make a fuss

similaire [similɛr] similar; **similarité** *f* similarity

simili [simili] *m* F imitation; *en* ~ imitation *atr*; **similicuir** *m* imitation leather

similitude [similityd] *f* similarity

simple [sɛ̃pl] **1** *adj* simple; *c'est une* ~ *formalité* it's merely *ou* just a formality **2** *m au tennis* singles *pl*; **simplement** *adv* simply; **simplet, ~te** (*niais*) simple; *idée* simplistic; **simplicité** *f* simplicity

simplification [sɛ̃plifikasjɔ̃] *f* simplification; **simplifier** ⟨1a⟩ simplify

simpliste [sɛ̃plist] *idée* simplistic

simulacre [simylakr] *m* semblance

simulateur, -trice [simylatœr, -tris] **1** *m/f*: *c'est un* ~ he's pretending **2** *m* TECH simulator; **simulation** *f* simulation; **simuler** ⟨1a⟩ simulate

simultané, ~e [simyltane] simultaneous; **simultanéité** *f* simultaneousness; **simultanément** *adv* simultaneously

sincère [sɛ̃sɛr] sincere; **sincérité** *f* sincerity

sinécure [sinekyr] *f* sinecure

singe [sɛ̃ʒ] *m* monkey; **singer** ⟨1l⟩ ape; **singerie** *f* imitation; ~*s* F antics

singulariser [sɛ̃gylarize] ⟨1a⟩: *se* ~ stand out (*de* from); **singularité** *f* (*particularité*) peculiarity; (*étrangeté*) oddness

singulier, -ère [sɛ̃gylje, -ɛr] **1** *adj* odd, strange **2** *m* GRAM singular

sinistre [sinistr] **1** *adj* sinister; (*triste*) gloomy **2** *m* disaster, catastrophe; **sinistré, ~e 1** *adj* stricken **2** *m* victim of a disaster

sinon [sinɔ̃] *conj* (*autrement*) or else, otherwise; (*sauf*) except; (*si ce n'est*) if not

sinueux, -euse [sinɥø, -z] *route* winding; *ligne* squiggly; *fig: explication* complicated

sinus [sinys] *m* sinus; **sinusite** *f* sinusitis

sionisme [sjɔnism] *m* POL Zionism

siphon [sifɔ̃] *m* siphon; *d'évier* U-bend

sirène [sirɛn] *f* siren

sirop [siro] *m* syrup; ~ *d'érable* maple syrup

siroter [sirɔte] ⟨1a⟩ sip

sis, ~e [si, -z] JUR situated

sismique [sismik] seismic; **sismologie** f seismology

sitcom [sitkɔm] m ou f sitcom

site [sit] m (*emplacement*) site; (*paysage*) area; **~ Web** INFORM web site

sitôt [sito] **1** *adv*: **~ parti, il ...** as soon as he had left he ...; **~ dit, ~ fait** no sooner said than done **2** *conj*: **~ que** as soon as

situation [sityasjɔ̃] f situation; (*emplacement, profession*) position; **situé, ~e** situated; **situer** ⟨1n⟩ place, site; *histoire* set; **se ~** be situated; *d'une histoire* be set

six [sis] six; → *trois*; **sixième** sixth; **sixièmement** *adv* sixthly

skateboard [sketbɔrd] m skateboard; *activité* skateboarding; **skateur, -euse** m/f skateboarder

sketch [skɛtʃ] m sketch

ski [ski] m ski; *activité* skiing; **faire du ~** ski, go skiing; **~ alpin** downhill (skiing); **~ de fond** cross-country (skiing); **~ nautique** water-skiing; **skier** ⟨1a⟩ ski; **skieur, -euse** m/f skier

slave [slav] **1** *adj* Slav **2** m/f **Slave** Slav

slip [slip] m *de femme* panties pl, Br *aussi* knickers pl; *d'homme* briefs; **~ de bain** swimming trunks pl

slogan [slɔgɑ̃] m slogan

slovaque [slɔvak] **1** *adj* Slovak(ian) **2** m/f **Slovaque** Slovak(ian)

slovène [slɔvɛn] **1** *adj* Slovene, Slovenian **2** m/f **Slovène** Slovene, Slovenian

S.M.I.C. [smik] m *abr* (= **salaire minimum interprofessionnel de croissance**) minimum wage

smog [smɔg] m smog

smoking [smɔkiŋ] m tuxedo, Br dinner jacket

SMS [ɛsɛmɛs] m text (message)

S.N.C.F. [ɛsɛnseef] f *abr* (= **Société nationale des chemins de fer français**) French national railroad company

snob [snɔb] **1** *adj* snobbish **2** m/f snob; **snober** ⟨1a⟩ snub; **snobisme** m snobbery

sobre [sɔbr] sober; *style* restrained; **sobriété** f soberness; *d'un style* restraint

sobriquet [sɔbrikɛ] m nickname

sociabilité [sɔsjabilite] f sociability; **sociable** sociable

social, ~e [sɔsjal] (*mpl* -aux) social; COMM *company* *atr*; **social-démocrate** m (*pl* sociaux-démocrates) social-democrat

socialisation [sɔsjalizasjɔ̃] f socialization; **socialiser** ⟨1a⟩ socialize

socialisme [sɔsjalism] m socialism; **socialiste** m/f & *adj* socialist

société [sɔsjete] f society; *firme* company; **~ anonyme** corporation, Br public limited company, plc; **~ en commandite** limited partnership; **~ à responsabilité limitée** limited liability company; **~ de vente par correspondance** mail-order firm

sociologie [sɔsjɔlɔʒi] f sociology; **sociologue** m/f sociologist

socle [sɔkl] m plinth

socquette [sɔkɛt] f anklet, Br ankle sock

soda [sɔda] m soda, Br fizzy drink; **un whisky ~** a whiskey and soda

sodium [sɔdjɔm] m CHIM sodium

sœur [sœr] f sister; REL nun, sister

sofa [sɔfa] m sofa

soi [swa] oneself; **avec ~** with one; **ça va de ~** that goes without saying; **en ~** in itself

soi-disant [swadizɑ̃] *adj inv* so-called

soie [swa] f silk

soif [swaf] f thirst (**de** for); **avoir ~** be thirsty

soigné, ~e [swaɲe] *personne* well-groomed; *travail* careful; **soigner** ⟨1a⟩ look after, take care of; *d'un médecin* treat; **se ~** take care of o.s.; **soigneux, -euse** careful(**de** about)

soi-même [swamɛm] oneself

soin [swɛ̃] m care; **~s** care sg; MÉD care sg, treatment sg; **avoir** ou **prendre ~ de** look after, take care of; **être sans ~** be untidy; **~s à domicile** home care sg; **~s dentaires** dental treatment sg; **~s médicaux** health care sg

soir [swar] m evening; **ce ~** this evening; **un ~** one evening; **le ~** in the evening; **soirée** *f* evening; (*fête*) party; **~ dansante** dance

soit[1] [swat] very well, so be it

soit[2] [swa] *conj* **~ ..., ...** either ..., or ...; (*à savoir*) that is, ie

soixantaine [swasɑ̃tɛn] *f* about sixty; **soixante** sixty; **~ et onze** seventy-one; **soixante-dix** seventy

soja [sɔʒa] *m* BOT soy bean, *Br* soya

sol[1] [sɔl] *m* ground; (*plancher*) floor; (*patrie*), GÉOL soil

sol[2] [sɔl] *m* MUS G

solaire [sɔlɛr] solar

soldat [sɔlda] *m* soldier; **~ d'infanterie** infantry soldier, infantryman

solde[1] [sɔld] *f* MIL pay

solde[2] [sɔld] *m* COMM balance; **~ débiteur / créditeur** debit / credit balance; **~s marchandises** sale goods; **vente au rabais** sale *sg*

solder [sɔlde] ⟨1a⟩ COMM *compte* close, balance; *marchandises* sell off; **se ~ par** end in

sole [sɔl] *f* ZO sole

soleil [sɔlɛj] *m* sun; **il y a du ~** it's sunny; **en plein ~** in the sunshine; **coup** *m* **de ~** sunburn

solennel, ~le [sɔlanɛl] solemn; **solennité** *f* solemnity

solfège [sɔlfɛʒ] *m* sol-fa

solidaire [sɔlidɛr]: **être ~ de qn** support s.o.; **solidariser** ⟨1a⟩: **se ~** show solidarity (**avec** with); **solidarité** *f* solidarity

solide [sɔlid] **1** *adj porte, meubles* solid, strong; *tissu* strong; *argument* sound; *personne* sturdy, robust; (*consistant*) solid **2** *m* PHYS solid; **solidité** *f* solidity, strength; *d'un matériau* strength; *d'un argument* soundness

soliste [sɔlist] *m/f* soloist

solitaire [sɔlitɛr] **1** *adj* solitary **2** *m/f* loner **3** *m* diamant solitaire; **solitude** *f* solitude

sollicitation [sɔlisitasjɔ̃] *f* plea; **solliciter** ⟨1a⟩ request; *attention* attract; *curiosité* arouse; **~ qn de faire qch** plead with s.o. to do sth; **~ un emploi** apply for a job

sollicitude [sɔlisityd] *f* solicitude

solo [sɔlo] *m* MUS solo

solstice [sɔlstis] *m* ASTR solstice

soluble [sɔlybl] soluble; **café** *m* **~** instant coffee

solution [sɔlysjɔ̃] *f* solution

solvabilité [sɔlvabilite] *f* COMM solvency; *pour offrir un crédit* credit-worthiness; **solvable** solvent; *digne de crédit* creditworthy

solvant [sɔlvɑ̃] *m* CHIM solvent

sombre [sɔ̃br] *couleur, ciel, salle* dark; *temps* overcast; *avenir, regard* somber, *Br* sombre; **sombrer** ⟨1a⟩ sink; **~ dans la folie** *fig* lapse *ou* sink into madness

sommaire [sɔmɛr] **1** *adj* brief; *exécution* summary **2** *m* summary

sommation [sɔmasjɔ̃] *f* JUR summons *sg*

somme[1] [sɔm] *f* sum; (*quantité*) amount; *d'argent* sum, amount; **en ~, ~ toute** in short

somme[2] [sɔm] *m* nap, snooze; **faire un ~** have a nap *ou* snooze

sommeil [sɔmɛj] *m* sleep; **avoir ~** be sleepy; **sommeiller** ⟨1b⟩ doze

sommelier [sɔmǝlje] *m* wine waiter

sommer [sɔme] ⟨1a⟩: **~ qn de faire qch** order s.o. to do sth

sommet [sɔmɛ] *m d'une montagne* summit, top; *d'un arbre, d'une tour, d'un toit* top; *fig* pinnacle; POL summit

sommier [sɔmje] *m* mattress

sommité [sɔmite] *f* leading figure

somnambule [sɔmnɑ̃byl] *m/f* sleep-walker; **somnambulisme** *m* sleep-walking

somnifère [sɔmnifɛr] *m* sleeping tablet

somnolence [sɔmnɔlɑ̃s] *f* drowsiness, sleepiness; **somnoler** ⟨1a⟩ doze

somptueux, -euse [sɔ̃ptɥø, -z] sumptuous; **somptuosité** *f* sumptuousness

son[1] *m*, **sa** *f*, **ses** *pl* [sɔ̃, sa, se] *d'homme* his; *de femme* her; *de chose, d'animal* its; *avec 'one'* one's; **il / elle a perdu son ticket** he lost his ticket / she lost her ticket

son[2] [sɔ̃] *m* sound; **~ et lumière** son et lumière

son[3] [sõ] *m* BOT bran

sondage [sõdaʒ] *m* probe; TECH drilling; ~ (*d'opinion*) opinion poll, survey

sonde [sõd] *f* probe; **sonder** ⟨1a⟩ MÉD probe; *personne, atmosphère* sound out; ~ *le terrain* see how the land lies

songe [sõʒ] *m litt* dream; **songer** ⟨1l⟩: ~ *à* think about *ou* of; ~ *à faire qch* think about *ou* of doing sth; **songeur, -euse** thoughtful

sonné, ~e [sone] 1: *il est midi* ~ it's gone twelve o'clock 2 *fig* F: *il est* ~ he's cracked F, he's got a slate loose F

sonner [sone] ⟨1a⟩ 1 *v/i* de cloches, sonnette ring; *d'un réveil* go off; *d'un instrument, d'une voix* sound; *d'une horloge* strike; *dix heures sonnent* it's striking ten, ten o'clock is striking; *midi a sonné* it has struck noon; ~ *du cor* blow the horn; ~ *creux / faux fig* ring hollow / false 2 *v/t cloches* ring; ~ *l'alarme* MIL sound the alarm

sonnerie [sonri] *f* de cloches ringing; *mécanisme* striking mechanism; (*sonnette*) bell

sonnet [sone] *m* sonnet

sonnette [sonɛt] *f* bell

sonore [sonɔr] *voix* loud; *rire* resounding; *cuivres* sonorous; *onde, film* sound *atr*; **sonorisation** *f appareils* PA system; **sonoriser** ⟨1a⟩ *film* dub; **sonorité** *f* sound, tone; *d'une salle* acoustics *pl*

sophistication [sofistikasjõ] *f* sophistication; **sophistiqué, ~e** sophisticated

soporifique [soporifik] sleep-inducing, soporific (*aussi fig*)

soprano [soprano] 1 *f* soprano 2 *m* treble

sorbet [sorbɛ] *m* sorbet

sorcellerie [sorsɛlri] *f* sorcery, witchcraft

sorcier [sorsje] *m* sorcerer; **sorcière** *f* witch

sordide [sordid] filthy; *fig* sordid

sornettes [sornɛt] *fpl* nonsense *sg*

sort [sor] *m* fate; (*condition*) lot; *tirer au* ~ draw lots; *jeter un* ~ *à qn fig* cast a spell on s.o.; *le* ~ *en est jeté fig* the die is cast

sortant, ~e [sortã, -t] POL outgoing; *numéro* winning

sorte [sort] *f* (*manière*) way; (*espèce*) sort, kind; *toutes ~s de* all sorts *ou* kinds of; *une* ~ *de* a sort *ou* kind of; *de la* ~ of the sort *ou* kind; (*de cette manière*) like that, in that way; *en quelque* ~ in a way; *de* (*telle*) ~ *que* and so that; *faire en* ~ *que* (+*subj*) see to it that

sortie [sorti] *f* exit; (*promenade, excursion*) outing; *d'un livre* publication; *d'un disque* release; *d'une voiture* launch; TECH outlet; MIL sortie; ~*s argent* outgoings; ~ *de bain* bathrobe; ~ (*sur*) *imprimante* printout

sortilège [sortilɛʒ] *m* spell

sortir [sortir] ⟨2b⟩ 1 *v/i* (*aux être*) come / go out; *pour se distraire* go out (*avec* with); *d'un livre, un disque* come out; *au loto* come up; ~ *de* endroit leave; *accident, affaire, entretien* emerge from; (*provenir de*) come from 2 *v/t chose* bring / take out; *enfant, chien, personne* take out; COMM bring out; F *bêtises* come out with 3: *s'en* ~ *d'un malade* pull through

S.O.S. [ɛsoɛs] *m* SOS

sosie [sozi] *m* double, look-alike

sot, ~te [so, sɔt] 1 *adj* silly, foolish 2 *m/f* fool; **sottise** *f d'une action, une remarque* foolishness; *action / remarque* foolish thing to do / say

sou [su] *m fig* penny; *être sans le* ~ be penniless; *être près de ses* ~*s* be careful with one's money

soubresaut [subrəso] *m* jump

souche [suʃ] *f d'un arbre* stump; *d'un carnet* stub

souci [susi] *m* worry, care; *un* ~ *pour* a worry to; *sans* ~ carefree; *avoir le* ~ *de* care about; *se faire du* ~ worry; **soucier** ⟨1a⟩: *se* ~ worry about; **soucieux, -euse** anxious, concerned (*de* about)

soucoupe [sukup] *f* saucer; ~ *volante* flying saucer

soudain [sudɛ̃, -ɛn] **1** *adj* sudden **2** *adv* suddenly; **soudainement** *adv* suddenly

Soudan [sudɑ̃]: *le* ~ the Sudan; **soudanais**, ~**e 1** *adj* Sudanese **2** *m/f* **Soudanais**, ~**e** Sudanese

soude [sud] *f* CHIM, PHARM soda

souder [sude] ⟨1a⟩ TECH weld; *fig* bring closer together

soudoyer [sudwaje] ⟨1h⟩ bribe

soudure [sudyr] *f* TECH welding; *d'un joint* weld

souffle [sufl] *m* breath; *d'une explosion* blast; *second* ~ *fig* new lease of life; *être à bout de* ~ be breathless, be out of breath; *retenir son* ~ hold one's breath

soufflé, ~**e** [sufle] **1** *adj fig*: *être* ~ F be amazed **2** *m* CUIS soufflé

souffler [sufle] ⟨1a⟩ **1** *v/i du vent* blow; (*haleter*) puff; (*respirer*) breathe; (*reprendre son souffle*) get one's breath back **2** *v/t chandelle* blow out; ÉDU, *au théâtre* prompt; *ne pas* ~ *mot* not breathe a word; ~ *qch à qn* F (*dire*) whisper sth to s.o.; (*enlever*) steal sth from s.o.

souffleur, **-euse** [suflœr, -øz] *m/f au théâtre* prompter

souffrance [sufrɑ̃s] *f* suffering; *en* ~ *affaire* pending; **souffrant**, ~**e** unwell; **souffrir** ⟨2f⟩ **1** *v/i* be in pain; ~ *de* suffer from **2** *v/t* suffer; *je ne peux pas la* ~ I can't stand her

soufre [sufr] *m* CHIM sulfur, *Br* sulphur

souhait [swɛ] *m* wish; *à vos* ~*s!* bless you!; **souhaitable** desirable; **souhaiter** ⟨1b⟩ wish for; ~ *qch à qn* wish s.o. sth; ~ *que* (+ *subj*) hope that

souiller [suje] ⟨1a⟩ dirty, soil; *fig*: *réputation* tarnish

soûl, ~**e** [su, -l] **1** *adj* drunk **2** *m*: *manger tout son* ~ F eat to one's heart's content

soulagement [sulaʒmɑ̃] *m* relief; **soulager** ⟨1l⟩ relieve; ~ *qn au travail* help out

soûler [sule] ⟨1a⟩ F: ~ *qn* get s.o. drunk; *se* ~ get drunk

soulèvement [sulɛvmɑ̃] *m* uprising;

soulever ⟨1d⟩ raise; *fig*: *enthousiasme* arouse; *protestations* generate; *problème*, *difficultés* raise; *se* ~ raise o.s.; (*se révolter*) rise up

soulier [sulje] *m* shoe

souligner [suliɲe] ⟨1a⟩ underline; *fig* stress, underline

soumettre [sumɛtr] ⟨4p⟩ *pays*, *peuple* subdue; *à un examen* subject (*à* to); (*présenter*) submit; *se* ~ *à* submit to

soumis, ~**e** [sumi, -z] **1** *p/p* → **soumettre 2** *adj peuple* subject; (*obéissant*) submissive; **soumission** *f* submission; COMM tender

soupape [supap] *f* TECH valve

soupçon [supsõ] *m* suspicion; *un* ~ *de* a trace *ou* suspicion of; **soupçonner** ⟨1a⟩ suspect; ~ *que* suspect that; **soupçonneux**, **-euse** suspicious

soupe [sup] *f* CUIS (thick) soup

soupente [supɑ̃t] *f* loft; *sous escaliers* cupboard

souper [supe] **1** *v/i* ⟨1a⟩ have dinner *ou* supper **2** *m* dinner, supper

soupeser [supǝze] ⟨1d⟩ weigh in one's hand; *fig* weigh up

soupière [supjɛr] *f* soup tureen

soupir [supir] *m* sigh

soupirail [supiraj] *m* (*pl* -aux) basement window

soupirer [supire] ⟨1a⟩ sigh

souple [supl] supple, flexible; *fig* flexible; **souplesse** *f* flexibility

source [surs] *f* spring; *fig* source; *prendre sa* ~ *dans* rise in

sourcil [sursi] *m* eyebrow; **sourciller** ⟨1a⟩: *sans* ~ without batting an eyelid; **sourcilleux**, **-euse** fussy, picky

sourd, ~**e** [sur, surd] *adj* deaf; *voix* low; *douleur*, *bruit* dull; *colère* repressed; ~**-muet** deaf-and-dumb; **sourdine** *f* MUS mute; *en* ~ quietly; *mettre une* ~ *à qch fig* tone sth down

souriant, ~**e** [surjɑ̃, -t] smiling

souricière [surisjɛr] *f* mousetrap; *fig* trap

sourire [surir] **1** *v/i* ⟨4r⟩ smile **2** *m* smile

souris [suri] *f* mouse

sournois, ~**e** [surnwa, -z] **1** *adj* underhanded **2** *m/f* underhanded person;

sournoiserie f underhandedness

sous [su] *prép* under; **~ la main** to hand, within reach; **~ terre** underground; **~ peu** shortly, soon; **~ forme de** in the form of; **~ ce rapport** in this respect; **~ mes yeux** under my nose; **~ la pluie** in the rain; **mettre ~ enveloppe** put in an envelope

sous-alimenté, ~e [suzalimɑ̃te] undernourished

sous-bois [subwa] m undergrowth

souscription [suskripsjɔ̃] f subscription; **souscrire** ⟨4f⟩: **~ à** subscribe to *(aussi fig)*; *emprunt* approve; **~ un emprunt** take out a loan

sous-développé, ~e [sudevlɔpe] underdeveloped; **sous-développement** m underdevelopment

sous-emploi [suzɑ̃plwa] m underemployment

sous-entendre [suzɑ̃tɑ̃dr] ⟨4a⟩ imply; **sous-entendu, ~e 1** *adj* implied **2** m implication

sous-estimer [suzɛstime] ⟨1a⟩ underestimate

sous-jacent, ~e [suʒasɑ̃, -t] *problème* underlying

sous-locataire [sulɔkatɛr] m/f subletter; **sous-location** f subletting

sous-louer [sulwe] ⟨1a⟩ sublet

sous-marin, ~e [sumarɛ̃, -in] **1** *adj* underwater **2** m submarine, F sub

sous-officier [suzɔfisje] m non-commissioned officer

sous-préfecture [suprefɛktyr] f subprefecture

sous-produit [suprɔdɥi] m by-product

sous-secrétaire [sus(ə)kretɛr] m: **~ d'État** assistant Secretary of State

soussigné, ~e [susiɲe] m/f: **je, ~ ...** I the undersigned ...

sous-sol [susɔl] m GÉOL subsoil; *d'une maison* basement

sous-titre [sutitr] m subtitle

soustraction [sustraksjɔ̃] f MATH subtraction; **soustraire** [sustrɛr] ⟨4s⟩ MATH subtract (*de* from); *fig: au regard de* remove; *à un danger* protect (**à** from)

sous-traitance [sutrɛtɑ̃s] f COMM sub-contracting; **sous-traiteur** m sub-contractor

sous-vêtements [suvɛtmɑ̃] mpl underwear sg

soutane [sutan] f REL cassock

soute [sut] f MAR, AVIAT hold

soutenable [sutnabl] tenable

soutenance [sutnɑ̃s] f *université* viva (voce)

souteneur [sutnœr] m protector

soutenir [sutnir] ⟨2h⟩ support; *attaque, pression* withstand; *conversation* keep going; *opinion* maintain; **~ que** maintain that; **se ~** support each other; **soutenu, ~e** *effort* sustained; *style* elevated

souterrain, ~e [sutɛrɛ̃, -ɛn] **1** *adj* underground, subterranean **2** m underground passage

soutien [sutjɛ̃] m support *(aussi fig)*; **soutien-gorge** m *(pl* soutiens-gorge*)* brassière, bra

soutirer [sutire] ⟨1a⟩: **~ qch à qn** get sth out of s.o.

souvenir [suvnir] **1** ⟨2h⟩: **se ~ de qn / qch** remember s.o. / sth; **se ~ que** remember that **2** m memory; *objet* souvenir

souvent [suvɑ̃] often; **assez ~** quite often; **moins ~** less often, less frequently; **le plus ~** most of the time

souverain, ~e [suvrɛ̃, -ɛn] m/f sovereign; **souveraineté** f sovereignty

soviétique [sɔvjetik] HIST **1** *adj* Soviet **2** m/f **Soviétique** Soviet

soyeux, -euse [swajø, -z] silky

spacieux, -euse [spasjø, -z] spacious

spaghetti [spageti] mpl spaghetti sg

sparadrap [sparadra] m Band-Aid®, *Br* Elastoplast®

spartiate [sparsjat] spartan

spasme [spasm] m MÉD spasm; **spasmodique** spasmodic

spatial, ~e [spasjal] *(mpl* -iaux*)* spatial; ASTR space *atr*, **recherches** fpl **~es** space research

spatule [spatyl] f spatula

speaker, ~ine [spikœr, spikrin] m/f radio, TV announcer

spécial, ~e [spesjal] *(mpl* -aux*)* special; **spécialement** *adv* specially;

spécialiser ⟨1a⟩: *se ~* specialize; **spécialiste** *m/f* specialist; **spécialité** *f* speciality

spécieux, -euse [spesjø, -z] specious

spécifier [spesifje] ⟨1a⟩ specify; **spécifique** specific

spécimen [spesimɛn] *m* specimen

spectacle [spɛktakl] *m* spectacle; *théâtre, cinéma* show, performance; **spectaculaire** spectacular; **spectateur, -trice** *m/f* (*témoin*) onlooker; SP spectator; *au cinéma, théâtre* member of the audience

spectre [spɛktr] *m* ghost; PHYS spectrum

spéculateur, -trice [spekylatœr, -tris] *m/f* speculator; **spéculatif, -ive** speculative; **spéculation** *f* speculation; **spéculer** ⟨1a⟩ FIN speculate (*sur* in); *fig* speculate (*sur* on, about)

spéléologie [speleɔlɔʒi] *f* caving

spermatozoïde [spɛrmatɔzɔid] *m* BIOL sperm; **sperme** *m* BIOL sperm

sphère [sfɛr] *f* MATH sphere (*aussi fig*); **sphérique** spherical

spirale [spiral] *f* spiral

spirite [spirit] *m/f* spiritualist; **spiritisme** *m* spiritualism

spiritualité [spiritɥalite] *f* spirituality; **spirituel, ~le** spiritual; (*amusant*) witty

spiritueux [spiritɥø] *mpl* spirits

splendeur [splɑ̃dœr] *f* splendor, *Br* splendour; **splendide** splendid

spongieux, -euse [spɔ̃ʒjø, -z] spongy

sponsor [spɔ̃sɔr] *m* sponsor; **sponsoriser** ⟨1a⟩ sponsor

spontané, ~e [spɔ̃tane] spontaneous; **spontanéité** *f* spontaneity

sporadique [spɔradik] sporadic

sport [spɔr] **1** *m* sport; *faire du ~* do sport; *~s d'hiver* winter sports **2** *adj vêtements* casual *atr*; *être ~ d'une personne* be a good sport; **sportif, -ive 1** *adj résultats, association* sports *atr*; *allure* sporty; (*fair-play*) sporting **2** *m* sportsman **3** *f* sportswoman

sprint [sprint] *m* sprint

spumeux, -euse [spymø, -z] foamy

square [skwar] *m* public garden

squash [skwaʃ] *m* SP squash

squatter [skwate] ⟨1a⟩ squat; **squatteur, -euse** *m/f* squatter

squelette [skəlɛt] *m* ANAT skeleton

St *abr* (= *saint*) St (= saint)

stabilisateur, -trice [stabilizatœr, -tris] **1** *adj* stabilizing **2** *m* stabilizer; **stabilisation** *f des prix, d'une devise* stabilization; **stabiliser** ⟨1a⟩ stabilize; **stabilité** *f* stability; *~ des prix* price stability; **stable** stable

stade [stad] *m* SP stadium; *d'un processus* stage

stage [staʒ] *m* training period; (*cours*) training course; *pour professeur* teaching practice; (*expérience professionnelle*) work placement; **stagiaire** *m/f* trainee

stagnant, ~e [stagnɑ̃, -t] *eau* stagnant; *être ~ fig* be stagnating; **stagnation** *f* ÉCON stagnation

stalactite [stalaktit] *f* icicle

stalle [stal] *f d'un cheval* box; *~s* REL stalls

stand [stɑ̃d] *m de foire* booth, *Br* stand; *de kermesse* stall; *~ de ravitaillement* SP pits *pl*

standard [stɑ̃dar] *m* standard; TÉL switchboard

standardisation [stɑ̃dardizasjɔ̃] *f* standardization; **standardiser** ⟨1a⟩ standardize

standardiste [stɑ̃dardist] *m/f* TÉL (switchboard) operator

standing [stɑ̃diŋ] *m* status; *de grand ~ hôtel, immeuble* high-class

star [star] *f* star

starter [starter] *m* AUTO choke

station [stasjɔ̃] *f* station; *de bus* stop; *de vacances* resort; *~ balnéaire* seaside resort; *~ de sports d'hiver* winter sport resort, ski resort; *~ de taxis* cab stand, *Br* taxi rank; *~ thermale* spa

stationnaire [stasjɔner] stationary; **stationnement** *m* AUTO parking; **stationner** ⟨1a⟩ park

station-service [stasjɔ̃sɛrvis] *f* (*pl* stations-service) gas station, *Br* petrol station

statique [statik] static

statisticien, ~ne [statistisjɛ̃, -ɛn] *m/f*

statistician; **statistique 1** *adj* statistical **2** *f* statistic; *science* statistics *sg*

statue [staty] *f* statue; *Statue de la Liberté* Statue of Liberty

stature [statyr] *f* stature

statut [staty] *m* status; **~** *social* social status; **~s** *d'une société* statutes

Ste *abr* (= *sainte*) St (= saint)

sténographie [stenɔgrafi] *f* shorthand

stéréo(phonie) [stereo(fɔni)] *f* stereo; *en* **~** in stereo; **stéréo(phonique)** stereo(phonic)

stéréotype [stereɔtip] *m* stereotype; **stéréotypé, ~e** stereotype

stérile [steril] sterile; **stériliser** ⟨1a⟩ sterilize; **stérilité** *f* sterility

stéroïde [sterɔid] *m* steroid; **~** *anabolisant* anabolic steroid

stéthoscope [stetɔskɔp] *m* MÉD stethoscope

steward [stiwart] *m* flight attendant, steward

stigmate [stigmat] *m* mark; **~s** REL stigmata; **stigmatiser** ⟨1a⟩ *fig* stigmatize

stimulant, ~e [stimylɑ̃, -t] **1** *adj* stimulating **2** *m* stimulant; *fig* incentive, stimulus; **stimulateur** *m* MÉD: **~** *cardiaque* pacemaker; **stimuler** ⟨1a⟩ stimulate; **stimulus** *m* (*pl le plus souvent* stimuli) PSYCH stimulus

stipulation [stipylasjɔ̃] *f* stipulation; **stipuler** ⟨1a⟩ stipulate

stock [stɔk] *m* stock; **stockage** *m* stocking; INFORM storage; **~** *de données* data storage; **stocker** ⟨1a⟩ stock; INFORM store

stoïcisme [stɔisism] *m* stoicism; **stoïque** stoical

stop [stɔp] *m* stop; *écriteau* stop sign; (*feu m*) **~** AUTO brake light; *faire du* **~** F thumb a ride, hitchhike; **stopper** ⟨1a⟩ stop

store [stɔr] *m* *d'une fenêtre* shade, *Br* blind; *d'un magasin, d'une terrasse* awning

strabisme [strabism] *m* MÉD squint

strapontin [strapɔ̃tɛ̃] *m* tip-up seat

stratagème [strataʒɛm] *m* stratagem

stratégie [strateʒi] *f* strategy; **stratégique** strategic

stratifié, ~e [stratifje] GÉOL stratified; TECH laminated

stress [strɛs] *m* stress; **stressant, ~e** stressful; **stressé, ~e** stressed(-out)

strict, ~e [strikt] strict; *au sens* **~** in the strict sense (of the word); *le* **~** *nécessaire* the bare minimum

strident, ~e [stridɑ̃, -t] strident

strip-tease [striptiz] *m* strip(tease)

structuration [stryktyrasjɔ̃] *f* structuring; **structure** *f* structure

stuc [styk] *m* stucco

studieux, -euse [stydjø, -z] studious

studio [stydjo] *m* studio; (*appartement*) studio, *Br aussi* studio flat

stupéfaction [stypefaksjɔ̃] *f* stupefaction; **stupéfait, ~e** stupefied; **stupéfiant, ~e 1** *adj* stupefying; **2** *m* drug; **stupéfier** ⟨1a⟩ stupefy

stupeur [stypœr] *f* stupor

stupide [stypid] stupid; **stupidité** *f* stupidity

style [stil] *m* style; **stylisé, ~e** stylized; **styliste** *m/f de mode, d'industrie* stylist; **stylistique 1** *adj* stylistic **2** *f* stylistics

stylo [stilo] *m* pen; **~** *à bille*, **~-bille** (*pl* stylos à bille, stylos-billes) ballpoint (pen); **~** *plume* fountain pen; **stylo-feutre** *m* (*pl* stylos-feutres) felt tip, felt-tipped pen

su, ~e [sy] *p/p* → *savoir*

suave [sɥav] *voix, goût* sweet

subalterne [sybaltɛrn] **1** *adj* junior, subordinate; *employé* junior **2** *m/f* junior, subordinate

subconscient [sybkɔ̃sjɑ̃] *m* subconscious

subdivision [sybdivizjɔ̃] *f* subdivision

subir [sybir] ⟨2a⟩ (*endurer*) suffer; (*se soumettre volontairement à*) undergo; **~** *une opération* undergo a an operation

subit, ~e [sybi, -t] sudden; **subitement** *adv* suddenly

subjectif, -ive [sybʒɛktif, -iv] subjective

subjonctif [sybʒɔ̃ktif] *m* GRAM subjunctive

subjuguer [sybʒyge] ⟨1m⟩ *fig* captivate

sublime [syblim] sublime

submerger [sybmɛrʒe] ⟨1l⟩ submerge; *être submergé de travail fig* be up to one's eyes in work, be buried in work

subordination [sybɔrdinasjɔ̃] *f* subordination

subordonné, ~e [sybɔrdɔne] **1** *adj* subordinate **2** *m/f* subordinate **3** *f* GRAM subordinate clause; **subordonner** ⟨1a⟩ subordinate (*à* to)

subrepticement [sybrɛptismɑ̃] *adv* surreptitiously

subside [sybzid, sypsid] *m* subsidy; **subsidiaire** subsidiary

subsistance [sybzistɑ̃s] *f* subsistence; **subsister** ⟨1a⟩ survive; *d'une personne aussi* live

substance [sypstɑ̃s] *f* substance; **substantiel, ~le** [sypstɑ̃sjɛl] substantial

substituer [sypstitɥe] ⟨1n⟩: ~ *X à Y* substitute X for Y; **substitution** *f* substitution

subterfuge [sybtɛrfyʒ] *m* subterfuge

subtil, ~e [syptil] subtle; **subtiliser** ⟨1a⟩ F pinch F (*à qn* from s.o.); **subtilité** *f* subtlety

suburbain, ~e [sybyrbɛ̃, -ɛn] suburban

subvenir [sybvǝnir] ⟨2h⟩: ~ *à besoins* provide for

subvention [sybvɑ̃sjɔ̃] *f* grant, subsidy; **subventionner** ⟨1a⟩ subsidize

subversif, -ive [sybvɛrsif, -iv] subversive; **subversion** *f* subversion

suc [syk] *m*: ~*s gastriques* gastric juices

succédané [syksedane] *m* substitute

succéder [syksede] ⟨1f⟩: ~ *à* follow; *personne* succeed; **se** ~ follow each other

succès [syksɛ] *m* success; **avec** ~ successfully, with success; **sans** ~ unsuccessfully, without success

successeur [syksesœr] *m* successor; **successif, -ive** successive; **succession** *f* succession; JUR (*biens dévolus*) inheritance; **successivement** *adv*

successively

succomber [sykɔ̃be] ⟨1a⟩ (*mourir*) die, succumb; ~ *à* succumb to

succulent, ~e [sykylɑ̃, -t] succulent

succursale [sykyrsal] *f* COMM branch

sucer [syse] ⟨1k⟩ suck; **sucette** *f bonbon* lollipop; *de bébé* pacifier, *Br* dummy

sucre [sykr] *m* sugar; ~ *glace* confectioner's sugar, *Br* icing sugar; **sucré, ~e** sweet; *au sucre* sugared; *péj* sugary; **sucrer** ⟨1a⟩ sweeten; *avec sucre* sugar; **sucreries** *fpl* sweet things; **sucrier** *m* sugar bowl

sud [syd] **1** *m* south; *vent m du* ~ south wind; *au* ~ *de* (to the) south of **2** *adj* south; *hemisphère* southern; *côte f* ~ south *ou* southern coast

sud-africain, ~e [sydafrikɛ̃, -ɛn] **1** *adj* South African **2** *m/f* **Sud-Africain, ~e** South African

sud-américain, ~e [sydamerikɛ̃, -ɛn] **1** *adj* South American **2** *m/f* **Sud-Américain, ~e** South American

sud-est [sydɛst] *m* south-east

Sudiste [sydist] *m/f & adj* HIST Confederate

sud-ouest [sydwɛst] *m* south-west

Suède [sɥɛd]: *la* ~ Sweden; **suédois, ~e 1** *adj* Swedish **2** *m langue* Swedish **3** *m/f* **Suédois, ~e** Swede

suer [sɥe] ⟨1n⟩ **1** *v/i* sweat; *fig* (*dégager*) ooze; **sueur** *f* sweat

suffire [syfir] ⟨4o⟩ be enough; ~ *pour faire qch* be enough to do sth; *cela me suffit* that's enough for me; *il suffit que tu le lui dises* (*subj*) all you have to do is tell her; *il suffit de ...* all you have to do is ...; *ça suffit!* that's enough!, that'll do!

suffisamment [syfizamɑ̃] *adv* sufficiently, enough; ~ *intelligent* sufficiently intelligent, intelligent enough; ~ *de ...* enough ..., sufficient ...; **suffisance** *f* arrogance; **suffisant, ~e** sufficient, enough; (*arrogant*) arrogant

suffixe [syfiks] *m* LING suffix

suffocant, ~e [syfɔkɑ̃, -t] suffocating; *fig* breathtaking; **suffocation** *f* suffocation; **suffoquer** ⟨1m⟩ **1** *v/i* suf-

S

focate **2** *v/t* suffocate; **~ qn** *fig* take s.o.'s breath away

suffrage [syfraʒ] *m* vote; **remporter tous les ~s** *fig* get everyone's vote, win all the votes; **~ universel** universal suffrage

suggérer [sygʒere] ⟨1f⟩ suggest (**à** to)

suggestif, -ive [sygʒɛstif, -iv] suggestive; *robe etc* revealing; **suggestion** *f* suggestion

suicide [sɥisid] *m* suicide; **suicidé, ~e** *m/f* suicide victim; **suicider** ⟨1a⟩: **se ~** kill o.s., commit suicide

suie [sɥi] *f* soot

suinter [sɥɛ̃te] ⟨1a⟩ *d'un mur* ooze

suisse [sɥis] **1** *adj* Swiss **2** *m/f* **Suisse** Swiss **3**: **la Suisse** Switzerland

suite [sɥit] *f* pursuit; (*série*) series *sg*; (*continuation*) continuation; *d'un film, un livre* sequel; (*escorte*) retinue, suite; MUS, *appartement* suite; **la ~ de l'histoire** the rest of the story, what happens next; **~s** (*conséquences*) consequences, results; *d'un choc, d'une maladie* after-effects; **faire ~ à qch** follow sth, come after sth; **prendre la ~ de qn** succeed s.o.; **donner ~ à** *lettre* follow up; **~ à votre lettre du ...** further to *ou* with reference to your letter of ...; **trois fois de ~** three times in succession *ou* in a row; **et ainsi de ~** and so on; **par ~ de** as a result of, due to; **tout de ~** immediately, at once; **par la ~** later, subsequently; **à la ~ de qn** in s.o.'s wake, behind s.o.; **à la ~ de qch** following sth, as a result of sth

suivant, ~e [sɥivã, -t] **1** *adj* next, following **2** *m/f* next person; **au ~!** next! **3** *prép* (*selon*) according to **4** *conj*: **~ que** depending on whether

suivi, ~e [sɥivi] *travail, effort* sustained; *relations* continuous, unbroken; *argumentation* coherent

suivre [sɥivr] ⟨4h⟩ **1** *v/t* follow; *cours* take **2** *v/i* follow; **à l'école** keep up; **faire ~** *lettre* please forward; **à ~** to be continued

sujet, -te [syʒɛ, -t] **1** *adj*: **~ à qch** subject to sth **2** *m* subject; **à ce ~** on that subject; **au ~ de** on the subject of

sulfureux, -euse [sylfyrø, -z] sultry

summum [sɔmɔm] *m fig*: **le ~ de** the height of

super [syper] **1** *adj* F great F, neat F **2** *m essence* premium, *Br* four-star

superbe [syperb] superb

supercarburant [syperkarbyrã] *m* high-grade gasoline *ou Br* petrol

supercherie [syperʃəri] *f* hoax

superficie [syperfisi] *f fig*: *aspect superficiel* surface; (*surface, étendue*) (surface) area; **superficiel, ~le** superficial

superflu, ~e [syperfly] **1** *adj* superfluous **2** *m* surplus

supérieur, ~e [syperjœr] **1** *adj* higher; *étages, face, mâchoire* upper; (*meilleur, dans une hiérarchie*) superior (*aussi péj*); **à** higher than; (*meilleur que*) superior to **2** *m/f* superior; **supériorité** *f* superiority

superlatif [syperlatif] *m* GRAM, *fig* superlative

supermarché [sypermarʃe] *m* supermarket

superposer [syperpoze] ⟨1a⟩ stack; *couches* superimpose; *lits mpl* **superposés** bunk beds; **se ~** stack; *d'images* be superimposed

super-puissance [syperpɥisãs] *f* superpower

supersonique [sypersɔnik] supersonic

superstitieux, -euse [syperstisjø, -z] superstitious; **superstition** *f* superstition

superstructure [syperstryktyr] *f* superstructure

superviser [sypervize] ⟨1a⟩ supervise; **superviseur** *m* supervisor

supplanter [syplãte] ⟨1a⟩ supplant

suppléant, ~e [syplеã, -t] **1** *adj* acting **2** *m/f* stand-in, replacement; **suppléer** ⟨1a⟩: **~ à** make up for

supplément [syplemã] *m* supplement; **un ~ de ...** additional *ou* extra ...; **supplémentaire** additional

suppliant, ~e [syplijã, -t] pleading; **supplication** *f* plea

supplice [syplis] *m* torture; *fig* agony; **supplicier** ⟨1a⟩ torture

supplier [syplije] ⟨1a⟩: ~ **qn de faire qch** beg s.o. *ou* plead with s.o. to do sth

support [sypɔr] *m* support; ~ **de données** INFORM data carrier; **supportable** bearable; **supporter**[1] ⟨1a⟩ TECH, ARCH support, hold up; *conséquences* take; *frais* bear; *douleur, personne* bear, put up with; *chaleur, alcool* tolerate

supporter[2] [sypɔrtɛr] *m* SP supporter, fan

supposé, ~e [sypoze] supposed; *nom* assumed; **supposer** ⟨1a⟩ suppose; (*impliquer*) presuppose; **à ~ que, en supposant que** (+ *subj*) supposing that; **supposition** *f* supposition

suppositoire [sypozitwar] *m* PHARM suppository

suppression [sypresjõ] *f* suppression; **supprimer** ⟨1a⟩ *institution, impôt* abolish, get rid of; *emplois* cut; *mot, passage* delete; *cérémonie, concert* cancel; ~ **qn** get rid of s.o.

suppurer [sypyre] ⟨1a⟩ suppurate

supranational, ~e [sypranasjɔnal] (*mpl* -aux) supranational

suprématie [sypremasi] *f* supremacy; **suprême** supreme

sur[1] [syr] *prép* ~ on; **prendre qch ~ l'étagère** take sth off the shelf; **la clé est ~ la porte** the key's in the lock; **avoir de l'argent ~ soi** have some money on one; ~ **le moment** at the time

◇: **une fenêtre ~ la rue** a window looking onto the street

◇: *tirer* ~ **qn** shoot at s.o.

◇: *sujet* on, about; **un film ~ ...** a movie on *ou* about ...

◇: **un ~ dix** one out of ten; **une semaine ~ trois** one week in three, every three weeks

◇ *mesure* by **4 cms ~ 10** 4 cms by 10; **le plage s'étend ~ 2 kilomètres** the beach stretches for 2 kilometers

sur[2], **~e** [syr] sour

sûr, ~e [syr] sure; (*non dangereux*) safe; (*fiable*) reliable; *jugement* sound; ~ **de soi** sure of o.s., self-confident; **être ~ de son fait** be sure of one's

facts; **bien ~** of course; **à coup ~ il sera ...** he's bound to be ...

surcharge [syrʃarʒ] *f* overloading; (*poids excédentaire*) excess weight; **surcharger** ⟨1l⟩ overload

surchauffer [syrʃofe] ⟨1a⟩ overheat

surclasser [syrklase] ⟨1a⟩ outclass

surcroît [syrkrwa] *m*: **un ~ de travail** extra *ou* additional work; **de ~, par ~** moreover

surdité [syrdite] *f* deafness

surdoué, ~e [syrdwe] extremely gifted

sureau [syro] *m* (*pl* -x) BOT elder

surélever [syrelve] ⟨1d⟩ TECH raise

sûrement [syrmã] *adv* surely

surenchère [syrãʃɛr] *f dans vente aux enchères* higher bid; **surenchérir** ⟨2a⟩ bid more; *fig* raise the ante

surestimer [syrɛstime] ⟨1a⟩ overestimate

sûreté [syrte] *f* safety; MIL security; *de jugement* soundness; **Sûreté** FBI, *Br* CID; **pour plus de ~** to be on the safe side

surexciter [syrɛksite] ⟨1a⟩ overexcite

surexposer [syrɛkspoze] ⟨1a⟩ *photographie* overexpose

surf [sœrf] *m* surfing; (*planche*) surfboard

surface [syrfas] *f* surface; **grande ~** COMM supermarket; **remonter à la ~** resurface; **refaire ~** *fig* resurface, reappear

surfait, ~e [syrfɛ, -t] overrated

surfer [sœrfe] ⟨1a⟩ surf; ~ **sur Internet** surf the Net

surgelé, ~e [syrʒəle] **1** *adj* deep-frozen **2** *mpl*: **~s** frozen food *sg*

surgir [syrʒir] ⟨2a⟩ suddenly appear; *d'un problème* crop up

surhumain, ~e [syrymɛ̃, -ɛn] superhuman

sur-le-champ [syrləʃã] *adv* at once, straightaway

surlendemain [syrlãdmɛ̃] *m* day after tomorrow

surligner [syrliɲe] ⟨1a⟩ highlight; **surligneur** *m* highlighter

surmenage [syrmənaʒ] *m* overwork; **surmener** ⟨1d⟩ overwork; **se ~** over-

S

work, overdo it F

surmontable [syrmõtabl] surmountable; **surmonter** ⟨1a⟩ dominate; *fig* overcome, surmount

surnaturel, ~le [syrnatyrɛl] supernatural

surnom [syrnõ] *m* nickname

surnombre [syrnõbr] *m*: **en ~** too many; **ils étaient en ~** there were too many of them

surnommer [syrnɔme] ⟨1a⟩ nickname

surpasser [syrpase] ⟨1a⟩ surpass

surpeuplé, ~e [syrpœple] *pays* over-populated; *endroit* overcrowded; **surpeuplement** *m d'un pays* over-population; *d'un endroit* overcrowding

surplomb [syrplõ] *m*: **en ~** overhanging; **surplomber** ⟨1a⟩ overhang

surplus [syrply] *m* surplus; **au ~** moreover

surprenant, ~e [syrprənã, -t] surprising; **surprendre** ⟨4q⟩ surprise; *voleur* catch (in the act); **se ~ à faire qch** catch o.s. doing sth

surpris, ~e [syrpri, -z] **1** *p/p* → **surprendre 2** *adj* surprised

surprise [syrpriz] *f* surprise; **surprise-partie** *f* (*pl* surprises-parties) surprise party

surréalisme [syrealism] *m* surrealism

sursaut [syrso] *m* jump, start; **sursauter** ⟨1a⟩ jump, give a jump

sursis [syrsi] *m fig* reprieve, stay of execution; **peine de trois mois avec ~** JUR suspended sentence of three months

surtaxe [syrtaks] *f* surcharge

surtension [syrtãsjõ] *f* ÉL surge

surtout [syrtu] *adv* especially; (*avant tout*) above all; **non, ~ pas!** no, absolutely not!; **~ que** F especially since

surveillance [syrvejãs] *f* supervision; *par la police etc* surveillance; **exercer une ~ constante sur** keep a permanent watch on; **surveillant, ~e** *m/f* supervisor; *de prison* guard, *Br aussi* warder; **surveiller** ⟨1b⟩ keep watch over, watch; (*contrôler*) *élèves, employés* supervise; *de la police etc* ob-

serve, keep under surveillance; *sa ligne, son langage* watch; **se ~ comportement** watch one's step; *poids* watch one's figure

survenir [syrvənir] ⟨2h⟩ (*aux être*) *d'une personne* turn up *ou* arrive unexpectedly; *d'un événement* happen; *d'un problème* come up, arise

survêtement [syrvɛtmã] *m* sweats *pl*, *Br* tracksuit

survie [syrvi] *f* survival; REL afterlife; **survivant, ~e 1** *adj* surviving **2** *m/f* survivor; **survivre** ⟨4e⟩: **~ à personne** survive, outlive; *accident* survive

survoler [syrvɔle] ⟨1a⟩ fly over; *fig* skim over

sus [sy(s)]: **en ~ de qch** over and above sth, in addition to sth

susceptibilité [sysɛptibilite] *f* sensitivity, touchiness; **susceptible** sensitive, touchy; **être ~ de faire qch** be likely to do sth

susciter [sysite] ⟨1a⟩ arouse

suspect, ~e [syspɛ(kt), -kt] (*équivoque*) suspicious; (*d'une qualité douteuse*) suspect; **~ de qch** suspected of sth; **suspecter** ⟨1a⟩ suspect

suspendre [syspãdr] ⟨4a⟩ suspend; (*accrocher*) hang up; **suspendu, ~e** suspended; **~ au plafond** hanging *ou* suspended from the ceiling; **être bien / mal ~** *d'une voiture* have good / bad suspension

suspens [syspã]: **en ~ personne** in suspense; *affaire* outstanding

suspense [syspɛns] *m* suspense

suspension [syspãsjõ] *f* suspension; **points mpl de ~** suspension points

suspicion [syspisjõ] *f* suspicion

susurrer [sysyre] ⟨1a⟩ whisper

suture [sytyr] *f* MÉD suture

svelte [svɛlt] trim, slender

S.V.P. *abr* (= **s'il vous plaît**) please

sweat(shirt) [swit(ʃœrt)] *m* sweat-shirt

sycomore [sikɔmɔr] *m* sycamore

syllabe [silab] *f* syllable

sylviculture [silvikyltyr] *f* forestry

symbiose [sẽbjoz] *f* BIOL symbiosis

symbole [sẽbɔl] *m* symbol; **symbolique** symbolic; **symboliser** ⟨1a⟩

symbolize; **symbolisme** *m* symbolism

symétrie [simetri] *f* symmetry; **symétrique** symmetrical

sympa [sɛ̃pa] F nice, friendly

sympathie [sɛ̃pati] *f* sympathy; (*amitié, inclination*) liking; **sympathique** nice, friendly; **sympathiser** ⟨1a⟩ get on (*avec qn* with s.o.)

symphonie [sɛ̃fɔni] *f* MUS symphony; **symphonique** symphonic

symptôme [sɛ̃ptom] *m* symptom

synagogue [sinagɔg] *f* synagogue

synchronisation [sɛ̃krɔnizasjɔ̃] *f* synchronization; **synchroniser** ⟨1a⟩ synchronize

syncope [sɛ̃kɔp] *f* MUS syncopation; MÉD fainting fit

syndical, ~e [sɛ̃dikal] (*mpl* -aux) labor *atr*, *Br* (trade) union *atr*; **syndicaliser** ⟨1a⟩ unionize; **syndicaliste 1** *adj* labor *atr*, *Br* (trade) union *atr*; **2** *m/f* union member; **syndicat** *m* (labor) union, *Br* (trade) union; **~ d'initiative** tourist information office; **syndiqué, ~e** unionized

syndrome [sɛ̃drom] *m* syndrome

synonyme [sinɔnim] **1** *adj* synonymous (*de* with) **2** *m* synonym

syntaxe [sɛ̃taks] *f* GRAM syntax

synthèse [sɛ̃tɛz] *f* synthesis; **synthétique** *m* & *adj* synthetic; **synthétiseur** *m* MUS synthesizer

syphilis [sifilis] *f* syphilis

Syrie [siri]: *la ~* Syria; **syrien, ~ne 1** *adj* Syrian **2** *m/f* **Syrien, ~ne** Syrian

systématique [sistematik] systematic; **systématiser** ⟨1a⟩ systematize; **système** *m* system; *le ~ D* F (*débrouillard*) resourcefulness; **~ antidémarrage** immobilizer; **~ d'exploitation** INFORM operating system; **~ immunitaire** immune system; **~ solaire** solar system

T

ta [ta] → **ton²**

tabac [taba] *m* tobacco; *bureau m ou débit m de ~* tobacco store, *Br* tobacconist's; **tabagisme** *m* smoking

tabasser [tabase] ⟨1a⟩ beat up

table [tabl] *f* table; **~ pliante** folding table; **~ des matières** table of contents; *à ~!* come and get it!, food's up!; *~ ronde* round table; *se mettre à ~* sit down to eat

tableau [tablo] *m* (*pl* -x) *à l'école* board; (*peinture*) painting; *fig* picture; (*liste*) list; (*schéma*) table; **~ d'affichage** bulletin board, *Br* notice board; **~ de bord** AVIAT instrument panel

tablette [tablɛt] *f* shelf; **~ de chocolat** chocolate bar

tableur [tablœr] *m* INFORM spreadsheet

tablier [tablije] *m* apron

tabou [tabu] **1** *m* taboo **2** *adj* (*inv ou f ~e, pl ~(e)s*) taboo

tabouret [tabure] *m* stool

tabulation [tabylasjɔ̃] *f* tab

tac [tak] *m*: *répondre du ~ au ~* answer quick as a flash

tache [taʃ] *f* stain (*aussi fig*)

tâche [taʃ] *f* task

tacher [taʃe] ⟨1a⟩ stain

tâcher [taʃe] ⟨1a⟩: *~ de faire qch* try to do sth

tacheté, ~e [taʃte] stained

tachymètre [takimɛtr] *m* AUTO speedometer

tacite [tasit] tacit

taciturne [tasityrn] taciturn

tact [takt] *m* tact; *avoir du ~* be tactful

tactile [taktil] tactile

tactique 1 *adj* tactical **2** *f* tactics *pl*

taffetas [tafta] *m* taffeta

taie [tɛ] *f:* ~ **(d'oreiller)** pillowslip

taille[1] [taj] *f* BOT pruning; *de la pierre* cutting

taille[2] [taj] *f* (*hauteur*) height; (*dimension*) size; ANAT waist; **être de ~ à faire qch** *fig* be capable of doing sth; **de ~** F enormous

taille-crayon(s) [tajkrɛjɔ̃] *m* (*pl inv*) pencil sharpener

tailler [taje] ⟨1a⟩ BOT prune; *vêtement* cut out; *crayon* sharpen; *diamant, pierre* cut; **tailleur** *m* (*couturier*) tailor; *vêtement* (woman's) suit; **~ de diamants** diamond cutter

taillis [taji] *m* coppice

taire [tɛr] ⟨4a⟩ not talk about, hide; **se ~** keep quiet (*sur* about); *s'arrêter de parler* stop talking, fall silent; **tais--toi!** be quiet!, shut up!

Taïwan [tajwan] Taiwan; **taïwanais, ~e 1** *adj* Taiwanese **2** *m/f* **Taïwanais, ~e** Taiwanese

talc [talk] *m* talc

talent [talɑ̃] *m* talent; **talentueux, -euse** talented

talon [talɔ̃] *m* ANAT, *de chaussure* heel; *d'un chèque* stub; **~s aiguille** spike heels, *Br* stilettos; **talonner** ⟨1a⟩ (*serrer de près*) follow close behind; (*harceler*) harass; **talonneur** *m* en rugby hooker

talus [taly] *m* bank

tambour [tɑ̃bur] *m* MUS, TECH drum; **tambouriner** ⟨1a⟩ drum

tamis [tami] *m* sieve

Tamise [tamiz]: **la ~** the Thames

tamiser [tamize] ⟨1a⟩ sieve; *lumière* filter

tampon [tɑ̃pɔ̃] *m d'ouate* pad; *hygiène féminine* tampon; (*amortisseur*) buffer; (*cachet*) stamp; **tamponnement** *m* AUTO collision; **tamponner** ⟨1a⟩ *plaie* clean; (*cacheter*) stamp; AUTO collide with; **tamponneux, -euse**: **auto** *f* **tamponneuse** Dodgem®

tandem [tɑ̃dɛm] *m* tandem; *fig* twosome

tandis que [tɑ̃di(s)k] *conj* while

tangent, ~e [tɑ̃ʒɑ̃, -t] **1** *adj* MATH tangential **2** *f* MATH tangent

tangible [tɑ̃ʒibl] tangible

tango [tɑ̃go] *m* tango

tanguer [tɑ̃ge] ⟨1a⟩ lurch

tanière [tanjɛr] *f* lair, den (*aussi fig*)

tank [tɑ̃k] *m* tank; **tanker** *m* tanker

tanné, ~e [tane] tanned; *peau* weatherbeaten; **tanner** ⟨1a⟩ tan; *fig* F pester; **tannerie** *f* tannery; **tanneur** *m* tanner

tant [tɑ̃] **1** *adv* so much; **~ de vin** so much wine; **~ d'erreurs** so many errors; **~ bien que mal** réparer after a fashion; (*avec difficulté*) with difficulty; **~ mieux** so much the better; **~ pis** too bad, tough **2** *conj:* **~ que** *temps* as long as; **~ qu'à faire!** might as well!; **en ~ que Français** as a Frenchman; **~ ... que ...** both ... and ...

tante [tɑ̃t] *f* aunt

tantième [tɑ̃tjɛm] *m* COMM percentage

tantôt [tɑ̃to] this afternoon; **à ~** see you soon; **~ ... ~ ...** now ... now ...

taon [tɑ̃] *m* horsefly

tapage [tapaʒ] *m* racket; *fig* fuss; **faire du ~ nocturne** JUR cause a disturbance; **tapageur, -euse** (*voyant*) flashy, loud; (*bruyant*) noisy

tape [tap] *f* pat

tape-à-l'œil [tapalœj] *adj inv* loud, in--your-face F

tapecul [tapky] *m* AUTO F boneshaker

tapée [tape] *f* F: **une ~ de** loads of

taper [tape] ⟨1a⟩ **1** *v/t personne* hit; *table* bang on; **~ (à la machine)** F type **2** *v/i* hit; *à l'ordinateur* type, key; **~ sur les nerfs de qn** F get on s.o.'s nerves; **~ dans l'œil de qn** catch s.o.'s eye; **~ (dur) du soleil** beat down; **se ~** F *gâteaux, vin* put away; *corvée* be landed with

tapi, ~e [tapi] crouched; (*caché*) hidden; **tapir** ⟨2a⟩: **se ~** crouch

tapis [tapi] *m* carpet; SP mat; **mettre sur le ~** *fig* bring up; **~ roulant** TECH conveyor belt; *pour personnes* traveling *ou Br* travelling walkway; **~ de souris** mouse mat; **~ vert** gaming table

tapisser [tapise] ⟨1a⟩ *avec du papier peint* (wall)paper; **tapisserie** *f* tapestry; *(papier peint)* wallpaper; **tapissier, -ère** *m/f*: ~ *(décorateur)* interior decorator

tapoter [tapɔte] ⟨1a⟩ tap; *personne* pat; *rythme* tap out

taquin, ~e [takɛ̃, -in] teasing; **taquiner** ⟨1a⟩ tease; **taquinerie** *f* teasing

tarabiscoté, ~e [tarabiskɔte] overelaborate

tarabuster [tarabyste] ⟨1a⟩ pester; *(travailler)* worry

tard [tar] **1** *adv* late; *plus* ~ later (on); *au plus* ~ at the latest; *pas plus* ~ *que* no later than; ~ *dans la nuit* late at night; *il se fait* ~ it's getting late; *mieux vaut* ~ *que jamais* better late than never **2** *m*: *sur le* ~ late in life

tarder [tarde] ⟨1a⟩ delay; ~ *à faire qch* take a long time doing sth; *il me tarde de te revoir* I'm longing to see you again; *tardif, -ive* late

targuer [targe] ⟨1m⟩: *se* ~ *de qch litt* pride o.s. on sth

tarif [tarif] *m* rate; ~ *unique* flat rate

tarir [tarir] ⟨2a⟩ dry up *(aussi fig)*; *se* ~ dry up

tarmac [tarmak] *m* tarmac

tartan [tartɑ̃] *m* tartan

tarte [tart] *f* tart; **tartelette** *f* tartlet

tartine [tartin] *f* slice of bread; ~ *de beurre / confiture* slice of bread and butter / jam; **tartiner** ⟨1a⟩ spread; *fromage m à* ~ cheese spread

tartre [tartr] *m* tartar

tas [tɑ] *m* heap, pile; *un* ~ *de choses* heaps *pl ou* piles *pl* of things; *formation f sur le* ~ on-the-job training

tasse [tɑs] *f* cup; *une* ~ *de café* a cup of coffee; *une* ~ *à café* a coffee cup

tassement [tɑsmɑ̃] *m* TECH subsidence, settlement; *tasser* ⟨1a⟩ *(bourrer)* cram; *se* ~ settle; *ça va se* ~ *fig* F things will sort themselves out

tâter [tɑte] ⟨1a⟩ **1** *v/t* feel; ~ *qn fig* sound s.o. out **2** *v/i* F: ~ *de qch* try sth, have a shot at sth

tatillon, ~ne [tatijɔ̃, -ɔn] fussy

tâtonner [tɑtɔne] ⟨1a⟩ grope about;

tâtons [tɑtɔ̃] *adv*: *avancer à* ~ feel one's way forward

tatouage [tatwaʒ] *m action* tattooing; *signe* tattoo; **tatouer** ⟨1a⟩ tattoo

taudis [todi] *m* slum

taule [tol] *f* P *(prison)* jail, slammer P

taupe [top] *f* ZO mole

taureau [tɔro] *m (pl* -x) bull; *Taureau* ASTROL Taurus

tauromachie [tɔromaʃi] *f* bullfighting

taux [to] *m* rate; ~ *d'escompte* discount rate; ~ *d'expansion* rate of expansion, expansion rate; ~ *d'intérêt* interest rate

taverne [tavern] *f (restaurant)* restaurant

taxe [taks] *f* duty; *(impôt)* tax; ~ *professionnelle* tax paid by people who are self-employed; ~ *de séjour* visitor tax; ~ *sur ou à la valeur ajoutée* sales tax, *Br* value added tax, VAT; **taxer** ⟨1a⟩ tax; ~ *qn de qch fig (accuser)* tax s.o. with sth; *il la taxe d'égoïsme* he accuses her of selfishness, he describes her as selfish

taxi [taksi] *m* taxi, cab

taximètre [taksimetr] *m* meter

tchèque [tʃɛk] **1** *adj* Czech **2** *m langue* Czech **3** *m/f* **Tchèque** Czech

te [tə] *pron personnel ◊ complément d'objet direct* you; *il ne t'a pas vu* he didn't see you

◊ *complément d'objet indirect* (to) you; *elle t'en a parlé* she spoke to you about it; *je vais* ~ *chercher un ...* I'll go and get you a ...

◊ *avec verbe pronominal* yourself; *tu t'es coupé* you've cut yourself; *si tu* ~ *lèves à ...* if you get up at ...

technicien, ~ne [tɛknisjɛ̃, -ɛn] *m/f* technician; **technicité** *f* technicality; **technique 1** *adj* technical **2** *f* technique

technocrate [tɛknɔkrat] *m* technocrat; **technocratie** *f* technocracy

technologie [tɛknɔlɔʒi] *f* technology; ~ *informatique* computer technology; ~ *de pointe* high-tech; **technologique** technological

teck [tɛk] *m* teak

teckel [tekel] *m* dachshund

tee-shirt [tiʃœrt] *m* T-shirt

TEG [teøʒe] *m abr* (= ***taux effectif global***) APR (= annual percentage rate)

teindre [tɛ̃dr] ⟨4b⟩ dye

teint, ~e [tɛ̃, -t] **1** *adj* dyed **2** *m* complexion; **fond** *m* **de ~** foundation (cream); **bon** *ou* **grand ~** *inv* colorfast, *Br* colourfast **3** *f* tint; *fig* tinge, touch; **teinter** ⟨1a⟩ tint; *bois* stain; **teinture** *f action* dyeing; *produit* dye; PHARM tincture; **teinturerie** *f* dry cleaner's

tel, ~le [tɛl] such; **une ~le surprise** such a surprise; *de ce genre* a surprise like that; **~(s)** *ou* **~le(s) que** such as, like; **~ quel** as it is / was; **rien de ~ que** nothing like, nothing to beat; **à ~ point que** to such an extent that, so much that; **~ jour** on such and such a day

télé [tele] *f* F TV, tube F, *Br* telly F

télébenne [teleben] *f* cable car

télécharger [teleʃarʒe] ⟨1l⟩ INFORM download

télécommande [telekɔmɑ̃d] *f* remote control; **télécommander** ⟨1a⟩: ***télécommandé*** remote-controlled

télécommunications [telekɔmynikasjɔ̃] *f pl* telecommunications

téléconférence [telekɔ̃ferɑ̃s] *f* teleconference

téléférique [teleferik] → ***téléphérique***

téléguidage [telegidaʒ] *m* remote control; **téléguider** ⟨1a⟩ operate by remote control

téléinformatique [teleɛ̃fɔrmatik] *f* teleprocessing

téléobjectif [teleɔbʒɛktif] *m* telephoto lens

télépathie [telepati] *f* telepathy

téléphérique [teleferik] *m* cable car

téléphone [telefɔn] *m* phone, telephone; **~ portable** cellphone, *Br* mobile (phone); **abonné** *m* **au ~** telephone subscriber; **coup** *m* **de ~** (phone)call; **par ~** by phone; **avoir le ~** have a telephone; **téléphoner** ⟨1a⟩ **1** *v/i* phone, telephone; **~ à qn** call s.o., *Br aussi* phone s.o. **2**

v/t phone, telephone; **téléphonique** phone *atr*, telephone *atr*; **appel** *m* **~** phonecall, telephone call; **téléphoniste** *m/f* operator

téléréalité [telerealite] *f* reality TV

télescope [teleskɔp] *m* telescope; **télescoper** ⟨1a⟩ crash into, collide with; **se ~** crash, collide; **télescopique** telescopic

télésiège [telesjɛʒ] *m* chair lift

téléski [teleski] *m* ski lift

téléspectateur, -trice [telespɛktatœr, -tris] *m/f* (TV) viewer

téléthon [teletõ] *m* telethon

télévisé, ~e [televize] televised; **téléviseur** *m* TV (set), television (set); **télévision** *f* television; **~ câblée** cable (TV)

tellement [tɛlmɑ̃] *adv* so; *avec verbe* so much; **~ facile** so easy; **il a ~ bu que ...** he drank so much that ...; **tu veux? - pas ~** do you want to? - not really; **~ de chance** so much good luck, such good luck; **~ de filles** so many girls

téméraire [temerɛr] reckless; **témérité** *f* recklessness

témoignage [temwaɲaʒ] *m* JUR testimony, evidence; *(rapport)* account; *fig*: *d'affection, d'estime* token; **témoigner** ⟨1a⟩ **1** *v/t*: **~ que** testify that **2** *v/i* JUR testify, give evidence; **~ de** (*être le témoignage de*) show, demonstrate

témoin [temwɛ̃] *m* witness; **être (le) ~ de qch** witness sth; **appartement** *m* **~** show apartment *ou Br* flat; **~ oculaire** eyewitness

tempe [tɑ̃p] *f* ANAT temple

tempérament [tɑ̃peramɑ̃] *m* temperament; **à ~** in installments *ou Br* instalments; **achat** *m* **à ~** installment plan, *Br* hire purchase

tempérance [tɑ̃perɑ̃s] *f* moderation

température [tɑ̃peratyr] *f* temperature; **avoir de la ~** have a fever, *Br aussi* have a temperature; **tempéré, ~e** moderate; *climat* temperate; **tempérer** ⟨1f⟩ moderate

tempête [tɑ̃pɛt] *f* storm (*aussi fig*)

temple [tɑ̃pl] *m* temple; *protestant*

church

tempo [tɛmpo] *m* MUS tempo

temporaire [tɑ̃pɔrɛr] temporary

temporel, ~le [tɑ̃pɔrɛl] REL, GRAM temporal

temporiser [tɑ̃pɔrize] ⟨1a⟩ stall, play for time

temps [tɑ̃] *m* time; *atmosphérique* weather; TECH stroke; *mesure f à trois* ~ three-four time; *moteur m à deux* ~ two-stroke engine; *à* ~ in time; *de* ~ *à autre, de* ~ *en* ~ from time to time, occasionally; *avoir tout son* ~ have plenty of time, have all the time in the world; *tout le* ~ all the time; *dans le* ~ in the old days; *de mon* ~ in my time *ou* days; *en tout* ~ at all times; *du* ~ *que* when; *il est* ~ *de partir* it's time to go; *il est* ~ *que tu t'en ailles* (*subj*) it's time you left; *il est grand* ~ it's high time, it's about time; *en même* ~ at the same time; *au bon vieux* ~ in the good old days; *par beau* ~ in good weather; *quel* ~ *fait-il?* what's the weather like?

tenace [tənas] tenacious

ténacité [tenasite] *f* tenacity

tenailles [t(ə)naj] *fpl* pincers

tenancier, -ère [tənɑ̃sje, -ɛr] *m/f* manager

tendance [tɑ̃dɑ̃s] *f* trend; (*disposition*) tendency; *avoir* ~ *à faire qch* have a tendency to do sth, tend to do sth

tendon [tɑ̃dɔ̃] *m* ANAT tendon

tendre¹ [tɑ̃dr] ⟨4a⟩ **1** *v/t filet, ailes* spread; *piège* set; *bras, main* hold out, stretch out; *muscles* tense; *corde* tighten; ~ *qch à qn* hold sth out to s.o.; **2** *v/i:* ~ *à qch* strive for sth; ~ *à faire qch* tend to do sth

tendre² [tɑ̃dr] tender; *couleur* soft; *âge m* ~ *fig* childhood

tendresse [tɑ̃drɛs] *f* tenderness

tendu, ~e [tɑ̃dy] **1** *p/p* → *tendre* **2** *adj corde* tight; *fig* tense; *relations* strained

ténèbres [tenɛbr] *fpl* darkness *sg*; *ténébreux, -euse* [tenebrø, -z] dark

teneur [tənœr] *f d'une lettre* contents

pl; (*concentration*) content; ~ *en alcool* alcohol content

tenir [t(ə)nir] ⟨2h⟩ **1** *v/t* hold; (*maintenir*) keep; *registre, comptes, promesse* keep; *caisse* be in charge of; *restaurant* run; *place* take up; ~ *pour* regard as; ~ *compte de qch* take sth into account, bear sth in mind; ~ (*bien*) *la route* AUTO hold the road well; ~ *qch de qn* get sth from s.o.; ~ (*sa*) *parole* keep one's word; ~ *au chaud* keep warm; ~ *le coup* F hold out; ~ *à qch* / *qn* (*donner de l'importance à*) value sth / s.o.; *à un objet être attaché* to sth; ~ *à faire qch* really want to do sth; *cela ne tient qu'à toi* (*dépend de*) it's entirely up to you; ~ *de qn* take after s.o. **2** *v/i* hold; ~ *bon* hang in there, not give up; ~ *dans* fit into; *tiens!* *surprise* well, well!; *tiens?* really? **3**: *se* ~ *d'un spectacle* be held, take place; (*être, se trouver*) stand; *se* ~ *mal* misbehave, behave badly; *se* ~ *à qch* hold *ou* hang on to sth; *s'en* ~ *à* confine o.s. to

tennis [tenis] *m* tennis; *terrain* tennis court; ~ *pl* sneakers, *Br* trainers; SP tennis shoes; ~ *de table* table tennis

ténor [tenɔr] *m* MUS tenor

tension [tɑ̃sjɔ̃] *f* tension (*aussi fig*); ÉL voltage, tension; MÉD blood pressure; *haute* ~ high voltage; *faire de la* ~ F have high blood pressure

tentaculaire [tɑ̃takylɛr] sprawling; *tentacule m* tentacle

tentant, ~e [tɑ̃tɑ̃, -t] tempting; *tentation f* temptation

tentative [tɑ̃tativ] *f* attempt

tente [tɑ̃t] *f* tent; *dresser ou monter ou planter / démonter une* ~ pitch / take down a tent

tenter [tɑ̃te] ⟨1a⟩ tempt; (*essayer*) attempt, try; *être tenté(e) de faire qch* be tempted to do sth; ~ *de faire qch* attempt *ou* try to do sth

tenture [tɑ̃tyr] *f* wallhanging

tenu, ~e [t(ə)ny] **1** *p/p* → *tenir* **2** *adj:* *être* ~ *de faire qch* be obliged to do sth; *bien* ~ well looked after; *mal* ~ badly kept; *enfant* neglected

ténu, ~e [teny] fine; *espoir* slim

tenue | 306

tenue [t(ə)ny] *f de comptes* keeping; *de ménage* running; (*conduite*) behavior, Br behaviour; *du corps* posture; (*vêtements*) clothes *pl*; **en grande ~** MIL in full dress uniform; **~ de route** AUTO roadholding; **~ de soirée** evening wear

térébenthine [terebãtin] *f* turpentine, turps *sg*

tergiverser [tɛrʒivɛrse] ⟨1a⟩ hum and haw

terme [tɛrm] *m* (*fin*) end; (*échéance*) time limit; (*expression*) term; **à court / moyen / long ~** in the short / medium / long term; *emprunt, projet* short- / medium- / long-term; **mener à ~** complete; *grossesse* see through, go through with; **être en bons ~s avec qn** be on good terms with s.o.

terminaison [tɛrminɛzõ] *f* GRAM ending; **terminal, ~e** (*mpl* -aux) **1** *adj* terminal **2** *m* terminal **3** *f* ÉDU twelfth grade, Br upper sixth form; **terminer** ⟨1a⟩ finish; **se ~** end; **se ~ par** end with; *d'un mot* end in; **se ~ en pointe** end in a point

terminologie [tɛrminɔlɔʒi] *f* terminology

terminus [tɛrminys] *m* terminus

terne [tɛrn] dull; **ternir** ⟨2a⟩ tarnish (*aussi fig*)

terrain [tɛrɛ̃] *m* ground; GÉOL, MIL terrain; SP field; **un ~** a piece of land; **sur le ~** *essai* field *atr*, *essayer* in the field; **~ d'atterrissage** landing field; **~ d'aviation** airfield; **~ à bâtir** building lot; **~ de camping** campground; **~ de jeu** play park; **un ~ vague** a piece of waste ground, a gap site; **véhicule** *m* **tout ~** 4x4, off-road vehicle

terrasse [tɛras] *f* terrace; **terrassement** *m* (*travaux mpl de*) **~** *travail* banking; *ouvrage* embankment; **terrasser** ⟨1a⟩ *adversaire* fell, deck F

terre [tɛr] *f* (*sol, surface*) ground; *matière* earth, soil; *opposé à mer*, *propriété* land; (*monde*) earth, world; *pays, région* land, country; ÉL ground, Br earth; **~ à ~** *esprit, personne* down to earth; **à** *ou* **par ~** on the ground;

tomber par ~ fall down; **sur ~** on earth; **sur la ~** on the ground; **de / en ~** clay *atr*; **~ cuite** terracotta; **~ ferme** dry land, terra firma; **la Terre Sainte** the Holy Land

terreau [tɛro] *m* (*pl* -x) compost

Terre-Neuve [tɛrnœv] Newfoundland

terre-plein [tɛrplɛ̃] *m* (*pl* terre-pleins): **~ central** median strip, Br central reservation

terrer [tɛre] ⟨1a⟩: **se ~** *d'un animal* go to earth

terrestre [tɛrɛstr] *animaux* land *atr*; REL earthly; TV terrestrial

terreur [tɛrœr] *f* terror

terrible [tɛribl] terrible; F (*extraordinaire*) terrific; **c'est pas ~** it's not that good; **terriblement** *adv* terribly, awfully

terrien, ~ne [tɛrjɛ̃, -ɛn] **1** *adj*: **propriétaire** *m* **~** landowner **2** *m/f* (*habitant de la Terre*) earthling

terrier [tɛrje] *m de renard* earth; *chien* terrier

terrifier [tɛrifje] ⟨1a⟩ terrify

territoire [tɛritwar] *m* territory; **territorial, ~e** (*mpl* -aux) territorial; **eaux** *fpl* **territoriales** territorial waters

terroir [tɛrwar] *m viticulture* soil; **du ~** (*régional*) local

terroriser [tɛrɔrize] ⟨1a⟩ terrorize; **terrorisme** *m* terrorism; **terroriste** *m/f & adj* terrorist

tertiaire [tɛrsjɛr] tertiary; **secteur** *m* **~** ÉCON tertiary sector

tertre [tɛrtr] *m* mound

tes [te] → **ton²**

test [tɛst] *m* test; **passer un ~** take a test; **~ d'aptitude** aptitude test; **~ de résistance** endurance test

testament [tɛstamã] *m* JUR will; **Ancien / Nouveau Testament** REL Old / New Testament

tester [tɛste] ⟨1a⟩ test

testicule [tɛstikyl] *m* ANAT testicle

tétanos [tetanos] *m* MÉD tetanus

têtard [tetar] *m* tadpole

tête [tɛt] *f* head; (*cheveux*) hair; (*visage*) face; SP header; **sur un coup de ~** on impulse; **j'en ai par-dessus**

la ~ I've had it up to here (*de* with); *la* ~ *basse* hangdog, sheepish; *la* ~ *haute* with (one's) head held high; *de* ~ *calculer* mentally, in one's head; *répondre* without looking anything up; *avoir la* ~ *dure* be pigheaded *ou* stubborn; *se casser la* ~ *fig* rack one's brains; *n'en faire qu'à sa* ~ do exactly as one likes, suit o.s.; *tenir* ~ *à qn* stand up to s.o.; *péj* defy s.o.; *par* ~ a head, each; *faire une sale* ~ look miserable; *faire la* ~ sulk; *il se paie ta* ~ *fig* he's making a fool of you; ~ *nucléaire* nuclear warhead; *en* ~ in the lead; *à la* ~ *de* at the head of;
tête-à-queue *m* (*pl inv*) AUTO spin;
tête-à-tête *m* (*pl inv*) tête-à-tête; *en* ~ in private

tétine [tetin] *f de biberon* teat; (*sucette*) pacifier, *Br* dummy
téton [tetõ] *m* F boob F
têtu, ~e [tety] obstinate, pigheaded
texte [tɛkst] *m* text; ~*s choisis* selected passages
textile [tɛkstil] **1** *adj* textile **2** *m* textile; *le* ~ *industrie* the textile industry, textiles *pl*
texto [tɛksto] *m* text (message); *envoyer un* ~ *à qn* send s.o. a text, text s.o.
textuel, ~le [tɛkstɥɛl] *traduction* word-for-word
texture [tɛkstyr] *f* texture
T.G.V. [teʒeve] *m abr* (= *train à grande vitesse*) high-speed train
thaï [taj] *m* Thai; thaïlandais, ~e **1** *adj* Thai **2** *m/f* Thaïlandais, ~e Thai; Thaïlande *f* Thailand
thé [te] *m* tea
théâtral, ~e [teatral] (*mpl* -aux) theatrical; théâtre *m* theater, *Br* theatre; *fig: cadre* scene; *pièce f de* ~ play; ~ *en plein air* open-air theater
théière [tejɛr] *f* teapot
thème [tɛm] *m* theme; ÉDU translation (*into a foreign language*)
théologie [teɔlɔʒi] *f* theology; théologien *m* theologian
théorème [teɔrɛm] *m* theorem
théoricien, ~ne [teɔrisjɛ̃, -ɛn] *m/f* theoretician; théorie *f* theory; théori-

que theoretical
thérapeute [terapøt] *m/f* therapist; thérapeutique **1** *f* (*thérapie*) treatment, therapy **2** *adj* therapeutic; thérapie *f* therapy; ~ *de groupe* group therapy
thermal, ~e [tɛrmal] (*mpl* -aux) thermal; *station f* ~ spa
thermique [tɛrmik] PHYS thermal
thermomètre [tɛrmɔmɛtr] *m* thermometer
thermonucléaire [tɛrmɔnykleɛr] thermonuclear
thermos [tɛrmos] *f ou m* thermos®
thermostat [tɛrmɔsta] *m* thermostat
thèse [tɛz] *f* thesis
thon [tõ] *m* tuna
thorax [tɔraks] *m* ANAT thorax
thrombose [trõboz] *f* thrombosis
thym [tɛ̃] *m* BOT thyme
thyroïde [tiroid] *f* MÉD thyroid
tibia [tibja] *m* ANAT tibia
tic [tik] *m* tic, twitch; *fig* habit
ticket [tikɛ] *m* ticket; ~ *de caisse* receipt; ticket-repas *m* (*pl* tickets-repas) luncheon voucher
tic-tac [tiktak] *m* (*pl inv*) ticking
tiède [tjɛd] warm; *péj* tepid, lukewarm (*aussi fig*); tiédeur [tjedœr] *f du climat, du vent* warmth, mildness; *péj* tepidness; *fig: d'un accueil* half-heartedness; tiédir ⟨2a⟩ cool down; *devenir plus chaud* warm up
tien, ~ne [tjɛ̃, tjɛn] *le tien, la tienne, les tiens, les tiennes* yours; *à la* ~*ne!* F cheers!
tiercé [tjɛrse] *m* bet in which money is placed on a combination of three horses
tiers, tierce [tjɛr, -s] **1** *adj* third; *le* ~ *monde* the Third World **2** *m* MATH third; JUR third party
tige [tiʒ] *f* BOT stalk; TECH stem; ~*s de forage* drill bits
tignasse [tiɲas] *f* mop of hair
tigre [tigr] *m* tiger; tigré, ~e striped; tigresse *f* tigress (*aussi fig*)
tilleul [tijœl] *m* BOT lime (tree); *boisson* lime-blossom tea
timbre [tɛ̃br] *m* (*sonnette*) bell; (*son*) timbre; (*timbre-poste*) stamp; (*tampon*) stamp; timbré, ~e *papier, lettre*

stamped; **timbre-poste** m (pl timbres-poste) postage stamp

timide [timid] timid; en société shy; **timidité** f timidity; en société shyness

timon [timõ] m d'un navire tiller

timoré, **~e** [timɔre] timid

tintamarre [tɛ̃tamar] m din, racket

tintement [tɛ̃tmã] m tinkle; de clochettes ringing; **tinter** ⟨1a⟩ de verres clink; de clochettes ring

tir [tir] m fire; action, SP shooting; **~ à l'arc** archery

tirade [tirad] f tirade

tirage [tiraʒ] m à la loterie draw; PHOT print; TYP printing; (exemplaires de journal) circulation; d'un livre print run; COMM d'un chèque drawing; F (difficultés) trouble; **par un ~ au sort** by drawing lots

tirailler [tiraje] ⟨1a⟩ pull; **tiraillé entre** fig torn between

tirant [tirã] m MAR: **~ d'eau** draft, Br draught

tire [tir] f P AUTO car, jeep P; **vol m à la ~** pickpocketing

tiré, **~e** [tire] traits drawn

tire-au-flanc [tiroflã] m (pl inv) F shirker

tire-bouchon [tirbuʃõ] m (pl tire-bouchons) corkscrew

tire-fesses [tirfes] m F (pl inv) T-bar

tirelire [tirlir] f piggy bank

tirer [tire] ⟨1a⟩ **1** v/t pull; chèque, ligne, conclusions draw; rideaux pull, draw; coup de fusil fire; oiseau, cible shoot at, fire at; PHOT, TYP print; plaisir, satisfaction derive; **~ les cartes** read the cards; **~ avantage de la situation** take advantage of the situation; **~ la langue** stick out one's tongue **2** v/i pull (**sur** on); avec arme shoot, fire (**sur** at); SP shoot; d'une cheminée draw; **~ à sa fin** draw to a close; **~ sur le bleu** verge on blue **3**: **se ~ de** situation difficile get out of; **se ~** F take off

tiret [tire] m dash; (trait d'union) hyphen

tireur [tirœr, -øz] m marksman; d'un chèque drawer; **~ d'élite** sharpshooter; **tireuse** f: **~ de cartes** for-tune-teller

tiroir [tirwar] m drawer; **tiroir-caisse** m (pl tiroirs-caisses) cash register

tisane [tizan] f herbal tea, infusion

tisonnier [tizɔnje] m poker

tissage [tisaʒ] m weaving; **tisser** ⟨1a⟩ weave; d'une araignée spin; fig hatch; **tisserand** m weaver

tissu [tisy] m fabric, material; BIOL tissue; **tissu-éponge** m (pl tissus-éponges) toweling, Br towelling

titre [titr] m title; d'un journal headline; FIN security; **à ce ~** therefore; **à juste ~** rightly; **à ~ d'essai** on a trial basis; **à ~ d'information** for your information; **à ~ officiel** in an official capacity; **à ~ d'ami** as a friend; **au même ~** on the same basis; **en ~** official

tituber [titybe] ⟨1a⟩ stagger

titulaire [titylɛr] **1** adj professeur tenured **2** m/f d'un document, d'une charge holder

toast [tost] m (pain grillé) piece ou slice of toast; de bienvenue toast

toboggan [tɔbɔgã] m slide; rue flyover; **~ de secours** escape chute

tocsin [tɔksɛ̃] m alarm bell

toge [tɔʒ] f de professeur, juge robe

tohu-bohu [tɔybɔy] m commotion

toi [twa] pron personnel you; **avec ~** with you; **c'est ~ qui l'as fait** you did it, it was you that did it

toile [twal] f de lin linen; (peinture) canvas; **~ d'araignée** spiderweb, Br spider's web; **~ cirée** oilcloth; **~ de fond** backcloth; fig backdrop

toilette [twalet] f (lavage) washing; (mise) outfit; (vêtements) clothes pl; **~s** toilet sg; **aller aux ~s** go to the toilet; **faire sa ~** get washed

toi-même [twamɛm] yourself

toiser [twaze] ⟨1a⟩ fig: **~ qn** look s.o. up and down

toison [twazõ] f de laine fleece; (cheveux) mane of hair

toit [twa] m roof; **~ ouvrant** AUTO sun roof; **toiture** f roof

tôle [tol] f sheet metal; **~ ondulée** corrugated iron

tolérable [tɔlerabl] tolerable, bear-

total

able; **tolérance** f aussi TECH tolerance; **tolérant**, **~e** tolerant; **tolérer** ⟨1f⟩ tolerate

tollé [tɔle] m outcry

tomate [tɔmat] f tomato

tombe [tõb] f grave; **tombeau** m (pl -x) tomb

tombée [tõbe] f: **à la ~ de la nuit** at nightfall; **tomber** ⟨1a⟩ (aux être) fall; **de cheveux** fall out; **d'une colère** die down; **d'une fièvre, d'un prix, d'une demande** drop, fall; **d'un intérêt, enthousiasme** wane; **~ en ruine** go to rack and ruin; **~ malade** fall sick; **~ amoureux** fall in love; **~ en panne** have a breakdown; **faire ~** knock down; **laisser ~** drop (aussi fig); **laisse ~!** never mind!, forget it!; **~ sur** MIL attack; (rencontrer) bump into; **~ juste** get it right; **je suis bien tombé** I was lucky; **ça tombe bien** it's perfect timing; **~ d'accord** reach agreement

tombeur [tõbœr] m F womanizer

tome [tɔm] m volume

ton[1] [tõ] m tone; MUS key; **il est de bon ~** it's the done thing

ton[2] m, **ta** f, **tes** pl [tõ, ta, te] your

tonalité [tɔnalite] f MUS key; **d'une voix, radio** tone; TÉL dial tone, Br aussi dialling tone

tondeuse [tõdøz] f lawnmower; **de coiffeur** clippers pl; AGR shears pl; **tondre** ⟨4a⟩ **mouton** shear; **haie** clip; **herbe** mow, cut; **cheveux** shave off

tonifier [tɔnifje] ⟨1a⟩ tone up

tonique [tɔnik] **1** m tonic **2** adj **climat** bracing

tonitruant, **~e** [tɔnitryã, -t] thunderous

tonnage [tɔnaʒ] m tonnage

tonne [tɔn] f (metric) ton; **tonneau** m (pl -x) barrel; MAR ton; **tonnelet** m keg

tonner [tɔne] ⟨1a⟩ thunder; fig rage

tonnerre [tɔner] m thunder

tonton [tõtõ] m F uncle

tonus [tɔnys] m **d'un muscle** tone; (dynamisme) dynamism

top [tɔp] m pip

topaze [tɔpaz] f topaz

tope! [tɔp] done!

topo [tɔpo] m F report

topographie [tɔpografi] f topography

toqué, **~e** [tɔke] F mad; **~ de** mad about; **toquer** ⟨1m⟩ F: **se ~ de** be madly in love with

torche [tɔrʃ] f flashlight, Br torch

torchon [tɔrʃõ] m dishtowel

tordre [tɔrdr] ⟨4a⟩ twist; **linge** wring; **se ~** twist; **se ~ (de rire)** be hysterical with laughter; **se ~ le pied** twist one's ankle; **tordu**, **~e** twisted; fig: esprit warped, twisted

tornade [tɔrnad] f tornado

torpille [tɔrpij] f MIL torpedo; **torpiller** ⟨1a⟩ torpedo (aussi fig); **torpilleur** m MIL motor torpedo boat

torrent [tɔrã] m torrent; fig: **de larmes** flood; **d'injures** torrent; **torrentiel**, **~le** torrential

torse [tɔrs] m chest, torso; sculpture torso

tort [tɔr] m fault; (préjudice) harm; **à ~** wrongly; **à ~ et à travers** wildly; **être en ~ ou dans son ~** be in the wrong, be at fault; **avoir ~** be wrong (**de faire qch** to do sth); **il a eu le ~ de ...** it was wrong of him to ...; **donner ~ à qn** prove s.o. wrong; (désapprouver) blame s.o.; **faire du ~ à qn** hurt ou harm s.o.

torticolis [tɔrtikɔli] m MÉD stiff neck

tortiller [tɔrtije] ⟨1a⟩ twist; **se ~** wriggle

tortionnaire [tɔrsjɔner] m torturer

tortue [tɔrty] f tortoise; **~ de mer** turtle

tortueux, **-euse** [tɔrtɥø, -z] winding; fig tortuous; **esprit, manœuvres** devious

torture [tɔrtyr] f torture (aussi fig); **torturer** ⟨1a⟩ torture (aussi fig)

tôt [to] adv early; (bientôt) soon; **plus ~** sooner, earlier; **le plus ~ possible** as soon as possible; **au plus ~** at the soonest ou earliest; **il ne reviendra pas de si ~** he won't be back in a hurry; **~ ou tard** sooner or later; **~ le matin** early in the morning

total, **~e** [tɔtal] (mpl -aux) **1** adj total **2** m total; **au ~** in all; fig on the whole; **faire le ~** work out the total;

totalement *adv* totally; **totaliser** ⟨1a⟩ *dépenses* add up, total; **totalité** *f*: **la ~ de** all of; **en ~** in full

totalitaire [tɔtaliter] POL totalitarian; **totalitarisme** *m* POL totalitarianism

touchant, ~e [tuʃɑ̃, -t] touching

touche [tuʃ] *f* touch; *de clavier* key; SP touchline; (*remise en jeu*) throw-in; *pêche* bite; **ligne f de ~** SP touchline; **être mis sur la ~** *fig* F be sidelined; **faire une ~** make a hit; **~ entrée** INFORM enter (key)

touche-à-tout [tuʃatu] *m* (*pl inv*) *qui fait plusieurs choses à la fois* jack-of-all-trades

toucher[1] [tuʃe] ⟨1a⟩ touch; (*but* hit; (*émouvoir*) move, touch; (*concerner*) affect, concern; (*contacter*) contact, get in touch with; *argent* get; **je vais lui en ~ un mot** I'll mention it to him; **~ à** touch; *réserves* break into; *d'une maison* adjoin; (*concerner*) concern; **~ au but** near one's goal; **~ à tout** *fig* be a jack-of-all-trades; **se ~** touch; *de maisons, terrains* adjoin

toucher[2] [tuʃe] *m* touch

touffe [tuf] *f* tuft; **touffu, ~e** dense, thick

toujours [tuʒur] always; (*encore*) still; **pour ~** for ever; **~ est-il que** the fact remains that

toupet [tupɛ] *m* F nerve; **avoir le ~ de faire qch** have the nerve to do sth

tour[1] [tur] *f* tower; (*immeuble*) high-rise; **~ de forage** drilling rig

tour[2] [tur] *m* turn; (*circonférence*) circumference; (*circuit*) lap; (*promenade*) stroll, walk; (*excursion, voyage*) tour; (*ruse*) trick; TECH lathe; *de potier* wheel; **à mon ~, c'est mon ~** it's my turn; **à ~ de rôle** turn and turn about; **~ de taille** waist measurement; **en un ~ de main** in no time at all; **avoir le ~ de main** have the knack; **faire le ~ de** go round; *fig* review; **faire le ~ du monde** go around the world; **fermer à double ~** double-lock; **jouer un ~ à qn** play a trick on s.o.; **~ d'horizon** overview; **~ de scrutin** POL ballot *33 / 45 ~s* LP / single

tourbe [turb] *f matière* peat; **tourbière** *f* peat bog

tourbillon [turbijõ] *m de vent* whirlwind; *d'eau* whirlpool; **~ de neige** flurry of snow; **tourbillonner** ⟨1a⟩ whirl

tourelle [turel] *f* turret

tourisme [turism] *m* tourism; **agence f de ~** travel *ou* tourist agency; **~ écologique** ecotourism; **touriste** *m/f* tourist; **classe f ~** tourist class; **touristique** *guide, informations* tourist *atr*; **renseignements** *mpl* **~s** tourist information *sg*

tourment [turmɑ̃] *m* litt torture, torment; **tourmente** *f litt* storm; **tourmenter** ⟨1a⟩ torment; **se ~** worry, torment o.s.

tournage [turnaʒ] *m d'un film* shooting

tournant, ~e [turnɑ̃, -t] **1** *adj* revolving **2** *m* turn; *fig* turning point

tourne-disque [turnədisk] *m* (*pl* tourne-disques) record player

tournée [turne] *f* round; *d'un artiste* tour; **payer une ~** F buy a round (of drinks)

tourner [turne] ⟨1a⟩ **1** *v/t* turn; *sauce* stir; *salade* toss; *difficulté* get around; *film* shoot; **bien tourné(e)** well-put; *phrase* well-turned; **~ la tête** turn one's head; *pour ne pas voir* turn (one's head) away; **~ en ridicule** make fun of **2** *v/i* turn; *du lait* turn, go bad *ou* Br off; **~ à droite** turn right; **j'ai la tête qui tourne** my head is spinning; **le temps tourne au beau** the weather is taking a turn for the better; **~ de l'œil** *fig* F faint; **~ en rond** *fig* go around in circles; **faire ~** *clé* turn; *entreprise* run; **~ autour de** ASTR revolve around; *fig*: *d'une discussion* center *ou* Br center on **3**: **se ~** turn; **se ~ vers** *fig* turn to

tournesol [turnəsɔl] *m* BOT sunflower

tournevis [turnəvis] *m* screwdriver

tourniquet [turnikɛ] *m* turnstile; (*présentoir*) (revolving) stand

tournoi [turnwa] *m* tournament

tournoyer [turnwaje] ⟨1h⟩ *d'oiseaux* wheel; *de feuilles, flocons* swirl

tournure [turnyr] *f* (*expression*) turn of phrase; *des événements* turn; **sa ~ d'esprit** the way his mind works, his mindset

tourte [turt] *f* CUIS pie

tourterelle [turtərɛl] *f* turtledove

tous [tus *ou* tu] → **tout**

Toussaint [tusɛ̃]: **la ~** All Saints' Day

tousser [tuse] ⟨1a⟩ cough; **toussoter** ⟨1a⟩ have a slight cough

tout [tu, tut] *m*, **toute** [tut] *f*, **tous** [tu, tus] *mpl*, **toutes** [tut] *fpl* **1** *adj* all; (*n'importe lequel*) any; **~e la ville** all the city, the whole city, **~es les villes** all cities; **~es les villes que ...** all the cities that ...; **~ Français** every Frenchman, all Frenchmen; **tous les deux jours** every two days, every other day; **tous les ans** every year; **tous / ~es les trois, nous ...** all three of us ...; **~ Paris** all Paris; **il pourrait arriver à ~ moment** he could arrive at any moment

2 *pron sg* **tout** everything; *pl* **tous, toutes** all of us / them; **c'est ~, merci** that's everything thanks, that's all thanks; **après ~** after all; **avant ~** first of all; (*surtout*) above all; **facile comme ~** F as easy as anything; **nous tous** all of us; **c'est ~ ce que je sais** that's everything *ou* all I know; **elle ferait ~ pour ...** she would do anything to ...; **il a ~ oublié** he has forgotten it all, he has forgotten the lot

3 *adv* **tout** very, quite; **c'est ~ comme un ...** it's just like a ...; **~ nu** completely naked; **il est ~ mignon!** he's so cute!; **~ doux!** gently now!; **c'est ~ près d'ici** it's just nearby, it's very near; **je suis ~e seule** I'm all alone; **~ à fait** altogether; **oui, ~ à fait** yes, absolutely; **~ autant que** just as much as; **~ de suite** immediately, straight away

◇ *avec gérondif*: **il prenait sa douche ~ en chantant** he sang as he showered; **~ en acceptant ... je me permets de ...** while I accept that ... I would like to ...

◇: **tout ... que: tout pauvres qu'ils sont** (*ou* **soient** (*subj*)) however poor they are, poor though they may be

4 *m*: **le tout** the whole lot, the lot, everything; (*le principal*) the main thing; **pas du ~** not at all; **plus du ~** no more; **du ~ au ~** totally; **en ~** in all

tout-à-l'égout [tutalegu] *m* mains drainage

toutefois [tutfwa] *adv* however

toute-puissance [tutpɥisãs] *f* omnipotence

toux [tu] *f* cough *m*

toxicomane [tɔksikɔman] *m/f* drug addict; **toxicomanie** *f* drug addiction

toxine [tɔksin] *f* toxin

toxique [tɔksik] **1** *adj* toxic **2** *m* poison

trac [trak] *m* nervousness; *pour un acteur* stage fright

traçabilité [trasabilite] *f* traceablility

tracas [traka] *m*: **des ~** worries; **tracasser** ⟨1a⟩: **~ qn d'une chose** worry s.o.; *d'une personne* pester s.o.; **se ~** worry; **tracasserie** *f*: **~s** hassle *sg*

trace [tras] *f* (*piste*) track, trail; (*marque*) mark; *fig* impression; **~s de sang, poison** traces; **des ~s de pas** footprints; **suivre les ~s de qn** *fig* follow in s.o.'s footsteps

tracé [trase] *m* (*plan*) layout; (*ligne*) line; *d'un dessin* drawing; **tracer** ⟨1k⟩ *plan, ligne* draw; **traceur** *m* INFORM plotter

trachée [traʃe] *f* windpipe, trachea

tractation [traktasjõ] *f péj*: **~s** horse-trading *sg*

tracteur [traktœr] *m* tractor; **~ à chenilles** caterpillar (tractor)

traction [traksjõ] *f* TECH traction; SP, *suspendu* pull-up; SP, *par terre* push-up; **~ avant** AUTO front wheel drive

tradition [tradisjõ] *f* tradition; **traditionaliste** *m/f* & *adj* traditionalist; **traditionnel, ~le** traditional

traducteur, -trice [tradyktœr, -tris] *m/f* translator; **traduction** *f* translation; **~ automatique** machine translation; **traduire** ⟨4c⟩ translate (**en**

into); *fig* be indicative of; **~ qn en justice** JUR take s.o. to court, prosecute s.o.; **se ~ par** result in

trafic [trafik] *m* traffic; **~ aérien** air traffic; **~ de drogues** drugs traffic; **trafiquant** *m* trafficker; **~ de drogue(s)** drug trafficker; **trafiquer** ⟨1m⟩ *v/i* traffic in; *moteur* tinker with

tragédie [traʒedi] *f* tragedy (*aussi fig*)

tragique [traʒik] 1 *adj* tragic 2 *m* tragedy

trahir [trair] ⟨2a⟩ betray; **trahison** *f* betrayal; *crime* treason

train [trɛ̃] *m* train; *fig*: *de lois, décrets etc* series *sg*; **le ~ de Paris** the Paris train; **être en ~ de faire qch** be doing sth; **aller bon ~** go at a good speed; **mener grand ~** live it up; **mettre en ~** set in motion; **aller son petit ~** jog along; **au ~ où vont les choses** at the rate things are going; **~ d'atterrissage** undercarriage, landing gear; **~ express** express; **~ à grande vitesse** high-speed train; **~ de vie** lifestyle

traînard [trenar] *m* dawdler; **traîne** *f*: **à la ~** in tow

traîneau [-o] *m* (*pl* -x) sledge; *pêche* seine net

traînée [trene] *f* trail

traîner [trene] ⟨1b⟩ 1 *v/t* drag; *d'un bateau, d'une voiture* pull, tow; **laisser ~ ses affaires** leave one's things lying around 2 *d'un vêtements, livres* lie around; *d'un procès* drag on; **~ dans les rues** hang around street corners 3: **se ~** drag o.s. along

train-train [trɛ̃trɛ̃] *m* F: **le ~ quotidien** the daily routine

traire [trer] ⟨4s⟩ milk

trait [tre] *m* (*ligne*) line; *du visage* feature; *de caractère* trait; *d'une œuvre, époque* feature, characteristic; **avoir ~ à** be about, concern; **boire d'un seul ~** drink in a single gulp, F knock back; **~ d'esprit** witticism; **~ d'union** hyphen

traite [tret] *f* COMM draft, bill of exchange; *d'une vache* milking; **~ des noirs** slave trade; **d'une seule ~** in one go

traité [trete] *m* treaty

traitement [trɛtmɑ̃] *m* treatment (*aussi* MÉD); (*salaire*) pay; TECH, INFORM processing; **~ électronique des données** INFORM electronic data processing; **~ de l'information** data processing; **~ de texte** word processing; **traiter** ⟨1b⟩ 1 *v/t* treat (*aussi* MÉD); TECH, INFORM process; **~ qn de menteur** call s.o. a liar 2 *v/i* (*négocier*) negotiate; **~ de qch** deal with sth

traiteur [trɛtœr] *m* caterer

traître, ~sse [trɛtrə, -ɛs] 1 *m/f* traitor 2 *adj* treacherous; **traîtrise** *f* treachery

trajectoire [traʒɛktwar] *f* path, trajectory

trajet [traʒe] *m* (*voyage*) journey; (*chemin*) way; **une heure de ~ à pied / en voiture** one hour on foot / by car

tram [tram] *m abr* → **tramway**

trame [tram] *f fig*: *d'une histoire* background; *de la vie* fabric; *d'un tissu* weft; TV raster

trampoline [trɑ̃pɔlin] *m* trampoline

tramway [tramwe] *m* streetcar, *Br* tram

tranchant, ~e [trɑ̃ʃɑ̃, -t] 1 *adj* cutting 2 *m d'un couteau* cutting edge, sharp edge

tranche [trɑ̃ʃ] *f* (*morceau*) slice; (*bord*) edge; **~ d'âge** age bracket

tranché, ~e [trɑ̃ʃe] *fig* clear-cut; *couleur* definite

tranchée [trɑ̃ʃe] *f* trench

trancher [trɑ̃ʃe] ⟨1a⟩ 1 *v/t* cut; *fig* settle 2 *v/i*: **~ sur** stand out against

tranquille [trɑ̃kil] *adj* quiet; (*sans inquiétude*) easy in one's mind; **laisse-moi ~!** leave me alone!; **avoir la conscience ~** have a clear conscience; **tranquillement** *adv* quietly; **tranquillisant** *m* tranquillizer; **tranquilliser** ⟨1a⟩: **~ qn** set s.o.'s mind at rest; **tranquillité** *f* quietness, tranquillity; *du sommeil* peacefulness; (*stabilité morale*) peace of mind

transaction [trɑ̃zaksjɔ̃] *f* JUR compromise; COMM transaction

transatlantique [trɑ̃zatlɑ̃tik] 1 *adj* transatlantic 2 *m bateau* transatlantic liner; *chaise* deck chair

transcription [trãskripsjõ] *f* transcription; **transcrire** ⟨4f⟩ transcribe

transférer [trãsfere] ⟨1f⟩ transfer; **transfert** *m* transfer; PSYCH transference; ~ **de données** data transfer

transfigurer [trãsfigyre] ⟨1a⟩ transfigure

transformateur [trãsfɔrmatœr] *m* ÉL transformer; **transformation** *f* transformation, change; TECH processing; *en rugby* conversion; **transformer** ⟨1a⟩ change, transform; TECH process; *maison, appartement* convert; *en rugby* convert; ~ **en** turn *ou* change into

transfuge [trãsfyʒ] *m* defector

transfusion [trãsfyzjõ] *f*: ~ **(sanguine)** (blood) transfusion

transgénique [trãsʒenik] genetically modified, transgenic

transgresser [trãsgrese] ⟨1b⟩ *loi* break, infringe

transi, ~e [trãzi]: ~ **(de froid)** frozen

transiger [trãziʒe] ⟨1l⟩ come to a compromise (**avec** with)

transistor [trãzistɔr] *m* transistor

transit [trãzit] *m* transit; **en** ~ in transit

transitif, -ive [trãzitif, -iv] GRAM transitive

transition [trãzisjõ] *f* transition; **transitoire** transitional; *(fugitif)* transitory

translucide [trãslysid] translucent

transmettre [trãsmetr] ⟨4p⟩ transmit; *message, talent* pass on; *maladie* pass on, transmit; *tradition, titre, héritage* hand down; ~ **en direct** RAD, TV broadcast live; **transmissible: sexuellement** ~ sexually transmitted; **transmission** *f* transmission; *d'un message* passing on; *d'une tradition, d'un titre* handing down; RAD, TV broadcast; ~ **en direct / en différé** RAD, TV live / recorded broadcast

transparaître [trãsparetr] ⟨4z⟩ show through

transparence [trõsparãs] *f* transparency; **transparent, ~e** transparent *(aussi fig)*

transpercer [trãsperse] ⟨1k⟩ pierce; *de l'eau, de la pluie* go right through; ~ **le cœur à qn** *fig* break s.o.'s heart

transpiration [trãspirasjõ] *f* perspiration; **transpirer** ⟨1a⟩ perspire

transplant [trãsplã] *m* transplant; **transplantation** *f* transplanting; MÉD transplant; **transplanter** ⟨1a⟩ transplant

transport [trãspɔr] *m* transport; ~**s publics** mass transit, *Br* public transport *sg*

transportable [trãspɔrtabl] transportable; **transporté, ~e**: ~ **de joie** beside o.s. with joy; **transporter** ⟨1a⟩ transport, carry; **transporteur** *m* carrier

transposer [trãspoze] ⟨1a⟩ transpose; **transposition** *f* transposition

transvaser [trãsvaze] ⟨1a⟩ decant

transversal, ~e [trãsversal] *(mpl -aux)* cross *atr*

trapèze [trapez] *m* trapeze

trappe [trap] *f (ouverture)* trapdoor

trapu, ~e [trapy] stocky

traquenard [traknar] *m* trap

traquer [trake] ⟨1m⟩ hunt

traumatiser [tromatize] ⟨1a⟩ PSYCH traumatize; **traumatisme** *m* MÉD, PSYCH trauma

travail [travaj] *m (pl travaux)* work; **être sans** ~ be out of work, be unemployed; **travaux pratiques** practical work *sg*; **travaux** *(construction)* construction work *sg*; **travaux ménagers** housework *sg*; **travailler** ⟨1a⟩ 1 *v/i* work; ~ **à qch** work on sth 2 *v/t* work on; *d'une pensée, d'un problème* trouble; **travailleur, -euse 1** *adj* hard-working 2 *m/f* worker; **travailliste** *m/f* member of the Labour Party

travers [traver] 1 *adv*: **de** ~ squint, crooked; *marcher* not in a straight line, not straight; **en** ~ across; **prendre qch de** ~ *fig* take sth the wrong way 2 *prép*: **à** ~ **qch, au** ~ **de qch** through sth; **à** ~ **champs** cross country 3 *m* shortcoming

traversée [traverse] *f* crossing; **traverser** ⟨1a⟩ *rue, mer* cross; *forêt, crise* go through; (*percer*) go right through

travesti, **~e** [travesti] **1** *adj pour fête* fancy-dress **2** *m* (*déguisement*) fancy dress; (*homosexuel*) transvestite; **travestir** [travestir] ⟨2a⟩ *vérité* distort; **se ~** dress up (**en** as a)

trébucher [trebyʃe] ⟨1a⟩ trip, stumble (**sur** over)

trèfle [trefl] *m* BOT clover; *aux cartes* clubs *pl*

treillage [treja3] *m* trellis; **~ métallique** wire mesh

treize [trɛz] thirteen; → **trois**; **treizième** thirteenth

tremblant, **~e** [trɑ̃blɑ̃, -t] trembling, quivering; **tremblement** *m* trembling; **~ de terre** earthquake; **trembler** ⟨1a⟩ tremble, shake (**de** with); *de la terre* shake

trémousser [tremuse] ⟨1a⟩: **se ~** wriggle

trempe [trɑ̃p] *f fig* caliber, *Br* calibre; **trempé**, **~e** soaked; *sol* saturated; **tremper** ⟨1a⟩ soak; *pain dans café etc* dunk; *pied dans l'eau* dip; *acier* harden; **~ dans** *fig* be involved in

tremplin [trɑ̃plɛ̃] *m* springboard; *pour ski* ski jump; *fig* stepping stone, launchpad

trentaine [trɑ̃tɛn] *f*: **une ~ de personnes** about thirty people *pl*, thirty or so people *pl*; **trente** thirty; → **trois**; **trentième** thirtieth

trépied [trepje] *m* tripod

trépigner [trepiɲe] ⟨1a⟩ stamp (one's feet)

très [trɛ] *adv* very; **~ lu / visité** much read / visited; **avoir ~ envie de qch** really feel like sth

trésor [trezɔr] *m* treasure; **des ~s de ...** endless ...; **Trésor** Treasury; **trésorerie** *f* treasury; *service* accounts *sg ou pl*; (*fonds*) finances *pl*; **des problèmes de ~** cashflow problems; **trésorier**, **-ère** *m/f* treasurer

tressaillement [tresajmɑ̃] *m* jump; **tressaillir** ⟨2c, *futur* 2a⟩ jump

tresse [trɛs] *f de cheveux* braid, *Br* plait; **tresser** ⟨1b⟩ *cheveux* braid, *Br* plait; *corbeille, câbles* weave

tréteau [treto] *m* (*pl* -x) TECH trestle

treuil [trœj] *m* TECH winch

trêve [trɛv] *f* truce; **~ de ...** that's enough ...; **sans ~** without respite

tri [tri] *m aussi de données* sort; **faire un ~ dans qch** sort sth out; **le ~ des déchets** waste separation

triangle [trijɑ̃gl] *m* triangle; **triangulaire** triangular

tribal, **~e** [tribal] (*mpl* -aux) tribal

tribord [tribɔr] *m* MAR starboard

tribu [triby] *f* tribe

tribulations [tribylasjɔ̃] *fpl* tribulations

tribunal [tribynal] *m* (*pl* -aux) court

tribune [tribyn] *f* platform (*aussi fig*); (*débat*) discussion; **à la ~ aujourd'hui ...** today's topic for discussion ...; **~s dans stade** bleachers, *Br* stands

tributaire [tribytɛr]: **être ~ de** be dependent on; **cours** *m* **d'eau ~** tributary

tricher [triʃe] ⟨1a⟩ cheat; **tricherie** *f* cheating; **tricheur**, **-euse** *m/f* cheat

tricolore [trikɔlɔr]: **drapeau m ~** tricolor *ou Br* tricolour (flag)

tricot [triko] *m* knitting; *vêtement* sweater; **de ou en ~** knitted; **tricotage** *m* knitting; **tricoter** ⟨1a⟩ knit

tricycle [trisikl] *m* tricycle

triennal, **~e** [trijenal] (*mpl* -aux) *qui a lieu tous les trois ans* three-yearly; *qui dure trois ans* three-year

trier [trije] ⟨1a⟩ (*choisir*) pick through; (*classer*) sort

trilingue [trilɛ̃g] trilingual

trille [trij] *m* MUS trill

trimballer [trɛ̃bale] ⟨1a⟩ F hump F, lug

trimer [trime] ⟨1a⟩ F work like a dog F

trimestre [trimɛstr] *m* quarter; ÉDU trimester, *Br* term; **trimestriel**, **~le** quarterly; ÉDU term *atr*

trinquer [trɛ̃ke] ⟨1m⟩ (*porter un toast*) clink glasses (**avec qn** with s.o.); **~ à** *fig* F toast, drink to

triomphe [trijɔ̃f] *m* triumph; **triompher** ⟨1a⟩ triumph (**de** over)

tripartite [tripartit] tripartite

tripes [trip] *fpl* guts; CUIS tripe *sg*

triple [tripl] triple; **tripler** ⟨1a⟩ triple; **triplés**, **-ées** *mpl, fpl* triplets

tripoter [tripɔte] ⟨1a⟩ F **1** v/t objet play around with; *femme* grope, feel up **2** v/i: ~ *dans* (prendre part à) be involved in; (toucher) play around with

triste [trist] sad; *temps, paysage* dreary; *dans un ~ état* in a sorry state; **tristesse** f sadness

trivial, **~e** [trivjal] (mpl -aux) vulgar; litt (banal) trite; **trivialité** f vulgarity, litt triteness; *expression* vulgarism

troc [trɔk] m barter

trognon [trɔɲõ] m d'un fruit core; d'un chou stump

trois [trwa] **1** adj three; *le ~ mai* May third, Br the third of May **2** m three; **troisième** third; **troisièmement** thirdly

trombe [trõb] f: *des ~s d'eau* sheets of water; *en ~* fig at top speed

trombone [trõbɔn] m MUS trombone; *pour papiers* paper clip

trompe [trõp] f MUS horn; d'un éléphant trunk

tromper [trõpe] ⟨1a⟩ deceive; époux, épouse be unfaithful to; confiance abuse; **se ~** de numéro / jour get the wrong number / day; **tromperie** f deception

trompette [trõpɛt] **1** f trumpet **2** m trumpet player, trumpeter

trompeur, **-euse** [trõpœr, -øz] deceptive; (traître) deceitful

tronc [trõ] m BOT, ANAT trunk; à l'église collection box

tronçon [trõsõ] m section

trône [tron] m throne

trop [tro, liaison: trop ou trɔp] adv avec verbe too much; devant adjectif ou adverbe too; ~ **de lait / gens** too much milk / too many people; *un verre de ou en ~* one glass too many; *être de ~* be in the way, be de trop

trophée [trofe] m trophy

tropical, **~e** [trɔpikal] (mpl -aux) tropical; **tropique** m GÉOGR tropic; *les Tropiques* the Tropics

trop-plein [troplɛ̃] m (pl trop-pleins) overflow

troquer [trɔke] ⟨1m⟩ exchange, swap (*contre* for)

trot [tro] m trot; *aller au ~* trot; **trotter** ⟨1a⟩ d'un cheval trot; d'une personne run around; **trotteuse** f second hand; **trottiner** ⟨1a⟩ scamper; **trottinette** f scooter

trottoir [trotwar] m sidewalk, Br pavement; *faire le ~* F be on the streets, be a streetwalker

trou [tru] m (pl -s) hole; *j'ai un ~* my mind's a blank; ~ **de mémoire** lapse of memory

troublant, **~e** [trublã, -t] disturbing; **trouble 1** adj eau, liquide cloudy; fig: explication unclear; situation murky **2** m (désarroi) trouble; (émoi) excitement; MÉD disorder; ~s POL unrest sg; **trouble-fête** m (pl inv) spoilsport, party-pooper F; **troubler** ⟨1a⟩ liquide make cloudy; silence, sommeil disturb; réunion disrupt; (inquiéter) bother, trouble; ~ **l'ordre public** cause a disturbance; **se ~** d'un liquide become cloudy; d'une personne get flustered

troué, **~e** [true]: *avoir des semelles ~es* have holes in one's shoes; **trouée** f gap; **trouer** ⟨1a⟩ make a hole in

trouille [truj] f F: *avoir la ~* be scared witless

troupe [trup] f troop; de comédiens troupe

troupeau [trupo] m (pl -x) de vaches herd; de moutons flock (aussi fig)

trousse [trus] f kit; *être aux ~s de qn* fig be on s.o.'s heels; ~ **d'écolier** pencil case; ~ **de toilette** toilet bag

trousseau [truso] m (pl -x) d'une mariée trousseau; ~ **de clés** bunch of keys

trouvaille [truvaj] f (découverte) find; (idée) bright idea; **trouver** ⟨1a⟩ find; plan come up with; (rencontrer) meet; *aller ~ qn* go and see s.o.; ~ *que* think that; *je la trouve sympathique* I think she's nice; **se ~** (être) be; **se ~** bien be well; *il se trouve que* it turns out that

truand [tryã] m crook

truc [tryk] m F (chose) thing, thingamajig F; (*astuce*) trick

trucage → *truquage*

truchement [tryʃmɑ̃] *m*: **par le ~ de** through

truelle [tryɛl] *f* trowel

truffe [tryf] *f* BOT truffle; *d'un chien* nose; **truffé, ~e** with truffles; **~ de** *fig*: citations peppered with

truie [trɥi] *f* sow

truite [trɥit] *f* trout

truquage [trykaʒ] *m dans film* special effect; *d'une photographie* faking; **truquer** ⟨1m⟩ *élections, cartes* rig

T.S.V.P. *abr* (= *tournez s'il-vous--plaît*) PTO (= please turn over)

tu [ty] you

tuant, ~e [tɥɑ̃, -t] F exhausting, *Br* knackering F

tuba [tyba] *m* snorkel; MUS tuba

tube [tyb] *m* tube; F (*chanson*) hit; **~ digestif** ANAT digestive tract

tuberculose [tyberkyloz] *f* MÉD tuberculosis, TB

tubulaire [tybylɛr] tubular

tuer [tɥe] ⟨1n⟩ kill; *fig* (*épuiser*) exhaust; (*peiner*) bother; **se ~** (*se suicider*) kill o.s.; (*trouver la mort*) be killed; **tuerie** *f* killing, slaughter

tue-tête [tytɛt]: **à ~** at the top of one's voice

tueur [tɥœr] *m* killer; **~ à gages** hired assassin, hitman

tuile [tɥil] *f* tile; *fig* F bit of bad luck

tulipe [tylip] *f* tulip

tuméfié, ~e [tymefje] swollen

tumeur [tymœr] *f* MÉD tumor, *Br* tumour

tumulte [tymylt] *m* uproar; *fig* (*activité excessive*) hustle and bustle; **tumultueux, -euse** noisy; *passion* tumultuous, stormy

tungstène [tɛ̃ksten, tœ̃-] *m* tungsten

tunique [tynik] *f* tunic

Tunisie [tynizi]: **la ~** Tunisia; **tuni-**

sien, ~ne 1 *adj* Tunisian 2 *m/f* Tunisien, ~ne Tunisian

tunnel [tynɛl] *m* tunnel

turbine [tyrbin] *f* TECH turbine; **turbiner** ⟨1a⟩ P slave away

turbo-moteur [tyrbɔmɔtœr] *m* turbomotor

turbo-réacteur [tyrbɔreaktœr] *m* AVIAT turbojet

turbulence [tyrbylɑ̃s] *f* turbulence; *d'un élève* unruliness; **turbulent, ~e** turbulent; *élève* unruly

turc, turque [tyrk] 1 *adj* Turkish 2 *m langue* Turkish 3 *m/f* Turc, Turque Turk

turf [tœrf, tyrf] *m* SP horseracing; *terrain* racecourse

Turquie [tyrki]: **la ~** Turkey

turquoise [tyrkwaz] *f* turquoise

tutelle [tytɛl] *f* JUR guardianship; *d'un état, d'une société* supervision, control; *fig* protection; **tuteur, -trice 1** *m/f* JUR guardian 2 *m* BOT stake

tutoyer [tytwaje] ⟨1h⟩ address as 'tu'

tuyau [tɥijo] *m* (*pl* -x) pipe; *flexible* hose; F (*information*) tip; **~ d'arrosage** garden hose; **~ d'échappement** exhaust pipe; **tuyauter** ⟨1a⟩ F: **~ qn** tip s.o. off

T.V.A. [teveα] *f abr* (= **taxe sur ou à la valeur ajoutée**) sales tax, *Br* VAT (= value added tax)

tympan [tɛ̃pɑ̃] *m* ANAT eardrum

type [tip] *m* type; F (*gars*) guy F; **un chic ~** a great guy; **contrat** *m* ~ standard contract

typhoïde [tifɔid] *f* typhoid

typhon [tifɔ̃] *m* typhoon

typique [tipik] typical (**de** of); **typiquement** *adv* typically

tyran [tirɑ̃] *m* tyrant (*aussi fig*); **tyrannie** *f* tyranny (*aussi fig*); **tyrannique** tyrannical; **tyranniser** ⟨1a⟩ tyrannize; *petit frère etc* bully

U

U.E. [yə] *f abr* (= *Union européenne*) EU (= European Union)

ulcère [ylsɛr] *m* MÉD ulcer; **ulcérer** ⟨1f⟩ *fig* aggrieve

ultérieur, ~e [ylterjœr] later, subsequent; **ultérieurement** *adv* later, subsequently

ultimatum [yltimatɔm] *m* ultimatum

ultime [yltim] last

ultra-conservateur, -trice [yltrakõservatœr, -tris] ultra-conservative

ultrason [yltrasõ] *m* PHYS ultrasound

ultraviolet, ~te [yltravjɔlɛ, -t] **1** *adj* ultraviolet **2** *m* ultraviolet

un, une [œ̃ *ou* œ, yn] *article* ◊ a; *devant voyelle* an; **un tigre / un éléphant** a tiger / an elephant; **un utilisateur** a user; **pas un seul …** not a single …, not one single …

◊ *pron* one; **le un** one; **un à un** one by one; **un sur trois** one in three; **à la une** *dans journal* on the front page; **faire la une** make the headlines; **l'un / l'une des touristes** one of the tourists; **les uns avaient …** some (of them) had …; **elles s'aident les unes les autres** they help each other *ou* one another; **l'un et l'autre** both of them; **l'un après l'autre** one after the other, in turn

◊ *chiffre* one; **à une heure** at one o'clock

unanime [ynanim] unanimous; **unanimité** *f* unanimity; **à l'~** unanimously

uni, ~e [yni] *pays* united; *surface* even, smooth; *tissu* solid(-colored), *Br* self-coloured; *famille* close-knit

unification [ynifikasjõ] *f* unification; **unifier** ⟨1a⟩ unite, unify

uniforme [ynifɔrm] **1** *adj* uniform; *existence* unchanging **2** *m* uniform; **uniformiser** ⟨1a⟩ standardize; **uniformité** *f* uniformity

unilatéral, ~e [ynilateral] (*mpl* -aux) unilateral

union [ynjõ] *f* union; (*cohésion*) unity; **Union européenne** European Union; **l'Union soviétique** HIST the Soviet Union; **~** (*conjugale*) marriage

unique [ynik] (*seul*) single; *fils* only; (*extraordinaire*) unique; **uniquement** *adv* only

unir [ynir] ⟨2a⟩ POL unite; *par moyen de communication* link; *couple* join in marriage, marry; **~ la beauté à l'intelligence** combine beauty with intelligence; **s'~** unite; (*se marier*) marry

unitaire [yniter] unitary; *prix* unit *atr*

unité [ynite] *f* unit; **~ centrale** INFORM central processing unit, CPU; **~ de commande** control unit

univers [yniver] *m* universe; *fig* world; **universel, ~le** universal

universitaire [yniversiter] **1** *adj* university *atr* **2** *m/f* academic; **université** *f* university

Untel [œ̃tɛl, œ̃-]: **monsieur ~** Mr So-and-So

uranium [yranjɔm] *m* CHIM uranium

urbain, ~e [yrbɛ̃, -ɛn] urban; **urbaniser** ⟨1a⟩ urbanize; **urbanisme** *m* town planning; **urbaniste** *m* town planner

urgence [yrʒɑ̃s] *f* urgency; **une ~** an emergency; **d'~** emergency *atr*; **état** *m* **d'~** state of emergency; **urgent, ~e** urgent

urine [yrin] *f* urine; **uriner** ⟨1a⟩ urinate

urne [yrn] *f*: **aller aux ~s** go to the polls

usage [yzaʒ] *m* use; (*coutume*) custom, practice; *linguistique* usage; **hors d'~** out of use; **à l'~** with use; **à l'~ de qn** for use by s.o.; **faire ~**

U

de use; *d'∼* customary; **usagé**, *∼e vê-tements* worn; **usager** *m* user

usé, *∼e* [yze] worn; *vêtement* worn-out; *pneu* worn, threadbare; *personne* worn-out, exhausted; *eaux ∼es* waste water *sg*; **user** ⟨1a⟩ *du gaz, de l'eau* use, consume; *vêtement* wear out; *yeux* ruin; *∼ qn* wear s.o. out, exhaust s.o.; *s'∼* wear out; *personne* wear o.s. out, exhaust o.s.; *∼ de qch* use sth

usine [yzin] *f* plant, factory; *∼ d'auto-mobiles* car plant; *∼ de retraite-ment* reprocessing plant; **usiner** ⟨1a⟩ machine

usité, *∼e* [yzite] *mot* common

ustensile [ystãsil] *m* tool; *∼ de cui-sine* kitchen utensil

usuel, *∼le* [yzɥɛl] usual; *expression* common

usure [yzyr] *f* (*détérioration*) wear; *du sol* erosion

utérus [yterys] *m* ANAT womb, uterus

utile [ytil] useful; *en temps ∼* in due course

utilisable [ytilizabl] usable; **utilisa-teur**, **-trice** *m/f* user; *∼ final* end user; **utilisation** *f* use; **utiliser** ⟨1a⟩ use

utilitaire [ytiliter] utilitarian

utilité [ytilite] *f* usefulness, utility; *ça n'a aucune ∼* it's (of) no use what-ever

---

V

v. *abr* (= *voir*) see

vacance [vakãs] *f poste* opening, *Br* vacancy; *∼s* vacation *sg*, *Br* holi-day(s); *prendre des ∼s* take a vaca-tion; *en ∼s* on vacation; **vacancier**, **-ère** *m/f* vacationer, *Br* holiday-maker; **vacant**, *∼e* vacant

vacarme [vakarm] *m* din, racket

vaccin [vaksẽ] *m* MÉD vaccine; **vacci-nation** *f* MÉD vaccination; **vacciner** ⟨1a⟩ vaccinate (*contre* against)

vache [vaʃ] **1** *f* cow; *cuir* cowhide; *∼ à lait fig* milch cow; *la ∼! F* Christ! F **2** *adj* F mean, rotten F; **vachement** *adv* F bon, content damn F, *Br aussi* bloody F; *changer, vieillir* one helluva lot F

vaciller [vasije] ⟨1a⟩ *sur ses jambes* sway; *d'une flamme, de la lumière* flicker; (*hésiter*) vacillate

vadrouiller [vadruje] ⟨1a⟩ F roam about

va-et-vient [vaevjẽ] *m* (*pl inv*) *d'une pièce mobile* backward and forward motion; *d'une personne* toing-and-froing

vagabond, *∼e* [vagabõ, -d] **1** *adj* wan-dering **2** *m/f* hobo, *Br* tramp; **vaga-bondage** *m* wandering; JUR va-grancy; **vagabonder** ⟨1a⟩ wander (*aussi fig*)

vagin [vaʒẽ] *m* vagina

vague[1] [vag] *f* wave (*aussi fig*); *∼ de chaleur* heatwave; *∼ de froid* cold snap

vague[2] [vag] **1** *adj* vague; *regard* far-away; *un ∼ magazine péj* some ma-gazine or other; *terrain m ∼* waste ground **2** *m* vagueness; *regarder dans le ∼* stare into the middle dis-tance; *laisser qch dans le ∼* leave sth vague; **vaguement** *adv* vaguely

vaillant, *∼e* [vajã, -t] brave, valiant; *se sentir ∼* feel fit and well

vaille [vaj] *subj de valoir*, *∼ que ∼* come what may

vain, *∼e* [vẽ, vɛn] vain; *mots* empty; *en ∼* in vain

vaincre [vẽkr] ⟨4i⟩ conquer; SP defeat; *fig: angoisse* overcome, conquer; *obs-tacle* overcome; **vaincu**, *∼e* **1** *p/p →* **vaincre 2** *adj* conquered; SP defeated; **s'avouer ~** admit defeat **3** *m* loser; **l'armée des ~s** the defeated army

vainement [vεnmɑ̃] *adv* in vain, vainly

vainqueur [vɛ̃kœr] *m* winner, victor

vaisseau [vεso] *m* (*pl -x*) ANAT, *litt* (*bateau*) vessel; **~ sanguin** blood vessel; **~ spatial** spaceship

vaisselle [vεsεl] *f* dishes *pl*; **laver** *ou* **faire la ~** do *ou* wash the dishes, *Br aussi* do the washing-up

val [val] *m* (*pl vaux* [vo] *ou* **vals**) *litt* valley

valable [valabl] valid

valet [valε] *m cartes* jack, knave

valeur [valœr] *f* value, worth; *d'une personne* worth; **~s** COMM securities; **~ ajoutée** added value; **sans ~** worthless; **mettre en ~** emphasize, highlight; **avoir de la ~** be valuable

validation [validasjɔ̃] *f* validation; **valide** (*sain*) fit; *passeport, ticket* valid; **valider** ⟨1a⟩ validate; *ticket* stamp; **validité** *f* validity

valise [valiz] *f* bag, suitcase; **faire sa ~** pack one's bags

vallée [vale] *f* valley

vallon [valɔ̃] *m* (small) valley; **vallonné, ~e** hilly

valoir [valwar] ⟨3h⟩ **1** *v/i* be worth; (*coûter*) cost; **ça ne vaut rien** (*c'est médiocre*) it's no good, it's worthless; **~ pour** apply to; **~ mieux** be better (*que* than); **il vaut mieux attendre** it's better to wait (*que de faire qch* than to do sth); **il vaut mieux que je ...** (*+ subj*) it's better for me to...; **ça vaut le coup** F it's worth it; **faire ~** *droits* assert; *capital* make work; (*mettre en valeur*) emphasize **2** *v/t*: **~ qch à qn** earn s.o. sth; **à ~ sur** *d'un montant* to be offset against **3**: **se ~** be alike

valoriser [valɔrize] ⟨1a⟩ enhance the value of; *personne* enhance the image of

valse [vals] *f* waltz; **valser** ⟨1a⟩ waltz

valve [valv] *f* TECH valve

vampire [vɑ̃pir] *m* vampire; *fig* bloodsucker

vandale [vɑ̃dal] *m/f* vandal; **vandali-**

ser ⟨1a⟩ vandalize; **vandalisme** *m* vandalism

vanille [vanij] *f* vanilla

vanité [vanite] *f* (*fatuité*) vanity, conceit; (*inutilité*) futility; **vaniteux, -euse** vain, conceited

vanne [van] *f* sluice gate; F dig F

vannerie [vanri] *f* wickerwork

vantard, ~e [vɑ̃tar, -d] **1** *adj* bragging, boastful **2** *m/f* bragger, boaster; **vantardise** *f* bragging, boasting

vanter [vɑ̃te] ⟨1a⟩ praise; **se ~** brag, boast; **se ~ de qch** pride o.s. on sth

vapeur [vapœr] *f* vapor, *Br* vapour; **~** (*d'eau*) steam; **cuire à la ~** steam; **à ~** *locomotive* steam *atr*

vaporeux, -euse [vapɔrø, -z] *paysage* misty; *tissu* filmy; **vaporisateur** *m* spray; **vaporiser** ⟨1a⟩ spray

varappe [varap] *f* rock-climbing; **mur de ~** climbing wall; **varappeur, -euse** *m/f* rock-climber

variabilité [varjabilite] *f* variability; *du temps, d'humeur* changeability; **variable** variable; *temps, humeur* changeable; **variante** *f* variant; **variation** *f* (*changement*) change; (*écart*) variation

varice [varis] *f* ANAT varicose vein

varicelle [varisεl] *f* MÉD chickenpox

varié, ~e [varje] varied; **varier** ⟨1a⟩ vary; **variété** *f* variety; **~s spectacle** vaudeville *sg*, *Br* variety show *sg*

variole [varjɔl] *f* MÉD smallpox

Varsovie [varsɔvi] Warsaw

vase[1] [vaz] *m* vase

vase[2] [vaz] *f* mud

vasectomie [vazεktɔmi] *f* vasectomy

vaseux, -euse [vazø, -z] muddy; F (*nauséeux*) under the weather; F *explication, raisonnement* muddled

vasistas [vazistas] *m* fanlight

vau-l'eau [volo]: (*s'en*) **aller à ~** go to rack and ruin

vaurien, ~ne [vorjɛ̃, -ɛn] *m/f* good-for-nothing

vautour [votur] *m* vulture (*aussi fig*)

vautrer [votre] ⟨1a⟩: **se ~** sprawl (out); **dans la boue** wallow

veau [vo] *m* (*pl -x*) calf; *viande* veal; *cuir* calfskin

vedette [vədɛt] *f au théâtre, d'un film* star; *(bateau)* launch; **en ~** in the headlines; **mettre en ~** highlight; **match** *m* ~ big game

végétal, ~e [veʒetal] *(mpl -aux)* **1** *adj* plant *atr*, *huile* vegetable **2** *m* plant; **végétalien, ~ne** *m/f & adj* vegan

végétarien, ~ne [veʒetarjɛ̃, -ɛn] *m/f & adj* vegetarian

végétation [veʒetasjõ] *f* vegetation; **végéter** ⟨1f⟩ vegetate

véhémence [veemãs] *f* vehemence; **véhément, ~e** *adj* vehement

véhicule [veikyl] *m* vehicle *(aussi fig)*

veille [vɛj] *f* previous day; *absence de sommeil* wakefulness; **la ~ au soir** the previous evening; **la ~ de Noël** Christmas Eve; **à la ~ de** on the eve of; **veillée** *f d'un malade* night nursing; *(soirée)* evening; **~ funèbre** vigil; **veiller** ⟨1b⟩ stay up late; **~ à qch** see to sth; **~ à ce que tout soit** *(subj)* **prêt** see to it that everything is ready; **à faire qch** see to it that sth is done; **~ sur qn** watch over s.o.; **veilleuse** *f* nightlight; *(flamme)* pilot light; AUTO sidelight; **mettre en ~ flamme** turn down low; *fig: affaire* put on the back burner; **en ~** IN-FORM on standby

veinard, ~e [vɛnar, -d] *m/f* F lucky devil F; **veine** *f* vein; F luck; **avoir de la ~** be lucky

véliplanchiste [veliplɑ̃ʃist] *m/f* wind-surfer

vélo [velo] *m* bike; **faire du ~** go cycling; **~ tout-terrain** mountain bike

vélocité [velɔsite] *f* speed; TECH velocity

vélodrome [velɔdrom] *m* velodrome

vélomoteur [velɔmɔtœr] *m* moped

velours [v(ə)lur] *m* velvet; **~ côtelé** corduroy

velouté, ~e [vəlute] velvety; *(soupe)* smooth, creamy

velu, ~e [vəly] hairy

venaison [vənɛzõ] *f* venison

vendable [vãdabl] saleable

vendange [vãdãʒ] *f* grape harvest; **vendanger** ⟨1l⟩ bring in the grape harvest

vendeur [vãdœr] *m* sales clerk, *Br* shop assistant; **vendeuse** *f* sales clerk, *Br* shop assistant; **vendre** ⟨4a⟩ sell; *fig* betray; **à ~** for sale; **se ~** sell out

vendredi [vãdrədi] *m* Friday; **Vendredi saint** Good Friday

vendu, ~e [vãdy] **1** *p/p* → **vendre 2** *adj* sold **3** *m/f péj* traitor

vénéneux, -euse [venenø, -z] *plantes* poisonous

vénérable [venerabl] venerable; **vénération** *f* veneration; **vénérer** ⟨1f⟩ revere

vénérien, ~ne [venerjɛ̃, -ɛn]: **maladie** *f* **~ne** venereal disease

vengeance [vãʒãs] *f* vengeance; **venger** [vãʒe] ⟨1l⟩ avenge **(qn de qch** s.o. for sth); **se ~ de qn** get one's revenge on s.o.; **se ~ de qch sur qn** get one's revenge for sth on s.o.; **ne te venge pas de son erreur sur moi** don't take his mistake out on me; **vengeur, -eresse 1** *adj* vengeful **2** *m/f* avenger

venimeux, -euse [vənimø, -z] *serpent* poisonous; *fig aussi* full of venom

venin [v(ə)nɛ̃] *m* venom *(aussi fig)*

venir [v(ə)nir] ⟨2h⟩ *(aux être)* come; **à ~** to come; **j'y viens** I'm coming to that; **en ~ à croire que** come to believe that; **en ~ aux mains** come to blows; **où veut-il en ~?** what's he getting at?; **~ de** come from; **je viens / je venais de faire la vaisselle** I have / I had just washed the dishes; **~ chercher, ~ prendre** come for; **faire ~ médecin** send for

Venise [vəniz] Venice

vent [vã] *m* wind; **être dans le ~** *fig* be modern; **c'est du ~** *fig* it's all hot air; **coup** *m* **de ~** gust of wind; **il y a du ~** it's windy; **avoir ~ de qch** *fig* get wind of sth

vente [vãt] *f* sale; *activité* selling; **être dans la ~** be in sales; **~ à crédit** installment plan, *Br* hire purchase

venteux, -euse [vãtø, -z] windy

ventilateur [vãtilatœr] *m* ventilator; *électrique* fan; **ventilation** *f* ventilation; **ventiler** ⟨1a⟩ *pièce* air; *montant* break down

ventre [vɑ̃tr] *m* stomach, belly F; **à plat** ~ flat on one's stomach; ~ **à bière** beer belly, beer gut

ventriloque [vɑ̃trilɔk] *m* ventriloquist

venu, ~e [v(ə)ny] **1** *adj*: **bien / mal ~** action appropriate / inappropriate **2** *m/f*: **le premier ~, la première ~e** the first to arrive; *(n'importe qui)* anybody; **nouveau ~, nouvelle ~e** newcomer

venue [v(ə)ny] *f* arrival, advent

ver [vɛr] *m* worm; ~ **de terre** earthworm; ~ **à soie** silkworm

véracité [verasite] *f* truthfulness, veracity

verbal, ~e [vɛrbal] *(mpl -aux)* verbal; **verbaliser** ⟨1a⟩ **1** *v/i* JUR bring a charge **2** *v/t (exprimer)* verbalize

verbe [vɛrb] *m* LING verb

verdâtre [vɛrdɑtr] greenish

verdict [vɛrdikt] *m* verdict

verdir [vɛrdir] ⟨2a⟩ turn green

verdure [vɛrdyr] *f (feuillages)* greenery; *(salade)* greens *pl*

verge [vɛrʒ] *f* ANAT penis; *(baguette)* rod

verger [vɛrʒe] *m* orchard

verglacé, ~e [vɛrglase] icy; **verglas** *m* black ice

vergogne [vɛrgɔɲ] *f*: **sans ~** shameless; **avec** *verbe* shamelessly

véridique [veridik] truthful

vérifiable [verifjabl] verifiable, which can be checked; **vérification** *f* check; **vérifier** ⟨1a⟩ check; **se ~** turn out to be true

vérin [verɛ̃] *m* jack

véritable [veritabl] real; *amour* true; **véritablement** *adv* really

vérité [verite] *f* truth; **en ~** actually; **à la ~** to tell the truth

vermeil, ~le [vɛrmɛj] bright red, vermillion

vermine [vɛrmin] *f* vermin

vermoulu, ~e [vɛrmuly] worm-eaten

vermouth [vɛrmut] *m* vermouth

verni, ~e [vɛrni] varnished; F lucky; **vernir** ⟨2a⟩ varnish; *céramique* glaze; **vernis** *m* varnish; *de céramique* glaze; ~ **à ongle** nail polish, Br *aussi* nail

varnish; **vernissage** *m du bois* varnishing; *de la céramique* glazing; *(exposition)* private view

vérole [verɔl] *f* MÉD F syphilis; **petite ~** smallpox

verre [vɛr] *m* glass; **prendre un ~** have a drink; **~s de contact** contact lenses, contacts F; ~ **dépoli** frosted glass; ~ **à eau** tumbler, water glass; ~ **à vin** wine glass; **verrerie** *f* glass-making; *fabrique* glassworks *sg*; *objets* glassware; **verrière** *f (vitrail)* stained-glass window; *toit* glass roof; **verroterie** *f* glass jewelry *ou* Br jewellery

verrou [vɛru] *m (pl* -s) bolt; **sous les ~s** F behind bars; **verrouillage** *m*: ~ **central** AUTO central locking; **verrouiller** ⟨1a⟩ bolt; F lock up, put behind bars

verrue [vɛry] *f* wart

vers[1] [vɛr] *m* verse

vers[2] [vɛr] *prép* toward, Br towards; *(environ)* around, about

versant [vɛrsɑ̃] *m* slope

versatile [vɛrsatil] changeable; **versatilité** *f* changeability

verse [vɛrs]: **il pleut à ~** it's pouring down, it's bucketing down

Verseau [vɛrso] *m* ASTROL Aquarius

versement [vɛrsəmɑ̃] *m* payment

verser [vɛrse] **1** *v/t* pour (out); *sang, larmes* shed; *argent à un compte* pay in, deposit; *intérêts, pension* pay; ~ **à boire à qn** pour s.o. a drink **2** *v/i (basculer)* overturn; ~ **dans qch** *fig* succumb to sth

verset [vɛrse] *m* verse

version [vɛrsjõ] *f* version; *(traduction)* translation; *(film m en)* ~ **originale** original language version

verso [vɛrso] *m d'une feuille* back; **au ~** on the back, on the other side

vert, ~e [vɛr, -t] **1** *adj* green; *fruit* unripe; *vin* too young; *fig: personne âgée* spry; *propos* risqué; **l'Europe** *f* ~**e** AGR European agriculture **2** *m* green; **les ~s** POL *mpl* the Greens

vertébral, ~e [vɛrtebral] *(mpl -aux)* ANAT vertebral; **colonne** *f* ~**e** spine, spinal column; **vertèbre** *f* ANAT vertebra; **vertébrés** *mpl* vertebrates

vertement

322

vertement [vɛʀtəmɑ̃] adv severely

vertical, ~e [vɛʀtikal] (mpl -aux) **1** adj vertical **2** f vertical (line); **verticalement** adv vertically

vertige [vɛʀtiʒ] m vertigo, dizziness; fig giddiness; **un ~** a dizzy spell; **j'ai le ~** I feel dizzy; **des sommes qui donnent le ~** mind-blowing sums of money; **vertigineux, -euse** hauteurs dizzy; vitesse breathtaking

vertu [vɛʀty] f virtue; (pouvoir) property; **en ~ de** in accordance with; **vertueux, -euse** virtuous

verve [vɛʀv] f wit; **plein de ~** witty

vésicule [vezikyl] f ANAT: **~ biliaire** gall bladder

vessie [vesi] f ANAT bladder

veste [vɛst] f jacket; **retourner sa ~** F be a turncoat; **ramasser une ~** F suffer a defeat

vestiaire [vɛstjɛʀ] m de théâtre checkroom, Br cloakroom; d'un stade locker room

vestibule [vɛstibyl] m hall

vestige [vɛstiʒ] m le plus souvent au pl: **~s** traces, remnants

veston [vɛstõ] m jacket; coat

vêtement [vɛtmɑ̃] m item of clothing, garment; **~s** clothes; (**industrie** f **du**) **~** clothing industry, rag trade F

vétéran [veteʀɑ̃] m veteran

vétérinaire [veteʀinɛʀ] **1** adj veterinary **2** m/f veterinarian, vet

vétille [vetij] f (souvent au pl **~s**) trifle, triviality

vêtir [vetiʀ] ⟨2g⟩ litt dress

veto [veto] m veto; **droit m de ~** right of veto; **opposer son ~ à** veto

vêtu, ~e [vety] dressed

vétuste [vetyst] bâtiment dilapidated, ramshackle

veuf [vœf] **1** adj widowed **2** m widower; **veuve 1** adj widowed **2** f widow

vexant, ~e [vɛksɑ̃, -t] humiliating, mortifying; **c'est ~** contrariant that's really annoying; **vexation** f humiliation, mortification; **vexer** ⟨1a⟩: **~ qn** hurt s.o.'s feelings; **se ~** get upset

viabilité [vjabilite] f d'un projet, BIOL viability; **viable** projet, BIOL viable

viaduc [vjadyk] m viaduct

viager, -ère [vjaʒe, -ɛʀ]: **rente** f **viagère** life annuity

viande [vjɑ̃d] f meat

vibrant, ~e [vibʀɑ̃, -t] vibrating; fig vibrant; discours stirring; **vibration** f vibration; **vibrer** ⟨1a⟩ vibrate; **faire ~** fig give a buzz

vice [vis] m (défaut) defect; (péché) vice

vice-président [vispʀezidɑ̃] m COMM, POL vice-president; Br COMM vice-chairman

vicié, ~e [visje]: **air** m **~** stale air

vicieux, -euse [visjø, -z] homme, regard lecherous; cercle vicious

victime [viktim] f victim; **~ de guerre** war victim

victoire [viktwaʀ] f victory; SP win, victory; **remporter la ~** be victorious, win; **victorieux, -euse** victorious

vidange [vidɑ̃ʒ] f emptying, draining; AUTO oil change; **faire une ~** change the oil; **vidanger** ⟨1l⟩ empty, drain; AUTO huile empty out, drain off

vide [vid] **1** adj empty (aussi fig); **~ de sens** devoid of meaning **2** m (néant) emptiness; physique vacuum; (espace non occupé) (empty) space; **à ~** empty; **regarder dans le ~** gaze into space; **avoir peur du ~** suffer from vertigo, be afraid of heights

vidéo [video] **1** f video **2** adj inv video; **bande** f **~** video tape; **~ amateur** home movie

vidéocassette [videokasɛt] f video cassette

vidéoclip [videoklip] m video

vidéoconférence [videokõfeʀɑ̃s] f videoconference

vide-ordures [vidɔʀdyʀ] m (pl inv) rubbish chute

vidéothèque [videotɛk] f video library

vider [vide] ⟨1a⟩ empty (out); F personne d'une boîte de nuit throw out; CUIS volaille draw; salle vacate, leave; **~ qn** F drain ou exhaust s.o.; **se ~** empty; **videur** m F bouncer

vie [vi] f life; (vivacité) life, liveliness;

moyens matériels living; **à ~** for life; **de ma ~** in all my life *ou* days; **sans ~** lifeless; **être en ~** be alive; **coût de la ~** cost of living; **gagner sa ~** earn one's living; **~ conjugale** married life; **~ sentimentale** love life

vieil [vjɛj] → **vieux**

vieillard [vjɛjar] *m* old man; **les ~s** old people *pl*, the elderly *pl*

vieille [vjɛj] → **vieux**

vieillesse [vjɛs] *f* old age; **vieillir** ⟨2a⟩ **1** *v/t:* **~ qn** de soucis, d'une maladie age s.o.; *de vêtements, d'une coiffure* make s.o. look older **2** *v/i d'une personne* get old, age; *d'un visage* age; *d'une théorie, d'un livre* become dated; *d'un vin* age, mature; **vieillissement** *m* ageing

Vienne [vjɛn] Vienna; **viennoiseries** *fpl* croissants and similar types of bread

vierge [vjɛrʒ] **1** *f* virgin; **la Vierge** (*Marie*) REL the Virgin (Mary); **Vierge** ASTROL Virgo **2** *adj* virgin; *feuille* blank; **forêt** *f* ~ virgin forest; **laine** *f* **~** pure new wool

Viêt-nam [vjɛtnam]: **le ~** Vietnam; **vietnamien, ~ne 1** *adj* Vietnamese **2** *m langue* Vietnamese **3** *m/f* **Vietnamien, ~ne** Vietnamese

vieux, (*m* **vieil** *before a vowel or silent h*), **vieille** (*f*) [vjø, vjɛj] **1** *adj* old; **~ jeu** old-fashioned **2** *m/f* old man / old woman; **les ~** old people *pl*, the aged *pl*; **mon ~ / ma vieille** F (*mon père / ma mère*) my old man / woman F; **prendre un coup de ~** age, look older

vif, vive [vif, viv] **1** *adj* lively; (*en vie*) alive; *plaisir, satisfaction, intérêt* great, keen; *critique, douleur* sharp; *air* bracing; *froid* biting; *couleur* bright; **de vive voix** in person **2** *m* **à ~ plaie** open; **piqué au ~** cut to the quick; **entrer dans le ~ du sujet** get to the heart of the matter, get down to the nitty gritty F; **prendre sur le ~** catch in the act; **avoir les nerfs à ~** be on edge

vigie [viʒi] *f* MAR lookout man

vigilance [viʒilɑ̃s] *f* vigilance; **endormir la ~ de qn** lull s.o. into a false

sense of security; **vigilant, ~e** vigilant

vigile [viʒil] *m* (*gardien*) security man, guard

vigne [viɲ] *f* (*arbrisseau*) vine; (*plantation*) vineyard; **vigneron, ~ne** *m/f* wine grower

vignette [viɲɛt] *f* de Sécurité Sociale: *label from medication which has to accompany an application for a refund;* AUTO license tab, *Br* tax disc

vignoble [viɲɔbl] *m* plantation vineyard; *région* wine-growing area

vigoureux, -euse [vigurø, -z] *personne, animal, plante* robust, vigorous

vigueur [vigœr] *f* vigor, *Br* vigour, robustness; **plein de ~** full of energy *ou* vitality; **en ~** in force *ou* effect; **entrer en ~** come into force *ou* effect

V.I.H. [veiaʃ] *m abr* (= **Virus de l'Immunodéficience Humaine**) HIV (= human immunodeficiency virus)

vil, ~e [vil] *litt* vile; **à ~ prix** for next to nothing

vilain, ~e [vilɛ̃, -ɛn] nasty; *enfant* naughty; (*laid*) ugly

villa [vila] *f* villa

village [vilaʒ] *m* village; **villageois, ~e 1** *adj* village *atr* **2** *m/f* villager

ville [vil] *f* town; *grande city;* **~ d'eau** spa town; **la ~ de Paris** the city of Paris; **aller en ~** go into town

villégiature [vileʒjatyr] *f* holiday

vin [vɛ̃] *m* wine; **~ blanc** white wine; **~ d'honneur** reception; **~ de pays** regional wine; **~ rouge** red wine; **~ de table** table wine

vinaigre [vinɛgr] *m* vinegar

vinaigrette [vinɛgrɛt] *f* salad dressing

vindicatif, -ive [vɛ̃dikatif, -iv] vindictive

vingt [vɛ̃] twenty; → **trois**; **vingtaine:** **une ~ de personnes** about twenty people *pl*, twenty or so people *pl*; **vingtième** twentieth

vinicole [vinikɔl] wine *atr*

vinyle [vinil] *m* vinyl; **un ~** a record

viol [vjɔl] *m* rape; *d'un lieu saint* violation; **~ collectif** gang rape

violacé, ~e [vjɔlase] purplish

violation [vjɔlasjõ] *f* d'un traité viola-

V

tion; *d'une église* desecration; **~ de domicile** JUR illegal entry

violemment [vjɔlamɑ̃] *adv* violently; *fig* intensely; **violence** *f* violence; *fig* intensity; **violent, ~e** violent; *fig* intense

violer [vjɔle] ⟨1a⟩ *loi* break, violate; *promesse, serment* break; *sexuellement* rape; (*profaner*) desecrate; **violeur** *m* rapist

violet, ~te [vjɔle, -t] violet

violette [vjɔlet] *f* BOT violet

violon [vjɔlɔ̃] *m* violin; *musicien* violinist; F *prison* slammer F

violoncelle [vjɔlɔ̃sel] *m* cello; **violoncelliste** *m/f* cellist

violoniste [vjɔlɔnist] *m/f* violinist

V.I.P. [veipe *ou* viapri] *m* (*pl inv*) F VIP (= very important person)

vipère [viper] *f* adder, viper; *fig* viper

virage [viraʒ] *m de la route* curve, corner; *d'un véhicule* turn; *fig* change of direction; **prendre le ~** corner, take the corner; **~ en épingle à cheveux** hairpin curve

viral, ~e [viral] (*mpl* -aux) viral

virée [vire] *f* F trip; (*tournée*) tour; (*balade*) stroll

virement [virmɑ̃] *m* COMM transfer

virer [vire] ⟨1a⟩ *v/i* (*changer de couleur*) change color *ou* Br colour; *d'un véhicule* corner; **~ de bord** MAR tack; *fig* change direction; *sexuellement* go gay **2** *v/t argent* transfer; **~ qn** F throw *ou* kick s.o. out

virevolte [virvɔlt] *f* spin

virginal, ~e [virʒinal] (*mpl* -aux) virginal; **virginité** *f* virginity; **se refaire une ~** *fig* get one's good reputation back

virgule [virgyl] *f* comma

viril, ~e [viril] male; (*courageux*) manly; **virilité** *f* manhood; (*vigueur sexuelle*) virility

virtuel, ~le [virtɥɛl] virtual; (*possible*) potential

virtuose [virtɥoz] *m/f* virtuoso; **virtuosité** *f* virtuosity

virulent, ~e [virylɑ̃, -t] virulent

virus [virys] *m* MÉD, INFORM virus

vis [vis] *f* screw; **escalier** *m* **à ~** spiral

staircase; **serrer la ~ à qn** *fig* F tighten the screws on s.o.

visa [viza] *m* visa

visage [vizaʒ] *m* face; **visagiste** *m/f* beautician

vis-à-vis [vizavi] **1** *prép*: **~ de** opposite; (*envers*) toward, Br towards; (*en comparaison de*) compared with **2** *m* person sitting opposite; (*rencontre*) face-to-face meeting

viscéral, ~e [viseral] (*mpl* -aux) *fig: peur, haine* deep-rooted

visée [vize] *f*: **~s** (*intentions*) designs

viser [vize] ⟨1a⟩ **1** *v/t* aim at; (*s'adresser à*) be aimed at **2** *v/i* aim (*à* at); **~ à faire qch** aim to do sth; **~ haut** *fig* aim high

viseur [vizœr] *m d'une arme* sights *pl*; PHOT viewfinder

visibilité [vizibilite] *f* visibility; **visible** visible; (*évident*) clear

visière [vizjer] *f de casquette* peak

visioconférence [vizjɔkɔ̃ferɑ̃s] *f* video conference

vision [vizjɔ̃] *f* sight; (*conception, apparition*) vision; **visionnaire** *m/f & adj* visionary; **visionneuse** *f* PHOT viewer

visiophone [vizjɔfɔn] *m* videophone

visite [vizit] *f* visit; *d'une ville* tour; **être en ~ chez qn** be visiting s.o.; **rendre ~ à qn** visit s.o.; **avoir droit de ~** *d'un parent divorcé* have access; **~ de contrôle** follow-up visit; **~s à domicile** MÉD house calls; **~ de douane** customs inspection; **~ guidée** guided tour; **~ médicale** medical (examination); **visiter** ⟨1a⟩ visit; (*faire le tour de*) tour; *bagages* inspect; **visiteur, -euse** *m/f* visitor

vison [vizɔ̃] *m* mink

visqueux, -euse [viskø, -z] viscous; *péj* slimy

visser [vise] ⟨1a⟩ screw

visuel, ~le [vizɥɛl] visual; **champ** *m* **~** field of vision

vital, ~e [vital] (*mpl* -aux) vital; **vitalité** *f* vitality

vitamine [vitamin] *f* vitamin

vite [vit] *adv* fast, quickly; (*sous peu, bientôt*) soon; **~!** hurry up!, quick!; **vi-**

tesse *f* speed; AUTO gear; **à toute ~** at top speed; **en ~** F quickly
viticole [vitikɔl] wine *atr*
viticulteur [vitikyltœr] *m* wine-grower; **viticulture** *f* wine-growing
vitrage [vitraʒ] *m cloison* glass partition; *action* glazing; *ensemble de vitres* windows *pl*; **double ~** double glazing
vitrail [vitraj] *m* (*pl* -aux) stained-glass window
vitre [vitr] *f* window (pane); *de voiture* window; **vitrer** ⟨1a⟩ glaze; **vitreux, -euse** *regard* glazed; **vitrier** *m* glazier
vitrine [vitrin] *f* (*étalage*) (store) window; *meuble* display cabinet
vivace [vivas] hardy; *haine, amour* strong, lasting; **vivacité** *f d'une personne, d'un regard* liveliness, vivacity
vivant, ~e [vivã, -t] **1** *adj* (*en vie*) alive; (*plein de vie*) lively; (*doué de vie*) living; *langue* modern **2** *m* living person; **de son ~** in his lifetime; **c'est un bon ~** he enjoys life; **vivement** *adv* (*d'un ton vif*) sharply; (*vite*) briskly; *ému, touché* deeply; **~ dimanche!** roll on Sunday!, Sunday can't come soon enough!
vivier [vivje] *m* fishpond; *dans un restaurant* fish tank
vivifier [vivifje] ⟨1a⟩ invigorate
vivoter [vivɔte] ⟨1a⟩ just get by
vivre [vivr] **1** *v/i* ⟨4e⟩ live **2** *v/t* experience; **vive …!** long live …! **3** *mpl:* **~s** supplies
vocabulaire [vɔkabylɛr] *m* vocabulary
vocal, ~e [vɔkal] (*mpl* -aux) vocal
vocation [vɔkasjõ] *f* vocation, calling; **une entreprise à ~ philanthropique** a philanthropic organization
vociférer [vɔsifere] ⟨1f⟩ shout
vodka [vɔdka] *f* vodka
vœu [vø] *m* (*pl* -x) REL vow; (*souhait*) wish; **faire ~ de faire qch** vow to do sth; **tous mes ~x!** best wishes!
vogue [vɔg] *f:* **être en ~** be in fashion
voici [vwasi] here is *sg*, here are *pl*; **me ~!** here I am!; **le livre que ~** this book
voie [vwa] *f* way (*aussi fig*); *de chemin de fer* track; *d'autoroute* lane; **être en ~ de formation** be being formed;

être en ~ de guérison be on the road to recovery, be on the mend; **par (la) ~ de** by means of; **par ~ aérienne** by air; **par la ~ hiérarchique** through channels; **~ d'eau** leak; **~ express** expressway; **Voie lactée** Milky Way; **~ navigable** waterway; **~s de fait** JUR assault *sg*
voilà [vwala] there is *sg*, there are *pl*; **(et) ~!** there you are!; **en ~ assez!** that's enough!; **~ tout** that's all; **~ pourquoi** that's why; **me ~** here I am; **~ deux ans qu'il ne nous a pas écrit** he hasn't written to us in two years
voile [vwal] **1** *m* veil (*aussi fig*) **2** *f* MAR sail; SP sailing; **mettre les ~s** F take off
voiler[1] [vwale] ⟨1a⟩ veil; **se ~ d'une femme** wear the veil; *du ciel* cloud over
voiler[2] [vwale] ⟨1a⟩: **se ~ du bois** warp; *d'une roue* buckle
voilier [vwalje] *m* sailboat
voilure [vwalyr] *f* MAR sails *pl*
voir [vwar] ⟨3b⟩ see; **faire ~** show; **être bien vu** be acceptable; **cela n'a rien à ~** that has nothing to do with it; **~ à qch** see to sth; **se ~** see each other; **se ~ décerner un prix** be given a prize; **cela se voit** that's obvious; **voyons!** let's see!; *reproche* come now!; **je ne peux pas le ~** I can't stand him
voire [vwar] *adv* even
voirie [vwari] *f* (*voies*) roads *pl*; *administration* roads department
voisin, ~e [vwazɛ̃, -in] **1** *adj* neighboring, *Br* neighbouring; (*similaire*) similar **2** *m/f* neighbor, *Br* neighbour; **voisinage** *m* (*ensemble de gens*) neighborhood, *Br* neighbourhood; (*proximité*) vicinity; **voisiner** ⟨1a⟩: **~ avec** adjoin
voiture [vwatyr] *f* car; *d'un train* car, *Br* carriage; **~ de tourisme** touring car; **en ~** by car, in the car; **~ de fonction** company car; **~-piégée** car bomb
voix [vwa] *f* voice (*aussi* GRAM); POL vote; **avoir ~ au chapitre** *fig* have

V

a say in the matter; **à haute ~** in a loud voice, aloud; **à ~ basse** in a low voice, quietly

vol[1] [vɔl] *m* theft; **c'est du ~!** that's daylight robbery!; **~ à main armée** armed robbery

vol[2] [vɔl] *m* flight; **à ~ d'oiseau** as the crow flies; **au ~** in flight; **saisir l'occasion au ~** jump at the chance; **attraper un bus au ~** jump on a bus; **~ à voile** gliding

volage [vɔlaʒ] flighty

volaille [vɔlaj] *f* poultry; (*poulet etc*) bird

volant [vɔlɑ̃] *m* AUTO (steering) wheel; SP shuttlecock; *d'un vêtement* flounce

volatil, ~e [vɔlatil] CHIM volatile

volcan [vɔlkɑ̃] *m* GÉOGR volcano; **volcanique** volcanic

volée [vɔle] *f groupe d'oiseaux* flock; *en tennis, de coups de feu* volley; **~ de coups** shower of blows; **attraper un ballon à la ~** catch a ball in mid-air

voler[1] [vɔle] ⟨1a⟩ steal; **~ qch à qn** steal sth from s.o., rob s.o. of sth; **~ qn** rob s.o.

voler[2] [vɔle] ⟨1a⟩ fly (*aussi fig*)

volet [vɔle] *m de fenêtre* shutter; *fig* part; **trier sur le ~** *fig* handpick

voleter [vɔlte] ⟨1c⟩ flutter

voleur, -euse [vɔlœr, -øz] **1** *adj* thieving **2** *m/f* thief; **~ à la tire** pickpocket; **~ à l'étalage** shoplifter

volley(-ball) [vɔlɛbol] *m* volleyball

volière [vɔljɛr] *f* aviary

volontaire [vɔlɔ̃tɛr] **1** *adj* voluntary; (*délibéré*) deliberate; (*décidé*) headstrong **2** *m/f* volunteer; **volonté** *f faculté de vouloir* will; (*souhait*) wish; (*fermeté*) willpower; **de l'eau / du pain à ~** as much water / bread as you like; **faire preuve de bonne ~** show willing; **tirer à ~** fire at will

volontiers [vɔlɔ̃tje] *adv* willingly, with pleasure

volt [vɔlt] *m* ÉL volt; **voltage** *m* ÉL voltage

volte-face [vɔltəfas] *f* (*pl inv*) about--turn (*aussi fig*)

voltmètre [vɔltmɛtr] *m* ÉL voltmeter

volubilité [vɔlybilite] *f* volubility

volume [vɔlym] *m* volume; **volumineux, -euse** bulky

voluptueux, -euse [vɔlyptɥø, -z] voluptuous

volute [vɔlyt] *f* curl

vomi [vɔmi] *m* vomit; **vomir** ⟨2a⟩ **1** *v/i* vomit, throw up **2** *v/t* bring up; *fig* spew out; **vomissement** *m* vomiting

vorace [vɔras] voracious

vos [vo] → **votre**

votant, ~e [vɔtɑ̃, -t] *m/f* voter; **vote** *m* vote; *action* voting; **voter** ⟨1a⟩ **1** *v/i* vote **2** *v/t loi* pass

votre [vɔtr], *pl* **vos** [vo] your

vôtre [votr] **le / la ~, les ~s** yours

vouer [vwe] ⟨1a⟩ dedicate (**à** to); **~ sa vie à** dedicate *ou* devote one's life to; **se ~ à** dedicate *ou* devote o.s. to

vouloir [vulwar] ⟨3i⟩ want; **il veut partir** he wants to leave; **il veut que tu partes** (*subj*) he wants you to leave; **je voudrais** I would like, I'd like; **je veux bien** I'd like to; **je veux bien que tu prennes ...** (*subj*) I'd like you to take ...; **il veut bien** he'd like to; (*il est d'accord*) it's fine with him, it's ok by him; **veuillez ne pas fumer** please do not smoke; **on ne veut pas de moi** I'm not wanted

◊: **~ dire** mean

◊: **en ~ à qn** have something against s.o., bear s.o. a grudge; **je m'en veux de ne pas avoir ...** I feel bad about not not having ...

◊: **veux-tu te taire!** will you shut up!

voulu, ~e [vuly] **1** *p/p* → **vouloir 2** *adj* requisite; *délibéré* deliberate

vous [vu] *pron personnel* ◊ *sujet, sg et pl* you

◊ *complément d'objet direct, sg et pl* you; **il ne ~ a pas vu** he didn't see you

◊ *complément d'objet indirect, sg et pl* (to) you; **elle ~ en a parlé** she spoke to you about it; **je vais ~ chercher ...** I'll go and get you ...

◊ *avec verbe pronominal* yourself; *pl*

yourselves; ~ ~ *êtes coupé* you've cut yourself; ~ ~ *êtes coupés* you've cut yourselves; *si* ~ ~ *levez à …* if you get up at …

vous-même [vumɛm], *pl* **vous--mêmes** [vumɛm] yourself; *pl* yourselves

voûte [vut] *f* ARCH vault; **voûté, ~e** *personne* hunched; *dos* bent; ARCH vaulted; **voûter** ⟨1a⟩ ARCH vault; *se* ~ have a stoop

vouvoyer [vuvwaje] ⟨1h⟩ address as 'vous'

voyage [vwajaʒ] *m* trip, journey; *en paquebot* voyage; *être en* ~ be traveling *ou Br* travelling; *bon* ~*!* have a good trip!; ~ *d'affaires* business trip; ~ *de noces* honeymoon; ~ *organisé* package holiday; **voyager** ⟨1l⟩ travel; **voyageur, -euse** *m/f* traveler, *Br* traveller; *par train, avion* passenger; ~ *de commerce* traveling salesman, *Br* travelling salesman; **voyagiste** *m* (tour) operator

voyant, ~e [vwajã, -t] **1** *adj couleur* garish **2** *m* (*signal*) light) **3** *m/f* (*devin*) clairvoyant

voyelle [vwajɛl] *f* GRAM vowel

voyou [vwaju] *m* (*pl* -s) *jeune* lout

vrac [vrak] *m*: *en* ~ COMM loose; *fig* jumbled together

vrai, ~e [vrɛ] **1** *adj* (*après le subst*) true; (*devant le subst*) real, genuine; *ami*

true, genuine; *il est* ~ *que* it is true that **2** *m*: *à* ~ *dire, à dire* ~ to tell the truth; **vraiment** [vremã] *adv* really

vraisemblable [vrɛsãblabl] likely, probable; **vraisemblance** *f* likelihood, probability

vrille [vrij] *f* BOT tendril; TECH gimlet; *descendre en* ~ AVIAT go into a spin dive

vrombir [vrõbir] ⟨2a⟩ throb

VTT [vetete] *m abr* (= *vélo tout terrain*) mountain bike

vu[1] [vy] *prép* in view of; ~ *que* seeing that; *au* ~ *et au su de tout le monde* openly, in front of everybody

vu[2]**, ~e** [vy] *p/p* → *voir*

vue [vy] *f* view; *sens, faculté* sight; *à* ~ *d'œil* visibly; *à première* ~ at first sight; *à perte de* ~ as far as the eye can see; *perdre qn de* ~ lose sight of s.o.; (*perdre le contact*) lose touch with s.o.; *connaître qn de* ~ know s.o. by sight; *avoir la* ~ *basse* be shortsighted; *point de* ~ viewpoint, point of view; *en* ~ (*visible*) in view; *en* ~ *de faire qch* with a view to doing sth

vulgaire [vylgɛr] (*banal*) common; (*grossier*) common, vulgar

vulgariser [vylgarize] ⟨1a⟩ popularize; **vulgarité** *f péj* vulgarity

vulnérabilité [vylnerabilite] *f* vulnerability; **vulnérable** vulnerable

W

wagon [vagõ] *m* car, *Br* carriage; *de marchandises* car, *Br* wagon; **wagon-lit** *m* (*pl* wagons-lits) sleeping car, *Br aussi* sleeper; **wagon-restaurant** *m* (*pl* wagons-restaurants) dining car

waters [water] *mpl* toilet *sg*

watt [wat] *m* ÉL watt

W.-C. [vese] *mpl* WC *sg*

week-end [wikɛnd] *m* (*pl* week-ends) weekend; *ce* ~ on *ou Br* at the weekend

western [wɛstɛrn] *m* western

whisky [wiski] *m* whiskey, *Br* whisky

X

xénophobe [gzenɔfɔb] xenophobic;
xénophobie f xenophobia

xérès [gzerɛs, ks-] m sherry
xylophone [gzilɔfɔn] m xylophone

Y

y [i] there; **on ~ va!** let's go!; **je ne m'~
fie pas** I don't trust it; **ça ~ est!**
that's it!; **j'~ suis** (*je comprends*)
now I see, now I get it; **~ compris**
including; **n'~ compte pas** don't
count on it; **je m'~ attendais** I

thought as much; **j'~ travaille** I'm
working on it
yacht [jɔt] m yacht
yaourt [jaurt] m yoghurt
yeux [jø] pl → **œil**
yoga [jɔga] m yoga

Z

zapper [zape] channel-hop, *Br aussi*
zap
zèbre [zɛbr] m zebra
zèle [zɛl] m zeal; **faire du ~** be over-
zealous; **zélé, ~e** zealous
zéro [zero] **1** m zero, *Br aussi* nought;
SP *Br* nil; *fig* nonentity; **au-dessous
de ~** below zero; **partir de ~** start
from nothing **2** *adj:* **~ faute** no mistakes
zeste [zɛst] m peel, zest
zézaiement [zezɛmɑ̃] m lisp; **zézayer**
⟨1i⟩ lisp
zigouiller [ziguje] ⟨1a⟩ F bump off F
zigzag [zigzag] m zigzag; **zigzaguer**
⟨1m⟩ zigzag
zinc [zɛ̃g] m zinc
zizanie [zizani] f: **semer la ~** cause

trouble
zodiaque [zɔdjak] m zodiac
zombie [zɔ̃bi] m/f zombie
zona [zona] m shingles sg
zone [zon] f area, zone; *péj* slums pl; **~
de basse pression** low-pressure
area, low; **~ bleue** restricted parking
area; **~ euro** euro zone; **~ industrielle** industrial park, *Br* industrial
estate; **~ interdite** prohibited area,
no-go area; **~ de libre-échange** free
trade area; **~ résidentielle** residential area
zoo [zo] m zoo
zoologie [zɔɔlɔʒi] f zoology; **zoologiste** m/f zoologist
zoom [zum] m zoom lens
zut! [zyt] F blast!

A

a [ə], *stressed* [eɪ] *art* un(e); *$5 ~ ride* 5 $ le tour; *she's ~ dentist / an actress* elle est dentiste / actrice; *have ~ broken arm* avoir le bras cassé

a·back [ə'bæk] *adv*: *taken ~* décontenancé

a·ban·don [ə'bændən] *v/t* abandonner

a·bashed [ə'bæʃt] *adj* honteux*

a·bate [ə'beɪt] *v/i* of storm se calmer; of flood waters baisser

ab·at·toir ['æbətwɑːr] abattoir *m*

ab·bey ['æbɪ] abbaye *f*

ab·bre·vi·ate [ə'briːvɪeɪt] *v/t* abréger

ab·bre·vi·a·tion [əbriːvɪ'eɪʃn] abréviation *f*

ab·do·men ['æbdəmən] abdomen *m*

ab·dom·i·nal [æb'dɑːmɪnl] *adj* abdominal

ab·duct [əb'dʌkt] *v/t* enlever

ab·duc·tion [əb'dʌkʃn] enlèvement *m*

♦ **a·bide by** [ə'baɪd] *v/t* respecter

a·bil·i·ty [ə'bɪlətɪ] capacité *f*, *skill* faculté *f*

a·blaze [ə'bleɪz] *adj*: *be ~* être en feu

a·ble ['eɪbl] *adj* (*skillful*) compétent; *be ~ to do sth* pouvoir faire qch; *I wasn't ~ to hear* je ne pouvais pas entendre

a·ble-bod·ied ['eɪblbɑːdiːd] *adj* en bonne condition physique

ab·nor·mal [æb'nɔːrml] *adj* anormal

ab·nor·mal·ly [æb'nɔːrməlɪ] *adv* anormalement

a·board [ə'bɔːrd] **1** *prep* à bord **2** *adv*: *be ~* être à bord; *go ~* monter à bord

a·bol·ish [ə'bɑːlɪʃ] *v/t* abolir

ab·o·li·tion [æbə'lɪʃn] abolition *f*

a·bort [ə'bɔːrt] *v/t* mission etc suspendre; COMPUT: *program* suspendre l'exécution de

a·bor·tion [ə'bɔːrʃn] MED avortement *m*; *have an ~* se faire avorter

a·bor·tive [ə'bɔːrtɪv] *adj* avorté

a·bout [ə'baʊt] **1** *prep* (*concerning*) à propos de; *a book ~* un livre sur; *talk ~* parler de; *what's it ~? of book, movie* de quoi ça parle? **2** *adv* (*roughly*) à peu près; *~ noon* aux alentours de midi; *be ~ to do sth* (*be going to*) être sur le point de faire qch; (*have intention*) avoir l'intention de faire qch; *be ~* (*somewhere near*) être dans les parages

a·bove [ə'bʌv] **1** *prep* au-dessus de; *~ all* surtout **2** *adv* au-dessus; *on the floor ~* à l'étage du dessus

a·bove-men·tioned [əbʌv'menʃnd] *adj* ci-dessus, susmentionné

ab·ra·sion [ə'breɪʒn] écorchure *f*

ab·ra·sive [ə'breɪsɪv] *adj* personality abrupt

a·breast [ə'brest] *adv*: *three ~* les trois l'un à côté de l'autre; *keep ~ of* se tenir au courant de

a·bridge [ə'brɪdʒ] *v/t* abréger

a·broad [ə'brɔːd] *adv* à l'étranger

a·brupt [ə'brʌpt] *adj* brusque

a·brupt·ly [ə'brʌptlɪ] *adv* brusquement; *say* d'un ton brusque

ab·scess ['æbsɪs] abcès *m*

ab·sence ['æbsəns] absence *f*

ab·sent ['æbsənt] *adj* absent

ab·sen·tee [æbsən'tiː] absent(e) *m(f)*

ab·sen·tee·ism [æbsən'tiːɪzm] absentéisme *m*

ab·sent-mind·ed [æbsənt'maɪndɪd] *adj* distrait

ab·sent-mind·ed·ly [æbsənt'maɪndɪdlɪ] *adv* distraitement

ab·so·lute ['æbsəluːt] *adj* absolu

ab·so·lute·ly ['æbsəluːtlɪ] *adv* (*completely*) absolument; *mad* complètement; *~ not!* absolument pas!; *do you agree? – ~* tu es d'accord? - tout à fait

ab·so·lu·tion [æbsə'luːʃn] REL absolution *f*

ab·solve [əb'zɑːlv] *v/t* absoudre

absorb

ab·sorb [əb'sɔːrb] *v/t* absorber; **~ed in**
... absorbé dans

ab·sorb·en·cy [əb'sɔːrbənsı] capacité
f d'absorption

ab·sorb·ent [əb'sɔːrbənt] *adj* absorbant

ab·sorb·ent 'cot·ton coton *m* hydrophile

ab·sorb·ing [əb'sɔːrbıŋ] *adj* absorbant

ab·stain [əb'steın] *v/i from voting*
s'abstenir

ab·sten·tion [əb'stenʃn] *in voting* abstention *f*

ab·stract ['æbstrækt] *adj* abstrait

ab·struse [əb'struːs] *adj* abstrus

ab·surd [əb'sɜːrd] *adj* absurde

ab·surd·i·ty [əb'sɜːrdətı] absurdité *f*

ab·surd·ly [əb'sɜːrdlı] *adv* absurde-
ment

a·bun·dance [ə'bʌndəns] abondance *f*

a·bun·dant [ə'bʌndənt] *adj* abondant

a·buse[1] [ə'bjuːs] *n verbal* insultes *fpl*;
physical violences *fpl* physiques; *sexual* sévices *mpl* sexuels; *of power etc*
abus *m*

a·buse[2] [ə'bjuːz] *v/t verbally* insulter;
physically maltraiter; *sexually* faire
subir des sévices sexuels à; *power
etc* abuser de

a·bu·sive [ə'bjuːsıv] *adj language* insultant; **become ~** devenir insultant

a·bys·mal [ə'bızml] *adj* F (*very bad*) lamentable

a·byss [ə'bıs] abîme *m*

AC ['eısı] *abbr* (= **alternating current**) CA (= courant *m* alternatif)

ac·a·dem·ic [ækə'demık] **1** *n* universitaire *m/f* **2** *adj year: at school* scolaire;
at university universitaire; *person, in-
terests, studies* intellectuel*

a·cad·e·my [ə'kædəmı] académie *f*

ac·cel·e·rate [ək'seləreıt] *v/i & v/t* accélérer

ac·cel·e·ra·tion [əkselə'reıʃn] accélération *f*

ac·cel·e·ra·tor [ək'seləreıtər] accélérateur *m*

ac·cent ['æksənt] *when speaking*, (*emphasis*) accent *m*

ac·cen·tu·ate [ək'sentʊeıt] *v/t* accentuer

ac·cept [ək'sept] *v/t & v/i* accepter

ac·cept·a·ble [ək'septəbl] *adj* acceptable

ac·cept·ance [ək'septəns] acceptation *f*

ac·cess ['ækses] **1** *n* accès *m*; **have ~
to** avoir accès à **2** *v/t also* COMPUT accéder à

ac·ces·si·ble [ək'sesəbl] *adj* accessible

ac·ces·so·ry [ək'sesərı] *for wearing*
accessoire *m*; LAW complice *m/f*

'ac·cess road route *f* d'accès

'ac·cess time COMPUT temps *m* d'accès

ac·ci·dent ['æksıdənt] accident *m*; **by
~** par hasard

ac·ci·den·tal [æksı'dentl] *adj* accidentel*

ac·ci·den·tal·ly [æksı'dentlı] *adv* accidentellement

ac·claim [ə'kleım] **1** *n*: **meet with ~** recevoir des louanges **2** *v/t* saluer (**as**
comme)

ac·cla·ma·tion [əklə'meıʃn] acclamation *f*

ac·cli·mate, ac·cli·ma·tize [ə'klaı-
mət, ə'klaımətaız] *v/t of plant* s'acclimater

ac·com·mo·date [ə'kɑːmədeıt] *v/t* loger; *special requirements* s'adapter à

ac·com·mo·da·tions [əkɑːmə'deıʃnz]
npl logement *m*

ac·com·pa·ni·ment [ə'kʌmpənımənt]
MUS accompagnement *m*

ac·com·pa·nist [ə'kʌmpənıst] MUS
accompagnateur(-trice) *m(f)*

ac·com·pa·ny [ə'kʌmpənı] *v/t (pret &
pp* **-ied**) *also* MUS accompagner

ac·com·plish [ə'kʌmplıʃ] *v/t (achieve),
task, mission* accomplir

ac·com·plished [ə'kʌmplıʃt] *adj pianist, cook etc* accompli

ac·com·plish·ment [ə'kʌmplıʃmənt]
of task, mission accomplissement *m*;
(*achievement*) réussite *f*; (*talent*) talent
m

ac·cord [ə'kɔːrd] accord *m*; **of one's
own ~** de son plein gré

ac·cord·ance [ə'kɔːrdəns]: **in ~ with**

conformément à

ac·cord·ing [ə'kɔːrdɪŋ] *adv*: ~ *to* selon

ac·cord·ing·ly [ə'kɔːrdɪŋlɪ] *adv* (*consequently*) par conséquent; (*appropriately*) en conséquence

ac·cor·di·on [ə'kɔːrdɪən] accordéon *m*

ac·cor·di·on·ist [ə'kɔːrdɪənɪst] accordéoniste *m/f*

ac·count [ə'kaʊnt] *financial* compte *m*; (*report, description*) récit *m*; *give an ~ of* faire le récit de; *on no ~* en aucun cas; *on ~ of* en raison de; *take ... into ~, take ~ of ...* tenir compte de ...

♦ **account for** *v/t* (*explain*) expliquer; (*make up, constitute*) représenter

ac·count·a·ble [ə'kaʊntəbl] *adj*: *be ~ to* devoir rendre des comptes à; *be held ~* être tenu responsable

ac·count·ant [ə'kaʊntənt] comptable *m/f*

ac'count hold·er titulaire *m/f* de compte

ac'count num·ber numéro *m* de compte

ac·counts [ə'kaʊnts] comptabilité *f*

ac·cu·mu·late [ə'kjuːmjʊleɪt] **1** *v/t* accumuler **2** *v/i* s'accumuler

ac·cu·mu·la·tion [əkjuːmjʊ'leɪʃn] accumulation *f*

ac·cu·ra·cy ['ækjʊrəsɪ] justesse *f*

ac·cu·rate ['ækjʊrət] *adj* juste

ac·cu·rate·ly ['ækjʊrətlɪ] *adv* avec justesse

ac·cu·sa·tion [ækjuː'zeɪʃn] accusation *f*

ac·cuse [ə'kjuːz] *v/t* accuser; ~ *s.o. of doing sth* accuser qn de faire qch; *be ~d of* LAW être accusé de

ac·cused [ə'kjuːzd] LAW: *the ~* l'accusé(e) *m(f)*

ac·cus·ing [ə'kjuːzɪŋ] *adj* accusateur*

ac·cus·ing·ly [ə'kjuːzɪŋlɪ] *adv say* d'un ton accusateur; *look* d'un air accusateur

ac·cus·tom [ə'kʌstəm] *v/t*: *get ~ed to* s'accoutumer à; *be ~ed to doing sth* avoir l'habitude de faire qch, être accoutumé à faire qch

ace [eɪs] *in cards* as *m*; *tennis shot* ace *m*

ache [eɪk] **1** *n* douleur *f* **2** *v/i*: *my*

arm / head ~s j'ai mal au bras / à la tête

a·chieve [ə'tʃiːv] *v/t* accomplir

a·chieve·ment [ə'tʃiːvmənt] (*thing achieved*) accomplissement *m*; *of ambition* réalisation *f*

ac·id ['æsɪd] *n* acide *m*

a·cid·i·ty [ə'sɪdətɪ] acidité *f*

ac·id 'rain pluies *fpl* acides

'ac·id test *fig* test *m* décisif

ac·knowl·edge [ək'nɑːlɪdʒ] *v/t* reconnaître; ~ *receipt of a letter* accuser réception d'une lettre

ac·knowl·edg(e)·ment [ək'nɑːlɪdʒmənt] reconnaissance *f*; *of a letter* accusé *m* de réception

ac·ne ['ækni] MED acné *m*

a·corn ['eɪkɔːrn] BOT gland *m* (de chêne)

a·cous·tics [ə'kuːstɪks] acoustique *f*

ac·quaint [ə'kweɪnt] *v/t fml*: *be ~ed with* connaître

ac·quaint·ance [ə'kweɪntəns] *person* connaissance *f*

ac·qui·esce [ækwɪ'es] *v/i fml* acquiescer

ac·quire [ə'kwaɪr] *v/t* acquérir

ac·qui·si·tion [ækwɪ'zɪʃn] acquisition *f*

ac·quis·i·tive [æ'kwɪzətɪv] *adj* avide

ac·quit [ə'kwɪt] *v/t* LAW acquitter

ac·quit·tal [ə'kwɪtl] LAW acquittement *m*

a·cre ['eɪkər] acre *m*

a·cre·age ['eɪkrɪdʒ] acres *mpl*

ac·rid ['ækrɪd] *adj smell* âcre

ac·ri·mo·ni·ous [ækrɪ'moʊnɪəs] *adj* acrimonieux*

ac·ro·bat ['ækrəbæt] acrobate *m/f*

ac·ro·bat·ic [ækrə'bætɪk] *adj* acrobatique

ac·ro·bat·ics [ækrə'bætɪks] *npl* acrobaties *fpl*

ac·ro·nym ['ækrənɪm] acronyme *m*

a·cross [ə'krɑːs] **1** *prep* de l'autre côté de; *sail ~ the Atlantic* traverser l'Atlantique en bateau; *walk ~ the street* traverser la rue; ~ *Europe all over* dans toute l'Europe; ~ *from ...* en face de ... **2** *adv*: *swim ~* traverser à la nage; *jump ~* sauter par-dessus; **10m** ~ 10 m de large

a·cryl·ic [əˈkrɪlɪk] acrylique *m*

act [ækt] **1** *v/i* (*take action*) agir; THEA faire du théâtre; (*pretend*) faire semblant; ~ **as** faire office de **2** *n* (*deed*) fait *m*; *of play* acte *m*; *in variety show* numéro *m*; (*law*) loi *f*; **it's an** ~ (*pretense*) c'est du cinéma; ~ **of God** catastrophe *f* naturelle

act·ing [ˈæktɪŋ] **1** *adj* (*temporary*) intérimaire **2** *n performance* jeu *m*; **go into** ~ devenir acteur

ac·tion [ˈækʃn] action *f*; **out of** ~ (*not functioning*) hors service; **take** ~ prendre des mesures; **bring an** ~ **against** LAW intenter une action en justice contre

ac·tion 're·play TV reprise *f*

ac·tive [ˈæktɪv] *adj also* GRAM actif*

ac·tiv·ist [ˈæktɪvɪst] POL activiste *m/f*

ac·tiv·i·ty [ækˈtɪvətɪ] activité *f*

ac·tor [ˈæktər] acteur *m*

ac·tress [ˈæktrɪs] actrice *f*

ac·tu·al [ˈæktʃʊəl] *adj* véritable

ac·tu·al·ly [ˈæktʃʊəlɪ] *adv* (*in fact, to tell the truth*) en fait; *expressing surprise* vraiment; ~ **I do know him** *stressing converse* à vrai dire, je le connais

ac·u·punc·ture [ˈækjəpʌŋktʃər] acupuncture *f*, acuponcture *f*

a·cute [əˈkjuːt] *adj pain, embarrassment* intense; *sense of smell* très développé

a·cute·ly [əˈkjuːtlɪ] *adv* (*extremely*) extrêmement

AD [eɪˈdiː] *abbr* (= **anno domini**) av. J.-C. (= avant Jésus Christ)

ad [æd] → **advertisement**

ad·a·mant [ˈædəmənt] *adj*: **be** ~ **that** ... soutenir catégoriquement que ...

Ad·am's ap·ple [ædəmzˈæpl] pomme *f* d'Adam

a·dapt [əˈdæpt] **1** *v/t* adapter **2** *v/i of person* s'adapter

a·dapt·a·bil·i·ty [ədæptəˈbɪlətɪ] faculté *f* d'adaptation

a·dapt·a·ble [əˈdæptəbl] *adj person, plant* adaptable; *vehicle etc* multifonction *inv*

a·dap·ta·tion [ædæpˈteɪʃn] *of play etc* adaptation *f*

a·dapt·er [əˈdæptər] *electrical* adaptateur *m*

add [æd] **1** *v/t* ajouter; MATH additionner **2** *v/i of person* faire des additions

♦ **add on** *v/t* 15% *etc* ajouter

♦ **add up 1** *v/t* additionner **2** *v/i fig* avoir du sens

ad·der [ˈædər] vipère *f*

ad·dict [ˈædɪkt] (*drug* ~) drogué(e) *m(f)*; *of TV program etc* accro *m/f* F

ad·dict·ed [əˈdɪktɪd] *adj to drugs* drogué; *to TV program etc* accro F; **be** ~ **to** être accro à

ad·dic·tion [əˈdɪkʃn] *to drugs* dépendance *f* (**to** de)

ad·dic·tive [əˈdɪktɪv] *adj*: **be** ~ entraîner une dépendance

ad·di·tion [əˈdɪʃn] MATH addition *f*; *to list* ajout *m*; *to company* recrue *f*; **in** ~ de plus; **in** ~ **to** en plus de; **the latest** ~ **to the family** le petit dernier / la petite dernière

ad·di·tion·al [əˈdɪʃnl] *adj* supplémentaire

ad·di·tive [ˈædɪtɪv] additif *m*

add-on [ˈædɑːn] accessoire *m*

ad·dress [əˈdres] **1** *n of person* adresse *f*; **form of** ~ titre *m* **2** *v/t letter* adresser; *audience, person* s'adresser à

ad'dress book carnet *m* d'adresses

ad·dress·ee [ædreˈsiː] destinataire *m/f*

ad·ept [ˈædept] *adj* expert; **be** ~ **at doing sth** être expert dans l'art de faire qch

ad·e·quate [ˈædɪkwət] *adj* (*sufficient*) suffisant; (*satisfactory*) satisfaisant

ad·e·quate·ly [ˈædɪkwətlɪ] *adv* suffisamment

ad·here [ədˈhɪr] *v/i* adhérer

♦ **adhere to** *v/t* adhérer à

ad·he·sive [ədˈhiːsɪv] *n* adhésif *m*

ad·he·sive 'tape (ruban *m*) adhésif *m*

ad·ja·cent [əˈdʒeɪsnt] *adj* adjacent

ad·jec·tive [ˈædʒɪktɪv] adjectif *m*

ad·join [əˈdʒɔɪn] *v/t* être à côté de

ad·join·ing [əˈdʒɔɪnɪŋ] *adj* attenant

ad·journ [əˈdʒɜːrn] *v/i* ajourner

ad·journ·ment [əˈdʒɜːrnmənt] ajournement *m*

ad·just [əˈdʒʌst] *v/t* ajuster

ad·just·a·ble [əˈdʒʌstəbl] *adj* ajustable

ad·just·ment [əˈdʒʌstmənt] ajustement *m*

ad lib [ædˈlɪb] **1** *adj* improvisé **2** *adv* en improvisant **3** *v/i* (*pret & pp* **-bed**) improviser

ad·min·is·ter [ədˈmɪnɪstər] *v/t medicine* donner; *company, country* administrer

ad·min·is·tra·tion [ədmɪnɪˈstreɪʃn] *of company, institution* administration *f*; (*administrative work*) tâches *fpl* administratives; (*government*) gouvernement *m*

ad·min·is·tra·tive [ədmɪnɪˈstrətɪv] *adj* administratif*

ad·min·is·tra·tor [ədˈmɪnɪstreɪtər] administrateur(-trice) *m(f)*

ad·mi·ra·ble [ˈædmərəbl] *adj* admirable

ad·mi·ra·bly [ˈædmərəblɪ] *adv* admirablement

ad·mi·ral [ˈædmərəl] amiral *m*

ad·mi·ra·tion [ædməˈreɪʃn] admiration *f*

ad·mire [ədˈmaɪr] *v/t* admirer

ad·mir·er [ədˈmaɪrər] admirateur(-trice) *m(f)*

ad·mir·ing [ədˈmaɪrɪŋ] *adj* admiratif*

ad·mir·ing·ly [ədˈmaɪrɪŋlɪ] *adv* admirativement

ad·mis·si·ble [ədˈmɪsəbl] *adj evidence* admis

ad·mis·sion [ədˈmɪʃn] (*confession*) aveu *m*; **~ free** entrée *f* gratuite

ad·mit [ədˈmɪt] *v/t* (*pret & pp* **-ted**) *into a place*, (*accept*) admettre; (*confess*) avouer

ad·mit·tance [ədˈmɪtəns] **no ~** entrée *f* interdite

ad·mit·ted·ly [ədˈmɪtedlɪ] *adv* il faut l'admettre

ad·mon·ish [ədˈmɑːnɪʃ] *v/t fml* réprimander

a·do [əˈduː] **without further ~** sans plus parler

ad·o·les·cence [ædəˈlesns] adolescence *f*

ad·o·les·cent [ædəˈlesnt] **1** *adj* adolescent **2** *n* adolescent(e) *m(f)*

a·dopt [əˈdɑːpt] *v/t* adopter

a·dop·tion [əˈdɑːpʃn] adoption *f*

a·dop·tive [əˈdɑːptɪv] *adj:* **~ parents** parents *mpl* adoptifs

a·dor·a·ble [əˈdɔːrəbl] *adj* adorable

ad·o·ra·tion [ædəˈreɪʃn] adoration *f*

a·dore [əˈdɔːr] *v/t* adorer

a·dor·ing [əˈdɔːrɪŋ] *adj expression* d'adoration; *fans* plein d'adoration

ad·ren·al·in [əˈdrenəlɪn] adrénaline *f*

a·drift [əˈdrɪft] *adj also fig* à la dérive

ad·u·la·tion [ædjuˈleɪʃn] adulation *f*

a·dult [ˈædʌlt] **1** *adj* adulte **2** *n* adulte *m/f*

a·dult ed·u·ca·tion enseignement *m* pour adultes

a·dul·ter·ous [əˈdʌltərəs] *adj* adultère

a·dul·ter·y [əˈdʌltərɪ] adultère *m*

'a·dult film *euph* film *m* pour adultes

ad·vance [ədˈvæns] **1** *n money* avance *f*, *in science etc* avancée *f*; MIL progression *f*; **in ~** à l'avance; **payment in ~** paiement *m* anticipé; **make ~s** (*progress*) faire des progrès; *sexually* faire des avances **2** *v/i* MIL, (*make progress*) avancer **3** *v/t theory*, *sum of money* avancer; *human knowledge*, *cause* faire avancer

ad·vance 'book·ing: ~ advised il est conseillé de réserver à l'avance

ad·vanced [ədˈvænst] *adj* avancé

ad·vance 'no·tice préavis *m*

ad·vance 'pay·ment acompte *m*

ad·van·tage [ədˈvæntɪdʒ] avantage *m*; **it's to your ~** c'est dans ton intérêt; **take ~ of** *opportunity* profiter de

ad·van·ta·geous [ædvənˈteɪdʒəs] *adj* avantageux*

ad·vent [ˈædvent] *fig* arrivée *f*

'Ad·vent cal·en·dar calendrier *m* de l'avent

ad·ven·ture [ədˈventʃər] aventure *f*

ad·ven·tur·ous [ədˈventʃərəs] *adj* aventureux*

ad·verb [ˈædvɜːrb] adverbe *m*

ad·ver·sa·ry [ˈædvərsərɪ] adversaire *m/f*

ad·verse [ˈædvɜːrs] *adj* adverse

ad·vert [ˈædvɜːrt] *Br* → **advertisement**

ad·ver·tise [ˈædvərtaɪz] **1** *v/t product* faire de la publicité pour; *job* mettre

une annonce pour **2** v/i for a product
faire de la publicité; *to fill job* mettre
une annonce

ad·ver·tise·ment [ədˈvɜːrtaɪsmənt]
for a product publicité *f*, pub *f* F;
for job annonce *f*

ad·ver·tis·er [ˈædvərtaɪzər] annon-
ceur(-euse) *m(f)*

ad·ver·tis·ing [ˈædvərtaɪzɪŋ] publicité
f

ˈad·ver·tis·ing a·gen·cy agence *f* de
publicité; **ˈad·ver·tis·ing budg·et**
budget *m* de publicité; **ˈad·ver·tis-
ing cam·paign** campagne *f* de publicité; **ˈad·ver·tis·ing rev·e·nue** recettes *fpl* publicitaires

ad·vice [ədˈvaɪs] conseils *mpl*; *a bit of*
~ un conseil; *take s.o.'s ~* suivre le
conseil de qn

ad·vis·a·ble [ədˈvaɪzəbl] *adj* conseillé

ad·vise [ədˈvaɪz] v/t conseiller; *~ s.o.*
to do sth conseiller à qn de faire qch

ad·vis·er [ədˈvaɪzər] conseiller(-ère)
m(f)

ad·vo·cate [ˈædvəkeɪt] v/t recommander

aer·i·al [ˈerɪəl] *n Br* antenne *f*

aer·i·al ˈpho·to·graph photographie *f*
aérienne

aer·o·bics [eˈroubɪks] *nsg* aérobic *m*

aer·o·dy·nam·ic [eroudaɪˈnæmɪk] *adj*
aérodynamique

aer·o·nau·ti·cal [erouˈnɒːtɪkl] *adj* aéronautique

aer·o·plane [ˈeroupleɪn] *Br* avion *m*

aer·o·sol [ˈerəsɑːl] aérosol *m*

aer·o·space in·dus·try [ˈerəspeɪs] industrie *f* aérospatiale

aes·thet·ic etc Br → **esthetic** etc

af·fa·ble [ˈæfəbl] *adj* affable

af·fair [əˈfer] *(matter, business)* affaire *f*;
(love) liaison *f*; **foreign ~s** affaires
fpl étrangères; *have an ~ with* avoir
une liaison avec

af·fect [əˈfekt] v/t MED endommager;
decision influer sur; *person emotion-*
ally, (concern) toucher

af·fec·tion [əˈfekʃn] affection *f*

af·fec·tion·ate [əˈfekʃnət] *adj* affectueux*

af·fec·tion·ate·ly [əˈfekʃnətli] *adv* af-

fectueusement

af·fin·i·ty [əˈfɪnəti] affinité *f*

af·fir·ma·tive [əˈfɜːrmətɪv] **1** *adj* affirmatif* **2** *n*: *answer in the ~* répondre
affirmativement

af·flu·ence [ˈæfluəns] richesse *f*

af·flu·ent [ˈæfluənt] *adj* riche; *the ~*
society la société de consommation

af·ford [əˈfɔːrd] v/t: *be able to ~ sth*
financially pouvoir se permettre
d'acheter qch; *I can't ~ the time* je
n'ai pas assez de temps; *it's a risk*
we can't ~ to take c'est un risque
qu'on ne peut pas se permettre de
prendre

af·ford·a·ble [əˈfɔːrdəbl] *adj* abordable

a·float [əˈflout] *adj boat* sur l'eau;
keep the company ~ maintenir l'entreprise à flot

a·fraid [əˈfreɪd] *adj*: *be ~* avoir peur *(of*
de); *I'm ~ of upsetting him* j'ai peur
de le contrarier; *I'm ~ expressing re-*
gret je crains; *I'm ~ so / not* je crains
que oui / non

a·fresh [əˈfreʃ] *adv*: *start ~* recommencer

Af·ri·ca [ˈæfrɪkə] Afrique *f*

Af·ri·can [ˈæfrɪkən] **1** *adj* africain **2** *n*
Africain(e) *m(f)*

af·ter [ˈæftər] **1** *prep* après; *~ doing*
sth après avoir fait qch; *~ all* après
tout; *it's ten ~ two* il est deux heures
dix; *that's what I'm ~* c'est ça que je
cherche **2** *adv (afterward)* après; *the*
day ~ le lendemain

af·ter·math [ˈæftərmæθ] suite *f*

af·ter·noon [æftərˈnuːn] après-midi
m; *in the ~* l'après-midi; *this ~* cet
après-midi

ˈaf·ter sales serv·ice service *m* après-
-vente; **ˈaf·ter·shave** lotion *f* après-
-rasage; **ˈaf·ter·taste** arrière-goût *m*

af·ter·ward [ˈæftərwərd] *adv* ensuite

a·gain [əˈgeɪn] *adv* encore; *I never*
saw him ~ je ne l'ai jamais revu;
start ~ recommencer

a·gainst [əˈgenst] *prep* contre; *I'm ~*
the idea je suis contre cette idée

age [eɪdʒ] **1** *n* âge *m*; *at the ~ of ten* à
l'âge de dix ans; *she's five years of*

~ elle a cinq ans; **under ~** mineur; **I've been waiting for ~** F ça fait une éternité que j'attends **2** v/i vieillir

aged[1] [eɪdʒd] *adj:* **~ 16** âgé de 16 ans

a·ged[2] ['eɪdʒɪd] **1** *adj:* **her ~ parents** ses vieux parents **2** *npl:* **the ~** les personnes *fpl* âgées

'age group catégorie *f* d'âge

'age lim·it limite *f* d'âge

a·gen·cy ['eɪdʒənsɪ] agence *f*

a·gen·da [ə'dʒendə] *of meeting* ordre *m* du jour; **on the ~** à l'ordre du jour

a·gent ['eɪdʒənt] COMM agent *m*

ag·gra·vate ['æɡrəveɪt] v/t *rash* faire empirer; *situation* aggraver, faire empirer; *(annoy)* agacer

ag·gre·gate ['æɡrɪɡət] SP: **win on ~** totaliser le plus de points

ag·gres·sion [ə'ɡreʃn] agression *f*

ag·gres·sive [ə'ɡresɪv] *adj* agressif*; *(dynamic)* dynamique

ag·gres·sive·ly [ə'ɡresɪvlɪ] *adv* agressivement

a·ghast [ə'ɡæst] *adj* horrifié

a·gile ['ædʒəl] *adj* agile

a·gil·i·ty [ə'dʒɪlətɪ] agilité *f*

ag·i·tate ['ædʒɪteɪt] v/i: **~ for** militer pour

ag·i·tat·ed ['ædʒɪteɪtɪd] *adj* agité

ag·i·ta·tion [ædʒɪ'teɪʃn] agitation *f*

ag·i·ta·tor [ædʒɪ'teɪtər] agitateur (-trice) *m(f)*

a·go [ə'ɡoʊ] *adv:* **two days ~** il y a deux jours; **long ~** il y a longtemps; **how long ~?** il y a combien de temps?

ag·o·nize ['æɡənaɪz] v/i se tourmenter *(over* sur)

ag·o·niz·ing ['æɡənaɪzɪŋ] *adj* terrible

ag·o·ny ['æɡənɪ] *mental* tourment *m*; *physical* grande douleur *f*; **be in ~** être à l'agonie

a·gree [ə'ɡriː] **1** v/i être d'accord *(of figures, accounts* s'accorder; *(reach agreement)* s'entendre; **I ~** je suis d'accord; **it doesn't ~ with me** *of food* je ne le digère pas **2** v/t *price* s'entendre sur; **I ~ that ...** je conviens que ...

a·gree·a·ble [ə'ɡriːəbl] *adj (pleasant)* agréable; **be ~** *(in agreement)* être d'accord

a·gree·ment [ə'ɡriːmənt] *(consent, contract)* accord *m*; **reach ~ on** parvenir à un accord sur

ag·ri·cul·tur·al [æɡrɪ'kʌltʃərəl] *adj* agricole

ag·ri·cul·ture ['æɡrɪkʌltʃər] agriculture *f*

a·head [ə'hed] *adv* devant; **be ~ of s.o.** être devant qn; **plan / think ~** prévoir / penser à l'avance

aid [eɪd] **1** *n* aide *f* **2** v/t aider

aide [eɪd] aide *m/f*

Aids [eɪdz] *nsg* sida *m*

ail·ing ['eɪlɪŋ] *adj economy* mal en point

ail·ment ['eɪlmənt] mal *m*

aim [eɪm] **1** *n in shooting* visée *f*; *(objective)* but *m* **2** v/i *in shooting* viser; **~ at doing sth, ~ to do sth** essayer de faire qch **3** v/t: **be ~ed at s.o.** *of remark etc* viser qn; **be ~ed at** *of gun* être pointé sur qn

aim·less ['eɪmlɪs] *adj* sans but

air [er] **1** *n* air *m*; **by ~** par avion; **in the open ~** en plein air; **on the ~** RAD, TV à l'antenne **2** v/t *room* aérer; *fig: views* exprimer

'air·bag airbag *m*; **'air·base** base *f* aérienne *f*; **'air-con·di·tioned** *adj* climatisé; **'air-con·di·tion·ing** climatisation *f*; **'air·craft** avion *m*; **'air·craft car·ri·er** porte-avions *m inv*; **'air fare** tarif *m* aérien; **'air·field** aérodrome *m*; **'air force** armée *f* de l'air; **'air host·ess** hôtesse *f* de l'air; **'air let·ter** aérogramme *m*; **'air·lift 1** *n* pont *m* aérien **2** v/t transporter par avion; **'air·line** compagnie *f* aérienne; **'air·lin·er** avion *m* de ligne; **'air·mail: by ~** par avion; **'air·plane** avion *m*; **'air·pock·et** trou *m* d'air; **'air pol·lu·tion** pollution *f* atmosphérique; **'air·port** aéroport *m*; **'air·sick: get ~** avoir le mal de l'air; **'air·space** espace *m* aérien; **'air·tight** *adj container* étanche; **'air traf·fic** trafic *m* aérien; **air-traf·fic con'trol** contrôle *m* aé-

rien; **air-traf·fic con'trol·ler** contrôleur(-euse) aérien(ne) *m(f)*
air·y ['eɪrɪ] *adj room* aéré; *attitude* désinvolte
aisle [aɪl] *in airplane* couloir *m*; *in theater* allée *f*
'aisle seat *in airplane* place *f* couloir
a·jar [ə'dʒɑːr] *adj*: *be ~* être entrouvert
a·lac·ri·ty [ə'lækrɪtɪ] empressement *m*
a·larm [ə'lɑːrm] **1** *n (fear)* inquiétude *f*; *device* alarme *f*; *(~ clock)* réveil *m*; *raise the ~* donner l'alarme **2** *v/t* alarmer
a'larm clock réveil *m*
a·larm·ing [ə'lɑːrmɪŋ] *adj* alarmant
a·larm·ing·ly [ə'lɑːrmɪŋlɪ] *adv* de manière alarmante; *~ quickly* à une vitesse alarmante
al·bum ['ælbəm] *for photographs, (record)* album *m*
al·co·hol ['ælkəhɑːl] alcool *m*
al·co·hol·ic [ælkə'hɑːlɪk] **1** *adj drink* alcoolisé **2** *n* alcoolique *m/f*
a·lert [ə'lɜːrt] **1** *adj* vigilant **2** *n signal* alerte *f*; *be on the ~ of troops* être en état d'alerte; *of person* être sur le qui-vive **3** *v/t* alerter
al·ge·bra ['ældʒɪbrə] algèbre *f*
al·i·bi ['ælɪbaɪ] *n* alibi *m*
al·i·en ['eɪlɪən] **1** *adj* étranger* *(to à)* **2** *n (foreigner)* étranger(-ère) *m(f)*; *from space* extra-terrestre *m/f*
al·i·en·ate ['eɪlɪəneɪt] *v/t* s'aliéner
a·light [ə'laɪt] *adj*: *be ~ on fire* être en feu
a·lign [ə'laɪn] *v/t* aligner
a·like [ə'laɪk] **1** *adj*: *be ~* se ressembler **2** *adv*: *old and young ~* les vieux comme les jeunes
al·i·mo·ny ['ælɪmənɪ] pension *f* alimentaire
a·live [ə'laɪv] *adj*: *be ~* être en vie
all [ɔːl] **1** *adj* tout **2** *pron* tout; *~ of us / them* nous / eux tous; *he ate ~ of it* il a mangé en entier; *that's ~, thanks* ce sera tout, merci; *for ~ I care* pour ce que j'en ai à faire; *for ~ I know* pour autant que je sache; *~ but him (except)* tous sauf lui **3** *adv*: *~ at once (suddenly)* tout d'un coup; *(at the same time)* tous ensemble; *~

but (nearly)* presque; *~ the better* encore mieux; *~ the time* tout le temps; *they're not at ~ alike* ils ne se ressemblent pas du tout; *not at ~! (please do)* pas du tout!; *two ~ SP* deux à deux; *thirty ~ in tennis* trente à; *~ right → alright*
al·lay [ə'leɪ] *v/t* apaiser
al·le·ga·tion [ælɪ'geɪʃn] allégation *f*
al·lege [ə'ledʒ] *v/t* alléguer
al·leged [ə'ledʒd] *adj* supposé
al·leg·ed·ly [ə'ledʒɪdlɪ] *adv*: *he killed two women* il aurait assassiné deux femmes
al·le·giance [ə'liːdʒəns] loyauté *f* *(to à)*
al·ler·gic [ə'lɜːrdʒɪk] *adj* allergique *(to à)*
al·ler·gy ['ælərdʒɪ] allergie *f*
al·le·vi·ate [ə'liːvɪeɪt] *v/t* soulager
al·ley ['ælɪ] ruelle *f*
al·li·ance [ə'laɪəns] alliance *f*
al·lied ['ælaɪd] *adj* MIL allié
al·lo·cate ['æləkeɪt] *v/t* assigner
al·lo·ca·tion [ælə'keɪʃn] *action* assignation *f*; *amount allocated* part *f*
al·lot [ə'lɑːt] *v/t (pret & pp -ted)* assigner
al·low [ə'laʊ] *v/t (permit)* permettre; *period of time, amount* compter; *it's not ~ed* ce n'est pas permis; *~ s.o. to do sth* permettre à qn de faire qch
♦ **allow for** *v/t* prendre en compte
al·low·ance [ə'laʊəns] *money* allocation *f*; *(pocket money)* argent *m* de poche; *make ~s for fact* prendre en considération; *person* faire preuve de tolérance envers
al·loy ['ælɔɪ] alliage *m*
'all-pur·pose *adj device* universel*; *vehicle* tous usages; **'all-round** *adj improvement* général; *athlete* complet; **'all-time**: *be at an ~ low* être à son point le plus bas
♦ **al·lude to** [ə'luːd] *v/t* faire allusion à
al·lur·ing [ə'lʊrɪŋ] *adj* alléchant
all-wheel 'drive quatre roues motrices *fpl*; *vehicle* 4x4 *m*
al·ly ['ælaɪ] *n* allié(e) *m(f)*
Al·might·y [ɔːl'maɪtɪ]: *the ~* le Tout-Puissant

al·mond ['ɑːmənd] amande *f*

al·most ['ɒːlmoust] *adv* presque; *I ~ came to see you* j'ai failli venir te voir

a·lone [ə'loun] *adj* seul

a·long [ə'lɒːŋ] **1** *prep* le long de; *walk ~ this path* prenez ce chemin **2** *adv*: *she always brings the dog ~* elle amène toujours le chien avec elle; *~ with in addition to* ainsi que; *if you knew all ~* si tu le savais

a·long·side [əlɒːŋ'saɪd] *prep parallel to* à côté de; *in cooperation with* aux côtés de

a·loof [ə'luːf] *adj* distant

a·loud [ə'laud] *adv* à haute voix

al·pha·bet ['ælfəbet] alphabet *m*

al·pha·bet·i·cal [ælfə'betɪkl] *adj* alphabétique

al·pine ['ælpaɪn] *adj* alpin

Alps [ælps] *npl* Alpes *fpl*

al·read·y [ɒːl'redɪ] *adv* déjà

al·right [ɒːl'raɪt] *adj (permitted)* permis; *(acceptable)* convenable; *be ~ (in working order)* fonctionner; *she's ~ not hurt* elle n'est pas blessée; *would $50 be ~?* est-ce que 50 $ vous iraient?; *is it ~ with you if I ...?* est-ce que ça vous dérange si je ...?; *~, you can have one!* d'accord, tu peux en prendre un!; *~, I heard you!* c'est bon, je vous ai entendu!; *everything is ~ now between them* tout va bien maintenant entre eux; *that's ~ (don't mention it)* c'est rien

al·so ['ɒːlsou] *adv* aussi

al·tar ['ɒːltər] autel *m*

al·ter ['ɒːltər] *v/t plans, schedule* modifier, faire des modifications à; *person* changer, transformer; *garment* retoucher, faire une retouche à

al·ter·a·tion [ɒːltə'reɪʃn] *to plans etc* modification *f*; *to clothes* retouche *f*

al·ter·nate 1 ['ɒːltərneɪt] *v/i* alterner *(between* entre) **2** ['ɒːltərnət] *adj*: *on ~ Mondays* un lundi sur deux

al·ter·nat·ing cur·rent ['ɒːltərneɪtɪŋ] courant *m* alternatif

al·ter·na·tive [ɒːl'tɜːrnətɪv] **1** *adj* alternatif* **2** *n* alternative *f*

al·ter·na·tive·ly [ɒːl'tɜːrnətɪvlɪ] *adv* sinon; *or ~* ou bien

al·though [ɒːl'ðou] *conj* bien que *(+subj)*, quoique *(+subj)*

al·ti·tude ['æltɪtuːd] altitude *f*

al·to·geth·er [ɒːltə'geðər] *adv (completely)* totalement; *(in all)* en tout

al·tru·ism ['æltruːɪzm] altruisme *m*

al·tru·is·tic [æltruː'ɪstɪk] *adj* altruiste

a·lu·min·um [ə'luːmənəm], *Br* **a·lu·min·i·um** [ælju'mɪnɪəm] aluminium *m*

al·ways ['ɒːlweɪz] *adv* toujours

a.m. ['eɪem] *abbr (= ante meridiem)* du matin

a·mal·gam·ate [ə'mælgəmeɪt] *v/i of companies* fusionner

a·mass [ə'mæs] *v/t* amasser

am·a·teur ['æmətʃur] *n also pej*, SP amateur *m/f*

am·a·teur·ish ['æmətʃurɪʃ] *adj pej*: *attempt* d'amateur; *painter* sans talent

a·maze [ə'meɪz] *v/t* étonner

a·mazed [ə'meɪzd] *adj* étonné

a·maze·ment [ə'meɪzmənt] étonnement *m*

a·maz·ing [ə'meɪzɪŋ] *adj* étonnant; F *(very good)* impressionnant

a·maz·ing·ly [ə'meɪzɪŋlɪ] *adv* étonnamment

am·bas·sa·dor [æm'bæsədər] ambassadeur(-drice) *m(f)*

am·ber ['æmbər] *n*: *at ~* à l'orange

am·bi·dex·trous [æmbɪ'dekstrəs] *adj* ambidextre

am·bi·ence ['æmbɪəns] ambiance *f*

am·bi·gu·i·ty [æmbɪ'gjuːətɪ] ambiguïté *f*

am·big·u·ous [æm'bɪgjuəs] *adj* ambigu*

am·bi·tion [æm'bɪʃn] ambition *f*

am·bi·tious [æm'bɪʃəs] *adj* ambitieux*

am·biv·a·lent [æm'bɪvələnt] *adj* ambivalent

am·ble ['æmbl] *v/i* déambuler

am·bu·lance ['æmbjuləns] ambulance *f*

am·bush ['æmbuʃ] **1** *n* embuscade *f* **2** *v/t* tendre une embuscade à; *be ~ed* tomber dans une embuscade a·mend [ə'mend] v/t modifier

a·mend·ment [ə'mendmənt] modification f

a·mends [ə'mendz]: **make ~** se racheter

a·men·i·ties [ə'miːnətɪz] npl facilités fpl

A·mer·i·ca [ə'merɪkə] (*United States*) États-Unis mpl; *continent* Amérique f

A·mer·i·can [ə'merɪkən] **1** adj américain **2** n Américain(e) m(f)

A'mer·i·can plan pension f complète

a·mi·a·ble ['eɪmɪəbl] adj aimable

a·mi·ca·ble ['æmɪkəbl] adj à l'amiable

a·mi·ca·bly ['æmɪkəblɪ] adv à l'amiable

am·mu·ni·tion [æmju'nɪʃn] munitions fpl

am·ne·si·a [æm'niːzɪə] amnésie f

am·nes·ty ['æmnəstɪ] amnistie f

a·mong(st) [ə'mʌŋ(st)] prep parmi

a·mor·al [æ'mɔːrəl] adj amoral

a·mount [ə'maʊnt] quantité f; (*sum of money*) somme f

♦ **amount to** v/t s'élever à; (*be equivalent to*) revenir à

am·phib·i·an [æm'fɪbɪən] amphibien m

am·phib·i·ous [æm'fɪbɪəs] adj amphibie

am·phi·the·a·ter, Br am·phi·the·a·tre ['æmfɪθɪətər] amphithéâtre m

am·ple ['æmpl] adj beaucoup de; *$4 will be ~* 4 $ sera amplement suffisant

am·pli·fi·er ['æmplɪfaɪr] amplificateur m

am·pli·fy ['æmplɪfaɪ] v/t (*pret & pp -ied*) *sound* amplifier

am·pu·tate ['æmpjʊteɪt] v/t amputer

am·pu·ta·tion [æmpjʊ'teɪʃn] amputation f

a·muse [ə'mjuːz] v/t (*make laugh*) amuser; (*entertain*) distraire

a·muse·ment [ə'mjuːzmənt] (*merriment*) amusement m; (*entertainment*) divertissement m; *to our great ~* à notre grand amusement

a'muse·ment park parc m d'attractions

a·mus·ing [ə'mjuːzɪŋ] adj amusant

an [æn], *unstressed* [ən] → **a**

an·a·bol·ic ster·oid [ænə'bɑːlɪk] stéroïde m anabolisant

a·nae·mi·a etc Br → **anemia** etc

an·aes·thet·ic etc Br → **anesthetic** etc

an·a·log ['ænəlɑːg] adj COMPUT analogique

a·nal·o·gy [ə'nælədʒɪ] analogie f

an·a·lyse v/t Br → **analyze**

a·nal·y·sis [ə'næləsɪs] (*pl analyses* [ə'næləsiːz]) also PSYCH analyse f

an·a·lyst ['ænəlɪst] also PSYCH analyste m/f

an·a·lyt·i·cal [ænə'lɪtɪkl] adj analytique

an·a·lyze [ænə'laɪz] v/t also PSYCH analyser

an·arch·y ['ænərkɪ] anarchie f

a·nat·o·my [ə'nætəmɪ] anatomie f

an·ces·tor ['ænsestər] ancêtre m/f

an·chor ['æŋkər] **1** n NAUT ancre f; TV présentateur(-trice) principal(e) m(f) **2** v/i NAUT ancrer

an·cient ['eɪnʃənt] adj Rome, Greece antique; *object, buildings, tradition* ancien

an·cil·lar·y [æn'sɪlərɪ] adj staff auxiliaire

and [ənd], *stressed* [ænd] conj et; *bigger ~ bigger* de plus en plus grand; *go ~ look it* vas le chercher

An·dor·ra [æn'dɔːrə] Andorre f

An·dor·ran [æn'dɔːrən] **1** adj andorran **2** n Andorran(e) m(f)

an·ec·dote ['ænɪkdoʊt] anecdote f

a·ne·mi·a [ə'niːmɪə] anémie f

a·ne·mic [ə'niːmɪk] adj anémique

an·es·the·si·ol·o·gist [ænəsθiːzɪ'ɑːlədʒɪst] anesthésiste m/f

an·es·thet·ic [ænəs'θetɪk] n anesthésiant m

anesthetic: *local / general ~* anesthésie f locale / générale

an·es·the·tist [ə'niːsθətɪst] Br anesthésiste m/f

an·gel ['eɪndʒl] REL, fig ange m

an·ger ['æŋgər] **1** n colère f **2** v/t mettre en colère

an·gi·na [æn'dʒaɪnə] angine f de poitrine

an·gle ['æŋgl] n angle m

an·gry ['æŋgrɪ] *adj person* en colère; *mood, voice, look* fâché; **be ~ with s.o.** être en colère contre qn

an·guish ['æŋgwɪʃ] angoisse *f*

an·gu·lar ['æŋgjʊlər] *adj* anguleux*

an·i·mal ['ænɪml] animal *m*

an·i·mat·ed ['ænɪmeɪtɪd] *adj* animé

an·i·mat·ed car'toon dessin *m* animé

an·i·ma·tion [ænɪ'meɪʃn] (*liveliness*), *technique* animation *f*

an·i·mos·i·ty [ænɪ'mɑːsətɪ] animosité *f*

an·kle ['æŋkl] cheville *f*

an·nex ['æneks] **1** *n building, to document* annexe *f* **2** *v/t state* annexer

an·nexe *n Br* → **annex**

an·ni·hi·late [ə'naɪəleɪt] *v/t* anéantir

an·ni·hi·la·tion [ənaɪə'leɪʃn] anéantissement *m*

an·ni·ver·sa·ry [ænɪ'vɜːrsərɪ] anniversaire *m*

an·no·tate ['ænəteɪt] *v/t report* annoter

an·nounce [ə'naʊns] *v/t* annoncer

an·nounce·ment [ə'naʊnsmənt] annonce *f*

an·nounc·er [ə'naʊnsər] TV, RAD speaker *m*, speakrine *f*

an·noy [ə'nɔɪ] *v/t* agacer; **be ~ed** être agacé

an·noy·ance [ə'nɔɪəns] (*anger*) agacement *m*; (*nuisance*) désagrément *m*

an·noy·ing [ə'nɔɪɪŋ] *adj* agaçant

an·nu·al ['ænʊəl] *adj* annuel*

an·nu·i·ty [ə'nuːɪtɪ] rente *f* (annuelle)

an·nul [ə'nʌl] *v/t* (*pret & pp* **-led**) *marriage* annuler

an·nul·ment [ə'nʌlmənt] annulation *f*

a·non·y·mous [ə'nɑːnɪməs] *adj* anonyme

an·o·rex·i·a [ænə'reksɪə] anorexie *f*

an·o·rex·ic [ænə'reksɪk] *adj* anorexique

an·oth·er [ə'nʌðər] **1** *adj* (*different, additional*) autre **2** *pron* un(e) autre *m(f)*; **help one ~** s'entraider; **they know one ~** ils se connaissent

an·swer ['ænsər] **1** *n* réponse *f*; (*solution*) solution *f* (**to** à) **2** *v/t* répondre à; **~ the door** ouvrir la porte; **~ the telephone** répondre au téléphone **3** *v/i* répondre

♦ **answer back 1** *v/t* répondre à **2** *v/i* répondre

♦ **answer for** *v/t one's actions, person* répondre de

'an·swer·phone répondeur *m*

ant [ænt] fourmi *f*

an·tag·o·nism [æn'tægənɪzm] antagonisme *m*

an·tag·o·nis·tic [æntægə'nɪstɪk] *adj* hostile

an·tag·o·nize [æn'tægənaɪz] *v/t* provoquer

Ant·arc·tic [ænt'ɑːrktɪk] *n*: **the ~** l'Antarctique *m*

an·te·na·tal [æntɪ'neɪtl] *adj* prénatal; **~ class** cours *m* de préparation à l'accouchement

an·ten·na [æn'tenə] antenne *f*

an·thol·o·gy [æn'θɑːlədʒɪ] anthologie *f*

an·thro·pol·o·gy [ænθrə'pɑːlədʒɪ] anthropologie *f*

an·ti·bi·ot·ic [æntaɪbaɪ'ɑːtɪk] *n* antibiotique *m*

an·ti·bod·y ['æntaɪbɑːdɪ] anticorps *m*

an·tic·i·pate [æn'tɪsɪpeɪt] *v/t* prévoir

an·tic·i·pa·tion [æntɪsɪ'peɪʃn] prévision *f*

an·ti·clock·wise ['æntɪklɑːkwaɪz] *adv Br* dans le sens inverse des aiguilles d'une montre

an·tics ['æntɪks] *npl* singeries *fpl*

an·ti·dote ['æntɪdoʊt] antidote *m*

an·ti·freeze ['æntaɪfriːz] antigel *m*

an·ti·pa·thy [æn'tɪpəθɪ] antipathie *f*

an·ti·quat·ed ['æntɪkweɪtɪd] *adj* antique

an·tique [æn'tiːk] *n* antiquité *f*

an'tique deal·er antiquaire *m/f*

an·tiq·ui·ty [æn'tɪkwətɪ] antiquité *f*

an·ti·sep·tic [æntɪ'septɪk] **1** *adj* antiseptique **2** *n* antiseptique *m*

an·ti·so·cial [æntaɪ'soʊʃl] *adj* asocial, antisocial

an·ti·vi·rus pro·gram [æntər'vaɪrəs] COMPUT programme *m* antivirus

anx·i·e·ty [æŋ'zaɪətɪ] (*worry*) inquiétude *f*

anx·ious ['æŋkʃəs] *adj* (*worried*) inquiet*; (*eager*) soucieux*; **be ~ for** *for news etc* désirer vivement

any 340

an·y ['enɪ] **1** *adj*: **are there ~ disk-ettes / glasses?** est-ce qu'il y a des disquettes / des verres?; **is there ~ bread / improvement?** est-ce qu'il y a du pain / une amélioration?; **there aren't ~ diskettes / glasses** il n'y a pas de disquettes / de verres; **there isn't ~ bread / improvement** il n'y a pas de pain / d'amélioration; **have you ~ idea at all?** est-ce que vous avez une idée?; **take ~ one you like** prends celui / celle que tu veux; **at ~ moment** à tout moment **2** *pron*: **do you have ~?** est-ce que vous en avez?; **there aren't / isn't ~ left** il n'y en a plus; **~ of them could be guilty** ils pourraient tous être coupables **3** *adv*: **is that ~ bet-ter / easier?** est-ce que c'est mieux / plus facile?; **I don't like it ~ more** je ne l'aime plus

an·y·bod·y ['enɪbɑːdɪ] *pron* ◊ quel-qu'un ◊ *with negatives* personne; **there wasn't ~** il n'y avait per-sonne ◊ *no matter who* n'importe qui; **~ can see that ...** tout le monde peut voir que ...

an·y·how ['enɪhaʊ] *adv (anyway)* enfin; *(in any way)* de quelque façon que ce soit

an·y·one ['enɪwʌn] → **anybody**

an·y·thing ['enɪθɪŋ] *pron* ◊ quelque chose; **~ else?** quelque chose d'au-tre?; **absolutely ~** n'importe quoi ◊ *with negatives* rien; **I didn't hear ~** je n'ai rien entendu ◊ **~ but ...** tout sauf ...; **no, ~ but** non, pas du tout;

an·y·way ['enɪweɪ] → **anyhow**

an·y·where ['enɪwer] *adv* quelque part; *with negative* nulle part; **I can't find it ~** je ne le trouve nulle part; **did you go ~ else?** est-ce que tu es allé ailleurs *or* autre part?

a·part [ə'pɑːrt] *adv*, séparé; **the two cities are 250 miles ~** les deux villes sont à 250 miles l'une de l'autre; **live ~** vivre séparés; **~ from** *(except)* à l'ex-ception de; **~ from** *(in addition to)* en plus de

a·part·ment [ə'pɑːrtmənt] apparte-ment *m*

a·part·ment block immeuble *m*

ap·a·thet·ic [æpə'θetɪk] *adj* apathique

ap·a·thy ['æpəθɪ] apathie *f*

ape [eɪp] *n* singe *m*

a·pe·ri·tif [ə'perɪtiːf] apéritif *m*

ap·er·ture ['æpərtʃər] PHOT ouverture *f*

a·piece [ə'piːs] *adv* chacun

a·pol·o·get·ic [əpɑːlə'dʒetɪk] *adj* per-son, expression désolé; *letter* d'excuse; **he was very ~** il s'est confondu en excuses

a·pol·o·gize [ə'pɑːlədʒaɪz] *v/i* s'excu-ser (*to s.o.* auprès de qn; *for sth* pour qch); **~ for doing sth** s'excuser de faire qch

a·pol·o·gy [ə'pɑːlədʒɪ] excuses *fpl*

a·pos·tle [ə'pɑːsl] REL apôtre *m*

a·pos·tro·phe [ə'pɑːstrəfɪ] GRAM apostrophe *f*

ap·pall [ə'pɔːl] *v/t* scandaliser

ap·pal·ling [ə'pɔːlɪŋ] *adj* scandaleux*

ap·pa·ra·tus [æpə'reɪtəs] appareils *mpl*

ap·par·ent [ə'pærənt] *adj (obvious)* évident; *(seeming)* apparent; **be-come ~ that ...** devenir évident que ...

ap·par·ent·ly [ə'pærəntlɪ] *adv* appa-remment

ap·pa·ri·tion [æpə'rɪʃn] *ghost* appari-tion *f*

ap·peal [ə'piːl] **1** *n (charm)* charme *m*; *for funds etc*, LAW appel *m*

appeal 2 *v/i* LAW faire appel

♦ **appeal for** *v/t* calm etc appeler à; *funds* demander

♦ **appeal to** *v/t (be attractive to)* plaire à

ap·peal·ing [ə'piːlɪŋ] *adj* idea, offer sé-duisant

ap·pear [ə'pɪr] *v/i* of person, new product apparaître; *in court* compa-raître; *in movie* jouer; *(look, seem)* pa-raître; **~ to be ...** avoir l'air d'être ...; **it ~s that ...** il paraît que ...

ap·pear·ance [ə'pɪrəns] apparition *f*; *in court* comparution *f*; *(look)* appa-rence *f*; **put in an ~** faire acte de pré-sence

ap·pease [ə'piːz] *v/t* apaiser

ap·pen·di·ci·tis [əpendɪ'saɪtɪs] appen-dicite *f*

ap·pen·dix [ə'pendɪks] MED, *of book etc* appendice *m*

ap·pe·tite ['æpɪtaɪt] appétit *m*

ap·pe·tiz·er ['æpɪtaɪzər] *to drink* apéritif *m*; *to eat* amuse-gueule *m*; *(starter)* entrée *f*

ap·pe·tiz·ing ['æpɪtaɪzɪŋ] *adj* appétissant

ap·plaud [ə'plɔːd] **1** *v/i* applaudir **2** *v/t performer* applaudir; *fig* saluer

ap·plause [ə'plɔːz] *for performer* applaudissements *mpl*; *fig* louanges *fpl*

ap·ple ['æpl] pomme *f*

ap·ple 'pie tarte *f* aux pommes

ap·ple 'sauce compote *f* de pommes

ap·pli·ance [ə'plaɪəns] appareil *m*

ap·plic·a·ble [ə'plɪkəbl] *adj* applicable

ap·pli·cant ['æplɪkənt] *for job* candidat(e) *m(f)*

ap·pli·ca·tion [æplɪ'keɪʃn] *for job* candidature *f*; *for passport etc* demande *f*

ap·pli·ca·tion form *for job* formulaire *m* de candidature; *for passport etc* demande *f*

ap·ply [ə'plaɪ] **1** *v/t (pret & pp -ied)* appliquer **2** *v/i of rule, law* s'appliquer

♦ **apply for** *v/t job* poser sa candidature pour; *passport etc* faire une demande de

♦ **apply to** *v/t (contact)* s'adresser à; *of rules etc* s'appliquer à

ap·point [ə'pɔɪnt] *v/t to position* nommer

ap·point·ment [ə'pɔɪntmənt] *to position* nomination *f*; *(meeting)* rendez-vous *m*; **make an ~** prendre (un) rendez-vous

ap·point·ments di·a·ry carnet *m* de rendez-vous

ap·prais·al [ə'preɪzəl] évaluation *f*

ap·pre·ci·a·ble [ə'priːʃəbl] *adj* considérable

ap·pre·ci·ate [ə'priːʃɪeɪt] **1** *v/t (be grateful for)*, *wine, music* apprécier; *(acknowledge)* reconnaître; *thanks, I ~ it* merci, c'est très gentil **2** *v/i* FIN s'apprécier

ap·pre·ci·a·tion [əpriːʃɪ'eɪʃn] *of kindness etc* gratitude *f (of* pour*)*, reconnaissance *f (of* de*)*

ap·pre·ci·a·tive [ə'priːʃətɪv] *adj show-*

ing gratitude reconnaissant; *showing understanding* approbateur*; audience* réceptif*

ap·pre·hen·sive [æprɪ'hensɪv] *adj* appréhensif*

ap·pren·tice [ə'prentɪs] apprenti(e) *m(f)*

ap·proach [ə'prəʊtʃ] **1** *n to problem, place* approche *f*; *(proposal)* proposition *f* **2** *v/t (get near to)* approcher; *(contact)* faire des propositions à; *problem* aborder

ap·proach·a·ble [ə'prəʊtʃəbl] *adj person* accessible, d'un abord facile

ap·pro·pri·ate¹ [ə'prəʊprɪət] *adj* approprié

ap·pro·pri·ate² [ə'prəʊprɪeɪt] *v/t* s'approprier

ap·prov·al [ə'pruːvl] approbation *f*

ap·prove [ə'pruːv] **1** *v/i* être d'accord **2** *v/t plan, suggestion* approuver; *application* accepter

♦ **approve of** *v/t plan, suggestion* approuver; *person* aimer

ap·prox·i·mate [ə'prɒksɪmət] *adj* approximatif*

ap·prox·i·mate·ly [ə'prɒksɪmətlɪ] *adv* approximativement

ap·prox·i·ma·tion [əprɒksɪ'meɪʃn] approximation *f*

APR [eɪpiː'ɑːr] *abbr (= annual percentage rate)* TEG (= taux *m* effectif global)

a·pri·cot ['eɪprɪkɒt] abricot *m*

A·pril ['eɪprəl] avril *m*

apt [æpt] *adj student* intelligent; *remark* pertinent; *be ~ to ...* avoir tendance à

ap·ti·tude ['æptɪtuːd] aptitude *f*

'ap·ti·tude test test *m* d'aptitude

a·quar·i·um [ə'kweərɪəm] aquarium *m*

A·quar·i·us [ə'kweərɪəs] ASTROL Verseau *m*

a·quat·ic [ə'kwætɪk] *adj* aquatique

Ar·ab ['ærəb] **1** *adj* arabe **2** *n* Arabe *m/f*

Ar·a·bic ['ærəbɪk] **1** *adj* arabe **2** *n* arabe *m*

ar·a·ble ['ærəbl] *adj* arable

ar·bi·tra·ry ['ɑːrbɪtrərɪ] *adj* arbitraire

ar·bi·trate ['ɑːrbɪtreɪt] *v/i* arbitrer

ar·bi·tra·tion [ɑːrbɪ'treɪʃn] arbitrage *m*

ar·bi·tra·tor ['ɑːrbɪˌtreɪtər] arbitre *m*

arch [ɑːrtʃ] *n* voûte *f*

ar·chae·ol·o·gy *etc Br* → **archeology** *etc*

ar·cha·ic [ɑːr'keɪɪk] *adj* archaïque

arch·bish·op [ɑːrtʃ'bɪʃəp] archevêque *m*

ar·che·o·log·i·cal [ɑːrkɪə'lɑːdʒɪkl] *adj* archéologique

ar·che·ol·o·gist [ɑːrkɪ'ɑːlədʒɪst] archéologue *m/f*

ar·che·ol·o·gy [ɑːrkɪ'ɑːlədʒɪ] archéologie *f*

arch·er ['ɑːrtʃər] archer ~

ar·chi·tect ['ɑːrkɪtekt] architecte *m/f*

ar·chi·tec·tur·al [ɑːrkɪ'tektʃərəl] *adj* architectural

ar·chi·tec·ture ['ɑːrkɪtektʃər] architecture *f*

archives ['ɑːrkaɪvz] *npl* archives *fpl*

'arch·way arche *f*, *entrance* porche *m*

Arc·tic ['ɑːrktɪk] *n*: **the ~** l'Arctique *m*

ar·dent ['ɑːrdənt] *adj* fervent

ar·du·ous ['ɑːrdjuəs] *adj* ardu

ar·e·a ['erɪə] *of city* quartier *m*; *of country* région *f*; *of research, study etc* domaine *m*; *of room* surface *f*; *of land, figure* superficie *f*; **in the Boston ~** dans la région de Boston

'ar·e·a code TELEC indicatif *m* régional

a·re·na [ə'riːnə] SP arène *f*

Ar·gen·ti·na [ɑːrdʒən'tiːnə] Argentine *f*

Ar·gen·tin·i·an [ɑːrdʒən'tɪnɪən] **1** *adj* argentin **2** *n* Argentin(e) *m(f)*

ar·gu·a·bly ['ɑːrgjuəblɪ] *adv*: **it was ~ the best book of the year** on peut dire que c'était le meilleur livre de l'année

ar·gue ['ɑːrgjuː] **1** *v/i* (*quarrel*) se disputer; (*reason*) argumenter; **~ with s.o.** *discuss* se disputer avec qn **2** *v/t*: **~ that ...** soutenir que ...

ar·gu·ment ['ɑːrgjʊmənt] (*quarrel*) dispute *f*, (*discussion*) discussion *f*; (*reasoning*) argument *m*

ar·gu·men·ta·tive [ɑːrgjuː'mentətɪv] *adj*: **stop being so ~ and ...** arrête de discuter et ...

a·ri·a ['ɑːrɪə] MUS aria *f*

ar·id ['ærɪd] *adj land* aride

Ar·ies ['eriːz] ASTROL Bélier *m*

a·rise [ə'raɪz] *v/i* (*pret* **arose**, *pp* **aris·en**) *of situation, problem* survenir

a·ris·en [ə'rɪzn] *pp* → **arise**

ar·is·toc·ra·cy [ærɪ'stɑːkrəsɪ] aristocratie *f*

ar·is·to·crat ['ærɪstəkræt] aristocrate *m/f*

ar·is·to·crat·ic [ærɪstə'krætɪk] *adj* aristocratique

a·rith·me·tic [ə'rɪθmətɪk] arithmétique *f*

arm[1] [ɑːrm] *n* bras *m*

arm[2] [ɑːrm] *v/t* armer

ar·ma·ments ['ɑːrməmənts] *npl* armes *fpl*

'arm·chair fauteuil *m*

armed [ɑːrmd] *adj* armé

armed 'forc·es *npl* forces *fpl* armées

armed 'rob·ber·y *of m* à main armée

ar·mor ['ɑːrmər] *on tank, armored vehicle* blindage *m*; *of knight* armure *f*

ar·mored 've·hi·cle ['ɑːrmərd] véhicule *m* blindé

ar·mour *etc Br* → **armor** *etc*

'arm·pit aisselle *f*

arms [ɑːrmz] *npl* (*weapons*) armes *fpl*

ar·my ['ɑːrmɪ] armée *f*

a·ro·ma [ə'roumə] arôme *m*

a·rose [ə'rouz] *pret* → **arise**

a·round [ə'raund] **1** *prep* (*encircling*) autour de; **it's ~ the corner** c'est juste à côté **2** *adv* (*in the area*) dans les parages; (*encircling*) autour; (*roughly*) à peu près; *with expressions of time* à environ; **he lives ~ here** il habite dans ce quartier; **she's been ~ F** (*has traveled, is experienced*) elle n'est pas née de la dernière pluie; **he's still ~ F** (*alive*) il est toujours là

a·rouse [ə'rauz] *v/t* susciter; *sexually* exciter

a·range [ə'reɪndʒ] *v/t flowers, music, room* arranger; *furniture* disposer; *meeting, party etc* organiser; *time* fixer; *appointment with doctor, dentist* prendre; **I've ~d to meet her** j'ai prévu de la voir

♦ **arrange for** *v/t*: **arrange for s.o. to do sth** s'arranger pour que qn fasse (*subj*) qch

ar·range·ment [ə'reɪndʒmənt] (*agreement*), *music* arrangement *m*; *of furniture* disposition *f*; *flowers* composition *f*

ar·rears [ə'rɪərz] *npl* arriéré *m*; *be in ~ of person* être en retard

ar·rest [ə'rest] **1** *n* arrestation *f*; *be under ~* être en état d'arrestation **2** *v/t* arrêter

ar·riv·al [ə'raɪvl] arrivée *f*; *~s at airport* arrivées *fpl*

ar·rive [ə'raɪv] *v/i* arriver

♦ **arrive** *at v/t place, decision* arriver à

ar·ro·gance ['ærəgəns] arrogance *f*

ar·ro·gant ['ærəgənt] *adj* arrogant

ar·ro·gant·ly ['ærəgəntlɪ] *adv* avec arrogance

ar·row ['ærou] flèche *f*

'ar·row key COMPUT touche *f* fléchée

ar·se·nic ['ɑːrsənɪk] arsenic *m*

ar·son ['ɑːrsn] incendie *m* criminel

ar·son·ist ['ɑːrsənɪst] incendiaire *m/f*

art [ɑːrt] art *m*; *the ~s* les arts et les lettres *mpl*

'art gal·ler·y galerie *f* d'art

ar·thri·tis [ɑːr'θraɪtɪs] arthrite *f*

ar·ti·choke ['ɑːrtɪtʃouk] artichaut *m*

ar·ti·cle ['ɑːrtɪkl] article *m*; *~ of clothing* vêtement *m*

ar·tic·u·late [ɑːr'tɪkjʊlət] *adj person* qui s'exprime bien

ar·ti·fi·cial [ɑːrtɪ'fɪʃl] *adj* artificiel*

ar·ti·fi·cial in·tel·li·gence intelligence *f* artificielle

ar·til·le·ry [ɑːr'tɪlərɪ] artillerie *f*

ar·ti·san [ɑːr'tɪzæn] artisan *m*

art·ist ['ɑːrtɪst] artiste *m/f*

ar·tis·tic [ɑːr'tɪstɪk] *adj* artistique

'arts de·gree licence *f* de lettres

as [æz] **1** *conj* (*while, when*) alors que; (*because*) comme; (*like*) comme; *~ it got darker* au fur et à mesure que la nuit tombait; *~ if* comme si; *~ usual* comme d'habitude; *~ necessary* quand c'est nécessaire **2** *adv*: *~ high / pretty ~ ...* aussi haut / jolie que ...; *~ much ~ that?* autant que ça?; *~ soon ~ possible* aussi vite que possible **3** *prep* comme; *work ~*

a team travailler en équipe; *~ a child / schoolgirl, I ...* quand j'étais enfant / écolière, je ...; *work ~ a teacher / translator* travailler comme professeur / traducteur; *~ for* quant à; *~ Hamlet* dans le rôle de Hamlet; *~ from* or *of Monday* à partir de lundi

asap ['eɪzæp] *abbr* (= *as soon as possible*) dans les plus brefs délais

as·bes·tos [æz'bestɑːs] amiante *m*

As·cen·sion [ə'senʃn] REL Ascension *f*

as·cent [ə'sent] ascension *f*

ash [æʃ] *from cigarette etc* cendres *f*; *~es* cendres *fpl*

a·shamed [ə'ʃeɪmd] *adj* honteux*; *be ~ of* avoir honte de; *you should be ~ of yourself* tu devrais avoir honte

ash can poubelle *f*

a·shore [ə'ʃɔːr] *adv* à terre; *go ~* débarquer

'ash·tray cendrier *m*

A·sia ['eɪʒə] Asie *f*

A·sian ['eɪʒən] **1** *adj* asiatique **2** *n* Asiatique *m/f*

a·side [ə'saɪd] *adv* de côté; *move ~ please* poussez-vous, s'il vous plaît; *take s.o. ~* prendre qn à part; *~ from* à part

ask [æsk] **1** *v/t favor* demander; *question* poser; (*invite*) inviter; *can I ~ you something?* est-ce que je peux vous demander quelque chose?; *I ~ed him about his holidays* je lui ai demandé comment ses vacances s'étaient passées; *~ s.o. for sth* demander qch à qn; *~ s.o. to do sth* demander à qn de faire qch **2** *v/i* demander

♦ **ask after** *v/t person* demander des nouvelles de

♦ **ask for** *v/t* demander; *person* demander à quelqu'un à; *you asked for that!* tu l'as cherché!

♦ **ask out** *v/t*: *he's asked me out* il m'a demandé de sortir avec lui

ask·ing price ['æskɪŋ] prix *m* demandé

a·sleep [ə'sliːp] *adj*: *be (fast) ~* être (bien) endormi; *fall ~* s'endormir

as·par·a·gus [əˈspærəgəs] *nsg* asperges *fpl*

as·pect [ˈæspekt] aspect *m*

as·phalt [ˈæsfælt] *n* bitume *m*

as·phyx·i·ate [æsˈfɪksɪeɪt] *v/t* asphyxier

as·phyx·i·a·tion [æsfɪksɪˈeɪʃn] asphyxie *f*

as·pi·ra·tions [æspəˈreɪʃnz] *npl* aspirations *fpl*

as·pi·rin [ˈæsprɪn] aspirine *f*

ass¹ [æs] P (*backside, sex*) cul *m* P

ass² [æs] F (*idiot*) idiot(e) *m(f)*

as·sai·lant [əˈseɪlənt] assaillant(e) *m(f)*

as·sas·sin [əˈsæsɪn] assassin *m*

as·sas·sin·ate [əˈsæsɪneɪt] *v/t* assassiner

as·sas·sin·a·tion [əsæsɪˈneɪʃn] assassinat *m*

as·sault [əˈsɔːlt] **1** *n* agression *f* (**on** contre); MIL attaque *f* (**on** contre) **2** *v/t* agresser

as·sem·ble [əˈsembl] **1** *v/t* parts assembler **2** *v/i* of people se rassembler

as·sem·bly [əˈsemblɪ] POL assemblée *f*; of parts assemblage *m*

as·sem·bly line chaîne *f* de montage

as·sem·bly plant usine *f* de montage

as·sent [əˈsent] *v/i* consentir

as·sert [əˈsɜːrt] *v/t* (maintain), right affirmer; **~ o.s.** s'affirmer

as·ser·tive [əˈsɜːrtɪv] adj person assuré

as·sess [əˈses] *v/t* situation évaluer; value estimer

as·sess·ment [əˈsesmənt] of situation évaluation *f*; of value estimation *f*

as·set [ˈæset] FIN actif *m*; fig atout *m*

'ass·hole P trou *m* du cul V; (idiot) abruti(e) *m(f)*

as·sign [əˈsaɪn] *v/t* assigner

as·sign·ment [əˈsaɪnmənt] mission *f*; EDU devoir *m*

as·sim·i·late [əˈsɪmɪleɪt] *v/t* assimiler

as·sist [əˈsɪst] *v/t* aider

as·sis·tance [əˈsɪstəns] aide *f*

as·sis·tant [əˈsɪstənt] assistant(e) *m(f)*

as·sis·tant di·rec·tor of movie assistant(e) réalisateur(-trice) *m(f)*; of organization sous-directeur(-trice) *m(f)*

as·sis·tant 'man·ag·er sous-directeur

m, sous-directrice *f*; of department assistant(e) *m(f)* du / de la responsable

as·so·ci·ate 1 *v/t* [əˈsoʊʃɪeɪt] associer **2** *n* [əˈsoʊʃɪət] (colleague) collègue *m/f*

♦ **associate with** *v/t* fréquenter

as·so·ci·ate pro'fes·sor maître *m* de conférences

as·so·ci·a·tion [əsoʊsɪˈeɪʃn] (organization) association *f*; **in ~ with** en association avec

as·sort·ed [əˈsɔːrtɪd] adj assorti

as·sort·ment [əˈsɔːrtmənt] assortiment *m*

as·sume [əˈsuːm] *v/t* (suppose) supposer

as·sump·tion [əˈsʌmpʃn] supposition *f*

as·sur·ance [əˈʃʊrəns] (reassurance, confidence) assurance *f*

as·sure [əˈʃʊr] *v/t* (reassure) assurer

as·sured [əˈʃʊrd] adj (confident) assuré

as·ter·isk [ˈæstərɪsk] astérisque *m*

asth·ma [ˈæsmə] asthme *m*

asth·mat·ic [æsˈmætɪk] adj asthmatique

as·ton·ish [əˈstɑːnɪʃ] *v/t* étonner; **be ~ed that ...** être étonné que ... (+subj)

as·ton·ish·ing [əˈstɑːnɪʃɪŋ] adj étonnant

as·ton·ish·ing·ly [əˈstɑːnɪʃɪŋlɪ] adv étonnamment

as·ton·ish·ment [əˈstɑːnɪʃmənt] étonnement *m*

as·tound [əˈstaʊnd] *v/t* stupéfier

as·tound·ing [əˈstaʊndɪŋ] adj stupéfiant

a·stray [əˈstreɪ] adv: **go ~** se perdre; **go ~** morally se détourner du droit chemin

a·stride [əˈstraɪd] **1** adv à califourchon **2** prep à califourchon sur

as·trol·o·ger [əˈstrɑːlədʒər] astrologue *m/f*

as·trol·o·gy [əˈstrɑːlədʒɪ] astrologie *f*

as·tro·naut [ˈæstrənɔːt] astronaute *m/f*

as·tron·o·mer [əˈstrɑːnəmər] astronome *m/f*

as·tro·nom·i·cal [æstrə'nɑːmɪkl] adj price etc F astronomique F

as·tron·o·my [ə'strɑːnəmɪ] astronomie f

as·tute [ə'stuːt] adj mind, person fin

a·sy·lum [ə'saɪləm] political, (mental ~) asile m

at [ət], stressed [æt] prep with places à; ~ **Joe's** chez Joe; ~ **the door** à la porte; ~ **10 dollars** au prix de 10 dollars; ~ **the age of 18** à l'âge de 18 ans; ~ **5 o'clock** à 5 heures; ~ **100 mph** à 100 miles à l'heure; **be good / bad** ~ ... être bon / mauvais en ...; ~ **his sug-gestion** sur sa suggestion

ate [eɪt] pret → **eat**

a·the·ism ['eɪθiɪzm] athéisme m

a·the·ist ['eɪθɪɪst] athée m/f

ath·lete ['æθliːt] athlète m/f

ath·let·ic [æθ'letɪk] adj d'athlétisme; (strong, sporting) sportif*

ath·let·ics [æθ'letɪks] nsg athlétisme m

At·lan·tic [ət'læntɪk] n: **the** ~ l'Atlantique m

at·las ['ætləs] atlas m

at·mos·phere ['ætməsfɪr] of earth atmosphère f; (ambience) atmosphère f, ambiance f

at·mos·pher·ic [ætməs'ferɪk] atmosphérique lighting, music d'ambiance; ~ **pollution** pollution f atmosphérique

at·om ['ætəm] atome m

'at·om bomb bombe f atomique

a·tom·ic [ə'tɑːmɪk] adj atomique

a·tom·ic en·er·gy énergie f atomique

a·tom·ic 'waste déchets mpl nucléaires

a·tom·iz·er ['ætəmaɪzər] atomiseur m

♦ **a·tone for** [ə'toʊn] v/t sins, mistake racheter

a·tro·cious [ə'troʊʃəs] adj F (very bad) atroce

a·troc·i·ty [ə'trɑːsətɪ] atrocité f

at·tach [ə'tætʃ] v/t attacher; **be ~ed to** emotionally être attaché à

at·tach·ment [ə'tætʃmənt] fondness attachement m; to e-mail fichier m joint

at·tack [ə'tæk] **1** n attaque f **2** v/t attaquer

at·tempt [ə'tempt] **1** n tentative f **2** v/t essayer; ~ **to do sth** essayer de faire qch

at·tend [ə'tend] v/t assister à; school aller à

♦ **attend to** v/t s'occuper de

at·tend·ance [ə'tendəns] at meeting, wedding etc présence f

at·tend·ant [ə'tendənt] in museum etc gardien(ne) m(f)

at·ten·tion [ə'tenʃn] attention f; **bring sth to s.o.'s** ~ attirer l'attention de qn sur qch; **your** ~ **please** votre attention s'il vous plaît; **pay** ~ faire attention

at·ten·tive [ə'tentɪv] adj attentif*

at·tic ['ætɪk] grenier m

at·ti·tude ['ætɪtuːd] attitude f

attn abbr (= **for the attention of**) à l'attention de

at·tract [ə'trækt] v/t attirer; **be ~ed to s.o.** être attiré par qn

at·trac·tion [ə'trækʃn] of job, doing sth attrait m; romantic attirance f; in city, touristic attraction f

at·trac·tive [ə'træktɪv] adj person attirant; idea, proposal, city attrayant

at·trib·ute[1] [ə'trɪbjuːt] v/t attribuer (**to** à)

at·trib·ute[2] ['ætrɪbjuːt] n attribut m

au·ber·gine ['oʊbərʒiːn] Br aubergine f

auc·tion ['ɔːkʃn] **1** n vente f aux enchères **2** v/t vendre aux enchères

♦ **auction off** v/t mettre aux enchères

auc·tion·eer [ɔːkʃə'nɪr] commissaire-priseur m

au·da·cious [ɔː'deɪʃəs] adj audacieux*

au·dac·i·ty [ɔː'dæsətɪ] audace f

au·di·ble ['ɔːdəbl] adj audible

au·di·ence ['ɔːdɪəns] public m

au·di·o ['ɔːdɪoʊ] adj audio

au·di·o·'vi·su·al adj audiovisuel*

au·dit ['ɔːdɪt] **1** n FIN audit m **2** v/t FIN contrôler, vérifier; course suivre en auditeur libre

au·di·tion [ɔː'dɪʃn] **1** n audition f **2** v/i passer une audition

au·di·tor ['ɔːdɪtər] auditeur(-trice) *m(f)*; *at course* auditeur(-trice) *m(f)* libre

au·di·to·ri·um [ɔːdɪ'tɔːriəm] *of theater etc* auditorium *m*

Au·gust ['ɔːgəst] août

aunt [ænt] tante *f*

au pair [ou'per] jeune fille *f* au pair

au·ra ['ɔːrə] aura *f*

aus·pic·es ['ɔːspɪsɪz]: **under the ~ of** sous les auspices de

aus·pi·cious [ɔː'spɪʃəs] *adj* favorable

aus·tere [ɔː'stɪr] *adj* austère

aus·ter·i·ty [ɔː'terətɪ] *economic* austérité *f*

Aus·tra·li·a [ɔː'streɪliə] Australie *f*

Aus·tra·li·an [ɔː'streɪliən] **1** *adj* australien* **2** *n* Australien(ne) *m(f)*

Aus·tri·a ['ɔːstriə] Autriche *f*

Aus·tri·an ['ɔːstriən] **1** *adj* autrichien* **2** *n* Autrichien(ne) *m(f)*

au·then·tic [ɔː'θentɪk] *adj* authentique

au·then·tic·i·ty [ɔːθen'tɪsətɪ] authenticité *f*

au·thor ['ɔːθər] auteur *m*

au·thor·i·tar·i·an [əθɔːrɪ'terɪən] *adj* autoritaire

au·thor·i·ta·tive [ə'θɔːrɪtətɪv] *adj source* qui fait autorité; *person, manner* autoritaire

au·thor·i·ty [ə'θɔːrətɪ] autorité *f*; *(permission)* autorisation *f*; **be an ~ on** être une autorité en matière de; **the authorities** les autorités *fpl*

au·thor·i·za·tion [ɔːθərəɪ'zeɪʃn] autorisation *f*

au·thor·ize ['ɔːθəraɪz] *v/t* autoriser; **be ~d to do sth** avoir l'autorisation officielle de faire qch

au·tis·tic [ɔː'tɪstɪk] *adj* autiste

au·to·bi·og·ra·phy [ɔːtəbaɪ'ɑːgrəfɪ] autobiographie *f*

au·to·crat·ic [ɔːtə'krætɪk] *adj* autocratique

au·to·graph ['ɔːtəgræf] *n* autographe *m*

au·to·mate ['ɔːtəmeɪt] *v/t* automatiser

au·to·mat·ic [ɔːtə'mætɪk] **1** *adj* automatique **2** *n car* automatique *f*; *gun* automatique *m*

au·to·mat·i·cal·ly [ɔːtə'mætɪklɪ] *adv* automatiquement

au·to·ma·tion [ɔːtə'meɪʃn] automatisation *f*

au·to·mo·bile ['ɔːtəmoubiːl] automobile *f*

'au·to·mo·bile in·dus·try industrie *f* automobile

au·ton·o·mous [ɔː'tɑːnəməs] *adj* autonome

au·ton·o·my [ɔː'tɑːnəmɪ] autonomie *f*

au·to·pi·lot ['ɔːtoupaɪlət] pilotage *m* automatique

au·top·sy ['ɔːtɑːpsɪ] autopsie *f*

au·tumn ['ɔːtəm] *Br* automne *m*

aux·il·ia·ry [ɔːg'zɪljərɪ] *adj* auxiliaire

a·vail [ə'veɪl] **1** *n*: **to no ~** en vain **2** *v/t*: **~ o.s. of** *offer, opportunity* saisir

a·vai·la·ble [ə'veɪləbl] *adj* disponible; **make sth ~ for s.o.** mettre qch à la disposition de qn

av·a·lanche ['ævəlænʃ] avalanche *f*

av·a·rice ['ævərɪs] avarice *m*

a·venge [ə'vendʒ] *v/t* venger

av·e·nue ['ævənuː] avenue *f*; *explore all ~s fig* explorer toutes les possibilités

av·e·rage ['ævərɪdʒ] **1** *adj (also mediocre)* moyen* **2** *n* moyenne *f*; **above / below ~** au-dessus / au-dessous de la moyenne; **on ~** en moyenne **3** *v/t*: **I ~ six hours of sleep a night** je dors en moyenne six heures par nuit

♦ **average out** *v/t* faire la moyenne de

♦ **average out at** *v/t* faire une moyenne de

a·verse [ə'vɜːrs] *adj*: **not be ~ to** ne rien avoir contre

a·ver·sion [ə'vɜːrʃn] aversion *f* (**to** pour)

a·vert [ə'vɜːrt] *v/t one's eyes* détourner; *crisis* empêcher

a·vi·a·tion [eɪvɪ'eɪʃn] aviation *f*

av·id ['ævɪd] *adj* avide

av·o·ca·do [ɑːvə'kɑːdou] *fruit* avocat *m*

a·void [ə'vɔɪd] *v/t* éviter

a·void·a·ble [ə'vɔɪdəbl] *adj* évitable

a·wait [ə'weɪt] *v/t* attendre

a·wake [ə'weɪk] *adj* éveillé; *it's keep-*

ing me ~ ça m'empêche de dormir
a·ward [ə'wɔːrd] **1** n (prize) prix **m 2** v/t
décerner; as damages attribuer
a'wards ce·re·mo·ny cérémonie f de
remise des prix; EDU cérémonie f de
remise des diplômes
a·ware [ə'wer] adj: **be ~ of sth** avoir
conscience de qch; **become ~ of
sth** prendre conscience de qch
a·ware·ness [ə'wernɪs] conscience f
a·way [ə'weɪ] adv: **be ~** être absent, ne
pas être là; **walk ~** s'en aller; **look ~**
tourner la tête; **it's 2 miles ~** c'est à 2
miles d'ici; **Christmas is still six
weeks ~** il reste encore six semaines
avant Noël; **take sth ~ from s.o.** enlever qch à qn; **put sth ~** ranger qch
a'way game SP match m à l'extérieur

awe [ɔː] émerveillement m; worshipful
révérence f
awe·some ['ɔːsəm] adj F (terrific) super F inv
aw·ful ['ɔːfəl] adj affreux*
aw·ful·ly ['ɔːfəlɪ] adv F windy, expensive terriblement; pretty, nice, rich
drôlement
awk·ward ['ɔːkwərd] adj (clumsy) maladroit*; (difficult) difficile; (embarrassing) gênant; **feel ~** se sentir mal à
l'aise; **arrive at an ~ time** arriver
mal à propos
awn·ing ['ɔːnɪŋ] store m
ax, Br **axe** [æks] **1** n hache **f 2** v/t project abandonner; budget faire des
coupures dans; job supprimer
ax·le ['æksl] essieu m

B

BA [biː'eɪ] abbr (= **Bachelor of Arts**)
licence d'arts et lettres
ba·by ['beɪbɪ] n bébé m
'ba·by boom baby-boom m
ba·by car·riage ['beɪbɪkærɪdʒ] landau
m
ba·by·ish ['beɪbɪʃ] adj de bébé
'ba·by·sit v/i (pret & pp **-sat**) faire du
baby-sitting
ba·by·sit·ter ['beɪbɪsɪtər] baby-sitter
m/f
bach·e·lor ['bætʃələr] célibataire m
back [bæk] **1** n of person, animal, hand,
sweater, dress dos m; of chair dossier
m; of wardrobe, drawer fond m; of
house arrière m; SP arrière m; **in ~
(of the car)** à l'arrière (de la voiture);
at the ~ of the bus à l'arrière du bus;
at the ~ of the book à la fin du livre;
~ to front à l'envers; **at the ~ of be·
yond** en pleine cambrousse **F 2** adj
door, steps de derrière; wheels, legs,
seat arrière inv; **~ road** petite route
f **3** adv: **please move / stand ~** recu-

lez / écartez-vous s'il vous plaît; **2
metres ~ from the edge** à 2 mètres
du bord; **~ in 1935** en 1935; **give sth
~ to s.o.** rendre qch à qn; **she'll be ~
tomorrow** elle sera de retour demain; **when are you coming ~?**
quand est-ce que tu reviens?; **take
sth ~ to the shop** because unsatisfactory ramener qch au magasin; **they
wrote / phoned ~** ils ont répondu
à la lettre / ont rappelé; **he hit me
~** il m'a rendu mon coup **4** v/t (support) soutenir; car faire reculer; horse
in race miser sur **5** v/i of driver faire
marche arrière
♦ **back away** v/i s'éloigner à reculons
♦ **back down** v/i faire marche arrière
♦ **back off** v/i reculer
♦ **back onto** v/t donner à l'arrière sur
♦ **back out** v/i of commitment se dégager
♦ **back up 1** v/t (support) soutenir; file
sauvegarder; **be backed up** of traffic
être ralenti **2** v/i in car reculer

'back·ache mal *m* de dos; **'back·bit·ing** médisances *fpl*; **'back·bone** ANAT colonne *f* vertébrale; *fig* (*courage*) caractère *m*; *fig* (*mainstay*) pilier *m*; **'back-break·ing** *adj* éreintant; **back 'burn·er**: *put sth on the ~* mettre qch en veilleuse; **'back·date** *v/t* antidater; **'back·door** porte *f* arrière

back·er ['bækər] producteur(-trice) *m(f)*

'back·fire *v/i fig* se retourner (*on* contre); **'back·ground** *of picture* arrière-plan *m*; *social* milieu *m*; *of crime* contexte *m*; *her educational ~* sa formation; *his work ~* son expérience professionnelle; **'back·hand** *in tennis* revers *m*

back·ing ['bækɪŋ] (*support*) soutien *m*; MUS accompagnement *m*

'back·ing group MUS groupe *m* d'accompagnement

'back·lash répercussion(s) *f(pl)*; **'back·log** retard *m* (*of* dans); **'back·pack 1** *n* sac *m* à dos **2** *v/i* faire de la randonnée; **'back·pack·er** randonneur(-euse) *m(f)*; **'back·pack·ing** randonnée *f*; **'back·ped·al** *v/i fig* faire marche arrière; **'back seat** *of car* siège *m* arrière; **'back·space (key)** touche *f* d'espacement arrière; **'back·stairs** *npl* escalier *m* de service; **'back streets** *npl* petites rues *fpl*; *poor area* bas-fonds *mpl*, quartiers *mpl* pauvres; **'back·stroke** SP dos *m* crawlé; **'back·track** *v/i* retourner sur ses pas; **'back·up** (*support*) renfort *m*; COMPUT copie *f* de sauvegarde; *take a ~* COMPUT faire une copie de sauvegarde; **'back·up disk** COMPUT disquette *f* de sauvegarde

back·ward ['bækwərd] **1** *adj child* attardé; *society* arriéré; *glance* en arrière **2** *adv* en arrière

'back·yard arrière-cour *f*; *Mexico is the United States' ~* Mexico est à la porte des États-Unis.

ba·con ['beɪkn] bacon *m*

bac·te·ri·a [bæk'tɪrɪə] *npl* bactéries *fpl*

bad [bæd] *adj* mauvais; *person* méchant; (*rotten*) avarié; *go ~* s'avarier;

it's not ~ c'est pas mal; *that's really too ~* (*a shame*) c'est vraiment dommage; *feel ~ about sth* (*guilty*) s'en vouloir de qch; *I feel ~ about it* je m'en veux; *be ~ at sth* être mauvais en qch; *be ~ at doing sth* avoir du mal à faire qch; *Friday's ~, how about Thursday?* vendredi ne va pas, et jeudi?

bad 'debt mauvaise créance *f*

badge [bædʒ] insigne *f*

bad·ger ['bædʒər] *v/t* harceler

bad 'lan·guage grossièretés *fpl*

bad·ly ['bædlɪ] *adv* mal; *injured* grièvement; *damaged* sérieusement; *~ behaved* mal élevé; *do ~* mal réussir; *he ~ needs a haircut / rest* il a grand besoin d'une coupe de cheveux / de repos; *he is ~ off* (*poor*) il n'est pas fortuné

bad-man·nered [bæd'mænərd] *adj* mal élevé

bad·min·ton ['bædmɪntən] badminton *m*

bad-tem·pered [bæd'tempərd] *adj* de mauvaise humeur

baf·fle ['bæfl] *v/t* déconcerter; *be ~d* être perplexe

baf·fling ['bæflɪŋ] *adj* déconcertant

bag [bæg] *of plastic, leather, woman's* sac *m*; (*piece of baggage*) bagage *m*

bag·gage ['bægɪdʒ] bagages *mpl*

'bag·gage car RAIL fourgon *m* (à bagages); **'bag·gage cart** chariot *m* à bagages; **'bag·gage check** contrôle *m* des bagages; **bag·gage re·claim** ['riːkleɪm] remise *f* des bagages

bag·gy ['bægɪ] *adj too big* flottant; *fashionably* large

bail [beɪl] *n* LAW caution *f*; *be out on ~* être en liberté provisoire sous caution

♦ **bail out 1** *v/t* LAW se porter caution pour; *fig: company etc* tirer d'affaire **2** *v/i from airplane* sauter en parachute

bait [beɪt] *n* appât *m*

bake [beɪk] *v/t* cuire au four

baked 'beans [beɪkt] *npl* haricots *mpl* blancs à la sauce tomate

baked po'ta·to pomme *f* de terre au four

bak·er ['beɪkər] boulanger(-ère) *m(f)*

bak·er·y ['beɪkərɪ] boulangerie *f*

bak·ing pow·der ['beɪkɪŋ] levure *f* (chimique)

bal·ance ['bæləns] **1** *n* équilibre *m*; (*remainder*) reste *m*; *of bank account* solde *m* **2** *v/t* mettre en équilibre; *the books* balancer les livres **3** *v/i* rester en équilibre; *of accounts* équilibrer

bal·anced ['bælənst] *adj* (*fair*) objectif*; *diet, personality* équilibré

bal·ance of 'pay·ments balance *f* des paiements; **bal·ance of 'trade** balance *f* commerciale; **'bal·ance sheet** bilan *m*

bal·co·ny ['bælkənɪ] balcon *m*

bald [bɔːld] *adj* chauve

bald·ing ['bɔːldɪŋ] *adj* qui commence à devenir chauve

Bal·kan ['bɔːlkən] *adj* balkanique

Bal·kans ['bɔːlkənz] *npl*: *the* ~ les Balkans *mpl*

ball[1] [bɔːl] *for soccer, baseball, basketball etc* ballon *m*; *for tennis, golf* balle *f*; *be on the* ~ *fig* F : *know one's stuff* connaître son affaire; *I'm not on the* ~ *today* je ne suis pas dans mon assiette aujourd'hui F; *play* ~ *fig* coopérer; *the* ~'*s in his court* la balle est dans son camp

ball[2] [bɔːl] *dance* bal *m*

bal·lad ['bæləd] ballade *f*

ball 'bear·ing roulement *m* à billes

bal·le·ri·na [bælə'riːnə] ballerine *f*

bal·let ['bæleɪ] ballet *m*

bal·let danc·er danceur(-euse) *m(f)* de ballet

'ball game match *m* de baseball; *that's a different* ~ F c'est une tout autre histoire F

bal·lis·tic mis·sile [bə'lɪstɪk] missile *m* balistique

bal·loon [bə'luːn] *child's* ballon *m*; *for flight* montgolfière *f*

bal·loon·ist [bə'luːnɪst] aéronaute *m/f*

bal·lot ['bælət] **1** *n* vote *m* **2** *v/t members* faire voter

'bal·lot box urne *f*

'bal·lot pa·per bulletin *m* de vote

'ball·park terrain *m* de baseball; *be in*

the right ~ F ne pas être loin; *we're not in the same* ~ F on n'est pas du même monde; **'ball·park fig·ure** F chiffre *m* en gros; **'ball·point (pen)** stylo *m* bille

balls [bɔːlz] *npl* V (*also: courage*) couilles *fpl* V

bam·boo [bæm'buː] *n* bambou *m*

ban [bæn] **1** *n* interdiction *f* **2** *v/t* (*pret & pp* **-ned**) interdire

ba·nal [bə'nɑːl] *adj* banal

ba·na·na [bə'nɑːnə] banane *f*

band [bænd] MUS *brass* orchestre *m*; *pop* groupe *m*; *of material* bande *f*

ban·dage ['bændɪdʒ] **1** *n* bandage *m* **2** *v/t* faire un bandage à

'Band-Aid® sparadrap *m*

B&B [biːn'biː] *abbr* (= *bed and breakfast*) bed and breakfast *m*

ban·dit ['bændɪt] bandit *m*

'band·wag·on: *jump on the* ~ prendre le train en marche

ban·dy ['bændɪ] *adj legs* arqué

bang [bæŋ] **1** *n noise* boum *m*; (*blow*) coup *m* **2** *v/t door* claquer; (*hit*) cogner **3** *v/i* claquer; *the shutter* ~*ed shut* le volet s'est fermé en claquant

ban·gle ['bæŋgl] bracelet *m*

bangs [bæŋz] *npl* frange *f*

ban·is·ters ['bænɪstərz] *npl* rampe *f*

ban·jo ['bændʒoʊ] banjo *m*

bank[1] [bæŋk] *of river* bord *m*, rive *f*

bank[2] [bæŋk] **1** *n* FIN banque *f* **2** *v/i*: ~ *with* être à **3** *v/t money* mettre à la banque

♦ **bank on** *v/t* compter avoir; *don't bank on it* ne compte pas trop là-dessus; *bank on s.o. doing sth* compter sur qn pour faire qch

'bank ac·count compte *m* en banque; **'bank bal·ance** solde *m* bancaire; **'bank bill** billet *m* de banque

bank·er ['bæŋkər] banquier(-ière) *m(f)*

'bank·er's card carte *f* d'identité bancaire

bank·ing ['bæŋkɪŋ] banque *f*

'bank loan emprunt *m* bancaire; **'bank man·ag·er** directeur(-trice) *m(f)* de banque; **'bank rate** taux *m* bancaire; **'bank·roll** *v/t* F financer

B

bank·rupt ['bæŋkrʌpt] **1** adj en faillite; **go ~** faire faillite **2** v/t faire faire faillite à

bank·rupt·cy ['bæŋkrʌpsı] faillite f

'bank state·ment relevé m bancaire

ban·ner ['bænər] bannière f

banns [bænz] npl Br bans mpl

ban·quet ['bæŋkwıt] n banquet m

ban·ter ['bæntər] n plaisanteries fpl

bap·tism ['bæptızm] baptême m

bap·tize [bæp'taız] v/t baptiser

bar¹ [bɑːr] n of iron, chocolate barre f; for drinks, counter bar m; **a ~ of soap** une savonnette; **be behind ~s** être derrière les barreaux

bar² [bɑːr] v/t (pret & pp **-red**) exclure

bar³ [bɑːr] prep (except) sauf

bar·bar·i·an [bɑːr'berıən] also fig barbare m/f

bar·bar·ic [bɑːr'bærık] adj barbare

bar·be·cue ['bɑːrbıkjuː] **1** n barbecue m **2** v/t cuire au barbecue

barbed 'wire [bɑːrbd] fil m barbelé

bar·ber ['bɑːrbər] coiffeur m

bar·bi·tu·rate [bɑːr'bıtʃərət] barbiturique m

'bar code code m barre

bare [ber] adj (naked), mountainside, floor nu; room, shelves vide; **in your / their ~ feet** pieds nus

'bare·foot adj: **be ~** être pieds nus

bare·head·ed [ber'hedıd] adj tête nue

bare·ly ['berlı] adv à peine

bar·gain ['bɑːrgın] **1** n (deal) marché m; (good buy) bonne affaire f; **it's a ~!** (deal) entendu!; **into the ~** par-dessus le marché **2** v/i marchander

♦ **bargain for** v/t (expect) s'attendre à; **you might get more than you bargained for** tu pourrais avoir une mauvaise surprise

barge [bɑːrdʒ] n NAUT péniche f

♦ **barge into** v/t se heurter contre; (enter quickly and noisily) faire irruption dans

bar·i·tone ['bærıtoʊn] n baryton m

bark¹ [bɑːrk] **1** n of dog aboiement m **2** v/i aboyer

bark² [bɑːrk] of tree écorce f

bar·ley ['bɑːrlı] orge f

barn [bɑːrn] grange f

ba·rom·e·ter [bə'rɑːmıtər] also fig baromètre m

Ba·roque [bə'rɑːk] adj baroque

bar·racks ['bærəks] npl MIL caserne f

bar·rage [bə'rɑːʒ] MIL barrage m; fig flot m

bar·rel ['bærəl] container tonneau m

bar·ren ['bærən] adj land stérile

bar·rette [bə'ret] barrette f

bar·ri·cade [bærı'keıd] n barricade f

bar·ri·er ['bærıər] also fig barrière f; **language ~** barrière linguistique

bar·ring ['bɑːrıŋ] prep: **~ accidents** sauf accident

bar·row ['bæroʊ] brouette f

'bar tend·er barman m, barmaid f

bar·ter ['bɑːrtər] **1** n troc m **2** v/t troquer (for contre)

base [beıs] **1** n (bottom: of spine; center, MIL) base f; of vase dessous m **2** v/t baser (on sur); **be ~d in France / Paris** of employee etc être basé en France / à Paris

'base·ball game baseball m; ball balle f de baseball

'base·ball bat batte f de baseball; **'base·ball cap** casquette f de baseball; **'base·ball play·er** joueur (-euse) m(f) de baseball

'base·board plinthe f

base·less ['beıslıs] adj sans fondement

base·ment ['beısmənt] sous-sol m

'base rate FIN taux m de base

bash [bæʃ] **1** n F coup m **2** v/t F cogner

ba·sic ['beısık] adj (rudimentary: idea) rudimentaire; knowledge, hotel rudimentaire; (fundamental: beliefs) de base, fondamental; salary de base

ba·sic·al·ly ['beısıklı] adv au fond, en gros

ba·sics ['beısıks] npl: **the ~** les bases fpl; **get down to ~** en venir au principal

bas·il ['bæzıl] basilic m

ba·sin ['beısın] for washing dishes bassine f; in bathroom lavabo m

ba·sis ['beısıs] (pl **bases** ['beısıːz]) base f; of argument fondement m

bask [bæsk] v/i se dorer

bas·ket ['bæskɪt] *for shopping, in basketball* panier *m*

'bas·ket·ball *game* basket(ball) *m*; **~ player** joueur(euse) *m(f)* de basket (-ball)

bass [beɪs] **1** *adj part, accompaniment* de basse; **~ clef** clef *f* de fa **2** *n part, singer, instrument* basse *f*, **double ~** contrebasse *f*; **~ guitar** basse *f*

bas·tard ['bɑːstəd] F salaud(e) *m(f)* F; **poor / stupid ~** pauvre couillon *m* F

bat¹ [bæt] **1** *n for baseball* batte *f*; *for table tennis* raquette *f* **2** *v/i* (*pret & pp* **-ted**) *in baseball* batter

bat² [bæt] *v/t* (*pret & pp* **-ted**): **he didn't ~ an eyelid** il n'a pas sourcillé

bat³ [bæt] *animal* chauve-souris *f*

batch [bætʃ] *n of students, data, goods* T lot *m*; *of bread* fournée *f*

ba·ted ['beɪtɪd] *adj*: **with ~ breath** en retenant son souffle

bath [bɑːθ] (*~tub*) baignoire *f*; **have a ~, take a ~** prendre un bain

bathe [beɪð] **1** *v/i* (*have a bath*) se baigner **2** *v/t child* faire prendre un bain à

'bath mat tapis *m* de bain; **'bath·robe** peignoir *m*; **'bath·room** salle *f* de bains; *toilet* toilettes *fpl*

'bath tow·el serviette *f* de bain

'bath·tub baignoire *f*

bat·on ['bætən] *of conductor* baguette *f*

bat·tal·i·on [bə'tæliən] MIL bataillon *m*

bat·ter¹ ['bætər] *n for making cakes, pancakes etc* pâte *f* lisse; *for deepfrying* pâte *f* à frire

bat·ter² ['bætər] *n in baseball* batteur *m*

bat·tered ['bætərd] *adj wife, children* battu

bat·ter·y ['bætərɪ] *in watch, toy etc* pile *f*; MOT batterie *f*

bat·ter·y charg·er ['tʃɑːrdʒər] chargeur *m* (de batterie)

bat·ter·y-op·er·at·ed ['bætərɪ:pəreɪtɪd] *adj* à piles

bat·tle ['bætl] **1** *n* bataille *f*; *fig* lutte *f*, combat *m* **2** *v/i against illness etc* se battre, lutter

'bat·tle·field, 'bat·tle·ground champ *m* de bataille

'bat·tle·ship cuirassé *m*

bawd·y ['bɒːdɪ] *adj* paillard

bawl [bɒːl] *v/i* brailler

♦ **bawl out** *v/t* F engueuler F

bay [beɪ] (*inlet*) baie *f*

Bay of Bis·cay ['bɪskeɪ] Golfe *m* de Gascogne

bay·o·net ['beɪənet] *n* bayonnette *f*

bay 'win·dow fenêtre *f* en saillie

BC [biː'siː] *abbr* (= **before Christ**) av. J.-C.

be [biː] *v/i* (*pret* **was / were**, *pp* **been**)
◊ être; **~ 15** avoir 15 ans; **it's me** c'est moi; **was she there?** est-ce qu'elle était là?; **how much is …?** combien coûte …?; **there is / are** il y a; **~ careful** sois prudent; (*polite or plural*) soyez prudent; **don't ~ sad** ne sois / soyez pas triste; **he's very well** il va très bien; **how are you?** comment ça va?
◊ : **has the mailman been?** est-ce que le facteur est passé?; **I've never been to Japan** je ne suis jamais allé au Japon; **I've been here for hours** je suis ici depuis des heures
◊ *tags*: **that's right, isn't it?** c'est juste, n'est-ce pas?; **she's American, isn't she?** elle est américaine, n'est-ce pas?
◊ *v/aux*: **I am thinking** je pense; **he was running** il courait; **stop ~ing stupid** arrête de faire l'imbécile; **he was just ~ing sarcastic** il faisait juste de l'ironie; **I have been looking at your file** j'ai jeté un œil à votre fichier
◊ *obligation*: **you are to do what I tell you** vous devez faire ce que je vous dis; **I was to tell you this** je devais vous dire ceci; **you were not to tell anyone** vous ne deviez rien dire à personne
◊ *passive*: **he was killed** il a été tué; **they have been sold** ils ont été vendus; **it hasn't been decided** on n'a encore rien décidé

♦ **be in for** *v/t* aller avoir; **he's in for it!** F il va se faire engueuler F beach [biːtʃ] *n* plage *f*

'beach ball ballon *m* de plage

'beach·wear vêtements *mpl* de plage

beads [biːdz] *npl* necklace collier *m* de
perles

beak [biːk] bec *m*

'be-all: *the ~ and end-all* aim le but
suprême; *she thinks he's the ~
and end-all* pour elle c'est le centre
du monde

beam [biːm] **1** *n* in ceiling etc poutre *f* **2**
v/i (smile) rayonner **3** *v/t* (transmit)
transmettre

bean [biːn] haricot *m*; of coffee grain
m; *be full of ~s* F péter la forme F

'bean·bag seat fauteuil *m* poire

bear¹ [ber] *n* animal ours *m*

bear² [ber] **1** *v/t* (pret bore, pp borne)
weight porter; costs prendre en
charge; (tolerate) supporter; child
donner naissance à; *she bore him
six children* elle lui a donné six enfants **2** *v/i* (pret bore, pp borne)
(weigh) peser; *bring pressure to ~
on* exercer une pression sur; *~
left / right* prendre à gauche / droite
 ◆ **bear out** *v/t* (confirm) confirmer;
bear s.o. out confirmer ce que qn
a dit

bear·a·ble ['berəbl] *adj* supportable

beard [bɪrd] barbe *f*

beard·ed ['bɪrdɪd] *adj* barbu

bear·ing ['berɪŋ] in machine roulement *m*; *that has no ~ on the situation* cela n'a aucun rapport avec la
situation

'bear mar·ket FIN baissier *m*

beast [biːst] bête *f*; (fig: nasty person)
peau *f* de vache

beat [biːt] **1** *n* of heart battement *m*,
pulsation *f*; of music mesure *f* **2** *v/i*
(pret beat, pp beaten) of heart battre;
of rain s'abattre; *~ about the
bush* tourner autour du pot **3** *v/t* (pret beat,
pp beaten) in competition battre; (hit)
battre; (pound) frapper; *~ it!* filez!
F; *it ~s me* F je ne pige pas F
 ◆ **beat up** *v/t* tabasser

beat·en ['biːtən] **1** *pp* → **beat 2** *adj*: *off
the ~ track* à l'écart; *off the ~ track*:
go somewhere off the ~ track sortir

des sentiers battus

beat·ing ['biːtɪŋ] *physical* raclée *f*

'beat-up *adj* F déglingué F

beau·ti·cian [bjuːˈtɪʃn] esthéticien
(ne) *m(f)*

beau·ti·ful ['bjuːtəfəl] *adj* beau*;
thanks, that's just ~! merci, c'est
magnifique!

beau·ti·ful·ly ['bjuːtɪfəli] *adv* admirablement

beau·ty ['bjuːtɪ] beauté *f*

'beau·ty par·lor ['pɑːrlər] institut *m*
de beauté

bea·ver ['biːvər] castor *m*
 ◆ **beaver away** *v/i* F bosser dur F

be·came [bɪˈkeɪm] *pret* → **become**

be·cause [bɪˈkɑːz] *conj* parce que; *~ of*
à cause de

beck·on ['bekn] *v/i* faire signe (*to s.o.*
à qn)

be·come [bɪˈkʌm] *v/i* (pret **became**,
pp **become**) devenir; *what's ~ of
her?* qu'est-ce elle devenue?

be·com·ing [bɪˈkʌmɪŋ] *adj* hat etc
seyant; *it looks very ~ on you* ça
te va très bien

bed [bed] *n* also of sea, river lit *m*; of
flowers parterre *m*; *he's still in ~* il
est toujours au lit; *go to ~* aller se
coucher; *go to ~ with s.o.* coucher
avec qn

'bed·clothes *npl* draps *mpl* de lit

bed·ding ['bedɪŋ] literie *f*

bed·lam ['bedləm] bazar *m*

bed·rid·den ['bedrɪdən] *adj* cloué au
lit; 'bed·room chambre *f* (à coucher); 'bed·side: *be at the ~ of* être
au chevet de qn; 'bed·spread couvre-lit *m*, dessus-de -lit *m*; 'bed·time
heure *f* du coucher

bee [biː] abeille *f*

beech [biːtʃ] hêtre *m*

beef [biːf] **1** *n* bœuf *m*; F (complaint)
plainte *f* **2** *v/i* F (complain) grommeler
 ◆ **beef up** *v/t* F étoffer

'beef·bur·ger steak *m* hâché

'bee·hive ruche *f*

'bee·line: *make a ~ for* aller droit vers

been [bɪn] *pp* → **be**

beep [biːp] **1** *n* bip *m* **2** *v/i* faire bip **3** *v/t* (*call on pager*) appeler sur son récepteur d'appels

beep-er ['biːpər] récepteur *m* d'appels

beer [bɪr] bière *f*

beet [biːt] betterave *f*

bee-tle ['biːtl] coléoptère *m*, cafard *m*

be-fore [bɪ'fɔːr] **1** *prep* avant; **~** *signing it* avant de le signer; **~** *a vowel* devant une voyelle **2** *adv* auparavant; (*already*) déjà; *the week / day* **~** la semaine / le jour d'avant **3** *conj* avant que (+ *subj*); **~** *I could stop him* avant que je (ne) puisse l'arrêter; **~** *it's too late* avant qu'il ne soit trop tard

◊ *with same subject*: *I had a coffee ~ I left* j'ai pris un café avant de partir

be'fore-hand *adv* à l'avance

be-friend [bɪ'frend] *v/t* se lier d'amitié avec; (*assist*) prendre sous son aile

beg [beg] **1** *v/i* (*pret & pp* **-ged**) mendier **2** *v/t* (*pret & pp* **-ged**): prier; **~** *s.o. to do sth* prier qn de faire qch

be-gan [bɪ'gæn] *pret* → **begin**

beg-gar ['begər] *n* mendiant(e) *m(f)*

be-gin [bɪ'gɪn] **1** *v/i* (*pret* **began**, *pp* **begun**) commencer; **to ~ with** (*at first*) au début; (*in the first place*) d'abord **2** *v/t* (*pret* **began**, *pp* **begun**) commencer

be-gin-ner [bɪ'gɪnər] débutant(e) *m(f)*

be-gin-ning [bɪ'gɪnɪŋ] début *m*

be-grudge [bɪ'grʌdʒ] *v/t* (*envy*) envier (**s.o. sth** qch à qn); (*give reluctantly*) donner à contre-cœur

be-gun [bɪ'gʌn] *pp* → **begin**

be-half [bɪ'hɑːf]: *in or* **on ~ of** au nom de, de la part de; **on my / his ~** de ma / sa part

be-have [bɪ'heɪv] *v/i* se comporter; **~** (*yourself*)! sois sage!

be-hav-ior, *Br* **be-hav-iour** [bɪ'heɪvɪər] comportement *m*

be-hind [bɪ'haɪnd] **1** *prep* derrière; **be ~ sth** (*responsible for, support*) être derrière qch; **be ~ s.o.** (*support*) être derrière qn **2** *adv* (*at the back*) à l'arrière; *leave, stay* derrière; **be ~ in** *match* derrière; **be ~ with sth** être en retard dans qch

beige [beɪʒ] *adj* beige

be-ing ['biːɪŋ] (*creature*) être *m*; (*existence*) existence *f*

be-lat-ed [bɪ'leɪtɪd] *adj* tardif

belch [beltʃ] **1** *n* éructation *f*, rot m F **2** *v/i* éructer, roter F

Bel-gian ['beldʒən] **1** *adj* belge **2** *n* Belge *m/f*

Bel-gium ['beldʒəm] Belgique *f*

be-lief [bɪ'liːf] conviction *f*; REL *also* croyance *f*; *in person* foi *f* (*in* en); *it's my* **~** *that* ... je crois que ...

be-lieve [bɪ'liːv] *v/t* croire

◆ **believe in** *v/t God, person* croire en; *sth* croire à; *I don't believe in hiding the truth from people* je ne pense pas qu'il faille cacher la vérité aux gens

be-liev-er [bɪ'liːvər] *in God* croyant(e) *m(f)*; *fig*: *in sth* partisan(e) *m(f)* (*in* de)

be-lit-tle [bɪ'lɪtl] *v/t* déprécier, rapetisser

bell [bel] *on bike, door* sonnette *f*; *in church* cloche *f*; *in school*: *electric* sonnerie *f*

'bell-hop groom *m*

bel-lig-er-ent [bɪ'lɪdʒərənt] *adj* belligérant

bel-low ['beloʊ] **1** *n* braillement *m*; *of bull* beuglement *m* **2** *v/i* brailler; *of bull* beugler

bel-ly ['beli] *of person* ventre *m*; (*fat stomach*) bedaine *f*; *of animal* panse *f*

'bel-ly-ache *v/i* F rouspéter F

be-long [bɪ'lɔːŋ] *v/i*: *where does this* **~**? où cela se place-t-il?; *I don't* **~** *here* je n'ai pas ma place ici

◆ **belong to** *v/t of object* appartenir à; *club, organization* faire partie de

be-long-ings [bɪ'lɔːŋɪŋz] *npl* affaires *fpl*

be-lov-ed [bɪ'lʌvɪd] *adj* bien-aimé

be-low [bɪ'loʊ] **1** *prep* au-dessous de; **~** *freezing* au-dessous de zéro **2** *adv* en bas, au-dessous; *see* **~** voir en bas; **10 degrees ~** moins dix

belt [belt] *n* ceinture *f*; *tighten one's* **~** *fig* se serrer la ceinture

bench [bentʃ] *seat* banc *m*; *in lecture hall* gradin *m*

bench (*work~*) établi *m*

'bench·mark référence *f*

bend [bend] **1** *n* tournant *m* **2** *v/t* (*pret & pp* **bent**) *head* baisser; *arm, knees* plier; *metal, plastic* tordre **3** *v/i* (*pret & pp* **bent**) *of road, river* tourner; *of person* se pencher; *of rubber etc* se plier
♦ **bend down** *v/i* se pencher

bend·er ['bendər] F soûlerie *f* F

be·neath [bɪ'niːθ] **1** *prep* sous; *in status* en dessous de **2** *adv* (au-)dessous

ben·e·fac·tor ['benɪfæktər] bienfaiteur(-trice) *m(f)*

ben·e·fi·cial [benɪ'fɪʃl] *adj* bénéfique

ben·e·fit ['benɪfɪt] **1** *n* bénéfice *m* **2** *v/t* bénéficier à **3** *v/i* bénéficier (*from* de)

be·nev·o·lence [bɪ'nevələns] bienveillance *f*

be·nev·o·lent [bɪ'nevələnt] *adj* bienveillant

be·nign [bɪ'naɪn] *adj* doux; MED bénin

bent [bent] *pret & pp* → **bend**

be·queath [bɪ'kwiːð] *v/t* léguer

be·quest [bɪ'kwest] legs *m*

be·reaved [bɪ'riːvd] **1** *adj* endeuillé **2** *npl*: **bereaved**; **the** ~ la famille du défunt / de la défunte

be·ret [ber'eɪ] béret *m*

ber·ry ['berɪ] baie *f*

ber·serk [bər'zɜːrk] *adv*: **go** ~ F devenir fou* furieux*

berth [bɜːrθ] couchette *f*; *for ship* mouillage *m*; **give s.o. a wide** ~ éviter qn

be·seech [bɪ'siːtʃ] *v/t*: ~ **s.o. to do sth** implorer qn de faire qch

be·side [bɪ'saɪd] *prep* à côté de; *work* aux côtés de; **be** ~ **o.s.** être hors de soi; **that's** ~ **the point** c'est hors de propos

be·sides [bɪ'saɪdz] **1** *adv* en plus, d'ailleurs **2** *prep* (*apart from*) à part, en dehors de

be·siege [bɪ'siːdʒ] *v/t fig* assiéger

best [best] **1** *adj* meilleur **2** *adv* le mieux; **it would be** ~ **if …** ce serait mieux si …; **I like her** ~ c'est elle que j'aime le plus **3** *n*: **do one's** ~ faire de son mieux; **the** ~ le mieux; (*outstanding thing or person*) le (la) meilleur(e) *m(f)*; **make the** ~ **of it** s'y accommoder; **all the** ~! meilleurs

vœux!; (*good luck*) bonne chance!

best be'fore date *for food* date *f* limite de consommation; **best 'man** *at wedding* garçon *m* d'honneur; **'best-sell·er** *book* best-seller *m*

bet [bet] **1** *n* pari *m* **2** *v/i* parier; **you** ~! évidemment! **3** *v/t* parier

be·tray [bɪ'treɪ] *v/t* trahir

be·tray·al [bɪ'treɪəl] trahison *f*

bet·ter ['betər] **1** *adj* meilleur; **get** ~ s'améliorer; **he's getting** ~ *in health* il va de mieux en mieux; **he's** ~ *in health* il va mieux **2** *adv* mieux; **you'd** ~ **ask permission** tu devrais demander la permission; **I'd really** ~ **not** je ne devrais vraiment pas; **all the** ~ **for us** tant mieux pour nous; **I like her** ~ je l'aime plus, je la préfère

bet·ter-'off *adj* (*richer*) plus aisé; **you're** ~ **without them** tu es bien mieux sans eux

be·tween [bɪ'twiːn] *prep* entre; ~ **you and me** entre toi et moi

bev·er·age ['bevərɪdʒ] *fml* boisson *f*

be·ware [bɪ'wer]: ~ **of** méfiez-vous de, attention à; ~ **of the dog** (attention) chien méchant!

be·wil·der [bɪ'wɪldər] *v/t* confondre, ahurir

be·wil·der·ment [bɪ'wɪldərmənt] confusion *f*, ahurissement *m*

be·yond [bɪ'jɑːnd] **1** *prep* au-delà de; **it's** ~ **me** (*I don't understand*) cela me dépasse; (*I can't do it*) c'est trop difficile pour moi; **for reasons** ~ **my control** pour des raisons indépendantes de ma volonté **2** *adv* au-delà

bi·as ['baɪəs] *n* parti *m* pris, préjugé *m*

bi·as(s)ed ['baɪəst] *adj* partial, subjectif*

bib [bɪb] *for baby* bavette *f*

Bi·ble ['baɪbl] Bible *f*

bib·li·cal ['bɪblɪkl] *adj* biblique

bib·li·og·ra·phy [bɪblɪ'ɑːgrəfɪ] bibliographie *f*

bi·car·bon·ate of so·da [baɪˈkɑːrbəneɪt] bicarbonate *m* de soude

bi·cen·ten·ni·al [baɪsen'teniəl] *bicentennial* bicentenaire *m*

bi·ceps ['baɪseps] *npl* biceps *m*

bick·er ['bɪkər] *v/i* se chamailler

bi·cy·cle ['baɪsɪkl] n bicyclette f

bid [bɪd] **1** n at auction enchère m; (attempt) tentative f; in takeover offre f **2** v/i (pret & pp **bid**) at auction faire une enchère, faire une offre

bid·der ['bɪdər] enchérisseur(-euse) m(f)

bi·en·ni·al [baɪ'enɪəl] adj biennal

bi·fo·cals [baɪ'foukəlz] npl verres mpl à double foyer

big [bɪg] **1** adj grand; sum of money, mistake gros; **a great ~ helping** une grosse portion; **my ~ brother / sister** mon grand frère / ma grande sœur; **~ name** grand nom m **2** adv: **talk ~** se vanter

big·a·mist ['bɪgəmɪst] bigame m/f

big·a·mous ['bɪgəməs] adj bigame

big·a·my ['bɪgəmɪ] bigamie f

'big·head F crâneur(-euse) m(f) F

big·head·ed [bɪg'hedɪd] adj F crâneur* F

big·ot ['bɪgət] fanatique m/f, sectaire m/f

bike [baɪk] **1** n F vélo m; (motorbike) moto f **2** v/i F faire du vélo; with motorbike faire de la moto; **~ to work** aller au travail en vélo / moto

bik·er ['baɪkər] motard(e) m(f)

bi·ki·ni [bɪ'kiːnɪ] bikini m

bi·lat·er·al [baɪ'lætərəl] adj bilatéral

bi·lin·gual [baɪ'lɪŋgwəl] adj bilingue

bill [bɪl] **1** n facture f; money billet m (de banque); POL projet m de loi; (poster) affiche f **2** v/t (invoice) facturer

'bill·board panneau m d'affichage

'bill·fold portefeuille m

bil·liards ['bɪljərdz] nsg billard m

bil·lion ['bɪljən] milliard m

bill of ex'change FIN traite f, lettre f de change

bill of 'sale acte m de vente

bin [bɪn] n for storage boîte f

bi·na·ry ['baɪnərɪ] adj binaire

bind [baɪnd] v/t (pret & pp **bound**) (connect) unir; (tie) attacher; LAW (oblige) obliger, engager

bind·ing ['baɪndɪŋ] **1** adj agreement, promise obligatoire **2** n of book reliure f

bi·noc·u·lars [bɪ'nɑːkjʊlərz] npl jumelles fpl

bi·o·chem·ist ['baɪoukemɪst] biochimiste m/f

bi·o·chem·is·try [baɪou'kemɪstrɪ] biochimie f

bi·o·de·grad·a·ble [baɪoudɪ'greɪdəbl] adj biodégradable

bi·og·ra·pher [baɪ'ɑːgrəfər] biographe m/f

bi·og·ra·phy [baɪ'ɑːgrəfɪ] biographie f

bi·o·log·i·cal [baɪou'lɑːdʒɪkl] adj biologique

bi·ol·o·gist [baɪ'ɑːlədʒɪst] biologiste m/f

bi·ol·o·gy [baɪ'ɑːlədʒɪ] biologie f

bi·o·tech·nol·o·gy [baɪoutek'nɑːlədʒɪ] biotechnologie f

birch [bɜːrʧ] bouleau m

bird [bɜːrd] oiseau m

'bird-cage cage f à oiseaux; **bird of 'prey** oiseau m de proie; **'bird sanc·tu·a·ry** réserve f d'oiseaux; **bird's eye 'view** vue f aérienne

birth [bɜːrθ] naissance f; (labor) accouchement m; **give ~ to** child donner naissance à, mettre au monde; **date of ~** date f de naissance

'birth cer·tif·i·cate acte m de naissance; **'birth con·trol** contrôle m des naissances; **'birth·day** anniversaire m

'birthday; happy ~! bon anniversaire!; **'birth·mark** tache f de naissance; **'birth·place** lieu m de naissance; **'birth·rate** natalité f

bis·cuit ['bɪskɪt] biscuit m

bi·sex·u·al ['baɪseksjuəl] **1** adj bisexuel **2** n bisexuel(le) m(f)

bish·op ['bɪʃəp] REL évêque m

bit¹ [bɪt] n (piece) morceau m; (part: of book) passage m; (part: of garden, road) partie f; COMPUT bit m; **a ~ (a little)** un peu; **a ~ of (a little)** un peu de; **you haven't changed a ~** tu n'as pas du tout changé; **a ~ of a problem** un petit problème; **a ~ of news** une nouvelle; **~ by ~** peu à peu; **I'll be there in a ~ (in a little while)** je serai là dans peu de temps

bit² [bɪt] pret → **bite**

bitch [bɪtʃ] **1** *n dog* chienne *f*; F: *woman* garce *f* F **2** *v/i* F (*complain*) rouspéter F

bitch·y ['bɪtʃɪ] *adj* F vache *f*

bite [baɪt] **1** *n of dog, snake* morsure *f*; *of spider, mosquito, flea* piqûre *f*; *of food* morceau *m*; **let's have a ~ (to eat)** et si on mangeait quelque chose **2** *v/t* (*pret* **bit**, *pp* **bitten**) *of dog, snake, person* mordre; *of spider, flea, mosquito* piquer; **~ one's nails** se ronger les ongles **3** *v/i* (*pret* **bit**, *pp* **bitten**) *of dog, snake, person, fish* mordre; *of spider, flea, mosquito* piquer

bit·ten ['bɪtn] *pp* → **bite**

bit·ter ['bɪtər] *adj taste, person* amer; *weather* glacial; *argument* violent

bit·ter·ly ['bɪtərlɪ] *adv resent* amèrement; **it's ~ cold** il fait un froid de canard

bi·zarre [bɪ'zɑːr] *adj* bizarre

blab [blæb] *v/i* (*pret & pp* **-bed**) F vendre la mèche

blab·ber·mouth ['blæbərmaʊθ] F bavard(e) *m(f)*

black [blæk] **1** *adj* noir; *tea* nature; *future* sombre **2** *n color* noir *m*; *person* Noir(e) *m(f)*; **in the ~** FIN créditeur; **in ~ and white** *fig* noir sur blanc
- **black out** *v/i* s'évanouir

'black·ber·ry mûre *f*; **'black·bird** merle *m*; **'black·board** tableau *m* noir; **black 'box** boîte *f* noire; **black e'con·o·my** économie *f* souterraine

black·en ['blækn] *v/t fig: person's name* noircir

black 'eye œil *m* poché; **'black·head** point *m* noir; **black 'ice** verglas *m*; **'black·list 1** *n* liste *f* noire **2** *v/t* mettre à l'index, mettre sur la liste noire; **'black·mail 1** *n* chantage *m*; **emotional ~** chantage *m* psychologique **2** *v/t* faire chanter; **black·mail·er** ['blækmeɪlər] maître *m* chanteur; **black 'mar·ket** marché *m* noir

black·ness ['blæknɪs] noirceur *f*

'black·out ELEC panne *f* d'électricité; MED évanouissement *m*

black·smith ['blæksmɪθ] forgeron *m*

blad·der ['blædər] ANAT vessie *f*

blade [bleɪd] *of knife, sword* lame *f*; *of*

helicopter ailette *f*; *of grass* brin *m*

blame [bleɪm] **1** *n* responsabilité *f*; **I got the ~** c'est moi qu'on a accusé **2** *v/t*: **~ s.o. for sth** reprocher qch à qn; **I ~ her parents** c'est la faute de ses parents

bland [blænd] *adj* fade

blank [blæŋk] **1** *adj paper, tape* vierge; *look* vide **2** *n* (*empty space*) espace *m* vide; **my mind's a ~** j'ai un trou (de mémoire)

blank 'check, *Br* **blank 'cheque** chèque *m* en blanc

blan·ket ['blæŋkɪt] *n* couverture *f*; **a ~ of snow** un manteau de neige

blare [bler] *v/i* beugler
- **blare out 1** *v/i* retentir **2** *v/t*: **the speakers were blaring out military music** des musiques militaires retentissaient dans les haut-parleurs

blas·pheme [blæs'fiːm] *v/i* blasphémer

blas·phe·my ['blæsfəmɪ] blasphème *m*

blast [blæst] **1** *n* (*explosion*) explosion *f*; (*gust*) rafale *f* **2** *v/t tunnel etc* percer (à l'aide d'explosifs); **~!** F mince!
- **blast off** *v/i of rocket* décoller

'blast fur·nace haut-fourneau *m*

'blast-off lancement *m*

bla·tant ['bleɪtənt] *adj* flagrant, évident; *person* éhonté

blaze [bleɪz] **1** *n* (*fire*) incendie *m*; **be a ~ of color** être resplendissant de couleur(s) **2** *v/i of fire* flamber
- **blaze away** *v/i with gun* tirer en rafales

blaz·er ['bleɪzər] blazer *m*

bleach [bliːtʃ] **1** *n for clothes* eau *f* de Javel; *for hair* décolorant *m* **2** *v/t hair* décolorer

bleak [bliːk] *adj countryside* désolé; *weather* morne; *future* sombre

blear·y-eyed ['blɪrɪaɪd] *adj* aux yeux troubles

bleat [bliːt] *v/i of sheep* bêler

bled [bled] *pret & pp* → **bleed**

bleed [bliːd] **1** *v/i* (*pret & pp* **bled**) saigner **2** *v/t* (*pret & pp* **bled**) *fig* saigner; *radiator* purger

bleed·ing ['bliːdɪŋ] *n* saignement *m*

bleep [bliːp] **1** n bip m **2** v/i faire bip **3** v/t (call on pager) appeler sur bip, biper

bleep·er ['bliːpər] (pager) bip m

blem·ish ['blemɪʃ] n tache f

blend [blend] **1** n mélange m **2** v/t mélanger

♦ **blend in** v/i of person s'intégrer; of furniture se marier **2** v/t in cooking mélanger

blend·er ['blendər] machine mixeur m

bless [bles] v/t bénir; (God) ~ you! Dieu vous bénisse!; ~ you! in response to sneeze à vos souhaits!; be ~ed with disposition être doté de; children avoir

bless·ing ['blesɪŋ] REL, fig bénédiction f

blew [bluː] pret → **blow**

blind [blaɪnd] **1** adj person aveugle; ~ corner virage m masqué; be ~ to sth fig ne pas voir qch **2** npl: the ~ les aveugles mpl **3** v/t (make blind) rendre aveugle; of sun aveugler, éblouir; ~ s.o. to sth fig empêcher qn de voir qch

blind al·ley impasse f; **blind 'date** rendez-vous m arrangé; **'blind·fold 1** n bandeau m sur les yeux **2** v/t bander les yeux à **3** adv les yeux bandés

blind·ing ['blaɪndɪŋ] adj light aveuglant; headache terrible

blind·ly ['blaɪndlɪ] adv sans rien voir; fig: obey, follow aveuglément

'blind spot in road angle m mort; (ability that is lacking) faiblesse f

blink [blɪŋk] v/i of person cligner des yeux; of light clignoter

blink·ered ['blɪŋkərd] adj fig à œillères

blip [blɪp] on radar screen spot m; fig anomalie f passagère

bliss [blɪs] bonheur m (suprême)

blis·ter ['blɪstər] **1** n ampoule f **2** v/i of skin, paint cloquer

bliz·zard ['blɪzərd] tempête f de neige

bloat·ed ['bloʊtɪd] adj gonflé, boursouflé

blob [blɑːb] of cream, paint etc goutte f

bloc [blɑːk] POL bloc m

block [blɑːk] **1** n bloc m; buildings pâté m de maisons; of shares paquet m;

(blockage) obstruction f, embouteillage m; **it's three ~s away** c'est à trois rues d'ici **2** v/t bloquer

♦ **block in** v/t with vehicle bloquer le passage de

♦ **block out** v/t light empêcher de passer; memory refouler

♦ **block up** v/t sink etc boucher

block·ade [blɑːˈkeɪd] **1** n blocus m **2** v/t faire le blocus de

block·age [ˈblɑːkɪdʒ] obstruction f

block·bust·er [ˈblɑːkbʌstər] movie film m à grand succès; novel roman m à succès

block 'let·ters npl capitales fpl

blond [blɑːnd] adj blond

blonde [blɑːnd] n woman blonde f

blood [blʌd] sang m; **in cold ~** de sang-froid

'blood al·co·hol lev·el alcoolémie f; **'blood bank** banque f du sang; **'blood bath** bain m de sang; **'blood do·nor** donneur(-euse) m(f) de sang; **'blood group** groupe m sanguin

blood·less [ˈblʌdlɪs] adj coup sans effusion de sang

blood poi·son·ing [ˈblʌdpɔɪznɪŋ] empoisonnement m du sang; **'blood pres·sure** tension f (artérielle); **'blood re·la·tion, 'blood rel·a·tive** parent m par le sang; **'blood sam·ple** prélèvement m sanguin; **'blood·shed** carnage m; **without ~** sans effusion de sang; **'blood·shot** adj injecté de sang; **'blood·stain** tache f de sang; **'blood·stained** adj taché de sang; **'blood·stream** sang m; **'blood test** test m sanguin; **'blood·thirst·y** adj sanguinaire; **'blood trans·fu·sion** transfusion f sanguine; **'blood ves·sel** vaisseau m sanguin

blood·y [ˈblʌdɪ] adj hands etc ensanglanté; battle sanguinaire; esp Br F sacré

bloom [bluːm] **1** n fleur f; **in full ~** en fleurs **2** v/i also fig fleurir

bloop·er [ˈbluːpər] F gaffe f

blos·som [ˈblɑːsəm] **1** n fleur f **2** v/i fleurir; fig s'épanouir

blot [blɑːt] **1** n tache f; **be a ~ on the**

B

landscape fig faire tache dans le paysage **2** *v/t (pret & pp* **-ted**) *(dry)* sécher

♦ **blot out** *v/t* effacer

blotch [blɑːtʃ] *on skin* tache *f*

blotch·y ['blɑːtʃɪ] *adj* taché

blouse [blaʊz] chemisier *m*

blow[1] [bloʊ] *n also fig* coup *m*

blow[2] [bloʊ] **1** *v/t (pret* **blew**, *pp* **blown**) souffler; F *(spend)* claquer F; F *opportunity* rater; **~ one's whis·tle** donner un coup de sifflet; **~ one's nose** se moucher **2** *v/i (pret* **blew**, *pp* **blown**) *of wind, person* souffler; *of whistle* retentir; *of fuse* sauter; *of tire* éclater

♦ **blow off 1** *v/t* arracher **2** *v/i of hat etc* s'envoler

♦ **blow out 1** *v/t candle* souffler **2** *v/i of candle* s'éteindre

♦ **blow over 1** *v/t* renverser **2** *v/i* se renverser; *(pass)* passer

♦ **blow up 1** *v/t with explosives* faire sauter, faire exploser; *balloon* gonfler; *photograph* agrandir **2** *v/i of car, boiler etc* sauter, exploser; F *(get angry)* devenir furieux*

'blow-dry *v/t (pret & pp* **-ied**) sécher (au sèche-cheveux)

'blow job V pipe *f* V

blown [bloʊn] *pp →* **blow**

'blow-out *of tire* éclatement *m*; F *(big meal)* gueuleton *m* F

'blow-up *of photo* agrandissement *m*

blue [bluː] **1** *adj* bleu; F *movie* porno F **2** *n* bleu *m*

'blue·ber·ry myrtille *f*; **blue 'chip** *adj company* de premier ordre; **blue-'col·lar work·er** travailleur(-euse) *m(f)* manuel(le); **'blue·print** plan *m*; *fig* projet *m*

blues [bluːz] *npl* MUS blues *m*; **have the ~** avoir le cafard F

'blues sing·er chanteur(-euse) *m(f)* de blues

bluff [blʌf] **1** *n (deception)* bluff *m* **2** *v/i* bluffer

blun·der ['blʌndər] **1** *n* bévue *f*, gaffe *f* **2** *v/i* faire une bévue *or* gaffe

blunt [blʌnt] *adj* émoussé; *person* franc*

blunt·ly ['blʌntlɪ] *adv speak* franchement

blur [blɜːr] **1** *n* masse *f* confuse **2** *v/t (pret & pp* **-red**) brouiller

blurb [blɜːrb] *on book* promotion *f*

♦ **blurt out** [blɜːrt] *v/t* lâcher

blush [blʌʃ] **1** *n* rougissement *m* **2** *v/i* rougir

blush·er ['blʌʃər] *cosmetic* rouge *m*

blus·ter ['blʌstər] *v/i* faire le fanfaron

blus·ter·y ['blʌstərɪ] *adj weather* à bourrasques

BO [biː'oʊ] *abbr (= body odor)* odeur *f* corporelle

board [bɔːrd] **1** *n of wood* planche *f*; *cardboard* carton *m*; *for game* plateau *m* de jeu; *for notices* panneau *m*; **~ (of directors)** conseil *m* d'administration; **on ~** à bord; **take on ~** comments etc prendre en compte; *(fully realize truth of)* réaliser; **across the ~** d'une manière générale **2** *v/t plane, ship* monter à bord de; *train, bus* monter dans **3** *v/i of passengers* embarquer; *on train, bus* monter (à bord)

♦ **board up** *v/t windows* condamner

♦ **board with** *v/t* être en pension chez

board and 'lodg·ing ['lɑːdʒɪŋ] pension *f* complète

board·er ['bɔːrdər] pensionnaire *m/f*; EDU interne *m/f*

'board game jeu *m* de société

board·ing card ['bɔːrdɪŋ] carte *f* d'embarquement; **'board·ing house** pension *f* (de famille); **'board·ing pass** carte *f* d'embarquement; **'board·ing school** internat *m*, pensionnat *m*

'board meet·ing réunion *f* du conseil d'administration; **'board room** salle *f* du conseil; **'board·walk** promenade *f* (en planches) *fpl*

boast [boʊst] *v/i* se vanter (**about** de)

boast·ing ['boʊstɪŋ] vantardise *f*

boat [boʊt] *(ship)* bateau *m*; *small, for leisure* canot *m*; **go by ~** aller en bateau

bob[1] [bɑːb] *n haircut* coupe *f* au carré

bob[2] [bɑːb] *v/i (pret & pp* **-bed**) *of boat etc* se balancer, danser

♦ **bob up** *v/i* se lever subitement

boor

'bob·sled, 'bob·sleigh bobsleigh *m*
bod·i·ly ['bɑːdɪlɪ] **1** *adj* corporel **2** *adv*:
they ~ ejected him ils l'ont saisi à
bras-le-corps et l'ont mis dehors
bod·y ['bɑːdɪ] corps *m*; *dead* cadavre
m; **~ (suit)** *undergarment* body *m*; **~
of water** étendue *f* d'eau
'bod·y·guard garde *m* du corps;
'bod·y lan·guage langage *m* du
corps; **I could tell by her ~ that …**
je pouvais voir à ses gestes que …;
'bod·y o·dor odeur *f* corporelle;
'bod·y pierc·ing piercing *m*; **'bod·y
shop** MOT atelier *m* de carrosserie;
'bod·y stock·ing body *m*; **'bod·y
suit** body *m*; **'bod·y·work** MOT carrosserie *f*
bog·gle ['bɑːgl] *v/i*: **it ~s the mind!** j'ai
du mal à le croire!
bo·gus ['boʊgəs] *adj* faux
boil¹ [bɔɪl] *n (swelling)* furoncle *m*
boil² [bɔɪl] **1** *v/t* faire bouillir **2** *v/i*
bouillir
♦ **boil down to** *v/t* se ramener à
♦ **boil over** *v/i of milk etc* déborder
boil·er ['bɔɪlər] chaudière *f*
'boil·ing point ['bɔɪlɪŋ] *of liquid* point
m d'ébullition; **reach ~** *fig* éclater
bois·ter·ous ['bɔɪstərəs] *adj* bruyant
bold [boʊld] **1** *adj (brave)* courageux*;
text en caractères gras **2** *n print* caractères *mpl* gras; **in ~** en caractères gras
bol·ster ['boʊlstər] *v/t confidence* soutenir
bolt [boʊlt] **1** *n (metal pin)* boulon *m*;
on door verrou *m*; *of lightning* coup
m; **come like a ~ from the blue** faire
l'effet d'une bombe **2** *adv*: **~ upright**
tout droit **3** *v/t (fix with bolts)** boulonner; *close* verrouiller **4** *v/i (run off)*
décamper; *of horse* s'emballer
bomb [bɑːm] **1** *n* bombe *f* **2** *v/t from
airplane* bombarder; *of terrorist* faire
sauter
bom·bard [bɑːm'bɑːrd] *v/t (attack)*
bombarder; **~ with questions** bombarder de questions
'bomb at·tack attaque *f* à la bombe
bomb·er ['bɑːmər] *airplane* bombardier *m*; *terrorist* poseur *m(f)* de bombes

'bomb·er jack·et blouson *m* d'aviateur
'bomb·proof *adj bunker* blindé; *building* protégé contre les bombes;
'bomb scare alerte *f* à la bombe;
'bomb·shell *fig* bombe *f*; **come as
a ~** faire l'effet d'une bombe
bond [bɑːnd] **1** *n (tie)* lien *m*; FIN obligation *f* **2** *v/i of glue* se coller
bone [boʊn] **1** *n* os *m*; *in fish* arête *f* **2**
v/t meat, fish désosser
bon·er ['boʊnər] F gaffe *f*
bon·fire ['bɑːnfaɪr] feu *m* (de jardin)
bo·nus ['boʊnəs] *money* prime *f*;
(something extra) plus *m*
boo [buː] **1** *n* huée *f* **2** *v/t actor, speaker*
huer **3** *v/i* pousser des huées
boob [buːb] *n* P *(breast)* nichon *m* P
boo·boo ['buːbuː] F bêtise *f*
book [bʊk] **1** *n* livre *m*; **~ of matches**
pochette *f* d'allumettes **2** *v/t table, seat*
réserver; *ticket* prendre; *pop group,
artiste* retenir; *of policeman* donner
un P.V. à F; **~ s.o. on a flight** réserver une place à qn sur un vol **3** *v/i (reserve)* réserver
'book·case bibliothèque *f*
booked up [bʊkt'ʌp] *adj* complet*;
person complètement pris
book·ie ['bʊkɪ] F bookmaker *m*
book·ing ['bʊkɪŋ] *(reservation)* réservation *f*
'book·ing clerk employé(e) *m(f)* du
guichet
'book·keep·er ['bʊkkiːpər] comptable
m
'book·keep·ing comptabilité *f*
book·let ['bʊklɪt] livret *m*
'book·mak·er bookmaker *m*
books [bʊks] *npl (accounts)* comptes
mpl; **do the ~** faire la comptabilité
'book·sell·er libraire *m/f*; **'book·shelf**
étagère *f*; **'book·stall** kiosque *m* à
journaux; **'book·store** librairie *f*;
'book·to·ken chèque-livre *m*
boom¹ [buːm] **1** *n* boum *m* **2** *v/i of
business* aller très fort
boom² [buːm] *n noise* boum *m*
boon·ies ['buːnɪz] *npl* F en pleine
cambrousse *f*
boor [bʊr] rustre *m*

B

boor·ish ['bʊrɪʃ] adj rustre

boost [buːst] **1** n: **give sth a ~** stimuler qch **2** v/t stimuler

boot [buːt] n botte f; for climbing, football chaussure f

♦ **boot out** v/t F virer F

♦ **boot up** COMPUT **1** v/i démarrer **2** v/t faire démarrer

booth [buːð] at market tente f (de marché); at fair baraque f; at trade fair stand m; in restaurant alcôve f

booze [buːz] n F boisson f (alcoolique)

bor·der ['bɔːrdər] **1** n between countries frontière f; (edge) bordure f **2** v/t country avoir une frontière avec; river longer

♦ **border on** v/t country avoir une frontière avec; (be almost) friser

'**bor·der·line** adj: **a ~ case** un cas limite

bore¹ [bɔːr] v/t hole percer

bore² [bɔːr] **1** n person raseur(-euse) m(f) F **2** v/t ennuyer

bore³ [bɔːr] pret → **bear²**

bored [bɔːrd] adj ennuyé; **be ~** s'ennuyer; **I'm ~** je m'ennuie

bore·dom ['bɔːrdəm] ennui m

bor·ing ['bɔːrɪŋ] adj ennuyeux*, chiant F

born [bɔːrn] adj: **be ~** être né; **be a ~ ...** être une(e) ... né(e)

borne [bɔːrn] pp → **bear²**

bor·row ['baːrou] v/t emprunter

bos·om ['bʊzm] of woman poitrine f

boss [baːs] n patron(ne) m(f)

♦ **boss around** v/t donner des ordres à

boss·y ['baːsɪ] adj autoritaire

bo·tan·i·cal [bə'tænɪkl] adj botanique

bo·tan·i·cal gar·dens npl jardin m botanique

bot·a·nist ['baːtənɪst] botaniste m/f

bot·a·ny ['baːtənɪ] botanique f

botch [baːtʃ] v/t bâcler

both [bouθ] **1** adj les deux; **I know ~ brothers** je connais les deux frères **2** pron les deux; **I know ~ of the brothers** je connais les deux; **~ of them** tous(-tes) m(f) les deux **3** adv: **~ ... and ...** à la fois ... et ...; **is it sweet or sour? – ~** c'est sucré ou

amer? – les deux (à la fois)

both·er ['baːðər] **1** n problèmes mpl; **it's no ~** ça ne pose pas de problème **2** v/t (disturb) déranger; (worry) ennuyer **3** v/i s'inquiéter (**with** de); **don't ~!** (you needn't do it) ce n'est pas la peine!; **you needn't have ~ed** ce n'était pas la peine

bot·tle ['baːtl] **1** n bouteille f; for medicines flacon m; for baby biberon m **2** v/t mettre en bouteille(s)

♦ **bottle up** v/t feelings réprimer

'**bot·tle bank** conteneur m à verre

bot·tled wa·ter ['baːtld] eau f en bouteille

'**bot·tle·neck** in road rétrécissement m; in production goulet m d'étranglement

bot·tle-o·pen·er ['baːtloupnər] ouvre-bouteilles m inv

bot·tom ['baːtəm] **1** adj du bas **2** n of drawer, pan, garden fond m; (underside) dessous m; (lowest part) bas m; of street bout m; (buttocks) derrière m; **at the ~ of the screen** au bas de l'écran

♦ **bottom out** v/i se stabiliser

bot·tom 'line fig (financial outcome) résultat m; (the real issue) la question principale

bought [baːt] pret & pp → **buy**

boul·der ['bouldər] rocher m

bounce [baʊns] **1** v/t ball faire rebondir **2** v/i of ball rebondir; on sofa etc sauter; of check être refusé

bounc·er ['baʊnsər] videur m

bounc·y ['baʊnsɪ] adj ball, cushion, chair qui rebondit

bound¹ [baʊnd] adj: **be ~ to do sth** (sure to) aller forcément faire qch; (obliged to) être tenu de faire qch

bound² [baʊnd] adj: **be ~ for** of ship être à destination de

bound³ [baʊnd] **1** n (jump) bond m **2** v/i bondir

bound⁴ [baʊnd] pret & pp → **bind**

bound·a·ry ['baʊndərɪ] frontière f

bound·less ['baʊndlɪs] adj sans bornes, illimité

bou·quet [bu'keɪ] flowers, of wine bouquet m

B

bour·bon ['bɜːrbən] bourbon *m*

bout [baʊt] MED accès *m*; *in boxing match m*

bou·tique [buːˈtiːk] boutique *f*

bow[1] [baʊ] **1** *n as greeting* révérence *f* **2** *v/i* faire une révérence **3** *v/t head* baisser

bow[2] [boʊ] *(knot)* nœud *m*; MUS archet *m*

bow[3] [baʊ] *of ship* avant *m*

bow·els ['baʊəlz] *npl* intestins *mpl*

bowl[1] [boʊl] bol *m*; *for soup etc* assiette *f* creuse; *for serving salad etc* saladier *m*; *for washing dishes* cuvette *f*

bowl[2] [boʊl] *v/i* jouer au bowling

♦ **bowl over** *v/t fig (astonish)* renverser

bowl·ing ['boʊlɪŋ] bowling *m*

'bowl·ing al·ley bowling *m*

bow 'tie [boʊ] (nœud *m*) papillon *m*

box[1] [bɑːks] *n container* boîte *f*; *on form* case *f*

box[2] [bɑːks] *v/i* boxer

box·er ['bɑːksər] *sp* boxeur *m*

'box·er shorts *npl* caleçon *m*

box·ing ['bɑːksɪŋ] boxe *f*

'box·ing glove gant *m* de boxe; **'box·ing match** match *m* de boxe; **'box·ing ring** ring *m* (de boxe)

'box num·ber boîte *f* postale

'box of·fice bureau *m* de location

boy [bɔɪ] garçon *m*; *(son)* fils *m*

boy·cott ['bɔɪkɑːt] **1** *n* boycott *m* **2** *v/t* boycotter

'boy·friend petit ami *m*; *younger also* copain *m*

boy·ish ['bɔɪɪʃ] *adj* de garçon

boy'scout scout *m*

brace [breɪs] *on teeth* appareil *m* (dentaire)

brace·let ['breɪslɪt] bracelet *m*

brack·et ['brækɪt] *for shelf* support *m* (d'étagère); *in text* crochet *m*; *Br: round* parenthèse *f*

brag [bræg] *v/i (pret & pp* **-ged***)* se vanter *(about* de*)*

braid [breɪd] *n in hair* tresse *f*; *(trimming)* galon *m*

braille [breɪl] braille *m*

brain [breɪn] ANAT cerveau *m*; **use your ~** fais travailler votre cerveau

'brain dead *adj* MED en coma dépassé

brain·less ['breɪnlɪs] *adj* F écervelé

brains [breɪnz] *npl (intelligence)*, *also person* cerveau *m*; **it doesn't take much ~** il n'y a pas besoin d'être très intelligent

'brain·storm idée *f* de génie; **brain·storm·ing** ['breɪnstɔːrmɪŋ] brainstorming *m*; **'brain sur·geon** neurochirurgien(ne) *m(f)*; **'brain sur·ger·y** neurochirurgie *f*; **'brain tu·mor** tumeur *f* au cerveau; **'brain·wash** *v/t by media etc* conditionner; **'brain·wave** *Br* → **brainstorm**

brain·y ['breɪnɪ] *adj* F intelligent

brake [breɪk] **1** *n* frein *m* **2** *v/i* freiner

'brake flu·id liquide *m* de freins; **'brake light** feu *m* de stop; **'brake ped·al** pédale *f* de frein

branch [bræntʃ] *of tree, bank, company* branche *f*

♦ **branch off** *v/i of road* bifurquer

♦ **branch out** *v/i (diversify)* se diversifier

brand [brænd] **1** *n* marque *f* **2** *v/t*: **be ~ed a liar** être étiqueté comme voleur

brand 'im·age image *f* de marque

bran·dish ['brændɪʃ] *v/t* brandir

brand 'lead·er marque *f* dominante; **brand 'loy·al·ty** fidélité *f* à la marque; **'brand name** nom *m* de marque

brand-'new *adj* flambant neuf*

bran·dy ['brændɪ] brandy *m*

brass [bræs] cuivre *m* jaune, laiton *m*; **the ~** MUS les cuivres *mpl*

brass 'band fanfare *f*

bras·sière [brəˈzɪ(r)] soutien-gorge *m*

brat [bræt] *pej* garnement *m*

bra·va·do [brəˈvɑːdoʊ] bravade *f*

brave [breɪv] *adj* courageux*

brave·ly ['breɪvlɪ] *adv* courageusement

brav·er·y ['breɪvərɪ] courage *m*

brawl [brɔːl] **1** *n* bagarre *f* **2** *v/i* se bagarrer

brawn·y ['brɔːnɪ] *adj* costaud

Bra·zil [brəˈzɪl] Brésil *m*

Bra·zil·ian [brəˈzɪljən] **1** *adj* brésilien* **2** *n* Brésilien(ne) *m(f)*

breach [briːtʃ] *n (violation)* violation *f*;

in party désaccord *m*, différend *m*; (*split*) scission *f*

breach of 'con·tract LAW rupture *f* de contrat

bread [bred] pain *m*

'**bread·crumbs** *npl* miettes *fpl* de pain

'**bread knife** couteau *m* à pain

breadth [bredθ] largeur *m*; *of knowledge* étendue *f*

'**bread·win·ner** soutien *m* de famille

break [breɪk] **1** *n* in bone fracture *f*; (*rest*) repos *m*; in relationship séparation *f*; **give s.o. a ~** F (*opportunity*) donner une chance à qn; **take a ~** s'arrêter; **without a ~** *work, travel* sans interruption **2** *v/t* (*pret* **broke**, *pp* **broken**) casser; *rules, law, promise* violer; *news* annoncer; *record* battre; **~ one's arm / leg** se casser le bras / la jambe **3** *v/i* (*pret* **broke**, *pp* **broken**) se casser; *of news, storm* éclater; *of boy's voice* muer; **the news has just broken that ...** on vient d'apprendre que ...

◆ **break away** *v/i* (*escape*) s'échapper; *from family, organization, tradition* rompre (**from** avec)

◆ **break down 1** *v/i of vehicle, machine* tomber en panne; *of talks* échouer; *in tears* s'effondrer; *mentally* faire une dépression **2** *v/t door* défoncer; *figures* détailler

◆ **break even** *v/i* COMM rentrer dans ses frais

◆ **break in** *v/i* (*interrupt*) interrompre qn; *of burglar* s'introduire par effraction

◆ **break off 1** *v/t* casser; *relationship* rompre; **they've broken it off** *engagement* ils ont rompu leurs fiançailles; *relationship* ils ont rompu **2** *v/i* (*stop talking*) s'interrompre

◆ **break out** *v/i* (*start up*) éclater; *of prisoners* s'échapper; **he broke out in a rash** il a eu une éruption (cutanée)

◆ **break up 1** *v/t into component parts* décomposer; *fight* interrompre **2** *v/i of ice* se briser; *of couple, band* se séparer; *of meeting* se dissoudre

break·a·ble ['breɪkəbl] *adj* cassable

break·age ['breɪkɪdʒ] casse *f*

'**break·down** *of vehicle, machine* panne *f*

breakdown *of talks* échec *m*; (*nervous* ~) dépression *f* (nerveuse); *of figures* détail *m*

break·'e·ven point seuil *m* de rentabilité

break·fast ['brekfəst] *n* petit-déjeuner *m*; **have ~** prendre son petit-déjeuner

'**break·fast tel·e·vi·sion** programmes *mpl* du petit-déjeuner

'**break-in** cambriolage *m*

break·ing ['breɪkɪŋ] *adj*: **~ news** information *f* de dernière minute

'**break·through** percée *f*

'**break-up** *of marriage, partnership* échec *m*

breast [brest] *of woman* sein *m*

'**breast-feed** *v/t* (*pret & pp* **breastfed**) allaiter

'**breast·stroke** brasse *f*

breath [breθ] souffle *m*; **be out of ~** être essoufflé; **take a deep ~** inspirer rofondément

Breath·a·lyz·er® ['breθəlaɪzər] alcootest *m*

breathe [briːð] **1** *v/i* respirer **2** *v/t* (*inhale*) respirer; (*exhale*) exhaler

◆ **breathe in** *v/i* inspirer **2** *v/t* respirer

◆ **breathe out** *v/i* expirer

breath·ing ['briːðɪŋ] *n* respiration *f*

breath·less ['breθlɪs] *adj* essoufflé

breath·less·ness ['breθlɪsnɪs] essoufflement *m*

breath·tak·ing ['breθteɪkɪŋ] *adj* à vous couper le souffle

bred [bred] *pret & pp* → **breed**

breed [briːd] **1** *n* race *f* **2** *v/t* (*pret & pp* **bred**) *racehorses, dogs* élever; *plants, also fig* cultiver **3** *v/i* (*pret & pp* **bred**) *of animals* se reproduire

breed·er ['briːdər] *of animals* éleveur (-euse) *m(f)*

breed·ing ['briːdɪŋ] *of animals* élevage *m*; *of person* éducation *f*

'**breed·ing ground** *fig* terrain *m* propice (**for** à)

breeze [briːz] brise *f*

breez·i·ly ['briːzɪlɪ] *adv fig* jovialement

broach

breez·y ['briːzɪ] adj venteux*; fig jovial

brew [bruː] **1** v/t beer brasser **2** v/i couver

brew·er ['bruːər] brasseur(-euse) m(f)

brew·er·y ['bruːərɪ] brasserie f

bribe [braɪb] **1** n pot-de-vin m **2** v/t soudoyer

brib·er·y ['braɪbərɪ] corruption f

brick [brɪk] brique m

'brick·lay·er maçon m

brid·al suite ['braɪdl] suite f nuptiale

bride [braɪd] about to be married (future) mariée f; married jeune mariée f

'bride·groom about to be married (future) marié m; married jeune marié m

'brides·maid demoiselle f d'honneur

bridge[1] [brɪdʒ] **1** n pont m; of nose arête f; of ship passerelle f **2** v/t gap combler

bridge[2] [brɪdʒ] card game bridge m

bri·dle ['braɪdl] bride f

brief[1] [briːf] adj bref, court

brief[2] [briːf] **1** n (mission) instructions fpl **2** v/t: **~ s.o. on sth** (give information) informer qn de qch; (instruct) donner à qn des instructions sur qch

'brief·case serviette f

brief·ing ['briːfɪŋ] session séance f d'information; instructions instructions fpl

brief·ly ['briːflɪ] adv (for short time, in a few words) brièvement; (to sum up) en bref

briefs [briːfs] npl underwear slip m

bright [braɪt] adj color vif*; smile radieux*; future brillant; (sunny) clair; (intelligent) intelligent

♦ **brighten up** ['braɪtn] **1** v/t room donner de la couleur à; emotionally donner de l'animation à **2** v/i of weather s'éclaircir; of face, person s'animer

bright·ly ['braɪtlɪ] adv smile d'un air radieux; colored vivement; **shine ~** resplendir

bright·ness ['braɪtnɪs] of weather clarté f; of smile rayonnement m; (intelligence) intelligence f

bril·liance ['brɪljəns] of person esprit m lumineux; of color vivacité f

bril·liant ['brɪljənt] adj sunshine etc resplendissant; (very good) génial; (very intelligent) brillant

brim [brɪm] of container, hat bord m

brim·ful ['brɪmfəl] adj rempli à ras bord

bring [brɪŋ] v/t (pret & pp **brought**) object apporter; person, peace amener; hope, happiness etc donner; **~ shame on** déshonorer; **~ it here, will you?** tu veux bien l'apporter ici?; **can I ~ a friend?** puis-je amener un ami?

♦ **bring about** v/t amener, causer

♦ **bring around** v/t from a faint ranimer; (persuade) faire changer d'avis

♦ **bring back** v/t (return) ramener; (reintroduce) réintroduire; **it brought back memories of my childhood** ça m'a rappelé mon enfance

♦ **bring down** v/t also fig: government faire tomber; bird, airplane abattre; inflation, prices etc faire baisser

♦ **bring in** v/t interest, income rapporter; (legislation) introduire; verdict rendre; (involve) faire intervenir

♦ **bring on** v/t illness donner; **it brings on my asthma** ça me donne des crises d'asthme

♦ **bring out** v/t (produce) sortir

♦ **bring to** v/t from a faint ranimer

♦ **bring up** v/t child élever; subject soulever; (vomit) vomir

brink [brɪŋk] bord m; **be on the ~ of doing sth** être sur le point de faire qch

brisk [brɪsk] adj vif*; (businesslike) énergique; trade florissant

bris·tle ['brɪsl] v/i: **be bristling with** spines, weapons être hérissé de; police etc grouiller de

bris·tles ['brɪslz] npl on chin poils mpl raides; of brush poils mpl

Brit [brɪt] F Britannique m/f

Brit·ain ['brɪtn] Grande-Bretagne

Brit·ish ['brɪtɪʃ] **1** adj britannique **2** npl: **the ~** les Britanniques

Brit·ish·er ['brɪtɪʃər] Britannique m/f

Brit·on ['brɪtn] Britannique m/f

Brit·ta·ny ['brɪtənɪ] Bretagne f

brit·tle ['brɪtl] adj fragile, cassant

broach [brəʊtʃ] v/t subject soulever

B

broad [brɔːd] **1** *adj street; shoulders, hips* large; *smile* grand; *(general)* général; **in ~ daylight** en plein jour **2** *n* F gonzesse *f*

'**broad·cast 1** *n* émission *f* **2** *v/t (pret & pp* **-cast)** transmettre

'**broad·cast·er** **on radio / TV** présentateur(-trice) *m(f)* (radio / télé)

broad·cast·ing ['brɔːdkæstɪŋ] radio *f*; télévision *f*

broad·en ['brɔːdn] **1** *v/i* s'élargir **2** *v/t* élargir

'**broad jump** *n* saut *m* en longueur

'**broad·ly** ['brɔːdlɪ] *adv*: **~ speaking** en gros

broad·mind·ed [brɔːd'maɪndɪd] *adj* large d'esprit

broad·mind·ed·ness [brɔːd'maɪndɪdnɪs] largeur *f* d'esprit

broc·co·li ['brɑːkəlɪ] brocoli(s) *m(pl)*

bro·chure ['brəʊʃər] brochure *f*

broil [brɔɪl] *v/t* griller

broil·er ['brɔɪlər] *on stove* grill *m*; *chicken* poulet *m* à rôtir

broke [brəʊk] **1** *adj* F fauché F; **go ~** *(go bankrupt)* faire faillite **2** *pret* → **break**

bro·ken ['brəʊkn] **1** *adj* cassé; *home* brisé; *English* haché **2** *pp* → **break**

bro·ken-heart·ed [brəʊkn'hɑːrtɪd] *adj* au cœur brisé

bro·ker ['brəʊkər] courtier *m*

bron·chi·tis [brɑːŋ'kaɪtɪs] bronchite *f*

bronze [brɑːnz] *n* metal bronze *m*; *medal* médaille *f* de bronze

brooch [brəʊtʃ] broche *f*

brood [bruːd] *v/i of person* ruminer

broom [bruːm] balai *m*

broth [brɑːθ] bouillon *m*

broth·el ['brɑːθl] bordel *m*

broth·er ['brʌðər] frère *m*

'**broth·er-in-law** *(pl* **brothers-in-law)** beau-frère *m*

broth·er·ly ['brʌðərlɪ] *adj* fraternel*

brought [brɔːt] *pret & pp* → **bring**

brow [braʊ] *(forehead)* front *m*; *of hill* sommet *m*

brown [braʊn] **1** *adj* marron *inv*; *(tanned)* bronzé **2** *n* marron *m* **3** *v/t in cooking* faire dorer **4** *v/i in cooking* dorer

'**brown·bag** *v/t (pret & pp* **-ged)**; **~ it** F apporter son repas

Brown·ie ['braʊnɪ] jeannette *f*

brown·ie ['braʊnɪ] brownie *m*

'**Brownie points** *npl*: **earn ~** se faire bien voir

'**brown-nose** *v/t* P lécher le cul à P;

brown 'pa·per papier *m* d'emballage, papier *m* kraft; **brown pa·per 'bag** sac *m* en papier kraft; **brown 'sug·ar** sucre *m* roux

browse [braʊz] *v/i in store* flâner; COMPUT surfer; **~ through a book** feuilleter un livre

brows·er ['braʊzər] COMPUT navigateur *m*

bruise [bruːz] **1** *n* bleu *m*; *on fruit* meurtrissure *f* **2** *v/t fruit* abîmer; *leg* se faire un bleu sur **3** *v/i of fruit* s'abîmer; *of person* se faire des bleus

bruis·ing ['bruːzɪŋ] *adj fig* douloureux

brunch [brʌntʃ] brunch *m*

bru·nette [bruː'net] brune *f*

brunt [brʌnt]: **bear the ~ of ...** subir le pire de ...

brush [brʌʃ] **1** *n* brosse *f*; *(conflict)* accrochage *m* **2** *v/t hair, floor* brosser; *(touch lightly)* effleurer; **~ one's teeth / hair** se brosser les dents / les cheveux

♦ **brush against** *v/t* effleurer

♦ **brush aside** *v/t person* mépriser; *remark, criticism* écarter

♦ **brush off** *v/t dust etc* enlever; *criticism* ignorer

♦ **brush up** *v/t fig* réviser

'**brush-off**; **give s.o. the ~** F repousser qn; **get the ~** F se faire repousser

'**brush·work** *in art* touche *f* (de pinceau)

brusque [brʊsk] *adj* brusque

Brus·sels ['brʌslz] Bruxelles *f*

Brus·sels 'sprouts *npl* choux *mpl* de Bruxelles

bru·tal ['bruːtl] *adj* brutal

bru·tal·i·ty [bruː'tælətɪ] brutalité *f*

bru·tal·ly ['bruːtəlɪ] *adv* brutalement; **be ~ frank** dire les choses carrément

brute [bruːt] brute *f*

'**brute force** force *f*

BSc [biːes 'siː] *abbr (= Bachelor of*

Science) licence scientifique

bub·ble ['bʌbl] bulle *f*

'bub·ble bath bain *m* moussant; **'bub·ble gum** bubble-gum *m*; **'bub·ble wrap** *n* film *m* de protection à bulles

bub·bly ['bʌblɪ] *n* F (*champagne*) champagne *m*

buck[1] [bʌk] *n* F (*dollar*) dollar *m*

buck[2] [bʌk] *v/i of horse* ruer

buck[3] [bʌk] *n:* **pass the ~** renvoyer la balle

buck·et ['bʌkɪt] *n* seau *m*

buck·le[1] ['bʌkl] **1** *n* boucle *f* **2** *v/t belt* boucler

buck·le[2] ['bʌkl] *v/i of wood, metal* déformer

◆ **buck·le down** *v/i* s'y mettre

bud [bʌd] *n* BOT bourgeon *m*

bud·dy ['bʌdɪ] F copain *m*, copine *f*; *form of address* mec F

budge [bʌdʒ] **1** *v/t* (*move*) déplacer; (*make reconsider*) faire changer d'avis **2** *v/i* (*move*) bouger; (*change one's mind*) changer d'avis

bud·ger·i·gar ['bʌdʒərɪgɑːr] perruche *f*

bud·get ['bʌdʒɪt] **1** *n* budget *m*; **be on a ~** faire des économies **2** *v/i* prévoir ses dépenses

◆ **budget for** *v/t* prévoir

bud·gie ['bʌdʒɪ] F perruche *f*

buff[1] [bʌf] *adj color* couleur chamois

buff[2] [bʌf] *n* passionné(e) *m(f)*; **a movie / jazz ~** un(e) passionné(e) *m(f)* de cinéma / de jazz

buf·fa·lo ['bʌfələʊ] buffle *m*

buff·er ['bʌfər] RAIL, COMPUT, *fig* tampon *m*

buf·fet[1] ['bʊfeɪ] *n meal* buffet *m*

buf·fet[2] ['bʌfɪt] *v/t of wind* battre

bug [bʌg] **1** *n* (*insect*) insecte *m*; (*virus*) virus *m*; COMPUT bogue *f*; (*spying device*) micro *m* **2** *v/t* (*pret & pp* **-ged**) *room, telephone* mettre sur écoute; F (*annoy*) énerver

bug·gy ['bʌgɪ] *for baby* poussette *f*

build [bɪld] **1** *n of person* carrure *f* **2** *v/t* (*pret & pp* **built**) construire

◆ **build up 1** *v/t strength* développer; *relationship* construire; **build up a**

collection faire collection (*of* de) **2** *v/i* s'accumuler; *fig* s'intensifier

build·er ['bɪldər] constructeur(-trice) *m(f)*

build·ing ['bɪldɪŋ] *structure* bâtiment *m*; *activity* construction *f*

'build·ing blocks *npl for child* cube *m*; **'build·ing site** chantier *m*; **'build·ing trade** (industrie *f* du) bâtiment *m*

'build-up (*accumulation*) accumulation *f*, augmentation *f*; (*publicity*) publicité *f*; **give s.o. / sth a big ~** faire beaucoup de battage autour de qn / qch

built [bɪlt] *pret & pp* → **build**

'built-in *adj* encastré; *flash* incorporé

built-up 'ar·e·a agglomération *f* (urbaine)

bulb [bʌlb] BOT bulbe *m*; (*light ~*) ampoule *f*

bulge [bʌldʒ] **1** *n* gonflement *m*, saillie *f* **2** *v/i* être gonflé, faire saillie

bu·lim·i·a [buːˈlɪmɪə] boulimie *f*

bulk [bʌlk]: **the ~ of** la plus grande partie de; **in ~** en bloc

'bulk·y ['bʌlkɪ] *adj* encombrant; *sweater* gros*

bull [bʊl] *animal* taureau *m*

bull·doze ['bʊldəʊz] *v/t* (*demolish*) passer au bulldozer; **~ s.o. into sth / doing sth** amener qn de force à qch / forcer qn à faire qch

bull·doz·er ['bʊldəʊzər] bulldozer *m*

bul·let ['bʊlɪt] balle *f*

bul·le·tin ['bʊlɪtɪn] bulletin *m*

'bul·le·tin board *on wall* tableau *m* d'affichage; COMPUT serveur *m* télématique

'bul·let-proof *adj* protégé contre les balles; *vest* pare-balles

bull horn mégaphone *m*; **'bull mar·ket** FIN marché *m* orienté à la hausse; **'bull's-eye** mille *m*; **hit the ~** *also fig* mettre dans le mille; **'bull·shit 1** *n* V merde *f* V, conneries *fpl* P **2** *v/i* (*pret & pp* **-ted**) V raconter des conneries P

bul·ly ['bʊlɪ] **1** *n* brute *f* **2** *v/t* (*pret & pp* **-ied**) brimer

bul·ly·ing ['bʊlɪŋ] *n* brimades *fpl*

bum [bʌm] **1** *n* F (*worthless person*) bon à rien *m*; (*tramp*) clochard *m* **2** *v/t* (*pret & pp* **-med**): **can I ~ a cigarette?** est-ce que je peux vous taper une cigarette?

♦ **bum around** *v/i* (*travel*) vagabonder; (*be lazy*) traînasser F

bum·ble·bee ['bʌmblbiː] bourdon *m*

bump [bʌmp] **1** *n* bosse *f*; **get a ~ on the head** recevoir un coup sur la tête **2** *v/t* se cogner

♦ **bump into** *v/t* se cogner contre; (*meet*) rencontrer (par hasard)

♦ **bump off** *v/t* F (*murder*) zigouiller F

♦ **bump up** *v/t* F *prices* gonfler

bump·er ['bʌmpər] **1** *n* MOT pare-chocs *m inv*; **the traffic was ~ to ~** les voitures étaient pare-chocs contre pare-chocs **2** *adj* (*extremely good*) exceptionnel*

'**bump-start** *v/t*: **~ a car** pousser une voiture pour la faire démarrer; **~ the economy** donner un coup de pouce à l'économie

bump·y ['bʌmpɪ] *adj road* cahoteux*; **we had a ~ flight** nous avons été secoués pendant le vol

bun [bʌn] *hairstyle* chignon *m*; *for eating* petit pain *m* au lait

bunch [bʌntʃ] *of people* groupe *m*; *of keys* trousseau *m*; *of grapes* grappe *f*; *of flowers* bouquet *m*; **thanks a ~** *iron* merci beaucoup; **a whole ~ of things to do** F tout un tas de choses à faire F

bun·dle ['bʌndl] *n* paquet *m*

♦ **bundle up** *v/t* mettre en paquet; (*dress warmly*) emmitoufler

bun·gee jump·ing ['bʌndʒɪdʒʌmpɪŋ] saut *m* à l'élastique

bun·gle ['bʌŋgl] *v/t* bousiller F

bunk [bʌŋk] couchette *f*

'**bunk beds** *npl* lits *mpl* superposés

buoy [bɔɪ] *n* NAUT bouée *f*

buoy·ant ['bɔɪənt] *adj mood* jovial; *economy* prospère

bur·den ['bɜːrdn] **1** *n* fardeau *m* **2** *v/t*: **~ s.o. with sth** *fig* accabler qn de qch

bu·reau ['bjʊroʊ] (*office, chest of drawers*) bureau *m*

bu·reauc·ra·cy [bjʊ'rɑːkrəsɪ] bureau-

cratie *f*

bu·reau·crat ['bjʊrəkræt] bureaucrate *m/f*

bu·reau·crat·ic [bjʊrə'krætɪk] *adj* bureaucratique

bur·ger ['bɜːrgər] steak *m* hâché; *in roll* hamburger *m*

bur·glar ['bɜːrglər] cambrioleur (-euse) *m(f)*

'**bur·glar a·larm** alarme *f* antivol

bur·glar·ize ['bɜːrgləraɪz] *v/t* cambrioler

bur·glar·y ['bɜːrglərɪ] cambriolage *m*

bur·i·al ['berɪəl] enterrement *m*

bur·ly ['bɜːrlɪ] *adj* robuste

burn [bɜːrn] **1** *n* brûlure *f* **2** *v/t* (*pret & pp* **burnt**) brûler; **he ~t his hand** il s'est brûlé la main **3** *v/i* (*pret & pp* **burnt**) brûler

♦ **burn down 1** *v/t* incendier **2** *v/i* être réduit en cendres

♦ **burn out** *v/t*: **burn o.s. out** s'épuiser; **a burned-out car** incendié

burn·er ['bɜːrnər] *on cooker* brûleur *m*

'**burn-out** F (*exhaustion*) épuisement *m*

burnt [bɜːrnt] *pret & pp* → **burn**

burp [bɜːrp] **1** *n* rot *m* **2** *v/i* roter **3** *v/t* *baby* faire faire son rot à

burst [bɜːrst] **1** *n in water pipe* trou *m*; *act* éclatement *m*; *of gunfire* explosion *f*; **in a ~ of energy** dans un accès d'énergie **2** *adj* tire crevé **3** *v/t* (*pret & pp* **burst**) *balloon* crever **4** *v/i* (*pret & pp* **burst**) *of balloon, tire* crever; *of pipe* éclater; **~ into a room** se précipiter dans une pièce; **~ into tears** fondre en larmes; **~ out laughing** éclater de rire

bur·y ['berɪ] *v/t* (*pret & pp* **-ied**) *person, animal* enterrer; (*conceal*) cacher; **be buried under** (*covered by*) être caché sous; **~ o.s. in work** s'absorber dans son travail

bus [bʌs] **1** *n local* (auto)bus *m*; *long distance* (auto)car *m* **2** *v/t* (*pret & pp* **-sed**) amener en (auto)bus

'**bus-boy** aide-serveur(-euse) *m(f)*

'**bus driv·er** *local* conducteur(-trice) *m(f)* d'autobus; *long-distance* conducteur(-trice) *m(f)* d'autocar

bush [buʃ] *plant* buisson *m*; *land* brousse *f*

bushed [buʃt] *adj* F (*tired*) crevé F

bush·y ['buʃɪ] *adj beard* touffu

busi·ness ['bɪznɪs] (*trade*), *as subject of study* commerce *m*; (*company*) entreprise *f*; (*work*) travail *m*; (*sector*) secteur *m*; (*affair, matter*) affaire *f*; *how's ~? – ~ is good* comment vont les affaires? – les affaires vont bien; *on ~* en déplacement (professionnel); *that's none of your ~!* ça ne vous regarde pas!; *you have no ~ being in my office* vous n'avez rien à faire dans mon bureau!; *mind your own ~!* occupe-toi de tes affaires!

'busi·ness card carte *f* de visite; **'busi·ness class** classe *f* d'affaires; **'busi·ness hours** *npl* heures *fpl* d'ouverture; **busi·ness·like** *adj* sérieux*; **'busi·ness lunch** déjeuner *m* d'affaires; **'busi·ness·man** homme *m* d'affaires; **'busi·ness meet·ing** réunion *f* d'affaires; **'busi·ness school** école *f* de commerce; **'busi·ness stud·ies** *nsg course* études *fpl* de commerce; **'busi·ness trip** voyage *m* d'affaires; **'busi·ness·wom·an** femme *f* d'affaires

'bus lane couloir *m* d'autobus; **'bus shel·ter** abribus *m*; **'bus sta·tion** gare *f* routière; **'bus stop** arrêt *m* d'autobus

bust[1] [bʌst] *n of woman* poitrine *f*; *measurement* tour *m* de poitrine

bust[2] [bʌst] **1** *adj* F (*broken*) cassé; *go ~* faire faillite **2** *v/t* F casser

'bus tick·et ticket *m* d'autobus

♦ **bus·tle around** ['bʌsl] *v/i* s'affairer

'bust-up F brouille *f*

bust·y ['bʌstɪ] *adj* à la poitrine plantureuse

bus·y ['bɪzɪ] **1** *adj person*, TELEC occupé; *day, life* bien rempli; *street, shop, restaurant* plein de monde; *be ~ doing sth* être occupé à faire qch **2** *v/t* (*pret & pp -ied*): *~ o.s. with* s'occuper à

'bus·y·bod·y curieux(-se) *m(f)*; *he's a real ~* il se mêle toujours de ce qui ne le regarde pas

but [bʌt], *unstressed* [bət] **1** *conj* mais; *~ that's not fair!* mais ce n'est pas juste!; *~ then* (*again*) mais après tout **2** *prep*: *all ~ him* tous sauf lui; *the last ~ one* l'avant-dernier; *the next ~ one* le deuxième; *~ for you* si tu n'avais pas été là; *nothing ~ the best* rien que le meilleur

butch·er ['butʃər] *n* boucher(-ère) *m(f)*

butt [bʌt] **1** *n of cigarette* mégot *m*; *of joke* cible *f*; P (*backside*) cul *m* P **2** *v/t* donner un coup de tête à

♦ **butt in** *v/i* intervenir

but·ter ['bʌtər] **1** *n* beurre *m* **2** *v/t* beurrer

♦ **butter up** *v/t* F lécher les bottes à F

'but·ter·fly *also swimming* papillon *m*

but·tocks ['bʌtəks] *npl* fesses *fpl*

but·ton ['bʌtn] **1** *n* bouton *m*; (*badge*) badge *m* **2** *v/t* boutonner

♦ **button up** → **button 2**

'but·ton-down col·lar col *m* boutons

'but·ton·hole 1 *n in suit* boutonnière *f* **2** *v/t* coincer F

bux·om ['bʌksəm] *adj* bien en chair

buy [baɪ] **1** *n* achat *m* **2** *v/t* (*pret & pp bought*) acheter; *can I ~ you a drink?* est-ce que je peux vous offrir quelque chose à boire?; *$5 doesn't ~ much* on n'a pas grand chose pour 5 $

♦ **buy off** *v/t* (*bribe*) acheter

♦ **buy out** *v/t* COMM racheter la part de

♦ **buy up** *v/t* acheter

buy·er ['baɪr] acheteur(-euse) *m(f)*

buzz [bʌz] **1** *n* bourdonnement *m*; F (*thrill*) grand plaisir *m* **2** *v/i of insect* bourdonner; *with buzzer* faire un appel à l'interphone **3** *v/t with buzzer* appeler à l'interphone

♦ **buzz off** *v/i* F ficher le camp F

buzz·er ['bʌzər] sonnerie *f*

by [baɪ] **1** *prep* ◊ *agency* par; *a play ~ ...* une pièce de ...; *hit ~ a truck* renversé par un camion

◊ (*near, next to*) près de; *sea, lake* au bord de; *side ~ side* côte à côte

◇ *(no later than)* pour; **can you fix it ~ Tuesday?** est-ce que vous pouvez le réparer pour mardi?; **~ this time tomorrow** demain à cette heure
◇ *(past)* à côté de
◇ *mode of transport:* en; **~ bus / train** en bus / train
◇ *measurement:* **2 ~ 4** 2 sur 4
◇ *phrases:* **~ day / night** le jour / la nuit; **~ the hour / ton** à l'heure / la tonne; **~ my watch** selon ma montre; **~ o.s.** tout seul; **he won ~ a couple of minutes** il a gagné à quelques minutes près
2 *adv:* **~ and ~ (soon)** sous peu
bye(-bye) [baɪ] au revoir
by·gones ['baɪgɒnz]: **let ~ be** passons l'éponge; **'by·pass 1** *n road* déviation *f*, MED pontage *m* (coronarien) **2** *v/t* contourner; **'by-prod·uct** sous-produit *m*; **by·stand·er** ['baɪstændər] spectateur(-trice) *m(f)*
byte [baɪt] octet *m*
'by·word: **be a ~ for** être synonyme de

C

cab [kæb] *(taxi)* taxi *m*; *of truck* cabine *f*
'cab driv·er chauffeur *m* de taxi
cab·a·ret ['kæbəreɪ] spectacle *m* de cabaret
cab·bage ['kæbɪdʒ] chou *m*
cab·in ['kæbɪn] *of plane, ship* cabine *f*
cab·in at·tend·ant *male* steward *m*; *female* hôtesse *f* (de l'air)
'cab·in crew équipage *m*
cab·i·net ['kæbɪnɪt] *furniture* meuble *m* (de rangement); POL cabinet *m*; *display* ~ vitrine *f*; **medicine ~** armoire *f* à pharmacie
'cab·i·net mak·er ébéniste *m/f*
ca·ble ['keɪbl] câble *m*; **~ (TV)** câble *m*
'ca·ble car téléphérique *m*; *on rail* funiculaire *m*
'ca·ble tel·e·vi·sion (télévision *f* par) câble *m*
'cab stand, *Br* **'cab rank** station *f* de taxis
cac·tus ['kæktəs] cactus *m*
ca·dav·er [kə'dævər] cadavre *m*
cad·die ['kædɪ] **1** *n in golf* caddie *m* **2** *v/i:* **~ for s.o.** être le caddie de qn
ca·det [kə'det] élève *m* (officier)
cadge [kædʒ] *v/t:* **~ sth from s.o.** taxer qch à qn F
caf·é ['kæfeɪ] café *m*
caf·e·te·ri·a [kæfɪ'tɪrɪə] cafétéria *f*
caf·feine ['kæfiːn] caféine *f*
cage [keɪdʒ] cage *f*
ca·gey ['keɪdʒɪ] *adj* évasif*
ca·hoots [kə'huːts] *npl* F: **be in ~ with** être de mèche avec F
ca·jole [kə'dʒoul] *v/t* enjôler
cake [keɪk] **1** *n* gâteau *m*; **be a piece of ~** F être du gâteau F **2** *v/i of mud, blood* sécher, se solidifier
ca·lam·i·ty [kə'læmətɪ] calamité *f*
cal·ci·um ['kælsɪəm] calcium *m*
cal·cu·late ['kælkjuleɪt] *v/t (work out)* évaluer; *in arithmetic* calculer
cal·cu·lat·ing ['kælkjuleɪtɪŋ] *adj* calculateur*
cal·cu·la·tion [kælkju'leɪʃn] calcul *m*
cal·cu·la·tor ['kælkjuleɪtər] calculatrice *f*
cal·en·dar ['kælɪndər] calendrier *m*
calf[1] [kæf] *(pl calves* [kævz]) *(young cow)* veau *m*
calf[2] [kæf] *(pl calves* [kævz]) *of leg* mollet *m*
'calf·skin *n* veau *m*, vachette *f*
cal·i·ber ['kælɪbər] *of gun* calibre *m*; **a man of his ~** un homme de ce calibre
call [kɒːl] **1** *n (phone ~)* appel *m*, coup *m* de téléphone; *(shout)* appel, cri *m*;

candied

(*demand*) appel *m*, demande *f*;
there's a ~ for you on te demande
au téléphone, il y a un appel pour
toi; *be on ~* être de garde **2** *v/t also*
on phone appeler; *be ~ed ...* s'appeler ...; *~ s.o. a liar* traiter qn de menteur; *and you ~ yourself a Socia-*
list! et tu te dis socialiste!; *~ s.o.*
names injurier qn; insulter qn **3** *v/i*
also on phone appeler; (*visit*) passer

♦ **call at** *v/t* (*stop at*) s'arrêter à; *of train*
also s'arrêter à, desservir

♦ **call back 1** *v/t on phone*, (*summon*)
rappeler **2** *v/i on phone* rappeler;
(*make another visit*) repasser

♦ **call for** *v/t* (*collect*) passer prendre,
venir chercher; (*demand, require*) demander

♦ **call in 1** *v/t* (*summon*) appeler, faire
venir **2** *v/i* (*phone*) appeler, téléphoner

♦ **call off** *v/t* (*cancel*) annuler

♦ **call on** *v/t* (*urge*) demander à; (*visit*)
rendre visite à, passer voir

♦ **call out** *v/t* (*shout*) crier; (*summon*)
appeler

♦ **call up** *v/t on phone* appeler, téléphoner à; COMPUT ouvrir

'**call cen·ter** centre *m* d'appel

call·er ['kɔːlər] *on phone* personne *f*
qui appelle; (*visitor*) visiteur *m*

'**call girl** call-girl *f*

cal·lous ['kæləs] *adj person* dur

cal·lous·ly ['kæləslɪ] *adv* durement

cal·lous·ness ['kæləsnɪs] dureté *f*

calm [kɑːm] **1** *adj* calme, tranquille **2** *n*
calme *m*

♦ **calm down 1** *v/t* calmer **2** *v/i of sea,*
weather, person se calmer

calm·ly ['kɑːmlɪ] *adv* calmement

cal·o·rie ['kælərɪ] calorie *f*

cam·cor·der ['kæmkɔːrdər] caméscope *m*

came [keɪm] *pret* → **come**

cam·e·ra ['kæmərə] appareil *m* photo;
TV caméra *f*

'**cam·e·ra·man** cadreur *m*, caméra-
man *m*

cam·i·sole ['kæmɪsoul] caraco *m*

cam·ou·flage ['kæməflɑːʒ] **1** *n* camouflage *m* **2** *v/t* camoufler

camp [kæmp] **1** *n* camp *m* **2** *v/i* camper

cam·paign [kæm'peɪn] **1** *n* campagne
f **2** *v/i* faire campagne

cam·paign·er [kæm'peɪnər] militant
m

camp·er ['kæmpər] *person* campeur
m; *vehicle* camping-car *m*

camp·ing ['kæmpɪŋ] camping *m*; *go ~*
faire du camping

'**camp·site** (terrain *m* de) camping *m*

cam·pus ['kæmpəs] campus *m*

can[1] [kæn], *unstressed* [kən] *v/aux*
◊ (*pret* **could**) *ability* pouvoir; *~*
you hear me? tu m'entends?; *I can't*
see je ne vois pas; *~ you speak*
French? parlez-vous français?; *~*
she swim? sait-elle nager?; *~ he*
call me back? peut-il me rappeler?;
as fast / well as you ~ aussi vite /
bien que possible; *that can't be*
right ça ne peut pas être vrai ◊ *per-*
mission pouvoir; *~ I help you?* est-ce
que je peux t'aider?

can[2] [kæn] **1** *n for food* boîte *f*; *for*
drinks canette *f*; *of paint* bidon *m* **2**
v/t (*pret & pp* **-ned**) mettre en
conserve

Can·a·da ['kænədə] Canada *m*

Ca·na·di·an [kə'neɪdɪən] **1** *adj* canadien* **2** *n* Canadien *m*

ca·nal [kə'næl] canal *m*

ca·nar·y [kə'nerɪ] canari *m*

can·cel ['kænsl] *v/t* (*pret & pp* **-ed**, *Br*
-led) annuler

can·cel·la·tion [kænsə'leɪʃn] annulation *f*

can·cel·la·tion fee frais *mpl* d'annulation

can·cer ['kænsər] cancer *m*

Can·cer ['kænsər] ASTROL Cancer *m*

can·cer·ous ['kænsərəs] *adj* cancéreux*

c & f *abbr* (= *cost and freight*) C&F
(coût et fret)

can·did ['kændɪd] *adj* franc*

can·di·da·cy ['kændɪdəsɪ] candidature *f*

can·di·date ['kændɪdət] candidat *m*

can·did·ly ['kændɪdlɪ] *adv* franchement

can·died ['kændiːd] *adj* confit

can·dle ['kændl] bougie f; *in church* cierge m

'can·dle·stick bougeoir m; *long, thin* chandelier m

can·dor ['kændər] franchise f

can·dy ['kændɪ] (*sweet*) bonbon m; (*sweets*) bonbons mpl

cane [keɪn] (tige f de) bambou m

can·is·ter ['kænɪstər] boîte f (métallique); *for gas, spray* bombe f

can·na·bis ['kænəbɪs] cannabis m

canned [kænd] *adj fruit, tomatoes* en conserve, en boîte; F (*recorded*) enregistré

can·ni·bal·ize ['kænɪbəlaɪz] *v/t* cannibaliser

can·not ['kænɑːt] → *can*[1]

can·ny ['kænɪ] *adj* (*astute*) rusé

ca·noe [kə'nuː] canoë m

'can o·pen·er ouvre-boîte m

can't [kænt] → *can*

can·teen [kæn'tiːn] *in factory* cantine f

can·vas ['kænvəs] toile f

can·vass ['kænvəs] **1** *v/t* (*seek opinion of*) sonder, interroger **2** *v/i* POL faire campagne

can·yon ['kænjən] canyon m

cap [kæp] *hat* bonnet m; *with peak* casquette f; *of soldier, policeman* képi m; *of bottle, jar* bouchon m; *of pen, lens* capuchon m

ca·pa·bil·i·ty [keɪpə'bɪlətɪ] capacité f

ca·pa·ble ['keɪpəbl] *adj* (*efficient*) capable, compétent; *be* ~ *of* être capable de

ca·pac·i·ty [kə'pæsətɪ] capacité f; *of factory* capacité f de production; *aptitude f; in my* ~ *as ...* en ma qualité de ...

cap·i·tal ['kæpɪtl] *n of country* capitale f; *letter* majuscule f; *money* capital m

cap·i·tal ex'pen·di·ture dépenses fpl d'investissement; **cap·i·tal 'gains tax** impôt m sur la plus-value; **cap·i·tal 'growth** augmentation f de capital

cap·i·tal·ism ['kæpɪtəlɪzm] capitalisme m

cap·i·tal·ist ['kæpɪtəlɪst] **1** *adj* capitaliste **2** *n* capitaliste m/f

◆ **cap·i·tal·ize on** ['kæpɪtəlaɪz] *v/t* tirer parti de, exploiter

cap·i·tal 'let·ter majuscule f

cap·i·tal 'pun·ish·ment peine f capitale

ca·pit·u·late [kə'pɪtʃuleɪt] *v/i* capituler

ca·pit·u·la·tion [kæpɪtʃu'leɪʃn] capitulation f

Cap·ri·corn ['kæprɪkɔːrn] ASTROL Capricorne m

cap·size [kæp'saɪz] **1** *v/i* chavirer **2** *v/t* faire chavirer

cap·sule ['kæpsʊl] *of medicine* gélule f; (*space* ~) capsule f spatiale

cap·tain ['kæptɪn] *n of ship, team* capitaine m; *of aircraft* commandant m de bord

cap·tion ['kæpʃn] *n* légende f

cap·ti·vate ['kæptɪveɪt] *v/t* captiver, fasciner

cap·tive ['kæptɪv] *adj* captif*; *be held* ~ être en captivité

cap·tive 'mar·ket marché m captif

cap·tiv·i·ty [kæp'tɪvətɪ] captivité f

cap·ture ['kæptʃər] **1** *n of city* prise f; *of person, animal* capture f **2** *v/t person, animal* capturer; *city, building* prendre; *market share* conquérir; (*portray*) reproduire; *moment* saisir

car [kɑːr] voiture f, automobile f; *of train* wagon m, voiture f; *by* ~ en voiture

ca·rafe [kə'ræf] carafe f

car·at ['kærət] carat m

car·bo·hy·drate [kɑːrboʊ'haɪdreɪt] glucide m

'car bomb voiture f piégée

car·bon mon·ox·ide [kɑːrbənmən-'ɑːksaɪd] monoxyde m de carbone

car·bu·ret·er, car·bu·ret·or [kɑːrbə-'retər] carburateur m

car·cass ['kɑːrkəs] carcasse f

car·cin·o·gen [kɑːr'sɪnədʒen] substance f cancérigène

car·cin·o·genic [kɑːrsɪnə'dʒenɪk] *adj* cancérigène, cancérogène

card [kɑːrd] carte f

'card·board carton m

card·board 'box carton m

car·di·ac ['kɑːrdɪæk] *adj* cardiaque

car·di·ac ar'rest arrêt m cardiaque

car·di·gan ['kɑːrdɪgən] cardigan m, gilet *m*

car·di·nal ['kɑːrdɪnl] *n* REL cardinal *m*

'**card in·dex** fichier *m*; '**card key** carte *f* magnétique; '**card phone** téléphone *m* à carte

care [ker] **1** *n of baby, pet* garde *f*; *of the elderly, sick* soins *mpl*; MED soins *mpl* médicaux; (*worry*) souci *m*; ~ **of** chez; **take** ~ (*be cautious*) faire attention; **goodbye, take** ~ (*of yourself*)*!* au revoir, fais bien attention à toi!; **take** ~ **of** s'occuper de; (*handle*) **with** ~*!* *on label* fragile **2** *v/i* se soucier; **I don't** ~*!* ça m'est égal!; **I couldn't** or **F could** ~ **less**, *Br* **I couldn't** ~ **less** ça m'est complètement égal, je m'en fous complètement F

♦ **care about** *v/t* s'intéresser à; **they don't care about the environment** ils ne se soucient pas de l'environnement

♦ **care for** *v/t* (*look after*) s'occuper de, prendre soin de; (*like, be fond of*) aimer; **would you care for ...?** aimeriez-vous …?

ca·reer [kə'rɪr] (*profession*) carrière *f*

ca·reers of·fi·cer conseiller *m* d'orientation

'**care·free** *adj* insouciant, sans souci

care·ful ['kerfəl] *adj* (*cautious*) prudent; (*thorough*) méticuleux*; (**be**) ~*!* (fais) attention!

care·ful·ly ['kerfəlɪ] *adv* (*with caution*) prudemment; (*worded etc*) soigneusement, avec soin

care·less ['kerlɪs] *adj* négligent; *work* négligé; **you are so** ~*!* tu es tellement tête en l'air!

care·less·ly ['kerlɪslɪ] *adv* négligemment

car·er ['kerər] accompagnateur(-trice) *m(f)*

ca·ress [kə'res] **1** *n* caresse *f* **2** *v/t* caresser

care·tak·er ['kerteɪkər] gardien *m*

'**care·worn** *adj* rongé par les soucis

'**car fer·ry** (car-)ferry *m*, transbordeur *m*

car·go ['kɑːrgoʊ] cargaison *f*, chargement *m*

car·i·ca·ture ['kærɪkətʃər] *n* caricature *f*

car·ing ['kerɪŋ] *adj* attentionné; **a more** ~ **society** une société plus humaine

'**car me·chan·ic** mécanicien *m* (dans un garage)

car·nage ['kɑːrnɪdʒ] carnage *m*

car·na·tion [kɑːr'neɪʃn] œillet *m*

car·ni·val ['kɑːrnɪvl] fête *f* foraine; *with processions etc* carnaval *m*

car·ol ['kærəl] *n* chant *m* (de Noël)

car·ou·sel [kærə'sel] *at airport* tapis *m* roulant (à bagages); *for slide projector* carrousel *m*; (*merry-go-round*) manège *m*

'**car park** *Br* parking *m*

car·pen·ter ['kɑːrpɪntər] charpentier *m*; *for smaller objects* menuisier *m*

car·pet ['kɑːrpɪt] tapis *m*; *fitted* moquette *f*

'**car phone** téléphone *m* de voiture; '**car·pool 1** *n* voyage *m* groupé, covoiturage *m* **2** *v/i* voyager en groupes, faire du co-voiturage; '**car port** auvent *m* pour voiture(s); '**car ra·di·o** autoradio *m*; '**car rent·al** location *f* de voitures; '**car rent·al com·pa·ny** société *f* de location de voitures

car·riage ['kærɪdʒ] *Br: of train* wagon *m*

car·ri·er ['kærɪər] *company* entreprise *f* de transport; *of disease* porteur (-euse) *m(f)*

car·rot ['kærət] carotte *f*

car·ry ['kærɪ] **1** *v/t* (*pret & pp* **-ied**) porter; (*from a place to another*), *of ship, plane, bus etc* transporter; (*have on one's person*) avoir sur soi; *disease* être porteur de; *proposal* adopter; **get carried away** se laisser entraîner **2** *v/i of sound* porter

♦ **carry on 1** *v/i* (*continue*) continuer (**with sth** qch); F (*make a fuss*) faire une scène; F (*have an affair*) avoir une liaison avec **2** *v/t business* exercer; *conversation* tenir

♦ **carry out** *v/t survey etc* faire; *orders etc* exécuter

cart [kɑːrt] charrette *f*

car·tel [kɑːr'tel] cartel *m*

car·ton ['kɑːrtn] carton *m*; *of cigarettes* cartouche *f*

car·toon [kɑːrˈtuːn] dessin *m* humoristique; *on TV, movie* dessin *m* animé; *(strip ~)* BD *f*, bande *f* dessinée

car·toon·ist [kɑːrˈtuːnɪst] dessinateur(-trice) *m(f)* humoristique

car·tridge [ˈkɑːrtrɪdʒ] *for gun, printer etc* cartouche *f*

carve [kɑːrv] *v/t meat* découper; *wood* sculpter

carv·ing [ˈkɑːrvɪŋ] *figure* sculpture *f*

'car wash lave-auto *m*

case[1] [keɪs] *n for eyeglasses, camera* étui *m*; *for gadget* pochette *f*; *in museum* vitrine *f*; *of Scotch, wine* caisse *f*; *Br (suitcase)* valise *f*

case[2] [keɪs] *n (instance)* cas *m*; *(argument)* arguments *mpl* (**for sth / s.o.** en faveur de qch / qn); *for police, mystery* affaire *f*; MED cas *m*; LAW procès *m*; **in ~ it rains / you have forgotten** au cas où il pleuvrait / tu aurais oublié; **just in ~** au cas où; **in any ~** en tout cas; **in that ~** dans ce cas-là

'case his·to·ry MED antécédents *mpl*

'case·load dossiers *mpl*

cash [kæʃ] **1** *n (money)* argent *m*; *(coins and notes)* espèces *fpl*, (argent *m*) liquide *m*; **~ down** argent *m* comptant; **pay (in) ~** payer en espèces *or* en liquide; **~ in advance** paiement *m* par avance **2** *v/t check* toucher

♦ **cash in** *v/t* tirer profit de

'cash cow vache *f* à lait; **'cash desk** caisse *f*; **cash 'dis·count** escompte *m* au comptant; **'cash di·spens·er** distributeur *m* automatique (de billets); **'cash flow** COMM trésorerie *f*; **I've got ~ problems** j'ai des problèmes d'argent

cash·ier [kæˈʃɪr] *n in store etc* caissier(-ère) *m(f)*

'cash ma·chine distributeur *m* automatique (de billets)

cash·mere [ˈkæʃmɪr] *adj* en cashmere

'cash re·gis·ter caisse *f* enregistreuse

ca·si·no [kəˈsiːnou] *n* casino *m*

cas·ket [ˈkæskɪt] *(coffin)* cercueil *m*

cas·se·role [ˈkæsəroul] *meal* ragoût *m*;

container cocotte *f*

cas·sette [kəˈset] cassette *f*

cas·sette play·er lecteur *m* de cassettes

cas·sette re·cord·er magnétophone *m* à cassettes

cast [kæst] **1** *n of play* distribution *f*; *(mold)* moule *m*; *object cast* moulage *m* **2** *v/t (pret & pp* **cast***) doubt, suspicion* jeter; *metal* couler; *play* distribuer les rôles de; **~ s.o. as** donner à qn le rôle de

♦ **cast off** *v/i of ship* larguer les amarres

caste [kæst] caste *f*

cast·er [ˈkæstər] *on chair etc* roulette *f*

cast iron *n* fonte *f*

cast-'iron *adj* en fonte

cas·tle [ˈkæsl] château *m*

'cast·or [ˈkæstər] → **caster**

cas·trate [kæˈstreɪt] *v/t* castrer

cas·tra·tion [kæˈstreɪʃn] castration *f*

cas·u·al [ˈkæʒuəl] *adj (chance)* fait au hasard; *(offhand)* désinvolte; *(not formal)* décontracté; *(not permanent)* temporaire; **~ sex** relations *fpl* sexuelles sans engagement

cas·u·al·ly [ˈkæʒuəli] *adv dressed* de manière décontractée; *say* de manière désinvolte

cas·u·al·ty [ˈkæʒuəltı] victime *f*; **casu·alties** MIL pertes *fpl*

'cas·u·al wear vêtements *mpl* sport

cat [kæt] chat(te) *m(f)*

cat·a·log [ˈkætəlɔːg] *n* catalogue *m*

cat·a·lyst [ˈkætəlɪst] *fig* catalyseur *m*

cat·a·lyt·ic con·vert·er [kætəlɪtɪkkənˈvɜːrtər] pot *m* catalytique

cat·a·pult [ˈkætəpʌlt] **1** *v/t fig: to fame, stardom* catapulter **2** *n Br* catapulte *f*

cat·a·ract [ˈkætərækt] MED cataracte *f*

ca·tas·tro·phe [kəˈtæstrəfɪ] catastrophe *f*

cat·a·stroph·ic [kætəˈstrɒːfɪk] *adj* catastrophique

catch [kætʃ] **1** *n* prise *f* (au vol); *of fish* pêche *f*; *(lock: on door)* loquet *m*; *on window* loqueteau *m*; *(problem)* entourloupette *f* F; **good ~!** bien joué! **2** *v/t (pret & pp* **caught***) ball, escaped prisoner* attraper; *(get on: bus, train)* prendre; (*not miss: bus, train*) attraper; *fish* attraper; *in order to speak to* trouver; (*hear*) entendre; *illness* attraper; **~ (a) cold** attraper un rhume; **~ s.o.'s eye** *of person, object* attirer l'attention de qn; **~ sight of, ~ a glimpse of** apercevoir; **~ s.o. doing sth** surprendre qn en train de faire qch

♦ **catch on** *v/i* (*become popular*) avoir du succès; (*understand*) piger

♦ **catch up 1** *v/i of runner, in work etc* rattraper son retard **2** *v/t:* **I'll catch you up** je vous rejoins plus tard

♦ **catch up on** *v/t* rattraper

♦ **catch up with** *v/t* rattraper

catch-22 [kæt∫twentɪˈtuː]: **it's a ~ situation** c'est un cercle vicieux

catch-er [ˈkæt∫ər] *in baseball* attrapeur *m*

catch-ing [ˈkæt∫ɪŋ] *adj also fig* contagieux*

catch-y [ˈkæt∫ɪ] *adj* tune facile à retenir

cat-e-gor-ic [kætəˈɡɑːrɪk] *adj* catégorique

cat-e-gor-i-cal-ly [kætəˈɡɑːrɪklɪ] *adv* catégoriquement

cat-e-go-ry [ˈkætəɡɔːrɪ] catégorie *f*

♦ **ca-ter for** [ˈkeɪtər] *v/t* (*meet the needs of*) s'adresser à; (*provide food for*) fournir les repas pour

ca-ter-er [ˈkeɪtərər] traiteur *m*

ca-ter-pil-lar [ˈkætərpɪlər] chenille *f*

ca-the-dral [kəˈθiːdrəl] cathédrale *f*

Cath-o-lic [ˈkæθəlɪk] **1** *adj* catholique **2** *n* catholique *m/f*

Ca-thol-i-cism [kəˈθɑːlɪsɪzm] catholicisme *m*

'**cat-nap** *n* (petit) somme *m*

'**cat's eyes** *npl on road* catadioptres *mpl*

cat-sup [ˈkætsʌp] ketchup *m*

cat-tle [ˈkætl] *npl* bétail *m*

cat-ty [ˈkætɪ] *adj* méchant

'**cat-walk** passerelle *f*

caught [kɒt] *pret & pp* → **catch**

cau-li-flow-er [ˈkɒlɪflaʊər] chou-fleur *m*

cause [kɒz] **1** *n* cause *f*; (*grounds*) raison *f* **2** *v/t* causer; **~ s.o. to do sth** pousser qn à faire qch

caus-tic [ˈkɒːstɪk] *adj fig* caustique

cau-tion [ˈkɒː∫n] **1** *n* (*carefulness*) prudence *f* **2** *v/t* (*warn*) avertir; **~ s.o. against sth** mettre qn en garde contre qch

cau-tious [ˈkɒːʃəs] *adj* prudent

cau-tious-ly [ˈkɒːʃəslɪ] *adv* prudemment

cave [keɪv] caverne *f*, grotte *f*

♦ **cave in** *of roof* s'effondrer

cav-i-ar [ˈkævɪɑːr] caviar *m*

cav-i-ty [ˈkævətɪ] cavité *f*

cc 1 *n* copie *f*; (*cubic centimeters*) cm³ (centimètre *m* cube) **2** *v/t* envoyer une copie à

CD [siːˈdiː] *abbr* (= **compact disc**) CD *m* (= compact-disc *m*, disque *m* compact)

C'D play-er lecteur *m* de CD; **CD-ROM** [siːdiːˈrɑːm] CD-ROM *m*; **CD-ROM drive** lecteur *m* de CD-ROM

cease [siːs] **1** *v/i* cesser **2** *v/t* cesser; **~ doing sth** cesser de faire qch

'**cease-fire** cessez-le-feu *m*

ceil-ing [ˈsiːlɪŋ] *also fig* plafond *m*

cel-e-brate [ˈselɪbreɪt] **1** *v/i* faire la fête **2** *v/t* fêter; *Christmas, public event* célébrer

cel-e-brat-ed [ˈselɪbreɪtɪd] *adj* célèbre

cel-e-bra-tion [selɪˈbreɪʃn] fête *f*; *of public event, wedding* célébration *f*

ce-leb-ri-ty [sɪˈlebrɪtɪ] célébrité *f*

cel-e-ry [ˈselərɪ] céleri *m*

cel-i-ba-cy [ˈselɪbəsɪ] célibat *m*

cel-i-bate [ˈselɪbət] *adj* chaste

cell [sel] *for prisoner, of spreadsheet*, BIOL cellule *f*; *phone* portable *m*

cel-lar [ˈselər] cave *f*

cel-list [ˈt∫elɪst] violoncelliste *m/f*

cel-lo [ˈt∫eloʊ] violoncelle *m*

cel-lo-phane [ˈseləfeɪn] cellophane *f*

'**cell phone, cel-lu-lar phone** [ˈseljuːlər] (téléphone *m*) portable *m*

cel-lu-lite [ˈseljuːlaɪt] cellulite *f*

ce-ment [sɪˈment] **1** *n* ciment *m* **2** *v/t also fig* cimenter

cem-e-ter-y [ˈsemətərɪ] cimetière *m*

cen-sor [ˈsensər] *v/t* censurer

cen-sor-ship [ˈsensər∫ɪp] censure *f*

cen-sus [ˈsensəs] recensement *m*

cent [sent] cent *m*

cen·te·na·ry [sen'ti:nərɪ] centenaire *m*

cen·ter ['sentər] **1** *n* centre *m*; **in the ~ of** au centre de **2** *v/t* centrer

♦ **center on** *v/t* tourner autour de

cen·ter of 'grav·i·ty centre *m* de gravité

cen·ti·grade ['sentɪgreɪd] centigrade *m*; **10 degrees ~** 10 degrés centigrades

cen·ti·me·ter ['sentɪmi:tər] centimètre *m*

cen·tral ['sentrəl] *adj* central; **~ Washington / France** le centre de Washington / de la France; **be ~ to sth** être au cœur de qch

cen·tral 'heat·ing chauffage *m* central

cen·tral·ize ['sentrəlaɪz] *v/t decision making* centraliser

cen·tral 'lock·ing MOT verrouillage *m* centralisé

centre *Br* → **center**

cen·tu·ry ['sentʃərɪ] siècle *m*; **in the last ~** au siècle dernier

CEO [si:i:'ou] *abbr* (= **Chief Executive Officer**) directeur *m* général

ce·ram·ic [sɪ'ræmɪk] *adj* en céramique

ce·ram·ics [sɪ'ræmɪks] (*pl: objects*) objets *mpl* en céramique; (*sg: art*) céramique *f*

ce·re·al ['sɪrɪəl] (*grain*) céréale *f*; (*breakfast ~*) céréales *fpl*

cer·e·mo·ni·al [serɪ'mounɪəl] **1** *adj* de cérémonie **2** *n* cérémonial *m*

cer·e·mo·ny ['serɪmənɪ] cérémonie *f*

cer·tain ['sɜːrtn] *adj* (*sure*) certain, sûr; (*particular*) certain; **it's ~ that ...** il est sûr *or* certain que ...; **a ~ Mr Stein** un certain M. Stein; **make ~ that** s'assurer que; **know for ~ that ...** avoir la certitude que ...; **say for ~** dire de façon sûre *or* certaine

cer·tain·ly ['sɜːrtnlɪ] *adv* certainement; **~ not!** certainement pas!

cer·tain·ty ['sɜːrtntɪ] certitude *f*; **he's a ~ to be elected** il est sûr d'être élu

cer·tif·i·cate [sər'tɪfɪkət] certificat *m*

cer·ti·fied pub·lic ac·count·ant ['sɜːrtɪfaɪd] expert *m* comptable

cer·ti·fy ['sɜːrtɪfaɪ] *v/t* (*pret & pp* **-ied**)

certifier

Ce·sar·e·an [sɪ'zerɪən] césarienne *f*

ces·sa·tion [se'seɪʃn] cessation *f*

c/f *abbr* (= **cost and freight**) C&F (coût et fret)

CFC [si:ef'si:] *abbr* (= **chlorofluorocarbon**) C.F.C. *m* (= chlorofluorocarbone *m*)

chain [tʃeɪn] **1** *n also of stores etc* chaîne *f* **2** *v/t:* **~ s.o. to sth** enchaîner qch / qn à qch

chain re'ac·tion réaction *f* en chaîne; 'chain smoke *v/i* fumer cigarette sur cigarette; 'chain smok·er gros fumeur *m*, grosse fumeuse *f*; 'chain store magasin *m* à succursales multiples

chair [tʃer] **1** *n* chaise *f*; (*arm~*) fauteuil *m*; *at university* chaire *f*; **the ~** (*electric ~*) la chaise électrique; *at meeting* la (le) président(e) *m(f)*; **go to the ~** passer à la chaise électrique; **take the ~** prendre la présidence **2** *v/t meeting* présider

'chair lift télésiège *m*

'chair·man président *m*

'chair·man·ship ['tʃermənʃɪp] présidence *f*

'chair·per·son président(e) *m(f)*

'chair·wom·an présidente *f*

cha·let ['ʃæleɪ] chalet *m*

chal·ice ['tʃælɪs] REL calice *m*

chalk [tʃɔːk] craie *f*

chal·lenge ['tʃælɪndʒ] **1** *n* défi *m*, challenge *m*; **I enjoy a ~** j'aime les défis; **his ~ for the presidency** sa candidature à la présidence **2** *v/t* (*defy*) défier; (*call into question*) mettre en doute; **~ s.o. to a debate / game** proposer à qn de faire un débat / une partie

chal·len·ger ['tʃælɪndʒər] challenger *m*

chal·len·ging ['tʃælɪndʒɪŋ] *adj job, undertaking* stimulant

cham·ber·maid ['tʃeɪmbərmeɪd] femme *f* de chambre; 'cham·ber mu·sic musique *f* de chambre; Cham·ber of 'Com·merce Chambre *f* de commerce

cham·ois (leath·er) ['ʃæmɪ] (peau *f* de) chamois *m*

cham·pagne [ʃæm'peɪn] champagne *m*

cham·pi·on ['tʃæmpɪən] **1** *n* SP, *of cause* champion(ne) *m(f)* **2** *v/t cause* être le (la) champion(ne) *m(f)* de

cham·pi·on·ship ['tʃæmpɪənʃɪp] *event* championnat *m*; *title* titre *m* de champion(ne)

chance [tʃæns] (*possibility*) chances *fpl*; (*opportunity*) occasion *f*; (*risk*) risque *m*; (*luck*) hasard *m*; *by ~* par hasard; *take a ~* prendre un risque; *give s.o. a ~* donner une chance à qn; *no ~!* pas question!

Chan·cel·lor ['tʃænsələr] *in Germany* chancelier *m*; *~ (of the Exchequer) in Britain* Chancelier *m* de l'Échiquier

chan·de·lier [ʃændə'lɪr] lustre *m*

change [tʃeɪndʒ] **1** *n* changement *m*; (*money*) monnaie *f*; *for a ~* pour changer un peu; *a ~ of clothes* des vêtements *mpl* de rechange **2** *v/t* changer; *bankbill* faire la monnaie sur; *~ trains / planes / one's clothes* changer de train / d'avion / de vêtements **3** *v/i* changer; (*put on different clothes*) se changer

change·a·ble ['tʃeɪndʒəbl] *adj* changeant

'change·o·ver changement *m*; *in relay race* relève *f*; *the ~ to* le passage à

chang·ing room ['tʃeɪndʒɪŋ] SP vestiaire *m*; *in shop* cabine *f* d'essayage

chan·nel ['tʃænl] *on TV, radio* chaîne *f*; (*waterway*) chenal *m*

'Chan·nel Is·lands Îles *fpl* Anglo-Normandes

chant [tʃænt] **1** *n* slogans *mpl* scandés; REL chant *m* **2** *v/i of crowds etc* scander des slogans; REL psalmodier

cha·os ['keɪɑːs] chaos *m*

cha·ot·ic [keɪ'ɑːtɪk] *adj* chaotique

chap [tʃæp] *n Br* F type *m* F

chap·el ['tʃæpl] chapelle *f*

chapped [tʃæpt] *adj* gercé

chap·ter ['tʃæptər] *of book* chapitre *m*; *of organization* filiale *f*

char·ac·ter ['kærɪktər] *also in writing* caractère *m*; (*person*) personne *f*; *in book, play* personnage *m*; *he's a real*

~ c'est un personnage

char·ac·ter·is·tic [kærɪktə'rɪstɪk] **1** *n* caractéristique *f* **2** *adj* caractéristique

char·ac·ter·is·ti·cal·ly [kærɪktə'rɪstɪk-lɪ] *adv* de manière caractéristique

char·ac·ter·ize ['kærɪktəraɪz] *v/t* caractériser

cha·rade [ʃə'rɑːd] *fig* mascarade *f*

char·broiled ['tʃɑːrbrɔɪld] *adj* grillé au charbon de bois

char·coal ['tʃɑːrkoʊl] *for barbecue* charbon *m* de bois; *for drawing* fusain *m*

charge [tʃɑːrdʒ] **1** *n* (*fee*) frais *mpl*; LAW accusation *f*; *will there be a ~?* est-ce qu'il y aura quelque chose à payer?; *free of ~ enter* gratuitement; *free of ~ be* gratuit; *will that be cash or ~?* est-ce que vous payez comptant ou je le mets sur votre compte?; *be in ~* être responsable; *take ~ (of things)* prendre les choses en charge **2** *v/t sum of money* faire payer; LAW inculper (*with* de); *battery* charger; *can you ~ it?* (*put on account*) pouvez-vous le mettre sur mon compte? **3** *v/i* (*attack*) charger

'charge ac·count compte *m*

'charge card carte *f* de paiement

cha·ris·ma [kə'rɪzmə] charisme *m*

char·is·ma·tic [kærɪz'mætɪk] *adj* charismatique

char·i·ta·ble ['tʃærɪtəbl] *adj* charitable

char·i·ty ['tʃærətɪ] (*assistance*) charité *f*; (*organization*) organisation *f* caritative

char·la·tan ['ʃɑːrlətən] charlatan *m*

charm [tʃɑːrm] **1** *n* also on bracelet charme *m* **2** *v/t* (*delight*) charmer

charm·ing ['tʃɑːrmɪŋ] *adj* charmant

charred [tʃɑːrd] *adj* carbonisé

chart [tʃɑːrt] (*diagram*) diagramme *m*; (*map*) carte *f*; *the ~s* MUS le hit-parade

char·ter ['tʃɑːrtər] *v/t* affréter

'char·ter flight (vol *m*) charter *m*

chase [tʃeɪs] **1** *n* poursuite *f*; *car ~* course-poursuite *f* (en voiture) **2** *v/t* poursuivre; *I ~d it out of the house* je l'ai chassé de la maison

♦ **chase away** *v/t* chasser

chas·er ['tʃeɪsər]: *with a whiskey ~* suivi par un verre de whisky

chas·sis ['ʃæsi] *of car* châssis *m*

chat [tʃæt] **1** *n* causette *f* **2** *v/i (pret & pp* -**ted**) causer

'**chat room** chat *m*; '**chat show** *Br* talk-show *m*

chat·ter ['tʃætər] **1** *n* bavardage *m* **2** *v/i (talk)* bavarder; *my teeth were ~ing* je claquais des dents

chat·ter·box moulin *m* à paroles F

chat·ty ['tʃætɪ] *adj person* bavard; *letter* plein de bavardages

chauf·feur ['ʃoufər] *n* chauffeur *m*

'**chauf·feur-driv·en** *adj* avec chauffeur

chau·vin·ist ['ʃouvɪnɪst] *n (male ~)* machiste *m*

chau·vin·ist·ic [ʃouvɪ'nɪstɪk] *adj* chauvin; *(sexist)* machiste

cheap [tʃiːp] *adj* bon marché, pas cher; *(nasty)* méchant; *(mean)* pingre

cheat [tʃiːt] **1** *n person* tricheur(-euse) *m(f)* **2** *v/t* tromper; *~ s.o. out of sth* escroquer qch à qn **3** *v/i* tricher; *~ on one's wife* tromper sa femme

check[1] [tʃek] **1** *adj shirt* à carreaux **2** *n* carreaux *m*

check[2] [tʃek] FIN chèque *m*; *in restaurant etc* addition *f*; *the ~ please* l'addition, s'il vous plaît

check[3] [tʃek] **1** *n to verify sth* contrôle *m*, vérification *f*; *keep a ~ on* contrôler; *keep in ~, hold in ~* maîtriser; contenir **2** *v/t* vérifier; *(restrain)* réfréner, contenir; *(stop)* arrêter; *with a ~mark* cocher; *coat, package etc* mettre au vestiaire **3** *v/i* vérifier; *~ for sth* vérifier qu'il n'y a pas qch

♦ **check in** *v/i at airport* se faire enregistrer; *at hotel* s'inscrire

♦ **check off** *v/t* cocher

♦ **check on** *v/t get information about* se renseigner; *workforce etc* surveiller; *check on the children* jeter un coup d'œil sur les enfants

♦ **check out 1** *v/i of hotel* régler sa note; *of alibi etc: make sense* tenir debout **2** *v/t (look into)* enquêter sur; *club, restaurant etc* essayer

♦ **check up on** *v/t* se renseigner sur

♦ **check with** *v/t of person* demander à; *(tally: of information)* correspondre à

'**check·book** carnet *m* de chèques

checked [tʃekt] *adj material* à carreaux

check·er·board ['tʃekərbɔːrd] damier *m*

check·ered ['tʃekərd] *adj pattern* à carreaux; *career* varié

check·ers ['tʃekərz] jeu *m* de dames; *play ~* jouer aux dames

'**check-in (coun·ter)** enregistrement *m*

check·ing ac·count ['tʃekɪŋ] compte *m* courant

'**check-in time** heure *f* d'enregistrement; '**check·list** liste *f* (de contrôle); '**check mark**: *put a ~ against sth* cocher qch; '**check·mate** *n* échec et mat *m*; '**check·out** *in supermarket* caisse *f*; '**check·out time** *from hotel* heure *f* de départ; '**check·point** contrôle *m*; '**check·room** *for coats* vestiaire *m*; *for baggage* consigne *f*; '**check·up** *medical* examen *m* médical; *dental* examen *m* dentaire

cheek [tʃiːk] *on face* joue *f*

'**cheek·bone** pommette *f*

cheek·i·ly ['tʃiːkɪlɪ] *adv Br* de manière insolente

cheer [tʃɪr] **1** *n* hourra *m*, cri *m* d'acclamation; *give a ~* pousser des hourras; *~s! (toast)* (à votre) santé!; *Br* F *(thanks)* merci! **2** *v/t* acclamer **3** *v/i* pousser des hourras

♦ **cheer on** *v/t* encourager

♦ **cheer up 1** *v/i* reprendre courage, s'égayer; *cheer up!* courage! **2** *v/t* remonter le moral à

cheer·ful ['tʃɪrfəl] *adj* gai, joyeux*

cheer·ing ['tʃɪrɪŋ] acclamations *fpl*

cheer·i·o [tʃɪrɪ'ou] *Br* F salut F

'**cheer·lead·er** meneuse *f* de ban

cheer·y ['tʃɪrɪ] *adj* → *cheerful*

cheese [tʃiːz] fromage *m*

'**cheese·burg·er** cheeseburger *m*

'**cheese·cake** gâteau *m* au fromage blanc

chef [ʃef] chef *m* (de cuisine)

chem·i·cal ['kemɪkl] **1** *adj* chimique **2**

n produit *m* chimique

chem·i·cal 'war·fare guerre *f* chimique

chemist ['kemɪst] *in laboratory* chimiste *m/f*

chem·is·try ['kemɪstrɪ] chimie *f*; *the ~ was right fig* le courant passait

chem·o·ther·a·py [kiːmoʊˈθerəpɪ] chimiothérapie *f*

cheque [tʃek] *Br* → **check²**

cher·ish ['tʃerɪʃ] *v/t memory* chérir; *hope* entretenir

cher·ry ['tʃerɪ] *fruit* cerise *f*; *tree* cerisier *m*

cher·ub ['tʃerəb] chérubin *m*

chess [tʃes] (jeu *m* d')échecs *mpl*; *play ~* jouer aux échecs

'chess·board échiquier *m*

'chess·man, chess·piece pièce *f* (d'échecs)

chest [tʃest] *of person* poitrine *f*; (*box*) coffre *m*, caisse *f*; *get sth off one's ~* déballer ce qu'on a sur le cœur F

chest·nut ['tʃesnʌt] châtaigne *f*, marron *m*; *tree* châtaignier *m*, marronnier *m*

chest of 'draw·ers commode *f*

chew [tʃuː] *v/t* mâcher; *of rats* ronger

♦ **chew out** *v/t* F engueuler F

chew·ing gum ['tʃuːɪŋ] chewing-gum *m*

chic [ʃiːk] *adj* chic *inv*

chick [tʃɪk] poussin *m*; F: *girl* nana F

chick·en ['tʃɪkɪn] **1** *n* poulet *m*; F froussard(e) *m(f)* **2** *adj* F (*cowardly*) lâche

♦ **chicken out** *v/i* F se dégonfler F

'chick·en·feed bagatelle *f*

'chick·en pox varicelle *f*

chief [tʃiːf] **1** *n* chef *m* **2** *adj* principal

chief·ly ['tʃiːflɪ] *adv* principalement

chil·blain ['tʃɪlbleɪn] engelure *f*

child [tʃaɪld] (*pl*: **children** ['tʃɪldrən]) enfant *m/f*; *pej* gamin(e) *m(f)* F

'child a·buse mauvais traitements *mpl* infligés à un enfant; *sexual* abus *m* sexuel sur enfant; **'child·birth** accouchement *m*; **'child-friend·ly** *adj* aménagé pour les enfants

child·hood ['tʃaɪldhʊd] enfance *f*

child·ish ['tʃaɪldɪʃ] *adj pej* puéril

child·ish·ness ['tʃaɪldɪʃnɪs] *pej* puéri-

lité *f*

child·ish·ly ['tʃaɪldɪʃlɪ] *adv pej* de manière puérile

child·less ['tʃaɪldlɪs] *adj* sans enfant

child·like ['tʃaɪldlaɪk] *adj* enfantin

'child·mind·er gardienne *f* d'enfants

child·ren ['tʃɪldrən] *pl* → **child**

Chil·e ['tʃɪlɪ] *n* Chili *m*

Chil·e·an ['tʃɪlɪən] **1** *adj* chilien* **2** *n* Chilien(ne) *m(f)*

chill [tʃɪl] **1** *n in air* froideur *f*, froid *m*; *illness* coup *m* de froid; *there's a ~ in the air* l'air est frais *or* un peu froid **2** *v/t wine* mettre au frais

♦ **chill out** *v/i* F se détendre

chil·(l)i (pep·per) ['tʃɪlɪ] piment *m* (rouge)

chil·ly ['tʃɪlɪ] *adj weather* frais*, froid; *welcome* froid; *I'm ~* j'ai un peu froid

chime [tʃaɪm] *v/i* carillonner

chim·ney ['tʃɪmnɪ] cheminée *f*

chim·pan·zee [tʃɪmˈpænzɪ] chimpanzé *m*

chin [tʃɪn] menton *m*

Chi·na ['tʃaɪnə] Chine *f*

chi·na ['tʃaɪnə] **1** *n* porcelaine *f* **2** *adj* en porcelaine

Chi·nese [tʃaɪˈniːz] **1** *adj* chinois **2** *n language* chinois *m*; *person* Chinois(e) *m(f)*

chink [tʃɪŋk] (*gap*) fente *f*; *sound* tintement *m*

chip [tʃɪp] **1** *n fragment* copeau *m*; *damage* brèche *f*; *in gambling* jeton *m*; COMPUT puce *f*; *~s* (*potato ~s*) chips *mpl* **2** *v/t* (*pret & pp* **-ped**) *damage* ébrécher

♦ **chip in** *v/i* (*interrupt*) intervenir

chi·ro·prac·tor ['kaɪroʊpræktər] chiropracteur *m*

chirp [tʃɜːrp] *v/i* gazouiller

chis·el ['tʃɪzl] *n* ciseau *m*, burin *m*

chit-chat ['tʃɪtʃæt] bavardages *mpl*

chiv·al·rous ['ʃɪvlrəs] *adj* chevaleresque, courtois

chive [tʃaɪv] ciboulette *f*

chlo·rine ['klɔːriːn] chlore *m*

chlo·ro·form ['klɔːrəfɔːrm] chloroforme *m*

choc·a·hol·ic [tʃɑːkəˈhɑːlɪk] F accro *m/f* du chocolat F

chock-full [tʃɑːkˈfʊl] *adj* F plein à craquer

choc·o·late [ˈtʃɒkələt] chocolat *m*; **hot ~** chocolat *m* chaud

'choc·o·late cake gâteau *m* au chocolat

choice [tʃɔɪs] **1** *n* choix *m*; **I had no ~** je n'avais pas le choix **2** *adj* (*top quality*) de choix

choir [ˈkwaɪr] chœur *m*

'choir·boy enfant *m* de chœur

choke [tʃəʊk] **1** *n* MOT starter *m* **2** *v/i* s'étouffer, s'étrangler; **he ~d on a bone** il s'est étranglé avec un os **3** *v/t* étouffer; (*strangle*) étrangler

cho·les·te·rol [kəˈlestərɒl] cholestérol *m*

choose [tʃuːz] *v/t & v/i* (*pret* **chose**, *pp* **chosen**) choisir

choos·ey [ˈtʃuːzɪ] *adj* F difficile

chop [tʃɒp] **1** *n of meat* côtelette *f* **2** *v/t* (*pret & pp* **-ped**) *wood* couper, fendre; *meat, vegetables* couper en morceaux

♦ **chop down** *v/t tree* abattre

chop·per [ˈtʃɒpər] *tool* hachoir *m*; F (*helicopter*) hélico *m* F

'chop·ping board [ˈtʃɒpɪŋ] planche *f* à découper

'chop·sticks *npl* baguettes *fpl*

cho·ral [ˈkɔːrəl] *adj* choral

chord [kɔːrd] MUS accord *m*

chore [tʃɔːr] **~s** travaux *mpl* domestiques

cho·re·o·graph [ˈkɔːrɪəɡræf] *v/t* chorégraphier

cho·re·og·ra·pher [kɔːrɪˈɑːɡrəfər] chorégraphe *m/f*

cho·re·og·ra·phy [kɔːrɪˈɑːɡrəfɪ] chorégraphie *f*

cho·rus [ˈkɔːrəs] *singers* chœur *m*; *of song* refrain *m*

chose [tʃəʊz] *pret* → **choose**

cho·sen [ˈtʃəʊzn] *pp* → **choose**

Christ [kraɪst] Christ *m*; **~!** mon Dieu!

chris·ten [ˈkrɪsn] *v/t* baptiser

chris·ten·ing [ˈkrɪsnɪŋ] baptême *m*

Chris·tian [ˈkrɪstʃən] **1** *n* chrétien(ne) *m(f)* **2** *adj* chrétien*

Chris·ti·an·i·ty [krɪstɪˈænətɪ] christianisme *m*

'Chris·tian name prénom *m*

Christ·mas [ˈkrɪsməs] Noël *m*; **at ~** à Noël; **Merry ~!** Joyeux Noël!

'Christ·mas card carte *f* de Noël; **Christ·mas 'Day** jour *m* de Noël; **Christ·mas 'Eve** veille *f* de Noël; **'Christ·mas pres·ent** cadeau *m* de Noël; **'Christ·mas tree** arbre *m* de Noël

chrome, chro·mi·um [krəʊm, ˈkrəʊmɪəm] chrome *m*

chro·mo·some [ˈkrəʊməsəʊm] chromosome *m*

chron·ic [ˈkrɑːnɪk] *adj* chronique

chron·o·log·i·cal [krɑːnəˈlɑːdʒɪkl] *adj* chronologique; **in ~ order** dans l'ordre chronologique

chrys·an·the·mum [krɪˈsænθəməm] chrysanthème *m*

chub·by [ˈtʃʌbɪ] *adj* potelé

chuck [tʃʌk] *v/t* F lancer

♦ **chuck out** *v/t* F *object* jeter; *person* flanquer dehors F

chuck·le [ˈtʃʌkl] **1** *n* petit rire *m* **2** *v/i* rire tout bas

chum [tʃʌm] copain *m*, copine *f*

chum·my [ˈtʃʌmɪ] *adj* F copain*

chunk [tʃʌŋk] gros morceau *m*

chunk·y [ˈtʃʌŋkɪ] *adj sweater, tumbler* gros*; *person, build* trapu

church [tʃɜːrtʃ] église *f*

church 'hall salle *f* paroissiale; **church 'serv·ice** office *m*; **'church·yard** cimetière *m* (autour d'une église)

churl·ish [ˈtʃɜːrlɪʃ] *adj* mal élevé

chute [ʃuːt] *for coal etc* glissière *f*; *for garbage* vide-ordures *m*; *for escape* toboggan *m*

CIA [siːaɪˈeɪ] *abbr* (= **Central Intelligence Agency**) C.I.A. *f* (= Central Intelligence Agency)

ci·der [ˈsaɪdər] cidre *m*

CIF [siːaɪˈef] *abbr* (= **cost insurance freight**) CAF (= Coût Assurance Fret)

ci·gar [sɪˈɡɑːr] cigare *m*

cig·a·rette [sɪɡəˈret] cigarette *f*

cig·a'rette end mégot *m*; **cig·a'rette light·er** briquet *m*; **cig·a'rette pa·pers** *npl* papier *m* à cigarettes

cin·e·ma ['sɪnəmə] (*Br if building*) cinéma *m*

cin·na·mon ['sɪnəmən] cannelle *f*

cir·cle ['sɜːrkl] **1** *n* cercle *m* **2** *v/t* (*draw circle around*) entourer **3** *v/i of plane, bird* tournoyer

cir·cuit ['sɜːrkɪt] circuit *m*; (*lap*) tour *m* (de circuit)

'cir·cuit board COMPUT plaquette *f*; **'cir·cuit break·er** ELEC disjoncteur *m*; **'cir·cuit train·ing** SP programme *m* d'entraînement général

cir·cu·lar ['sɜːrkjʊlər] **1** *n giving information* circulaire *f* **2** *adj* circulaire

cir·cu·late ['sɜːrkjʊleɪt] **1** *v/i* circuler **2** *v/t memo* faire circuler

cir·cu·la·tion [sɜːrkjʊ'leɪʃn] BIOL circulation *f*; *of newspaper, magazine* tirage *m*

cir·cum·fer·ence [sər'kʌmfərəns] circonférence *f*

cir·cum·flex ['sɜːrkəmfleks] accent *m* circonflexe

cir·cum·stances ['sɜːrkəmstænsɪs] *npl* circonstances *fpl*; *financial situation f* financière; ***under no ~*** en aucun cas; ***under the ~*** en de telles circonstances

cir·cus ['sɜːrkəs] cirque *m*

cir·rho·sis (of the liv·er) [sɪ'roʊsɪs] cirrhose *f* (du foie)

cis·tern ['sɪstərn] réservoir *m*; *of WC* réservoir *m* de chasse d'eau

cite [saɪt] *v/t also* LAW citer

cit·i·zen ['sɪtɪzn] citoyen(ne) *m(f)*

cit·i·zen·ship ['sɪtɪznʃɪp] citoyenneté *f*

cit·y ['sɪtɪ] (*grande*) ville *f*

cit·y 'cen·ter, *Br* **cit·y 'cen·tre** centre-ville *m*

cit·y 'hall hôtel *m* de ville

civ·ic ['sɪvɪk] *adj* municipal; *pride, responsibilities* civique

civ·il ['sɪvl] *adj* civil; (*polite*) poli

civ·il en·gi·neer ingénieur *m* des travaux publics

ci·vil·ian [sɪ'vɪljən] **1** *n* civil(e) *m(f)* **2** *adj clothes* civil

ci·vil·i·ty [sɪ'vɪlɪtɪ] politesse *f*

civ·i·li·za·tion [sɪvəlaɪ'zeɪʃn] civilisation *f*

civ·i·lize ['sɪvəlaɪz] *v/t* civiliser

civ·il 'rights *npl* droits *mpl* civils; **civ·il 'ser·vant** fonctionnaire *m/f*; **civ·il 'ser·vice** fonction *f* publique, administration *f*; **civ·il 'war** guerre *f* civile

claim [kleɪm] **1** *n for compensation etc* demande *f*; (*right*) droit *m* (**to sth** à qch); (*assertion*) affirmation *f* **2** *v/t* (*ask for as a right*) demander, réclamer; (*assert*) affirmer; *lost property* réclamer; ***they have ~ed responsibility for the attack*** ils ont revendiqué l'attentat

claim·ant ['kleɪmənt] demandeur (-euse) *m(f)*

clair·voy·ant [kler'vɔɪənt] *n* voyant(e) *m(f)*

clam [klæm] palourde *f*, clam *m*

♦ **clam up** *v/i* (*pret & pp -med*) F se taire (brusquement)

clam·ber ['klæmbər] *v/i* grimper

clam·my ['klæmɪ] *adj hands, weather* moite

clam·or ['klæmər] *noise* clameur *f*, *outcry* vociférations *fpl*

♦ **clamor for** *v/t* demander à grands cris

clamp [klæmp] **1** *n fastener* pince *f*, crampon *m* **2** *v/t fasten* cramponner; *car* mettre un sabot à

♦ **clamp down** *v/i* sévir

♦ **clamp down on** *v/t* sévir contre

clan [klæn] clan *m*

clan·des·tine [klæn'destɪn] *adj* clandestin

clang [klæŋ] **1** *n* bruit *m* métallique *or* retentissant **2** *v/i* retentir; ***the metal door ~ed shut*** la porte de métal s'est refermée avec un bruit retentissant

clap [klæp] **1** *v/i* (*pret & pp -ped*) (*applaud*) applaudir **2** *v/t* (*pret & pp -ped*) (*applaud*) applaudir; ***~ one's hands*** battre des mains; ***~ s.o. on the back*** donner à qn une tape dans le dos

clar·et ['klærɪt] *wine* bordeaux *m* (rouge)

clar·i·fi·ca·tion [klærɪfɪ'keɪʃn] clarification *f*

clar·i·fy ['klærɪfaɪ] *v/t* (*pret & pp -ied*)

clarifier

clar·i·net [klærɪˈnet] clarinette f

clar·i·ty [ˈklærətɪ] clarté f

clash [klæʃ] **1** n between people affrontement m, heurt m; **~ of personalities** incompatibilité f de caractères **2** v/i s'affronter; of opinions s'opposer; of colors détonner; of events tomber en même temps

clasp [klæsp] **1** n of medal agrafe f **2** v/t in hand, to self serrer

class [klæs] **1** n (lesson) cours m; (group of people, category) classe f; **social ~** classe f sociale; **the ~ of 2002** la promo(tion) 2002 **2** v/t classer

clas·sic [ˈklæsɪk] **1** adj classique **2** n classique m

clas·si·cal [ˈklæsɪkl] adj music classique

clas·si·fi·ca·tion [klæsɪfɪˈkeɪʃn] classification f

clas·si·fied [ˈklæsɪfaɪd] adj information secret*

ˈclas·si·fied ad(ver·tise·ment) petite annonce f

clas·si·fy [ˈklæsɪfaɪ] v/t (pret & pp **-ied**) (categorize) classifier

ˈclass·mate camarade m/f de classe; **ˈclass·room** salle f de classe; **ˈclass war·fare** lutte f des classes

class·y [ˈklæsɪ] adj F: restaurant etc chic inv; person classe F

clat·ter [ˈklætər] **1** n fracas m

clat·ter 2 v/i faire du bruit

clause [klɔːz] (in agreement) clause f; GRAM proposition f

claus·tro·pho·bi·a [klɔːstrəˈfoʊbɪə] claustrophobie f

claw [klɔː] **1** n of cat griffe f; of lobster, crab pince f **2** v/t (scratch) griffer

clay [kleɪ] argile f, glaise f

clean [kliːn] **1** adj propre **2** adv F (completely) complètement **3** v/t nettoyer; **~ one's teeth** se laver les dents; **have sth ~ed** donner qch à nettoyer

♦ **clean out** v/t room, closet nettoyer à fond; fig dévaliser

♦ **clean up 1** v/t also fig nettoyer **2** v/i in house faire le ménage; (wash) se débarbouiller; on stock market etc

faire fortune

clean·er [ˈkliːnər] male agent m de propreté; female femme f de ménage; (dry~) teinturier(-ère) m(f)

clean·ing wom·an [ˈkliːnɪŋ] femme f de ménage

cleanse [klenz] v/t skin nettoyer

cleans·er [ˈklenzər] for skin démaquillant m

cleans·ing cream [ˈklenzɪŋ] crème f démaquillante

clear [klɪr] **1** adj voice, photograph, vision, skin net*; to understand, weather, sky, water, eyes clair; conscience tranquille; **I'm not ~ about it** je ne comprends pas; **I didn't make myself ~** je ne me suis pas fait comprendre **2** adv: **stand ~ of** s'écarter de; **steer ~ of** éviter **3** v/t roads etc dégager; people out of a place, place (faire) évacuer; table débarrasser; ball dégager; (acquit) innocenter; (authorize) autoriser; (earn) toucher net; **~ one's throat** s'éclaircir la voix **4** v/i of sky se dégager; of mist se dissiper; of face s'éclairer

♦ **clear away** v/t ranger

♦ **clear off** v/i F ficher le camp F

♦ **clear out 1** v/t closet vider **2** v/i ficher le camp F

♦ **clear up 1** v/i in room etc ranger; of weather s'éclaircir; of illness, rash disparaître **2** v/t (tidy) ranger; mystery éclaircir; problem résoudre

clear·ance [ˈklɪrəns] (space) espace m (libre); (authorization) autorisation f

ˈclear·ance sale liquidation f

clear·ing [ˈklɪrɪŋ] clairière f

clear·ly [ˈklɪrlɪ] adv speak, see clairement; hear distinctement; (evidently) manifestement

cleav·age [ˈkliːvɪdʒ] décolleté m

cleav·er [ˈkliːvər] couperet m

clem·en·cy [ˈklemənsɪ] clémence f

clench [klentʃ] v/t teeth, fist serrer

cler·gy [ˈklɜːrdʒɪ] clergé m

cler·gy·man [ˈklɜːrdʒɪmæn] ecclésiastique m; Protestant pasteur m

clerk [klɜːrk] administrative employé(e) m(f) de bureau; in store vendeur (-euse) m(f)

clev·er ['klevər] *adj* intelligent; *gadget, device* ingénieux*; *(skillful)* habile

clev·er·ly ['klevərlɪ] *adv* intelligemment

cli·ché ['kliːʃeɪ] cliché *m*

cli·chéd ['kliːʃeɪd] *adj* rebattu

click [klɪk] **1** *n* COMPUT clic *m* **2** *v/i* cliquer; *of camera* faire un déclic

♦ **click on** *v/t* COMPUT cliquer sur

cli·ent ['klaɪənt] client(e) *m(f)*

cli·en·tele [kliːənˈtel] clientèle *f*

cliff [klɪf] falaise *f*

cli·mate ['klaɪmət] *also fig* climat *m*

'cli·mate change changement *m* climatique

cli·mat·ic [klaɪˈmætɪk] *adj* climatique

cli·max ['klaɪmæks] *n* point *m* culminant

climb [klaɪm] **1** *n up mountain* ascension *f*; *up stairs* montée *f* **2** *v/t* monter sur, grimper sur; *mountain* escalader **3** *v/i into tree* monter, grimper; *in mountains* faire de l'escalade; *of road, inflation* monter

♦ **climb down** *v/i* descendre; *fig* reculer

climb·er ['klaɪmər] alpiniste *m/f*

climb·ing ['klaɪmɪŋ] escalade *f*

'climb·ing wall mur *m* d'escalade

clinch [klɪntʃ] *v/t deal* conclure; *that ~es it* ça règle la question

cling [klɪŋ] *v/i (pret & pp* **clung***) of clothes* coller

♦ **cling to** *v/t also fig* s'accrocher à

'cling·film film *m* transparent

cling·y ['klɪŋɪ] *adj child, boyfriend* collant

clin·ic ['klɪnɪk] clinique *f*

clin·i·cal ['klɪnɪkl] *adj* clinique; *fig: decision etc* froid

clink [klɪŋk] **1** *n noise* tintement *m* **2** *v/i* tinter

clip[1] [klɪp] **1** *n fastener* pince *f*; *for hair* barrette *f* **2** *v/t (pret & pp* **-ped***): ~ sth to sth* attacher qch à qch

clip[2] [klɪp] **1** *n (extract)* extrait *m* **2** *v/t (pret & pp* **-ped***) hair, grass* couper; *hedge* tailler

'clip·board planche *f* à papiers; COMPUT bloc-notes *m*

clip·pers ['klɪpərz] *npl for hair* tondeuse *f*; *for nails* pince *f* à ongles; *for gardening* sécateur *m*

clip·ping ['klɪpɪŋ] *from newspaper* coupure *f* (de presse)

clique [kliːk] coterie *f*

cloak [kləuk] *n* grande cape *f*; *fig* voile *m*

'cloak·room *Br. for coats* vestiaire *m*

clock [klɒk] horloge *f*; F *(odometer)* compteur *m*

'clock ra·di·o radio-réveil *m*; **'clock·wise** *adv* dans le sens des aiguilles d'une montre; **'clock·work** *of toy* mécanisme *m*; *it went like ~* tout est allé comme sur des roulettes

♦ **clog up** [klɒg] *(pret & pp* **-ged***)* **1** *v/i* se boucher **2** *v/t* boucher

clone [kləun] **1** *n* clone *m* **2** *v/t* cloner

close[1] [kləus] **1** *adj family, friend* proche; *resemblance* étroit **2** *adv* près; *~ at hand, ~ by* tout près

close[2] [kləuz] *v/t & v/i* fermer

♦ **close down** *v/t & v/i* fermer

♦ **close in** *v/i of troops* se rapprocher *(on* de); *of fog* descendre

♦ **close up 1** *v/t building* fermer **2** *v/i (move closer)* se rapprocher

closed [kləuzd] *adj* fermé

closed-cir·cuit 'tel·e·vi·sion télévision *f* en circuit fermé; **'close-knit** *adj* très uni

close·ly ['kləuslɪ] *adv listen* attentivement; *watch also* de près; *cooperate* étroitement

clos·et ['klɒzɪt] armoire *f*, placard *m*

close-up ['kləusʌp] gros plan *m*

clos·ing date ['kləuzɪŋ] date *f* limite

'clos·ing time heure *f* de fermeture

clo·sure ['kləuʒər] fermeture *f*

clot [klɒt] **1** *n of blood* caillot *m* **2** *v/i (pret & pp* **-ted***) of blood* coaguler

cloth [klɒθ] *(fabric)* tissu *m*; *for drying* torchon *m*; *for washing* lavette *f*

clothes [kləuðz] *npl* vêtements *mpl*

'clothes brush brosse *f* à vêtements; **'clothes hang·er** cintre *m*; **'clothes-horse** séchoir *m* (à linge); **'clothes-line** corde *f* à linge; **'clothes peg, 'clothes·pin** pince *f* à linge

cloth·ing ['kləuðɪŋ] vêtements *mpl*

cloud [klaʊd] n also of dust etc nuage m
♦ **cloud over** v/i of sky se couvrir (de nuages)

'cloud·burst rafale f de pluie

cloud·less ['klaʊdlɪs] adj sky sans nuages

cloud·y ['klaʊdɪ] adj nuageux*

clout [klaʊt] (fig: influence) influence f

clove of 'gar·lic [kloʊv] gousse f d'ail

clown [klaʊn] also pej clown m

club [klʌb] n weapon massue f; in golf club m; organization club m

'club class classe f affaires

clue [kluː] indice m; **I haven't a ~** F je n'en ai pas la moindre idée; **he hasn't a ~** (is useless) il n'y comprend rien

clued-up [kluːd'ʌp] adj F calé F

clump [klʌmp] n of earth motte f; (group) touffe f

clum·si·ness ['klʌmzɪnɪs] maladresse f

clum·sy ['klʌmzɪ] adj person maladroit

clung [klʌŋ] pret & pp → **cling**

clus·ter ['klʌstər] **1** n of people, houses groupe m **2** v/i of people se grouper; of houses être groupé

clutch [klʌtʃ] **1** n MOT embrayage m **2** v/t étreindre
♦ **clutch at** v/t s'agripper à

clut·ter ['klʌtər] **1** n fouillis m **2** v/t (also: ~ up) mettre le fouillis dans

Co. abbr (= **Company**) Cie (= Compagnie)

c/o abbr **care of** chez

coach [koʊtʃ] **1** n (trainer) entraîneur (-euse) m(f); on train voiture f; Br (bus) (auto)car m **2** v/t SP entraîner

coach·ing ['koʊtʃɪŋ] SP entraînement m

co·ag·u·late [koʊ'ægjʊleɪt] v/i of blood coaguler

coal [koʊl] charbon m

co·a·li·tion [koʊə'lɪʃn] coalition f

'coal·mine mine f de charbon

coarse [kɔːrs] adj skin, fabric rugueux*; hair épais*; (vulgar) grossier*

coarse·ly ['kɔːrslɪ] adv (vulgarly), ground grossièrement

coast [koʊst] n côte f; **at the ~** sur la côte

coast·al ['koʊstl] adj côtier*

coast·er ['koʊstər] dessous m de verre

'coast·guard organization gendarmerie f maritime; person gendarme m maritime

'coast·line littoral m

coat [koʊt] **1** n veston m; (over~) pardessus m; of animal pelage m; of paint etc couche f **2** v/t (cover) couvrir (**with** de)

'coat·hang·er cintre m

coat·ing ['koʊtɪŋ] couche f

co·au·thor ['koʊɒːθər] **1** n coauteur m **2** v/t écrire en collaboration

coax [koʊks] v/t cajoler; ~ **s.o. into doing sth** encourager qn à faire qch en le cajolant; ~ **sth out of s.o.** truth etc obtenir qch de qn en le cajolant

cob·bled ['kɒbld] adj pavé

cob·ble·stone ['kɒblstoʊn] pavé m

cob·web ['kɒbweb] toile f d'araignée

co·caine [kə'keɪn] cocaïne f

cock [kɒk] n chicken coq m; any male bird (oiseau m) mâle m

cock·eyed [kɒk'aɪd] adj F idea etc absurde

'cock·pit of plane poste m de pilotage, cockpit m

cock·roach ['kɒkroʊtʃ] cafard m

'cock·tail cocktail m

'cock·tail par·ty cocktail m

'cock·tail shak·er shaker m

cock·y ['kɒkɪ] adj F trop sûr de soi

co·coa ['koʊkoʊ] drink cacao m

co·co·nut ['koʊkənʌt] to eat noix m de coco

'co·co·nut palm cocotier m

COD [siːoʊ'diː] abbr (= **collect** ou Br **cash on delivery**) livraison contre remboursement

code [koʊd] n code m; **in ~** codé

co·ed·u·ca·tion·al [koʊedʊ'keɪʃnl] adj school mixte

co·erce [koʊ'ɜːrs] v/t contraindre, forcer

co·ex·ist [koʊɪg'zɪst] v/i coexister

co·ex·ist·ence [koʊɪg'zɪstəns] coexistence f

cof·fee ['kɒfɪ] café m; '**cof·fee bean** grain m de café; '**cof·fee break** pause-café f; '**cof·fee cup** tasse f à café; '**cof·fee grind·er** [graɪndər] moulin m à café; '**cof·fee mak·er** machine f à café; '**cof·fee pot** cafetière f; '**cof·fee shop** café m; '**cof·fee ta·ble** petite table basse f

cof·fin ['kɒfɪn] cercueil m

cog [kɒg] dent f; fig

co·gnac ['kɒnjæk] cognac m

'**cog·wheel** roue f dentée

co·hab·it [koʊ'hæbɪt] v/i cohabiter

co·her·ent [koʊ'hɪrənt] adj cohérent

coil [kɔɪl] **1** n of rope, wire rouleau m; of smoke, snake anneau m

coil 2 v/t: ~ (**up**) enrouler

coin [kɔɪn] n pièce f (de monnaie)

co·in·cide [koʊɪn'saɪd] v/i coïncider

co·in·ci·dence [koʊ'ɪnsɪdəns] coïncidence f

coke [koʊk] P (cocaine) coke f F

Coke® [koʊk] coca® m F

cold [koʊld] **1** adj froid; I'm (**feeling**) ~ j'ai froid; **it's** ~ of weather il fait froid; **in** ~ **blood** de sang-froid; **get** ~ **feet** F avoir la trouille F **2** n froid m; MED rhume m; **I have a** ~ j'ai un rhume, je suis enrhumé

cold-blood·ed [koʊld'blʌdɪd] adj animal à sang froid; fig insensible; murder commis de sang-froid

cold call·ing ['kɒːlɪŋ] COMM appels mpl à froid; visits visites fpl à froid

'**cold cuts** npl assiette f anglaise

cold·ly ['koʊldlɪ] adv froidement

cold·ness ['koʊldnɪs] fig froideur f

'**cold sore** bouton m de fièvre

cole·slaw ['koʊlslɔː] salade f de choux

col·ic ['kɒlɪk] colique f

col·lab·o·rate [kə'læbəreɪt] v/i collaborer

col·lab·o·ra·tion [kəlæbə'reɪʃn] collaboration f

col·lab·o·ra·tor [kə'læbəreɪtər] collaborateur(-trice) m(f)

col·lapse [kə'læps] v/i s'effondrer; of building etc also s'écrouler

col·lap·si·ble [kə'læpsəbl] adj pliant

col·lar ['kɒlər] col m; for dog collier m

'**col·lar·bone** clavicule f

col·lat·er·al [kə'lætərəl] n nantissement m; ~ **damage** MIL dommage m collatéral

col·league ['kɒliːg] collègue m/f

col·lect [kə'lekt] **1** v/t person, cleaning etc aller / venir chercher; as hobby collectionner; (gather: clothes etc) recueillir; wood ramasser **2** v/i (gather together) s'assembler **3** adv: **call** ~ appeler en PCV

col·lect call communication f en PCV

col·lect·ed [kə'lektɪd] adj works, poems serein

col·lec·tion [kə'lekʃn] collection f; in church collecte f

col·lec·tive [kə'lektɪv] adj collectif*

col·lec·tive 'bar·gain·ing convention f collective

col·lec·tor [kə'lektər] collectionneur (-euse) m(f)

col·lege ['kɒlɪdʒ] université f

col·lide [kə'laɪd] v/i se heurter; ~ **with sth / s.o.** heurter qch / qn

col·li·sion [kə'lɪʒn] collision f

col·lo·qui·al [kə'loʊkwɪəl] adj familier*

co·lon ['koʊlən] punctuation deux-points mpl; ANAT côlon m

colo·nel ['kɜːrnl] colonel m

co·lo·ni·al [kə'loʊnɪəl] adj colonial

col·o·nize ['kɒlənaɪz] v/t country coloniser

col·o·ny ['kɒlənɪ] colonie f

col·or ['kʌlər] **1** n couleur f; in cheeks couleurs fpl; **in** ~ en couleur; ~**s** MIL couleurs fpl, drapeau m **2** v/t one's hair teindre **3** v/i (blush) rougir

'**col·or-blind** adj daltonien*

col·ored ['kʌlərd] adj person de couleur

'**col·or fast** adj bon teint inv

col·or·ful ['kʌlərfəl] adj also fig coloré

col·or·ing ['kʌlərɪŋ] teint m

'**col·or pho·to·graph** photographie f (en) couleur; '**col·or scheme** combinaison f de couleurs; '**col·or TV** télé f (en) couleur

co·los·sal [kə'lɒːsl] adj colossal

col·our etc Br → **color** etc

colt [koʊlt] poulain m

col·umn ['kɒləm] architectural, of text

colonne *f; in newspaper* chronique *f*

col·umn·ist ['kɑːləmɪst] chroni-
queur(-euse) *m(f)*

co·ma ['koumə] coma *m; be in a ~* être
dans le coma

comb [koum] **1** *n* peigne *m* **2** *v/t* peigner; *area* ratisser, passer au peigne
fin

com·bat ['kɑːmbæt] **1** *n* combat *m* **2**
v/t combattre

com·bi·na·tion [kɑːmbɪ'neɪʃn] *also of
safe* combinaison *f*

com·bine [kəm'baɪn] **1** *v/t* allier,
combiner; *ingredients* mélanger; *(associate)* associer; **~ business with
pleasure** joindre l'utile à l'agréable
2 *v/i of sauce etc* se marier; *of chemical
elements* se combiner

com·bine har·vest·er [kɑːmbaɪn-
'hɑːrvɪstər] moissonneuse-batteuse *f*

com·bus·ti·ble [kəm'bʌstɪbl] *adj*
combustible

com·bus·tion [kəm'bʌstʃn] combustion *f*

come [kʌm] *v/i (pret came, pp come)*
venir; *of train, bus* arriver; **you'll ~ to
like it** tu finiras par l'aimer; *how ~?* F
comment ça se fait? F

♦ **come about** *v/i (happen)* arriver

♦ **come across 1** *v/t (find)* tomber sur
2 *v/i of humor etc* passer; **she comes
across as being ...** elle donne l'impression d'être ...

♦ **come along** *v/i (come too)* venir
(aussi); *(turn up)* arriver; *(progress)*
avancer

♦ **come apart** *v/i* tomber en morceaux; *(break)* se briser

♦ **come around** *v/i to s.o.'s home* passer; *(regain consciousness)* revenir à
soi

♦ **come away** *v/i (leave)*, *of button etc*
partir

♦ **come back** *v/i* revenir; *it came
back to me* ça m'est revenu

♦ **come by 1** *v/i* passer **2** *v/t (acquire)*
obtenir; *bruise* avoir; *(find)* trouver

♦ **come down** *v/i* descendre; *in price,
amount etc* baisser; *of rain, snow* tomber

♦ **come for** *v/t (attack)* attaquer; *(to
collect)* venir chercher

♦ **come forward** *v/i (present o.s.)* se
présenter

♦ **come in** *v/i* entrer; *of train, in race* arriver; *of tide* monter; *come in!* entrez!

♦ **come in for** *v/t* recevoir; *come in
for criticism* recevoir des critiques

♦ **come in on** *v/t* prendre part à; *come
in on a deal* prendre part à un marché

♦ **come off** *v/i of handle etc* se détacher

♦ **come on** *v/i (progress)* avancer;
come on! *(hurry)* dépêche-toi!; *in
disbelief* allons!

♦ **come out** *v/i of person* sortir; *of results* être communiqué; *of sun, stain,
product* apparaître; *of stain* partir; *of
gay* révéler son homosexualité

♦ **come to 1** *v/t (reach)* arriver à; *that
comes to $70* ça fait 70 $ **2** *v/i (regain
consciousness)* revenir à soi, reprendre
conscience

♦ **come up** *v/i* monter; *of sun* se lever;
something has come up quelque
chose est arrivé

♦ **come up with** *v/t new idea etc* trouver

'**come·back** *of singer, actor* retour *m*,
come-back *m; of fashion* retour *m;
make a ~ of singer, actor* revenir en
scène, faire un comeback; *of fashion*
revenir à la mode

co·me·di·an [kə'miːdɪən] *(comic)* comique *m/f; pej* pitre *m/f*

'**come·down** déchéance *f*

com·e·dy ['kɑːmədɪ] comédie *f*

'**com·e·dy act·or** acteur(-trice) *m(f)*
comique

com·et ['kɑːmɪt] comète *f*

come·up·pance [kʌm'ʌpəns] F: *he'll
get his ~* il aura ce qu'il mérite

com·fort ['kʌmfərt] **1** *n* confort *m;
(consolation)* consolation *f*, réconfort
m **2** *v/t* consoler, réconforter

com·for·ta·ble ['kʌmfərtəbl] *adj chair,
house, room* confortable; *be ~ of person* être à l'aise; *financially* être aisé

com·ic ['kɑːmɪk] **1** *n to read* bande *f*
dessinée; *(comedian)* comique *m/f* **2**
adj comique

com·i·cal ['kɑːmɪkl] *adj* comique

'**com·ic book** bande *f* dessinée, BD *f*

com·ics ['kɑːmɪks] *npl* bandes *fpl* dessinées

'**com·ic strip** bande *f* dessinée

com·ma ['kɑːmə] virgule *f*

com·mand [kəˈmænd] **1** *n* (*order*) ordre *m*; (*control: of situation, language*) maîtrise *f*; COMPUT commande *f*; MIL commandement *m* **2** *v/t* commander; **~ s.o. to do sth** ordonner à qn de faire qch

com·man·deer [kɑːmənˈdɪr] *v/t* réquisitionner

com·mand·er [kəˈmændər] commandant(e) *m(f)*

com·mand·er-in-'chief commandant(e) *m(f)* en chef

com·mand·ing of·fi·cer [kəˈmændɪŋ] commandant(e) *m(f)*

com·mand·ment [kəˈmændmənt]: **the Ten Commandments** REL les dix commandements *mpl*

com·mem·o·rate [kəˈmeməreɪt] *v/t* commémorer

com·mem·o·ra·tion [kəmeməˈreɪʃn]: **in ~ of** en commémoration de

com·mence [kəˈmens] *v/t* & *v/i* commencer

com·mend [kəˈmend] *v/t* louer

com·mend·a·ble [kəˈmendəbl] *adj* louable

com·men·da·tion [kɑmenˈdeɪʃn] *for bravery* éloge *m*

com·men·su·rate [kəˈmensərət] *adj*: **~ with** proportionné à

com·ment ['kɑːment] **1** *n* commentaire *m*; **no ~!** sans commentaire! **2** *v/i*: **~ on** commenter

com·men·ta·ry ['kɑːməntrɪ] commentaire *m*

com·men·tate ['kɑːmənteɪt] *v/i* faire le commentaire (**on** de)

com·men·ta·tor ['kɑːmənteɪtər] commentateur(-trice) *m(f)*

com·merce ['kɑːmɜːrs] commerce *m*

com·mer·cial [kəˈmɜːrʃl] **1** *adj* commercial **2** *n* (*advert*) publicité *f*

com·mer·cial 'break page *f* de publicité

com·mer·cial·ize [kəˈmɜːrʃlaɪz] *v/t* *Christmas etc* commercialiser

com·mer·cial tel·e·vi·sion télévision *f* commerciale

com·mer·cial 'trav·el·er, *Br* **com·mer·cial 'trav·el·ler** représentant(e) *m(f)* de commerce

com·mis·e·rate [kəˈmɪzəreɪt] *v/i* compatir; **~ with s.o.** témoigner de la sympathie à qn

com·mis·sion [kəˈmɪʃn] **1** *n* (*payment*) commission *f*; (*job*) commande *f*; (*committee*) commission *f* **2** *v/t* *for a job* charger (**to do sth** de faire qch)

Com·mis·sion·er [kəˈmɪʃənər] *in European Union* commissaire *m/f*

com·mit [kəˈmɪt] *v/t* (*pret* & *pp* **-ted**) *crime* commettre; *money* engager; **~ o.s.** s'engager

com·mit·ment [kəˈmɪtmənt] *to job, in relationship* engagement *m*; (*responsibility*) responsabilité *f*

com·mit·tee [kəˈmɪtɪ] comité *m*

com·mod·i·ty [kəˈmɑːdətɪ] marchandise *f*

com·mon ['kɑːmən] *adj* courant; *species etc* commun; (*shared*) commun; **in ~** en commun; **have sth in ~** avoir qch en commun

com·mon·er ['kɑːmənər] roturier (-ère) *m(f)*

com·mon 'law hus·band concubin *m*

com·mon 'law wife concubine *f*

com·mon·ly ['kɑːmənlɪ] *adv* communément

Com·mon 'Mar·ket Marché *m* commun

'**com·mon·place** *adj* banal

com·mon 'sense bon sens *m*

com·mo·tion [kəˈmoʊʃn] agitation *f*

com·mu·nal [kəmˈjuːnl] *adj* en commun

com·mu·nal·ly [kəmˈjuːnəlɪ] *adv* en commun

com·mu·ni·cate [kəˈmjuːnɪkeɪt] *v/t* & *v/i* communiquer

com·mu·ni·ca·tion [kəmjuːnɪˈkeɪʃn] communication *f*

com·mu·ni·ca·tions *npl* communications *fpl*

com·mu·ni·ca·tions sat·el·lite satellite *m* de communication

com·mu·ni·ca·tive [kə'mjuːnɪkətɪv] *adj person* communicatif*

Com·mu·nion [kə'mjuːnjən] REL communion *f*

com·mu·ni·qué [kə'mjuːnɪkeɪ] communiqué *m*

Com·mu·nism ['kaːmjʊnɪzəm] communisme *m*

Com·mu·nist ['kaːmjʊnɪst] **1** *adj* communiste **2** *n* communiste *m/f*

com·mu·ni·ty [kə'mjuːnəti] communauté *f*

com'mu·ni·ty cen·ter, *Br* **com'mu·ni·ty cen·tre** centre *m* social

com'mu·ni·ty serv·ice travail *m* d'intérêt général

com·mute [kə'mjuːt] **1** *v/i* faire la navette (pour aller travailler) **2** *v/t* LAW commuer

com·mut·er [kə'mjuːtər] banlieusard *m*

com'mut·er traf·fic circulation *f* aux heures de pointe

com'mut·er train train *m* de banlieue

com·pact **1** *adj* [kəm'pækt] compact **2** *n* ['kaːmpækt] *for face powder* poudrier *m*; MOT petite voiture *f*

com·pact 'disc → *CD*

com·pan·ion [kəm'pænjən] compagnon *m*

com·pan·ion·ship [kəm'pænjənʃɪp] compagnie *f*

com·pa·ny ['kʌmpəni] COMM société *f*; *ballet* troupe *f*; *(companionship)* compagnie *f*; *(guests)* invités *mpl*; **keep s.o. ~** tenir compagnie à qn

com·pa·ny 'car voiture *f* de fonction

com·pa·ny 'law droit *m* des entreprises

com·pa·ra·ble ['kaːmpərəbl] *adj* comparable

com·par·a·tive [kəm'pærətɪv] **1** *adj* *(relative)* relatif*; *study*, GRAM comparatif **2** *n* GRAM comparatif *m*

com·par·a·tive·ly [kəm'pærətɪvlɪ] *adv* comparativement

com·pare [kəm'per] **1** *v/t* comparer; **~ X with Y** comparer X à *or* avec Y; **~d with ...** par rapport à ... **2** *v/i* soutenir la comparaison

com·par·i·son [kəm'pærɪsn] comparaison *f*; **there's no ~** ce n'est pas comparable

com·part·ment [kəm'pɑːrtmənt] compartiment *m*

com·pass ['kʌmpəs] compas *m*

com·pas·sion [kəm'pæʃn] compassion *f*

com·pas·sion·ate [kəm'pæʃənət] *adj* compatissant

com·pas·sion·ate 'leave congé *m* exceptionnel (pour cas de force majeure)

com·pat·i·bil·i·ty [kəmpætə'bɪlɪti] compatibilité *f*

com·pat·i·ble [kəm'pætəbl] *adj* compatible; **we're not ~** nous ne nous entendons pas

com·pel [kəm'pel] *v/t* (*pret & pp* **-led**) obliger

com·pel·ling [kəm'pelɪŋ] *adj argument* irréfutable; *reason* impératif*; *movie*, *book* captivant

com·pen·sate ['kaːmpənseɪt] **1** *v/t with money* dédommager **2** *v/i*: **~ for** compenser

com·pen·sa·tion [kaːmpən'seɪʃn] *(money)* dédommagement *m*; *(reward)* compensation *f*; *(comfort)* consolation *f*

com·pete [kəm'piːt] *v/i* être en compétition; *(take part)* participer (*in* à); **~ for sth** se disputer qch

com·pe·tence ['kaːmpɪtəns] compétence *f*; **her ~ as an accountant** ses compétences de comptable

com·pe·tent ['kaːmpɪtənt] *adj person* compétent, capable; *piece of work* (très) satisfaisant; **I'm not ~ to judge** je ne suis pas apte à juger

com·pe·tent·ly ['kaːmpɪtəntlɪ] *adv* de façon compétente

com·pe·ti·tion [kaːmpə'tɪʃn] *(contest)* concours *m*; SP compétition *f*; *(competing, competitors)* concurrence *f*; **they want to encourage ~** on veut encourager la concurrence

com·pet·i·tive [kəm'petətɪv] *adj* compétitif*; *price*, *offer also* concurrentiel*

com·pet·i·tive·ly [kəm'petətɪvlɪ] *adv*

de façon compétitive; **~ priced** à prix compétitif

com·pet·i·tive·ness COMM compétitivité f; *of person* esprit m de compétition

com·pet·i·tor [kəm'petɪtər] *in contest*, COMM concurrent m

com·pile [kəm'paɪl] v/t *anthology* compiler; *dictionary, list* rédiger

com·pla·cen·cy [kəm'pleɪsənsɪ] complaisance f

com·pla·cent [kəm'pleɪsənt] *adj* complaisant, suffisant

com·plain [kəm'pleɪn] v/i se plaindre; *to shop, manager also* faire une réclamation; **~ of** MED se plaindre de

com·plaint [kəm'pleɪnt] plainte f; *in shop* réclamation f; MED maladie f

com·ple·ment ['kɑːmplɪmənt] **1** v/t compléter; *of food* accompagner; **they ~ each other** ils se complètent **2** n complément m

com·ple·men·ta·ry [kɑːmplɪ'mentərɪ] *adj* complémentaire

com·plete [kəm'pliːt] **1** *adj* complet*; *(finished)* terminé **2** v/t *task, building etc* terminer, achever; *form* remplir

com·plete·ly [kəm'pliːtlɪ] *adv* complètement

com·ple·tion [kəm'pliːʃn] achèvement m

com·plex ['kɑːmpleks] **1** *adj* complexe **2** n *building* PSYCH complexe m

com·plex·ion [kəm'plekʃn] *facial* teint m

com·plex·i·ty [kəm'pleksɪtɪ] complexité f

com·pli·ance [kəm'plaɪəns] conformité f, respect m

com·pli·cate ['kɑːmplɪkeɪt] v/t compliquer

com·pli·cat·ed ['kɑːmplɪkeɪtɪd] *adj* compliqué

com·pli·ca·tion [kɑːmplɪ'keɪʃn] complication f

com·pli·ment ['kɑːmplɪmənt] **1** n compliment m **2** v/t complimenter (**on** sur)

com·pli·men·ta·ry [kɑːmplɪ'mentərɪ] *adj* élogieux*, flatteur*; *(free)* gratuit

com·pli·ments slip ['kɑːmplɪmənts]

carte f avec les compliments de l'expéditeur

com·ply [kəm'plaɪ] v/i *(pret & pp -ied)* obéir; **~ with …** se conformer à

com·po·nent [kəm'pounənt] composant m

com·pose [kəm'pouz] v/t composer; **be ~d of** se composer de, être composé de; **~ o.s.** se calmer

com·posed [kəm'pouzd] *adj (calm)* calme

com·pos·er [kəm'pouzər] MUS compositeur m

com·po·si·tion [kɑːmpə'zɪʃn] composition f

com·po·sure [kəm'pouʒər] calme m, sang-froid m

com·pound ['kɑːmpaund] n *chemical* composé m

'com·pound in·ter·est intérêts *mpl* composés

com·pre·hend [kɑːmprɪ'hend] v/t *(understand)* comprendre

com·pre·hen·sion [kɑːmprɪ'henʃn] compréhension f

com·pre·hen·sive [kɑːmprɪ'hensɪv] *adj* complet*

com·pre·hen·sive in'sur·ance assurance f tous risques

com·pre·hen·sive·ly [kɑːmprɪ'hensɪvlɪ] *adv* de façon complète; *beaten* à plates coutures

com·press ['kɑːmpres] **1** n MED compresse f **2** v/t [kəm'pres] *air, gas* comprimer; *information* condenser

com·prise [kəm'praɪz] v/t comprendre, être composé de; *(make up)* constituer; **be ~d of** se composer de

com·pro·mise ['kɑːmprəmaɪz] **1** n compromis m **2** v/i trouver un compromis **3** v/t compromettre; **~ o.s.** se compromettre

com·pul·sion [kəm'pʌlʃn] PSYCH compulsion f

com·pul·sive [kəm'pʌlsɪv] *adj behavior* compulsif*; *reading* captivant

com·pul·so·ry [kəm'pʌlsərɪ] *adj* obligatoire; **~ ed·u·ca·tion** scolarité f obligatoire

com·put·er [kəm'pjuːtər] ordinateur m; **have sth on ~** avoir qch sur ordinateur

com·put·er-aid·ed de'sign conception *f* assistée par ordinateur; **com·put·er-aid·ed man·u'fac·ture** production *f* assistée par ordinateur; **com·put·er-con'trolled** *adj* contrôlé par ordinateur; **com'put·er game** jeu *m* informatique; **play ~s** jouer à la console

com·put·er·ize [kəm'pju:təraiz] *v/t* informatiser

com·put·er 'lit·er·ate *adj* qui a des connaissances en informatique; **com·put·er 'sci·ence** informatique *f*; **com·put·er 'sci·en·tist** informaticien(ne) *m(f)*

com·put·ing [kəm'pju:tɪŋ] informatique *f*

com·rade ['kɒmreɪd] camarade *m/f*

com·rade·ship ['kɒmreɪdʃɪp] camaraderie *f*

con [kɒn] **1** *n* F arnaque *f* F **2** *v/t* (*pret & pp* **-ned**) F arnaquer F; **he conned her out of her money** il lui a volé son argent

con·ceal [kən'si:l] *v/t* cacher, dissimuler

con·ceal·ment [kən'si:lmənt] dissimulation *f*; **live in ~** vivre caché

con·cede [kən'si:d] *v/t* (*admit*), *goal* concéder

con·ceit [kən'si:t] vanité *f*

con·ceit·ed [kən'si:tɪd] *adj* vaniteux*, prétentieux*

con·cei·va·ble [kən'si:vəbl] *adj* concevable

con·ceive [kən'si:v] *v/i of woman* concevoir; **~ of** (*imagine*) concevoir, imaginer

con·cen·trate ['kɒnsəntreɪt] **1** *v/i* se concentrer **2** *v/t attention, energies* concentrer

con·cen·trat·ed ['kɒnsəntreɪtɪd] *adj juice etc* concentré

con·cen·tra·tion [kɒnsən'treɪʃn] concentration *f*

con·cept ['kɒnsept] concept *m*

con·cep·tion [kən'sepʃn] *of child* conception *f*

con·cern [kən'sɜ:rn] **1** *n* (*anxiety, care*) inquiétude *f*, souci *m*; (*intent, aim*)

préoccupation *f*; (*business*) affaire *f*; (*company*) entreprise *f*; **it's no ~ of yours** cela ne vous regarde pas **2** *v/t* (*involve*) concerner; (*worry*) inquiéter, préoccuper; **~ o.s. with** s'occuper de qch

con·cerned [kən'sɜ:rnd] *adj* (*anxious*) inquiet*; (*caring, involved*) concerné; **as far as I'm ~** en ce qui me concerne

con·cern·ing [kən'sɜ:rnɪŋ] *prep* concernant, au sujet de

con·cert ['kɑ:nsərt] concert *m*

con·cert·ed [kən'sɜ:rtɪd] *adj* (*joint*) concerté

'con·cert·mas·ter premier violon *m*

con·cer·to [kən'tʃertoʊ] concerto *m*

con·ces·sion [kən'seʃn] (*compromise*) concession *f*

con·cil·i·a·to·ry [kənsɪlɪ'eɪtəri] *adj* conciliant

con·cise [kən'saɪs] *adj* concis

con·clude [kən'klu:d] **1** *v/t* conclure; **~ sth from sth** déduire qch de qch **2** *v/i* conclure

con·clu·sion [kən'klu:ʒn] conclusion *f*; **in ~** pour conclure

con·clu·sive [kən'klu:sɪv] *adj* concluant

con·coct [kən'kɑ:kt] *v/t meal, drink* préparer, concocter; *excuse, story* inventer

con·coc·tion [kən'kɑ:kʃn] (*food, drink*) mixture *f*

con·crete ['kɑ:ŋkri:t] **1** *n* béton *m* **2** *adj* concret*

con·cur [kən'kɜ:r] *v/i* (*pret & pp* **-red**) être d'accord

con·cus·sion [kən'kʌʃn] commotion *f* cérébrale

con·demn [kən'dem] *v/t* condamner

con·dem·na·tion [kɑ:ndəm'neɪʃn] *of action* condamnation *f*

con·den·sa·tion [kɑ:nden'seɪʃn] *on walls, windows* condensation *f*

con·dense [kən'dens] **1** *v/t* (*make shorter*) condenser **2** *v/i of steam* se condenser

con·densed milk [kən'denst] lait *m* concentré

con·de·scend [kɑ:ndɪ'send] *v/i* daigner (**to do** faire); **he ~ed to speak**

to me il a daigné me parler

con·de·scend·ing [kɑːndɪˈsendɪŋ] *adj* (*patronizing*) condescendant

con·di·tion [kənˈdɪʃn] **1** *n* (*state*) condition *f*, état *m*; (*requirement, term*) condition *f*; MED maladie *f*; **~s** (*circumstances*) conditions *fpl*; **on ~ that** ... à condition que ... **2** *v/t* PSYCH conditionner

con·di·tion·al [kənˈdɪʃnl] **1** *adj acceptance* conditionnel* **2** *n* GRAM conditionnel *m*

con·di·tion·er [kənˈdɪʃnər] *for hair* après-shamping *m*; *for fabric* adoucissant *m*

con·di·tion·ing [kənˈdɪʃnɪŋ] PSYCH conditionnement *m*

con·do [ˈkɑːndoʊ] F *building* immeuble *m* (en copropriété); *apartment* appart *m* F

con·do·len·ces [kənˈdoʊlənsɪz] *npl* condoléances *fpl*

con·dom [ˈkɑːndəm] préservatif *m*

con·do·min·i·um [kɑːndəˈmɪniəm] → *condo*

con·done [kənˈdoʊn] *v/t actions* excuser

con·du·cive [kənˈduːsɪv] *adj*: **~ to** favorable à

con·duct [ˈkɑːndʌkt] **1** *n* (*behavior*) conduite *f* **2** *v/t* [kənˈdʌkt] (*carry out*) mener; ELEC conduire; MUS diriger; **~ o.s.** se conduire

con·duct·ed tour [kəndʌktɪdˈtʊr] visite *f* guidée

con·duc·tor [kənˈdʌktər] MUS chef *m* d'orchestre; *on train* chef *m* de train; PHYS conducteur *m*

cone [koʊn] *figure* cône *m*; *for ice cream* cornet *m*; *of pine tree* pomme *f* de pin; *on highway* cône *m* de signalisation

con·fec·tion·er [kənˈfekʃənər] confiseur *m*

con·fec·tion·ers' 'sug·ar sucre *m* glace

con·fec·tion·e·ry [kənˈfekʃənerɪ] (*candy*) confiserie *f*

con·fed·e·ra·tion [kənfedəˈreɪʃn] confédération *f*

con·fer [kənˈfɜːr] **1** *v/t* (*bestow*) confé-

rer (**on** à) **2** *v/i* (*pret & pp* **-red**) (*discuss*) s'entretenir

con·fe·rence [ˈkɑːnfərəns] conférence *f*; *discussion* réunion *f*

'con·fe·rence room salle *f* de conférences

con·fess [kənˈfes] **1** *v/t* confesser, avouer; REL confesser; **I ~ I don't know** j'avoue que je ne sais pas **2** *v/i also to police* avouer; REL se confesser; **~ to a weakness for sth** avouer avoir un faible pour qch

con·fes·sion [kənˈfeʃn] confession *f*, aveu *m*; REL confession *f*

con·fes·sion·al [kənˈfeʃnl] REL confessionnal *m*

con·fes·sor [kənˈfesər] REL confesseur *m*

con·fide [kənˈfaɪd] **1** *v/t* confier **2** *v/i*: **~ in s.o.** (*trust*) faire confiance à qn; (*tell secrets*) se confier à qn

con·fi·dence [ˈkɑːnfɪdəns] (*assurance*) assurance *f*, confiance *f* en soi; (*trust*) confiance *f*; (*secret*) confidence *f*; **in ~** confidentiellement

con·fi·dent [ˈkɑːnfɪdənt] *adj* (*self-assured*) sûr de soi; (*convinced*) confiant

con·fi·den·tial [kɑːnfɪˈdenʃl] *adj* confidentiel*; *adviser, secretary* particulier*

con·fi·den·tial·ly [kɑːnfɪˈdenʃlɪ] *adv* confidentiellement

con·fi·dent·ly [ˈkɑːnfɪdəntlɪ] *adv* avec assurance

con·fine [kənˈfaɪn] *v/t* (*imprison*) enfermer; *in institution* interner; (*restrict*) limiter; **be ~d to one's bed** être alité

con·fined [kənˈfaɪnd] *adj space* restreint

con·fine·ment [kənˈfaɪnmənt] (*imprisonment*) emprisonnement *m*; *in institution* internement *m*; MED accouchement *m*

con·firm [kənˈfɜːrm] *v/t* confirmer

con·fir·ma·tion [kɑːnfərˈmeɪʃn] confirmation *f*

con·firmed [kənˈfɜːrmd] *adj* (*inveterate*) convaincu; **a ~ bachelor** un célibataire endurci

con·fis·cate [ˈkɑːnfɪskeɪt] *v/t* confisquer

con·flict ['kɑːnflɪkt] **1** n (disagreement) conflit m **2** v/i [kən'flɪkt] (clash) s'opposer, être en conflit; of dates coïncider

con·form [kən'fɔːrm] v/i se conformer; of product être conforme (**to** à)

con·form·ist [kən'fɔːrmɪst] n conformiste m/f

con·front [kən'frʌnt] v/t (face) affronter; (tackle) confronter

con·fron·ta·tion [kɑːnfrən'teɪʃn] confrontation f; (clash, dispute) affrontement m

con·fuse [kən'fjuːz] v/t (muddle) compliquer; person embrouiller; (mix up) confondre; **~ s.o. with s.o.** confondre qn avec qn

con·fused [kən'fjuːzd] adj person perdu, désorienté; ideas, situation confus

con·fus·ing [kən'fjuːzɪŋ] adj déroutant

con·fu·sion [kən'fjuːʒn] (muddle, chaos) confusion f

con·geal [kən'dʒiːl] v/i of blood se coaguler; of fat se figer

con·gen·ial [kən'dʒiːnɪəl] adj (pleasant) agréable, sympathique

con·gen·i·tal [kən'dʒenɪtl] adj MED congénital

con·gest·ed [kən'dʒestɪd] adj roads encombré

con·ges·tion [kən'dʒestʃn] on roads encombrement m; in chest congestion f; **traffic ~** embouteillage m

con·grat·u·late [kən'grætʊleɪt] v/t féliciter (**on** pour)

con·grat·u·la·tions [kəngrætʊ'leɪʃnz] npl félicitations fpl; **~ on ...** félicitations pour ...

con·grat·u·la·to·ry [kəngrætʊ'leɪtəri] adj de félicitations

con·gre·gate ['kɑːŋgrɪgeɪt] v/i (gather) se rassembler

con·gre·ga·tion [kɑːŋgrɪ'geɪʃn] people in a church assemblée f

con·gress ['kɑːŋgres] (conference) congrès m; **Congress** in US le Congrès

Con·gres·sion·al [kən'greʃnl] adj du Congrès

Con·gress·man ['kɑːŋgresmən] membre m du Congrès

'Con·gress·wom·an membre m du Congrès

co·ni·fer ['kɑːnɪfər] conifère m

con·jec·ture [kən'dʒektʃər] n (speculation) conjecture f, hypothèse f

con·ju·gate ['kɑːndʒʊgeɪt] v/t GRAM conjuguer

con·junc·tion [kən'dʒʌŋkʃn] GRAM conjonction f; **in ~ with** conjointement avec

con·junc·ti·vi·tis [kəndʒʌŋktɪ'vaɪtɪs] conjonctivite f

♦ **con·jure up** ['kʌndʒər] v/t (produce) faire apparaître (comme par magie); (evoke) évoquer

con·jur·er, con·jur·or ['kʌndʒərər] (magician) prestidigitateur m

con·jur·ing tricks ['kʌndʒərɪŋ] npl tours mpl de prestidigitation

con man ['kɑːnmæn] F escroc m, arnaqueur m F

con·nect [kə'nekt] v/t (join) raccorder, relier; TELEC passer; (link) associer; to power supply brancher; **I'll ~ you with ...** TELEC je vous passe ...; **the two events are not ~ed** il n'y a aucun rapport entre les deux événements

con·nect·ed [kə'nektɪd] adj: **be well-~** avoir des relations; **be ~ with** être lié à; **in family** être apparenté à

con·nect·ing flight [kə'nektɪŋ] (vol m de) correspondance f

con·nec·tion [kə'nekʃn] in wiring branchement m, connexion f; causal etc rapport m; when traveling correspondance f; (personal contact) relation f; **in ~ with** à propos de

con·nois·seur [kɑːnə'sɜːr] connaisseur m, connaisseuse f

con·quer ['kɑːŋkər] v/t conquérir; fig: fear etc vaincre

con·quer·or ['kɑːŋkərər] conquérant m

con·quest ['kɑːŋkwest] conquête f

con·science ['kɑːnʃəns] conscience f; **have a guilty ~** avoir mauvaise conscience; **have sth on one's ~** avoir qch sur la conscience

con·sci·en·tious [kɑːnʃɪˈenʃəs] *adj* consciencieux*

con·sci·en·tious·ness [kɑːnʃɪˈenʃəsnəs] conscience *f*

con·sci·en·tious ob·jec·tor objecteur *m* de conscience

con·scious [ˈkɑːnʃəs] *adj* (*aware*), MED conscient; (*deliberate*) délibéré; **be ~ of ...** être conscient de ...; **be·come ~ of ...** se rendre compte de ...

con·scious·ly [ˈkɑːnʃəslɪ] *adv* (*knowingly*) consciemment; (*deliberately*) délibérément

con·scious·ness [ˈkɑːnʃəsnɪs] conscience *f*; **lose / regain ~** perdre / reprendre connaissance

con·sec·u·tive [kənˈsekjʊtɪv] *adj* consécutif*

con·sen·sus [kənˈsensəs] consensus *m*

con·sent [kənˈsent] **1** *n* consentement *m*, accord *m* **2** *v/i* consentir (**to** à); **~ to do sth** consentir à faire qch, accepter de faire qch

con·se·quence [ˈkɑːnsɪkwəns] (*result*) conséquence *f*

con·se·quent·ly [ˈkɑːnsɪkwəntlɪ] *adv* (*therefore*) par conséquent

con·ser·va·tion [kɑːnsərˈveɪʃn] (*preservation*) protection *f*

con·ser·va·tion·ist [kɑːnsərˈveɪʃnɪst] écologiste *m/f*

con·ser·va·tive [kənˈsɜːrvətɪv] **1** *adj* (*conventional*) conservateur*, conventionnel*; *clothes* classique; *estimate* prudent; **Conservative** Br POL conservateur* **2** *n* Br POL: **Conservative** conservateur(-trice) *m(f)*

con·ser·va·to·ry [kənˈsɜːrvətɔːrɪ] *for plants* véranda *f*, serre *f*; MUS conservatoire *m*

con·serve [ˈkɑːnsɜːrv] **1** *n* (*jam*) confiture *f* **2** *v/t* [kənˈsɜːrv] *energy* économiser; *strength* ménager

con·sid·er [kənˈsɪdər] *v/t* (*regard*) considérer; (*show regard for*) prendre en compte; (*think about*) penser à; **~ yourself lucky** estime-toi heureux; **it is ~ed to be ...** c'est censé être ...

con·sid·e·ra·ble [kənˈsɪdrəbl] *adj* considérable

con·sid·e·ra·bly [kənˈsɪdrəblɪ] *adv* considérablement, beaucoup

con·sid·er·ate [kənˈsɪdərət] *adj* attentionné

con·sid·er·ate·ly [kənˈsɪdərətlɪ] *adv* gentiment

con·sid·e·ra·tion [kənsɪdəˈreɪʃn] (*thought*) réflexion *f*; (*factor*) facteur *m*; (*thoughtfulness, concern*) attention *f*; **under ~** à l'étude; **take sth into ~** prendre qch en considération

con·sign·ment [kənˈsaɪnmənt] COMM cargaison *f*

♦ **con·sist of** [kənˈsɪst] *v/t* consister en, se composer de

con·sis·ten·cy [kənˈsɪstənsɪ] (*texture*) consistance *f*; (*unchangingness*) constance *f*; (*logic*) cohérence *f*

con·sis·tent [kənˈsɪstənt] *adj* (*unchanging*) constant; *logically etc* cohérent

con·sis·tent·ly [kənˈsɪstəntlɪ] *adv* constamment, invariablement; *logically etc* de façon cohérente

con·so·la·tion [kɑːnsəˈleɪʃn] consolation *f*

con·sole [kənˈsoʊl] *v/t* consoler

con·sol·i·date [kənˈsɑːlɪdeɪt] *v/t* consolider

con·so·nant [ˈkɑːnsənənt] *n* GRAM consonne *f*

con·sor·ti·um [kənˈsɔːrtɪəm] consortium *m*

con·spic·u·ous [kənˈspɪkjʊəs] *adj* voyant; **look ~** se faire remarquer

con·spi·ra·cy [kənˈspɪrəsɪ] conspiration *f*, complot *m*

con·spi·ra·tor [kənˈspɪrətər] conspirateur(-trice) *m(f)*

con·spire [kənˈspaɪr] *v/i* conspirer, comploter

con·stant [ˈkɑːnstənt] *adj* (*continuous*) constant, continuel*

con·stant·ly [ˈkɑːnstəntlɪ] *adv* constamment, continuellement

con·ster·na·tion [kɑːnstərˈneɪʃn] consternation *f*

con·sti·pat·ed [ˈkɑːnstɪpeɪtɪd] *adj* constipé

con·sti·pa·tion [kɑːnstɪˈpeɪʃn] constipation *f*

con·sti·tu·en·cy [kənˈstɪtʊənsɪ] *Br POL* circonscription *f* (électorale)

con·sti·tu·ent [kənˈstɪtʊənt] *n* (*component*) composant *m*; *Br POL* électeur *m* (*d'une circonscription*)

con·sti·tute [ˈkɑːnstɪtuːt] *v/t* constituer

con·sti·tu·tion [kɑːnstɪˈtuːʃn] *POL, of person* constitution *f*

con·sti·tu·tion·al [kɑːnstɪˈtuːʃənl] *adj POL* constitutionnel*

con·straint [kənˈstreɪnt] (*restriction*) contrainte *f*

con·struct [kənˈstrʌkt] *v/t building etc* construire

con·struc·tion [kənˈstrʌkʃn] construction *f*; (*trade*) bâtiment *m*; **under ~** en construction

con·struc·tion in·dus·try industrie *f* du bâtiment; **con·struc·tion site** chantier *m* (de construction); **con·struc·tion work·er** ouvrier *m* du bâtiment

con·struc·tive [kənˈstrʌktɪv] *adj* constructif*

con·sul [ˈkɑːnsl] consul *m*

con·su·late [ˈkɑːnsʊlət] consulat *m*

con·sult [kənˈsʌlt] *v/t* (*seek the advice of*) consulter

con·sul·tan·cy [kənˈsʌltənsɪ] *company* cabinet-conseil *m*; (*advice*) conseil

con·sul·tant [kənˈsʌltənt] *n* (*adviser*) consultant *m*

con·sul·ta·tion [kɑːnslˈteɪʃn] consultation *f*

con·sume [kənˈsuːm] *v/t* consommer

con·sum·er [kənˈsuːmər] consommateur *m*

con·sum·er con·fi·dence confiance *f* des consommateurs; **con·sum·er goods** *npl* biens *mpl* de consommation; **con·sum·er so·ci·e·ty** société *f* de consommation

con·sump·tion [kənˈsʌmpʃn] consommation *f*

con·tact [ˈkɑːntækt] **1** *n* contact *m*; *person also* relation *f*; **keep in ~ with s.o.** rester en contact avec qn **2** *v/t* contacter

'con·tact lens lentille *f* de contact

'con·tact num·ber numéro *m* de téléphone

con·ta·gious [kənˈteɪdʒəs] *adj* contagieux*; *fig also* communicatif*

con·tain [kənˈteɪn] *v/t* (*hold*), *also laughter etc* contenir; **~ o.s.** se contenir

con·tain·er [kənˈteɪnər] récipient *m*; *COMM* conteneur *m*, container *m*

con·tain·er ship porte-conteneurs *m inv*

con·tain·er ter·min·al terminal *m* (de conteneurs)

con·tam·i·nate [kənˈtæmɪneɪt] *v/t* contaminer

con·tam·i·na·tion [kɑntæmɪˈneɪʃn] contamination *f*

con·tem·plate [ˈkɑːntəmpleɪt] *v/t* (*look at*) contempler; (*think about*) envisager

con·tem·po·ra·ry [kənˈtempərerɪ] **1** *adj* contemporain **2** *n* contemporain *m*; **I was a ~ of his at university** il était à l'université en même temps que moi

con·tempt [kənˈtempt] mépris *m*; **be beneath ~** être tout ce qu'il y a de plus méprisable

con·temp·ti·ble [kənˈtemptəbl] *adj* méprisable

con·temp·tu·ous [kənˈtemptʊəs] *adj* méprisant

con·tend [kənˈtend] *v/i*: **~ for ...** se disputer ...; **~ with ...** affronter

con·tend·er [kənˈtendər] *in sport* prétendant *m*; *in competition* concurrent *m*; *POL* candidat *m*

con·tent[1] [ˈkɑːntent] *n* contenu *m*

con·tent[2] [kənˈtent] **1** *adj* content, satisfait **2** *v/t*: **~ o.s. with ...** se contenter de ...

con·tent·ed [kənˈtentɪd] *adj* satisfait

con·ten·tion [kənˈtenʃn] (*assertion*) affirmation *f*; **be in ~ for ...** être en compétition pour ...

con·ten·tious [kənˈtenʃəs] *adj* controversé

con·tent·ment [kənˈtentmənt] contentement *m*

con·tents [ˈkɑːntents] *npl of house, letter, bag etc* contenu *m*

con·test[1] [ˈkɑːntest] *n* (*competition*) concours *m*; *in sport* compétition *f*; (*struggle for power*) lutte *f*

con·test[2] [kənˈtest] *v/t leadership etc* disputer; (*oppose*) contester; **~ an election** se présenter à une élection

con·tes·tant [kənˈtestənt] concurrent *m*

con·text [ˈkɑːntekst] contexte *m*; **look at sth in ~ / out of ~** regarder qch dans son contexte / hors contexte

con·ti·nent [ˈkɑːntɪnənt] *n* continent *m*; **the ~** *Br* l'Europe *f* continentale

con·ti·nen·tal [kɑːntɪˈnentl] *adj* continental

con·ti·nen·tal 'break·fast *Br* petit-déjeuner *m* continental

con·tin·gen·cy [kənˈtɪndʒənsɪ] éventualité *f*

con·tin·gen·cy plan plan *m* d'urgence

con·tin·u·al [kənˈtɪnʊəl] *adj* continuel*

con·tin·u·al·ly [kənˈtɪnʊəlɪ] *adv* continuellement

con·tin·u·a·tion [kəntɪnjʊˈeɪʃn] continuation *f*; *of story, book* suite *f*

con·tin·ue [kənˈtɪnjuː] **1** *v/t* continuer; **~ to do sth, ~ doing sth** continuer à faire qch; **to be ~d** à suivre **2** *v/i* continuer

con·ti·nu·i·ty [kɑːntɪˈnuːətɪ] continuité *f*

con·tin·u·ous [kənˈtɪnjuːəs] *adj* continu, continuel*

con·tin·u·ous·ly [kənˈtɪnjuːəslɪ] *adv* continuellement, sans interruption

con·tort [kənˈtɔːrt] *v/t face* tordre; **~ one's body** se contorsionner

con·tour [ˈkɑːntʊr] contour *m*

con·tra·cep·tion [kɑːntrəˈsepʃn] contraception *f*

con·tra·cep·tive [kɑːntrəˈseptɪv] *n* contraceptif *m*

con·tract[1] [ˈkɑːntrækt] *n* contrat *m*

con·tract[2] [kənˈtrækt] **1** *v/i* (*shrink*) se contracter **2** *v/t illness* contracter

con·trac·tor [kənˈtræktər] entrepreneur *m*

con·trac·tu·al [kənˈtræktʊəl] *adj* contractuel*

con·tra·dict [kɑːntrəˈdɪkt] *v/t* contredire

con·tra·dic·tion [kɑːntrəˈdɪkʃn] contradiction *f*

con·tra·dic·to·ry [kɑːntrəˈdɪktərɪ] *adj account* contradictoire

con·trap·tion [kənˈtræpʃn] F truc *m* F, machin *m* F

con·tra·ry[1] [ˈkɑːntrərɪ] **1** *adj* contraire; **~ to ...** contrairement à ... **2** *n* : **on the ~** au contraire

con·tra·ry[2] [kənˈtrerɪ] *adj* (*perverse*) contrariant

con·trast [ˈkɑːntræst] **1** *n* contraste *m* **2** *v/t* [kənˈtræst] mettre en contraste **3** *v/i* opposer, contraster

con·trast·ing [kənˈtræstɪŋ] *adj* contrastant; *personalities, views* opposé

con·tra·vene [kɑːntrəˈviːn] *v/t* enfreindre

con·trib·ute [kənˈtrɪbjuːt] **1** *v/i with money, material* contribuer (**to** à); *to magazine, paper* collaborer (**to** à) **2** *v/t money, suggestion* donner, apporter

con·tri·bu·tion [kɑːntrɪˈbjuːʃn] *money, to debate* contribution *f*, participation *f*; *to political party, church* don *m*; *to magazine* article *m*; poème *m*

con·trib·u·tor [kənˈtrɪbjʊtər] *of money* donateur *m*; *to magazine* collaborateur(-trice) *m(f)*

con·trive [kənˈtraɪv] *v/t* : **~ to do sth** réussir à faire qch

con·trol [kənˈtroʊl] **1** *n* contrôle *m*; **lose ~ of ...** perdre le contrôle de ...; **lose ~ of o.s.** perdre son sang-froid; **circumstances beyond our ~** circonstances *fpl* indépendantes de notre volonté; **be in ~ of sth** contrôler qch; **get out of ~** devenir incontrôlable; **the situation is under ~** nous avons la situation bien en main; **bring a blaze under ~** maîtriser un incendie; **~s** *of aircraft, vehicle* commandes *fpl*; (*restrictions*) contrôle *m* **2** *v/t* contrôler; *company* diriger; **~ o.s.** se contrôler

con'trol cen·ter, *Br* **con'trol cen·tre**

centre *m* de contrôle

con'trol freak F *personne qui veut tout contrôler*

con·trolled 'sub·stance [kən'trould] substance *f* illégale

con·trol·ling 'in·ter·est [kən'troulɪŋ] FIN participation *f* majoritaire

con'trol pan·el tableau *m* de contrôle

con'trol tow·er tour *f* de contrôle

con·tro·ver·sial [kɑːntrə'vɜːrʃl] *adj* controversé

con·tro·ver·sy ['kɑːntrəvɜːrsɪ] controverse *f*

con·va·lesce [kɑːnvə'les] *v/i* être en convalescence

con·va·les·cence [kɑːnvə'lesns] convalescence *f*

con·vene [kən'viːn] *v/t* convoquer, organiser

con·ve·ni·ence [kən'viːnɪəns] *of having sth, location* commodité *f*; *at your / my ~* à votre / ma convenance; *(with) all (modern) ~s* tout confort

con·ve·ni·ence food plats *mpl* cuisinés

con·ve·ni·ence store magasin *m* de proximité

con·ve·ni·ent [kən'viːnɪənt] *adj* commode, pratique

con·ve·ni·ent·ly [kən'viːnɪəntlɪ] *adv* de façon pratique; *~ located* bien situé

con·vent ['kɑːnvənt] couvent *m*

con·ven·tion [kən'venʃn] *(tradition)* conventions *fpl*; *(conference)* convention *f*, congrès *m*; *it's a ~ that ...* traditionnellement ...

con·ven·tion·al [kən'venʃnl] *adj* conventionnel*; *person* conformiste

con'ven·tion cen·ter palais *m* des congrès

con·ven·tion·eer [kənvenʃ'nɪr] congressiste *m/f*

♦ **con·verge on** [kən'vɜːrdʒ] *v/t* converger vers / sur

con·ver·sant [kən'vɜːrsənt] *adj*: *be ~ with sth* connaître qch, s'y connaître en qch

con·ver·sa·tion [kɑːnvər'seɪʃn] conversation *f*

con·ver·sa·tion·al [kɑːnvər'seɪʃnl] *adj* de conversation; *a course in ~ Japanese* un cours de conversation japonaise

con·verse ['kɑːnvɜːrs] *n (opposite)* contraire *m*, opposé *m*

con·verse·ly [kən'vɜːrslɪ] *adv* inversement

con·ver·sion [kən'vɜːrʃn] conversion *f*; *of building* aménagement *m*, transformation *f*

con'ver·sion ta·ble table *f* de conversion

con·vert 1 *n* ['kɑːnvɜːrt] converti *m* **2** *v/t* [kən'vɜːrt] convertir; *building* aménager, transformer **3** *v/i* [kən'vɜːrt]: *~ to* se convertir à

con·vert·i·ble [kən'vɜːrtəbl] *n car (voiture f)* décapotable *f*

con·vey [kən'veɪ] *v/t (transmit)* mettre, communiquer; *(carry)* transporter

con'vey·or or belt [kən'veɪər] convoyeur *m*, tapis *m* roulant

con·vict 1 *n* ['kɑːnvɪkt] détenu *m* **2** *v/t* [kən'vɪkt] LAW déclarer coupable; *~ s.o. of sth* déclarer *or* reconnaître qn coupable de qch

con·vic·tion [kən'vɪkʃn] LAW condamnation *f*; *(belief)* conviction *f*

con·vince [kən'vɪns] *v/t* convaincre, persuader

con·vinc·ing [kən'vɪnsɪŋ] *adj* convaincant

con·viv·i·al [kən'vɪvɪəl] *adj (friendly)* convivial

con·voy ['kɑːnvɔɪ] *of ships, vehicles* convoi *m*

con·vul·sion [kən'vʌlʃn] MED convulsion *f*

cook [kʊk] **1** *n* cuisinier(-ière) *m(f)* **2** *v/t meal* préparer; *food* faire cuire; *a ~ed meal* un repas chaud; *~ the books* F truquer les comptes **3** *v/i* faire la cuisine, cuisiner; *of food* cuire

'cook·book livre *m* de cuisine

cook·e·ry ['kʊkəri] cuisine *f*

cook·ie ['kʊki] cookie *m*; *she's a smart ~* F c'est une petite maline F

cook·ing ['kʊkɪŋ] *(food)* cuisine *f*

cool [kuːl] **1** *n* F: *keep one's ~* garder

son sang-froid: **lose one's ~** F perdre son sang-froid **2** *adj weather, breeze, drink* frais*; *(calm)* calme; *(unfriendly)* froid **3** *v/i of food* refroidir; *of tempers* se calmer; *of interest* diminuer **4** *v/t* F: **~ it** on se calme F

♦ **cool down 1** *v/i* refroidir; *of weather* se rafraîchir; *fig: of tempers* se calmer **2** *v/t food* (faire) refroidir; *fig* calmer

cool·ing 'off pe·ri·od délai *m* de réflexion

co·op·e·rate [kouˈɑːpəreɪt] *v/i* coopérer, collaborer

co·op·e·ra·tion [kouɑːpəˈreɪʃn] coopération *f*

co·op·e·ra·tive [kouˈɑːpərətɪv] **1** *n* COMM coopérative *f* **2** *adj* coopératif*

co·or·di·nate [kouˈɔːrdɪneɪt] *v/t* coordonner

co·or·di·na·tion [kouɔːrdɪˈneɪʃn] coordination *f*

cop [kaːp] *n* F flic *m* F

cope [koup] *v/i* se débrouiller; **~ with** ... faire face à ...; *(deal with)* s'occuper de ...

cop·i·er [ˈkaːpɪər] *machine* photocopieuse *f*

co·pi·lot [ˈkoupaɪlət] copilote *m*

co·pi·ous [ˈkoupɪəs] *adj* copieux*; *notes* abondant

cop·per [ˈkaːpər] *n metal* cuivre *m*

cop·y [ˈkaːpɪ] **1** *n* copie *f*; *(duplicate, imitation also)* reproduction *f*; *of key* double *m*; *of book* exemplaire *m*; ***advertising ~*** texte *m* publicitaire; ***make a ~ of a file*** COMPUT faire une copie d'un fichier **2** *v/t* (*pret & pp* **-ied**) copier; *(imitate also)* imiter; *(photocopy)* photocopier

'**cop·y·cat** F copieur(-euse) *m(f)*; **cop·y·cat 'crime** crime inspiré par un autre; '**cop·y·right** *n* copyright *m*, droit *m* d'auteur; '**cop·y·writ·er** *in advertising* rédacteur(-trice) *m(f)* publicitaire

cor·al [ˈkaːrəl] corail *m*

cord [kɔːrd] *(string)* corde *f*; *(cable)* fil *m*, cordon *m*

cor·di·al [ˈkɔːrdʒəl] *adj* cordial

cord·less phone [ˈkɔːrdlɪs] téléphone *m* sans fil

cor·don [ˈkɔːrdn] cordon *m*

♦ **cordon off** *v/t* boucler; *street* barrer

cords [kɔːrdz] *npl pants* pantalon *m* en velours (côtelé)

cor·du·roy [ˈkɔːrdərɔɪ] velours *m* côtelé

core [kɔːr] **1** *n of fruit* trognon *m*, cœur *m*; *of problem* cœur *m*; *of organization, party* noyau *m* **2** *v/t fruit* évider **3** *adj issue, meaning* fondamental, principal

cork [kɔːrk] *in bottle* bouchon *m*; *material* liège *m*

'**cork·screw** *n* tire-bouchon *m*

corn [kɔːrn] *grain* maïs *m*

cor·ner [ˈkɔːrnər] **1** *n* coin *m*; *of room, street also* angle *m*; *(bend: in road)* virage *m*, tournant *m*; *in soccer* corner *m*; **in the ~** dans le coin; **on the ~** *of street* au coin, à l'angle **2** *v/t person* coincer F; **~ the market** accaparer le marché **3** *v/i of driver, car* prendre le / les virage(s)

'**cor·ner kick** *in soccer* corner *m*

'**corn·flakes** *npl* corn-flakes *mpl*, pétales *fpl* de maïs

'**corn·starch** fécule *f* de maïs, maïzena *f*

corn·y [ˈkɔːrnɪ] *adj* F *(trite)* éculé, banal (à mourir); *(sentimental)* à l'eau de rose

cor·o·na·ry [ˈkaːrəneri] **1** *adj* coronaire **2** *n* infarctus *m* (du myocarde)

cor·o·ner [ˈkaːrənər] coroner *m*

cor·po·ral [ˈkɔːrpərəl] *n* caporal *m*

cor·po·ral 'pun·ish·ment châtiment *m* corporel

cor·po·rate [ˈkɔːrpərət] *adj* COMM d'entreprise, des sociétés; **~ image** image *f* de marque de l'entreprise

cor·po·ra·tion [kɔːrpəˈreɪʃn] *(business)* société *f*, entreprise *f*

corps [kɔːr] corps *m*

corpse [kɔːrps] cadavre *m*, corps *m*

cor·pu·lent [ˈkɔːrpjulənt] *adj* corpulent

cor·pus·cle [ˈkɔːrpʌsl] globule *m*

cor·ral [kəˈræl] *n* corral *m*

cor·rect [kəˈrekt] **1** *adj* correct; **the ~**

answer la bonne réponse; **that's ~** c'est exact **2** v/t corriger

cor·rec·tion [kəˈrekʃn] correction f

cor·rect·ly [kəˈrektlɪ] adv correctement

cor·re·spond [kɑːrɪˈspɑːnd] v/i correspondre (**to** à)

cor·re·spon·dence [kɑːrɪˈspɑːndəns] correspondance f

cor·re·spon·dent [kɑːrɪˈspɑːndənt] correspondant(e) m(f)

cor·re·spon·ding [kɑːrɪˈspɑːndɪŋ] adj (equivalent) correspondant; **in the ~ period last year** à la même période l'année dernière

cor·ri·dor [ˈkɔːrɪdər] in building couloir m

cor·rob·o·rate [kəˈrɑːbəreɪt] v/t corroborer

cor·rode [kəˈroʊd] **1** v/t corroder **2** v/i se désagréger; of battery couler

cor·ro·sion [kəˈroʊʒn] corrosion f

cor·ru·gat·ed card·board [ˈkɑːrəgeɪtɪd] carton m ondulé

cor·ru·gat·ed ˈi·ron tôle f ondulée

cor·rupt [kəˈrʌpt] **1** adj also COMPUT corrompu; morals, youth dépravé **2** v/t corrompre

cor·rup·tion [kəˈrʌpʃn] corruption f

Cor·si·ca [ˈkɔːrsɪkə] Corse f

Cor·si·can [ˈkɔːrsɪkən] **1** adj corse **2** n Corse m/f

cos·met·ic [kɑːzˈmetɪk] adj cosmétique; fig esthétique

cos·met·ics [kɑːzˈmetɪks] npl cosmétiques mpl, produits mpl de beauté

cos·met·ic ˈsur·geon chirurgien(ne) m(f) esthétique

cos·met·ic ˈsur·ger·y chirurgie f esthétique

cos·mo·naut [ˈkɑːzmənɔːt] cosmonaute m/f

cos·mo·pol·i·tan [kɑːzməˈpɑːlɪtən] adj city cosmopolite

cost¹ [kɑːst] **1** n also fig coût m; **at all ~s** à tout prix; **to my ~** à mes dépens **2** v/t (pret & pp **cost**) coûter; **how much does it ~?** combien est-ce que cela coûte?, combien ça coûte?; **it ~ me my health** j'en ai perdu la santé; **it ~ him his life** cela lui a coûté

la vie

cost² [kɑːst] v/t (pret & pp **-ed**) FIN proposal, project évaluer le coût de

cost and ˈfreight COMM coût et fret; **'cost-con·scious** économe; **'cost-ef·fec·tive** adj rentable; **'cost, in·surance and freight** COMM CAF, coût, assurance, fret

cost·ly [ˈkɑːstlɪ] adv mistake coûteux

cost of ˈliv·ing coût m de la vie

'cost price prix m coûtant

cos·tume [ˈkɑːstuːm] for actor costume m

cos·tume ˈjew·el·ry bijoux mpl fantaisie

cot [kɑːt] (camp-bed) lit m de camp; Br. for child lit m d'enfant

cot·tage [ˈkɑːtɪdʒ] cottage m

'cot·tage cheese cottage m

cot·ton [ˈkɑːtn] **1** n coton m **2** adj en coton

♦ **cotton on** v/i F piger F

♦ **cotton on to** v/t F piger F

♦ **cotton to** v/t F accrocher avec

cot·ton ˈcan·dy barbe f à papa

cot·ton ˈwool Br coton m hydrophile, ouate f

couch [kaʊtʃ] n canapé m

cou·chette [kuːˈʃet] couchette f

'couch po·ta·to F téléphage m/f

cough [kɑːf] **1** n toux f **2** v/i tousser

♦ **cough up 1** v/t also money cracher **2** v/i F (pay) banquer F

'cough med·i·cine, **'cough syr·up** sirop m contre la toux

could [kʊd] pret → **can**; **~ I have my key?** pourrais-je avoir ma clef (s'il vous plaît)?; **~ you help me?** pourrais-tu m'aider?; **this ~ be our bus** ça pourrait être notre bus; **you ~ be right** vous avez peut-être raison; **he ~ have got lost** il s'est peut-être perdu; **you ~ have warned me!** tu aurais pu me prévenir!

coun·cil [ˈkaʊnsl] (assembly) conseil m, assemblée f

'coun·cil·man conseiller m municipal

coun·cil·or [ˈkaʊnsələr] conseiller m

coun·sel [ˈkaʊnsl] **1** n (advice) conseil m; (lawyer) avocat m **2** v/t conseiller

coun·sel·ing [ˈkaʊnslɪŋ] aide f (psychologique)

coun·sel·or, *Br* **coun·sel·lor**
['kaʊnslər] (*adviser*) conseiller *m*;
LAW maître *m*

count [kaʊnt] **1** *n* compte *m*; *keep ~
of* compter; *lose ~ of* ne plus
compter; *I've lost ~ of the number
we've sold* je ne sais plus combien
nous en avons vendu; *at the last ~*
au dernier décompte **2** *v/i* (*also*: *matter*) compter; *that doesn't ~* ça ne
compte pas **3** *v/t* compter
♦ **count on** *v/t* compter sur

count[2] [kaʊnt] *nobleman* comte *m*

'**count·down** compte *m* à rebours

coun·te·nance ['kaʊntənəns] *v/t* approuver

coun·ter[1] ['kaʊntər] *in shop*, *café*
comptoir *m*; *in game* pion *m*

coun·ter[2] ['kaʊntər] **1** *v/t* contrer **2** *v/i*
(*retaliate*) riposter, contre-attaquer

coun·ter[3] ['kaʊntər] *adv*: *run ~ to* aller
à l'encontre de

'**coun·ter·act** *v/t* neutraliser, contrecarrer

coun·ter·at·tack 1 *n* contre-attaque *f*
2 *v/i* contre-attaquer

'**coun·ter·bal·ance 1** *n* contrepoids *m*
2 *v/t* contrebalancer, compenser

coun·ter·clock·wise *adv* dans le sens
inverse des aiguilles d'une montre

'**coun·ter·es·pi·o·nage** contre-espionnage *m*

coun·ter·feit ['kaʊntərfɪt] **1** *v/t* contrefaire **2** *adj* faux*

'**coun·ter·part** *person* homologue *m/f*

coun·ter·pro·duc·tive *adj* contre-
-productif*

'**coun·ter·sign** *v/t* contresigner

coun·tess ['kaʊntɪs] comtesse *f*

count·less ['kaʊntlɪs] *adj* innombrable

coun·try ['kʌntrɪ] *n* nation pays *m*; *as
opposed to town* campagne *f*; *in the ~*
à la campagne

coun·try and 'wes·tern MUS (musique *f*) country *f*; '**coun·try·man**
(*fellow ~*) compatriote *m*; '**coun·try·
side** campagne *f*

coun·ty ['kaʊntɪ] comté *m*

coup [kuː] POL coup *m* d'État; *fig*

beau coup *m*

cou·ple ['kʌpl] *n* (*two people*) couple
m; *just a ~* juste deux ou trois; *a ~
of* (*a pair*) deux; (*a few*) quelques

cou·pon ['kuːpɒn] (*form*) coupon-ré-
ponse *m*; (*voucher*) bon *m* (de réduction)

cour·age ['kʌrɪdʒ] courage *m*

cou·ra·geous [kə'reɪdʒəs] *adj* courageux*

cou·ri·er ['kʊrɪər] (*messenger*) coursier
m; *with tourist party* guide *m/f*

course [kɔːrs] *n* (*of lessons*) cours
m(*pl*); (*part of meal*) plat *m*; *of ship*,
plane route *f*; *for sports event* piste *f*;
for golf terrain *m*; *of ~* bien sûr, évidemment; *of ~ not* bien sûr que non;
~ of action ligne *f* de conduite; *~ of
treatment* traitement *m*; *in the ~ of
...* au cours de ...

court [kɔːrt] *n* LAW tribunal *m*, cour *f*;
SP *for tennis* court *m*; *for basketball*
terrain *m*; *take s.o. to ~* faire un procès à qn

'**court case** affaire *f*, procès *m*

cour·te·ous ['kɜːrtɪəs] *adj* courtois

cour·te·sy ['kɜːrtəsɪ] courtoisie *f*

'**court·house** palais *m* de justice, tribunal *m*; **court 'mar·tial 1** *n* cour *f*
martiale **2** *v/t* faire passer en cour
martiale; '**court or·der** ordonnance
f du tribunal; '**court·room** salle *f*
d'audience; '**court·yard** cour *f*

cous·in ['kʌzn] cousin(e) *m(f)*

cove [koʊv] (*small bay*) crique *f*

cov·er ['kʌvər] **1** *n* protective housse *f*;
of book, *magazine*, *bed* couverture *f*;
for bed couverture *f*; (*shelter*) abri
m; (*insurance*) couverture *f*, assurance
f **2** *v/t* couvrir
♦ **cover up 1** *v/t* couvrir; *crime*, *scandal*
dissimuler **2** *v/i fig* cacher la vérité;
cover up for s.o. couvrir qn

cov·er·age ['kʌvərɪdʒ] *by media* couverture *f* (médiatique)

cov·er·ing let·ter ['kʌvrɪŋ] lettre *f*
d'accompagnement

cov·ert ['koʊvərt] *adj* secret*, clandestin

'**cov·er-up** black-out *m inv*; *there has
been a police ~* la police a étouffé

l'affaire

cow [kaʊ] vache f

cow·ard ['kaʊərd] lâche m/f

cow·ard·ice ['kaʊərdɪs] lâcheté f

cow·ard·ly ['kaʊərdlɪ] adj lâche

'cow·boy cow-boy m

cow·er ['kaʊər] v/i se recroqueviller

coy [kɔɪ] adj (evasive) évasif*; (flirtatious) coquin

co·zy ['koʊzɪ] adj confortable, douillet*

CPU [siːpiːˈjuː] abbr (= **central processing unit**) CPU m, unité f centrale

crab [kræb] n crabe m

crack [kræk] **1** n fissure f; in cup, glass fêlure f; (joke) vanne f F, (mauvaise) blague f **2** v/t cup, glass fêler; nut casser; (solve) résoudre; code décrypter; **~ a joke** sortir une blague F **3** v/i se fêler; **get ~ing** Br F s'y mettre

♦ **crack down on** v/t sévir contre

♦ **crack up** v/i (have breakdown) craquer; F (laugh) exploser de rire F

crack·brained ['krækbreɪnd] adj F (complètement) dingue F

'crack·down mesures fpl de répression (**on** contre)

cracked [krækt] adj cup, glass fêlé; dingue F

crack·er ['krækər] to eat cracker m, biscuit m salé

crack·le ['krækl] v/i of fire crépiter

cra·dle ['kreɪdl] n for baby berceau m

craft¹ [kræft] NAUT embarcation f

craft² (trade) métier m; weaving, pottery etc artisanat m; (craftsmanship) art m; **~s** at school travaux mpl manuels

crafts·man ['kræftsmən] (artisan) artisan m; (artist) artiste m/f

craft·y ['kræftɪ] adj malin*, rusé

crag [kræg] (rock) rocher m escarpé

cram [kræm] v/t fourrer F; food enfourner; people entasser

cramp [kræmp] n crampe f

cramped [kræmpt] adj apartment exigu*

cramps [kræmps] npl crampe f

cran·ber·ry ['krænberɪ] canneberge f

crane [kreɪn] **1** n (machine) grue f **2** v/t:

~ one's neck tendre le cou

crank [kræŋk] n (strange person) allumé m

'crank·shaft vilebrequin m

crank·y ['kræŋkɪ] adj (bad-tempered) grognon*

crash [kræʃ] **1** n (noise) fracas m, grand bruit m; accident accident m; COMM faillite f; of stock exchange krach m; COMPUT plantage m F **2** v/i s'écraser; of car avoir un accident; COMM: of market s'effondrer; COMPUT se planter F; F (sleep) pioncer F; **the car ~ed into a wall** la voiture a percuté un mur **3** v/t car avoir un accident avec

♦ **crash out** v/i F (fall asleep) pioncer F

'crash bar·ri·er glissière f de sécurité;

'crash course cours m intensif;

'crash di·et régime m intensif;

'crash hel·met casque m; **'crash-land** v/i atterrir en catastrophe;

'crash land·ing atterrissage m forcé

crate [kreɪt] (packing case) caisse; for fruit cageot m

cra·ter ['kreɪtər] of volcano cratère m

crave [kreɪv] v/t avoir très envie de;

this child ~s attention cet enfant a grand besoin d'affection

crav·ing ['kreɪvɪŋ] envie f (irrépressible); **a ~ for attention** un (grand) besoin d'attention; **a ~ for fame** la soif de gloire

crawl [krɔːl] **1** n in swimming crawl m; **at a ~** (very slowly) au pas **2** v/i on belly ramper; on hands and knees marcher à quatre pattes; (move slowly) se traîner

♦ **crawl with** v/t grouiller de

cray·on ['kreɪɑːn] crayon m de couleur

craze [kreɪz] engouement m; **the latest ~** la dernière mode

cra·zy ['kreɪzɪ] adj fou*; **be ~ about** être fou de

creak [kriːk] **1** n craquement m, grincement m **2** v/i craquer, grincer

creak·y ['kriːkɪ] adj qui craque, grinçant

cream [kriːm] **1** n for skin, coffee, cake crème f; color crème m **2** adj crème *inv*

cream 'cheese fromage *m* à tartiner

cream·er ['kri:mər] (*pitcher*) pot *m* à crème; *for coffee* crème *f* en poudre

cream·y ['kri:mɪ] *adj with lots of cream* crémeux*

crease [kri:s] **1** *n* pli *m* **2** *v/t accidentally* froisser

cre·ate [kri:'eɪt] **1** *v/t* créer; (*cause*) provoquer **2** *v/i* (*be creative*) créer

cre·a·tion [kri:'eɪʃn] création *f*

cre·a·tive [kri:'eɪtɪv] *adj* créatif*

cre·a·tor [kri:'eɪtər] créateur(-trice) *m(f)*; *the Creator* REL le Créateur

crea·ture ['kri:tʃər] (*animal*) animal *m*; (*person*) créature *f*

crèche [kreʃ] *for kids*, REL crèche *f*

cred·i·bil·i·ty [kredə'bɪlətɪ] *of person* crédibilité *f*

cred·i·ble ['kredəbl] *adj* crédible

cred·it ['kredɪt] **1** *n* crédit *m*; (*honor*) honneur *m*, mérite *m*; *be in ~* être créditeur; *get the ~ for sth* se voir attribuer le mérite de qch **2** *v/t* (*believe*) croire; *~ an amount to an account* créditer un compte d'une somme

cred·it·a·ble ['kredɪtəbl] *adj* honorable

'cred·it card carte *f* de crédit

'cred·it lim·it limite *f* de crédit

cred·i·tor ['kredɪtər] créancier *m*

'cred·it·wor·thy *adj* solvable

cred·u·lous ['kredʊləs] *adj* crédule

creed [kri:d] (*beliefs*) credo *m inv*

creek [kri:k] (*stream*) ruisseau *m*

creep [kri:p] **1** *n pej male* homme *m* F *v/i* (*pret & pp* **crept**) se glisser (en silence); (*move slowly*) avancer lentement; *~ into a room* entrer dans une pièce sans faire de bruit

creep·er ['kri:pər] BOT *creeping* plante *f* rampante; *climbing* plante *f* grimpante

creeps [kri:ps] *npl* F: *the house / he gives me the ~* la maison / il me donne la chair de poule

creep·y ['kri:pɪ] *adj* F flippant F

cre·mate [krɪ'meɪt] *v/t* incinérer

cre·ma·tion [krɪ'meɪʃn] incinération *f*, crémation *f*

cre·ma·to·ri·um [kremə'tɔ:rɪəm] cré-

matorium *m*

crept [krept] *pret & pp* → *creep*

cres·cent ['kresənt] *shape* croissant *m*

crest [krest] crête *f*

'crest·fal·len *adj* dépité

crev·ice ['krevɪs] fissure *f*

crew [kru:] *n of ship, airplane* équipage *m*; *of repairmen etc* équipe *f*; (*crowd, group*) bande *f*

'crew cut cheveux *mpl* en brosse

'crew neck col *m* rond

crib [krɪb] *n for baby* lit *m* d'enfant

crick [krɪk]: *~ in the neck* torticolis *m*

crick·et ['krɪkɪt] *insect* grillon *m*

crime [kraɪm] *also fig* crime *m*; *~ rate* taux *m* de criminalité

crim·i·nal ['krɪmɪnl] **1** *n* criminel *m* **2** *adj* criminel*; (*shameful*) honteux*

crim·son ['krɪmzn] *adj* cramoisi

cringe [krɪndʒ] *v/i* tressaillir, frémir

crip·ple ['krɪpl] **1** *n* (*disabled person*) handicapé(e) *m(f)* **2** *v/t person* estropier; *fig* paralyser

cri·sis ['kraɪsɪs] (*pl* **crises** ['kraɪsi:z]) crise *f*

crisp [krɪsp] *adj air, weather* vivifiant; *lettuce, apple* croquant; *bacon, toast* croustillant; *new shirt, bills* raide

crisps [krɪsps] *Br* chips *fpl*

cri·te·ri·on [kraɪ'tɪrɪən] (*pl* **criteria** [kraɪ'tɪrɪə]) critère *m*

crit·ic ['krɪtɪk] critique *m*

crit·i·cal ['krɪtɪkl] *adj* critique

crit·i·cal·ly ['krɪtɪklɪ] *adv speak etc* en critiquant, sévèrement; *~ ill* gravement malade

crit·i·cism ['krɪtɪsɪzm] critique *f*

crit·i·cize ['krɪtɪsaɪz] *v/t* critiquer

croak [krouk] **1** *n of frog* coassement *m*; *of person* voix *f* rauque **2** *v/i of frog* coasser; *of person* parler d'une voix rauque

crock·e·ry ['krɑːkərɪ] vaisselle *f*

croc·o·dile ['krɑːkədaɪl] crocodile *m*

cro·cus ['kroukəs] crocus *m*

cro·ny ['krounɪ] F pote *m* F, copain *m*

crook [krʊk] *n* escroc *m*

crook·ed ['krʊkɪd] *adj* (*not straight*) de travers; *streets* tortueux*; (*dishonest*) malhonnête

crop [krɑːp] **1** *n* culture *f*; (*harvest*) ré-

colte f; fig fournée f **2** v/t (pret & pp
-ped) hair, photo couper
♦ **crop up** v/i surgir; **something has
cropped up** il y a un contretemps
cross [krɒs] **1** adj (angry) fâché, en
colère **2** n croix f **3** v/t (go across) traverser; **~ o.s.** REL se signer; **~ one's
legs** croiser les jambes; **keep one's
fingers ~ed** croiser les doigts; **it
never ~ed my mind** ça ne m'est jamais venu à l'esprit **4** v/i (go across)
traverser; of lines se croiser
♦ **cross off, cross out** v/t rayer
'cross-bar of goal barre f transversale;
of bicycle, in high jump barre f;
'cross-check 1 n recoupement m
2 v/t vérifier par recoupement
cross-coun-try 'ski-ing ski m de fond
cross-ex-am-i-'na-tion LAW contre-
-interrogatoire m
cross-ex-am-ine v/t LAW faire subir
un contre-interrogatoire à
cross-eyed ['krɒsaɪd] adj qui louche
cross-ing ['krɒsɪŋ] NAUT traversée f
'cross-roads nsg or npl also fig carrefour m; **'cross-sec-tion** of people
échantillon m; **'cross-walk** passage
m (pour) piétons; **'cross-word
(puz-zle)** mots mpl croisés
crotch [krɒtʃ] entrejambe m
crouch [kraʊtʃ] v/i s'accroupir
crow [kroʊ] n bird corbeau m; **as the ~
flies** à vol d'oiseau
'crow-bar pied-de-biche m
crowd [kraʊd] n foule f; at sports event
public m
crowd-ed ['kraʊdɪd] adj bondé, plein
(de monde)
crown [kraʊn] n also on tooth couronne f
cru-cial ['kruːʃl] adj crucial
cru-ci-fix ['kruːsɪfɪks] crucifix m
cru-ci-fix-ion [kruːsɪ'fɪkʃn] crucifie-
ment m; of Christ crucifixion f
cru-ci-fy ['kruːsɪfaɪ] v/t (pret & pp **-ied**)
REL crucifier; fig assassiner
crude [kruːd] **1** adj (vulgar) grossier*;
(unsophisticated) rudimentaire **2** n: **~
(oil)** pétrole m brut
crude-ly ['kruːdlɪ] adv speak, made
grossièrement

cru-el ['kruːəl] adj cruel*
cru-el-ty ['kruːəltɪ] cruauté f
cruise [kruːz] **1** n croisière f **2** v/i of
people faire une croisière; of car rouler (à une vitesse de croisière); of
plane voler (à une vitesse de croisière)
'cruise lin-er paquebot m (de croisière)
'cruise mis-sile missile m de croisière
cruis-ing speed ['kruːzɪŋ] also fig vitesse f de croisière
crumb [krʌm] miette f
crum-ble ['krʌmbl] **1** v/t émietter **2** v/i
of bread s'émietter; of stonework s'effriter; fig: of opposition etc s'effondrer
crum-bly ['krʌmblɪ] adj friable
crum-ple ['krʌmpl] **1** v/t (crease) froisser **2** v/i (collapse) s'écrouler
crunch [krʌntʃ] **1** n F: **when it comes
to the ~** au moment crucial **2** v/i of
snow, gravel crisser
cru-sade [kruː'seɪd] n also fig croisade
f
crush [krʌʃ] **1** n (crowd) foule f; **have
a ~ on s.o.** craquer pour qn **F 2** v/t
écraser; (crease) froisser; **they were
~ed to death** ils se sont fait écraser
3 v/i (crease) se froisser
crust [krʌst] on bread croûte f
crust-y ['krʌstɪ] adj bread croustillant
crutch [krʌtʃ] for injured person béquille f
cry [kraɪ] **1** n (call) cri m; **have a ~**
pleurer **2** v/t (pret & pp **-ied**) (call)
crier **3** v/i (weep) pleurer
♦ **cry out** v/t crier, s'écrier v/i crier,
pousser un cri
♦ **cry out for** v/t (need) avoir grand besoin de
cryp-tic ['krɪptɪk] adj énigmatique
crys-tal ['krɪstl] cristal m
crys-tal-lize ['krɪstəlaɪz] **1** v/t cristalliser, concrétiser **2** v/i of thoughts etc
se concrétiser
cub [kʌb] petit m
Cu-ba ['kjuːbə] Cuba f
Cu-ban ['kjuːbən] **1** adj cubain **2** n Cu-
bain(e) m(f)
cube [kjuːb] (shape) cube m
cu-bic ['kjuːbɪk] adj cubique; **~ me-**

ter / **centimeter** mètre m / centimètre m cube

cu·bic ca'pac·i·ty TECH cylindrée f

cu·bi·cle ['kjuːbɪkl] (*changing room*) cabine f

cuck·oo ['kʊkuː] coucou m

cu·cum·ber ['kjuːkʌmbər] concombre m

cud·dle ['kʌdl] **1** n câlin m **2** v/t câliner

cud·dly ['kʌdlɪ] adj kitten etc adorable; (*liking cuddles*) câlin

cue [kjuː] n for actor etc signal m; for pool queue f

cuff [kʌf] **1** n of shirt poignet m; of pants revers m; (*blow*) gifle f; **off the ~** au pied levé **2** v/t (*hit*) gifler

'cuff link bouton m de manchette

cul-de-sac ['kʌldəsæk] cul-de-sac m, impasse f

cu·li·nar·y ['kʌlɪnerɪ] adj culinaire

cul·mi·nate ['kʌlmɪneɪt] v/i aboutir; ~ **in ...** se terminer par ...

cul·mi·na·tion [kʌlmɪ'neɪʃn] apogée f

cul·prit ['kʌlprɪt] coupable m/f

cult [kʌlt] (*sect*) secte f

cul·ti·vate ['kʌltɪveɪt] v/t land, person cultiver

cul·ti·vat·ed ['kʌltɪveɪtɪd] adj person cultivé

cul·ti·va·tion [kʌltɪ'veɪʃn] of land culture f

cul·tu·ral ['kʌltʃərəl] adj culturel*

cul·ture ['kʌltʃər] n culture f

cul·tured ['kʌltʃərd] adj (*cultivated*) cultivé

'cul·ture shock choc m culturel

cum·ber·some ['kʌmbərsəm] adj big encombrant; heavy, also fig lourd

cu·mu·la·tive ['kjuːmjʊlətɪv] adj cumulatif*; **the ~ effect of ...** l'accumulation f de ...

cun·ning ['kʌnɪŋ] **1** n ruse f **2** adj rusé

cup [kʌp] n tasse f; (*trophy*) coupe f; **a ~ of tea** une tasse de thé

cup·board ['kʌbərd] placard m

'cup fi·nal finale f de (la) coupe

cu·po·la ['kjuːpələ] coupole f

cu·ra·ble ['kjʊrəbl] adj guérissable

cu·ra·tor [kjʊ'reɪtər] conservateur (-trice) m(f)

curb [kɜːrb] **1** n of street bord m du

trottoir; on powers etc frein m **2** v/t réfréner; inflation juguler

cur·dle ['kɜːrdl] v/i of milk (se) cailler

cure [kjʊr] **1** n MED remède m **2** v/t MED guérir; meat, fish saurer

cur·few ['kɜːrfjuː] couvre-feu m

cu·ri·os·i·ty [kjʊrɪ'ɑːsətɪ] (*inquisitiveness*) curiosité f

cu·ri·ous ['kjʊrɪəs] adj (*inquisitive, strange*) curieux*

cu·ri·ous·ly ['kjʊrɪəslɪ] adv (*inquisitively*) avec curiosité; (*strangely*) curieusement; **~ enough** chose curieuse

curl [kɜːrl] **1** n in hair boucle f; of smoke volute f **2** v/t hair boucler; (*wind*) enrouler **3** v/i of hair boucler; of leaf, paper etc se gondoler

♦ curl up v/i se pelotonner; **curl up into a ball** se rouler en boule

curl·y ['kɜːrlɪ] adj hair bouclé; tail en tire-bouchon

cur·rant ['kʌrənt] raisin m sec

cur·ren·cy ['kʌrənsɪ] (*money*) monnaie f; **foreign ~** devise f étrangère

cur·rent ['kʌrənt] **1** n in sea, ELEC courant m **2** adj (*present*) actuel*

cur·rent af'fairs, cur·rent e'vents actualité f

cur·rent af'fairs pro·gram émission f d'actualité

cur·rent·ly ['kʌrəntlɪ] adv actuellement

cur·ric·u·lum [kə'rɪkjʊləm] programme m

cur·ry ['kʌrɪ] (*spice*) curry m; **a lamb ~** un curry d'agneau

curse [kɜːrs] **1** n (*spell*) malédiction f; (*swearword*) juron m **2** v/t maudire; (*swear at*) injurier **3** v/i (*swear*) jurer

cur·sor ['kɜːrsər] COMPUT curseur m

cur·so·ry ['kɜːrsərɪ] adj superficiel*

curt [kɜːrt] adj abrupt

cur·tail [kɜːr'teɪl] v/t écourter

cur·tain ['kɜːrtn] also THEA rideau m

curve [kɜːrv] **1** n courbe f; **~s of** woman formes fpl **2** v/i (*bend*) s'incurver; of road faire or décrire une courbe

cush·ion ['kʊʃn] **1** n for couch etc coussin m **2** v/t blow, fall amortir

cus·tard ['kʌstərd] crème f anglaise

cus·to·dy ['kʌstədɪ] *of children* garde f; **in ~** LAW en détention

cus·tom ['kʌstəm] *(tradition)* coutume f; COMM clientèle f; **as was his ~** comme à l'accoutumée

cus·tom·a·ry ['kʌstəmerɪ] *adj* habituel*; **it is ~ to ...** il est d'usage de ...

cus·tom·er ['kʌstəmər] client m

cus·tom·er re'la·tions relations *fpl* avec les clients

cus·tom·er 'serv·ice service m clientèle

cus·toms ['kʌstəmz] douane f

Customs and Excise *Br* administration f des douanes et des impôts indirects

'cus·toms clear·ance dédouanement m; **'cus·toms in·spec·tion** contrôle m douanier; **'cus·toms of·fi·cer** douanier m

cut [kʌt] **1** *n with knife, scissors* entaille f; *(injury)* coupure f; *of garment, hair* coupe f; *(reduction)* réduction f; **my hair needs a ~** mes cheveux ont besoin d'être coupés **2** *v/t (pret & pp* **cut***)* couper; *into several pieces* découper; *(reduce)* réduire; **get one's hair ~** se faire couper les cheveux

♦ **cut back 1** *v/i in costs* faire des économies **2** *v/t employees* réduire

♦ **cut down 1** *v/t tree* abattre **2** *v/i in smoking etc* réduire (sa consommation)

♦ **cut down on** *v/t smoking etc* réduire (sa consommation de); **cut down on the cigarettes** fumer moins

♦ **cut off** *v/t with knife, scissors etc* couper; *(isolate)* isoler; **we were cut off** TELEC nous avons été coupés

♦ **cut out** *v/t with scissors* découper; *(eliminate)* éliminer; *alcohol, food* supprimer; **cut that out!** F ça suffit (maintenant)!; **be cut out for sth** être fait pour qch

♦ **cut up** *v/t meat etc* découper

cut·back réduction f

cute [kjuːt] *adj in appearance* mignon*; *(clever)* malin*

cu·ti·cle ['kjuːtɪkl] cuticule f

'cutoff date date f limite

cut-'price *adj* à prix m réduit

'cut-throat *adj competition* acharné

cut·ting ['kʌtɪŋ] **1** *n from newspaper* coupure f **2** *adj remark* blessant

cy·ber·space ['saɪbərspeɪs] cyberespace m

cy·cle ['saɪkl] **1** *n (bicycle)* vélo m; *(series of events)* cycle m **2** *v/i* aller en vélo

'cy·cle path piste f cyclable

cy·cling ['saɪklɪŋ] cyclisme m

cy·clist ['saɪklɪst] cycliste m/f

cyl·in·der ['sɪlɪndər] *in engine* cylindre m

cy·lin·dri·cal [sɪ'lɪndrɪkl] *adj* cylindrique

cyn·ic ['sɪnɪk] cynique m/f

cyn·i·cal ['sɪnɪkl] *adj* cynique

cyn·i·cal·ly ['sɪnɪklɪ] *adv* cyniquement

cyn·i·cism ['sɪnɪsɪzm] cynisme m

cy·press ['saɪprəs] cyprès m

cyst [sɪst] kyste m

Czech [tʃek] **1** *adj* tchèque; **the ~ Republic** la République tchèque **2** *n person* Tchèque m/f; *language* tchèque m

D

DA *abbr (= district attorney)* procureur m

dab [dæb] **1** *n (small amount)*: **a ~ of** un

peu de **2** *v/t (pret & pp* **-bed***) with cloth etc* tamponner

♦ **dab off** *v/t* enlever (en tamponnant)

◆ **dab on** v/t appliquer

◆ **dabble in** v/t toucher à

dad [dæd] papa m

dad-dy ['dædɪ] papa m

dad-dy 'long-legs Br cousin m

daf-fo-dil ['dæfədɪl] jonquille f

dag-ger ['dægər] poignard m

dai-ly ['deɪlɪ] **1** n paper quotidien m

daily 2 adj quotidien*

dain-ty ['deɪntɪ] adj délicat

dair-y ['derɪ] on farm laiterie f

'dair-y prod-ucts npl produits mpl laitiers

dais ['deɪɪs] estrade f

dai-sy ['deɪzɪ] pâquerette f; bigger marguerite f

dam [dæm] n for water barrage m

dam-age 2 v/t endommager; abîmer; fig: reputation nuire à; chances compromettre

dam-age ['dæmɪdʒ] **1** n dégâts mpl, dommage(s) m(pl); fig: to reputation préjudice m

dam-ag-es ['dæmɪdʒɪz] npl LAW dommages-intérêts mpl

dam-ag-ing ['dæmɪdʒɪŋ] adj to reputation préjudiciable

dame [deɪm] F (woman) gonzesse f F, nana f F

damn [dæm] **1** interj F merde F, zut F **2** n: F; **I don't give a ~!** je m'en fous F

damn 3 adj F sacré **4** adv F vachement F **5** v/t (condemn) condamner; **~ it!** F merde! F, zut! F; **I'm ~ed if ... F** (I won't) il est hors de question que ...

damned [dæmd] → **damn** adj, adv

damn-ing ['dæmɪŋ] adj evidence, report accablant

damp [dæmp] adj humide

damp-en ['dæmpən] v/t humecter, humidifier

dance [dæns] **1** n danse f; social event bal m, soirée f (dansante) **2** v/i danser; **would you like to ~?** vous dansez?

danc-er ['dænsər] danseur(-euse) m(f)

danc-ing ['dænsɪŋ] danse f

dan-de-li-on ['dændɪlaɪən] pissenlit m

dan-druff ['dændrʌf] pellicules fpl

dan-druff sham'poo shampoing m antipelliculaire

Dane [deɪn] Danois(e) m(f)

dan-ger ['deɪndʒər] danger m; **be in ~** être en danger; **be out of ~** patient être hors de danger

dan-ger-ous ['deɪndʒərəs] adj dangereux*; assumption risqué

dan-ger-ous 'driv-ing conduite f dangereuse

dan-ger-ous-ly ['deɪndʒərəslɪ] adv drive dangereusement; **~ ill** gravement malade

dan-gle ['dæŋgl] **1** v/t balancer; **~ sth in front of s.o.** mettre qch sous le nez de qn; fig faire miroiter qch à qn **2** v/i pendre

Da-nish ['deɪnɪʃ] **1** adj danois **2** n language danois m; to eat feuilleté m (sucré)

dare [der] **1** v/i oser; **~ to do sth** oser faire qch; **how ~ you!** comment oses-tu? **2** v/t: **~ s.o. to do sth** défier qn de faire qch

'dare-dev-il casse-cou m/f F, tête f brûlée

dar-ing ['derɪŋ] adj audacieux*

dark [dɑːrk] **1** n noir m, obscurité f; **after ~** après la tombée de la nuit; **keep s.o. in the ~** fig laisser qn dans l'ignorance; ne rien dire à qn **2** adj room, night sombre, noir; hair brun; eyes foncé; color, clothes foncé, sombre; **~ green / blue** vert / bleu foncé

dark-en ['dɑːrkn] v/i of sky s'assombrir

dark 'glass-es npl lunettes fpl noires

dark-ness ['dɑːrknɪs] obscurité f

'dark-room PHOT chambre f noire

dar-ling ['dɑːrlɪŋ] **1** n chéri(e) m(f); **be a ~ and ...** tu serais un amour or un ange si ... **2** adj adorable; **~ Margaret ...** ma chère Margaret ...

darn[1] [dɑːrn] **1** n (mend) reprise f **2** v/t repriser

darn[2], **darned** [dɑːrn, dɑːrnd] → **damn** adj, adv

dart [dɑːrt] **1** n weapon flèche f; for game fléchette f **2** v/i se précipiter, foncer

darts [dɑːrts] nsg fléchettes fpl

'dart(s)-board cible f (de jeu de fléchettes)

dash [dæʃ] **1** n punctuation tiret m;

MOT (*dashboard*) tableau *m* de bord; *a ~ of* un peu de; *a ~ of brandy* une goutte de cognac; *a ~ of salt* une pincée de sel; *make a ~ for* se précipiter sur 2 *v/i* se précipiter; *I must ~* il faut que je file F 3 *v/t hopes* anéantir
◆ **dash off 1** *v/i* partir précipitamment **2** *v/t* (*write quickly*) griffonner

'**dash·board** MOT tableau *m* de bord

data ['deɪtə] données *fpl*, informations *fpl*

'**da·ta·base** base *f* de données; **da·ta 'cap·ture** saisie *f* de données; **da·ta 'pro·cess·ing** traitement *m* de données; **da·ta pro'tec·tion** protection *f* de l'information; **da·ta 'stor·age** stockage *m* de données

date[1] [deɪt] *fruit* datte *f*

date[2] [deɪt] **1** *n* date *f*; *meeting* rendez--vous *m*; *person* ami(e) *m(f)*, rendez--vous *m* F; *what's the ~ today?* quelle est la date aujourd'hui?, on est le combien? F; *out of ~ clothes* démodé; *passport* périmé; *up to ~ information* à jour; *style* à la mode, branché F **2** *v/t letter, check* dater; (*go out with*) sortir avec; *that ~s you* cela ne te rajeunit pas F

dat·ed ['deɪtɪd] *adj* démodé

daub [dɔːb] *v/t* barbouiller; *~ paint on a wall* barbouiller un mur (de peinture)

daugh·ter ['dɔːtər] fille *f*

'**daugh·ter-in-law** (*pl* **daughters-in-law**) belle-fille *f*

daunt [dɔːnt] *v/t* décourager

daw·dle ['dɔːdl] *v/i* traîner

dawn [dɔːn] **1** *n also fig* aube *f* **2** *v/i*: *it ~ed on me that ...* je me suis rendu compte que ...

day [deɪ] jour *m*; *stressing duration* journée *f*; *what ~ is it today?* quel jour sommes-nous (aujourd'hui)?; *~ off* jour *m* de congé; *by ~* le jour; *travel by ~* voyager de jour; *~ by ~* jour après jour; *the ~ after* le lendemain; *the ~ after tomorrow* après-demain; *the ~ before* la veille; *the ~ before yesterday* avant-hier; *~ in ~ out* jour après jour; *in those ~s* en ce temps--là, à l'époque; *one ~* un jour; *the*

other ~ (*recently*) l'autre jour; *let's call it a ~!* ça suffit pour aujourd'hui!; *have a nice ~!* bonne journée!

'**day·break** aube *f*, point *m* du jour; '**day care** *for kids* garde *f* des enfants; '**day·dream 1** *n* rêverie *f* **2** *v/i* rêvasser; '**day dream·er** rêveur *m*; '**day·time**: *in the ~* pendant la journée; '**day·trip** excursion *f* d'une journée

daze [deɪz] *n*: *in a ~* dans un état de stupeur

dazed [deɪzd] *adj by news* hébété, sous le choc; *by blow* étourdi

daz·zle ['dæzl] *v/t also fig* éblouir

DC *abbr* (*= direct current*) CC (= courant *m* continu); (*= District of Columbia*) DC (= district *m* de Columbia)

dead [ded] **1** *adj* mort; *battery* à plat; *the phone's ~* il n'y a pas de tonalité **2** *adv* F (*very*) très; *~ beat*, *~ tired* crevé F; *that's ~ right* c'est tout à fait vrai F **3** *n*: *the ~* les morts *mpl*; *in the ~ of night* en pleine nuit

dead·en ['dedn] *v/t pain* calmer; *sound* amortir

dead 'end *street* impasse *f*; **dead-'end job** emploi *m* sans avenir; **dead 'heat** arrivée *f* ex æquo; '**dead·line** date *f* limite; heure *f* limite, délai *m*; *for newspaper, magazine* heure *f* de clôture; *meet the ~* respecter le(s) délai(s); '**dead·lock** impasse *f*

dead·ly ['dedlɪ] *adj* (*fatal*) mortel*; *weapon* meurtrier*; F (*boring*) mortel* F

deaf [def] *adj* sourd

deaf-and-'dumb *adj* sourd-muet*

deaf·en ['defn] *v/t* assourdir

deaf·en·ing ['defnɪŋ] *adj* assourdissant

deaf·ness ['defnɪs] surdité *f*

deal [diːl] **1** *n* accord *m*, marché *m*; *it's a ~!* d'accord!, marché conclu!; *a good ~* (*bargain*) une bonne affaire; (*a lot*) beaucoup; *a great ~ of* (*lots of*) beaucoup de **2** *v/t* (*pret* & *pp* **dealt**) *cards* distribuer; *~ a blow to* porter un coup à
◆ **deal in** *v/t* (*trade in*) être dans le

commerce de; ***deal in drugs*** faire du trafic de drogue, dealer F

♦ **deal out** *v/t cards* distribuer

♦ **deal with** *v/t* (*handle*) s'occuper de; (*do business with*) traiter avec; (*be about*) traiter de

deal·er ['diːlər] (*merchant*) marchand *m*; (*drug ~*) dealer *m*, dealeuse *f*; *large-scale* trafiquant *m* de drogue; *in card game* donneur *m*

deal·ing ['diːlɪŋ] (*drug ~*) trafic *m* de drogue

deal·ings ['diːlɪŋz] *npl* (*business*) relations *fpl*

dealt [delt] *pret & pp →* **deal**

dean [diːn] *of college* doyen *m*

dear [dɪr] *adj* cher*; ***Dear Sir*** Monsieur; ***Dear Richard / Margaret*** Cher Richard / Chère Margaret; (**oh**) **~!, ~ me!** oh là là!

dear·ly ['dɪrlɪ] *adv love* de tout son cœur

death [deθ] mort *f*

'death cer·tif·i·cate acte *m* de décès; **'death pen·al·ty** peine *f* de mort; **'death toll** nombre *m* de morts, bilan *m*

de·ba·ta·ble [dɪ'beɪtəbl] *adj* discutable

de·bate [dɪ'beɪt] **1** *n* débat *m*; ***a lot of ~*** beaucoup de discussions; POL débat *m* **2** *v/i* débattre, discuter; **~ with o.s.** se demander **3** *v/t* débattre de, discuter de

de·bauch·er·y [dɪ'bɔːtʃərɪ] débauche *f*

deb·it ['debɪt] **1** *n* débit *m* **2** *v/t account* débiter; *amount* porter au débit

'deb·it card carte *f* bancaire

deb·ris [də'briː] débris *mpl*

debt [det] dette *f*; ***be in ~*** *financially* être endetté, avoir des dettes

debt·or ['detər] débiteur *m*

de·bug [diː'bʌg] *v/t* (*pret & pp* **-ged**) *room* enlever les micros cachés dans; COMPUT déboguer

dé·but ['deɪbjuː] *n* débuts *mpl*

dec·ade ['dekeɪd] décennie *f*

dec·a·dence ['dekədəns] décadence *f*

dec·a·dent ['dekədənt] *adj* décadent

de·caf·fein·at·ed [dɪ'kæfɪneɪtɪd] *adj* décaféiné

de·cant·er [dɪ'kæntər] carafe *f*

de·cap·i·tate [dɪ'kæpɪteɪt] *v/t* décapiter

de·cay [dɪ'keɪ] **1** *n* (*process*) détérioration *f*, déclin *m*; *of building* délabrement *m*; *in wood, plant* pourriture *f*; *in teeth* carie *f* **2** *v/i* *of wood, plant* pourrir; *of civilization* tomber en décadence; *of teeth* se carier

de·ceased [dɪ'siːst]: ***the ~*** le défunt

de·ceit [dɪ'siːt] duplicité *f*

de·ceit·ful [dɪ'siːtfʊl] *adj* fourbe

de·ceive [dɪ'siːv] *v/t* tromper, duper; **~ s.o. about sth** mentir à qn sur qch

De·cem·ber [dɪ'sembər] décembre *m*

de·cen·cy ['diːsənsɪ] décence *f*

de·cent ['diːsənt] *adj person* correct, honnête; *price* correct, décent; *meal, sleep* bon*; (*adequately dressed*) présentable, visible F

de·cen·tral·ize [diː'sentrəlaɪz] *v/t* décentraliser

de·cep·tion [dɪ'sepʃn] tromperie *f*

de·cep·tive [dɪ'septɪv] *adj* trompeur*

de·cep·tive·ly [dɪ'septɪvlɪ] *adv*: ***it looks ~ simple*** c'est plus compliqué qu'il n'y paraît

dec·i·bel ['desɪbel] décibel *m*

de·cide [dɪ'saɪd] **1** *v/t* décider; (*settle*) régler **2** *v/i* décider, se décider; ***you ~*** c'est toi qui décides

de·cid·ed [dɪ'saɪdɪd] *adj* (*definite*) décidé; *views* arrêté; *improvement* net*

de·cid·er [dɪ'saɪdər]: ***be the ~*** être décisif*

de·cid·u·ous [dɪ'sɪdʊəs] *adj* à feuilles caduques

dec·i·mal ['desɪml] *n* décimale *f*

dec·i·mal 'point virgule *f*

dec·i·mate ['desɪmeɪt] *v/t* décimer

de·ci·pher [dɪ'saɪfər] *v/t* déchiffrer

de·ci·sion [dɪ'sɪʒn] décision *f*; ***come to a ~*** arriver à une décision

de·ci·sion-mak·er décideur *m*, décideuse *f*

de·ci·sive [dɪ'saɪsɪv] *adj* décidé; (*crucial*) décisif*

deck [dek] *of ship* pont *m*; *of cards* jeu *m* (de cartes)

'deck·chair transat *m*, chaise *f* longue

dec·la·ra·tion [deklə'reɪʃn] déclaration *f*

de·clare [dɪ'kler] v/t déclarer

de·cline [dɪ'klaɪn] **1** n baisse f, of civilization, health déclin m **2** v/t invitation décliner; **~ to comment** refuser de commenter **3** v/i (refuse) refuser; (decrease) baisser; of health décliner

de·clutch [diː'klʌtʃ] v/i débrayer

de·code [diː'koʊd] v/t décoder

de·com·pose [diːkəm'poʊz] v/i se décomposer

dé·cor [deɪkɔːr] décor m

dec·o·rate ['dekəreɪt] v/t room refaire; with paint peindre; with paper tapisser; (adorn), soldier décorer

dec·o·ra·tion [dekə'reɪʃn] paint, paper décoration f (intérieure); (ornament, medal) décoration f

dec·o·ra·tive ['dekərətɪv] adj décoratif*

dec·o·ra·tor ['dekəreɪtər] (interior ~) décorateur m (d'intérieur)

de·co·rum [dɪ'kɔːrəm] bienséance f

de·coy ['diːkɔɪ] n appât m, leurre m

de·crease ['diːkriːs] **1** n baisse f, diminution f; in size réduction f **2** v/t & v/i diminuer

de·crep·it [dɪ'krepɪt] adj décrépit; car, building délabré; coat, shoes usé

ded·i·cate ['dedɪkeɪt] v/t book etc dédicacer, dédier; **~ o.s. to ...** se consacrer à ...

ded·i·cat·ed ['dedɪkeɪtɪd] adj dévoué

ded·i·ca·tion [dedɪ'keɪʃn] in book dédicace f; to cause, work dévouement m

de·duce [dɪ'duːs] v/t déduire

de·duct [dɪ'dʌkt] v/t déduire (**from** de)

de·duc·tion [dɪ'dʌkʃn] from salary prélèvement m, retenue f; (conclusion) déduction f

deed [diːd] n (act) acte m; LAW acte m (notarié)

dee·jay ['diːdʒeɪ] F DJ inv

deem [diːm] v/t considérer, juger

deep [diːp] adj profond; voice grave; color intense, sombre; **be in ~ trouble** avoir de gros problèmes

deep·en ['diːpn] **1** v/t creuser **2** v/i devenir plus profond; of crisis s'aggraver; of mystery s'épaissir

'**deep freeze** n congélateur m; '**deep-**

-**froz·en food** aliments mpl surgelés; '**deep-fry** v/t (pret & pp **-ied**) faire frire; **deep fry·er** [diːp'fraɪər] friteuse f

deer [dɪr] (pl **deer**) cerf m; female biche f

de·face [dɪ'feɪs] v/t abîmer, dégrader

def·a·ma·tion [defə'meɪʃn] diffamation f

de·fam·a·to·ry [dɪ'fæmətɔːrɪ] adj diffamatoire

de·fault ['dɪfɔːlt] **1** adj COMPUT par défaut **2** v/i: **~ on payments** ne pas payer

de·feat [dɪ'fiːt] **1** n défaite f **2** v/t battre, vaincre; of task, problem dépasser

de·feat·ist [dɪ'fiːtɪst] adj attitude défaitiste

de·fect ['diːfekt] n défaut m

de·fec·tive [dɪ'fektɪv] adj défectueux*

de·fence etc Br → **defense** etc

de·fend [dɪ'fend] v/t défendre; action, decision justifier

de·fend·ant [dɪ'fendənt] défendeur m, défenderesse f; in criminal case accusé(e) m(f)

de·fense [dɪ'fens] défense f; **come to s.o.'s ~** prendre la défense de qn

de·fense budg·et POL budget m de la Défense

de·fense law·yer avocat m de la défense

de·fense·less [dɪ'fenslɪs] adj sans défense

de·fense play·er SP défenseur m; **De·'fense Se·cre·ta·ry** POL ministre de la Défense; **de·fense wit·ness** LAW témoin m à décharge

de·fen·sive [dɪ'fensɪv] **1** n: **on the ~** sur la défensive; **go on(to) the ~** se mettre sur la défensive **2** adj défensif*; **be ~** être sur la défensive

de·fen·sive·ly [dɪ'fensɪvlɪ] adv say d'un ton défensif; play d'une manière défensive

de·fer [dɪ'fɜːr] v/t (pret & pp **-red**) reporter, repousser

def·er·ence ['defərəns] déférence f

def·er·en·tial [defə'renʃl] adj déférent

de·fi·ance [dɪ'faɪəns] défi m; **in ~ of** au mépris de

delirious

de·fi·ant [dɪ'faɪənt] *adj* provocant; *look also* de défi

de·fi·cien·cy [dɪ'fɪʃənsɪ] (*lack*) manque *m*, insuffisance *f*; MED carence *f*

de·fi·cient [dɪ'fɪʃənt] *adj* insuffisant; *be ~ in ...* être pauvre en ..., manquer de ...

def·i·cit ['defɪsɪt] déficit *m*

de·fine [dɪ'faɪn] *v/t* définir

def·i·nite ['defɪnɪt] *adj* date, time précis, définitif*; answer définitif*; improvement net*; (certain) catégorique; *are you ~ about that?* es-tu sûr de cela?; *nothing ~ has been arranged* rien n'a été fixé

def·i·nite 'ar·ti·cle GRAM article *m* défini

def·i·nite·ly ['defɪnɪtlɪ] *adv* sans aucun doute; *I ~ want to go* je veux vraiment y aller; *~ not* certainement pas!

def·i·ni·tion [defɪ'nɪʃn] définition *f*

de·fin·i·tive [dɪ'fɪnɪtɪv] *adj* magistral, qui fait autorité

de·flect [dɪ'flekt] *v/t* ball, blow faire dévier; criticism, from course of action détourner; *be ~ed from* se laisser détourner de

de·for·est·a·tion [diːfɑːrɪs'teɪʃn] déboisement *m*

de·form [dɪ'fɔːrm] *v/t* déformer

de·for·mi·ty [dɪ'fɔːrmətɪ] difformité *f*, malformation *f*

de·fraud [dɪ'frɔːd] *v/t* tax authority frauder; person, company escroquer

de·frost [diː'frɒst] *v/t* food décongeler; fridge dégivrer

deft [deft] *adj* adroit

de·fuse [diː'fjuːz] *v/t* bomb, situation désamorcer

de·fy [dɪ'faɪ] *v/t* (pret & pp -ied) défier; superiors, orders braver

de·gen·e·rate [dɪ'dʒenəreɪt] *v/i* dégénérer (*into* en)

de·grade [dɪ'greɪd] *v/t* avilir, être dégradant pour

de·grad·ing [dɪ'greɪdɪŋ] *adj* position, work dégradant, avilissant

de·gree [dɪ'griː] from university diplôme *m*

degree of temperature, angle, latitude, (amount) degré *m*; *by ~s* petit à petit;

get one's ~ avoir son diplôme

de·hy·drat·ed [diːhaɪ'dreɪtɪd] *adj* déshydraté

de·ice [diː'aɪs] *v/t* dégivrer

de·ic·er [diː'aɪsər] spray dégivrant *m*

deign [deɪn] *v/i*: *~ to ...* daigner ...

de·i·ty ['diːɪtɪ] divinité *f*

de·ject·ed [dɪ'dʒektɪd] *adj* déprimé

de·lay [dɪ'leɪ] **1** *n* retard *m*

delay 2 *v/t* retarder; *~ doing sth* attendre pour faire qch, remettre qch à plus tard; *be ~ed* être en retard, être retardé **3** *v/i* attendre, tarder

del·e·gate ['delɪɡət] **1** *n* délégué(e) *m(f)* **2** ['delɪɡeɪt] *v/t* déléguer

del·e·ga·tion [delɪ'ɡeɪʃn] délégation *f*

de·lete [dɪ'liːt] *v/t* effacer; (cross out) rayer; *~ where not applicable* rayer les mentions inutiles

de·lete key COMPUT touche *f* de suppression

de·le·tion [dɪ'liːʃn] act effacement *m*; that deleted rature *f*, suppression *f*

del·i ['delɪ] → **delicatessen**

de·lib·e·rate [dɪ'lɪbərət] **1** *adj* délibéré **2** [dɪ'lɪbəreɪt] *v/i* délibérer; (reflect) réfléchir

de·lib·e·rate·ly [dɪ'lɪbərətlɪ] *adv* délibérément, exprès

del·i·ca·cy ['delɪkəsɪ] délicatesse *f*; (food) mets *m* délicat; *a matter of some ~* une affaire assez délicate

del·i·cate ['delɪkət] *adj* délicat

del·i·ca·tes·sen [delɪkə'tesn] traiteur *m*, épicerie *f* fine

de·li·cious [dɪ'lɪʃəs] *adj* délicieux*

de·light [dɪ'laɪt] *n* joie *f*, plaisir *m*; *take great ~ in sth* être ravi de qch; *take great ~ in doing sth* prendre grand plaisir à faire qch

de·light·ed [dɪ'laɪtɪd] *adj* ravi, enchanté

de·light·ful [dɪ'laɪtfʊl] *adj* charmant

de·lim·it [diː'lɪmɪt] *v/t* délimiter

de·lin·quen·cy [dɪ'lɪŋkwənsɪ] délinquance *f*

de·lin·quent [dɪ'lɪŋkwənt] *n* délinquant(e) *m(f)*

de·lir·i·ous [dɪ'lɪrɪəs] *adj* MED délirant; (ecstatic) extatique, fou* de joie; *be ~* délirer

de·liv·er [dɪ'lɪvər] **1** v/t goods livrer; letters distribuer; parcel etc remettre; message transmettre; baby mettre au monde; speech faire **2** v/i tenir ses promesses

de·liv·er·y [dɪ'lɪvərɪ] of goods livraison f, of mail délivrance f, of baby accouchement m; of speech débit m

de·liv·er·y charge frais mpl de livraison; **de·liv·er·y date** date f de livraison; **de·liv·er·y man** livreur m; **de·liv·er·y note** bon m de livraison; **de·liv·er·y serv·ice** service m de livraison; **de·liv·er·y van** camion m de livraison

de·lude [dɪ'luːd] v/t tromper; **you're deluding yourself** tu te fais des illusions

de·luge ['deljuːdʒ] **1** n also fig déluge m **2** v/t fig submerger, inonder

de·lu·sion [dɪ'luːʒn] illusion f

de luxe [də'lʌks] adj de luxe; model haut de gamme inv

♦ **delve into** [delv] v/t subject approfondir; person's past fouiller dans

de·mand [dɪ'mænd] **1** n also COMM demande f, of terrorist, unions etc revendication f; **in ~** demandé, recherché **2** v/t exiger; pay rise etc réclamer

de·mand·ing [dɪ'mændɪŋ] adj job éprouvant; person exigeant

de·mean·ing [dɪ'miːnɪŋ] adj dégradant

de·ment·ed [dɪ'mentɪd] adj fou*

de·mise [dɪ'maɪz] décès m, mort f; fig mort f

dem·i·tasse ['demɪtæs] tasse f à café

dem·o ['demoʊ] (protest) manif f; of video etc démo f F

de·moc·ra·cy [dɪ'mɑːkrəsɪ] démocratie f

dem·o·crat ['deməkræt] démocrate m/f; **Democrat** POL démocrate m/f

dem·o·crat·ic [demə'krætɪk] adj démocratique

dem·o·crat·i·cal·ly [demə'krætɪklɪ] adv démocratiquement

'dem·o disk disquette f de démonstration

de·mo·graph·ic [demoʊ'græfɪk] adj démographique

de·mol·ish [dɪ'mɑːlɪʃ] v/t building, argument démolir

dem·o·li·tion [demə'lɪʃn] of building, argument démolition f

de·mon ['diːmən] démon m

dem·on·strate ['demənstreɪt] **1** v/t (prove) démontrer; machine faire une démonstration de **2** v/i politically manifester

dem·on·stra·tion [demən'streɪʃn] démonstration f; (protest) manifestation f; of machine démonstration f

de·mon·stra·tive [dɪ'mɑːnstrətɪv] adj démonstratif*

de·mon·stra·tor ['demənstreɪtər] (protester) manifestant(e) m(f)

de·mor·al·ized [dɪ'mɔːrəlaɪzd] adj démoralisé

de·mor·al·iz·ing [dɪ'mɔːrəlaɪzɪŋ] adj démoralisant

de·mote [diː'moʊt] v/t rétrograder

de·mure [dɪ'mjʊər] adj sage

den [den] room antre f

de·ni·al [dɪ'naɪəl] of rumor, accusation démenti m, dénégation f; of request refus m

den·im ['denɪm] jean m; **~ jacket** veste m en jean

den·ims ['denɪmz] npl (jeans) jean m

Den·mark ['denmɑːrk] le Danemark

de·nom·i·na·tion [dɪnɑːmɪ'neɪʃn] of money coupure f; religious, confession f

de·nounce [dɪ'naʊns] v/t dénoncer

dense [dens] adj (thick) dense; (stupid) stupide, bête

dense·ly ['denslɪ] adv: **~ populated** densément peuplé

den·si·ty ['densɪtɪ] densité f

dent [dent] **1** n bosse f **2** v/t bosseler

den·tal ['dentl] adj treatment, hospital dentaire; **~ surgeon** chirurgien(ne) m(f) dentiste

dent·ed ['dentɪd] adj bosselé

den·tist ['dentɪst] dentiste m/f

den·tist·ry ['dentɪstrɪ] dentisterie f

den·tures ['dentʃərz] npl dentier m

Den·ver boot ['denvər] sabot m de Denver

de·ny [dɪ'naɪ] v/t (pret & pp **-ied**) charge, rumor nier; right, request refuser

de·o·do·rant [diː'oʊdərənt] déodorant *m*

de·part [dɪ'pɑːrt] *v/i* partir; **~ from** *normal procedure etc* ne pas suivre

de·part·ment [dɪ'pɑːrtmənt] *of company* service *m*; *of university* département *m*; *of government* ministère *m*; *of store* rayon *m*

De·part·ment of 'De·fense ministère *m* de la Défense; **De·part·ment of the In'te·ri·or** ministère *m* de l'Intérieur; **De·part·ment of 'State** ministère *m* des Affaires étrangères; **de'part·ment store** grand magasin *m*

de·par·ture [dɪ'pɑːrtʃər] départ *m*; *from standard procedure etc* entorse *f* (*from* à); **a new ~** un nouveau départ

de'par·ture lounge salle *f* d'embarquement

de'par·ture time heure *f* de départ

de·pend [dɪ'pend] *v/i* dépendre; **that ~s** cela dépend; **it ~s on the weather** ça dépend du temps; **I'm ~ing on you** je compte sur toi

de·pen·da·ble [dɪ'pendəbl] *adj* digne de confiance, fiable

de·pen·dence, **de·pen·den·cy** [dɪ'pendəns, dɪ'pendənsɪ] dépendance *f*

de·pen·dent [dɪ'pendənt] **1** *n* personne *f* à charge **2** *adj* dépendant; **~ children** enfants *mpl* à charge

de·pict [dɪ'pɪkt] *v/t in painting, writing* représenter

de·plete [dɪ'pliːt] *v/t* épuiser

de·plor·a·ble [dɪ'plɔːrəbl] *adj* déplorable

de·plore [dɪ'plɔːr] *v/t* déplorer

de·ploy [dɪ'plɔɪ] *v/t* (*use*) faire usage de; (*position*) déployer

de·pop·u·la·tion [diːpɑːpjə'leɪʃn] dépeuplement *m*

de·port [dɪ'pɔːrt] *v/t from a country* expulser

de·por·ta·tion [diːpɔːr'teɪʃn] expulsion *f*

de·por'ta·tion or·der arrêté *m* d'expulsion

de·pose [dɪ'poʊz] *v/t* déposer

de·pos·it [dɪ'pɑːzɪt] **1** *n in bank* dépôt

m; *on purchase* acompte *m*; *security* caution *f*; *of mineral* gisement *m*

de·pos·it 2 *v/t money, object* déposer

dep·o·si·tion [diːpoʊ'zɪʃn] LAW déposition *f*

de·pot ['depoʊ] (*train station*) gare *f*; (*bus station*) gare *f* routière; *for storage* dépôt *m*, entrepôt *m*

de·praved [dɪ'preɪvd] *adj* dépravé

de·pre·ci·ate [dɪ'priːʃɪeɪt] *v/i* FIN se déprécier

de·pre·ci·a·tion [dɪpriːʃɪ'eɪʃn] FIN dépréciation *f*

de·press [dɪ'pres] *v/t person* déprimer

de·pressed [dɪ'prest] *adj* déprimé

de·press·ing [dɪ'presɪŋ] *adj* déprimant

de·pres·sion [dɪ'preʃn] MED, *meteorological* dépression *f*; *economic* crise *f*, récession *f*

dep·ri·va·tion [deprɪ'veɪʃn] privation(s) *f(pl)*

de·prive [dɪ'praɪv] *v/t*: **~ s.o. of sth** priver qn de qch

de·prived [dɪ'praɪvd] *adj* défavorisé

depth [depθ] profondeur *f*; *of voice* gravité *f*; *of color* intensité *f*; **in ~** (*thoroughly*) en profondeur; **in the ~s of winter** au plus fort de l'hiver, en plein hiver; **be out of one's ~** *in water* ne pas avoir pied; *fig: in discussion etc* être dépassé

dep·u·ta·tion [depjʊ'teɪʃn] députation *f*

♦ **dep·u·tize for** ['depjʊtaɪz] *v/t* remplacer, suppléer

dep·u·ty ['depjʊtɪ] adjoint(e) *m(f)*; *of sheriff* shérif *m* adjoint

de·rail [dɪ'reɪl] *v/t*: **be ~ed** *of train* dérailler

de·ranged [dɪ'reɪndʒd] *adj* dérangé

de·reg·u·late [diː'regjʊleɪt] *v/t* déréglementer

de·reg·u·la·tion [diːregjʊ'leɪʃn] déréglementation *f*

der·e·lict ['derəlɪkt] *adj* délabré

de·ride [dɪ'raɪd] *v/t* se moquer de

de·ri·sion [dɪ'rɪʒn] dérision *f*

de·ri·sive [dɪ'raɪsɪv] *adj remarks, laughter* moqueur*

de·ri·sive·ly [dɪ'raɪsɪvlɪ] *adv* avec dérision

de·ri·so·ry [dɪˈraɪsəri] *adj amount, salary* dérisoire

de·riv·a·tive [dɪˈrɪvətɪv] *adj (not original)* dérivé

de·rive [dɪˈraɪv] *v/t* tirer (**from** de); **be ~d from** *of word* dériver de

der·ma·tol·o·gist [dɜːrməˈtɑːlədʒɪst] dermatologue *m/f*

de·rog·a·to·ry [dɪˈrɑːgətɔːri] *adj* désobligeant; *term péjoratif**

de·scend [dɪˈsend] **1** *v/t* descendre; **be ~ed from** descendre de **2** *v/i* descendre; *of darkness* tomber; *of mood* se répandre

♦ **descend on** *v/t of mood, darkness* envahir

de·scen·dant [dɪˈsendənt] descendant(e) *m(f)*

de·scent [dɪˈsent] descente *f*; *(ancestry)* descendance *f*, origine *f*; *of Chinese ~* d'origine chinoise

de·scribe [dɪˈskraɪb] *v/t* décrire; **~ X as Y** décrire X comme (étant) Y

de·scrip·tion [dɪˈskrɪpʃn] description *f*; *of criminal* signalement *m*

des·e·crate [ˈdesɪkreɪt] *v/t* profaner

des·e·cra·tion [desɪˈkreɪʃn] profanation *f*

de·seg·re·gate [diːˈsegrəgeɪt] supprimer la ségrégation dans

des·ert[1] [ˈdezərt] *n also fig* désert *m*

des·ert[2] [dɪˈzɜːrt] **1** *v/t (abandon)* abandonner **2** *v/i of soldier* déserter

de·sert·ed [dɪˈzɜːrtɪd] *adj* désert

de·sert·er [dɪˈzɜːrtər] MIL déserteur *m*

de·ser·ti·fi·ca·tion [dɪzɜːrtɪfɪˈkeɪʃn] désertification *f*

de·ser·tion [dɪˈzɜːrʃn] *(abandonment)* abandon *m*; MIL désertion *f*

desert 'is·land île *f* déserte

de·serve [dɪˈzɜːrv] *v/t* mériter

de·sign [dɪˈzaɪn] **1** *n (subject)* design *m*; *(style)* style *m*, conception *f*; *(drawing, pattern)* dessin *m* **2** *v/t (draw)* dessiner; *building, car, ship, machine* concevoir

des·ig·nate [ˈdezɪgneɪt] *v/t person* désigner

de·sign·er [dɪˈzaɪnər] designer *m/f*, dessinateur(-trice) *m(f)*; *of car, ship* concepteur(-trice) *m(f)*; *of clothes* styliste *m/f*

de'sign·er clothes *npl* vêtements *mpl* de marque

de'sign fault défaut *m* de conception

de'sign school école *f* de design

de·sir·a·ble [dɪˈzaɪrəbl] *adj* souhaitable; *sexually, change* désirable; *offer, job* séduisant; **a very ~ residence** une très belle propriété

de·sire [dɪˈzaɪr] *n* désir *m*; **have no ~ to …** n'avoir aucune envie de …

desk [desk] bureau *m*; *in hotel* réception *f*

'desk clerk réceptionniste *m/f*, **'desk di·a·ry** agenda *m* de bureau; **'desk·top** bureau *m*; *computer* ordinateur *m* de bureau; **desk·top 'pub·lish·ing** publication *f* assistée par ordinateur, microédition *f*

des·o·late [ˈdesələt] *adj place* désolé

de·spair [dɪˈsper] **1** *n* désespoir *m*; **in ~** désespéré; **be in ~** être au désespoir **2** *v/i* désespérer (**of** de); **~ of s.o.** ne se faire aucune illusion sur qn

des·per·ate [ˈdespərət] *adj* désespéré; **be ~ for a whiskey / cigarette** avoir très envie d'un whisky / d'une cigarette; **be ~ for news** attendre désespérément des nouvelles

des·per·a·tion [despəˈreɪʃn] désespoir *m*; **in ~** en désespoir de cause; **an act of ~** un acte désespéré

des·pic·a·ble [dɪsˈpɪkəbl] *adj* méprisable

de·spise [dɪˈspaɪz] *v/t* mépriser

de·spite [dɪˈspaɪt] *prep* malgré, en dépit de

de·spon·dent [dɪˈspɑːndənt] *adj* abattu, découragé

des·pot [ˈdespɑːt] despote *m*

des·sert [dɪˈzɜːrt] dessert *m*

des·ti·na·tion [destɪˈneɪʃn] destination *f*

des·tined [ˈdestɪnd] *adj*: **be ~ for** *fig* être destiné à

des·ti·ny [ˈdestɪni] destin *m*, destinée *f*

des·ti·tute [ˈdestɪtuːt] *adj* démuni

de·stroy [dɪˈstrɔɪ] *v/t* détruire

de·stroy·er [dɪ'strɔɪr] NAUT destroyer
m, contre-torpilleur *m*

de·struc·tion [dɪ'strʌkʃn] destruction
f

de·struc·tive [dɪ'strʌktɪv] *adj power*
destructeur*; *criticism* négatif*, non
constructif*; *a ~ child* un enfant
qui casse tout

de·tach [dɪ'tætʃ] *v/t* détacher

de·tach·a·ble [dɪ'tætʃəbl] *adj* détachable

de·tached [dɪ'tætʃt] *adj (objective)*
neutre, objectif*

de·tach·ment [dɪ'tætʃmənt] *(objectivity)* neutralité *f*, objectivité *f*

de·tail ['diːteɪl] *n* détail *m*; *in ~* en détail; *for more ~s* pour plus de renseignements

de·tailed ['diːteɪld] *adj* détaillé

de·tain [dɪ'teɪn] *v/t (hold back)* retenir;
as prisoner détenir

de·tain·ee [dɪteɪn'iː] détenu(e) *m(f)*;
political ~ prisonnier *m* politique

de·tect [dɪ'tekt] *v/t* déceler; *of device*
détecter

de·tec·tion [dɪ'tekʃn] *of crime* découverte *f*; *of smoke etc* détection *f*

de·tec·tive [dɪ'tektɪv] inspecteur *m* de
police

de·tec·tive nov·el roman *m* policier

de·tec·tor [dɪ'tektər] détecteur *m*

dé·tente ['deɪtaːnt] POL détente *f*

de·ten·tion [dɪ'tenʃn] *(imprisonment)*
détention *f*

de·ter [dɪ'tɜːr] *v/t (pret & pp -red)* décourager, dissuader; *~ s.o. from
doing sth* dissuader qn de faire qch

de·ter·gent [dɪ'tɜːrdʒənt] détergent *m*

de·te·ri·o·rate [dɪ'tɪrɪəreɪt] *v/i* se détériorer, se dégrader

de·te·ri·o·ra·tion [dɪtɪrɪə'reɪʃn] détérioration *f*

de·ter·mi·na·tion [dɪtɜːrmɪ'neɪʃn]
(resolution) détermination *f*

de·ter·mine [dɪ'tɜːrmɪn] *v/t (establish)*
déterminer

de·ter·mined [dɪ'tɜːrmɪnd] *adj* déterminé, résolu; *effort* délibéré

de·ter·rent [dɪ'terənt] *n* moyen *m* de
dissuasion

de·test [dɪ'test] *v/t* détester

de·test·a·ble [dɪ'testəbl] *adj* détestable

de·to·nate ['detəneɪt] **1** *v/t* faire exploser **2** *v/i* détoner

de·to·na·tion [detə'neɪʃn] détonation
f

de·tour ['diːtur] *n* détour *m*; *(diversion)*
déviation *f*

◆ **de·tract from** [dɪ'trækt] *v/t* diminuer

de·tri·ment ['detrɪmənt]: *to the ~ of*
au détriment de

de·tri·men·tal [detrɪ'mentl] *adj* néfaste, nuisible

deuce [duːs] *in tennis* égalité *f*

de·val·u·a·tion [diːvæljʊ'eɪʃn] *of currency* dévaluation *f*

de·val·ue [diː'væljuː] *v/t currency* dévaluer

dev·a·state ['devəsteɪt] *v/t crops,
countryside, city* dévaster, ravager;
fig: person anéantir

dev·a·stat·ing ['devəsteɪtɪŋ] *adj* dés-
astreux*; *news* accablant

de·vel·op [dɪ'veləp] **1** *v/t film, business*
développer; *land, site* aménager; *technique, vaccine* mettre au point; *illness,
cold* attraper **2** *v/i (grow)* se développer; grandir; *~ into* devenir, se transformer en

de·vel·op·er [dɪ'veləpər] *of property*
promoteur(-trice) *m(f)*; *be a late ~
of student etc* se développer tard

de·vel·op·ing coun·try [dɪ'veləpɪŋ]
pays *m* en voie de développement

de·vel·op·ment [dɪ'veləpmənt] *of
film, business* développement *m*; *of
land, site* aménagement *m*; *(event)*
événement *m*; *of technique, vaccine*
mise *f* au point

de·vice [dɪ'vaɪs] *(tool)* appareil *m*

dev·il ['devl] diable *m*; *a little ~* un petit monstre

de·vi·ous ['diːvɪəs] *person* sournois;
method détourné

de·vise [dɪ'vaɪz] *v/t* concevoir

de·void [dɪ'vɔɪd] *adj*: *be ~ of* être dénué de, être dépourvu de

dev·o·lu·tion [diːvə'luːʃn] POL décentralisation *f*

de·vote [dɪ'voʊt] *v/t* consacrer

de·vot·ed [dɪ'voʊtɪd] *adj son etc* dévoué (**to** à)

dev·o·tee [dɪvoʊ'tiː] passionné(e) *m(f)*

de·vo·tion [dɪ'voʊʃn] dévouement *m*

de·vour [dɪ'vaʊər] *v/t also fig* dévorer

de·vout [dɪ'vaʊt] *adj* fervent, pieux*

dew [duː] rosée *f*

dex·ter·i·ty [dek'sterətɪ] dextérité *f*

di·a·be·tes [daɪə'biːtiːz] *nsg* diabète *m*

di·a·bet·ic [daɪə'betɪk] **1** *n* diabétique *m/f* **2** *adj* pour diabétiques

di·ag·nose ['daɪəgnoʊz] *v/t* diagnostiquer

di·ag·no·sis [daɪəg'noʊsɪs] (*pl* **diagnoses** [daɪəg'noʊsiːz]) diagnostic *m*

di·ag·o·nal [daɪ'ægənl] *adj* diagonal

di·ag·o·nal·ly [daɪ'ægənlɪ] *adv* en diagonale

di·a·gram ['daɪəgræm] diagramme *m*, schéma *m*

di·al ['daɪl] **1** *n* cadran *m* **2** *v/i* (*pret & pp* **-ed**, *Br* **-led**) TELEC faire le numéro **3** *v/t* (*pret & pp* **-ed**, *Br* **-led**) TELEC *number* composer, faire

di·a·lect ['daɪəlekt] dialecte *m*

di·a·log, *Br* **di·a·logue** ['daɪəlɒɡ] dialogue *m*

'di·a·log box COMPUT boîte *f* de dialogue

'di·al tone tonalité *f*

di·am·e·ter [daɪ'æmɪtər] diamètre *m*; **6 inches in ~** 6 pouces de diamètre

di·a·met·ri·cal·ly [daɪə'metrɪklɪ] *adv*: **~ opposed** diamétralement opposé

di·a·mond ['daɪmənd] *jewel* diamant *m*; *in cards* carreau *m*; *shape* losange *m*

di·a·per ['daɪpər] couche *f*

di·a·phragm ['daɪəfræm] diaphragme *m*

di·ar·rhe·a, *Br* **di·ar·rhoe·a** [daɪə'riːə] diarrhée *f*

di·a·ry ['daɪrɪ] *for thoughts* journal *m* (intime); *for appointments* agenda *m*

dice [daɪs] **1** *n* dé *m*; *pl* dés *mpl* **2** *v/t* (*cut*) couper en dés

di·chot·o·my [daɪ'kɑːtəmɪ] dichotomie *f*

dic·tate [dɪk'teɪt] *v/t letter, course of action* dicter

dic·ta·tion [dɪk'teɪʃn] dictée *f*

dic·ta·tor [dɪk'teɪtər] POL, *fig* dictateur *m*

dic·ta·to·ri·al [dɪktə'tɔːrɪəl] *adj tone, person* autoritaire; *powers* dictatorial

dic·ta·tor·ship [dɪk'teɪtərʃɪp] dictature *f*

dic·tion·a·ry ['dɪkʃənərɪ] dictionnaire *m*

did [dɪd] *pret → do*

die [daɪ] *v/i* mourir; **~ of cancer / Aids** mourir d'un cancer / du sida; **I'm dying to know** je meurs d'envie de savoir; **I'm dying for a beer** je meurs d'envie de boire une bière

♦ **die away** *v/i of noise* diminuer, mourir

♦ **die down** *v/i of noise* diminuer; *of storm* se calmer; *of fire* mourir, s'éteindre; *of excitement* s'apaiser

♦ **die out** *v/i* disparaître

die·sel ['diːzl] *fuel* diesel *m*, gazole *m*

di·et ['daɪət] **1** *n* (*regular food*) alimentation *f*; *to lose weight, for health* régime *m*; **be on a ~** être au régime **2** *v/i to lose weight* faire un régime

di·e·ti·tian [daɪə'tɪʃn] diététicien(ne) *m(f)*

dif·fer ['dɪfər] *v/i* différer; (*disagree*) différer

dif·fe·rence ['dɪfrəns] différence *f*; (*disagreement*) différend *m*, désaccord *m*; **it doesn't make any ~** (*doesn't change anything*) cela ne fait pas de différence; (*doesn't matter*) peu importe

dif·fe·rent ['dɪfrənt] *adj* différent

dif·fe·ren·ti·ate [dɪfə'renʃɪeɪt] *v/i*: **~ between** *things* faire la différence entre; *people* faire des différences entre

dif·fe·rent·ly ['dɪfrəntlɪ] *adv* différemment

dif·fi·cult ['dɪfɪkəlt] *adj* difficile

dif·fi·cul·ty ['dɪfɪkəltɪ] difficulté *f*; **with ~** avec difficulté, difficilement

dif·fi·dent ['dɪfɪdənt] *adj* hésitant

dig [dɪg] **1** *v/t* (*pret & pp* **dug**) creuser **2** *v/i* (*pret & pp* **dug**): **it was ~ging into my back** cela me rentrait dans le dos

♦ **dig out** *v/t* (*find*) retrouver, dénicher

♦ **dig up** *v/t* (*find*) déterrer; *garden,*

director

earth fouiller, retourner

di·gest [daɪ'dʒest] *v/t* digérer; *information* assimiler

di·gest·i·ble [daɪ'dʒestəbl] *adj food* digestible, digeste

di·ges·tion [daɪ'dʒestʃn] digestion *f*

di·ges·tive [daɪ'dʒestɪv] *adj* digestif*

dig·ger ['dɪgər] *machine* excavateur *m*, excavatrice *f*

dig·it ['dɪdʒɪt] (*number*) chiffre *m*; *a 4 ~ number* un nombre à 4 chiffres

dig·i·tal ['dɪdʒɪtl] *adj* digital, numérique

dig·ni·fied ['dɪgnɪfaɪd] *adj* digne

dig·ni·ta·ry ['dɪgnɪtərɪ] dignitaire *m*

dig·ni·ty ['dɪgnɪtɪ] dignité *f*

di·gress [daɪ'gres] *v/i* faire une parenthèse

di·gres·sion [daɪ'greʃn] digression *f*

dike [daɪk] *wall* digue *f*

di·lap·i·dat·ed [dɪ'læpɪdeɪtɪd] *adj* délabré

di·late [daɪ'leɪt] *v/i of pupils* se dilater

di·lem·ma [dɪ'lemə] dilemme *m*; *be in a ~* être devant un dilemme

dil·et·tante [dɪle'tæntɪ] dilettante *m/f*

dil·i·gent ['dɪlɪdʒənt] *adj* consciencieux*

di·lute [daɪ'luːt] *v/t* diluer

dim [dɪm] **1** *adj room, prospects* sombre; *light* faible; *outline* flou, vague; (*stupid*) bête **2** *v/t* (*pret & pp -med*): *~ the headlights* se mettre en code(s) **3** *v/i* (*pret & pp -med*) *of lights* baisser

dime [daɪm] (*pièce f de*) dix cents *mpl*

di·men·sion [daɪ'menʃn] dimension *f*

di·min·ish [dɪ'mɪnɪʃ] *v/t & v/i* diminuer

di·min·u·tive [dɪ'mɪnʊtɪv] **1** *n* diminutif *m* **2** *adj* tout petit, minuscule

dim·ple ['dɪmpl] *in cheeks* fossette *f*

din [dɪn] *n* brouhaha *m*, vacarme *m*

dine [daɪn] *v/i fml* dîner

din·er ['daɪnər] *person* dîneur(-euse) *m(f)*; *restaurant* petit restaurant *m*

din·ghy ['dɪŋgɪ] *small yacht* dériveur *m*; *rubber boat* canot *m* pneumatique

din·gy ['dɪndʒɪ] *adj atmosphere* glauque; (*dirty*) défraîchi

din·ing car ['daɪnɪŋ] RAIL wagon-res-

taurant *m*; **'din·ing room** salle *f* à manger; *in hotel* salle *f* de restaurant; **'din·ing ta·ble** table *f* de salle à manger

din·ner ['dɪnər] dîner *m*; *at midday* déjeuner *f*; *gathering* repas *m*

'din·ner guest invité(e) *m(f)*; **'din·ner jack·et** smoking *m*; **'din·ner par·ty** dîner *m*, repas *m*; **'din·ner serv·ice** service *m* de table

di·no·saur ['daɪnəsɔːr] dinosaure *m*

dip [dɪp] **1** *n* (*swim*) baignade *f*; *for food* sauce *f* (dans laquelle on trempe des aliments); *in road* inclinaison *f* **2** *v/t* (*pret & pp -ped*) plonger, tremper; *~ the headlights* se mettre en code **3** *v/i* (*pret & pp -ped*) *of road* s'incliner

di·plo·ma [dɪ'pləʊmə] diplôme *m*

di·plo·ma·cy [dɪ'pləʊməsɪ] *also* (*tact*) diplomatie *f*

di·plo·mat ['dɪpləmæt] diplomate *m/f*

di·plo·mat·ic [dɪplə'mætɪk] *adj* diplomatique; (*tactful*) diplomate

dip·lo·mat·i·cal·ly [dɪplə'mætɪklɪ] *adv* diplomatiquement

dip·lo·mat·ic im·mu·ni·ty immunité *f* diplomatique

dire ['daɪr] *adj situation* désespérée; *consequences* terrible; *need* extrême

di·rect [daɪ'rekt] **1** *adj* direct **2** *v/t to a place* indiquer (*to sth* qch); *play* mettre en scène; *movie* réaliser; *attention* diriger

di·rect 'cur·rent ELEC courant *m* continu

di·rec·tion [daɪ'rekʃn] direction *f*; *of movie* réalisation *f*; *of play* mise *f* en scène; *~s* (*instructions*) indications *fpl*; *for use* mode *m* d'emploi; *for medicine* instructions *fpl*; *ask for ~s to a place* demander son chemin

di·rec·tion 'in·di·ca·tor *Br* MOT clignotant *m*

di·rec·tive [dɪ'rektɪv] *of UN etc* directive *f*

di·rect·ly [dɪ'rektlɪ] **1** *adv* (*straight*) directement; (*soon*) dans très peu de temps; (*immediately*) immédiatement **2** *conj* aussitôt que

di·rec·tor [dɪ'rektər] *of company* directeur(-trice) *m(f)*; *of movie* réalisateur(-trice) *m(f)*; *of play* metteur (-euse) *m(f)* en scène

di·rec·to·ry [dɪˈrektərɪ] répertoire *m* (d'adresses); TELEC annuaire *m* (des téléphones); COMPUT répertoire *m*

dirt [dɜːrt] saleté *f*, crasse *f*

'dirt cheap *adj* F très bon marché

dirt·y [ˈdɜːrtɪ] **1** *adj* sale; (*pornographic*) cochon* F **2** *v/t* (*pret & pp* **-ied**) salir

dirt·y 'trick sale tour *m*

dis·a·bil·i·ty [dɪsəˈbɪlətɪ] infirmité *f*, handicap *m*

dis·a·bled [dɪsˈeɪbld] **1** *npl*: **the ~** les handicapés *mpl* **2** *adj* handicapé

dis·ad·van·tage [dɪsədˈvæntɪdʒ] désavantage *m*, inconvénient *m*; **be at a ~** être désavantagé

dis·ad·van·taged [dɪsədˈvæntɪdʒd] *adj* défavorisé

dis·ad·van·ta·geous [dɪsædvənˈteɪdʒəs] *adj* désavantageux*, défavorable

dis·a·gree [dɪsəˈɡriː] *v/i of person* ne pas être d'accord

♦ **disagree with** *v/t of person* être contre; **lobster disagrees with me** je ne digère pas le homard

dis·a·gree·a·ble [dɪsəˈɡriːəbl] *adj* désagréable

dis·a·gree·ment [dɪsəˈɡriːmənt] désaccord *m*; (*argument*) dispute *f*

dis·ap·pear [dɪsəˈpɪr] *v/i* disparaître

dis·ap·pear·ance [dɪsəˈpɪrəns] disparition *f*

dis·ap·point [dɪsəˈpɔɪnt] *v/t* décevoir

dis·ap·point·ed [dɪsəˈpɔɪntɪd] *adj* déçu

dis·ap·point·ing [dɪsəˈpɔɪntɪŋ] *adj* décevant

dis·ap·point·ment [dɪsəˈpɔɪntmənt] déception *f*

dis·ap·prov·al [dɪsəˈpruːvl] désapprobation *f*

dis·ap·prove [dɪsəˈpruːv] *v/i* désapprouver; **~ of** *actions* désapprouver; *s.o.* ne pas aimer

dis·ap·prov·ing [dɪsəˈpruːvɪŋ] *adj* désapprobateur*

dis·ap·prov·ing·ly [dɪsəˈpruːvɪŋlɪ] *adv* avec désapprobation

dis·arm [dɪsˈɑːrm] **1** *v/t* désarmer **2** *v/i* désarmer

dis·ar·ma·ment [dɪsˈɑːrməmənt] désarmement *m*

dis·arm·ing [dɪsˈɑːrmɪŋ] *adj* désarmant

dis·as·ter [dɪˈzæstər] désastre *m*

di·sas·ter ar·e·a région *f* sinistrée; *fig: person* catastrophe *f* (ambulante)

di·sas·trous [dɪˈzæstrəs] *adj* désastreux*

dis·band [dɪsˈbænd] **1** *v/t* disperser **2** *v/i* se disperser

dis·be·lief [dɪsbəˈliːf] incrédulité *f*; **in ~** avec incrédulité

disc [dɪsk] disque *m*; *CD* CD *m*

dis·card [dɪˈskɑːrd] *v/t old clothes etc* se débarrasser de; *boyfriend, theory* abandonner

di·scern [dɪˈsɜːrn] *v/t* discerner

di·scern·i·ble [dɪˈsɜːrnəbl] *adj* visible; *improvement* perceptible

di·scern·ing [dɪˈsɜːrnɪŋ] *adj* judicieux*

dis·charge [ˈdɪstʃɑːrdʒ] **1** *n from hospital* sortie *f*; MIL *for disciplinary reasons* révocation *f*; MIL *for health reasons* réforme *f* **2** *v/t* [dɪsˈtʃɑːrdʒ] *from hospital* faire sortir; MIL *for disciplinary reasons* révoquer; MIL *for health reasons* réformer; *from job* renvoyer; **~ o.s.** *from hospital* décider de sortir

di·sci·ple [dɪˈsaɪpl] *religious* disciple *m/f*

dis·ci·pli·nar·y [dɪsɪˈplɪnərɪ] *adj* disciplinaire

dis·ci·pline [ˈdɪsɪplɪn] **1** *n* discipline *f* **2** *v/t child, dog* discipliner; *employee* punir

'disc jock·ey disc-jockey *m*

dis·claim [dɪsˈkleɪm] *v/t* nier

dis·close [dɪsˈkloʊz] *v/t* révéler, divulguer

dis·clo·sure [dɪsˈkloʊʒər] *of information, name* révélation *f*, divulgation *f*; *about scandal etc* révélation *f*

dis·co [ˈdɪskoʊ] discothèque *f*; *type of dance, music* disco *m*; **school ~** soirée *f* (de l'école)

dis·col·or, *Br* **dis·col·our** [dɪs'kʌlər]
v/i décolorer

dis·com·fort [dɪs'kʌmfərt] *n* gêne *f*;
be in ~ être incommodé

dis·con·cert [dɪskən'sɜːrt] *v/t* déconcerter

dis·con·cert·ed [dɪskən'sɜːrtɪd] *adj*
déconcerté

dis·con·nect [dɪskə'nekt] *v/t* hose etc
détacher; *electrical appliance etc* débrancher; *supply, telephones* couper;
I was ~ed TELEC j'ai été coupé

dis·con·so·late [dɪs'kɑːnsələt] *adj* inconsolable

dis·con·tent [dɪskən'tent] mécontentement *m*

dis·con·tent·ed [dɪskən'tentɪd] *adj*
mécontent

dis·con·tin·ue [dɪskən'tɪnuː] *v/t* product, magazine arrêter; bus, train service
supprimer

dis·co·theque ['dɪskətek] discothèque *f*

dis·count ['dɪskaʊnt] **1** *n* remise *f* **2** *v/t*
[dɪs'kaʊnt] *goods* escompter; *theory*
ne pas tenir compte de

dis·cour·age [dɪs'kʌrɪdʒ] *v/t* décourager

dis·cour·age·ment [dɪs'kʌrɪdʒmənt]
découragement *m*

dis·cov·er [dɪs'kʌvər] *v/t* découvrir

dis·cov·er·er [dɪs'kʌvərər] décou-
vreur(-euse) *m(f)*

dis·cov·e·ry [dɪs'kʌvərɪ] découverte *f*

dis·cred·it [dɪs'kredɪt] *v/t* discréditer

dis·creet [dɪs'kriːt] *adj* discret*

dis·creet·ly [dɪs'kriːtlɪ] *adv* discrète-
ment

dis·crep·an·cy [dɪs'krepənsɪ] divergence *f*

dis·cre·tion [dɪs'kreʃn] discrétion *f*; *at
your ~* à votre discrétion

dis·crim·i·nate [dɪs'krɪmɪneɪt] *v/i*: **~
against** pratiquer une discrimination contre; **be ~d against** être victime de discrimination; **~ between
sth and sth** distinguer qch de qch

dis·crim·i·nat·ing [dɪs'krɪmɪneɪtɪŋ]
adj avisé

dis·crim·i·na·tion [dɪs'krɪmɪneɪʃn]
sexual, racial etc discrimination *f*

dis·cus ['dɪskəs] SP *object* disque *m*;
event (lancer *m* du) disque *m*

dis·cuss [dɪs'kʌs] *v/t* discuter de; *of
article* traiter de

dis·cus·sion [dɪs'kʌʃn] discussion *f*

'dis·cus throw·er ['θroʊər] lanceur
(-euse) *m(f)* de disque

dis·dain [dɪs'deɪn] *n* dédain *m*

dis·ease [dɪ'ziːz] maladie *f*

dis·em·bark [dɪsəm'bɑːrk] *v/i* débarquer

dis·en·chant·ed [dɪsən'tʃæntɪd] *adj*
désenchanté (**with** par)

dis·en·gage [dɪsən'geɪdʒ] *v/t* dégager

dis·en·tan·gle [dɪsən'tæŋgl] *v/t* démêler

dis·fig·ure [dɪs'fɪgər] *v/t* défigurer

dis·grace [dɪs'greɪs] **1** *n* honte *f*; **be a
~ to** faire honte à; **it's a ~** c'est une
honte *or* un scandale; **in ~** en disgrâce **2** *v/t* faire honte à

dis·grace·ful [dɪs'greɪsfl] *adj* behavior, situation honteux*, scandaleux*

dis·grun·tled [dɪs'grʌntld] *adj* mécontent

dis·guise [dɪs'gaɪz] **1** *n* déguisement
m; **in ~** déguisé **2** *v/t* voice, handwriting déguiser; fear, anxiety dissimuler;
~ o.s. as se déguiser en; **he was ~d
as** il était déguisé en

dis·gust [dɪs'gʌst] **1** *n* dégoût *m*; **in ~**
dégoûté **2** *v/t* dégoûter

dis·gust·ing [dɪs'gʌstɪŋ] *adj* dégoûtant

dish [dɪʃ] plat *m*; **~es** vaisselle *f*

'dish·cloth for washing lavette *f*; Br for
drying torchon *m*

dis·heart·ened [dɪs'hɑːrtnd] *adj* découragé

dis·heart·en·ing [dɪs'hɑːrtnɪŋ] *adj* décourageant

di·shev·eled, *Br* **di·shev·el·led**
[dɪ'ʃevld] *adj* hair ébouriffé; *clothes*
en désordre; *person* débraillé

dis·hon·est [dɪs'ɑːnɪst] *adj* malhonnête

dis·hon·es·ty [dɪs'ɑːnɪstɪ] malhonnêteté *f*

dis·hon·or [dɪs'ɑːnər] *n* déshonneur

m; **bring ~ on** déshonorer

dis·hon·o·ra·ble [dɪs'ɑːnərəbl] *adj* déshonorant

dis·hon·our *etc Br* → **dishonor** *etc*

'dish·wash·er *person* plongeur(-euse) *m(f)*; *machine* lave-vaisselle *m*; **'dish·wash·ing liq·uid** produit *m* à vaisselle; **'dish·wa·ter** eau *f* de vaisselle

dis·il·lu·sion [dɪsɪ'luːʒn] *v/t* désillusionner

dis·il·lu·sion·ment [dɪsɪ'luːʒnmənt] désillusion *f*

dis·in·clined [dɪsɪn'klaɪnd] *adj* peu disposé *or* enclin (**to** à)

dis·in·fect [dɪsɪn'fekt] *v/t* désinfecter

dis·in·fec·tant [dɪsɪn'fektənt] désinfectant *m*

dis·in·her·it [dɪsɪn'herɪt] *v/t* déshériter

dis·in·te·grate [dɪs'ɪntəgreɪt] *v/i* se désintégrer; *of marriage* se désagréger

dis·in·te·rest·ed [dɪs'ɪntərestɪd] *adj* (*unbiased*) désintéressé

dis·joint·ed [dɪs'dʒɔɪntɪd] *adj* incohérent, décousu

disk [dɪsk] *also* COMPUT disque *m*; *floppy* disquette *f*; **on ~** sur disque / disquette

'disk drive COMPUT lecteur *m* de disque / disquette

disk·ette [dɪs'ket] disquette *f*

dis·like [dɪs'laɪk] **1** *n* aversion *f*; **take a ~ to s.o.** prendre qn en grippe; **her likes and ~s** ce qu'elle aime et ce qu'elle n'aime pas **2** *v/t* ne pas aimer

dis·lo·cate ['dɪsləkeɪt] *v/t shoulder* disloquer

dis·lodge [dɪs'lɑːdʒ] *v/t* déplacer

dis·loy·al [dɪs'lɔɪəl] *adj* déloyal

dis·loy·al·ty [dɪs'lɔɪəltɪ] déloyauté *f*

dis·mal ['dɪzməl] *adj weather* morne; *news*, *prospect* sombre; *person* (*sad*) triste; *person* (*negative*) lugubre; *failure* lamentable

dis·man·tle [dɪs'mæntl] *v/t object* démonter; *organization* démanteler

dis·may [dɪs'meɪ] **1** *n* consternation *f* **2** *v/t* consterner

dis·miss [dɪs'mɪs] *v/t employee* renvoyer; *suggestion* rejeter; *idea*, *thought*

écarter; *possibility* exclure

dis·miss·al [dɪs'mɪsl] *of employee* renvoi *m*

dis·mount [dɪs'maʊnt] *v/i* descendre

dis·o·be·di·ence [dɪsə'biːdɪəns] désobéissance *f*

dis·o·be·di·ent [dɪsə'biːdɪənt] *adj* désobéissant

dis·o·bey [dɪsə'beɪ] *v/t* désobéir à

dis·or·der [dɪs'ɔːrdər] (*untidiness*) désordre *m*; (*unrest*) désordre(s) *m(pl)*; MED troubles *mpl*

dis·or·der·ly [dɪs'ɔːrdərlɪ] *adj room*, *desk* en désordre; (*unruly*) indiscipliné; **~ conduct** trouble *m* à l'ordre public

dis·or·gan·ized [dɪs'ɔːrgənaɪzd] *adj* désorganisé

dis·o·ri·ent·ed [dɪs'ɔːrɪəntɪd] *adj* désorienté

dis·own [dɪs'oʊn] *v/t* désavouer, renier

di·spar·ag·ing [dɪ'spærɪdʒɪŋ] *adj* désobligeant

di·spar·i·ty [dɪ'spærətɪ] disparité *f*

dis·pas·sion·ate [dɪs'pæʃənət] *adj* (*objective*) impartial, objectif*

di·spatch [dɪ'spætʃ] *v/t* (*send*) envoyer

dis·pen·sa·ry [dɪ'spensərɪ] *in pharmacy* officine *f*

♦ di·spense with [dɪ'spens] *v/t* se passer de

di·sperse [dɪ'spɜːrs] **1** *v/t* disperser **2** *v/i* se disperser

di·spir·it·ed [dɪ'spɪrɪtɪd] *adj* abattu

dis·place [dɪs'pleɪs] *v/t* (*supplant*) supplanter

di·splay [dɪ'spleɪ] **1** *n of paintings etc* exposition *f*; *of emotion*, *in store window* étalage *m*; COMPUT affichage *m*; **be on ~** *at exhibition*, *for sale* être exposé **2** *v/t emotion* montrer; *at exhibition*, *for sale* exposer; COMPUT afficher

di·splay cab·i·net *in museum*, *store* vitrine *f*

dis·please [dɪs'pliːz] *v/t* déplaire à

dis·plea·sure [dɪs'pleʒər] mécontentement *m*

dis·po·sa·ble [dɪ'spoʊzəbl] *adj* jetable

dis·po·sable 'in·come salaire *m* disponible

dis·pos·al [dɪ'spəuzl] *of waste* élimination *f*; *(sale)* cession *f*; **I am at your ~** je suis à votre disposition; **put sth at s.o.'s ~** mettre qch à la disposition de qn

♦ **dis·pose of** [dɪ'spəuz] *v/t (get rid of)* se débarrasser de; *rubbish* jeter; *(sell)* céder

dis·posed [dɪ'spəuzd] *adj*: **be ~ to do sth** *(willing)* être disposé à faire qch; **be well ~ toward** être bien disposé à l'égard de

dis·po·si·tion [dɪspə'zɪʃn] *(nature)* disposition *f*

dis·pro·por·tion·ate [dɪsprə'pɔːrʃənət] *adj* disproportionné

dis·prove [dɪs'pruːv] *v/t* réfuter

dis·pute [dɪ'spjuːt] **1** *n* contestation *f*; *between two countries* conflit *m*; **industrial ~** conflit *m* social; **that's not in ~** cela n'est pas remis en cause **2** *v/t* contester; *(fight over)* se disputer

dis·qual·i·fi·ca·tion [dɪskwɑːlɪfɪ'keɪʃn] disqualification *f*

dis·qual·i·fy [dɪs'kwɑːlɪfaɪ] *v/t (pret & pp -ied)* disqualifier

dis·re·gard [dɪsrə'gɑːrd] **1** *n* indifférence *f* (*for* à l'égard de) **2** *v/t* ne tenir aucun compte de

dis·re·pair [dɪsrə'per]: **in a state of ~** délabré

dis·rep·u·ta·ble [dɪs'repjutəbl] *adj* peu recommandable

dis·re·spect [dɪsrə'spekt] manque *m* de respect, irrespect *m*

dis·re·spect·ful [dɪsrə'spektful] *adj* irrespectueux*

dis·rupt [dɪs'rʌpt] *v/t* perturber

dis·rup·tion [dɪs'rʌpʃn] perturbation *f*

dis·rup·tive [dɪs'rʌptɪv] *adj* perturbateur*; **be a ~ influence** être un élément perturbateur

dis·sat·is·fac·tion [dɪssætɪs'fækʃn] mécontentement *m*

dis·sat·is·fied [dɪs'sætɪsfaɪd] *adj* mécontent

dis·sen·sion [dɪ'senʃn] dissension *f*

dis·sent [dɪ'sent] **1** *n* dissensions *fpl* **2** *v/i*: **~ from** s'opposer à

dis·si·dent ['dɪsɪdənt] *n* dissident(e) *m(f)*

dis·sim·i·lar [dɪ'sɪmɪlər] *adj* différent

dis·so·ci·ate [dɪ'səuʃɪeɪt] *v/t*: **~ o.s. from** se démarquer de

dis·so·lute ['dɪsəluːt] *adj* dissolu

dis·so·lu·tion ['dɪsəluːʃn] POL dissolution *f*

dis·solve [dɪ'zɑːlv] **1** *v/t in liquid* dissoudre **2** *v/i of substance* se dissoudre

dis·suade [dɪ'sweɪd] *v/t* dissuader (*from doing sth* de faire qch)

dis·tance ['dɪstəns] **1** *n* distance *f*; **in the ~** au loin **2** *v/t*: **~ o.s. from** se distancier de

dis·tant ['dɪstənt] *adj place, time, relative* éloigné; *fig (aloof)* distant

dis·taste [dɪs'teɪst] dégoût *m*

dis·taste·ful [dɪs'teɪstful] *adj* désagréable

dis·till·er·y [dɪs'tɪləri] distillerie *f*

dis·tinct [dɪ'stɪŋkt] *adj (clear)* net*; *(different)* distinct; **as ~ from** par opposition à

dis·tinc·tion [dɪ'stɪŋkʃn] *(differentiation)* distinction *f*; **hotel / product of ~** hôtel / produit réputé

dis·tinc·tive [dɪ'stɪŋktɪv] *adj* distinctif*

dis·tinct·ly [dɪ'stɪŋktli] *adv* distinctement; *(decidedly)* vraiment

dis·tin·guish [dɪ'stɪŋgwɪʃ] *v/t (see)* distinguer; **~ between X and Y** distinguer X de Y

dis·tin·guished [dɪ'stɪŋgwɪʃt] *adj* distingué

dis·tort [dɪ'stɔːrt] *v/t* déformer

dis·tract [dɪ'strækt] *v/t person* distraire; *attention* détourner

dis·tract·ed [dɪ'stræktɪd] *adj (worried)* préoccupé

dis·trac·tion [dɪ'strækʃn] distraction *f*, *of attention* détournement *m*; **drive s.o. to ~** rendre qn fou

dis·traught [dɪ'strɔːt] *adj* angoissé; **~ with grief** fou* de chagrin

dis·tress [dɪ'stres] **1** *n* douleur *f*; **in ~** *ship, aircraft* en détresse **2** *v/t (upset)* affliger

dis·tress·ing [dɪ'stresɪŋ] *adj* pénible

dis'tress sig·nal signal *m* de détresse

dis·trib·ute [dɪ'strɪbjuːt] *v/t also* COMM distribuer; *wealth* répartir

D

dis·tri·bu·tion [dɪstrɪ'bjuːʃn] *also*
COMM distribution *f*; *of wealth* répartition *f*

dis·trib·u·tor [dɪ'strɪbjuːtər] COMM
distributeur *m*

dis·trict ['dɪstrɪkt] *of town* quartier *m*;
of country région *f*

district at·tor·ney procureur *m*

dis·trust [dɪs'trʌst] **1** *n* méfiance *f* **2** *v/t*
se méfier de

dis·turb [dɪ'stɜːrb] (*interrupt*) déranger; (*upset*) inquiéter; **do not ~** ne
pas déranger

dis·turb·ance [dɪ'stɜːrbəns] (*interruption*) dérangement *m*; **~s** (*civil unrest*)
troubles *mpl*

dis·turbed [dɪ'stɜːrbd] *adj* (*concerned,
worried*) perturbé; *mentally* dérangé

dis·turb·ing [dɪ'stɜːrbɪŋ] *adj* perturbant

dis·used [dɪs'juːzd] *adj* désaffecté

ditch [dɪtʃ] **1** *n* fossé *m* **2** *v/t* F (*get rid
of*) se débarrasser de; *boyfriend, plan*
laisser tomber

dith·er ['dɪðər] *v/i* hésiter

dive [daɪv] **1** *n* plongeon *m*; *underwater*
plongée *f*; *of plane* (vol *m*) piqué *m*; F
bar etc bouge *m*, boui-boui *m* F; **take
a ~** F *of dollar etc* dégringoler **2** *v/i*
(*pret also* **dove** [doʊv]) plonger; *underwater* faire de la plongée sous-marine; *of plane* descendre en piqué

div·er ['daɪvər] plongeur(-euse) *m(f)*

di·verge [daɪ'vɜːrdʒ] *v/i* diverger

di·verse [daɪ'vɜːrs] *adj* divers

di·ver·si·fi·ca·tion [daɪvɜːrsɪfɪ'keɪʃn]
COMM diversification *f*

di·ver·si·fy [daɪ'vɜːrsɪfaɪ] *v/i* (*pret & pp
-ied*) COMM se diversifier

di·ver·sion [daɪ'vɜːrʃn] *for traffic* déviation *f*; *to distract attention* diversion
f

di·ver·si·ty [daɪ'vɜːrsətɪ] diversité *f*

di·vert [daɪ'vɜːrt] *v/t traffic* dévier; *attention* détourner

di·vest [daɪ'vest] *v/t*: **~ s.o. of sth** dépouiller qn de qch

di·vide [dɪ'vaɪd] *v/t* (*share*) partager;
MATH, *fig*: *country, family* diviser

div·i·dend ['dɪvɪdend] FIN dividende
m; **pay ~s** *fig* porter ses fruits

di·vine [dɪ'vaɪn] *adj also* F divin

div·ing ['daɪvɪŋ] *from board* plongeon
m; *underwater* plongée *f* (sous-marine)

'div·ing board plongeoir *m*

di·vis·i·ble [dɪ'vɪzəbl] *adj* divisible

di·vi·sion [dɪ'vɪʒn] division *f*

di·vorce [dɪ'vɔːrs] **1** *n* divorce *m*; **get a
~** divorcer **2** *v/t* divorcer de; **get ~d**
divorcer **3** *v/i* divorcer

di·vorced [dɪ'vɔːrst] *adj* divorcé

di·vor·cee [dɪvɔːr'siː] divorcé(e) *m(f)*

di·vulge [daɪ'vʌldʒ] *v/t* divulguer

DIY [diːaɪ'waɪ] *abbr* (= *do it yourself*)
bricolage *m*

DI'Y store magasin *m* de bricolage

diz·zi·ness ['dɪzɪnɪs] vertige *m*

diz·zy ['dɪzɪ] *adj*: **feel ~** avoir un vertige *or* des vertiges, avoir un tête
qui tourne

DJ ['diːdʒeɪ] *abbr* **1** (= *disc jockey*) D.J.
m/f (= disc-jockey); (= *dinner jack-
et*) smoking *m*

DNA [diːen'eɪ] *abbr* (= *deoxyribonu-
cleic acid*) AND *m* (= acide *m* désoxyribonucléique)

do [duː] **1** *v/t* (*pret* **did**, *pp* **done**) faire;
~ one's hair se coiffer; **~ French /
chemistry** faire du français / de la
chimie; **~ 100mph** faire du 100 miles
à l'heure; **what are you ~ing tonight?** que faites-vous ce soir?; **I
don't know what to ~** je ne sais
pas quoi faire; **have one's hair done**
se faire coiffer

2 *v/i* (*be suitable, enough*) aller; **that
will ~!** ça va!; **~ well** *in health, of business* aller bien; (*be successful*) réussir;
~ well at school être bon à l'école;
well done! (*congratulations!*) bien!;
how ~ you ~? enchanté

3 *v/aux* ◇ : **~ you know him?** est-ce
que vous le connaissez?; **I don't
know** je ne sais pas; **~ be quick** surtout dépêche-toi; **~ you like Cherbourg? - yes I ~** est-ce que vous ai-
mez Cherbourg? - oui; **you don't
know the answer, ~ you?** non I
don't vous ne connaissez pas la réponse, n'est-ce pas? - non

◇ *tags*: **he works hard, doesn't he?**

il travaille beaucoup, non?; **you don't believe me, ~ you?** tu ne me crois pas, hein?; **you ~ believe me, don't you?** vous me croyez, n'est-ce pas?

♦ **do away with** v/t (*abolish*) supprimer

♦ **do in** v/t F (*exhaust*) épuiser; **I'm done in** je suis mort (de fatigue) F

♦ **do out of** v/t: **do s.o. out of sth** by *cheating* escroquer qn de qch

♦ **do up** v/t *building* rénover; *street* refaire; (*fasten*), *coat etc* fermer; *laces* faire

♦ **do with** v/t: **I could do with a cup of coffee** j'aurais bien besoin d'un café; **this room could do with new drapes** cette pièce aurait besoin de nouveaux rideaux; **he won't have anything to do with it** (*won't get involved*) il ne veut pas y être impliqué

♦ **do without 1** v/i s'en passer **2** v/t se passer de

do·cile ['dousail] *adj* docile

dock[1] [dɑːk] **1** n NAUT bassin m **2** v/i *of ship* entrer au bassin; *of spaceship* s'arrimer

dock[2] [dɑːk] n LAW banc m des accusés

'**dock·yard** Br chantier m naval

doc·tor ['dɑːktər] n MED docteur m, médecin m; *form of address* docteur

doc·tor·ate ['dɑːktərət] doctorat m

doc·trine ['dɑːktrɪn] doctrine f

doc·u·dra·ma ['dɑːkjʊdrɑːmə] docudrame m

doc·u·ment ['dɑːkjʊmənt] n document m

doc·u·men·ta·ry [dɑːkjʊ'mentərɪ] n *program* documentaire m

doc·u·men·ta·tion [dɑːkjʊmen'teɪʃn] documentation f

dodge [dɑːdʒ] v/t *blow, person, issue* éviter; *question* éluder

dodg·ems ['dɑːdʒəmz] npl Br auto f tamponneuse

doe [dou] *deer* biche f

dog [dɑːg] **1** n chien m **2** v/t (*pret & pp -ged*) *of bad luck* poursuivre

'**dog catch·er** employé(e) municipal(e) qui recueille les chiens errants

dog-eared ['dɒːgɪrd] *adj book* écorné

dog·ged ['dɒːgɪd] *adj* tenace

dog·gie ['dɒːgɪ] *in children's language* toutou m F

dog·gy bag ['dɒːgɪbæg] sac pour emporter les restes

'**dog·house**: **be in the ~** F être en disgrâce

dog·ma ['dɒːgmə] dogme m

dog·mat·ic [dɒːg'mætɪk] *adj* dogmatique

do-good·er ['duːgʊdər] *pej* âme f charitable

dogs·body ['dɒːgzbɒːdɪ] F bon(ne) m(f) à tout faire

'**dog tag** MIL plaque f d'identification

'**dog-tired** *adj* F crevé F

do-it-your·self [duːɪtjər'self] bricolage m

dol·drums ['douldrəmz]: **be in the ~** *of economy* être dans le marasme; *of person* avoir le cafard

♦ **dole out** v/t distribuer

doll [dɑːl] *also* F *woman* poupée f

♦ **doll up** v/t: **get dolled up** se bichonner

dol·lar ['dɑːlər] dollar m

dol·lop ['dɑːləp] n F *of cream etc* bonne cuillérée f

dol·phin ['dɑːlfɪn] dauphin m

dome [doum] *of building* dôme m

do·mes·tic [də'mestɪk] *adj chores* domestique; *news* national; *policy* intérieur

do·mes·tic 'an·i·mal animal m domestique

do·mes·ti·cate [də'mestɪkeɪt] v/t *animal* domestiquer; **be ~d** *of person* aimer les travaux ménagers

do'mes·tic flight vol m intérieur

dom·i·nant ['dɑːmɪnənt] *adj* dominant

dom·i·nate ['dɑːmɪneɪt] v/t dominer

dom·i·na·tion [dɑːmɪ'neɪʃn] domination f

dom·i·neer·ing [dɑːmɪ'nɪrɪŋ] *adj* dominateur*

do·nate [dou'neɪt] v/t faire don de

do·na·tion [dou'neɪʃn] don m

done [dʌn] pp → **do**

don·key ['dɑːŋkɪ] âne m

do·nor ['dounər] *of money* donateur

(-trice) *m(f)*; MED donneur(-euse) *m(f)*

do·nut ['dəʊnʌt] beignet *m*

doo·dle ['duːdl] *v/i* griffonner

doom [duːm] *n* (*fate*) destin *m*; (*ruin*) ruine *f*

doomed [duːmd] *adj project* voué à l'échec; **we are ~** nous sommes condamnés; **the ~ ship** le navire qui allait couler; **the ~ plane** l'avion qui allait s'écraser

door [dɔːr] porte *f*; *of car* portière *f*; (*entrance*) entrée *f*; **there's someone at the ~** il y a quelqu'un à la porte

'door·bell sonnette *f*; **'door·knob** poignée *f* de porte *or* de portière; **'door·man** portier *m*; **'door·mat** paillasson *m*; **'door·step** pas *m* de porte; **'door·way** embrasure *f* de porte

dope [dəʊp] **1** *n* (*drugs*) drogue *f*; (*idiot*) idiot(e) *m(f)*; (*information*) tuyaux *mpl* F **2** *v/t* doper

dor·mant ['dɔːrmənt] *adj plant* dormant; **~ volcano** volcan *m* en repos

dor·mi·to·ry ['dɔːrmɪtɔːrɪ] résidence *f* universitaire; *Br* dortoir *m*

dos·age ['dəʊsɪdʒ] dose *f*

dose [dəʊs] *n* dose *f*

dot [dɑːt] *n also in e-mail address* point *m*; **at six o'clock on the ~** à six heures pile

♦ **dote on** [dəʊt] *v/t* raffoler de

dot·ing ['dəʊtɪŋ] *adj*: **his ~ parents** ses parents qui raffolent de lui

dot·ted line ['dɑːtɪd] pointillés *mpl*

dot·ty ['dɑːtɪ] *adj* F toqué F

dou·ble ['dʌbl] **1** *n* double *m*; *of film star* doublure *f*; *room* chambre *f* pour deux personnes **2** *adj* double; *doors* à deux battants; *sink* à deux bacs; **her salary is ~ his** son salaire est le double du sien; **in ~ figures** à deux chiffres **3** *adv* deux fois (plus); **~ the size** deux fois plus grand **4** *v/t* doubler **5** *v/i* doubler

♦ **double back** *v/i* (*go back*) revenir sur ses pas

♦ **double up** *v/i in pain* se plier en

deux; *sharing room* partager une chambre

dou·ble-'bass contrebasse *f*; **dou·ble 'bed** grand lit *m*; **dou·ble-'breast·ed** [dʌbl'brestɪd] *adj* croisé; **dou·ble-'check** *v/t & v/i* revérifier; **dou·ble 'chin** double menton *m*; **dou·ble-'cross** *v/t* trahir; **dou·ble 'glaz·ing** double vitrage *m*; **dou·ble-'park** *v/i* stationner en double file; **'dou·ble-quick** *adj*: **in ~ time** en un rien de temps; **'dou·ble room** chambre *f* pour deux personnes

dou·bles ['dʌblz] *in tennis* double *m*

doubt [daʊt] **1** *n* doute *m*; **be in ~** être incertain; **no ~** (*probably*) sans doute **2** *v/t*: **~ s.o. / sth** douter de qn / qch; **~ that ...** douter que ... (+*subj*)

doubt·ful ['daʊtfl] *adj remark, look* douteux*; **be ~ of person** avoir des doutes; **it is ~ whether ...** il est douteux que ... (+*subj*)

doubt·ful·ly ['daʊtflɪ] *adv* dubitativement

doubt·less ['daʊtlɪs] *adv* sans aucun doute

dough [dəʊ] pâte *f*; F (*money*) fric *m* F

dough·nut ['dəʊnʌt] *Br* beignet *m*

dove[1] [dʌv] *also fig* colombe *f*

dove[2] [dəʊv] *pret* → **dive**

Do·ver ['dəʊvər] Douvres

dow·dy ['daʊdɪ] *adj* peu élégant

Dow Jones Av·er·age [daʊ'dʒəʊnz] indice *m* Dow-Jones

down[1] [daʊn] *n* (*feathers*) duvet *m*

down[2] **1** *adv* (*downward*) en bas, vers le bas; (*onto the ground*) par terre; **~ there** là-bas; **take the plates ~** descendre les assiettes; **put sth ~** poser qch; **pull the shade ~** baisser le store; **come ~** *of leaves etc* tomber; **shoot a plane ~** abattre un avion; **cut ~ a tree** abattre *or* couper un arbre; **fall ~** tomber; **die ~** se calmer; **$200 ~** (*as deposit*) 200 dollars d'acompte; **~ south** dans le sud; **be ~** *of price, rate, numbers, amount* être en baisse; (*not working*) être en panne; F (*depressed*) être déprimé **2** *prep* (*along*) le long de; **run ~ the stairs** descendre les escaliers en courant; **look ~ a list** parcourir une liste; **it's halfway ~ Baker Street** c'est au milieu de Baker Street; **it's just ~ the street** c'est à deux pas 3 v/t (swallow) avaler; (destroy) abattre

'down-and-out n clochard(e) m(f); **'down·cast** adj abattu; **'down·fall** chute f; alcohol etc ruine f; **'down·grade** v/t employee rétrograder; **down·heart·ed** [daun'hɑːrtɪd] adj déprimé; **down'hill** adv: **the road goes ~** la route descend; **go ~** fig être sur le déclin; **'down·hill ski·ing** ski m alpin; **'down·load** v/t COMPUT télécharger; **'down·mark·et** adj bas de gamme; **'down pay·ment** paiement m au comptant; **'down·play** v/t minimiser; **'down·pour** averse f; **'down·right 1** adj idiot, nuisance etc parfait; lie éhonté 2 adv dangerous, stupid etc franchement; **'down·side** (disadvantage) inconvénient m; **'down·size 1** v/t car etc réduire la taille de; company réduire les effectifs de 2 v/i of company réduire ses effectifs; **'down·stairs 1** adj neighbors etc d'en bas 2 adv en bas; **down-to-'earth** adj approach, person terre-à-terre; **'down·town 1** adj du centre-ville 2 adv en ville; **'down·turn** in economy baisse f

'down·ward 1 adj glance vers le bas; trend à la baisse 2 adv look vers le bas; revise figures à la baisse

doze [douz] **1** n petit somme m 2 v/i sommeiller

♦ **doze off** v/i s'assoupir

doz·en ['dʌzn] douzaine f; **a ~ eggs** une douzaine d'œufs; **~s of** F des tas mpl de

drab [dræb] adj terne

draft [dræft] **1** n of air courant m d'air; of document brouillon m; MIL conscription f; **~ (beer), beer on ~** bière f à la pression 2 v/t document faire le brouillon de; (write) rédiger; MIL appeler

draft dodg·er ['dræftdɑːdʒər] MIL réfractaire m

draft·ee [dræf'tiː] MIL appelé m

drafts·man ['dræftsmən] dessina-

teur(-trice) m(f)

draft·y ['dræftɪ] adj plein de courants d'air

drag [dræg] **1** n: **it's a ~ having to ...** F c'est barbant de devoir ... F; **he's a ~** F il est mortel F; **the main ~** P la rue principale; **in ~** en travesti 2 v/t (pret & pp -ged) traîner, tirer; (search) draguer; **~ o.s. into work** se traîner jusqu'au boulot 3 v/i of time se traîner; of show, movie traîner en longueur; **~ s.o. into sth** (involve) mêler qn à qch; **~ sth out of s.o.** (get information from) arracher qch à qn

♦ **drag away** v/t: **drag o.s. away from the TV** s'arracher de la télé

♦ **drag in** v/t into conversation placer

♦ **drag on** v/i (last long time) s'éterniser

♦ **drag out** v/t (prolong) faire durer

♦ **drag up** v/t F (mention) remettre sur le tapis

drag·on ['drægn] also fig dragon m

drain [dreɪn] **1** n pipe tuyau m d'écoulement; under street égout m; **be a ~ on resources** épuiser les ressources 2 v/t oil vidanger; vegetables égoutter; land drainer; glass, tank vider; (exhaust: person) épuiser 3 v/i of dishes égoutter

♦ **drain away** v/i of liquid s'écouler

♦ **drain off** v/t water évacuer

drain·age ['dreɪnɪdʒ] (drains) système m d'écoulement des eaux usées; of water from soil drainage m

'drain·pipe tuyau m d'écoulement

dra·ma ['drɑːmə] art form art m dramatique; (excitement) action f, drame m; (play) drame m

dra·mat·ic [drə'mætɪk] adj dramatique; events, scenery, decision spectaculaire; gesture théâtral

dra·mat·i·cal·ly [drə'mætɪklɪ] adv say d'un ton théâtral; decline, rise, change etc radicalement

dram·a·tist ['dræmətɪst] dramaturge m/f

dram·a·ti·za·tion [dræmətaɪ'zeɪʃn] of novel etc adaptation f

dram·a·tize ['dræmətaɪz] v/t story adapter (for pour); fig dramatiser

drank [dræŋk] pret → **drink**

drape [dreɪp] v/t cloth, coat draper, poser; **~d in** (covered with) recouvert de,
enveloppé dans

drap·er·y ['dreɪpərɪ] draperie f

drapes [dreɪps] npl rideaux mpl

dras·tic ['dræstɪk] adj radical; **measures** also drastique

draw [drɔː] **1** n in competition match m
nul; in lottery tirage m (au sort); (attraction) attraction f **2** v/t (pret **drew**,
pp **drawn**) picture, map dessiner;
(pull), in lottery, gun, knife tirer; (attract) attirer; (lead) emmener; from
bank account retirer **3** v/i of artist dessiner; in competition faire match nul;
~ near of person s'approcher; of date
approcher

♦ **draw back 1** v/i (recoil) reculer **2** v/t
(pull back) retirer; drapes ouvrir

♦ **draw on 1** v/i (approach) approcher **2**
v/t (make use of) puiser dans, s'inspirer de

♦ **draw out** v/t wallet, money from bank
retirer

♦ **draw up 1** v/t document rédiger;
chair approcher **2** v/i of vehicle s'arrêter

'draw·back désavantage m, inconvénient m

draw·er[1] [drɔːr] of desk etc tiroir m

draw·er[2] [drɔːr] artist dessinateur
(-trice) m(f)

draw·ing ['drɔːɪŋ] dessin m

'draw·ing board planche f à dessin;
go back to the ~ retourner à la case
départ

drawl [drɔːl] n voix f traînante

drawn [drɔːn] pp → **draw**

dread [dred] v/t: **~ doing sth** redouter
de faire qch; **~ s.o. doing sth** redouter que qn fasse (subj) qch

dread·ful ['dredful] adj épouvantable

dread·ful·ly ['dredflɪ] adv F (extremely)
terriblement; behave de manière
épouvantable

dream [driːm] **1** n rêve m **2** adj F house
etc de ses / vos etc rêves **3** v/t & v/i
rêver (about, of de)

♦ **dream up** v/t inventer

dream·er ['driːmər] (daydreamer) rêveur(-euse) m(f)

dream·y ['driːmɪ] adj voice, look rêveur*

drear·y ['drɪrɪ] adj morne

dredge [dredʒ] v/t harbor, canal draguer

♦ **dredge up** v/t fig déterrer

dregs [dregz] npl lie f; of coffee marc
m; **the ~ of society** la lie de la société

drench [drentʃ] v/t tremper; **get ~ed** se
faire tremper

dress [dres] **1** n for woman robe f;
(clothing) tenue f; **~ code** code m vestimentaire **2** v/t person habiller;
wound panser; **get ~ed** s'habiller **3**
v/i s'habiller

♦ **dress up** v/i s'habiller chic, se mettre sur son trente et un; (wear a disguise) se déguiser; **dress up as** se déguiser en

'dress cir·cle premier balcon m

dress·er ['dresər] (dressing table) coiffeuse f; in kitchen buffet m; **be a
snazzy ~** s'habiller classe F

dress·ing ['dresɪŋ] for salad assaisonnement m; for wound pansement m

dress·ing 'down savon m F; **give s.o.
a ~** passer un savon à qn F;
'dress·ing gown Br robe f de chambre; **'dress·ing room** in theater loge
f; **'dress·ing ta·ble** coiffeuse f

'dress·mak·er couturière f

'dress re·hears·al (répétition f) générale f

dress·y ['dresɪ] adj F habillé

drew [druː] pret → **draw**

drib·ble ['drɪbl] v/i of person baver; of
water dégouliner; SP dribbler

dried [draɪd] adj fruit etc sec*

dri·er → **dryer**

drift [drɪft] **1** n of snow amas m **2** v/i of
snow s'amonceler; of ship être à la dérive; (go off course) dériver; of person
aller à la dérive; **~ from town to
town** aller de ville en ville

♦ **drift apart** v/i of couple s'éloigner
l'un de l'autre

drift·er ['drɪftər] personne qui vit au
jour le jour; **be a bit of a ~** être un
peu bohème

drill [drɪl] **1** n tool perceuse f; exercise

exercise(s) m(pl); MIL exercice m **2** v/t hole percer **3** v/i for oil forer; MIL faire l'exercice

dril·ling rig ['drɪlɪŋrɪg] platform plate-forme f de forage; on land tour f de forage

dri·ly ['draɪlɪ] adv remark d'un ton pince-sans-rire

drink [drɪŋk] **1** n boisson f; **can I have a ~ of water** est-ce que je peux avoir de l'eau?; **go for a ~** aller boire un verre **2** v/t & v/i (pret **drank**, pp **drunk**) boire; **I don't ~** je ne bois pas

♦ **drink up 1** v/i (finish drink) finir son verre **2** v/t (drink completely) finir

drink·a·ble ['drɪŋkəbl] adj buvable; water potable

drink·er ['drɪŋkər] buveur(-euse) m(f)

drink·ing ['drɪŋkɪŋ] of alcohol boisson f

'drink·ing wa·ter eau f potable

'drinks ma·chine distributeur m de boissons

drip [drɪp] **1** n liquid goutte f; MED goutte-à-goutte m, perfusion f **2** v/i (pret & pp **-ped**) goutter

drip·ping ['drɪpɪŋ] adv: ~ **wet** trempé

drive [draɪv] **1** n trajet m (en voiture); outing promenade f (en voiture); (energy) dynamisme m; COMPUT unité f, lecteur m; (campaign) campagne f; **it's a short ~ from the station** c'est à quelques minutes de la gare en voiture; **left- / right-hand ~** MOT conduite f à gauche / droite **2** v/t (pret **drove**, pp **driven**) vehicle conduire; (be owner of) avoir; (take in car) amener; TECH faire marcher; **that noise is driving me mad** ce bruit me rend fou; **~n by a desire to …** poussé par le désir de … **3** v/i (pret **drove**, pp **driven**) conduire; **~ to work** aller au travail en voiture

♦ **drive at** v/t: **what are you driving at?** où voulez-vous en venir?

♦ **drive away 1** v/t emmener; (chase off) chasser **2** v/i partir

♦ **drive in** v/t nail enfoncer

♦ **drive off** → **drive away**

'drive-in n movie theater drive-in m

driv·el ['drɪvl] n bêtises fpl

driv·en ['drɪvn] pp → **drive**

driv·er ['draɪvər] conducteur(-trice) m(f); of truck camionneur(-euse) m(f); COMPUT pilote m

'driv·er's li·cense permis m de conduire

'drive-thru restaurant / banque où l'on sert le client sans qu'il doive sortir de sa voiture; Mc-Drive® m

'drive·way allée f

driv·ing ['draɪvɪŋ] **1** n conduite f **2** adj rain battant

driv·ing 'force force f motrice; **'driv·ing in·struc·tor** moniteur(-trice) m(f) de conduite; **'driv·ing les·son** leçon f de conduite; **'driv·ing li·cence** Br permis m de conduire; **'driv·ing school** auto-école f; **'driv·ing test** (examen m du) permis m de conduire

driz·zle ['drɪzl] **1** n bruine f **2** v/i bruiner

drone [droʊn] n of engine ronronnement m

droop [druːp] v/i s'affaisser; of shoulders tomber; of plant baisser la tête

drop [drɑːp] **1** n goutte f; in price, temperature, number chute f **2** v/t (pret & pp **-ped**) object faire tomber; bomb lancer; person from car déposer; person from team écarter; (stop seeing), charges, demand, subject laisser tomber; (give up) arrêter; **~ a line to** envoyer un mot à **3** v/i (pret & pp **-ped**) tomber

♦ **drop in** v/i (visit) passer

♦ **drop off 1** v/t person, goods déposer; (deliver) **2** v/i (fall asleep) s'endormir; (decline)

♦ **drop out** v/i (withdraw) se retirer (of de); of school abandonner (of sth qch)

'drop·out from school personne qui abandonne l'école; from society marginal(e) m(f)

drops [drɑːps] npl for eyes gouttes fpl

drought [draʊt] sécheresse f

drove [droʊv] pret → **drive**

drown [draʊn] **1** v/i se noyer **2** v/t per-

son noyer; *sound* étouffer; **be ~ed** se noyer

drow·sy ['draʊzɪ] *adj* somnolent

drudg·e·ry ['drʌdʒərɪ] corvée *f*

drug [drʌg] **1** *n* MED médicament *m*; *illegal* drogue *f*; **be on ~s** se droguer **2** *v/t* (*pret & pp* **-ged**) droguer

'**drug ad·dict** toxicomane *m/f*

'**drug deal·er** dealer *m*, dealeuse *f*; *large-scale* trafiquant(e) *m(f)* de drogue

drug·gist ['drʌgɪst] pharmacien(ne) *m(f)*

'**drug·store** drugstore *m*

drug traf·fick·ing ['drʌgtræfɪkɪŋ] trafic *m* de drogue

drum [drʌm] *n* MUS tambour *m*; *container* tonneau *m*; **~s** batterie *f*

♦ **drum into** *v/t* (*pret & pp* **-med**): **drum sth into s.o.** enfoncer qch dans la tête de qn

♦ **drum up** *v/t*: **drum up support** obtenir du soutien

drum·mer ['drʌmər] joueur(-euse) *m(f)* de tambour; *in pop band* batteur *m*

'**drum·stick** MUS baguette *f* de tambour; *of poultry* pilon *m*

drunk [drʌŋk] **1** *n* ivrogne *m/f*; *habitually* alcoolique *m/f* **2** *adj* ivre, soûl; **get ~** se soûler **3** *pp* → **drink**

drunk·en ['drʌŋkn] *voices, laughter* d'ivrogne; *party* bien arrosé

drunk 'driv·ing conduite *f* en état d'ivresse

dry [draɪ] **1** *adj* sec*; (*ironic*) pince--sans-rire; **~ humor** humour *m* à froid **2** *v/t* (*pret & pp* **-ied**) *clothes* faire sécher; *dishes, eyes* essuyer **3** *v/i* (*pret & pp* **-ied**) sécher

♦ **dry out** *v/i* sécher; *of alcoholic* subir une cure de désintoxication

♦ **dry up** *v/i* *of river* s'assécher; F (*be quiet*) se taire

'**dry-clean** *v/t* nettoyer à sec; '**dry clean·er** pressing *m*; '**dry-clean·ing** *clothes* vêtements *mpl* laissés au pressing

dry·er ['draɪr] *machine* sèche-linge *m*

DTP [diːtiːˈpiː] *abbr* (= **desk-top publishing**) PAO *f* (= publication assis-

tée par ordinateur)

du·al ['duːəl] *adj* double

du·al car·riage·way *Br* route *f* à deux chaussées, quatre voies *f*

dub [dʌb] *v/t* (*pret & pp* **-bed**) *movie* doubler

du·bi·ous ['duːbɪəs] *adj* douteux*; **I'm still ~ about the idea** j'ai encore des doutes quant à cette idée

duch·ess ['dʌtʃɪs] duchesse *f*

duck [dʌk] **1** *n* canard *m*; *female* cane *f* **2** *v/i* se baisser **3** *v/t* **one's head** baisser (subitement); *question* éviter

dud [dʌd] *n* F (*false bill*) faux *m*

due [duː] *adj* (*owed*) dû; (*proper*) qui convient; **the rent is ~ tomorrow** il faut payer le loyer demain; **be ~ to do sth** devoir faire qch; **be ~ (to arrive)** devoir arriver; **when is the baby ~?** quand est-ce que le bébé doit naître?; **~ to** (*because of*) à cause de; **be ~ to** (*be caused by*) être dû à; **in ~ course** en temps voulu

dues [duːz] *npl* cotisation *f*

du·et [duːˈet] MUS duo *m*

dug [dʌg] *pret & pp* → **dig**

duke [duːk] duc *m*

dull [dʌl] *adj* *weather* sombre; *sound, pain* sourd; (*boring*) ennuyeux*

♦ **dumb down** *v/t* TV *programs etc* abaisser le niveau (intellectuel) de

dumb·found·ed [dʌmˈfaʊndɪd] *adj* abasourdi

dum·my ['dʌmɪ] *in store window* mannequin *m*; *Br: for baby* tétine *f*

dump [dʌmp] **1** *n for garbage* décharge *f*; (*unpleasant place*) trou *m* F; *house, hotel* taudis *m* **2** *v/t* (*deposit*) déposer; (*throw away*) jeter; (*leave*) laisser; *waste* déverser

dump·ling ['dʌmplɪŋ] boulette *f*

dune [duːn] dune *f*

dung [dʌŋ] fumier *m*, engrais *m*

dun·ga·rees [dʌŋgəˈriːz] *npl for workman* bleu(s) *m(pl)* de travail; *for child* salopette *f*

dumb [dʌm] *adj* (*mute*) muet*; F (*stupid*) bête

dunk [dʌŋk] *v/t in coffee etc* tremper
Dun·kirk [dʌn'kɜːrk] Dunkerque
du·o ['duːoʊ] MUS duo *m*
du·plex (a·part·ment) ['duːpleks] duplex *m*
du·pli·cate ['duːplɪkət] **1** *n* double *m*; **in** ~ en double **2** *v/t* ['duːplɪkeɪt] (*copy*) copier; (*repeat*) reproduire
du·pli·cate 'key double *m* de clef
du·ra·ble ['dʊrəbl] *adj material* résistant, solide; *relationship* durable
du·ra·tion [dʊ'reɪʃn] durée *f*
du·ress [dʊ'res]: **under** ~ sous la contrainte
dur·ing ['dʊrɪŋ] *prep* pendant
dusk [dʌsk] crépuscule *m*
dust [dʌst] **1** *n* poussière *f* **2** *v/t* épousseter; ~ **sth with sth** (*sprinkle*) saupoudrer qch de qch
'dust·bin *Br* poubelle *f*
'dust cov·er *for book* jaquette *f*
dust·er ['dʌstər] *cloth* chiffon *m* (à poussière)
'dust jack·et *of book* jaquette *f*; **'dust·man** *Br* éboueur *m*; **'dust·pan** pelle *f* à poussière
dust·y ['dʌstɪ] *adj* poussiéreux*
Dutch [dʌtʃ] **1** *adj* hollandais; **go** ~ F partager les frais **2** *n language* néer-

landais *m*, hollandais *m*; **the** ~ les Hollandais *mpl*, les Néerlandais *mpl*
du·ty ['duːtɪ] devoir *m*; (*task*) fonction *f*; *on goods* droit(s) *m(pl)*; **be on** ~ être de service; **be off** ~ ne pas être de service
du·ty-free *adj* hors taxe
du·ty'free shop magasin *m* hors taxe
DVD [diːviː'diː] *abbr* (= *digital versatile disk*) DVD *m*
dwarf [dwɔːrf] **1** *n* nain(e) *m(f)* **2** *v/t* rapetisser
♦ **dwell on** [dwel] *v/t* s'étendre sur
dwin·dle ['dwɪndl] *v/i* diminuer
dye [daɪ] **1** *n* teinture *f* **2** *v/t* teindre; ~ **one's hair** se teindre les cheveux
dy·ing ['daɪɪŋ] *adj person* mourant; *industry* moribond; *tradition* qui se perd
dy·nam·ic [daɪ'næmɪk] *adj* dynamique
dy·na·mism ['daɪnəmɪzm] dynamisme *m*
dy·na·mite ['daɪnəmaɪt] *n* dynamite *f*
dy·na·mo ['daɪnəmoʊ] TECH dynamo *f*
dy·nas·ty ['daɪnəstɪ] dynastie *f*
dys·lex·i·a [dɪs'leksɪə] dyxlexie *f*
dys·lex·ic [dɪs'leksɪk] **1** *adj* dyslexique **2** *n* dyslexique *m/f*

E

each [iːtʃ] **1** *adj* chaque; ~ **one** chacun(e) **2** *adv* chacun; **they're $1.50** ~ ils coûtent 1,50 $ chacun, ils sont 1,50 $ pièce **3** *pron* chacun(e) *m(f)*; ~ **of them** chacun(e) d'entre eux (elles) *m(f)*; **we know** ~ **other** nous nous connaissons; **do you know** ~ **other?** est-ce que vous vous connaissez?; **they drive** ~ **other's cars** ils (elles) conduisent la voiture l'un(e) de l'autre
ea·ger ['iːgər] *adj* désireux*; *look* avide; **be** ~ **to do sth** désirer vive-

ment faire qch
ea·ger·ly ['iːgərlɪ] *adv* avec empressement; *wait* impatiemment
ea·ger·ness ['iːgərnɪs] ardeur *f*, empressement *m*
ea·gle ['iːgl] aigle *m*
ea·gle-eyed [iːgl'aɪd] *adj*: **be** ~ avoir des yeux d'aigle
ear¹ [ɪr] oreille *f*
ear² [ɪr] *of corn* épi *m*
'ear·ache mal *m* d'oreilles
'ear·drum tympan *m*
earl [ɜːrl] comte *m*

'ear·lobe lobe *m* de l'oreille

early ['ɜːrlɪ] **1** *adv* (*not late*) tôt; (*ahead of time*) en avance; **it's too ~ to say** c'est trop tôt pour le dire **2** *adj hours, stages, Romans* premier*; *potato* précoce; *arrival* en avance; *retirement* anticipé; *music* ancien; (*in the near future*) prochain; ~ **vegetables** primeurs *fpl*; (**in**) ~ **October** début octobre; **an ~ Picasso** une des premières œuvres de Picasso; **have an ~ supper** dîner tôt *or* de bonne heure; **be an ~ riser** se lever tôt *or* de bonne heure

'ear·ly bird: **be an ~** (*early riser*) être matinal; (*ahead of the others*) arriver avant les autres

ear·mark ['ɪrmɑːrk] *v/t*: ~ **sth for sth** réserver qch à qch

earn [ɜːrn] *v/t money, holiday, respect* gagner; *interest* rapporter

ear·nest ['ɜːrnɪst] *adj* sérieux*; **be in ~** être sérieux

earn·ings ['ɜːrnɪŋz] *npl* salaire *m*; *of company* profits *mpl*

'ear·phones *npl* écouteurs *mpl*; **'ear·-pierc·ing** *adj* strident; **'ear·ring** boucle *f* d'oreille; **'ear·shot**: **within ~** à portée de la voix;; **out of ~** hors de portée de la voix

earth [ɜːrθ] terre *f*; **where on ~ ...?** F où diable ...? F

earth·en·ware ['ɜːrθnwer] *n* poterie *f*

earth·ly ['ɜːrθlɪ] *adj* terrestre; **it's no ~ use doing that** F ça ne sert strictement à rien de faire cela

earth·quake ['ɜːrθkweɪk] tremblement *m* de terre

earth-shat·ter·ing ['ɜːrθʃætərɪŋ] *adj* stupéfiant

ease [iːz] **1** *n* facilité *f*; **be** or **feel at (one's)** ~ être or se sentir à l'aise; **be** or **feel ill at** ~ être or se sentir mal à l'aise **2** *v/t pain, mind* soulager; *suffering, shortage* diminuer **3** *v/i of pain* diminuer

♦ **ease off 1** *v/t* (*remove*) enlever doucement **2** *v/i of pain, rain* se calmer

ea·sel ['iːzl] chevalet *m*

eas·i·ly ['iːzəlɪ] *adv* (*with ease*) facilement; (*by far*) de loin

east [iːst] **1** *n* est *m*; **to the ~ of** à l'est de **2** *adj* est *inv*; *wind* d'est; **San Francisco l'est de San Francisco 3** *adv travel* vers l'est; ~ **of** à l'est de

Eas·ter ['iːstər] Pâques *fpl*

Eas·ter 'Day (jour *m* de) Pâques *m*

'Eas·ter egg œuf *m* de Pâques

eas·ter·ly ['iːstərlɪ] *adj wind* de l'est; *direction* vers l'est

Eas·ter 'Mon·day lundi *m* de Pâques

east·ern ['iːstərn] *adj* de l'est; (*oriental*) oriental

east·ern·er ['iːstərnər] habitant(e) *m(f)* de l'Est des États-Unis

east·ward ['iːstwərd] *adv* vers l'est

eas·y ['iːzɪ] *adj* facile; (*relaxed*) tranquille; **take things ~** (*slow down*) ne pas se fatiguer; **take it ~!** (*calm down*) calme-toi!

'eas·y chair fauteuil *m*

eas·y·go·ing ['iːzɪɡoʊɪŋ] *adj* accommodant

eat [iːt] *v/t & v/i* (*pret* **ate**, *pp* **eaten**) manger

♦ **eat out** *v/i* manger au restaurant

♦ **eat up** *v/t food* finir; *fig* consumer

eat·a·ble ['iːtəbl] *adj* mangeable

eat·en ['iːtn] *pp* → **eat**

eaves [iːvz] *npl* avant-toit *m*

eaves·drop ['iːvzdrɑːp] *v/i* (*pret & pp* **-ped**) écouter de façon indiscrète (**on s.o.** qn)

ebb [eb] *v/i of tide* descendre

♦ **ebb away** *v/i of courage, strength* baisser, diminuer

'ebb tide marée *f* descendante

ec·cen·tric [ɪk'sentrɪk] **1** *adj* excentrique **2** *n* original(e) *m(f)*

ec·cen·tric·i·ty [ɪksen'trɪsɪtɪ] excentricité *f*

ech·o ['ekoʊ] **1** *n* écho *m* **2** *v/i* faire écho, retentir (**with** de) **3** *v/t words* répéter; *views* se faire l'écho de

e·clipse [ɪ'klɪps] **1** *n* éclipse *f* **2** *v/t fig* éclipser

e·co·lo·gi·cal [iːkə'lɑːdʒɪkl] *adj* écologique; ~ **balance** équilibre *m* écologique

e·co·lo·gi·cal·ly [iːkə'lɑːdʒɪklɪ] *adv* écologiquement

e·co·lo·gi·cal·ly friend·ly *adj* écologique

e·col·o·gist [iːˈkɑːlədʒɪst] écologiste
m/f

e·col·o·gy [iːˈkɑːlədʒɪ] écologie *f*

ec·o·nom·ic [iːkəˈnɑːmɪk] *adj* économique

ec·o·nom·i·cal [iːkəˈnɑːmɪkl] *adj*
(*cheap*) économique; (*thrifty*) économe

ec·o·nom·i·cal·ly [iːkəˈnɑːmɪklɪ] *adv*
économiquement

ec·o·nom·ics [iːkəˈnɑːmɪks] (*verb in
sg*) *science* économie *f*, (*verb in pl*) *financial aspects* aspects *mpl* économiques

e·con·o·mist [ɪˈkɑːnəmɪst] économiste *m/f*

e·con·o·mize [ɪˈkɑːnəmaɪz] *v/i* économiser

◆ **economize on** *v/t* économiser

e·con·o·my [ɪˈkɑːnəmɪ] économie *f*

e·con·o·my class classe *f* économique; **e·con·o·my drive** plan *m*
d'économies; **e·con·o·my size** taille
f économique

e·co·sys·tem [ˈiːkoʊsɪstm] écosystème *m*

e·co·tour·ism [ˈiːkoʊtʊrɪzm] tourisme
m écologique

ec·sta·sy [ˈekstəsɪ] extase *f*

ec·stat·ic [ɪkˈstætɪk] *adj* extatique

ec·ze·ma [ˈeksmə] eczéma *m*

edge [edʒ] **1** *n of table, seat, road, cliff*
bord *m*; *of knife, in voice* tranchant *m*;
on ~ énervé **2** *v/t* border **3** *v/i* (*move
slowly*) se faufiler

edge·wise [ˈedʒwaɪz] *adv*: *I couldn't
get a word in ~* je n'ai pas pu en placer une F

edg·y [ˈedʒɪ] *adj* énervé

ed·i·ble [ˈedɪbl] *adj* comestible

Ed·in·burgh [ˈedɪnbrə] Édimbourg

ed·it [ˈedɪt] *v/t text* mettre au point;
book préparer pour la publication;
newspaper diriger; *TV program* réaliser; *film* monter

e·di·tion [ɪˈdɪʃn] édition *f*

ed·i·tor [ˈedɪtər] *of text, book* rédac-
teur(-trice) *m(f)*; *of newspaper* rédac-
teur(-trice) *m(f)* en chef; *of TV program* réalisateur(-trice) *m(f)*; *of film*

mon·teur(-euse) *m(f)*; ***sports / political ~*** rédacteur(-trice) sportif
(-ive) / politique *m(f)*

ed·i·to·ri·al [edɪˈtɔːrɪəl] **1** *adj* de la rédaction **2** *n* éditorial *m*

EDP [iːdiːˈpiː] *abbr* (= *electronic data
processing*) traitement *m* électronique des données

ed·u·cate [ˈeduːkeɪt] *v/t* instruire
(*about* sur); ***she was ~d in France***
elle a fait sa scolarité en France

ed·u·cat·ed [ˈeduːkeɪtɪd] *adj person* instruit

ed·u·ca·tion [eduːˈkeɪʃn] éducation *f*;
as subject pédagogie *f*; ***he got a good
~*** il a reçu une bonne instruction;
continue one's ~ continuer ses études

ed·u·ca·tion·al [eduːˈkeɪʃnl] *adj* scolaire; (*informative*) instructif*

eel [iːl] anguille *f*

ee·rie [ˈɪrɪ] *adj* inquiétant

ef·fect [ɪˈfekt] effet *m*; *take ~ of drug*
faire son effet; *come into ~ of law*
prendre effet, entrer en vigueur

ef·fec·tive [ɪˈfektɪv] *adj* (*efficient*) efficace; (*striking*) frappant; *~ May 1* à
compter du 1er mai

ef·fem·i·nate [ɪˈfemɪnət] *adj* efféminé

ef·fer·ves·cent [efərˈvesnt] *adj* ga-
zeux*; *fig* pétillant

ef·fi·cien·cy [ɪˈfɪʃənsɪ] efficacité *f*

ef·fi·cient [ɪˈfɪʃənt] *adj* efficace

ef·fi·cient·ly [ɪˈfɪʃəntlɪ] *adv* efficace-
ment

ef·flu·ent [ˈefluənt] effluent *m*

ef·fort [ˈefərt] effort *m*; *make an ~ to
do sth* faire un effort pour faire qch

ef·fort·less [ˈefərtlɪs] *adj* aisé, facile

ef·fort·less·ly [ˈefərtlɪslɪ] *adv* sans effort

ef·fron·te·ry [ɪˈfrʌntərɪ] effronterie *f*,
toupet *m* F

ef·fu·sive [ɪˈfjuːsɪv] *adj* démonstratif*

e.g. [iːˈdʒiː] ex; *spoken* par example

e·gal·i·tar·i·an [ɪgælɪˈteriən] *adj* égali-
tariste

egg [eg] œuf *m*; *of woman* ovule *m*

◆ **egg on** *v/t* inciter, pousser (*to do sth*
à faire qch)

'egg·cup coquetier *m*; **'egg·head** F

intello *m/f* F; **'egg·plant** aubergine *f*;
'egg·shell coquille *f* (d'œuf); **'egg
tim·er** sablier *m*

e·go ['i:gou] PSYCH ego *m*, moi *m*;
(*self-esteem*) ego *m*

e·go·cen·tric [i:gou'sentrɪk] *adj* égocentrique

e·go·ism ['i:gouɪzm] égoïsme *m*

e·go·ist ['i:gouɪst] égoïste *m/f*

E·gypt ['i:dʒɪpt] Égypte *f*

E·gyp·tian [ɪ'dʒɪpʃn] **1** *adj* égyptien* **2**
n Égyptien(ne) *m(f)*

ei·der·down ['aɪdərdaun] (*quilt*) édredon *m*

eight [eɪt] huit

eigh·teen [eɪ'ti:n] dix-huit

eigh·teenth [eɪ'ti:nθ] dix-huitième; →
fifth

eighth [eɪtθ] huitième; → *fifth*

eigh·ti·eth ['eɪtɪθ] quatre-vingtième

eigh·ty ['eɪtɪ] quatre-vingts; **~-two /
four etc** quatre-vingt-deux / -quatre
etc

ei·ther ['i:ðər] **1** *adj* l'un ou l'autre;
(*both*) chaque **2** *pron* l'un(e) ou l'autre, n'importe lequel (laquelle) **3** *adv*:
I won't go **~** je n'irai pas non plus **4**
conj: **~ ... or** soit … soit …; *with negative* ni … ni …

e·ject [ɪ'dʒekt] **1** *v/t* éjecter; *person* expulser **2** *v/i from plane* s'éjecter

♦ **eke out** [i:k] *v/t* suppléer à l'insuffisance de; *eke out a living* vivoter,
gagner juste de quoi vivre

el [el] métro *m* aérien

e·lab·o·rate [ɪ'læbərət] **1** *adj* (*complex*)
compliqué; *preparations* soigné; *embroidery* minutieux* **2** *v/i* [ɪ'læbəreɪt]
donner des détails (*on* sur)

e·lab·o·rate·ly [ɪ'læbəreɪtlɪ] *adv* minutieusement

e·lapse [ɪ'læps] *v/i* (se) passer, s'écouler

e·las·tic [ɪ'læstɪk] **1** *adj* élastique **2** *n*
élastique *m*

e·las·ti·ca·ted [ɪ'læstɪkeɪtɪd] *adj* élastique

e·las·ti·ci·ty [ɪlæs'tɪsətɪ] élasticité *f*

e·las·ti·cized [ɪ'læstɪsaɪzd] *adj* élastique

e·lat·ed [ɪ'leɪtɪd] *adj* transporté (de

joie)

e·la·tion [ɪ'leɪʃn] exultation *f*

el·bow ['elbou] **1** *n* coude *m* **2** *v/t*: **~ out
of the way** écarter à coups de coude

el·der ['eldər] **1** *adj* aîné **2** *n* plus âgé(e)
m(f), aîné(e) *m(f)*; *of tribe* ancien *m*

el·der·ly ['eldərlɪ] *adj* âgé

el·dest ['eldəst] **1** *adj* aîné **2** *n*: **the ~**
l'aîné(e) *m(f)*

e·lect [ɪ'lekt] *v/t* élire; **~ to ...** choisir
de …

e·lect·ed [ɪ'lektɪd] *adj* élu

e·lec·tion [ɪ'lekʃn] élection *f*

e·lec·tion cam·paign campagne *f*
électorale

e·lec·tion day jour *m* des élections

e·lec·tive [ɪ'lektɪv] *adj* facultatif*

e·lec·tor [ɪ'lektər] électeur(-trice)
m(f)

e·lec·to·ral sys·tem [ɪ'lektərəl] système *m* électoral

e·lec·to·rate [ɪ'lektərət] électorat *m*

e·lec·tric [ɪ'lektrɪk] *adj also fig* électrique

e·lec·tri·cal [ɪ'lektrɪkl] *adj* électrique

e·lec·tri·cal en·gi·neer électrotechni-
cien(ne) *m(f)*, ingénieur *m/f* électri-
cien(ne)

e·lec·tri·cal en·gi·neer·ing électrotechnique *f*

e·lec·tric 'blan·ket couverture *f*
chauffante

e·lec·tric 'chair chaise *f* électrique

e·lec·tri·cian [ɪlek'trɪʃn] électri-
cien(ne) *m(f)*

e·lec·tri·ci·ty [ɪlek'trɪsətɪ] électricité *f*

e·lec·tric 'ra·zor rasoir *m* électrique

e·lec·tri·fy [ɪ'lektrɪfaɪ] *v/t* (*pret & pp
-ied*) électrifier; *fig* électriser

e·lec·tro·cute [ɪ'lektrəkju:t] *v/t* électrocuter

e·lec·trode [ɪ'lektroud] électrode *f*

e·lec·tron [ɪ'lektrɑːn] électron *m*

e·lec·tron·ic [ɪlek'trɑːnɪk] *adj* électronique; **~ engineer** ingénieur *m/f*
électronicien(ne), électronicien(ne)
m(f); **~ engineering** électronique *f*

e·lec·tron·ic da·ta 'pro·ces·sing traitement *m* électronique de l'information

e·lec·tron·ic 'mail courrier *m* électronique

e·lec·tron·ics [ɪlek'trɑːnɪks] électronique f

el·e·gance ['elɪgəns] élégance f

el·e·gant ['elɪgənt] adj élégant

el·e·gant·ly ['elɪgəntlɪ] adv élégamment

el·e·ment ['elɪmənt] élément m

el·e·men·ta·ry [elɪ'mentərɪ] adj élémentaire

el·e·phant ['elɪfənt] éléphant m

el·e·vate ['elɪveɪt] v/t élever

el·e·vat·ed rail·road ['elɪveɪtɪd] métro m aérien

el·e·va·tion [elɪ'veɪʃn] (altitude) altitude f, hauteur f

el·e·va·tor ['elɪveɪtər] ascenseur m

el·ev·en [ɪ'levn] onze

el·ev·enth [ɪ'levnθ] onzième; → fifth; at the ~ hour à la dernière minute

el·i·gi·ble ['elɪdʒəbl] adj: be ~ to do sth avoir le droit de faire qch; be ~ for sth avoir droit à qch

el·i·gi·ble 'bach·e·lor bon parti m

e·lim·i·nate [ɪ'lɪmɪneɪt] v/t éliminer; (kill) supprimer; be ~d from competition être éliminé

e·lim·i·na·tion [ɪlɪmɪ'neɪʃn] élimination f; (murder) suppression f; by a process of ~ par élimination

e·lite [er'liːt] 1 n élite f 2 adj d'élite

e·lipse [ɪ'lɪps] ellipse f

elm [elm] orme m

e·lope [ɪ'loʊp] v/i s'enfuir (avec un amant)

el·o·quence ['eləkwəns] éloquence f

el·o·quent ['eləkwənt] adj éloquent

el·o·quent·ly ['eləkwəntlɪ] adv éloquemment

else [els] adv: anything ~? vous désirez autre chose?; in store vous désirez autre chose?; if you've got nothing ~ to do si tu n'as rien d'autre à faire; no one ~ personne d'autre; everyone ~ is going tous les autres y vont; who ~ was there? qui d'autre y était?; someone ~ quelqu'un d'autre; something ~ autre chose; let's go somewhere ~ allons autre part; or ~ sinon

else·where ['elswer] adv ailleurs

e·lude [ɪ'luːd] v/t (escape from) échapper à; (avoid) éviter

e·lu·sive [ɪ'luːsɪv] adj insaisissable

e·ma·ci·at·ed [ɪ'meɪsɪeɪtɪd] adj émacié

e-mail ['iːmeɪl] 1 n e-mail m, courrier m électronique 2 v/t person envoyer un e-mail à; text envoyer par e-mail

'e-mail ad·dress adresse f e-mail, adresse f électronique

e·man·ci·pat·ed [ɪ'mænsɪpeɪtɪd] adj woman émancipé

e·man·ci·pa·tion [ɪmænsɪ'peɪʃn] émancipation f

em·balm [ɪm'bɑːm] v/t embaumer

em·bank·ment [ɪm'bæŋkmənt] of river berge f, quai m; RAIL remblai m, talus m

em·bar·go [em'bɑːrgoʊ] embargo m

em·bark [ɪm'bɑːrk] v/i (s')embarquer

♦ embark on v/t adventure etc s'embarquer dans

em·bar·rass [ɪm'bærəs] v/t gêner, embarrasser; government mettre dans l'embarras

em·bar·rassed [ɪm'bærəst] adj gêné, embarrassé

em·bar·rass·ing [ɪm'bærəsɪŋ] adj gênant, embarrassant

em·bar·rass·ment [ɪm'bærəsmənt] gêne f, embarras m

em·bas·sy ['embəsɪ] ambassade f

em·bel·lish [ɪm'belɪʃ] v/t embellir; story enjoliver

em·bers ['embərz] npl braise f

em·bez·zle [ɪm'bezl] v/t détourner (from de)

em·bez·zle·ment [ɪm'bezlmənt] détournement m de fonds

em·bez·zler [ɪm'bezlər] détourneur (-euse) m(f) de fonds

em·bit·ter [ɪm'bɪtər] v/t aigrir

em·blem ['embləm] emblème m

em·bod·i·ment [ɪm'bɑːdɪmənt] incarnation f, personnification f

em·bod·y [ɪm'bɑːdɪ] v/t (pret & pp -ied) incarner, personnifier

em·bo·lism ['embəlɪzm] embolie f

em·boss [ɪm'bɑːs] v/t metal travailler en relief; paper, fabric gaufrer

em·brace [ɪm'breɪs] 1 n étreinte f 2 v/t

(*hug*) serrer dans ses bras, étreindre; (*take in*) embrasser **3** *v/i of two people* se serrer dans les bras, s'étreindre

em·broi·der [ɪmˈbrɔɪdər] *v/t* broder; *fig* enjoliver

em·broi·der·y [ɪmˈbrɔɪdərɪ] broderie *f*

em·bry·o [ˈembrɪoʊ] embryon *m*

em·bry·on·ic [embrɪˈɑːnɪk] *adj fig* embryonnaire

em·e·rald [ˈemərəld] *precious stone* émeraude *f*; *color* (vert *m*) émeraude *m*

e·merge [ɪˈmɜːrdʒ] *v/i* sortir; *from mist, of truth* émerger; *it has ~d that …* il est apparu que …

e·mer·gen·cy [ɪˈmɜːrdʒənsɪ] urgence *f*; *in an ~* en cas d'urgence

e·mer·gen·cy ex·it sortie *f* de secours; **e'mer·gen·cy land·ing** atterrissage *m* forcé; **e'mer·gen·cy serv·ices** *npl* services *mpl* d'urgence

em·er·y board [ˈemərɪbɔːrd] lime *f* à ongles

em·i·grant [ˈemɪɡrənt] émigrant(e) *m(f)*

em·i·grate [ˈemɪɡreɪt] *v/i* émigrer

em·i·gra·tion [emɪˈɡreɪʃn] émigration *f*

Ém·i·nence [ˈemɪnəns] REL: *His ~* son Éminence

em·i·nent [ˈemɪnənt] *adj* éminent

em·i·nent·ly [ˈemɪnəntlɪ] *adv* éminemment

e·mis·sion [ɪˈmɪʃn] *of gases* émission *f*

e·mit [ɪˈmɪt] *v/t* (*pret & pp* **-ted**) émettre

e·mo·tion [ɪˈmoʊʃn] émotion *f*

e·mo·tion·al [ɪˈmoʊʃnl] *adj problems, development* émotionnel*, affectif*; (*full of emotion: person*) ému; *reunion, moment* émouvant

em·pa·thize [ˈempəθaɪz] *v/i* compatir; *~ with* sth compatir à; *s.o.* avoir de la compassion pour

em·pe·ror [ˈempərər] empereur *m*

em·pha·sis [ˈemfəsɪs] accent *m*

em·pha·size [ˈemfəsaɪz] *v/t syllable* accentuer; *fig* souligner

em·phat·ic [ɪmˈfætɪk] *adj* énergique, catégorique; *be very ~ about sth* être catégorique à propos de qch

em·pire [ˈempaɪr] *also fig* empire *m*

em·ploy [ɪmˈplɔɪ] *v/t* employer

em·ploy·ee [emplɔɪˈiː] employé(e) *m(f)*

em·ploy·er [emˈplɔɪər] employeur (-euse) *m(f)*

em·ploy·ment [emˈplɔɪmənt] (*jobs*) emplois *mpl*; (*work*) emploi *m*; **be seeking ~** être à la recherche d'un emploi

em'ploy·ment a·gen·cy agence *f* de placement

em·press [ˈemprɪs] impératrice *f*

emp·ti·ness [ˈemptɪnɪs] vide *m*

emp·ty [ˈemptɪ] **1** *adj* vide; *promises* vain **2** *v/t* (*pret & pp* **-ied**) vider **3** *v/i of room, street* se vider

em·u·late [ˈemjʊleɪt] *v/t* imiter

e·mul·sion [ɪˈmʌlʃn] *paint* peinture *f* mate

en·a·ble [ɪˈneɪbl] *v/t* permettre; *~ s.o. to do sth* permettre à qn de faire qch

en·act [ɪˈnækt] *v/t law* décréter; THEA représenter

e·nam·el [ɪˈnæml] émail *m*

enc *abbr* (= *enclosure(s)*) PJ (= pièce(s) jointe(s))

en·chant [ɪnˈtʃænt] *v/t* (*delight*) enchanter

en·chant·ing [ɪnˈtʃæntɪŋ] *adj* ravissant

en·cir·cle [ɪnˈsɜːrkl] *v/t* encercler, entourer

encl *abbr* (= *enclosure(s)*) PJ (= pièce(s) jointe(s))

en·close [ɪnˈkloʊz] *v/t in letter* joindre; *area* entourer; *please find ~d …* veuillez trouver ci-joint …

en·clo·sure [ɪnˈkloʊʒər] *with letter* pièce *f* jointe

en·core [ˈɑːŋkɔːr] bis *m*

en·coun·ter [ɪnˈkaʊntər] **1** *n* rencontre *f* **2** *v/t person* rencontrer; *problem, resistance* affronter

en·cour·age [ɪnˈkʌrɪdʒ] *v/t* encourager

en·cour·age·ment [ɪnˈkʌrɪdʒmənt] encouragement *m*

en·cour·ag·ing [ɪnˈkʌrɪdʒɪŋ] *adj* encourageant

♦ **encroach on** [ɪnˈkroʊtʃ] *v/t land, rights, time* empiéter sur

en·cy·clo·pe·di·a [ɪnsaɪklə'piːdɪə] encyclopédie f

end [end] **1** n (*extremity*) bout m; (*conclusion, purpose*) fin f; **in the ~** à la fin; **for hours on ~** pendant des heures; **stand sth on ~** mettre qch debout; **at the ~ of July** à la fin du mois de juillet; **put an ~ to** mettre fin à **2** v/t terminer, finir **3** v/i se terminer, finir

♦ **end up** v/i finir; **I ended up (by) doing it myself** j'ai fini par le faire moi-même

en·dan·ger [ɪn'deɪndʒər] v/t mettre en danger

en·dan·gered spe·cies nsg espèce f en voie de disparition

en·dear·ing [ɪn'dɪrɪŋ] adj attachant

en·deav·or [ɪn'devər] **1** n effort m, tentative f **2** v/t essayer (**to do sth** de faire qch), chercher (**to do sth** à faire qch)

en·dem·ic [ɪn'demɪk] adj endémique

end·ing ['endɪŋ] fin f; GRAM terminaison f

end·less ['endlɪs] adj sans fin

en·dorse [ɪn'dɔːrs] v/t check endosser; candidacy appuyer; product associer son image à

en·dorse·ment [ɪn'dɔːrsmənt] of check endos(sement) m; of candidacy appui m; of product association f de son image à

end 'prod·uct produit m fini

end re'sult résultat m final

en·dur·ance [ɪn'dʊrəns] of person endurance f; of car résistance f

en·dur·ance test for machine test m de résistance; for person test m d'endurance

en·dure [ɪn'dʊər] **1** v/t endurer **2** v/i (*last*) durer

en·dur·ing [ɪn'dʊrɪŋ] adj durable

end-'us·er utilisateur(-trice) m(f) final(e)

en·e·my ['enəmɪ] ennemi(e) m(f); in war ennemi m

en·er·get·ic [enərdʒetɪk] adj also fig énergique

en·er·get·ic·al·ly [enərdʒetɪklɪ] adv énergiquement

en·er·gy ['enərʒɪ] énergie f

'en·er·gy-sav·ing adj device à faible consommation d'énergie

'en·er·gy sup·ply alimentation f en énergie

en·force [ɪn'fɔːrs] v/t appliquer, mettre en vigueur

en·gage [ɪn'geɪdʒ] **1** v/t (*hire*) engager **2** v/i of machine part s'engrener; of clutch s'embrayer

♦ **engage in** v/t s'engager dans

en·gaged [ɪn'geɪdʒd] adj to be married fiancé; Br TELEC occupé; **get ~** se fiancer

en·gage·ment [ɪn'geɪdʒmənt] (*appointment*) rendez-vous m; to be married fiançailles fpl; MIL engagement m

en·gage·ment ring bague f de fiançailles

en·gag·ing [ɪn'geɪdʒɪŋ] adj smile, person engageant

en·gine ['endʒɪn] moteur m; of train locomotive f

en·gi·neer [endʒɪ'nɪr] **1** n ingénieur m/f; NAUT, RAIL mécanicien(ne) m(f) **2** v/t fig: meeting etc combiner

en·gi·neer·ing [endʒɪ'nɪrɪŋ] ingénierie f, engineering m

En·gland ['ɪŋglənd] Angleterre f

En·glish ['ɪŋglɪʃ] **1** adj anglais **2** n language anglais m; **the ~** les Anglais mpl

Eng·lish 'Chan·nel Manche f

En·glish·man ['ɪŋglɪʃmən] Anglais m

En·glish·wom·an ['ɪŋglɪʃwumən] Anglaise f

en·grave [ɪn'greɪv] v/t graver

en·grav·ing [ɪn'greɪvɪŋ] gravure f

en·grossed [ɪn'groust] adj: **~ in** absorbé dans

en·gulf [ɪn'gʌlf] v/t engloutir

en·hance [ɪn'hæns] v/t beauty, flavor rehausser; reputation accroître; performance améliorer; enjoyment augmenter

e·nig·ma [ɪ'nɪgmə] énigme f

e·nig·mat·ic [enɪg'mætɪk] adj énigmatique

en·joy [ɪn'dʒɔɪ] v/t aimer; **~ o.s.** s'amuser; **~I** said to s.o. eating bon appétit!

en·joy·a·ble [ɪn'dʒɔɪəbl] adj agréable

en·joy·ment [ɪnˈdʒɔɪmənt] plaisir *m*
en·large [ɪnˈlɑːrdʒ] *v/t* agrandir
en·large·ment [ɪnˈlɑːrdʒmənt] agrandissement *m*
en·light·en [ɪnˈlaɪtn] *v/t* éclairer
en·list [ɪnˈlɪst] **1** *v/i* MIL enrôler **2** *v/t*: ~ **the help of** se procurer l'aide de
en·liv·en [ɪnˈlaɪvn] *v/t* animer
en·mi·ty [ˈenmətɪ] inimitié *f*
e·nor·mi·ty [ɪˈnɔːrmətɪ] énormité *f*
e·nor·mous [ɪˈnɔːrməs] *adj* énorme
e·nor·mous·ly [ɪˈnɔːrməslɪ] *adv* énormément
e·nough [ɪˈnʌf] **1** *adj* assez de **2** *pron* assez; *will $50 be ~?* est-ce que 50 $ suffiront?; *I've had ~!* j'en ai assez!; *that's ~, calm down!* ça suffit, calme-toi! **3** *adv* assez; *big / strong ~* assez grand / fort; *strangely ~* chose curieuse, curieusement
en·quire *etc* → **inquire** *etc*
en·raged [ɪnˈreɪdʒd] *adj* furieux*
en·rich [ɪnˈrɪtʃ] *v/t* enrichir
en·roll [ɪnˈroʊl] *v/i* s'inscrire
en·roll·ment [ɪnˈroʊlmənt] inscriptions *fpl*
en·sue [ɪnˈsuː] *v/i* s'ensuivre; *the ensuing months* les mois qui ont suivi
en suite (bath·room) [ˈɑːnswiːt] salle *f* de bains attenante
en·sure [ɪnˈʃʊər] *v/t* assurer; ~ *that ...* s'assurer que
en·tail [ɪnˈteɪl] *v/t* entraîner
en·tan·gle [ɪnˈtæŋgl] *v/t in rope* empêtrer; *become ~d in also fig* s'empêtrer dans
en·ter [ˈentər] **1** *v/t room, house* entrer dans; *competition* entrer en; *person, horse in race* inscrire; *write down* inscrire (*in* sur); COMPUT entrer **2** *v/i* entrer; *in competition* s'inscrire **3** *n* COMPUT touche *f* entrée
en·ter·prise [ˈentərpraɪz] (*initiative*) (esprit *m* d')initiative *f*; (*venture*) entreprise *f*
en·ter·pris·ing [ˈentərpraɪzɪŋ] *adj* entreprenant
en·ter·tain [entərˈteɪn] **1** *v/t* (*amuse*) amuser, divertir; (*consider, envisage*) envisager **2** *v/i* (*have guests*) recevoir
en·ter·tain·er [entərˈteɪnər] artiste *m/f*

de variété
en·ter·tain·ing [entərˈteɪnɪŋ] *adj* amusant, divertissant
en·ter·tain·ment [entərˈteɪnmənt] *adj* divertissement *m*
en·thrall [ɪnˈθrɔːl] *v/t* captiver
en·thu·si·as·m [ɪnˈθuːzɪæzəm] enthousiasme *m*
en·thu·si·ast [ɪnˈθuːzɪæst] enthousiaste *m/f*
en·thu·si·as·tic [ɪnθuːzɪˈæstɪk] *adj* enthousiaste
en·thu·si·as·tic·al·ly [ɪnθuːzɪˈæstɪklɪ] *adv* avec enthousiasme
en·tice [ɪnˈtaɪs] *v/t* attirer
en·tire [ɪnˈtaɪr] *adj* entier*
en·tire·ly [ɪnˈtaɪrlɪ] *adv* entièrement
en·ti·tle [ɪnˈtaɪtl] *v/t*: ~ *s.o. to sth / to do sth* donner à qn droit à qch / le droit de faire qch; *be ~d to sth / to do sth* avoir droit à qch / le droit de faire qch
en·ti·tled [ɪnˈtaɪtld] *adj book* intitulé
en·trance [ˈentrəns] entrée *f*
en·trance ex·am(·i·na·tion) examen *m* d'entrée
en·tranced [ɪnˈtrænst] *adj* enchanté
en·trance fee droit *m* d'entrée
en·trant [ˈentrənt] inscrit(e) *m(f)*
en·treat [ɪnˈtriːt] *v/t*: ~ *s.o. to do sth* supplier qn de faire qch
en·trenched [ɪnˈtrentʃt] *adj attitudes* enraciné
en·tre·pre·neur [ɑːntrəprəˈnɜːr] entrepreneur(-euse) *m(f)*
en·tre·pre·neur·i·al [ɑːntrəprəˈnɜːrɪəl] *adj skills* d'entrepreneur
en·trust [ɪnˈtrʌst] *v/t*: ~ *X with Y, ~ Y to X* confier Y à X
en·try [ˈentrɪ] (*way in, admission*) entrée *f*; *for competition: person* participant(e) *m(f)*; *in diary, accounts* inscription *f*; *in reference book* article *m*; *no ~* défense d'entrer
en·try form feuille *f* d'inscription; **en·try·phone** interphone *m*; **en·try vi·sa** visa *m* d'entrée
e·nu·me·rate [ɪˈnuːməreɪt] *v/t* énumérer
en·vel·op [ɪnˈveləp] *v/t* envelopper
en·ve·lope [ˈenvəloʊp] enveloppe *f*

en·vi·a·ble ['enviəbl] *adj* enviable

en·vi·ous ['envɪəs] *adj* envieux*; *be ~ of s.o.* envier qn

en·vi·ron·ment [ɪn'vaɪrənmənt] environnement *m*

en·vi·ron·men·tal [ɪnvaɪrən'mentl] *adj* écologique

en·vi·ron·men·tal·ist [ɪnvaɪrən'mentəlɪst] écologiste *m/f*

en·vi·ron·men·tal·ly friend·ly [ɪnvaɪrənmentəlɪ'frendlɪ] *adj* écologique

en·vi·ron·men·tal pol'lu·tion pollution *f* de l'environnement

en·vi·ron·men·tal pro'tec·tion protection *f* de l'environnement

en·vi·rons [ɪn'vaɪrənz] *npl* environs *mpl*

en·vis·age [ɪn'vɪzɪdʒ] *v/t* envisager; *I can't ~ him doing that* je ne peux pas l'imaginer faire cela

en·voy ['envɔɪ] envoyé(e) *m(f)*

en·vy ['envɪ] **1** *n* envie *f*; *be the ~ of* être envié par **2** *v/t* (*pret & pp -ied*): *~ s.o. sth* envier qch à qn

ephem·er·al [ɪ'femərəl] *adj* éphémère

ep·ic ['epɪk] **1** *n* épopée *f*; *movie* film *m* à grand spectacle **2** *adj* journey, scale épique

ep·i·cen·ter ['epɪsentər] épicentre *m*

ep·i·dem·ic [epɪ'demɪk] *also fig* épidémie *f*

ep·i·lep·sy ['epɪlepsɪ] épilepsie *f*

ep·i·lep·tic [epɪ'leptɪk] épileptique *m/f*

ep·i·lep·tic 'fit crise *f* d'épilepsie

ep·i·log ['epɪlɑːg] épilogue *m*

ep·i·sode ['epɪsoʊd] épisode *m*

ep·i·taph ['epɪtæf] épitaphe *f*

ep·och ['iːpɑːk] époque *f*

ep·och-mak·ing ['iːpɑːkmeɪkɪŋ] *adj* qui fait époque

e·qual ['iːkwl] **1** *adj* égal; *be ~ to task* être à la hauteur de **2** *n* égal *m* **3** *v/t* (*pret & pp -ed*, *Br -led*) égaler

e·qual·i·ty [ɪ'kwɑːlətɪ] égalité *f*

e·qual·ize ['iːkwəlaɪz] **1** *v/t* égaliser **2** *v/i* Br SP égaliser

e·qual·iz·er ['iːkwəlaɪzər] Br SP but *m* égalisateur

e·qual·ly ['iːkwəlɪ] *adv* divide de manière égale; *qualified, intelligent* tout aussi; *~, ...* pareillement, ...

e·qual 'rights *npl* égalité *f* des droits

e·quate [ɪ'kweɪt] *v/t* mettre sur le même pied; *~ X with Y* mettre X et Y sur le même pied

e·qua·tion [ɪ'kweɪʒn] MATH équation *f*

e·qua·tor [ɪ'kweɪtər] équateur *m*

e·qui·lib·ri·um [iːkwɪ'lɪbrɪəm] équilibre *m*

e·qui·nox ['iːkwɪnɑːks] équinoxe *m*

e·quip [ɪ'kwɪp] *v/t* (*pret & pp -ped*) équiper; *he's not ~ped to handle it* fig il n'est pas préparé pour gérer cela

e·quip·ment [ɪ'kwɪpmənt] équipement *m*

eq·ui·ty ['ekwətɪ] FIN capitaux *mpl* propres

e·quiv·a·lent [ɪ'kwɪvələnt] **1** *adj* équivalent **2** *n* équivalent *m*

e·ra ['ɪrə] ère *f*

e·rad·i·cate [ɪ'rædɪkeɪt] *v/t* éradiquer

e·rase [ɪ'reɪz] *v/t* effacer

e·ras·er [ɪ'reɪzər] gomme *f*

e·rect [ɪ'rekt] **1** *adj* droit

e·rect 2 *v/t* ériger, élever

e·rec·tion [ɪ'rekʃn] *of building, penis* érection *f*

er·go·nom·ic [ɜːrgoʊ'nɑːmɪk] *adj* ergonomique

e·rode [ɪ'roʊd] *v/t* éroder; *fig: power* miner; *rights* supprimer progressivement

e·ro·sion [ɪ'roʊʒn] érosion *f*; *fig: of rights* suppression *f* progressive

e·rot·ic [ɪ'rɑːtɪk] *adj* érotique

e·rot·i·cism [ɪ'rɑːtɪsɪzm] érotisme *m*

er·rand ['erənd] commission *f*; *run ~s* faire des commissions

er·rat·ic [ɪ'rætɪk] *adj* performance, course irrégulier*; *driving* capricieux*; *behavior* changeant

er·ror ['erər] erreur *f*

'er·ror mes·sage COMPUT message *m* d'erreur

e·rupt [ɪ'rʌpt] *v/i of volcano* entrer en éruption; *of violence* éclater; *of person* exploser F

e·rup·tion [ɪ'rʌpʃn] *of volcano* éruption *f*; *of violence* explosion *f*

es·ca·late ['eskəleɪt] *v/i* s'intensifier

es·ca·la·tion [eskə'leɪʃn] intensification *f*

es·ca·la·tor ['eskəleɪtər] escalier *m* mécanique, escalator *m*

es·cape ['skeɪp] **1** *n of prisoner* évasion *f*; *of animal, gas* fuite *f*; **have a narrow ~** l'échapper belle **2** *v/i of prisoner* s'échapper, s'évader; *of animal* s'échapper, s'enfuir; *of gas* s'échapper **3** *v/t:* **the word ~s me** le mot m'échappe

es·cape chute AVIAT toboggan *m* de secours

es·cort ['eskɔːt] **1** *n (companion)* cavalier(-ière) *m(f)*; *(guard)* escorte *f* **2** *v/t* [ɪ'skɔːt] *socially* accompagner; *(act as guard to)* escorter

es·pe·cial [ɪ'speʃl] → **special**

es·pe·cial·ly [ɪ'speʃlɪ] *adv* particulièrement, surtout

es·pi·o·nage ['espɪənɑːʒ] espionnage *m*

es·pres·so (cof·fee) [es'presou] expresso *m*

es·say ['eseɪ] *n at school* rédaction *f*; *at university* dissertation *f*; *by writer* essai *m*

es·sen·tial [ɪ'senʃl] *adj* essentiel*

es·sen·tial·ly [ɪ'senʃlɪ] *adv* essentiellement

es·tab·lish [ɪ'stæblɪʃ] *v/t company* fonder, créer; *(create, determine)* établir; **~ o.s. as** s'établir comme

es·tab·lish·ment [ɪ'stæblɪʃmənt] *firm, shop etc* établissement *m*; **the Establishment** l'establishment *m*

es·tate [ɪ'steɪt] *(area of land)* propriété *f*, domaine *m*; *(possessions of dead person)* biens *mpl*

es·tate a·gen·cy *Br* agence *f* immobilière

es·thet·ic [ɪs'θetɪk] *adj* esthétique

es·ti·mate ['estɪmət] **1** *n* estimation *f*; *from builder etc* devis *m* **2** *v/t* estimer

es·ti·ma·tion [estɪ'meɪʃn] estime *f*; **he has gone up / down in my ~** il a monté / baissé dans mon estime; **in my ~** *(opinion)* à mon avis *m*

es·tu·a·ry ['estʃəwerɪ] estuaire *m*

ETA [iːtiː'eɪ] *abbr* (= *estimated time of arrival*) heure *f* prévue d'arrivée

etc [et'setrə] *abbr* (= *et cetera*) etc.

etch·ing ['etʃɪŋ] *(gravure f à l')*eau-forte *f*

e·ter·nal [ɪ'tɜːrnl] *adj* éternel*

e·ter·ni·ty [ɪ'tɜːrnətɪ] éternité *f*

eth·i·cal ['eθɪkl] *adj problem* éthique; *(morally right), behavior* moral

eth·ics ['eθɪks] éthique *f*

eth·nic ['eθnɪk] *adj* ethnique

eth·nic 'cleans·ing purification *f* ethnique

eth·nic 'group ethnie *f*

eth·nic mi'nor·i·ty minorité *f* ethnique

EU [iː'juː] *abbr* (= *European Union*) U.E. *f* (= Union *f* européenne)

eu·phe·mism ['juːfəmɪzm] euphémisme *m*

eu·pho·ri·a [juː'fɔːrɪə] euphorie *f*

eu·ro ['jʊrou] FIN euro *m*; **'Eu·ro MP** député(e) européen(ne) *m(f)*

Eu·rope ['jʊrəp] Europe *f*

Eu·ro·pe·an [jʊrə'pɪən] **1** *adj* européen* **2** *n* Européen(ne) *m(f)*; **Eu·ro·pe·an Com'mis·sion** Commission *f* européenne; **Eu·ro·pe·an Com'mis·sion·er** Commissaire européen(ne) *m(f)*; **Eu·ro·pe·an 'Par·lia·ment** Parlement *m* européen; **Eu·ro·pe·an 'Un·ion** Union *f* européenne

eu·tha·na·si·a [juːθə'neɪzɪə] euthanasie *f*

e·vac·u·ate [ɪ'vækjueɪt] *v/t (clear people from)* faire évacuer; *(leave)* évacuer

e·vade [ɪ'veɪd] *v/t* éviter; *question* éluder

e·val·u·ate [ɪ'væljueɪt] *v/t* évaluer

e·val·u·a·tion [ɪvælju'eɪʃn] évaluation *f*

e·van·gel·ist [ɪ'vændʒəlɪst] évangélisateur(-trice) *m(f)*

e·vap·o·rate [ɪ'væpəreɪt] *v/i also fig* s'évaporer

e·vap·o·ra·tion [ɪvæpə'reɪʃn] *of water* évaporation *f*

e·va·sion [ɪ'veɪʒn] fuite *f*; **~ of responsibilities** fuite *f* devant ses responsabilités; **tax ~** fraude *f* fiscale

e·va·sive [ɪ'veɪsɪv] *adj* évasif*

eve [iːv] veille f; **on the ~ of** à la veille de

e·ven ['iːvn] **1** adj breathing régulier*; distribution égal, uniforme; (level) plat; surface plan; number pair; **get ~ with …** prendre sa revanche sur … **2** adv même; **~ bigger / smaller** encore plus grand / petit; **not ~** pas même; **~ so** quand même; **~ if** même si **3** v/t: **~ the score** égaliser

eve·ning ['iːvnɪŋ] soir m; **in the ~** le soir; **at 7 in the ~** à 7 heures du soir; **this ~** ce soir; **good ~** bonsoir

'eve·ning class cours m du soir; **'eve·ning dress** for woman robe f du soir; for man tenue f de soirée; **eve·ning 'pa·per** journal m du soir

e·ven·ly ['iːvnlɪ] adv (regularly) de manière égale; breathe régulièrement

e·vent [ɪ'vent] événement m; SP épreuve f; **at all ~s** en tout cas

e·vent·ful [ɪ'ventfl] adj mouvementé

e·ven·tu·al [ɪ'ventʃʊəl] adj final

e·ven·tu·al·ly [ɪ'ventʃʊəlɪ] adv finalement

ev·er ['evər] adv jamais; **have you been to Japan?** est-ce que tu es déjà allé au Japon?; **for ~** pour toujours; **~ since** depuis lors; **~ since we …** depuis le jour où nous …; **the fastest ~** le / la plus rapide qui ait jamais existé

ev·er·green ['evərgriːn] n arbre m à feuilles persistantes

ev·er·last·ing [evər'læstɪŋ] adj éternel*

ev·ery ['evrɪ] adj: **~ day** tous les jours, chaque jour; **~ one of his fans** chacun de ses fans, tous ses fans; **one in ~ ten houses** une maison sur dix; **~ now and then** de temps en temps

ev·ery·bod·y ['evrɪbɑːdɪ] → **everyone**

ev·ery·day ['evrɪdeɪ] adj de tous les jours

ev·ery·one ['evrɪwʌn] pron tout le monde; **~ who knew him** tous ceux qui l'ont connu

ev·ery·thing ['evrɪθɪŋ] pron tout; **~ I say** tout ce que je dis

ev·ery·where ['evrɪweər] adv partout; **~ you go** (wherever) partout où tu vas,

où que tu ailles (subj)

e·vict [ɪ'vɪkt] v/t expulser

ev·i·dence ['evɪdəns] preuve(s) f(pl); LAW témoignage m; **give ~** témoigner

ev·i·dent ['evɪdənt] adj évident

ev·i·dent·ly ['evɪdəntlɪ] adv (clearly) à l'évidence; (apparently) de toute évidence

e·vil ['iːvl] **1** adj mauvais, méchant **2** n mal m

e·voke [ɪ'vouk] v/t image évoquer

ev·o·lu·tion [iːvə'luːʃn] évolution f

e·volve [ɪ'vɑːlv] v/i évoluer

ewe [juː] brebis f

ex- [eks] ex-

ex [eks] F wife, husband ex m/f F

ex·act [ɪg'zækt] adj exact

ex·act·ing [ɪg'zæktɪŋ] adj exigeant

ex·act·ly [ɪg'zæktlɪ] adv exactement

ex·ag·ge·rate [ɪg'zædʒəreɪt] v/t & v/i exagérer

ex·ag·ge·ra·tion [ɪgzædʒə'reɪʃn] exagération f

ex·am [ɪg'zæm] examen m; **take an ~** passer un examen; **pass / fail an ~** réussir à / échouer à un examen

ex·am·i·na·tion [ɪgzæmɪ'neɪʃn] examen m

ex·am·ine [ɪg'zæmɪn] v/t examiner

ex·am·in·er [ɪg'zæmɪnər] EDU examinateur(-trice) m(f)

ex·am·ple [ɪg'zæmpl] exemple m; **for ~** par exemple; **set a good / bad ~** donner / ne pas donner l'exemple

ex·as·pe·rat·ed [ɪg'zæspəreɪtɪd] adj exaspéré

ex·as·pe·rat·ing [ɪg'zæspəreɪtɪŋ] adj exaspérant

ex·ca·vate ['ekskəveɪt] v/t (dig) excaver; of archeologist fouiller

ex·ca·va·tion [ekskə'veɪʃn] excavation f; archeological fouille(s) f(pl)

ex·ceed [ɪk'siːd] v/t dépasser; authority outrepasser

ex·ceed·ing·ly [ɪk'siːdɪŋlɪ] adv extrêmement

ex·cel [ɪk'sel] **1** v/i (pret & pp **-led**) exceller; **~ at** exceller en **2** v/t: **~ o.s.** se surpasser

ex·cel·lence ['eksələns] excellence f

E

ex·cel·lent ['eksələnt] adj excellent

ex·cept [ɪk'sept] prep sauf; ~ for à l'exception de

ex·cep·tion [ɪk'sepʃn] exception f; with the ~ of à l'exception de; take ~ to s'offenser de

ex·cep·tion·al [ɪk'sepʃnl] adj exceptionnel*

ex·cep·tion·al·ly [ɪk'sepʃnlɪ] adv (extremely) exceptionnellement

ex·cerpt ['eksɜːrpt] extrait m

ex·cess [ɪk'ses] 1 n excès m; drink to ~ boire à l'excès; in ~ of au-dessus de 2 adj: ~ water excédent m d'eau

ex·cess 'bag·gage excédent m de bagages

ex·cess 'fare supplément m

ex·ces·sive [ɪk'sesɪv] adj excessif*

ex·change [ɪks'tʃeɪndʒ] 1 n échange m; in ~ for en échange de 2 v/t échanger; ~ X for Y échanger X contre Y

ex'change rate FIN cours m du change, taux m du change

ex·ci·ta·ble [ɪk'saɪtəbl] adj excitable

ex·cite [ɪk'saɪt] v/t (make enthusiastic) enthousiasmer

ex·cit·ed [ɪk'saɪtɪd] adj excité; get ~ s'exciter; get ~ about sth trip etc être excité à l'idée de qch; changes etc être enthousiaste à l'idée de qch

ex·cite·ment [ɪk'saɪtmənt] excitation f

ex·cit·ing [ɪk'saɪtɪŋ] adj passionnant

ex·claim [ɪk'skleɪm] v/t s'exclamer

ex·cla·ma·tion [eksklə'meɪʃn] exclamation f

ex·cla·ma·tion point point m d'exclamation

ex·clude [ɪk'skluːd] v/t exclure

ex·clud·ing [ɪk'skluːdɪŋ] prep sauf; six ~ the children six sans compter les enfants; open year-round ~ ... ouvert toute l'année à l'exclusion de ....

ex·clu·sive [ɪk'skluːsɪv] adj hotel, restaurant huppé; rights, interview exclusif*

ex·com·mu·ni·cate [ekskə'mjuːnɪkeɪt] v/t REL excommunier

ex·cru·ci·at·ing [ɪk'skruːʃɪeɪtɪŋ] adj pain atroce

ex·cur·sion [ɪk'skɜːrʃn] excursion f

ex·cuse [ɪk'skjuːs] 1 n excuse f 2 v/t

[ɪk'skjuːz] excuser; (forgive) pardonner; ~ X from Y dispenser X de Y; ~ me excusez-moi

ex·di·rec·to·ry Br: be ~ être sur liste rouge

e·xe·cute ['eksɪkjuːt] v/t criminal, plan exécuter

ex·e·cu·tion [eksɪ'kjuːʃn] of criminal, plan exécution f

ex·e·cu·tion·er [eksɪ'kjuːʃnər] bourreau m

ex·ec·u·tive [ɪg'zekjʊtɪv] 1 n cadre m 2 adj de luxe

ex·ec·u·tive 'brief·case attaché-case m

ex·em·pla·ry [ɪg'zemplərɪ] adj exemplaire m

ex·empt [ɪg'zempt] adj exempt; be ~ from être exempté de

ex·er·cise ['eksərsaɪz] 1 n exercice m; take ~ prendre de l'exercice 2 v/t muscle exercer; dog promener; caution, restraint user de 3 v/i prendre de l'exercice

'ex·er·cise bike vélo m d'appartement; 'ex·er·cise book EDU cahier m (d'exercices); 'ex·er·cise class cours m de gymnastique

ex·ert [ɪg'zɜːrt] v/t authority exercer; ~ o.s. se dépenser

ex·er·tion [ɪg'zɜːrʃn] effort m

ex·hale [eks'heɪl] v/t exhaler

ex·haust [ɪg'zɒːst] 1 n fumes gaz m d'échappement; pipe tuyau m d'échappement 2 v/t (tire, use up) épuiser

ex·haust·ed [ɪg'zɒːstɪd] adj (tired) épuisé

ex·haust fumes npl gaz mpl d'échappement

ex·haust·ing [ɪg'zɒːstɪŋ] adj épuisant

ex·haus·tion [ɪg'zɒːstʃn] épuisement m

ex·haus·tive [ɪg'zɒːstɪv] adj exhaustif*

ex·haust pipe tuyau m d'échappement

ex·hib·it [ɪg'zɪbɪt] 1 n in exhibition objet m exposé 2 v/t of artist exposer; (give evidence of) montrer

ex·hi·bi·tion [eksɪ'bɪʃn] exposition f;

of bad behavior étalage m; of skill démonstration f

ex·hi·bi·tion·ist [eksɪˈbɪʃnɪst] exhibitionniste m/f

ex·hil·a·rat·ing [ɪgˈzɪləreɪtɪŋ] adj weather vivifiant; sensation grisant

ex·ile ['eksaɪl] **1** n exil m; person exilé(e) m(f) **2** v/t exiler

ex·ist [ɪgˈzɪst] v/i exister; ~ **on** subsister avec

ex·ist·ence [ɪgˈzɪstəns] existence f; **be in** ~ exister; **come into** ~ être créé, naître

ex·ist·ing [ɪgˈzɪstɪŋ] adj existant

ex·it ['eksɪt] **1** n sortie f **2** v/i COMPUT sortir

ex·on·e·rate [ɪgˈzɑːnəreɪt] v/t (clear) disculper

ex·or·bi·tant [ɪgˈzɔːrbɪtənt] adj exorbitant

ex·ot·ic [ɪgˈzɑːtɪk] adj exotique

ex·pand [ɪkˈspænd] **1** v/t étendre, développer **2** v/i of population s'accroître, augmenter; of business, city se développer, s'étendre; of metal, gas se dilater

♦ **expand on** v/t s'étendre sur

ex·panse [ɪkˈspæns] étendue f

ex·pan·sion [ɪkˈspænʃn] of business, city développement m, extension f; of population accroissement m, augmentation f; of metal, gas dilatation f

ex·pat·ri·ate [eksˈpætrɪət] **1** adj expatrié **2** n expatrié(e) m(f)

ex·pect [ɪkˈspekt] **1** v/t also baby attendre; (suppose) penser, croire; (demand) exiger, attendre (**from sth** de qch) **2** v/i: **be ~ing** attendre un bébé; **I ~ so** je pense que oui

ex·pec·tant [ɪkˈspektənt] adj crowd, spectators impatient; silence d'expectative

ex·pec·tant 'moth·er future maman f

ex·pec·ta·tion [ekspekˈteɪʃn] attente f, espérance f; ~**s** (demands) exigence f

ex·pe·di·ent [ɪkˈspiːdɪənt] adj opportun, pratique

ex·pe·di·tion [ekspɪˈdɪʃn] expédition f

ex·pel [ɪkˈspel] v/t (pret & pp **-led**) person expulser

ex·pend [ɪkˈspend] v/t energy dépenser

ex·pend·a·ble [ɪkˈspendəbl] adj person pas indispensable, pas irremplaçable

ex·pen·di·ture [ɪkˈspendɪtʃər] dépenses fpl (**on** de)

ex·pense [ɪkˈspens] dépense f; **at vast** ~ à grands frais; **at the company's** ~ aux frais mpl de la compagnie; **a joke at my** ~ une plaisanterie à mes dépens; **at the** ~ **of his health** aux dépens de sa santé

ex'pense ac·count note f de frais

ex·pen·ses [ɪkˈspensɪz] npl frais mpl

ex·pen·sive [ɪkˈspensɪv] adj cher*

ex·pe·ri·ence [ɪkˈspɪrɪəns] **1** n expérience f **2** v/t pain, pleasure éprouver; problem, difficulty connaître

ex·pe·ri·enced [ɪkˈspɪrɪənst] adj expérimenté

ex·per·i·ment [ɪkˈsperɪmənt] **1** n expérience f **2** v/i faire des expériences; ~ **on** animals faire des expériences sur; ~ **with** (try out) faire l'expérience de

ex·per·i·men·tal [ɪksperɪˈmentl] adj expérimental

ex·pert ['eksp3ːrt] **1** adj expert **2** n expert(e) m(f)

ex·pert ad'vice conseil m d'expert

ex·per·tise [eksp3ːrˈtiːz] savoir-faire m

ex·pi·ra·tion date date f d'expiration

ex·pire [ɪkˈspaɪr] v/i expirer

ex·pi·ry [ɪkˈspaɪrɪ] expiration f

ex·plain [ɪkˈspleɪn] v/t & v/i expliquer

ex·pla·na·tion [ekspləˈneɪʃn] explication f

ex·plan·a·to·ry [eksˈplænətɔːrɪ] adj explicatif*

ex·plic·it [ɪkˈsplɪsɪt] adj instructions explicite

ex·plic·it·ly [ɪkˈsplɪsɪtlɪ] adv state, forbid explicitement

ex·plode [ɪkˈsploud] **1** v/i of bomb, fig exploser **2** v/t bomb faire exploser

ex·ploit[1] ['eksplɔɪt] n exploit m

ex·ploit[2] [ɪkˈsplɔɪt] v/t person, resources exploiter

ex·ploi·ta·tion [eksplɔɪˈteɪʃn] of person exploitation f

ex·plo·ra·tion [ekspləˈreɪʃn] exploration f

ex·plor·a·to·ry [ɪkˈsplɔːrətərɪ] *adj surgery* exploratoire

ex·plore [ɪkˈsplɔːr] *v/t country, possibility* explorer

ex·plor·er [ɪkˈsplɔːrər] explorateur (-trice) *m(f)*

ex·plo·sion [ɪkˈsploʊʒn] *also in population* explosion *f*

ex·plo·sive [ɪkˈsploʊsɪv] *n* explosif *m*

ex·port [ˈeksˈpɔːrt] **1** *n* exportation *f* **2** *v/t also* COMPUT exporter

'ex·port cam·paign campagne *f* export

ex·port·er [eksˈpɔːrtər] exportateur (-trice) *m(f)*

ex·po·se [ɪkˈspoʊz] *v/t (uncover)* mettre à nu; *scandal* dévoiler; *person* démasquer; **~ X to Y** exposer X à Y

ex·po·sure [ɪkˈspoʊʒər] exposition *f*; MED effets *mpl* du froid; *of dishonest behaviour* dénonciation *f*; PHOT pose *f*; *in media* couverture *f*

ex·press [ɪkˈspres] **1** *adj (fast)* express; *(explicit)* formel*, explicite **2** *n train, bus* express **3** *v/t* exprimer; **~ o.s. well / clearly** s'exprimer bien / clairement; **~ o.s.** *(emotionally)* s'exprimer

ex·press el·e·va·tor ascenseur *m* sans arrêt

ex·pres·sion [ɪkˈspreʃn] expression *f*

ex·pres·sive [ɪkˈspresɪv] *adj* expressif*

ex·press·ly [ɪkˈspreslɪ] *adv (explicitly)* formellement, expressément; *(deliberately)* exprès

ex·press·way [ɪkˈspresweɪ] voie *f* express

ex·pul·sion [ɪkˈspʌlʃn] expulsion *f*

ex·qui·site [ekˈskwɪzɪt] *adj (beautiful)* exquis

ex·tend [ɪkˈstend] **1** *v/t house, garden* agrandir; *search* étendre *(to* à); *runway, contract, visa* prolonger; *thanks, congratulations* présenter **2** *v/i of garden etc* s'étendre

ex·ten·sion [ɪkˈstenʃn] *to house* agrandissement *m*; *of contract, visa* prolongation *f*; TELEC poste *m*

ex·ten·sion ca·ble rallonge *f*

ex·ten·sive [ɪkˈstensɪv] *adj search,*

knowledge vaste, étendu; *damage, work* considérable

ex·tent [ɪkˈstent] étendue *f*, ampleur *f*; **to such an ~ that** à tel point que; **to a certain ~** jusqu'à un certain point

ex·ten·u·at·ing cir·cum·stanc·es [ɪkˈstenʊeɪtɪŋ] *npl* circonstances *fpl* atténuantes

ex·te·ri·or [ɪkˈstɪrɪər] **1** *adj* extérieur **2** *n of building* extérieur *m*; *of person* dehors *mpl*

ex·ter·mi·nate [ɪkˈstɜːrmɪneɪt] *v/t* exterminer

ex·ter·nal [ɪkˈstɜːrnl] *adj (outside)* extérieur

ex·tinct [ɪkˈstɪŋkt] *adj species* disparu

ex·tinc·tion [ɪkˈstɪŋkʃn] *of species* extinction *f*

ex·tin·guish [ɪkˈstɪŋgwɪʃ] *v/t fire, cigarette* éteindre

ex·tin·guish·er [ɪkˈstɪŋgwɪʃər] extincteur *m*

ex·tort [ɪkˈstɔːrt] *v/t* extorquer; **~ money from s.o.** extorquer de l'argent à qn

ex·tor·tion [ɪkˈstɔːrʃn] extortion *f*

ex·tor·tion·ate [ɪkˈstɔːrʃənət] *adj prices* exorbitant

ex·tra [ˈekstrə] **1** *n* extra *m* **2** *adj (spare)* de rechange; *(additional)* en plus, supplémentaire; **be ~** *(cost more)* être en supplément **3** *adv* ultra

ex·tra 'charge supplément *m*

ex·tract[1] [ˈekstrækt] *n* extrait *m*

ex·tract[2] [ɪkˈstrækt] *v/t* extraire; *tooth also* arracher; *information* arracher

ex·trac·tion [ɪkˈstrækʃn] extraction *f*

ex·tra·dite [ˈekstrədaɪt] *v/t* extrader

ex·tra·di·tion [ekstrəˈdɪʃn] extradition *f*

ex·tra·di·tion trea·ty accord *m* d'extradition

ex·tra·mar·i·tal [ekstrəˈmærɪtl] *adj* extraconjugal

ex·tra·or·di·nar·i·ly [ɪkstrəˈɔːrdnˈerɪlɪ] *adv* extraordinairement

ex·tra·or·di·na·ry [ɪkstrəˈɔːrdnerɪ] *adj* extraordinaire

ex·tra 'time *Br* SP prolongation(s) *f(pl)*

ex·trav·a·gance [ɪkˈstrævəgəns] dé

penses *fpl* extravagantes; *single act* dépense *f* extravagante

ex·trav·a·gant [ɪkˈstrævəgənt] *adj person* dépensier*; *price* exorbitant; *claim* excessif*

ex·treme [ɪkˈstriːm] **1** *n* extrême *m* **2** *adj* extrême

ex·treme·ly [ɪkˈstriːmlɪ] *adv* extrêmement

ex·trem·ist [ɪkˈstriːmɪst] extrémiste *m/f*

ex·tri·cate [ˈekstrɪkeɪt] *v/t* dégager, libérer (*from* de)

ex·tro·vert [ˈekstrəvɜːrt] **1** *n* extraverti(e) *m(f)* **2** *adj* extraverti

ex·u·be·rant [ɪgˈzuːbərənt] *adj* exubérant

ex·ult [ɪgˈzʌlt] *v/i* exulter

eye [aɪ] **1** *n* œil *m*; *of needle* trou *m*; **have blue ~s** avoir les yeux bleus; **keep an ~ on** surveiller; **in my ~s** à mes yeux **2** *v/t* regarder

'eye·ball globe *m* oculaire; **'eye·brow** sourcil *m*

'eye·catch·ing *adj* accrocheur*; **'eye·glasses** lunettes *fpl*; **'eye·lash** cil *m*; **'eye·lid** paupière *f*; **'eye·lin·er** eye-liner *m*; **'eye·sha·dow** ombre *f* à paupières; **'eye·sight** vue *f*; **'eye·sore** horreur *f*; **'eye strain** fatigue *f* des yeux; **'eye·wit·ness** témoin *m* oculaire

F

F *abbr* (*= Fahrenheit*) F (= Fahrenheit)

fab·ric [ˈfæbrɪk] (*material*) tissu *m*

fab·u·lous [ˈfæbjʊləs] *adj* fabuleux*

fab·u·lous·ly [ˈfæbjʊləslɪ] *adv* fabuleusement

fa·çade [fəˈsɑːd] *of building, person* façade *f*

face [feɪs] **1** *n* visage *m*, figure *f*; *of mountain* face *f*; **~ to ~** en personne; **lose ~** perdre la face **2** *v/t person, sea* faire face à

♦ **face up to** *v/t bully* affronter; *responsibilities* faire face à

'face·cloth gant *m* de toilette; **'face·lift** lifting *m*; **the building / area has been given a ~** le bâtiment / quartier a été complètement refait; **'face pack** masque *m* de beauté; **face 'val·ue: take sth at ~** juger qch sur les apparences

fa·cial [ˈfeɪʃl] *n* soin *m* du visage

fa·cil·i·tate [fəˈsɪlɪteɪt] *v/t* faciliter

fa·cil·i·ties [fəˈsɪlɪtɪz] *npl of school, town etc* installations *fpl*; (*equipment*) équipements *mpl*

fact [fækt] fait *m*; **in ~, as a matter of ~** en fait

fac·tion [ˈfækʃn] faction *f*

fac·tor [ˈfæktər] facteur *m*

fac·to·ry [ˈfæktərɪ] usine *f*

fac·tu·al [ˈfæktjʊəl] *adj* factuel*

fac·ul·ty [ˈfækəltɪ] (*hearing etc*), *at university* faculté *f*

fad [fæd] lubie *f*

fade [feɪd] *v/i of colors* passer

fad·ed [ˈfeɪdɪd] *adj color, jeans* passé

fag [fæg] *pej* F (*homosexual*) pédé *m* F

Fahr·en·heit [ˈfærənhaɪt] *adj* Fahrenheit

fail [feɪl] **1** *v/i* échouer **2** *n*: **without ~** sans faute

fail·ing [ˈfeɪlɪŋ] *n* défaut *m*, faiblesse *f*

fail·ure [ˈfeɪljər] échec *m*; **feel a ~** avoir l'impression de ne rien valoir

faint [feɪnt] **1** *adj* faible, léger* **2** *v/i* s'évanouir

faint·ly [ˈfeɪntlɪ] *adv* légèrement

fair[1] [fer] *n* (*fun~*), COMM foire *f*

fair[2] [fer] *adj hair* blond; *complexion* blanc*

fair[3] [fer] *adj* (*just*) juste, équitable; **it's**

not ~ ce n'est pas juste

fair·ly ['ferlɪ] *adv treat* équitablement; (*quite*) assez

fair·ness ['fernɪs] *of treatment* équité f

fai·ry ['ferɪ] fée f

'**fai·ry tale** conte *m* de fées

faith [feɪθ] *also* REL foi f; **the Catholic ~** la religion catholique

faith·ful ['feɪθfl] *adj* fidèle

faith·ful·ly ['feɪθflɪ] *adv* fidèlement; **Yours ~** *Br* veuillez agréer l'expression de mes salutations distinguées

fake [feɪk] **1** *n* (*article m*) faux *m* **2** *adj* faux*; *suicide attempt* simulé **3** *v/t* (*forge*) falsifier; (*feign*) feindre; *suicide, kidnap* simuler

fall[1] [fɔːl] *n season* automne *m*

fall[2] [fɔːl] **1** *v/i* (*pret* **fell**, *pp* **fallen**) *of person, government, night* tomber; *of prices, temperature* baisser; **it ~s on a Tuesday** ça tombe un mardi; **~ ill** tomber malade **2** *n of person, government, minister* chute f; *in price, temperature* baisse f

♦ **fall back on** *v/t* se rabattre sur

♦ **fall behind** *v/i with work, studies* prendre du retard

♦ **fall down** *v/i of person* tomber (par terre); *of wall, building* s'effonder

♦ **fall for** *v/t person* tomber amoureux de; (*be deceived by*) se laisser prendre à

♦ **fall out** *v/i of hair* tomber; (*argue*) se brouiller

♦ **fall over** *v/i of person, tree* tomber (par terre)

♦ **fall through** *v/i of plans* tomber à l'eau

fall·en ['fɔːlən] *pp* → **fall**

fal·li·ble ['fæləbl] *adj* faillible

'**fall·out** retombées *fpl* (radioactives)

false [fɔːls] *adj* faux*

false a'larm fausse alarme f

false·ly ['fɔːlslɪ] *adv*: **be ~ accused of sth** être accusé à tort de qch

false 'start *in race* faux départ *m*

false 'teeth *npl* fausses dents *fpl*

fal·si·fy ['fɔːlsɪfaɪ] *v/t* (*pret & pp -ied*) falsifier

fame [feɪm] célébrité f

fa·mil·i·ar [fə'mɪljər] *adj* familier*; **be**

~ with sth bien connaître qch; *that looks* / *sounds ~* ça me dit quelque chose

fa·mil·i·ar·i·ty [fəmɪlɪ'ærɪtɪ] *with subject etc* (bonne) connaissance f (**with** de)

fa·mil·i·ar·ize [fə'mɪljəraɪz] *v/t* familiariser; *~ o.s. with* se familiariser avec

fam·i·ly ['fæməlɪ] famille f

fam·i·ly 'doc·tor médecin *m* de famille; **fam·i·ly 'name** nom *m* de famille; **fam·i·ly 'plan·ning** planning *m* familial; **fam·i·ly 'plan·ning clin·ic** centre *m* de planning familial; **fam·i·ly 'tree** arbre *m* généalogique

fam·ine ['fæmɪn] famine f

fam·ished ['fæmɪʃt] *adj* F affamé

fa·mous ['feɪməs] *adj* célèbre

fan[1] [fæn] *n in sport* fana *m/f* F; *of singer, band* fan *m/f*

fan[2] [fæn] **1** *n for cooling: electric* ventilateur *m*; *handheld* éventail *m* **2** *v/t* (*pret & pp -ned*): *~ o.s.* s'éventer

fa·nat·ic [fə'nætɪk] *n* fanatique *m/f*

fa·nat·i·cal [fə'nætɪkl] *adj* fanatique

fa·nat·i·cism [fə'nætɪsɪzm] fanatisme *m*

'**fan belt** MOT courroie f de ventilateur

'**fan club** fan-club *m*

fan·cy ['fænsɪ] *adj restaurant* huppé

fan·cy 'dress déguisement *m*

fan·cy-'dress par·ty fête f déguisée

fang [fæŋ] *of dog* croc *m*; *of snake* crochet *m*

'**fan mail** courrier *m* des fans

fan·ta·size ['fæntəsaɪz] *v/i* fantasmer (**about** sur)

fan·tas·tic [fæn'tæstɪk] *adj* fantastique

fan·tas·ti·cal·ly [fæn'tæstɪklɪ] *adv* (*extremely*) fantastiquement

fan·ta·sy ['fæntəsɪ] *hopeful* rêve *m*; *unrealistic, sexual* fantasme *m*; **the realm of ~** le domaine de l'imaginaire

fan·zine ['fænziːn] fanzine *m*

far [fɑːr] *adv* loin; (*much*) bien; *~ away* très loin; *how ~ is it?* c'est loin?, c'est à quelle distance?; *how ~ have you got in ...?* où en êtes-vous dans ...?; *as ~ as the corner* / *hotel* jusqu'au coin / jusqu'à l'hôtel; *as ~ as I*

know pour autant que je sache; ***you've gone too ~*** *in behavior* tu vas trop loin; ***so ~ so good*** tout va bien pour le moment

farce [fɑːrs] *n* farce *f*

fare [fer] *n for ticket* prix *m* du billet; *for taxi* prix *m*

Far 'East Extrême-Orient *m*

fare·well [fer'wel] *n* adieu *m*

fare·well par·ty fête *f* d'adieu

far·fetched [fɑːr'fetʃt] *adj* tiré par les cheveux

farm [fɑːrm] *n* ferme *f*

farm·er ['fɑːrmər] fermier(-ière) *m(f)*

'farm·house (maison *f* de) ferme *f*

farm·ing ['fɑːrmɪŋ] *n* agriculture *f*

'farm·work·er ouvrier(-ière) *m(f)* agricole

'farm·yard cour *f* de ferme

far-'off *adj* lointain, éloigné

far·sight·ed [fɑːr'saɪtɪd] *adj* prévoyant; *visually* hypermétrope

fart [fɑːrt] **1** *n* F pet *m* **2** *v/i* F péter

far·ther ['fɑːrðər] *adv* plus loin

far·thest ['fɑːrðəst] *adv travel etc* le plus loin

fas·ci·nate ['fæsɪneɪt] *v/t* fasciner

fas·ci·nat·ing ['fæsɪneɪtɪŋ] *adj* fascinant

fas·ci·na·tion [fæsɪ'neɪʃn] fascination *f*

fas·cism ['fæʃɪzm] fascisme *m*

fas·cist ['fæʃɪst] **1** *n* fasciste *m/f* **2** *adj* fasciste

fash·ion ['fæʃn] *n* mode *f*; *(manner)* manière *f*, façon *f*; ***in ~*** à la mode; ***out of ~*** démodé

fash·ion·a·ble ['fæʃnəbl] *adj* à la mode

fash·ion·a·bly ['fæʃnəblɪ] *adv* à la mode

'fash·ion-con·scious *adj* au courant de la mode; **'fash·ion de·sign·er** créateur(-trice) *m(f)* de mode; **'fash·ion mag·a·zine** magazine *m* de mode; **'fash·ion show** défilé *m* de mode

fast[1] [fæst] **1** *adj* rapide; ***be ~*** *of clock* avancer **2** *adv* vite; ***stuck ~*** coincé; ***be ~ asleep*** dormir à poings fermés

fast[2] [fæst] *n (not eating)* jeûne *m*

fas·ten ['fæsn] **1** *v/t* attacher; *lid, window* fermer; ***~ sth onto sth*** attacher qch à qch **2** *v/i of dress etc* s'attacher

fas·ten·er ['fæsnər] *for dress* agrafe *f*; *for lid* fermeture *f*

fast 'food fast-food *m*; **fast-food 'res·tau·rant** fast-food *m*; **fast 'for·ward 1** *n on video etc* avance *f* rapide **2** *v/i* avancer; **'fast lane** *on road* voie *f* rapide; ***live in the ~*** *fig: of life* vivre à cent à l'heure; **'fast train** train *m* rapide

fat [fæt] **1** *adj* gros* **2** *n on meat* gras *m*; *for baking* graisse *f*; *food category* lipide *m*; ***95% ~ free*** allégé à 5% de matières grasses

fa·tal ['feɪtl] *adj also error* fatal

fa·tal·i·ty [fə'tælətɪ] accident *m* mortel; ***there were no fatalities*** il n'y a pas eu de morts

fa·tal·ly ['feɪtəlɪ] *adv*: fatalement; ***~ in·jured*** mortellement blessé

fate [feɪt] destin *m*

fat·ed ['feɪtɪd] *adj*: ***be ~ to do sth*** être destiné à faire qch

fa·ther ['fɑːðər] *n* père *m*; ***Father Martin*** REL le père Martin

Fa·ther 'Christ·mas *Br* le père *m* Noël

fa·ther·hood ['fɑːðərhʊd] paternité *f*

'fa·ther-in-law (*pl* **fathers-in-law**) beau-père *m*

fa·ther·ly ['fɑːðərlɪ] *adj* paternel*

fath·om ['fæðəm] *n* NAUT brasse *f*

♦ **fathom out** *v/t fig* comprendre

fa·tigue [fə'tiːg] *n* fatigue *f*

fat·so ['fætsoʊ] *n* F gros(se) *m(f)*; ***hey, ~!*** hé, gros lard! F

fat·ten ['fætn] *v/t animal* engraisser

fat·ty ['fætɪ] **1** *adj* adipeux* **2** *n* F *person* gros(se) *m(f)*

fau·cet ['fɒːsɪt] robinet *m*

fault [fɒːlt] *n (defect)* défaut *m*; ***it's your / my ~*** c'est de ta / ma faute; ***find ~ with*** trouver à redire à

fault·less ['fɒːltlɪs] *adj* impeccable

fault·y ['fɒːltɪ] *adj goods* défectueux*

fa·vor ['feɪvər] **1** *n* faveur *f*; ***do s.o. a ~*** rendre (un) service à qn; ***do me a ~!*** *(don't be stupid)* tu plaisantes!; ***in ~ of*** *resign, withdraw* en faveur de; ***be in ~***

of être en faveur de **2** v/t (prefer) préférer

fa·vo·ra·ble ['feɪvərəbl] adj reply etc favorable (to à)

fa·vo·rite ['feɪvərɪt] **1** n person préféré(e) m(f); food plat m préféré; in race, competition favori(te) m(f); **that's my ~** c'est ce que je préfère **2** adj préféré

fa·vor·it·ism ['feɪvrɪtɪzm] favoritisme m

fax [fæks] **1** n fax m; **by ~** par fax **2** v/t faxer; **~ sth to s.o.** faxer qch à qn

FBI [efbi:'aɪ] abbr (= **Federal Bureau of Investigation**) F.B.I.

fear [fɪr] **1** n peur f **2** v/t avoir peur de

fear·less ['fɪrlɪs] adj sans peur

fear·less·ly ['fɪrlɪslɪ] adv sans peur

fea·si·bil·i·ty stud·y [fi:zə'bɪlətɪ] étude f de faisabilité

fea·si·ble ['fi:zəbl] adj faisable

feast [fi:st] n festin m

'feast day REL fête f

feat [fi:t] exploit m

fea·ther ['feðər] plume f

fea·ture ['fi:tʃər] **1** n on face trait m; of city, building, style caractéristique f; article in paper chronique f; movie long métrage m; **make a ~ of** mettre en valeur **2** v/t of movie mettre en vedette

'fea·ture film long métrage m

Feb·ru·a·ry ['februərɪ] février m

fed [fed] pret & pp → **feed**

fed·e·ral ['fedərəl] adj fédéral

fed·e·ra·tion [fedə'reɪʃn] fédération f

fed 'up adj F: **be ~ with** en avoir ras-le-bol de F

fee [fi:] of lawyer, doctor etc honoraires mpl; for entrance, membership frais mpl

fee·ble ['fi:bl] adj faible

feed [fi:d] v/t (pret & pp **fed**) nourrir

'feed·back réactions fpl; **we need more customer ~** nous devons connaître mieux l'avis de nos clients

feel [fi:l] **1** v/t (pret & pp **felt**) (touch) toucher; (sense) sentir; pain, pleasure, sensation ressentir; (think) penser **2** v/t: **it ~s like silk / cotton** on dirait de la soie / du coton; **your hand**

~s hot / cold vos mains sont chaudes / froides; **I ~ hungry / tired** j'ai faim / je suis fatigué; **how are you ~ing today?** comment vous sentez-vous aujourd'hui?; **how does it ~ to be rich?** qu'est-ce que ça fait d'être riche?; **do you ~ like a drink / meal?** est-ce que tu as envie de boire / manger quelque chose?; **I ~ like leaving / staying** j'ai envie de m'en aller / rester; **I don't ~ like it** je n'en ai pas envie

♦ **feel up to** v/t se sentir capable de (doing sth faire qch); **I don't feel up to it** je ne m'en sens pas capable

feel·er ['fi:lər] of insect antenne f

'feel-good fac·tor sentiment m de bien-être

feel·ing ['fi:lɪŋ] (emotional, mental) sentiment m; (sensation) sensation f; **what are your ~s about it?** quels sont tes sentiments là-dessus?; **I have mixed ~s about him** je ne sais pas quoi penser de lui

feet [fi:t] pl → **foot**

fe·line ['fi:laɪn] adj félin

fell [fel] pret → **fall**

fel·la ['felə] F mec m F; **listen, ~** écoute mon vieux

fel·low ['feloʊ] n (man) type m

fel·low **'cit·i·zen** n concitoyen(ne) m(f); **fel·low 'coun·try·man** n compatriote m/f; **fel·low 'man** prochain m

fel·o·ny ['felənɪ] crime m

felt[1] [felt] pret & pp → **feel**

felt[2] [felt] n feutre m

felt 'tip, felt tip 'pen stylo m feutre

fe·male ['fi:meɪl] **1** adj animal, plant femelle; relating to people féminin **2** n of animals, plants femelle f; person femme f; F (woman) nana f F

fem·i·nine ['femɪnɪn] **1** adj féminin **2** n GRAM féminin m

fem·i·nism ['femɪnɪzm] féminisme m

fem·i·nist ['femɪnɪst] **1** n féministe m/f **2** adj féministe

fence [fens] n around garden etc barrière f, clôture f; F criminal receleur(-euse) m(f); **sit on the ~** fig ne pas se prononcer, attendre de voir d'où vient le vent

◆ fence in *v/t land* clôturer

fenc·ing ['fensɪŋ] SP escrime *f*

fend [fend] *v/i:* **~ for o.s.** se débrouiller tout seul

fend·er ['fendər] MOT aile *f*

fer·ment[1] [fər'ment] *v/i of liquid* fermenter

fer·ment[2] ['fɜːrment] *n* (*unrest*) effervescence *f*; agitation *f*

fer·men·ta·tion [fɜːrmen'teɪʃn] fermentation *f*

fern [fɜːrn] fougère *f*

fe·ro·cious [fə'rouʃəs] *adj* féroce

fer·ry ['ferɪ] *n* ferry *m*

fer·tile ['fɜːrtl] *adj* fertile

fer·til·i·ty [fɜːr'tɪlətɪ] fertilité *f*

fer'til·i·ty drug médicament *m* contre la stérilité

fer·ti·lize ['fɜːrtəlaɪz] *v/t ovum* féconder

fer·ti·liz·er ['fɜːrtəlaɪzər] *for soil* engrais *m*

fer·vent ['fɜːrvənt] *adj* admirer fervent

fer·vent·ly ['fɜːrvəntlɪ] *adv* avec ferveur

fes·ter ['festər] *v/i of wound* suppurer; *fig: of ill will etc* s'envenimer

fes·ti·val ['festɪvl] festival *m*

fes·tive ['festɪv] *adj* de fête; **the ~ season** la saison des fêtes

fes·tiv·i·ties [fe'stɪvətɪz] *npl* festivités *fpl*

fe·tal ['fiːtl] *adj* fœtal

fetch [fetʃ] *v/t* (*go and* ~) aller chercher (**from** à); (*come and* ~) venir chercher (**from** à); *price* atteindre

fetch·ing ['fetʃɪŋ] *adj* séduisant

fe·tus ['fiːtəs] fœtus *m*

feud [fjuːd] **1** *n* querelle *f* **2** *v/i* se quereller

fe·ver ['fiːvər] fièvre *f*

fe·ver·ish ['fiːvərɪʃ] *adj also fig* fiévreux*

few [fjuː] **1** *adj* ◇ (*not many*) peu de; **he has so ~ friends** il a tellement peu d'amis

◇ : **a ~ ...** quelques; **quite a ~ , a good ~** (*a lot*) beaucoup de

2 *pron* ◇ (*not many*) peu; **~ of them** peu d'entre eux

◇ : **a ~** quelques-un(e)s *m(f)*; **quite a ~, a good ~** beaucoup

3 *npl*: **the ~ who ...** les quelques *or* rares personnes qui ...

few·er ['fjuːər] *adj* moins de; **~ than ...** moins de

few·est ['fjuːəst] *adj* le moins de

fi·an·cé [fɪ'ɑːnseɪ] fiancé *m*

fi·an·cée [fɪ'ɑːnseɪ] fiancée *f*

fi·as·co [fɪ'æskou] fiasco *m*

fib [fɪb] *n* petit mensonge *m*

fi·ber ['faɪbər] *n* fibre *f*

'fi·ber·glass *n* fibre *f* de verre; **fi·ber 'op·tic** *adj* en fibres optiques; **fi·ber 'op·tics** *npl* fibres *fpl* optiques; *nsg technology* technologie *f* des fibres optiques

fi·bre *Br →* **fiber**

fick·le ['fɪkl] *adj* inconstant, volage

fic·tion ['fɪkʃn] (*novels*) romans *mpl*; (*made-up story*) fiction *f*

fic·tion·al ['fɪkʃnl] *adj character* de roman

fic·ti·tious [fɪk'tɪʃəs] *adj* fictif*

fid·dle ['fɪdl] **1** *n* F (*violin*) violon *m*; **it's a ~** (*cheat*) c'est une magouille F **2** *v/i:* **~ with** tripoter; **~ around with** tripoter **3** *v/t accounts, results* truquer

fi·del·i·ty [fɪ'delətɪ] fidélité *f*

fid·get ['fɪdʒɪt] *v/i* remuer, gigoter F

fid·get·y ['fɪdʒɪtɪ] *adj* remuant

field [fiːld] champ *m*; *for sport* terrain *m*; (*competitors in race*) concurrent(e)s *m(f)pl*; *of research, knowledge etc* domaine *m*; **there's a strong ~ for the 1500m** il y a une forte concurrence pour le 1500 mètres; **that's not my ~** ce n'est pas de mon domaine

field·er ['fiːldər] *in baseball* joueur *m* de champ, défenseur *m*

'field e·vents *npl* concours *mpl*

'field work recherche(s) *f(pl)* de terrain

fierce [fɪrs] *adj animal* féroce; *wind, storm* violent

fierce·ly ['fɪrslɪ] *adv* avec férocité

fi·er·y ['faɪrɪ] *adj* ardent, fougueux*

fif·teen [fɪf'tiːn] quinze

fif·teenth [fɪf'tiːnθ] quinzième;*→* **fifth**

fifth [fɪfθ] cinquième; *May ~*, *Br the ~ of May* le cinq mai

fifth·ly ['fɪfθlɪ] *adv* cinquièmement

fif·ti·eth ['fɪftɪɪθ] cinquantième

fif·ty ['fɪftɪ] cinquante

fif·ty-'fif·ty *adv* moitié-moitié

fig [fɪg] figue *f*

fight [faɪt] **1** *n* MIL, *in boxing* combat *m*; *(argument)* dispute *f*; *fig: for survival, championship etc* lutte *f* (*for* pour) **2** *v/t* *(pret & pp* **fought)** *enemy, person* combattre; *in boxing* se battre contre; *disease, injustice* lutter contre **3** *v/i* se battre; *(argue)* se disputer

♦ **fight for** *v/t rights, cause* se battre pour

fight·er ['faɪtər] combattant(e) *m(f)*; *(airplane)* avion *m* de chasse; *(boxer)* boxeur *m*; *she's a ~* c'est une battante

fight·ing ['faɪtɪŋ] *n physical* combat *m*; *verbal* dispute *f*

fig·ment ['fɪgmənt]: *it's just a ~ of your imagination* ce n'est qu'un produit de ton imagination

fig·u·ra·tive ['fɪgjərətɪv] *adj use of word* figuré; *art* figuratif*

fig·ure ['fɪgjər] **1** *n (digit)* chiffre *m*; *of person* ligne *f*; *(form, shape)* figure *f*; *(human form)* silhouette *f*; *bad for your ~* mauvais pour la ligne **2** *v/t* F *(think)* penser

♦ **figure on** *v/t* F *(plan)* compter; *be figuring on doing sth* compter faire qch

♦ **figure out** *v/t (understand)* comprendre; *calculation* calculer

'fig·ure skat·er patineur(-euse) *m(f)* artistique

'fig·ure skat·ing patinage *m* artistique

file¹ [faɪl] **1** *n of documents* dossier *m*, classeur *m*; COMPUT fichier *m* **2** *v/t documents* classer

♦ **file away** *v/t documents* classer

♦ **file for** *v/t divorce* demander

file² [faɪl] *n for wood, fingernails* lime *f*

'file cab·i·net classeur *m*

'file man·ag·er COMPUT gestionnaire *m* de fichiers

fi·li·al ['fɪlɪəl] *adj* filial

fill [fɪl] **1** *v/t* remplir; *tooth* plomber; *prescription* préparer **2** *n: eat one's ~* manger à sa faim

♦ **fill in** *v/t form* remplir; *hole* boucher; *fill s.o. in* mettre qn au courant (*on sth* de qch)

♦ **fill in for** *v/t* remplacer

♦ **fill out 1** *v/t form* remplir **2** *v/i (get fatter)* grossir

♦ **fill up 1** *v/t* remplir (jusqu'au bord) **2** *v/i of stadium, theater* se remplir

fil·let ['fɪlɪt] *n* filet *m*

fil·let 'steak filet *m* de bœuf

fill·ing ['fɪlɪŋ] **1** *n in sandwich* garniture *f*; *in tooth* plombage *m* **2** *adj food* nourrissant

'fill·ing sta·tion station-service *f*

film [fɪlm] **1** *n for camera* pellicule *f*; *(movie)* film *m* **2** *v/t person, event* filmer

'film-mak·er réalisateur(-trice) *m(f)* de films; **'film star** star *f* de cinéma; **'film stu·di·o** studio *m* de cinéma

fil·ter ['fɪltər] **1** *n* filtre *m* **2** *v/t coffee, liquid* filtrer

♦ **filter through** *v/i of news reports* filter

'fil·ter pa·per papier-filtre *m*

'fil·ter tip *(cigarette)* filtre *m*

filth [fɪlθ] saleté *f*

filth·y ['fɪlθɪ] *adj* sale; *language etc* obscène

fin [fɪn] *of fish* nageoire *f*

fi·nal ['faɪnl] **1** *adj (last)* dernier*; *decision* définitif*, irrévocable **2** *n* SP finale *f*

fi·na·le [fɪ'næl] apothéose *f*

fi·nal·ist ['faɪnəlɪst] finaliste *m/f*

fi·nal·ize ['faɪnəlaɪz] *v/t plans, design* finaliser, mettre au point

fi·nal·ly ['faɪnəlɪ] *adv* finalement, enfin; *~, I would like to …* pour finir, j'aimerais …

fi·nance ['faɪnæns] **1** *n* finance *f*; *(funds)* financement *m* **2** *v/t* financer

fi·nan·ces ['faɪnænsɪz] *npl* finances *fpl*

fi·nan·cial [faɪ'nænʃl] *adj* financier

fi·nan·cial·ly [faɪ'nænʃəlɪ] *adv* financièrement

fi·nan·cier [faɪ'nænsɪr] financier

(-ière) *m(f)*

find [faɪnd] *v/t* (*pret & pp* **found**) trouver; **if you ~ it too difficult** si vous trouvez ça trop difficile; **~ a person innocent / guilty** LAW déclarer une personne innocente / coupable

♦ **find out 1** *v/t* découvrir; (*enquire about*) se renseigner sur **2** *v/i* (*enquire*) se renseigner; (*discover*) découvrir; **you'll find out** tu verras

find·ings ['faɪndɪŋz] *npl of report* constatations *fpl*, conclusions *fpl*

fine[1] [faɪn] *adj day, weather* beau*; (*good*) bon*, excellent; *distinction* subtil; *line* fin; **how's that? - that's ~** que dites-vous de ça? - c'est bien; **that's ~ by me** ça me va; **how are you? - ~** comment vas-tu? - bien

fine[2] [faɪn] **1** *n* amende *f* **2** *v/t* condamner à une amende; **~ s.o. $5,000** condamner qn à une amende de 5.000 $

fine-'tooth comb: **go through sth with a ~** passer qch au peigne fin

fine-'tune *v/t engine* régler avec précision; *fig* peaufiner

fin·ger ['fɪŋgər] **1** *n* doigt *m* **2** *v/t* toucher, tripoter

'**fin·ger·nail** ongle *m*; '**fin·ger·print 1** *n* empreinte *f* digitale **2** *v/t* prendre les empreintes digitales de; '**fin·ger·tip** bout *m* du doigt; **have sth at one's ~s** connaître qch sur le bout des doigts

fin·icky ['fɪnɪkɪ] *adj person* tatillon*; *design, pattern* alambiqué

fin·ish ['fɪnɪʃ] **1** *v/t* finir, terminer; **~ doing sth** finir de faire qch **2** *v/i* finir **3** *n of product* finition *f*; *of race* arrivée *f*

♦ **finish off** *v/t* finir

♦ **finish up** *v/t food* finir; **he finished up living there** il a fini par habiter là

♦ **finish with** *v/t boyfriend etc* en finir avec

'**fin·ish line**, *Br* **fin·ish·ing line** ['fɪnɪʃɪŋ] ligne *f* d'arrivée

Fin·land ['fɪnlənd] Finlande *f*

Finn [fɪn] Finlandais(e) *m(f)*

Finn·ish ['fɪnɪʃ] **1** *adj* finlandais, finnois **2** *n* (*language*) finnois *m*

fir [fɜːr] sapin *m*

fire ['faɪr] **1** *n* feu *m*; (*blaze*) incendie *m*; (*electric, gas*) radiateur *m*; **be on ~** être en feu; **catch ~** prendre feu; **set sth on ~**, **set ~ to sth** mettre le feu à qch **2** *v/i* (*shoot*) tirer **3** *v/t* F (*dismiss*) virer F

'**fire a·larm** signal *m* d'incendie; '**fire·arm** arme *f* à feu; '**fire bri·gade** *Br* sapeurs-pompiers *mpl*; '**fire-crack·er** pétard *m*; '**fire de·part·ment** sapeurs-pompiers *mpl*; '**fire door** porte *f* coupe-feu; '**fire drill** exercice *m* d'évacuation; '**fire en·gine** *esp Br* voiture *f* de pompiers; '**fire es·cape** échelle *f* de secours; *stairs* escalier *m* de secours; '**fire ex·tin·guish·er** extincteur *m* (d'incendie); '**fire fight·er** pompier *m*; '**fire-guard** garde-feu *m*; '**fire·man** pompier *m*; '**fire·place** cheminée *f*; **fire sta·tion** caserne *f* de pompiers; '**fire truck** voiture *f* de pompiers; '**fire·wood** bois *m* à brûler; '**fire·works** *npl* pièce *f* d'artifice; (*display*) feu *m* d'artifice

firm[1] [fɜːrm] *adj* ferme; **a ~ deal** un marché ferme

firm[2] [fɜːrm] *n* COMM firme *f*

first [fɜːrst] **1** *adj* premier*; **who's ~ please?** à qui est-ce? **2** *n* premier(-ière) *m(f)* **3** *adv arrive, finish* le / la premier(-ière) *m(f)*; (*beforehand*) d'abord; **~ of all** (*for one reason*) d'abord; **at ~** au début

first aid premiers secours *mpl*; **first-'aid box**, **first-'aid kit** trousse *f* de premier secours; '**first-born** *adj* premier-né; '**first class 1** *adj ticket, seat* de première classe **2** *adv travel* en première classe

first-class *adj* (*very good*) de première qualité; **first 'floor** rez-de-chaussée *m*; *Br* premier étage *m*; **first'hand** *adj* de première main; **First 'La·dy** *of US* première dame *f*

first·ly ['fɜːrstlɪ] *adv* premièrement

first 'name prénom *m*; **first 'night** première *f*; **first of'fend·er** délinquant(e) *m(f)* primaire; **first-'rate** *adj* de premier ordre

fis·cal ['fɪskl] *adj* fiscal

fis·cal 'year année *f* fiscale

fish [fɪʃ] **1** *n* (*pl* **fish**) poisson *m*; **drink like a ~** F boire comme un trou F; **feel like a ~ out of water** ne pas se sentir dans son élément **2** *v/i* pêcher

'fish·bone arête *f*

fish·er·man ['fɪʃərmən] pêcheur *m*

fish 'fin·ger *Br* bâtonnet *m* de poisson

fish·ing ['fɪʃɪŋ] pêche *f*

'fish·ing boat bateau *m* de pêche; **'fish·ing line** ligne *f* (de pêche); **'fish·ing rod** canne *f* à pêche

'fish stick bâtonnet *m* de poisson

fish·y ['fɪʃɪ] *adj* F (*suspicious*) louche

fist [fɪst] poing *m*

fit¹ [fɪt] *n* MED crise *f*, attaque *f*; **a ~ of rage / jealousy** une crise de rage / jalousie

fit² [fɪt] *adj* physically en forme; *morally* digne; **keep ~** garder la forme

fit³ [fɪt] **1** *v/t* (*pret & pp* **-ted**) *of clothes* aller à; (*install, attach*) poser; **it doesn't ~ me any more** je ne rentre plus dedans **2** *v/i of clothes* aller; *of piece of furniture etc* (r)entrer; **it doesn't ~** *of clothing* ce n'est pas la bonne taille **3** *n*: **it's a tight ~** c'est juste

♦ **fit in 1** *v/i of person in group* s'intégrer; **it fits in with our plans** ça cadre avec nos projets **2** *v/t*: **fit s.o. in** *in schedule* trouver un moment pour qn

fit·ful ['fɪtfl] *adj sleep* agité

fit·ness ['fɪtnɪs] *physical* (bonne) forme *f*

'fit·ness cen·ter, *Br* **'fit·ness cen·tre** centre *m* sportif

fit·ted 'car·pet ['fɪtɪd] *Br* moquette *f*; **fit·ted 'kitch·en** cuisine *f* aménagée; **fit·ted 'sheet** drap *m* housse

fit·ter ['fɪtər] *n* monteur(-euse) *m(f)*

fit·ting ['fɪtɪŋ] *adj* approprié

fit·tings ['fɪtɪŋz] *npl* installations *fpl*

five [faɪv] cinq

fix [fɪks] **1** *n* (*solution*) solution *f*; **be in a ~** F être dans le pétrin **2** *v/t* (*attach*) attacher; (*repair*) réparer; (*arrange*) *meeting etc*) arranger; *lunch* préparer; *dishonestly: match etc* truquer; **~ sth onto sth** attacher qch

à qch; **I'll ~ you a drink** je vous offre un verre

♦ **fix up** *v/t meeting* arranger

fixed [fɪkst] *adj* fixe

fix·ings ['fɪksɪŋz] *npl* garniture *f*

fix·ture ['fɪkstʃər] *device* appareil *m* fixe; *piece of furniture* meuble *m* fixe

♦ **fiz·zle out** ['fɪzl] *v/i* F tomber à l'eau

fiz·zy ['fɪzɪ] *adj Br: drink* pétillant

flab [flæb] *on body* graisse *f*

flab·ber·gast ['flæbərgæst] *v/t* F: **be ~ed** être abasourdi

flab·by ['flæbɪ] *adj muscles, stomach* mou*

flag¹ [flæg] *n* drapeau *m*; NAUT pavillon *m*

flag² [flæg] *v/i* (*pret & pp* **-ged**) (*tire*) faiblir

♦ **flag up** *v/t* signaler

'flag·pole mât *m* (de drapeau)

fla·grant ['fleɪgrənt] *adj* flagrant

'flag·ship *fig: store* magasin *m* le plus important; *product* produit *m* phare; **'flag·staff** mât *m* (de drapeau); **'flag·stone** dalle *f*

flair [fler] (*talent*) flair *m*; **have a natural ~ for** avoir un don pour

flake [fleɪk] *n of snow* flocon *m*; *of plaster* écaille *f*; **~ of skin** petit bout *m* de peau morte

♦ **flake off** *v/i of plaster, paint* s'écailler; *of skin* peler

flak·y ['fleɪkɪ] *adj skin* qui pèle; *paint* qui s'écaille

flak·y 'pas·try pâte *f* feuilletée

flam·boy·ant [flæm'bɔɪənt] *adj personality* extravagant

flam·boy·ant·ly [flæm'bɔɪəntlɪ] *adv dressed* avec extravagance

flame [fleɪm] *n* flamme *f*; **go up in ~s** être détruit par le feu

flam·ma·ble ['flæməbl] *adj* inflammable

flan [flæn] tarte *f*

flank [flæŋk] **1** *n* flanc *m* **2** *v/t*: **be ~ed by** être flanqué de

flap [flæp] **1** *n of envelope, pocket, table* rabat *m*; **be in a ~** F être dans tous ses états **2** *v/t* (*pret & pp* **-ped**) *wings* battre **3** *v/i of flag etc* battre

flare [fler] **1** *n* (*distress signal*) signal *m*

lumineux; *in dress* godet *m* **2** *v/t nostrils* dilater

♦ **flare up** *v/i of violence, rash* éclater; *of fire* s'enflammer; *(get very angry)* s'emporter

flash [flæʃ] **1** *n of light* éclair *m*; PHOT flash *m*; **in a ~** F en un rien de temps; **have a ~ of inspiration** avoir un éclair de génie; **~ of lightning** éclair *m* **2** *v/i of light* clignoter **3** *v/t*: **~ one's headlights** faire des appels de phares

'**flash·back** *n in movie* flash-back *m*

'**flash·light** lampe *f* de poche; PHOT flash *m*

flash·y ['flæʃɪ] *adj pej* voyant

flask [flæsk] *(hip ~)* fiole *f*

flat[1] [flæt] **1** *adj* plat; *beer* éventé; *battery, tire* à plat; *sound, tone* monotone; **and that's ~** F un point c'est tout; **A / B ~** MUS la / si bémol **2** *adv* MUS trop bas; **~ out** *work* le plus possible; *run, drive* le plus vite possible **3** *n* pneu *m* crevé

flat[2] [flæt] *n Br (apartment)* appartement *m*

flat-chest·ed [flæt'tʃestɪd] *adj* plat

flat·ly ['flætlɪ] *adv refuse, deny* catégoriquement

'**flat rate** tarif *m* unique

flat·ten ['flætn] *v/t land, road* aplanir; *by bombing, demolition* raser

flat·ter ['flætər] *v/t* flatter

flat·ter·er ['flætərər] flatteur(-euse) *m(f)*

flat·ter·ing ['flætərɪŋ] *adj comments* flatteur*; *color, clothes* avantageux*

flat·ter·y ['flætərɪ] flatterie *f*

flat·u·lence ['flætjʊləns] flatulence *f*

'**flat·ware** couverts *mpl*

flaunt [flɔːnt] *v/t wealth, car, jewelery* étaler; *girlfriend* afficher

flau·tist ['flɔːtɪst] flûtiste *m/f*

fla·vor ['fleɪvər] **1** *n* goût *m*; *of ice cream* parfum *m* **2** *v/t food* assaisonner

fla·vor·ing ['fleɪvərɪŋ] arôme *m*

flaw [flɔː] *n* défaut *m*, imperfection *f*; *in system, plan* défaut *m*, inconvénient *m*

flaw·less ['flɔːlɪs] *adj* parfait

flea [fliː] puce *f*

fleck [flek] petite tache *f*

fled [fled] *pret & pp* → *flee*

flee [fliː] *v/i (pret & pp fled)* s'enfuir

fleece [fliːs] **1** *v/t* F arnaquer F **2** *n jacket* (veste *f*) polaire *f*

fleet [fliːt] *n* NAUT flotte *f*; *of taxis, trucks* parc *m*

fleet·ing ['fliːtɪŋ] *adj visit etc* très court; **catch a ~ glimpse of ...** apercevoir ... l'espace d'un instant

flesh [fleʃ] *also of fruit* chair *f*; **meet a person in the ~** rencontrer une personne en chair et en os

flew [fluː] *pret* → *fly*

flex [fleks] *v/t muscles* fléchir

flex·i·bil·i·ty [fleksə'bɪlɪtɪ] flexibilité *f*

flex·i·ble ['fleksəbl] *adj* flexible

'**flex·time** horaire *m* à la carte

flick [flɪk] *v/t tail* donner un petit coup de; **she ~ed her hair out of her eyes** elle a repoussé les cheveux qui lui tombaient devant les yeux

♦ **flick through** *v/t magazine* feuilleter

flick·er ['flɪkər] *v/i of light, screen* vaciller

fli·er ['flaɪr] *(circular)* prospectus *m*

flies [flaɪz] *npl Br: on pants* braguette *f*

flight [flaɪt] *in airplane* vol *m*; *(fleeing)* fuite *f*; **capable of ~** capable de voler; **~ (of stairs)** escalier *m*

'**flight at·tend·ant** *male* steward *m*; *female* hôtesse *f* de l'air; '**flight crew** équipage *m*; '**flight deck** AVIAT poste *m* de pilotage; *of aircraft carrier* pont *m* d'envol; '**flight num·ber** numéro *m* de vol; '**flight path** trajectoire *f* de vol; '**flight re·cord·er** enregistreur *m* de vol; '**flight time** *departure* heure *f* de vol; *duration* durée *f* de vol

flight·y ['flaɪtɪ] *adj* frivole

flim·sy ['flɪmzɪ] *adj structure, furniture* fragile; *dress, material* léger*; *excuse* faible

flinch [flɪntʃ] *v/i* tressaillir

fling [flɪŋ] **1** *v/t (pret & pp flung)* jeter; **~ o.s. into a chair** se jeter dans un fauteuil **2** *n* F *(affair)* aventure *f*

♦ **flip through** [flɪp] *v/t (pret & pp -ped)* *book, magazine* feuilleter

flip·per ['flɪpər] *for swimming* nageoire *f*

flirt [flɜːrt] **1** *v/i* flirter **2** *n* flirteur (-euse) *m(f)*

flir·ta·tious [flɜːr'teɪʃəs] *adj* flirteur*

float [floʊt] *v/i also* FIN flotter

float·ing vot·er ['floʊtɪŋ] indécis(e) *m(f)*

flock [flɑːk] **1** *n of sheep* troupeau *m* **2** *v/i* venir en masse

flog [flɑːg] *v/t (pret & pp -ged) (whip)* fouetter

flood [flʌd] **1** *n* inondation *f* **2** *v/t of river* inonder; **~ its banks** déborder

♦ **flood in** *v/i* arriver en masse

flood·ing ['flʌdɪŋ] inondation(s) *f(pl)*

'flood·light *n* projecteur *m*; **'flood-lit** *adj match* illuminé (aux projecteurs); **'flood wa·ters** *npl* inondations *fpl*

floor [flɔːr] **1** *n* sol *m*; *wooden* plancher *m*; *(story)* étage *m* **2** *v/t of problem, question* décontenancer; *(astound)* sidérer

'floor·board planche *f*; **'floor cloth** serpillière *f*; **'floor lamp** lampadaire *m*

flop [flɑːp] **1** *v/i (pret & pp -ped)* s'écrouler; *F (fail)* faire un bide **2** *n F (failure)* bide *m* F

flop·py ['flɑːpɪ] **1** *adj (not stiff)* souple; *(weak)* mou* **2** *n (also* **~ disk)** disquette *f*

flor·ist ['flɔːrɪst] fleuriste *m/f*

floss [flɑːs] *for teeth* fil *m* dentaire; **~ one's teeth** se passer du fil dentaire entre les dents

flour [flaʊr] farine *f*

flour·ish ['flʌrɪʃ] *v/i of plants* fleurir; *of business, civilization* prospérer

flour·ish·ing ['flʌrɪʃɪŋ] *adj business, trade* fleurissant, prospère

flow [floʊ] **1** *v/i of river* couler; *of electric current* passer; *of traffic* circuler; *of work* se dérouler **2** *n of river* cours *m*; *of information, ideas* circulation *f*

'flow·chart organigramme *m*

flow·er ['flaʊr] **1** *n* fleur *f* **2** *v/i* fleurir

'flow·er·bed platebande *f*; **'flow·er-pot** pot *m* de fleurs; **'flow·er show** exposition *f* florale

flow·er·y ['flaʊrɪ] *adj pattern, style* fleuri

ri

flown [floʊn] *pp* → **fly³**

flu [fluː] grippe *f*

fluc·tu·ate ['flʌktʃʊeɪt] *v/i* fluctuer

fluc·tu·a·tion [flʌktʃʊ'eɪʃn] fluctuation *f*

flu·en·cy ['fluːənsɪ] *in a language* maîtrise *f (in* de); **~ in French is a requirement** il est nécessaire de maîtriser parfaitement le français

flu·ent ['fluːənt] *adj person* qui s'exprime avec aisance; **he speaks ~ Spanish** il parle couramment l'espagnol

flu·ent·ly ['fluːəntlɪ] *adv* couramment; *in own language* avec aisance

fluff [flʌf] *material* peluche *f*; **a bit of ~** une peluche

fluff·y ['flʌfɪ] *adj material, clouds* duveteux*; *hair* flou; **~ toy** peluche *f*

fluid ['fluːɪd] *n* fluide *m*

flung [flʌŋ] *pret & pp* → **fling**

flunk [flʌŋk] *v/t F: subject* rater

flu·o·res·cent [flʊ'resnt] *adj light* fluorescent

flur·ry ['flʌrɪ] *of snow* rafale *f*

flush [flʌʃ] **1** *v/t:* **~ the toilet** tirer la chasse d'eau; **~ sth down the toilet** jeter qch dans les W.-C. **2** *v/i (go red in the face)* rougir; **the toilet won't ~** la chasse d'eau ne marche pas **3** *adj (level)* de même niveau; **be ~ with ...** être au même niveau que ...

♦ **flush away** *v/t down toilet* jeter dans les W.-C.

♦ **flush out** *v/t rebels etc* faire sortir

flus·ter ['flʌstər] *v/t* faire perdre la tête à; **get ~ed** s'énerver

flute [fluːt] MUS, *glass* flûte *f*

flut·ist ['fluːtɪst] flûtiste *m/f*

flut·ter ['flʌtər] *v/i of bird* voleter; *of wings* battre; *of flag* s'agiter; *of heart* palpiter

fly¹ [flaɪ] *n (insect)* mouche *f*

fly² [flaɪ] *n on pants* braguette *f*

fly³ [flaɪ] **1** *v/i (pret flew, pp flown) of bird, airplane* voler; *in airplane* voyager en avion, prendre l'avion; *of flag* flotter; *(rush)* se précipiter; **~ into a rage** s'emporter **2** *v/t (pret flew, pp flown) airplane* prendre; *of pilot* pilo-

ter, voler; *airline* voyager par; *(transport by air)* envoyer par avion
♦ **fly away** *v/i of bird, airplane* s'envoler
♦ **fly back** *v/i (travel back)* revenir en avion
♦ **fly in 1** *v/i of airplane, passengers* arriver **2** *v/t supplies etc* amener en avion
♦ **fly off** *v/i of hat etc* s'envoler
♦ **fly out** *v/i* partir (en avion)
♦ **fly past** *v/i in formation* faire un défilé aérien; *of time* filer
fly·ing ['flaɪɪŋ]: **I hate ~** je déteste prendre l'avion
fly·ing 'sau·cer soucoupe *f* volante
foal [fəʊl] poulain *m*
foam [fəʊm] *n on sea* écume *f*; *on drink* mousse *f*
foam 'rub·ber caoutchouc *m* mousse
FOB [efəʊ'biː] *abbr (= free on board)* F.A.B. (franco à bord)
fo·cus ['fəʊkəs] **1** *n of attention* centre *m*; PHOT mise *f* au point; **be in ~/out of ~** PHOT être / ne pas être au point **2** *v/t*: **~ one's attention on** concentrer son attention sur **3** *v/i* fixer (son regard)
♦ **focus on** *v/t problem, issue* se concentrer sur; PHOT mettre au point sur
fod·der ['fɑːdər] fourrage *m*
fog [fɑːg] brouillard *m*
♦ **fog up** *v/i (pret & pp -ged)* se couvrir de buée
'fog·bound *adj* bloqué par le brouillard
fog·gy ['fɑːgɪ] *adj* brumeux*; **I haven't the foggiest idea** je n'en ai pas la moindre idée
foi·ble ['fɔɪbl] manie *f*
foil¹ [fɔɪl] *n silver* feuille *f* d'aluminium; **kitchen ~** papier *m* d'aluminium
foil² *v/t (thwart)* faire échouer
fold¹ [fəʊld] **1** *v/t paper etc* plier; **~ one's arms** croiser les bras **2** *v/i of business* fermer (ses portes) **3** *n in cloth etc* pli *m*
♦ **fold up 1** *v/t* plier **2** *v/i of chair, table* se (re)plier
fold² *n for sheep etc* enclos *m*

fold·er ['fəʊldər] *for documents* chemise *f*, pochette *f*; COMPUT dossier *m*
fold·ing ['fəʊldɪŋ] *adj* pliant; **~ chair** chaise *f* pliante
fo·li·age ['fəʊlɪɪdʒ] feuillage *m*
folk [fəʊk] *(people)* gens *mpl*; **my ~s** *(family)* ma famille; **hi there ~s** F salut tout le monde
'folk dance danse *f* folklorique; **'folk mu·sic** folk *m*; **'folk sing·er** chanteur(-euse) *m(f)* de folk; **'folk song** chanson *f* folk
fol·low ['fɑːləʊ] **1** *v/t also TV program, (understand)* suivre **2** *v/i logically* s'ensuivre; **you go first and I'll ~** passez devant, je vous suis; **it ~s from this that ...** il s'ensuit que ...; **as ~s:** **the items we need are as ~s: ...** les articles dont nous avons besoin sont les suivants: ...
♦ **follow up** *v/t letter, inquiry* donner suite à
fol·low·er ['fɑːləʊər] *of politician etc* partisan(e) *m(f)*; *of football team* supporter(-trice) *m(f)*
fol·low·ing ['fɑːləʊɪŋ] **1** *adj* suivant **2** *people* partisans *mpl*; **the ~** la chose suivante
'fol·low-up meet·ing réunion *f* complémentaire
'fol·low-up vis·it *to doctor etc* visite *f* de contrôle
fol·ly ['fɑːlɪ] *(madness)* folie *f*
fond [fɑːnd] *adj (loving)* aimant, tendre; *memory* agréable; **be ~ of** beaucoup aimer
fon·dle ['fɑːndl] *v/t* caresser
fond·ness ['fɑːndnɪs] *for s.o.* tendresse *f* **(for** pour); *for sth* penchant *m* **(for** pour)
font [fɑːnt] *for printing* police *f*; *in church* fonts *mpl* baptismaux
food [fuːd] nourriture *f*; **French ~** la cuisine française; **there's no ~** il n'y a rien à manger
'food chain chaîne *f* alimentaire
food·ie ['fuːdɪ] F fana *m/f* de cuisine F
'food mix·er mixeur *m*
food poi·son·ing ['fuːdpɔɪznɪŋ] intoxication *f* alimentaire
fool [fuːl] **1** *n* idiot(e) *m(f)*; **make a ~**

of o.s. se ridiculiser **2** *v/t* berner; *he ~ed them into thinking ...* il leur a fait croire que ...

♦ **fool around** *v/i* faire l'imbécile (les imbéciles); *sexually* avoir des liaisons

♦ **fool around with** *v/t knife, drill etc* jouer avec; *sexually* coucher avec

fool·har·dy *adj* téméraire

fool·ish ['fuːlɪʃ] *adj* idiot, bête

fool·ish·ly ['fuːlɪʃlɪ] *adv* bêtement

fool·proof *adj* à toute épreuve

foot [fʊt] (*pl*: **feet**) *also measurement* pied *m; of animal* patte *f; on ~* à pied; *I've been on my feet all day* j'ai été debout toute la journée; *be back on one's feet* être remis sur pied; *at the ~ of page* au bas de; *hill* au pied de; *put one's ~ in it* F mettre les pieds dans le plat F

foot·age ['fʊtɪdʒ] séquences *fpl*

'**foot·ball** *m américain;* (*soccer*) football *m*, foot *m* F; (*ball*) ballon *m* de football

foot·bal·ler ['fʊtbɔːlər] joueur(-euse) *m(f)* de football américain; *soccer* footballeur(-euse) *m(f)*

'**foot·ball play·er** joueur(-euse) *m(f)* de football américain; *soccer* joueur(-euse) *m(f)* de football; '**foot·bridge** passerelle *f;* **foot·hills** ['fʊthɪlz] *npl* contreforts *mpl*

'**foot·hold** *in climbing* prise *f* de pied; *gain a ~ fig* prendre pied

foot·ing ['fʊtɪŋ] (*basis*) position *f;* **lose one's ~** perdre pied; *be on the same / a different ~* être / ne pas être au même niveau; *be on a friendly ~ with* entretenir des rapports amicaux avec

foot·lights ['fʊtlaɪts] *npl* rampe *f;* '**foot·mark** trace *f* de pas; '**foot·note** note *f* (de bas de page); '**foot·path** sentier *m;* '**foot·print** trace *f* de pas; *of PC etc* (surface *f* d')encombrement *m;* '**foot·step** pas *m;* **follow in s.o.'s ~s** marcher sur les pas de qn, suivre les traces de; '**foot·stool** tabouret *m* (pour les pieds); '**foot·wear** chaussures *fpl*

for [fər], [fɔːr] *prep* ◊ *purpose, destination etc* pour; *a train ~ ...* un train à

destination de ...; *clothes ~ children* vêtements *mpl* pour enfants; *what's ~ lunch?* qu'est-ce qu'il y a pour le déjeuner?; *a check ~ $500* un chèque de 500 \$; *what is this ~?* pour quoi est-ce que c'est fait?; *what ~?* pourquoi?

◊ *time pendant; ~ three days / two hours* pendant trois jours / deux heures; *it lasted ~ three days* ça a duré trois jours; *it will last ~ three days* ça va durer trois jours; *I've been waiting ~ an hour* j'attends depuis une heure; *I waited ~ an hour* j'ai attendu (pendant) une heure; *please get it done ~ Monday* faites-le pour lundi s'il vous plaît

◊ *distance: I walked ~ a mile* j'ai marché un mile; *it stretches ~ 100 miles* ça s'étend sur 100 miles

◊ (*in favor of*) pour; *I am ~ the idea* je suis pour cette idée

◊ (*instead of, in behalf of*) pour; *let me do that ~ you* laissez-moi le faire pour vous

◊ (*in exchange for*) pour; *I bought it ~ $25* je l'ai acheté pour 25 \$; *how much did you sell it ~?* tu l'as vendu combien?, pour combien l'as-tu vendu?

for·bade [fər'bæd] *pret* → **forbid**

for·bid [fər'bɪd] *v/t* (*pret* **forbade**, *pp* **forbidden**) interdire; *~ s.o. to do sth* interdire à qn de faire qch

for·bid·den [fər'bɪdn] **1** *adj* interdit; *smoking ~ sign* défense de fumer; *parking ~ sign* stationnement interdit **2** *pp* → **forbid**

for·bid·ding [fər'bɪdɪŋ] *adj* menaçant

force [fɔːrs] **1** *n* force *f; come into ~ of law etc* entrer en vigueur; *the ~s* MIL les forces *fpl* armées **2** *v/t door, lock* forcer; *~ s.o. to do sth* forcer qn à faire qch; *~ sth open* ouvrir qch de force

♦ **force back** *v/t* réprimer

forced [fɔːrst] *adj laugh, confession* forcé

forced 'land·ing atterrissage *m* forcé

force·ful ['fɔːrsfl] *adj argument, speaker* puissant; *character* énergique

force·ful·ly ['fɔːrsflɪ] *adv* énergiquement

for·ceps ['fɔːrseps] *npl* MED forceps *m*

for·ci·ble ['fɔːrsəbl] *adj entry* de force; *argument* puissant

for·ci·bly ['fɔːrsəblɪ] *adv restrain* par force

ford [fɔːrd] *n* gué *m*

fore [fɔːr] *n:* **come to the ~** *person* se faire remarquer; *theory* être mis en évidence

'fore·arm avant-bras *m*; **fore·bears** ['fɔːrberz] *npl* aïeux *mpl*; **fore·bod·ing** [fər'boudɪŋ] pressentiment *m*; **'fore·cast 1** *n of results* pronostic *m*; *of weather* prévisions *fpl* **2** *v/t (pret & pp forecast) result* pronostiquer; *future, weather* prévoir; **'fore·court** *of garage* devant *m*; **fore·fa·thers** ['fɔːrfɑːðərz] *npl* ancêtres *mpl*; **'fore·fin·ger** index *m*

'fore·front: be in the ~ of être au premier rang de

'fore·gone *adj: that's a ~ conclusion* c'est prévu d'avance; **'fore·ground** premier plan *m*; **'fore·hand** *in tennis* coup *m* droit; **'fore·head** front *m*

for·eign ['fɑːrən] *adj* étranger*; *travel, correspondence* à l'étranger

for·eign af·fairs *npl* affaires *fpl* étrangères; **for·eign 'aid** aide *f* aux pays étrangers; **for·eign 'bod·y** corps *m* étranger; **for·eign 'cur·ren·cy** devises *fpl* étrangères

for·eign·er ['fɑːrənər] étranger(-ère) *m(f)*

for·eign ex'change change *m*; *currency* devises *fpl* étrangères; **for·eign 'le·gion** Légion *f* (étrangère); **'For·eign Of·fice** *in UK* ministère *m* des Affaires étrangères; **for·eign 'pol·i·cy** politique *f* étrangère; **For·eign 'Sec·re·ta·ry** *in UK* ministre *m/f* des Affaires étrangères

'fore·man chef *m* d'équipe

'fore·most *adv (uppermost)* le plus important; *(leading)* premier*

fo·ren·sic 'med·i·cine [fə'rensɪk] médecine *f* légale

fo·ren·sic 'scien·tist expert *m* légiste

'fore·run·ner *person* prédécesseur *m*; *thing* ancêtre *m/f*; **fore'saw** *pret*

→ **foresee**; **fore'see** *v/t (pret foresaw, pp foreseen)* prévoir; **fore·see·a·ble** [fər'siːəbl] *adj* prévisible; **in the ~ future** dans un avenir prévisible; **fore'seen** *pp* → **foresee**; **'fore·sight** prévoyance *f*

for·est ['fɑːrɪst] forêt *f*

for·est·ry ['fɑːrɪstrɪ] sylviculture *f*

'fore·taste avant-goût *m*

fore'tell *v/t (pret & pp foretold)* prédire

fore'told *pret & pp* → **foretell**

for·ev·er [fə'revər] *adv* toujours; *it's ~ raining here* il n'arrête pas de pleuvoir ici

'fore·word avant-propos *m*

for·feit ['fɔːrfət] *v/t right, privilege etc* perdre; *(give up)* renoncer à

for·gave [fər'geɪv] *pret* → **forgive**

forge [fɔːrdʒ] *v/t (counterfeit)* contrefaire

♦ **forge ahead** *v/i* avancer

forg·er ['fɔːrdʒər] faussaire *m/f*

forg·er·y ['fɔːrdʒərɪ] *bank bill* faux billet *m*; *document* faux *m*; *signature* contrefaçon *f*

for·get [fər'get] *v/t & v/i (pret forgot, pp forgotten)* oublier

for·get·ful [fər'getfl] *adj: you're so ~* tu as vraiment mauvaise mémoire

for'get-me-not *flower* myosotis *m*

for·give [fər'gɪv] **1** *v/t (pret forgave, pp forgiven): ~ s.o. sth* pardonner qch à qn **2** *v/i (pret forgave, pp forgiven)* pardonner

for·giv·en [fər'gɪvn] *pp* → **forgive**

for·give·ness [fər'gɪvnɪs] pardon *m*

for·got [fər'gɑːt] *pret* → **forget**

for·got·ten [fər'gɑːtn] **1** *adj* oublié; *author* tombé dans l'oubli **2** *pp* → **forget**

fork [fɔːrk] *n* fourchette *f*; *for gardening* fourche *f*; *in road* embranchement *m*

♦ **fork out** *v/i* F *(pay)* casquer F

fork·lift 'truck chariot *m* élévateur (à fourches)

form [fɔːrm] **1** *n (shape)* forme *f*; *document* formulaire *m*; *be on / off ~* être / ne pas être en forme **2** *v/t* former; *friendship* développer; *opinion* se faire **3** *v/i (take shape, develop)* se former

form·al ['fɔːrml] *adj language* soutenu; *word* du langage soutenu; *dress* de soirée; *manner, reception* cérémonieux*; *recognition etc* officiel*

for·mal·i·ty [fɔr'mælətɪ] *of language* caractère *m* soutenu; *of occasion* cérémonie *f*; *it's just a ~* c'est juste une formalité; *the formalities* les formalités *fpl*

for·mal·ly ['fɔːrmlɪ] *adv speak, behave* cérémonieusement; *accepted, recognized* officiellement

for·mat ['fɔːrmæt] **1** *v/t* (*pret & pp* **-ted**) *diskette, document* formater **2** *n* format *m*

for·ma·tion [fɔːr'meɪʃn] formation *f*

for·ma·tive ['fɔːrmətɪv] *adj* formateur*; *in his ~ years* dans sa période formatrice

for·mer ['fɔːrmər] *adj* ancien*, précédent; *the ~* le premier, la première

for·mer·ly ['fɔːrmərlɪ] *adv* autrefois

for·mi·da·ble ['fɔːrmɪdəbl] *adj* redoutable

for·mu·la ['fɔːrmjʊlə] MATH, *chemical* formule *f*; *fig* recette *f*

for·mu·late ['fɔːrmjʊleɪt] *v/t* (*express*) formuler

for·ni·cate ['fɔːrnɪkeɪt] *v/i fml* forniquer

for·ni·ca·tion [fɔːrnɪ'keɪʃn] *fml* fornication *f*

fort [fɔːrt] MIL fort *m*

forth [fɔːrθ] *adv*: *travel back and ~* faire la navette; *and so ~* et ainsi de suite; *from that day ~* à partir de ce jour-là

forth·com·ing ['fɔːrθkʌmɪŋ] *adj* (*future*) futur; *personality* ouvert

'forth·right *adj* franc*

for·ti·eth ['fɔːrtɪɪθ] quarantième

fort·night ['fɔːrtnaɪt] *Br* quinze jours *mpl*, quinzaine *f*

for·tress ['fɔːrtrɪs] MIL forteresse *f*

for·tu·nate ['fɔːrtʃnət] *adj decision etc* heureux*; *be ~* avoir de la chance; *be ~ enough to …* avoir la chance de …

for·tu·nate·ly ['fɔːrtʃnətlɪ] *adv* heureusement

for·tune ['fɔːrtʃən] (*fate*) destin *m*; (*luck*) chance *f*; (*lot of money*) fortune *f*; *tell s.o.'s ~* dire la bonne aventure à qn

'for·tune-tell·er diseur(-euse) *m(f)* de bonne aventure

for·ty ['fɔːrtɪ] quarante; *have ~ winks* F faire une petite sieste

fo·rum ['fɔːrəm] *fig* tribune *f*

for·ward ['fɔːrwərd] **1** *adv push, nudge* en avant; *walk / move / drive ~* avancer; *from that day ~* à partir de ce jour-là **2** *adj pej: person* effronté **3** *n* SP avant *m* **4** *v/t letter* faire suivre

for·ward·ing ad·dress ['fɔːrwərdɪŋ] nouvelle adresse *f*

'for·ward·ing a·gent COMM transitaire *m/f*

for·ward-look·ing ['fɔːrwərdlʊkɪŋ] *adj* moderne, tourné vers l'avenir

fos·sil ['fɑːsl] fossile *m*

fos·sil·ized ['fɑːsəlaɪzd] *adj* fossilisé

fos·ter ['fɑːstər] *v/t child* servir de famille d'accueil à; *attitude, belief* encourager

'fos·ter child enfant placé(e) *m(f)*; **'fos·ter home** foyer *m* d'accueil; **'fos·ter par·ents** *npl* parents *mpl* d'accueil

fought [fɔːt] *pret & pp → fight*

foul [faʊl] **1** *n* SP faute *f* **2** *adj smell, taste* infect; *weather* sale **3** *v/t* SP commettre une faute contre

found¹ [faʊnd] *v/t institution, school etc* fonder

found² [faʊnd] *pret & pp → find*

foun·da·tion [faʊn'deɪʃn] *of theory etc* fondement *m*; (*organization*) fondation *f*

foun·da·tions [faʊn'deɪʃnz] *npl of building* fondations *fpl*

found·er ['faʊndər] *n* fondateur (-trice) *m(f)*

found·ing ['faʊndɪŋ] *n* fondation *f*

foun·dry ['faʊndrɪ] fonderie *f*

foun·tain ['faʊntɪn] fontaine *f*; *with vertical spout* jet *m* d'eau

'foun·tain pen stylo *m* plume

four [fɔːr] **1** *adj* quatre **2** *n*: *on all ~s* à quatre pattes

four-let·ter 'word gros mot *m*; **four-**

post·er ('bed) lit *m* à baldaquin;
  'four-star *adj* hotel etc quatre étoiles
four·teen ['fɔːtiːn] quatorze
four·teenth ['fɔːtiːnθ] quatorzième
  → **fifth**
fourth [fɔːrθ] quatrième; → **fifth**
four-wheel 'drive MOT quatre-quatre
  m
fowl [faʊl] volaille *f*
fox [fɑːks] **1** *n* renard *m* **2** *v/t* (*puzzle*)
  mystifier
foy·er ['fɔɪər] hall *m* d'entrée
frac·tion ['frækʃn] *also* MATH fraction
  f
frac·tion·al·ly ['frækʃnəlɪ] *adv* très légèrement
frac·ture ['fræktʃər] **1** *n* fracture *f* **2** *v/t*
  fracturer; *he ∼d his arm* il s'est frac-
  turé le bras
fra·gile ['frædʒəl] *adj* fragile
frag·ment ['frægmənt] *n* fragment *m*;
  bribe *f*
frag·men·tar·y [fræg'mentərɪ] *adj*
  fragmentaire
fra·grance ['freɪgrəns] parfum *m*
fra·grant ['freɪgrənt] *adj* parfumé,
  odorant
frail [freɪl] *adj* frêle, fragile
frame [freɪm] **1** *n* of picture, bicycle cadre *m*; of window châssis *m*; of eyeglasses monture *f*; *∼ of mind* état *m*
  d'esprit **2** *v/t* picture encadrer; F *person* monter un coup contre
  'frame-up F coup *m*
  'frame·work structure *f*; *within the ∼
  of* dans le cadre de
France [fræns] France *f*
fran·chise ['fræntʃaɪz] *n* for business
  franchise *f*
frank [fræŋk] *adj* franc*
frank·furt·er ['fræŋkfɜːrtər] saucisse *f*
  de Francfort
frank·ly ['fræŋklɪ] *adv* franchement
frank·ness ['fræŋknɪs] franchise *f*
fran·tic ['fræntɪk] *adj* frénétique, fou*
fran·ti·cal·ly ['fræntɪklɪ] *adv* frénétiquement; *busy* terriblement
fra·ter·nal [frə'tɜːrnl] *adj* fraternel*
fraud [frɔːd] fraude *f*, person imposteur *m*
fraud·u·lent ['frɔːdjʊlənt] *adj* fraudu-

leux*
fraud·u·lent·ly ['frɔːdjʊləntlɪ] *adv*
  frauduleusement
frayed [freɪd] *adj* cuffs usé
freak [friːk] **1** *n* (*unusual event*) phénomène *m* étrange; (*two-headed person,
  animal etc*) monstre *m*; F (*strange person*) taré(e) *m(f)* F; *movie / jazz ∼* F
  mordu(e) *m(f)* de cinéma / jazz F **2**
  adj wind, storm etc anormalement
  violent
freck·le ['frekl] tache *f* de rousseur
free [friː] **1** *adj* libre; no cost gratuit; *∼
  and easy* sans gêne; *for ∼ travel, get
  sth* gratuitement **2** *v/t* prisoners libérer
free·bie ['friːbɪ] *Br* F cadeau *m*
free·dom ['friːdəm] liberté *f*
free·dom of 'speech liberté *f* d'expression
free·dom of the 'press liberté *f* de la
  presse
free 'en·ter·prise libre entreprise *f*;
  free 'kick in soccer coup *m* franc;
  free-lance ['friːlæns] **1** *adj* indépendant, free-lance *inv* **2** *adv* work en indépendant, en free-lance; **free-lanc-
  er** ['friːlænsər] travailleur(-euse) in-
  dépendant(e) *m(f)*; **free·load·er**
  ['friːloʊdər] F parasite *m*, pique-assiette *m/f*
free·ly ['friːlɪ] *adv* admit volontiers
free mar·ket e'con·o·my économie *f*
  de marché; **free-range 'chick·en**
  poulet *m* fermier; **free-range 'eggs**
  npl œufs *mpl* fermiers; **free 'sam·ple**
  échantillon *m* gratuit; **free 'speech**
  libre parole *f*; **'free·way** autoroute
  f; **free'wheel** *v/i* on bicycle être en
  roue libre; **free 'will** libre arbitre
  m; *he did it of his own ∼* il l'a fait
  de son plein gré
freeze [friːz] **1** *v/t* (pret **froze**, pp **frozen**) food, river congeler; wages geler;
  bank account bloquer; *∼ a video* faire
  un arrêt sur image **2** *v/i* of water geler
  ◆ **freeze over** *v/i* of river geler
'freeze-dried *adj* lyophilisé
freez·er ['friːzər] congélateur *m*
freez·ing ['friːzɪŋ] **1** *adj* glacial; *it's ∼
  (cold)* of weather, in room il fait un

froid glacial; *of sea* elle est glaciale;
I'm ~ (cold) je gèle **2** *n*: **10 below ~**
10 degrés au-dessous de zéro, moins
10

'freez·ing com·part·ment freezer *m*

'freez·ing point point *m* de congélation

freight [freɪt] *n* fret *m*

'freight car *on train* wagon *m* de marchandises

freight·er ['freɪtər] *ship* cargo *m*; *airplane* avion-cargo *m*

'freight train train *m* de marchandises

French [frentʃ] **1** *adj* français **2** *n* *language* français *m*; **the ~** les Français
mpl

French 'bread baguette *f*; **French
'doors** *npl* porte-fenêtre *f*; **'French
fries** *npl* frites *fpl*; **'French kiss** patin *m* F; **'French·man** Français *m*;
French Ri·vi·er·a Côte *f* d'Azur;

'French-speak·ing *adj* francophone;
'French·wom·an Française *f*

fren·zied ['frenzɪd] *adj* *attack, activity*
forcené; *mob* déchaîné

fren·zy ['frenzɪ] frénésie *f*

fre·quen·cy ['fri:kwənsɪ] *also of radio*
fréquence *f*

fre·quent[1] ['fri:kwənt] *adj* fréquent;
how ~ are the trains? il y a des
trains tous les combien? F

fre·quent[2] [frɪ'kwent] *v/t bar etc* fréquenter

fre·quent·ly ['fri:kwəntlɪ] *adv* fréquemment

fres·co ['freskoʊ] fresque *f*

fresh [freʃ] *adj* *fruit, meat etc, (cold)*
frais*; *(new: start)* nouveau*; *sheets*
propre; *(impertinent)* insolent; **don't
you get ~ with me!** ne me parle
pas comme ça

fresh 'air air *m*

fresh·en ['freʃn] *v/i of wind* se rafraîchir

♦ freshen up **1** *v/i* se rafraîchir **2** *v/t
room, paintwork* rafraîchir

fresh·ly ['freʃlɪ] *adv* fraîchement

'fresh·man étudiant(e) *m(f)* de première année

fresh·ness ['freʃnɪs] *of fruit, meat,
style, weather* fraîcheur *f*; *of approach*

nouveauté *f*

fresh 'or·ange *Br* orange *f* pressée

'fresh·wa·ter *adj fish* d'eau douce;
fishing en eau douce

fret[1] [fret] *v/i (pret & pp -ted)* s'inquiéter

fret[2] *n of guitar* touche *f*

Freud·i·an ['frɔɪdɪən] *adj* freudien*

fric·tion ['frɪkʃn] friction *f*

'fric·tion tape chatterton *m*

Fri·day ['fraɪdeɪ] vendredi *m*

fridge [frɪdʒ] frigo *m* F

friend [frend] ami(e) *m(f)*; **make ~s** of
one person se faire des amis; *of two
people* devenir amis; **make ~s with
s.o.** devenir ami(e) avec qn

friend·li·ness ['frendlɪnɪs] amabilité *f*

friend·ly ['frendlɪ] *adj* *smile, meeting,
match, relations* amical; *restaurant, hotel, city* sympathique; *person* amical,
sympathique; *(easy to use)* convivial;
argument entre amis; **be ~ with
s.o.** *(be friends)* être ami(e) avec qn

friend·ship ['frendʃɪp] amitié *f*

fries [fraɪz] *npl* frites *fpl*

fright [fraɪt] peur *f*; **give s.o. a ~** faire
peur à qn

fright·en ['fraɪtn] *v/t* faire peur à, effrayer; **be ~ed** avoir peur *(of* de);
don't be ~ed n'aie pas peur

♦ frighten away *v/t* faire fuir

fright·en·ing ['fraɪtnɪŋ] *adj* *noise, person, prospect* effrayant

fri·gid ['frɪdʒɪd] *adj sexually* frigide

frill [frɪl] *on dress etc, (extra)* falbala *m*

frill·y ['frɪlɪ] *adj* à falbalas

fringe [frɪndʒ] frange *f*; *of city* périphérie *f*; *of society* marge *f*

'fringe ben·e·fits *npl* avantages *mpl*
sociaux

frisk [frɪsk] *v/t* fouiller

frisk·y ['frɪskɪ] *adj puppy etc* vif*

♦ frit·ter away ['frɪtər] *v/t time, fortune*
gaspiller

fri·vol·i·ty [frɪ'vɑːlətɪ] frivolité *f*

friv·o·lous ['frɪvələs] *adj* frivole

frizz·y ['frɪzɪ] *adj hair* crépu

frog [frɒɡ] grenouille *f*

'frog·man homme-grenouille *m*

from [frɑːm] *prep* ◊ *in time* de; **~ 9 to 5
(o'clock)** de 9 heures à 5 heures; **~**

the 18th century à partir du XVIIIe siècle; **~ today on** à partir d'aujourd'hui ◊ *in space* de; **~ here to there** d'ici à là(-bas) ◊ *origin* de; *a letter* **~** *Joe* une lettre de Joe; *it doesn't say who it's* **~** ça ne dit pas de qui c'est; *I am* **~** *New Jersey* je viens du New Jersey; *made* **~** *bananas* fait avec des bananes ◊ *(because of)* à cause de; *tired* **~** *the journey* fatigué par le voyage; *it's* **~** *overeating* c'est d'avoir trop mangé

front [frʌnt] **1** *n of building* façade *f*, devant *m*; *of book* devant *m*; *(cover organization)* façade *f*; MIL, *of weather* front *m*; *in* **~** devant; *in a race* en tête; *in* **~** *of* devant; *at the* **~** *of* à l'avant de **2** *adj wheel, seat* avant **3** *v/t TV program* présenter

front 'cov·er couverture *f*; **front 'door** porte *f* d'entrée; **front 'entrance** entrée *f* principale

fron·tier ['frʌntir] *also fig* frontière *f*

'front line MIL front *m*; **front 'page** *of newspaper* une *f*; **front page 'news**: *be* **~** faire la une des journaux; **front 'row** premier rang *m*; **front seat 'pas·sen·ger** *in car* passager(-ère) *m(f)* avant; **front-wheel 'drive** traction *f* avant

frost [frɔst] *n* gel *m*, gelée *f*

'frost·bite gelure *f*

'frost·bit·ten *adj* gelé

frosted glass ['frɑːstɪd] verre *m* dépoli

frost·ing ['frɑːstɪŋ] *on cake* glaçage *m*

frost·y ['frɑːstɪ] *adj also fig* glacial

froth [frɔθ] *n* écume *f*, mousse *f*

froth·y ['frɔːθɪ] *adj cream etc* écumeux*, mousseux*

frown [fraʊn] **1** *n* froncement *m* de sourcils **2** *v/i* froncer les sourcils

froze [froʊz] *pret* → **freeze**

fro·zen ['froʊzn] **1** *adj* gelé; *wastes* glacé; *food* surgelé; *I'm* **~** je suis gelé **2** *pp* → **freeze**

fro·zen 'food surgelés *mpl*

fruit [fruːt] *n* fruit *m*; *collective* fruits *mpl*

'fruit cake cake *m*

fruit·ful ['fruːtfl] *adj discussions etc* fructueux*

'fruit juice jus *m* de fruit

fruit 'sal·ad salade *f* de fruits

frus·trate ['frʌstreɪt] *v/t person* frustrer; *plans* contrarier

frus·trat·ed ['frʌstreɪtɪd] *adj look, sigh* frustré

frus·trat·ing ['frʌstreɪtɪŋ] *adj* frustrant

frus·trat·ing·ly [frʌ'streɪtɪŋlɪ] *adv*: **~ slow / hard** d'une lenteur / difficulté frustrante

frus·tra·tion [frʌ'streɪʃn] frustration *f*

fry [fraɪ] *v/t* (*pret & pp* **-ied**) (faire) frire

fried 'egg [fraɪd] œuf *m* sur le plat

fried po'ta·toes *npl* pommes *fpl* de terre sautées

'fry·pan poêle *f* (à frire)

fuck [fʌk] V *v/t* V baiser V; **~!** putain! V; **~ you!** va te faire enculer! V; **~ that!** j'en ai rien à foutre! F

◆ **fuck off** *v/i* V se casser P; **fuck off!** va te faire enculer! V

fuck·ing ['fʌkɪŋ] V **1** *adj*: *this* **~** *rain / computer* cette putain de pluie / ce putain d'ordinateur V **2** *adv*: *don't be* **~** *stupid* putain, sois pas stupide V

fu·el ['fjuːəl] **1** *n* carburant *m* **2** *v/t fig* entretenir

fu·gi·tive ['fjuːdʒətɪv] *n* fugitif(-ive) *m(f)*

ful·fil *Br* → **fulfill**

ful·fill [fʊl'fɪl] *v/t dreams* réaliser; *task* accomplir; *contract, responsibilities* remplir; *feel* **~ed** *in job, life* avoir un sentiment d'accomplissement

ful·fill·ing [fʊl'fɪlɪŋ] *adj job* qui donne un sentiment d'accomplissement

ful·fil·ment *Br* → **fulfillment**

ful·fill·ment [fʊl'fɪlmənt] *of contract etc* exécution *f*; *moral, spiritual* accomplissement *m*

full [fʊl] *adj* plein (*of* de); *hotel, account* complet*; **~** *up hotel etc* complet; **~ up**: *be* **~** *with food* avoir trop mangé; *pay in* **~** tout payer

'full back arrière *m*; **full 'board** *Br* pension *f* complète; **'full-grown** *adj* adulte; **'full-length** *adj dress* long*; **~** *movie* long métrage *m*; **full 'moon** pleine lune *f*; **full 'stop** *Br* point *m*; **full-'time** *adj & adv* à plein temps

ful·ly ['fʊlɪ] *adv* *trained, recovered* complètement; *understand* parfaitement; *describe, explain* en détail; *be ~ booked hotel* être complet*

fum·ble ['fʌmbl] *v/t catch* mal attraper
♦ **fumble about** *v/i* fouiller

fume [fjuːm] *v/i*: *be fuming* F être furieux*

fumes [fjuːmz] *npl from vehicles, machines* fumée *f*; *from chemicals* vapeurs *fpl*

fun [fʌn] **1** *n* amusement *m*; *it was great ~* on s'est bien amusé; *bye, have ~!* au revoir, amuse-toi bien!; *for ~* pour s'amuser; *make ~ of* se moquer de **2** *adj* F marrant F

func·tion ['fʌŋkʃn] **1** *n* (*purpose*) fonction *f*; (*reception etc*) réception *f* **2** *v/i* fonctionner; *~ as* faire fonction de

func·tion·al ['fʌŋkʃnl] *adj* fonctionnel*

fund [fʌnd] **1** *n* fonds *m* **2** *v/t project etc* financer

fun·da·men·tal [fʌndə'mentl] *adj* fondamental

fun·da·men·tal·ist [fʌndə'mentlɪst] *n* fondamentaliste *m/f*

fun·da·men·tal·ly [fʌndə'mentlɪ] *adv* fondamentalement

fund·ing ['fʌndɪŋ] (*money*) financement *m*

funds [fʌndz] *npl* fonds *mpl*

fu·ne·ral ['fjuːnərəl] enterrement *m*, obsèques *fpl*

'fu·ne·ral di·rec·tor entrepreneur (-euse) *m(f)* de pompes funèbres

'fu·ne·ral home établissement *m* de pompes funèbres

fun·gus ['fʌŋgəs] champignon *m*; *mold* moisissure *f*

fu·nic·u·lar ('rail·way) [fjuː'nɪkjʊlər] funiculaire *m*

fun·nel ['fʌnl] *n of ship* cheminée *f*

fun·nies ['fʌnɪz] *npl* F pages *fpl* drôles

fun·ni·ly ['fʌnɪlɪ] *adv* (*oddly*) bizarrement; (*comically*) comiquement; *~ enough* chose curieuse

fun·ny ['fʌnɪ] *adj* (*comical*) drôle; (*odd*) bizarre, curieux*

'fun·ny bone petit juif *m*

fur [fɜːr] fourrure *f*

fu·ri·ous ['fjʊrɪəs] *adj* furieux*; *at a ~ pace* à une vitesse folle

fur·nace ['fɜːrnɪs] four(neau) *m*

fur·nish ['fɜːrnɪʃ] *v/t room* meubler; (*supply*) fournir

fur·ni·ture ['fɜːrnɪtʃər] meubles *mpl*; *a piece of ~* un meuble

fur·ry ['fɜːrɪ] *adj animal* à poil

fur·ther ['fɜːrðər] **1** *adj* (*additional*) supplémentaire; (*more distant*) plus éloigné; *at the ~ side of the field* de l'autre côté du champ; *until ~ notice* jusqu'à nouvel ordre; *have you anything ~ to say?* avez-vous quelque chose d'autre à dire? **2** *adv walk, drive* plus loin; *~, I want to say ...* de plus, je voudrais dire ...; *two miles ~ (on)* deux miles plus loin **3** *v/t cause etc* faire avancer, promouvoir

fur·ther·more *adv* de plus, en outre

fur·thest ['fɜːrðɪst] **1** *adj* le plus lointain; *the ~ point north* le point le plus au nord **2** *adv* le plus loin; *the ~ north* le plus au nord

fur·tive ['fɜːrtɪv] *adj glance* furtif*

fur·tive·ly ['fɜːrtɪvlɪ] *adv* furtivement

fu·ry ['fjʊrɪ] (*anger*) fureur *f*

fuse [fjuːz] **1** *n* ELEC fusible *m*, plomb *m* F **2** *v/i* ELEC: *the lights have ~d* les plombs ont sauté **3** *v/t* ELEC faire sauter

'fuse·box boîte *f* à fusibles

'fuse wire fil *m* à fusible

fu·sion ['fjuːʒn] fusion *f*

fuss [fʌs] *n* agitation *f*; *make a ~* (*complain*) faire des histoires; (*behave in exaggerated way*) faire du cinéma; *make a ~ of s.o.* (*be very attentive to*) être aux petits soins pour qn

fuss·y ['fʌsɪ] *adj person* difficile; *design etc* trop compliqué; *be a ~ eater* être difficile (sur la nourriture)

fu·tile ['fjuːtl] *adj* futile

fu·til·i·ty [fjuː'tɪlətɪ] futilité *f*

fu·ton ['fuːtɑːn] futon *m*

fu·ture ['fjuːtʃər] **1** *n* avenir *f*; GRAM futur *m*; *in ~* à l'avenir **2** *adj* futur

fu·tures ['fjuːtʃərz] *npl* FIN opérations

fpl à terme

'**fu·tures mar·ket** FIN marché *m* à terme

fu·tur·is·tic [fjuːtʃəˈrɪstɪk] *adj design*
futuriste

fuzz·y ['fʌzɪ] *adj hair* duveteux*, crépu; (*out of focus*) flou; **~ logic** logique
f floue

G

gab [gæb] *n*: **have the gift of the ~** F
avoir du bagout F

gab·ble ['gæbl] *v/i* bredouiller

gad·get ['gædʒɪt] gadget *m*

gaffe [gæf] gaffe *f*

gag [gæg] **1** *n* bâillon *m*; (*joke*) gag *m* **2**
v/t (*pret & pp* **-ged**) *also fig* bâillonner

gai·ly ['geɪlɪ] *adv* (*blithely*) gaiement

gain [geɪn] *v/t respect, knowledge* acquérir; *victory* remporter; *advantage,
sympathy* gagner; **~ 10 pounds /
speed** prendre 10 livres / de la vitesse

ga·la ['gælə] gala *m*

gal·ax·y ['gæləksɪ] ASTR galaxie *f*

gale [geɪl] coup *m* de vent, tempête *f*

gal·lant ['gælənt] *adj* galant

gall blad·der ['gɔːlblædər] vésicule *f*
biliaire

gal·le·ry ['gælərɪ] *for art, in theater* galerie *f*

gal·ley ['gælɪ] *on ship* cuisine *f*

♦ **gal·li·vant around** ['gælɪvænt] *v/i*
vadrouiller

gal·lon ['gælən] gallon *m*; **~s of tea** F
des litres de thé F

gal·lop ['gæləp] *v/i* galoper

gal·lows ['gæləʊz] *npl* gibet *m*

gall·stone ['gɔːlstoʊn] calcul *m* biliaire

ga·lore [gəˈlɔːr] *adj*: **apples / novels
~** des pommes / romans à gogo

gal·va·nize ['gælvənaɪz] *v/t also fig* galvaniser

gam·ble ['gæmbl] *v/i* jouer

gam·bler ['gæmblər] joueur(-euse)
m(f)

gam·bling ['gæmblɪŋ] jeu *m*

game [geɪm] *n also in tennis* jeu *m*;
have a ~ of tennis / chess faire
une partie de tennis / d'échecs

'**game re·serve** réserve *f* naturelle

gam·mon ['gæmən] *Br* jambon *m*
fumé

gang [gæŋ] gang *m*

♦ **gang up on** *v/t* se liguer contre

'**gang rape 1** *n* viol *m* collectif **2** *v/t*
commettre un viol collectif sur

gan·grene ['gæŋgriːn] MED gangrène
f

gang·ster ['gæŋstər] gangster *m*

'**gang war·fare** guerre *m* des gangs

'**gang·way** passerelle *f*

gaol [dʒeɪl] → **jail**

gap [gæp] trou *m*; *in time* intervalle *m*;
between two personalities fossé *m*

gape [geɪp] *v/i of person* rester bouche
bée; *of hole* être béant

♦ **gape at** *v/t* rester bouche bée devant

gap·ing ['geɪpɪŋ] *adj hole* béant

gar·age [gəˈrɑːʒ] *n* garage *m*

ga·rage sale vide-grenier *m* (chez un
particulier)

gar·bage ['gɑːrbɪdʒ] ordures *fpl*; (*fig:
nonsense*) bêtises *fpl*

'**gar·bage bag** sac-poubelle *m*; '**gar·
bage can** poubelle *f*; '**gar·bage
truck** benne *f* à ordures

gar·bled ['gɑːrbld] *adj message* confus

gar·den ['gɑːrdn] jardin *m*

'**gar·den cen·ter** jardinerie *f*

gar·den·er ['gɑːrdnər] jardinier(-ière)
m(f)

gar·den·ing ['gɑːrdnɪŋ] jardinage *m*

gar·gle ['gɑːrgl] *v/i* se gargariser

gar·goyle ['gɑːrgɔɪl] gargouille *f*

gar·ish ['geriʃ] *adj* criard

gar·land ['gɑːlənd] *n* guirlande *f*, couronne *f*

gar·lic ['gɑːlɪk] ail *m*

gar·lic 'bread pain chaud à l'ail

gar·ment ['gɑːrmənt] vêtement *m*

gar·nish ['gɑːrnɪʃ] *v/t* garnir (**with** de)

gar·ri·son ['gærɪsn] *n* garnison *f*

gar·ter ['gɑːrtər] jarretière *f*

gas [gæs] *n* gaz *m*; (*gasoline*) essence *f*

gash [gæʃ] *n* entaille *f*

gas·ket ['gæskɪt] joint *m* d'étanchéité

gas·o·line ['gæsəliːn] essence *f*

gasp [gæsp] **1** *n* in surprise hoquet *m*; *with exhaustion* halètement *m* **2** *v/i with exhaustion* haleter; **~ for breath** haleter; **~ with surprise** pousser une exclamation de surprise

'gas ped·al accélérateur *m*; **'gas pipe·line** gazoduc *m*; **'gas pump** pompe *f* (à essence); **'gas sta·tion** station-service *f*; **'gas stove** cuisinière *f* à gaz

gas·tric ['gæstrɪk] *adj* MED gastrique

gas·tric 'flu MED grippe *f* gastro-intestinale; **gas·tric 'juices** *npl* sucs *mpl* gastriques; **gas·tric 'ul·cer** MED ulcère *m* à l'estomac

gate [geɪt] *also at airport* porte *f*

'gate·crash *v/t* s'inviter à

'gate·way entrée *f*; *also fig* porte *f*

gath·er ['gæðər] **1** *v/t facts, information* recueillir; **am I to ~ that ...?** dois-je comprendre que ...?; **~ speed** prendre de la vitesse **2** *v/i* (*understand*) comprendre

♦ **gather up** *v/t possessions* ramasser

gath·er·ing ['gæðərɪŋ] *n* (*group of people*) assemblée *f*

gau·dy ['gɒdɪ] *adj* voyant, criard

gauge [geɪdʒ] **1** *n* jauge *f* **2** *v/t oil pressure* jauger; *opinion* mesurer

gaunt [gɒnt] *adj* émacié

gauze [gɒz] gaze *f*

gave [geɪv] *pret* → **give**

gaw·ky ['gɒkɪ] *adj* gauche

gawp [gɒp] *v/i* F rester bouche bée (*at devant*)

gay [geɪ] **1** *n* (*homosexual*) homosexuel(le) *m(f)*, gay *m* **2** *adj* homosexuel*, gay *inv*

gaze [geɪz] **1** *n* regard *m* (fixe) **2** *v/i* regarder fixement

♦ **gaze at** *v/t* regarder fixement

GB [dʒiː'biː] *abbr* (**= Great Britain**) Grande Bretagne *f*

GDP [dʒiːdiː'piː] *abbr* (**= gross domestic product**) P.I.B. *m* (= Produit *m* Intérieur Brut)

gear [gɪr] *n* (*equipment*) équipement *m*; *in vehicles* vitesse *f*

'gear·box MOT boîte *f* de vitesses

'gear le·ver, **'gear shift** MOT levier *m* de vitesse

geese [giːs] *pl* → **goose**

gel [dʒel] *for hair, shower* gel *m*

gel·a·tine ['dʒelətiːn] gélatine *f*

gel·ig·nite ['dʒelɪɡnaɪt] gélignite *f*

gem [dʒem] pierre *f* précieuse; *fig* perle *f*

Gem·i·ni ['dʒemɪnaɪ] ASTROL les Gémeaux

gen·der ['dʒendər] genre *m*

gene [dʒiːn] gène *m*; *it's in his ~s* c'est dans ses gènes

gen·er·al ['dʒenrəl] **1** *n* MIL général(e) *m(f)*; *in ~* en général **2** *adj* général

gen·er·al e'lec·tion Br élections *fpl* générales

gen·er·al·i·za·tion [dʒenrəlaɪ'zeɪʃn] généralisation *f*

gen·er·al·ize ['dʒenrəlaɪz] *v/i* généraliser

gen·er·al·ly ['dʒenrəlɪ] *adv* généralement; **~ speaking** de manière générale

gen·er·ate ['dʒenəreɪt] *v/t* (*create*) engendrer, produire; *electricity* produire; *in linguistics* générer

gen·er·a·tion [dʒenə'reɪʃn] génération *f*

gen·e'ra·tion gap conflit *m* des générations

gen·er·a·tor ['dʒenəreɪtər] générateur *m*

ge·ner·ic drug [dʒə'nerɪk] MED médicament *m* générique

gen·er·os·i·ty [dʒenə'rɒsətɪ] générosité *f*

gen·er·ous ['dʒenərəs] *adj* généreux*

ge·net·ic [dʒɪ'netɪk] *adj* génétique

ge·net·i·cal·ly [dʒɪ'netɪklɪ] *adv* génétiquement; **~ modified** génétiquement modifié, transgénique

ge·net·ic 'code code *m* génétique; **ge·net·ic en·gi'neer·ing** génie *m* génétique; **ge·net·ic 'fin·ger·print** empreinte *f* génétique

ge·net·i·cist [dʒɪ'netɪsɪst] généticien(ne) *m(f)*

ge·net·ics [dʒɪ'netɪks] *nsg* génétique *f*

ge·ni·al ['dʒiːnjəl] *adj person* cordial, agréable; *company* agréable

gen·i·tals ['dʒenɪtlz] *npl* organes *mpl* génitaux

gen·ius ['dʒiːnjəs] génie *m*

gen·o·cide ['dʒenəsaɪd] génocide *m*

gen·tle ['dʒentl] *adj* doux*; *breeze* léger*

gen·tle·man ['dʒentlmən] monsieur *m*; **he's a real ~** c'est un vrai gentleman

gen·tle·ness ['dʒentlnɪs] douceur *f*

gen·tly ['dʒentlɪ] *adv* doucement; *blow* légèrement

gents [dʒents] *nsg Br. toilet* toilettes *fpl* (pour hommes)

gen·u·ine ['dʒenʊɪn] *adj* authentique

gen·u·ine·ly ['dʒenʊɪnlɪ] *adv* vraiment, sincèrement

ge·o·graph·i·cal [dʒɪə'græfɪkl] *adj* géographique

ge·og·ra·phy [dʒɪ'ɑːɡrəfɪ] géographie *f*

ge·o·log·i·cal [dʒɪə'lɑːdʒɪkl] *adj* géologique

ge·ol·o·gist [dʒɪ'ɑːlədʒɪst] géologue *m/f*

ge·ol·o·gy [dʒɪ'ɑːlədʒɪ] géologie *f*

ge·o·met·ric, ge·o·met·ri·cal [dʒɪə'metrɪk(l)] *adj* géométrique

ge·om·e·try [dʒɪ'ɑːmətrɪ] géométrie *f*

ge·ra·ni·um [dʒɪ'reɪnɪəm] géranium *m*

ger·i·at·ric [dʒerɪ'ætrɪk] **1** *adj* gériatrique **2** *n* patient(e) *m(f)* gériatrique

germ [dʒɜːrm] *also of idea etc* germe *m*

Ger·man ['dʒɜːrmən] **1** *adj* allemand **2** *n person* Allemand(e) *m(f); language* allemand *m*

German 'mea·sles *nsg* rubéole *f*

Ger·man 'shep·herd berger *m* allemand

Germany ['dʒɜːrmənɪ] Allemagne *f*

ger·mi·nate ['dʒɜːrmɪneɪt] *v/i of seed* germer

germ 'war·fare guerre *f* bactériologique

ges·tic·u·late [dʒe'stɪkjʊleɪt] *v/i* gesticuler

ges·ture ['dʒestʃər] *n also fig* geste *m*

get [get] *v/t (pret & pp got, pp also gotten)* ◊ *(obtain)* obtenir; *(buy)* acheter; *(fetch)* aller chercher (**s.o. sth** qch pour qn); *(receive: letter)* recevoir; *(receive: knowledge, respect etc)* acquérir; *(catch: bus, train etc)* prendre; *(understand)* comprendre

◊ : **when we ~ home** quand nous arrivons chez nous

◊ *(become)* devenir; **~ old / tired** vieillir / se fatiguer

◊ *(causative):* **~ sth done** *(by s.o. else)* faire faire qch; **~ s.o. to do sth** faire faire à qn; **I got her to change her mind** je lui ai fait changer d'avis; **~ one's hair cut** se faire couper les cheveux; **~ sth ready** préparer qch

◊ *(have opportunity):* **~ to do sth** pouvoir faire qch

◊ : **have got** avoir

◊ : **have got to** devoir; **I have got to study** je dois étudier, il faut que j'étudie *(subj)*

◊ : **~ going** *(leave)* s'en aller; *(start)* s'y mettre; **~ to know** commencer à bien connaître

♦ **get along** *v/i (progress)* faire des progrès; *(come to party etc)* venir; *with s.o.* s'entendre

♦ **get around** *v/i (travel)* voyager; *(be mobile)* se déplacer

♦ **get at** *v/t (criticize)* s'en prendre à; *(imply, mean)* vouloir dire

♦ **get away 1** *v/i (leave)* partir **2** *v/t:* **get sth away from s.o.** retirer qch à qn

♦ **get away with** *v/t:* **let s.o. get away with sth** tolérer qch à qn

♦ **get back 1** *v/i (return)* revenir; **I'll get back to you on that** je vous recontacterai à ce sujet **2** *v/t health, breath, girlfriend etc* retrouver; *possession* récupérer

♦ **get by** *v/i (pass)* passer; *financially* s'en sortir

◆ **get down 1** v/i *from ladder etc* descendre; *(duck)* se baisser; *(be informal)* se détendre, se laisser aller **2** v/t *(depress)* déprimer

◆ **get down to** v/t *(start: work)* se mettre à; *(reach: real facts)* en venir à

◆ **get in 1** v/i *(of train, plane)* arriver; *(come home)* rentrer; *to car* entrer; **how did they ~ ?** *of thieves, mice etc* comment sont-ils entrés? **2** v/t *to suitcase etc* rentrer

◆ **get off 1** v/i *from bus etc* descendre; *(finish work)* finir; *(not be punished)* s'en tirer **2** v/t *(remove)* enlever; **get off the grass!** va-t-en de la pelouse!

◆ **get off with** v/t *Br F (sexually)* coucher avec F; **get off with a small fine** s'en tirer avec une petite amende

◆ **get on 1** v/i *to bike, bus, train* monter; *(be friendly)* s'entendre; *(advance: of time)* se faire tard; *(become old)* prendre de l'âge; *(progress: of book)* avancer; **how is she getting on at school?** comment ça se passe pour elle à l'école?; **it's getting on** *(getting late)* il se fait tard; **he's getting on** il prend de l'âge; **he's getting on for 50** il approche la cinquantaine **2** v/t: **get on the bus / one's bike** monter dans le bus / sur son vélo; **get one's hat on** se mettre son chapeau; **I can't get these pants on** je n'arrive pas à enfiler ce pantalon

◆ **get on with** v/t *one's work* continuer; *(figure out)* se débrouiller avec

◆ **get out 1** v/i *of car, prison etc* sortir; **get out!** va-t-en!; **let's get out of here** allons-nous-en; **I don't get out much these days** je ne sors pas beaucoup ces temps-ci **2** v/t *nail, sth jammed, stain* enlever; *gun, pen* sortir; **what do you get out of it?** qu'est-ce que ça t'apporte?

◆ **get over** v/t *fence* franchir; *disappointment, lover* se remettre de

◆ **get over with** v/t en finir avec; **let's get it over with** finissons-en avec ça

◆ **get through** v/i *on telephone* obtenir la communication; *(make self understood)* se faire comprendre; **get through to s.o.** se faire comprendre

de qn

◆ **get up 1** v/i *in morning, from chair, of wind* se lever **2** v/t *(climb: hill)* monter

'**get·a·way** *from robbery* fuite f

'**get·a·way car** voiture utilisée pour s'enfuir

'**get-to·geth·er** *n* réunion f

ghast·ly ['gæstlɪ] *adj* horrible, affreux*

gher·kin ['gɜːrkɪn] cornichon m

ghet·to ['getoʊ] ghetto m

ghost [goʊst] fantôme m, spectre m

ghost·ly ['goʊstlɪ] *adj* spectral

'**ghost town** ville f fantôme

'**ghost·writ·er** nègre m

ghoul [guːl] personne f morbide; **he's a ~** il est morbide

ghoul·ish ['guːlɪʃ] *adj* macabre

gi·ant ['dʒaɪənt] **1** *n* géant(e) m(f) **2** *adj* géant

gib·ber·ish ['dʒɪbərɪʃ] F charabia m

gibe [dʒaɪb] *n* raillerie f, moquerie f

gib·lets ['dʒɪblɪts] *npl* abats *mpl*

gid·di·ness ['gɪdɪnɪs] vertige m

gid·dy ['gɪdɪ] *adj*: **feel ~** avoir le vertige

gift [gɪft] cadeau m; *talent* don m

gift·ed ['gɪftɪd] *adj* doué

'**gift-wrap 1** *n* papier m cadeau **2** v/t *(pret & pp* **-ped**): **~ sth** faire un paquet-cadeau

gig [gɪg] F concert m

gi·ga·byte ['gɪgəbaɪt] COMPUT gigaoctet m

gi·gan·tic [dʒaɪ'gæntɪk] *adj* gigantesque

gig·gle ['gɪgl] **1** v/i glousser **2** *n* gloussement m; **a fit of the ~s** une crise de fou rire

gig·gly ['gɪglɪ] *adj* qui rit bêtement

gill [gɪl] *of fish* ouïe f

gilt [gɪlt] *n* dorure f; **~s** FIN fonds *mpl* d'État

gim·mick ['gɪmɪk] truc F

gim·mick·y ['gɪmɪkɪ] *adj* à trucs

gin [dʒɪn] gin m; **~ and tonic** gin m tonic

gin·ger ['dʒɪndʒər] **1** *n spice* gingembre m **2** *adj hair, cat* roux*

gin·ger 'beer limonade f au gingembre

'gin·ger·bread pain *m* d'épice

gin·ger·ly ['dʒɪndʒərlɪ] *adv* avec précaution

gip·sy ['dʒɪpsɪ] gitan(e) *m(f)*

gi·raffe [dʒɪ'ræf] girafe *f*

gir·der ['gɜːrdər] *n* poutre *f*

girl [gɜːrl] (jeune) fille *f*

'girl·friend *of boy* petite amie *f*, *younger also* copine *f*; *of girl* amie *f*, *younger also* copine *f*

girl·ie mag·a·zine ['gɜːrlɪ] magazine *m* de cul F

girl·ish ['gɜːrlɪʃ] *adj* de jeune fille

girl 'scout éclaireuse *f*

gist [dʒɪst] point *m* essentiel, essence *f*

give [gɪv] *v/t* (*pret* **gave**, *pp* **given**) donner; *present* offrir; (*supply: electricity etc*) fournir; *talk, lecture* faire; *cry, groan* pousser; **~ her my love** faites-lui mes amitiés

♦ give away *v/t as present* donner; (*betray*) trahir; **give o.s. away** se trahir

♦ give back *v/t* rendre

♦ give in 1 *v/i* (*surrender*) céder, se rendre 2 *v/t* (*hand in*) remettre

♦ give off *v/t smell, fumes* émettre

♦ give onto *v/t open onto* donner sur

♦ give out 1 *v/t leaflets etc* distribuer 2 *v/i of supplies, strength* s'épuiser

♦ give up 1 *v/t smoking etc* arrêter; **give up smoking** arrêter de fumer; **give o.s. up to the police** se rendre à la police 2 *v/i* (*cease habit*) arrêter; (*stop making effort*) abandonner, renoncer; **I give up** (*can't guess*) je donne ma langue au chat

♦ give way *v/i of bridge etc* s'écrouler

give-and-'take concessions *fpl* mutuelles

giv·en ['gɪvn] 1 *adj* donné 2 *pp* → **give**

'giv·en name prénom *m*

giz·mo ['gɪzmoʊ] F truc *m*, bidule *m* F

gla·ci·er ['gleɪʃər] glacier *m*

glad [glæd] *adj* heureux*

glad·ly ['glædlɪ] *adv* volontiers, avec plaisir

glam·or ['glæmər] éclat *m*, fascination *f*

glam·or·ize ['glæməraɪz] *v/t* donner un aspect séduisant à

glam·or·ous ['glæmərəs] *adj* séduisant, fascinant; *job* prestigieux*

glamour Br → **glamour**

glance [glæns] 1 *n* regard *m*, coup *m* d'œil 2 *v/i* jeter un regard, lancer un coup d'œil

♦ glance at *v/t* jeter un regard sur, lancer un coup d'œil à

gland [glænd] glande *f*

glan·du·lar fe·ver ['glændʒələr] mononucléose *f* infectieuse

glare [gler] 1 *n of sun, headlights* éclat *m* (éblouissant) 2 *v/i of sun, headlights* briller d'un éclat éblouissant

♦ glare at *v/t* lancer un regard furieux à

glar·ing ['glerɪŋ] *adj mistake* flagrant

glar·ing·ly ['glerɪŋlɪ] *adv:* **be ~ obvious** sauter aux yeux

glass [glæs] *material, for drink* verre *m*

glass 'case vitrine *f*

glass·es *npl* lunettes *fpl*

'glass·house serre *f*

glaze [gleɪz] *n* vernis *m*

♦ glaze over *v/i of eyes* devenir vitreux

glazed [gleɪzd] *adj expression* vitreux*

gla·zi·er ['gleɪzɪr] vitrier *m*

glaz·ing ['gleɪzɪŋ] vitrerie *f*

gleam [gliːm] 1 *n* lueur *f* 2 *v/i* luire

glee [gliː] joie *f*

glee·ful ['gliːfʊl] *adj* joyeux*

glib [glɪb] *adj* désinvolte

glib·ly ['glɪblɪ] *adv* avec désinvolture

glide [glaɪd] *v/i* glisser; *of bird, plane* planer

glid·er ['glaɪdər] planeur *m*

glid·ing ['glaɪdɪŋ] *n sport* vol *m* à voile

glim·mer ['glɪmər] 1 *n of light* faible lueur *f*; **a ~ of hope** une lueur d'espoir 2 *v/i* jeter une faible lueur

glimpse [glɪmps] 1 *n:* **catch a ~ of ...** entrevoir 2 *v/t* entrevoir

glint [glɪnt] 1 *n* lueur *f*, reflet *m* 2 *v/i of light* luire, briller; *of eyes* luire

glis·ten ['glɪsn] *v/i of light* luire; *of water* miroiter; *of silk* chatoyer

glit·ter ['glɪtər] *v/i of light, jewels* briller, scintiller

glit·ter·a·ti *npl* le beau monde

gloat [gloʊt] *v/i* jubiler

♦ gloat over *v/t* se réjouir de

glo·bal ['gloʊbl] *adj* (*worldwide*) mondial; (*without exceptions*) global

glo·bal e'con·o·my économie *f* mondiale

glo·bal·i·za·tion ['gloubəlaɪzeɪʃn] *of markets etc* mondialisation *f*

glo·bal·ly ['gloubəlɪ] *adv* (*on worldwide basis*) mondialement; (*without exceptions*) globalement

glo·bal 'mar·ket marché *m* international

glo·bal war·ming ['wɔːrmɪŋ] réchauffement *m* de la planète

globe [gloub] globe *m*

gloom [gluːm] (*darkness*) obscurité *f*; *mood* tristesse *f*, mélancolie *f*

gloom·i·ly ['gluːmɪlɪ] *adv* tristement, mélancoliquement

gloom·y ['gluːmɪ] *adj* sombre

glo·ri·ous ['glɔːrɪəs] *adj weather, day* magnifique; *victory* glorieux*

glo·ry ['glɔːrɪ] *n* gloire *f*

gloss [glɑːs] *n* (*shine*) brillant *m*, éclat *m*; (*general explanation*) glose *f*, commentaire *m*

♦ **gloss over** *v/t* passer sur

glos·sa·ry ['glɑːsərɪ] glossaire *m*

'gloss paint peinture *f* brillante

gloss·y ['glɑːsɪ] **1** *adj paper* glacé **2** *n magazine* magazine *m* de luxe

glove [glʌv] gant *m*

'glove com·part·ment *in car* boîte *f* à gants

'glove pup·pet marionnette *f* (à gaine)

glow [glou] **1** *n of light* lueur *f*; *of fire* rougeoiement *m*; *in cheeks* couleurs *fpl* **2** *v/i of light* luire; *of fire* rougeoyer; *of cheeks* être rouge

glow·er ['glaur] *v/i* lancer un regard noir (at à)

glow·ing ['glouɪŋ] *adj description* élogieux*

glu·cose ['gluːkous] glucose *m*

glue [gluː] **1** *n* colle *f* **2** *v/t:* **~ sth to sth** coller qch à qch; **be ~d to the TV** F être collé devant la télé F

glum [glʌm] *adj* morose

glum·ly ['glʌmlɪ] *adv* d'un air morose

glut [glʌt] *n* surplus *m*

glut·ton ['glʌtən] glouton(ne) *m(f)*

glut·ton·y ['glʌtənɪ] gloutonnerie *f*

GM [dʒiː'em] *abbr* (= **genetically modified**) génétiquement modifié

GMT [dʒiː em'tiː] *abbr* (= **Greenwich Mean Time**) G.M.T. *m* (= Temps *m* moyen de Greenwich)

gnarled [nɑːrld] *adj branch, hands* noueux*

gnat [næt] moucheron *m*

gnaw [nɒː] *v/t bone* ronger

GNP [dʒiː en'piː] *abbr* (= **gross national product**) P.N.B. *m* (= Produit *m* national brut)

go [gou] **1** *n:* **on the ~** actif **2** *v/i* (*pret went, pp gone*) ◊ aller; (*leave: of train, plane*) partir; (*leave: of people*) s'en aller, partir; (*work, function*) marcher, fonctionner; (*come out: of stain etc*) s'en aller; (*cease: of pain etc*) partir, disparaître; (*match: of colors etc*) aller ensemble; **~ shopping / jogging** aller faire les courses / faire du jogging; **I must be ~ing** je dois partir, je dois m'en aller; **let's ~!** allons-y!; **~ for a walk** aller se promener; **~ to bed** aller se coucher; **~ to school** aller à l'école; **how's the work ~ing?** comment va le travail?; **they're ~ing for $50** (*being sold at*) ils sont à 50 $; **hamburger to ~** hamburger à emporter; **the milk is all gone** il n'y a plus du tout de lait

◊ (*become*) devenir; **she went all red** elle est devenue toute rouge

◊ *to express the future, intention:* **be ~ing to do sth** aller faire qch; **I'm not going to**

♦ **go ahead** *v/i:* **she just went ahead** elle l'a fait quand même; **go ahead!** (*on you go*) allez-y!

♦ **go ahead with** *v/t plans etc* commencer

♦ **go along with** *v/t suggestion* accepter

♦ **go at** *v/t* (*attack*) attaquer

♦ **go away** *v/i of person* s'en aller, partir; *of rain* cesser; *of pain, clouds* partir, disparaître

♦ **go back** *v/i* (*return*) retourner; (*date back*) remonter (**to** à); **we go back a long way** on se connaît depuis longtemps; **go back to sleep** se rendormir

♦ **go by** v/i of car, people, time passer

♦ **go down** v/i descendre; of sun se coucher; of ship couler; of swelling diminuer; **go down well / badly** of suggestion etc être bien / mal reçu

♦ **go for** v/t (attack) attaquer; (like) beaucoup aimer

♦ **go in** v/i to room, house entrer; of sun se cacher; (fit: of part etc) s'insérer; **it won't go in** ça ne va pas rentrer

♦ **go in for** v/t competition, race prendre part à; (like) aimer; sport jouer à

♦ **go off 1** v/i (leave) partir; of bomb exploser; of gun partir; of light s'éteindre; of alarm se déclencher **2** v/t (stop liking) se lasser de; **I've gone off the idea** l'idée ne me plaît plus

♦ **go on** v/i (continue) continuer; (happen) se passer; **can I? - yes, go on** est-ce que je peux? - oui, vas-y; **go on, do it!** (encouraging) allez, fais-le!; **what's going on?** qu'est-ce qui se passe?; **don't go on about it** arrête de parler de cela

♦ **go on at** v/t (nag) s'en prendre à

♦ **go out** v/i of person sortir; of light, fire s'éteindre

♦ **go out with** v/t romantically sortir avec

♦ **go over** v/t (check) revoir

♦ **go through** v/t hard times traverser; illness subir; (check) revoir; (read through) lire en entier

♦ **go through with** v/t aller jusqu'au bout de; **go through with it** aller jusqu'au bout

♦ **go under** v/i (sink) couler; of company faire faillite

♦ **go up** v/i (climb) monter; of prices augmenter

♦ **go without 1** v/t food etc se passer de **2** v/i s'en passer

goad [goud] v/t: **~ s.o. into doing sth** talonner qn jusqu'à ce qu'il fasse (subj) qch

'**go-a·head 1** n feu vert m **2** adj (enterprising, dynamic) entreprenant, dynamique

goal [goul] in sport, (objective) but m

'**goal·ie** ['gouli] F goal m F

'**goal·keep·er** gardien m de but; '**goal kick** remise f en jeu; '**goal·mouth** entrée f des buts; '**goal·post** poteau m de but; '**goal·scor·er** buteur m; **their top ~** leur meilleur buteur

goat [gout] chèvre m

gob·ble ['gɑːbl] v/t dévorer

♦ **gobble up** v/t engloutir

gob·ble·dy·gook ['gɑːbldiguːk] F charabia m F

'**go-be·tween** intermédiaire m/f

god [gɑːd] dieu m; **thank God!** Dieu merci!; **oh God!** mon Dieu!

'**god·child** filleul(e) m(f)

'**god·daugh·ter** filleule f

'**god·dess** ['gɑːdis] déesse f

'**god·fa·ther** also in mafia parrain m; **god·for·sak·en** ['gɑːdfərseikn] adj place, town perdu; '**god·moth·er** marraine m; '**god·pa·rents** npl parrains mpl; '**god·send** don m du ciel; '**god·son** filleul m

go·fer ['goufər] F coursier(-ière) m(f)

gog·gles ['gɑːgl] npl lunettes fpl

go·ing ['gouin] adj price etc actuel*; **~ concern** affaire f qui marche

go·ings-on [gouinz'ɑːn] npl activités fpl; **there were some strange ~** il se passait de drôles de choses

gold [gould] **1** n or m; medal médaille f d'or **2** adj watch, necklace etc en or; ingot d'or

gold·en ['gouldn] adj sky doré; hair also d'or

gold·en 'hand·shake (grosse) prime f de départ

gold·en 'wed·ding (an·ni·ver·sa·ry) noces fpl d'or

'**gold·fish** poisson m rouge; '**gold mine** fig mine f d'or; '**gold·smith** or-fèvre m

golf [gɑːlf] golf m

'**golf ball** balle f de golf; '**golf club** organization, stick club m de golf; '**golf course** terrain m de golf

golf·er ['gɑːlfər] golfeur(-euse) m(f)

gone [gɑːn] pp → **go**

gong [gɑːŋ] gong m

good [gud] adj bon*; weather beau*; child sage; **a ~ many** beaucoup; **a ~**

many ... beaucoup de ...; **be ~ at ...** être bon en ...; **it's ~ for you** *for health* c'est bon pour la santé

good-bye [gʊdˈbaɪ] au revoir

'**good-for-noth·ing** *n* bon(ne) *m(f)* à rien; **Good 'Fri·day** Vendredi *m* saint; **good-hu·mored** [gʊdˈhjuːmərd] *adj* jovial; **good-look·ing** [gʊdˈlʊkɪŋ] *adj* *woman* beau*; **good-na·tured** [gʊdˈneɪtʃərd] bon*, au bon naturel

good·ness [ˈgʊdnɪs] *moral* bonté *f*; *of fruit etc* bonnes choses *fpl*; **thank ~!** Dieu merci!

goods [gʊdz] *npl* COMM marchandises *fpl*

good'will bonne volonté *f*, bienveillance *f*

good·y-good·y [ˈgʊdɪgʊdɪ] *n* F petit(e) saint(e) *m(f)*; *child* enfant *m/f* modèle

goo·ey [ˈguːɪ] *adj* gluant

goof [guːf] *v/i* F gaffer F

goose [guːs] (*pl* **geese**) oie *f*

'**goose·ber·ry** [ˈgʊzberɪ] groseille *f* (à maquereau)

'**goose bumps** *npl* chair *f* de poule

'**goose pim·ples** *npl* chair *f* de poule

gorge [gɔːrdʒ] **1** *n in mountains* gorge *f* **2** *v/t*: **~ o.s. on sth** se gorger de qch

gor·geous [ˈgɔːrdʒəs] *adj* magnifique, superbe

go·ril·la [gəˈrɪlə] gorille *m*

gosh [gɑːʃ] *int* ça alors!

go-'slow grève *f* perlée

gos·pel [ˈgɑːspl] *in Bible* évangile *m*

'**gos·pel truth** parole *f* d'évangile

gos·sip [ˈgɑːsɪp] **1** *n* potins *mpl*; *malicious* commérages *mpl*; *person* commère *f* **2** *v/i* bavarder; *maliciously* faire des commérages

'**gos·sip col·umn** échos *mpl*

'**gos·sip col·umn·ist** échotier(-ière) *m(f)*

gos·sip·y [ˈgɑːsɪpɪ] *adj* *letter* plein de potins

got [gɑːt] *pret & pp* → **get**

got·ten [ˈgɑːtn] *pp* → **get**

gour·met [ˈgʊrmeɪ] *n* gourmet *m*, gastronome *m/f*

gov·ern [ˈgʌvərn] *v/t* *country* gouver-

ner

gov·ern·ment [ˈgʌvərnmənt] gouvernement *m*; **~ spending** dépenses *fpl* publiques; **~ loan** emprunt *m* d'État

gov·er·nor [ˈgʌvərnər] gouverneur *m*

gown [gaʊn] robe *f*; (*wedding dress*) robe *f* de mariée; *of academic, judge* toge *f*; *of surgeon* blouse *f*

grab [græb] *v/t* (*pret & pp* **-bed**) saisir; *food* avaler; **~ some sleep** dormir un peu

grace [greɪs] *of dancer etc* grâce *f*; *before meals* bénédicité *m*

grace·ful [ˈgreɪsfʊl] *adj* gracieux*

grace·ful·ly [ˈgreɪsfʊlɪ] *adv move* gracieusement

gra·cious [ˈgreɪʃəs] *adj* *person* bienveillant; *style, living* élégant; **good ~!** mon Dieu!

grade [greɪd] **1** *n* (*quality*) qualité *f*; EDU classe *f*; (*mark*) note *f* **2** *v/t* classer; *school work* noter

grade 'cross·ing passage *m* à niveau

'**grade school** école *f* primaire

gra·di·ent [ˈgreɪdɪənt] pente *f*, inclinaison *f*

grad·u·al [ˈgrædʒʊəl] *adj* graduel*, progressif*

grad·u·al·ly [ˈgrædʒʊəlɪ] *adv* peu à peu, progressivement

grad·u·ate [ˈgrædʒʊət] **1** *n* diplômé(e) *m(f)* **2** *v/i* [ˈgrædʒʊeɪt] obtenir son diplôme (*from* de)

grad·u·a·tion [grædʒʊˈeɪʃn] obtention *f* du diplôme

grad·u·a·tion cer·e·mon·y cérémonie *f* de remise de diplômes

graf·fi·ti [grəˈfiːtiː] graffitis *mpl*; *single* graffiti *m*

graft [græft] **1** *n* BOT, MED greffe *f*; F (*corruption*) corruption *f*; Br F (*hard work*) corvée *f* **2** *v/t* BOT, MED greffer

grain [greɪn] blé *m*; *of rice etc*, *in wood* grain *m*; **it goes against the ~ for me to do this** c'est contre ma nature de faire ceci

gram [græm] gramme *m*

gram·mar [ˈgræmər] grammaire *f*

'**gram·mar school** *Br* lycée *m*

gram·mat·i·cal [grəˈmætɪkl] *adj* grammatical

gram·mat·i·cal·ly adv grammaticalement

grand [grænd] **1** adj grandiose; F (very good) génial F **2** n F ($1000) mille dollars mpl

gran·dad ['grændæd] grand-père m

'grand·child petit-fils m, petite-fille f; **'grand·child·ren** npl petits-enfants mpl; **'grand·daugh·ter** petite-fille f

gran·deur ['grændʒər] grandeur f, splendeur f

'grand·fa·ther grand-père m

'grand·fa·ther clock horloge f de parquet

gran·di·ose ['grændɪoʊs] adj grandiose, pompeux*

grand 'ju·ry grand jury m; **'grand·ma** F mamie f F; **'grand·moth·er** grand-mère f; **'grand·pa** F papi m F; **'grand·par·ents** npl grands-parents mpl; **grand pi·an·o** piano m à queue; **grand 'slam** in tennis grand chelem m; **'grand·son** petit-fils m; **'grand·stand** tribune f

gran·ite ['grænɪt] granit m

gran·ny ['grænɪ] F mamie f F

grant [grænt] **1** n money subvention f **2** v/t wish, visa, request accorder; **take s.o. / sth for ~ed** considérer qn / qch comme acquis

gran·u·lat·ed sug·ar ['grænʊleɪtɪd] sucre m en poudre

gran·ule ['grænjuːl] grain m

grape [greɪp] (grain m de) raisin m; **some ~s** du raisin

'grape·fruit pamplemousse f; **'grape·fruit juice** jus m de pamplemousse; **'grape·vine: hear sth on the ~** apprendre qch par le téléphone arabe

graph [græf] graphique m, courbe f

graph·ic ['græfɪk] **1** adj (vivid) très réaliste **2** n COMPUT graphique m; **~s** graphiques mpl

graph·i·cal·ly ['græfɪklɪ] adv describe de manière réaliste

graph·ic de·sign·er graphiste m/f

♦ **grap·ple with** ['græpl] v/t attacker en venir aux prises avec; problem etc s'attaquer à

grasp [græsp] **1** n physical prise f, mental compréhension f **2** v/t physically saisir; (understand) comprendre

grass [græs] n herbe f

'grass·hop·per sauterelle f; **grass 'roots** npl people base f; **grass 'wid·ow: I'm a ~ this week** je suis célibataire cette semaine

gras·sy ['græsɪ] adj herbeux*, herbu

grate[1] [greɪt] n metal grill grille f

grate[2] [greɪt] **1** v/t in cooking râper **2** v/i: **~ on the ear** faire mal aux oreilles

grate·ful ['greɪtfʊl] adj reconnaissant; **be ~ to s.o.** être reconnaissant envers qn

grate·ful·ly ['greɪtfʊlɪ] adv avec reconnaissance

grat·er ['greɪtər] râpe f

grat·i·fy ['grætɪfaɪ] v/t (pret & pp -ied) satisfaire, faire plaisir à

grat·ing ['greɪtɪŋ] **1** n grille f **2** adj sound, voice grinçant

grat·i·tude ['grætɪtuːd] gratitude f, reconnaissance f

gra·tu·i·tous [grəˈtuːɪtəs] adj gratuit

gra·tu·i·ty [grəˈtuːɔtɪ] gratification f, pourboire m

grave[1] [greɪv] n tombe f

grave[2] [greɪv] adj error, face, voice grave

grav·el ['grævl] gravier m

'grave·stone pierre f tombale

'grave·yard cimetière m

♦ **grav·i·tate toward** ['grævɪteɪt] v/t être attiré par

grav·i·ty ['grævɔtɪ] PHYS, of situation gravité f

gra·vy ['greɪvɪ] jus m de viande

gray [greɪ] adj gris; **be going ~** grisonner

gray-haired [greɪ'herd] adj aux cheveux gris

graze[1] [greɪz] v/i of cow, horse paître

graze[2] [greɪz] v/t arm etc écorcher; **~ one's arm** s'écorcher le bras **2** n écorchure f

grease [griːs] for cooking graisse f; for car lubrifiant m

grease-proof 'pa·per papier m sulfurisé

greas·y ['griːsɪ] adj gras*; (covered in

grease) graisseux*

great [greɪt] *adj* grand; *mistake, sum of money* gros*; *composer, writer* grand; F (*very good*) super F; **~ to see you!** ravi de te voir!

Great 'Brit·ain Grande-Bretagne *f*

great·'grand·daugh·ter arrière-petite-fille *f*; **great·'grand·fa·ther** arrière-grand-père *m*; **great·'grand·moth·er** arrière-grand-mère *f*; **great·'grand·par·ents** *npl* arrière-grands-parents *mpl*; **great·'grand·son** arrière-petit-fils *m*

great·ly ['greɪtlɪ] *adv* beaucoup; **not ~ different** pas très différent

great·ness ['greɪtnɪs] grandeur *f*, importance *f*

Greece [griːs] Grèce *f*

greed [griːd] *for money* avidité *f*; *for food also* gourmandise *f*

greed·i·ly ['griːdɪlɪ] *adv* avec avidité

greed·y ['griːdɪ] *adj for money* avide; *for food also* gourmand

Greek [griːk] **1** *n* Grec(que) *m(f)*; *language* grec *m* **2** *adj* grec*

green [griːn] *adj* vert; *environmentally* écologique

green 'beans *npl* haricots *mpl* verts; **'green belt** ceinture *f* verte; **'green card** (*work permit*) permis *m* de travail; **'green·field site** terrain *m* non construit; **'green·horn** F blanc-bec *m*; **'green·house** serre *f*; **'green·house ef·fect** effet *m* de serre; **'green·house gas** gaz *m* à effet de serre

greens [griːnz] *npl* légumes *mpl* verts

green 'thumb: have a ~ avoir la main verte

greet [griːt] *v/t* saluer; (*welcome*) accueillir

greet·ing ['griːtɪŋ] salut *m*

'greet·ing card carte *f* de vœux

gre·gar·i·ous [grɪ'geriəs] *adj person* sociable

gre·nade [grɪ'neɪd] grenade *f*

grew [gruː] *pret* → **grow**

grey [greɪ] *adj Br* → **gray**

'grey·hound lévrier *m*, levrette *f*

grid [grɪd] grille *f*; **'grid·iron** SP terrain *m* de football; **'grid·lock** *in traffic*

embouteillage *m*

grief [griːf] chagrin *m*, douleur *f*

grief-strick·en ['griːfstrɪkn] *adj* affligé

griev·ance ['griːvəns] grief *m*

grieve [griːv] *v/i* être affligé; **~ for s.o.** pleurer qn

grill [grɪl] **1** *n on window* grille *f* **2** *v/t* (*interrogate*) mettre sur la sellette

grille [grɪl] grille *f*

grim [grɪm] *adj* sinistre, sombre

gri·mace ['grɪməs] *n* grimace *f*

grime [graɪm] saleté *f*, crasse *f*

grim·ly ['grɪmlɪ] *adv determined etc* fermement; *say, warn* sinistrement

grim·y ['graɪmɪ] *adj* sale, crasseux*

grin [grɪn] **1** *n* (*large*) sourire *m* **2** *v/i* (*pret & pp* **-ned**) sourire

grind [graɪnd] *v/t* (*pret & pp* **ground**) *coffee* moudre; *meat* hacher; **~ one's teeth** grincer des dents

grip [grɪp] **1** *n on rope etc* prise *f*; **be losing one's ~** (*losing one's skills*) baisser **2** *v/t* (*pret & pp* **-ped**) saisir, serrer

gripe [graɪp] **1** *n* plainte *f* **2** *v/i* rouspéter F

grip·ping ['grɪpɪŋ] *adj* prenant, captivant

gris·tle ['grɪsl] cartilage *m*

grit [grɪt] **1** *n for roads* gravillon *m*; **a bit of ~ in eye** une poussière **2** *v/t* (*pret & pp* **-ted**): **~ one's teeth** grincer des dents

grit·ty ['grɪtɪ] *adj* F *book, movie etc* réaliste

groan [groʊn] **1** *n* gémissement *m* **2** *v/i* gémir

gro·cer ['groʊsər] épicier(-ère) *m(f)*

gro·cer·ies ['groʊsərɪz] *npl* (*articles mpl d'*)épicerie *f*, provisions *fpl*

gro·cer·y store ['groʊsərɪ] épicerie *f*; **at the ~** chez l'épicier, à l'épicerie

grog·gy ['grɑːgɪ] *adj* F groggy F

groin [grɔɪn] ANAT aine *f*

groom [gruːm] **1** *n for bride* marié *m*; *for horse* palefrenier(-ère) *m(f)* **2** *v/t horse* panser; (*train, prepare*) préparer, former; **well ~ed in appearance** très soigné

groove [gruːv] rainure *f*; *on record* sillon *m*

grope [groʊp] **1** *v/i in the dark* tâtonner **2** *v/t sexually* peloter F

♦ **grope for** *v/t door handle* chercher à tâtons; *right word* chercher

gross [groʊs] *adj (coarse, vulgar)* grossier*; *exaggeration* gros*; FIN brut

gross 'do·mes·tic prod·uct produit *m* intérieur brut

gross 'na·tion·al prod·uct produit *m* national brut

ground[1] [graʊnd] **1** *n* sol *m*, terre *f*; *area of land, for football, fig* terrain; *(reason)* raison *f*, motif *m*; ELEC terre *f*; **on the ~** par terre **2** *v/t* ELEC mettre une prise de terre à

'**ground con·trol** contrôle *m* au sol; '**ground crew** personnel *m* au sol; '**ground floor** *Br* rez-de-chaussée *m*

ground[2] *pret & pp* → **grind**

ground·ing ['graʊndɪŋ] *in subject* bases *fpl*

ground·less ['graʊndlɪs] *adj* sans fondement

'**ground meat** viande *f* hachée; '**ground·nut** arachide *f*; '**ground plan** projection *f* horizontale; '**ground staff** SP personnel *m* d'entretien; *at airport* personnel *m* au sol; '**ground·work** travail *m* préparatoire; **Ground 'Ze·ro** Ground Zero *m*

group [gruːp] **1** *n* groupe *m* **2** *v/t* grouper

group·ie ['gruːpɪ] F groupie *f* F

group 'ther·a·py thérapie *f* de groupe

grouse [graʊs] **1** *n* F rouspéter F **2** *v/i* F plainte *f*

grov·el ['grɑːvl] *v/i fig* ramper (*to* devant)

grow [groʊ] **1** *v/i* (*pret* **grew**, *pp* **grown**) *of child, animal, anxiety* grandir; *of plants, hair, beard* pousser; *of number, amount* augmenter; *of business* se développer; *(become)* devenir **2** *v/t flowers* faire pousser

♦ **grow up** *of person* devenir adulte; *of city* se développer; **grow up!** sois adulte!

growl [graʊl] **1** *n* grognement *m* **2** *v/i* grogner

grown [groʊn] *pp* → **grow**

'**grown-up 1** *n* adulte *m/f* **2** *adj* adulte

growth [groʊθ] *of person, company* croissance *f*; *(increase)* augmentation *f*; MED tumeur *f*

grub [grʌb] *of insect* larve *f*, ver *m*

grub·by ['grʌbɪ] *adj* malpropre

grudge [grʌdʒ] **1** *n* rancune *f*; **bear a ~** avoir de la rancune **2** *v/t (give unwillingly)* accorder à contrecœur; **~ s.o. sth** *(resent)* en vouloir à qn de qch

grudg·ing ['grʌdʒɪŋ] *adj* accordé à contrecœur; *person* plein de ressentiment

grudg·ing·ly ['grʌdʒɪŋlɪ] *adv* à contre-cœur

gru·el·ing, *Br* **gruel·ling** ['gruːəlɪŋ] *adj climb, task* épuisant, éreintant

gruff [grʌf] *adj* bourru, revêche

grum·ble ['grʌmbl] *v/i* ronchonner

grum·bler ['grʌmblər] grognon(ne) *m(f)*

grump·y ['grʌmpɪ] *adj* grincheux*

grunt [grʌnt] **1** *n* grognement *m* **2** *v/i* grogner

guar·an·tee [gærən'tiː] **1** *n* garantie *f*; **~ period** période *f* de garantie **2** *v/t* garantir

guar·an·tor [gærən'tɔːr] garant(e) *m(f)*

guard [gɑːrd] **1** *n (security guard)*, *in prison* gardien(ne) *m(f)*; MIL garde *f*; **be on one's ~** être sur ses gardes; **be on one's ~ against** faire attention à **2** *v/t* garder

♦ **guard against** *v/t* se garder de

'**guard dog** chien *m* de garde

guard·ed ['gɑːrdɪd] *adj reply* prudent, réservé

guard·i·an ['gɑːrdɪən] LAW tuteur (-trice) *m(f)*

guard·i·an 'an·gel ange-gardien *m*

guer·ril·la [gə'rɪlə] guérillero *m*

guer·ril·la 'war·fare guérilla *f*

guess [ges] **1** *n* conjecture *f* **2** *v/t answer* deviner **3** *v/i* deviner; **I ~ so** je crois; **I ~ not** je ne crois pas

'**guess·work** conjecture(s) *f(pl)*

guest [gest] invité(e) *m(f)*; *in hotel* hôte *m/f*

'**guest·house** pension *f* de famille

'guest·room chambre *f* d'amis

guf·faw [gʌ'fɔː] **1** *n* gros rire *m* **2** *v/i* s'esclaffer

guid·ance ['gaɪdəns] conseils *mpl*

guide [gaɪd] **1** *n person* guide *m/f*; *book* guide *m* **2** *v/t* guider

'guide·book guide *m*

guid·ed mis·sile ['gaɪdɪd] missile *m* téléguidé

'guide dog *Br* chien *m* d'aveugle

guid·ed 'tour visite *f* guidée

'guide·lines ['gaɪdlaɪnz] *npl* directives *fpl*

guilt [gɪlt] culpabilité *f*

guilt·y ['gɪltɪ] *adj* coupable; **have a ~ conscience** avoir mauvaise conscience

guin·ea pig ['gɪnɪpɪg] cochon *m* d'Inde, cobaye *m*; *fig* cobaye *m*

guise [gaɪz]: **under the ~ of** sous l'apparence de

gui·tar [gɪ'tɑːr] guitare *f*

gui·tar case étui *m* à guitare

gui·tar·ist [gɪ'tɑːrɪst] guitariste *m/f*

gui·tar play·er guitariste *m/f*

gulf [gʌlf] golfe *m*; *fig* gouffre *m*, abîme *m*; **the Gulf** le Golfe

gull [gʌl] mouette *f*; *bigger* goéland *m*

gul·let ['gʌlɪt] ANAT gosier *m*

gul·li·ble ['gʌlɪbl] *adj* crédule

gulp [gʌlp] **1** *n of drink* gorgée *f*; *of food* bouchée *f* **2** *v/i in surprise* dire en s'étranglant

♦ gulp down *v/t drink* avaler à grosses gorgées; *food* avaler à grosses bouchées

gum[1] [gʌm] *n in mouth* gencive *f*

gum[2] [gʌm] *n* (*glue*) colle *f*; (*chewing gum*) chewing-gum *m*

gump·tion ['gʌmpʃn] jugeote *f* F

gun [gʌn] *arme f* à feu; *pistol* pistolet *m*; *revolver* revolver *m*; *rifle* fusil *m*; *cannon* canon *m*

♦ gun down *v/t* (*pret & pp* -*ned*) abattre

'gun·fire coups *mpl* de feu; 'gun·man

homme *m* armé; 'gun·point: **at ~** sous la menace d'une arme; 'gun·shot coup *m* de feu; 'gun·shot wound blessure *f* par balle

gur·gle ['gɜːrgl] *v/i of baby* gazouiller; *of drain* gargouiller

gu·ru ['guːruː] *fig* gourou *m*

gush [gʌʃ] *v/i of liquid* jaillir

gush·y ['gʌʃɪ] *adj* F (*enthusiastic*) excessif*

gust [gʌst] rafale *f*, coup *m* de vent

gus·to ['gʌstou]: **with ~** avec enthousiasme

gust·y ['gʌstɪ] *adj weather* très venteux*; **~ wind** vent soufflant en rafales

gut [gʌt] **1** *n* intestin *m*; F (*stomach*) bide *m* F **2** *v/t* (*pret & pp* -*ted*) (*destroy*) ravager; (*strip down*) casser

gut 'feel·ing F intuition *f*

guts [gʌts] *npl* entrailles *fpl*; F (*courage*) cran *m* F; **hate s.o.'s ~** ne pas pouvoir saquer qn F

guts·y ['gʌtsɪ] *adj* F (*brave*) qui a du cran F

gut·ter ['gʌtər] *on sidewalk* caniveau *m*; *on roof* gouttière *f*

'gut·ter·press *Br* presse *f* de bas-étage

guy [gaɪ] F type *m* F; **hey, you ~s** salut, vous

guz·zle ['gʌzl] *v/t food* engloutir; *drink* avaler

gym [dʒɪm] *sports club* club *m* de gym; *in school* gymnase *m*; *activity* gym *f*, gymnastique *f*

gym·na·si·um [dʒɪm'neɪzɪəm] gymnase *m*

gym·nast ['dʒɪmnæst] gymnaste *m/f*

gym·nas·tics [dʒɪm'næstɪks] gymnastique *f*

gy·ne·col·o·gy, *Br* gy·nae·col·o·gy [gaɪnɪ'kɑːlədʒɪ] gynécologie *f*

gy·ne·col·o·gist, *Br* gy·nae·col·o·gist [gaɪnɪ'kɑːlədʒɪst] gynécologue *m/f*

gyp·sy ['dʒɪpsɪ] gitan(e) *m(f)*

H

hab·it ['hæbɪt] habitude *f*; **get into the ~ of doing sth** prendre l'habitude de faire qch

hab·it·a·ble ['hæbɪtəbl] *adj* habitable

hab·i·tat ['hæbɪtæt] habitat *m*

ha·bit·u·al [hə'bɪtʃuəl] *adj* habituel*; *smoker, drinker* invétéré

hack [hæk] *n* (*poor writer*) écrivaillon(ne) *m(f)*

hack·er ['hækər] COMPUT pirate *m* informatique

hack·neyed ['hæknɪd] *adj* rebattu

had [hæd] *pret & pp* → **have**

had·dock ['hædək] aiglefin *m*; **smoked ~** haddock *m*

haem·or·rhage *Br* → **hemorrhage**

hag·gard ['hægərd] *adj* hagard, égaré

hag·gle ['hægl] *v/i* chipoter (*for, over* sur)

hail [heɪl] *n* grêle *f*

'**hail·stone** grêlon *m*

'**hail·storm** averse *f* de grêle

hair [her] cheveux *mpl*; *single* cheveu *m*; *on body* poils *mpl*; *single* poil *m*

'**hair·brush** brosse *f* à cheveux; '**hair·cut** coupe *f* de cheveux; '**hair·do** coiffure *f*; '**hair·dress·er** coiffeur (-euse) *m(f)*; **at the ~** chez le coiffeur; '**hair·dri·er**, '**hair·dry·er** sèche-cheveux *m*

hair·less ['herlɪs] *adj person* sans cheveux, chauve; *chin* imberbe; *animal* sans poils

'**hair·pin** épingle *f* à cheveux; **hair·pin 'curve** virage *m* en épingle à cheveux; '**hair·rais·ing** ['hereɪzɪŋ] *adj* horrifique, à faire dresser les cheveux sur la tête; **hair re·mov·er** ['herɪmuːvər] crème *f* épilatoire

'**hair's breadth** *fig*: **by a ~** de justesse

hair·split·ting ['hersplɪtɪŋ] *n* ergotage *m*; '**hair spray** laque *f*; '**hair·style** coiffure *f*; '**hair·styl·ist** coiffeur (-euse) *m(f)*

hair·y ['herɪ] *adj arm, animal* poilu; F (*frightening*) effrayant

half [hæf] **1** *n* (*pl* **halves** [hævz]) moitié *f*, **~ past ten** dix heures et demie; **~ an hour** une demi-heure; **~ a pound** une demi-livre; **go halves with s.o. on sth.** se mettre de moitié avec qn pour qch, partager avec qn pour qch **2** *adj* demi; **at ~ price** à moitié prix; **~ size** demi-taille *f* **3** *adv* à moitié

half-heart·ed [hæf'hɑːrtɪd] *adj* tiède, hésitant; **half 'time** *n* SP mi-temps *f*; **half-time** *adj* à mi-temps; **~ score** score *m* à la mi-temps; **half'way 1** *adj*: **reach the ~ point** être à la moitié **2** *adv in space, distance* à mi-chemin; *finished* à moitié

hall [hɔːl] (*large room*) salle *f*; (*hallway in house*) vestibule *m*

Hal·low·e'en [hæloʊ'wiːn] halloween *f*

halo ['heɪloʊ] auréole *f*; ASTR halo *m*

halt [hɔːlt] **1** *v/i* faire halte, s'arrêter **2** *v/t* arrêter **3** *n*: **come to a ~** *of traffic, production* être interrompu; *of person* faire halte, s'arrêter

halve [hæv] *v/t* couper en deux; *input, costs* réduire de moitié

ham [hæm] jambon *m*

ham·burg·er ['hæmbɜːrgər] hamburger *m*

ham·mer ['hæmər] **1** *n* marteau *m* **2** *v/i* marteler, battre au marteau; **~ at the door** frapper à la porte à coups redoublés

ham·mock ['hæmək] hamac *m*

ham·per[1] ['hæmpər] *n for food* panier *m*

ham·per[2] ['hæmpər] *v/t* (*obstruct*) entraver, gêner

ham·ster ['hæmstər] hamster *m*

hand [hænd] *n* main *f*; *of clock* aiguille *f*; (*worker*) ouvrier(-ère) *m(f)*; **at ~, to ~** *thing* sous la main; **at ~** *per-*

son à disposition; *at first* ~ de première main; *by* ~ à la main; *on the one* ~ ..., *on the other* ~ d'une part ..., d'autre part; *in* ~ (*being done*) en cours; *on your right* ~ sur votre droite; ~*s off!* n'y touchez pas!; ~*s up!* haut les mains!; *change* ~*s* changer de propriétaire *or* de mains; *give s.o. a* ~ donner un coup de main à qn

♦ **hand down** *v/t* transmettre

♦ **hand in** *v/t* remettre

♦ **hand on** *v/t* transmettre

♦ **hand out** *v/t* distribuer

♦ **hand over** *v/t* donner; *to authorities* livrer

'**hand·bag** *Br* sac *m* à main; '**hand·bag·gage** bagages *mpl* à main

'**hand·book** livret *m*, guide *m*; '**hand·cuff** *v/t* menotter; **hand·cuffs** ['hændkʌfs] *npl* menottes *fpl*

hand·i·cap ['hændɪkæp] handicap *m*

hand·i·capped ['hændɪkæpt] *adj* handicapé

hand·i·craft ['hændɪkræft] artisanat *m*

hand·i·work ['hændɪwɜːrk] *object* ouvrage *m*

hand·ker·chief ['hæŋkərtʃɪf] mouchoir *m*

han·dle ['hændl] **1** *n* of door, suitcase, bucket poignée *f*; of knife, pan manche *m* **2** *v/t* goods manier, manipuler; case, deal s'occuper de; difficult person gérer; *let me* ~ *this* laissez-moi m'en occuper

han·dle·bars ['hændlbɑːrz] *npl* guidon *m*

'**hand lug·gage** bagages *m* à main; **hand·made** [hæn(d)'meɪd] *adj* fait (à la) main; '**hand·rail** of stairs balustrade *f*, main *f* courante; of bridge garde-fou *m*, balustrade *f*; '**hand·shake** poignée *f* de main

hands-off [hændz'ɑːf] *adj* approach théorique; manager non-interventionniste

hand·some ['hænsəm] *adj* beau*

hands-on [hændz'ɑːn] *adj* pratique; manager impliqué; *he has a* ~ *style* il s'implique (dans ce qu'il fait)

'**hand·writ·ing** écriture *f*

'**hand·writ·ten** *adj* écrit à la main

hand·y ['hændɪ] *adj* tool, device pratique; *it might come in* ~ ça pourrait servir, ça pourrait être utile

hang [hæŋ] **1** *v/t* (pret & pp **hung**) picture accrocher; person pendre **2** *v/i* of dress, hair tomber; of washing pendre **3** *n*: *get the* ~ *of sth* F piger qch F

♦ **hang around** *v/i* F traîner; *who does he hang around with?* avec qui traîne-t-il?

♦ **hang on** *v/i* (wait) attendre

♦ **hang on to** *v/t* (keep) garder

♦ **hang up** *v/i* TELEC raccrocher

han·gar ['hæŋər] hangar *m*

hang·er ['hæŋər] for clothes cintre *m*

'**hang glid·er** person libériste *m/f*; device deltaplane *m*

'**hang glid·ing** deltaplane *m*

'**hang·o·ver** gueule *f* de bois

'**hang-up** F complexe *m*

♦ **han·ker after** *v/t* rêver de

han·kie, han·ky ['hæŋkɪ] F mouchoir *m*

hap·haz·ard [hæp'hæzərd] *adj* au hasard, au petit bonheur

hap·pen ['hæpn] *v/i* se passer, arriver; *if you* ~ *to see him* si par hasard vous le rencontrez; *what has* ~*ed to you?* qu'est-ce qui t'est arrivé?

♦ **happen across** *v/t* tomber sur

hap·pen·ing ['hæpnɪŋ] événement *m*

hap·pi·ly ['hæpɪlɪ] *adv* gaiement; spend volontiers; (luckily) heureusement

hap·pi·ness ['hæpɪnɪs] bonheur *m*

hap·py ['hæpɪ] *adj* heureux*

hap·py-go-'luck·y *adj* insouciant

'**hap·py hour** happy hour *f*

har·ass [hə'ræs] *v/t* harceler, tracasser

har·assed [hə'ræst] *adj* surmené

har·ass·ment [hə'ræsmənt] harcèlement *m*; *sexual* ~ harcèlement *m* sexuel

har·bor ['hɑːrbər] **1** *n* port *m* **2** *v/t* criminal héberger; grudge entretenir

hard [hɑːrd] **1** *adj* dur; (difficult) dur, difficile; facts brut; evidence concret*; *be* ~ *of hearing* être dur d'oreille **2** *adv* work dur; rain, pull, push fort; *try*

~ to do sth faire tout son possible pour faire qch

'hard·back n livre m cartonné; **hard-boiled** [hɑːrd'bɔɪld] adj egg dur; **'hard cop·y** copie f sur papier; **'hard core** n pornography (pornographie f) hard m; **hard cur·ren·cy** monnaie f forte; **'hard disk** disque m dur

hard·en ['hɑːrdn] **1** v/t durcir **2** v/i of glue, attitude se durcir

'hard hat casque m; (construction worker) ouvrier m du bâtiment; **hard-head·ed** [hɑːrd'hedɪd] adj réaliste, qui garde la tête froide; **hard-heart·ed** [hɑːrd'hɑːrtɪd] adj au cœur dur; **hard 'line** ligne f dure; **take a ~ on** adopter une ligne dure sur; **hard'lin·er** dur(e) m(f)

hard·ly ['hɑːrdlɪ] adv à peine; see s.o. etc presque pas; expect sûrement pas; **~ ever** presque jamais

hard·ness ['hɑːrdnɪs] dureté f, (difficulty) difficulté f

hard'sell techniques fpl de vente agressives

hard·ship ['hɑːrdʃɪp] privation f, gêne f

hard 'up adj fauché F; **'hard·ware** quincaillerie f; COMPUT hardware m, matériel m; **'hard·ware store** quincaillerie f; **hard-'work·ing** adj travailleur*

har·dy ['hɑːrdɪ] adj robuste

hare [her] lièvre m

hare'brained ['herbreɪnd] adj écervelé

harm [hɑːrm] **1** n mal m; **it wouldn't do any ~ to …** ça ne ferait pas de mal de … **2** v/t physically faire du mal à; non-physically nuire à; economy, relationship endommager, nuire à

harm·ful ['hɑːrmfl] adj substance nocif*; influence nuisible

harm·less ['hɑːrmlɪs] adj inoffensif*

har·mo·ni·ous [hɑːr'moʊnɪəs] adj harmonieux*

har·mo·nize ['hɑːrmənaɪz] v/i s'harmoniser

har·mo·ny ['hɑːrmənɪ] harmonie f

harp [hɑːrp] n harpe f

♦ **harp on about** v/t F rabâcher F

har·poon [hɑːr'puːn] harpon m

harsh [hɑːrʃ] adj criticism, words rude, dur; color criard; light cru

harsh·ly ['hɑːrʃlɪ] adv durement, rudement

har·vest ['hɑːrvɪst] n moisson f

hash [hæʃ] F pagaille f, gâchis m; **make a ~ of** faire un beau gâchis de

hash·ish ['hæʃiːʃ] ha(s)chisch m

'hash mark caractère m #, dièse f

haste [heɪst] n hâte f

has·ten ['heɪsn] v/i: **~ to do sth** se hâter de faire qch

hast·i·ly ['heɪstɪlɪ] adv à la hâte, précipitamment

hast·y ['heɪstɪ] adj hâtif*, précipité

hat [hæt] chapeau m

hatch [hætʃ] n for serving food guichet m; on ship écoutille f

♦ **hatch out** v/i of eggs éclore

hatch·et ['hætʃɪt] hachette f; **bury the ~** enterrer la hache de guerre

hate [heɪt] **1** n haine f **2** v/t détester, haïr

ha·tred ['heɪtrɪd] haine f

haugh·ty ['hɔːtɪ] adj hautain, arrogant

haul [hɔːl] **1** n of fish coup m de filet **2** v/t (pull) tirer, traîner

haul·age ['hɔːlɪdʒ] transports mpl (routiers)

'haul·age com·pa·ny entreprise f de transports (routiers)

haunch [hɔːntʃ] of person hanche f, of animal arrière-train m; **squatting on their ~es** accroupis

haunt [hɔːnt] **1** v/t hanter; **this place is ~ed** ce lieu est hanté **2** n lieu m fréquenté, repaire m

haunt·ing ['hɔːntɪŋ] adj tune lancinant

have [hæv] **1** v/t (pret & pp **had**) (own) avoir

◊ breakfast, lunch prendre

◊ : **you've been had** F tu t'es fait avoir F

◊ : **can I ~ …?** est-ce que je peux ou puis-je avoir …?; **do you ~ …?** est-ce que vous avez …?

◊ (must): **~ (got) to** devoir; **you don't ~ to do it** tu n'es pas obligé de le faire; **do I ~ to pay?** est-ce qu'il faut payer?

H

◊ (*causative*): **~ sth done** faire faire qch; **I'll ~ it sent to you** je vous le ferai envoyer; **I had my hair cut** je me suis fait couper les cheveux; **will you ~ him come in?** faites-le entrer **2** *v/aux* ◊ (*past tense*): **~ you seen her?** l'as-tu vue?; **they ~ arrived** ils sont arrivés; **I hadn't expected that** je ne m'attendais pas à cela ◊ *tags*: **you haven't seen him, ~ you?** tu ne l'as pas vu, n'est-ce pas?; **he had signed it, hadn't he?** il l'avait bien signé, n'est-ce pas?

♦ **have back** *fig* havre *m*

◊ **when can I have it back?** quand est-ce que je peux le récupérer?

♦ **have on** *v/t* (*wear*) porter; **do you have anything on tonight?** (*have planned*) est-ce que vous avez quelque chose de prévu ce soir?

ha·ven ['heɪvn] *fig* havre *m*

hav·oc ['hævək] ravages *mpl*; **play ~ with** mettre sens dessus dessous

hawk [hɔːk] *also fig* faucon *m*

hay [heɪ] foin *m*

'**hay fe·ver** rhume *m* des foins

haz·ard ['hæzərd] *n* danger *m*, risque *m*

'**haz·ard lights** *npl* MOT feux *mpl* de détresse

haz·ard·ous ['hæzərdəs] *adj* dangereux*; risqué; **~ waste** déchets *mpl* dangereux

haze [heɪz] brume *f*

ha·zel ['heɪzl] *n tree* noisetier *m*

'**ha·zel·nut** noisette *f*

haz·y ['heɪzɪ] *adj view* brumeux*; *image* flou; *memories* vague; **I'm a bit ~ about it** *don't remember* je ne m'en souviens que vaguement; *don't understand* je ne comprends que vaguement

he [hiː] *pron* il; *stressed* lui; **~ was the one who ...** c'est lui qui ...; **there ~ is** le voilà; **~ who ...** celui qui ...

head [hed] **1** *n* tête *f*; (*boss, leader*) chef *m/f*; *of delegation* chef *m/f*; *Br. of school* directeur(-trice) *m/f*; *on beer* mousse *f*; *of nail* bout *m*; *of line* tête *f*; **$15 a ~** 15 $ par personne; **~s or tails?** pile ou face?; **at the ~ of**

the list en tête de liste; *fall ~ over heels* faire la culbute; *fall ~ over heels in love with* tomber éperdument amoureux* de; *lose one's ~* (*go crazy*) perdre la tête **2** *v/t* (*lead*) être à la tête de; *ball* jouer de la tête

♦ **head for** *vt* se diriger vers

'**head·ache** mal *m* de tête

'**head·band** bandeau *m*

head·er ['hedər] *in soccer* (coup *m* de) tête *f*; *in document* en-tête *m*

'**head·hunt** *v/t*: **be ~ed** COMM être recruté (par un chasseur de têtes)

'**head·hunt·er** COMM chasseur *m* de têtes

head·ing ['hedɪŋ] titre *m*

'**head·lamp** phare *m*; '**head·light** phare *m*; '**head·line** *in newspaper* (gros) titre *m*, manchette *f*; *make the ~s* faire les gros titres; '**head·long** *adv fall* de tout son long; '**head·mas·ter** *Br. of school* directeur *m*; *of high school* proviseur *m*; '**head·mistress** *Br. of school* directrice *f*; *of high school* proviseur *f*; **head 'of·fice** *of company* bureau *m* central; **head·'on 1** *adv crash* de front **2** *adj* frontal; '**head·phones** *npl* écouteurs *mpl*; '**head·quar·ters** *npl* quartier *m* général; '**head·rest** appui-tête *m*; '**head·room** *under bridge* hauteur *f* limite; *in car* hauteur *f* au plafond; '**head·scarf** foulard *m*; '**head·strong** *adj* entêté, obstiné; **head 'wait·er** maître d'hôtel; '**head·wind** vent *m* contraire

head·y ['hedɪ] *adj drink, wine etc* capiteux*

heal [hiːl] *v/t* guérir

♦ **heal up** *v/i* se guérir

health [helθ] santé *f*; *your ~!* à votre santé!

'**health care** soins *mpl* médicaux; '**health club** club *m* de gym; '**health food** aliments *mpl* diététiques; '**health food store** magasin *m* d'aliments diététiques; '**health in·surance** assurance *f* maladie; '**health re·sort** station *f* thermale

health·y ['helθɪ] *adj person* en bonne santé; *food, lifestyle, economy* sain*

heap [hiːp] n tas m
♦ heap up v/t entasser
hear [hɪr] v/t & v/i (pret & pp heard) entendre
♦ hear about v/t entendre parler de; **have you heard about Mike?** as-tu entendu ce qui est arrivé à Mike?
♦ hear from v/t (have news from) avoir des nouvelles de
heard [hɜːrd] pret & pp → hear
hear·ing ['hɪrɪŋ] ouïe f; LAW audience f; **within** ~ à portée de voix; **out of** ~ hors de portée de voix
'hear·ing aid appareil m acoustique, audiophone m
'hear·say: **by** ~ par ouï-dire
hearse [hɜːrs] corbillard m
heart [hɑːrt] also fig cœur m; **know sth by** ~ connaître qch par cœur
'heart at·tack crise f cardiaque; 'heart·beat battement m de cœur; **heart·break·ing** adj navrant; 'heart·brok·en adj: **be** ~ avoir le cœur brisé; 'heart·burn brûlures fpl d'estomac; 'heart fail·ure arrêt m cardiaque; 'heart·felt adj sympathy sincère, profond
hearth [hɑːrθ] foyer m, âtre f
heart·less ['hɑːrtlɪs] adj insensible, cruel*
heart·rend·ing ['hɑːrtrendɪŋ] adj plea, sight déchirant, navrant
hearts [hɑːrts] npl in cards cœur m
'heart throb F idole f, coqueluche f
'heart trans·plant greffe f du cœur
heart·y ['hɑːrtɪ] adj appetite gros*; meal copieux*; person jovial, chaleureux*
heat [hiːt] chaleur f; in contest (épreuve f) éliminatoire f
♦ heat up v/t réchauffer
heat·ed ['hiːtɪd] adj swimming pool chauffé; discussion passionné
heat·er ['hiːtər] radiateur m; in car chauffage m
hea·then ['hiːðn] n païen(ne) m(f)
heath·er ['heðər] bruyère f
heat·ing ['hiːtɪŋ] chauffage m
'heat·proof, 'heat·re·sis·tant adj résistant à la chaleur; 'heat·stroke coup m de chaleur; 'heat·wave va-

gue f de chaleur
heave [hiːv] v/t (lift) soulever
heav·en ['hevn] ciel m; **good ~s!** mon Dieu!
heav·en·ly ['hevnlɪ] adj F divin
heav·y ['hevɪ] adj also food, loss lourd; cold grand; rain, accent fort; traffic, smoker, drinker, bleeding gros*
heav·y·du·ty adj très résistant
'heav·y·weight adj SP poids lourd
heck·le ['hekl] v/t interpeller, chahuter
hec·tic ['hektɪk] adj agité, bousculé
hedge [hedʒ] n haie f
hedge·hog ['hedʒhɑːg] hérisson m
hedge·row ['hedʒrou] haie f
heed [hiːd] 1 v/t faire attention à, tenir compte de 2 n: **pay ~ to** faire attention à, tenir compte de
heel [hiːl] talon m
'heel bar talon-minute m
hef·ty ['heftɪ] adj gros*; person also costaud
height [haɪt] of person taille f; of building hauteur f; of airplane altitude f; **at the ~ of the season** en pleine saison
height·en ['haɪtn] v/t effect, tension accroître
heir [er] héritier m
heir·ess ['erɪs] héritière f
held [held] pret & pp → hold
hel·i·cop·ter ['helɪkɑːptər] hélicoptère m
hell [hel] enfer m; **what the ~ are you doing?** F mais enfin qu'est-ce que tu fais?; **go to ~!** F va te faire foutre! P; **a ~ of a lot of** F tout un tas de F; **one ~ of a nice guy** F un type vachement bien F; **it hurts like ~** ça fait vachement mal F
hel·lo [həˈlou] bonjour; TELEC allô; **say ~ to s.o.** dire bonjour à qn
helm [helm] NAUT barre f
hel·met ['helmɪt] casque m
help [help] 1 n aide f; ~! à l'aide!, au secours! 2 v/t aider; ~ o.s. to food se servir; **I can't ~ it** je ne peux pas m'en empêcher; **I couldn't ~ laughing** je n'ai pas pu m'empêcher de rire; **it can't be ~ed** on n'y peut rien
help·er ['helpər] aide m/f, assistant(e) m(f)

help·ful ['helpfl] *adj advice* utile; *person* serviable

help·ing ['helpɪŋ] *of food* portion *f*

help·less ['helplɪs] *adj (unable to cope)* sans défense; *(powerless)* sans ressource, impuissant

help·less·ness ['helplɪsnɪs] impuissance *f*

'**help screen** COMPUT écran *m* d'aide

hem [hem] *n of dress etc* ourlet *m*

hem·i·sphere ['hemɪsfɪr] hémisphère *m*

'**hem·line** ourlet *m*; **~s are going up** les jupes raccourcissent

hem·or·rhage ['hemərɪdʒ] **1** *n* hémorragie *f* **2** *v/i* faire une hémorragie

hen [hen] poule *f*

hench·man ['hentʃmən] *pej* acolyte *m*

'**hen par·ty** soirée *f* entre femmes; *before wedding* soirée entre femmes avant un mariage

hen·pecked ['henpekt] *adj* dominé par sa femme

hep·a·ti·tis [hepə'taɪtɪs] hépatite *f*

her [hɜːr] **1** *adj* son, sa; *pl* ses **2** *pron object* la; *before vowel* l'; *indirect object* lui, à elle; *with preps* elle; *I know ~* je la connais; *I gave ~ a dollar* je lui ai donné un dollar; *this is for ~* c'est pour elle; *who? - ~* qui? - elle

herb [ɜːrb] herbe *f*

herb(al) tea ['ɜːrb(əl)] tisane *f*

herd [hɜːrd] *n* troupeau *m*

here [hɪr] *adv* ici; *in ~, over ~* ici; *~'s to you!* as toast à votre santé!; *~ you are giving sth* voilà; *~ we are! finding sth* le / la voilà!

he·red·i·ta·ry [hə'redɪterɪ] *adj disease* héréditaire

he·red·i·ty [hə'redɪtɪ] hérédité *f*

her·i·tage ['herɪtɪdʒ] héritage *m*

her·mit ['hɜːrmɪt] ermite *m*

her·ni·a ['hɜːrnɪə] MED hernie *f*

he·ro ['hɪrou] héros *m*

he·ro·ic [hɪ'rouɪk] *adj* héroïque

he·ro·i·cal·ly [hɪ'rouɪklɪ] *adv* héroïquement

her·o·in ['herouɪn] héroïne *f*

'**her·o·in ad·dict** héroïnomane *m/f*

her·o·ine ['herouɪn] héroïne *f*

her·o·ism ['herouɪzm] héroïsme *f*

her·on ['herən] héron *m*

her·pes ['hɜːrpiːz] MED herpès *m*

her·ring ['herɪŋ] hareng *m*

hers [hɜːrz] *pron* le sien, la sienne; *pl* les siens, les siennes; *it's ~* c'est à elle

her·self [hɜːr'self] *pron* elle-même; *reflexive* se; *after prep* elle; *she hurt ~* elle s'est blessée; *by ~* toute seule

hes·i·tant ['hezɪtənt] *adj* hésitant

hes·i·tant·ly ['hezɪtəntlɪ] *adv* avec hésitation

hes·i·tate ['hezɪteɪt] *v/i* hésiter

hes·i·ta·tion [hezɪ'teɪʃn] hésitation *f*

het·er·o·sex·u·al [hetərou'sekʃuəl] *adj* hétérosexuel*

hey·day ['heɪdeɪ] apogée *m*, âge *m* d'or

hi [haɪ] *int* salut

hi·ber·nate ['haɪbərneɪt] *v/i* hiberner

hic·cup ['hɪkʌp] *n* hoquet *m*; *(minor problem)* hic *m* F; *have the ~s* avoir le hoquet

hick [hɪk] *pej* F paysan *m*

'**hick town** *pej* F bled *m* F

hid [hɪd] *pret → hide*

hid·den ['hɪdn] **1** *adj* caché **2** *pp → hide*

hid·den a'gen·da *fig* motifs *mpl* secrets

hide[1] [haɪd] **1** *v/t (pret hid, pp hidden)* cacher **2** *v/i* se cacher

hide[2] [haɪd] *n of animal* peau *f*; *as product* cuir *m*

hide-and-'seek cache-cache *m*

'**hide·a·way** cachette *f*

hid·e·ous ['hɪdɪəs] *adj* affreux*, horrible

hid·ing[1] ['haɪdɪŋ] *(beating)* rossée *f*

hid·ing[2] ['haɪdɪŋ]: *be in ~* être caché; *go into ~* prendre le maquis

'**hid·ing place** cachette *f*

hi·er·ar·chy ['haɪrɑːrkɪ] hiérarchie *f*

hi-fi ['haɪfaɪ] chaîne *f* hi-fi

high [haɪ] **1** *adj building, quality, society, opinion* haut; *salary, price, rent, temperature* élevé; *wind* fort; *speed* grand; *on drugs* défoncé F; *it's ~ time he came* il est grand temps qu'il vienne *(subj)* **2** *n* MOT quatrième *f*; cinquième *f*; *in statistics* pointe *f*, plafond *m*; EDU collège *m*, lycée *m* **3** *adv* haut; **that's as ~ as we can go** on ne peut pas monter plus

'**high·brow** adj intellectuel*; '**high-chair** chaise f haute; '**high-class** adj de première classe, de première qualité; **high 'div·ing** plongeon m de haut vol; **high-'fre·quen·cy** adj de haute fréquence; **high-'grade** adj ore à haute teneur; **~ gasoline** supercarburant m; **high-hand·ed** [haɪˈhændɪd] adj arbitraire; **high-heeled** [haɪˈhiːld] adj à hauts talons; '**high jump** saut m en hauteur; **high-'lev·el** adj à haut niveau; '**high life** grande vie f; '**high·light 1** n (main event) point m marquant, point m culminant; in hair reflets mpl, mèches fpl **2** v/t with pen surligner; COMPUT mettre en relief; '**high·light·er** pen surligneur m

high·ly ['haɪlɪ] adv desirable, likely fort(ement), très; **be ~ paid** être très bien payé; **think ~ of s.o.** penser beaucoup de bien de qn; très sensible

high per'form·ance adj drill, battery haute performance; **high-pitched** [haɪˈpɪtʃt] adj aigu*; '**high point of** life, career point m marquant, point m culminant; **high-pow·ered** [haɪˈpaʊərd] adj engine très puissant; intellectual, salesman très compétent; **high 'pres·sure** n weather anticyclone m

high-'pres·sure adj TECH à haute pression; salesman de choc; job, lifestyle dynamique; **high 'priest** grand prêtre m; '**high school** collège m, lycée m; **high so'ci·e·ty** haute société f; **high-speed 'train** train m à grande vitesse, T.G.V. m; **high-'strung** adj nerveux*, très sensible; **high-'tech 1** n technologie f de pointe, high-tech m **2** adj de pointe, high-tech; **high-'ten·sion** adj cable haute tension; **high 'tide** marée f haute; **high 'volt·age** haute tension f; **high 'wa·ter** marée f haute; '**high·way** grande route f; '**high wire** in circus corde f raide

hi·jack [ˈhaɪdʒæk] **1** v/t plane, bus détourner **2** n of plane, bus détournement m

hi·jack·er [ˈhaɪdʒækər] of plane pirate m de l'air; of bus pirate m de la route

hike[1] [haɪk] **1** n randonnée f à pied **2** v/i marcher à pied, faire une randonnée à pied

hike[2] [haɪk] n in prices hausse f

hik·er [ˈhaɪkər] randonneur(-euse) m(f)

hik·ing [ˈhaɪkɪŋ] randonnée f (pédestre)

'**hik·ing boots** npl chaussures fpl de marche

hi·lar·i·ous [hɪˈlerɪəs] adj hilarant, désopilant

hill [hɪl] n colline f; (slope) côte f

hill·bil·ly [ˈhɪlbɪlɪ] F habitant m des montagnes du sud-est des États-Unis; '**hill·side** (flanc m) de coteau m; '**hill·top** sommet m de la colline

hill·y [ˈhɪlɪ] adj montagneux*; road vallonné

hilt [hɪlt] poignée f

him [hɪm] pron object le; before vowel l'; indirect object, with preps lui; **I know ~** je le connais; **I gave ~ a dollar** je lui ai donné un dollar; **this is for ~** c'est pour lui; **who? - him** qui? - lui

him·self [hɪmˈself] pron lui-même; reflexive se; after prep lui; **he hurt ~** il s'est blessé; **by ~** tout seul

hind [haɪnd] adj de derrière, postérieur

hin·der [ˈhɪndər] v/t gêner, entraver; **~ s.o. from doing sth** empêcher qn de faire qch

hin·drance [ˈhɪndrəns] obstacle m; **be a ~ to s.o. / sth** gêner qn / qch

hind·sight [ˈhaɪndsaɪt]: **with ~** avec du recul

hinge [hɪndʒ] charnière f; on door also gond m

♦ **hinge on** v/t dépendre de

hint [hɪnt] n (clue) indice m; (piece of advice) conseil m; (implied suggestion) allusion f, signe m; of red, sadness etc soupçon m

hip [hɪp] n hanche f

hip 'pock·et poche f revolver

hip·po·pot·a·mus [hɪpə'pɑːtəməs] hippopotame *m*

hire ['haɪr] *v/t* louer; *workers* engager, embaucher

his [hɪz] **1** *adj* son, sa; *pl* ses **2** *pron* le sien, la sienne; *pl* les siens, les siennes; **it's ~** c'est à lui

His·pan·ic [hɪ'spænɪk] **1** *n* Latino--Américain(e) *m(f)*, Hispano-Américain(e) *m(f)* **2** *adj* latino-américain, hispano-américain

hiss [hɪs] *v/i of snake, audience* siffler

his·to·ri·an [hɪ'stɔːrɪən] historien(ne) *m(f)*

his·tor·ic [hɪ'stɑːrɪk] *adj* historique

his·tor·i·cal [hɪ'stɑːrɪkl] *adj* historique

his·to·ry ['hɪstərɪ] histoire *f*

hit [hɪt] **1** *v/t (pret & pp* **hit)** *also ball* frapper; *(collide with)* heurter; **he was ~ by a bullet** il a été touché par une balle; **it suddenly ~ me** (*I realized*) j'ai réalisé tout d'un coup; **~ town** arriver en ville **2** *n (blow)* coup *m*; MUS, *(success)* succès *m*; *on website* visiteur *m*; **be a big ~ with** *of idea* avoir un grand succès auprès de

♦ **hit back** *v/i physically* rendre son coup à; *verbally, with actions* riposter

♦ **hit on** *v/t idea* trouver

♦ **hit out at** *v/t (criticize)* attaquer

hit-and-run *adj:* **~ accident** accident *m* avec délit de fuite; **~ driver** conducteur(-trice) *m(f)* en délit de fuite

hitch [hɪtʃ] **1** *n (problem)* anicroche *f*, accroc *m*; **without a ~** sans accroc **2** *v/t* attacher; **~ a ride** faire de l'auto-stop

hitch 3 *v/i (hitchhike)* faire du stop

♦ **hitch up** *v/t wagon, trailer* remonter

hitch·hike *v/i* faire du stop

'hitch·hik·er auto-stoppeur(-euse) *m(f)*

'hitch·hik·ing auto-stop *m*, stop *m*

hi-'tech 1 *n* technologie *f* de pointe, high-tech *m* **2** *adj* de pointe, high--tech

hit-list liste *f* noire; **'hit-man** tueur *m* à gages; **hit-or-'miss** *adj* aléatoire; **'hit squad** commando *m*

HIV [eɪtʃaɪ'viː] *abbr* (= *human immuno-nodeficiency virus*) V.I.H. *m* (= Virus de l'Immunodéficience Humaine); **people with ~** les séropositifs

♦ **hive off** *v/t* COMM *(separate off)* séparer

HIV-'pos·i·tive *adj* séropositif*

hoard [hɔːrd] **1** *n* réserves *fpl* **2** *v/t money* amasser; *in times of shortage* faire des réserves de

hoard·er ['hɔːrdər]: **be a ~** ne jamais rien jeter

hoarse [hɔːrs] *adj* rauque

hoax [houks] *n* canular *m*; **bomb ~** fausse alerte *f* à la bombe

hob [hɑːb] *on cooker* plaque *f* chauffante

hob·ble ['hɑːbl] *v/i* boitiller

hob·by ['hɑːbɪ] passe-temps *m* (favori), hobby *m*

ho·bo ['houbou] F vagabond *m*

hock·ey ['hɑːkɪ] *(ice hockey)* hockey *m* (sur glace)

hog [hɑːg] *n (pig)* cochon *m*

hoist [hɔɪst] **1** *n* palan *m* **2** *v/t* hisser

ho·kum ['houkəm] *n (nonsense)* balivernes *fpl*; *(sentimental stuff)* niaiseries *fpl*

hold [hould] **1** *v/t (pret & pp* **held)** *in hand* tenir; *(support, keep in place)* soutenir, maintenir en place; *passport, license* détenir; *prisoner, suspect* garder, détenir; *(contain)* contenir; *job, post* avoir, occuper; *course* tenir; **~ one's breath** retenir son souffle; **he can ~ his drink** il tient bien l'alcool; **~ s.o. responsible** tenir qn responsable; **~ that …** *(believe, maintain)* estimer que …, maintenir que …; **~ the line** TELEC ne quittez pas! **2** *n in ship* cale *f*; *in plane* soute *f*; **take ~ of sth** saisir qch; **lose one's ~ on sth** *on rope etc* lâcher qch; **lose one's ~ on reality** perdre le sens des réalités

♦ **hold against** *v/t:* **hold sth against s.o.** en vouloir à qn de qch

♦ **hold back 1** *v/t crowds* contenir; *facts, information* retenir **2** *v/i (not tell* *all*) se retenir

♦ **hold on** *v/i* (*wait*) attendre; TELEC ne pas quitter; *now hold on a minute!* pas si vite!

♦ **hold on to** *v/t* (*keep*) garder; *belief* se cramponner à, s'accrocher à

♦ **hold out 1** *v/t hand* tendre; *prospect* offrir, promettre **2** *v/i of supplies* durer; *of trapped miners etc* tenir (bon)

♦ **hold up** *v/t hand* lever; *bank etc* attaquer; (*make late*) retenir; *hold sth up as an example* citer qch en exemple

♦ **hold with** *v/t* (*approve of*) approuver

hold·er ['hǝʊldǝr] (*container*) boîtier *m*; *of passport, ticket, record* détenteur(-trice) *m(f)*

hold·ing com·pa·ny ['hǝʊldɪŋ] holding *m*

'**hold·up** (*robbery*) hold-up *m*; (*delay*) retard *m*

hole [hǝʊl] trou *m*

hol·i·day ['hɑːlǝdeɪ] *single day* jour *m* de congé; *Br: period* vacances *fpl*; *take a ~* prendre un jour de congé / des vacances

Hol·land ['hɑːlǝnd] Hollande *f*

hol·low ['hɑːlǝʊ] *adj* creux*; *promise* faux*

hol·ly ['hɑːlɪ] houx *m*

hol·o·caust ['hɑːlǝkɔːst] holocauste *m*

hol·o·gram ['hɑːlǝgræm] hologramme *m*

hol·ster ['hǝʊlstǝr] holster *m*

ho·ly ['hǝʊlɪ] *adj* saint

Ho·ly 'Spir·it Saint-Esprit *m*

'**Ho·ly Week** semaine *f* sainte

home [hǝʊm] **1** *n* maison *f*; (*native country, town*) patrie *f*; *for old people* maison *f* de retraite; *at ~* chez moi; (*in my country*) dans mon pays; SP à domicile; *make o.s. at ~* faire comme chez soi; *at ~ and abroad* dans son pays et à l'étranger; *work from ~* travailler chez soi *or* à domicile **2** *adv* à la maison, chez soi; (*in own country*) dans son pays; (*in own town*) dans sa ville; *go ~* rentrer (chez soi *or* à la maison); (*to country*) rentrer dans son pays; *to town* rentrer

dans sa ville

'**home ad·dress** adress *f* personnelle; **home 'bank·ing** services *mpl* télématiques (bancaires); **home·com·ing** ['hǝʊmkʌmɪŋ] retour *m* (à la maison); **home com'put·er** ordinateur *m* familial; '**home game** match *m* à domicile

home·less ['hǝʊmlɪs] **1** *adj* sans abri, sans domicile fixe **2** *npl*: *the ~* les sans-abri *mpl*, les S.D.F. *mpl* (sans domicile fixe)

'**home·lov·ing** *adj* casanier*

home·ly ['hǝʊmlɪ] *adj* (*homelike*) simple, comme à la maison; (*not good-looking*) sans beauté

home'made *adj* fait (à la) maison

home 'mov·ie vidéo *f* amateur

ho·me·op·a·thy [hǝʊmɪ'ɑːpǝθɪ] homéopathie *f*

'**home page** COMPUT page *f* d'accueil; '**home·sick** *adj*: *be ~* avoir le mal du pays; '**home town** ville *f* natale

home·ward ['hǝʊmwǝrd] **1** *adv to own house* vers la maison; *to own country* vers son pays **2** *adj*: *the ~ journey* le retour

'**home·work** EDU devoirs *mpl*

'**home·work·ing** COMM travail *m* à domicile

hom·i·cide ['hɑːmɪsaɪd] *crime* homicide *m*; *police department* homicides *mpl*

hom·o·graph ['hɑːmǝgræf] homographe *m*

ho·mo·pho·bi·a [hǝʊmǝ'fǝʊbɪǝ] homophobie *f*

ho·mo·sex·u·al [hǝʊmǝ'sekʃʊǝl] **1** *adj* homosexuel* **2** *n* homosexuel(le) *m(f)*

hon·est ['ɑːnɪst] *adj* honnête, sincère

hon·est·ly ['ɑːnɪstlɪ] *adv* honnêtement; *~!* vraiment!

hon·es·ty ['ɑːnɪstɪ] honnêteté *f*

hon·ey ['hʌnɪ] miel *m*; F (*darling*) chéri(e) *m(f)*

'**hon·ey·comb** rayon *m* de miel

'**hon·ey·moon** *n* lune *f* de miel

honk [hɑːŋk] *v/t horn* klaxonner

honk·y ['hɑːŋkɪ] *pej* P blanc(he) *m(f)*

H

hon·or ['ɑːnər] **1** *n* honneur *f* **2** *v/t* honorer

hon·or·a·ble ['ɑːnrəbl] *adj* honorable

hon·our *Br* → **honor**

hood [hʊd] *over head* capuche *f*; *over cooker* hotte *f*; MOT capot *m*; F (*gangster*) truand *m*

hood·lum ['huːdləm] voyou *m*

hoof [huːf] sabot *m*

hook [hʊk] *to hang clothes on* patère *f*; *for fishing* hameçon *m*; **off the ~** TELEC décroché

hooked [hʊkt] *adj* accro F; **be ~ on sth** être accro de qch

hook·er ['hʊkər] F putain *f* P; *in rugby* talonneur *m*

hoo·li·gan ['huːlɪgən] voyou *m*, hooligan *m*

hoo·li·gan·ism ['huːlɪgənɪzm] hooliganisme *m*

hoop [huːp] cerceau *m*

hoot [huːt] **1** *v/t horn* donner un coup de **2** *v/i of car* klaxonner; *of owl* huer

hoo·ver® ['huːvər] *Br* **1** *n* aspirateur *m* **2** *v/t carpets* passer l'aspirateur sur; *room* passer l'aspirateur dans

hop¹ [hɑːp] *n plant* houblon *m*

hop² *v/i* (*pret* & *pp* **-ped**) sauter, sautiller

hope [hoʊp] **1** *n* espoir *m*; **there's no ~ of that** ça ne risque pas d'arriver **2** *v/i* espérer; **~ for sth** espérer qch; **I ~ so** je l'espère, j'espère que oui; **I ~ not** j'espère que non **3** *v/t:* **~ that …** espérer que …

hope·ful ['hoʊpfl] *adj* plein d'espoir; (*promising*) prometteur*

hope·ful·ly ['hoʊpfli] *adv say, wait* avec espoir; (*I / we hope*) avec un peu de chance

hope·less ['hoʊplɪs] *adj position, prospect* sans espoir, désespéré; (*useless: person*) nul*

ho·ri·zon [hə'raɪzn] horizon *m*

hor·i·zon·tal [hɑːrɪ'zɑːntl] *adj* horizontal

hor·mone ['hɔːrmoʊn] hormone *f*

horn [hɔːrn] *of animal* corne *f*; MOT klaxon *m*

hor·net ['hɔːrnɪt] frelon *m*

horn-rimmed spec·ta·cles [hɔːrrɪmd'spektəklz] lunettes *fpl* à monture d'écaille

horn·y ['hɔːrni] *adj* F *sexually* excité; **he's one ~ guy** c'est un chaud lapin F

hor·o·scope ['hɑːrəskoʊp] horoscope *m*

hor·ri·ble ['hɑːrɪbl] *adj* horrible, affreux*

hor·ri·fy ['hɑːrɪfaɪ] *v/t* (*pret* & *pp* **-ied**) horrifier

hor·ri·fy·ing ['hɑːrɪfaɪŋ] *adj* horrifiant

hor·ror ['hɑːrər] horreur *f*

'hor·ror mov·ie film *m* d'horreur

hors d'oeu·vre [ɔːr'dɜːrv] hors d'œuvre *m*

horse [hɔːrs] cheval *m*

'horse·back: on ~ à cheval, sur un cheval; **horse 'chest·nut** marron *m* d'Inde; **'horse·pow·er** cheval-vapeur *m*; **'horse race** course *f* de chevaux; **'horse·shoe** fer *m* à cheval

hor·ti·cul·ture ['hɔːrtɪkʌltʃər] horticulture *f*

hose [hoʊz] *n* tuyau *m*; (*garden* ~) tuyau *m* d'arrosage

hos·pice ['hɑːspɪs] hospice *m*

hos·pi·ta·ble ['hɑːspɪtəbl] *adj* hospitalier*

hos·pi·tal ['hɑːspɪtl] hôpital *m*; **go into the ~** aller à l'hôpital

hos·pi·tal·i·ty [hɑːspɪ'tælətɪ] hospitalité *f*

host [hoʊst] *n at party, reception* hôte *m/f*; *of TV program* présentateur (-trice) *m(f)*

hos·tage ['hɑːstɪdʒ] otage *m*; **be taken ~** être pris en otage

'hos·tage tak·er ['teɪkər] preneur (-euse) *m(f)* d'otages

hos·tel ['hɑːstl] *for students* foyer *m*; (*youth* ~) auberge *f* de jeunesse

hos·tess ['hoʊstɪs] hôtesse *f*

hos·tile ['hɑːstl] *adj* hostile

hos·til·i·ty [hɑː'stɪlətɪ] *of attitude* hostilité *f*; **hostilities** hostilités *fpl*

hot [hɑːt] *adj* chaud; (*spicy*) épicé, fort; F (*good*) bon*; **I'm ~** j'ai chaud; **it's ~** *weather* il fait chaud; *food etc* c'est chaud

'hot dog hot-dog *m*

ho·tel [hou'tel] hôtel *m*

'hot·plate plaque *f* chauffante

'hot spot *military, political* point *m* chaud

hour ['aur] heure *f*

hour·ly ['aurlɪ] *adj* de toutes les heures; *at ~ intervals* toutes les heures

house [haus] *n* maison *f*; *at your ~* chez vous

'house·boat house-boat *m*, péniche *f* (aménagée); 'house·break·ing cambriolage *m*; 'house·hold ménage *m*, famille *f*; house·hold 'name nom *m* connu de tous; 'house hus·band homme *m* au foyer; house·keep·er ['hauskiːpər] femme *f* de ménage; 'house·keep·ing *activity* ménage *m*; *money* argent *m* du ménage; House of Rep·re·sent·a·tives Chambre *f* des Représentants; house·warm·ing (par·ty) ['hauswɔːrmɪŋ] pendaison *f* de crémaillère; 'house·wife femme *f* au foyer; 'house·work travaux *mpl* domestiques

hous·ing ['hauzɪŋ] logement *m*; TECH boîtier *m*

'hous·ing con·di·tions *npl* conditions *fpl* de logement

hov·el ['haːvl] taudis *m*, masure *f*

hov·er ['haːvər] *v/i* planer

'hov·er·craft aéroglisseur *m*

how [hau] *adv* comment; *~ are you?* comment allez-vous?, comment ça va?; *~ about a drink?* et si on allait prendre un pot?; *~ much?* combien?; *~ much is it? cost* combien ça coûte?; *~ many?* combien?; *~ often?* tous les combien?; *~ funny / sad!* comme c'est drôle / triste!

how·ev·er *adv* cependant; *~ big / rich they are* qu'ils soient (*subj*) grands / riches ou non

howl [haul] *v/i* hurler

hub [hʌb] *of wheel* moyeu *m*

'hub·cap enjoliveur *m*

♦ hud·dle to·geth·er ['hʌdl] *v/i* se blottir les uns contre les autres

Hud·son Bay ['hʌdsn] Baie *f* d'Hudson

hue [hjuː] teinte *f*

huff [hʌf]: *be in a ~* être froissé, être fâché

hug [hʌg] *v/t* (*pret & pp* *-ged*) serrer dans ses bras, étreindre

huge [hjuːdʒ] *adj* énorme, immense

hull [hʌl] coque *f*

hul·la·ba·loo [hʌləbə'luː] vacarme *m*, brouhaha *m*

hum [hʌm] **1** *v/t* (*pret & pp* *-med*) *song, tune* fredonner **2** *v/i of person* fredonner; *of machine* ronfler

hu·man ['hjuːmən] **1** *n* être *m* humain **2** *adj* humain

hu·man 'be·ing être *m* humain

hu·mane [hjuː'meɪn] *adj* humain, plein d'humanité

hu·man·i·tar·i·an [hjuːmænɪ'terɪən] *adj* humanitaire

hu·man·i·ty [hjuː'mænətɪ] humanité *f*

hu·man 'race race *f* humaine

hu·man re'sources *npl department* ressources *fpl* humaines

hum·ble ['hʌmbl] *adj attitude, person* humble, modeste; *origins, meal, house* modeste

hum·drum ['hʌmdrʌm] *adj* monotone, banal

hu·mid ['hjuːmɪd] *adj* humide

hu·mid·i·fi·er [hjuː'mɪdɪfaɪr] humidificateur *m*

hu·mid·i·ty [hjuː'mɪdətɪ] humidité *f*

hu·mil·i·ate [hjuː'mɪlɪeɪt] *v/t* humilier

hu·mil·i·at·ing [hjuː'mɪlɪeɪtɪŋ] *adj* humiliant

hu·mil·i·a·tion [hjuːmɪlɪ'eɪʃn] humiliation *f*

hu·mil·i·ty [hjuː'mɪlətɪ] humilité *f*

hu·mor ['hjuːmər] humour *m*; (*mood*) humeur *f*, *sense of ~* sens *m* de l'humour

hu·mor·ous ['hjuːmərəs] *adj movie etc* drôle; *movie etc* comique

hu·mour *Br → humor*

hump [hʌmp] **1** *n* bosse *f* **2** *v/t* F (*carry*) trimballer F

hunch [hʌntʃ] (*idea*) intuition *f*, pressentiment *m*

hun·dred ['hʌndrəd] cent *m*

hun·dredth ['hʌndrədθ] centième

'hun·dred·weight quintal *m*

hung [hʌŋ] *pret & pp* → **hang**

Hun·gar·i·an [hʌŋ'geriən] **1** *adj* hongrois **2** *n person* Hongrois(e) *m(f)*; *language* hongrois *m*

Hun·ga·ry ['hʌŋgəri] Hongrie *f*

hun·ger ['hʌŋgər] faim *f*

hung-'o·ver *adj:* **be ~** avoir la gueule de bois F

hun·gry ['hʌŋgri] *adj* affamé; *I'm ~* j'ai faim

hunk [hʌŋk] *n* gros morceau *m*; F *man* beau mec F

hun·ky-do·rey [hʌŋki'dɔːri] *adj* F au poil F

hunt [hʌnt] **1** *n* chasse *f* (*for* à); *for new leader, missing child etc* recherche *f* (*for* de) **2** *v/t animal* chasser

♦ hunt for *v/t* chercher

hunt·er ['hʌntər] chasseur(-euse) *m(f)*

hunt·ing ['hʌntiŋ] chasse *f*

hur·dle ['hɜːrdl] SP haie *f*; (*fig: obstacle*) obstacle *m*

hur·dler ['hɜːrdlər] SP sauteur(-euse) *m(f)* de haies

hur·dles *npl* SP haies *fpl*

hurl [hɜːrl] *v/t* lancer, jeter

hur·ray [hʊ'rei] *int* hourra

hur·ri·cane ['hʌrikən] ouragan *m*

hur·ried ['hʌrid] *adj* précipité; *meal also* pris à la hâte; *piece of work also* fait à la hâte

hur·ry ['hʌri] **1** *n* hâte *f*, précipitation *f*; **be in a ~** être pressé **2** *v/i* (*pret & pp* **-ied**) se dépêcher, se presser

♦ hurry up **1** *v/i* se dépêcher, se presser; **hurry up!** dépêchez-vous! **2** *v/t* presser

hurt [hɜːrt] **1** *v/i* (*pret & pp* **hurt**) faire mal; **does it ~?** est-ce que ça vous fait mal? **2** *v/t* (*pret & pp* **hurt**) *physically* faire mal à, blesser; *emotionally* blesser

hus·band ['hʌzbənd] mari *m*

hush [hʌʃ] *n* silence *m*; **~!** silence!, chut!

♦ hush up *v/t scandal etc* étouffer

husk [hʌsk] *of peanuts etc* écale *f*

hus·ky ['hʌski] *adj voice* rauque

hus·tle ['hʌsl] **1** *n* agitation *f*; **~ and bustle** tourbillon *m* **2** *v/t person* bousculer

hus·tler ['hʌslər] F *conman etc* arnaqueur(-euse) *m(f)* F; *dynamic person* battant(e) *m(f)*; *prostitute* prostitué(e) *m(f)*

hut [hʌt] cabane *f*, hutte *f*

hy·a·cinth ['haiəsinθ] jacinthe *f*

hy·brid ['haibrid] *n* hybride *m*

hy·drant ['haidrənt] prise *f* d'eau; (*fire ~*) bouche *f* d'incendie

hy·drau·lic [hai'drɔːlik] *adj* hydraulique

hy·dro·e·lec·tric [haidrouɪ'lektrik] *adj* hydroélectrique

hy·dro·foil ['haidrəfɔil] hydrofoil *m*

hy·dro·gen ['haidrədʒən] hydrogène *m*

'hy·dro·gen bomb bombe *f* à hydrogène

hy·giene ['haidʒiːn] hygiène *f*

hy·gien·ic [hai'dʒiːnik] *adj* hygiénique

hymn [him] hymne *m*

hype [haip] *n* battage *m* publicitaire

hy·per·ac·tive [haipər'æktiv] *adj* hyperactif*

hy·per·mar·ket ['haipərmɑːrkit] *Br* hypermarché *m*

hy·per·sen·si·tive [haipər'sensitiv] *adj* hypersensible

hy·per·ten·sion [haipər'tenʃn] hypertension *f*

hy·per·text ['haipərtekst] COMPUT hypertexte *m*

hy·phen ['haifn] trait *m* d'union

hyp·no·sis [hip'nousis] hypnose *f*

hyp·no·ther·a·py [hipnou'θerəpi] hypnothérapie *f*

hyp·no·tize ['hipnətaiz] *v/t* hypnotiser

hy·po·chon·dri·ac [haipə'kɑːndriæk] *n* hypocondriaque *m/f*

hy·poc·ri·sy [hi'pɑːkrəsi] hypocrisie *f*

hyp·o·crite ['hipəkrit] hypocrite *m/f*

hyp·o·crit·i·cal [hipə'kritikl] *adj* hypocrite

hy·po·ther·mi·a [haipou'θɜːrmiə] hypothermie *f*

hy·poth·e·sis [hai'pɑːθəsis] (*pl* **hypotheses** [hai'pɑːθəsiːz]) hypothèse *f*

hy·po·thet·i·cal [haipə'θetikl] *adj* hypothétique

hys·ter·ec·to·my [hɪstə'rektəmɪ] hys-térectomie f

hys·te·ri·a [hɪ'stɪrɪə] hystérie f

hys·ter·i·cal [hɪ'sterɪkl] *adj person,* *laugh* hystérique; F (*very funny*) à mourir de rire F

hys·ter·ics [hɪ'sterɪks] *npl* crise f de nerfs; *laughter* fou rire m

---

I

I [aɪ] *pron* je; *before vowels* j'; *stressed* moi; *you and ~ are going to talk* toi et moi, nous allons talk

ice [aɪs] glace f; *on road* verglas m; *break the ~ fig* briser la glace

♦ **ice up** *v/i of engine, wings* se givrer

ice·berg ['aɪsbɜːrg] iceberg m; **'ice-box** glacière f; **'ice·break·er** ['aɪs-breɪkər] *ship* brise-glace m; **'ice cream** glace f; **'ice cream par·lor,** *Br* **'ice cream par·lour** salon m de dégustation de glaces; **'ice cube** gla-çon m

iced [aɪst] *adj drink* glacé

iced 'cof·fee café m frappé

'ice hock·ey hockey m sur glace; **'ice rink** patinoire f; **'ice skate** patin m (à glace); **'ice skat·ing** patinage m (sur glace)

i·ci·cle ['aɪsɪkl] stalactite f

i·con ['aɪkɑːn] *cultural* symbole m; COMPUT icône f

i·cy ['aɪsɪ] *adj road, surface* gelé; *welcome* glacial

ID [aɪ'diː] *abbr* (= *identity*) identité f; *do you have any ~ on you?* est-ce que vous avez des papiers mpl d'identité or une preuve d'identité sur vous?

i·dea [aɪ'diːə] idée f; *good ~!* bonne idée!; *I have no ~* je n'en ai aucune idée; *it's not a good ~ to ...* ce n'est pas une bonne idée de ...

i·de·al [aɪ'diːəl] *adj* (*perfect*) idéal

i·de·al·is·tic [aɪdɪə'lɪstɪk] *adj* idéaliste

i·de·al·ly [aɪ'diːəlɪ] *adv situated etc* idéa-lement; *~, we would do it like this* dans l'idéal, on le ferait comme ça

i·den·ti·cal [aɪ'dentɪkl] *adj* identique; *~ twins boys* vrais jumeaux mpl; *girls* vraies jumelles fpl

i·den·ti·fi·ca·tion [aɪdentɪfɪ'keɪʃn] identification f; (*papers etc*) papiers mpl d'identité, preuve f d'identité

i·den·ti·fy [aɪ'dentɪfaɪ] *v/t* (*pret & pp -ied*) identifier

i·den·ti·ty [aɪ'dentətɪ] identité f; *~ card* carte f d'identité

i·de·o·log·i·cal [aɪdɪə'lɑːdʒɪkl] *adj* idéologique

i·de·ol·o·gy [aɪdɪ'ɑːlədʒɪ] idéologie f

id·i·om ['ɪdɪəm] (*saying*) idiome m

id·i·o·mat·ic [ɪdɪə'mætɪk] *adj* (*natural*) idiomatique

id·i·o·syn·cra·sy [ɪdɪə'sɪŋkrəsɪ] parti-cularité f

id·i·ot ['ɪdɪət] idiot(e) m(e)

id·i·ot·ic [ɪdɪ'ɑːtɪk] *adj* idiot, bête

i·dle ['aɪdl] **1** *adj* (*not working*) inoc-cupé; (*lazy*) paresseux*; *threat* oi-seux*; *machinery* non utilisé; *in an ~ moment* dans un moment d'oisi-veté **2** *v/i of engine* tourner au ralenti

♦ **idle away** *v/t the time etc* passer à ne rien faire

i·dol ['aɪdl] idole f

i·dol·ize ['aɪdəlaɪz] *v/t* idolâtrer, adorer (à l'excès)

i·dyl·lic [ɪ'dɪlɪk] *adj* idyllique

if [ɪf] *conj* si; *what ~ he ...?* et s'il ...?; *~ not* sinon

ig·nite [ɪg'naɪt] *v/t* mettre le feu à, en-flammer

ig·ni·tion [ɪg'nɪʃn] *in car* allumage m; *~ key* clef f de contact

ig·no·rance ['ɪgnərəns] ignorance f

ig·no·rant ['ɪɡnərənt] *adj* ignorant; (*rude*) grossier*

ig·nore [ɪɡ'nɔːr] *v/t* ignorer

ill [ɪl] *adj* malade; **fall ~, be taken ~** tomber malade; **feel ~ at ease** se sentir mal à l'aise

il·le·gal [ɪ'liːɡl] *adj* illégal

il·le·gi·ble [ɪ'ledʒəbl] *adj* illisible

il·le·git·i·mate [ɪlɪ'dʒɪtɪmət] *adj child* illégitime

ill-fat·ed [ɪl'feɪtɪd] *adj* néfaste

il·li·cit [ɪ'lɪsɪt] *adj* illicite

il·lit·e·rate [ɪ'lɪtərət] *adj* illettré

ill-man·nered [ɪl'mænərd] *adj* mal élevé

ill-na·tured [ɪl'neɪtʃərd] *adj* méchant, désagréable

ill·ness ['ɪlnɪs] maladie *f*

il·log·i·cal [ɪ'lɑːdʒɪkl] *adj* illogique

ill-tem·pered [ɪl'tempərd] *adj* de méchant caractère; *temporarily* de mauvaise humeur

ill'treat *v/t* maltraiter

il·lu·mi·nate [ɪ'luːmɪneɪt] *v/t building etc* illuminer

il·lu·mi·nat·ing [ɪ'luːmɪneɪtɪŋ] *adj remarks etc* éclairant

il·lu·sion [ɪ'luːʒn] illusion *f*

il·lus·trate ['ɪləstreɪt] *v/t* illustrer

il·lus·tra·tion [ɪlə'streɪʃn] illustration *f*

il·lus·tra·tor [ɪlə'streɪtər] illustrateur (-trice) *m(f)*

ill 'will rancune *f*

im·age ['ɪmɪdʒ] (*picture*), *of politician, company* image *f*; (*exact likeness*) portrait *m*

'im·age-con·scious *adj* soucieux* de son image

i·ma·gi·na·ble [ɪ'mædʒɪnəbl] *adj* imaginable; **the smallest size ~** la plus petite taille qu'on puisse imaginer

i·ma·gi·na·ry [ɪ'mædʒɪnərɪ] *adj* imaginaire

i·ma·gi·na·tion [ɪmædʒɪ'neɪʃn] imagination *f*; **it's all in your ~** tout est dans votre tête

i·ma·gi·na·tive [ɪ'mædʒɪnətɪv] *adj* imaginatif*

i·ma·gine [ɪ'mædʒɪn] *v/t* imaginer; **I can just ~ it** je peux l'imaginer; **you're imagining things** tu te fais

des idées

im·be·cile ['ɪmbəsiːl] imbécile *m/f*

IMF [aɪem'ef] *abbr* (= **International Monetary Fund**) F.M.I. *m* (= Fonds *m* Monétaire International)

im·i·tate ['ɪmɪteɪt] *v/t* imiter

im·i·ta·tion [ɪmɪ'teɪʃn] imitation *f*

im·mac·u·late [ɪ'mækjʊlət] *adj* impeccable; (*spotless*) immaculé

im·ma·te·ri·al [ɪmə'tɪrɪəl] *adj* (*not relevant*) peu important

im·ma·ture [ɪmə'tʊr] *adj* immature

im·me·di·ate [ɪ'miːdɪət] *adj* immédiat

im·me·di·ate·ly [ɪ'miːdɪətlɪ] *adv* immédiatement; **~ after the bank** juste après la banque

im·mense [ɪ'mens] *adj* immense

im·merse [ɪ'mɜːrs] *v/t* immerger, plonger; **~ o.s. in** se plonger dans

im·mi·grant ['ɪmɪɡrənt] *n* immigrant(e) *m(f)*, immigré(e) *m(f)*

im·mi·grate ['ɪmɪɡreɪt] *v/i* immigrer

im·mi·gra·tion [ɪmɪ'ɡreɪʃn] immigration *f*; **Immigration** *government department* l'immigration *f*

im·mi·nent ['ɪmɪnənt] *adj* imminent

im·mo·bi·lize [ɪ'moʊbɪlaɪz] *v/t factory, person* immobiliser; *car* immobiliser

im·mo·bi·liz·er [ɪ'moʊbɪlaɪzər] *on car* système *m* antidémarrage

im·mod·e·rate [ɪ'mɑːdərət] *adj* immodéré

im·mo·ral [ɪ'mɔːrəl] *adj* immoral

im·mo·ral·i·ty [ɪmɔː'rælɪtɪ] immoralité *f*

im·mor·tal [ɪ'mɔːrtl] *adj* immortel*

im·mor·tal·i·ty [ɪmɔːr'tælɪtɪ] immortalité *f*

im·mune [ɪ'mjuːn] *adj to illness, infection* immunisé (**to** contre); *from ruling* exempt (**from de**)

im'mune sys·tem MED système *m* immunitaire

im·mu·ni·ty [ɪ'mjuːnətɪ] *to infection* immunité *f*; *from ruling* exemption *f*; **diplomatic ~** immunité *f* diplomatique

im·pact ['ɪmpækt] *n* impact *m*; **on ~** au moment de l'impact

♦ **impact on** *v/t* avoir un impact sur, affecter

im·pair [ɪm'per] v/t affaiblir, abîmer

im·paired [ɪm'perd] adj affaibli, abîmé

im·par·tial [ɪm'pɑːrʃl] adj impartial

im·pass·a·ble [ɪm'pæsəbl] adj road impraticable

im·passe ['ɪmpæs] in negotiations etc impasse f

im·pas·sioned [ɪm'pæʃnd] adj speech, plea passionné

im·pas·sive [ɪm'pæsɪv] adj impassible

im·pa·tience [ɪm'peɪʃəns] impatience f

im·pa·tient [ɪm'peɪʃənt] adj impatient

im·pa·tient·ly [ɪm'peɪʃəntlɪ] adv impatiemment

im·peach [ɪm'piːtʃ] v/t President mettre en accusation

im·pec·ca·ble [ɪm'pekəbl] adj impeccable

im·pec·ca·bly [ɪm'pekəblɪ] adv impeccablement

im·pede [ɪm'piːd] v/t gêner, empêcher

im·ped·i·ment [ɪm'pedɪmənt] obstacle obstacle m; **speech ~** défaut m d'élocution

im·pend·ing [ɪm'pendɪŋ] adj imminent

im·pen·e·tra·ble [ɪm'penɪtrəbl] adj impénétrable

im·per·a·tive [ɪm'perətɪv] **1** adj impératif*; **it is ~ that ...** il est impératif que ... (+subj) **2** n GRAM impératif m

im·per·cep·ti·ble [ɪmpɜːr'septɪbl] adj imperceptible

im·per·fect [ɪm'pɜːrfekt] **1** adj imparfait **2** n GRAM imparfait m

im·pe·ri·al [ɪm'pɪrɪəl] adj impérial

im·per·son·al [ɪm'pɜːrsənl] adj impersonnel*

im·per·so·nate [ɪm'pɜːrsəneɪt] v/t as a joke imiter; illegally se faire passer pour

im·per·son·a·tor [ɪm'pɜːrsəneɪtər] imitateur(-trice) m(f); **female ~** travesti m

im·per·ti·nence [ɪm'pɜːrtɪnəns] impertinence f

im·per·ti·nent [ɪm'pɜːrtɪnənt] adj impertinent

im·per·tur·ba·ble [ɪmpər'tɜːrbəbl] adj imperturbable

im·per·vi·ous [ɪm'pɜːrvɪəs] adj: **~ to** insensible à

im·pe·tu·ous [ɪm'petʃuəs] adj impétueux*

im·pe·tus ['ɪmpətəs] of campaign etc force f, élan m

im·ple·ment ['ɪmplɪmənt] **1** n instrument m, outil m **2** v/t ['ɪmplɪment] measures etc appliquer

im·pli·cate ['ɪmplɪkeɪt] v/t impliquer (in dans)

im·pli·ca·tion [ɪmplɪ'keɪʃn] implication f

im·plic·it [ɪm'plɪsɪt] adj implicite; trust absolu

im·plore [ɪm'plɔːr] v/t implorer (s.o. to do sth qn de faire qch)

im·ply [ɪm'plaɪ] v/t (pret & pp **-ied**) impliquer; (suggest) suggérer

im·po·lite [ɪmpə'laɪt] adj impoli

im·port ['ɪmpɔːrt] **1** n importation f **2** v/t importer

im·por·tance [ɪm'pɔːrtəns] importance f

im·por·tant [ɪm'pɔːrtənt] adj important

im·por·ter [ɪm'pɔːrtər] importateur (-trice) m(f)

im·pose [ɪm'poʊz] v/t tax imposer; **~ o.s. on s.o.** s'imposer à qn

im·pos·ing [ɪm'poʊzɪŋ] adj imposant

im·pos·si·bil·i·ty [ɪmpɑːsɪ'bɪlɪtɪ] impossibilité f

im·pos·si·ble [ɪm'pɑːsɪbl] adj impossible

im·pos·tor [ɪm'pɑːstər] imposteur m

im·po·tence ['ɪmpətəns] impuissance f

im·po·tent ['ɪmpətənt] adj impuissant

im·pov·e·rished [ɪm'pɑːvərɪʃt] adj appauvri

im·prac·ti·cal [ɪm'præktɪkəl] adj person dénué de sens pratique; suggestion peu réaliste

im·press [ɪm'pres] v/t impressionner; **I'm not ~ed** ça ne m'impressionne pas

im·pres·sion [ɪm'preʃn] impression f; (impersonation) imitation f; **make a good / bad ~ on s.o.** faire une bonne / mauvaise impression sur qn; **I get the ~ that ...** j'ai l'impression que ...

im·pres·sion·a·ble [ɪmˈpreʃənəbl] *adj* influençable

im·pres·sive [ɪmˈpresɪv] *adj* impressionnant *f*

im·print [ˈɪmprɪnt] *n of credit card* empreinte *f*

im·pris·on [ɪmˈprɪzn] *v/t* emprisonner

im·pris·on·ment [ɪmˈprɪznmənt] emprisonnement *m*

im·prob·a·ble [ɪmˈprɑ:bəbəl] *adj* improbable

im·prop·er [ɪmˈprɑ:pər] *adj behavior* indécent, déplacé; *use etc* incorrect

im·prove [ɪmˈpru:v] **1** *v/t* améliorer **2** *v/i* s'améliorer

im·prove·ment [ɪmˈpru:vmənt] amélioration *f*

im·pro·vize [ˈɪmprəvaɪz] *v/i* improviser

im·pu·dent [ˈɪmpjʊdənt] *adj* impudent

im·pulse [ˈɪmpʌls] impulsion *f*; **do sth on (an) ~** faire qch sous le coup d'une impulsion *or* sur un coup de tête

'im·pulse buy achat *m* impulsif

im·pul·sive [ɪmˈpʌlsɪv] *adj* impulsif*

im·pu·ni·ty [ɪmˈpju:nətɪ] impunité *f*; **with ~** impunément

im·pure [ɪmˈpjʊr] *adj* impur

in [ɪn] **1** *prep* dans; **~ Washington / Rouen** à Washington / Rouen; **~ the street** dans la rue; **~ the box** dans la boîte; **wounded ~ the leg / arm** blessé à la jambe / au bras ◊ *with time* en; **~ 1999** en 1999; **~ the morning** le matin; **~ the mornings** le matin; **~ the summer** l'été; **~ August** en août, au mois d'août; **~ two hours** *from now* dans deux heures; *over period of* en deux heures; **I haven't been to France ~ years** il y a des années que je n'ai pas été en France ◊ *manner.* **~ English / French** en anglais / français; **~ a loud voice** d'une voix forte; **~ his style** à sa manière; **~ yellow** en jaune ◊ : **~ crossing the road** (*while*) en traversant la route; **~ agreeing to this** (*by virtue of*) en acceptant ceci ◊ : **~ his novel** dans son roman; **~ Faulkner** chez Faulkner ◊ : **three ~ all** trois en tout (et pour tout); **one ~ ten** un sur dix **2** *adv* (*at home, in the building etc*) là; (*arrived: train*) arrivé; (*in its position*) dedans; **~ here** ici; **when the diskette is ~** quand la disquette est à l'intérieur **3** *adj* (*fashionable, popular*) à la mode

in·a·bil·i·ty [ɪnəˈbɪlɪtɪ] incapacité *f*

in·ac·ces·si·ble [ɪnəkˈsesɪbl] *adj* inaccessible

in·ac·cu·rate [ɪnˈækjʊrət] *adj* inexact, incorrect

in·ac·tive [ɪnˈæktɪv] *adj* inactif*; *volcano* qui n'est pas en activité

in·ad·e·quate [ɪnˈædɪkwət] *adj* insuffisant, inadéquat

in·ad·vis·a·ble [ɪnədˈvaɪzəbl] *adj* peu recommandé

in·an·i·mate [ɪnˈænɪmət] *adj* inanimé

in·ap·pro·pri·ate [ɪnəˈprəʊprɪət] *adj* peu approprié

in·ar·tic·u·late [ɪnɑːrˈtɪkjʊlət] *adj person* qui s'exprime mal

in·au·di·ble [ɪnˈɔːdəbl] *adj* inaudible

in·au·gu·ral [ɪˈnɔːgjʊrəl] *adj speech* inaugural

in·au·gu·rate [ɪˈnɔːgjʊreɪt] *v/t* inaugurer

in·born [ˈɪnbɔːrn] *adj* inné

in·bred [ˈɪnbred] *adj* inné

in·breed·ing [ˈɪnbriːdɪŋ] unions *fpl* consanguines

inc. *abbr* (= *incorporated*) S.A. *f* (= Société *f* Anonyme)

in·cal·cu·la·ble [ɪnˈkælkjʊləbl] *adj damage* incalculable

in·ca·pa·ble [ɪnˈkeɪpəbl] *adj* incapable; **be ~ of doing sth** être incapable de faire qch

in·cen·di·a·ry de·vice [ɪnˈsendərɪ] bombe *f* incendiaire

in·cense[1] [ˈɪnsens] *n* encens *m*

in·cense[2] [ɪnˈsens] *v/t* rendre furieux*

in·cen·tive [ɪnˈsentɪv] encouragement *m*, stimulation *f*

in·ces·sant [ɪnˈsesnt] *adj* incessant

in·ces·sant·ly [ɪnˈsesntlɪ] *adv* sans arrêt

in·cest ['ɪnsest] inceste *m*

inch [ɪntʃ] pouce *m*

in·ci·dent ['ɪnsɪdənt] incident *m*

in·ci·den·tal [ɪnsɪ'dentl] *adj* fortuit; ~ *expenses* frais *mpl* accessoires

in·ci·den·tal·ly [ɪnsɪ'dentlɪ] *adv* soit dit en passant

in·cin·er·a·tor [ɪn'sɪnəreɪtər] incinérateur *m*

in·ci·sion [ɪn'sɪʒn] incision *f*

in·ci·sive [ɪn'saɪsɪv] *adj mind, analysis* incisif*

in·cite [ɪn'saɪt] *v/t* inciter; ~ *s.o. to do sth* inciter qn à faire qch

in·clem·ent [ɪn'klemənt] *adj weather* inclément

in·cli·na·tion [ɪnklɪ'neɪʃn] (*liking*) penchant *m*; (*tendency*) tendance *f*

in·cline [ɪn'klaɪn] *v/t*: *be ~d to do sth* avoir tendance à faire qch

in·close, in·clo·sure → enclose, enclosure

in·clude [ɪn'kluːd] *v/t* inclure, comprendre

in·clud·ing [ɪn'kluːdɪŋ] *prep* y compris; ~ *service* service compris

in·clu·sive [ɪn'kluːsɪv] **1** *adj price* tout compris **2** *prep*: ~ *of* en incluant **3** *adv* tout compris; *from Monday to Thursday* ~ du lundi au jeudi inclus

in·co·her·ent [ɪnkoʊ'hɪrənt] *adj* incohérent

in·come ['ɪnkəm] revenu *m*

'**in·come tax** impôt *m* sur le revenu

in·com·ing ['ɪnkʌmɪŋ] *adj tide* montant; *flight, mail* qui arrive; *phonecall* de l'extérieur; *president* nouveau*

in·com·pa·ra·ble [ɪn'kaːmpərəbl] *adj* incomparable

in·com·pat·i·bil·i·ty [ɪnkəmpætɪ'bɪlɪtɪ] incompatibilité *f*

in·com·pat·i·ble [ɪnkəm'pætɪbl] *adj* incompatible

in·com·pe·tence [ɪn'kaːmpɪtəns] incompétence *f*

in·com·pe·tent [ɪn'kaːmpɪtənt] *adj* incompétent

in·com·plete [ɪnkəm'pliːt] *adj* incomplet*

in·com·pre·hen·si·ble [ɪnkaːmprɪ'hensɪbl] *adj* incompréhensible

in·con·ceiv·a·ble [ɪnkən'siːvəbl] *adj* inconcevable

in·con·clu·sive [ɪnkən'kluːsɪv] *adj* peu concluant

in·con·gru·ous [ɪn'kaːŋgruəs] *adj* incongru

in·con·sid·er·ate [ɪnkən'sɪdərət] *adj action* inconsidéré; *be ~ of person* manquer d'égards

in·con·sis·tent [ɪnkən'sɪstənt] *adj* incohérent; *person* inconstant; ~ *with* incompatible avec

in·con·so·la·ble [ɪnkən'soʊləbl] *adj* inconsolable

in·con·spic·u·ous [ɪnkən'spɪkjuəs] *adj* discret*

in·con·ve·ni·ence [ɪnkən'viːnɪəns] *n* inconvénient *m*

in·con·ve·ni·ent [ɪnkən'viːnɪənt] *adj time* inopportun; *place, arrangement* peu commode

in·cor·po·rate [ɪn'kɔːrpəreɪt] *v/t* incorporer

in·cor·rect [ɪnkə'rekt] *adj* incorrect

in·cor·rect·ly [ɪnkə'rektlɪ] *adv* incorrectement, mal

in·cor·ri·gi·ble [ɪn'kaːrɪdʒəbl] *adj* incorrigible

in·crease 1 *v/t & v/i* [ɪn'kriːs] augmenter **2** *n* ['ɪnkriːs] augmentation *f*

in·creas·ing [ɪn'kriːsɪŋ] *adj* croissant

in·creas·ing·ly [ɪn'kriːsɪŋlɪ] *adv* de plus en plus

in·cred·i·ble [ɪn'kredɪbl] *adj* (*amazing, very good*) incroyable

in·crim·i·nate [ɪn'krɪmɪneɪt] *v/t* incriminer; ~ *o.s.* s'incriminer

in·cu·ba·tor ['ɪŋkjubeɪtər] *for chicks* incubateur *m*; *for babies* couveuse *f*

in·cur [ɪn'kɜːr] *v/t* (*pret & pp* -*red*) *costs* encourir; *debts* contracter; *s.o.'s anger* s'attirer

in·cu·ra·ble [ɪn'kjurəbl] *adj also fig* incurable

in·debt·ed [ɪn'detɪd] *adj*: *be ~ to s.o.* être redevable à qn (*for sth* de qch)

in·de·cent [ɪn'diːsnt] *adj* indécent

in·de·ci·sive [ɪndɪ'saɪsɪv] *adj argument* peu concluant; *person* indécis

in·de·ci·sive·ness [ɪndɪ'saɪsɪvnɪs] indécision f

in·deed [ɪnˈdiːd] adv (in fact) vraiment; (yes, agreeing) en effet; **very much ~** beaucoup

in·de·fi·na·ble [ɪndɪˈfaɪnəbl] adj indéfinissable

in·def·i·nite [ɪnˈdefɪnɪt] adj indéfini; **~ article** GRAM article m indéfini

in·def·i·nite·ly [ɪnˈdefɪnɪtlɪ] adv indéfiniment

in·del·i·cate [ɪnˈdelɪkət] adj indélicat

in·dent [ˈɪndent] **1** n in text alinéa m **2** v/t [ɪnˈdent] line renforcer

in·de·pen·dence [ɪndɪˈpendəns] indépendance f

In·de'pen·dence Day fête f de l'Indépendance

in·de·pen·dent [ɪndɪˈpendənt] adj indépendant

in·de·pen·dent·ly [ɪndɪˈpendəntlɪ] adv deal with indépendamment; **~ of** indépendamment de

in·de·scri·ba·ble [ɪndɪˈskraɪbəbl] adj indescriptible; (very bad) inqualifiable

in·de·scrib·a·bly [ɪndɪˈskraɪbəblɪ] adv: **~ beautiful** d'une beauté indescriptible; **~ bad** book, movie inqualifiable

in·de·struc·ti·ble [ɪndɪˈstrʌktəbl] adj indestructible

in·de·ter·mi·nate [ɪndɪˈtɜːrmɪnət] adj indéterminé

in·dex [ˈɪndeks] for book index m

'in·dex card fiche f; **'in·dex fin·ger** index m

In·di·a [ˈɪndɪə] Inde f

In·di·an [ˈɪndɪən] **1** adj indien **2** n also American Indien(ne) m(f)

In·di·an 'sum·mer été m indien

in·di·cate [ˈɪndɪkeɪt] **1** v/t indiquer **2** v/i Br: when driving mettre ses clignotants

in·di·ca·tion [ɪndɪˈkeɪʃn] indication f, signe m

in·di·ca·tor [ˈɪndɪkeɪtər] Br: on car clignotant m

in·dict [ɪnˈdaɪt] v/t accuser

in·dif·fer·ence [ɪnˈdɪfrəns] indifférence f

in·dif·fer·ent [ɪnˈdɪfrənt] adj indifférent; (mediocre) médiocre

in·di·ges·ti·ble [ɪndɪˈdʒestɪbl] adj indigeste

in·di·ges·tion [ɪndɪˈdʒestʃn] indigestion f

in·dig·nant [ɪnˈdɪgnənt] adj indigné

in·dig·na·tion [ɪndɪgˈneɪʃn] indignation f

in·di·rect [ɪndɪˈrekt] adj indirect

in·di·rect·ly [ɪndɪˈrektlɪ] adv indirectement

in·dis·creet [ɪndɪˈskriːt] adj indiscret*

in·dis·cre·tion [ɪndɪˈskreʃn] act indiscrétion f, faux pas m F

in·dis·crim·i·nate [ɪndɪˈskrɪmɪnət] adj aveugle; accusations à tort et à travers

in·dis·pen·sa·ble [ɪndɪˈspensəbl] adj indispensable

in·dis·posed [ɪndɪˈspoʊzd] adj (not well) indisposé

in·dis·pu·ta·ble [ɪndɪˈspjuːtəbl] adj incontestable

in·dis·pu·ta·bly [ɪndɪˈspjuːtəblɪ] adv incontestablement

in·dis·tinct [ɪndɪˈstɪŋkt] adj indistinct

in·dis·tin·guish·a·ble [ɪndɪˈstɪŋgwɪʃəbl] adj indifférenciable

in·di·vid·u·al [ɪndɪˈvɪdʒʊəl] **1** n individu m **2** adj (separate) particulier*; (personal) individuel*

in·di·vid·u·a·list·ic [ɪndɪˈvɪdʒʊəlɪstɪk] adj individualiste

in·di·vid·u·al·i·ty [ɪndɪvɪdʒʊˈælɪti] individualité f

in·di·vid·u·al·ly [ɪndɪˈvɪdʒʊəlɪ] adv individuellement

in·di·vis·i·ble [ɪndɪˈvɪzɪbl] adj indivisible

in·doc·tri·nate [ɪnˈdɑːktrɪneɪt] v/t endoctriner

in·do·lence [ˈɪndələns] indolence f

in·do·lent [ˈɪndələnt] adj indolent

In·do·ne·sia [ɪndəˈniːʒə] Indonésie f

In·do·ne·sian [ɪndəˈniːʒən] **1** adj indonésien* **2** n person Indonésien(ne) m(f)

in·door [ˈɪndɔːr] adj activities, games d'intérieur; sport en salle; arena couvert

in·doors [ɪnˈdɔːrz] adv à l'intérieur; (at home) à la maison

in·dorse → **endorse**

in·dulge [ɪn'dʌldʒ] **1** v/t *tastes* satisfaire; **~ o.s.** se faire plaisir **2** v/i: **~ in sth** se permettre qch

in·dul·gence [ɪn'dʌldʒəns] *of tastes, appetite etc* satisfaction f; (*laxity*) indulgence f

in·dul·gent [ɪn'dʌldʒənt] adj (*not strict enough*) indulgent

in·dus·tri·al [ɪn'dʌstrɪəl] adj industriel*; **~ action** action f revendicative

in·dus·tri·al dis·pute conflit m social

in·dus·tri·al·ist [ɪn'dʌstrɪəlɪst] industriel(le) m(f)

in·dus·tri·al·ize [ɪn'dʌstrɪəlaɪz] **1** v/t industrialiser **2** v/i s'industrialiser

in·dus·tri·al 'waste déchets mpl industriels

in·dus·tri·ous [ɪn'dʌstrɪəs] adj travailleur*

in·dus·try ['ɪndəstrɪ] industrie f

in·ef·fec·tive [ɪnɪ'fektɪv] adj inefficace

in·ef·fec·tu·al [ɪnɪ'fektʃʊəl] adj *person* inefficace

in·ef·fi·cient [ɪnɪ'fɪʃənt] adj inefficace

in·el·i·gi·ble [ɪn'elɪdʒɪbl] adj inéligible

in·ept [ɪ'nept] adj inepte

in·e·qual·i·ty [ɪnɪ'kwɑːlɪtɪ] inégalité f

in·es·ca·pa·ble [ɪnɪ'skeɪpəbl] adj inévitable

in·es·ti·ma·ble [ɪn'estɪməbl] adj inestimable

in·ev·i·ta·ble [ɪn'evɪtəbl] adj inévitable

in·ev·i·ta·bly [ɪn'evɪtəblɪ] adv inévitablement

in·ex·cu·sa·ble [ɪnɪk'skjuːzəbl] adj inexcusable

in·ex·haus·ti·ble [ɪnɪg'zɔːstəbl] adj *supply* inépuisable

in·ex·pen·sive [ɪnɪk'spensɪv] adj bon marché, pas cher*

in·ex·pe·ri·enced [ɪnɪk'spɪrɪənst] adj inexpérimenté

in·ex·pli·ca·ble [ɪnɪk'splɪkəbl] adj inexplicable

in·ex·pres·si·ble [ɪnɪk'spresɪbl] adj *joy* inexprimable

in·fal·li·ble [ɪn'fælɪbl] adj infaillible

in·fa·mous ['ɪnfəməs] adj infâme

in·fan·cy ['ɪnfənsɪ] *of person* petite enfance f; *of state, institution* débuts mpl

in·fant ['ɪnfənt] petit(e) enfant m(f)

in·fan·tile ['ɪnfəntaɪl] adj pej infantile

in·fant mor·tal·i·ty rate taux m de mortalité infantile

in·fan·try ['ɪnfəntrɪ] infanterie f

'in·fan·try sol·dier soldat m d'infanterie, fantassin m

'in·fant school Br école f maternelle

in·fat·u·at·ed [ɪn'fætʃ ueɪtɪd] adj: **be ~ with s.o.** être entiché de qn

in·fect [ɪn'fekt] v/t contaminer; **become ~ed** *of person* être contaminé; *of wound* s'infecter

in·fec·tion [ɪn'fekʃn] contamination f; (*disease*), *of wound* infection f

in·fec·tious [ɪn'fekʃəs] adj *disease* infectieux*; fig: *laughter* contagieux*

in·fer [ɪn'fɜːr] v/t (pret & pp **-red**): **~ X from Y** déduire X de Y

in·fe·ri·or [ɪn'fɪrɪər] adj inférieur

in·fe·ri·or·i·ty [ɪnfɪrɪ'ɑːrətɪ] *in quality* infériorité f

in·fe·ri·or·i·ty com·plex complexe m d'infériorité

in·fer·tile [ɪn'fɜːrtl] adj stérile

in·fer·til·i·ty [ɪnfər'tɪlɪtɪ] stérilité f

in·fi·del·i·ty [ɪnfɪ'delɪtɪ] infidélité f

in·fil·trate ['ɪnfɪltreɪt] v/t infiltrer

in·fi·nite ['ɪnfɪnət] adj infini

in·fin·i·tive [ɪn'fɪnətɪv] infinitif m

in·fin·i·ty [ɪn'fɪnətɪ] infinité f; MATH infini m

in·firm [ɪn'fɜːrm] adj infirme

in·fir·ma·ry [ɪn'fɜːrmərɪ] infirmerie f

in·fir·mi·ty [ɪn'fɜːrmɪtɪ] infirmité f

in·flame [ɪn'fleɪm] v/t enflammer

in·flam·ma·ble [ɪn'flæməbl] adj inflammable

in·flam·ma·tion [ɪnflə'meɪʃn] MED inflammation f

in·flat·a·ble [ɪn'fleɪtəbl] adj *dinghy* gonflable

in·flate [ɪn'fleɪt] v/t *tire, dinghy* gonfler

in·fla·tion [ɪn'fleɪʃən] inflation f

in·fla·tion·a·ry [ɪn'fleɪʃənərɪ] adj inflationniste

in·flec·tion [ɪn'flekʃn] *of voice* inflexion f

in·flex·i·ble [ɪn'fleksɪbl] adj *attitude, person* inflexible

in·flict [ɪn'flɪkt] v/t: **~ sth on s.o.** infliger qch à qn 'in·flight *adj* en vol; **~ *entertainment*** divertissement *mpl* en vol

in·flu·ence ['ɪnfluəns] **1** *n* influence *f*; **be a good / bad ~ on s.o.** avoir une bonne / mauvaise influence sur qn **2** *v/t* influencer

in·flu·en·tial [ɪnflu'enʃl] *adj* influent

in·flu·en·za [ɪnflu'enzə] grippe *f*

in·form [ɪn'fɔːrm] **1** *v/t*: **~ s.o. about sth** informer qn de qch; **please keep me ~ed** veuillez me tenir informé **2** *v/i*: **~ on s.o.** dénoncer qn

in·for·mal [ɪn'fɔːrml] *adj* meeting, agreement non-officiel*; form of address familier*; conversation, dress simple

in·for·mal·i·ty [ɪnfɔːr'mælɪtɪ] of meeting, agreement caractère *m* non officiel; of form of address familiarité *f*; of conversation, dress simplicité *f*

in·for·mant [ɪn'fɔːrmənt] informateur(-trice) *m(f)*

'in·house *adj & adv* sur place

in·for·ma·tion [ɪnfər'meɪʃn] renseignements *mpl*

in·for·ma·tion 'sci·ence informatique *f*; **in·for·ma·tion 'sci·en·tist** informaticien(ne) *m(f)*; **in·for·ma·tion tech'nol·o·gy** informatique *f*

in·for·ma·tive [ɪn'fɔːrmətɪv] *adj* instructif*

in·form·er [ɪn'fɔːrmər] dénonciateur(-trice) *m(f)*

in·fra·red [ɪnfrə'red] *adj* infrarouge

in·fra·struc·ture ['ɪnfrəstrʌktʃər] infrastructure *f*

in·fre·quent [ɪn'friːkwənt] *adj* rare

in·fu·ri·ate [ɪn'fjʊrɪeɪt] *v/t* rendre furieux*

in·fu·ri·at·ing [ɪn'fjʊrɪeɪtɪŋ] *adj* exaspérant

in·fuse [ɪn'fjuːz] *v/i* of tea infuser

in·fu·sion [ɪn'fjuːʒn] (herb tea) infusion *f*

in·ge·ni·ous [ɪn'dʒiːnɪəs] *adj* ingénieux*

in·ge·nu·i·ty [ɪndʒɪ'nuːətɪ] ingéniosité *f*

in·got ['ɪŋgət] lingot *m*

in·gra·ti·ate [ɪn'greɪʃɪeɪt] *v/t*: **~ o.s. with s.o.** s'insinuer dans les bonnes grâces de qn

in·grat·i·tude [ɪn'grætɪtuːd] ingratitude *f*

in·gre·di·ent [ɪn'griːdɪənt] for cooking ingrédient *m*; **~s** *fig*: for success recette *f* (for pour)

in·hab·it [ɪn'hæbɪt] *v/t* habiter

in·hab·it·a·ble [ɪn'hæbɪtəbl] *adj* habitable

in·hab·it·ant [ɪn'hæbɪtənt] habitant(e) *m(f)*

in·hale [ɪn'heɪl] **1** *v/t* inhaler, respirer **2** *v/i* when smoking avaler la fumée

in·ha·ler [ɪn'heɪlər] inhalateur *m*

in·her·it [ɪn'herɪt] *v/t* hériter

in·her·i·tance [ɪn'herɪtəns] héritage *m*

in·hib·it [ɪn'hɪbɪt] *v/t* conversation etc empêcher; growth, entraver

in·hib·it·ed [ɪn'hɪbɪtɪd] *adj* inhibé

in·hi·bi·tion [ɪnhɪ'bɪʃn] inhibition *f*

in·hos·pi·ta·ble [ɪnhɑː'spɪtəbl] *adj* inhospitalier*

in·hu·man [ɪn'hjuːmən] *adj* inhumain

i·ni·tial [ɪ'nɪʃl] **1** *adj* initial **2** *n* initiale *f* **3** *v/t* (write initials on) parapher

i·ni·tial·ly [ɪ'nɪʃlɪ] *adv* au début

i·ni·ti·ate [ɪ'nɪʃɪeɪt] *v/t* procedure lancer; person initier

i·ni·ti·a·tion [ɪnɪʃɪ'eɪʃn] lancement *m*; of person initiation *f*

i·ni·ti·a·tive [ɪ'nɪʃətɪv] initiative *f*; **do sth on one's own ~** faire qch de sa propre initiative

in·ject [ɪn'dʒekt] *v/t* injecter

in·jec·tion [ɪn'dʒekʃn] injection *f*

'in·joke: **it's an ~** c'est une plaisanterie entre nous / eux

in·jure ['ɪndʒər] *v/t* blesser

in·jured ['ɪndʒərd] **1** *adj* leg, feelings blessé **2** *npl*: **the ~** les blessés *mpl*

in·ju·ry ['ɪndʒərɪ] blessure *f*

'in·ju·ry time SP arrêt(s) *m(pl)* de jeu

in·jus·tice [ɪn'dʒʌstɪs] injustice *f*

ink [ɪŋk] encre *f*

'ink·jet printer imprimante *f* à jet d'encre

in·land ['ɪnlənd] *adj* intérieur

in·laws ['ɪnlɔːz] *npl* belle-famille *f*

in·lay ['ɪnleɪ] *n* incrustation *f*

in·let ['ɪnlet] of sea bras *m* de mer; in machine arrivée *f*

in·mate ['ɪnmeɪt] *of prison* détenu(e) *m(f)*; *of mental hospital* interné(e) *m(f)*

inn [ɪn] auberge *f*

in·nate [ɪ'neɪt] *adj* inné

in·ner ['ɪnər] *adj courtyard* intérieur; *thoughts* intime; *ear* interne

in·ner 'cit·y quartiers défavorisés situés au milieu d'une grande ville

'in·ner·most *adj* le plus profond

'in·ner tube chambre *f* à air

in·no·cence ['ɪnəsəns] innocence *f*

in·no·cent ['ɪnəsənt] *adj* innocent

in·noc·u·ous [ɪ'nɑːkjuəs] *adj* inoffensif*

in·no·va·tion [ɪnə'veɪʃn] innovation *f*

in·no·va·tive ['ɪnəvətɪv] *adj* innovant

in·no·va·tor ['ɪnəveɪtər] innovateur (-trice) *m(f)*

in·nu·me·ra·ble [ɪ'nuːmərəbl] *adj* innombrable

i·noc·u·late [ɪ'nɑːkjuleɪt] *v/t* inoculer

i·noc·u·la·tion [ɪnɑːkju'leɪʃn] inoculation *f*

in·of·fen·sive [ɪnə'fensɪv] *adj* inoffensif*

in·or·gan·ic [ɪnɔːr'gænɪk] *adj* inorganique

'in·pa·tient patient(e) hospitalisé(e) *m(f)*

in·put ['ɪnput] **1** *n into project etc* apport *m*, contribution *f*; COMPUT entrée *f* **2** *v/t* (*pret & pp* **-ted** *or* **input**) *into project* apporter; COMPUT entrer

in·quest ['ɪnkwest] enquête *f* (*on* sur)

in·quire [ɪn'kwaɪr] *v/i* se renseigner; **~ into** *causes of disease etc* faire des recherches sur; *cause of an accident etc* enquêter sur

in·quir·y [ɪn'kwaɪrɪ] demande *f* de renseignements; *government* **~** enquête *f* officielle

in·quis·i·tive [ɪn'kwɪzətɪv] *adj* curieux*

in·sane [ɪn'seɪn] *adj* fou*

in·san·i·ta·ry [ɪn'sænɪterɪ] *adj* insalubre

in·san·i·ty [ɪn'sænɪtɪ] folie *f*

in·sa·ti·a·ble [ɪn'seɪʃəbl] *adj* insatiable

in·scrip·tion [ɪn'skrɪpʃn] inscription *f*

in·scru·ta·ble [ɪn'skruːtəbl] *adj* impé-

nétrable

in·sect ['ɪnsekt] insecte *m*

in·sec·ti·cide [ɪn'sektɪsaɪd] insecticide *m*

in·se·cure [ɪnsɪ'kjur] *adj*: *feel / be* **~** *not safe* ne pas se sentir en sécurité; *not sure of self* manquer d'assurance

in·se·cu·ri·ty [ɪnsɪ'kjurɪtɪ] *psychological* manque *m* d'assurance

in·sen·si·tive [ɪn'sensɪtɪv] *adj* insensible (*to* à)

in·sen·si·tiv·i·ty [ɪnsensɪ'tɪvɪtɪ] insensibilité *f*

in·sep·a·ra·ble [ɪn'seprəbl] *adj* inséparable

in·sert 1 ['ɪnsɜːrt] *n in magazine etc* encart *m* **2** [ɪn'sɜːrt] *v/t*: **~ sth into sth** insérer qch dans qch

in·ser·tion [ɪn'sɜːrʃn] insertion *f*

in·side [ɪn'saɪd] **1** *n of house, box* intérieur *m*; *somebody on the* **~** quelqu'un qui connaît la maison; **~ out** à l'envers; *turn sth* **~** *out* retourner qch; *know sth* **~** *out* connaître qch à fond **2** *prep* à l'intérieur de; *they went* **~** *the house* ils sont entrés dans la maison; **~ of 2 hours** en moins de 2 heures **3** *adv* à l'intérieur; *we went* **~** nous sommes entrés (à l'intérieur); *we looked* **~** nous avons regardé à l'intérieur **4** *adj*: **~** *information* informations *fpl* internes; **~** *lane* SP couloir *m* intérieur; *Br. on road*: *in UK* voie *f* de gauche; *in France* voie *f* de droite; **~** *pocket* poche *f* intérieure

in·sid·er [ɪn'saɪdər] initié(e) *m(f)*

in·sid·er 'deal·ing FIN délit *m* d'initié

in·sides [ɪn'saɪdz] *npl* (*stomach*) ventre *m*

in·sid·i·ous [ɪn'sɪdɪəs] *adj* insidieux*

in·sight ['ɪnsaɪt] aperçu *m* (*into* de); (*insightfulness*) perspicacité *f*

in·sig·nif·i·cant [ɪnsɪg'nɪfɪkənt] *adj* insignifiant

in·sin·cere [ɪnsɪn'sɪr] *adj* peu sincère

in·sin·cer·i·ty [ɪnsɪn'serɪtɪ] manque *f* de sincérité

in·sin·u·ate [ɪn'sɪnjueɪt] *v/t* (*imply*) insinuer

in·sist [ɪn'sɪst] *v/i* insister

♦ **insist on** v/t insister sur

in·sis·tent [ɪnˈsɪstənt] adj insistant

in·so·lent [ˈɪnsələnt] adj insolent

in·sol·u·ble [ɪnˈsɑːljubl] adj problem, substance insoluble

in·sol·vent [ɪnˈsɑːlvənt] adj insolvable

in·som·ni·a [ɪnˈsɑːmnɪə] insomnie f

in·spect [ɪnˈspekt] v/t work, tickets, baggage contrôler; building, factory, school inspecter

in·spec·tion [ɪnˈspekʃn] of work, tickets, baggage contrôle m; of building, factory, school inspection f

in·spec·tor [ɪnˈspektər] in factory, of police inspecteur(-trice) m(f)

in·spi·ra·tion [ɪnspəˈreɪʃn] inspiration f

in·spire [ɪnˈspaɪr] v/t inspirer

in·sta·bil·i·ty [ɪnstəˈbɪlɪtɪ] instabilité f

in·stall [ɪnˈstɔːl] v/t installer

in·stal·la·tion [ɪnstəˈleɪʃn] installation f; **military ~** installation f militaire

in·stall·ment, Br **in·stal·ment** [ɪnˈstɔːlmənt] of story, TV drama etc épisode m; (payment) versement m

in·stall·ment plan vente f à crédit

in·stance [ˈɪnstəns] (example) exemple m; **for ~** par exemple

in·stant [ˈɪnstənt] **1** adj instantané **2** n instant m; **in an ~** dans un instant

in·stan·ta·ne·ous [ɪnstənˈteɪnɪəs] adj instantané

in·stant ˈcof·fee café m soluble

in·stant·ly [ˈɪnstəntlɪ] adv immédiatement

in·stead [ɪnˈsted] adv à la place; **~ of me** à ma place; **~ of going home** au lieu de rentrer à la maison

in·step [ˈɪnstep] cou-de-pied m; of shoe cambrure f

in·stinct [ˈɪnstɪŋkt] instinct m

in·stinc·tive [ɪnˈstɪŋktɪv] adj instinctif*

in·sti·tute [ˈɪnstɪtuːt] **1** n institut m; (special home) établissement m **2** v/t new law, inquiry instituer

in·sti·tu·tion [ɪnstɪˈtuːʃn] institution f

in·struct [ɪnˈstrʌkt] v/t (order) ordonner; (teach) instruire; **~ s.o. to do sth** (order) ordonner à qn de faire qch

in·struc·tion [ɪnˈstrʌkʃn] instruction f; **~s for use** mode m d'emploi

in·struc·tion man·u·al manuel m d'utilisation

in·struc·tive [ɪnˈstrʌktɪv] adj instructif*

in·struc·tor [ɪnˈstrʌktər] moniteur (-trice) m(f)

in·stru·ment [ˈɪnstrəmənt] instrument m

in·sub·or·di·nate [ɪnsəˈbɔːrdɪneɪt] adj insubordonné

in·suf·fi·cient [ɪnsəˈfɪʃnt] adj insuffisant

in·su·late [ˈɪnsəleɪt] v/t ELEC, against cold isoler (against de)

in·su·la·tion [ɪnsəˈleɪʃn] isolation f; material isolement m

in·su·lin [ˈɪnsəlɪn] insuline f

in·sult 1 [ˈɪnsʌlt] n insulte f **2** [ɪnˈsʌlt] v/t insulter

in·sur·ance [ɪnˈʃʊrəns] assurance f

in·sur·ance com·pa·ny compagnie f d'assurance; **in·sur·ance pol·i·cy** police f d'assurance; **in·sur·ance pre·mi·um** prime f d'assurance

in·sure [ɪnˈʃʊr] v/t assurer

in·sured [ɪnˈʃʊrd] **1** adj assuré **2** n: **the ~** les assurés mpl

in·sur·moun·ta·ble [ɪnsərˈmaʊntəbl] adj insurmontable

in·tact [ɪnˈtækt] adj (not damaged) intact

in·take [ˈɪnteɪk] of college etc admission f

in·te·grate [ˈɪntɪgreɪt] v/t intégrer

in·te·grat·ed cir·cuit [ˈɪntɪgreɪtɪd] circuit m intégré

in·teg·ri·ty [ɪnˈtegrɪtɪ] (honesty) intégrité f

in·tel·lect [ˈɪntəlekt] intellect m

in·tel·lec·tual [ɪntəˈlektuəl] **1** adj intellectuel* **2** n intellectuel(le) m(f)

in·tel·li·gence [ɪnˈtelɪdʒəns] intelligence f; (information) renseignements mpl

in·tel·li·gence of·fi·cer officier m de renseignements

in·tel·li·gence ser·vice service m des renseignements

in·tel·li·gent [ɪnˈtelɪdʒənt] adj intelli-

491

International Monetary Fund

gent

in·tel·li·gi·ble [ɪn'telɪdʒəbl] *adj* intelligible

in·tend [ɪn'tend] *v/i*: ~ *to do sth* avoir l'intention de; *that's not what I ~ed* ce n'était pas ce que je voulais

in·tense [ɪn'tens] *adj* intense; *personality* passionné

in·ten·si·fy [ɪn'tensɪfaɪ] **1** *v/t* (*pret & pp -ied*) *effect, pressure* intensifier **2** *v/i of pain, fighting* s'intensifier

in·ten·si·ty [ɪn'tensətɪ] intensité *f*

in·ten·sive [ɪn'tensɪv] *adj* intensif*

in·ten·sive 'care (u·nit) MED service *m* de soins intensifs

in'ten·sive course *of language study* cours *mpl* intensifs

in·tent [ɪn'tent] *adj*: *be ~ on doing sth* (*determined to do*) être (bien) décidé à faire qch

in·ten·tion [ɪn'tenʃn] intention *f*; *I have no ~ of ...* (*refuse to*) je n'ai pas l'intention de ...

in·ten·tion·al [ɪn'tenʃənl] *adj* intentionnel*

in·ten·tion·al·ly [ɪn'tenʃnlɪ] *adv* délibérément

in·ter·ac·tion [ɪntər'ækʃn] interaction *f*

in·ter·ac·tive [ɪntər'æktɪv] *adj* interactif*

in·ter·cede [ɪntər'siːd] *v/i* intercéder

in·ter·cept [ɪntər'sept] *v/t* intercepter

in·ter·change ['ɪntərtʃeɪndʒ] *n of highways* échangeur *m*

in·ter·change·a·ble [ɪntər'tʃeɪndʒəbl] *adj* interchangeable

in·ter·com ['ɪntərkɑːm] interphone *m*

in·ter·course ['ɪntərkɔːrs] *sexual* rapports *mpl*

in·ter·de·pen·dent [ɪntərdɪ'pendənt] *adj* interdépendant

in·ter·est ['ɪntrəst] **1** *n* intérêt *m*; *financial* intérêt(s) *m(pl)*; *take an ~ in sth* s'intéresser à qch **2** *v/t* intéresser

in·ter·est·ed ['ɪntrəstɪd] *adj* intéressé; *be ~ in sth* être intéressé par qch; *thanks, but I'm not ~* merci, mais ça ne m'intéresse pas

in·ter·est-free 'loan prêt *m* sans intérêt

in·ter·est·ing ['ɪntrəstɪŋ] *adj* intéressant

'in·ter·est rate FIN taux *m* d'intérêt

in·ter·face ['ɪntərfeɪs] **1** *n* interface *f* **2** *v/i* avoir une interface (*with* avec)

in·ter·fere [ɪntər'fɪr] *v/i* se mêler (*with* de)

♦ **interfere with** *v/t controls* toucher à; *plans* contrecarrer

in·ter·fer·ence [ɪntər'fɪrəns] ingérence *f*; *on radio* interférence *f*

in·te·ri·or [ɪn'tɪrɪər] **1** *adj* intérieur **2** *n* intérieur *m*; *Department of the Interior* ministère *m* de l'Intérieur

in·te·ri·or 'dec·o·ra·tor décorateur (-trice) *m(f)* d'intérieur; **in·te·ri·or de'sign** design *m* d'intérieurs; **in·te·ri·or de'sign·er** designer *m/f* d'intérieurs

in·ter·lude ['ɪntərluːd] intermède *m*

in·ter·mar·ry [ɪntər'mærɪ] *v/i* (*pret & pp -ied*) se marier entre eux

in·ter·me·di·a·ry [ɪntər'miːdɪərɪ] *n* intermédiaire *m/f*

in·ter·me·di·ate [ɪntər'miːdɪət] *adj stage, level* intermédiaire; *course* (de niveau) moyen

in·ter·mis·sion [ɪntər'mɪʃn] *in theater* entracte *m*

in·tern[1] [ɪn'tɜːrn] *v/t* interner

in·tern[2] ['ɪntɜːrn] *n* MED interne *m/f*

in·ter·nal [ɪn'tɜːrnl] *adj* interne; *trade* intérieur

in·ter·nal com'bus·tion en·gine moteur *m* à combustion interne

In·ter·nal 'Reve·nue (Ser·vice) (direction *f* générale des) impôts *mpl*

in·ter·nal·ly [ɪn'tɜːrnəlɪ] *adv in organization* en interne; *bleed* ~ avoir des saignements internes; *not to be taken* ~ à usage externe

in·ter·na·tion·al [ɪntər'næʃnl] **1** *adj* international **2** *n match* match *m* international; *player* international(e) *m(f)*

In·ter·na·tion·al Court of 'Jus·tice Cour *f* internationale de justice

in·ter·na·tion·al·ly [ɪntər'næʃnlɪ] *adv* internationalement

In·ter·na·tion·al 'Mon·e·ta·ry Fund Fonds *m* monétaire international, F.M.I. *m*

In·ter·net ['ɪntərnet] Internet *m*; **on the ~** sur Internet

in·ter·nist [ɪn'tɜːrnɪst] spécialiste *m(f)* des maladies organiques

in·ter·pret [ɪn'tɜːrprɪt] *v/t & v/i* interpréter

in·ter·pre·ta·tion [ɪntɜːrprɪ'teɪʃn] interprétation *f*

in·ter·pret·er [ɪn'tɜːrprɪtər] interprète *m/f*

in·ter·re·lat·ed [ɪntərɪ'leɪtɪd] *adj facts* en corrélation

in·ter·ro·gate [ɪn'terəgeɪt] *v/t* interroger

in·ter·ro·ga·tion [ɪnterə'geɪʃn] interrogatoire *m*

in·ter·rog·a·tive [ɪntə'rɑːgətɪv] *n* GRAM interrogatif*

in·ter·ro·ga·tor [ɪntərə'geɪtər] interrogateur(-trice) *m(f)*

in·ter·rupt [ɪntə'rʌpt] *v/t & v/i* interrompre

in·ter·rup·tion [ɪntə'rʌpʃn] interruption *f*

in·ter·sect [ɪntər'sekt] **1** *v/t* couper, croiser **2** *v/i* s'entrecouper, s'entre-croiser

in·ter·sec·tion ['ɪntərsekʃn] *of roads* carrefour *m*

in·ter·state ['ɪntərsteɪt] *n* autoroute *f*

in·ter·val ['ɪntərvl] intervalle *m*; *in theater, at concert* entracte *m*; **sunny ~s** éclaircies *fpl*

in·ter·vene [ɪntər'viːn] *v/i of person, police etc* intervenir

in·ter·ven·tion [ɪntər'venʃn] intervention *f*

in·ter·view ['ɪntərvjuː] **1** *n on TV, in paper* interview *f*; *for job* entretien *m* **2** *v/t on TV, for paper* interviewer; *for job* faire passer un entretien à

in·ter·view·ee [ɪntərvjuː'iː] *on TV* personne *f* interviewée; *for job* candidat(e) *m(f)* (qui passe un entretien)

in·ter·view·er ['ɪntərvjuːər] *on TV, for paper* intervieweur(-euse) *m(f)*; *for job* personne *f* responsable d'un entretien

in·tes·tine [ɪn'testɪn] intestin *m*

in·ti·ma·cy ['ɪntɪməsɪ] *of friendship* intimité *f*; *sexual* rapports *mpl* intimes

in·ti·mate ['ɪntɪmət] *adj friend, thoughts* intime; **be ~ with s.o.** *sexually* avoir des rapports intimes avec qn

in·tim·i·date [ɪn'tɪmɪdeɪt] *v/t* intimider

in·tim·i·da·tion [ɪntɪmɪ'deɪʃn] intimidation *f*

in·to ['ɪntuː] *prep:* **he put it ~ his suit-case** il l'a mis dans sa valise; **trans-late ~ English** traduire en anglais; **2 ~ 12 is ...** 12 divisé par 2 égale ...; **be ~ sth** F (*like*) aimer qch; *politics etc* être engagé dans qch; **he's really ~ ...** (*likes*) ...., c'est son truc F; **once you're ~ the job** une fois que tu t'es habitué au métier

in·tol·e·ra·ble [ɪn'tɑːlərəbl] *adj* intolérable

in·tol·e·rant [ɪn'tɑːlərənt] *adj* intolérant

in·tox·i·cat·ed [ɪn'tɑːksɪkeɪtɪd] *adj* ivre

in·tran·si·tive [ɪn'trænsɪtɪv] *adj* intransitif*

in·tra·ve·nous [ɪntrə'viːnəs] *adj* intraveineux

in·trep·id [ɪn'trepɪd] *adj* intrépide

in·tri·cate ['ɪntrɪkət] *adj* compliqué, complexe

in·trigue 1 ['ɪntriːg] *n* intrigue *f* **2** [ɪn'triːg] *v/t* intriguer

in·tri·guing [ɪn'triːgɪŋ] *adj* intrigant

in·tro·duce [ɪntrə'duːs] *v/t new tech-nique etc* introduire; **~ s.o. to s.o.** présenter qn à qn; **~ s.o. to sth** *new sport, activity* initier qn à qch; *type of food etc* faire connaître qch à qn; **may I ~ ...?** puis-je vous présenter ...?

in·tro·duc·tion [ɪntrə'dʌkʃn] *to person* présentations *fpl*; *in book, of new techniques* introduction *f*; *to a new sport* initiation *f* (**to** à)

in·tro·vert ['ɪntrəvɜːrt] *n* introverti(e) *m(f)*

in·trude [ɪn'truːd] *v/i* déranger, s'immiscer

in·trud·er [ɪn'truːdər] intrus(e) *m(f)*

in·tru·sion [ɪn'truːʒn] intrusion *f*

in·tu·i·tion [ɪntuː'ɪʃn] intuition *f*

in·vade [ɪn'veɪd] *v/t* envahir

in·val·id¹ [ɪnˈvælɪd] *adj* non valable

in·va·lid² [ˈɪnvəlɪd] *n* MED invalide *m/f*

in·val·i·date [ɪnˈvælɪdeɪt] *v/t claim, theory* invalider

in·val·u·a·ble [ɪnˈvæljubl] *adj help, contributor* inestimable

in·var·i·a·bly [ɪnˈveɪrɪəblɪ] *adv (always)* invariablement

in·va·sion [ɪnˈveɪʒn] invasion *f*

in·vent [ɪnˈvent] *v/t* inventer

in·ven·tion [ɪnˈvenʃn] invention *f*

in·ven·tive [ɪnˈventɪv] *adj* inventif*

in·ven·tor [ɪnˈventər] inventeur(-trice) *m(f)*

in·ven·to·ry [ˈɪnvəntourɪ] inventaire *m*

in·verse [ɪnˈvɜːrs] *adj order* inverse

in·vert [ɪnˈvɜːrt] *v/t* inverser

in·vert·ed com·mas [ɪnˈvɜːrtɪd] *Br* guillemets *mpl*

in·ver·te·brate [ɪnˈvɜːrtɪbrət] *n* invertébré *m*

in·vest [ɪnˈvest] *v/t & v/i* investir

in·ves·ti·gate [ɪnˈvestɪgeɪt] *v/t crime* enquêter sur; *scientific phenomenon* étudier

in·ves·ti·ga·tion [ɪnvestɪˈgeɪʃn] *of crime* enquête *f*; *in science* étude *f*

in·ves·ti·ga·tive jour·nal·ism [ɪnˈvestɪɡətɪv] journalisme *m* d'investigation

in·vest·ment [ɪnˈvestmənt] investissement *m*

in·ves·tor [ɪnˈvestər] investisseur *m*

in·vig·or·at·ing [ɪnˈvɪɡəreɪtɪŋ] *adj climate* vivifiant

in·vin·ci·ble [ɪnˈvɪnsəbl] *adj* invincible

in·vis·i·ble [ɪnˈvɪzɪbl] *adj* invisible

in·vi·ta·tion [ɪnvɪˈteɪʃn] invitation *f*

in·vite [ɪnˈvaɪt] *v/t* inviter

♦ invite in *v/t* inviter à entrer

in·voice [ˈɪnvɔɪs] 1 *n* facture *f* 2 *v/t customer* facturer

in·vol·un·ta·ry [ɪnˈvɑːləntərɪ] *adj* involontaire

in·volve [ɪnˈvɑːlv] *v/t hard work* nécessiter; *expense* entraîner; *(concern)* concerner; **what does it ~?** qu'est-ce que cela implique?; **get ~d with sth** with company s'engager avec qch; with project s'impliquer dans

qch; *of police* intervenir dans qch; **get ~d with s.o.** *romantically* avoir une liaison avec qn; **you're far too ~d with him** *emotionally* tu t'investis trop (dans ta relation) avec lui

in·volved [ɪnˈvɑːlvd] *adj (complex)* compliqué

in·volve·ment [ɪnˈvɑːlvmənt] *in project etc, crime, accident* participation *f*; *in politics* engagement *m*; *(implicating)* implication *f* (**in** dans)

in·vul·ne·ra·ble [ɪnˈvʌlnərəbl] *adj* invulnérable

in·ward [ˈɪnwərd] 1 *adj* intérieur 2 *adv* vers l'intérieur

in·ward·ly [ˈɪnwərdlɪ] *adv* intérieurement, dans son / mon etc *for* intérieur

i·o·dine [ˈaɪoudiːn] iode *m*

IOU [aɪouˈjuː] *abbr* (= *I owe you*) reconnaissance *f* de dette

IQ [aɪˈkjuː] *abbr* (= *intelligence quotient*) Q.I. *m* (= Quotient *m* intellectuel)

I·ran [ɪˈrɑːn] Iran *m*

I·ra·ni·an [ɪˈreɪnɪən] 1 *adj* iranien* 2 *n* Iranien(ne) *m(f)*

I·raq [ɪˈræk] Iraq *m*

I·ra·qi [ɪˈrækɪ] 1 *adj* irakien* 2 *n* Irakien(ne) *m(f)*

Ire·land [ˈaɪrlənd] Irlande *f*

i·ris [ˈaɪrɪs] *of eye, flower* iris *m*

I·rish [ˈaɪrɪʃ] 1 *adj* irlandais 2 *npl*: **the ~** les Irlandais

I·rish·man Irlandais *m*

I·rish·wom·an Irlandaise *f*

i·ron [ˈaɪərn] 1 *n substance* fer *m*; *for clothes* fer *m* à repasser 2 *v/t shirts etc* repasser

i·ron·ic(·al) [aɪˈrɑːnɪk(l)] *adj* ironique

i·ron·ing [ˈaɪərnɪŋ] repassage *m*; **do the ~** repasser, faire le repassage

'i·ron·ing board planche *f* à repasser

'i·ron·works usine *f* de sidérurgie

i·ron·y [ˈaɪrənɪ] ironie *f*

ir·ra·tion·al [ɪˈræʃənl] *adj* irrationnel*

ir·rec·on·ci·la·ble [ɪrekənˈsaɪləbl] *adj people* irréconciliable; *positions* inconciliable

ir·re·cov·e·ra·ble [ɪrɪˈkʌvərəbl] *adj data* irrécupérable; *loss* irrémédiable

ir·reg·u·lar [ɪ'regjʊlər] *adj* irrégulier*

ir·rel·e·vant [ɪ'reləvənt] *adj* hors de propos; **that's completely ~** ça n'a absolument aucun rapport

ir·rep·a·ra·ble [ɪ'repərəbl] *adj* irréparable

ir·re·place·a·ble [ɪrɪ'pleɪsəbl] *adj* object, person irremplaçable

ir·re·pres·si·ble [ɪrɪ'presəbl] *adj* sense of humor à toute épreuve; person qui ne se laisse pas abattre

ir·re·proach·a·ble [ɪrɪ'proʊtʃəbl] *adj* irréprochable

ir·re·sis·ti·ble [ɪrɪ'zɪstəbl] *adj* irrésistible

ir·re·spec·tive [ɪrɪ'spektɪv] *adv*: **~ of** sans tenir compte de

ir·re·spon·si·ble [ɪrɪ'spɑːnsəbl] *adj* irresponsable

ir·re·trie·va·ble [ɪrɪ'triːvəbl] *adj* data irrécupérable; loss irréparable

ir·rev·e·rent [ɪ'revərənt] *adj* irrévérencieux*

ir·rev·o·ca·ble [ɪ'revəkəbl] *adj* irrévocable

ir·ri·gate ['ɪrɪgeɪt] *v/t* irriguer

ir·ri·ga·tion [ɪrɪ'geɪʃn] irrigation *f*

ir·ri·ga·tion ca·nal canal *m* d'irrigation

ir·ri·ta·ble ['ɪrɪtəbl] *adj* irritable

ir·ri·tate ['ɪrɪteɪt] *v/t* irriter

ir·ri·tat·ing ['ɪrɪteɪtɪŋ] *adj* irritant

ir·ri·ta·tion [ɪrɪ'teɪʃn] irritation *f*

IRS [aɪɑːr'es] *abbr* (= **Internal Revenue Service**) (direction *f* générale des) impôts *mpl*

Is·lam ['ɪzlɑːm] religion islam *m*; peoples, civilization Islam *m*

Is·lam·ic [ɪz'læmɪk] *adj* islamique

is·land ['aɪlənd] île *f*; (traffic) ~ refuge *m*

is·land·er ['aɪləndər] insulaire *m/f*

i·so·late ['aɪsəleɪt] *v/t* isoler

i·so·lat·ed ['aɪsəleɪtɪd] *adj* house, occurence isolé

i·so·la·tion [aɪsə'leɪʃn] of a region isolement *m*; **in ~** isolément

i·so·la·tion ward salle *f* des contagieux

ISP [aɪes'piː] *abbr* (= **Internet service provider**) fournisseur *m* Internet

Is·rael ['ɪzreɪl] Israël *m*

Is·rae·li [ɪz'reɪlɪ] **1** *adj* israélien* **2** *n* person Israélien(ne) *m(f)*

is·sue ['ɪʃuː] **1** *n* (matter) question *f*, problème *m*; (result) résultat *m*; of magazine numéro *m*; **the point at ~** le point en question; **take ~ with** s.o. ne pas être d'accord avec; sth contester **2** *v/t* supplies distribuer; coins, warning émettre; passport délivrer

it [ɪt] *pron* ◊ as subject il, elle; **what color's your car? - ~'s black** de quelle couleur est ta voiture? - elle est noire; **where's your bathroom? - ~'s through there** où est la salle de bains - c'est par là

◊ as object le, la; **give ~ to him** donne-le-lui

◊ with prepositions: **on top of ~** dessus; **it's just behind ~** c'est juste derrière; **let's talk about ~** parlons-en; **we went to ~** nous y sommes allés

◊ impersonal: **~'s raining** il pleut; **~'s me / him** c'est moi / lui; **~'s your turn** c'est ton tour; **that's ~!** (that's right) c'est ça!; (finished) c'est fini!

IT [aɪ'tiː] *abbr* (= **information technology**) informatique *f*

I·tal·i·an [ɪ'tæljən] **1** *adj* italien* **2** *n* person Italien(ne) *m(f)*; language italien *m*

It·a·ly ['ɪtəlɪ] Italie *f*

itch [ɪtʃ] **1** *n* démangeaison *f* **2** *v/i*: **it ~es** ça me démange

i·tem ['aɪtəm] on shopping list, in accounts article *m*; on agenda point *m*; **~ of news** nouvelle *f*

i·tem·ize ['aɪtəmaɪz] *v/t* invoice détailler

i·tin·e·ra·ry [aɪ'tɪnərerɪ] itinéraire *m*

its [ɪts] *adj* son, sa; *pl* ses

it's [ɪts] → **it is, it has**

it·self [ɪt'self] *pron* reflexive se; stressed lui-même; elle-même; **by ~** (alone) tout(e) seul(e) *m(f)*; (automatically) tout(e) seul(e)

i·vo·ry ['aɪvərɪ] ivoire *m*

i·vy ['aɪvɪ] lierre *m*

J

jab [dʒæb] **1** v/t (pret & pp **-bed**) planter (*into* dans); **~ one's elbow / a stick into s.o.** donner un coup de coude / bâton à qn **2** n in boxing coup m droit

jab·ber ['dʒæbər] v/i baragouiner

jack [dʒæk] MOT cric m; in cards valet m

♦ **jack up** v/t MOT soulever (avec un cric)

jack·et ['dʒækɪt] (*coat*) veste f; of book couverture f

jack·et po·ta·to pomme f de terre en robe des champs

'jack·knife v/i of truck se mettre en travers

'jack·pot jackpot m; **hit the ~** gagner le jackpot

jade [dʒeɪd] n jade m

jad·ed ['dʒeɪdɪd] adj blasé

jag·ged ['dʒægɪd] adj découpé, dentelé

jail [dʒeɪl] prison f

jam[1] [dʒæm] n for bread confiture f

jam[2] [dʒæm] **1** n MOT embouteillage m; F (*difficulty*) pétrin m F; **be in a ~** être dans le pétrin **2** v/t (pret & pp **-med**) (ram) fourrer; (cause to stick) bloquer; broadcast brouiller; **be ~med** of roads être engorgé; of door, window être bloqué **3** v/i (stick) se bloquer; (squeeze) s'entasser

♦ **jam in** v/i into suitcase etc entasser

♦ **jam on** v/t: **jam on the brakes** freiner brutalement

jam-'packed adj F plein à craquer F (**with** de)

jan·i·tor ['dʒænɪtər] concierge m/f

Jan·u·a·ry ['dʒænjʊərɪ] janvier m

Ja·pan [dʒə'pæn] Japon m

Jap·a·nese [dʒæpə'niːz] **1** adj japonais **2** n person Japonais(e) m(f); language japonais m; **the ~** les Japonais mpl

jar[1] [dʒɑːr] n container pot m

jar[2] [dʒɑːr] v/i (pret & pp **-red**) of noise irriter; of colors détonner; **~ on s.o.'s ears** écorcher les oreilles de qn

jar·gon ['dʒɑːrgən] jargon m

jaun·dice ['dʒɒndɪs] n jaunisse f

jaun·diced ['dʒɒndɪst] adj fig cynique

jaunt [dʒɒnt] n excursion f

jaunt·y ['dʒɒntɪ] adj enjoué

jav·e·lin ['dʒævlɪn] (spear) javelot m; event (lancer m du) javelot m

jaw [dʒɒː] n mâchoire f

jay·walk·er ['dʒeɪwɒːkər] piéton(ne) m(f) imprudent(e)

'jay·walk·ing traversement m imprudent d'une route

jazz [dʒæz] n jazz m

♦ **jazz up** v/t F égayer

jeal·ous ['dʒeləs] adj jaloux*

jeal·ous·ly ['dʒeləslɪ] adv jalousement

jeal·ous·y ['dʒeləsɪ] jalousie f

jeans [dʒiːnz] npl jean m

jeep [dʒiːp] jeep f

jeer [dʒɪr] **1** n raillerie f; of crowd huée f **2** v/i of crowd huer; **~ at** railler, se moquer de

Jel·lo® ['dʒelou] gelée f

jel·ly ['dʒelɪ] jam confiture f

'jel·ly bean bonbon m mou

'jel·ly·fish méduse f

jeop·ar·dize ['dʒepərdaɪz] v/t mettre en danger

jeop·ar·dy ['dʒepərdɪ]: **be in ~** être en danger

jerk[1] [dʒɜːrk] **1** n secousse f, saccade f **2** v/t tirer d'un coup sec

jerk[2] [dʒɜːrk] n F couillon m F

jerk·y ['dʒɜːrkɪ] adj movement saccadé

jer·sey ['dʒɜːrzɪ] (sweater) tricot m; fabric jersey m

jest [dʒest] **1** n plaisanterie f; **in ~** en plaisantant **2** v/i plaisanter

Je·sus ['dʒiːzəs] Jésus

jet [dʒet] **1** n (airplane) avion m à réaction, jet m; of water jet m; (nozzle) bec *m* **2** *v/i* (*pret & pp* **-ted**) (*travel*) voyager en jet

jet-'black *adj* (noir) de jais; **'jet en-gine** moteur *m* à réaction, réacteur *m*; **'jet-lag** (troubles *mpl* dus au) décalage *m* horaire; **jet-lagged** ['dʒetlægd] *adj*: **I'm still ~** je souffre encore du décalage horaire

jet-ti-son ['dʒetɪsn] *v/t* jeter par-dessus bord; *fig* abandonner

jet-ty ['dʒetɪ] jetée *f*

Jew [dʒu:] Juif(-ive) *m(f)*

jew-el ['dʒu:əl] bijou *m*; *fig*: *person* perle *f*

jew-el-er, *Br* **jew-el-ler** ['dʒu:lər] bijoutier(-ère) *m(f)*

jew-el-ry, *Br* **jew-el-lery** ['dʒu:lrɪ] bijoux *mpl*

Jew-ish ['dʒu:ɪʃ] *adj* juif*

jif-fy ['dʒɪfɪ] F: *in a ~* en un clin d'œil

jig-saw (**puz-zle**) ['dʒɪgsɔ:] puzzle *m*

jilt [dʒɪlt] *v/t* laisser tomber

jin-gle ['dʒɪŋgl] **1** *n song* jingle *m* **2** *v/i of keys, coins* cliqueter

jinx [dʒɪŋks] *n person* porte-malheur *m/f*; *there's a ~ on this project* ce projet porte malheur *or* porte la guigne

jit-ters ['dʒɪtərz] F: *get the ~* avoir la frousse

jit-ter-y ['dʒɪtərɪ] *adj* F nerveux*

job [dʒɑ:b] (*employment*) travail *m*, emploi *m*, boulot *m* F; (*task*) travail *m*; *~s newspaper section* emplois *mpl*; *out of a ~* sans travail, sans emploi; *it's a good ~ you remembered* heureusement que tu t'en es souvenu; *you'll have a ~* (*it'll be difficult*) tu vas avoir du mal

'job de-scrip-tion description *f* d'emploi

'job hunt: *be ~ing* être à la recherche d'un emploi

job-less ['dʒɑ:blɪs] *adj* sans travail, sans emploi

job sat-is-fac-tion satisfaction *f* dans le travail

jock-ey ['dʒɑ:kɪ] *n* jockey *m*

jog [dʒɑ:g] **1** *n* footing *m*, jogging *m*; *pace* petit trot *m*; *go for a ~* aller faire du footing *or* jogging **2** *v/i* (*pret & pp*

-ged) *as exercise* faire du footing *or* jogging; *he just ~ged the last lap* il a fait le dernier tour de piste en trottinant **3** *v/t*: *~ s.o.'s elbow* donner à qn un coup léger dans le coude; *~ s.o.'s memory* rafraîchir la mémoire de qn

♦ **jog along** *v/i* F aller son petit bonhomme de chemin F; *of business* aller tant bien que mal

jog-ger ['dʒɑ:gər] *person* joggeur(-euse) *m(f)*; *shoe* chaussure *f* de jogging

jog-ging ['dʒɑ:gɪŋ] jogging *m*; *go ~* faire du jogging *or* du footing

'jog-ging suit survêtement *m*, jogging *m*

john [dʒɑ:n] F (*toilet*) petit coin *m* F

join [dʒɔɪn] **1** *n* joint *m* **2** *v/i of roads, rivers* se rejoindre; (*become a member*) devenir membre **3** *v/t* (*connect*) relier; *person, of road* rejoindre; *club* devenir membre de; (*go to work for*) entrer dans

♦ **join in** *v/i* participer; *we joined in (with them) and sang ...* nous nous sommes joints à eux pour chanter ...

♦ **join up** *v/i Br* MIL s'engager dans l'armée

join-er ['dʒɔɪnər] menuisier(-ère) *m(f)*

joint [dʒɔɪnt] **1** *n* ANAT articulation *f*; *in woodwork* joint *m*; *of meat* rôti *m*; F (*place*) boîte *f* F; *of cannabis* joint *m* **2** *adj* (*shared*) joint

joint ac'count compte *m* joint

joint 'ven-ture entreprise *f* commune

joke [dʒoʊk] **1** *n story* plaisanterie *f*, blague *f* F; (*practical ~*) tour *m*; *play a ~ on* jouer un tour à; *it's no ~* ce n'est pas drôle **2** *v/i* plaisanter

jok-er ['dʒoʊkər] *person* farceur(-euse) *m(f)*, blagueur(-euse) *m(f)* F; *pej* plaisantin *m*; *in cards* joker *m*

jok-ing ['dʒoʊkɪŋ]: *~ apart* plaisanterie mise à part

jok-ing-ly ['dʒoʊkɪŋlɪ] *adv* en plaisantant

jol-ly ['dʒɑ:lɪ] *adj* joyeux*

jolt [dʒoʊlt] **1** *n* (*jerk*) cahot *m*, secousse *f* **2** *v/t* (*push*) pousser

jos-tle ['dʒɑ:sl] *v/t* bousculer

♦ **jot down** [dʒɑːt] v/t (pret & pp **-ted**) noter

jour·nal ['dʒɜːrnl] (magazine) revue f; (diary) journal m

jour·nal·ism ['dʒɜːrnəlɪzm] journalisme m

jour·nal·ist ['dʒɜːrnəlɪst] journaliste m/f

jour·ney ['dʒɜːrnɪ] n voyage m; **the daily ~ to the office** le trajet quotidien jusqu'au bureau

jo·vi·al ['dʒəʊvɪəl] adj jovial

joy [dʒɔɪ] joie f

'**joy·stick** COMPUT manette f (de jeux)

ju·bi·lant ['dʒuːbɪlənt] adj débordant de joie

ju·bi·la·tion [dʒuːbɪ'leɪʃn] jubilation f

judge [dʒʌdʒ] 1 n juge m/f 2 v/t juger; measurement, age estimer 3 v/i juger

judg(e)·ment ['dʒʌdʒmənt] jugement m; (opinion) avis m; **the Last Judg(e)ment** REL le Jugement dernier

'**Judg(e)·ment Day** le Jugement dernier

ju·di·cial [dʒuː'dɪʃl] adj judiciaire

ju·di·cious [dʒuː'dɪʃəs] adj judicieux*

ju·do ['dʒuːdəʊ] judo m

jug [dʒʌg] Br pot m

jug·gle ['dʒʌgl] v/t also fig jongler avec

jug·gler ['dʒʌglər] jongleur(-euse) m(f)

juice [dʒuːs] n jus m

juic·y ['dʒuːsɪ] adj juteux*; news, gossip croustillant

juke·box ['dʒuːkbɑːks] juke-box m

Ju·ly [dʒʊ'laɪ] juillet m

♦ **jumble up** v/t mélanger

jum·ble ['dʒʌmbl] n méli-mélo m

jum·bo (jet) ['dʒʌmbəʊ] jumbo-jet m, gros-porteur m

jum·bo-sized ['dʒʌmbəʊsaɪzd] adj géant

jump [dʒʌmp] 1 n saut m; (increase) bond m; **with one ~** d'un seul bond; **give a ~ of surprise** sursauter 2 v/i sauter; in surprise sursauter; (increase) faire un bond; **~ to one's feet** se lever d'un bond; **~ to conclusions** tirer des conclusions hâtives 3 v/t fence etc sauter; F (attack) attaquer; **~ the lights** griller un feu (rouge)

♦ **jump at** v/t opportunity sauter sur

jump·er[1] ['dʒʌmpər] dress robe-chasuble f; Br pull m

jump·er[2] ['dʒʌmpər] SP sauteur(-euse) m(f)

jump·y ['dʒʌmpɪ] adj nerveux*

junc·tion ['dʒʌŋkʃn] of roads jonction f

junc·ture ['dʒʌŋktʃər] fml: **at this ~** à ce moment

June [dʒuːn] juin m

jun·gle ['dʒʌŋgl] jungle f

ju·ni·or ['dʒuːnjər] 1 adj (subordinate) subalterne; (younger) plus jeune; **William Smith Junior** William Smith fils 2 n in rank subalterne m/f; **she is ten years my ~** elle est ma cadette de dix ans

ju·ni·or 'high collège m

junk [dʒʌŋk] camelote f F

'**junk food** cochonneries fpl

junk·ie ['dʒʌŋkɪ] F drogué(e) m(f), camé(e) m(f) F

'**junk mail** prospectus mpl; '**junk shop** brocante f; '**junk·yard** dépotoir m

jur·is·dic·tion [dʒʊrɪs'dɪkʃn] LAW juridiction f

ju·ror ['dʒʊrər] juré(e) m(f)

ju·ry ['dʒʊrɪ] jury m

just [dʒʌst] 1 adj law, war, cause juste 2 adv (barely, only) juste; **~ as intelligent** tout aussi intelligent; **I've ~ seen her** je viens de la voir; **~ about** (almost) presque; **I was ~ about to leave when …** j'étais sur le point de partir quand …; **~ as he …** at the very time au moment même où il …; **~ like yours** exactement comme le vôtre; **~ like that** (abruptly) tout d'un coup, sans prévenir; **~ now** (a few moments ago) à l'instant, tout à l'heure; (at this moment) en ce moment; **~ be quiet!** veux-tu te taire!

jus·tice ['dʒʌstɪs] justice f

jus·ti·fi·a·ble [dʒʌstɪ'faɪəbl] adj justifiable

jus·ti·fi·a·bly [dʒʌstɪ'faɪəblɪ] adv à juste titre

J

jus·ti·fi·ca·tion [dʒʌstɪfɪˈkeɪʃn] justification f

jus·ti·fy [ˈdʒʌstɪfaɪ] v/t (pret & pp **-ied**) also text justifier

just·ly [ˈdʒʌstlɪ] adv (fairly) de manière juste; (rightly) à juste titre

♦ **jut out** [dʒʌt] v/i (pret & pp **-ted**) être en saillie

ju·ve·nile [ˈdʒuːvənəl] **1** adj crime juvénile; court pour enfants; pej: attitude puéril **2** n fml jeune m/f, adolescent(e) m(f)

ju·ve·nile de·lin·quen·cy délinquance f juvénile

ju·ve·nile de·lin·quent délinquant(e) juvénile m(f)

K

k [keɪ] abbr (= **kilobyte**) Ko m (= kilo-octet m); (= **thousand**) mille

kan·ga·roo [ˈkæŋgəruː] kangourou m

ka·ra·te [kəˈrɑːtɪ] karaté m

ka·ra·te chop coup m de karaté

ke·bab [kɪˈbæb] kébab m

keel [kiːl] NAUT quille f

♦ **keel over** v/i of structure se renverser; of person s'écrouler

keen [kiːn] adj (intense) vif*; esp Br: person enthousiaste; **be ~ to do sth** esp Br tenir à faire qch

keep [kiːp] **1** n (maintenance) pension f; **for ~s** F pour de bon **2** v/t (pret & pp **kept**) also (not give back, not lose) garder; (detain) retenir; in specific place mettre; family entretenir; dog etc avoir; bees, cattle élever; promise tenir; **~ s.o. company** tenir compagnie à qn; **~ s.o. waiting** faire attendre qn; **~ sth to o.s.** (not tell) garder qch pour soi; **~ sth from s.o.** cacher qch à qn; **~ s.o. from doing sth** empêcher qn de faire qch; **~ trying!** essaie encore!; **don't ~ interrupting!** arrête de m'interrompre tout le temps! **3** v/i (remain) rester; of food, milk se conserver

♦ **keep away 1** v/i se tenir à l'écart (from de); **keep away from** tiens-toi à l'écart de; **keep away from drugs** ne pas toucher à la drogue **2** v/t tenir à l'écart; **keep s.o. away from sth** tenir qn à l'écart de qch;

it's keeping the tourists away cela dissuade les touristes de venir

♦ **keep back** v/t (hold in check) retenir; information cacher (from de)

♦ **keep down** v/t costs, inflation etc réduire; food garder; **keep one's voice down** parler à voix basse; **keep the noise down** ne pas faire de bruit

♦ **keep in** v/t in hospital garder; in school mettre en retenue

♦ **keep off 1** v/t (avoid) éviter; **keep off the grass!** ne marchez pas sur la pelouse! **2** v/i: **if the rain keeps off** s'il ne pleut pas

♦ **keep on 1** v/i continuer; **keep on doing sth** continuer de faire qch **2** v/t in job, jacket etc garder

♦ **keep on at** v/t (nag) harceler

♦ **keep out 1** v/t the cold protéger de; person empêcher d'entrer **2** v/i rester à l'écart; **keep out!** as sign défense d'entrer; **you keep out of this!** ne te mêle pas de ça!

♦ **keep to** v/t path rester sur; rules s'en tenir à; **keep to the point** rester dans le sujet

♦ **keep up 1** v/i when walking, running etc suivre; **keep up with** aller au même rythme que; (stay in touch with) rester en contact avec **2** v/t pace, payments continuer; bridge, pants soutenir

keep·ing [ˈkiːpɪŋ] n: **be in ~ with** être en accord avec

'keep·sake souvenir *m*

keg [keg] tonnelet *m*, barillet *m*

ken·nel ['kenl] niche *f*

ken·nels ['kenlz] *npl* chenil *m*

kept [kept] *pret & pp* → **keep**

ker·nel ['kɜːrnl] *of nut* intérieur *m*

ker·o·sene ['kerəsiːn] AVIAT kérosène *m*; *for lamps* pétrole *m* (lampant)

ketch·up ['ketʃʌp] ketchup *m*

ket·tle ['ketl] bouilloire *f*

key [kiː] **1** *n* clef *f*, clé *f*; COMPUT, MUS touche *f* **2** *adj* (*vital*) clef *inv*, clé *inv* **3** *v/t & v/i* COMPUT taper

♦ **key in** *v/t data* taper

'key·board COMPUT, MUS clavier *m*; **'key·board·er** COMPUT claviste *m/f*; **'key·card** carte-clé *f*, carte-clef *f*

keyed-up [kiːd'ʌp] *adj* tendu

'key·hole trou *m* de serrure; **key·note 'speech** discours *m* programme; **'key·ring** porte-clefs *m*

kha·ki ['kækɪ] *adj color* kaki *inv*

kick [kɪk] **1** *n* coup *m* de pied; F (*thrill*): **get a ~ out of sth** éprouver du plaisir à qch; (*just*) *for ~s* F (*juste*) pour le plaisir **2** *v/t ball, shins* donner un coup de pied dans; *person* donner un coup de pied à; **~ the habit** F *of smoker* arrêter de fumer; F *of drug-addict* décrocher F **3** *v/i of person* donner un coup de pied / des coups de pied; *of horse* ruer

♦ **kick around** *v/t ball* taper dans; (*treat harshly*) maltraiter; F (*discuss*) débattre

♦ **kick in 1** *v/t* P *money* cracher F **2** *v/i* (*start to operate*) se mettre en marche

♦ **kick off** *v/i* SP donner le coup d'envoi; F (*start*) démarrer

♦ **kick out** *v/t* mettre à la porte; *be kicked out of the company / army* être mis à la porte de la société / l'armée

♦ **kick up** *v/t*: *kick up a fuss* piquer une crise F

'kick·back F (*bribe*) dessous-de-table *m* F

'kick·off SP coup *m* d'envoi

kid [kɪd] **1** *n* F (*child*) gamin(e) *m(f)*; ~ **brother / sister** petit frère *m* / petite sœur *f* **2** *v/t* (*pret & pp* **-ded**) F ta-

quiner **3** *v/i* F plaisanter; *I was only ~ding* je plaisantais; *no ~ding!* sans blague! F

kid·der ['kɪdər] F farceur(-euse) *m(f)*

kid 'gloves: *handle s.o. with ~* prendre des gants avec qn

kid·nap ['kɪdnæp] *v/t* (*pret & pp* **-ped**) kidnapper

kid·nap·(p)er ['kɪdnæpər] kidnappeur(-euse) *m(f)*

'kid·nap·(p)ing ['kɪdnæpɪŋ] kidnapping *m*

kid·ney ['kɪdnɪ] ANAT rein *m*; *in cooking* rognon *m*

'kid·ney bean haricot *m* nain

'kid·ney ma·chine MED rein *m* artificiel

kill [kɪl] *v/t also time* tuer; ~ *o.s.* se suicider; ~ *o.s. laughing* F être mort de rire F

kil·ler ['kɪlər] (*murderer*) tueur(-euse) *m(f)*; *of disease etc* tuer

kil·ling ['kɪlɪŋ] *n* meurtre *m*; *make a ~* F (*lots of money*) réaliser un profit énorme

kiln [kɪln] four *m*

ki·lo ['kiːlou] kilo *m*

ki·lo·byte ['kɪloubaɪt] kilo-octet *m*

ki·lo·gram ['kɪlougræm] kilogramme *m*

ki·lo·me·ter, *Br* **ki·lo·me·tre** [kɪ'lɑːmɪtər] kilomètre *m*

kind¹ [kaɪnd] *adj* gentil; *that's very ~ of you* c'est très aimable à vous

kind² [kaɪnd] *n* (*sort*) sorte *f*, genre *m*; (*make, brand*) marque *f*; *what ~ of …?* quelle sorte de …?; *all ~s of people* toutes sortes de gens; *you'll do nothing of the ~!* tu n'en feras rien!; ~ *of sad / strange* F plutôt *or* un peu triste / bizarre; ~ *of green* F dans les tons verts

kin·der·gar·ten ['kɪndərgɑːrtn] jardin *m* d'enfants

kind-heart·ed [kaɪnd'hɑːrtɪd] *adj* bienveillant, bon*

kind·ly ['kaɪndlɪ] **1** *adj* gentil, bon* **2** *adv* aimablement; ~ *don't interrupt* voulez-vous bien ne pas m'interrompre

kind·ness ['kaɪndnɪs] bonté *f*, gentil-

K

lesse *f*

king [kɪŋ] roi *m*

king·dom ['kɪŋdəm] royaume *m*

'king-size *adj* F *bed* géant; *cigarettes* long*

kink [kɪŋk] *in hose etc* entortillement *m*

kink·y ['kɪŋkɪ] *adj* F bizarre

ki·osk ['kiːɑːsk] kiosque *m*

kiss [kɪs] **1** *n* baiser *m*, bisou *m* F **2** *v/t* embrasser **3** *v/i* s'embrasser

kiss of 'life *Br* bouche-à-bouche *m*

kit [kɪt] *(equipment)* trousse *f*; *for assembly* kit *m*

kitch·en ['kɪtʃɪn] cuisine *f*

kitch·en·ette [kɪtʃi'net] kitchenette *f*

kitch·en 'sink: *everything but the ~* F tout sauf les murs

kite [kaɪt] cerf-volant *m*

kit·ten ['kɪtn] chaton(ne) *m(f)*

kit·ty ['kɪtɪ] *money* cagnotte *f*

klutz [klʌts] F *(clumsy person)* empoté(e) *m(f)* F

knack [næk]: **have the ~ of doing sth** avoir le chic pour faire qch; **there's a ~ to it** il y a un truc F

knead [niːd] *v/t dough* pétrir

knee [niː] *n* genou *m*

'knee-cap *n* rotule *f*

kneel [niːl] *v/i (pret & pp knelt)* s'agenouiller

'knee-length *adj* à la hauteur du genou

knelt [nelt] *pret & pp* → **kneel**

knew [nuː] *pret* → **know**

knick-knacks ['nɪknæks] *npl* F bibelots *mpl*, babioles *fpl*

knife [naɪf] **1** *n (pl: knives* [naɪfvz]*)* couteau *m* **2** *v/t* poignarder

knight [naɪt] chevalier *m*

knit [nɪt] *v/t & v/i (pret & pp -ted)* tricoter

◆ **knit together** *v/i of broken bone* se souder

knit·ting ['nɪtɪŋ] tricot *m*

'knit·ting nee·dle aiguille *f* à tricoter

'knit·wear tricot *m*

knob [nɑːb] *on door* bouton *m*; *of butter* noix *f*

knock [nɑːk] **1** *n on door, (blow)* coup *m* **2** *v/t (hit)* frapper; *knee etc* se co-

gner; F *(criticize)* débiner F; **~ s.o. to the ground** jeter qn à terre **3** *v/i on door* frapper

◆ **knock around 1** *v/t (beat)* maltraiter **2** *v/i F (travel)* vadrouiller

◆ **knock down** *v/t* renverser; *wall, building* abattre; F *(reduce the price of)* solder *(to* à*)*

◆ **knock off 1** *v/t* P *(steal)* piquer F; **knock it off!** arrête ça! **2** *v/i* F *(stop work)* s'arrêter (de travailler)

◆ **knock out** *v/t* assommer; *boxer* mettre knock-out; *power lines etc* détruire; *(eliminate)* éliminer

◆ **knock over** *v/t* renverser

'knock·down *adj: a ~ price* un prix très bas; **knock-kneed** [nɑːk'niːd] *adj* cagneux*; **'knock-out** *n in boxing* knock-out *m*

knot [nɑːt] **1** *n* nœud *m* **2** *v/t (pret & pp -ted)* nouer

knot·ty ['nɑːtɪ] *adj problem* épineux*

know [nou] **1** *v/t (pret knew, pp known)* savoir; *person, place, language* connaître; *(recognize)* reconnaître; **~ how to do sth** savoir faire qch; **will you let her ~ that ...?** pouvez-vous lui faire savoir que ...? **2** *v/i* savoir; **~ about sth** être au courant de qch **3** *n: be in the ~** être au courant (de l'affaire)

'know-how F savoir-faire *m*

know·ing ['nouɪŋ] *adj smile* entendu

know·ing·ly ['nouɪŋlɪ] *adv (wittingly)* sciemment, en connaissance de cause; *smile etc* d'un air entendu

'know-it-all F je-sais-tout *m/f*

knowl·edge ['nɑːlɪdʒ] savoir *m*; *of a subject* connaissance(s) *f(pl)*; **to the best of my ~** autant que je sache, à ma connaissance; **have a good ~ of ...** avoir de bonnes connaissances en ...

knowl·edge·a·ble ['nɑːlɪdʒəbl] *adj* bien informé

known [noun] *pp* → **know**

knuck·le ['nʌkl] articulation *f* du doigt

◆ **knuckle down** *v/i* F s'y mettre

◆ **knuckle under** *v/i* F céder

KO [keɪ'ou] *(knockout)* K.-O. *m*

Ko·ran [kə'ræn] Coran *m*

Ko·re·a [kəˈriːə] Corée f
Ko·re·an [kəˈriːən] **1** adj coréen* **2** n Coréen(ne) m(f); language coréen m
ko·sher [ˈkouʃər] adj REL casher inv; F réglo inv F; **there's something not**

quite ~ about ... il y a quelque chose de pas très catholique dans ...
kow·tow [ˈkautau] v/i F faire des courbettes (**to** à)
ku·dos [ˈkjuːdɑːs] prestige m

L

lab [læb] labo m
la·bel [ˈleɪbl] **1** n étiquette f **2** v/t (pret & pp **-ed**, Br **-led**) also fig étiqueter; **~ s.o. a liar** traiter qn de menteur
la·bor [ˈleɪbər] **1** n also in pregnancy travail m; **be in ~** être en train d'accoucher **2** v/i travailler
la·bor·a·to·ry [ˈlæbrətɔːrɪ] laboratoire m
la·bor·a·to·ry tech·ni·cian laborantin(e) m(f)
la·bored [ˈleɪbərd] adj style, speech laborieux*
la·bor·er [ˈleɪbərər] travailleur m manuel
la·bo·ri·ous [ləˈbɔːrɪəs] adj style, task laborieux*
ˈla·bor u·ni·on syndicat m
ˈla·bor ward MED salle f d'accouchement
la·bour Br → labor
ˈLa·bour Par·ty Br POL parti m travailliste
lace [leɪs] n material dentelle f; for shoe lacet m
♦ lace up v/t shoes lacer
lack [læk] **1** n manque m **2** v/t manquer de **3** v/i: **be ~ing** manquer
lac·quer [ˈlækər] n laque f
lad [læd] garçon m, jeune homme m
lad·der [ˈlædər] échelle f
la·den [ˈleɪdn] adj chargé (**with** de)
la·dies room [ˈleɪdiːz] toilettes fpl (pour dames)
la·dle [ˈleɪdl] n louche f
la·dy [ˈleɪdɪ] dame f
ˈla·dy·bug coccinelle f

ˈla·dy·like adj distingué
lag [læg] v/t (pret & pp **-ged**) pipes isoler
♦ lag behind v/i être en retard, être à la traîne
la·ger [ˈlɑːgər] Br bière f blonde
la·goon [ləˈguːn] lagune f; small lagon m
laid [leɪd] pret & pp → lay
laidˈback adj relax F, décontracté
lain [leɪn] pp → lie
lake [leɪk] lac m
lamb [læm] agneau m
lame [leɪm] adj person boîteux*; excuse mauvais
la·ment [ləˈment] **1** n lamentation f **2** v/t pleurer
lam·en·ta·ble [ˈlæməntəbl] adj lamentable
lam·i·nat·ed [ˈlæmɪneɪtɪd] adj flooring, paper stratifié; wood contreplaqué; with plastic plastifié; **~ glass** verre m feuilleté
lamp [læmp] lampe f
ˈlamp·post réverbère m
ˈlamp·shade abat-jour m inv
land [lænd] **1** n terre f; (country) pays m; **by ~** par (voie de) terre; **on ~** à terre; **work on the ~** as farmer travailler la terre **2** v/t airplane faire atterrir; job décrocher F **3** v/i of airplane atterrir; of ball, sth thrown tomber; of jumper retomber
land·ing [ˈlændɪŋ] n of airplane atterrissage m; (top of staircase) palier m
ˈland·ing field terrain m d'atterrissage; ˈland·ing gear train m d'atter-

rissage; **'land·ing strip** piste *f* d'atterrissage

'land·la·dy propriétaire *f*; *of rented room* logeuse *f*; *Br of bar* patronne *f*; **'land·lord** propriétaire *m*; *of rented room* logeur *m*; *Br of bar* patron *m*; **'land·mark** point *m* de repère; **be a ~ in** *fig* faire date dans; **'land own·er** propriétaire *m* foncier, propriétaire *m* terrien; **land·scape** ['lændskeɪp] **1** *n* paysage *m*; **in** format paysage; **'land·slide** glissement *m* de terrain; **land·slide 'vic·to·ry** victoire *f* écrasante

lane [leɪn] *in country* route *f* (de campagne); *(alley)* ruelle *f*; MOT voie *f*

lan·guage ['læŋgwɪdʒ] langue *f*; *(style, code etc)* langage *m*

'lan·guage lab laboratoire *m* de langues

lank [læŋk] *adj* hair plat

lank·y ['læŋkɪ] *adj* person dégingandé

lan·tern ['læntərn] lanterne *f*

lap[1] [læp] *n of track* tour *m*

lap[2] [læp] *n of water* clapotis *m*

♦ **lap up** *v/t (pret & pp* **-ped)** *milk etc* laper; *flattery* se délecter de

lap[3] [læp] *n of person* genoux *mpl*

la·pel [lə'pel] revers *m*

lapse [læps] **1** *n (mistake, slip)* erreur *f*; *in behavior* écart *m* (de conduite); *of attention* baisse *f*; *of time* intervalle *m*; **~ of memory** trou *m* de mémoire **2** *v/i* expirer

♦ **lapse into** *v/t silence, despair* sombrer dans; *language* revenir à

lap·top ['læptɑːp] COMPUT portable *m*

lar·ce·ny ['lɑːrsənɪ] vol *m*

lard [lɑːrd] lard *m*

lar·der ['lɑːrdər] garde-manger *m inv*

large [lɑːrdʒ] *adj building, country, hands* grand; *sum of money, head* gros***; **at ~** *criminal, animal* en liberté

large·ly ['lɑːrdʒlɪ] *adv (mainly)* en grande partie

lark [lɑːrk] *bird* alouette *f*

lar·va ['lɑːrvə] larve *f*

lar·yn·gi·tis [lærɪn'dʒaɪtɪs] laryngite *f*

lar·ynx ['lærɪŋks] larynx *m*

la·ser ['leɪzər] laser *m*

'la·ser beam rayon *m* laser

'la·ser print·er imprimante *f* laser

lash[1] [læʃ] *v/t with whip* fouetter

♦ **lash down** *v/t with rope* attacher

♦ **lash out** *v/i with fists* donner des coups (**at** à); *with words* se répandre en invectives (**at** contre)

lash[2] [læʃ] *n (eyelash)* cil *m*

lass [læs] jeune fille *f*

last[1] [læst] **1** *adj* dernier***; **~ but one** avant-dernier *m*; **~ night** hier soir **2** *adv arrive, leave* en dernier; **he finished ~** *in race* il est arrivé dernier; **when I ~ spoke to her** la dernière fois que je lui ai parlé; **at ~** enfin; **~ but not least** enfin et surtout

last[2] [læst] *v/i* durer

last·ing ['læstɪŋ] *adj* durable

last·ly ['læstlɪ] *adv* pour finir

latch [lætʃ] verrou *m*

late [leɪt] **1** *adj (behind time)* en retard; *in day* tard; **it's getting ~** il se fait tard; **of ~** récemment; **in the ~ 20th century** vers la fin du XXᵉ siècle **2** *adv arrive, leave* tard

late·ly ['leɪtlɪ] *adv* récemment

lat·er ['leɪtər] *adv* plus tard; **see you ~!** à plus tard!; **~ on** plus tard

lat·est ['leɪtɪst] *adj* dernier***

lathe [leɪð] *n* tour *m*

la·ther ['lɑːðər] *from soap* mousse *f*; **the horse was in a ~** le cheval était couvert d'écume

Lat·in ['lætɪn] **1** *adj* latin **2** *n* latin *m*

Lat·in A'mer·i·ca Amérique *f* latine

La·tin A'mer·i·can 1 *n* Latino-Américain *m* **2** *adj* latino-américain

lat·i·tude ['lætɪtuːd] *also (freedom)* latitude *f*

lat·ter ['lætər] **1** *adj* dernier*** **2** *n*: **the ~** ce dernier, cette dernière

laugh [læf] **1** *n* rire *m*; **it was a ~** F on s'est bien amusés **2** *v/i* rire

♦ **laugh at** *v/t* rire de; *(mock)* se moquer de

laugh·ing stock ['læfɪŋ]: **make o.s. a ~** se couvrir de ridicule; **be a ~** être la risée de tous

laugh·ter ['læftər] rires *mpl*

launch [lɔːntʃ] **1** *n boat* vedette *f*; *of rocket, product* lancement *m*; *of ship* mise *f* à l'eau **2** *v/t rocket, product* lancer; *ship* mettre à l'eau

'launch cer·e·mo·ny cérémonie *f* de lancement

'launch pad plate-forme *f* de lancement

laun·der ['lɔːndər] *v/t clothes, money* blanchir

laun·dro·mat ['lɔːndrəmæt] laverie *f* automatique

laun·dry ['lɔːndrɪ] *place* blanchisserie *f*; *clothes* lessive *f*; **get one's ~ done** faire sa lessive

lau·rel ['lɒrəl] laurier *m*

lav·a·to·ry ['lævətərɪ] W.-C. *mpl*

lav·en·der ['lævəndər] lavande *f*

lav·ish ['lævɪʃ] *adj* somptueux*

law [lɔː] loi *f*; *as subject* droit *m*; **be against the ~** être contraire à la loi; **forbidden by ~** interdit par la loi

law-a·bid·ing ['lɔːəbaɪdɪŋ] *adj* respectueux* des lois

'law court tribunal *m*

law·ful ['lɔːful] *adj activity* légal; *wife, child* légitime

law·less ['lɔːlɪs] *adj* anarchique

lawn [lɔːn] pelouse *f*

'lawn mow·er tondeuse *f* (à gazon)

'law·suit procès *m*

law·yer ['lɔːjər] avocat *m*

lax [læks] *adj* laxiste; *security* relâché

lax·a·tive ['læksətɪv] *n* laxatif *m*

lay¹ [leɪ] *pret* → **lie**

lay² [leɪ] *v/t (pret & pp laid) (put down)* poser; *eggs* pondre; V *sexually* s'envoyer V

♦ **lay into** *v/t (attack)* attaquer

♦ **lay off** *v/t workers* licencier; *temporarily* mettre au chômage technique

♦ **lay on** *v/t (provide)* organiser

♦ **lay out** *v/t objects* disposer; *page* faire la mise en page de

'lay·a·bout *Br* F glandeur *m* F

'lay-by *Br: on road* bande *f* d'arrêt d'urgence

'lay·er ['leɪr] couche *f*

'lay·man REL laïc *m*; *fig* profane *m*

'lay-off *from employment* licenciement *m*

♦ **laze around** [leɪz] *v/i* paresser

la·zy ['leɪzɪ] *adj person* paresseux*; *day* tranquille, peinard F

lb *abbr* (= ***pound***) livre *f*

LCD [elsiː'diː] *abbr* (= ***liquid crystal display***) affichage *m* à cristaux liquides

lead¹ [liːd] **1** *v/t (pret & pp led) procession, race* mener; *company, team* être à la tête de; *(guide, take)* mener, conduire **2** *v/i in race, competition* mener; *(provide leadership)* diriger; *a street ~ing off the square* une rue partant de la place; *a street ~ing into the square* une rue menant à la place; *where is this ~ing?* à quoi ceci va nous mener? **3** *in race* tête *f*; *be in the ~* mener; *take the ~* prendre l'avantage; *lose the ~* perdre l'avantage

♦ **lead on** *v/i (go in front)* passer devant

♦ **lead up to** *v/t* amener; *what is she leading up to?* où veut-elle en venir?

lead² [liːd] *n for dog* laisse *f*

lead³ [led] *n substance* plomb *m*

lead·ed ['ledɪd] *adj gas* au plomb

lead·er ['liːdər] *of state* dirigeant *m*; *in race* leader *m*; *of group* chef *m*

lead·er·ship ['liːdərʃɪp] *of party etc* direction *f*; **~ skills** qualités *fpl* de chef

'lead·er·ship con·test POL bataille *f* pour la direction du parti

lead-free ['ledfriː] *adj gas* sans plomb

lead·ing ['liːdɪŋ] *adj runner* en tête (de la course); *company, product* premier*

'lead·ing-edge *adj company, technology* de pointe

leaf [liːf] *(pl leaves* [liːvz]*)* feuille *f*

♦ **leaf through** *v/t* feuilleter

leaf·let ['liːflət] dépliant *m*; *instruction ~* mode *m* d'emploi

league [liːg] ligue *f*

leak [liːk] **1** *n also of information* fuite *f* **2** *v/i of pipe* fuir; *of boat* faire eau **3** *v/t information* divulguer

♦ **leak out** *v/i of air, gas* fuir; *of news* transpirer

leak·y ['liːkɪ] *adj pipe* qui fuit; *boat* qui fait eau

lean¹ [liːn] **1** *v/i (be at an angle)* pencher; *~ against sth* s'appuyer contre qch **2** *v/t* appuyer

lean[2] [li:n] *adj meat* maigre; *style, prose* sobre

leap [li:p] **1** *n* saut *m*; **a great ~ forward** un grand bond en avant **2** *v/i* sauter

'leap year année *f* bissextile

learn [lɜːrn] *v/t &v/i* apprendre; **~ how to do sth** apprendre à faire qch

learn·er ['lɜːrnər] apprenant(e) *m(f)*

'learn·er driv·er apprenti *m* conducteur

learn·ing ['lɜːrnɪŋ] *n* (*knowledge*) savoir *m*; *act* apprentissage *m*

'learn·ing curve courbe *f* d'apprentissage

lease [li:s] **1** *n for apartment* bail *m; for equipment* location *f* **2** *v/t apartment, equipment* louer

♦ **lease out** *v/t apartment, equipment* louer

lease 'pur·chase crédit-bail *m*

leash [li:ʃ] *for dog* laisse *f*

least [li:st] **1** *adj* (*slightest*) (le ou la) moindre, (le ou la) plus petit(e); *smallest quantity of* le moins de **2** *adv* (le) moins **3** *n* le moins; **not in the ~ suprised** absolument pas surpris; **at ~** au moins

leath·er ['leðər] **1** *n* cuir *m* **2** *adj* de cuir

leave [li:v] **1** *n* (*vacation*) congé *m;* (*permission*) permission *f*; **on ~** en congé **2** *v/t* (*pret & pp left*) quitter; *city, place also* partir de; *food, scar, memory* laisser; (*forget, leave behind*) oublier; **let's ~ things as they are** laissons faire les choses; **how did you ~ things with him?** où en es-tu avec lui?; **~ sth alone** ne pas toucher à qch; **~ s.o. alone** laisser qn tranquille; **be left** rester **3** *v/i* (*pret & pp left*) *of person, plane etc* partir

♦ **leave behind** *v/t intentionally* laisser; (*forget*) oublier

♦ **leave on** *v/t hat, coat* garder; *TV, computer* laisser allumé

♦ **leave out** *v/t word, figure* omettre; (*not put away*) ne pas ranger; **leave me out of this** laissez-moi en dehors de ça

leav·ing par·ty ['li:vɪŋ] soirée *f* d'adieu

lec·ture ['lektʃər] **1** *n* conférence *f; at university* cours *m* **2** *v/i at university* donner des cours

'lec·ture hall amphithéâtre *m*

lec·tur·er ['lektʃərər] conférencier *m; at university* maître *m* de conférences

led [led] *pret & pp* → **lead1**

LED [eli:'di:] *abbr* (= **light-emitting diode**) DEL *f* (= diode électroluminescente)

ledge [ledʒ] *of window* rebord *m; on rock* face saillie *f*

ledg·er ['ledʒər] COMM registre *m* de comptes

leek [li:k] poireau *m*

leer [lɪr] *n sexual* regard *m* vicieux; *evil* regard *m* malveillant

left[1] [left] **1** *adj* gauche **2** *n* gauche *f*; **on the ~ (of sth)** à gauche (de qch); **to the ~** à gauche **3** *adv turn, look* à gauche

left[2] [left] *pret & pp* → **leave**

left-hand *adj* gauche; *curve* à gauche; **left-hand 'drive** conduite *f* à gauche; **left-hand·ed** [left'hændɪd] gaucher; **left 'lug·gage (of·fice)** *Br* consigne *f*; **'left-overs** *npl of food* restes *mpl*; **left 'wing** POL gauche *f*; SP ailier *m* gauche; **'left-wing** *adj* POL de gauche

leg [leg] jambe *f; of animal* patte *f; of table etc* pied *m*; **pull s.o.'s ~** faire marcher qn

leg·a·cy ['legəsɪ] héritage *m*, legs *m*

le·gal ['li:gl] *adj* (*allowed*) légal; *relating to the law* juridique

le·gal ad'vis·er conseiller(-ère) *m(f)* juridique

le·gal·i·ty [lɪ'gælətɪ] légalité *f*

le·gal·ize ['li:gəlaɪz] *v/t* légaliser

le·gend ['ledʒənd] légende *f*

le·gen·da·ry ['ledʒəndrɪ] *adj* légendaire

le·gi·ble ['ledʒəbl] *adj* lisible

le·gion·naire [li:dʒə'ner] légionnaire *m*

le·gis·late ['ledʒɪsleɪt] *v/i* légiférer

le·gis·la·tion [ledʒɪs'leɪʃn] (*laws*) législation *f*; (*passing of laws*) élaboration *f* des lois

le·gis·la·tive ['ledʒɪslətɪv] *adj* législatif*

le·gis·la·ture ['ledʒɪslətʃər] POL corps m législatif

le·git·i·mate [lɪ'dʒɪtɪmət] adj légitime

leg room place f pour les jambes

lei·sure ['liːʒər] loisir m; (free time) temps m libre; **at your ~** à loisir

'lei·sure cen·ter, Br **lei·sure cen·tre** centre m de loisirs

lei·sure·ly ['liːʒərlɪ] adj pace, lifestyle tranquille

'lei·sure time temps m libre

lem·on ['lemən] citron m

lem·on·ade [lemə'neɪd] citronnade f; carbonated limonade f

'lem·on juice jus m de citron

'lem·on tea thé m au citron

lend [lend] v/t (pret & pp **lent**) prêter; **~ s.o. sth** prêter qch à qn

length [leŋθ] longueur f; (piece: of material) pièce f; of piping, road tronçon m; **at ~** describe, explain en détail; (eventually) finalement

length·en ['leŋθən] v/t sleeve etc allonger; contract prolonger

length·y ['leŋθɪ] adj speech, stay long*

le·ni·ent ['liːnɪənt] adj indulgent

lens [lenz] of microscope etc lentille f; of eyeglasses verre m; of camera objectif m; of eye cristallin m

'lens cov·er of camera capuchon m d'objectif

Lent [lent] REL Carême m

lent [lent] pret & pp → **lend**

len·til ['lentɪl] lentille f

'len·til soup soupe f aux lentilles

Leo ['liːou] ASTROL Lion m

leop·ard ['lepərd] léopard m

le·o·tard ['liːoutɑːrd] justaucorps m

les·bi·an ['lezbɪən] **1** n lesbienne f **2** adj lesbien*

less [les] **1** adv moins; **eat ~** manger moins; **~ interesting** moins intéressant; **it cost ~** c'était moins cher; **~ than $200** moins de 200 dollars **2** adj money, salt moins de

less·en ['lesn] **1** v/t réduire **2** v/i diminuer

les·son ['lesn] leçon f; at school cours m

let [let] v/t (pret & pp **let**) (allow) lais-

ser; Br house louer; **~ s.o. do sth** laisser qn faire qch; **~ him come in!** laissez-le entrer!; **~ him stay if he wants to** laissez-le rester s'il le souhaite, qu'il reste s'il le souhaite; **~'s stay here** restons ici; **~'s not argue** ne nous disputons pas; **~ alone** encore moins; **~ me go!** lâchez-moi!; **~ go of sth** of rope, handle lâcher qch

♦ **let down** v/t hair détacher; blinds baisser; (disappoint) décevoir; dress, pants allonger

♦ **let in** v/t to house laisser entrer

♦ **let off** v/t (not punish) pardonner; from car laisser descendre; **he was let off with a small fine** il s'en est tiré avec une petite amende

♦ **let out** v/t from room, building laisser sortir; jacket etc agrandir; groan, yell laisser échapper; Br (rent) louer

♦ **let up** v/i (stop) s'arrêter

le·thal ['liːθl] mortel

le·thar·gic [lɪ'θɑːrdʒɪk] adj léthargique

leth·ar·gy ['leθərdʒɪ] léthargie f

let·ter ['letər] of alphabet, in mail lettre f

'let·ter·box Br boîte f aux lettres; **'let·ter·head** (heading) en-tête m; (headed paper) papier m à en-tête; **let·ter of 'cred·it** COMM lettre f de crédit

let·tuce ['letɪs] laitue f

'let·up: without (a) ~ sans répit

leu·ke·mi·a [luː'kiːmɪə] leucémie f

lev·el ['levl] **1** adj field, surface plat; in competition, scores à égalité; **draw ~ with s.o.** rattraper qn **2** n (amount, quantity) niveau m; on scale, in hierarchy échelon m; **on the ~** sur un terrain plat; F (honest) réglo F

lev·el·head·ed [levl'hedɪd] adj pondéré

le·ver ['levər] **1** n levier m **2** v/t: **~ open** ouvrir qch à l'aide d'un levier

lev·er·age ['levrɪdʒ] effet m de levier; (influence) poids m

lev·y ['levɪ] v/t (pret & pp **-ied**) taxes lever

lewd [luːd] adj obscène

li·a·bil·i·ty [laɪə'bɪlətɪ] (responsibility)

responsabilité *f*; (*likeliness*) disposition *f* (**to** à)

li·a·ble ['laɪəbl] *adj* (*answerable*) responsable (**for** de); **be ~ to** (*likely*) être susceptible de

♦ **li·ai·se with** [lɪ'eɪz] *v/t* assurer la liaison avec

li·ai·son [lɪ'eɪzɑːn] (*contacts*) communication(s) *f*

li·ar [laɪr] menteur(-euse) *m(f)*

li·bel ['laɪbl] **1** *n* diffamation *f* **2** *v/t* diffamer

lib·er·al ['lɪbərəl] *adj* (*broad-minded*) large d'esprit; (*generous: portion etc*) généreux*; POL libéral

lib·e·rate ['lɪbəreɪt] *v/t* libérer

lib·e·rat·ed ['lɪbəreɪtɪd] *adj woman* libéré

lib·e·ra·tion [lɪbə'reɪʃn] libération *f*

lib·er·ty ['lɪbərtɪ] liberté *f*; **at ~** *prisoner etc* en liberté; **be at ~ to do sth** être libre de faire qch

Li·bra ['liːbrə] ASTROL Balance *f*

li·brar·i·an [laɪ'breriən] bibliothécaire *m/f*

li·bra·ry ['laɪbrərɪ] bibliothèque *f*

Lib·y·a ['lɪbɪə] Libye *f*

Lib·y·an ['lɪbɪən] **1** *adj* libyen* **2** *n* Libyen(ne) *m(f)*

lice [laɪs] *pl → louse*

li·cence ['laɪsns] *Br → license* **1** *n*

li·cense ['laɪsns] **1** *n* permis *m*; *Br: for TV* redevance *f* **2** *v/t company* accorder une licence à (**to do** pour faire); **be ~d** *equipment* être autorisé; *gun* être déclaré

'li·cense num·ber numéro *m* d'immatriculation

'li·cense plate *of car* plaque *f* d'immatriculation

lick [lɪk] *v/t* lécher; **~ one's lips** *fig* se frotter les mains

lick·ing ['lɪkɪŋ] F (*defeat*) raclée *f* F; **get a ~** prendre une raclée

lid [lɪd] couvercle *m*

lie¹ [laɪ] **1** *n* (*untruth*) mensonge *m* **2** *v/i* mentir

lie² [laɪ] *v/i* (*pret* **lay**, *pp* **lain**) *of person* (*lie down*) s'allonger; (*be lying down*) être allongé; *of object* être; (*be situated*) être, se trouver

♦ **lie down** *v/i* se coucher, s'allonger

lieu [luː]: **in ~ of** au lieu de; **in ~ of payment** en guise de paiement

lieu·ten·ant [luː'tenənt] lieutenant *m*

life [laɪf] (*pl* **lives** [laɪvz]) vie *f*; *of machine* durée *f* de vie; **all her ~** toute sa vie; **that's ~!** c'est la vie!

'life belt bouée *f* de sauvetage; **'life·boat** canot *m* de sauvetage; **life ex·pect·an·cy** ['laɪfekspektənsɪ] espérance *f* de vie; **'life·guard** maître nageur *m*; **'life his·to·ry** vie *f*; **life im'pris·on·ment** emprisonnement *m* à vie; **'life in·sur·ance** assurance-vie *f*; **'life jack·et** gilet *m* de sauvetage

life·less ['laɪflɪs] *adj body* inanimé; *personality* mou*; *town* mort

life·like ['laɪflaɪk] *adj* réaliste

'life·long *adj* de toute une vie; **'life mem·ber** membre *m* à vie; **life pre·serv·er** ['laɪfprɪzɜːrvər] *for swimmer* bouée *f* de sauvetage; **'life-sav·ing** *adj medical equipment* de sauvetage; *drugs* d'importance vitale; **life-sized** ['laɪfsaɪzd] *adj* grandeur nature; **'life-style** mode *m* de vie; **'life sup·port sys·tem** respirateur *m* (artificiel); **'life-threat·en·ing** *adj illness* extrêmement grave; **'life·time** vie *f*; **in my ~** de mon vivant

lift [lɪft] **1** *v/t* soulever **2** *v/i of fog* se lever **3** *n Br* (*elevator*) ascenseur *m*; **give s.o. a ~** *in car* emmener qn en voiture

♦ **lift off** *v/i of rocket* décoller

'lift-off *of rocket* décollage *m*

lig·a·ment ['lɪgəmənt] ligament *m*

light¹ [laɪt] **1** *n* lumière *f*; **in the ~ of** à la lumière de; **do you have a ~?** vous avez du feu? **2** *v/t* (*pret & pp* **lit**) *fire, cigarette* allumer; (*illuminate*) éclairer **3** *adj* (*not dark*) clair

light² [laɪt] **1** *adj* (*not heavy*) léger* **2** *adv*: **travel ~** voyager léger

♦ **light up 1** *v/t* (*illuminate*) éclairer **2** *v/i* (*start to smoke*) s'allumer une cigarette

'light bulb ampoule *f*

light·en¹ ['laɪtn] *v/t color* éclaircir

light·en² ['laɪtn] v/t load alléger

♦ **lighten up** v/i of person se détendre

light·er ['laɪtər] for cigarettes briquet m

light-head·ed [laɪt'hedɪd] (dizzy) étourdi; **light-heart·ed** [laɪt'hɑːrtɪd] adj mood enjoué; criticism, movie léger*; **'light·house** phare m

light·ing ['laɪtɪŋ] éclairage m

light·ly ['laɪtlɪ] adv touch légèrement; **get off ~** s'en tirer à bon compte

light·ness¹ ['laɪtnɪs] of room, color clarté f

light·ness² ['laɪtnɪs] in weight légèreté f

light·ning ['laɪtnɪŋ] éclair m, foudre f

'light·ning rod paratonnerre m

'light·weight in boxing poids m léger

'light year année-lumière f

like¹ [laɪk] **1** prep comme; **be ~ s.o. / sth** ressembler à qn / qch; **what is she ~?** in looks, character comment est-elle?; **it's not ~ him** not his character ça ne lui ressemble pas **2** conj F (as) comme; **~ I said** comme je l'ai dit

like² [laɪk] v/t aimer; **I ~ it** ça me plaît (bien); **I ~ Susie** j'aime bien Susie; romantically Susie me plaît (bien); **I would ~ ...** je voudrais, j'aimerais ...; **I would ~ to leave** je voudrais or j'aimerais partir; **would you ~ ...?** voulez-vous ...?; **would you ~ to ...?** as-tu envie de ...?; **~ to do sth** aimer faire qch; **if you ~** si vous voulez

like·a·ble ['laɪkəbl] agréable, plaisant

like·li·hood ['laɪklɪhʊd] probabilité f; **in all ~** selon toute probabilité

like·ly ['laɪklɪ] **1** adj probable **2** adv probablement

like·ness ['laɪknɪs] ressemblance f

like·wise ['laɪkwaɪz] adv de même, aussi

lik·ing ['laɪkɪŋ] for person affection f; for sth penchant m; **to your ~** à votre goût; **take a ~ to s.o.** se prendre d'affection pour qn; **take a ~ to sth** se mettre à aimer qch

li·lac ['laɪlək] flower, color lilas m

li·ly ['lɪlɪ] lis m

li·ly of the 'val·ley muguet m

limb [lɪm] membre m

lime¹ [laɪm] fruit citron m vert; tree limettier m

lime² [laɪm] substance chaux f

lime³ [laɪm] (linden tree) tilleul m

lime'green adj jaune-vert

'lime·light: be in the ~ être sous les projecteurs

lim·it ['lɪmɪt] **1** n limite f; **within ~s** dans une certaine mesure; **off ~s** interdit d'accès; **that's the ~!** F ça dépasse les bornes!, c'est le comble! **2** v/t limiter

lim·i·ta·tion [lɪmɪ'teɪʃn] limitation f; **know one's ~s** connaître ses limites

lim·it·ed com·pa·ny ['lɪmɪtɪd] société f à responsabilité limitée

li·mo ['lɪmoʊ] F limousine f

lim·ou·sine ['lɪməziːn] limousine f

limp¹ [lɪmp] adj mou*

limp² [lɪmp] **1** n claudication f; **he has a ~** il boite **2** v/i boiter

line¹ [laɪn] n on paper, road, of text, TELEC ligne f; RAIL voie f; of people file f; of trees rangée f; of poem vers m; of business domaine m, branche f; **hold the ~** ne quittez pas; **draw the ~ at sth** refuse to do se refuser à faire qch, not tolerate ne pas tolérer qch; **~ of inquiry** piste f; **~ of reasoning** raisonnement m; **stand in ~** faire la queue; **in ~ with** conformément à, en accord avec

line² [laɪn] v/t with material recouvrir, garnir; clothes doubler

♦ **line up** v/i se mettre en rang(s)

lin·e·ar ['lɪnɪər] adj linéaire

lin·en ['lɪnɪn] material lin m; (sheets etc) linge m

lin·er ['laɪnər] ship paquebot m de grande ligne

lines·man ['laɪnzmən] SP juge m de touche; tennis juge m de ligne

'line-up for sports event sélection f

lin·ger ['lɪŋgər] v/i of person s'attarder, traîner; of pain persister

lin·ge·rie ['lænʒərɪ] lingerie f

lin·guist ['lɪŋgwɪst] linguiste m; **she's a good ~** elle est douée pour les langues

lin·guis·tic [lɪŋ'gwɪstɪk] adj linguistique

L

lin·ing ['laɪnɪŋ] *of clothes* doublure *f; of brakes, pipes* garniture *f*

link [lɪŋk] **1** *n* (*connection*) lien *m; in chain* maillon *m* **2** *v/t* lier, relier; **her name has been ~ed with ...** son nom a été associé à ...

♦ **link up** *v/i* se rejoindre; TV se connecter

li·on ['laɪən] lion *m*

li·on·ess ['laɪənes] lionne *f*

lip [lɪp] lèvre *f*

'lip·read [lɪp] (*pret & pp* **-read** [-red]) lire sur les lèvres

'lip·stick rouge *m* à lèvres

li·queur [lɪˈkjʊr] liqueur *f*

liq·uid ['lɪkwɪd] **1** *n* liquide *m* **2** *adj* liquide

liq·ui·date ['lɪkwɪdeɪt] *v/t* liquider

liq·ui·da·tion [lɪkwɪˈdeɪʃn] liquidation *f;* **go into ~** entrer en liquidation

liq·ui·di·ty [lɪˈkwɪdɪtɪ] FIN liquidité *f*

liq·uid·ize ['lɪkwɪdaɪz] *v/t* passer au mixeur, rendre liquide

liq·uid·iz·er ['lɪkwɪdaɪzər] mixeur *m*

liq·uor ['lɪkər] alcool *m*

'liq·uor store magasin *m* de vins et spiritueux

lisp [lɪsp] **1** *n* zézaiement *m* **2** *v/i* zézayer

list [lɪst] **1** *n* liste *f* **2** *v/t* faire la liste de; (*enumerate*) énumérer; COMPUT lister

lis·ten ['lɪsn] *v/i* écouter

♦ **listen in** *v/i* écouter

♦ **listen to** *v/t radio, person* écouter

lis·ten·er ['lɪsnər] *to radio* auditeur (-trice) *m(f);* **he's a good ~** il sait écouter

list·ings mag·a·zine ['lɪstɪŋz] programme *m* télé / cinéma

list·less ['lɪstlɪs] *adj* amorphe

lit [lɪt] *pret & pp* → **light**

li·ter ['liːtər] litre *m*

lit·e·ral ['lɪtərəl] *adj* littéral

lit·e·ral·ly ['lɪtərəlɪ] *adv* littéralement

lit·e·ra·ry ['lɪtərərɪ] *adj* littéraire

lit·e·rate ['lɪtərət] *adj* lettré; **be ~** savoir lire et écrire

lit·e·ra·ture ['lɪtrəʃər] littérature *f; about a product* documentation *f*

li·tre ['liːtər] *Br* → **liter**

lit·ter ['lɪtər] détritus *mpl*, ordures *fpl;*

of animal portée *f*

'lit·ter bin *Br* poubelle *f*

lit·tle ['lɪtl] **1** *adj* petit; **the ~ ones** les petits **2** *n* peu *m;* **the ~ I know** le peu que je sais; **a ~ bread / wine** un peu de pain / vin **3** *adv* peu; **~ by ~** peu à peu; **a ~ bigger** un peu plus gros; **a ~ before 6** un peu avant 6h00

live[1] [lɪv] *v/i* (*reside*) vivre, habiter; (*be alive*) vivre

♦ **live on 1** *v/t rice, bread* vivre de **2** *v/i* (*continue living*) survivre

♦ **live up** *v/t:* **live it up** faire la fête

♦ **live up to** *v/t* être à la hauteur de; **live up to expectations** *person* être à la hauteur; *vacation, product* tenir ses promesses

♦ **live with** *v/t* vivre avec; (*accept*) se faire à; **I can live with it** je peux m'y faire

live[2] [laɪv] *adj broadcast* en direct; *bomb* non désamorcé

live·li·hood ['laɪvlɪhʊd] gagne-pain *m inv;* **earn one's ~ from ...** gagner sa vie grâce à ...

live·li·ness ['laɪvlɪnɪs] vivacité *f*

live·ly ['laɪvlɪ] *adj person, city* plein de vie, vivant; *party* animé; *music* entraînant

liv·er ['lɪvər] foie *m*

live·stock ['laɪvstɑːk] bétail *m*

liv·id ['lɪvɪd] *adj* (*angry*) furieux*

liv·ing ['lɪvɪŋ] **1** *adj* vivant **2** *n* vie *f;* **earn one's ~** gagner sa vie; **standard of ~** niveau *m* de vie

'liv·ing room salle *f* de séjour

liz·ard ['lɪzərd] lézard *m*

load [loʊd] **1** *n* charge *f*, chargement *m;* ELEC charge *f;* **~s of** F plein de **2** *v/t truck, camera, gun, software* charger

load·ed ['loʊdɪd] *adj* F (*very rich*) plein aux as F; (*drunk*) bourré F

loaf [loʊf] (*pl* **loaves** [loʊvz]): **a ~ of bread** un pain

♦ **loaf around** *v/i* F traîner

loaf·er ['loʊfər] *shoe* mocassin *m*

loan [loʊn] **1** *n* prêt *m;* **I've got it on ~** on me l'a prêté **2** *v/t:* **~ s.o. sth** prêter qch à qn

loathe [louð] *v/t* détester

loath·ing ['louðɪŋ] dégoût *m*

lob·by ['lɑːbɪ] **1** *n in hotel* hall *m*; *in theater* entrée *f*, vestibule *m*; POL lobby *m* **2** *v/t politician* faire pression sur

♦ **lobby for** *v/t* faire pression pour obtenir

lobe [loub] *of ear* lobe *m*

lob·ster ['lɑːbstər] homard *m*

lo·cal ['loukl] **1** *adj* local; *I'm not ~* je ne suis pas de la région / du quartier **2** *n* habitant *m* de la région / du quartier

'lo·cal call TELEC appel *m* local; **lo·cal e'lec·tions** élections *fpl* locales; **lo·cal 'gov·ern·ment** autorités *f* locales

lo·cal·i·ty [lou'kælətɪ] endroit *m*

lo·cal·ize ['loukəlaɪz] *v/t* localiser

lo·cal·ly ['loukəlɪ] *adv live, work* dans le quartier, dans la région

lo·cal 'pro·duce produits *mpl* locaux

'lo·cal time heure *f* locale

lo·cate [lou'keɪt] *v/t new factory etc* établir; *(identify position of)* localiser; *be ~d* se trouver

lo·ca·tion [lou'keɪʃn] *(siting)* emplacement *m*; *(identifying position of)* localisation *f*; **on** *~ movie* en extérieur

lock[1] [lɑːk] *of hair* mèche *f*

lock[2] [lɑːk] **1** *n on door* serrure *f* **2** *v/t door* fermer à clef; *~ sth in position* verrouiller qch, bloquer qch

♦ **lock away** *v/t* mettre sous clef

♦ **lock in** *v/t person* enfermer à clef

♦ **lock out** *v/t of house* enfermer dehors; *I locked myself out* je me suis enfermé dehors

♦ **lock up** *v/t in prison* mettre sous les verrous, enfermer

lock·er ['lɑːkər] casier *m*

'lock·er room vestiaire *m*

lock·et ['lɑːkɪt] médaillon *m*

lock·smith ['lɑːksmɪθ] serrurier *m*

lo·cust ['loukəst] locuste *f*, sauterelle *f*

lodge [lɑːdʒ] **1** *v/t complaint* déposer **2** *v/i of bullet, ball* se loger, rester coincé

lodg·er ['lɑːdʒər] *Br* locataire *m/f*, *with meals* pensionnaire *m/f*

loft [lɑːft] grenier *m*; *apartment* loft *m*; *raised bed area* mezzanine *f*

'loft con·ver·sion *Br* grenier *m* aménagé

loft·y ['lɑːftɪ] *adj heights* haut; *ideals* élevé

log [lɑːg] bûche *f*; *(written record)* journal *m* de bord

♦ **log off** *v/i (pret & pp* **-ged**) se déconnecter

♦ **log on** *v/i* se connecter

♦ **log on to** *v/t* se connecter à

'log·book journal *m* de bord

log 'cab·in cabane *f* en rondins

log·ger·heads ['lɑːgərhedz]: *be at ~* être en désaccord

lo·gic ['lɑːdʒɪk] logique *f*

lo·gic·al ['lɑːdʒɪkl] *adj* logique

lo·gic·al·ly ['lɑːdʒɪklɪ] *adv* logiquement

lo·gis·tics [lə'dʒɪstɪks] logistique *f*

lo·go ['lougou] logo *m*, sigle *m*

loi·ter ['lɔɪtər] *v/i* traîner

lol·li·pop ['lɑːlɪpɑːp] sucette *f*

Lon·don ['lʌndən] Londres

lone·li·ness ['lounlɪnɪs] *of person* solitude *f*; *of place* isolement *m*

lone·ly ['lounlɪ] *adj person* seul, solitaire; *place* isolé

lon·er ['lounər] solitaire *m/f*

long[1] [lɑːŋ] **1** *adj way**; *it's a ~ way* c'est loin **2** *adv* longtemps; *don't be ~* dépêche-toi; *how ~ will it take?* combien de temps cela va-t-il prendre?; *5 weeks is too ~* 5 semaines, c'est trop long; *will it take ~?* est-ce que cela va prendre longtemps?; *that was ~ ago* c'était il y a longtemps; *~ before then* bien avant cela; *before ~* in the past peu après; *in the future* dans peu de temps; *we can't wait any ~er* nous ne pouvons pas attendre plus longtemps; *he no ~er works here* il ne travaille plus ici; *so ~ as* (*provided*) pourvu que; *so ~!* à bientôt!

long[2] [lɑːŋ] *v/i*: *~ for sth* avoir très envie de qch, désirer (ardemment) qch; *be ~ing to do sth* avoir très envie de faire qch

long-'dis·tance *adj phonecall* longue distance; *race* de fond; *flight* long-courrier

L

lon·gev·i·ty [lɑːnˈdʒevɪtɪ] longévité f

long·ing [ˈlɑːŋɪŋ] n désir m, envie f

lon·gi·tude [ˈlɑːndʒɪtuːd] longitude f

'long jump saut m en longueur; 'long-range adj missile à longue portée; forecast à long terme; long-·sight·ed [lɑːŋˈsaɪtɪd] adj hypermétrope; due to old age presbyte; long-sleeved [lɑːŋˈsliːvd] adj à manches longues; long-'stand·ing adj de longue date; 'long-term adj à long terme; unemployment de longue durée; 'long wave RAD grandes ondes fpl

long-wind·ed [lɑːŋˈwɪndɪd] adj story, explanation interminable; person intarissable

loo [luː] Br F toilettes fpl

look [lʊk] 1 n (appearance) air m, apparence f; (glance) coup m d'œil, regard m; give s.o. / sth a ~ regarder qn / qch; have a ~ at sth (examine) examiner qch, regarder qch; can I have a ~? je peux regarder?, fais voir; can I have a ~ around? in shop etc puis-je jeter un coup d'œil?; ~s (beauty) beauté f; she still has her ~s elle est toujours aussi belle 2 v/i regarder; (search) chercher, regarder; (seem) avoir l'air; you ~ tired tu as l'air fatigué

♦ look after v/t s'occuper de
♦ look ahead v/i fig regarder en avant
♦ look around v/i jeter un coup d'œil
♦ look at v/t regarder; (examine) examiner; (consider) voir, envisager
♦ look back v/i regarder derrière soi
♦ look down on v/t mépriser
♦ look for v/t chercher
♦ look forward to v/t attendre avec impatience, se réjouir de; I'm not looking forward to it je ne suis pas pressé que ça arrive
♦ look in on v/t (visit) passer voir
♦ look into v/t (investigate) examiner
♦ look on 1 v/i (watch) regarder 2 v/t: look on s.o. / sth as considérer qn / qch comme
♦ look onto v/t garden, street donner sur
♦ look out v/i of window etc regarder

dehors; (pay attention) faire attention; look out! attention!

♦ look out for v/t essayer de repérer; (be on guard against) se méfier de; (take care of) prendre soin de
♦ look out of v/t window regarder par
♦ look over v/t house, translation examiner
♦ look through v/t magazine, notes parcourir, feuilleter
♦ look to v/t (rely on) compter sur
♦ look up 1 v/i from paper etc lever les yeux; (improve) s'améliorer; things are looking up ça va mieux 2 v/t word, phone number chercher; (visit) passer voir
♦ look up to v/t (respect) respecter

'look·out person sentinelle f; be on the ~ for être à l'affût de

♦ loom up [luːm] v/i out of mist etc surgir

loon·y [ˈluːnɪ] 1 n F dingue m/f F 2 adj F dingue F

loop [luːp] n boucle f

'loop·hole in law etc lacune f

loose [luːs] adj knot lâche; connection, screw desserré; clothes ample; morals relâché; wording vague; ~ change petite monnaie f; ~ ends of problem, discussion derniers détails mpl

loose·ly [ˈluːslɪ] adv tied sans serrer; worded de manière approximative

loos·en [ˈluːsn] v/t collar, knot desserrer

loot [luːt] 1 n butin m 2 v/i se livrer au pillage

loot·er [ˈluːtər] pilleur(-euse) m(f)

♦ lop off [lɑːp] v/t (pret & pp -ped) couper, tailler

lop-sid·ed [lɑːpˈsaɪdɪd] adj déséquilibré, disproportionné

Lord [lɔːrd] (god) Seigneur m

Lord's 'Prayer Pater m

lor·ry [ˈlɑːrɪ] Br camion m

lose [luːz] 1 v/t (pret & pp lost) perdre; I'm lost je suis perdu; get lost! F va te faire voir! F 2 v/i SP perdre; of clock retarder

♦ lose out v/i être perdant

los·er [ˈluːzər] perdant(e) m(f)

loss [lɑːs] perte f; make a ~ subir une

perte; **be at a ~** ne pas savoir quoi faire

lost [lɑːst] **1** adj perdu **2** pret & pp → **lose**

lost-and-'found (of·fice) (bureau m des) objets mpl trouvés

lot [lɑːt]: **the ~** tout, le tout; **a ~, ~s** beaucoup; **a ~ of, ~s of** beaucoup de; **a ~ better** beaucoup mieux; **quite a ~ of people / snow** pas mal de gens / neige

lo·tion ['loʊʃn] lotion f

lot·ter·y ['lɑːtərɪ] loterie f

loud [laʊd] adj music, voice fort; noise grand; color criard; **say it out ~** dites-le à voix haute

loud'speak·er haut-parleur m

lounge [laʊndʒ] salon m

♦ **lounge around** v/i paresser

'lounge suit Br complet m

louse [laʊs] (pl **lice** [laɪs]) pou m

lous·y ['laʊzɪ] adj F minable F, mauvais; **I feel ~** je suis mal fichu F

lout [laʊt] rustre m

lov·a·ble ['lʌvəbl] adj sympathique, adorable

love [lʌv] **1** n amour m; in tennis zéro m; **be in ~** être amoureux (**with** de); **fall in ~** tomber amoureux (**with** de); **make ~** faire l'amour (**to** avec); **yes, my ~** oui mon amour **2** v/t aimer; wine, music adorer; **~ to do sth** aimer faire qch

'love af·fair aventure f; **'love let·ter** billet m doux; **'love life** vie f sentimentale; **how's your ~?** comment vont tes amours?

love·ly ['lʌvlɪ] adj beau*; house, wife ravissant; character charmant; meal délicieux*; **we had a ~ time** nous nous sommes bien amusés; **it's ~ to be here again** c'est formidable d'être à nouveau ici

lov·er ['lʌvər] man amant m; woman maîtresse f; person in love amoureux(-euse) m(f); of good food etc amateur m

lov·ing ['lʌvɪŋ] adj affectueux*

lov·ing·ly ['lʌvɪŋlɪ] adv avec amour

low [loʊ] **1** adj bas*; quality mauvais; **be feeling ~** être déprimé; **be ~ on**

gas / tea être à court d'essence / de thé **2** n in weather dépression f; in sales, statistics niveau m bas

'low·brow adj peu intellectuel*; **'low-cal·o·rie** adj (à) basses calories; **'low-cut** adj dress décolleté

low·er ['loʊər] v/t baisser; to the ground faire descendre; boat mettre à la mer

'low-fat adj allégé; **'low-key** adj discret*, mesuré; **'low·lands** npl plaines fpl; **low-'pres·sure ar·e·a** zone f de basse pression; **'low sea·son** basse saison f; **'low tide** marée f basse

loy·al ['lɔɪəl] adj fidèle, loyal

loy·al·ly ['lɔɪəlɪ] adv fidèlement

loy·al·ty ['lɔɪəltɪ] loyauté f

loz·enge ['lɑːzɪndʒ] shape losange m; tablet pastille f

LP [el'piː] abbr (= **long-playing rec·ord**) 33 tours m

Ltd abbr (= **limited**) company à responsabilité limitée

lu·bri·cant ['luːbrɪkənt] lubrifiant m

lu·bri·cate ['luːbrɪkeɪt] v/t lubrifier

lu·bri·ca·tion [luːbrɪ'keɪʃn] lubrification f

lu·cid ['luːsɪd] adj (clear) clair; (sane) lucide

luck [lʌk] chance f, hasard m; **bad ~** malchance f; **hard ~!** pas de chance!; **good ~** (bonne) chance f; **good ~!** bonne chance!

♦ **luck out** v/i F avoir du bol F

luck·i·ly ['lʌkɪlɪ] adv heureusement

luck·y ['lʌkɪ] adj person chanceux*; number porte-bonheur inv; coincidence heureux*; **it's her ~ day!** c'est son jour de chance!; **you were ~** tu as eu de la chance; **he's ~ to be alive** il a de la chance d'être encore en vie; **that's ~!** c'est un coup de chance!

lu·cra·tive ['luːkrətɪv] adj lucratif*

lu·di·crous ['luːdɪkrəs] adj ridicule

lug [lʌg] v/t (pret & pp **-ged**) F traîner

lug·gage ['lʌgɪdʒ] bagages mpl

luke·warm ['luːkwɔːrm] adj also fig tiède

lull [lʌl] **1** n in storm, fighting accalmie f; in conversation pause f **2** v/t: **~ s.o. into a false sense of security** endormir la vigilance de qn

lul·la·by ['lʌləbaɪ] berceuse *f*

lum·ba·go [lʌmˈbeɪgoʊ] lumbago *m*

lum·ber ['lʌmbər] (*timber*) bois *m* de construction

lu·mi·nous ['luːmɪnəs] *adj* lumineux*

lump [lʌmp] *of sugar* morceau *m*; (*swelling*) grosseur *f*

♦ **lump together** *v/t* mettre dans le même panier

lump 'sum forfait *m*

lump·y ['lʌmpɪ] *adj liquid, sauce* grumeleux*; *mattress* défoncé

lu·na·cy ['luːnəsɪ] folie *f*

lu·nar ['luːnər] *adj* lunaire

lu·na·tic ['luːnətɪk] *n* fou *m*, folle *f*

lunch [lʌntʃ] déjeuner *m*; ***have ~*** déjeuner

'lunch box panier-repas *m*; **'lunch break** pause-déjeuner *f*; **'lunch hour** heure *f* du déjeuner; **'lunch-time** heure *f* du déjeuner, midi *m*

lung [lʌŋ] poumon *m*

'lung can·cer cancer *m* du poumon

♦ **lunge at** [lʌndʒ] *v/t* se jeter sur

lurch [lɜːrtʃ] *v/i of person* tituber; *of*

ship tanguer

lure [lʊr] **1** *n* attrait *m*, appât *m* **2** *v/t* attirer, entraîner

lu·rid ['lʊrɪd] *adj color* cru; *details* choquant

lurk [lɜːrk] *v/i of person* se cacher; *of doubt* persister

lus·cious ['lʌʃəs] *adj fruit, dessert* succulent; F *woman, man* appétissant

lush [lʌʃ] *adj vegetation* luxuriant

lust [lʌst] *n* désir *m*; *rel* luxure *f*

Lux·em·bourg ['lʌksmbɜːrg] **1** *n* Luxembourg *m* **2** *adj* luxembourgeois

Lux·em·bourg·er ['lʌksmbɜːrgər] Luxembourgeois(e) *m(f)*

lux·u·ri·ous [lʌgˈʒʊrɪəs] *adj* luxueux*

lux·u·ri·ous·ly [lʌgˈʒʊrɪəslɪ] *adv* luxueusement

lux·u·ry ['lʌkʃərɪ] **1** *n* luxe *m* **2** *adj* de luxe

lymph gland ['lɪmfglænd] ganglion *m* lymphatique

lynch [lɪntʃ] *v/t* lyncher

Ly·ons ['liːɑːn] Lyon

lyr·i·cist ['lɪrɪsɪst] parolier(-ière) *m(f)*

lyr·ics ['lɪrɪks] *npl* paroles *fpl*

M

M [em] *abbr* (= **medium**) M

MA [emˈeɪ] *abbr* (= **Master of Arts**) maîtrise *f* de lettres

ma'am [mæm] madame *f*

ma·chine [məˈʃiːn] **1** *n* machine *f* **2** *v/t with sewing machine* coudre à la machine; TECH usiner

ma'chine gun *n* mitrailleuse *f*

ma·chine·'read·a·ble *adj* lisible par ordinateur

ma·chin·e·ry [məˈʃiːnərɪ] (*machines*) machines *fpl*

ma·chine trans·la·tion traduction *f* automatique

ma·chis·mo [məˈkɪzmoʊ] machisme *m*

mach·o ['mætʃoʊ] *adj* macho *inv*; ~ **type** macho *m*

mack·in·tosh ['mækɪntɑːʃ] imperméable *m*

mac·ro ['mækroʊ] COMPUT macro *f*

mad [mæd] *adj* (*insane*) fou*; F (*angry*) furieux*; ***be ~ about*** F (*keen on*) être fou de; ***drive s.o. ~*** rendre qn fou; ***go ~*** *also with enthusiasm* devenir fou; ***like ~*** F *run, work* comme un fou

mad·den ['mædən] *v/t* (*infuriate*) exaspérer

mad·den·ing ['mædnɪŋ] *adj* exaspérant

made [meɪd] *pret & pp* → **make**

'mad·house *fig* maison *f* de fous

mad·ly ['mædlɪ] *adv* follement, comme un fou; **~ in love** éperdument amoureux*

'mad·man fou *m*

mad·ness ['mædnɪs] folie *f*

Ma·don·na [mə'dɑːnə] Madone *f*

Ma·fi·a ['mɑːfɪə]: **the ~** la Mafia

mag·a·zine [mægə'ziːn] *printed* magazine *m*

mag·got ['mægət] ver *m*

Ma·gi ['meɪdʒaɪ] REL: **the ~** les Rois *mpl* mages

mag·ic ['mædʒɪk] **1** *adj* magique **2** *n* magie *f*; **like ~** comme par enchantement

mag·i·cal ['mædʒɪkl] *adj* magique

ma·gi·cian [mə'dʒɪʃn] magicien(ne) *m(f)*; *performer* prestidigitateur (-trice) *m(f)*

mag·ic 'spell sort *m*; *formula* formule *f* magique; **ma·gic 'trick** tour *m* de magie; **mag·ic 'wand** baguette *f* magique

mag·nan·i·mous [mæg'nænɪməs] *adj* magnanime

mag·net ['mægnɪt] aimant *m*

mag·net·ic [mæg'netɪk] *adj also fig* magnétique

mag·net·ic 'stripe piste *f* magnétique

mag·net·ism ['mægnətɪzm] *also fig* magnétisme *m*

mag·nif·i·cence [mæg'nɪfɪsəns] magnificence *f*

mag·nif·i·cent [mæg'nɪfɪsənt] *adj* magnifique

mag·ni·fy ['mægnɪfaɪ] *v/t* (*pret & pp -ied*) grossir; *difficulties* exagérer

mag·ni·fy·ing glass ['mægnɪfaɪɪŋ] loupe *f*

mag·ni·tude ['mægnɪtuːd] ampleur *f*

ma·hog·a·ny [mə'hɑːgənɪ] acajou *m*

maid [meɪd] *servant* domestique *f*; *in hotel* femme *f* de chambre

maid·en name ['meɪdn] nom *m* de jeune fille

maid·en 'voy·age premier voyage *m*

mail [meɪl] **1** *n* courrier *m*, poste *f*; **put sth in the ~** poster qch **2** *v/t letter* poster

'mail·box boîte *f* aux lettres

mail·ing list ['meɪlɪŋ] fichier *m*

d'adresses

'mail·man facteur *m*; **mail-'or·der cat·a·log**, *Br* **mail-'or·der cat·a·logue** catalogue *m* de vente par correspondance; **mail-'or·der firm** société *f* de vente par correspondance; **'mail·shot** mailing *m*, publipostage *m*

maim [meɪm] *v/t* estropier, mutiler

main [meɪn] *adj* principal

'main course plat *m* principal; **main 'en·trance** entrée *f* principale; **'main·frame** ordinateur *m* central; **'main·land** continent *m*

main·ly ['meɪnlɪ] *adv* principalement, surtout

main 'road route *f* principale; **'main·stream** *n* courant *m* dominant; **'main street** rue *f* principale

main·tain [meɪn'teɪn] *v/t peace, law and order* maintenir; *pace, speed* soutenir; *relationship, machine, building* entretenir; *family* subvenir aux besoins de; *innocence, guilt* affirmer; **~ that** soutenir que

main·te·nance ['meɪntənəns] *of machine, building* entretien *m*; *Br money* pension *f* alimentaire; *of law and order* maintien *m*

'main·te·nance costs *npl* frais *mpl* d'entretien

'main·te·nance staff personnel *m* d'entretien

ma·jes·tic [mə'dʒestɪk] *adj* majestueux*

maj·es·ty ['mædʒəstɪ] majesté *f*; **Her Majesty** Sa Majesté

ma·jor ['meɪdʒər] **1** *adj (significant)* important, majeur; **in C ~** MUS en do majeur **2** *n* MIL commandant *m*

♦ **major** *in v/t* se spécialiser en

ma·jor·i·ty [mə'dʒɔːrətɪ] majorité *f*, plupart *f*; POL majorité *f*; **be in the ~** être majoritaire

make [meɪk] **1** *n (brand)* marque *f* **2** *v/t* (*pret & pp made*)◊ faire; *(manufacture)* fabriquer; *(earn)* gagner; **~ a decision** prendre une décision; **~ a telephone call** téléphoner, passer un coup de fil; **made in Japan** fabriqué au Japon; **3 and 3 ~ 6** 3 et

3 font 6; **~ it** (*catch bus, train*) arriver à temps; (*come*) venir; (*succeed*) réussir; (*survive*) s'en sortir; **what time do you ~ it?** quelle heure as-tu?; **~ believe** prétendre; **~ do with** se contenter de, faire avec; **what do you ~ of it?** qu'en dis-tu?

◇ : **~ s.o. do sth** (*force to*) forcer qn à faire qch; (*cause to*) faire faire qch à qn; **you can't ~ me do it!** tu ne m'obligeras pas à faire ça!; **what made you think that?** qu'est-ce qui t'a fait penser ça?; **~ s.o. happy / angry** rendre qn heureux / furieux;

♦ **make for** *v/t* (*go toward*) se diriger vers

♦ **make off** *v/i* s'enfuir

♦ **make off with** *v/t* (*steal*) s'enfuir avec

♦ **make out 1** *v/t list, check* faire; (*see*) voir, distinguer; (*imply*) prétendre **2** *v/i* F *kiss etc* se peloter; *have sex* s'envoyer en l'air F

♦ **make over** *v/t*: **make sth over to s.o.** céder qch à qn

♦ **make up 1** *v/i of woman, actor* se maquiller; *after quarrel* se réconcilier **2** *v/t story, excuse* inventer; *face* maquiller; (*constitute*) constituer; **be made up of** être constitué de; **make up one's mind** se décider; **make it up** *after quarrel* se réconcilier

♦ **make up for** *v/t* compenser; **I'll try to make up for it** j'essaierai de me rattraper; **make up for lost time** rattraper son retard

'make-be-lieve: **it's just ~** c'est juste pour faire semblant

mak·er ['meɪkər] (*manufacturer*) fabricant *m*

make·shift ['meɪkʃɪft] *adj* de fortune

'make-up (*cosmetics*) maquillage *m*

'make-up bag trousse *f* de maquillage

mal·ad·just·ed [mælə'dʒʌstɪd] *adj* inadapté

male [meɪl] **1** *adj* masculin; BIOL, TECH mâle; **~ bosses / teachers** patrons / enseignants hommes **2** *n* (*man*) homme *m*; *animal, bird, fish* mâle *m*

male chau·vin·ism ['ʃoʊvɪnɪzm] machisme *m*; **male chau·vin·ist 'pig** macho *m*; **male 'nurse** infirmier *m*

ma·lev·o·lent [mə'levələnt] *adj* malveillant

mal·func·tion [mæl'fʌŋkʃn] **1** *n* mauvais fonctionnement *m*, défaillance *f* **2** *v/i* mal fonctionner

mal·ice ['mælɪs] méchanceté *f*, malveillance *f*

ma·li·cious [mə'lɪʃəs] *adj* méchant, malveillant

ma·lig·nant [mə'lɪgnənt] *adj tumor* malin*

mall [mɔːl] (*shopping* ~) centre *m* commercial

mal·nu·tri·tion [mælnuː'trɪʃn] malnutrition *f*

mal·treat [mæl'triːt] *v/t* maltraiter

mal·treat·ment [mæl'triːtmənt] mauvais traitement *m*

mam·mal ['mæml] mammifère *m*

mam·moth ['mæməθ] *adj* (*enormous*) colossal, géant

man [mæn] **1** *n* (*pl* **men** [men]) homme *m*; (*humanity*) l'homme *m*; *in checkers* pion *m* **2** *v/t* (*pret & pp* **-ned**) *telephones* être de permanence à; *front desk* être de service à; **~ned by a crew of three** avec un équipage de trois personnes

man·age ['mænɪdʒ] **1** *v/t business* diriger; *money* gérer; *bags* porter; **~ to ...** réussir à ...; **I couldn't ~ another thing** *to eat* je ne peux plus rien avaler **2** *v/i* (*cope*) se débrouiller; **can you ~?** tu vas y arriver?

man·age·a·ble ['mænɪdʒəbl] *adj* gérable; *vehicle* maniable; *task* faisable

man·age·ment ['mænɪdʒmənt] (*managing*) gestion *f*, direction *f*; (*managers*) direction *f*; **under his ~** sous sa direction

man·age·ment 'buy·out rachat *m* d'entreprise par la direction; **man·age·ment con'sul·tant** conseiller (-ère) *m(f)* en gestion; **'man·age·ment stud·ies** études *fpl* de gestion; **'man·age·ment team** équipe *f* dirigeante

man·ag·er ['mænɪdʒər] directeur

(-trice) *m(f)*; *of store, restaurant, hotel* gérant(e) *m(f)*; *of department* responsable *m/f*; *of singer, band, team* manageur(-euse) *m(f)*; **can I talk to the ∼?** est-ce que je peux parler au directeur?

man·age·ri·al [mænɪˈdʒɪrɪəl] *adj* de directeur, de gestionnaire; **a ∼ post** un poste d'encadrement

man·ag·ing di'rec·tor [ˈmænɪdʒɪŋ] directeur(-trice) *m(f)* général(e)

man·da·rin or·ange [mændərɪnˈɔːrɪndʒ] mandarine *f*

man·date [ˈmændeɪt] mandat *m*

man·da·to·ry [ˈmændətɔːrɪ] *adj* obligatoire

mane [meɪn] *of horse* crinière *f*

ma·neu·ver [məˈnuːvər] **1** *n* manœuvre *f* **2** *v/t* manœuvrer

man·gle [ˈmæŋgl] *v/t* (*crush*) broyer, déchiqueter

man·han·dle [ˈmænhændl] *v/t person* malmener; *object* déplacer manuellement

man·hood [ˈmænhʊd] (*maturity*) âge *m* d'homme; (*virility*) virilité *f*

'man-hour heure *f* de travail

'man·hunt chasse *f* à l'homme

ma·ni·a [ˈmeɪnɪə] (*craze*) manie *f*

ma·ni·ac [ˈmeɪnɪæk] F fou *m*, folle *f*

man·i·cure [ˈmænɪkjʊr] manucure *f*

man·i·fest [ˈmænɪfest] **1** *adj* manifeste **2** *v/t* manifester; **∼ itself** se manifester

ma·nip·u·late [məˈnɪpjəleɪt] *v/t* manipuler

ma·nip·u·la·tion [mənɪpjəˈleɪʃn] manipulation *f*

ma·nip·u·la·tive [mənɪpjəˈlətɪv] *adj* manipulateur*

man'kind humanité *f*

man·ly [ˈmænlɪ] *adj* viril

'man-made *adj* synthétique

man·ner [ˈmænər] *of doing sth* manière *f*, façon *f*; (*attitude*) comportement *m*

man·ners [ˈmænərz] *npl* manières *fpl*; **good / bad ∼** bonnes / mauvaises manières *fpl*; **have no ∼** n'avoir aucun savoir-vivre

ma·noeu·vre [məˈnuːvər] *Br* → **ma-neuver**

'man·pow·er main-d'œuvre *f*

man·sion [ˈmænʃn] (grande) demeure *f*

'man·slaugh·ter *Br* homicide *m* involontaire

man·tel·piece [ˈmæntlpiːs] manteau *m* de cheminée

man·u·al [ˈmænjʊəl] **1** *adj* manuel* **2** *n* manuel *m*

man·u·al·ly [ˈmænjʊəlɪ] *adv* manuellement

man·u·fac·ture [mænjʊˈfæktʃər] **1** *n* fabrication *f* **2** *v/t equipment* fabriquer

man·u·fac·tur·er [mænjʊˈfæktʃərər] fabricant *m*

man·u·fac·tur·ing [mænjʊˈfæktʃərɪŋ] *n industry* industrie *f*

ma·nure [məˈnʊr] fumier *m*

man·u·script [ˈmænjʊskrɪpt] manuscrit *m*

man·y [ˈmenɪ] **1** *adj* beaucoup de; **∼ times** bien des fois; **not ∼ people** pas beaucoup de gens; **too ∼ problems** trop de problèmes; **as ∼ as possible** autant que possible **2** *pron* beaucoup; **a great ∼, a good ∼** un bon nombre; **how ∼ do you need?** combien en veux-tu?

'man-year année de travail moyenne par personne

map [mæp] *n* carte *f*; *of town* plan *m*

♦ **map out** *v/t* (*pret & pp* **-ped**) planifier

ma·ple [ˈmeɪpl] érable *m*

ma·ple 'syr·up sirop *m* d'érable

mar [mɑːr] *v/t* (*pret & pp* **-red**) gâcher

mar·a·thon [ˈmærəθɑːn] *race* marathon *m*

mar·ble [ˈmɑːrbl] *material* marbre *m*

March [mɑːrtʃ] mars *m*

march [mɑːrtʃ] **1** *n also* (*demonstration*) marche *f* **2** *v/i* marcher au pas; *in protest* défiler

march·er [ˈmɑːrtʃər] manifestant(e) *m(f)*

mare [mer] jument *f*

mar·ga·rine [mɑːrdʒəˈriːn] margarine *f*

mar·gin [ˈmɑːrdʒɪn] *of page*, COMM

marge f; **by a narrow ~** de justesse

mar·gin·al ['mɑːrdʒɪnl] adj (slight) léger*

mar·gin·al·ly ['mɑːrdʒɪnlɪ] adv (slightly) légèrement

mar·i·hua·na, mar·i·jua·na [mærɪ'hwɑːnə] marijuana f

ma·ri·na [mə'riːnə] port m de plaisance

mar·i·nade [mærɪ'neɪd] n marinade f

mar·i·nate ['mærɪneɪt] v/t mariner

ma·rine [mə'riːn] **1** adj marin **2** n MIL marine m

mar·i·tal ['mærɪtl] adj conjugal

mar·i·tal 'sta·tus situation f de famille

mar·i·time ['mærɪtaɪm] adj maritime

mark [mɑːrk] **1** n marque f, (stain) tache f; (sign, token) signe m; (trace) trace f; Br EDU note f; **leave one's ~** marquer de son influence **2** v/t marquer; (stain) tacher; Br EDU noter; (indicate) indiquer, marquer **3** v/i of fabric se tacher

♦ **mark down** v/t goods démarquer; price baisser

♦ **mark out** v/t with a line etc délimiter; fig (set apart) distinguer

♦ **mark up** v/t price majorer; goods augmenter le prix de

marked [mɑːrkt] adj (definite) marqué

mark·er ['mɑːrkər] (highlighter) marqueur m

mar·ket ['mɑːrkɪt] **1** n marché m; **on the ~** sur le marché **2** v/t commercialiser

mar·ket·a·ble ['mɑːrkɪtəbl] adj commercialisable

mar·ket e'con·o·my économie f de marché

'mar·ket for·ces npl forces fpl du marché

mar·ket·ing ['mɑːrkɪtɪŋ] marketing m

'mar·ket·ing cam·paign campagne f de marketing; **'mar·ket·ing de·part·ment** service m marketing; **'mar·ket·ing mix** marchéage m; **'mar·ket·ing strat·e·gy** stratégie f marketing

mar·ket 'lead·er product produit m vedette; company leader m du marché; **'mar·ket place** in town place f

du marché; for commodities marché m; **mar·ket 're·search** étude f de marché; **mar·ket 'share** part f du marché

mark-up ['mɑːrkʌp] majoration f

mar·ma·lade ['mɑːrməleɪd] marmelade f (d'oranges)

mar·riage ['mærɪdʒ] mariage m

'mar·riage cer·tif·i·cate acte m de mariage

mar·riage 'guid·ance coun·se·lor or Br **coun·sel·lor** conseiller m conjugal, conseillère f conjugale

mar·ried ['mærɪd] adj marié; **be ~ to** être marié à

'mar·ried life vie f conjugale

mar·ry ['mærɪ] v/t (pret & pp **-ied**) épouser, se marier avec; of priest marier; **get married** se marier

Mar·seilles [mɑːr'seɪ] Marseille f

marsh [mɑːrʃ] Br marais m

mar·shal ['mɑːrʃl] n in police chef m de la police; in security service membre m du service d'ordre

marsh·mal·low ['mɑːrʃmæloʊ] guimauve f

marsh·y ['mɑːrʃɪ] adj Br marécageux*

mar·tial arts [mɑːrʃl'ɑːrtz] npl arts mpl martiaux

mar·tial 'law loi f martiale

mar·tyr ['mɑːrtər] also fig martyr(e) m(f)

♦ **marvel at** v/t s'émerveiller devant

mar·vel·ous, Br **mar·vel·lous** ['mɑːrvələs] adj merveilleux*

Marx·ism ['mɑːrksɪzm] marxisme m

Marx·ist ['mɑːrksɪst] **1** adj marxiste **2** n marxiste m/f

mar·zi·pan ['mɑːrzɪpæn] pâte f d'amandes

mas·ca·ra [mæ'skærə] mascara m

mas·cot ['mæskət] mascotte f

mas·cu·line ['mæskjʊlɪn] adj also GRAM masculin

mas·cu·lin·i·ty [mæskjʊ'lɪnətɪ] (virility) masculinité f

mash [mæʃ] v/t réduire en purée

mashed po'ta·toes [mæʃt] npl purée f (de pommes de terre) mask [mæsk] **1** n masque m **2** v/t feelings masquer

mask·ing tape ['mæskɪŋ] ruban m de masquage

mas·och·ism ['mæsəkɪzm] masochisme m

mas·och·ist ['mæsəkɪst] masochiste m/f

ma·son [meɪsn] maçon m

ma·son·ry ['meɪsnrɪ] maçonnerie f

mas·que·rade [mæskə'reɪd] **1** n fig mascarade f **2** v/i: ~ **as** se faire passer pour

mass¹ [mæs] **1** n (great amount) masse f; **the ~es** les masses fpl; **~es of** F des tas de F **2** v/i se masser

mass² [mæs] REL messe f

mas·sa·cre ['mæsəkər] **1** n also fig F massacre m **2** v/t also fig F massacrer

mas·sage ['mæsɑːʒ] **1** n massage m **2** v/t masser; figures manipuler

'mas·sage par·lor, Br 'mas·sage par·lour salon m de massage

mas·seur [mæ'sɜːr] masseur m

mas·seuse [mæ'sɜːz] masseuse f

mas·sive ['mæsɪv] adj énorme; heart attack grave

mass 'me·di·a npl médias mpl; mass·-pro'duce v/t fabriquer en série; **mass pro'duc·tion** fabrication f en série; 'mass trans·it transports mpl publics

mast [mæst] of ship mât m; for radio signal pylône m

mas·ter ['mæstər] **1** n of dog maître m; of ship capitaine m; **be a ~ of** être maître dans l'art de **2** v/t maîtriser

'mas·ter bed·room chambre f principale

'mas·ter key passe-partout m inv

mas·ter·ly ['mæstərlɪ] adj magistral

'mas·ter·mind **1** n cerveau m **2** v/t organiser; **Mas·ter of 'Arts** maîtrise f de lettres; **mas·ter of 'cer·e·mo·nies** maître de cérémonie, animateur m; 'mas·ter·piece chef-d'œuvre m; 'mas·ter's (de·gree) maîtrise f

mas·ter·y ['mæstərɪ] maîtrise f

mas·tur·bate ['mæstərbeɪt] v/i se masturber

mat [mæt] for floor tapis m; for table

napperon m

match¹ [mætʃ] n for cigarette allumette f

match² [mætʃ] **1** n (competition) match m, partie f; **be no ~ for s.o.** ne pas être à la hauteur de qn; **meet one's ~** trouver un adversaire à sa mesure **2** v/t (be the same as) être assorti à; (equal) égaler **3** v/i of colors, patterns aller ensemble

'match·box boîte f d'allumettes

match·ing ['mætʃɪŋ] adj assorti

'match point in tennis balle f de match

'match stick allumette f

mate [meɪt] **1** n of animal mâle m, femelle f; NAUT second m **2** v/i s'accoupler

ma·te·ri·al [mə'tɪrɪəl] **1** n of (fabric) tissu m; (substance) matériau m, matière f; ~s matériel m **2** adj matériel*

ma·te·ri·al·ism [mə'tɪrɪəlɪzm] matérialisme m

ma·te·ri·al·ist [mətɪrɪə'lɪst] matérialiste m/f

ma·te·ri·al·is·tic [mətɪrɪə'lɪstɪk] adj matérialiste

ma·te·ri·al·ize [mə'tɪrɪəlaɪz] v/i (appear) apparaître; (happen) se concrétiser

ma·ter·nal [mə'tɜːrnl] adj maternel*

ma·ter·ni·ty [mə'tɜːrnətɪ] maternité f

ma'ter·ni·ty dress robe f de grossesse; **ma·ter·ni·ty leave** congé m de maternité; **ma·ter·ni·ty ward** maternité f

math [mæθ] maths fpl

math·e·mat·i·cal [mæθə'mætɪkl] adj mathématique

math·e·ma·ti·cian [mæθmə'tɪʃn] mathématicien(ne) m(f)

math·e·mat·ics [mæθ'mætɪks] nsg mathématiques fpl

maths [mæθs] Br → **math**

mat·i·née ['mætɪneɪ] matinée f

ma·tri·arch ['meɪtrɪɑːrk] femme f chef de famille

mat·ri·mo·ny ['mætrəmounɪ] mariage m

matt [mæt] adj mat

mat·ter ['mætər] **1** n (affair) affaire f, question f; PHYS matière f; **as a ~**

M

of course systématiquement; *as a ~ of fact* en fait; *what's the ~?* qu'est-ce qu'il y a?; *no ~ what she says* quoi qu'elle dise **2** *v/i* importer; *it doesn't ~* cela ne fait rien

mat·ter-of-'fact impassible

mat·tress ['mætrɪs] matelas *m*

ma·ture [mə'tjʊr] **1** *adj* mûr **2** *v/i of person* mûrir; *of insurance policy etc* arriver à échéance

ma·tu·ri·ty [mə'tjʊrɪtɪ] maturité *f*

maul [mɔːl] *v/t of animal* déchiqueter; *of critics* démolir

max·i·mize ['mæksɪmaɪz] *v/t* maximiser

max·i·mum ['mæksɪməm] **1** *adj* maximal, maximum **2** *n* maximum *m*

May [meɪ] mai *m*

may [meɪ] ◊ *possibility:* *it ~ rain* il va peut-être pleuvoir, il risque de pleuvoir; *you ~ be right* il est possible que tu aies raison; *it ~ not happen* cela n'arrivera peut-être pas ◊ *permission* pouvoir; *~ I help?* puis-je aider?; *you ~ go if you like* tu peux partir si tu veux ◊ *wishing:* *~ your dreams come true* que vos rêves se réalisent (*subj*)

may·be ['meɪbiː] *adv* peut-être

'May Day le premier mai

may·o, may·on·naise ['meɪoʊ, meɪə-'neɪz] mayonnaise *f*

may·or ['meɪr] maire *m*

maze [meɪz] labyrinthe *m*

MB *abbr* (= *megabyte*) Mo (= méga--octet)

MBA [embiː'eɪ] *abbr* (= *master of business administration*) MBA *m*

MBO [embiː'oʊ] *abbr* (= *management buyout*) rachat *m* d'entreprise par la direction

MC [em'siː] *abbr* (= *master of cere-monies*) maître *m* de cérémonie

MD [em'diː] *abbr* (= *Doctor of Medi-cine*) docteur *m* en médecine; (= *managing director*) DG *m* (= direc-teur général)

me [miː] *pron* me; *before vowel* m'; *after prep* moi; *he knows ~* il me connaît; *she gave ~ a dollar* elle m'a donné un dollar; *it's for ~* c'est pour moi;

it's ~ c'est moi

mead·ow ['medoʊ] pré *m*

mea·ger, *Br* **mea·gre** ['miːgər] *adj* maigre

meal [miːl] repas *m*; *enjoy your ~!* bon appétit!

'meal·time heure *f* du repas

mean¹ [miːn] *adj with money* avare; (*nasty*) mesquin

mean² [miːn] **1** *v/t* (*pret & pp* **meant**) (*signify*) signifier, vouloir dire; *do you ~ it?* vous êtes sérieux*?; *you weren't ~t to hear that* tu n'étais pas supposé entendre cela; *~ to do sth* avoir l'intention de faire qch; *be ~t for* être destiné à; *of remark* adressé à; *doesn't it ~ anything to you?* (*doesn't it matter?*) est-ce que cela ne compte pas pour toi? **2** *v/i* (*pret & pp* **meant**): *~ well* avoir de bonnes intentions

mean·ing ['miːnɪŋ] *of word* sens *m*

mean·ing·ful ['miːnɪnfʊl] *adj* (*comprehensible*) compréhensible; (*constructive*) significatif*; *glance* éloquent

mean·ing·less ['miːnɪŋlɪs] *adj sentence etc* dénué de sens; *gesture* insignifiant

means [miːnz] *npl financial* moyens *mpl*; *nsg* (*way*) moyen *m*; *a ~ of trans-port* un moyen de transport; *by all ~* (*certainly*) bien sûr; *by no ~ rich / poor* loin d'être riche / pauvre; *by ~ of* au moyen de

meant *pret & pp* → **mean²**

mean·time ['miːntaɪm] *adv* pendant ce temps, entre-temps

mean·while ['miːnwaɪl] *adv* pendant ce temps, entre-temps

mea·sles ['miːzlz] *nsg* rougeole *f*

mea·sure ['meʒər] **1** *n* (*step*) mesure *f*; *we've had a ~ of success* nous avons eu un certain succès **2** *v/t & v/i* mesurer

♦ **measure out** *v/t* doser, mesurer

♦ **measure up** *v/t* être à la hauteur de

mea·sure·ment ['meʒərmənt] (*action*) mesure *f*; (*dimension*) dimension *f*; *take s.o.'s ~s* prendre les mensura-tions de qn; *system of ~* système *m* de mesures

mea·sur·ing tape ['meʒərɪŋ] mètre *m* ruban

meat [miːt] viande *f*

'**meat·ball** boulette *f* de viande

'**meat·loaf** pain *m* de viande

me·chan·ic [mɪ'kænɪk] mécanicien(ne) *m(f)*

me·chan·i·cal [mɪ'kænɪkl] *adj device* mécanique; *gesture etc also* machinal

me·chan·i·cal en·gi·neer ingénieur *m* mécanicien

me·chan·i·cal en·gi·neer·ing génie *m* mécanique

me·chan·i·cal·ly [mɪ'kænɪklɪ] *adv* mécaniquement; *do sth* machinalement

mech·a·nism ['mekənɪzm] mécanisme *m*

mech·a·nize ['mekənaɪz] *v/t* mécaniser

med·al ['medl] médaille *f*

med·a·list, *Br* **med·al·list** ['medlɪst] médaillé *m*

med·dle ['medl] *v/i in affairs* se mêler (*in* de); *with object* toucher (*with* à)

me·di·a ['miːdɪə] *npl:* **the** ~ les médias *mpl*

'**me·di·a cov·er·age** couverture *f* médiatique; '**me·di·a e·vent** événement *m* médiatique; **me·di·a 'hype** battage *m* médiatique

me·di·an strip [miːdɪən'strɪp] terre-plein *m* central

'**me·di·a stud·ies** études *fpl* de communication

me·di·ate ['miːdɪeɪt] *v/i* arbitrer

me·di·a·tion [miːdɪ'eɪʃn] médiation *f*

me·di·a·tor ['miːdɪeɪtər] médiateur (-trice) *m(f)*

med·i·cal ['medɪkl] **1** *adj* médical **2** *n* visite *f* médicale

'**med·i·cal cer·tif·i·cate** certificat *m* médical; '**med·i·cal ex·am·i·na·tion** visite *f* médicale; '**med·i·cal his·to·ry** dossier *m* médical; '**med·i·cal pro·fes·sion** médecine *f*; (*doctors*) corps *m* médical; '**med·i·cal re·cord** dossier *m* médical

Med·i·care ['medɪker] assistance médicale pour les personnes âgées

med·i·cat·ed ['medɪkeɪtɪd] *adj* pharmaceutique, traitant

med·i·ca·tion [medɪ'keɪʃn] médicaments *mpl*

me·dic·i·nal [mɪ'dɪsɪnl] *adj* médicinal

med·i·cine ['medsən] *science* médecine *f*; (*medication*) médicament *m*

'**med·i·cine cab·i·net** armoire *f* à pharmacie

me·di·e·val [medɪ'iːvl] *adj* médiéval; *fig* moyenâgeux*

me·di·o·cre [miːdɪ'oʊkər] *adj* médiocre

me·di·oc·ri·ty [miːdɪ'ɑːkrətɪ] *of work etc* médiocrité *f*; *person* médiocre *m/f*

med·i·tate ['medɪteɪt] *v/i* méditer

med·i·ta·tion [medɪ'teɪʃn] méditation *f*

Med·i·ter·ra·ne·an [medɪtə'reɪnɪən] **1** *adj* méditerranéen **2** *n:* **the** ~ la Méditerranée

me·di·um ['miːdɪəm] **1** *adj* (*average*) moyen*; *steak* à point **2** *n in size* taille *f* moyenne; (*vehicle*) moyen *m*; (*spiritualist*) médium *m*

me·di·um-sized ['miːdɪəmsaɪzd] *adj* de taille moyenne; **me·di·um 'term:** **in the** ~ à moyen terme; '**me·di·um wave** RAD ondes *fpl* moyennes

med·ley ['medlɪ] (*assortment*) mélange *m*; *of music* pot-pourri *m*

meek [miːk] *adj* docile, doux*

meet [miːt] **1** *v/t* (*pret & pp* **met**) rencontrer; (*be introduced to*) faire la connaissance de; (*collect*) (aller / venir) chercher; *in competition* affronter; *of eyes* croiser; (*satisfy*) satisfaire **2** *v/i* (*pret & pp* **met**) se rencontrer; *by appointment* se retrouver; *of eyes* se croiser; *of committee etc* se réunir; **have you two met?** est-ce que vous vous connaissez? **3** *n* SP rencontre *f*

♦ **meet with** *v/t person, opposition etc* rencontrer

meet·ing ['miːtɪŋ] *by accident* rencontre *f*; *in business, of committee* réunion *f*; **he's in a** ~ il est en réunion

'**meet·ing place** lieu *m* de rendez-vous

meg·a·byte ['megəbaɪt] COMPUT méga-octet *m*

mel·an·chol·y ['melənkəlı] adj mélancolique

mel·low ['melou] **1** adj doux* **2** v/i of person s'adoucir

me·lo·di·ous [mɪ'loudɪəs] adj mélodieux*

mel·o·dra·mat·ic [melədrə'mætɪk] adj mélodramatique

mel·o·dy ['melədɪ] mélodie f

mel·on ['melən] melon m

melt [melt] **1** v/i fondre **2** v/t faire fondre

♦ **melt away** v/i fig disparaître

♦ **melt down** v/t metal fondre

melt·ing pot ['meltɪŋpɑːt] fig creuset m

mem·ber ['membər] membre m

Mem·ber of 'Con·gress membre m du Congrès

Mem·ber of 'Par·lia·ment Br député m

mem·ber·ship ['membərʃɪp] adhésion f; number of members membres mpl

'mem·ber·ship card carte f de membre

mem·brane ['membreɪn] membrane f

me·men·to [me'mentou] souvenir m

mem·o ['memou] note f (de service)

mem·oirs ['memwɑːrz] npl mémoires fpl

'mem·o pad bloc-notes m

mem·o·ra·ble ['memərəbl] adj mémorable

me·mo·ri·al [mɪ'mɔːrɪəl] **1** adj commémoratif* **2** n mémorial m; be a ~ to s.o. also fig célébrer la mémoire de qn

Me'mo·ri·al Day jour m commémoration des soldats américains morts à la guerre

mem·o·rize ['meməraɪz] v/t apprendre par cœur

mem·o·ry ['memərɪ] mémoire f; sth remembered souvenir m; have a good / bad ~ avoir une bonne / mauvaise mémoire; in ~ of à la mémoire de

men [men] pl → **man**

men·ace ['menɪs] **1** n menace f; person danger m **2** v/t menacer

men·ac·ing ['menɪsɪŋ] adj menaçant

mend [mend] **1** v/t réparer; clothes raccommoder **2** n: be on the ~ after illness être en voie de guérison

me·ni·al ['miːnɪəl] adj subalterne

men·in·gi·tis [menɪn'dʒaɪtɪs] méningite f

men·o·pause ['menoupɔːz] ménopause f

'men's room toilettes fpl pour hommes

men·stru·ate ['menstrueɪt] v/i avoir ses règles

men·stru·a·tion [menstru'eɪʃn] menstruation f

men·tal ['mentl] adj mental; ability, powers intellectuel*; health, suffering moral; F (crazy) malade F

men·tal a'rith·me·tic calcul m mental; **men·tal 'cru·el·ty** cruauté f mentale; **'men·tal hos·pi·tal** hôpital m psychiatrique; **men·tal 'ill·ness** maladie f mentale

men·tal·i·ty [men'tælətɪ] mentalité f

men·tal·ly ['mentlɪ] adv (inwardly) intérieurement; calculate etc mentalement

men·tal·ly 'hand·i·capped adj handicapé mental

men·tal·ly 'ill adj malade mental

men·tion ['menʃn] **1** n mention f **2** v/t mentionner; **don't ~ it** (you're welcome) il n'y a pas de quoi!

men·tor ['mentɔːr] mentor m

men·u ['menjuː] also COMPUT menu m

mer·ce·na·ry ['mɜːrsɪnerɪ] **1** adj intéressé **2** n MIL mercenaire m

mer·chan·dise ['mɜːrtʃəndaɪz] marchandises fpl

mer·chant ['mɜːrtʃənt] négociant m, commerçant m

mer·chant 'bank Br banque f d'affaires

mer·ci·ful ['mɜːrsɪfl] adj clément; God miséricordieux*

mer·ci·ful·ly ['mɜːrsɪflɪ] adv (thankfully) heureusement

mer·ci·less ['mɜːrsɪlɪs] adj impitoyable

mer·cu·ry ['mɜːrkjʊrɪ] mercure m

mer·cy ['mɜːrsɪ] clémence f, pitié f; **be**

at s.o.'s ~ être à la merci de qn

mere [mɪr] *adj* simple

mere·ly ['mɪrlɪ] *adv* simplement, seulement

merge [mɜːrdʒ] *v/i of two lines etc* se rejoindre; *of companies* fusionner

merg·er ['mɜːrdʒər] COMM fusion *f*

mer·it ['merɪt] **1** *n* mérite *m* **2** *v/t* mériter

mer·ry ['merɪ] *adj* gai, joyeux*; **Merry Christmas!** Joyeux Noël!

'mer·ry-go-round manège *m*

mesh [meʃ] *of net* maille(s) *f(pl)*; *of grid* grillage *m*

mess [mes] *(untidiness)* désordre *m*, pagaille *f*; *(trouble)* gâchis *m*; **be a ~** *of room, desk, hair* être en désordre; *of situation, life* être un désastre

♦ **mess around 1** *v/i* perdre son temps **2** *v/t person* se moquer de

♦ **mess around with** *v/t* jouer avec; **s.o.'s wife** s'amuser avec

♦ **mess up** *v/t room, papers* mettre en désordre; *task* bâcler; *plans, marriage* gâcher

mes·sage ['mesɪdʒ] *also of movie etc* message *m*

mes·sen·ger ['mesɪndʒər] *(courier)* messager *m*

mess·y ['mesɪ] *adj room* en désordre; *person* désordonné; *job* salissant; *divorce, situation* pénible

met [met] *pret & pp* → *meet*

me·tab·o·lism [mə'tæbəlɪzm] métabolisme *m*

met·al ['metl] **1** *adj* en métal **2** *n* métal *m*

me·tal·lic [mɪ'tælɪk] *adj* métallique; *paint* métallisé; *taste* de métal

met·a·phor ['metəfər] métaphore *f*

me·te·or ['miːtɪɔːr] météore *m*

me·te·or·ic [miːtɪ'ɑːrɪk] *adj fig* fulgurant

me·te·or·ite ['miːtɪərɑɪt] météorite *m* or *f*

me·te·or·o·log·i·cal [miːtɪərə'lɑːdʒɪkl] *adj* météorologique

me·te·or·ol·o·gist [miːtɪə'rɑːlədʒɪst] météorologiste *m/f*

me·te·or·ol·o·gy [miːtɪə'rɑːlədʒɪ] météorologie *f*

me·ter[1] ['miːtər] *for gas, electricity* compteur *m*; *(parking ~)* parcmètre *m*

me·ter[2] ['miːtər] *unit of length* mètre *m*

'me·ter read·ing relevé *m* (de compteur)

meth·od ['meθəd] méthode *f*

me·thod·i·cal [mə'θɑːdɪkl] *adj* méthodique

me·thod·i·cal·ly [mə'θɑːdɪklɪ] *adv* méthodiquement

me·tic·u·lous [mɪ'tɪkjʊləs] *adj* méticuleux*

me·tre ['miːtə(r)] *Br* → **meter**

met·ric ['metrɪk] *adj* métrique

me·trop·o lis [mə'trɑːpəlɪs] métropole *f*

met·ro·pol·i·tan [metrə'pɑːlɪtən] *adj* citadin; *area* urbain

mew [mjuː] → *miaow*

Mex·i·can ['meksɪkən] **1** *adj* mexicain **2** *n* Mexicain(e) *m(f)*

Mex·i·co ['meksɪkou] Mexique *m*

mez·za·nine (floor) ['mezəniːn] mezzanine *f*

mi·aow [mɪaʊ] **1** *n* miaou *m* **2** *v/i* miauler

mice [mɑɪs] *pl* → *mouse*

mick·ey mouse [mɪkɪ'maʊs] *adj* F *course, qualification* bidon F

mi·cro·bi·ol·o·gy [maɪkroʊbaɪ'ɑːlədʒɪ] microbiologie *f*; **'mi·cro·chip** puce *f*; **'mi·cro·cli·mate** microclimat *m*; **'mi·cro·cosm** ['maɪkrəkɑːzm] microcosme *m*; **'mi·cro·e·lec·tron·ics** microélectronique *f*; **'mi·cro·film** microfilm *m*; **'mi·cro·or·gan·ism** micro-organisme *m*; **'mi·cro·phone** microphone *m*; **mi·cro'pro·ces·sor** microprocesseur *m*; **'mi·cro·scope** microscope *m*; **mi·cro·scop·ic** [maɪkrə'skɑːpɪk] *adj* microscopique; **'mi·cro·wave** *oven* micro-ondes *m inv*

mid [mɪd] *adj*: **in the ~ nineties** au milieu des années 90; **she's in her ~ thirties** elle a dans les trente-cinq ans

mid·air [mɪd'er]: **in ~** en vol

mid·day [mɪd'deɪ] midi *m*

mid·dle ['mɪdl] **1** *adj* du milieu **2** *n* mi-

M

lieu *m*; **in the ~ of** au milieu de; *in the ~ of winter* en plein hiver; *in the ~ of September* à la mi-septembre; *be in the ~ of doing sth* être en train de faire qch

'mid·dle-aged *adj* entre deux âges; **'Mid·dle A·ges** *npl* Moyen Âge *m*; **mid·dle-'class** *adj* bourgeois

'mid·dle class(·es) classe(s) moyenne(s) *f(pl)*; **Mid·dle 'East** Moyen-Orient *m*; **mid·dle·man** intermédiaire *m*; **mid·dle 'man·age·ment** cadres *mpl* moyens; **mid·dle 'name** deuxième prénom *m*; **'mid·dle-weight** *boxer* poids moyen *m*

mid·dling ['mɪdlɪŋ] *adj* médiocre, moyen*

mid·field [mɪd'fi:ldər] *in soccer* milieu *m* de terrain

midg·et ['mɪdʒɪt] *adj* miniature

'mid·night minuit *m*; **at ~** à minuit; **'mid·sum·mer** milieu *m* de l'été; **'mid·way** *adv* à mi-chemin; **~ through** au milieu de; **'mid·week** *adv* en milieu de semaine; **'Mid·west** Middle West *m*; **'mid·wife** sage-femme *f*; **'mid·win·ter** milieu *m* de l'hiver

might¹ [maɪt] *v/aux*: **I ~ be late** je serai peut-être en retard; **it ~ rain** il va peut-être pleuvoir; **it ~ never happen** cela n'arrivera peut-être jamais; **I ~ have lost it but I'm not sure** je l'ai peut-être perdu; *that would have been possible* j'aurais pu l'avoir perdu; **he ~ have left** il est peut-être parti; **you ~ as well spend the night here** tu ferais aussi bien de passer la nuit ici; **you ~ have told me!** vous auriez pu m'avertir!

might² [maɪt] *n (power)* puissance *f*

might·y ['maɪtɪ] **1** *adj* puissant **2** *adv* F *(extremely)* vachement F, très

mi·graine ['mi:greɪn] migraine *f*

mi·grant work·er ['maɪgrənt] travailleur *m* itinérant

mi·grate [maɪ'greɪt] *v/i* migrer

mi·gra·tion [maɪ'greɪʃn] migration *f*

mike [maɪk] F micro *m*

mild [maɪld] *adj* doux*; *taste* léger*

mil·dew ['mɪldu:] mildiou *m*

mild·ly ['maɪldlɪ] *adv* doucement; *spicy* légèrement; **to put it ~** pour ne pas dire plus

mild·ness ['maɪldnɪs] douceur *f*; *of taste* légèreté *f*

mile [maɪl] mile *m*; **~s easier** F bien plus facile; **it's ~s away!** F c'est vachement loin!

mile·age ['maɪlɪdʒ] kilométrage *m*; *distance* nombre *m* de miles

'mile·stone *fig* événement *m* marquant, jalon *m*

mil·i·tant ['mɪlɪtənt] **1** *adj* militant **2** *n* militant(e) *m(f)*

mil·i·ta·ry ['mɪlɪtərɪ] **1** *adj* militaire **2** *n*: **the ~** l'armée *f*

mil·i·ta·ry a'cad·e·my école *f* militaire; **mil·i·ta·ry po'lice** police *f* militaire; **mil·i·ta·ry 'ser·vice** service *m* militaire

mi·li·tia [mɪ'lɪʃə] milice *f*

milk [mɪlk] **1** *n* lait *m* **2** *v/t* traire

milk 'choc·o·late chocolat *m* au lait; **'milk-shake** milk-shake *m*

milk·y ['mɪlkɪ] *adj* au lait; *(made with milk)* lacté

Milk·y 'Way Voie *f* lactée

mill [mɪl] *for grain* moulin *m*; *for textiles* usine *f*

♦ **mill around** *v/i* grouiller

mil·len·ni·um [mɪ'lenɪəm] millénaire *m*

mil·li·gram ['mɪlɪgræm] milligramme *m*

mil·li·me·ter, *Br* **mil·li·me·tre** ['mɪlɪmi:tər] millimètre *m*

mil·lion ['mɪljən] million *m*

mil·lion·aire [mɪljə'ner] millionnaire *m/f*

mime [maɪm] *v/t* mimer

mim·ic ['mɪmɪk] **1** *n* imitateur(-trice) *m(f)* **2** *v/t (pret & pp -ked)* imiter

mince [mɪns] *v/t* hacher

'mince-meat *préparation de fruits secs et d'épices servant à fourrer des tartelettes*

mind [maɪnd] **1** *n* esprit *m*; **it's all in your ~** tu te fais des idées; **be out of one's ~** avoir perdu la tête; **bear or keep sth in ~** ne pas oublier qch; **I've a good ~ to ...** j'ai bien envie de

…; *change one's* ~ changer d'avis; *it didn't enter my* ~ cela ne m'est pas venu à l'esprit; *give s.o. a piece of one's* ~ dire son fait à qn; *make up one's* ~ se décider; *have sth on one's* ~ être préoccupé par qch; *keep one's* ~ *on sth* se concentrer sur qch **2** *v/t* (*look after*) surveiller; (*heed*) faire attention à; *would you* ~ *answering a few questions?* est-ce que cela vous dérangerait de répondre à quelques questions?; *I don't* ~ *herbal tea* je n'ai rien contre une tisane; *I don't* ~ *what he thinks* il peut penser ce qu'il veut, cela m'est égal; *do you* ~ *if I smoke?, do you* ~ *my smoking?* cela ne vous dérange pas si je fume?; *would you* ~ *opening the window?* pourrais-tu ouvrir la fenêtre?; ~ *the step!* attention à la marche!; *I don't* ~ occupe-toi de tes affaires! **3** *v/i*: ~*!* (*be careful*) fais attention!; *never* ~*!* peu importe!; *I don't* ~ cela m'est égal

mind-bog·gling ['maɪndbɑːglɪŋ] *adj* ahurissant

mind·less ['maɪndlɪs] *adj violence* gratuit

mine¹ [maɪn] *pron* le mien *m*, la mienne *f*; *pl* les miens, les miennes; *it's* ~ c'est à moi

mine² [maɪn] **1** *n for coal etc* mine *f* **2** *v/i*: ~ *for coal etc* extraire

mine³ [maɪn] **1** *n explosive* mine *f* **2** *v/t* miner

'mine·field MIL champ *m* de mines; *fig* poudrière *f*

min·er ['maɪnər] mineur *m*

min·e·ral ['mɪnərəl] *n* minéral *m*

'min·e·ral wa·ter eau *f* minérale

mine·sweep·er ['maɪnswiːpər] NAUT dragueur *m* de mines

min·gle ['mɪŋgl] *v/i of sounds, smells* se mélanger; *at party* se mêler (aux gens)

min·i ['mɪni] *skirt* minijupe *f*

min·i·a·ture ['mɪnɪtʃər] *adj* miniature

'min·i·bus minibus *m*

min·i·mal ['mɪnɪməl] *adj* minime

min·i·mal·ism ['mɪnɪməlɪzm] minima-

lisme *m*

min·i·mize ['mɪnɪmaɪz] *v/t* réduire au minimum; (*downplay*) minimiser

min·i·mum ['mɪnɪməm] **1** *adj* minimal, minimum **2** *n* minimum *m*

min·i·mum 'wage salaire *m* minimum

min·ing ['maɪnɪŋ] exploitation *f* minière

'min·i·se·ries *nsg* TV mini-feuilleton *m*

'min·i·skirt minijupe *f*

min·is·ter ['mɪnɪstər] POL, REL ministre *m*

min·is·te·ri·al [mɪnɪ'stɪrɪəl] *adj* ministériel*

min·is·try ['mɪnɪstri] POL ministère *m*

mink [mɪŋk] vison *m*

mi·nor ['maɪnər] **1** *adj* mineur, de peu d'importance; *pain* léger*; *in D* ~ MUS en ré mineur **2** *n* LAW mineur(e) *m(f)*

mi·nor·i·ty [maɪ'nɑːrəti] minorité *f*; *be in the* ~ être en minorité

mint [mɪnt] *n herb* menthe *f*, *chocolate* chocolat *m* à la menthe; *hard candy* bonbon *m* à la menthe

mi·nus ['maɪnəs] **1** *n* (~ *sign*) moins *m* **2** *prep* moins

mi·nus·cule ['mɪnəskjuːl] *adj* minuscule

min·ute¹ ['mɪnɪt] *of time* minute *f*; *in a* ~ (*soon*) dans une minute; *just a* ~ une minute *f*, un instant *m*

mi·nute² [maɪ'nuːt] *adj* (*tiny*) minuscule; (*detailed*) minutieux*; *in* ~ *detail* dans les moindres détails

'min·ute hand grande aiguille *f*

mi·nute·ly [maɪ'nuːtli] *adv* (*in detail*) minutieusement; (*very slightly*) très légèrement

min·utes ['mɪnɪts] *npl of meeting* procès-verbal *m*

mir·a·cle ['mɪrəkl] miracle *m*

mi·rac·u·lous [mɪ'rækjʊləs] *adj* miraculeux*

mi·rac·u·lous·ly [mɪ'rækjʊləsli] *adv* par miracle

mi·rage [mɪ'rɑːʒ] mirage *m*

mir·ror ['mɪrər] **1** *n* miroir *m*; MOT rétroviseur *m* **2** *v/t* refléter

mis·an·thro·pist [mɪ'zænθrəpɪst] mis-

M

anthrope m/f

mis·ap·pre·hen·sion [mɪsæprɪ-'henʃn]: *be under a ~* se tromper

mis·be·have [mɪsbə'heɪv] v/i se conduire mal

mis·be·hav·ior, Br **mis·be·hav·iour** [mɪsbə'meɪnər] mauvaise conduite f

mis·cal·cu·late [mɪs'kælkjʊleɪt] **1** v/t mal calculer **2** v/i se tromper dans ses calculs

mis·cal·cu·la·tion [mɪs'kælkjʊleɪʃn] erreur f de calcul; fig mauvais calcul m

mis·car·riage ['mɪskærɪdʒ] MED fausse couche f; *~ of justice* erreur f judiciaire

mis·car·ry [mɪs'kærɪ] v/i (pret & pp **-ied**) of plan échouer

mis·cel·la·ne·ous [mɪsə'leɪnɪəs] adj divers; collection varié

mis·chief ['mɪstʃɪf] (naughtiness) bêtises fpl

mis·chie·vous ['mɪstʃɪvəs] adj (naughty) espiègle; (malicious) malveillant

mis·con·cep·tion [mɪskən'sepʃn] idée f fausse

mis·con·duct [mɪs'kɑːndʌkt] mauvaise conduite f; *professional ~* faute f professionnelle

mis·con·strue [mɪskən'struː] v/t mal interpréter

mis·de·mea·nor, Br **mis·de·mea·nour** [mɪsdɪ'miːnər] délit m

mi·ser ['maɪzər] avare m/f

mi·ser·a·ble ['mɪzrəbl] adj (unhappy) malheureux*; weather, performance épouvantable

mi·ser·ly ['maɪzrlɪ] adj avare; sum dérisoire

mi·ser·y ['mɪzrɪ] (unhappiness) tristesse f; (wretchedness) misère f

mis·fire [mɪs'faɪr] v/i of scheme rater; of joke tomber à plat

mis·fit ['mɪsfɪt] in society marginal(e) m(f)

mis·for·tune [mɪs'fɔːrtʃən] malheur m, malchance f

mis·giv·ings [mɪs'gɪvɪŋz] npl doutes mpl

mis·guid·ed [mɪs'gaɪdɪd] adj mal-

avisé, imprudent

mis·han·dle [mɪs'hændl] v/t situation mal gérer

mis·hap ['mɪshæp] incident m

mis·in·form [mɪsɪn'fɔːrm] v/t mal informer

mis·in·ter·pret [mɪsɪn'tɜːrprɪt] v/t mal interpréter

mis·in·ter·pre·ta·tion [mɪsɪntɜːrprɪ-'teɪʃn] mauvaise interprétation f

mis·judge [mɪs'dʒʌdʒ] v/t mal juger

mis·lay [mɪs'leɪ] v/t (pret & pp **-laid**) égarer

mis·lead [mɪs'liːd] v/t (pret & pp **-led**) induire en erreur, tromper

mis·lead·ing [mɪs'liːdɪŋ] adj trompeur*

mis·man·age [mɪs'mænɪdʒ] v/t mal gérer

mis·man·age·ment [mɪs'mænɪdʒmənt] mauvaise gestion f

mis·match ['mɪsmætʃ] divergence f

mis·placed ['mɪspleɪst] adj enthusiasm déplacé; loyalty mal placé

mis·print ['mɪsprɪnt] n faute f typographique

mis·pro·nounce [mɪsprə'naʊns] v/t mal prononcer

mis·pro·nun·ci·a·tion [mɪsprənʌn-sɪ'eɪʃn] mauvaise prononciation f

mis·read [mɪs'riːd] v/t (pret & pp **-read** [red]) word, figures mal lire; situation mal interpréter; *I must have misread the 6 as 8* j'ai dû confondre le 6 avec un 8

mis·rep·re·sent [mɪsreprɪ'zent] v/t présenter sous un faux jour

miss[1] [mɪs]: *Miss Smith* mademoiselle Smith; *~!* mademoiselle!

miss[2] [mɪs] **1** n SP coup m manqué **2** v/t manquer, rater; bus, train etc rater; (not notice) rater, ne pas remarquer; *I ~ you* tu me manques; *I ~ New York* New York me manque; *I ~ having a garden* je regrette de ne pas avoir de jardin **3** v/i rater son coup

mis·shap·en [mɪs'ʃeɪpən] adj déformé; person, limb difforme

mis·sile ['mɪsəl] mil missile m; stone etc projectile m

miss·ing ['mɪsɪŋ] adj: *be ~* have disap-

peared avoir disparu; *member of school party, one of a set etc* ne pas être là; *the ~ child* l'enfant qui a disparu; *one of them is ~* il en manque un(e)

mis·sion [ˈmɪʃn] mission *f*

mis·sion·a·ry [ˈmɪʃənrɪ] REL missionnaire *m/f*

mis·spell [mɪsˈspel] *v/t* mal orthographier

mist [mɪst] brume *f*

♦ **mist over** *v/i of eyes* s'embuer

♦ **mist up** *v/i of mirror, window* s'embuer

mis·take [mɪˈsteɪk] **1** *n* erreur *f*, faute *f*; *make a ~* faire une erreur, se tromper; *by ~* par erreur **2** *v/t* (*pret* **mis·took**, *pp* **mistaken**) se tromper de; *~ s.o. / sth for s.o. / sth* prendre qn / qch pour qn / qch d'autre

mis·tak·en [mɪˈsteɪkən] **1** *adj* erroné, faux*; *be ~* faire erreur, se tromper **2** *pp* → **mistake**

mis·ter [ˈmɪstər] → **Mr**

mis·took [mɪˈstʊk] *pret* → **mistake**

mis·tress [ˈmɪstrɪs] maîtresse *f*

mis·trust [mɪsˈtrʌst] **1** *n* méfiance *f* **2** *v/t* se méfier de

mist·y [ˈmɪstɪ] *adj weather* brumeux*; *eyes* embué; *~ blue color* bleuâtre

mis·un·der·stand [mɪsʌndərˈstænd] *v/t* (*pret & pp* **-stood**) mal comprendre

mis·un·der·stand·ing [mɪsʌndərˈstændɪŋ] malentendu *m*

mis·use 1 [mɪsˈjuːs] *n* mauvais usage *m* **2** [mɪsˈjuːz] *v/t* faire mauvais usage de; *word* employer à tort

miti·gat·ing cir·cum·stan·ces [ˈmɪtɪgeɪtɪŋ] *npl* circonstances *fpl* atténuantes

mitt [mɪt] *in baseball* gant *m*

mit·ten [ˈmɪtən] moufle *f*

mix [mɪks] **1** *n* mélange *m*; *in cooking: ready to use* préparation *f* **2** *v/t* mélanger; *cement* malaxer **3** *v/i socially* aller vers les gens, être sociable

♦ **mix up** *v/t* confondre; *get out of order* mélanger; *mix s.o. up with s.o.* confondre qn avec qn; *be mixed up emotionally* être perdu; *of figures, papers* être en désordre; *be mixed*

up in être mêlé à; *get mixed up with* (se mettre à) fréquenter

♦ **mix with** *v/t* (*associate with*) fréquenter

mixed [mɪkst] *adj economy, school, races* mixte; *reactions, reviews* mitigé

mixed 'mar·riage mariage *m* mixte

mix·er [ˈmɪksər] *for food* mixeur *m*; *drink* boisson non-alcoolisée que l'on mélange avec certains alcools; *she's a good ~* elle est très sociable

mix·ture [ˈmɪkstʃər] mélange *m*; *medicine* mixture *f*

mix-up [ˈmɪksʌp] confusion *f*

moan [moʊn] **1** *n of pain* gémissement *m* **2** *v/i in pain* gémir

mob [maːb] **1** *n* foule *f* **2** *v/t* (*pret & pp* **-bed**) assaillir

mo·bile [ˈmoʊbəl] **1** *adj* mobile; *be ~ have car* être motorisé; *willing to travel* être mobile; *after breaking leg etc* pouvoir marcher **2** *n for decoration* mobile *m*; *Br. phone* portable *m*

mo·bile 'home mobile home *m*

mo·bile 'phone *Br* téléphone *m* portable

mo·bil·i·ty [məˈbɪlətɪ] mobilité *f*

mob·ster [ˈmaːbstər] gangster *m*

mock [maːk] **1** *adj* faux*, feint; *~ exam* examen *m* blanc **2** *v/t* se moquer de, ridiculiser

mock·e·ry [ˈmaːkərɪ] (*derision*) moquerie *f*; (*travesty*) parodie *f*

mock-up [ˈmaːkʌp] (*model*) maquette *f*

mode [moʊd] mode *m*

mod·el [ˈmaːdl] **1** *adj employee, husband* modèle; *boat, plane* modèle réduit *inv* **2** *n* (*miniature*) maquette *f*; (*pattern*) modèle *m*; (*fashion ~*) mannequin *m*; *male ~* mannequin *m* homme **3** *v/t* présenter **4** *v/i for designer* être mannequin; *for artist, photographer* poser

mo·dem [ˈmoʊdem] modem *m*

mod·e·rate 1 [ˈmaːdərət] **1** *adj also* POL modéré *f* **2** *n* POL modéré *m* **3** *v/t* [ˈmaːdəreɪt] modérer

mod·e·rate·ly [ˈmaːdərətlɪ] *adv* modérément

mod·e·ra·tion [maːdəˈreɪʃn] (*restraint*)

modération f; **in ~** avec modération

mod·ern ['mɑ:dərn] adj moderne

mod·ern·i·za·tion [mɑ:dərnaɪ'zeɪʃn] modernisation f

mod·ern·ize ['mɑ:dərnaɪz] **1** v/t moderniser **2** v/i se moderniser

mod·ern 'lan·gua·ges npl langues fpl vivantes

mod·est ['mɑ:dɪst] adj modeste; wage, amount modique

mod·es·ty ['mɑ:dɪstɪ] of house, apartment simplicité f; of wage modicité f; (lack of conceit) modestie f

mod·i·fi·ca·tion [mɑ:dɪfɪ'keɪʃn] modification f

mod·i·fy ['mɑ:dɪfaɪ] v/t (pret & pp -ied) modifier

mod·u·lar ['mɑ:dʒələr] adj modulaire

mod·ule ['mɑ:dʒu:l] module m

moist [mɔɪst] adj humide

moist·en ['mɔɪsn] v/t humidifier, mouiller légèrement

mois·ture ['mɔɪstʃər] humidité f

mois·tur·iz·er ['mɔɪstʃəraɪzər] for skin produit m hydratant

mo·lar ['moʊlər] molaire f

mo·las·ses [mə'læsɪz] nsg mélasse f

mold¹ [moʊld] on food moisi m, moisissure(s) f(pl)

mold² [moʊld] **1** n moule m **2** v/t clay etc modeler; character, person façonner

mold·y ['moʊldɪ] adj food moisi

mole [moʊl] on skin grain m de beauté; animal taupe f

mo·lec·u·lar [mə'lekjʊlər] adj moléculaire

mol·e·cule ['mɑ:lɪkju:l] molécule f

mo·lest [mə'lest] v/t child, woman agresser (sexuellement)

mol·ly·cod·dle ['mɑ:lɪkɑ:dl] v/t F dorloter

mol·ten ['moʊltən] adj en fusion

mom [mɑ:m] F maman f

mo·ment ['moʊmənt] instant m, moment m; **at the ~** en ce moment; **for the ~** pour l'instant

mo·men·tar·i·ly [moʊmən'terɪlɪ] adv (for a moment) momentanément; (in a moment) dans un instant

mo·men·ta·ry ['moʊmənterɪ] adj momentané

mo·men·tous [mə'mentəs] adj capital

mo·men·tum [mə'mentəm] élan m

mon·arch ['mɑ:nərk] monarque m

mon·as·tery ['mɑ:nəstrɪ] monastère m

mo·nas·tic [mə'næstɪk] adj monastique

Mon·day ['mʌndeɪ] lundi m

mon·e·ta·ry ['mɑ:nəterɪ] adj monétaire

mon·ey ['mʌnɪ] argent m; **I'm not made of ~** je ne suis pas cousu d'or

'**mon·ey belt** sac m banane; **mon·ey·lend·er** ['mʌnɪlendər] prêteur m; '**mon·ey mar·ket** marché m monétaire; '**mon·ey or·der** mandat m postal

mon·grel ['mʌngrəl] bâtard m

mon·i·tor ['mɑ:nɪtər] **1** n COMPUT moniteur m **2** v/t surveiller, contrôler

monk [mʌŋk] moine m

mon·key ['mʌŋkɪ] singe m; F child polisson m

♦ **monkey around with** v/t F jouer avec; stronger trafiquer F

'**mon·key wrench** clef f anglaise

mon·o·gram ['mɑ:nəgræm] monogramme m

mon·o·grammed ['mɑ:nəgræmd] adj orné d'un monogramme

mon·o·log, Br **mon·o·logue** ['mɑ:nəlɑ:g] monologue m

mo·nop·o·lize [mə'nɑ:pəlaɪz] v/t exercer un monopole sur; fig monopoliser

mo·nop·o·ly [mə'nɑ:pəlɪ] monopole m

mo·not·o·nous [mə'nɑ:tənəs] adj monotone

mo·not·o·ny [mə'nɑ:tənɪ] monotonie f

mon·soon [mɑ:n'su:n] mousson f

mon·ster ['mɑ:nstər] n monstre m

mon·stros·i·ty [mɑ:n'strɑ:sətɪ] horreur f

mon·strous ['mɑ:nstrəs] adj monstrueux*

month [mʌnθ] mois m

month·ly ['mʌnθlɪ] **1** adj mensuel* **2** adv mensuellement; **I'm paid ~** je suis payé au mois **3** *n magazine* mensuel *m*

Mon·tre·al [mɑːntrɪˈɒːl] Montréal

mon·u·ment ['mɑːnjʊmənt] monument *m*

mon·u·men·tal [mɑːnjʊˈmentl] *adj fig* monumental

mood [muːd] (*frame of mind*) humeur *f*; (*bad* ~) mauvaise humeur *f*; *of meeting, country* état *m* d'esprit; *be in a* *good* ~ / *bad* ~ être de bonne / mauvaise humeur; *be in the* ~ *for* avoir envie de

mood·y ['muːdɪ] *adj changing moods* lunatique; (*bad-tempered*) maussade

moon [muːn] *n* lune *f*

'moon·light 1 *n* clair *m* de lune **2** *v/i* F travailler au noir; **'moon·lit** *adj* éclairé par la lune

moor [mʊr] *v/t boat* amarrer

moor·ings ['mʊrɪŋz] *npl* mouillage *m*

moose [muːs] *n* original *m*

mop [mɑːp] **1** *n for floor* balai-éponge; *for dishes* éponge *f* à manche **2** *v/t* (*pret & pp* **-ped**) *floor* laver; *eyes, face* éponger, essuyer

◆ **mop up** *v/t* éponger; MIL balayer

mope [moʊp] *v/i* se morfondre

mo·ped ['moʊped] *Br* mobylette *f*

mor·al ['mɔːrəl] **1** *adj* moral **2** *n of story* morale *f*; **~s** moralité *f*

mo·rale [məˈræl] moral *m*

mo·ral·i·ty [məˈrælətɪ] moralité *f*

mor·bid ['mɔːrbɪd] *adj* morbide

more [mɔːr] **1** *adj* plus de; *could you* *make a few* ~ *sandwiches?* pourriez-vous faire quelques sandwichs de plus?; *some* ~ *tea?* encore un peu de thé?; *there's no* ~ *coffee* il n'y a plus de café; ~ *and* ~ *students* / *time* de plus en plus d'étudiants / de temps **2** *adv* plus; ~ *important* plus important; ~ *and* ~ de plus en plus; ~ *or less* plus ou moins; *once* ~ une fois de plus; ~ *than* plus de; *I don't live there any* ~ je n'habite plus là-bas **3** *pron* plus; *do you* *want some* ~? est-ce que tu en veux encore *or* davantage?; *a little* ~ un peu plus

more·o·ver [mɔːˈroʊvər] *adv* de plus

morgue [mɔːrg] morgue *f*

morn·ing ['mɔːrnɪŋ] matin *m*; *in the* ~ le matin; (*tomorrow*) demain matin; *this* ~ ce matin; *tomorrow* ~ demain matin; *good* ~ bonjour

'morn·ing sick·ness nausées *fpl* du matin

mo·ron ['mɔːrɑːn] F crétin *m*

mo·rose [məˈroʊs] *adj* morose

mor·phine ['mɔːrfiːn] morphine *f*

mor·sel ['mɔːrsl] morceau *m*

mor·tal ['mɔːrtl] **1** *adj* mortel* **2** *n* mortel *m*

mor·tal·i·ty [mɔːrˈtælətɪ] condition *f* mortelle; (*death rate*) mortalité *f*

mor·tar[1] ['mɔːrtər] MIL mortier *m*

mor·tar[2] ['mɔːrtər] (*cement*) mortier *m*

mort·gage ['mɔːrgɪdʒ] **1** *n* prêt *m* immobilier; *on own property* hypothèque *f* **2** *v/t* hypothéquer

mor·ti·cian [mɔːrˈtɪʃn] entrepreneur *m* de pompes funèbres

mor·tu·a·ry ['mɔːrtʃʊerɪ] morgue *f*

mo·sa·ic [moʊˈzeɪk] mosaïque *f*

Mos·cow ['mɑːskaʊ] Moscou

Mos·lem ['mʊzlɪm] **1** *adj* musulman **2** *n* Musulman(e) *m(f)*

mosque [mɑːsk] mosquée *f*

mos·qui·to [məsˈkiːtoʊ] moustique *m*

moss [mɑːs] mousse *f*

moss·y ['mɑːsɪ] *adj* couvert de mousse

most [moʊst] **1** *adj* la plupart de; ~ *people* la plupart des gens **2** *adv* (*very*) extrêmement, très; *play, swim,* *eat etc* le plus; *the* ~ *beautiful* / *inter-**esting* le plus beau / intéressant; ~ *of all* surtout **3** *pron*: ~ *of* la plupart de; *at* (*the*) ~ au maximum; *that's* *the* ~ *I can offer* c'est le maximum que je peux proposer; *make the* ~ *of* profiter au maximum de

most·ly ['moʊstlɪ] *adv* surtout

mo·tel [moʊˈtel] motel *m*

moth [mɑːθ] papillon *m* de nuit

'moth·ball boule *f* de naphtaline

moth·er ['mʌðər] **1** *n* mère *f* **2** *v/t* materner

'moth·er·board COMPUT carte *f* mère

'moth·er·hood maternité *f*

M

'**Moth·er·ing Sun·day** → *Mother's Day*

'**moth·er-in-law** (*pl* *mothers-in-law*) belle-mère *f*

moth·er·ly ['mʌðərlɪ] *adj* maternel*

moth·er-of-'pearl nacre *f*; '**Mother's Day** la fête des Mères; '**mother tongue** langue *f* maternelle

mo·tif [mou'tiːf] motif *m*

mo·tion ['mouʃn] **1** *n* (*movement*) mouvement *m*; (*proposal*) motion *f*; *set things in* ~ mettre les choses en route **2** *v/t*: *he ~ed me forward* il m'a fait signe d'avancer

mo·tion·less ['mouʃnlɪs] *adj* immobile

mo·ti·vate ['moutɪveɪt] *v/t* motiver

mo·ti·va·tion [moutɪ'veɪʃn] motivation *f*

mo·tive ['moutɪv] *for crime* mobile *m*

mo·tor ['moutər] moteur *m*

'**mo·tor·bike** moto *f*

'**mo·tor·boat** bateau *m* à moteur

mo·tor·cade ['moutərkeɪd] cortège *m* (de voitures)

'**mo·tor·cy·cle** moto *f*; '**mo·tor·cy·clist** motocycliste *m/f*; '**mo·tor home** camping-car *m*

mo·tor·ist ['moutərɪst] automobiliste *m/f*

'**mo·tor me·chan·ic** mécanicien(ne) *m(f)*; '**mo·tor rac·ing** course *f* automobile; '**mo·tor·scoot·er** scooter *m*; '**mo·tor ve·hi·cle** véhicule *m* à moteur; '**mo·tor·way** *Br* autoroute *f*

mot·to ['mɑːtou] devise *f*

mould *etc* [mould] *Br* → *mold etc*

mound [maund] (*hillock*) monticule *m*; (*pile*) tas *m*

mount [maunt] **1** *n* (*mountain*) mont *m*; (*horse*) monture *f* **2** *v/t steps, photo* monter; *horse, bicycle* monter sur; *campaign* organiser **3** *v/i* monter

♦ **mount up** *v/i* s'accumuler, s'additionner

moun·tain ['mauntɪn] montagne *f*

'**moun·tain bike** vélo *m* tout-terrain, V.T.T. *f*

moun·tain·eer [mauntɪ'nɪr] alpiniste *m/f*

moun·tain·eer·ing [mauntɪ'nɪrɪŋ] al-

pinisme *m*

moun·tain·ous ['mauntɪnəs] *adj* montagneux*

mount·ed po·lice ['mauntɪd] police *f* montée

mourn [mɔːrn] **1** *v/t* pleurer **2** *v/i*: ~ *for* pleurer

mourn·er ['mɔːrnər] parent / ami *m* du défunt

mourn·ful ['mɔːrnfl] *adj* triste, mélancolique

mourn·ing ['mɔːrnɪŋ] deuil *m*; *be in* ~ être en deuil; *wear* ~ porter le deuil

mouse [maus] (*pl mice* [maɪs]) *also* COMPUT souris *f*

'**mouse mat** COMPUT tapis *m* de souris

mous·tache *Br* → *mustache*

mouth [mauθ] *of person* bouche *f*; *of animal* gueule *f*; *of river* embouchure *f*

mouth·ful ['mauθful] *of food* bouchée *f*; *of drink* gorgée *f*

'**mouth·or·gan** harmonica *m*; '**mouth·piece** *of instrument* embouchure *f*; (*spokesperson*) porte-parole *m inv*; **mouth-to-'mouth** bouche-à-bouche *m*; '**mouth·wash** bain *m* de bouche; '**mouth·wa·ter·ing** *adj* alléchant, appétissant

move [muːv] **1** *n* déplacement *m*; *in chess etc* coup *m*; (*step, action*) action *f*; (*change of house*) déménagement *m*; *it's up to you to make the first* ~ c'est à toi de faire le premier pas; *get a* ~ *on!* F grouille-toi! F; *don't make a* ~*!* ne bouge pas!, pas un geste! **2** *v/t object* déplacer; *limbs* bouger; (*transfer*) transférer; *emotionally* émouvoir; ~ *house* déménager **3** *v/i* bouger; (*transfer*) être transféré

♦ **move around** *v/i* bouger, remuer; *from place to place* bouger, déménager

♦ **move away** *v/i* s'éloigner, s'en aller; (*move house*) déménager

♦ **move in** *v/i* emménager

♦ **move on** *v/i to another town* partir; *move on to another subject* passer à un autre sujet; *I want to move on*

(to another job) je veux changer de travail

♦ **move out** v/i of house déménager; of area partir

♦ **move up** v/i in league monter; (make room) se pousser

move·ment ['mu:vmənt] also organization, MUS mouvement m

mov·ers ['mu:vərz] npl déménageurs mpl

mov·ie ['mu:vi] film m; **go to a / the ~s** aller au cinéma

mov·ie·go·er ['mu:vigouər] amateur m de cinéma, cinéphile m/f

'mov·ie thea·ter cinéma m

mov·ing ['mu:viŋ] adj parts of machine mobile; emotionally émouvant

mow [mou] v/t grass tondre

♦ **mow down** v/t faucher

mow·er ['mouər] tondeuse f (à gazon)

MP [em'pi:] abbr Br POL (= **Member of Parliament**) député m; (= **Military Policeman**) membre m de la police militaire

mph [empi:'eitʃ] abbr (= **miles per hour**) miles à l'heure

Mr ['mistər] Monsieur, M.

Mrs ['misiz] Madame, Mme

Ms [miz] Madame, Mme

Mt abbr (= **Mount**) Mt (= mont)

much [mʌtʃ] **1** adj beaucoup de; **so ~ money** tant d'argent; **as ... as ...** autant (de) ... que ... **2** adv beaucoup; **very ~** beaucoup; **too ~** trop **3** pron beaucoup; **nothing ~** pas grand-chose; **as ~ as ...** autant que ...; **I thought as ~** c'est bien ce qu'il me semblait

muck [mʌk] (dirt) saleté f

mu·cus ['mju:kəs] mucus m

mud [mʌd] boue f

mud·dle ['mʌdl] **1** n (mess) désordre m; (confusion) confusion f **2** v/t embrouiller

♦ **muddle up** v/t mettre en désordre; (confuse) mélanger

mud·dy ['mʌdi] adj boueux*

mues·li ['mju:zli] muesli m

muf·fin ['mʌfin] muffin m

muf·fle ['mʌfl] v/t étouffer

♦ **muffle up** v/i se couvrir, s'emmitou-

fler

muf·fler ['mʌflər] MOT silencieux m

mug¹ [mʌg] for tea, coffee chope f; F (face) gueule f F; F fool poire f F

mug² v/t (pret & pp **-ged**) (attack) agresser, attaquer

mug·ger ['mʌgər] agresseur m

mug·ging ['mʌgiŋ] agression f

mug·gy ['mʌgi] adj lourd, moite

mule [mju:l] animal mulet m, mule f; slipper mule f

♦ **mull over** [mʌl] v/t bien réfléchir à

mul·ti·lat·e·ral [mʌltɪ'lætərəl] adj POL multilatéral

mul·ti·lin·gual [mʌltɪ'liŋgwəl] adj multilingue

mul·ti·me·di·a [mʌltɪ'mi:diə] **1** adj multimédia **2** n multimédia m

mul·ti·na·tion·al [mʌltɪ'næʃnl] **1** adj multinational **2** n COMM multinationale f

mul·ti·ple ['mʌltɪpl] adj multiple

mul·ti·ple 'choice ques·tion question f à choix multiple

mul·ti·ple scle·ro·sis [skle'rousis] sclérose f en plaques

mul·ti·pli·ca·tion [mʌltɪplɪ'keiʃn] multiplication f

mul·ti·ply ['mʌltɪplai] **1** v/t (pret & pp **-ied**) multiplier **2** v/i se multiplier

mum [mʌm] Br maman f

mum·ble ['mʌmbl] **1** n marmonnement m **2** v/t & v/i marmonner

mum·my ['mʌmi] Br F maman f

mumps [mʌmps] nsg oreillons mpl

munch [mʌntʃ] v/t mâcher

mu·ni·ci·pal [mju:'nisipl] adj municipal

mu·ral ['mjurəl] peinture f murale

mur·der ['mɜ:rdər] **1** n meurtre m **2** v/t person assassiner; song massacrer

mur·der·er ['mɜ:rdərər] meurtrier (-ière) m(f)

mur·der·ous ['mɜ:rdrəs] adj rage, look meurtrier*

murk·y ['mɜ:rki] adj also fig trouble

mur·mur ['mɜ:rmər] **1** n murmure m **2** v/t murmurer

mus·cle ['mʌsl] muscle m

mus·cu·lar ['mʌskjulər] adj pain, strain musculaire; person musclé

muse [mjuːz] *v/i* songer

mu·se·um [mjuːˈzɪəm] musée *m*

mush·room [ˈmʌʃrʊm] **1** *n* champignon *m* **2** *v/i* fig proliférer

mu·sic [ˈmjuːzɪk] musique *f*; *in written form* partition *f*

mu·sic·al [ˈmjuːzɪkl] **1** *adj* musical; *person* musicien*; *voice* mélodieux*, musical **2** *n* comédie *f* musicale

'mu·sic(·al) box boîte *f* à musique

mu·sic·al 'in·stru·ment instrument *m* de musique

mu·si·cian [mjuːˈzɪʃn] musicien(ne) *m(f)*

mus·sel [ˈmʌsl] moule *f*

must [mʌst] **1** *v/aux* ◇ *necessity* devoir; *I* ~ *be on time* je dois être à l'heure, il faut que je sois (*subj*) à l'heure; *I* ~ il le faut; *I* ~*n't be late* je ne dois pas être en retard, il ne faut pas que je sois en retard ◇ *probability* devoir; *it* ~ *be about 6 o'clock* il doit être environ six heures; *they* ~ *have arrived by now* ils doivent être arrivés maintenant **2** *n*: *insurance is a* ~ l'assurance est obligatoire

mus·tache [məˈstæʃ] moustache *f*

mus·tard [ˈmʌstərd] moutarde *f*

'must-have F **1** *adj* incontournable **2** *n* must *m*

must·y [ˈmʌstɪ] *adj room* qui sent le renfermé; *smell* de moisi, de renfermé

mute [mjuːt] *adj* muet*

mut·ed [ˈmjuːtɪd] *adj* sourd; *criticism* voilé

mu·ti·late [ˈmjuːtɪleɪt] *v/t* mutiler

mu·ti·ny [ˈmjuːtɪnɪ] **1** *n* mutinerie *f* **2** *v/i* (*pret & pp* **-ied**) se mutiner

mut·ter [ˈmʌtər] **1** *v/i* marmonner **2** *v/t* marmonner; *curse, insult* grommeler

mut·ton [ˈmʌtn] mouton *m*

mu·tu·al [ˈmjuːtʃʊəl] *adj* (*reciprocal*) mutuel*, réciproque; (*common*) commun

muz·zle [ˈmʌzl] **1** *n of animal* museau *m*; *for dog* muselière *f* **2** *v/t*: ~ *the press* bâillonner la presse

my [maɪ] *adj* mon *m*, ma *f*; *pl* mes

my·op·ic [maɪˈɑːpɪk] *adj* myope

my·self [maɪˈself] *pron* moi-même; *reflexive* me; *before vowel* m'; *after prep* moi; *I hurt* ~ je me suis blessé; *by* ~ tout seul

mys·te·ri·ous [mɪˈstɪrɪəs] *adj* mystérieux*

mys·te·ri·ous·ly [mɪˈstɪrɪəslɪ] *adv* mystérieusement

mys·te·ry [ˈmɪstərɪ] mystère *m*; (~ *story*) roman *m* à suspense

mys·ti·fy [ˈmɪstɪfaɪ] *v/t* (*pret & pp* **-ied**) rendre perplexe; *of tricks* mystifier; *be mystified* être perplexe

myth [mɪθ] *also fig* mythe *m*

myth·i·cal [ˈmɪθɪkl] *adj* mythique

my·thol·o·gy [mɪˈθɑːlədʒɪ] mythologie *f*

N

nab [næb] *v/t* (*pret & pp* **-bed**) F (*take for o.s.*) s'approprier

nag [næg] **1** *v/i* (*pret & pp* **-ged**) *of person* faire des remarques continuelles **2** *v/t* (*pret & pp* **-ged**) harceler; ~ *s.o. to do sth* harceler qn pour qu'il fasse (*subj*) qch

nag·ging [ˈnægɪŋ] *adj pain* obsédant; *I*

have this ~ *doubt that* ... je n'arrive pas à m'empêcher de penser que ...

nail [neɪl] *for wood* clou *m*; *on finger, toe* ongle *m*

'nail clip·pers *npl* coupe-ongles *m inv*; **'nail file** lime *f* à ongles; **'nail pol·ish** vernis *m* à ongles; **'nail pol·ish re·mov·er** [rɪˈmuːvər] dissolvant m; **'nail scis·sors** npl ciseaux mpl à ongles; **'nail var·nish** Br vernis m à ongles

na·ive [naɪ'iːv] adj naïf*

na·ked ['neɪkɪd] adj nu; **to the ~ eye** à l'œil nu

name [neɪm] **1** n nom m; **what's your ~?** comment vous appelez-vous?; **call s.o. ~s** insulter qn, traiter qn de tous les noms; **make a ~ for o.s.** se faire un nom **2** v/t appeler
♦ **name for** v/t: **name s.o. for s.o.** appeler qn comme qn

name·ly ['neɪmlɪ] adv à savoir

'name·sake homonyme m/f

'name·tag on clothing etc étiquette f (portant le nom du propriétaire)

nan·ny ['nænɪ] nurse f

nap [næp] n sieste f; **have a ~** faire une sieste

nape [neɪp] ~ **(of the neck)** nuque f

nap·kin ['næpkɪn] (table ~) serviette f (de table); (sanitary ~) serviette f hygiénique

nar·cot·ic [nɑːr'kɑːtɪk] n stupéfiant m

nar'cot·ics a·gent agent m de la brigade des stupéfiants

nar·rate [næreɪt] v/t sound track raconter

nar·ra·tion [nærˈreɪʃn] (telling) narration f; for documentary commentaire m

nar·ra·tive ['nærətɪv] **1** adj poem, style narratif* **2** n (story) récit m

nar·ra·tor [næˈreɪtər] narrateur(-trice) m(f)

nar·row ['nærou] adj étroit; victory serré

nar·row·ly ['nærouli] adv win de justesse; **~ escape sth** échapper de peu à qch

nar·row-mind·ed [nærou'maɪndɪd] adj étroit d'esprit

na·sal ['neɪzl] adj voice nasillard

nas·ty ['næstɪ] adj person, thing to say méchant; smell nauséabond; weather, cut, wound, disease mauvais

na·tion ['neɪʃn] nation f

na·tion·al ['næʃənl] **1** adj national **2** n national m, ressortissant m; **a French ~** un(e) ressortissant(e) m(f) fran-

çais(e)

na·tion·al 'an·them hymne m national

na·tion·al 'debt dette f publique

na·tion·al·ism ['næʃənəlɪzm] nationalisme m

na·tion·al·i·ty [næʃəˈnælɪtɪ] nationalité f

na·tion·al·ize ['næʃənəlaɪz] v/t industry etc nationaliser

na·tion·al 'park parc m national

na·tive ['neɪtɪv] **1** adj natal; wit etc inné; population indigène; **~ tongue** langue f maternelle **2** n natif(-ive) m(f); (tribesman) indigène m

na·tive 'coun·try pays m natal

na·tive 'speak·er locuteur m natif; **an English ~** un / une anglophone

NATO ['neɪtou] abbr (= **North Atlantic Treaty Organization**) OTAN f (= Organisation du traité de l'Atlantique Nord)

nat·u·ral ['nætʃrəl] adj naturel*; **a ~ blonde** une vraie blonde

nat·u·ral 'gas gaz m naturel

nat·u·ral·ist ['nætʃrəlɪst] naturaliste m/f

nat·u·ral·ize ['nætʃrəlaɪz] v/t: **become ~d** se faire naturaliser

nat·u·ral·ly ['nætʃrəlɪ] adv (of course) bien entendu; behave, speak naturellement, avec naturel; (by nature) de nature

nat·u·ral 'sci·ence sciences fpl naturelles

na·ture ['neɪtʃər] nature f

'na·ture re·serve réserve f naturelle

naugh·ty ['nɔːtɪ] adj vilain; photograph, word etc coquin

nau·se·a ['nɔːzɪə] nausée f

nau·se·ate ['nɔːzɪeɪt] v/t fig écœurer

nau·se·at·ing ['nɔːzɪeɪtɪŋ] adj écœurant

nau·seous ['nɔːʃəs] adj: **feel ~** avoir la nausée

nau·ti·cal ['nɔːtɪkl] adj nautique, marin

'nau·ti·cal mile mille m marin

na·val ['neɪvl] adj naval, maritime; history de la marine

'na·val base base f navale

na·vel ['neɪvl] nombril *m*

nav·i·ga·ble ['nævɪgəbl] *adj* river navigable

nav·i·gate ['nævɪgeɪt] *v/i also* COMPUT naviguer; *in car* diriger

nav·i·ga·tion [nævɪ'geɪʃn] navigation *f*; *in car* indications *fpl*

nav·i·ga·tor ['nævɪgeɪtər] navigateur *m*

na·vy ['neɪvɪ] marine *f*

na·vy 'blue 1 *adj* bleu marine *inv* **2** *n* bleu *m* marine

near [nɪr] **1** *adv* près; *come ~er* approche-toi **2** *prep* près de; *~ the bank* près de la banque **3** *adj* proche; *the ~est bus stop* l'arrêt de bus le plus proche; *in the ~ future* dans un proche avenir

near·by [nɪr'baɪ] *adv* live à proximité, tout près

near·ly ['nɪrlɪ] *adv* presque; *I ~ lost / broke it* j'ai failli le perdre / casser; *he was ~ crying* il était au bord des larmes

near·sight·ed [nɪr'saɪtɪd] *adj* myope

neat [niːt] *adj* room, desk bien rangé; *person* ordonné; *in appearance* soigné; *whiskey etc* sec*; *solution* ingénieux*; F (*terrific*) super *inv* F

ne·ces·sar·i·ly ['nesəserəlɪ] *adv* nécessairement, forcément

ne·ces·sa·ry ['nesəserɪ] *adj* nécessaire; *it is ~ to ...* il faut ...

ne·ces·si·tate [nɪ'sesɪteɪt] *v/t* nécessiter

ne·ces·si·ty [nɪ'sesɪtɪ] nécessité *f*

neck [nek] *n* cou *m*; *of dress, sweater* col *m*

neck·lace ['neklɪs] collier *m*; **'neck·line** *of dress* encolure *f*; **'neck·tie** cravate *f*

née [neɪ] *adj* née

need [niːd] **1** *n* besoin *m*; *if ~ be* si besoin est; *in ~* dans le besoin; *be in ~ of sth* avoir besoin de qch; *there's no ~ to be rude / upset* ce n'est pas la peine d'être impoli / triste **2** *v/t* avoir besoin de; *you'll ~ to buy one* il faudra que tu en achètes un; *you don't ~ to wait* vous n'êtes pas obligés d'attendre; *I ~ to talk*

to you il faut que je te parle; *~ I say more?* dois-je en dire plus?

nee·dle ['niːdl] aiguille *f*

'nee·dle·work travaux *mpl* d'aiguille

need·y ['niːdɪ] *adj* nécessiteux*

neg·a·tive ['negətɪv] **1** *adj* négatif* **2** *n* PHOT négatif *m*; *answer in the ~* répondre par la négative

ne·glect [nɪ'glekt] **1** *n* négligence *f*; *state* abandon *m* **2** *v/t* négliger; *~ to do sth* omettre de faire qch

ne·glect·ed [nɪ'glektɪd] *adj* négligé, à l'abandon; *feel ~* se sentir négligé *or* délaissé

neg·li·gence ['neglɪdʒəns] négligence *f*

neg·li·gent ['neglɪdʒənt] *adj* négligent

neg·li·gi·ble ['neglɪdʒəbl] *adj* quantity négligeable

ne·go·ti·a·ble [nɪ'gouʃəbl] *adj* salary, contract négociable

ne·go·ti·ate [nɪ'gouʃɪeɪt] **1** *v/i* négocier **2** *v/t* deal négocier; *obstacles* franchir; *bend in road* négocier, prendre

ne·go·ti·a·tion [nɪgouʃɪ'eɪʃn] négociation *f*

ne·go·ti·a·tor [nɪ'gouʃɪeɪtər] négociateur(-trice) *m(f)*

Ne·gro ['niːgrou] Noir(e) *m(f)*

neigh [neɪ] *v/i* hennir

neigh·bor ['neɪbər] voisin(e) *m(f)*

neigh·bor·hood ['neɪbərhʊd] *in town* quartier *m*; *in the ~ of* fig environ

neigh·bor·ing ['neɪbərɪŋ] *adj* voisin

neigh·bor·ly ['neɪbərlɪ] *adj* aimable

neigh·bour *etc Br* → **neighbor** *etc*

nei·ther ['niːðər] **1** *adj*: *~ player* aucun(e) des deux joueurs **2** *pron* ni l'un ni l'autre **3** *adv*: *~ ... nor ...* ni ... ni ... **4** *conj*: *~ do / can I* moi non plus

ne·on light ['niːɑːn] néon *m*

neph·ew ['nefjuː] neveu *m*

nerd [nɜːrd] F barjo *m* F

nerve [nɜːrv] ANAT nerf *m*; (*courage*) courage *m*; (*impudence*) culot *m* F; *it's bad for my ~s* ça me porte sur les nerfs; *she gets on my ~s* elle me tape sur les nerfs

nerve-rack·ing ['nɜːrvrækɪŋ] *adj* angoissant, éprouvant

ner·vous ['nɜːrvəs] *adj* nerveux*; *be ~ about doing sth* avoir peur de faire qch

ner·vous 'break·down dépression *f* nerveuse

ner·vous 'en·er·gy vitalité *f*; *be full of ~* avoir de l'énergie à revendre

ner·vous·ness ['nɜːrvəsnɪs] nervosité *f*

ner·vous 'wreck paquet *m* de nerfs

nerv·y ['nɜːrvɪ] *adj (fresh)* effronté, culotté F

nest [nest] *n* nid *m*

nes·tle ['nesl] *v/i* se blottir

Net [net] *n* COMPUT Internet *m*; *on the ~* sur Internet

net¹ [net] *n for fishing, tennis etc* filet *m*

net² [net] *adj price etc* net*

net 'pro·fit bénéfice *m* net

net·tle ['netl] *n* ortie *f*

'net·work *also* COMPUT réseau *m*

neu·rol·o·gist [nʊ'rɑːlədʒɪst] neurologue *m/f*

neu·ro·sis [nʊ'roʊsɪs] névrose *f*

neu·rot·ic [nʊ'rɑːtɪk] *adj* névrosé

neu·ter ['nuːtər] *v/t animal* castrer

neu·tral ['nuːtrl] **1** *adj* neutre **2** *n gear* point *m* mort; *in ~* au point mort

neu·tral·i·ty [nuː'trælətɪ] neutralité *f*

neu·tral·ize ['nuːtrəlaɪz] *v/t* neutraliser

nev·er ['nevər] *adv* jamais; *I've ~ been to New York* je ne suis jamais allé à New York; *you're ~ going to believe this* tu ne vas jamais me croire; *he ~ said that, did he?* il n'a pas pu dire cela!; *you ~ promised, did you?* tu n'as rien promis?; *~! in disbelief:* non!

nev·er-'end·ing *adj* continuel*, interminable

nev·er·the·less [nevərðə'les] *adv* néanmoins

new [nuː] *adj* nouveau*; *(not used)* neuf*; *this system is still ~ to me* je ne suis pas encore habitué à ce système; *I'm ~ to the job* je suis nouveau dans le métier?; *that's nothing ~* vous ne m'apprenez rien

'new·born *adj* nouveau-né; **new·com·er** ['nuːkʌmər] nouveau venu *m*, nouvelle venue *f*; **New·found-**

land ['nuːfʌndlænd] Terre-Neuve *f*

new·ly ['nuːlɪ] *adv (recently)* récemment, nouvellement

'new·ly-weds [wedz] *npl* jeunes mariés *mpl*

new 'moon nouvelle lune *f*

news [nuːz] *nsg* nouvelle(s) *f(pl)*; *on TV, radio* informations *fpl*; *that's ~ to me!* on en apprend tous les jours!

'news a·gen·cy agence *f* de presse; **'news·cast** TV journal *m* télévisé; **'news·cast·er** TV présentateur (-trice) *m(f)*; **'news·deal·er** marchand(e) *m(f)* de journaux; **'news flash** flash *m* d'information; **'news·pa·per** journal *m*; **'news·read·er** TV *etc* présentateur(-trice) *m(f)*; **'news re·port** reportage *m*; **'news·stand** kiosque *m* à journaux; **'news·ven·dor** vendeur(-euse) *m(f)* de journaux

'New Year nouvel an *m*; *Happy ~!* Bonne année!; **New Year's 'Day** jour *m* de l'an; **New Year's 'Eve** la Saint-Sylvestre; **New Zea·land** ['ziːlənd] la Nouvelle-Zélande *f*; **New Zea·land·er** ['ziːləndər] Néo--Zélandais(e) *m(f)*

next [nekst] **1** *adj* prochain; *the ~ house / door* la maison / porte de à côté; *the ~ week / month he came back again* il est revenu la semaine suivante / le mois suivant; *who's ~?* *to be served, interviewed etc* c'est à qui (le tour)? **2** *adv (after)* ensuite, après; *~ to (beside, in comparison with)* à côté de

next-'door 1 *adj neighbor* d'à côté **2** *adv live* à côté

next of 'kin parent *m* le plus proche; *have the ~ been informed?* est-ce qu'on a prévenu la famille?

nib·ble ['nɪbl] *v/t cheese* grignoter; *ear* mordiller

nice [naɪs] *adj* agréable; *person also* sympathique; *house, hair* beau*; *be ~ to your sister!* sois gentil* avec ta sœur!; *that's very ~ of you* c'est très gentil de votre part

nice·ly ['naɪslɪ] *adv written, presented, welcome, treat* bien; *(pleasantly)*

N

agréablement, joliment

ni·ce·ties ['naɪsətɪz] *npl*: **social ~** mondanités *fpl*

niche [niːʃ] *in market* créneau *m*; (*special position*) place *f*

nick [nɪk] *n on face, hand* coupure *f*; **in the ~ of time** juste à temps

nick·el ['nɪkl] nickel *m*; *coin* pièce *f* de cinq cents

'nick·name *n* surnom *n*

niece [niːs] nièce *f*

nig·gard·ly ['nɪgərdlɪ] *adj amount* maigre; *person* avare

night [naɪt] nuit *f*; (*evening*) soir *m*; **to·morrow ~** demain soir; **11 o'clock at ~** onze heures du soir; **travel by ~** voyager de nuit; **during the ~** pendant la nuit; **stay the ~** passer la nuit; **work ~s** travailler de nuit; **good ~** *going to bed* bonne nuit; *leaving office, friends' house etc* bonsoir; **in the middle of the ~** en pleine nuit

'night·cap *drink* boisson *f* du soir; **'night·club** boîte *f* de nuit; **'night·dress** chemise *f* de nuit; **'night·fall**: **at ~** à la tombée de la nuit; **'night flight** vol *m* de nuit; **'night·gown** chemise *f* de nuit

nigh·tin·gale ['naɪtɪŋgeɪl] rossignol *m*

night·ly ['naɪtlɪ] **1** *adj* de toutes les nuits; *in evening* de tous les soirs **2** *adv* toutes les nuits; *in evening* tous les soirs

'night·mare *also fig* cauchemar *m*; **'night por·ter** gardien *m* de nuit; **'night school** cours *mpl* du soir; **'night shift** équipe *f* de nuit; **'night·shirt** chemise *f* de nuit (d'homme); **'night·spot** boîte *f* (de nuit); **'night·time**: **at ~, in the ~** la nuit

nil [nɪl] *Br* zéro

nim·ble ['nɪmbl] *adj* agile; *mind* vif*

nine [naɪn] neuf

nine·teen [naɪn'tiːn] dix-neuf

nine·teenth [naɪn'tiːnθ] dix-neuvième; → **fifth**

nine·ti·eth ['naɪntɪθ] quatre-vingt-dixième

nine·ty ['naɪntɪ] quatre-vingt-dix

ninth [naɪnθ] neuvième; → **fifth**

nip [nɪp] *n* (*pinch*) pincement *m*; (*bite*) morsure *f*

nip·ple ['nɪpl] mamelon *m*

ni·tro·gen ['naɪtrədʒn] azote *m*

no [nou] **1** *adv* non **2** *adj* aucun, pas de; **there's ~ coffee left** il ne reste plus de café; **I have ~ family / money** je n'ai pas de famille / d'argent; **I have ~ idea** je n'en ai aucune idée; **I'm ~ linguist / expert** je n'ai rien d'un linguiste / expert; **~ smoking / parking** défense de fumer / de stationner

no·bil·i·ty [nou'bɪlətɪ] noblesse *f*

no·ble ['noubl] *adj* noble

no·bod·y ['noubɑdɪ] **1** *pron* personne *m*; **~ knows** personne ne le sait; **there was ~ at home** il n'y avait personne **2** *n*: **he's a ~** c'est un nul

nod [nɑd] **1** *n* signe *m* de tête **2** *v/i* (*pret & pp* **-ded**) faire un signe de tête

♦ **nod off** *v/i* (*fall asleep*) s'endormir

no-hop·er [nou'houpər] F raté(e) *m(f)* F

noise [nɔɪz] bruit *m*

nois·y ['nɔɪzɪ] *adj* bruyant; **be ~** *of person* faire du bruit

nom·i·nal ['nɑːmɪnl] *adj* nominal; (*to·ken*) symbolique

nom·i·nate ['nɑːmɪneɪt] *v/t* (*appoint*) nommer; **~ s.o. for a post** (*propose*) proposer qn pour un poste

nom·i·na·tion [nɑːmɪ'neɪʃn] (*appointment*) nomination *f*; (*person proposed*) candidat *m*; **who was your ~?** qui aviez-vous proposé pour le poste?

nom·i·nee [nɑːmɪ'niː] candidat *m*

non ... [nɑːn] non ...

non·al·co·hol·ic [nɑːnælkə'hɔːlɪk] *adj* non alcoolisé

non·a·ligned [nɑːnə'laɪnd] *adj* non-aligné

non·cha·lant [nɑːnʃə'lɑːnt] *adj* nonchalant

non·com·mis·sioned 'of·fi·cer [nɑːnkəmɪʃnd] sous-officier *m*

non·com·mit·tal [nɑːnkə'mɪtl] *adj person, response* évasif*

non·de·script ['nɑːndɪskrɪpt] *adj* quelconque; *color* indéfinissable

none [nʌn] *pron* aucun(e); **~ of the students** aucun des étudiants; **there is / are ~ left** il n'en reste plus; **~ of the water was left** il ne restait pas une seule goutte d'eau

non·en·ti·ty [nɑːnˈentətɪ] être *m* insignifiant

none·the·less [nʌnðəˈles] *adv* néanmoins

non·ex·ist·ent *adj* inexistant

non·fic·tion ouvrages *mpl* non littéraires

non-(in)ˈflam·ma·ble *adj* ininflammable

non·in·ter·fer·ence non-ingérence *f*

non·in·ter·ven·tion non-intervention *f*

non-ˈi·ron *adj shirt* infroissable

ˈno-no: that's a ~ F c'est hors de question

no-ˈnon·sense *adj approach* pragmatique

non·pay·ment non-paiement *m*

non·pol·lut·ing *adj* non polluant

non·res·i·dent *n* non-résident *m*; *in hotel* client *m* de passage

non·re·turn·a·ble *adj deposit* non remboursable

non·sense [ˈnɑːnsəns] absurdité(s) *f(pl)*; **don't talk ~** ne raconte pas n'importe quoi; **~, it's easy!** mais non, c'est facile!, n'importe quoi, c'est facile!

non·skid *adj tires* antidérapant

non·slip *adj surface* antidérapant

non·smok·er *person* non-fumeur (-euse) *m(f)*

non·stand·ard *adj* non standard *inv*; *use of word* impropre

non·stick *adj pan* antiadhésif*

non·stop 1 *adj flight, train* direct; *chatter* incessant 2 *adv fly, travel* sans escale; *chatter, argue* sans arrêt

non·swim·mer: be a ~ ne pas savoir nager

non·u·nion *adj worker* non syndiqué

non·vi·o·lence non-violence *f*

non·vi·o·lent *adj* non-violent

noo·dles [ˈnuːdlz] *npl* nouilles *fpl*

nook [nʊk] coin *m*

noon [nuːn] midi *m*; **at ~** à midi

noose [nuːs] nœud *m* coulant

nor [nɔːr] *conj* ni; **I neither know ~ care what he's doing** je ne sais pas ce qu'il fait et ça ne m'intéresse pas non plus; **~ do I** moi non plus

norm [nɔːrm] norme *f*

nor·mal [ˈnɔːrml] *adj* normal

nor·mal·i·ty [nɔːrˈmælətɪ] normalité *f*

nor·mal·ize [ˈnɔːrməlaɪz] *v/t relationships* normaliser

nor·mal·ly [ˈnɔːrməlɪ] *adv* normalement

Norman 1 *adj* normand 2 *n* Normand(e) *m(f)*

north [nɔːrθ] 1 *n* nord *m*; **to the ~ of** au nord de 2 *adj* nord *inv*; *wind du* nord; **~ Chicago** le nord de Chicago 3 *adv travel* vers le nord; **~ of** au nord de

North A·mer·i·ca Amérique *f* du Nord; **North A·mer·i·can** 1 *adj* nord-américain 2 *n* Nord-Américain(e) *m(f)*; **north·east** 1 *n* nord-est *m* 2 *adj* nord-est *inv*; *wind* du nord-est 3 *adv travel* vers le nord-est; **~ of** au nord-est de

nor·ther·ly [ˈnɔːrðərlɪ] *adj wind* du nord; *direction* vers le nord

nor·thern [ˈnɔːrðərn] du nord

nor·thern·er [ˈnɔːrðərnər] habitant *m* du Nord

North Ko·re·a Corée *f* du Nord; **North Ko·re·an** *adj* nord-coréen* 2 *n* Nord-Coréen(ne) *m(f)*; **North ˈPole** pôle *m* Nord; **North ˈSea** Mer *f* du Nord

north·ward [ˈnɔːrθwərd] *adv travel* vers le nord

north·west [nɔːrðˈwest] 1 *n* nord--ouest *m* 2 *adj* nord-ouest *inv*; *wind* du nord-ouest 3 *adv travel* vers le nord-ouest; **~ of** au nord-ouest de

Nor·way [ˈnɔːrweɪ] Norvège *f*

Nor·we·gian [nɔːrˈwiːdʒn] 1 *adj* norvégien* 2 *n* Norvégien(ne) *m(f)*; *language* norvégien *m*

nose [noʊz] nez *m*; **it was right under my ~!** c'était juste sous mon nez

♦ **nose around** *v/i* F fouiner, fureter

ˈnose·bleed: have a ~ saigner du nez

nos·tal·gia [nɑːˈstældʒə] nostalgie *f*

nos·tal·gic [nɑːˈstældʒɪk] *adj* nostalgique

nos·tril ['nɑːstrəl] narine *f*

nos·y ['nouzi] *adj* F curieux*, indiscret*

not [nɑːt] *adv* ◊ *with verbs* ne … pas; **it's ~ allowed** ce n'est pas permis; **he didn't help** il n'a pas aidé ◊ *pas;* ~ **now** pas maintenant; ~ **there** pas là; ~ **a lot** pas beaucoup

no·ta·ble ['noutəbl] *adj* notable

no·ta·ry ['noutəri] notaire *m*

notch [nɑːtʃ] *n* entaille *f*

note [nout] *n* MUS, (*memo to self, comment on text*) note *f*; (*short letter*) mot *m*; **take ~s** prendre des notes; **take ~ of sth** noter qch, prendre note de qch

♦ **note down** *v/t* noter

'**note·book** carnet *m*; COMPUT ordinateur *m* bloc-notes

not·ed ['noutɪd] *adj* célèbre

'**note·pad** bloc-notes *m*

'**note·pa·per** papier *m* à lettres

noth·ing ['nʌθɪŋ] *pron* rien; **she said ~** elle n'a rien dit; ~ **but** rien que; ~ **much** pas grand-chose; **for ~** (*for free*) gratuitement; (*for no reason*) pour un rien; **I'd like ~ better** je ne demande pas mieux; ~ **new** rien de neuf

no·tice ['noutɪs] **1** *n* on bulletin board, in street affiche *f*; (*advance warning*) avertissement *m*, préavis *m*; in newspaper avis *m*; to leave job démission *f*; to leave house préavis *m*; **at short ~** dans un délai très court; **until further ~** jusqu'à nouvel ordre; **give s.o. his / her ~** to quit job congédier qn, renvoyer qn; ~ **s.o. to leave house** donner congé à qn; **hand in one's ~** to employer donner sa démission; **four weeks' ~** un préavis de quatre semaines; **take ~ of s.o. / sth** faire attention à qn / qch; **take no ~ of s.o. / sth** ne pas faire attention à qn / qch **2** *v/t* remarquer

no·tice·a·ble ['noutɪsəbl] *adj* visible

no·ti·fy ['noutɪfaɪ] *v/t* (*pret & pp* **-ied**): ~ **s.o. of sth** signaler qch à qn

no·tion ['nouʃn] idée *f*

no·tions ['nouʃnz] *npl* articles *mpl* de

mercerie

no·to·ri·ous [nou'tɔːrɪəs] *adj* notoire; **be ~ for** être bien connu pour

nou·gat ['nuːgət] nougat *m*

noun [naun] substantif *m*, nom *m*

nour·ish·ing ['nʌrɪʃɪŋ] *adj* nourrissant

nour·ish·ment ['nʌrɪʃmənt] nourriture *f*

nov·el ['nɑːvl] *n* roman *m*

nov·el·ist ['nɑːvlɪst] romancier(-ière) *m(f)*

no·vel·ty ['nɑːvəlti] nouveauté *f*

No·vem·ber [nou'vembər] novembre *m*

nov·ice ['nɑːvɪs] (*beginner*) novice *m*, débutant *m*

now [nau] *adv* maintenant; ~ **and again**, ~ **and then** de temps à autre; **by ~** maintenant; **from ~ on** dorénavant, désormais; **right ~** (*immediately*) tout de suite; (*at this moment*) à l'instant même; **just ~** (*at this moment*) en ce moment, maintenant; (*a little while ago*) à l'instant; ~, ~! allez allez!; ~, **where did I put it?** où est-ce que j'ai bien pu le mettre?

now·a·days ['nauədeɪz] *adv* aujourd'hui, de nos jours

no·where ['nouwer] *adv* nulle part; **it's ~ near finished** c'est loin d'être fini

noz·zle ['nɑːzl] of hose ajutage *m*; of engine, gas pipe etc gicleur *m*

nu·cle·ar ['nuːklɪər] *adj* nucléaire

nu·cle·ar 'en·er·gy énergie *f* nucléaire; **nu·cle·ar fis·sion** ['fɪʃn] fission *f* nucléaire; '**nu·cle·ar-free** *adj* interdit au nucléaire; **nu·cle·ar 'phys·ics** physique *f* nucléaire; **nu·cle·ar 'pow·er** energy énergie *f* nucléaire; POL puissance *f* nucléaire; **nu·cle·ar 'pow·er sta·tion** centrale *f* nucléaire; **nu·cle·ar re'ac·tor** réacteur *m* nucléaire; **nu·cle·ar 'waste** déchets *mpl* nucléaires; **nu·cle·ar 'weap·on** arme *f* nucléaire

nude [nuːd] **1** *adj* nu **2** *n* painting nu *m*; **in the ~** tout nu

nudge [nʌdʒ] *v/t* person donner un coup de coude à; *parked car* pousser (un peu)

nud·ist ['nuːdɪst] n nudiste m/f

nui·sance ['nuːsns] person, thing peste f, plaie f F; event, task ennui m; **make a ~ of o.s.** être embêtant F; **what a ~!** que c'est agaçant!

nuke [nuːk] v/t F détruire à l'arme atomique

null and 'void [nʌl] adj nul* et non avenu

numb [nʌm] adj engourdi; emotionally insensible

num·ber ['nʌmbər] **1** n nombre m; symbol chiffre m; of hotel room, house, phone ~ etc numéro m **2** v/t (put a ~ on) numéroter

nu·mer·al ['nuːmərəl] chiffre m

nu·mer·ate ['nuːmərət] adj: **be ~** savoir compter

nu·mer·ous ['nuːmərəs] adj nombreux*

nun [nʌn] religieuse f

nurse [nɜːrs] n infirmier(-ière) m(f)

nur·se·ry ['nɜːrsərɪ] (~ school) maternelle f; for plants pépinière f

'nur·se·ry rhyme comptine f; '**nur-se·ry school** école f maternelle; '**nur·se·ry school teach·er** instituteur m de maternelle

nurs·ing ['nɜːrsɪŋ] profession f d'infirmier; **she went into ~** elle est devenue infirmière

'nurs·ing home for old people maison f de retraite

nut [nʌt] (walnut) noix f; (Brazil) noix f du Brésil; (hazelnut) noisette f; (peanut) cacahuète f; for bolt écrou m; ~**s** F (testicles) couilles fpl P

'nut·crack·ers npl casse-noisettes m inv

nu·tri·ent ['nuːtrɪənt] élément m nutritif

nu·tri·tion [nuːˈtrɪʃn] nutrition f

nu·tri·tious [nuːˈtrɪʃəs] adj nutritif*

nuts [nʌts] adj F (crazy) fou*; **be ~ about s.o.** être fou de qn

'nut·shell: **in a ~** en un mot

nut·ty ['nʌtɪ] adj taste de noisettes; chocolate aux noisettes; F (crazy) fou*

ny·lon ['naɪlɑːn] **1** adj en nylon **2** n nylon m

O

oak [ouk] chêne m

oar [ɔːr] aviron m, rame f

o·a·sis [ouˈeɪsɪs] (pl oases [ouˈeɪsiːz]) also fig oasis f

oath [ouθ] LAW serment m; (swearword) juron m; **be on ~** être sous serment

oats [outs] npl avoine f

o·be·di·ence [ouˈbiːdɪəns] obéissance f

o·be·di·ent [ouˈbiːdɪənt] adj obéissant

o·be·di·ent·ly [ouˈbiːdɪəntlɪ] adv docilement

o·bese [ouˈbiːs] adj obèse

o·bes·i·ty [ouˈbiːsɪtɪ] obésité f

o·bey [ouˈbeɪ] v/t obéir à

o·bit·u·a·ry [ouˈbɪtʃuerɪ] nécrologie f

ob·ject¹ ['ɑːbdʒɪkt] n (thing) objet m; (aim) objectif m, but m; GRAM complément m d'objet

ob·ject² [əbˈdʒekt] v/i protester; **if nobody ~s** si personne n'y voit d'objection

♦ object to v/t s'opposer à; **I object to that** je ne suis pas d'accord avec ça

ob·jec·tion [əbˈdʒekʃn] objection f

ob·jec·tio·na·ble [əbˈdʒekʃnəbl] adj (unpleasant) désagréable

ob·jec·tive [əbˈdʒektɪv] **1** adj objectif* **2** n objectif m

ob·jec·tive·ly [əbˈdʒektɪvlɪ] adv objectivement

ob·jec·tiv·i·ty [ɑːbdʒekˈtɪvətɪ] objectivité f

O

ob·li·ga·tion [ɑːblɪˈgeɪʃn] obligation *f*;
be under an ~ to s.o. être redevable
(de qch) à qn, avoir une dette envers
qn

ob·lig·a·to·ry [əˈblɪgətɔːrɪ] *adj* obligatoire

o·blige [əˈblaɪdʒ] *v/t*: **much ~d!** merci
beaucoup!

o·blig·ing [əˈblaɪdʒɪŋ] *adj* serviable,
obligeant

o·blique [əˈbliːk] **1** *adj reference* indirect; *line* oblique **2** *n in punctuation*
barre *f* oblique

o·blit·er·ate [əˈblɪtəreɪt] *v/t city* détruire; *memory* effacer

o·bliv·i·on [əˈblɪvɪən] oubli *m*; **fall into
~** tomber dans l'oubli

o·bliv·i·ous [əˈblɪvɪəs] *adj*: **be ~ of to
sth** ne pas être conscient de qch

ob·long [ˈɑːblɑːŋ] **1** *adj* oblong* **2** *n*
rectangle *m*

ob·nox·ious [ɑːbˈnɑːkʃəs] *adj person*
odieux*; *smell* abominable

ob·scene [ɑːbˈsiːn] *adj* obscène; *salary, poverty* scandaleux*

ob·scen·i·ty [əbˈsenətɪ] obscénité *f*

ob·scure [əbˈskjʊr] *adj* obscur; *village*
inconnu

ob·scu·ri·ty [əbˈskjʊrətɪ] *(anonymity)*
obscurité *f*

ob·ser·vance [əbˈzɜːrvns] observance
f

ob·ser·vant [əbˈzɜːrvnt] *adj* observateur*

ob·ser·va·tion [ɑːbzərˈveɪʃn] observation *f*

ob·ser·va·to·ry [əbˈzɜːrvətɔːrɪ] observatoire *m*

ob·serve [əbˈzɜːrv] *v/t* observer, remarquer

ob·serv·er [əbˈzɜːrvər] observateur
(-trice) *m(f)*

ob·sess [ɑːbˈses] *v/t*: **be ~ed by or
with** être obsédé par

ob·ses·sion [ɑːbˈseʃn] obsession *f*
(**with** de)

ob·ses·sive [ɑːbˈsesɪv] *adj person, behavior* obsessionnel*

ob·so·lete [ˈɑːbsəliːt] *adj* obsolète

ob·sta·cle [ˈɑːbstəkl] *also fig* obstacle
m

ob·ste·tri·cian [ɑːbstəˈtrɪʃn] obstétri-
cien(ne) *m(f)*

ob·stet·rics [ɑːbˈstetrɪks] *nsg* obstétrique *f*

ob·sti·na·cy [ˈɑːbstɪnəsɪ] entêtement
m, obstination *f*

ob·sti·nate [ˈɑːbstɪnət] *adj* obstiné

ob·sti·nate·ly [ˈɑːbstɪnətlɪ] *adv* avec
obstination, obstinément

ob·struct [ɑːbˈstrʌkt] *v/t road, passage*
bloquer, obstruer; *investigation* entraver; *police* gêner

ob·struc·tion [əbˈstrʌktʃn] *on road etc*
obstacle *m*

ob·struc·tive [əbˈstrʌktɪv] *adj behavior* qui met des bâtons dans les roues;
tactics obstructionniste

ob·tain [əbˈteɪn] *v/t* obtenir

ob·tain·a·ble [əbˈteɪnəbl] *adj products*
disponible

ob·tru·sive [əbˈtruːsɪv] *adj person,
noise etc* importun; *object* voyant

ob·tuse [əbˈtuːs] *adj fig* obtus

ob·vi·ous [ˈɑːbvɪəs] *adj* évident, manifeste; *(not subtle)* flagrant, lourd

ob·vi·ous·ly [ˈɑːbvɪəslɪ] *adv* manifestement; **~!** évidemment!

oc·ca·sion [əˈkeɪʒn] *(time)* occasion *f*

oc·ca·sion·al [əˈkeɪʒənl] *adj* occasionnel*; **I like the ~ whiskey** j'aime
prendre un whisky de temps en
temps

oc·ca·sion·al·ly [əˈkeɪʒənlɪ] *adv* de
temps en temps, occasionnellement

oc·cult [əˈkʌlt] **1** *adj* occulte **2** *n*: **the ~**
les sciences *fpl* occultes

oc·cu·pant [ˈɑːkjʊpənt] occupant(e)
m(f)

oc·cu·pa·tion [ɑːkjuˈpeɪʃn] *(job)* métier *m*, profession *f*; *of country* occupation *f*

oc·cu·pa·tion·al 'ther·a·pist [ɑːkjʊ-
ˈpeɪʃnl] ergothérapeute *m/f*

oc·cu·pa·tion·al 'ther·a·py ergothérapie *f*

oc·cu·py [ˈɑːkjupaɪ] *v/t (pret & pp
-ied)* occuper; **~ one's mind** s'occuper l'esprit

oc·cur [əˈkɜːr] *v/i (pret & pp -red)*
(happen) avoir lieu, se produire; *it
~red to me that ...* il m'est venu à

l'esprit que …

oc·cur·rence [əˈkɜːrəns] (*event*) fait *m*

o·cean [ˈouʃn] océan *m*

o·cean·og·ra·phy [ouʃnˈɑːgrəfɪ] océanographie *f*

o'clock [əˈklɑːk]: *at five ~* à cinq heures

Oc·to·ber [ɑːkˈtoubər] octobre *m*

oc·to·pus [ˈɑːktəpəs] pieuvre *f*

OD [ouˈdiː] *v/i* F: *~ on drug* faire une overdose de

odd [ɑːd] *adj* (*strange*) bizarre; (*not even*) impair; *the ~ one out* l'intrus; *50 ~* 50 et quelques, une cinquantaine

'odd·ball F original *m*

odds [ɑːdz] *npl*: *be at ~ with* être en désaccord avec; *the ~ are 10 to one betting* la cote est à 10 contre 1; *the ~ are that …* il y a de fortes chances que …; *against all the ~* contre toute attente

odds and 'ends *npl* petites choses *fpl*, bricoles *fpl*

'odds-on *adj*: *the ~ favorite* le grand favori

o·di·ous [ˈoudɪəs] *adj* odieux*

o·dom·e·ter [ouˈdɑːmətər] odomètre *m*

o·dor, *Br* **o·dour** [ˈoudər] odeur *f*

of [ɑːv], [əv] *prep* possession de; *the name ~ the street / hotel* le nom de la rue / de l'hôtel; *the color ~ the paper* la couleur du papier; *the works ~ Dickens* les œuvres de Dickens; *five minutes ~ ten* dix heures moins cinq; *die ~ cancer* mourir d'un cancer; *love ~ money / adventure* l'amour de l'argent / l'aventure; *~ the three this is …* des trois, c'est …; *that's nice ~ him* c'est gentil de sa part

off [ɑːf] **1** *prep*: *~ the main road away from* en retrait de la route principale; *near* près de la route principale; *$20 ~ the price* 20 dollars de réduction; *he's ~ his food* il n'a pas d'appétit **2** *adv*: *be ~ of light, TV, machine* être éteint; *of brake* être desserré; *of lid, top* ne pas être mis; *not at work* ne pas être là; *canceled* être annulé;

we're ~ tomorrow leaving nous partons demain; *I'm ~ to New York* je m'en vais à New York; *I must be ~* il faut que je m'en aille (*subj*); *with his pants / hat ~* sans son pantalon / chapeau; *take a day ~* prendre un jour de congé; *it's 3 miles ~* c'est à 3 miles; *it's a long way ~* c'est loin; *he got into his car and drove ~* il est monté dans sa voiture et il est parti; *~ and on* de temps en temps **3** *adj*: *the ~ switch* le bouton d'arrêt

of·fence *Br* → **offense**

of·fend [əˈfend] *v/t* (*insult*) offenser, blesser

of·fend·er [əˈfendər] LAW délinquant(e) *m(f)*

of·fense [əˈfens] LAW *minor* infraction *f*; *serious* délit *m*; *take ~ at sth* s'offenser de qch

of·fen·sive [əˈfensɪv] **1** *adj behavior, remark* offensant, insultant; *smell* repoussant **2** *n* MIL offensive *f*; *go on(to) the ~* passer à l'offensive

of·fer [ˈɑːfər] **1** *n* offre *f* **2** *v/t* offrir; *~ s.o. sth* offrir qch à qn

off·hand 1 *adj attitude* désinvolte **2** *adv* comme ça

of·fice [ˈɑːfɪs] bureau *m*; (*position*) fonction *f*

'of·fice block immeuble *m* de bureaux

'of·fice hours *npl* heures *fpl* de bureau

of·fi·cer [ˈɑːfɪsər] MIL officier *m*; *in police* agent *m* de police

of·fi·cial [əˈfɪʃl] **1** *adj* officiel* **2** *n civil servant etc* fonctionnaire *m/f*

of·fi·cial·ly [əˈfɪʃlɪ] *adv* officiellement; (*strictly speaking*) en théorie

of·fi·ci·ate [əˈfɪʃɪeɪt] *v/i* officier

of·fi·cious [əˈfɪʃəs] *adj* trop zélé

'off-line 1 *adj* hors connexion **2** *adv work* hors connexion; *go ~* se déconnecter

'off-peak *adj rates* en période creuse

'off-sea·son 1 *adj rates, vacation* hors-saison **2** *n* basse saison *f*

'off·set *v/t* (*pret & pp* **-set**) *losses, disadvantage* compenser

'off·shore *adj* offshore

O

'off·side 1 *adj Br wheel etc* côté conducteur **2** *adv SP* hors jeu

'off·spring progéniture *f*

'off-the-rec·ord *adj* officieux*

'off-white *adj* blanc cassé *inv*

of·ten ['ɑːfn] *adv* souvent; *how ~ do you go there?* vous y allez tous les combien?; *how ~ have you been there?* combien de fois y êtes-vous allé?; *every so ~* de temps en temps

oil [ɔɪl] **1** *n* huile *f*; *petroleum* pétrole *m* **2** *v/t* lubrifier, huiler

'oil change vidange *f*; **'oil com·pa·ny** compagnie *f* pétrolière; **'oil·field** champ *m* pétrolifère; **oil-fired** ['ɔɪlfaɪrd] *adj central heating* au mazout; **'oil paint·ing** peinture *f* à l'huile; **'oil-pro·duc·ing coun·try** pays *m* producteur de pétrole; **'oil re·fin·e·ry** raffinerie *f* de pétrole; **'oil rig** *at sea* plate-forme *f* de forage; *on land* tour *f* de forage; **'oil-skins** *npl* ciré *m*; **'oil slick** marée *f* noire; **'oil tank·er** *ship* pétrolier *m*; **'oil well** puits *m* de pétrole

oil·y ['ɔɪlɪ] *adj* graisseux*; *skin, hair* gras*

oint·ment ['ɔɪntmənt] pommade *f*

ok [oʊˈkeɪ] *adj & adv* F: *can I? - ~* je peux? - d'accord; *is it ~ with you if ...?* ça te dérange si ...?; *does that look ~?* est-ce que ça va?; *that's ~ by me* ça me va; *are you ~?* (*well, not hurt*) ça va?; *are you ~ for Friday?* tu es d'accord pour vendredi?; *he's ~* (*is a good guy*) il est bien; *is this bus ~ for ...?* est-ce que ce bus va à ...?

old [oʊld] *adj* vieux*; (*previous*) ancien*; *how ~ is he?* quel âge a-t--il?; *he's getting ~* il vieillit

old 'age vieillesse *f*

old-fash·ioned [oʊldˈfæʃnd] *adj* démodé

ol·ive ['ɑːlɪv] olive *f*

'ol·ive oil huile *f* d'olive

O·lym·pic Games [əˈlɪmpɪk] *npl* Jeux *mpl* Olympiques

om·e·let, *Br* **om·e·lette** ['ɑːmlət] omelette *f*

om·i·nous ['ɑːmɪnəs] *adj signs* inquié-

tant

o·mis·sion [oʊˈmɪʃn] omission *f*

o·mit [oʊˈmɪt] *v/t* (*pret & pp* **-ted**) ometttre; *~ to do sth* omettre de faire qch

om·nip·o·tent [ɑːmˈnɪpətənt] *adj* omnipotent

om·nis·ci·ent [ɑːmˈnɪsɪənt] *adj* omniscient

on [ɑːn] **1** *prep* sur; *~ the table* sur la table; *~ the bus / train* dans le bus / train; *~ the island / ~ Haiti* sur l'île / à Haïti; *~ the third floor* au deuxième étage; *~ TV / the radio* à la télé / radio; *hang sth ~ the wall* accrocher qch au mur; *don't put anything ~ it* ne pose rien dessus; *~ Sunday* dimanche; *~ Sundays* le dimanche; *~ the 1st of ...* le premier ...; *this is ~ me* (*I'm paying*) c'est moi qui paie; *have you any money ~ you?* as-tu de l'argent sur toi?; *~ his arrival* à son arrivée; *~ his departure* au moment de son départ; *~ hearing this* en entendant ceci **2** *adv: be ~ of light,* TV*, computer etc* être allumé; *of brake* être serré; *of lid, top* être mis; *of program: being broadcast* passer; *of meeting etc: be scheduled to happen* avoir lieu; *what's ~ tonight?* *on* TV *etc* qu'est-ce qu'il y a ce soir?; (*what's planned?*) qu'est-ce qu'on fait ce soir?; *with his jacket / hat ~* sa veste sur le dos / son chapeau sur la tête; *you're ~* (*I accept your offer etc*) c'est d'accord; *that's not ~* (*not allowed, not fair*) cela ne se fait pas; *~ you go* (*go ahead*) vas-y; *walk / talk ~* continuer à marcher / parler; *and so ~* et ainsi de suite; *~ and ~ talk* pendant des heures **3** *adj: the ~ switch* le bouton marche

once [wʌns] **1** *adv* (*one time*) une fois; (*formerly*) autrefois; *~ again, ~ more* encore une fois; *at ~* (*immediately*) tout de suite; *all at ~* (*suddenly*) tout à coup; (*all*) *at ~* (*together*) tous en même temps; *~ upon a time there was ...* il était une fois ...; *~ in a while* de temps en temps; *~ and for all* une fois pour toutes; *for ~*

pour une fois **2** *conj* une fois que; **~ you have finished** une fois que tu auras terminé

one [wʌn] **1** *n number* un *m* **2** *adj* un(e); **~ day** un jour; **that's ~ fierce dog** c'est un chien vraiment féroce **3** *pron* ◊: **~ is bigger than the other** l'un(e) est plus grand(e) que l'autre; **which ~?** lequel / laquelle?; **~ by ~** un(e) à la fois; **the little ~s** les petits *mpl*; **I for ~** pour ma part ◊ *fml* on; **what can ~ say / do?** qu'est-ce qu'on peut dire / faire? ◊: **~ another** l'un(e) l'autre; **we help ~ another** nous nous entraidons; **they respect ~ another** ils se respectent

one-'off *n*: **be ~** être unique; (*exception*) être exceptionnel*

one-par·ent 'fam·i·ly famille *f* monoparentale

one'self *pron*: **hurt ~** se faire mal; **for ~** pour soi *or* soi-même; **do sth by ~** faire qch tout seul

one-sid·ed [wʌn'saɪdɪd] *adj* discussion, fight déséquilibré; **'one-track mind** *hum*: **have a ~** ne penser qu'à ça; **'one-way street** rue *f* à sens unique; **'one-way tick·et** aller *m* simple

on·ion ['ʌnjən] oignon *m*

'on-line *adj & adv* en ligne; **go ~ to** se connecter à

'on-line serv·ice COMPUT service *m* en ligne

on·look·er ['ɑːnlʊkər] spectateur (-trice) *m(f)*

on·ly ['oʊnlɪ] **1** *adv* seulement; **he's ~ six** il n'a que six ans; **not ~ X but also Y** non seulement X mais aussi Y; **~ just** de justesse **2** *adj* seul, unique; **~ son / daughter** fils *m* / fille *f* unique

'on·set début *m*

'on·side: **be ~** *adv* SP ne pas être hors jeu

on-the-job 'train·ing formation *f* sur le tas

on·to ['ɑːntuː] *prep* (*on top of*) sur; **the police are ~ him** la police est sur sa piste

on·ward ['ɑːnwərd] *adv* en avant;

from ... ~ à partir de …

ooze [uːz] **1** *v/i of liquid, mud* suinter **2** *v/t*: **he ~s charm** il déborde de charme

o·paque [oʊ'peɪk] *adj glass* opaque

OPEC ['oʊpek] *abbr* (= **Organization of Petroleum Exporting Countries**) OPEP *f* (= Organisation des pays exportateurs de pétrole)

o·pen ['oʊpən] **1** *adj* ouvert; *relationship* libre; *countryside* découvert, dégagé; **in the ~ air** en plein air; **be ~ to abuse** présenter des risques d'abus **2** *v/t* ouvrir **3** *v/i of door, shop, flower* s'ouvrir

♦ **open up** *v/i of person* s'ouvrir

o·pen-'air *adj meeting, concert* en plein air; *pool* découvert; **'o·pen day** journée *f* portes ouvertes; **o·pen-end·ed** [oʊpn'endɪd] *adj contract etc* flexible

o·pen·ing ['oʊpənɪŋ] *in wall etc* ouverture *f*; *of film, novel etc* début *m*; (*job*) poste *m* (vacant)

'o·pen·ing hours *npl* heures *fpl* d'ouverture

o·pen·ly ['oʊpənlɪ] *adv* (*honestly, frankly*) ouvertement

o·pen-mind·ed [oʊpən'maɪndɪd] *adj* à l'esprit ouvert, ouvert; **o·pen 'plan of·fice** bureau *m* paysagé; **'o·pen tick·et** billet *m* ouvert

op·e·ra ['ɑːpərə] opéra *m*

'op·e·ra glass·es *npl* jumelles *fpl* de théâtre; **'op·e·ra house** opéra *m*; **'op·e·ra sing·er** chanteur(-euse) *m(f)* d'opéra

op·e·rate ['ɑːpəreɪt] **1** *v/i of company* opérer; *of airline, bus service* circuler; *of machine* fonctionner; MED opérer **2** *v/t machine* faire marcher

♦ **operate on** *v/t* MED opérer

op·e·rat·ing in·struc·tions ['ɑːpəreɪtɪŋ] *npl* mode *m* d'emploi; **'op·e·rat·ing room** MED salle *f* d'opération; **'op·e·rat·ing sys·tem** COMPUT système *m* d'exploitation

op·e·ra·tion [ɑːpə'reɪʃn] MED opération *f* (chirurgicale); *of machine* fonctionnement *m*; **~s of company** activités *fpl*; **have an ~** MED se faire opérer

op·e·ra·tor ['ɑːpəreɪtər] *of machine*

opérateur(-trice) *m(f)*; (*tour ~*) tour-opérateur *m*, voyagiste *m*; TELEC standardiste *m/f*

oph·thal·mol·o·gist [ɑːpθælˈmɑːlə-dʒɪst] ophtalmologue *m/f*

o·pin·ion [əˈpɪnjən] opinion *f*; **in my ~** à mon avis

o'pin·ion poll sondage *m* d'opinion

op·po·nent [əˈpounənt] adversaire *m/f*

op·por·tune [ˈɑːpərtuːn] *adj fml* opportun

op·por·tun·ist [ɑːpərˈtuːnɪst] opportuniste *m/f*

op·por·tu·ni·ty [ɑːpərˈtuːnətɪ] occasion *f*

op·pose [əˈpouz] *v/t* s'opposer à; **be ~d to** être opposé à; **as ~d to** contrairement à

op·po·site [ˈɑːpəzɪt] **1** *adj* opposé; *meaning* contraire; **the ~ sex** l'autre sexe **2** *adv* en face; **the house ~** la maison *f* en face **3** *prep* en face de **4** *n* contraire *m*; **they're ~s in character** ils ont des caractères opposés

op·po·site 'num·ber homologue *m/f*

op·po·si·tion [ɑːpəˈzɪʃn] opposition *f*

op·press [əˈpres] *v/t people* opprimer

op·pres·sive [əˈpresɪv] *adj rule, dictator* oppressif*; *weather* oppressant

opt [ɑːpt] *v/t*: **~ to do sth** choisir de faire qch

op·ti·cal il·lu·sion [ˈɑːptɪkl] illusion *f* d'optique

op·ti·cian [ɑːpˈtɪʃn] opticien(ne) *m(f)*

op·ti·mism [ˈɑːptɪmɪzəm] optimisme *m*

op·ti·mist [ˈɑːptɪmɪst] optimiste *m/f*

op·ti·mist·ic [ɑːptɪˈmɪstɪk] *adj* optimiste

op·ti·mist·ic·al·ly [ɑːptɪˈmɪstɪklɪ] *adv* avec optimisme

op·ti·mum [ˈɑːptɪməm] **1** *adj* optimum *inv in feminine*, optimal **2** *n* optimum *m*

op·tion [ˈɑːpʃn] option *f*; **I had no ~ but to …** je n'ai pas pu faire autrement que de …

op·tion·al [ˈɑːpʃnl] *adj* facultatif*

op·tion·al 'ex·tras *npl* options *fpl*

or [ɔːr] *conj* ou; **~ else!** sinon …

o·ral [ˈɔːrəl] *adj exam* oral; *hygiene* den-

taire; *sex* buccogénital

or·ange [ˈɔːrɪndʒ] **1** *adj color* orange *inv* **2** *n fruit* orange *f*; *color* orange *m*

or·ange·ade *still* orangeade *f*; *carbonated* soda *m* à l'orange

'or·ange juice jus *m* d'orange

or·a·tor [ˈɔːrətər] orateur(-trice) *m(f)*

or·bit [ˈɔːrbɪt] **1** *n of earth* orbite *f*; **send into ~ satellite** mettre sur orbite **2** *v/t the earth* décrire une orbite autour de

or·chard [ˈɔːrtʃərd] verger *m*

or·ches·tra [ˈɔːrkəstrə] orchestre *m*

or·chid [ˈɔːrkɪd] orchidée *f*

or·dain [ɔːrˈdeɪn] *v/t priest* ordonner

or·deal [ɔːrˈdiːl] épreuve *f*

or·der [ˈɔːrdər] **1** *n* ordre *m*; *for goods, in restaurant* commande *f*; **an ~ of fries** une portion de frites; **in ~ to** pour; **out of ~** (*not functioning*) hors service; (*not in sequence*) pas dans l'ordre **2** *v/t* (*put in sequence, proper layout*) ranger; *goods, meal* commander; **~ s.o. to do sth** ordonner à qn de faire qch **3** *v/i in restaurant* commander

or·der·ly [ˈɔːrdərlɪ] **1** *adj lifestyle* bien réglé **2** *n in hospital* aide-soignant *m*

or·di·nal num·ber [ˈɔːrdɪnl] ordinal *m*

or·di·nar·i·ly [ɔːrdɪˈnerɪlɪ] *adv* (*as a rule*) d'habitude

or·di·nar·y [ˈɔːrdɪnerɪ] *adj* ordinaire

ore [ɔːr] minerai *m*

or·gan [ˈɔːrgən] ANAT organe *m*; MUS orgue *m*

or·gan·ic [ɔːrˈgænɪk] *adj food, fertilizer* biologique

or·gan·i·cal·ly [ɔːrˈgænɪklɪ] *adv grown* biologiquement

or·gan·ism [ˈɔːrgənɪzm] organisme *m*

or·gan·i·za·tion [ɔːrgənərˈzeɪʃn] organisation *f*

or·gan·ize [ˈɔːrgənaɪz] *v/t* organiser

or·gan·iz·er [ˈɔːrgənaɪzər] *person* organisateur(-trice) *m(f)*; *electronic* agenda *m* électronique

or·gasm [ˈɔːrgæzm] orgasme *m*

O·ri·ent [ˈɔːriənt] Orient *m*

o·ri·ent [ˈɔːriənt] *v/t* (*direct*) orienter; **~ o.s.** (*get bearings*) s'orienter

O·ri·en·tal [ɔːriˈentl] **1** *adj* oriental **2** *n*

Oriental(e) *m(f)*

or·i·gin ['ɒrɪdʒɪn] origine *f*

o·rig·i·nal [ə'rɪdʒənl] **1** *adj (not copied)* original; *(first)* d'origine, initial **2** *n painting etc* original *m*

o·rig·i·nal·i·ty [ərɪdʒə'nælətɪ] originalité *f*

o·rig·i·nal·ly [ə'rɪdʒənəlɪ] *adv* à l'origine; *(at first)* au départ

o·rig·i·nate [ə'rɪdʒɪneɪt] **1** *v/t* scheme, idea être à l'origine de **2** *v/i* of idea, belief émaner (**from** de); of family être originaire (**from** de)

o·rig·i·na·tor [ə'rɪdʒɪneɪtər] of scheme etc auteur *m*, initiateur *m*; **he's not an ~** il n'a pas l'esprit d'initiative

or·na·ment ['ɔːrnəmənt] *n* ornement *m*

or·na·men·tal [ɔːrnə'mentl] *adj* décoratif*

or·nate [ɔːr'neɪt] *adj* architecture chargé; prose style fleuri

or·phan ['ɔːrfn] *n* orphelin(e) *m(f)*

or·phan·age ['ɔːrfənɪdʒ] orphelinat *m*

or·tho·dox ['ɔːrθədɑːks] *adj* REL, fig orthodoxe

or·tho·pe·dic, *Br also* **or·tho·pae·dic** [ɔːrθə'piːdɪk] *adj* orthopédique

os·ten·si·bly [ɑː'stensəblɪ] *adv* en apparence

os·ten·ta·tion [ɑːsten'teɪʃn] ostentation *f*

os·ten·ta·tious [ɑːsten'teɪʃəs] *adj* prétentieux*, tape-à-l'œil *inv*

os·ten·ta·tious·ly [ɑːsten'teɪʃəslɪ] *adv* avec ostentation

os·tra·cize ['ɑːstrəsaɪz] *v/t* frapper d'ostracisme

oth·er ['ʌðər] **1** *adj* autre; **the ~ day** *(recently)* l'autre jour; **every ~ day / person** un jour / une personne sur deux; **~ people** d'autres **2** *n*: **the ~** l'autre *m/f*

oth·er·wise ['ʌðərwaɪz] **1** *conj* sinon **2** *adv (differently)* autrement

ot·ter ['ɑːtər] loutre *f*

ought [ɒːt] *v/aux*: **I / you ~ to know** je / tu devrais le savoir; **you ~ to have done it** tu aurais dû le faire

ounce [aʊns] once *f*

our ['aʊər] *adj* notre; *pl* nos

ours ['aʊərz] *pron* le nôtre, la nôtre; *pl* les nôtres; **it's ~** c'est à nous

our·selves [aʊr'selvz] *pron* nous-mêmes; *reflexive* nous; *after prep* nous; **by ~** tout seuls, toutes seules

oust [aʊst] *v/t from office* évincer

out [aʊt] *adv*: **be ~** *of light, fire* être éteint; *of flower* être épanoui, être en fleur; *of sun* briller; *(not at home, not in building)* être sorti; *of calculations* être faux*; *(be published)* être sorti; *of secret* être connu; *(no longer in competition)* être éliminé; *(no longer in fashion)* être passé de mode; **~ here in Dallas** ici à Dallas; **he's in the garden** il est dans le jardin; **(get) ~!** dehors!; **(get) ~ of my room!** sors de ma chambre!; **that's ~!** (~ of the question) hors de question!; **he's ~ to win** *(fully intends to)* il est bien décidé à gagner

out·board 'mo·tor moteur *m* hors-bord

'out·break of war déclenchement *m*; of violence éruption *f*

'out·build·ing dépendance *f*

'out·burst emotional accès *m*, crise *f*

'out·cast exclu(e) *m(f)*

'out·come résultat *m*

'out·cry tollé *m*

out'dat·ed *adj* démodé, dépassé

out'do *v/t (pret* **-did**, *pp* **-done)** surpasser

out'door *adj* activities de plein air; life au grand air; toilet extérieur

out'doors *adv* dehors

out·er ['aʊtər] *adj* wall etc extérieur

out·er 'space espace *m* extra-atmosphérique

'out·fit *(clothes)* tenue *f*, ensemble *m*; *(company, organization)* boîte *f* F

'out·go·ing *adj* flight en partance; personality extraverti; president sortant

out'grow *v/t (pret* **-grew**, *pp* **-grown)** old ideas abandonner avec le temps; clothes devenir trop grand pour

out·ing ['aʊtɪŋ] *(trip)* sortie *f*

out'last *v/t* durer plus longtemps que; person survivre à

'out·let of pipe sortie *f*; for sales point *m* de vente

'out·line 1 n silhouette f; of plan, novel esquisse f **2** v/t plans etc ébaucher

out·live v/t survivre à

'out·look (prospects) perspective f

out·ly·ing ['aʊtlaɪɪŋ] adj areas périphérique, excentré

out·num·ber v/t être plus nombreux que

out of prep ◇ motion de, hors de; **run ~ the house** sortir de la maison en courant ◇ position: **20 miles ~ De·troit** à 32 kilomètres de Détroit ◇ cause par; **~ jealousy** par jalousie ◇ without: **we're ~ gas / beer** nous n'avons plus d'essence / de bière ◇ from a group sur; **5 ~ 10** 5 sur 10 ◇: **made ~ wood** en bois

out-of-'date adj dépassé; (expired) périmé

out-of-the-'way adj à l'écart

'out·pa·tient malade m en consultation externe

'out·pa·tients' (clin·ic) service m de consultations externes

out·per·form v/t l'emporter sur

'out·put 1 n of factory production f, rendement m; COMPUT sortie f **2** v/t (pret & pp **-ted** or **output**) (produce) produire

'out·rage 1 n feeling indignation f; act outrage m **2** v/t faire outrage à; **I was ~d to hear …** j'étais outré d'apprendre …

out·ra·geous [aʊt'reɪdʒəs] adj acts révoltant; prices scandaleux*

'out·right 1 adj winner incontesté; disaster, disgrace absolu **2** adv pay comptant; buy au comptant; kill sur le coup; refuse catégoriquement

out·run v/t (pret **-ran**, pp **-run**) distancer

'out·set début m; **from the ~** dès le début

out·shine v/t (pret & pp **-shone**) éclipser

'out·side 1 adj extérieur **2** adv dehors, à l'extérieur **3** prep à l'extérieur de; (in front of) devant; (apart from) en dehors de **4** n of building, case etc extérieur m; **at the ~** tout au plus

out·side 'broad·cast émission f en

extérieur

out·sid·er [aʊt'saɪdər] in election, race outsider m; in life étranger m

'out·size adj clothing grande taille

'out·skirts npl of town banlieue f

out·smart → **outwit**

'out·source v/t externaliser

out·spo·ken adj franc*

out·stand·ing adj exceptionnel*, remarquable; invoice, sums impayé

out·stretched ['aʊtstretʃt] adj hands tendu

out·vote v/t mettre en minorité

out·ward ['aʊtwərd] adj appearance extérieur; **~ journey** voyage m aller

out·ward·ly ['aʊtwərdlɪ] adv en apparence

out·weigh v/t l'emporter sur

out·wit v/t (pret & pp **-ted**) se montrer plus malin* que

o·val ['oʊvl] adj ovale

o·va·ry ['oʊvərɪ] ovaire m

o·va·tion [oʊ'veɪʃn] ovation f; **give s.o. a standing ~** se lever pour ovationner qn

ov·en ['ʌvn] four m

'ov·en glove, 'ov·en mitt gant m de cuisine; **'ov·en·proof** adj qui va au four; **'ov·en-read·y** adj prêt à cuire

o·ver ['oʊvər] **1** prep (above) au-dessus de; (across) de l'autre côté de; (more than) plus de; (during) pendant; **she walked ~ the street** elle traversa la rue; **travel all ~ Brazil** voyager à travers le Brésil; **you find them all ~ Brazil** vous les trouvez partout au Brésil; **she's ~ 40** elle a plus de 40 ans; **let's talk ~ a drink** discutons-en autour d'un verre; **we're ~ the worst** le pire est passé; **~ and above** en plus de **2** adv: **be ~** (finished) être fini; (left) rester; **there were just 6 ~** il n'en restait que 6; **~ to you** (your turn) c'est à vous; **~ in Japan** au Japon; **~ here** ici; **~ there** là-bas; **it hurts all ~** ça fait mal partout; **painted white all ~** peint tout en blanc; **it's all ~** c'est fini; **~ and ~ again** maintes et maintes fois; **do sth ~** (again) refaire qch

o·ver·all ['oʊvərɔːl] **1** adj length total **2**

adv measure en tout; (*in general*) dans l'ensemble

o·ver·alls ['ouvərɔːlz] *npl* bleu *m* de travail

o·ver·awe [ouvər'ɔː] *v/t* impressionner, intimider

o·ver·bal·ance *v/i of person* perdre l'équilibre

o·ver·bear·ing *adj* dominateur*

'o·ver·board *adv* par-dessus bord; **man ~!** un homme à la mer!; **go ~ for s.o. / sth** s'emballer pour qn / qch

'o·ver·cast *adj sky* couvert

o·ver'charge *v/t* faire payer trop cher à

'o·ver·coat pardessus *m*

o·ver'come *v/t* (*pret* **-came**, *pp* **-come**) *difficulties, shyness* surmonter; **be ~ by emotion** être submergé par l'émotion

o·ver'crowd·ed *adj city* surpeuplé; *train* bondé

o·ver'do *v/t* (*pret* **-did**, *pp* **-done**) (*exaggerate*) exagérer; *in cooking* trop cuire; **you're ~ing things** tu en fais trop

o·ver'done *adj meat* trop cuit

'o·ver·dose *n* overdose *f*

'o·ver·draft découvert *m*; **have an ~** être à découvert

o·ver'draw *v/t* (*pret* **-drew**, *pp* **-drawn**) *account* mettre à découvert; **be $800 ~** avoir un découvert de 800 dollars, être à découvert de 800 dollars

o·ver'dressed [ouvər'drest] *adj* trop habillé

'o·ver·drive MOT overdrive *m*

o·ver'due *adj* en retard

o·ver·es·ti·mate *v/t abilities, value* surestimer

o·ver·ex'pose *v/t photograph* surexposer

'o·ver·flow[1] *n pipe* trop-plein *m inv*

o·ver'flow[2] *v/i of water* déborder

o·ver'grown *adj garden* envahi par les herbes; **he's an ~ baby** il est resté très bébé

o·ver'haul *v/t engine, brakes etc* remettre à neuf; *plans, voting system* remanier

'o·ver·head **1** *adj* au-dessus; **~ light** *in ceiling* plafonnier *m* **2** *n* FIN frais *mpl* généraux

o·ver'hear *v/t* (*pret & pp* **-heard**) entendre (par hasard)

o·ver'heat·ed *adj room* surchauffé; *engine* qui chauffe; *fig: economy* en surchauffe

o·ver'joyed [ouvər'dʒɔid] *adj* ravi, enchanté

'o·ver·kill: **that's ~** c'est exagéré

'o·ver·land **1** *adj transport* par terre; **~ route** voie *f* de terre **2** *adv travel* par voie de terre

o·ver'lap *v/i* (*pret & pp* **-ped**) *of tiles, periods etc* se chevaucher; *of theories* se recouper

o·ver'leaf: **see ~** voir au verso

o·ver'load *v/t vehicle, electric circuit* surcharger

o·ver'look *v/t of tall building etc* surplomber, dominer; *of window, room* donner sur; (*not see*) laisser passer

o·ver·ly ['ouvərli] *adv* trop; **not ~ ...** pas trop ...

'o·ver·night *adv stay, travel* la nuit; *fig: change, learn etc* du jour au lendemain

o·ver'paid *adj* trop payé, surpayé

'o·ver·pass pont *m*

o·ver·pop·u·lat·ed [ouvər'pɑːpjəleitid] *adj* surpeuplé

o·ver'pow·er *v/t physically* maîtriser

o·ver'pow·er·ing [ouvər'pauriŋ] *adj smell* suffocant; *sense of guilt* irrépressible

o·ver'priced [ouvər'praist] *adj* trop cher*

o·ver'rat·ed [ouvə'reitid] *adj* surfait

o·ver·re'act *v/i* réagir de manière excessive

o·ver·re'ac·tion réaction *f* disproportionnée

o·ver'ride *v/t* (*pret* **-rode**, *pp* **-ridden**) *decision etc* annuler; *technically* forcer

o·ver'rid·ing *adj concern* principal

o·ver'rule *v/t decision* annuler

o·ver'run *v/t* (*pret* **-ran**, *pp* **-run**) *country* envahir; *time* dépasser; **be ~ with** *tourists* être envahi par; *rats* être infesté de

O

o·ver·seas 1 *adj travel etc* à l'étranger
2 *adv* à l'étranger

o·ver·see *v/t* (*pret* **-saw**, *pp* **-seen**) superviser

o·ver·shad·ow *v/t fig* éclipser

'o·ver·sight omission *f*, oubli *m*

o·ver·sim·pli·fi·ca·tion [ouvərsɪmplɪfɪ'keɪʃn] schématisation *f*

o·ver·sim·pli·fy *v/t* (*pret & pp* **-ied**) schématiser

o·ver·sleep *v/i* (*pret & pp* **-slept**) se réveiller en retard

o·ver·state *v/t* exagérer

o·ver·state·ment exagération *f*

o·ver·step *v/t* (*pret & pp* **-ped**): ~ *the mark fig* dépasser les bornes

o·ver·take *v/t* (*pret* **-took**, *pp* **-taken**) *in work, development* dépasser, devancer; *Br MOT* dépasser, doubler

o·ver·throw[1] *v/t* (*pret* **-threw**, *pp* **-thrown**) *government* renverser

'o·ver·throw[2] *n of government* renversement *m*

'o·ver·time 1 *n SP* temps *m* supplémentaire, prolongation *f* 2 *adv*: *work* ~ faire des heures supplémentaires

o·ver·ture ['ouvərtʃur] *MUS* ouverture *f*; *make* ~*s to* faire des ouvertures à

o·ver·turn 1 *v/t also government* renverser 2 *v/i of vehicle* se retourner

'o·ver·view vue *f* d'ensemble

o·ver·weight *adj* trop gros*

o·ver·whelm [ouvər'welm] *v/t with work* accabler, surcharger; *with emotion* submerger; *be* ~*ed by* *by response* être bouleversé par

o·ver·whelm·ing [ouvər'welmɪŋ] *adj guilt, fear* accablant, irrépressible; *relief* énorme; *majority* écrasant

o·ver·work 1 *n* surmenage *m* 2 *v/i* se surmener 3 *v/t* surmener

owe [ou] *v/t* devoir (s.o. à qn); ~ *s.o. an apology* devoir des excuses à qn; *how much do I* ~ *you?* combien est-ce que je te dois?

ow·ing to ['ouɪŋ] *prep* à cause de

owl [aul] hibou *m*, chouette *f*

own[1] [oun] *v/t* posséder

own[2] [oun] 1 *adj* propre 2 *pron*: *an apartment of my* ~ un appartement à moi; *on my / his* ~ tout seul

♦ own up *v/i* avouer

own·er ['ounər] propriétaire *m/f*

own·er·ship ['ounərʃɪp] possession *f*, propriété *f*

ox·ide ['ɑːksaɪd] oxyde *m*

ox·y·gen ['ɑːksɪdʒən] oxygène *m*

oy·ster ['ɔɪstər] huître *f*

oz *abbr* (= *ounce(s)*)

o·zone ['ouzoun] ozone *m*

'o·zone lay·er couche *f* d'ozone

P

PA [piː'eɪ] *abbr* (= *personal assistant*) secrétaire *m/f*

pace [peɪs] 1 *n* (*step*) pas *m*; (*speed*) allure *f* 2 *v/i*: ~ *up and down* faire les cent pas

'pace·mak·er *MED* stimulateur *m* cardiaque, pacemaker *m*; *SP* lièvre *m*

Pa·cif·ic [pə'sɪfɪk]: *the* ~ (*Ocean*) le Pacifique, l'océan *m* Pacifique

pac·i·fi·er ['pæsɪfaɪər] *for baby* sucette *f*

pac·i·fism ['pæsɪfɪzm] pacifisme *m*

pac·i·fist ['pæsɪfɪst] *n* pacifiste *m/f*

pac·i·fy ['pæsɪfaɪ] *v/t* (*pret & pp* **-ied**) calmer, apaiser

pack [pæk] 1 *n* (*back*~) sac *m* à dos; *of cereal, cigarettes etc* paquet *m*; *of cards* jeu *m* 2 *v/t item of clothing etc* mettre dans ses bagages; *goods* emballer; ~ *one's bag* faire sa valise 3 *v/i* faire ses bagages

pack·age ['pækɪdʒ] 1 *n* (*parcel*) paquet *m*; *of offers etc* forfait *m* **2** *v/t in packs* conditionner; *idea, project* présenter

'**pack·age deal** *for holiday* forfait *m*

'**pack·age tour** voyage *m* à forfait

pack·ag·ing ['pækɪdʒɪŋ] *of product* conditionnement *m*; *material* emballage *m*; *of idea, project* présentation *f*; *of rock star etc* image *f* (de marque)

packed [pækt] *adj* (*crowded*) bondé

pack·et ['pækɪt] paquet *m*

pact [pækt] pacte *m*

pad[1] [pæd] **1** *n protective* tampon *m* de protection; *over wound* tampon *m*; *for writing* bloc *m* **2** *v/t* (*pret & pp -ded*) *with material* rembourrer; *speech, report* délayer

pad[2] [pæd] *v/i* (*pret & pp -ded*) (*move quietly*) marcher à pas feutrés

pad·ded ['pædɪd] *adj jacket* matelassé, rembourré

pad·ding ['pædɪŋ] *material* rembourrage *m*; *in speech etc* remplissage *m*

pad·dle[1] ['pædl] **1** *n for canoe* pagaie *f* **2** *v/i in canoe* pagayer

pad·dle[2] ['pædl] *v/i in water* patauger

pad·dock ['pædək] paddock *m*

pad·lock ['pædlɑːk] **1** *n* cadenas *m* **2** *v/t*: cadenasser; **~ sth to sth** attacher qch à qch à l'aide d'un cadenas

page[1] [peɪdʒ] *n of book etc* page *f*; **~ number** numéro *m* de page

page[2] [peɪdʒ] *v/t* (*call*) (faire) appeler

pag·er ['peɪdʒər] pager *m*, radiomessageur *m*; *for doctor* bip *m*

paid [peɪd] *pret & pp →* **pay**

paid em'ploy·ment travail *m* rémunéré

pail [peɪl] seau *m*

pain [peɪn] *n* douleur *f*; **be in ~** souffrir; **take ~s to do sth** se donner de la peine pour faire qch; **a ~ in the neck** F un casse-pieds

pain·ful ['peɪnfəl] *adj arm, leg etc* douloureux*; (*distressing*) pénible; (*laborious*) difficile

pain·ful·ly ['peɪnflɪ] *adv* (*extremely, acutely*) terriblement

'**pain·kill·er** analgésique *m*

pain·less ['peɪnlɪs] *adj* indolore; *fig* F pas méchant F

pains·tak·ing ['peɪnzteɪkɪŋ] *adj* minutieux*

paint [peɪnt] **1** *n* peinture *f* **2** *v/t* peindre **3** *v/i as art form* faire de la peinture, peindre

'**paint·brush** pinceau *m*

paint·er ['peɪntər] peintre *m*

paint·ing ['peɪntɪŋ] *activity* peinture *f*; *picture* tableau *m*

'**paint·work** peinture *f*

pair [per] paire *f*; *of people, animals, birds* couple *m*; **a ~ of shoes / sandals** une paire de chaussures / sandales; **a ~ of pants** un pantalon; **a ~ of scissors** des ciseaux *mpl*

pa·ja·ma 'jack·et veste *f* de pyjama

pa·ja·ma 'pants *npl* pantalon *m* de pyjama

pa·ja·mas [pə'dʒɑːməz] *npl* pyjama *m*

Pa·ki·stan [pækɪ'stɑːn] Pakistan *m*

Pa·ki·sta·ni [pækɪ'stɑːnɪ] **1** *adj* pakistanais **2** *n* Pakistanais(e) *m(f)*

pal [pæl] F (*friend*) copain *m*, copine *f*, pote *m* F; **hey ~, got a light?** eh toi, t'as du feu?

pal·ace ['pælɪs] palais *m*

pal·ate ['pælət] ANAT, *fig* palais *m*

pa·la·tial [pə'leɪʃl] *adj* somptueux*

pale [peɪl] *adj* pâle; **go ~** pâlir

Pal·e·stine ['pæləstaɪn] Palestine *f*

Pal·e·stin·i·an [pælə'stɪnɪən] **1** *adj* palestinien* **2** *n* Palestinien(ne) *m(f)*

pal·let ['pælɪt] palette *f*

pal·lor ['pælər] pâleur *f*

palm[1] [pɑːm] *of hand* paume *f*

palm[2] [pɑːm] *tree* palmier *m*

pal·pi·ta·tions [pælpɪ'teɪʃnz] *npl* MED palpitations *fpl*

pal·try ['pɒːltrɪ] *adj* dérisoire

pam·per ['pæmpər] *v/t* choyer, gâter

pam·phlet ['pæmflɪt] *for information* brochure *f*; *political* tract *m*

pan [pæn] **1** *n* casserole *f*; *for frying* poêle *f* **2** *v/t* (*pret & pp -ned*) F (*criticize*) démolir

♦ **pan out** *v/i* (*develop*) tourner

pan·cake ['pænkeɪk] crêpe *f*

pan·da ['pændə] panda *m*

pan·de·mo·ni·um [pændɪ'moʊnɪəm] désordre *m*

♦ **pan·der to** ['pændər] *v/t* céder à

P

pane [peɪn]: *a ~ of glass* un carreau, une vitre

pan·el ['pænl] panneau *m*; *people* comité *m*; *on TV program* invités *mpl*

pan·el·ing, *Br* **pan·el·ling** ['pænəlɪŋ] lambris *m*

pang [pæŋ] *of remorse* accès *m*; *~s of hunger* des crampes d'estomac

pan·han·dle *v/i* F faire la manche F

pan·ic ['pænɪk] **1** *n* panique *f* **2** *v/i (pret & pp -ked)* s'affoler, paniquer; *don't ~!* ne t'affole pas!

'**pan·ic buy·ing** achat *m* en catastrophe; '**pan·ic sel·ling** FIN vente *f* en catastrophe; '**pan·ic-strick·en** *adj* affolé, pris de panique

pan·o·ra·ma [pænə'rɑːmə] panorama *m*

pa·no·ram·ic [pænə'ræmɪk] *adj view* panoramique

pan·sy ['pænzɪ] *flower* pensée *f*

pant [pænt] *v/i of person* haleter

pan·ties ['pæntɪz] *npl* culotte *f*

pan·ti·hose → *pantyhose*

pants [pænts] *npl* pantalon *m*; *a pair of ~* un pantalon

pan·ty·hose ['pæntɪhoʊz] *npl* collant *m*

pa·pal ['peɪpəl] *adj* papal

pa·per ['peɪpər] **1** *n material* papier *m*; *(news~)* journal *m*; *(wall~)* papier *m* peint; *academic* article *m*, exposé *m*; *(examination ~)* épreuve *f*; *~s (documents)* documents *mpl*; *(identity ~s)* papiers *mpl* **2** *adj (made of ~)* en papier **3** *v/t room, walls* tapisser

'**pa·per·back** livre *m* de poche; **pa·per bag** sac *m* en papier; '**pa·per boy** livreur *m* de journaux; '**pa·per clip** trombone *m*; '**pa·per cup** gobelet *m* en carton; '**pa·per·work** tâches *fpl* administratives

Pap test [pæp] MED frottis *m*

par [pɑːr] *in golf* par *m*; *be on a ~ with* être comparable à; *feel below ~* ne pas être dans son assiette

par·a·chute ['pærəʃuːt] **1** *n* parachute *m* **2** *v/i* sauter en parachute **3** *v/t troops, supplies* parachuter

par·a·chut·ist ['pærəʃuːtɪst] parachutiste *m/f*

pa·rade [pə'reɪd] **1** *n (procession)* défilé *m* **2** *v/i of soldiers* défiler; *showing off* parader, se pavaner **3** *v/t knowledge, new car* faire étalage de

par·a·dise ['pærədaɪs] REL, *fig* paradis *m*

par·a·dox ['pærədɑːks] paradoxe *m*

par·a·dox·i·cal [pærə'dɑːksɪkl] *adj* paradoxal

par·a·dox·i·cal·ly [pærə'dɑːksɪklɪ] *adv* paradoxalement

par·a·graph ['pærəgræf] paragraphe *m*

par·al·lel ['pærəlel] **1** *n* parallèle *f*; GEOG, *fig* parallèle *m*; *do two things in ~* faire deux choses en même temps **2** *adj also fig* parallèle **3** *v/t (match)* égaler

pa·ral·y·sis [pə'ræləsɪs] *also fig* paralysie *f*

par·a·lyze ['pærəlaɪz] *v/t* paralyser

par·a·med·ic [pærə'medɪk] auxiliaire *m/f* médical(e)

pa·ram·e·ter [pə'ræmɪtər] paramètre *m*

par·a·mil·i·tar·y [pærə'mɪlɪterɪ] **1** *adj* paramilitaire **2** *n* membre *m* d'une organisation paramilitaire

par·a·mount ['pærəmaʊnt] *adj* suprême, primordial; *be ~* être de la plus haute importance

par·a·noi·a [pærə'nɔɪə] paranoïa *f*

par·a·noid ['pærənɔɪd] *adj* paranoïaque

par·a·pher·na·li·a [pærəfər'neɪlɪə] attirail *m*, affaires *fpl*

par·a·phrase ['pærəfreɪz] *v/t* paraphraser

par·a·pleg·ic [pærə'pliːdʒɪk] *n* paraplégique *m/f*

par·a·site ['pærəsaɪt] *also fig* parasite *m*

par·a·sol ['pærəsɑːl] parasol *m*

par·a·troop·er ['pærətruːpər] parachutiste *m*, para *m* F

par·cel ['pɑːrsl] *n* colis *m*, paquet *m*

♦ **parcel up** *v/t* emballer

parch [pɑːrtʃ] *v/t* dessécher; *be ~ed* F *of person* mourir de soif

par·don ['pɑːrdn] **1** *n* LAW grâce *f*; *I beg your ~?* *(what did you say?)*

comment?; *(I'm sorry)* je vous demande pardon **2** *v/t* pardonner; LAW gracier; **~ me?** pardon?

pare [per] *v/t (peel)* éplucher

par·ent ['perənt] père *m*; mère *f*; **my ~s** mes parents; **as a ~** en tant que parent

pa·ren·tal [pə'rentl] *adj* parental

'par·ent com·pa·ny société *f* mère

par·en·the·sis [pə'renθəsɪz] *(pl* **par·entheses** [pə'renθəsiːz])* parenthèse *f*

par·ent-'teach·er as·so·ci·a·tion association *f* de parents d'élèves

par·ish ['perɪʃ] paroisse *f*

park[1] [pɑːrk] *n* parc *m*

park[2] [pɑːrk] **1** *v/t* MOT garer **2** *v/i* MOT stationner, se garer

par·ka ['pɑːrkə] parka *m or f*

park·ing ['pɑːrkɪŋ] MOT stationnement *m*; **no ~** défense de stationner, stationnement interdit

'park·ing brake frein *m* à main; **'park·ing ga·rage** parking *m* couvert; **'park·ing lot** parking *m*, parc *m* de stationnement; **'park·ing me·ter** parcmètre *m*; **'park·ing place** place *f* de stationnement; **'park·ing tick·et** contravention *f*

par·lia·ment ['pɑːrləmənt] parlement *m*

par·lia·men·ta·ry [pɑːrlə'mentərɪ] *adj* parlementaire

pa·role [pə'roʊl] **1** *n* libération *f* conditionnelle; **be on ~** être en liberté conditionnelle **2** *v/t* mettre en liberté conditionnelle

par·rot ['perət] *n* perroquet *m*

pars·ley ['pɑːrslɪ] persil *m*

part [pɑːrt] **1** *n* partie *f*; *(episode)* épisode *m*; *of machine* pièce *f*; *in play, movie* rôle *m*; *in hair* raie *f*; **take ~ in** participer à, prendre part à **2** *adv (partly)* en partie **3** *v/i of two people* se quitter, se séparer; **I ~ed from her** je l'ai quittée **4** *v/t*: **~ one's hair** se faire une raie

♦ **part with** *v/t* se séparer de

'part ex·change: **take sth in ~** reprendre qch

par·tial ['pɑːrʃl] *adj (incomplete)* par-

tiel*; **be ~ to** avoir un faible pour, bien aimer

par·tial·ly ['pɑːrʃəlɪ] *adv* en partie, partiellement

par·ti·ci·pant [pɑːr'tɪsɪpənt] participant(e) *m(f)*

par·ti·ci·pate [pɑːr'tɪsɪpeɪt] *v/i* participer *(in* à), prendre part *(in* à)

par·ti·ci·pa·tion [pɑːrtɪsɪ'peɪʃn] participation *f*

par·ti·cle ['pɑːrtɪkl] PHYS particule *f*

par·tic·u·lar [pər'tɪkjələr] *adj* particulier*; *(fussy)* à cheval *(about* sur), exigeant; **this plant is a ~ favorite of mine** j'aime tout particulièrement cette plante; **in ~** en particulier

par·tic·u·lar·ly [pər'tɪkjələrlɪ] *adv* particulièrement

part·ing ['pɑːrtɪŋ] *of people* séparation *f*; *Br. in hair* raie *f*

par·ti·tion [pɑːr'tɪʃn] **1** *n (screen)* cloison *f*; *of country* partage *m*, division *f* **2** *v/t country* partager, diviser

♦ **partition off** *v/t* cloisonner

part·ly ['pɑːrtlɪ] *adv* en partie

part·ner ['pɑːrtnər] *n* partenaire *m*; COMM associé *m*; *in relationship* compagnon(ne) *m(f)*

part·ner·ship ['pɑːrtnərʃɪp] COMM, *in relationship* association *f*; *in particular activity* partenariat *m*

part of 'speech classe *f* grammaticale; **'part own·er** copropriétaire *m/f*; **'part-time** *adj & adv* à temps partiel; **part-'tim·er** employé(e) *m(f)* à temps partiel

par·ty ['pɑːrtɪ] **1** *n (celebration)* fête *f*; *for adults in the evening also* soirée *f*, POL parti *m*; *(group of people)* groupe *m*; **be a ~ to** prendre part à **2** *v/i (pret & pp -ied)* F faire la fête

par·ty-poop·er ['pɑːrtɪpuːpər] F trouble-fête *m inv*

pass [pæs] **1** *n for entry* laissez-passer *m inv*; SP passe *f*; *in mountains* col *m*; **make a ~ at** faire des avances à; **2** *v/t (go past)* passer devant; *another car* doubler, dépasser; *competitor* dépasser; *(go beyond)* dépasser; *(approve)* approuver; **~ an exam** réussir un examen; **~ sentence** LAW prononcer

P

le verdict; **~ the time** of person passer
le temps; of activity faire passer le
temps **3** v/i of time passer; **in exam**
être reçu; SP faire une passe; (go
away) passer

◆ **pass around** v/t faire passer

◆ **pass away** v/i (euph: die) s'éteindre

◆ **pass by 1** v/t (go past) passer devant / à côté de **2** v/i (go past) passer

◆ **pass on 1** v/t information, book passer; costs répercuter; savings faire
profiter de **2** v/i (euph: die) s'éteindre

◆ **pass out** v/i (faint) s'évanouir

◆ **pass through** v/t town traverser

◆ **pass up** v/t F chance laisser passer

pass·a·ble ['pæsəbl] adj road praticable; (acceptable) passable

pas·sage ['pæsɪdʒ] (corridor) couloir
m; from book, of time passage m; **with
the ~ of time** avec le temps

pas·sage·way ['pæsɪdʒweɪ] passage
m

pas·sen·ger ['pæsɪndʒər] passager
(-ère) m(f)

'pas·sen·ger seat siège m du passager

pas·ser-by [pæsər'baɪ] (pl **passers-
-by**) passant(e) m(f)

pas·sion ['pæʃn] passion f

pas·sion·ate ['pæʃnət] adj lover passionné; (fervent) fervent, véhément

pas·sive ['pæsɪv] **1** adj passif*; **2** n
GRAM passif m; **in the ~** à la voix passive

'pass mark EDU moyenne f; **'Pass-
o·ver** REL la Pâque; **'pass·port** passeport m; **'pass·port con·trol**
contrôle m des passeports; **'password** mot m de passe

past [pæst] **1** adj (former) passé, ancien*; **the ~ few days** ces derniers
jours; **that's all ~ now** c'est du passé
F **2** n passé m; **in the ~** autrefois **3**
prep après; **it's ~ 7 o'clock** il est plus
de 7 heures; **it's half ~ two** il est deux
heures et demie **4** adv: **run ~** passer
en courant

pas·ta ['pæstə] pâtes fpl

paste [peɪst] **1** n (adhesive) colle f **2** v/t
(stick) coller

pas·tel ['pæstl] n pastel m; **~ blue** bleu

pastel

pas·time ['pæstaɪm] passe-temps m
inv

pas·tor pasteur m

past par·ti·ci·ple [pɑːr'tɪsɪpl] GRAM
participe m passé

pas·tra·mi [pæ'strɑːmɪ] bœuf m fumé
et épicé

pas·try ['peɪstrɪ] for pie pâte f; small
cake pâtisserie f

'past tense GRAM passé m

pas·ty ['peɪstɪ] adj complexion blafard

pat [pæt] **1** n petite tape f; **give s.o. a ~
on the back** fig féliciter qn **2** v/t (pret
& pp **-ted**) tapoter

patch [pætʃ] **1** n on clothing pièce f;
(period of time) période f; (area) tache
f; of fog nappe f; **go through a bad ~**
traverser une mauvaise passe; **be not
a ~ on** F être loin de valoir **2** v/t clothing rapiécer

◆ **patch up** v/t (repair temporarily) rafistoler F; quarrel régler

patch·work ['pætʃwɜːrk] **1** adj quilt en
patchwork **2** n patchwork m

patch·y ['pætʃɪ] adj inégal

pâ·té [pɑː'teɪ] pâté m

pat·ent ['peɪtnt] **1** adj (obvious) manifeste **2** n for invention brevet m **3** v/t
invention breveter

pat·ent 'leath·er cuir m verni

pat·ent·ly ['peɪtntlɪ] adv (clearly) manifestement

pa·ter·nal [pə'tɜːrnl] adj paternel*

pa·ter·nal·ism [pə'tɜːrnlɪzm] paterna-
lisme m

pa·ter·nal·is·tic [pətɜːrnl'ɪstɪk] adj paternaliste

pa·ter·ni·ty [pə'tɜːrnɪtɪ] paternité f

path [pæθ] chemin m; surfaced walkway allée f; fig voie f

pa·thet·ic [pə'θetɪk] adj touchant, F
(very bad) pathétique

path·o·log·i·cal [pæθə'lɒːdʒɪkl] adj pathologique

pa·thol·o·gist [pə'θɑːlədʒɪst] pathologiste m/f

pa·thol·o·gy [pə'θɑːlədʒɪ] pathologie
f; department service m de pathologie

pa·tience ['peɪʃns] patience f

pa·tient ['peɪʃnt] **1** adj patient; **just be**

~! patience! **2** n patient m

pa·tient·ly ['peɪʃntlɪ] adv patiemment

pat·i·o ['pætɪoʊ] Br patio m

pat·ri·ot ['peɪtrɪət] patriote m/f

pat·ri·ot·ic [peɪtrɪ'ɑːtɪk] adj person patriote; song patriotique

pa·tri·ot·ism ['peɪtrɪətɪzm] patriotisme m

pa·trol [pə'troʊl] **1** n patrouille f; **be on ~** être de patrouille **2** v/t (pret & pp **-led**) streets, border patrouiller dans / à

pa'trol car voiture f de police; **pa·'trol·man** agent m de police; **pa·'trol wag·on** fourgon m cellulaire

pa·tron ['peɪtrən] of store, movie theater client(e) m(f); of artist, charity etc protecteur(-trice) m(f); **be ~ of sth** parrainer qch

pa·tron·ize ['pætrənaɪz] v/t person traiter avec condescendance

pa·tron·iz·ing ['pætrənaɪzɪŋ] adj condescendant

pa·tron 'saint patron(ne) m(f)

pat·ter ['pætər] **1** n of rain etc bruit m, crépitement m; of feet, mice etc trottinement m; F of salesman boniment m **2** v/i crépiter, tambouriner

pat·tern ['pætərn] n on fabric motif m; for knitting, sewing patron m; (model) modèle m; in events scénario m; **eating / sleeping ~s** habitudes fpl alimentaires / de sommeil; **there's a regular ~ to his behavior** il y a une constante dans son comportement

pat·terned ['pætərnd] adj imprimé

paunch [pɒːntʃ] ventre m, brioche f F

pause [pɒːz] **1** n pause f, arrêt m **2** v/i faire une pause, s'arrêter **3** v/t tape mettre en mode pause

pave [peɪv] v/t paver; **~ the way for** fig ouvrir la voie à

pave·ment ['peɪvmənt] (roadway) chaussée f; Br (sidewalk) trottoir m

pav·ing stone ['peɪvɪŋ] pavé m

paw [pɒː] **1** n patte f **2** v/t F tripoter

pawn[1] [pɒːn] n in chess, fig pion m

pawn[2] [pɒːn] v/t mettre en gage

'pawn·bro·ker prêteur m sur gages

'pawn·shop mont-de-piété m

pay [peɪ] **1** n paye f, salaire m; **in the ~ of** à la solde de **2** v/t (pret & pp **paid**) payer; bill also régler; **~ attention** faire attention; **~ s.o. a compliment** faire un compliment à qn **3** v/i (pret & pp **paid**) payer; (be profitable) rapporter, être rentable; **it doesn't ~ to ...** on n'a pas intérêt à ...; **~ for purchase** payer; **you'll ~ for this!** fig tu vas me le payer!

♦ **pay back** v/t rembourser; (get revenge on) faire payer à

♦ **pay in** v/t to bank déposer, verser

♦ **pay off** v/t debt rembourser; corrupt official acheter **2** v/i (be profitable) être payant, être rentable

♦ **pay up** v/i payer

pay·a·ble ['peɪəbl] adj payable

'pay check salaire m, chèque m de paie

'pay·day jour m de paie

pay·ee [peɪ'iː] bénéficiaire m/f

'pay en·ve·lope salary salaire m

pay·er ['peɪər] payeur(-euse) m(f)

pay·ment ['peɪmənt] of bill règlement m, paiement m; money paiement m, versement m

'pay phone téléphone m public; **'pay·roll** money argent m de la paye; employees personnel m; **be on the ~** être employé; **'pay·slip** feuille f de paie, bulletin m de salaire

PC [piː'siː] abbr (= **personal computer**) P.C. m; (= **politically correct**) politiquement correct

PDA [piːdiːˈeɪ] abbr (= **personal digital assistant**) organiseur m électronique

pea [piː] petit pois m

peace [piːs] paix f

peace·a·ble ['piːsəbl] adj person pacifique

peace·ful ['piːsfʊl] adj paisible, tranquille; demonstration pacifique

peace·ful·ly ['piːsflɪ] adv paisiblement

peach [piːtʃ] pêche f

pea·cock ['piːkɑːk] paon m

peak [piːk] **1** n of mountain pic m; fig apogée f; **reach a ~ of physical fitness** être au meilleur de sa forme **2** v/i culminer

'peak con·sump·tion consommation
  f en heures pleines; 'peak hours npl
  of electricity consumption heures fpl
  pleines; of traffic heures fpl de pointe
pea·nut ['pi:nʌt] cacahuète f; *get paid*
  ~s F être payé trois fois rien; *that's*
  ~s to him F pour lui c'est une bagatelle
pea·nut 'but·ter beurre m de cacahuètes
pear [per] poire f
pearl [pɜːrl] perle f
peas·ant ['peznt] paysan(ne) m(f)
peb·ble ['pebl] caillou m, galet m
pe·can ['piːkən] pécan m
peck [pek] 1 n (bite) coup m de bec;
  (kiss) bise f (rapide) 2 v/t (bite) donner
  un coup de bec à; (kiss) embrasser rapidement
pe·cu·li·ar [pɪˈkjuːljər] adj (strange) bizarre; *~ to* (special) propre à
pe·cu·li·ar·i·ty [pɪkjuːlɪˈærətɪ] (strange-
  ness) bizarrerie f; (special feature) particularité f
ped·al ['pedl] 1 n of bike pédale f 2 v/i
  (pret & pp *~ed*, Br *~led*) pédaler; *he*
  ~ed off home il est rentré chez lui à
  vélo
pe·dan·tic [pɪˈdæntɪk] adj pédant
ped·dle ['pedl] v/t drugs faire du trafic
  de
ped·es·tal ['pedəstl] for statue socle m,
  piédestal m
pe·des·tri·an [pɪˈdestrɪən] n pié-
  ton(ne) m(f)
pe·des·tri·an 'cros·sing Br passage
  m (pour) piétons
pe·di·at·ric [piːdɪˈætrɪk] adj pédia-
  trique
pe·di·a·tri·cian [piːdɪəˈtrɪʃn] pédiatre
  m/f
pe·di·at·rics [piːdɪˈætrɪks] nsg pédiatrie f
ped·i·cure ['pedɪkjʊr] soins mpl des
  pieds
ped·i·gree ['pedɪɡriː] 1 adj avec pedigree 2 n of dog, racehorse pedigree m;
  of person arbre m généalogique
pee [piː] v/i F faire pipi F
peek [piːk] 1 n coup m d'œil (furtif) 2
  v/i jeter un coup d'œil, regarder fur-

tivement
peel [piːl] 1 n peau f 2 v/t fruit, vegetables éplucher, peler 3 v/i of nose,
  shoulders peler; of paint s'écailler
♦ peel off 1 v/t enlever 2 v/i of wrapper
  se détacher, s'enlever
peep [piːp] → peek
'peep·hole judas m; in prison guichet
  m
peer[1] [pɪr] n (equal) pair m; of same age
  group personne f du même âge
peer[2] v/i regarder; *~ through the*
  mist of person essayer de regarder
  à travers la brume; *~ at* regarder (fixement), scruter
peeved [piːvd] adj F en rogne F
peg [peɡ] n for hat, coat patère f; for
  tent piquet m; *off the ~* de confection
pe·jo·ra·tive [pɪˈdʒɑːrətɪv] adj péjoratif*
pel·let ['pelɪt] boulette f; for gun
  plomb m
pelt [pelt] 1 v/t: *~ s.o. with sth* bombarder qn de qch 2 v/i F (race) aller à
  toute allure; *it's ~ing down* F il pleut
  à verse
pel·vis ['pelvɪs] bassin m
pen[1] [pen] n stylo m; (ballpoint) stylo
  m (à) bille
pen[2] [pen] (enclosure) enclos m
pen[3] → penitentiary
pe·nal·ize ['piːnəlaɪz] v/t pénaliser
pen·al·ty ['penltɪ] sanction f; LAW
  peine f; fine amende f; SP pénalisation f; soccer penalty m; rugby coup
  m de pied de pénalité; *take the ~* soccer tirer le penalty; rugby tirer le coup
  de pied de pénalité
'pen·al·ty ar·e·a soccer surface f de réparation; 'pen·al·ty clause LAW
  clause f pénale; 'pen·al·ty kick soccer penalty m; rugby coup m de pied
  de pénalité; pen·al·ty 'shoot-out
  épreuve f des tirs au but; 'pen·al·ty
  spot point m de réparation
pen·cil ['pensɪl] crayon m (de bois)
'pen·cil sharp·en·er ['ʃɑːrpnər] taille-
  crayon m inv
pen·dant ['pendənt] necklace pendentif m
pend·ing ['pendɪŋ] 1 prep en atten-

dant **2** adj: **be ~** (awaiting decision) en suspens; (about to happen) imminent

pen·e·trate ['penɪtreɪt] v/t pénétrer

pen·e·trat·ing ['penɪtreɪtɪŋ] adj stare pénétrant; scream perçant; analysis perspicace

pen·e·tra·tion [penɪ'treɪʃn] pénétration f

'pen friend correspondant(e) m(f)

pen·guin ['peŋgwɪn] manchot m

pen·i·cil·lin [penɪ'sɪlɪn] pénicilline f

pe·nin·su·la [pə'nɪnsʊlə] presqu'île f

pe·nis ['piːnɪs] pénis m, verge f

pen·i·tence ['penɪtəns] pénitence f, repentir m

pen·i·tent ['penɪtənt] adj pénitent, repentant

pen·i·ten·tia·ry [penɪ'tenʃərɪ] pénitencier m

'pen name nom m de plume

pen·nant ['penənt] fanion m

pen·ni·less ['penɪlɪs] adj sans le sou

pen·ny ['penɪ] cent m

'pen pal correspondant(e) m(f)

pen·sion ['penʃn] retraite f, pension f
♦ **pension off** v/t mettre à la retraite

'pen·sion fund caisse f de retraite

'pen·sion scheme régime m de retraite

pen·sive ['pensɪv] adj pensif*

Pen·ta·gon ['pentəgɑːn]: **the ~** le Pentagone

pen·tath·lon [pen'tæθlən] pentathlon m

Pen·te·cost ['pentɪkɑːst] Pentecôte f

pent·house ['penthaʊs] penthouse m, appartement m luxueux (édifié sur le toit d'un immeuble)

pent-up ['pentʌp] adj refoulé

pe·nul·ti·mate [pe'nʌltɪmət] adj avant-dernier

peo·ple ['piːpl] npl gens mpl nsg (race, tribe) peuple m; **10 ~** 10 personnes; **the ~** le peuple; **the American ~** les Américains; **~ say ...** on dit ...

pep·per ['pepər] spice poivre m; vegetable poivron m

'pep·per·mint candy bonbon m à la menthe; flavoring menthe f poivrée

'pep talk discours m d'encouragement

per [pɜːr] prep par; **~ annum** par an; **how much ~ kilo?** combien c'est le kilo?

per·ceive [pər'siːv] v/t percevoir

per·cent [pər'sent] adv pour cent

per·cent·age [pər'sentɪdʒ] pourcentage m

per·cep·ti·ble [pər'septəbl] adj perceptible

per·cep·ti·bly [pər'septəblɪ] adv sensiblement

per·cep·tion [pər'sepʃn] perception f; of situation also vision f, (insight) perspicacité f

per·cep·tive [pər'septɪv] adj person, remark perspicace

perch [pɜːrtʃ] **1** n for bird perchoir m **2** v/i se percher; of person s'asseoir

per·co·late ['pɜːrkəleɪt] v/i of coffee passer

per·co·la·tor ['pɜːrkəleɪtər] cafetière f à pression

per·cus·sion [pər'kʌʃn] percussions fpl

per'cus·sion in·stru·ment instrument m à percussion

pe·ren·ni·al [pə'renɪəl] n BOT plante f vivace

per·fect ['pɜːrfɪkt] **1** adj parfait **2** n GRAM passé m composé **3** v/t [pər'fekt] parfaire, perfectionner

per·fec·tion [pər'fekʃn] perfection f; **to ~** à la perfection

per·fec·tion·ist [pər'fekʃnɪst] n perfectionniste m/f

per·fect·ly ['pɜːrfɪktlɪ] adv parfaitement; (totally) tout à fait

per·fo·rat·ed ['pɜːrfəreɪtɪd] adj perforé; **~ line** pointillé m

per·fo·ra·tions [pɜːrfə'reɪʃnz] npl pointillés mpl

per·form [pər'fɔːrm] **1** v/t (carry out) accomplir, exécuter; of actor, musician etc jouer **2** v/i of actor, musician, dancer jouer; of machine fonctionner

per·form·ance [pər'fɔːrməns] by actor, musician etc interprétation f; (event) représentation f; of employee, company etc résultats mpl; of machine performances fpl, rendement m

P

per·form·ance car voiture *f* puissante

per·form·er [pərˈfɔːrmər] artiste *m/f*, interprète *m/f*

per·fume [ˈpɜːrfjuːm] parfum *m*

per·func·to·ry [pərˈfʌŋktərɪ] *adj* sommaire

per·haps [pərˈhæps] *adv* peut-être

per·il [ˈperəl] péril *m*

per·il·ous [ˈperələs] *adj* périlleux*

pe·rim·e·ter [pəˈrɪmɪtər] périmètre *m*

pe'rim·e·ter fence clôture *f*

pe·ri·od [ˈpɪrɪəd] période *f*; (*menstruation*) règles *fpl*; *punctuation mark* point *m*; **I don't want to, ~!** je ne veux pas, un point c'est tout!

pe·ri·od·ic [pɪrɪˈɑːdɪk] *adj* périodique

pe·ri·od·i·cal [pɪrɪˈɑːdɪkl] *n* périodique *m*

pe·ri·od·i·cal·ly [pɪrɪˈɑːdɪklɪ] *adv* périodiquement

pe·riph·e·ral [pəˈrɪfərəl] **1** *adj* (*not crucial*) secondaire **2** *n* COMPUT périphérique *m*

pe·riph·e·ry [pəˈrɪfərɪ] périphérie *f*

per·ish [ˈperɪʃ] *v/i of rubber* se détériorer; *of person* périr

per·ish·a·ble [ˈperɪʃəbl] *adj food* périssable

per·jure [ˈpɜːrdʒər] *v/t*: **~ o.s.** faire un faux témoignage

per·ju·ry [ˈpɜːrdʒərɪ] faux témoignage *m*

perk [pɜːrk] *n of job* avantage *m*

♦ **perk up 1** *v/t* F remonter le moral à **2** *v/i* F se ranimer

perk·y [ˈpɜːrkɪ] *adj* F (*cheerful*) guilleret

perm [pɜːrm] **1** *n* permanente *f* **2** *v/t*: **have one's hair ~ed** se faire faire une permanente

per·ma·nent [ˈpɜːrmənənt] *adj* permanent; *address* fixe

per·ma·nent·ly [ˈpɜːrmənəntlɪ] *adv* en permanence, définitivement

per·me·a·ble [ˈpɜːrmɪəbl] *adj* perméable

per·me·ate [ˈpɜːrmɪeɪt] *v/t also fig* imprégner

per·mis·si·ble [pərˈmɪsəbl] *adj* permis

per·mis·sion [pərˈmɪʃn] permission *f*

per·mis·sive [pərˈmɪsɪv] *adj* permissif*

per·mis·sive so'ci·e·ty société *f* permissive

per·mit [ˈpɜːrmɪt] **1** *n* permis *m* **2** *v/t* (*pret & pp -ted*) [pərˈmɪt] permettre, autoriser; **~ s.o. to do sth** permettre à qn de faire qch

per·pen·dic·u·lar [pɜːrpənˈdɪkjʊlər] *adj* perpendiculaire

per·pet·u·al [pərˈpetʃʊəl] *adj* perpétuel*

per·pet·u·al·ly [pərˈpetʃʊəlɪ] *adv* perpétuellement, sans cesse

per·pet·u·ate [pərˈpetʃʊeɪt] *v/t* perpétuer

per·plex [pərˈpleks] *v/t* laisser perplexe

per·plexed [pərˈplekst] *adj* perplexe

per·plex·i·ty [pərˈpleksɪtɪ] perplexité *f*

per·se·cute [ˈpɜːrsɪkjuːt] *v/t* persécuter

per·se·cu·tion [pɜːrsɪˈkjuːʃn] persécution *f*

per·se·cu·tor [pɜːrsɪˈkjuːtər] persécuteur(-trice) *m(f)*

per·se·ver·ance [pɜːrsɪˈvɪrəns] persévérance *f*

per·se·vere [pɜːrsɪˈvɪr] *v/i* persévérer

per·sist [pərˈsɪst] *v/i* persister; **~ in doing sth** persister à faire qch, s'obstiner à faire qch

per·sis·tence [pərˈsɪstəns] persistance

per·sis·tent [pərˈsɪstənt] *adj person* tenace, têtu; *questions* incessant; *rain, unemployment etc* persistant

per·sis·tent·ly [pərˈsɪstəntlɪ] *adv* (*continually*) continuellement

per·son [ˈpɜːrsn] personne *f*; **in ~** en personne

per·son·al [ˈpɜːrsənl] *adj* personnel*

per·son·al as'sist·ant secrétaire *m/f* particulier(-ère); assistant(e) *m(f)*; **'per·son·al col·umn** annonces *fpl* personnelles; **per·son·al com'put·er** ordinateur *m* individuel; **per·son·al 'hy·giene** hygiène *f* intime

per·son·al·i·ty [pɜːrsəˈnælətɪ] personnalité *f*

per·son·al·ly [ˈpɜːrsənlɪ] *adv* (*for my part*) personnellement; *come, inter-*

vene en personne; *know* personnellement; **don't take it ~** n'y voyez rien de personnel

per·son·al 'or·gan·iz·er organiseur *m*, agenda *m* électronique; *in book form* agenda *m*; **per·son·al 'pro·noun** pronom *m* personnel; **per·son·al 'ster·e·o** baladeur *m*

per·son·i·fy [pɜːrˈsɑːnɪfaɪ] *v/t* (*pret & pp* **-ied**) *of person* personnifier

per·son·nel [pɜːrsəˈnel] (*employees*) personnel *m*; *department* service *m* du personnel

per·son'nel man·a·ger directeur (-trice) *m(f)* du personnel

per·spec·tive [pərˈspektɪv] *in art* perspective *f*; **get sth into ~** relativiser qch, replacer qch dans son contexte

per·spi·ra·tion [pɜːrspɪˈreɪʃn] transpiration *f*

per·spire [pərˈspaɪr] *v/i* transpirer

per·suade [pərˈsweɪd] *v/t person* persuader, convaincre; **~ s.o. to do sth** persuader ou convaincre qn de faire qch

per·sua·sion [pərˈsweɪʒn] persuasion *f*

per·sua·sive [pərˈsweɪsɪv] *adj person* persuasif*; *argument* convaincant

per·ti·nent [ˈpɜːrtɪnənt] *adj fml* pertinent

per·turb [pərˈtɜːrb] *v/t* perturber

per·turb·ing [pərˈtɜːrbɪŋ] *adj* perturbant, inquiétant

pe·ruse [pəˈruːz] *v/t fml* lire

per·va·sive [pərˈveɪsɪv] *adj influence, ideas* envahissant

per·verse [pərˈvɜːrs] *adj* (*awkward*) contrariant; *sexually* pervers

per·ver·sion [pərˈvɜːrʃn] *sexual* perversion *f*

per·vert [ˈpɜːrvɜːrt] *n sexual* pervers(e) *m(f)*

pes·si·mism [ˈpesɪmɪzm] pessimisme *m*

pes·si·mist [ˈpesɪmɪst] pessimiste *m/f*

pes·si·mist·ic [pesɪˈmɪstɪk] *adj* pessimiste

pest [pest] parasite *m*; *F person* peste *f*, plaie *f*

pes·ter [ˈpestər] *v/t* harceler; **~ s.o. to**

do sth harceler qn pour qu'il fasse (*subj*) qch

pes·ti·cide [ˈpestɪsaɪd] pesticide *m*

pet [pet] **1** *n animal* animal *m* domestique; (*favorite*) chouchou *m* F; **do you have any ~s?** as-tu des animaux? **2** *adj* préféré, favori; **~ subject** sujet *m* de prédilection; **my ~ rabbit** mon lapin (apprivoisé) **3** *v/t* (*pret & pp* **-ted**) *animal* caresser **4** *v/i* (*pret & pp* **-ted**) *of couple* se caresser, se peloter F

pet·al [ˈpetl] pétale *m*

♦ **pe·ter out** [ˈpiːtər] *v/i* cesser petit à petit

pe·tite [pəˈtiːt] *adj* menu

pe·ti·tion [pəˈtɪʃn] *n* pétition *f*

'pet name surnom *m*, petit nom *m*

pet·ri·fied [ˈpetrɪfaɪd] *adj* pétrifié

pet·ri·fy [ˈpetrɪfaɪ] *v/t* (*pret & pp* **-ied**) pétrifier

pet·ro·chem·i·cal [petroʊˈkemɪkl] *adj* pétrochimique

pet·rol [ˈpetrl] *Br* essence *f*

pe·tro·le·um [pɪˈtroʊliəm] pétrole *m*

pet·ting [ˈpetɪŋ] pelotage *m* F

pet·ty [ˈpetɪ] *adj person, behavior* mesquin; *details, problem* insignifiant

pet·ty 'cash petite caisse *f*

pet·u·lant [ˈpetʃələnt] *adj* irritable; *remark* irrité

pew [pjuː] banc *m* d'église

pew·ter [ˈpjuːtər] étain *m*

phar·ma·ceu·ti·cal [fɑːrməˈsuːtɪkl] *adj* pharmaceutique

phar·ma·ceu·ti·cals [fɑːrməˈsuːtɪklz] *npl* produits *mpl* pharmaceutiques

phar·ma·cist [ˈfɑːrməsɪst] pharmacien(ne) *m(f)*

phar·ma·cy [ˈfɑːrməsɪ] *store* pharmacie *f*

phase [feɪz] phase *f*

♦ **phase in** *v/t* introduire progressivement

♦ **phase out** *v/t* supprimer progressivement

PhD [piːeɪtʃˈdiː] *abbr* (= **Doctor of Philosophy**) doctorat *m*

phe·nom·e·nal [fəˈnɑːmɪnl] *adj* phénoménal

phe·nom·e·nal·ly [fəˈnɑːmɪnəlɪ] *adv*

prodigieusement

phe·nom·e·non [fə'nɑːminən] phénomène *m*

phil·an·throp·ic [fɪlən'θrɑːpɪk] *adj person* philanthrope; *action* philanthropique

phi·lan·thro·pist [fɪ'lænθrəpɪst] philanthrope *m/f*

phi·lan·thro·py [fɪ'lænθrəpɪ] philanthropie *f*

Phil·ip·pines ['fɪlɪpiːnz]: *the ~* les Philippines *fpl*

phil·is·tine ['fɪlɪstaɪn] *n* inculte *m/f*

phi·los·o·pher [fɪ'lɑːsəfər] philosophe *m/f*

phil·o·soph·i·cal [fɪlə'sɑːvfɪkl] *adj* philosophique; *attitude etc* philosophe

phi·los·o·phy [fɪ'lɑːsəfɪ] philosophie *f*

pho·bi·a ['foʊbɪə] phobie *f* (*about* de)

phone [foʊn] **1** *n* téléphone *m*; *be on the ~* (*have a ~*) avoir le téléphone; *be talking* être au téléphone **2** *v/t* téléphoner à **3** *v/i* téléphoner

'phone book annuaire *m*; **'phone booth** cabine *f* téléphonique; **'phone-call** coup *m* de fil *or* de téléphone; **'phone card** télécarte *f*; **'phone num·ber** numéro *m* de téléphone

pho·net·ics [fə'netɪks] phonétique *f*

pho·n(e)y ['foʊnɪ] *adj* F faux*

pho·to ['foʊtoʊ] photo *f*

'pho·to al·bum album *m* photos; **'pho·to·cop·i·er** photocopieuse *f*, photocopieur *m*; **'pho·to·cop·y 1** *n* photocopie *f* **2** *v/t* (*pret* & *pp* **-ied**) photocopier

pho·to·gen·ic [foʊtoʊ'dʒenɪk] *adj* photogénique

pho·to·graph ['foʊtəgræf] **1** *n* photographie *f* **2** *v/t* photographier

pho·tog·ra·pher [fə'tɑːgrəfər] photographe *m/f*

pho·tog·ra·phy [fə'tɑːgrəfɪ] photographie *f*

phrase [freɪz] **1** *n* expression *f*; *in grammar* syntagme *m* **2** *v/t* formuler, exprimer

'phrase·book guide *m* de conversation

phys·i·cal ['fɪzɪkl] **1** *adj* physique **2** *n* MED visite *f* médicale

phys·i·cal 'hand·i·cap handicap *m* physique

phys·i·cal·ly ['fɪzɪklɪ] *adv* physiquement

phys·i·cal·ly 'hand·i·cap·ped *adj*: *be ~* être handicapé physique

phy·si·cian [fɪ'zɪʃn] médecin *m*

phys·i·cist ['fɪzɪsɪst] physicien(ne) *m(f)*

phys·ics ['fɪzɪks] physique *f*

phys·i·o·ther·a·pist [fɪzioʊ'θerəpɪst] kinésithérapeute *m/f*

phys·i·o·ther·a·py [fɪzioʊ'θerəpɪ] kinésithérapie *f*

phy·sique [fɪ'ziːk] physique *m*

pi·a·nist ['pɪənɪst] pianiste *m/f*

pi·an·o [pɪ'ænoʊ] piano *m*

pick [pɪk] **1** *n*: *take your ~* fais ton choix **2** *v/t* (*choose*) choisir; *flowers, fruit* cueillir; *~ one's nose* se mettre les doigts dans le nez **3** *v/i*: *~ and choose* faire la fine bouche

♦ **pick at** *v/t*: *pick at one's food* manger du bout des dents, chipoter

♦ **pick on** *v/t* (*treat unfairly*) s'en prendre à; (*select*) désigner, choisir

♦ **pick out** *v/t* (*identify*) reconnaître

♦ **pick up 1** *v/t* prendre; *phone* décrocher; *from ground* ramasser; (*collect*) passer prendre; *information* recueillir; *in car* prendre; *in sexual sense* lever F; *language, skill* apprendre; *habit* prendre; *illness* attraper; (*buy*) dénicher, acheter; *criminal* arrêter **2** *v/i of business, economy* reprendre; *of weather* s'améliorer

pick·et ['pɪkɪt] **1** *n of strikers* piquet *m* de grève **2** *v/t*: *~ a factory* faire le piquet de grève devant une usine

'pick·et line piquet *m* de grève

pick·le ['pɪkl] *v/t* conserver dans du vinaigre

pick·les ['pɪklz] *npl* pickles *mpl*

'pick·pock·et voleur *m* à la tire, pickpocket *m*

pick-up (truck) ['pɪkʌp] pick-up *m*, camionnette *f*

pick·y ['pɪkɪ] *adj* F difficile

pic·nic ['pɪknɪk] **1** *n* pique-nique *m* **2**

v/i (*pret & pp* **-ked**) pique-niquer

pic·ture ['pɪktʃər] **1** *n* (*photo*) photo *f*; (*painting*) tableau *m*; (*illustration*) image *f*; (*movie*) film *m*; **keep s.o. in the ~** tenir qn au courant **2** *v/t* imaginer

'pic·ture book livre *m* d'images

pic·ture 'post·card carte *f* postale

pic·tur·esque [pɪktʃə'resk] *adj* pittoresque

pie [paɪ] tarte *f*; *with top* tourte *f*

piece [piːs] morceau *m*; (*component*) pièce *f*; *in board game* pion *m*; **a ~ of bread** un morceau de pain; **a ~ of advice** un conseil; **go to ~s** s'effondrer; **take to ~s** démonter

◆ **piece together** *v/t broken plate* recoller; *evidence* regrouper

piece·meal ['piːsmiːl] *adv* petit à petit

piece·work ['piːswɜːrk] travail *m* à la tâche

pier [pɪr] *Br: at seaside* jetée *f*

pierce [pɪrs] *v/t* (*penetrate*) transpercer; *ears* percer; **have one's ears / navel ~d** se faire percer les oreilles / le nombril

pierc·ing ['pɪrsɪŋ] *adj noise, eyes* perçant; *wind* pénétrant

pig [pɪg] cochon *m*, porc *m*; (*unpleasant person*) porc *m*

pi·geon ['pɪdʒɪn] pigeon *m*

'pi·geon·hole 1 *n* casier *m* **2** *v/t person* cataloguer; *proposal* mettre de côté

pig·gy·bank ['pɪgɪbæŋk] tirelire *f*

pig·head·ed [pɪg'hedɪd] *adj* obstiné; **that ~ father of mine** mon père, cette tête de lard F

'pig·pen porcherie *f*; **'pig·skin** porc *m*; **'pig·tail** plaited natte *f*

pile [paɪl] *of books, plates etc* pile *f*; *of earth, sand etc* tas *m*; **a ~ of work** F un tas de boulot F

◆ **pile up 1** *v/i of work, bills* s'accumuler **2** *v/t* empiler

piles [paɪlz] *nsg* MED hémorroïdes *fpl*

'pile-up MOT carambolage *m*

pil·fer·ing ['pɪlfərɪŋ] chapardage *m* F

pil·grim ['pɪlgrɪm] pèlerin(e) *m(f)*

pil·grim·age ['pɪlgrɪmɪdʒ] pèlerinage *m*

pill [pɪl] pilule *f*; **be on the ~** prendre

la pilule

pil·lar ['pɪlər] pilier *m*

pil·lion ['pɪljən] *of motorbike* siège *m* arrière

pil·low ['pɪlou] oreiller *m*

'pil·low·case taie *f* d'oreiller

pi·lot ['paɪlət] **1** *n* AVIAT, NAUT pilote *m* **2** *v/t airplane* piloter

'pi·lot light *on cooker* veilleuse *f*

'pi·lot plant usine-pilote *f*

'pi·lot scheme projet-pilote *m*

pimp [pɪmp] *n* maquereau *m*, proxénète *m*

pim·ple ['pɪmpl] bouton *m*

PIN [pɪn] *abbr* (= **personal identification number**) code *m* confidentiel

pin [pɪn] **1** *n for sewing* épingle *f*; *in bowling* quille *f*; (*badge*) badge *m*; *fiche f* **2** *v/t* (*pret & pp* **-ned**) (*hold down*) clouer; (*attach*) épingler

◆ **pin down** *v/t* (*identify*) identifier; **pin s.o. down to a date** obliger qn à s'engager sur une date

◆ **pin up** *v/t notice* accrocher, afficher

pin·cers ['pɪnsərz] *npl of crab* pinces *fpl*; **a pair of ~** *tool* des tenailles *fpl*

pinch [pɪntʃ] **1** *n* pincement *m*; *of salt, sugar etc* pincée *f*; **at a ~** à la rigueur **2** *v/t* pincer **3** *v/i of shoes* serrer

pine[1] [paɪn] *n tree, wood* pin *m*

pine[2] [paɪn] *v/i* se languir

◆ **pine for** *v/t* languir de

pine·ap·ple ['paɪnæpl] ananas *m*

ping [pɪŋ] **1** *n* tintement *m* **2** *v/i* tinter

ping-pong ['pɪŋpɑːŋ] ping-pong *m*

pink [pɪŋk] *adj* rose

pin·na·cle ['pɪnəkl] *fig* apogée *f*

'pin·point *v/t* indiquer précisément; *find* identifier; **pins and 'nee·dles** *npl* fourmillements *mpl*; **have ~ in one's feet** avoir des fourmis dans les pieds; **'pin·stripe** *adj* rayé

pint [paɪnt] pinte *f* (*0,473 litre aux États-Unis et 0,568 en Grande-Bretagne*)

'pin-up (girl) pin-up *f inv*

pi·o·neer [paɪə'nɪr] **1** *n fig* pionnier (-ière) *m(f)* **2** *v/t* lancer

pi·o·neer·ing [paɪə'nɪrɪŋ] *adj work* innovateur*

pi·ous ['paɪəs] *adj* pieux*

pip [pɪp] *n Br: of fruit* pépin *m*

pipe [paɪp] **1** *n for smoking* pipe *f; for water, gas, sewage* tuyau *m* **2** *v/t transporter par tuyau*

♦ **pipe down** *v/i* F se taire; **tell the kids to pipe down** dis aux enfants de la boucler F

piped mu·sic [paɪpt'mjuːzɪk] musique *f* de fond

'pipe·line *for oil* oléoduc *m; for gas* gazoduc *m;* **in the ∼** *fig* en perspective

pip·ing hot [paɪpɪŋ'hɑːt] *adj* très chaud

pi·rate ['paɪrət] **1** *n* pirate *m* **2** *v/t software* pirater

Pis·ces ['paɪsiːz] ASTROL Poissons *mpl*

piss [pɪs] **1** *n* P *(urine)* pisse *f* P **2** *v/i* P *(urinate)* pisser F

pissed [pɪst] *adj* P *(annoyed)* en rogne F; *Br* P *(drunk)* bourré

pis·tol ['pɪstl] *n* pistolet *m*

pis·ton ['pɪstən] *n* piston *m*

pit [pɪt] *n (hole)* fosse *f; (coalmine)* mine *f*

pitch[1] [pɪtʃ] *n* ton *m*

pitch[2] [pɪtʃ] **1** *v/i in baseball* lancer **2** *v/t tent* dresser; *ball* lancer

'pitch-black *adj* noir comme jais; **∼ night** nuit *f* noire

pitch·er[1] ['pɪtʃər] *in baseball* lanceur *m*

pitch·er[2] ['pɪtʃər] *container* pichet *m*

pit·e·ous ['pɪtɪəs] *adj* pitoyable

'pit·fall ['pɪtfɔːl] piège *m*

pith [pɪθ] *of citrus fruit* peau *f* blanche

pit·i·ful ['pɪtɪfl] *adj* pitoyable

pit·i·less ['pɪtɪləs] *adj* impitoyable

pits [pɪts] *npl in motor racing* stand *m* de ravitaillement

'pit stop *in motor racing* arrêt *m* au stand

pit·tance ['pɪtns] somme *f* dérisoire

pit·y ['pɪtɪ] **1** *n* pitié *f;* **take ∼ on** avoir pitié de; **it's a ∼ that …** c'est dommage que …; **what a ∼!** quel dommage! **2** *v/t (pret & pp* **-ied)** *person* avoir pitié de

piv·ot ['pɪvət] *v/i* pivoter

piz·za ['piːtsə] pizza *f*

plac·ard ['plækɑːrd] pancarte *f*

place [pleɪs] **1** *n* endroit *m; in race, (equipment)* installation *f*, matériel *m*

competition place *f; (seat)* place *f;* **at my / his ∼** chez moi / lui; **I've lost my ∼** *in book* j'ai perdu ma page; **in ∼ of** à la place de; **feel out of ∼** ne pas se sentir à sa place; **take ∼** avoir lieu; **in the first ∼** *(firstly)* premièrement; *(in the beginning)* au début **2** *v/t (put)* mettre, poser; *(identify)* situer; **∼ an order** passer une commande

'place mat set *m* de table

place·ment ['pleɪsmənt] *of trainee* stage *m*

plac·id ['plæsɪd] *adj* placide

pla·gia·rism ['pleɪdʒərɪzm] plagiat *m*

pla·gia·rize ['pleɪdʒəraɪz] *v/t* plagier

plague [pleɪg] **1** *n* peste *f* **2** *v/t (bother)* harceler, tourmenter

plain[1] [pleɪn] *n* plaine *f*

plain[2] [pleɪn] **1** *adj (clear, obvious)* clair, évident; *(not ornate)* simple; *(not patterned)* uni; *(not pretty)* quelconque, ordinaire; *(blunt)* franc*; **∼ chocolate** chocolat *m* noir **2** *adv* tout simplement; **it's ∼ crazy** c'est de la folie pure

'plain clothes: in ∼ en civil

plain·ly ['pleɪnlɪ] *adv (clearly)* manifestement; *(bluntly)* franchement; *(simply)* simplement

'plain-spo·ken *adj* direct, franc*

plain·tiff ['pleɪntɪf] plaignant *m*

plain·tive ['pleɪntɪv] *adj* plaintif*

plan [plæn] **1** *n* plan *m*, projet *m; (drawing)* plan *m* **2** *v/t (pret & pp* **-ned)** *(prepare)* organiser, planifier; *(design)* concevoir; **∼ to do, ∼ on doing** prévoir de faire, compter faire **3** *v/i* faire des projets

plane[1] [pleɪn] *n* AVIAT avion *m*

plane[2] [pleɪn] *tool* rabot *m*

plan·et ['plænɪt] planète *f*

plank [plæŋk] *of wood* planche *f; fig: of policy* point *m*

plan·ning ['plænɪŋ] organisation *f*, planification *f;* **at the ∼ stage** à l'état de projet

plant[1] [plænt] **1** *n* BOT plante *f* **2** *v/t* planter

plant[2] [plænt] *n (factory)* usine *f; (equipment)* installation *f*, matériel *m*

plan·ta·tion [plæn'teɪʃn] plantation f

plaque[1] [plæk] *on wall* plaque f

plaque[2] [plæk] *on teeth* plaque f dentaire

plas·ter ['plæstər] **1** *n on wall, ceiling* plâtre m **2** *v/t wall, ceiling* plâtrer; **be ~ed with** être couvert de

'plas·ter cast plâtre m

plas·tic ['plæstɪk] **1** *adj* en plastique **2** *n* plastique m

plas·tic 'bag sac m plastique; **'plas·tic mon·ey** cartes fpl de crédit; **plas·tic 'sur·geon** spécialiste m en chirurgie esthétique; **plas·tic 'sur·ge·ry** chirurgie f esthétique

plate [pleɪt] *n for food* assiette f; *(sheet of metal)* plaque f

pla·teau ['plætoʊ] plateau m

plat·form ['plætfɔːrm] *(stage)* estrade f; *of railroad station* quai m; *fig: political* plate-forme f

plat·i·num ['plætɪnəm] **1** *adj* en platine **2** *n* platine m

plat·i·tude ['plætɪtuːd] platitude f

pla·ton·ic [plə'tɑːnɪk] *adj relationship* platonique

pla·toon [plə'tuːn] *of soldiers* section f

plat·ter ['plætər] *for food* plat m

plau·si·ble ['plɔːzəbl] *adj* plausible

play [pleɪ] **1** *n also* TECH, SP jeu m; *in theater, on TV* pièce f **2** *v/i* jouer **3** *v/t musical instrument* jouer de; *piece of music* jouer; *game* jouer à; *opponent* jouer contre; *(perform: Macbeth etc)* jouer; **~ a joke on** jouer un tour à

♦ **play a·round** *v/i* F *(be unfaithful)* coucher à droite et à gauche; **play around with s.o.** coucher avec qn

♦ **play down** *v/t* minimiser

♦ **play up** *v/i of machine, child* faire des siennes; **my back is playing up** mon dos me fait souffrir

'play·act *v/i (pretend)* jouer la comédie, faire semblant; **'play·back** enregistrement m; **'play·boy** play-boy m

play·er ['pleɪr] SP joueur(-euse) m(f); *(musician)* musicien(ne) m(f); *(actor)* acteur(-trice) m(f); *in business* acteur m; **he's a guitar ~** il joue de la guitar

play·ful ['pleɪfl] *adj* enjoué

play·ground aire f de jeu

'play·group garderie f

'play·ing card ['pleɪɪŋ] carte f à jouer

'play·ing field terrain m de sport

'play·mate camarade m de jeu

play·wright ['pleɪraɪt] dramaturge m/f

pla·za ['plɑːzə] *for shopping* centre m commercial

plc [piːel'siː] *abbr Br (= **public limited company**)* S.A. f (= société anonyme)

plea [pliː] *n* appel

plead [pliːd] *v/i:* **~ for mercy etc** implorer; **~ guilty / not guilty** plaider coupable / non coupable; **~ with** implorer, supplier

pleas·ant ['pleznt] *adj* agréable

please [pliːz] **1** *adv* s'il vous plaît, s'il te plaît; **more tea? – yes, ~** encore un peu de thé? – oui, s'il vous plaît; **~ do** je vous en prie **2** *v/t* plaire à; **~ yourself** comme tu veux

pleased [pliːzd] *adj* content, heureux*; **~ to meet you** enchanté

pleas·ing ['pliːzɪŋ] *adj* agréable

pleas·ure ['pleʒər] plaisir m; **it's a ~** *(you're welcome)* je vous en prie; **with ~** avec plaisir

pleat [pliːt] *n in skirt* pli m

pleat·ed skirt ['pliːtɪd] jupe f plissée

pledge [pledʒ] **1** *n (promise)* promesse f, engagement m; *as guarantee* gage m; **Pledge of Allegiance** serment m d'allégeance **2** *v/t (promise)* promettre; *money* mettre en gage, engager

plen·ti·ful ['plentɪfl] *adj* abondant; **be ~** abonder

plen·ty ['plentɪ] *(abundance)* abondance f, **~ of** beaucoup de; **that's ~** c'est largement suffisant; **there's ~ for everyone** il y en a (assez) pour tout le monde

pli·a·ble *adj* flexible

pli·ers *npl* pinces fpl; **a pair of ~** des pinces

plight [plaɪt] détresse f

plod [plɑːd] *v/i (pret & pp* **-ded**) *(walk)* marcher d'un pas lourd

♦ **plod on** *v/i with a job* persévérer

plod·der ['plɑːdər] *at work, school* bûcheur(-euse) m(f) F

plot[1] [plɑːt] *n of land* parcelle *f*

plot[2] [plɑːt] **1** *n (conspiracy)* complot *m*; *of novel* intrigue *f* **2** *v/t (pret & pp* **-ted**) comploter; ~ *s.o.'s death* comploter de tuer qn **3** *v/i* comploter

plot·ter ['plɑːtər] conspirateur(-trice) *m(f)*; COMPUT traceur *m*

plough [plaʊ] *Br* → **plow**

plow [plaʊ] **1** *n* charrue *f* **2** *v/t & v/i* labourer

♦ **plow back** *v/t profits* réinvestir

pluck [plʌk] *v/t chicken* plumer; ~ *one's eyebrows* s'épiler les sourcils

♦ **pluck up** *v/t*: **pluck up courage** prendre son courage à deux mains

plug [plʌg] **1** *n for sink, bath* bouchon *m*; *electrical* prise *f*; *(spark* ~*)* bougie *f*; *for new book etc* coup *m* de pub *f*; **give sth a** ~ faire de la pub pour qch **2** *v/t (pret & pp* **-ged**) *hole* boucher; *new book etc* faire de la pub pour F

♦ **plug away** *v/i* F s'acharner, bosser F

♦ **plug in** *v/t* brancher

plum [plʌm] **1** *n fruit* prune *f*; *tree* prunier *m* **2** *adj* F: **a** ~ *job* un boulot en or F

plum·age ['pluːmɪdʒ] plumage *m*

plumb [plʌm] *adj* d'aplomb

♦ **plumb in** *v/t washing machine* raccorder

plumb·er ['plʌmər] plombier *m*

plumb·ing ['plʌmɪŋ] plomberie *f*

plum·met ['plʌmɪt] *v/i of airplane* plonger, piquer; *of share prices* dégringoler, chuter

plump [plʌmp] *adj person, chicken* dodu; *hands, feet* potelé; *face, cheek* rond

♦ **plump for** *v/t* F se décider pour

plunge [plʌndʒ] **1** *n* plongeon *m*; *in prices* chute *f*; **take the** ~ se jeter à l'eau **2** *v/i* tomber; *of prices* chuter **3** *v/t* plonger; *knife* enfoncer; **the city was ~d into darkness** la ville était plongée dans l'obscurité

plung·ing ['plʌndʒɪŋ] *adj neckline* plongeant

plu·per·fect ['pluːpɜːrfɪkt] GRAM plus-que-parfait *m*

plu·ral ['plʊrəl] **1** *adj* pluriel* **2** *n* plu-

riel *m*; **in the** ~ au pluriel

plus [plʌs] **1** *prep* plus **2** *adj* plus de; **$500** ~ plus de 500 \$ **3** *n sign* signe *m* plus; *(advantage)* plus *m* **4** *conj (moreover, in addition)* en plus

plush [plʌʃ] *adj* luxueux*

'plus sign signe *m* plus

ply·wood ['plaɪwʊd] contreplaqué *m*

PM [piː'em] *abbr Br (= **Prime Minis·ter**)* Premier ministre

p.m. [piː'em] *abbr (= **post meridiem**)* *afternoon* de l'après-midi; *evening* du soir

pneu·mat·ic [nuː'mætɪk] *adj* pneumatique

pneu·mat·ic 'drill marteau-piqueur *m*

pneu·mo·ni·a [nuː'moʊnɪə] pneumonie *f*

poach[1] [poʊtʃ] *v/t cook* pocher

poach[2] [poʊtʃ] *v/t salmon etc* braconner

poached egg [poʊtʃt'eg] œuf *m* poché

poach·er ['poʊtʃər] *of salmon etc* braconnier *m*

P.O. Box [piː'oʊbɑːks] *abbr (= **Post Office Box**)* boîte *f* postale, B. P. *f*

pock·et ['pɑːkɪt] **1** *n* poche *f*; **line one's own** ~**s** se remplir les poches; **be out of** ~ en être de sa poche F **2** *adj (miniature)* de poche **3** *v/t* empocher, mettre dans sa poche

'pock·et·book *purse* pochette *f*; *(bill-fold)* portefeuille *m*; *book* livre *m* de poche; **pock·et 'cal·cu·la·tor** calculatrice *f* de poche; **'pock·et·knife** couteau *m* de poche, canif *m*

po·di·um ['poʊdɪəm] estrade *f*; *for winner* podium *m*

po·em ['poʊɪm] poème *m*

po·et ['poʊɪt] poète *m*, poétesse *f*

po·et·ic [poʊ'etɪk] *adj* poétique

po·et·ic 'jus·tice justice *f* divine

po·et·ry ['poʊɪtrɪ] poésie *f*

poign·ant ['pɔɪnjənt] *adj* poignant

point [pɔɪnt] **1** *n of pencil, knife* pointe *f*; *in competition, exam* point *m*; *(purpose)* objet *m*; *(moment)* moment *m*; *in argument, discussion* point *m*; *in decimals* virgule *f*; **that's beside the** ~ là n'est pas la question; **be**

on the ~ of doing sth être sur le point de faire qch; **get to the ~** en venir au fait; **the ~ is ...** le fait est (que) ...; **there's no ~ in waiting** ça ne sert à rien d'attendre **2** v/i montrer (du doigt) **3** v/t gun braquer, pointer

♦ **point at** v/t *with finger* montrer du doigt, désigner

♦ **point out** v/t *sights* montrer; *advantages etc* faire remarquer

♦ **point to** v/t *with finger* montrer du doigt, désigner; *fig* (*indicate*) indiquer

'point-blank 1 adj: **at ~ range** à bout portant **2** adv *refuse, deny* catégoriquement, de but en blanc

point·ed ['pɔɪntɪd] adj *remark* acerbe, mordant

point·er ['pɔɪntər] *for teacher* baguette f; (*hint*) conseil m; (*sign, indication*) indice m

point·less ['pɔɪntləs] adj inutile; **it's ~ trying** ça ne sert à rien d'essayer

point of 'sale *place* point m de vente; *promotional material* publicité f sur les lieux de vente, P.L.V. f

point of 'view point m de vue

poise [pɔɪz] assurance f, aplomb m

poised [pɔɪzd] adj *person* posé

poi·son ['pɔɪzn] **1** n poison m **2** v/t empoisonner

poi·son·ous ['pɔɪznəs] adj *snake, spider* venimeux*; *plant* vénéneux*

poke [poʊk] **1** n coup m **2** v/t (*prod*) pousser; (*stick*) enfoncer; **~ one's head out of the window** passer la tête par la fenêtre; **~ fun at** se moquer de; **~ one's nose into** mettre son nez dans

♦ **poke around** v/i F fouiner F

pok·er ['poʊkər] *card game* poker m

pok·y ['poʊkɪ] adj (*cramped*) exigu*

Po·land ['poʊlənd] la Pologne

po·lar ['poʊlər] adj polaire

'po·lar bear ours m polaire

po·lar·ize ['poʊləraɪz] v/t diviser

Pole [poʊl] Polonais(e) m(f)

pole¹ [poʊl] *of wood, metal* perche f

pole² [poʊl] *of earth* pôle m

'pole star étoile f Polaire; **'pole-vault** n *event* saut m à la perche; **pole-**

-vault·er ['poʊlvɒːltər] perchiste m/f

po·lice [pə'liːs] n police f

po·lice car voiture f de police; **po'-lice·man** gendarme m; *criminal* policier m; **po'lice state** État m policier; **po'lice sta·tion** gendarmerie f; *for criminal matters* commissariat m; **po'-lice·wo·man** femme f gendarme; *criminal* femme f policier

pol·i·cy¹ ['pɑːləsɪ] politique f

pol·i·cy² ['pɑːləsɪ] (*insurance ~*) police f (d'assurance)

po·li·o ['poʊlɪoʊ] polio f

Pol·ish ['poʊlɪʃ] **1** adj polonais **2** n polonais m

pol·ish ['pɑːlɪʃ] **1** n *for furniture, floor* cire f; *for shoes* cirage m; *for metal* produit m lustrant; (*nail ~*) vernis m (à ongles) **2** v/t faire briller, lustrer; *shoes* cirer; *speech* parfaire

♦ **polish off** v/t *food* finir

♦ **polish up** v/t *skill* perfectionner

pol·ished ['pɑːlɪʃt] adj *performance* impeccable

po·lite [pə'laɪt] adj poli

po·lite·ly [pə'laɪtlɪ] adv poliment

po·lite·ness [pə'laɪtnɪs] politesse f

po·lit·i·cal [pə'lɪtɪkl] adj politique

po·lit·i·cal·ly cor·rect [pəlɪtɪklɪ kə'rekt] adj politiquement correct

pol·i·ti·cian [pɑːlɪ'tɪʃn] politicien m, homme m/femme f politique

pol·i·tics ['pɑːlɪtɪks] politique f, **what are his ~?** quelles sont ses opinions politiques?

poll [poʊl] **1** n (*survey*) sondage m; **the ~s** (*election*) les élections fpl, le scrutin; **go to the ~s** (*vote*) aller aux urnes **2** v/t *people* faire un sondage auprès de; *votes* obtenir

pol·len ['pɑːlən] pollen m

'pol·len count taux m de pollen

poll·ing booth ['poʊlɪŋ] isoloir m

'poll·ing day jour m des élections

poll·ster ['poʊlstər] sondeur m

pol·lu·tant [pə'luːtənt] polluant m

pol·lute [pə'luːt] v/t polluer

pol·lu·tion [pə'luːʃn] pollution f

po·lo ['poʊloʊ] SP polo m

'po·lo neck *sweater* pull m à col roulé

'po·lo shirt polo m

P

pol·y·es·ter [pɑːliˈestər] polyester *m*

pol·y·eth·yl·ene [pɑːliˈeθiliːn] polyéthylène *m*

pol·y·sty·rene [pɑːliˈstairiːn] polystyrène *m*

pol·y·un·sat·u·rat·ed [pɑːliʌnˈsætʃəreitid] *adj* polyinsaturé

pom·pous [ˈpɑːmpəs] *adj person* prétentieux*, suffisant; *speech* pompeux*

pond [pɑːnd] étang *m; artificial* bassin *m*

pon·der [ˈpɑːndər] *v/i* réfléchir

pon·tiff [ˈpɑːntif] pontife *m*

pon·y [ˈpoʊni] poney *m*

'pon·y·tail queue *f* de cheval

poo·dle [ˈpuːdl] caniche *m*

pool¹ [puːl] (*swimming ∼*) piscine *f; of water, blood* flaque *f*

pool² [puːl] *game* billard *m* américain

pool³ [puːl] **1** *n* (*common fund*) caisse *f* commune **2** *v/t resources* mettre en commun

'pool hall salle *f* de billard

'pool ta·ble table *f* de billard

poop [puːp] caca *m* F

pooped [puːpt] *adj* F crevé F

poor [por] *adj* pauvre; *quality etc* médiocre, mauvais; *be in ∼ health* être en mauvaise santé; *∼ old Tony!* ce pauvre Tony! **2** *npl: the ∼* les pauvres *mpl*

poor·ly [ˈporli] **1** *adj* (*unwell*) malade **2** *adv* mal

pop¹ [pɑːp] **1** *n noise* bruit *m* sec **2** *v/i* (*pret & pp* **-ped**) *of balloon etc* éclater; *of cork* sauter **3** *v/t* (*pret & pp* **-ped**) *cork* faire sauter; *balloon* faire éclater

pop² [pɑːp] **1** *adj* MUS pop *inv* **2** *n* pop *f*

pop³ [pɑːp] F (*father*) papa *m*

pop⁴ [pɑːp] *v/t* (*pret & pp* **-ped**) F (*put*) mettre; *∼ one's head around the door* passer la tête par la porte

♦ **pop in** *v/i* F (*make brief visit*) passer

♦ **pop out** *v/i* F (*go out for a short time*) sortir

♦ **pop up** *v/i* F (*appear*) surgir; *of missing person* réapparaître

'pop con·cert concert *m* de musique pop

'pop·corn pop-corn *m*

Pope [poʊp] pape *m*

'pop group groupe *m* pop

pop·py [ˈpɑːpi] *flower* coquelicot *m*

Pop·si·cle® [ˈpɑːpsikl] glace *f* à l'eau

'pop song chanson *f* pop

pop·u·lar [ˈpɑːpjələr] *adj* populaire

pop·u·lar·i·ty [pɑːpjəˈlærəti] popularité *f*

pop·u·late [ˈpɑːpjəleit] *v/t* peupler

pop·u·la·tion [pɑːpjəˈleiʃn] population *f*

por·ce·lain [ˈpɔːrsəlin] **1** *adj* en porcelaine **2** *n* porcelaine *f*

porch [pɔːrtʃ] porche *m*

por·cu·pine [ˈpɔːrkjupain] porc-épic *m*

pore [pɔːr] *of skin* pore *m*

♦ **pore over** *v/t* étudier attentivement

pork [pɔːrk] porc *m*

porn [pɔːrn] *n* F porno *m* F

porn(o) [pɔːrn, ˈpɔːrnoʊ] *adj* F porno F

por·no·graph·ic [pɔːrnəˈɡræfik] *adj* pornographique

porn·og·ra·phy [pɔːrˈnɑːɡrəfi] pornographie *f*

po·rous [ˈpɔːrəs] *adj* poreux*

port¹ port *m*

port² [pɔːrt] *adj* (*left-hand*) de bâbord

por·ta·ble [ˈpɔːrtəbl] **1** *adj* portable, portatif* **2** *n* COMPUT portable *m; TV* téléviseur *m* portable *or* portatif

por·ter [ˈpɔːrtər] (*doorman*) portier *m*

port·hole [ˈpɔːrthoʊl] NAUT hublot *m*

por·tion [ˈpɔːrʃn] partie *f*, part *f; of food* portion *f*

por·trait [ˈpɔːrtreit] **1** *n* portrait *m* **2** *adv print* en mode portrait, à la française

por·tray [pɔːrˈtrei] *v/t of artist* représenter; *of actor* interpréter, présenter; *of author* décrire

por·tray·al [pɔːrˈtreiəl] *by actor* interprétation *f; by author* description *f*

Por·tu·gal [ˈpɔːrtʃəɡl] le Portugal

Por·tu·guese [pɔːrtʃəˈɡiːz] **1** *adj* portugais **2** *n person* Portugais(e) *m(f); language* portugais *m*

pose [poʊz] **1** *n* attitude *f; it's all a ∼* c'est de la frime! **2** *v/i for artist* poser; *∼ as* se faire passer pour **3** *v/t problem* poser; *∼ a threat* constituer une me nace

posh [pɑːʃ] *adj Br* F chic *inv*, snob *inv*

po·si·tion [pəˈzɪʃn] **1** *n* position *f*; **what would you do in my ~?** que feriez-vous à ma place? **2** *v/t* placer

pos·i·tive [ˈpɑːzətɪv] *adj* positif*; GRAM affirmatif*; **be ~** (sure) être sûr

pos·i·tive·ly [ˈpɑːzətɪvlɪ] *adv* vraiment

pos·sess [pəˈzes] *v/t* posséder

pos·ses·sion [pəˈzeʃn] possession *f*; **~s** possessions *fpl*, biens *mpl*

pos·ses·sive [pəˈzesɪv] *adj* person, GRAM possessif*

pos·si·bil·i·ty [pɑːsəˈbɪlətɪ] possibilité *f*

pos·si·ble [ˈpɑːsəbl] *adj* possible; **the fastest ~ route** l'itinéraire le plus rapide possible; **the best ~ solution** la meilleure solution possible

pos·si·bly [ˈpɑːsəblɪ] *adv* (perhaps) peut-être; **they're doing everything they ~ can** ils font vraiment tout leur possible; **how could I ~ have known that?** je ne vois vraiment comment j'aurais pu le savoir; **that can't ~ be right** ce n'est pas possible

post¹ [poʊst] **1** *n* of wood, metal poteau *m* **2** *v/t* notice afficher; profits enregistrer; **keep s.o. ~ed** tenir qn au courant

post² [poʊst] **1** *n* (place of duty) poste *m* **2** *v/t* soldier, employee affecter; guards poster

post³ [poʊst] **1** *n Br* (mail) courrier *m* **2** *v/t Br*: letter poster

post·age [ˈpoʊstɪdʒ] affranchissement *m*, frais *mpl* de port

'post·age stamp *fml* timbre *m*

post·al [ˈpoʊstl] *adj* postal

'post·card carte *f* postale; **'post·code** *Br* code *m* postal; **'post·date** *v/t* postdater

post·er [ˈpoʊstər] poster *m*, affiche *f*

pos·te·ri·or [pɑːˈstɪrɪər] *n hum* postérieur *m* F, popotin *m* F

pos·ter·i·ty [pɑːˈsterətɪ] postérité *f*

post·grad·u·ate [ˈpoʊstɡrædʒʊət] **1** *adj* de troisième cycle **2** *n* étudiant(e) *m(f)* de troisième cycle

post·hu·mous [ˈpɑːstʃəməs] *adj* posthume

post·hu·mous·ly [ˈpɑːstʃəməslɪ] *adv* à titre posthume; **publish sth ~** publier qch après la mort de l'auteur

post·ing [ˈpoʊstɪŋ] (assignment) affectation *f*, nomination *f*

'post·mark cachet *m* de la poste

post·mor·tem [poʊstˈmɔːrtəm] autopsie *f*

'post of·fice poste *f*

post·pone [poʊstˈpoʊn] *v/t* remettre (à plus tard), reporter

post·pone·ment [poʊstˈpoʊnmənt] report *m*

pos·ture [ˈpɑːstʃər] *n* posture *f*

'post-war *adj* d'après-guerre

pot¹ [pɑːt] for cooking casserole *f*; for coffee cafetière *f*; for tea théière *f*; for plant pot *m*

pot² [pɑːt] F (marijuana) herbe *f*, shit *m* F

po·ta·to [pəˈteɪtoʊ] pomme *f* de terre

po·ta·to chips, *Br* **po·ta·to crisps** *npl* chips *fpl*

'pot·bel·ly brioche *f* F

po·tent [ˈpoʊtənt] *adj* puissant, fort

po·ten·tial [pəˈtenʃl] **1** *adj* potentiel* **2** *n* potentiel *m*

po·ten·tial·ly [pəˈtenʃəlɪ] *adv* potentiellement

'pot·hole in road nid-de-poule *m*

pot·ter [ˈpɑːtər] *n* potier(-ière) *m(f)*

pot·ter·y [ˈpɑːtərɪ] poterie *f*; items poteries *fpl*

pot·ty [ˈpɑːtɪ] *n* for baby pot (de bébé)

pouch [paʊtʃ] bag petit sac *m*; of kangaroo poche *f*

poul·try [ˈpoʊltrɪ] volaille *f*; meat volaille *f*

pounce [paʊns] *v/i* of animal bondir; fig sauter

pound¹ [paʊnd] *n* weight livre *f* (0,453 kg)

pound² *n* for strays, cars fourrière *f*

pound³ [paʊnd] *v/i* of heart battre (la chamade); **~ on** (hammer on) donner de grands coups sur; of rain battre contre

pound 'ster·ling livre *f* sterling

pour [pɔːr] **1** *v/t* liquid verser **2** *v/i*: **it's ~ing (with rain)** il pleut à verse

♦ **pour out** *v/t* liquid verser; troubles

P

déballer F

pout [paʊt] v/i faire la moue

pov·er·ty ['pɑːvərtɪ] pauvreté f

pov·er·ty-strick·en ['pɑːvərtɪstrɪkn] adj miséreux*

pow·der ['paʊdər] **1** n poudre f **2** v/t: ~ **one's face** se poudrer le visage

'pow·der room euph toilettes fpl pour dames

pow·er ['paʊər] **1** n (strength) puissance f, force f; (authority) pouvoir m /; (energy) énergie f; (electricity) courant m; **in** ~ au pouvoir; **fall from** ~ POL perdre le pouvoir **2** v/t: **be ~ed by** fonctionner à

'pow·er-as·sist·ed adj assisté; **'pow·er drill** perceuse f; **'pow·er fail·ure** panne f d'électricité

pow·er·ful ['paʊərfl] adj puissant

pow·er·less ['paʊərlɪs] adj impuissant; **be ~ to …** ne rien pouvoir faire pour …

'pow·er line ligne f électrique; **'pow·er out·age** panne f d'électricité; **'pow·er sta·tion** centrale f électrique; **'pow·er steer·ing** direction f assistée; **'pow·er u·nit** bloc m d'alimentation

PR [piːˈɑːr] abbr (= **public relations**) relations fpl publiques

prac·ti·cal ['præktɪkl] adj pratique

prac·ti·cal 'joke farce f

prac·tic·al·ly ['præktɪklɪ] adv behave, think d'une manière pratique; (almost) pratiquement

prac·tice ['præktɪs] **1** n pratique f; training also entraînement m; (rehearsal) répétition f; (custom) coutume f; **in** ~ (in reality) en pratique; **be out of** ~ manquer d'entraînement; ~ **makes perfect** c'est en forgeant qu'on devient forgeron **2** v/i s'entraîner **3** v/t travailler; speech répéter; law, medicine exercer

prac·tise Br → **practice** v/i & v/t

prag·mat·ic [præɡˈmætɪk] adj pragmatique

prag·ma·tism ['præɡmətɪzm] pragmatisme m

prai·rie ['prerɪ] prairie f, plaine f

praise [preɪz] **1** n louange f, éloge m **2** v/t louer

'praise·wor·thy adj méritoire, louable

prank [præŋk] blague f, farce f

prat·tle ['prætl] v/i jacasser

prawn [prɔːn] crevette f

pray [preɪ] v/i prier

prayer [prer] prière f

preach [priːtʃ] v/t & v/i prêcher

preach·er ['priːtʃər] pasteur m

pre·am·ble [priːˈæmbl] préambule m

pre·car·i·ous [prɪˈkerɪəs] adj précaire

pre·car·i·ous·ly [prɪˈkerɪəslɪ] adv précairement

pre·cau·tion [prɪˈkɔːʃn] précaution f

pre·cau·tion·a·ry [prɪˈkɔːʃnrɪ] adj measure préventif*, de précaution

pre·cede [prɪˈsiːd] v/t précéder

prec·e·dent ['presɪdənt] précédent m

pre·ced·ing [prɪˈsiːdɪŋ] adj précédent

pre·cinct ['priːsɪŋkt] (district) circonscription f (administrative)

pre·cious ['preʃəs] adj précieux*

pre·cip·i·tate [prɪˈsɪpɪteɪt] v/t crisis précipiter

pré·cis ['preɪsiː] n résumé m

pre·cise [prɪˈsaɪs] adj précis

pre·cise·ly [prɪˈsaɪslɪ] adv précisément

pre·ci·sion [prɪˈsɪʒn] précision f

pre·co·cious [prɪˈkoʊʃəs] adj child précoce

pre·con·ceived ['priːkənsiːvd] adj idea préconçu

pre·con·di·tion [priːkənˈdɪʃn] condition f requise

pred·a·tor ['predətər] prédateur m

pred·a·to·ry ['predətɔːrɪ] adj prédateur*

pre·de·ces·sor ['priːdɪsesər] prédécesseur m

pre·des·ti·na·tion [priːdestɪˈneɪʃn] prédestination f

pre·des·tined [priːˈdestɪnd] adj: **be** ~ **to** être prédestiné à

pre·dic·a·ment [prɪˈdɪkəmənt] situation f délicate

pre·dict [prɪˈdɪkt] v/t prédire, prévoir

pre·dict·a·ble [prɪˈdɪktəbl] adj prévisible

pre·dic·tion [prɪˈdɪkʃn] prédiction f

pre·dom·i·nant [prɪ'dɑ:mɪnənt] *adj* prédominant

pre·dom·i·nant·ly [prɪ'dɑ:mɪnəntlɪ] *adv* principalement

pre·dom·i·nate [prɪ'dɑ:mɪneɪt] *v/i* prédominer

pre·fab·ri·cat·ed [pri:'fæbrɪkeɪtɪd] *adj* préfabriqué

pref·ace ['prefɪs] *n* préface *f*

pre·fer [prɪ'fɜ:r] *v/t* (*pret & pp* **-red**) préférer; **~ X to Y** préférer X à Y, aimer mieux X que Y

pref·e·ra·ble ['prefərəbl] *adj* préférable

pref·e·ra·bly ['prefərəblɪ] *adv* de préférence

pref·e·rence ['prefərəns] préférence *f*

pref·er·en·tial [prefə'renʃl] *adj* préférentiel*

pre·fix ['pri:fɪks] préfixe *m*

preg·nan·cy ['pregnənsɪ] grossesse *f*

preg·nant ['pregnənt] *adj* enceinte; *animal* pleine

pre·heat ['pri:hi:t] *v/t oven* préchauffer

pre·his·tor·ic [pri:hɪs'tɑ:rɪk] *adj also fig* préhistorique

pre·judge [pri:'dʒʌdʒ] *v/t situation* préjuger de; *person* porter un jugement prématuré sur

prej·u·dice ['predʒʊdɪs] **1** *n* (*bias*) préjugé *m* **2** *v/t person* influencer; *chances* compromettre; *reputation* nuire à, porter préjudice à

prej·u·diced ['predʒʊdɪst] *adj* partial

pre·lim·i·na·ry [prɪ'lɪmɪnerɪ] *adj* préliminaire

pre·mar·i·tal [pri:'mærɪtl] *adj sex* avant le mariage

pre·ma·ture [pri:mə'tʊr] *adj* prématuré

pre·med·i·tat·ed [pri:'medɪteɪtɪd] *adj* prémédité

prem·i·er ['premɪr] POL Premier ministre *m*

prem·i·ère ['premɪer] *n* première *f*

prem·is·es ['premɪsɪz] *npl* locaux *mpl*; **live on the ~** vivre sur place

pre·mi·um ['pri:mɪəm] *in insurance* prime *f*

pre·mo·ni·tion [premə'nɪʃn] prémonition *f*, pressentiment *m*

pre·na·tal [pri:'neɪtl] *adj* prénatal

pre·oc·cu·pied [prɪ'ɑ:kjʊpaɪd] *adj* préoccupé

prep·a·ra·tion [prepə'reɪʃn] préparation *f*; **in ~ for** en prévision de; **~s** préparatifs *mpl*

pre·pare [prɪ'per] **1** *v/t* préparer; **be ~d to do sth** *willing*, ready être prêt à faire qch; **be ~d for sth** (*be expecting*) s'être préparé à qch, s'attendre à qch; (*be ready*) s'être préparé pour qch, être prêt pour qch **2** *v/i* se préparer

prep·o·si·tion [prepə'zɪʃn] préposition *f*

pre·pos·ter·ous [prɪ'pɑ:stərəs] *adj* absurde, ridicule

pre·req·ui·site [pri:'rekwɪzɪt] condition *f* préalable

pre·scribe [prɪ'skraɪb] *v/t of doctor* prescrire

pre·scrip·tion [prɪ'skrɪpʃn] MED ordonnance *f*

pres·ence ['prezns] présence *f*; **in the ~ of** en présence de

pres·ence of 'mind présence *f* d'esprit

pres·ent[1] ['preznt] **1** *adj* (*current*) actuel*; **be ~** être présent **2** *n*: **the ~** also GRAM le présent; **at ~** (*at this very moment*) en ce moment; (*for the time being*) pour le moment

pres·ent[2] ['preznt] *n* (*gift*) cadeau *m*

pre·sent[3] [prɪ'zent] *v/t award, bouquet* remettre; *program* présenter; **~ s.o. with sth, ~ sth to s.o.** remettre or donner qch à qn

pre·sen·ta·tion [prezn'teɪʃn] présentation *f*

pres·ent-day [preznt'deɪ] *adj* actuel*

pre·sent·er [prɪ'zentər] présentateur(-trice) *m(f)*

pres·ent·ly ['prezntlɪ] *adv* (*at the moment*) à présent; (*soon*) bientôt

'pres·ent tense présent *m*

pres·er·va·tion [prezər'veɪʃn] *of environment* préservation *f*; *of building* protection *f*; *of standards, peace* maintien *m*

pre·ser·va·tive [prɪ'zɜ:rvətɪv] conservateur *m*

pre·serve [prɪ'zɜ:rv] **1** *n* (*domain*) do-

P

maine *m* **2** *v/t standards, peace etc* maintenir; *wood etc* préserver; *food* conserver, mettre en conserve

pre·side [prɪˈzaɪd] *v/i at meeting* présider; **~ over a meeting** présider une réunion

pres·i·den·cy [ˈprezɪdənsɪ] présidence *f*

pres·i·dent [ˈprezɪdnt] POL président(e) *m(f)*; *of company* président-directeur *m* général, PDG *m*

pres·i·den·tial [prezɪˈdenʃl] *adj* présidentiel*

press¹ [pres] *n*: **the ~** la presse

press² [pres] **1** *v/t button* appuyer sur; *hand* serrer; *grapes, olives* presser; *clothes* repasser; **~ s.o. to do sth** (*urge*) presser qn de faire qch **2** *v/i*: **~ for** faire pression pour obtenir, exiger

ˈpress a·gen·cy agence *f* de presse
ˈpress con·fer·ence conférence *f* de presse

press·ing [ˈpresɪŋ] *adj* pressant

pres·sure [ˈpreʃər] **1** *n* pression *f*; **be under ~** être sous pression; **he's under ~ to resign** on fait pression sur lui pour qu'il démissionne (*subj*) **2** *v/t* faire pression sur

pres·tige [preˈstiːʒ] prestige *m*

pres·ti·gious [preˈstɪdʒəs] *adj* prestigieux*

pre·su·ma·bly [prɪˈzuːməblɪ] *adv* sans doute, vraisemblablement

pre·sume [prɪˈzuːm] *v/t* présumer; **~ to do** *fml* se permettre de faire

pre·sump·tion [prɪˈzʌmpʃn] *of innocence, guilt* présomption *f*

pre·sump·tu·ous [prɪˈzʌmptʊəs] *adj* présomptueux*

pre·sup·pose [priːsəˈpoʊz] *v/t* présupposer

pre·tax [ˈpriːtæks] *adj* avant impôts

pre·tence *Br* → **pretense**

pre·tend [prɪˈtend] **1** *v/t* prétendre; **the children are ~ing to be spacemen** les enfants se prennent pour des astronautes **2** *v/i* faire semblant

pre·tense [prɪˈtens] hypocrisie *f*, semblant *m*; **under the ~ of coopera·tion** sous prétexte de coopération

pre·ten·tious [prɪˈtenʃəs] *adj* prétentieux*

pre·text [ˈpriːtekst] prétexte *m*

pret·ty [ˈprɪtɪ] **1** *adj* joli **2** *adv* (*quite*) assez; **~ much complete** presque complet; **are they the same? - ~ much** c'est la même chose? – à quelque chose près

pre·vail [prɪˈveɪl] *v/i* (*triumph*) prévaloir, l'emporter

pre·vail·ing [prɪˈveɪlɪŋ] *adj wind* dominant; *opinion* prédominant; (*current*) actuel*

pre·vent [prɪˈvent] *v/t* empêcher; *disease* prévenir; **~ s.o. (from) doing sth** empêcher qn de faire qch

pre·ven·tion [prɪˈvenʃn] prévention *f*; **~ is better than cure** mieux vaut prévenir que guérir

pre·ven·tive [prɪˈventɪv] *adj* préventif*

pre·view [ˈpriːvjuː] **1** *n* avant-première *f* **2** *v/t* voir en avant-première

pre·vi·ous [ˈpriːvɪəs] *adj* (*earlier*) antérieur; (*the one before*) précédent

pre·vi·ous·ly [ˈpriːvɪəslɪ] *adv* auparavant, avant

pre·war [ˈpriːwɔːr] *adj* d'avant-guerre

prey [preɪ] proie *f*

♦ **prey on** *v/t* chasser, se nourrir de; *fig*: *of con man etc* s'attaquer à

price [praɪs] **1** *n* prix *m* **2** *v/t* COMM fixer le prix de

price·less [ˈpraɪslɪs] *adj* inestimable, sans prix

ˈprice tag étiquette *f*, prix *m*
ˈprice war guerre *f* des prix
ˈpric·ey [ˈpraɪsɪ] *adj* F cher*

prick¹ [prɪk] **1** *n pain* piqûre *f* **2** *v/t* (*jab*) piquer

prick² [prɪk] *n* V (*penis*) bite *f* V; *person* con *m* F

♦ **prick up** *v/t*: **prick up one's ears** *of dog* dresser les oreilles; *of person* dresser l'oreille

prick·le [ˈprɪkl] *on plant* épine *f*, piquant *m*

prick·ly [ˈprɪklɪ] *adj beard, plant* piquant; (*irritable*) irritable

pride [praɪd] **1** *n* fierté *f*; (*self-respect*) amour-propre *m*, orgueil *m* **2** *v/t*: **~**

o.s. on être fier de

priest [priːst] prêtre *m*

pri·ma·ri·ly [praɪˈmerɪlɪ] *adv* essentiellement, principalement

pri·ma·ry [ˈpraɪmərɪ] **1** *adj* principal **2** *n* POL (*élection f*) primaire *f*

prime [praɪm] **1** *adj* fondamental; *of ~ importance* de la plus haute importance **2** *n*: *be in one's ~* être dans la fleur de l'âge

prime 'min·is·ter Premier ministre *m*

prime time TV heures *fpl* de grande écoute

prim·i·tive [ˈprɪmɪtɪv] *adj* primitif*; *conditions* rudimentaires

prince [prɪns] prince *m*

prin·cess [prɪnˈses] princesse *f*

prin·ci·pal [ˈprɪnsəpl] **1** *adj* principal **2** *n of school* directeur(-trice) *m(f)*

prin·ci·pal·ly [ˈprɪnsəplɪ] *adv* principalement

prin·ci·ple [ˈprɪnsəpl] principe *m*; *on ~* par principe; *in ~* en principe

print [prɪnt] **1** *n in book, newspaper etc* texte *m*, caractères *mpl*; (*photograph*) épreuve *f*; *out of ~* épuisé **2** *v/t* imprimer; (*use block capitals*) écrire en majuscules

♦ **print out** *v/t* imprimer

print·ed mat·ter [ˈprɪntɪd] imprimés *mpl*

print·er [ˈprɪntər] *person* imprimeur *m*; *machine* imprimante *f*

print·ing press [ˈprɪntɪŋ] presse *f*

print·out impression *f*, sortie *f* (sur) imprimante

pri·or [praɪr] **1** *adj* préalable, antérieur **2** *prep*: *~ to* avant

pri·or·i·tize *v/t* (*put in order of priority*) donner un ordre de priorité à; (*give priority to*) donner la priorité à

pri·or·i·ty [praɪˈɑːrətɪ] priorité *f*; *have ~* être prioritaire, avoir la priorité

pris·on [ˈprɪzn] prison *f*

pris·on·er [ˈprɪznər] prisonnier(-ière) *m(f)*; *take s.o. ~* faire qn prisonnier

pris·on·er of 'war prisonnier(-ière) *m(f)* de guerre

pri·va·cy [ˈprɪvəsɪ] intimité *f*

pri·vate [ˈpraɪvət] **1** *adj* privé; *letter* personnel*; *secretary* particulier* **2**

n MIL simple soldat *m*; *in ~ talk to s.o.* en privé

pri·vate·ly [ˈpraɪvətlɪ] *adv talk to s.o.* en privé; (*inwardly*) intérieurement; *~ owned* privé; *~ funded* à financement privé

'pri·vate sec·tor secteur *m* privé

pri·va·tize [ˈpraɪvətaɪz] *v/t* privatiser

priv·i·lege [ˈprɪvəlɪdʒ] privilège *m*

priv·i·leged [ˈprɪvəlɪdʒd] *adj* privilégié; (*honored*) honoré

prize [praɪz] **1** *n* prix *m* **2** *v/t* priser, faire (grand) cas de

'prize·win·ner gagnant *m*

'prize·win·ning *adj* gagnant

pro[1] [proʊ] *n*: *the ~s and cons* le pour et le contre

pro[2] [proʊ] F *professional* pro *m/f inv* F

pro[3] [proʊ] *prep* (*in favor of*) pro-; *be ~ ...* être pour ...

prob·a·bil·i·ty [prɑːbəˈbɪlətɪ] probabilité *f*

prob·a·ble [ˈprɑːbəbl] *adj* probable

prob·a·bly [ˈprɑːbəblɪ] *adv* probablement

pro·ba·tion [prəˈbeɪʃn] *in job* période *f* d'essai; LAW probation *f*, mise *f* à l'épreuve; *be on ~ in job* être à l'essai

pro·ba·tion of·fi·cer contrôleur (-euse) *m(f)* judiciaire

pro·ba·tion pe·ri·od *in job* période *f* d'essai

probe [proʊb] **1** *n* (*investigation*) enquête *f*; *scientific* sonde *f* **2** *v/t* sonder; (*investigate*) enquêter sur

prob·lem [ˈprɑːbləm] problème *m*; *no ~* pas de problème; *it doesn't worry me* c'est pas grave; *I don't have a ~ with that* ça ne me pose pas de problème

pro·ce·dure [prəˈsiːdʒər] procédure *f*

pro·ceed [prəˈsiːd] *v/i* (*go: of people*) se rendre; *of work etc* avancer, se dérouler; *~ to do sth* se mettre à faire qch

pro·ceed·ings [prəˈsiːdɪŋz] *npl* (*events*) événements *mpl*

pro·ceeds [ˈproʊsiːdz] *npl* bénéfices *mpl*

pro·cess [ˈprɑːses] **1** *n* processus *m*; *industrial* procédé *m*, processus *m*; *in the ~* (*while doing it*) ce faisant;

P

by a ~ of elimination (en procédant) par élimination **2** *v/t food, raw materials* transformer; *data, application* traiter

pro·ces·sion [prə'seʃn] procession *f*

pro·claim [prə'kleɪm] *v/t* proclamer

prod [prɑːd] **1** *n* (petit) coup *m* **2** *v/t* (*pret & pp -ded*) donner un (petit) coup à, pousser

prod·i·gy ['prɑːdɪdʒɪ]: prodige *m*; (**child**) ~ enfant *m/f* prodige

prod·uce¹ ['prɑːduːs] *n* produits *mpl* (agricoles)

pro·duce² [prə'duːs] *v/t* produire; (*bring about*) provoquer; (*bring out*) sortir

pro·duc·er [prə'duːsər] producteur *m*

prod·uct ['prɑːdʌkt] produit *m*

pro·duc·tion [prə'dʌkʃn] production *f*

pro'duc·tion ca·pac·i·ty capacité *f* de production

pro'duc·tion costs *npl* coûts *mpl* de production

pro·duc·tive [prə'dʌktɪv] *adj* productif*

pro·duc·tiv·i·ty [prɑːdʌk'tɪvətɪ] productivité *f*

pro·fane [prə'feɪn] *adj language* blasphématoire

pro·fess [prə'fes] *v/t* (*claim*) prétendre

pro·fes·sion [prə'feʃn] profession *f*

pro·fes·sion·al [prə'feʃnl] **1** *adj* professionnel*; *piece of work* de haute qualité; **take ~ advice** consulter un professionnel; **do a very ~ job** faire un travail de professionnel; **turn ~** passer professionnel **2** *n* (*doctor, lawyer etc*) personne *f* qui exerce une profession libérale; *not amateur* professionnel(le) *m(f)*

pro·fes·sion·al·ly [prə'feʃnlɪ] *adv play sport* professionnellement; (*well, skillfully*) de manière professionnelle

pro·fes·sor [prə'fesər] professeur *m*

pro·fi·cien·cy [prə'fɪʃnsɪ] compétence *f*; *in a language* maîtrise *f*

pro·fi·cient [prə'fɪʃnt] *adj* excellent, compétent; **must be ~ in French** doit bien maîtriser le français

pro·file ['proʊfaɪl] profil *m*

prof·it ['prɑːfɪt] **1** *n* bénéfice *m*, profit

m **2** *v/i*: **~ by** *or* **~ from** profiter de

prof·it·a·bil·i·ty [prɑːfɪtə'bɪlətɪ] rentabilité *f*

prof·it·a·ble ['prɑːfɪtəbl] *adj* rentable

'prof·it mar·gin marge *f* bénéficiaire

'prof·it shar·ing participation *f* aux bénéfices

pro·found [prə'faʊnd] *adj* profond

pro·found·ly [prə'faʊndlɪ] *adv* profondément

prog·no·sis [prɑːg'noʊsɪs] MED pronostic *m*

pro·gram ['proʊgræm] **1** *n* programme *m*; *on radio, TV* émission *f* **2** *v/t* (*pret & pp -med*) programmer

pro·gramme *Br* → **program**

pro·gram·mer ['proʊgræmər] COMPUT programmeur(-euse) *m(f)*

pro·gress ['prɑːgres] **1** *n* progrès *m(pl)*; **make ~** faire des progrès; *of patient* aller mieux; *of building* progresser, avancer; **in ~** en cours **2** [prə'gres] *v/i* (*in time*) avancer, se dérouler; (*move on*) passer à; (*make ~*) faire des progrès, progresser; **how is the work ~ing?** ça avance bien?

pro·gres·sive [prə'gresɪv] *adj* (*enlightened*) progressiste; (*which progresses*) progressif*

pro·gres·sive·ly [prə'gresɪvlɪ] *adv* progressivement

pro·hib·it [prə'hɪbɪt] *v/t* défendre, interdire

pro·hi·bi·tion [proʊhɪ'bɪʃn] interdiction *f*; **during Prohibition** pendant la prohibition

pro·hib·i·tive [prə'hɪbɪtɪv] *adj prices* prohibitif*

proj·ect¹ ['prɑːdʒekt] *n* projet *m*; EDU étude *f*, dossier *m*; (*housing area*) cité *f* (H.L.M.)

pro·ject² [prə'dʒekt] **1** *v/t figures, sales* prévoir; *movie* projeter **2** *v/i* (*stick out*) faire saillie

pro·jec·tion [prə'dʒekʃn] (*forecast*) projection *f*, prévision *f*

pro·jec·tor [prə'dʒektər] *for slides* projecteur *m*

pro·lif·ic [prə'lɪfɪk] *adj* prolifique

pro·log, *Br* **pro·logue** ['proʊlɑːg] prologue *m*

pro·long [prə'lɒːŋ] *v/t* prolonger

prom [prɑːm] (*school dance*) bal *m* de fin d'année

prom·i·nent ['prɑːmɪnənt] *adj nose, chin* proéminent; *visually* voyant; (*significant*) important

prom·is·cu·i·ty [prɑːmɪ'skjuːətɪ] promiscuité *f*

pro·mis·cu·ous [prə'mɪskjʊəs] *adj* dévergondé, dissolu

prom·ise ['prɑːmɪs] **1** *n* promesse *f* **2** *v/t* promettre; ~ *to do sth* promettre de faire qch; ~ *s.o. sth* promettre qch à qn **3** *v/i* promettre

prom·is·ing ['prɑːmɪsɪŋ] *adj* prometteur*

pro·mote [prə'moʊt] *v/t employee, idea* promouvoir; COMM *also* faire la promotion de

pro·mot·er [prə'moʊtər] *of sports event* organisateur *m*

pro·mo·tion [prə'moʊʃn] promotion *f*

prompt [prɑːmpt] **1** *adj* (*on time*) ponctuel*; (*speedy*) prompt **2** *adv*: *at two o'clock* à deux heures pile *or* précises **3** *v/t* (*cause*) provoquer; *actor* souffler à; *something ~ed me to turn back* quelque chose me poussa à me retourner **4** *n* COMPUT invite *f*

prompt·ly ['prɑːmptlɪ] *adv* (*on time*) ponctuellement; (*immediately*) immédiatement

prone [proʊn] *adj*: *be ~ to* être sujet à

pro·noun ['proʊnaʊn] pronom *m*

pro·nounce [prə'naʊns] *v/t* prononcer

pro·nounced [prə'naʊnst] *adj accent* prononcé; *views* arrêté

pron·to ['prɑːntoʊ] *adv* F illico (presto) F

pro·nun·ci·a·tion [prənʌnsɪ'eɪʃn] prononciation *f*

proof [pruːf] *n* preuve *f*; *of book* épreuve *f*

prop¹ [prɑːp] *n* THEA accessoire *m*

prop² [prɑːp] *v/t* (*pret & pp* **-ped**) appuyer (*against* contre)

♦ **prop up** *v/t also fig* soutenir

prop·a·gan·da [prɑːpə'gændə] propagande *f*

pro·pel [prə'pel] *v/t* (*pret & pp* **-led**) propulser

pro·pel·lant [prə'pelənt] *in aerosol* gaz *m* propulseur

pro·pel·ler [prə'pelər] hélice *f*

prop·er ['prɑːpər] *adj* (*real*) vrai; (*correct*) bon*, correct; (*fitting*) convenable, correct

prop·er·ly ['prɑːpərlɪ] *adv* (*correctly*) correctement; (*fittingly also*) convenablement

prop·er·ty ['prɑːpərtɪ] propriété *f*; (*possession also*) bien(s) *m(pl)*; *it's his* ~ c'est à lui

'prop·er·ty de·vel·op·er promoteur *m* immobilier

'prop·er·ty mar·ket marché *m* immobilier; *for land* marché *m* foncier

proph·e·cy ['prɑːfəsɪ] prophétie *f*

proph·e·sy ['prɑːfəsaɪ] *v/t* (*pret & pp* **-ied**) prophétiser, prédire

pro·por·tion [prə'pɔːrʃn] proportion *f*; *a large* ~ *of Americans* une grande partie de la population américaine

pro·por·tion·al [prə'pɔːrʃnl] *adj* proportionnel *f*

pro·por·tion·al rep·re·sen·ta·tion [reprəzen'teɪʃn] POL représentation *f* proportionnelle

pro·pos·al [prə'poʊzl] proposition *f*; *of marriage* demande *f* en mariage

pro·pose [prə'poʊz] **1** *v/t* (*suggest*) proposer; ~ *to do sth* se proposer de faire qch **2** *v/i* (*make offer of marriage*) faire sa demande en mariage (*to* à)

prop·o·si·tion [prɑːpə'zɪʃn] **1** *n* proposition *f* **2** *v/t woman* faire des avances à

pro·pri·e·tor [prə'praɪətər] propriétaire *m*

pro·pri·e·tress [prə'praɪətrɪs] propriétaire *f*

prose [proʊz] prose *f*

pros·e·cute ['prɑːsɪkjuːt] *v/t* LAW poursuivre (en justice)

pros·e·cu·tion [prɑːsɪ'kjuːʃn] LAW poursuites *fpl* (judiciaires); *lawyers* accusation *f*, partie *f* plaignante

pros·e·cu·tor → *public prosecutor*

pros·pect ['prɑːspekt] **1** *n* (*chance, likelihood*) chance(s) *f(pl)*; (*thought of something in the future*) perspective

P

f; **~s** perspectives *fpl* (d'avenir) **2** *v/i:*
~ for gold chercher
pro·spec·tive [prə'spektɪv] *adj* potentiel*, éventuel*
pros·per ['prɑ:spər] *v/i* prospérer
pros·per·i·ty [prɑ:'sperətɪ] prospérité *f*
pros·per·ous ['prɑ:spərəs] *adj* prospère
pros·ti·tute ['prɑ:stɪtu:t] *n* prostituée *f*; **male ~** prostitué *m*
pros·ti·tu·tion [prɑ:stɪ'tu:ʃn] prostitution *f*
pros·trate ['prɑ:streɪt] *adj:* **be ~ with grief** être accablé de chagrin
pro·tect [prə'tekt] *v/t* protéger
pro·tec·tion [prə'tekʃn] protection *f*
pro·tec·tion mon·ey argent versé à un racketteur
pro·tec·tive [prə'tektɪv] *adj* protecteur*
pro·tec·tive 'cloth·ing vêtements *mpl* de protection
pro·tec·tor [prə'tektər] protecteur (-trice) *m(f)*
pro·tein ['prouti:n] protéine *f*
pro·test ['proutest] **1** *n* protestation *f*; *(demonstration)* manifestation *f* **2** *v/t* [prə'test] *(object to)* protester contre **3** *v/i* [prə'test] protester; *(demonstrate)* manifester
Prot·es·tant ['prɑ:tɪstənt] **1** *adj* protestant **2** *n* protestant(e) *m(f)*
pro·test·er [prə'testər] manifestant(e) *m(f)*
pro·to·col ['proutəkɑ:l] protocole *m*
pro·to·type ['proutətaɪp] prototype *m*
pro·tract·ed [prə'træktɪd] *adj* prolongé, très long*
pro·trude [prə'tru:d] *v/i of eyes, ear* être saillant; *from pocket etc* sortir
pro·trud·ing [prə'tru:dɪŋ] *adj* saillant; *ears* décollé; *chin* avancé; *teeth* en avant
proud [praud] *adj* fier*; **be ~ of** être fier de
proud·ly ['praudlɪ] *adv* fièrement, avec fierté
prove [pru:v] *v/t* prouver
prov·erb ['prɑ:vɜ:rb] proverbe *m*
pro·vide [prə'vaɪd] *v/t* fournir; **~ sth to**

s.o., ~ s.o. with sth fournir qch à qn
♦ **provide for** *v/t family* pourvoir *or* subvenir aux besoins de; *of law etc* prévoir
pro·vid·ed [prə'vaɪdɪd] *conj:* **~ (that)** *(on condition that)* pourvu que *(+subj)*, à condition que *(+subj)*
prov·ince ['prɑ:vɪns] province *f*
pro·vin·cial [prə'vɪnʃl] *adj also pej* provincial; *city* de province
pro·vi·sion [prə'vɪʒn] *(supply)* fourniture *f*; *of services* prestation *f*; *in a law, contract* disposition *f*
pro·vi·sion·al [prə'vɪʒnl] *adj* provisoire
pro·vi·so [prə'vaɪzou] condition *f*
prov·o·ca·tion [prɑ:və'keɪʃn] provocation *f*
pro·voc·a·tive [prə'vɑ:kətɪv] *adj* provocant
pro·voke [prə'vouk] *v/t* provoquer
prow [prau] NAUT proue *f*
prow·ess ['prauɪs] talent *m*, prouesses *fpl*
prowl [praul] *v/i of tiger etc* chasser; *of burglar* rôder
'prowl car voiture *f* de patrouille
prowl·er ['praulər] rôdeur(-euse) *m(f)*
prox·im·i·ty [prɑ:k'sɪmətɪ] proximité *f*
prox·y ['prɑ:ksɪ] *(authority)* procuration *f*; *person* mandataire *m/f*
prude [pru:d] puritain *m*
pru·dence ['pru:dns] prudence *f*
pru·dent ['pru:dnt] *adj* prudent
prud·ish ['pru:dɪʃ] *adj* prude
prune¹ [pru:n] *n* pruneau *m*
prune² [pru:n] *v/t plant* tailler; *fig: costs etc* réduire; *fig: essay* élaguer
pry [praɪ] *v/i (pret & pp* **-ied***)* être indiscret, fouiner
♦ **pry into** *v/t* mettre son nez dans, s'immiscer dans
PS ['pi:es] *abbr (= postscript)* P.-S. *m*
pseu·do·nym ['su:dənɪm] pseudonyme *m*
psy·chi·at·ric [saɪkɪ'ætrɪk] *adj* psychiatrique
psy·chi·a·trist [saɪ'kaɪətrɪst] psychiatre *m/f*
psy·chi·a·try [saɪ'kaɪətrɪ] psychiatrie *f*
psy·chic ['saɪkɪk] *adj power* parapsy-

chique; *phenomenon* paranormal; *I'm not ~!* je ne suis pas devin!

psy·cho ['saɪkou] F psychopathe *m/f*

psy·cho·a·nal·y·sis [saɪkouən'æləsɪs] psychanalyse *f*

psy·cho·an·a·lyst [saɪkou'ænəlɪst] psychanalyste *m/f*

psy·cho·an·a·lyze [saɪkou'ænəlaɪz] *v/t* psychanalyser

psy·cho·log·i·cal [saɪkə'lɑːdʒɪkl] *adj* psychologique

psy·cho·log·i·cal·ly [saɪkə'lɑːdʒɪklɪ] *adv* psychologiquement

psy·chol·o·gist [saɪ'kɑːlədʒɪst] psychologue *m/f*

psy·chol·o·gy [saɪ'kɑːlədʒɪ] psychologie *f*

psy·cho·path ['saɪkoupæθ] psychopathe *m/f*

psy·cho·so·mat·ic [saɪkousə'mætɪk] *adj* psychosomatique

PTO [piːtiː'ou] *abbr* (= *please turn over*) T.S.V.P. (= tournez s'il vous plaît)

pub [pʌb] *Br* pub *m*

pu·ber·ty ['pjuːbərtɪ] puberté *f*

pu·bic hair [pjuːbɪk'her] poils *mpl* pubiens; *single* poil *m* pubien

pub·lic ['pʌblɪk] **1** *adj* public* **2** *n*: *the ~* le public; *in ~* en public

pub·li·ca·tion [pʌblɪ'keɪʃn] publication *f*

pub·lic 'hol·i·day jour *m* férié

pub·lic·i·ty [pʌb'lɪsətɪ] publicité *f*

pub·li·cize ['pʌblɪsaɪz] *v/t* (*make known*) faire connaître, rendre public; COMM faire de la publicité pour

pub·lic do·main [dou'meɪn]: *be ~* faire partie du domaine public

pub·lic 'li·bra·ry bibliothèque *f* municipale

pub·lic·ly ['pʌblɪklɪ] *adv* en public, publiquement

pub·lic 'pros·e·cu·tor procureur *m* général; **pub·lic re'la·tions** *npl* relations *fpl* publiques; '**pub·lic school** école *f* publique; *Br* école privée (du secondaire); '**pub·lic sec·tor** secteur *m* public

pub·lish ['pʌblɪʃ] *v/t* publier

pub·lish·er ['pʌblɪʃər] éditeur(-trice)

m(f); maison *f* d'édition

pub·lish·ing ['pʌblɪʃɪŋ] édition *f*

'**pub·lish·ing com·pa·ny** maison *f* d'édition

pud·dle ['pʌdl] flaque *f*

Puer·to Ri·can [pwertou'riːkən] **1** *adj* portoricain **2** *n* Portoricain(e) *m(f)*

Puer·to Ri·co [pwertou'riːkou] Porto Rico

puff [pʌf] **1** *n of wind* bourrasque *f*; *of smoke* bouffée *f* **2** *v/i* (*pant*) souffler, haleter; *~ on a cigarette* tirer sur une cigarette

puff·y ['pʌfɪ] *adj eyes, face* bouffi, gonflé

puke [pjuːk] *v/i* P dégueuler F

pull [pʊl] **1** *n on rope* coup *m*; F (*appeal*) attrait *m*; F (*influence*) influence *f* **2** *v/t* tirer; *tooth* arracher; *muscle* se déchirer **3** *v/i* tirer

♦ **pull ahead** *v/i in race, competition* prendre la tête

♦ **pull apart** *v/t* (*separate*) séparer

♦ **pull away 1** *v/t* retirer **2** *v/i of car, train* s'éloigner

♦ **pull down** *v/t* (*lower*) baisser; (*demolish*) démolir

♦ **pull in** *v/i of bus, train* arriver

♦ **pull off** *v/t leaves etc* détacher; *clothes* enlever; F *deal etc* décrocher; *he pulled it off* il a réussi

♦ **pull out 1** *v/t* sortir; *troops* retirer **2** *v/i from agreement, competition, of troops* se retirer; *of ship* partir

♦ **pull over** *v/i* se garer

♦ **pull through** *v/i from illness* s'en sortir

♦ **pull together 1** *v/i* (*cooperate*) travailler ensemble **2** *v/t*: *pull o.s. together* se reprendre

♦ **pull up 1** *v/t* (*raise*) remonter; *plant* arracher **2** *v/i of car etc* s'arrêter

pul·ley ['pʊlɪ] poulie *f*

pull·o·ver ['pʊlouvər] pull *m*

pulp [pʌlp] *of fruit* pulpe *f*; *for paper-making* pâte *f* à papier

pul·pit ['pʊlpɪt] chaire *f*

'**pulp nov·el** roman *m* de gare

pul·sate [pʌl'seɪt] *v/i of heart, blood* battre; *of rhythm* vibrer

pulse [pʌls] pouls *m*

P

pul·ver·ize ['pʌlvəraɪz] v/t pulvériser

pump [pʌmp] **1** n pompe f **2** v/t pomper

♦ **pump up** v/t gonfler

pump·kin ['pʌmpkɪn] potiron m

pun [pʌn] jeu m de mots

punch [pʌntʃ] **1** n blow coup m de poing; implement perforeuse f **2** v/t with fist donner un coup de poing à; hole percer; ticket composter

'punch line chute f

punc·tu·al ['pʌŋktʃʊəl] adj ponctuel*

punc·tu·al·i·ty [pʌŋktʃʊ'ælətɪ] ponctualité f

punc·tu·al·ly ['pʌŋktʃʊəlɪ] adv à l'heure, ponctuellement

punc·tu·ate ['pʌŋktʃʊeɪt] v/t GRAM ponctuer

punc·tu·a·tion [pʌŋktʃʊ'eɪʃn] ponctuation f

punc·tu·a·tion mark signe m de ponctuation

punc·ture ['pʌŋktʃər] **1** n piqûre f **2** v/t percer, perforer

pun·gent ['pʌndʒənt] adj âcre, piquant

pun·ish ['pʌnɪʃ] v/t punir

pun·ish·ing ['pʌnɪʃɪŋ] adj schedule, pace éprouvant, épuisant

pun·ish·ment ['pʌnɪʃmənt] punition f

punk [pʌŋk]: ~ **(rock)** MUS musique f punk

pu·ny ['pjuːnɪ] adj person chétif*

pup [pʌp] chiot m

pu·pil¹ ['pjuːpl] of eye pupille f

pu·pil² ['pjuːpl] (student) élève m/f

pup·pet ['pʌpɪt] also fig marionnette f

'pup·pet gov·ern·ment gouvernement m fantoche

pup·py ['pʌpɪ] chiot m

pur·chase¹ ['pɜːrtʃəs] **1** n achat m **2** v/t acheter

pur·chase² ['pɜːrtʃəs] (grip) prise f

pur·chas·er ['pɜːrtʃəsər] acheteur (-euse) m(f)

pure [pjʊr] adj pur; white immaculé; ~ **new wool** pure laine f vierge

pure·ly ['pjʊrlɪ] adv purement

pur·ga·to·ry ['pɜːrgətɔːrɪ] purgatoire m; fig enfer m

purge [pɜːrdʒ] **1** n POL purge f **2** v/t POL épurer

pu·ri·fy ['pjʊrɪfaɪ] v/t (pret & pp **-ied**) water épurer

pu·ri·tan ['pjʊrɪtən] n puritain(e) m(f)

pu·ri·tan·i·cal [pjʊrɪ'tænɪkl] adj puritain

pu·ri·ty ['pjʊrɪtɪ] pureté f

pur·ple ['pɜːrpl] adj reddish pourpre; bluish violet*

Pur·ple 'Heart MIL décoration remise aux blessés de guerre

pur·pose ['pɜːrpəs] (aim, object) but m; **on** ~ exprès

pur·pose·ful ['pɜːrpəsfʊl] adj résolu, déterminé

pur·pose·ly ['pɜːrpəslɪ] adv exprès

purr [pɜːr] v/i of cat ronronner

purse [pɜːrs] n (pocketbook) sac m à main; Br: for money porte-monnaie m inv

pur·sue [pər'suː] v/t continuer

pur·su·er [pər'suːər] poursuivant(e) m(f)

pur·suit [pər'suːt] poursuite f; (activity) activité f; **those in** ~ les poursuivants

pus [pʌs] pus m

push [pʊʃ] **1** n (shove) poussée f; **at the** ~ **of a button** en appuyant sur un bouton **2** v/t (shove, pressure) pousser; button appuyer sur; F drugs revendre, trafiquer; **be** ~**ed for** F être à court de, manquer de; **be** ~**ing 40** F friser la quarantaine **3** v/i pousser

♦ **push ahead** v/i continuer

♦ **push along** v/t cart etc pousser

♦ **push away** v/t repousser

♦ **push off** v/t lid soulever

♦ **push on** v/i (continue) continuer (sa route)

♦ **push up** v/t prices faire monter

push·er ['pʊʃər] F of drugs dealer (-euse) m(f)

'push-up n: **do** ~**s** faire des pompes

push·y ['pʊʃɪ] adj F qui se met en avant

puss, pus·sy (cat) [pʊs, 'pʊsɪ (kæt)] n minou m

♦ **pus·sy·foot around** ['pʊsɪfʊt] v/i F tourner autour du pot F

put [pʊt] v/t (pret & pp **put**) mettre;

question poser; **~ the cost at** estimer le prix à

♦ **put across** *v/t idea etc* faire comprendre

♦ **put aside** *v/t money* mettre de côté; *work* mettre de côté

♦ **put away** *v/t in closet etc* ranger; *in institution* enfermer; *in prison* emprisonner; *(consume)* consommer, s'enfiler F; *money* mettre de côté; *animal* faire piquer

♦ **put back** *v/t (replace)* remettre

♦ **put by** *v/t money* mettre de côté

♦ **put down** *v/t* poser; *deposit* verser; *rebellion* réprimer; *(belittle)* rabaisser; *in writing* mettre (par écrit); **put one's foot down** *in car* appuyer sur le champignon F; *(be firm)* se montrer ferme; **put sth down to sth** *(attribute)* mettre qch sur le compte de qch

♦ **put forward** *v/t idea etc* soumettre, suggérer

♦ **put in** *v/t* mettre; *time* passer; *request, claim* présenter, déposer

♦ **put in for** *v/t (apply for)* demander

♦ **put off** *v/t light, radio, TV* éteindre; *(postpone)* repousser; *(deter)* dissuader; *(repel)* dégoûter; **put s.o. off sth** dégoûter qn de qch; **you've put me off (the idea)** tu m'as coupé l'envie

♦ **put on** *v/t light, radio, TV* allumer; *music, jacket etc* mettre; *(perform)* monter; *accent etc* prendre; **put on make-up** se mettre du maquillage; **put on the brake** freiner; **put on weight** prendre du poids; **she's just putting it on** *(pretending)* elle fait semblant

♦ **put out** *v/t hand* tendre; *fire, light* éteindre

♦ **put through** *v/t on phone* passer

♦ **put together** *v/t (assemble)* monter; *(organize)* organiser

♦ **put up** *v/t hand* lever; *person* héberger; *(erect)* ériger; *prices* augmenter; *poster* accrocher; *money* fournir; **put sth up for sale** mettre qch en vente; **put your hands up!** haut les mains!

♦ **put up with** *v/t (tolerate)* supporter, tolérer

putt [pʌt] *v/i in golf* putter

put·ty ['pʌtɪ] mastic *m*

puz·zle ['pʌzl] **1** *n (mystery)* énigme *f*, mystère *m*; *game* jeu *m*, casse-tête *m*; *(jigsaw ~)* puzzle *m* **2** *v/t* laisser perplexe

puz·zling ['pʌzlɪŋ] *adj* curieux*

PVC [piːviːˈsiː] *abbr (= polyvinyl chloride)* P.V.C. *m* (= polychlorure de vinyle)

py·ja·mas *Br* → **pajamas**

py·lon ['paɪlɑːn] pylône *m*

Py·re·nees ['pɪrəniːz] *npl* Pyrénées *fpl*

Q

quack[1] [kwæk] **1** *n of duck* coin-coin *m inv* **2** *v/i* cancaner

quack[2] [kwæk] *n* F *(bad doctor)* charlatan *m*

quad·ran·gle ['kwɑːdræŋgl] *figure* quadrilatère *m*; *courtyard* cour *f*

quad·ru·ped ['kwɑːdruped] quadrupède *m*

quad·ru·ple ['kwɑːdrupl] *v/i* quadrupler

quad·ru·plets ['kwɑːdruplɪts] *npl* quadruplés *mpl*

quads [kwɑːdz] *npl* F quadruplés *mpl*

quag·mire ['kwɑːgmaɪr] bourbier *m*

quail [kweɪl] *v/i* flancher

quaint [kweɪnt] *adj cottage* pittoresque; *(eccentric: ideas etc)* curieux*

quake [kweɪk] **1** *n (earthquake)* tremblement *m* de terre **2** *v/i of earth, with fear* trembler

qual·i·fi·ca·tion [kwɑːlɪfɪˈkeɪʃn] *from university etc* diplôme *m*; *of remark etc* restriction *f*; **have the right ~s for a job** avoir les qualifications requises pour un poste

qual·i·fied [ˈkwɑːlɪfaɪd] *adj doctor, engineer etc* qualifié; *(restricted)* restreint; **I am not ~ to judge** je ne suis pas à même de juger

qual·i·fy [ˈkwɑːlɪfaɪ] **1** *v/t (pret & pp -ied) of degree, course etc* qualifier; *remark etc* nuancer **2** *v/i (get degree etc)* obtenir son diplôme; *in competition* se qualifier; **that doesn't ~ as …** on ne peut pas considérer cela comme …

qual·i·ty [ˈkwɑːlətɪ] qualité *f*

qual·i·ty con'trol contrôle *m* de qualité

qualm [kwɑːm] scrupule *m*; **have no ~s about …** n'avoir aucun scrupule à …

quan·da·ry [ˈkwɑːndərɪ] dilemme *m*

quan·ti·fy [ˈkwɑːntɪfaɪ] *v/t (pret & pp -ied)* quantifier

quan·ti·ty [ˈkwɑːntətɪ] quantité *f*

quan·tum phys·ics [ˈkwɑːntəm] physique *f* quantique

quar·an·tine [ˈkwɑːrəntiːn] *n* quarantaine *f*

quar·rel [ˈkwɑːrəl] **1** *n* dispute *f*, querelle *f* **2** *v/i (pret & pp -ed, Br pp -led)* se disputer

quar·rel·some [ˈkwɑːrəlsʌm] *adj* agressif*, belliqueux*

quar·ry[1] [ˈkwɑːrɪ] *in hunt* gibier *m*

quar·ry[2] [ˈkwɑːrɪ] *for mining* carrière *f*

quart [kwɔːrt] quart *m* de gallon *(0,946 litre)*

quar·ter [ˈkwɔːrtər] **1** *n* quart *m*; *(25 cents)* vingt-cinq cents *mpl*; *(part of town)* quartier *m*; **divide the pie into ~s** couper la tarte en quatre (parts); **a ~ of an hour** un quart d'heure; **a ~ of 5** cinq heures moins le quart; **a ~ after 5** cinq heures et quart **2** *v/t* diviser en quatre

'quar·ter·back SP quarterback *m*, quart *m* arrière; **quar·ter·fi·nal** quart

m de finale; **quar·ter·fi·nal·ist** quart de finaliste *m*, quart-finaliste *m*

quar·ter·ly [ˈkwɔːrtərlɪ] **1** *adj* trimestriel* **2** *adv* trimestriellement, tous les trois mois

'quar·ter·note MUS noire *f*

quar·ters [ˈkwɔːrtərz] *npl* MIL quartiers *mpl*

quar·tet [kwɔːrˈtet] MUS quatuor *m*

quartz [kwɑːrts] quartz *m*

quash [kwɑːʃ] *v/t rebellion* réprimer, écraser; *court decision* casser, annuler

qua·ver [ˈkweɪvər] **1** *n in voice* tremblement *m* **2** *v/i of voice* trembler

quay [kiː] quai *m*

'quay·side quai *m*

quea·sy [ˈkwiːzɪ] *adj* nauséeux*; **feel ~** avoir mal au cœur, avoir la nausée

Que·bec [kwəˈbek] Québec *m*

queen [kwiːn] reine *f*

queen 'bee reine *f* des abeilles

queer [kwɪr] *adj (peculiar)* bizarre

queer·ly [ˈkwɪrlɪ] *adv* bizarrement

quell [kwel] *v/t* réprimer

quench [kwentʃ] *v/t thirst* étancher, assouvir; *flames* éteindre, étouffer

que·ry [ˈkwɪrɪ] **1** *n* question *f* **2** *v/t (pret & pp -ied) (express doubt about)* mettre en doute; *(check)* vérifier; **~ sth with s.o.** poser des questions sur qch à qn, vérifier qch auprès de qn

quest [kwest] quête *f*

ques·tion [ˈkwestʃn] **1** *n* question *f*; **in ~ (being talked about)** en question; **be in ~ (in doubt)** être mis en question; **it's a ~ of money** c'est une question d'argent; **that's out of the ~** c'est hors de question **2** *v/t person* questionner, interroger; *(doubt)* mettre en question

ques·tion·a·ble [ˈkwestʃnəbl] *adj* contestable, discutable

ques·tion·ing [ˈkwestʃnɪŋ] **1** *adj look, tone* interrogateur* **2** *n* interrogatoire *m*

'ques·tion mark point *m* d'interrogation

ques·tion·naire [kwestʃəˈner] questionnaire *m*

queue [kjuː] *Br* **1** *n* queue *f* **2** *v/i* faire la queue

quib·ble ['kwɪbl] *v/i* chipoter, chercher la petite bête

quick [kwɪk] *adj* rapide; **be ~!** fais vite!, dépêche-toi!; **let's go for a ~ drink** on va se prendre un petit verre?; **can I have a ~ look?** puis-je jeter un coup d'œil?; **that was ~!** c'était rapide!

quick·ly ['kwɪklɪ] *adv* vite, rapidement

'quick·sand sables *mpl* mouvants; **'quick·sil·ver** mercure *m*; **quick-wit·ted** [kwɪk'wɪtɪd] *adj* vif*, à l'esprit vif

qui·et ['kwaɪət] *adj street, house, life* calme, tranquille; *music* doux; *engine* silencieux*; *voice* bas*; **keep ~ about sth** ne pas parler de qch, garder qch secret; **~!** silence!

♦ **quieten down** ['kwaɪətn] **1** *v/t class, children* calmer, faire taire **2** *v/i of children, situation* se calmer

qui·et·ly ['kwaɪətlɪ] *adv* doucement, sans bruit; (*unassumingly, peacefully*) tranquillement

qui·et·ness ['kwaɪətnɪs] calme *m*, tranquillité *f*

quilt [kwɪlt] *on bed* couette *f*

quilt·ed ['kwɪltɪd] *adj* matelassé

quin·ine ['kwɪniːn] quinine *f*

quin·tet [kwɪn'tet] MUS quintette *m*

quip [kwɪp] **1** *n* trait *m* d'esprit **2** *v/i* (*pret & pp* **-ped**) plaisanter, railler

quirk [kwɜːrk] manie *f*, lubie *f*

quirk·y ['kwɜːrkɪ] *adj* bizarre, excentrique

quit [kwɪt] **1** *v/t* (*pret & pp* **quit**) *job* faire un devis pour un travail

quitter; **~ doing sth** arrêter de faire qch **2** *v/i* (*leave job*) démissionner; COMPUT quitter; **get or be given one's notice to ~ from landlord** recevoir son congé

quite [kwaɪt] *adv* (*fairly*) assez; (*completely*) tout à fait; **not ~ ready** pas tout à fait prêt; **I didn't ~ understand** je n'ai pas bien compris; **is that right? - not ~** c'est cela? - non, pas exactement; **~!** parfaitement!; **~ a lot** pas mal, beaucoup; **~ a few** plusieurs, un bon nombre; **it was ~ a surprise / change** c'était vraiment une surprise / un changement

quits [kwɪts] *adj*: **be ~ with s.o.** être quitte envers qn

quit·ter ['kwɪtər] F lâcheur *m*

quiv·er ['kwɪvər] *v/i* trembler

quiz [kwɪz] **1** *n* on TV jeu *m* télévisé; *on radio* jeu *m* radiophonique; *at school* interrogation *f* **2** *v/t* (*pret & pp* **-zed**) interroger, questionner

'quiz mas·ter animateur *m* de jeu

quo·ta ['kwoʊtə] quota *m*

quo·ta·tion [kwoʊ'teɪʃn] *from author* citation *f*; *price* devis *m*

quo·ta·tion marks *npl* guillemets *mpl*; **in ~** entre guillemets

quote [kwoʊt] **1** *n from author* citation *f*; *price* devis *m*; (*quotation mark*) guillemet *m*; **in ~s** entre guillemets **2** *v/t text* citer; *price* proposer **3** *v/i*: **~ from an author** citer un auteur; **~ for a job** faire un devis pour un travail

R

R

rab·bi ['ræbaɪ] rabbin *m*

rab·bit ['ræbɪt] lapin *m*

rab·ble ['ræbl] cohue *f*, foule *f*

rab·ble-rous·er ['ræblraʊzər] agitateur(-trice) *m(f)*

ra·bies ['reɪbiːz] *nsg* rage *f*

rac·coon [rə'kuːn] raton *m* laveur

race[1] [reɪs] *n of people* race *f*

race[2] [reɪs] **1** *n* SP course *f*; **the ~s** *horses* les courses **2** *v/i* (*run fast*) courir à toute vitesse; **he ~d through his work** il a fait son travail à toute vi-

tesse **3** v/t: **I'll ~ you** le premier arrivé
a gagné

'**race·course** champ m de courses,
hippodrome m; '**race·horse** cheval
m de course; '**race riot** émeute f raciale; '**race·track** for cars circuit m,
piste f; for horses champ m de courses, hippodrome m

ra·cial ['reɪʃl] adj racial; **~ equality**
égalité f des races

rac·ing ['reɪsɪŋ] course f

'**rac·ing bike** vélo m de course

ra·cism ['reɪsɪzm] racisme m

ra·cist ['reɪsɪst] **1** adj raciste **2** n raciste
m/f

rack [ræk] **1** n for bikes: on car porte
vélo m inv; at station etc râtelier m
à vélos; for bags on train porte-bagages m inv; for CDs range-CD m inv **2**
v/t: **~ one's brains** se creuser la tête

rack·et[1] ['rækɪt] SP raquette f

rack·et[2] ['rækɪt] (noise) vacarme m;
criminal activity escroquerie f

ra·dar ['reɪdɑːr] radar m

'**ra·dar screen** écran m radar

'**ra·dar trap** contrôle-radar m

ra·di·ance ['reɪdɪəns] éclat m, rayonnement m

ra·di·ant ['reɪdɪənt] adj smile, appearance radieux*

ra·di·ate ['reɪdɪeɪt] v/i of heat, light irradier, rayonner

ra·di·a·tion [reɪdɪ'eɪʃn] nuclear radiation f

ra·di·a·tor ['reɪdɪeɪtər] in room, car radiateur m

rad·i·cal ['rædɪkl] **1** adj radical **2** n POL
radical(e) m(f)

rad·i·cal·ism ['rædɪkəlɪzm] POL radicalisme m

rad·i·cal·ly ['rædɪklɪ] adv radicalement

ra·di·o ['reɪdɪoʊ] radio f; **on the ~** à la
radio; **by ~** par radio

ra·di·o'ac·tive adj radioactif*;
ra·di·o·ac·tive 'waste déchets mpl
radioactifs; **ra·di·o·ac'tiv·i·ty** radioactivité f; **ra·di·o a'larm** radio-réveil
m

ra·di·og·ra·pher [reɪdɪ'ɑːgrəfər] radiologue m/f

ra·di·og·ra·phy [reɪdɪ'ɑːgrəfɪ] radio-

graphie f

'**ra·di·o sta·tion** station f de radio;
'**ra·di·o tax·i** radio-taxi m; **ra·di·o-
'ther·a·py** radiothérapie f

rad·ish ['rædɪʃ] radis m

ra·di·us ['reɪdɪəs] rayon m

raf·fle ['ræfl] n tombola f

raft [ræft] radeau m; fig: of new measures etc paquet m

raf·ter ['ræftər] chevron m

rag [ræg] n for cleaning etc chiffon m;
in ~s en haillons

rage [reɪdʒ] **1** n colère f, rage f; **be in a
~** être furieux*; **be all the ~** F faire
fureur **2** v/i of person être furieux*,
rager; of storm faire rage

rag·ged ['rægɪd] adj edge irrégulier*;
appearance négligé; clothes en loques

raid [reɪd] **1** n by troops raid m; by police descente f; by robbers hold-up m;
FIN raid m **2** v/t of troops attaquer; of
police faire une descente dans; of robbers attaquer; fridge, orchard faire
une razzia dans

raid·er ['reɪdər] (robber) voleur m

rail [reɪl] n on track rail m; (hand~)
rampe f; for towel porte-serviettes
m inv; **by ~** en train

rail·ings ['reɪlɪŋz] npl around park etc
grille f

'**rail·road** system chemin m de fer;
track voie f ferrée; '**rail·road sta·tion**
gare f; '**rail·way** Br chemin m de fer;
track voie f ferrée

rain [reɪn] **1** n pluie f; **in the ~** sous la
pluie **2** v/i pleuvoir; **it's ~ing** il pleut

'**rain·bow** arc-en-ciel m; '**rain·check**:
can I take a ~ on that? peut-on remettre cela à plus tard?; '**rain·coat**
imperméable m; '**rain·drop** goutte
f de pluie; '**rain·fall** précipitations
fpl; '**rain for·est** forêt f tropicale (humide); '**rain·proof** adj fabric imperméable; '**rain·storm** pluie f torren-
tielle

rain·y ['reɪnɪ] adj pluvieux*; **it's ~** il
pleut beaucoup

raise [reɪz] **1** n in salary augmentation
f (de salaire) **2** v/t shelf etc surélever;
offer augmenter; children élever;
question soulever; money rassembler

rai·sin ['reɪzn] raisin *m* sec

rake [reɪk] *n for garden* râteau *m*

♦ **rake up** *v/t leaves* ratisser; *fig* révéler, mettre au grand jour

ral·ly ['rælɪ] *n* (*meeting, reunion*) rassemblement *m*; MOT rallye *m*; *in tennis* échange *m*

♦ **rally round 1** *v/i* (*pret & pp* **-ied**) se rallier **2** *v/t* (*pret & pp* **-ied**): **rally round s.o.** venir en aide à qn

RAM [ræm] *abbr* COMPUT (= *random access memory*) RAM *f*, mémoire *f* vive

ram [ræm] **1** *n* bélier *m* **2** *v/t* (*pret & pp* **-med**) *ship, car* heurter, percuter

ram·ble ['ræmbl] **1** *n walk* randonnée *f* **2** *v/i walk* faire de la randonnée; *when speaking* discourir; (*talk incoherently*) divaguer

ram·bler ['ræmblər] *walker* randonneur(-euse) *m(f)*

ram·bling ['ræmblɪŋ] **1** *adj speech* décousu **2** *n walking* randonnée *f*; *in speech* digression *f*

ramp [ræmp] rampe *f* (d'accès), passerelle *f*; *for raising vehicle* pont *m* élévateur

ram·page ['ræmpeɪdʒ] **1** *v/i* se déchaîner; **~ through the streets** tout saccager dans les rues **2** *n*: **go on the ~** tout saccager

ram·pant ['ræmpənt] *adj inflation* galopant

ram·part ['ræmpɑːrt] rempart *m*

ram·shack·le ['ræmʃækl] *adj* délabré

ran [ræn] *pret* → **run**

ranch [ræntʃ] *n* ranch *m*

ranch·er ['ræntʃər] propriétaire *m/f* de ranch

'ranch·hand employé *m* de ranch

ran·cid ['rænsɪd] *adj* rance

ran·cor, *Br* **ran·cour** ['ræŋkər] rancœur *f*

R & D [ɑːrən'diː] (= *research and development*) R&D *f* (= recherche et développement)

ran·dom ['rændəm] **1** *adj* aléatoire, au hasard; **~ sample** échantillon *m* pris au hasard; **~ violence** violence *f* aveugle **2** *n*: **at ~** au hasard

ran·dy ['rændɪ] *adj Br* F en manque F, excité

rang [ræŋ] *pret* → **ring**

range [reɪndʒ] **1** *n of products* gamme *f*; *of gun* portée *f*; *of airplane* autonomie *f*; *of voice, instrument* registre *m*; *of mountains* chaîne *f*; **at close ~** de très près **2** *v/i*: **~ from X to Y** aller de X à Y

rang·er ['reɪndʒər] garde *m* forestier

rank [ræŋk] **1** *n* MIL grade *m*; *in society* rang *m*; **the ~s** MIL les hommes *mpl* de troupe **2** *v/t* classer

♦ **rank among** *v/t* compter parmi

ran·kle ['ræŋkl] *v/i* rester sur le cœur

ran·sack ['rænsæk] *v/t searching* fouiller; *plundering* saccager

ran·som ['rænsəm] *n money* rançon *f*; **hold s.o. to ~** *also fig* tenir qn en otage (contre une rançon)

'ran·som mon·ey rançon *f*

rant [rænt] *v/i*: **~ and rave** pester, tempêter

rap [ræp] **1** *n at door etc* petit coup *m* sec; MUS rap *m* **2** *v/t* (*pret & pp* **-ped**) *table etc* taper sur

♦ **rap at** *v/t window etc* frapper à

rape[1] [reɪp] **1** *n* viol *m* **2** *v/t* violer

rape[2] *n* BOT colza *m*

'rape vic·tim victime *f* d'un viol

rap·id ['ræpɪd] *adj* rapide

ra·pid·i·ty [rə'pɪdətɪ] rapidité *f*

rap·id·ly ['ræpɪdlɪ] *adv* rapidement

rap·ids ['ræpɪdz] *npl* rapides *mpl*

rap·ist ['reɪpɪst] violeur *m*

rap·port [ræ'pɔːr] relation *f*, rapports *mpl*

rap·ture ['ræptʃər]: **go into ~s over** s'extasier sur

rap·tur·ous ['ræptʃərəs] *adj welcome* enthousiaste; *applause* frénétique

rare [rer] *adj* rare; *steak* saignant, bleu

rare·ly ['rerlɪ] *adv* rarement

rar·i·ty ['rerətɪ] rareté *f*

ras·cal ['ræskl] coquin *m*

rash[1] [ræʃ] *n* MED éruption *f* (cutanée)

rash[2] [ræʃ] *adj action, behavior* imprudent, impétueux*

rash·ly ['ræʃlɪ] *adv* sans réfléchir, sur un coup de tête

rasp·ber·ry ['ræzberɪ] framboise *f*

rat [ræt] *n* rat *m*

rate [reɪt] **1** *n* taux *m*; (*price*) tarif *m*; (*speed*) rythme *m*; **~ of interest** FIN taux *m* d'intérêt; **at this ~** (*at this speed*) à ce rythme; (*carrying on like this*) si ça continue comme ça; **at any ~** en tout cas **2** *v/t* (*rank*) classer (*among parmi*); (*consider*) considérer (as comme); **how do you ~ this wine?** que pensez-vous de ce vin?

rather [ˈrɑːðər] *adv* (*fairly, quite*) plutôt; **I would ~ stay here** je préférerais rester ici; **or would you ~ …?** ou voulez-vous plutôt …?

rat·i·fi·ca·tion [rætɪfɪˈkeɪʃn] *of treaty* ratification *f*

rat·i·fy [ˈrætɪfaɪ] *v/t* (*pret & pp* **-ied**) ratifier

rat·ings [ˈreɪtɪŋz] *npl* indice *m* d'écoute

ra·tio [ˈreɪʃiou] rapport *m*, proportion *f*

ra·tion [ˈræʃn] **1** *n* ration *f* **2** *v/t supplies* rationner

ra·tion·al [ˈræʃənl] *adj* rationnel*

ra·tion·al·i·ty [ræʃəˈnælɪtɪ] rationalité *f*

ra·tion·al·i·za·tion [ræʃənəlaɪˈzeɪʃn] rationalisation *f*

ra·tion·al·ize [ˈræʃənəlaɪz] **1** *v/t* rationaliser **2** *v/i* (se) chercher des excuses

ra·tion·al·ly [ˈræʃənlɪ] *adv* rationnellement

'rat race jungle *f*; **get out of the ~** sortir du système

rat·tle [ˈrætl] **1** *n of bottles, chains* cliquetis *m*; *in engine* bruit *m* de ferraille; *of windows* vibration *f*; *toy* hochet *m* **2** *v/t chains etc* entrechoquer, faire du bruit avec **3** *v/i* faire du bruit; *of engine* faire un bruit de ferraille; *of crates, bottles* s'entrechoquer; *of chains* cliqueter

♦ **rattle off** *v/t poem, list of names* débiter (à toute vitesse)

♦ **rattle through** *v/t* expédier

'rat·tle·snake serpent *m* à sonnette

rau·cous [ˈrɔːkəs] *adj laughter, party* bruyant

rav·age [ˈrævɪdʒ] **1** *n*: **the ~s of time** les ravages *mpl* du temps **2** *v/t*: **~d by war** ravagé par la guerre

rave [reɪv] **1** *n party* rave *f*, rave-party *f* **2** *v/i* délirer; **~ about sth** (*be very enthusiastic*) s'emballer pour qch

ra·ven [ˈreɪvn] corbeau *m*

rav·e·nous [ˈrævənəs] *adj* affamé; *appetite* féroce, vorace

'rave re·view critique *f* élogieuse

ra·vine [rəˈviːn] ravin *m*

rav·ing [ˈreɪvɪŋ] *adv*: **~ mad** fou à lier

rav·ish·ing [ˈrævɪʃɪŋ] *adj* ravissant

raw [rɔː] *adj meat, vegetable* cru; *sugar, iron* brut

raw ma·te·ri·als *npl* matières *fpl* premières

ray [reɪ] rayon *m*; **a ~ of hope** une lueur d'espoir

raze [reɪz] *v/t*: **~ to the ground** raser

ra·zor [ˈreɪzər] rasoir *m*

'ra·zor blade lame *f* de rasoir

re [riː] *prep* COMM en référence à; **~: … objet: …**

reach [riːtʃ] **1** *n*: **within ~** à portée; **out of ~** hors de portée **2** *v/t city, decision etc* atteindre; *destination* arriver à; (*go as far as*) arriver (jusqu')à; *decision, agreement* aboutir à, parvenir à

♦ **reach out** *v/i* tendre la main / le bras

re·act [rɪˈækt] *v/i* réagir

re·ac·tion [rɪˈækʃn] réaction *f*

re·ac·tion·ar·y [rɪˈækʃnrɪ] **1** *adj* POL réactionnaire, réac F *inv in feminine* **2** *n* POL réactionnaire *m/f*, réac *m/f* F

re·ac·tor [rɪˈæktər] *nuclear* réacteur *m*

read [riːd] *v/t* (*pret & pp* **read** [red]) *also* COMPUT lire **2** *v/i* lire; **~ to s.o.** faire la lecture à qn

♦ **read out** *v/t aloud* lire à haute voix

♦ **read up on** *v/t* étudier

read·a·ble [ˈriːdəbl] *adj* lisible

read·er [ˈriːdər] *person* lecteur(-trice) *m(f)*

read·i·ly [ˈredɪlɪ] *adv admit, agree* volontiers, de bon cœur

read·i·ness [ˈredɪnɪs] *to agree, help* empressement *m*, bonne volonté *f*; **be in (a state of) ~** être prêt

read·ing [ˈriːdɪŋ] *activity* lecture *f*; *from meter etc* relevé *m*

'read·ing mat·ter lecture *f*

re·ad·just [riːə'dʒʌst] **1** *v/t equipment, controls* régler (de nouveau) **2** *v/i to conditions* se réadapter (**to** à)

read-'on·ly file COMPUT fichier *m* en lecture seule

read-'on·ly mem·o·ry COMPUT mémoire *f* morte

read·y ['redɪ] *adj* (*prepared, willing*) prêt; **get (o.s.) ~** se préparer; **get sth ~** préparer qch

read·y 'cash (argent *m*) liquide *m*;
'**read·y-made** *adj stew etc* cuisiné; *solution* tout trouvé; **read·y-to-'wear** *adj* de confection; **~ clothing** prêt-à-porter *m*

real [riːl] *adj not imaginary* réel*; *not fake* vrai, véritable

'**real es·tate** immobilier *m*, biens *mpl* immobiliers

'**real es·tate a·gent** agent *m* immobilier

re·al·ism ['rɪəlɪzəm] réalisme *m*

re·al·ist ['rɪəlɪst] réaliste *m/f*

re·al·is·tic [rɪə'lɪstɪk] *adj* réaliste

re·al·is·tic·al·ly [rɪə'lɪstɪklɪ] *adv* de façon réaliste

re·al·i·ty [rɪ'ælətɪ] réalité *f*

re'al·i·ty TV télé-réalité *f*

re·a·li·za·tion [rɪələ'zeɪʃn] *of hopes etc* réalisation *f*; (*awareness*) prise *f* de conscience; **come to the ~ that ...** se rendre compte que ...

re·al·ize ['rɪəlaɪz] *v/t* se rendre compte de, prendre conscience de; FIN réaliser; **the sale ~d $50m** la vente a rapporté 50 millions de dollars; **I ~ now that ...** je me rends compte maintenant que ...

real·ly ['rɪəlɪ] *adv* vraiment; **not ~** pas vraiment

'**real time** COMPUT temps *m* réel

'**real-time** *adj* COMPUT en temps réel

re·al·tor ['riːltər] agent *m* immobilier

re·al·ty ['riːltɪ] immobilier *m*, biens *mpl* immobiliers

reap [riːp] *v/t* moissonner; *fig* récolter

re·ap·pear [riːə'pɪr] *v/i* réapparaître

re·ap·pear·ance [riːə'pɪrəns] réapparition *f*

rear [rɪr] **1** *adj* arrière *inv*, de derrière **2** *n* arrière *m*

rear 'end F *of person* derrière *m*

'**rear-end** *v/t* F: **be ~ed** se faire rentrer dedans (par derrière) F

'**rear light** *of car* feu *m* arrière

'**rear·most** *adj* dernier*, du fond

re·ar·range [riːə'reɪndʒ] *v/t flowers* réarranger; *furniture* déplacer, changer de place; *schedule, meetings* réorganiser

rear-view 'mir·ror rétroviseur *m*, rétro *m* F

rea·son ['riːzn] **1** *n* (*cause*), *faculty* raison *f*; **see / listen to ~** entendre raison, se rendre à la raison **2** *v/i*: **~ with s.o.** raisonner qn

rea·so·na·ble ['riːznəbl] *adj person, behavior, price* raisonnable; **a ~ number of people** un certain nombre de gens

rea·so·na·bly ['riːznəblɪ] *adv act, behave* raisonnablement; (*quite*) relativement

rea·son·ing ['riːznɪŋ] raisonnement *m*

re·as·sure [riːə'ʃur] *v/t* rassurer

re·as·sur·ing [riːə'ʃurɪŋ] *adj* rassurant

re·bate ['riːbeɪt] (*refund*) remboursement *m*

reb·el[1] ['rebl] *n* rebelle *m/f*; **~ troops** troupes *fpl* rebelles

re·bel[2] [rɪ'bel] *v/i* (*pret & pp* **-led**) se rebeller, se révolter

re·bel·lion [rɪ'beljən] rébellion *f*

re·bel·lious [rɪ'beljəs] *adj* rebelle

re·bel·lious·ly [rɪ'beljəslɪ] *adv* de façon rebelle

re·bel·lious·ness [rɪ'beljəsnɪs] esprit *m* de rébellion

re·bound [rɪ'baʊnd] *v/i of ball etc* rebondir

re·buff [rɪ'bʌf] *n* rebuffade *f*

re·build ['riːbɪld] *v/t* (*pret & pp* **-built**) reconstruire

re·buke [rɪ'bjuːk] *v/t* blâmer

re·call [rɪ'kɔːl] *v/t goods, ambassador* rappeler; (*remember*) se souvenir de, se rappeler (*that* que); **I don't ~ saying that** je ne me rappelle pas avoir dit cela

re·cap ['riːkæp] *v/i* (*pret & pp* **-ped**) récapituler

R

re·cap·ture [riːˈkæptʃər] *v/t* reprendre

re·cede [rɪˈsiːd] *v/i of flood waters* baisser, descendre; *of sea* se retirer

re·ced·ing [rɪˈsiːdɪŋ] *adj forehead, chin* fuyant; **have a ~ hairline** se dégarnir

re·ceipt [rɪˈsiːt] *for purchase* reçu *m* (**for** de), ticket *m* de caisse; *acknowl-edge ~ of sth* accuser réception de qch; **~s** FIN recette(s) *f(pl)*

re·ceive [rɪˈsiːv] *v/t* recevoir

re·ceiv·er [rɪˈsiːvər] TELEC combiné *m*; *for radio* (poste *m*) récepteur *m*; *pick up / replace the ~* décrocher / raccrocher

re·ceiv·er·ship [rɪˈsiːvərʃɪp]: *be in ~* être en liquidation judiciaire

re·cent [ˈriːsnt] *adj* récent

re·cent·ly [ˈriːsntlɪ] *adv* récemment

re·cep·tion [rɪˈsepʃn] réception *f*; (*welcome*) accueil *m*

re·cep·tion desk réception *f*

re·cep·tion·ist [rɪˈsepʃnɪst] réceptionniste *m/f*

re·cep·tive [rɪˈseptɪv] *adj*: *be ~ to sth* être réceptif à qch

re·cess [ˈriːses] *n in wall etc* renfoncement *m*, recoin *m*; EDU récréation *f*; *of legislature* vacances *fpl* judiciaires

re·ces·sion [rɪˈseʃn] *economic* récession *f*

re·charge [riːˈtʃɑːrdʒ] *v/t battery* recharger

re·ci·pe [ˈresəpɪ] recette *f*

're·ci·pe book livre *m* de recettes

re·cip·i·ent [rɪˈsɪpɪənt] *of parcel etc* destinataire *m/f*; *of payment* bénéficiaire *m/f*

re·cip·ro·cal [rɪˈsɪprəkl] *adj* réciproque

re·cit·al [rɪˈsaɪtl] MUS récital *m*

re·cite [rɪˈsaɪt] *v/t poem* réciter; *details, facts* énumérer

reck·less [ˈreklɪs] *adj* imprudent

reck·less·ly [ˈreklɪslɪ] *adv* imprudemment

reck·on [ˈrekən] *v/t* (*think, consider*) penser
 ◆ **reck·on on** *v/t* compter sur
 ◆ **reck·on with** *v/t*: *have s.o. / sth to reck·on with* devoir compter avec qn / qch

reck·on·ing [ˈrekənɪŋ] calculs *mpl*; *by my ~* d'après mes calculs

re·claim [rɪˈkleɪm] *v/t land from sea* gagner sur la mer; *lost property* récupérer

re·cline [rɪˈklaɪn] *v/i* s'allonger

re·clin·er [rɪˈklaɪnər] *chair* chaise *f* longue, relax *m*

re·cluse [rɪˈkluːs] reclus *m*

rec·og·ni·tion [rekəgˈnɪʃn] reconnaissance *f*; *changed beyond ~* méconnaissable

rec·og·niz·a·ble [rekəgˈnaɪzəbl] *adj* reconnaissable

rec·og·nize [ˈrekəgnaɪz] *v/t* reconnaître

re·coil [rɪˈkɔɪl] *v/i* reculer

rec·ol·lect [rekəˈlekt] *v/t* se souvenir de

rec·ol·lec·tion [rekəˈlekʃn] souvenir *m*

rec·om·mend [rekəˈmend] *v/t* recommander

rec·om·men·da·tion [rekəmenˈdeɪʃn] recommandation *f*

rec·om·pense [ˈrekəmpens] *n* compensation *f*, dédommagement *m*

rec·on·cile [ˈrekənsaɪl] *v/t* réconcilier; *differences* concilier; *facts* faire concorder; *~ o.s. to sth* se résigner à qch; *be ~d of two people* s'être réconcilié

rec·on·cil·i·a·tion [rekənsɪlɪˈeɪʃn] réconciliation *f*; *of differences, facts* conciliation *f*

re·con·di·tion [riːkənˈdɪʃn] *v/t* refaire, remettre à neuf

re·con·nais·sance [rɪˈkɑːnɪsəns] MIL reconnaissance *f*

re·con·sid·er [riːkənˈsɪdər] **1** *v/t* reconsidérer **2** *v/i* reconsidérer la question

re·con·struct [riːkənˈstrʌkt] *v/t* reconstruire; *crime* reconstituer

re·cord¹ [ˈrekərd] *n* MUS disque *m*; SP *etc* record *m*; *written document etc* rapport *m*; *in database* article *m*, enregistrement *m*; *~s* (*archives*) archives *fpl*, dossiers *mpl*; *keep a ~ of sth* garder une trace de qch; *say sth off the ~* dire qch officieusement; *have a criminal ~* avoir un casier judiciaire;

have a good ~ for avoir une bonne
réputation en matière de
record² [rɪ'kɔːrd] *v/t electronically* enregistrer; *in writing* consigner
'rec·ord-break·ing *adj* record *inv*, qui
bat tous les records
re·cord·er [rɪ'kɔːrdər] MUS flûte *f* à
bec
'rec·ord hold·er recordman *m*, recordwoman *f*
re·cord·ing [rɪ'kɔːrdɪŋ] enregistrement *m*
re'cord·ing stu·di·o studio *m* d'enregistrement
'rec·ord play·er platine *f* (tourne-
-disque)
re·count [rɪ'kaʊnt] *v/t (tell)* raconter
re·count ['riːkaʊnt] **1** *n of votes* re-
compte *m* **2** *v/t* recompter
re·coup [rɪ'kuːp] *v/t financial losses* récupérer
re·cov·er [rɪ'kʌvər] **1** *v/t* retrouver **2** *v/i*
from illness se remettre; *of economy,*
business reprendre
re·cov·er·y [rɪ'kʌvərɪ] *of sth lost* récupération *f*; *from illness* rétablissement
m; *he has made a good ~* il s'est
bien remis
rec·re·a·tion [rekrɪ'eɪʃn] récréation *f*
rec·re·a·tion·al [rekrɪ'eɪʃnl] *adj done*
for pleasure de loisirs; *~ drug* drogue
f récréative
re·cruit [rɪ'kruːt] **1** *n* recrue *f* **2** *v/t* recruter
re·cruit·ment [rɪ'kruːtmənt] recrutement *m*.
rec·tan·gle ['rektæŋgl] rectangle *m*
rec·tan·gu·lar [rek'tæŋgjʊlər] *adj* rectangulaire
rec·ti·fy ['rektɪfaɪ] *v/t (pret & pp -ied)*
rectifier
re·cu·pe·rate [rɪ'kuːpəreɪt] *v/i* récupérer
re·cur [rɪ'kɜːr] *v/i (pret & pp -red) of*
error, event se reproduire, se répéter;
of symptoms réapparaître
re·cur·rent [rɪ'kʌrənt] *adj* récurrent
re·cy·cla·ble [riː'saɪkləbl] *adj* recyclable
re·cy·cle [riː'saɪkl] *v/t* recycler
re·cy·cling [riː'saɪklɪŋ] recyclage *m*

red [red] **1** *adj* rouge **2** *n: in the ~* FIN
dans le rouge
Red 'Cross Croix-Rouge *f*
red·den ['redn] *v/i (blush)* rougir
re·dec·o·rate [riː'dekəreɪt] *v/t* refaire
re·deem [rɪ'diːm] *v/t debt* rembourser;
sinners racheter
re·deem·ing [rɪ'diːmɪŋ] *adj: his one ~*
feature sa seule qualité
re·demp·tion [rɪ'dempʃn] REL ré-
demption *f*
re·de·vel·op [riːdɪ'veləp] *v/t part of*
town réaménager, réhabiliter
red-hand·ed [red'hændɪd] *adj: catch*
s.o. ~ prendre qn en flagrant délit;
'red·head roux *m*, rousse *f*; **red-**
-'hot *adj* chauffé au rouge, brûlant;
red-'let·ter day jour *m* mémorable,
jour *m* à marquer d'une pierre blanche; **red 'light** *for traffic* feu *m* rouge;
red 'light dis·trict quartier *m* chaud;
red 'meat viande *f* rouge; **'red·neck**
F plouc *m* F
re·dou·ble [riː'dʌbl] *v/t: ~ one's ef-*
forts redoubler ses efforts
red 'pep·per poivron *m* rouge
red 'tape F paperasserie *f*
re·duce [rɪ'duːs] *v/t* réduire; diminuer
re·duc·tion [rɪ'dʌkʃn] réduction *f*; diminution *f*
re·dun·dant [rɪ'dʌndənt] *adj (unneces-*
sary) redondant; *be made ~ Br. at*
work être licencié
reed [riːd] BOT roseau *m*
reef [riːf] *in sea* récif *m*
'reef knot *Br* nœud *m* plat
reek [riːk] *v/i* empester *(of sth* qch),
puer *(of sth* qch)
reel [riːl] *n of film, thread* bobine *f*
♦ **reel off** *v/t* débiter
re·e'lect *v/t* réélire
re·e'lec·tion réélection *f*
re-'en·try *of spacecraft* rentrée *f*
ref [ref] F arbitre *m*
re·fer [rɪ'fɜːr] **1** *v/t (pret & pp -red): ~ a*
decision / problem to s.o. soumet-
tre une décision / un problème à qn
2 *v/i (pret & pp -red): ~ to (allude to)*
faire allusion à; *dictionary etc* se reporter à
ref·er·ee [refə'riː] SP arbitre *m*; *for job:*

R

personne qui fournit des références

ref·er·ence ['refərəns] *(allusion)* allusion *f*; *for job* référence *f*; *(~ number)* (numéro *m* de) référence *f*; **with ~ to** en ce qui concerne

'ref·er·ence book ouvrage *m* de référence; **'ref·er·ence li·bra·ry** bibliothèque *f* d'ouvrages de référence; *in a library* salle *f* des références; **'ref·er·ence num·ber** numéro *m* de référence

ref·er·en·dum [refə'rendəm] référendum *m*

re·fill ['riːfɪl] *v/t tank, glass* remplir

re·fine [rɪ'faɪn] *v/t oil, sugar* raffiner; *technique* affiner

re·fined [rɪ'faɪnd] *adj manners, language* raffiné

re·fine·ment [rɪ'faɪnmənt] *to process, machine* perfectionnement *m*

re·fin·e·ry [rɪ'faɪnərɪ] raffinerie *f*

re·fla·tion [riː'fleɪʃn] relance *f*

re·flect [rɪ'flekt] **1** *v/t light* réfléchir, refléter; *fig* refléter; **be ~ed in** se réfléchir dans, se refléter dans **2** *v/i (think)* réfléchir

re·flec·tion [rɪ'flekʃn] *also fig* reflet *m*; *(consideration)* réflexion *f*; **on ~** après réflexion

re·flex ['riːfleks] *in body* réflexe *m*

're·flex re·ac·tion réflexe *m*

re·form [rɪ'fɔːrm] **1** *n* réforme *f* **2** *v/t* réformer

re·form·er [rɪ'fɔːrmər] réformateur (-trice) *m(f)*

re·frain[1] [rɪ'freɪn] *v/i fml* s'abstenir *(from* de); **please ~ from smoking** prière de ne pas fumer

re·frain[2] [rɪ'freɪn] *n in song* refrain *m*

re·fresh [rɪ'freʃ] *v/t* rafraîchir; *of sleep, rest* reposer; *of meal* redonner des forces à; **feel ~ed** se sentir revigoré

re·fresh·er course [rɪ'freʃər] cours *m* de remise à niveau

re·fresh·ing [rɪ'freʃɪŋ] *adj drink* rafraîchissant; *experience* agréable

re·fresh·ments [rɪ'freʃmənts] *npl* rafraîchissements *mpl*

re·fri·ge·rate [rɪ'frɪdʒəreɪt] *v/t* réfrigérer; **keep ~d** conserver au réfrigérateur

re·fri·ge·ra·tor [rɪ'frɪdʒəreɪtər] réfrigérateur *m*

re·fu·el [riː'fjuːəl] **1** *v/t airplane* ravitailler **2** *v/i of airplane* se ravitailler (en carburant)

ref·uge ['refjuːdʒ] refuge *m*; **take ~** *from storm etc* se réfugier

ref·u·gee [refjuˈdʒiː] réfugié(e) *m(f)*

ref·u·gee camp camp *m* de réfugiés

re·fund 1 *n* ['riːfʌnd] remboursement *m* **2** *v/t* [rɪ'fʌnd] rembourser

re·fus·al [rɪ'fjuːzl] refus *m*

re·fuse[1] [rɪ'fjuːz] **1** *v/i* refuser **2** *v/t* refuser; **~ s.o. sth** refuser qch à qn; **~ to do sth** refuser de faire qch

re·fuse[2] ['refjuːs] *n* ordures *fpl*

re·gain [rɪ'geɪn] *v/t control, territory, the lead* reprendre; *composure* retrouver

re·gal ['riːgl] *adj* royal

re·gard [rɪ'gɑːrd] **1** *n*: **have great ~ for s.o.** avoir beaucoup d'estime pour qn; **in this ~** à cet égard; **with ~ to** en ce qui concerne; **(kind) ~s** cordialement; **give my ~s to Paula** transmettez mes amitiés à Paula; **without ~ for** sans égard pour **2** *v/t*: **~ s.o. / sth as sth** considérer qn / qch comme qch; **as ~s** en ce qui concerne

re·gard·ing [rɪ'gɑːrdɪŋ] *prep* en ce qui concerne

re·gard·less [rɪ'gɑːrdlɪs] *adv* malgré tout, quand même; **~ of** sans se soucier de

re·gime [reɪ'ʒiːm] *(government)* régime *m*

re·gi·ment ['redʒɪmənt] *n* régiment *m*

re·gion ['riːdʒən] région *f*; **in the ~ of** environ

re·gion·al ['riːdʒənl] *adj* régional

re·gis·ter ['redʒɪstər] **1** *n* registre *m* **2** *v/t birth, death* déclarer; *vehicle* immatriculer; *letter* recommander; *emotion* exprimer; **send a letter ~ed** envoyer une lettre en recommandé **3** *v/i for a course* s'inscrire; *with police* se déclarer *(with* à)

re·gis·tered let·ter ['redʒɪstərd] lettre *f* recommandée

re·gis·tra·tion [redʒɪ'streɪʃn] *of birth, death* déclaration *f*; *of vehicle* immatriculation *f*; *for a course* inscription *f*

re·gis·tra·tion num·ber *Br* MOT numéro *m* d'immatriculation

re·gret [rɪˈgret] **1** *v/t* (*pret & pp* **-ted**) regretter **2** *n* regret *m*

re·gret·ful [rɪˈgretfəl] *adj* plein de regrets

re·gret·ful·ly [rɪˈgretfəlɪ] *adv* avec regret

re·gret·ta·ble [rɪˈgretəbl] *adj* regrettable

re·gret·ta·bly [rɪˈgretəblɪ] *adv* malheureusement

reg·u·lar [ˈregjʊlər] **1** *adj* régulier*; (*normal, ordinary*) normal **2** *n* *at bar etc* habitué(e) *m(f)*

reg·u·lar·i·ty [regjʊˈlærətɪ] régularité *f*

reg·u·lar·ly [ˈregjʊlərlɪ] *adv* régulièrement

reg·u·late [ˈregjʊleɪt] *v/t* régler; *expenditure* contrôler

reg·u·la·tion [regjʊˈleɪʃn] (*rule*) règlement *m*

re·hab [ˈriːhæb] F *of alcoholic etc* désintoxication *f*; *of criminal* réinsertion *f*; *of disabled or sick person* rééducation *f*

re·ha·bil·i·tate [riːhəˈbɪlɪteɪt] *v/t* *ex-criminal* réinsérer; *disabled person* rééduquer

re·hears·al [rɪˈhɜːrsl] répétition *f*

re·hearse [rɪˈhɜːrs] *v/t & v/i* répéter

reign [reɪn] **1** *n* règne *m* **2** *v/i* régner

re·im·burse [riːɪmˈbɜːrs] *v/t* rembourser

rein [reɪn] rêne *f*

re·in·car·na·tion [riːɪnkɑːrˈneɪʃn] réincarnation *f*

re·in·force [riːɪnˈfɔːrs] *v/t* renforcer; *argument* étayer

re·in·forced con·crete [riːɪnˈfɔːrst] béton *m* armé

re·in·force·ments [riːɪnˈfɔːrsmənts] *npl* MIL renforts *mpl*

re·in·state [riːɪnˈsteɪt] *v/t* *person in office* réintégrer, rétablir dans ses fonctions; *paragraph etc* réintroduire

re·it·e·rate [riːˈɪtəreɪt] *v/t* réitérer

re·ject [rɪˈdʒekt] *v/t* rejeter

re·jec·tion [rɪˈdʒekʃn] rejet *m*; **he felt a sense of ~** il s'est senti rejeté

re·lapse [ˈriːlæps] *n* MED rechute *f*; **have a ~** faire une rechute

re·late [rɪˈleɪt] **1** *v/t* *story* raconter; **~ X to Y** *connect* établir un rapport entre X et Y, associer X à Y **2** *v/i*: **~ to** *be connected with* se rapporter à; **he doesn't ~ to people** il a de la peine à communiquer avec les autres

re·lat·ed [rɪˈleɪtɪd] *adj* *by family* apparenté; *events, ideas etc* associé; **are you two ~?** êtes-vous de la même famille?

re·la·tion [rɪˈleɪʃn] *in family* parent(e) *m(f)*; (*connection*) rapport *m*, relation *f*; **business / diplomatic ~s** relations d'affaires / diplomatiques

re·la·tion·ship [rɪˈleɪʃnʃɪp] relation *f*, *sexual* liaison *f*, aventure *f*

rel·a·tive [ˈrelətɪv] **1** *adj* relatif*; **X is ~ to Y** X dépend de Y **2** *n* parent(e) *m(f)*

rel·a·tive·ly [ˈrelətɪvlɪ] *adv* relativement

re·lax [rɪˈlæks] **1** *v/i* se détendre; **~!, don't get angry** du calme! ne t'énerve pas **2** *v/t* *muscle* relâcher, décontracter; *rules etc* assouplir

re·lax·a·tion [riːlækˈseɪʃn] détente *f*, relaxation *f*; *of rules etc* assouplissement *m*

re·laxed [rɪˈlækst] *adj* détendu, décontracté

re·lax·ing [rɪˈlæksɪŋ] *adj* reposant, relaxant

re·lay[1] [riːˈleɪ] *v/t* *message* transmettre; *radio, TV signals* relayer, retransmettre

re·lay[2] [ˈriːleɪ] *n*: **~ (race)** (course *f* de) relais *m*

re·lease [rɪˈliːs] **1** *n* *from prison* libération *f*; *of CD, movie etc* sortie *f*; *CD, record* album *m*, nouveauté *f*; *movie* film *m*, nouveauté *f* **2** *v/t* *prisoner* libérer; *CD, record, movie* sortir; *parking brake* desserrer; *information* communiquer

rel·e·gate [ˈrelɪgeɪt] *v/t* reléguer

re·lent [rɪˈlent] *v/i* se calmer, se radoucir

re·lent·less [rɪˈlentlɪs] *adj* (*determined*) acharné; *rain etc* incessant

R

re·lent·less·ly [rɪˈlentlɪslɪ] *adv* (*tirelessly*) avec acharnement; *rain* sans cesse

rel·e·vance [ˈreləvəns] pertinence *f*, rapport *m*

rel·e·vant [ˈreləvənt] *adj* pertinent; *it's not ~ to our problem* ça n'a rien à voir avec notre problème

re·li·a·bil·i·ty [rɪlaɪəˈbɪlətɪ] fiabilité *f*

re·li·a·ble [rɪˈlaɪəbl] *adj* fiable

re·li·a·bly [rɪˈlaɪəblɪ] *adv*: *I am ~ informed that …* je sais de source sûre que …

re·li·ance [rɪˈlaɪəns] *on person, information* confiance *f* (*on* en); *on equipment etc* dépendance *f* (*on* vis-à-vis de)

re·li·ant [rɪˈlaɪənt] *adj*: *be ~ on* dépendre de

rel·ic [ˈrelɪk] relique *f*

re·lief [rɪˈliːf] soulagement *m*; *that's a ~* c'est un soulagement; *in ~ in art* en relief

re·lieve [rɪˈliːv] *v/t pressure, pain* soulager, alléger; (*take over from*) relayer, relever; *be ~d at news etc* être soulagé

re·li·gion [rɪˈlɪdʒən] religion *f*

re·li·gious [rɪˈlɪdʒəs] *adj* religieux*; *person* croyant, pieux*

re·li·gious·ly [rɪˈlɪdʒəslɪ] *adv* (*conscientiously*) religieusement

re·lin·quish [rɪˈlɪŋkwɪʃ] *v/t* abandonner

rel·ish [ˈrelɪʃ] 1 *n sauce* relish *f*, (*enjoyment*) délectation *f* 2 *v/t idea, prospect* se réjouir de

re·live [riːˈlɪv] *v/t past, event* revivre

re·lo·cate [riːləˈkeɪt] *v/i of business* déménager, se réimplanter; *of employee* être muté

re·lo·ca·tion [riːləˈkeɪʃn] *of business* délocalisation *f*, réimplantation *f*; *of employee* mutation *f*

re·luc·tance [rɪˈlʌktəns] réticence *f*, répugnance *f*

re·luc·tant [rɪˈlʌktənt] *adj* réticent, hésitant; *be ~ to do sth* hésiter à faire qch

re·luc·tant·ly [rɪˈlʌktəntlɪ] *adv* avec réticence, à contrecœur

♦ re·ly on [rɪˈlaɪ] *v/t* (*pret & pp -ied*) compter sur, faire confiance à; *rely on s.o. to do sth* compter sur qn pour faire qch

re·main [rɪˈmeɪn] *v/i* rester; *~ silent* garder le silence

re·main·der [rɪˈmeɪndər] 1 *n also* MATH reste *m* 2 *v/t book* solder

re·main·ing [rɪˈmeɪnɪŋ] *adj* restant; *the ~ refugees* le reste des réfugiés

re·mains [rɪˈmeɪnz] *npl of body* restes *mpl*

re·make [ˈriːmeɪk] *n of movie* remake *m*, nouvelle version *f*

re·mand [rɪˈmænd] 1 *n*: *be on ~ in prison* être en détention provisoire; *on bail* être en liberté provisoire 2 *v/t*: *~ s.o. in custody* placer qn en détention provisoire

re·mark [rɪˈmɑːrk] 1 *n* remarque *f* 2 *v/t* (*comment*) faire remarquer

re·mark·a·ble [rɪˈmɑːrkəbl] *adj* remarquable

re·mark·a·bly [rɪˈmɑːrkəblɪ] *adv* remarquablement

re·mar·ry [riːˈmærɪ] *v/i* (*pret & pp -ied*) se remarier

rem·e·dy [ˈremədɪ] *n* MED, *fig* remède *m*

re·mem·ber [rɪˈmembər] 1 *v/t* se souvenir de, se rappeler; *~ to lock the door!* n'oublie pas de fermer la porte à clef!; *~ me to her* transmettez-lui mon bon souvenir 2 *v/i* se souvenir; *I don't ~* je ne me souviens pas

re·mind [rɪˈmaɪnd] *v/t*: *~ s.o. to do sth* rappeler à qn de faire qch; *~ X of Y* rappeler Y à X; *you ~ me of your father* tu me rappelles ton père; *~ s.o. of sth* (*bring to their attention*) rappeler qch à qn

re·mind·er [rɪˈmaɪndər] rappel *m*

rem·i·nisce [remɪˈnɪs] *v/i* évoquer le passé

rem·i·nis·cent [remɪˈnɪsənt] *adj*: *be ~ of sth* rappeler qch, faire penser à qch

re·miss [rɪˈmɪs] *adj fml* négligent

re·mis·sion [rɪˈmɪʃn] MED rémission *f*; *go into ~ of patient* être en sursis

rem·nant [ˈremnənt] vestige *m*, reste *m*

re·morse [rɪ'mɔːrs] remords m

re·morse·less [rɪ'mɔːrslɪs] adj impitoyable; demands incessant

re·mote [rɪ'moʊt] adj village isolé; possibility, connection vague; ancestor lointain; (aloof) distant

re·mote 'ac·cess COMPUT accès m à distance

re·mote con'trol also for TV télécommande f

re·mote·ly [rɪ'moʊtlɪ] adv related, connected vaguement; **I'm not ~ interested** je ne suis pas du tout intéressé; **it's just ~ possible** c'est tout juste possible

re·mote·ness [rɪ'moʊtnəs] isolement m

re·mov·a·ble [rɪ'muːvəbl] adj amovible

re·mov·al [rɪ'muːvl] enlèvement m; of unwanted hair épilation f; of demonstrators expulsion f; of doubt dissipation f; **~ of stains** détachage m

re·move [rɪ'muːv] v/t enlever; demonstrators expulser; doubt, suspicion dissiper

re·mu·ner·a·tion [rɪmjuːnə'reɪʃn] rémunération f

re·mu·ner·a·tive [rɪ'mjuːnərətɪv] adj rémunérateur

Re·nais·sance [rɪ'neɪsəns] Renaissance f

re·name [riː'neɪm] v/t rebaptiser; file renommer

ren·der ['rendər] v/t rendre; **~ s.o. helpless** laisser qn sans défense; **~ s.o. unconscious** faire perdre connaissance à qn

ren·der·ing ['rendərɪŋ] of piece of music interprétation f

ren·dez·vous ['rɑːndeɪvuː] n rendez-vous m

re·new [rɪ'nuː] v/t contract, license renouveler; discussion reprendre

re·new·a·ble [rɪ'nuːəbl] adj resource renouvelable

re·new·al [rɪ'nuːəl] of contract etc renouvellement m; of talks reprise f

re·nounce [rɪ'naʊns] v/t title, rights renoncer à

ren·o·vate ['renəveɪt] v/t rénover

re·no·va·tion [renə'veɪʃn] rénovation f

re·nown [rɪ'naʊn] renommée f; renom m

re·nowned [rɪ'naʊnd] adj renommé; réputé

rent [rent] **1** n loyer m; **for ~** à louer **2** v/t louer

rent·al ['rentl] for apartment loyer m; for TV, car location f

'rent·al a·gree·ment contrat m de location

'rent·al car voiture f de location

rent-'free adv sans payer de loyer

re·o·pen [riː'oʊpn] **1** v/t business, store, case rouvrir; negotiations reprendre **2** v/i of store etc rouvrir

re·or·gan·i·za·tion [riːɔːrgənaɪ'zeɪʃn] réorganisation f

re·or·gan·ize [riː'ɔːrgənaɪz] v/t réorganiser

rep [rep] COMM représentant(e) m(f) (de commerce)

re·paint [riː'peɪnt] v/t repeindre

re·pair [rɪ'per] **1** v/t réparer **2** n réparation f; **in a good / bad state of ~** en bon / mauvais état

re'pair·man réparateur m

re·pa·tri·ate [riː'pætrɪeɪt] v/t rapatrier

re·pa·tri·a·tion [riːpætrɪ'eɪʃn] rapatriement m

re·pay [riː'peɪ] v/t (pret & pp **-paid**) rembourser

re·pay·ment [riː'peɪmənt] remboursement m

re·peal [rɪ'piːl] v/t law abroger

re·peat [rɪ'piːt] **1** v/t répéter; performance, experiment renouveler; **am I ~ing myself?** est-ce que je me répète? **2** n TV program etc rediffusion f

re·peat 'busi·ness COMM: **get ~** recevoir de nouvelles commandes (d'un client)

re·peat·ed [rɪ'piːtɪd] adj répété

re·peat·ed·ly [rɪ'piːtɪdlɪ] adv à plusieurs reprises

re·pel [rɪ'pel] v/t (pret & pp **-led**) repousser; (disgust) dégoûter

re·pel·lent [rɪ'pelənt] **1** adj repoussant, répugnant **2** n (insect ~) répulsif m

R

re·pent [rɪ'pent] *v/i* se repentir (**of** de)

re·per·cus·sions [riːpər'kʌʃnz] *npl* répercussions *fpl*

rep·er·toire ['repərtwɑːr] répertoire *m*

rep·e·ti·tion [repɪ'tɪʃn] répétition *f*

rep·et·i·tive [rɪ'petɪtɪv] *adj* répétitif*

re·place [rɪ'pleɪs] *v/t* (*put back*) remettre; (*take the place of*) remplacer

re·place·ment [rɪ'pleɪsmənt] *person* remplaçant *m*; *product* produit *m* de remplacement

re·place·ment 'part pièce *f* de rechange

re·play ['riːpleɪ] **1** *n recording* relecture *f*, replay *m*; *match* nouvelle rencontre *f*, replay *m* **2** *v/t match* rejouer

re·plen·ish [rɪ'plenɪʃ] *v/t container* remplir (de nouveau); *supplies* refaire; **~ one's supplies of sth** se réapprovisionner en qch

rep·li·ca ['replɪkə] réplique *f*

re·ply [rɪ'plaɪ] **1** *n* réponse *f* **2** *v/t & v/i* (*pret & pp* **-ied**) répondre

re·port [rɪ'pɔːrt] **1** *n* (*account*) rapport *m*, compte-rendu *m*; *in newspaper* bulletin *m* **2** *v/t facts* rapporter; *to authorities* déclarer, signaler; **~ one's findings to s.o.** rendre compte des résultats de ses recherches à qn; **~ s.o. to the police** dénoncer qn à la police; *he is ~ed to be in Washington* il serait à Washington, on dit qu'il est à Washington **3** *v/i* (*present o.s.*) se présenter; *this is Joe Jordan ~ing from Washington* de Moscou, Joe Jordan

♦ **report to** *v/t in business* être sous les ordres de; *who do you report to?* qui est votre supérieur (hiérarchique)?

re'port card bulletin *m* scolaire

re·port·er [rɪ'pɔːrtər] reporter *m/f*

re·pos·sess [riːpə'zes] *v/t* COMM reprendre possession de, saisir

rep·re·hen·si·ble [reprɪ'hensəbl] *adj* répréhensible

rep·re·sent [reprɪ'zent] *v/t* représenter

Rep·re·sen·ta·tive [reprɪ'zentətɪv] POL député *m*

rep·re·sen·ta·tive [reprɪ'zentətɪv] **1** *adj* (*typical*) représentatif* **2** *n* représentant(e) *m(f)*

re·press [rɪ'pres] *v/t* réprimer

re·pres·sion [rɪ'preʃn] POL répression *f*

re·pres·sive [rɪ'presɪv] *adj* POL répressif*

re·prieve [rɪ'priːv] **1** *n* LAW sursis *m*; *fig also* répit *m* **2** *v/t prisoner* accorder un sursis à

rep·ri·mand ['reprɪmænd] *v/t* réprimander

re·print ['riːprɪnt] **1** *n* réimpression *f* **2** *v/t* réimprimer

re·pri·sal [rɪ'praɪzl] représailles *fpl*; *take ~s* se venger, exercer des représailles; *in ~ for* en représailles à

re·proach [rɪ'prəʊtʃ] **1** *n* reproche *m*; *be beyond ~* être irréprochable **2** *v/t* reprocher; **~ s.o. for sth** reprocher qch à qn

re·proach·ful [rɪ'prəʊtʃfəl] *adj* réprobateur*, chargé de reproche

re·proach·ful·ly [rɪ'prəʊtʃfəlɪ] *adv look* avec un air de reproche; *say* sur un ton de reproche

re·pro·duce [riːprə'duːs] **1** *v/t* reproduire **2** *v/i* BIOL se reproduire

re·pro·duc·tion [riːprə'dʌkʃn] reproduction *f*; *piece of furniture* copie *f*

re·pro·duc·tive [riːprə'dʌktɪv] *adj* BIOL reproducteur*

rep·tile ['reptaɪl] reptile *m*

re·pub·lic [rɪ'pʌblɪk] république *f*

Re·pub·li·can [rɪ'pʌblɪkən] **1** *adj* républicain **2** *n* Républicain(e) *m(f)*

re·pu·di·ate [rɪ'pjuːdɪeɪt] *v/t* (*deny*) nier

re·pul·sive [rɪ'pʌlsɪv] *adj* repoussant, répugnant

rep·u·ta·ble ['repjʊtəbl] *adj* de bonne réputation, respectable

rep·u·ta·tion [repjʊ'teɪʃn] réputation *f*; *have a good / bad ~* avoir bonne / mauvaise réputation

re·put·ed [rɪ'pjuːtəd] *adj*: *be ~ to be* avoir la réputation d'être

re·put·ed·ly [rɪ'pjuːtədlɪ] *adv* à ce que l'on dit, apparemment

re·quest [rɪ'kwest] **1** *n* demande *f*; *on ~* sur demande **2** *v/t* demander

re·qui·em ['rekwɪəm] MUS requiem *m*

re·quire [rɪ'kwaɪr] *v/t* (*need*) avoir besoin de; *it ~s great care* cela demande beaucoup de soin; *as ~d by law* comme l'exige la loi; *guests are ~d to ...* les clients sont priés de ...

re·quired [rɪ'kwaɪrd] *adj* (*necessary*) requis; *~ reading* ouvrage(s) m(pl) au programme

re·quire·ment [rɪ'kwaɪrmənt] (*need*) besoin m, exigence f; (*condition*) condition f (requise)

req·ui·si·tion [rekwɪ'zɪʃn] *v/t* réquisitionner

re·route [riː'ruːt] *v/t* airplane etc dérouter

re·run ['riːrʌn] **1** *n of TV program* rediffusion f **2** *v/t* (*pret* **-ran**, *pp* **-run**) *tape* repasser

re·sched·ule [riː'skedjuːl] *v/t* changer l'heure / la date de

res·cue ['reskjuː] **1** *n* sauvetage m; *come to s.o.'s ~* venir au secours de qn **2** *v/t* sauver, secourir

'res·cue par·ty équipe f de secours

re·search [rɪ'sɜːrtʃ] *n* recherche f
♦ **research into** *v/t* faire des recherches sur

re·search and de'vel·op·ment recherche f et développement

re'search as·sist·ant assistant(e) m(f) de recherche

re·search·er [rɪ'sɜːrtʃər] chercheur (-euse) m(f)

're·search proj·ect projet m de recherche

re·sem·blance [rɪ'zembləns] ressemblance f

re·sem·ble [rɪ'zembl] *v/t* ressembler à

re·sent [rɪ'zent] *v/t* ne pas aimer; *person also* en vouloir à

re·sent·ful [rɪ'zentfəl] *adj* plein de ressentiment

re·sent·ful·ly [rɪ'zentfəlɪ] *adv say* avec ressentiment

re·sent·ment [rɪ'zentmənt] ressentiment m (*of* par rapport à)

res·er·va·tion [rezər'veɪʃn] *of room, table* réservation f; *mental*, (*special area*) réserve f; *I have a ~ in hotel, restaurant* j'ai réservé

re·serve [rɪ'zɜːrv] **1** *n* (*store, aloofness*) réserve f; SP remplaçant(e) m(f); *~s* FIN réserves *fpl*; *keep sth in ~* garder qch en réserve *v/t seat, judgment* réserver

re·served [rɪ'zɜːrvd] *adj table, manner* réservé

res·er·voir ['rezərvwaːr] *for water* réservoir m

re·shuf·fle ['riː'ʃʌfl] *Br* POL **1** *n* remaniement m **2** *v/t* remanier

re·side [rɪ'zaɪd] *v/i fml* résider

res·i·dence ['rezɪdəns] *fml: house etc* résidence f; (*stay*) séjour m

'res·i·dence per·mit permis m de séjour

res·i·dent ['rezɪdənt] **1** *adj manager etc* qui habite sur place **2** *n* résident(e) m(f), habitant(e) m(f); *on street* riverain(e) m(f); *in hotel* client(e) m(f); pensionnaire m/f

res·i·den·tial [rezɪ'denʃl] *adj* résidentiel*

res·i·due ['rezɪduː] résidu m

re·sign [rɪ'zaɪn] **1** *v/t position* démissionner de; *~ o.s. to* se résigner à **2** *v/i from job* démissionner

res·ig·na·tion [rezɪg'neɪʃn] *from job* démission f; *mental* résignation f

re·signed [rɪ'zaɪnd] *adj* résigné; *we have become ~ to the fact that ...* nous nous sommes résignés au fait que ...

re·sil·i·ent [rɪ'zɪlɪənt] *adj personality* fort; *material* résistant

res·in ['rezɪn] résine f

re·sist [rɪ'zɪst] **1** *v/t* résister à; *new measures* s'opposer à **2** *v/i* résister

re·sist·ance [rɪ'zɪstəns] résistance f

re·sist·ant [rɪ'zɪstənt] *adj material* résistant

res·o·lute ['rezəluːt] *adj* résolu

res·o·lu·tion [rezə'luːʃn] résolution f

re·solve [rɪ'zaːlv] *v/t mystery* résoudre; *~ to do sth* se résoudre à faire qch

re·sort [rɪ'zɔːrt] *n place* lieu m de vacances; *at seaside station* f balnéaire; *for health cures* station f thermale; *as a last ~* en dernier ressort *or* recours
♦ **resort to** *v/t* avoir recours à, recourir à

♦ re·sound with [rɪ'zaʊnd] v/t résonner de

re·sound·ing [rɪ'zaʊndɪŋ] adj success, victory retentissant

re·source [rɪ'sɔːrs] ressource f; be left to one's own ~s être livré à soi-même

re·source·ful [rɪ'sɔːrsfʊl] adj ingénieux*

re·spect [rɪ'spekt] 1 n respect m; show ~ to montrer du respect pour; with ~ to en ce qui concerne; in this / that ~ à cet égard; in many ~s à bien des égards; pay one's last ~s to s.o. rendre un dernier hommage à qn 2 v/t respecter

re·spect·a·bil·i·ty [rɪspektə'bɪlətɪ] respectabilité f

re·spect·a·ble [rɪ'spektəbl] adj respectable

re·spect·a·bly [rɪ'spektəblɪ] adv convenablement, comme il faut

re·spect·ful [rɪ'spektfəl] adj respectueux*

re·spect·ful·ly [rɪ'spektflɪ] adv respectueusement

re·spec·tive [rɪ'spektɪv] adj respectif*

re·spec·tive·ly [rɪ'spektɪvlɪ] adv respectivement

res·pi·ra·tion [respɪ'reɪʃn] respiration f

res·pi·ra·tor ['respɪreɪtər] MED respirateur m

re·spite ['respaɪt] répit m; without ~ sans répit

re·spond [rɪ'spɑːnd] v/i répondre; (re-act also) réagir

re·sponse [rɪ'spɑːns] réponse f; (reaction also) réaction f

re·spon·si·bil·i·ty [rɪspɑːnsɪ'bɪlətɪ] responsabilité f; accept ~ for accepter la responsabilité de; a job with more ~ un poste avec plus de responsabilités

re·spon·si·ble [rɪ'spɑːnsəbl] adj responsable (for de); a ~ job un poste à responsabilités

re·spon·sive [rɪ'spɑːnsɪv] adj audience réceptif*; TECH qui répond bien

rest¹ [rest] 1 n repos m; during walk, work pause f; set s.o.'s mind at ~

rassurer qn 2 v/i se reposer; ~ on (be based on) reposer sur; (lean against) être appuyé contre; it all ~s with him tout dépend de lui 3 v/t (lean, balance) poser

rest² [rest]: the ~ objects le reste; people les autres

res·tau·rant ['restərɑːnt] restaurant m

'res·tau·rant car wagon-restaurant m

'rest cure cure f de repos

rest·ful [restfl] adj reposant

'rest home maison f de retraite

rest·less ['restlɪs] adj agité; have a ~ night passer une nuit agitée; be un-able to stay in one place avoir la bougeotte F

rest·less·ly ['restlɪslɪ] adv nerveusement

res·to·ra·tion [restə'reɪʃn] of building restauration f

re·store [rɪ'stɔːr] v/t building etc restaurer; (bring back) rendre, restituer; confidence redonner

re·strain [rɪ'streɪn] v/t retenir; ~ o.s. se retenir

re·straint [rɪ'streɪnt] (moderation) retenue f

re·strict [rɪ'strɪkt] v/t restreindre, limiter; I'll ~ myself to ... je me limiterai à ...

re·strict·ed [rɪ'strɪktɪd] adj restreint, limité

re·strict·ed 'ar·e·a MIL zone f interdite

re·stric·tion [rɪ'strɪkʃn] restriction f

'rest room toilettes fpl

re·sult [rɪ'zʌlt] n résultat m; as a ~ of this par conséquent

♦ re·sult from v/t résulter de, découler de

♦ re·sult in v/t entraîner, avoir pour résultat

re·sume [rɪ'zuːm] v/t & v/i reprendre

ré·su·mé ['rezʊmeɪ] of career curriculum vitae m inv, C.V. m inv

re·sump·tion [rɪ'zʌmpʃn] reprise f

re·sur·face [riː'sɜːrfɪs] 1 v/t roads refaire (le revêtement de) 2 v/i (reap-pear) refaire surface

Res·ur·rec·tion [rezə'rekʃn] REL Résurrection f

re·sus·ci·tate [rɪˈsʌsɪteɪt] v/t réanimer

re·sus·ci·ta·tion [rɪsʌsɪˈteɪʃn] réanimation f

re·tail [ˈriːteɪl] **1** adv: **sell sth ~** vendre qch au détail **2** v/i: **~ at** se vendre à

re·tail·er [ˈriːteɪlər] détaillant(e) m(f)

're·tail out·let point m de vente, magasin m (de détail)

're·tail price prix m de détail

re·tain [rɪˈteɪn] v/t garder, conserver

re·tain·er [rɪˈteɪnər] FIN provision f

re·tal·i·ate [rɪˈtælɪeɪt] v/i riposter, se venger

re·tal·i·a·tion [rɪtælɪˈeɪʃn] riposte f; **in ~ for** pour se venger de

re·tard·ed [rɪˈtɑːrdɪd] adj mentally attardé, retardé

re·think [riːˈθɪŋk] v/t (pret & pp **-thought**) repenser

re·ti·cence [ˈretɪsns] réserve f

re·ti·cent [ˈretɪsnt] adj réservé

re·tire [rɪˈtaɪr] v/i from work prendre sa retraite; fml: go to bed aller se coucher

re·tired [rɪˈtaɪrd] adj à la retraite

re·tire·ment [rɪˈtaɪrmənt] retraite f; act départ m à la retraite

re·tire·ment age âge de la retraite

re·tir·ing [rɪˈtaɪrɪŋ] adj réservé

re·tort [rɪˈtɔːrt] **1** n réplique f **2** v/t répliquer

re·trace [rɪˈtreɪs] v/t: **~ one's footsteps** revenir sur ses pas

re·tract [rɪˈtrækt] v/t claws, undercarriage rentrer; statement retirer

re·train [riːˈtreɪn] v/i se recycler

re·treat [rɪˈtriːt] **1** v/i also MIL battre en retraite **2** n MIL, place retraite f

re·trieve [rɪˈtriːv] v/t récupérer

re·triev·er [rɪˈtriːvər] dog chien m d'arrêt, retriever m

ret·ro·ac·tive [retroʊˈæktɪv] adj law etc rétroactif*

ret·ro·ac·tive·ly [retroʊˈæktɪvlɪ] adv rétroactivement, par rétroaction

ret·ro·grade [ˈretrəgreɪd] adj move, decision rétrograde

ret·ro·spect [ˈretrəspekt]: **in ~** rétrospectivement

ret·ro·spec·tive [retrəˈspektɪv] n rétrospective f

re·turn [rɪˈtɜːrn] **1** n retour m; (profit) bénéfice m; **~ (ticket)** Br aller m retour; **by ~ (mail)** par retour (du courrier); **many happy ~s (of the day)** bon anniversaire; **in ~ for** en échange de; contre **2** v/t (give back) rendre; (send back) renvoyer; (put back) remettre; **~ the favor** rendre la pareille **3** v/i (go back) retourner; (come back) revenir

re·turn 'flight vol m (de) retour

re·turn jour·ney retour m

re·u·ni·fi·ca·tion [riːjuːnɪfɪˈkeɪʃn] réunification f

re·u·nion [riːˈjuːnjən] réunion f

re·u·nite [riːjuːˈnaɪt] v/t réunir; country réunifier

re·us·a·ble [riːˈjuːzəbl] adj réutilisable

re·use [riːˈjuːz] v/t réutiliser

rev [rev] n: **~s per minute** tours mpl par minute

♦ **rev up** v/t (pret & pp **-ved**) engine emballer

re·val·u·a·tion [riːvæljuˈeɪʃn] réévaluation f

re·veal [rɪˈviːl] v/t révéler; (make visible) dévoiler

re·veal·ing [rɪˈviːlɪŋ] adj remark révélateur*; dress suggestif*

♦ **rev·el in** [ˈrevl] v/t (pret & pp **-ed**, Br **-led**) se délecter de; **revel in doing sth** se délecter à faire qch

rev·e·la·tion [revəˈleɪʃn] révélation f

re·venge [rɪˈvendʒ] n vengeance f; **take one's ~** se venger; **in ~ for** pour se venger de

rev·e·nue [ˈrevənuː] revenu m

re·ver·be·rate [rɪˈvɜːrbəreɪt] v/i of sound retentir, résonner

re·vere [rɪˈvɪr] v/t révérer

rev·e·rence [ˈrevərəns] déférence f, respect m

Rev·e·rend [ˈrevərənd] Protestant pasteur m; Catholic abbé m; Anglican révérend m

rev·e·rent [ˈrevərənt] adj respectueux*

re·verse [rɪˈvɜːrs] **1** adj sequence inverse; **in ~ order** à l'envers **2** n (opposite) contraire m; (back) verso m; MOT gear marche f arrière **3** v/t sequence

R

inverser; *vehicle* faire marche arrière avec 4 *v/i* MOT faire marche arrière

re·vert [rɪ'vɜːrt] *v/i*: **~ to** revenir à; *habit* reprendre; **the land ~ed to …** la terre est retournée à l'état de …

re·view [rɪ'vjuː] **1** *n of book, movie* critique *f*; *of troops* revue *f*; *of situation etc* bilan *m* **2** *v/t book, movie* faire la critique de; *troops* passer en revue; *situation etc* faire le bilan de; EDU réviser

re·view·er [rɪ'vjuːər] *of book, movie* critique *m*

re·vise [rɪ'vaɪz] *v/t opinion* revenir sur; *text* réviser

re·vi·sion [rɪ'vɪʒn] *of text* révision *f*

re·viv·al [rɪ'vaɪvl] *of custom, old style etc* renouveau *m*; *of patient* rétablissement *m*; **a ~ of interest in** un regain d'intérêt pour

re·vive [rɪ'vaɪv] **1** *v/t custom, old style etc* faire renaître; *patient* ranimer **2** *v/i of business* reprendre

re·voke [rɪ'vouk] *v/t law* abroger; *license* retirer

re·volt [rɪ'voult] **1** *n* révolte *f* **2** *v/i* se révolter

re·volt·ing [rɪ'voultɪŋ] *adj* répugnant

rev·o·lu·tion [revə'luːʃn] révolution *f*

rev·o·lu·tion·ar·y [revə'luːʃnɜːri] **1** *adj* révolutionnaire **2** *n* révolutionnaire *m/f*

rev·o·lu·tion·ize [revə'luːʃnaɪz] *v/t* révolutionner

re·volve [rɪ'vɑːlv] *v/i* tourner (**around** autour de)

re·volv·er [rɪ'vɑːlvər] revolver *m*

re·volv·ing door [rɪ'vɑːlvɪŋ] tambour *m*

re·vue [rɪ'vjuː] THEA revue *f*

re·vul·sion [rɪ'vʌlʃn] dégoût *m*, répugnance *f*

re·ward [rɪ'wɔːrd] **1** *n financial* récompense *f*; (*benefit derived*) gratification *f* **2** *v/t financially* récompenser

re·ward·ing [rɪ'wɔːrdɪŋ] *adj experience* gratifiant, valorisant

re·wind [riː'waɪnd] *v/t* (*pret & pp* **-wound**) *film, tape* rembobiner

re·wire [riː'waɪr] *v/t* refaire l'installation électrique de

re·write [riː'raɪt] *v/t* (*pret* **-wrote**, *pp* **-written**) réécrire

rhe·to·ric ['retərɪk] rhétorique *f*

rhe·to·ri·cal 'ques·tion [rɪ'tɑːrɪkl] question *f* pour la forme, question *f* rhétorique

rheu·ma·tism ['ruːmətɪzm] rhumatisme *m*

rhi·no·ce·ros [raɪ'nɑːsərəs] rhinocéros *m*

rhu·barb ['ruːbɑːrb] rhubarbe *f*

rhyme [raɪm] **1** *n* rime *f* **2** *v/i* rimer (**with** avec)

rhythm ['rɪðm] rythme *m*

rib [rɪb] ANAT côte *f*

rib·bon ['rɪbən] ruban *m*

rice [raɪs] riz *m*

rich [rɪtʃ] **1** *adj person, food* riche **2** *npl*: **the ~** les riches *mpl*

rich·ly ['rɪtʃlɪ] *adv deserved* largement, bien

rick·et·y ['rɪkətɪ] *adj* bancal, branlant

ric·o·chet ['rɪkəʃeɪ] *v/i* ricocher (**off** sur)

rid [rɪd] *v/t* (*pret & pp* **rid**): **get ~ of** se débarrasser de

rid·dance ['rɪdns]: **good ~!** bon débarras!

rid·den ['rɪdn] *pp* → **ride**

rid·dle[1] ['rɪdl] *n puzzle* devinette *f*

rid·dle[2] ['rɪdl] *v/t*: **be ~d with** être criblé de

ride [raɪd] **1** *n on horse* promenade *f* (à cheval); *excursion in vehicle* tour *m*; (*journey*) trajet *m*; **do you want a ~ into town?** est-ce que tu veux que je t'emmène en ville?; **you've been taken for a ~** *fig* F tu t'es fait avoir F **2** *v/t* (*pret* **rode**, *pp* **ridden**) *horse* monter; *bike* se déplacer en; **can you ~ a bike?** sais-tu faire du vélo?; **can I ~ your bike?** est-ce que je peux monter sur ton vélo? **3** *v/i* (*pret* **rode**, *pp* **ridden**) *on horse* monter à cheval; *on bike* rouler (à vélo); **~ on a bus / train** prendre le bus / train; **those riding at the back of the bus** ceux qui étaient à l'arrière du bus

rid·er ['raɪdər] *on horse* cavalier(-ière) *m(f)*; *on bike* cycliste *m/f*

ridge [rɪdʒ] *(raised strip)* arête *f* (saillante); *along edge* rebord *m*; *of mountain* crête *f*; *of roof* arête *f*

rid·i·cule ['rɪdɪkjuːl] **1** *n* ridicule *m* **2** *v/t* ridiculiser

ri·dic·u·lous [rɪ'dɪkjʊləs] *adj* ridicule

ri·dic·u·lous·ly [rɪ'dɪkjʊləslɪ] *adv* ridiculement

rid·ing ['raɪdɪŋ] *on horseback* équitation *f*

ri·fle ['raɪfl] *n* fusil *m*, carabine *f*

rift [rɪft] *in earth* fissure *f*; *in party etc* division *f*, scission *f*

rig [rɪg] **1** *n* (*oil* ~) tour *f* de forage; *at sea* plateforme *f* de forage; (*truck*) semi-remorque *m* **2** *v/t* (*pret & pp* **-ged**) *elections* truquer

right [raɪt] **1** *adj* bon*; *(not left)* droit; **be** ~ *of answer* être juste; *of person* avoir raison; *of clock* être à l'heure; **it's not** ~ **to ...** ce n'est pas bien de ...; **the** ~ **thing to do** la chose à faire; **put things** ~ arranger les choses; **that's** ~**!** c'est ça!; **that's all** ~ *(doesn't matter)* ce n'est pas grave; *when s.o. says thank you* je vous en prie; **it's all** ~ *(is acceptable)* ça me va; **I'm all** ~ *not hurt* je vais bien; *have enough* ça ira pour moi; (*all*) ~, **that's enough!** bon, ça suffit! **2** *adv* (*directly*) directement, juste; (*correctly*) correctement, bien; (*completely*) tout, complètement; *(not left)* à droite; ~ **now** *(immediately)* tout de suite; *(at the moment)* en ce moment; **it's** ~ **here** c'est juste là **3** *n civil, legal* droit *m*; *(not left)* POL droite *f*; **on the** ~ *also* POL à droite; **turn to the** ~, **take a** ~ tourner à droite; **be in the** ~ avoir raison; **know** ~ **from wrong** savoir discerner le bien du mal

'right-an·gle angle *m* droit; **at** ~**s to** perpendiculairement à

right·ful ['raɪtfəl] *adj heir, owner etc* légitime

'right-hand *adj*: **on the** ~ **side** à droite; **right-hand 'drive** MOT *(voiture f avec)* conduite *f* à droite; **right-hand·ed** [raɪt'hændɪd] *adj person* droitier*; **right-hand 'man** bras *m* droit; **right of 'way** *in traffic* priorité

f; *across land* droit *m* de passage; **right 'wing** POL droite *f*; SP ailier *m* droit; **right-'wing** *adj* POL de droite; **right-wing ex'trem·ist** POL extrémiste *m/f* de droite

rig·id ['rɪdʒɪd] *adj also fig* rigide

rig·or ['rɪgər] *of discipline* rigueur *f*

rig·or·ous ['rɪgərəs] *adj* rigoureux*

rig·or·ous·ly ['rɪgərəslɪ] *adv check, examine* rigoureusement

rig·our *Br* → **rigor**

rile [raɪl] *v/t* F agacer

rim [rɪm] *of wheel* jante *f*; *of cup* bord *m*; *of eyeglasses* monture *f*

ring[1] [rɪŋ] *n (circle)* cercle *m*; *on finger* anneau *m*; *in boxing* ring *m*; *at circus* piste *f*

ring[2] [rɪŋ] **1** *n of bell* sonnerie *f*; *of voice* son *m*; **give s.o. a** ~ *Br* TELEC passer un coup de fil à qn **2** *v/t (pret* **rang**, *pp* **rung**) *bell* (faire) sonner; *Br* TELEC téléphoner à **3** *v/i (pret* **rang**, *pp* **rung**) *of bell* sonner, retentir; *Br* TELEC téléphoner; **please** ~ **for attention** prière de sonner

'ring·lead·er meneur(-euse) *m(f)*

'ring-pull anneau *m* (d'ouverture)

rink [rɪŋk] patinoire *f*

rinse [rɪns] **1** *n for hair color* rinçage *m* **2** *v/t clothes, dishes, hair* rincer

ri·ot ['raɪət] **1** *n* émeute *f* **2** *v/i* participer à une émeute; *start to* ~ créer une émeute

ri·ot·er ['raɪətər] émeutier(-ière) *m(f)*

'ri·ot po·lice police *f* anti-émeute

rip [rɪp] **1** *n in cloth etc* accroc *m* **2** *v/t (pret & pp* **-ped**) *cloth etc* déchirer; ~ **sth open** ouvrir qch à la hâte

◆ **rip off** *v/t* F *cheat* arnaquer F

◆ **rip up** *v/t letter, sheet* déchirer

ripe [raɪp] *adj fruit* mûr

rip·en ['raɪpn] *v/i of fruit* mûrir

ripe·ness ['raɪpnɪs] *of fruit* maturité *f*

'rip-off F arnaque *f* F

rip·ple ['rɪpl] *on water* ride *f*, ondulation *f*

rise [raɪz] **1** *v/i (pret* **rose**, *pp* **risen**) *from chair, bed, of sun* se lever; *of rocket, price, temperature* monter **2** *n in price, temperature* hausse *f*, augmentation *f*; *in water level* élévation

R

f; Br: in salary augmentation *f;* **give ~
to** donner lieu à, engendrer

ris·en ['rɪzn] *pp* → **rise**

ris·er ['raɪzər]: **be an early ~** être matinal, être lève-tôt *inv* F; **be a late ~**
être lève-tard *inv* F

risk [rɪsk] **1** *n* risque *m;* **take a ~** prendre un risque **2** *v/t* risquer; **let's ~ it**
c'est un risque à courir, il faut tenter
le coup F

risk·y ['rɪskɪ] *adj* risqué

ris·qué [rɪ'skeɪ] *adj* osé

rit·u·al ['rɪtʃəl] **1** *adj* rituel* **2** *n* rituel
m

ri·val ['raɪvl] **1** *n* rival(e) *m(f)* **2** *v/t*
(match) égaler; *(compete with)* rivali-
ser avec; **I can't ~ that** je ne peux
pas faire mieux

ri·val·ry ['raɪvlrɪ] rivalité *f*

riv·er ['rɪvər] rivière *f,* bigger fleuve *m*

'riv·er·bank berge *f;* **'riv·er·bed** lit *m* de
la rivière / du fleuve; **'riv·er·side 1**
adj en bord de rivière **2** *n* berge *f,*
bord *m* de l'eau

riv·et ['rɪvɪt] **1** *n* rivet *m* **2** *v/t* riveter,
river

riv·et·ing ['rɪvɪtɪŋ] *adj* story etc fascinant

Ri·vi·e·ra [rɪvɪ'erə] *French* Côte *f*
d'Azur

road [roʊd] route *f; in city* rue *f;* **it's
just down the~** c'est à deux pas d'ici

'road·block barrage *m* routier; **'road
hog** chauffard *m;* **'road-hold·ing** *of
vehicle* tenue *f* de route; **'road map**
carte *f* routière; **road 'safe·ty** sécurité *f* routière; **'road·side: at the ~**
au bord de la route; **'road·sign** panneau *m* (de signalisation); **'road·way**
chaussée *f;* **'road·wor·thy** *adj* en état
de marche

roam [roʊm] *v/i* errer

roar [rɔːr] **1** *n* rugissement *m; of rapids,
traffic* grondement *m; of engine* vrom-
bissement *m* **2** *v/i* rugir; *of rapids, traffic* gronder; *of engine* vrombir; **~ with
laughter** hurler de rire, rire à gorge
déployée

roast [roʊst] **1** *n of beef etc* rôti *m* **2** *v/t*
rôtir **3** *v/i of food* rôtir; **we're ~ing** on
étouffe

roast 'beef rôti *m* de bœuf, rosbif *m*

roast 'pork rôti *m* de porc

rob [rɑːb] *v/t (pret & pp -bed) person*
voler, dévaliser; *bank* cambrioler, dévaliser; **I've been ~bed** j'ai été déva-
lisé

rob·ber ['rɑːbər] voleur(-euse) *m(f)*

rob·ber·y ['rɑːbərɪ] vol *m*

robe [roʊb] *of judge, priest* robe *f;*
(bath~) peignoir *m; (dressing gown)*
robe *f* de chambre

rob·in ['rɑːbɪn] rouge-gorge *m*

ro·bot ['roʊbɑːt] robot *m*

ro·bust [roʊ'bʌst] *adj* robuste

rock [rɑːk] **1** *n* rocher *m;* MUS rock *m;*
on the ~s *drink* avec des glaçons;
marriage en pleine débâcle **2** *v/t baby*
bercer; *cradle* balancer; *(surprise)* secouer, ébranler **3** *v/i on chair, of boat*
se balancer

'rock band groupe *m* de rock; **rock
'bot·tom: reach ~** toucher le fond;
of levels of employment, currency être
au plus bas; **'rock-bot·tom** *adj* prix
le plus bas possible; **'rock climb·er**
varappeur(-euse) *m(f);* **'rock climb·
ing** varappe *f*

rock·et ['rɑːkɪt] **1** *n* fusée *f* **2** *v/i of
prices etc* monter en flèche

rock·ing chair ['rɑːkɪŋ] rocking-chair
m

'rock·ing horse cheval *m* à bascule

rock 'n' roll [rɑːkn'roʊl] rock-and-roll
m inv

'rock star rock-star *f*

rock·y ['rɑːkɪ] *adj* rocheux*; *path* rocailleux*; F *marriage* instable, précaire; **I'm feeling kind of ~** F je ne
suis pas dans mon assiette F

Rock·y 'Moun·tains *npl* Montagnes
fpl Rocheuses

rod [rɑːd] baguette *f,* tige *f, for fishing*
canne *f* à pêche

rode [roʊd] *pret* → **ride**

ro·dent ['roʊdnt] rongeur *m*

rogue [roʊg] vaurien *m,* coquin *m*

role [roʊl] rôle *m*

'role mod·el modèle *m*

roll [roʊl] **1** *n (bread ~)* petit pain *m; of
film* pellicule *f; of thunder* gronde-
ment *m; (list, register)* liste *f* **2** *v/i of*

ball, boat rouler **3** *v/t*: **~ sth into a
ball** mettre qch en boule; **~ sth along the
ground** faire rouler qch sur le sol
♦ **roll over 1** *v/i* se retourner **2** *v/t person,
object* tourner; *(renew)* renouveler; *(extend)* prolonger
♦ **roll up 1** *v/t sleeves* retrousser **2** *v/i*
(arrive) se pointer F

'roll call appel *m*
roll·er ['roʊlər] *for hair* rouleau *m*, bigoudi *m*
'roll·er blade® *n* roller *m* (en ligne);
roll·er coast·er ['roʊlərkoʊstər]
montagnes *fpl* russes; '**roll·er skate**
n patin *m* à roulettes
roll·ing pin ['roʊlɪŋ] rouleau *m* à pâtisserie
ROM [rɑːm] *abbr* COMPUT (= *read
only memory*) ROM *f*, mémoire *f*
morte
Ro·man ['roʊmən] **1** *adj* romain **2** *n*
Romain(e) *m(f)*
Ro·man 'Cath·o·lic **1** *adj* REL catholique **2** *n* catholique *m/f*
ro·mance ['roʊmæns] *(affair)* idylle *f*;
novel, movie histoire *f* d'amour
ro·man·tic [roʊ'mæntɪk] *adj* romantique
ro·man·tic·al·ly [roʊ'mæntɪklɪ] *adv* de
façon romantique; **be ~ involved
with s.o.** avoir une liaison avec qn
roof [ruːf] toit *m*; **have a ~ over one's
head** avoir un toit
'roof box MOT coffre *m* de toit
'roof-rack MOT galerie *f*
rook·ie ['rʊkɪ] F bleu *m* F
room [ruːm] pièce *f*, salle *f*; *(bed~)*
chambre *f*; *(space)* place *f*; **there's
no ~ for** il n'y a pas de place pour
'room clerk réceptionniste *m/f*;
'**roommate** *in apartment* colocataire
m/f; *in room* camarade *m/f* de chambre; '**room serv·ice** service *m* en
chambre; '**room tem·per·a·ture**
température *f* ambiante
room·y ['ruːmɪ] *adj* spacieux*; *clothes*
ample
root [ruːt] *n of plant, word* racine *f*; **~s**
of person racines *fpl*
♦ **root for** *v/t* F encourager
♦ **root out** *v/t (get rid of)* éliminer;

(find) dénicher
rope [roʊp] corde *f*; **show s.o. the ~s**
F montrer à qn comment ça marche
♦ **rope off** *v/t* fermer avec une corde
ro·sa·ry ['roʊzərɪ] REL rosaire *m*, chapelet *m*
rose¹ [roʊz] BOT rose *f*
rose² [roʊz] *pret →* **rise**
rose·ma·ry ['roʊzmerɪ] romarin *m*
roster ['rɑːstər] tableau *m* de service
ros·trum ['rɑːstrəm] estrade *f*
ros·y ['roʊzɪ] *adj also fig* rose
rot [rɑːt] **1** *n* pourriture *f* **2** *v/i (pret &
pp -ted)* pourrir
ro·tate [roʊ'teɪt] **1** *v/i* tourner **2** *v/t*
(turn) (faire) tourner; *crops* alterner
ro·ta·tion [roʊ'teɪʃn] rotation *f*; **do sth
in ~** faire qch à tour de rôle
rot·ten ['rɑːtn] *adj food, wood etc* pourri; F *trick, thing to do* dégueulasse F; F
weather, luck pourri F
rough [rʌf] **1** *adj surface* rugueux*;
hands, skin rêche; *voice* rude; *(violent)*
brutal; *crossing, seas* agité; *(approximate)* approximatif*; **~ draft** brouillon *m* **2** *adv*: **sleep ~** dormir à la dure
3 *n in golf* rough *m* **4** *v/t*: **~ it** F vivre à
la dure
♦ **rough up** *v/t* F tabasser F
rough·age ['rʌfɪdʒ] *in food* fibres *fpl*
rough·ly ['rʌflɪ] *adv (approximately)*
environ, à peu près; *(harshly)* brutalement; **~ speaking** en gros
rou·lette [ruː'let] roulette *f*
round [raʊnd] **1** *adj* rond, circulaire; **in
~ figures** en chiffres ronds **2** *n of
mailman, doctor* tournée *f*; *of toast*
tranche *f*; *of drinks* tournée *f*; *of competition* manche *f*, tour *m*; *in boxing
match* round *m* **3** *v/t corner* tourner
4 *adv & prep →* **around**
♦ **round off** *v/t edges* arrondir; *meeting,
night out* conclure
♦ **round up** *v/t figure* arrondir; *suspects*
ramasser F

round·a·bout ['raʊndəbaʊt] **1** *adj* détourné, indirect; **come by a ~ route**
faire un détour **2** *n Br. on road* rond--point *m*; '**round-the-world** *adj* autour du monde; **round 'trip** aller-retour *m*; **round trip 'tick·et** billet *m*

R

aller-retour; **'round-up** *of cattle* rassemblement *m*; *of suspects* rafle *f*; *of news* résumé *m*

rouse [raʊz] *v/t from sleep* réveiller; *interest, emotions* soulever

rous·ing ['raʊzɪŋ] *adj speech, finale* exaltant

route [ruːt] *n* itinéraire *m*

rou·tine [ruːˈtiːn] **1** *adj* de routine; *behavior* routinier **2** *n* routine *f*; **as a matter of ~** systématiquement

row[1] [roʊ] *n* (*line*) rangée *f*, *of troops* rang *m*; **5 days in a ~** 5 jours de suite

row[2] [roʊ] *v/t*: **he ~ed them across the river** il leur a fait traverser la rivière en barque **2** *v/i* ramer

row[3] [raʊ] *n* (*quarrel*) dispute *f*; (*noise*) vacarme *m*

row·boat ['roʊboʊt] bateau *m* à rames

row·dy ['raʊdɪ] *adj* tapageur*, bruyant

roy·al ['rɔɪəl] *adj* royal

roy·al·ty ['rɔɪəltɪ] (*royal persons*) (membres *mpl* de) la famille royale; *on book, recording* droits *mpl* d'auteur

rub [rʌb] *v/t* (*pret & pp* **-bed**) frotter
♦ **rub down** *v/t paintwork* poncer; *with towel* se sécher
♦ **rub in** *v/t cream, ointment* faire pénétrer; **don't rub it in!** *fig* pas besoin d'en rajouter! F
♦ **rub off 1** *v/t* enlever (en frottant) **2** *v/i*: **rub off on s.o.** déteindre sur qn

rub·ber ['rʌbər] **1** *n material* caoutchouc *m*; P (*condom*) capote *f* F **2** *adj* en caoutchouc

rub·ber 'band élastique *m*; **rub·ber 'gloves** *npl* gants *mpl* en caoutchouc; **'rub·ber·neck** F *at accident etc* badaud(e) *m(f)*

rub·ble ['rʌbl] *from building* gravats *mpl*, décombres *mpl*

ru·by ['ruːbɪ] *n jewel* rubis *m*

ruck·sack ['rʌksæk] sac *m* à dos

rud·der ['rʌdər] gouvernail *m*

rud·dy ['rʌdɪ] *adj complexion* coloré

rude [ruːd] *adj* impoli; *word, gesture* grossier*

rude·ly ['ruːdlɪ] *adv* (*impolitely*) impoliment

rude·ness ['ruːdnɪs] impolitesse *f*

ru·di·men·ta·ry [ruːdɪˈmentərɪ] *adj* rudimentaire

ru·di·ments ['ruːdɪmənts] *npl* rudiments *mpl*

rue·ful ['ruːfl] *adj* contrit, résigné

rue·ful·ly ['ruːfəlɪ] *adv* avec regret; *smile* d'un air contrit

ruf·fi·an ['rʌfɪən] voyou *m*, brute *f*

ruf·fle ['rʌfl] **1** *n on dress* ruche *f* **2** *v/t hair* ébouriffer; *person* énerver; **get ~d** s'énerver

rug [rʌg] tapis *m*; *blanket* couverture *f*; **travel ~** plaid *m*, couverture *f* de voyage

rug·by ['rʌgbɪ] rugby *m*

'rug·by match match *m* de rugby

'rug·by play·er joueur *m* de rugby, rugbyman *m*

rug·ged ['rʌgɪd] *adj scenery, cliffs* découpé, escarpé; *face* aux traits rudes; *resistance* acharné

ru·in ['ruːɪn] **1** *n* ruine *f*; **in ~s** en ruine **2** *v/t* ruiner; *party, birthday, plans* gâcher; **be ~ed** *financially* être ruiné

rule [ruːl] **1** *n* règle *f*; *of monarch* règne *m*; **as a ~** en règle générale **2** *v/t country* diriger, gouverner; **the judge ~d that ...** le juge a déclaré que ... **3** *v/i of monarch* régner
♦ **rule out** *v/t* exclure

rul·er ['ruːlər] *for measuring* règle *f*; *of state* dirigeant(e) *m(f)*

rul·ing ['ruːlɪŋ] **1** *n* décision *f* **2** *adj party* dirigeant, au pouvoir

rum [rʌm] *n drink* rhum *m*

rum·ble ['rʌmbl] *v/i of stomach* gargouiller; *of thunder* gronder
♦ **rum·mage around** ['rʌmɪdʒ] *v/i* fouiller

'rum·mage sale vente *f* de bric-à-brac

ru·mor, *Br* **ru·mour** ['ruːmər] **1** *n* bruit *m*, rumeur *f* **2** *v/t*: **it is ~ed that ...** il paraît que ..., le bruit court que ...

rump [rʌmp] *of animal* croupe *f*

rum·ple ['rʌmpl] *v/t clothes, paper* froisser

'rump·steak rumsteck *m*

run [rʌn] **1** *n on foot* course *f*; *in pantyhose* échelle *f*; **the play has had a three-year ~** la pièce est restée trois ans à l'affiche; **go for a ~** *for exercise* aller courir; **make a ~ for it** s'enfuir; **a criminal on the ~** un criminel en cavale F; **in the short / long ~** à court / long terme; **a ~ on the dollar** une ruée sur le dollar **2** *v/i* (*pret* **ran**, *pp* **run**) *of person, animal* courir; *of river, paint, makeup, nose, faucet* couler; *of trains, buses* passer, circuler; *of eyes* pleurer; *of play* être à l'affiche, se jouer; *of engine, machine* marcher, tourner; *of software* fonctionner; *in election* se présenter; **~ for President** être candidat à la présidence **3** *v/t* (*pret* **ran**, *pp* **run**) *race, 3 miles* courir; *business, hotel, project etc* diriger; *software* exécuter, faire tourner; *car* entretenir; *risk* courir; **he ran his eye down the page** il lut la page en diagonale

◆ **run across** *v/t* (*meet, find*) tomber sur

◆ **run away** *v/i* s'enfuir; **run away (from home)** *for a while* faire une fugue; *for good* s'enfuir de chez soi; **run away with s.o. / sth** partir avec qn / qch

◆ **run down 1** *v/t* (*knock down*) renverser; (*criticize*) critiquer; *stocks* diminuer **2** *v/i of battery* se décharger

◆ **run into** *v/t* (*meet*) tomber sur; *difficulties* rencontrer

◆ **run off 1** *v/i* s'enfuir **2** *v/t* (*print off*) imprimer, tirer

◆ **run out** *v/i of contract* expirer; *of time* s'écouler; *of supplies* s'épuiser

◆ **run out of** *v/t of time, patience, supplies* ne plus avoir de; **I ran out of gas** je suis tombé en panne d'essence

◆ **run over 1** *v/t* (*knock down*) renverser; (*go through*) passer en revue, récapituler **2** *v/i of water etc* déborder

◆ **run through** *v/t* (*rehearse*) répéter; (*go over*) passer en revue, récapituler

◆ **run up** *v/t debts* accumuler; *clothes* faire

'**run-a-way** *n* fugueur(-euse) *m(f)*

run-'down *adj person* fatigué, épuisé; *area, building* délabré

rung[1] [rʌŋ] *of ladder* barreau *m*

rung[2] [rʌŋ] *pp* → **ring**

run-ner ['rʌnər] coureur(-euse) *m(f)*

run-ner 'beans *npl* haricots *mpl* d'Espagne

run-ner-'up second(e) *m(f)*

run-ning ['rʌnɪŋ] **1** *n* SP course *f*; *of business* direction *f*, gestion *f* **2** *adj*: **for two days ~** pendant deux jours de suite

'**run-ning mate** POL candidat *m* à la vice-présidence

run-ning 'wa-ter eau *f* courante

run-ny ['rʌnɪ] *adj substance* liquide; *nose* qui coule

'**run-up** *of sport* élan *m*; **in the ~ to** pendant la période qui précède, juste avant

'**run-way** AVIAT piste *f*

rup-ture ['rʌptʃər] **1** *n also fig* rupture *f* **2** *v/i of pipe* éclater

ru-ral ['rʊrəl] *adj* rural

ruse [ru:z] ruse *f*

rush [rʌʃ] **1** *n* ruée *f*, course *f*; **do sth in a ~** faire qch en vitesse *or* à la hâte; **be in a ~** être pressé; **what's the big ~?** pourquoi se presser? **2** *v/t person* presser, bousculer; *meal* avaler (à toute vitesse); **~ s.o. to the hospital** emmener qn d'urgence à l'hôpital **3** *v/i* se presser, se dépêcher

'**rush hour** heures *fpl* de pointe

Rus-sia ['rʌʃə] Russie *f*

Rus-sian ['rʌʃən] **1** *adj* russe **2** *n* Russe *m/f*; *language* russe *m*

rust [rʌst] **1** *n* rouille *f* **2** *v/i* se rouiller

rus-tle[1] ['rʌsl] **1** *n of silk, leaves* bruissement *m* **2** *v/i of silk, leaves* bruisser

rus-tle[2] ['rʌsl] *v/t cattle* voler

'**rust-proof** *adj* antirouille *inv*

rust re-mov-er ['rʌstrɪmu:vər] antirouille *m*

rust-y ['rʌstɪ] *adj also fig* rouillé; **I'm a little ~** j'ai un peu perdu la main

rut [rʌt] *in road* ornière *f*; **be in a ~** *fig* être tombé dans la routine

ruth-less ['ru:θlɪs] *adj* impitoyable, sans pitié

ruth-less-ly ['ru:θlɪslɪ] *adv* impitoyablement

ruth-less-ness ['ru:θlɪsnɪs] dureté *f* (impitoyable)

rye [raɪ] seigle *m*

'**rye bread** pain *m* de seigle

R

S

sab·bat·i·cal [sə'bætɪkl] *n*: **year's ~**
année *f* sabbatique
sab·o·tage ['sæbətɑːʒ] **1** *n* sabotage *m*
2 *v/t* saboter
sab·o·teur [sæbə'tɜːr] saboteur(-euse)
m(f)
sac·cha·rin ['sækərɪn] saccharine *f*
sa·chet ['sæʃeɪ] *of shampoo, cream etc*
sachet *m*
sack [sæk] **1** *n bag, for groceries* sac *m*;
get the ~ F se faire virer F **2** *v/t* F virer
F
sa·cred ['seɪkrɪd] *adj* sacré
sac·ri·fice ['sækrɪfaɪs] **1** *n* sacrifice *m*;
make ~s *fig* faire des sacrifices **2** *v/t*
also fig sacrifier
sac·ri·lege ['sækrɪlɪdʒ] REL, *fig* sacrilège *m*
sad [sæd] *adj* triste
sad·dle ['sædl] **1** *n* selle *f* **2** *v/t horse*
seller; **~ s.o. with sth** *fig* mettre
qch sur le dos de qn
sa·dism ['seɪdɪzm] sadisme *m*
sa·dist ['seɪdɪst] sadique *m/f*
sa·dis·tic [sə'dɪstɪk] *adj* sadique
sad·ly ['sædlɪ] *adv say, sing etc* tristement; *(regrettably)* malheureusement
sad·ness ['sædnɪs] tristesse *f*
safe [seɪf] **1** *adj (not dangerous)* pas
dangereux*; *driver* prudent; *(not in
danger)* en sécurité; *investment, prediction* sans risque **2** *n* coffre-fort *m*
'safe·guard 1 *n*: **as a ~ against** par
mesure de protection contre **2** *v/t*
protéger
'safe·keep·ing: **give sth to s.o. for ~**
confier qch à qn
safe·ly ['seɪflɪ] *adv arrive, (successfully)*
bel et bien; *drive, assume* sans risque
safe·ty ['seɪftɪ] *of equipment, wiring,
person* sécurité *f*; *of investment, prediction* sûreté *f*
'safe·ty belt ceinture *f* de sécurité;
'safe·ty-con·scious *adj* sensible à

la sécurité; **safe·ty 'first**: *learn ~* apprendre à faire attention sur la route;
'safe·ty pin épingle *f* de nourrice
sag [sæg] **1** *n in ceiling etc* affaissement
m **2** *v/i (pret & pp -ged) of ceiling* s'affaisser; *of rope* se détendre; *fig: of output, production* fléchir
sa·ga ['sɑːgə] saga *f*
sage [seɪdʒ] *n herb* sauge *f*
Sa·git·tar·i·us [sædʒɪ'terɪəs] ASTROL
Sagittaire *m*
said [sed] *pret & pp → say*
sail [seɪl] **1** *n of boat* voile *f*; *trip* voyage
m (en mer); **go for a ~** faire un tour
(en bateau) **2** *v/t yacht* piloter **3** *v/i*
faire de la voile; *depart* partir
'sail·board 1 *n* planche *f* à voile **2** *v/i*
faire de la planche à voile; **'sail-
board·ing** planche *f* à voile; **'sailboat** bateau *m* à voiles
sail·ing ['seɪlɪŋ] SP voile *f*
'sail·ing ship voilier *m*
sail·or ['seɪlər] marin *m*; **be a good /
bad ~** avoir / ne pas avoir le pied marin
'sailor's knot nœud *m* plat
saint [seɪnt] saint(e) *m(f)*
sake [seɪk]: **for my / your ~** pour
moi / toi; **for the ~ of** pour
sal·ad ['sæləd] salade *f*
'sal·ad dress·ing vinaigrette *f*
sal·a·ry ['sælərɪ] salaire *m*
'sal·a·ry scale échelle *f* des salaires
sale [seɪl] vente *f*; *reduced prices* soldes
mpl; **for ~** *sign* à vendre; **be on ~** être
en vente; *at reduced prices* être en
solde
sales [seɪlz] *npl department* vente *f*
'sales clerk *in store* vendeur(-euse)
m(f); **'sales fig·ures** *npl* chiffre *m*
d'affaires; **'sales·man** vendeur *m*;
(rep) représentant *m*; **'sales-
man·ag·er** directeur *m* commercial,
directrice *f* commerciale; **'sales**

meet·ing réunion *f* commerciale; **'sales team** équipe *f* de vente; **'sales·wom·an** vendeuse *f*

sa·lient ['seɪlɪənt] *adj* marquant

sa·li·va [sə'laɪvə] salive *f*

salm·on ['sæmən] (*pl* **salmon**) saumon *m*

sa·loon [sə'luːn] (*bar*) bar *m*

salt [sɒːlt] **1** *n* sel *m* **2** *v/t* food saler

'salt-cel·lar salière *f*; **salt 'wa·ter** eau *f* salée; **'salt-wa·ter fish** poisson *m* de mer

salt·y ['sɒːltɪ] *adj* salé

sa·lu·ta·ry ['sæljʊtərɪ] *adj* experience salutaire

sa·lute [sə'luːt] **1** *n* MIL salut *m*; **take the ~** passer les troupes en revue **2** *v/t* MIL, *fig* saluer **3** *v/i* MIL faire un salut

sal·vage ['sælvɪdʒ] *v/t* from wreck sauver

sal·va·tion [sæl'veɪʃn] *also fig* salut *m*
Sal·va·tion 'Ar·my Armée *f* du Salut

same [seɪm] **1** *adj* même **2** *pron*: **the ~** le / la même; *pl* les mêmes; **Happy New Year - the ~ to you** Bonne année - à vous aussi; **he's not the ~ any more** il n'est plus celui qu'il était; **all the ~** (*even so*) quand même; **men are all the ~** les hommes sont tous les mêmes; **it's all the ~ to me** cela m'est égal **3** *adv*: **smell / look / sound the ~** se ressembler, être pareil

sam·ple ['sæmpl] *n* of work, cloth échantillon *m*; of urine échantillon *m*, prélèvement *m*; of blood prélèvement *m*

sanc·ti·mo·ni·ous [sæŋktɪ'moʊnɪəs] *adj* moralisateur*

sanc·tion ['sæŋkʃn] **1** *n* (*approval*) approbation *f*; (*penalty*) sanction *f* **2** *v/t* (*approve*) approuver

sanc·ti·ty ['sæŋktətɪ] caractère *m* sacré

sanc·tu·a·ry ['sæŋktʃʊerɪ] REL sanctuaire *m*; *for wild animals* réserve *f*

sand [sænd] **1** *n* sable *m* **2** *v/t with ~pa·per* poncer au papier de verre

san·dal ['sændl] sandale *f*

'sand·bag sac *m* de sable; **'sand·blast** *v/t* décaper au jet de sable;

'sand dune dune *f*

sand·er ['sændər] *tool* ponceuse *f*

'sand·pa·per 1 *n* papier *m* de verre **2** *v/t* poncer au papier de verre

'sand·stone grès *m*

sand·wich ['sænwɪtʃ] **1** *n* sandwich *m* **2** *v/t*: **be ~ed between two ...** être coincé entre deux ...

sand·y ['sændɪ] *adj* beach de sable; *soil* sablonneux*; *feet, towel* plein de sable; *hair* blond roux

sane [seɪn] *adj* sain (d'esprit)

sang [sæŋ] *pret* → **sing**

san·i·tar·i·um [sænɪ'terɪəm] sanatorium *m*

san·i·ta·ry ['sænɪterɪ] *adj conditions, installations* sanitaire; (*clean*) hygiénique

'san·i·ta·ry nap·kin serviette *f* hygiénique

san·i·ta·tion [sænɪ'teɪʃn] (*sanitary installations*) installations *fpl* sanitaires; (*removal of waste*) système *m* sanitaire

san·i·ta·tion de·part·ment voirie *f*

san·i·ty ['sænətɪ] santé *f* mentale

sank [sæŋk] *pret* → **sink**

San·ta Claus ['sæntəklɔːz] le Père Noël

sap [sæp] **1** *n* in tree sève *f* **2** *v/t* (*pret & pp* **-ped**) *s.o.'s energy* saper

sap·phire ['sæfaɪr] *n jewel* saphir *m*

sar·cas·m ['sɑːrkæzm] sarcasme *m*

sar·cas·tic [sɑːr'kæstɪk] *adj* sarcastique

sar·cas·tic·al·ly [sɑːr'kæstɪklɪ] *adv* sarcastiquement

sar·dine [sɑːr'diːn] sardine *f*

sar·don·ic [sɑːr'dɑːnɪk] *adj* sardonique

sar·don·ic·al·ly [sɑːr'dɑːnɪklɪ] *adv* sardoniquement

sash [sæʃ] *on dress* large ceinture *f* à nœud; *on uniform* écharpe *f*

sat [sæt] *pret & pp* → **sit**

Sa·tan ['seɪtn] Satan *m*

satch·el ['sætʃl] *for schoolchild* cartable *m*

sat·el·lite ['sætəlaɪt] satellite *m*

'sat·el·lite dish antenne *f* parabolique

sat·el·lite T'V télévision *f* par satellite

S

sat·in ['sætɪn] *n* satin *m*

sat·ire ['sætaɪr] satire *f*

sa·tir·i·cal [sə'tɪrɪkl] *adj* satirique

sat·i·rist ['sætərɪst] satiriste *m/f*

sat·i·rize ['sætəraɪz] *v/t* satiriser

sat·is·fac·tion [sætɪs'fækʃn] satisfaction *f*; **get~ out of doing sth** trouver de la satisfaction à faire qch; **I get a lot of ~ out of my job** mon travail me donne grande satisfaction; **is that to your ~?** êtes-vous satisfait?

sat·is·fac·to·ry [sætɪs'fæktərɪ] *adj* satisfaisant; (*just good enough*) convenable; **this is not ~** c'est insuffisant

satisfy ['sætɪsfaɪ] *v/t* (*pret & pp* **-ied**) satisfaire; **I am satisfied** had enough *to eat* je n'ai plus faim; **I am satisfied that he ...** convinced je suis convaincu qu'il ...; **I hope you're satisfied!** te voilà satisfait!

Sat·ur·day ['sætərdeɪ] samedi *m*

sauce [sɔːs] sauce *f*

'sauce·pan casserole *f*

sau·cer ['sɔːsər] soucoupe *f*

sauc·y ['sɔːsɪ] *adj* person, dress déluré

Sau·di A·ra·bi·a [saʊdɪ'reɪbɪə] Arabie *f* saoudite

Sau·di A·ra·bi·an [saʊdɪ'reɪbɪən] **1** *adj* saoudien* **2** *n* Saoudien(ne) *m(f)*

sau·na ['sɔːnə] sauna *m*

saun·ter ['sɔːntər] *v/i* flâner

saus·age ['sɔːsɪdʒ] saucisse *f*, dried saucisson *m*

sav·age ['sævɪdʒ] **1** *adj* féroce **2** *n* sauvage *m/f*

sav·age·ry ['sævɪdʒrɪ] férocité *f*

save [seɪv] **1** *v/t* (*rescue*) SP sauver; (*economize, put aside*) économiser; (*collect*) faire collection de; COMPUT sauvegarder **2** *v/i* (*put money aside*) faire des économies; SP arrêter le ballon **3** *n* SP arrêt *m*

♦ **save up for** *v/t* économiser pour acheter

sav·er ['seɪvər] person épargneur (-euse) *m(f)*

sav·ing ['seɪvɪŋ] (*amount saved*) économie *f*; activity épargne *f*

sav·ings ['seɪvɪŋz] *npl* économies *fpl*

'sav·ings ac·count compte *m* d'épargne; **sav·ings and 'loan** caisse *f* d'épargne-logement; **'sav·ings bank** caisse *f* d'épargne

sa·vior, *Br* **sa·viour** ['seɪvjər] REL sauveur *m*

sa·vor ['seɪvər] *v/t* savourer

sa·vor·y ['seɪvərɪ] *adj* (*not sweet*) salé

sa·vour etc *Br* → **savor** etc

saw¹ [sɔː] *pret* → **see**

saw² [sɔː] **1** *n* tool scie *f* **2** *v/t* scier

♦ **saw off** *v/t* enlever à la scie

'saw·dust sciure *f*

sax·o·phone ['sæksəfoun] saxophone *m*

say [seɪ] **1** *v/t* (*pret & pp* **said**) dire; **that is to ~** c'est-à-dire; **what do you ~ to that?** qu'est-ce que tu en penses?; **what does the note ~?** que dit le message? **2** *n*: **have one's ~** dire ce qu'on a à dire; **have a ~ in sth** avoir son mot à dire dans qch

say·ing ['seɪɪŋ] dicton *m*

scab [skæb] on wound croûte *f*

scaf·fold·ing ['skæfəldɪŋ] échafaudage *m*

scald [skɔːld] *v/t* ébouillanter

scale¹ [skeɪl] on fish écaille *f*

scale² [skeɪl] **1** *n* of project, map etc, on thermometer échelle *f*; MUS gamme *f*; **on a larger / smaller ~** à plus grande / petite échelle **2** *v/t* cliffs etc escalader

♦ **scale down** *v/t* réduire l'ampleur de

scale 'draw·ing dessin *m* à l'échelle

scales [skeɪlz] *npl* for weighing balance *f*

scal·lop ['skæləp] *n* shellfish coquille *f* Saint-Jacques

scalp [skælp] *n* cuir *m* chevelu

scal·pel ['skælpl] scalpel *m*

scam [skæm] F arnaque *m* F

scan [skæn] **1** *n* MED scanographie *f* **2** *v/t* (*pret & pp* **-ned**) horizon, page parcourir du regard; MED faire une scanographie de; COMPUT scanner

♦ **scan in** *v/t* COMPUT scanner

scan·dal ['skændl] scandale *m*

scan·dal·ize ['skændəlaɪz] *v/t* scandaliser

scan·dal·ous ['skændələs] *adj* scandaleux*

Scan·di·na·vi·a [skændɪ'neɪvɪə] Scandinavie f

Scan·di·na·vi·an [skændı'neıvıən] **1** adj scandinave **2** n Scandinave m/f

scan·ner ['skænər] MED, COMPUT scanneur m

scant [skænt] adj: *have ~ consideration for sth* attacher peu d'importance à qch

scant·i·ly ['skæntılı] adv: *~ clad* en tenue légère

scant·y ['skæntı] adj dress réduit au minimum

scape·goat ['skeıpgoʊt] bouc m émissaire

scar [skɑːr] **1** n cicatrice f **2** v/t (pret & pp **-red**) marquer d'une cicatrice; *be ~red for life by sth* fig être marqué à vie par qch

scarce [skers] adj *in short supply* rare; *make o.s. ~* se sauver

scarce·ly ['skerslı] adv à peine

scar·ci·ty ['skersıtı] manque m

scare [sker] **1** v/t faire peur à; *be ~d of* avoir peur de **2** n (*panic, alarm*) rumeurs fpl alarmantes; *give s.o. a ~* faire peur à qn

♦ **scare away** v/t faire fuir

'scare·crow épouvantail m

scare·mon·ger ['skermʌŋgər] alarmiste m/f

scarf [skɑːrf] *around neck* écharpe f; *over head* foulard m

scar·let ['skɑːrlət] adj écarlate

scar·let 'fe·ver scarlatine f

scar·y ['skerı] adj effrayant

scath·ing ['skeıðıŋ] adj cinglant

scat·ter ['skætər] **1** v/t leaflets, seed éparpiller **2** v/i of people se disperser

scat·ter·brained ['skætərbreınd] adj écervelé

scat·tered ['skætərd] adj showers intermittent; villages, family éparpillé

scav·enge ['skævındʒ] v/i: *~ for sth* fouiller pour trouver qch

scav·eng·er ['skævındʒər] animal, bird charognard m; person fouilleur(euse) m(f)

sce·na·ri·o [sı'nɑːrıoʊ] scénario m

scene [siːn] THEA, (view, sight, argument) scène f; of accident, crime, novel, movie lieu m; *make a ~* faire une

scène; *~s* THEA décor(s) m(pl); *the jazz / rock ~* le monde du jazz / rock; *behind the ~s* dans les coulisses

sce·ne·ry ['siːnərı] paysage m; THEA décor(s) m(pl)

scent [sent] n (smell) odeur f; (perfume) parfum m; of animal piste f

scep·tic etc Br → **skeptic** etc

sched·ule ['skedjuːl, Br. 'ʃedjuːl] **1** n of events calendrier m; for trains horaire m; of lessons, work programme m; *be on ~* of work, workers être dans les temps; of train être à l'heure; *be behind ~* être en retard **2** v/t (put on ~) prévoir

sched·uled flight ['ʃedjuːld] vol m régulier

scheme [skiːm] **1** n plan m **2** v/i (plot) comploter

schem·ing ['skiːmıŋ] adj intrigant

schiz·o·phre·ni·a [skıtsə'friːnıə] schizophrénie f

schiz·o·phren·ic [skıtsə'frenık] **1** adj schizophrène **2** n schizophrène m/f

schol·ar ['skɑːlər] érudit(e) m(f)

schol·ar·ly ['skɑːlərlı] adj savant, érudit

schol·ar·ship ['skɑːlərʃıp] (learning) érudition f; financial award bourse f

school [skuːl] n école f; (university) université f

'school bag (satchel) cartable m; **'school·boy** écolier m; **'school·child·ren** npl écoliers mpl; **'school days** npl années fpl d'école; **'school·girl** écolière f; **'school·teach·er** → **teacher**

sci·at·i·ca [saı'ætıkə] sciatique f

sci·ence ['saıəns] science f

sci·ence 'fic·tion science-fiction f

sci·en·tif·ic [saıən'tıfık] adj scientifique

sci·en·tist ['saıəntıst] scientifique m/f

scis·sors ['sızərz] npl ciseaux mpl

scoff[1] [skɑːf] v/t food engloutir

scoff[2] [skɑːf] v/i (mock) se moquer

♦ **scoff at** v/t se moquer de

scold [skoʊld] v/t réprimander

scoop [skuːp] **1** n for ice-cream cuiller f à glace; for grain, flour pelle f; on *dredger* benne *f* preneuse; *of ice cream* boule *f*; *story* scoop *m* **2** *v/t of machine* ramasser; *ice cream* prendre une boule de

♦ **scoop up** *v/t* ramasser

scoot·er ['sku:tər] *with motor* scooter *m*; *child's* trottinette *f*

scope [skoup] ampleur *f*; (*freedom, opportunity*) possibilités *fpl*; **he wants more ~** il voudrait plus de liberté

scorch [skɔːrtʃ] *v/t* brûler

scorch·ing ['skɔːrtʃɪŋ] *adj* très chaud

score [skɔːr] **1** *n* SP score *m*; (*written music*) partition *f*; *of movie etc* musique *f*; **what's the ~?** SP quel est le score?; **have a ~ to settle with s.o.** avoir un compte à régler avec qn; **keep (the) ~** marquer les points **2** *v/t goal, point* marquer; (*cut: line*) rayer **3** *v/i* SP marquer; (*keep the ~*) marquer les points; **that's where he ~s** c'est son point fort

'score·board tableau *m* des scores

scor·er ['skɔːrər] *of goal, point*, (*score-keeper*) marqueur(-euse) *m(f)*

scorn [skɔːrn] **1** *n* mépris *m*; **pour ~ on sth** traiter qch avec mépris **2** *v/t idea, suggestion* mépriser

scorn·ful ['skɔːrnful] *adj* méprisant

scorn·ful·ly ['skɔːrnfulɪ] *adv* avec mépris

Scor·pi·o ['skɔːrpioʊ] ASTROL Scorpion *m*

Scot [skɑːt] Écossais(e) *m(f)*

Scotch [skɑːtʃ] *whiskey* scotch *m*

Scotch 'tape® scotch *m*

scot-'free *adv*: **get off ~** se tirer d'affaire F

Scot·land ['skɑːtlənd] Écosse *f*

Scots·man ['skɑːtsmən] Écossais *m*

Scots·wom·an ['skɑːtswʊmən] Écossaise *f*

Scot·tish ['skɑːtɪʃ] *adj* écossais

scoun·drel ['skaʊndrəl] gredin *m*

scour[1] ['skaʊər] *v/t* (*search*) fouiller

scour[2] ['skaʊər] *v/t pans* récurer

scout [skaʊt] *n* (*boy ~*) scout *m*

scowl [skaʊl] **1** *n* air *m* renfrogné **2** *v/i* se renfrogner

scram [skræm] *v/i* (*pret & pp* **-med**) F

ficher le camp F

scram·ble ['skræmbl] **1** *n* (*rush*) course *f* folle **2** *v/t message* brouiller **3** *v/i*: **he ~d to his feet** il se releva d'un bond

scram·bled eggs ['skræmbld] *npl* œufs *mpl* brouillés

scrap [skræp] **1** *n metal* ferraille *f*; (*fight*) bagarre *f*; *of food, paper* bout *m*; **there isn't a ~ of evidence** il n'y a pas la moindre preuve **2** *v/t* (*pret & pp* **-ped**) *idea, plan etc* abandonner

scrape [skreɪp] **1** *n on paint, skin* éraflure *f* **2** *v/t paintwork, arm etc* érafler; *vegetables* gratter; **~ a living** vivoter

♦ **scrape through** *v/i in exam* réussir de justesse

'scrap heap tas *m* de ferraille; **good for the ~** *also* fig bon pour la ferraille; **scrap 'met·al** ferraille *f*; **scrap 'pa·per** brouillon *m*

scrap·py ['skræpɪ] *adj work, essay* décousu; *person* bagarreur*

scratch [skrætʃ] **1** *n mark* égratignure *f*; **have a ~** *to stop itching* se gratter; **start from ~** partir de zéro; **not up to ~** pas à la hauteur **2** *v/t* (*mark: skin, paint*) égratigner; *of cat* griffer; *because of itch* se gratter; **he ~ed his head** il se gratta la tête **3** *v/i of cat* griffer

scrawl [skrɔːl] **1** *n* gribouillis *m* **2** *v/t* gribouiller

scraw·ny ['skrɔːnɪ] *adj* décharné

scream [skriːm] **1** *n* cri *m*; **~s of laughter** hurlements *mpl* de rire **2** *v/i* pousser un cri

screech [skriːtʃ] **1** *n of tires* crissement *m*; (*scream*) cri *m* strident **2** *v/i of tires* crisser; (*scream*) pousser un cri strident

screen [skriːn] **1** *n in room, hospital* paravent *m*; *in movie theater, of TV, computer* écran *m*; **on the ~ in movie** à l'écran; **on (the) ~** COMPUT sur l'écran **2** *v/t* (*protect, hide*) cacher; *movie* projeter; *for security reasons* passer au crible

'screen·play scénario *m*; **'screen sav·er** COMPUT économiseur *m* d'écran; **'screen test** *for movie* bout *m* d'essai

screw [skru:] **1** *n* vis *m*; *I had a good ~* V j'ai bien baisé V **2** *v/t attach* visser (*to* à); F (*cheat*) rouler F; V (*have sex with*) baiser V

◆ **screw up 1** *v/t eyes* plisser; *paper* chiffonner; F (*make a mess of*) foutre en l'air F **2** *v/i* F merder F

'**screw·driv·er** tournevis *m*

screwed up [skru:d'ʌp] *adj* F *psychologically* paumé F

'**screw top** *on bottle* couvercle *m* à pas de vis

screw·y [skru:ɪ] *adj* F déjanté F

scrib·ble ['skrɪbl] **1** *n* griffonnage *m* **2** *v/t* (*write quickly*) griffonner **3** *v/i* gribouiller

scrimp [skrɪmp] *v/i*: *~ and save* économiser par tous les moyens

script [skrɪpt] *for movie* scénario *m*; *for play* texte *m*; *form of writing* script *m*

Scrip·ture ['skrɪptʃər]: *the ~s* les Saintes Écritures *fpl*

'**script·writ·er** scénariste *m/f*

◆ **scroll down** [skroʊl] *v/i* COMPUT faire défiler vers le bas

◆ **scroll up** *v/i* COMPUT faire défiler vers le haut

scrounge [skraʊndʒ] *v/t* se faire offrir

scroung·er ['skraʊndʒər] profiteur (-euse) *m(f)*

scrub [skrʌb] *v/t* (*pret & pp* **-bed**) *floor* laver à la brosse; *~ one's hands* se brosser les mains

scrub·bing brush ['skrʌbɪŋ] *for floor* brosse *f* dure

scruf·fy ['skrʌfɪ] *adj* débraillé F

scrum [skrʌm] *in rugby* mêlée *f*

scrum'half demi *m* de mêlée

◆ **scrunch up** [skrʌntʃ] *v/t plastic cup etc* écraser

scru·ples ['skru:plz] *npl* scrupules *mpl*; *have no ~ about doing sth* n'avoir aucun scrupule à faire qch

scru·pu·lous ['skru:pjʊləs] *adj morally*, (*thorough*) scrupuleux*

scru·pu·lous·ly ['skru:pjʊləslɪ] *adv* (*meticulously*) scrupuleusement

scru·ti·nize ['skru:tɪnaɪz] *v/t* (*examine closely*) scruter

scru·ti·ny ['skru:tɪnɪ] examen *m* minutieux*; *come under ~* faire l'objet d'un examen minutieux

scu·ba div·ing ['sku:bə] plongée *f* sous-marine autonome

scuf·fle ['skʌfl] *n* bagarre *f*

sculp·tor ['skʌlptər] sculpteur(-trice) *m(f)*

sculp·ture ['skʌlptʃər] sculpture *f*

scum [skʌm] *on liquid* écume *f*; *pej*: *people* bande *f* d'ordures F; *he's ~* c'est une ordure, c'est un salaud

sea [si:] mer *f*; *by the ~* au bord de la mer

sea·bed fond *m* de la mer; '**sea·bird** oiseau *m* de mer; '**sea·far·ing** ['si:ferɪŋ] *adj nation* de marins; '**sea·food** fruits *mpl* de mer; '**sea·front** bord *m* de mer; '**sea·go·ing** *adj vessel* de mer; '**sea·gull** mouette *f*

seal[1] [si:l] *n animal* phoque *m*

seal[2] [si:l] **1** *n on document* sceau *m*; TECH étanchéité *f*; *device* joint *m* (d'étanchéité) **2** *v/t container* sceller

◆ **seal off** *v/t area* boucler

'**sea lev·el**: *above / below ~* au-dessus / au-dessous du niveau de la mer

seam [si:m] *on garment* couture *f*; *of ore* veine *f*

'**sea·man** marin *m*

'**sea·port** port *m* maritime

'**sea pow·er** *nation* puissance *f* maritime

search [sɜːrtʃ] **1** *n* recherche *f* (*for* de); *be in ~ of* être à la recherche de **2** *v/t city, files* chercher dans

◆ **search for** *v/t* chercher

search·ing ['sɜːrtʃɪŋ] *adj look, question* pénétrant

'**search·light** projecteur *m*; '**search par·ty** groupe à la recherche d'un disparu ou de disparus; '**search war·rant** mandat *m* de perquisition

'**sea·shore** plage *f*; '**sea·sick** *adj*: *get ~* avoir le mal de mer; '**sea·side**: *at the ~* au bord de la mer; *go to the ~* aller au bord de la mer; '**sea·side re·sort** station *f* balnéaire

sea·son ['si:zn] *n also for tourism etc* saison *f*; *plums are / aren't in ~* c'est / ce n'est pas la saison des prunes

sea·son·al ['siːznl] *adj vegetables, employment* saisonnier*

sea·soned ['siːznd] *adj wood* sec*; *traveler, campaigner* expérimenté

sea·son·ing ['siːznɪŋ] assaisonnement *m*

'sea·son tick·et carte *f* d'abonnement

seat [siːt] **1** *n* place *f*; *chair* siège *m*; *of pants* fond *m*; ***please take a ~*** veuillez vous asseoir **2** *v/t*: ***the hall can ~ 200 people*** la salle contient 200 places assises; ***please remain ~ed*** veuillez rester assis

'seat belt ceinture *f* de sécurité

'sea ur·chin oursin *m*

'sea·weed algues *fpl*

se·clud·ed [sɪ'kluːdɪd] *adj* retiré

se·clu·sion [sɪ'kluːʒn] isolement *m*

sec·ond¹ ['sekənd] **1** *n of time* seconde *f*; ***just a ~*** un instant; ***the ~ of June*** le deux juin **2** *adj* deuxième **3** *adv come in* deuxième; ***he's the ~ tallest in the school*** c'est le deuxième plus grand de l'école **4** *v/t motion* appuyer

sec·ond² [sɪ'kɑːnd] *v/t*: ***be ~ed to*** être détaché à

sec·ond·a·ry ['sekəndri] *adj* secondaire; ***of ~ importance*** secondaire

sec·ond·a·ry ed·u·ca·tion enseignement *m* secondaire

sec·ond-'best *adj runner, time* deuxième; *(inferior)* de second ordre; **sec·ond 'big·gest** *adj* deuxième; **sec·ond 'class** *adj ticket* de seconde classe; **sec·ond 'floor** premier étage *m*, *Br* deuxième étage *m*; **sec·ond 'gear** MOT seconde *f*; **'sec·ond hand** *n on clock* trotteuse *f*; **sec·ond-'hand** *adj & adv* d'occasion

sec·ond·ly ['sekəndlɪ] *adv* deuxièmement

sec·ond-'rate *adj* de second ordre

sec·ond 'thoughts: ***I've had ~*** j'ai changé d'avis

se·cre·cy ['siːkrəsɪ] secret *m*

se·cret ['siːkrət] **1** *n* secret *m*; ***do sth in ~*** faire qch en secret **2** *adj* secret*

se·cret 'a·gent agent *m* secret

sec·re·tar·i·al [sekrə'terɪəl] *adj tasks, job* de secrétariat

sec·re·tar·y ['sekrəterɪ] secrétaire *m/f*; *pol* ministre *m/f*

Sec·re·tar·y of 'State *in USA* secrétaire *m/f* d'État

se·crete [sɪ'kriːt] *v/t (give off)* sécréter; *(hide)* cacher

se·cre·tion [sɪ'kriːʃn] sécrétion *f*

se·cre·tive ['siːkrətɪv] *adj* secret*

se·cret·ly ['siːkrətlɪ] *adv* en secret

se·cret po'lice police *f* secrète

se·cret 'ser·vice services *mpl* secrets

sect [sekt] secte *f*

sec·tion ['sekʃn] section *f*

sec·tor ['sektər] secteur *m*

sec·u·lar ['sekjʊlər] *adj* séculier*

se·cure [sɪ'kjʊr] **1** *adj shelf etc* bien fixé; *job, contract* sûr **2** *v/t shelf etc* fixer; *s.o.'s help, finances* se procurer

se·cu·ri·ties mar·ket *fin* marché *m* des valeurs, marché *m* des titres

se·cu·ri·ty [sɪ'kjʊrətɪ] sécurité *f*; *for investment* garantie *f*; ***tackle ~ problems*** POL combattre l'insécurité

se·cu·ri·ty a·lert alerte *f* de sécurité; **se'cu·ri·ty check** contrôle *m* de sécurité; **se'cu·ri·ty-con·scious** *adj* sensible à la sécurité; **se'cu·ri·ty for·ces** *npl* forces *fpl* de sécurité; **se'cu·ri·ty guard** garde *m* de sécurité; **se'cu·ri·ty risk** *person* menace potentielle à la sécurité de l'État ou d'une organisation

se·dan [sɪ'dæn] *mot* berline *f*

se·date [sɪ'deɪt] *v/t* donner un calmant à

se·da·tion [sɪ'deɪʃn]: ***be under ~*** être sous calmants

sed·a·tive ['sedətɪv] *n* calmant *m*

sed·en·ta·ry ['sedənterɪ] *adj job* sédentaire

sed·i·ment ['sedɪmənt] sédiment *m*

se·duce [sɪ'duːs] *v/t* séduire

se·duc·tion [sɪ'dʌkʃn] séduction *f*

se·duc·tive [sɪ'dʌktɪv] *adj dress, offer* séduisant

see [siː] *v/t (pret saw, pp seen) with eyes, (understand)* voir; *romantically* sortir avec; ***I ~*** je vois; ***oh, I ~*** ah bon!; ***can I ~ the manager?*** puis-je voir le directeur?; ***you should ~ a doctor*** tu devrais aller voir un docteur; **~ s.o. home** raccompagner qn chez lui; **I'll ~ you to the door** je vais vous raccompagner à la porte; **~ you!** F à plus! F

♦ **see about** v/t: **I'll see about it** je vais m'en occuper

♦ **see off** v/t at airport etc raccompagner; (chase away) chasser; **they came to see me off** ils sont venus me dire au revoir

♦ **see out** v/t: **see s.o. out** raccompagner qn

♦ **see to** v/t: **see to sth** s'occuper de qch; **see to it that sth gets done** veiller à ce que qch soit fait

seed [siːd] single graine f; collective graines fpl; of fruit pépin m; in tennis tête f de série; **go to ~** of person se laisser aller; of district se dégrader

seed·ling ['siːdlɪŋ] semis m

seed·y ['siːdɪ] adj miteux*

see·ing 'eye dog ['siːɪŋ] chien m d'aveugle

see·ing (that) ['siːɪŋ] conj étant donné que

seek [siːk] v/t (pret & pp **sought**) chercher

seem [siːm] v/i sembler; **it ~s that …** il semble que … (+subj)

seem·ing·ly ['siːmɪŋlɪ] adv apparemment

seen [siːn] pp → **see**

seep [siːp] v/i of liquid suinter

♦ **seep out** v/i of liquid suinter

see·saw ['siːsɔː] n bascule f

seethe [siːð] v/i fig: **~ (with rage)** être furieux

'see-through adj dress, material transparent

seg·ment ['segmənt] segment m; of orange morceau m

seg·ment·ed [seg'məntɪd] adj segmenté

seg·re·gate ['segrɪgeɪt] v/t séparer

seg·re·ga·tion [segrɪ'geɪʃn] of races ségrégation f; of sexes séparation f

seis·mol·o·gy [saɪz'mɑːlədʒɪ] sismologie f

seize [siːz] v/t opportunity, arm, of police etc saisir; power s'emparer de

♦ **seize up** v/i of engine se gripper

sei·zure ['siːʒər] med crise f; of drugs etc saisie f

sel·dom ['seldəm] adv rarement

se·lect [sɪ'lekt] **1** v/t sélectionner **2** adj group of people choisi; hotel, restaurant etc chic inv

se·lec·tion [sɪ'lekʃn] sélection f

se·lec·tion pro·cess sélection f

se·lec·tive [sɪ'lektɪv] adj sélectif*

self [self] (pl **selves** [selvz]) moi m

self-ad·dressed en·ve·lope [selfə'drest]: **please send us a ~** veuillez nous envoyer une enveloppe à votre nom et adresse; **self-as·sur·ance** confiance f en soi; **self-as·sured** [selfə'ʃʊrd] adj sûr de soi; **self-cen·tered**, Br **self-cen·tred** [self'sentərd] adj égocentrique; **self-'clean·ing** adj oven autonettoyant; **self-con·fessed** [selfkən'fest] adj de son propre aveu; **self-'con·fi·dence** confiance en soi; **self-'con·fi·dent** adj sûr de soi; **self-'con·scious** adj intimidé; about sth gêné (about par); **self-'con·scious·ness** timidité f; about sth gêne f (about par rapport à); **self-con·tained** [selfkən-'teɪnd] adj apartment indépendant; **self-con·trol** contrôle m de soi; **self-de·fense**, Br **self-defence** autodéfense f, LAW légitime défense f; **self-'dis·ci·pline** autodiscipline f; **self-'doubt** manque m de confiance en soi; **self-em·ployed** [selfem-'plɔɪd] adj indépendant; **self-e·steem** amour-propre m; **self-'ev·i·dent** adj évident; **self-ex·pres·sion** expression f; **self-'gov·ern·ment** autonomie f; **self-'in·terest** intérêt m

self·ish ['selfɪʃ] adj égoïste

self·less ['selflɪs] adj désintéressé

self-made 'man self-made man m; **self-'pit·y** apitoiement m sur soi-même; **self-'por·trait** autoportrait m; **self-pos·sessed** [selfpə'zest] adj assuré; **self-re'li·ant** adj autonome; **self-re'spect** respect m de soi; **self-right·eous** [self'raɪtʃəs] adj pej content de soi; **self-'sat·is·fied** [self'sætɪsfaɪd] adj pej suffisant;

S

self-'ser·vice *adj* libre-service; **self-ser·vice 'res·tau·rant** self *m*; **self-'taught** *adj* autodidacte

sell [sel] **1** *v/t* (*pret & pp* **sold**) vendre **2** *v/i* (*pret & pp* **sold**) *of products* se vendre

♦ **sell out** *v/i*: **we've sold out** nous avons tout vendu

♦ **sell out of** *v/t* vendre tout son stock de

♦ **sell up** *v/i* tout vendre

'sell-by date date *f* limite de vente; **be past its ∼** être périmé; **he's past his ∼** F il a fait son temps

sell·er ['selər] vendeur(-euse) *m(f)*

sell·ing ['selɪŋ] COMM vente *f*

'sell·ing point COMM point *m* fort

Sel·lo·tape® ['seləteɪp] *Br* scotch *m*

se·men ['si:mən] sperme *m*

se·mes·ter [sɪ'mestər] semestre *m*

sem·i ['semɪ] *truck* semi-remorque *f*

'sem·i·cir·cle demi-cercle *m*; **sem·i-'cir·cu·lar** *adj* demi-circulaire; **sem·i·'co·lon** point-virgule *m*; **sem·i·con·duc·tor** ELEC semi-conducteur *m*; **sem·i·fi·nal** demi-finale *f*

sem·i·nar ['seminɑːr] séminaire *m*

sem·i·skilled *adj worker* spécialisé

sen·ate ['senət] POL Sénat *m*

sen·a·tor ['senətər] sénateur(-trice) *m(f)*

send [send] *v/t* (*pret & pp* **sent**) envoyer (*to* à); **∼ s.o. to s.o.** envoyer qn chez qn; **∼ her my best wishes** envoyez-lui tous mes vœux

♦ **send back** *v/t* renvoyer

♦ **send for** *v/t doctor* faire venir; *help* envoyer chercher

♦ **send in** *v/t troops, form* envoyer; *next interviewee* faire entrer

♦ **send off** *v/t letter, fax etc* envoyer

send·er ['sendər] *of letter* expéditeur (-trice) *m(f)*

se·nile ['si:naɪl] *adj* sénile

se·nil·i·ty [sɪ'nɪlətɪ] sénilité *f*

se·ni·or ['si:njər] *adj* (*older*) plus âgé; *in rank* supérieur; **be ∼ to s.o.** *in rank* être au-dessus de qn

se·ni·or 'cit·i·zen personne *f* âgée

se·ni·or·i·ty [si:nj'ɑːrətɪ] *in job* an-

cienneté *f*

sen·sa·tion [sen'seɪʃn] sensation *f*; **cause a ∼** faire sensation; **be a ∼** (*s.o. / sth very good*) être sensationnel*

sen·sa·tion·al [sen'seɪʃnl] *adj* sensationnel*

sense [sens] **1** *n* sens *m*; (*common ∼*) bon sens *m*; (*feeling*) sentiment *m*; **in a ∼** dans un sens; **talk ∼, man!** sois raisonnable!; **come to one's ∼s** revenir à la raison; **it doesn't make ∼** cela n'a pas de sens; **there's no ∼ in waiting** cela ne sert à rien d'attendre **2** *v/t* sentir

sense·less ['senslɪs] *adj* (*pointless*) stupide; *accusation* gratuit

sen·si·ble ['sensəbl] *adj* sensé; *clothes, shoes* pratique

sen·si·bly ['sensəblɪ] *adv* raisonnablement

sen·si·tive ['sensətɪv] *adj skin, person* sensible

sen·si·tiv·i·ty [sensə'tɪvətɪ] *of skin, person* sensibilité *f*

sen·sor ['sensər] détecteur *m*

sen·su·al ['senʃʊəl] *adj* sensuel*

sen·su·al·i·ty [senʃʊ'ælətɪ] sensualité *f*

sen·su·ous ['senʃʊəs] *adj* voluptueux*

sent [sent] *pret & pp* → **send**

sen·tence ['sentəns] **1** *n* GRAM phrase *f*, LAW peine *f* **2** *v/t* LAW condamner

sen·ti·ment ['sentɪmənt] (*sentimentality*) sentimentalité *f*; (*opinion*) sentiment *m*

sen·ti·men·tal [sentɪ'mentl] *adj* sentimental

sen·ti·men·tal·i·ty [sentɪmen'tælətɪ] sentimentalité *f*

sen·try ['sentrɪ] sentinelle *f*

sep·a·ra·te¹ ['sepərət] *adj* séparé; **keep sth ∼ from sth** ne pas mélanger qch avec qch

sep·a·rate² ['sepəreɪt] **1** *v/t* séparer (*from* de) **2** *v/i of couple* se séparer

sep·a·rat·ed ['sepəreɪtɪd] *adj couple* séparé

sep·a·rate·ly ['sepərətlɪ] *adv* séparément

sep·a·ra·tion [sepə'reɪʃn] séparation f
Sep·tem·ber [sep'tembər] septembre m
sep·tic ['septɪk] adj septique; **go ~ of wound** s'infecter
se·quel ['siːkwəl] suite f
se·quence ['siːkwəns] ordre m; **in ~** l'un après l'autre; **out of ~** en désordre; **the ~ of events** le déroulement des événements
se·rene [sɪ'riːn] adj serein
ser·geant ['sɑːrdʒənt] sergent m
se·ri·al ['sɪrɪəl] n feuilleton m
se·ri·al·ize ['sɪrɪəlaɪz] v/t novel on TV adapter en feuilleton
'se·ri·al kill·er tueur(-euse) m(f) en série; **'se·ri·al num·ber** of product numéro m de série; **'se·ri·al port** COMPUT port m série
se·ries ['sɪriːz] nsg série f
se·ri·ous ['sɪrɪəs] adj person, company sérieux*; illness, situation, damage grave; **I'm ~** je suis sérieux; **we'd better have a ~ think about it** nous ferions mieux d'y penser sérieusement
se·ri·ous·ly ['sɪrɪəslɪ] adv injured gravement; understaffed sérieusement; **~ intend to …** avoir sérieusement l'intention de …; **~?** vraiment?; **take s.o. ~** prendre qn au sérieux
se·ri·ous·ness ['sɪrɪəsnɪs] of person, situation, illness etc gravité f
ser·mon ['sɜːrmən] sermon m
ser·vant ['sɜːrvənt] domestique m(f)
serve [sɜːrv] 1 n in tennis service m 2 v/t food, customer, one's country etc servir; **it ~s you / him right** c'est bien fait pour toi / lui 3 v/i (give out food), in tennis servir; **~ in a government** of politician être membre d'un gouvernement
♦ **serve up** v/t meal servir
serv·er ['sɜːrvər] in tennis serveur (-euse) m(f); COMPUT serveur m
ser·vice ['sɜːrvɪs] 1 n also in tennis service m; for vehicle, machine entretien m; **~s** services mpl; **the ~s** MIL les forces fpl armées 2 v/t vehicle, machine entretenir
'ser·vice ar·e·a aire f de services;
'ser·vice charge in restaurant, club

service m; **'ser·vice in·dus·try** industrie f de services; **'ser·vice·man** MIL militaire m; **'ser·vice pro·vid·er** COMPUT fournisseur m de service; **'ser·vice sec·tor** secteur m tertiaire; **'ser·vice sta·tion** station-service f
ser·vile ['sɜːrvaɪl] adj pej servile
serv·ing ['sɜːrvɪŋ] of food portion f
ses·sion ['seʃn] of Congress, parliament session f; with psychiatrist, specialist etc séance f; meeting, talk discussion f
set [set] 1 n (collection) série f; (group of people) groupe m; MATH ensemble m; THEA (scenery) décor m; for movie plateau m; in tennis set m; **television ~** poste m de télévision 2 v/t (pret & pp **set**) (place) poser; movie, novel etc situer; date, time, limit fixer; mechanism, alarm clock mettre; broken limb remettre en place; jewel sertir; (type~) composer; **~ the table** mettre la table; **~ s.o. a task** donner une tâche à qn 3 v/i (pret & pp **set**) of sun se coucher; of glue durcir 4 adj views, ideas arrêté; (ready) prêt; **be dead ~ on doing sth** être fermement résolu à faire qch; **be ~ in one's ways** être conservateur; **~ meal** table f d'hôte
♦ **set apart** v/t distinguer (**from** de)
♦ **set aside** v/t for future use mettre de côté
♦ **set back** v/t in plans etc retarder; **it set me back $400** F cela m'a coûté 400 $
♦ **set off 1** v/i on journey partir 2 v/t alarm etc déclencher
♦ **set out 1** v/i on journey partir 2 v/t ideas, proposal, goods exposer; **set out to do sth** (intend) chercher à faire qch
♦ **set to** v/i (start on a task) s'y mettre
♦ **set up 1** v/t company, equipment, machine monter; market stall installer; meeting arranger; F (frame) faire un coup à 2 v/i in business s'établir
'set·back revers m
set·tee [se'tiː] (couch, sofa) canapé m
set·ting ['setɪŋ] of novel, play, house cadre m

set·tle ['setl] **1** *v/i of bird* se poser; *of sediment, dust* se déposer; *of building* se tasser; *to live* s'installer **2** *v/t dispute, issue, debts* régler; *nerves, stomach* calmer; *that ~s it!* ça règle la question!

♦ **settle down** *v/i (stop being noisy)* se calmer; *(stop wild living)* se ranger; *in an area* s'installer

♦ **settle for** *v/t (take, accept)* accepter

♦ **settle up** *v/i pay bill* payer, régler; *settle up with s.o.* payer qn

set·tled ['setld] *adj weather* stable

set·tle·ment ['setlmənt] *of claim, debt, dispute, (payment)* règlement *m*; *of building* tassement *m*

set·tler ['setlər] *in new country* colon *m*

'set·up *(structure)* organisation *f*; *(relationship)* relation *f*; **F** *(frameup)* coup *m* monté

sev·en ['sevn] sept

sev·en·teen [sevn'ti:n] dix-sept

sev·en·teenth [sevn'ti:nθ] dix-septième; → *fifth*

sev·enth ['sevnθ] septième; → *fifth*

sev·en·ti·eth ['sevntɪɪθ] soixante-dixième

sev·en·ty ['sevntɪ] soixante-dix

sev·er ['sevər] *v/t arm, cable etc* sectionner; *relations* rompre

sev·er·al ['sevrl] *adj & pron* plusieurs

se·vere [sɪ'vɪr] *adj illness* grave; *penalty* lourd; *winter, weather* rigoureux*; *disruption* gros*; *teacher, parents* sévère

se·vere·ly [sɪ'vɪrlɪ] *adv punish, speak* sévèrement; *injured* grièvement; *disrupted* fortement

se·ver·i·ty [sɪ'verətɪ] *of illness* gravité *f*; *of penalty* lourdeur *f*; *of winter* rigueur *f*; *of teacher, parents* sévérité *f*

sew [soʊ] *v/t & v/i (pret -ed, pp sewn)* coudre

♦ **sew on** *v/t* bouton coudre

sew·age ['su:ɪdʒ] eaux *fpl* d'égouts

'sew·age plant usine *f* de traitement des eaux usées

sew·er ['su:ər] égout *m*

sew·ing ['soʊɪŋ] *skill* couture *f*; *(that being sewn)* ouvrage *m*

'sew·ing ma·chine machine *f* à coudre

sewn [soʊn] *pp* → *sew*

sex [seks] sexe *m*; **have ~ with** coucher avec, avoir des rapports sexuels avec

sex·ist ['seksɪst] **1** *adj* sexiste **2** *n* sexiste *m/f*

sex·u·al ['seksʊəl] *adj* sexuel*

sex·u·al as'sault violences *fpl* sexuelles; **sex·u·al ha'rass·ment** harcèlement *m* sexuel; **sex·u·al 'in·ter·course** rapports *mpl* sexuels

sex·u·al·i·ty [seksʊ'ælətɪ] sexualité *f*

sex·u·al·ly ['seksʊlɪ] *adv* sexuellement

sex·u·al·ly trans·mit·ted dis'ease maladie *f* sexuellement transmissible

sex·y ['seksɪ] *adj* sexy *inv*

shab·bi·ly ['ʃæbɪlɪ] *adv dressed* pauvrement; *treat* mesquinement

shab·bi·ness ['ʃæbɪnɪs] *of coat, clothes* aspect *m* usé

shab·by ['ʃæbɪ] *adj coat etc* usé; *treatment* mesquin

shack [ʃæk] cabane *f*

shade [ʃeɪd] **1** *n for lamp* abat-jour *m*; *of color* nuance *f*; *on window* store *m*; **in the ~** à l'ombre **2** *v/t from sun* protéger du soleil; *from light* protéger de la lumière

shades [ʃeɪdz] *npl* **F** lunettes *fpl* de soleil

shad·ow ['ʃædoʊ] *n* ombre *f*

shad·y ['ʃeɪdɪ] *adj spot* ombragé; *fig: character, dealings* louche

shaft [ʃæft] *of axle* arbre *m*; *of mine* puits *m*

shag·gy ['ʃægɪ] *adj hair* hirsute; *dog* à longs poils

shake [ʃeɪk] **1** *n:* **give sth a good ~** bien agiter qch **2** *v/t (pret shook, pp shaken)* bottle agiter; *emotionally* bouleverser; **~ one's head** *in refusal* dire non de la tête; **~ hands** *of two people* se serrer la main; **~ hands with s.o.** serrer la main à qn **3** *v/i (pret shook, pp shaken)* *of hands, voice, building* trembler

shak·en ['ʃeɪkən] **1** *adj emotionally* bouleversé **2** *pp* → *shake*

'shake-up remaniement *m*

shak·y ['ʃeɪkɪ] *adj table etc* branlant;

after illness, shock faible; voice, hand tremblant; grasp of sth, grammar etc incertain

shall [ʃæl] v/aux ◊ future: **I ~ do my best** je ferai de mon mieux; **I shan't see them** je ne les verrai pas ◊ suggesting: **~ we go now?** si nous y allions maintenant?

shal·low ['ʃælou] adj water peu profond; person superficiel*

sham·bles ['ʃæmblz] nsg: **be a ~ room** etc être en pagaille; elections etc être un vrai foutoir F

shame [ʃeɪm] 1 n honte f; **bring ~ on** déshonorer; **~ on you!** quelle honte!; **what a ~!** quel dommage! 2 v/t faire honte à; **~ s.o. into doing sth** faire honte à qn pour qu'il fasse (subj) qch

shame·ful ['ʃeɪmfʊl] adj honteux*

shame·ful·ly ['ʃeɪmfʊlɪ] adv honteusement

shame·less ['ʃeɪmlɪs] adj effronté

sham·poo [ʃæm'puː] 1 n shampo(o)ing m; **a ~ and set** un shampo(o)ing et mise en plis 2 v/t faire un shampo(o)ing à; **~ one's hair** se faire un shampo(o)ing

shape [ʃeɪp] 1 n forme f 2 v/t clay, character façonner; the future influencer

♦ **shape up** v/i of person s'en sortir; of plans etc se présenter

shape·less ['ʃeɪplɪs] adj dress etc informe

shape·ly ['ʃeɪplɪ] adv figure bien fait

share [ʃer] 1 n part f; FIN action f; **do one's ~ of the work** fournir sa part de travail 2 v/t food, room, feelings, opinions partager 3 v/i partager

♦ **share out** v/t partager

'share·hold·er actionnaire m/f

shark [ʃɑːrk] fish requin m

sharp [ʃɑːrp] 1 adj knife tranchant; fig: mind, pain vif*; taste piquant; **C / G ~** MUS do / sol dièse 2 adv MUS trop haut; **at 3 o'clock ~** à 3 heures pile

sharp·en ['ʃɑːrpən] v/t knife, skills aiguiser

sharpen pencil tailler

sharp 'prac·tice procédés mpl malhonnêtes

shat [ʃæt] pret & pp → **shit**

shat·ter ['ʃætər] 1 v/t glass, illusions briser 2 v/i of glass se briser

shat·tered ['ʃætərd] adj F (exhausted) crevé F; F (very upset) bouleversé

shat·ter·ing ['ʃætərɪŋ] adj news, experience bouleversant

shave [ʃeɪv] 1 v/t raser 2 v/i se raser 3 n: **have a ~** se raser; **that was a close ~** on l'a échappé belle

♦ **shave off** v/t beard se raser; piece of wood enlever

shav·en ['ʃeɪvn] adj head rasé

shav·er ['ʃeɪvər] rasoir m électrique

shav·ing brush ['ʃeɪvɪŋ] blaireau m

'shav·ing soap savon m à barbe

shawl [ʃɔːl] châle m

she [ʃiː] pron elle; **~ was the one who ...** c'est elle qui ...; **there ~ is** la voilà; **~ who ...** celle qui ...

shears [ʃɪrz] npl for gardening cisailles fpl; for sewing grands ciseaux mpl

sheath [ʃiːθ] for knife étui m; contraceptive préservatif m

shed[1] [ʃed] v/t (pret & pp **shed**) blood, tears verser; leaves perdre; **~ light on** fig faire la lumière sur

shed[2] [ʃed] n abri m

sheep [ʃiːp] (pl **sheep**) mouton m

'sheep·dog chien m de berger

sheep·ish ['ʃiːpɪʃ] adj penaud

'sheep·skin adj en peau de mouton

sheer [ʃɪr] adj madness, luxury etc pur; drop, cliffs abrupt

sheet [ʃiːt] for bed drap m; of paper, metal, glass feuille f

shelf [ʃelf] étagère f; **shelves** set of shelves étagère(s) f(pl)

'shelf·life of product durée f de conservation avant vente

shell [ʃel] 1 n of mussel, egg coquille f; of tortoise carapace f; MIL obus m; **come out of one's ~** fig sortir de sa coquille 2 v/t peas écosser; MIL bombarder

'shell·fire bombardements mpl; **come under ~** être bombardé

'shell·fish nsg or npl fruits mpl de mer

shel·ter ['ʃeltər] 1 n (refuge), at bus stop etc abri m 2 v/i from rain, bombing etc s'abriter (**from** de) 3 v/t (protect) pro-

S

téger

shel·tered ['ʃeltərd] *adj place* protégé;
lead a ~ life mener une vie protégée

shelve [ʃelv] *v/t fig* mettre en suspens

shep·herd ['ʃepərd] *n* berger(-ère)
m(f)

sher·iff ['ʃerɪf] *n* shérif *m*

sher·ry ['ʃerɪ] xérès *m*

shield [ʃiːld] **1** *n* MIL bouclier *m*; *sports
trophy* plaque *f*; *badge: of policeman*
plaque *f* **2** *v/t* (*protect*) protéger

shift [ʃɪft] **1** *n* (*change*) changement *m*;
(*move, switchover*) passage *m* (**to** à);
period of work poste *m*; *people* équipe
f **2** *v/t* (*move*) déplacer, changer de
place; *production, employee* transférer; *stains etc* faire partir; *~ the emphasis onto* reporter l'accent sur
3 *v/i* (*move*) se déplacer; *of foundations* bouger; *in attitude, opinion, of
wind* virer

'**shift key** COMPUT touche *f* majuscule; '**shift work** travail *m* par roulement; '**shift work·er** ouvrier *m* posté

shift·y ['ʃɪftɪ] *adj pej: person* louche;
eyes fuyant

shil·ly-shal·ly ['ʃɪlɪʃælɪ] *v/i* (*pret & pp
-ied*) hésiter

shim·mer ['ʃɪmər] *v/i* miroiter

shin [ʃɪn] *n* tibia *m*

shine [ʃaɪn] **1** *v/i* (*pret & pp shone*)
briller; *fig: of student etc* être brillant
(*at, in* en) **2** *v/t* (*pret & pp shone*): *~ a
flashlight in s.o.'s face* braquer une
lampe sur le visage de qn **3** *n on shoes
etc* brillant *m*

shin·gle ['ʃɪŋgl] *on beach* galets *mpl*

shin·gles ['ʃɪŋglz] *nsg* MED zona *m*

shin·y ['ʃaɪnɪ] *adj surface* brillant

ship [ʃɪp] **1** *n* bateau *m*, navire *m* **2** *v/t*
(*pret & pp -ped*) (*send*) expédier, en-
voyer; *by sea* expédier par bateau **3**
v/i (*pret & pp -ped*) *of new product*
être lancé (sur le marché)

ship·ment ['ʃɪpmənt] (*consignment*)
expédition *f*, envoi *m*

'**ship·own·er** armateur *m*

ship·ping ['ʃɪpɪŋ] (*sea traffic*) navigation *f*, (*sending*) expédition *f*, envoi
m; (*sending by sea*) envoi par bateau

'**ship·ping com·pa·ny** compagnie *f*

de navigation

'**ship·ping costs** *npl* frais *mpl* d'expédition; *by ship* frais *mpl* d'embarquement; '**ship·wreck 1** *n* naufrage *m* **2**
v/t: *be ~ed* faire naufrage; '**shipyard** chantier *m* naval

shirk [ʃɜːrk] *v/t* esquiver

shirk·er ['ʃɜːrkər] tire-au-flanc *m*

shirt [ʃɜːrt] chemise *f*; *in his ~
sleeves* en bras de chemise

shit [ʃɪt] **1** *n* P (*excrement, bad quality
goods etc*) merde *f* P; *I need a ~* je
dois aller chier P **2** *v/i* (*pret & pp
shat*) P chier **3** *int* P merde P

shit·ty ['ʃɪtɪ] *adj* F dégueulasse F

shiv·er ['ʃɪvər] *v/i* trembler

shock [ʃɑːk] **1** *n* choc *m*; ELEC décharge *f*; *be in ~* MED être en état
de choc **2** *v/t* choquer

shock ab·sorb·er ['ʃɑːkəbzɔːrbər]
MOT amortisseur *m*

shock·ing ['ʃɑːkɪŋ] *adj behavior, poverty* choquant; F (*very bad*) épouvantable

shock·ing·ly ['ʃɑːkɪŋlɪ] *adv behave* de
manière choquante

shod·dy ['ʃɑːdɪ] *adj goods* de mauvaise qualité; *behavior* mesquin

shoe [ʃuː] chaussure *f*, soulier *m*

'**shoe·horn** chausse-pied *m*; '**shoe-
lace** lacet *m*; '**shoe·mak·er** cordon-
nier(-ière) *m(f)*; **shoe mend·er** ['ʃuː-
mendər] cordonnier(-ière) *m(f)*;
'**shoe·store** magasin *m* de chaussures; '**shoe·string**: *do sth on a ~* faire
qch à peu de frais

shone [ʃɑːn] *pret & pp → shine*

♦ **shoot away** [ʃuː] *v/t children, chicken*
chasser

shook [ʃuːk] *pret → shake*

shoot [ʃuːt] **1** *n* BOT pousse *f* **2** *v/t* (*pret
& pp shot*) tirer sur; *and kill* tuer
d'un coup de feu; *movie* tourner;
I've been shot j'ai reçu un coup
de feu; *~ s.o. in the leg* tirer une
balle dans la jambe de qn **3** *v/i* (*pret
& pp shot*) tirer

♦ **shoot down** *v/t airplane* abattre; *fig:
suggestion* descendre

♦ **shoot off** *v/i* (*rush off*) partir comme
une flèche

♦ **shoot up** v/i of prices monter en flèche; of children, new buildings etc pousser; F: of drug addict se shooter F

shoot·ing star ['ʃuːtɪŋ] étoile f filante

shop [ʃɑːp] **1** n magasin m; **talk ~** parler affaires **2** v/i (pret & pp -**ped**) faire ses courses; **go ~ping** faire les courses

shop·keep·er ['ʃɑːpkiːpər] commerçant m,-ante f; **shop·lift·er** ['ʃɑːplɪftər] voleur(-euse) m(f) à l'étalage; **shop·lift·ing** ['ʃɑːplɪftɪŋ] n vol m à l'étalage

shop·ping ['ʃɑːpɪŋ] items courses fpl; **I hate ~** je déteste faire les courses; **do one's ~** faire ses courses

'**shop·ping bag** sac m à provisions; '**shop·ping cen·ter**, Br '**shop·ping cen·tre** centre m commercial; '**shop·ping list** liste f de comissions; '**shop·ping mall** centre m commercial

shop 'stew·ard délégué m syndical, déléguée f syndicale

shore [ʃɔːr] rivage m; **on ~** not at sea à terre

short [ʃɔːrt] **1** adj court; in height petit; **time is ~** il n'y a pas beaucoup de temps; **be ~ of** manquer de **2** adv: **cut a vacation / meeting ~** abréger des vacances / une réunion; **stop a person ~** couper la parole à une personne; **go ~ of** se priver de; **in ~** en bref

short·age ['ʃɔːrtɪdʒ] manque m

short 'cir·cuit n court-circuit m; **short·com·ing** ['ʃɔːrtkʌmɪŋ] défaut m; '**short·cut** raccourci m

short·en ['ʃɔːrtn] v/t raccourcir

short·en·ing ['ʃɔːrtnɪŋ] matière f grasse

'**short·fall** déficit m; '**short·hand** sténographie f; **short-handed** [ʃɔːrt'hændɪd] adj: **be ~** manquer de personnel; **short-lived** ['ʃɔːrtlɪvd] adj de courte durée

short·ly ['ʃɔːrtlɪ] adv (soon) bientôt; **~ before / after that** peu avant / après

short·ness ['ʃɔːrtnɪs] of visit brièveté f; in height petite taille f

shorts [ʃɔːrts] npl short m; underwear

caleçon m

short·sight·ed [ʃɔːrt'saɪtɪd] adj myope; fig peu perspicace; **short-sleeved** ['ʃɔːrtsliːvd] adj à manches courtes; **short-staffed** [ʃɔːrt'stæft] adj: **be ~** manquer de personnel; **short 'sto·ry** nouvelle f; **short-tem·pered** [ʃɔːrt'tempərd] adj by nature d'un caractère emporté; at a particular time de mauvaise humeur; '**short-term** adj à court terme; '**short wave** ondes fpl courtes

shot[1] [ʃɑːt] from gun coup m de feu; (photograph) photo f; (injection) piqûre f; **be a good / poor ~** être un bon / mauvais tireur; (turn) tour m; **like a ~** accept sans hésiter; run off comme une flèche; **it's my ~** c'est mon tour

shot[2] [ʃɑːt] pret & pp → **shoot**

'**shot·gun** fusil m de chasse

'**shot put** lancer m du poids

should [ʃʊd] v/aux: **what ~ I do?** que dois-je faire?; **you ~n't do that** tu ne devrais pas faire ça; **that ~ be long enough** cela devrait être assez long; **you ~ have heard him** tu aurais dû l'entendre

shoul·der ['ʃoʊldər] n épaule f

'**shoul·der bag** sac m à bandoulière; '**shoul·der blade** omoplate f; '**shoul·der strap** of brassière, dress bretelle f; of bag bandoulière f

shout [ʃaʊt] **1** n cri m **2** v/i crier; **~ for help** appeler à l'aide **3** v/t order crier

♦ **shout at** v/t crier après

shout·ing ['ʃaʊtɪŋ] cris mpl

shove [ʃʌv] **1** n: **give s.o. a ~** pousser qn **2** v/t & v/i pousser

♦ **shove in** v/i: **this guy shoved in in front of me** ce type m'est passé devant

♦ **shove off** v/i F (go away) ficher le camp F

shov·el ['ʃʌvl] **1** n pelle f **2** v/t (pret & pp -**ed**, Br -**led**) snow enlever à la pelle

show [ʃoʊ] **1** n THEA, TV spectacle m; (display) démonstration f; **on ~** at exhibition exposé; **it's all done for ~** pej c'est fait juste pour impressionner **2**

S

v/t (*pret* **-ed**, *pp* **shown**) *passport, interest, emotion etc* montrer; *at exhibition* présenter; *movie* projeter; **~ s.o. sth, ~ sth to s.o.** montrer qch à qn 3 *v/i* (*pret* **-ed**, *pp* **shown**) (*be visible*) se voir; *of movie* passer

♦ **show around** *v/t tourists, visitors* faire faire la visite à

♦ **show in** *v/t* faire entrer

♦ **show off 1** *v/t skills* faire étalage de **2** *v/i pej* crâner

♦ **show up 1** *v/t s.o.'s shortcomings etc* faire ressortir; ***don't show me up in public*** ne me fais pas honte en public **2** *v/i* F (*arrive, turn up*) se pointer F; (*be visible*) se voir

'**show-busi-ness** monde *m* du spectacle; '**show-case** *n also fig* vitrine *f*; '**show-down** confrontation *f*

show-er ['ʃaʊər] **1** *n of rain* averse *f*; *to wash* douche *f*; *party*: petite fête avant un mariage ou un accouchement à laquelle tout le monde apporte un cadeau; **take a ~** prendre une douche **2** *v/i* prendre une douche **3** *v/t*: **~ s.o. with compliments / praise** couvrir qn de compliments / louanges

'**show-er cap** bonnet *m* de douche; '**show-er cur-tain** rideau *m* de douche; '**show-er-proof** *adj* imperméable

'**show-jump-er** *person* cavalier *m* d'obstacle, cavalière *f* d'obstacle

show-jump-ing ['ʃəʊdʒʌmpɪŋ] concours *m* hippique, jumping F

shown [ʃəʊn] *pp* → **show**

'**show-off** *pej* prétentieux(-euse) *m(f)*

'**show-room** salle *f* d'exposition; ***in ~ condition*** à l'état de neuf

show-y ['ʃəʊɪ] *adj* voyant

shrank [ʃræŋk] *pret* → **shrink**[1]

shred [ʃred] **1** *n of paper etc* lambeau *m*; *of meat etc* morceau *m*; ***not a ~ of evidence*** pas la moindre preuve **2** *v/t* (*pret & pp* **-ded**) *documents* déchiqueter; *in cooking* râper

shred-der ['ʃredər] *for documents* déchiqueteuse *f*

shrewd [ʃruːd] *adj* perspicace

shrewd-ly ['ʃruːdlɪ] *adv* avec perspicacité

shrewd-ness ['ʃruːdnɪs] perspicacité *f*

shriek [ʃriːk] **1** *n* cri *m* aigu **2** *v/i* pousser un cri aigu

shrill [ʃrɪl] *adj* perçant

shrimp [ʃrɪmp] crevette *f*

shrine [ʃraɪn] *holy place* lieu *m* saint

shrink[1] [ʃrɪŋk] *v/i* (*pret* **shrank**, *pp* **shrunk**) *of material* rétrécir; *of support* diminuer

shrink[2] [ʃrɪŋk] *n* F (*psychiatrist*) psy *m* F

'**shrink-wrap 1** *v/t* (*pret & pp* **-ped**) emballer sous pellicule plastique **2** *n material* pellicule *f* plastique

shriv-el ['ʃrɪvl] *v/i* (*pret & pp* **-ed**, *Br* **-led**) se flétrir

shrub [ʃrʌb] arbuste *m*

shrub-be-ry ['ʃrʌbərɪ] massif *m* d'arbustes

shrug [ʃrʌg] **1** *n* haussement *m* d'épaules **2** *v/i* (*pret & pp* **-ged**) hausser les épaules **3** *v/t* (*pret & pp* **-ged**): **~ one's shoulders** hausser les épaules

shrunk [ʃrʌŋk] *pp* → **shrink**[1]

shud-der ['ʃʌdər] **1** *n of fear, disgust* frisson *m*; *of earth, building* vibration *f* **2** *v/i with fear, disgust* frissonner; *of earth, building* vibrer; ***I ~ to think*** je n'ose y penser

shuf-fle ['ʃʌfl] **1** *v/t cards* battre **2** *v/i walking* traîner les pieds

shun [ʃʌn] *v/t* (*pret & pp* **-ned**) fuir

shut [ʃʌt] **1** *v/t* (*pret & pp* **shut**) fermer **2** *v/i* (*pret & pp* **shut**) *of door, box* se fermer; *of store* fermer; ***they were ~*** c'était fermé

♦ **shut down 1** *v/t business* fermer; *computer* éteindre **2** *v/i of business* fermer ses portes; *of computer* s'éteindre

♦ **shut off** *v/t gas, water etc* couper

♦ **shut up** *v/i* F (*be quiet*) se taire; ***shut up!*** tais-toi!

shut-ter ['ʃʌtər] *on window* volet *m*; PHOT obturateur *m*

'**shut-ter speed** PHOT vitesse *f* d'obturation

shut-tle ['ʃʌtl] *v/i* faire la navette (***between*** entre)

'shut·tle bus *at airport* navette *f*;
  'shut·tle·cock SP volant *m*; 'shut·tle
  ser·vice navette *f*

shy [ʃaɪ] *adj* timide

shy·ness ['ʃaɪnɪs] timidité *f*

Si·a·mese twins [saɪəmiːz'twɪnz] *npl*
  boys frères *mpl* siamois; *girls* sœurs
  fpl siamoises

sick [sɪk] *adj* malade; *sense of humor*
  noir; **be ~** (*vomit*) vomir; **be ~ of**
  (*fed up with*) en avoir marre de qch

sick·en ['sɪkn] **1** *v/t* (*disgust*) écœurer;
  make ill rendre malade **2** *v/i*: **be ~ing
  for** couver

sick·en·ing ['sɪknɪŋ] *adj* écœurant

'sick leave congé *m* de maladie; **be
  on ~** être en congé de maladie

sick·ly ['sɪklɪ] *adj person* maladif*; *col-
  or* écœurant

sick·ness ['sɪknɪs] maladie *f*; (*vomiting*) vomissements *mpl*

side [saɪd] *n* côté *m*; SP équipe *f*; **take
  ~s** (*favor one ~*) prendre parti; **I'm on
  your ~** je suis de votre côté; **~ by ~**
  côte à côte; **at the ~ of the road**
  au bord de la route; **on the big /
  small ~** plutôt grand / petit

♦ side with *v/t* prendre parti pour

'side·board buffet *m*; 'side·burns
  npl pattes *fpl*; 'side dish plat *m* d'accompagnement; 'side ef·fect effet *m*
  secondaire; 'side·line **1** *n* activité *f*
  secondaire **2** *v/t*: **feel ~d** se sentir re-
  légué à l'arrière-plan; 'side sal·ad
  salade *f*; 'side·step *v/t* (*pret & pp
  -ped*) éviter; *fig also* contourner;
  'side street rue *f* transversale;
  'side·track *v/t* distraire; **get ~ed** être
  pris par autre chose; 'side·walk trottoir *m*; side·walk 'caf·é café-terrasse
  m; side·ways ['saɪdweɪz] *adv* de côté

siege [siːdʒ] siège *m*; **lay ~ to** assiéger

sieve [sɪv] *n for flour* tamis *m*

sift [sɪft] *v/t flour* tamiser; *data* passer
  en revue

♦ sift through *v/t details, data* passer
  en revue

sigh [saɪ] **1** *n* soupir *m*; **heave a ~ of
  relief** pousser un soupir de soulagement **2** *v/i* soupirer

sight [saɪt] *n* spectacle *m*; (*power of

seeing*) vue *f*; **~s of city** monuments
  mpl; **he can't stand the ~ of blood**
  il ne supporte pas la vue du sang;
  catch ~ of apercevoir; **know by ~**
  connaître de vue; **be within ~ of** se
  voir de; **out of ~** hors de vue; **what
  a ~ you look!** de quoi tu as l'air!;
  lose ~ of objective *etc* perdre de vue

sight·see·ing ['saɪtsiːɪŋ] tourisme *m*;
  go ~ faire du tourisme

'sight·see·ing tour visite *f* guidée

sight·seer ['saɪtsiːər] touriste *m/f*

sign [saɪn] **1** *n* (*indication*) signe *m*;
  (*road~*) panneau *m*; *outside shop, on
  building* enseigne *f*; **it's a ~ of the
  times** c'est un signe des temps **2**
  v/t & v/i signer

♦ sign in *v/i* signer le registre

sig·nal ['sɪgnl] **1** *n* signal *m*; **be sending out all the right / wrong ~s** *fig*
  envoyer le bon / mauvais message **2**
  v/i (*pret & pp -ed*, *Br -led*) *of driver*
  mettre son clignotant

sig·na·to·ry ['sɪgnətɔːrɪ] *n* signataire
  m/f

sig·na·ture ['sɪgnətʃər] signature *f*

'sig·na·ture tune indicatif *m*

sig·net ring ['sɪgnɪtrɪŋ] chevalière *f*

sig·nif·i·cance [sɪg'nɪfɪkəns] importance *f*

sig·nif·i·cant [sɪg'nɪfɪkənt] *adj event,
  sum of money, improvement etc* important

sig·nif·i·cant·ly [sɪg'nɪfɪkəntlɪ] *adv
  larger, more expensive* nettement

sig·ni·fy ['sɪgnɪfaɪ] *v/t* (*pret & pp -ied*)
  signifier

'sign lan·guage langage *m* des signes

'sign·post poteau *m* indicateur

si·lence ['saɪləns] **1** *n* silence *m*; **in ~**
  work, march en silence; **~!** silence!
  2 *v/t* faire taire

si·lenc·er ['saɪlənsər] *on gun* silencieux *m*

si·lent ['saɪlənt] *adj* silencieux*; *movie*
  muet*; **stay ~** (*not comment*) se taire

'si·lent part·ner COMM commanditaire *m*

sil·hou·ette [sɪluː'et] *n* silhouette *f*

sil·i·con ['sɪlɪkən] silicium *m*

sil·i·con 'chip puce *f* électronique

S

sil·i·cone ['sɪlɪkoʊn] silicone *f*

silk [sɪlk] **1** *adj shirt etc* en soie **2** *n* soie *f*

silk·y ['sɪlkɪ] *adj hair, texture* soyeux*

sil·li·ness ['sɪlɪnɪs] stupidité *f*

sil·ly ['sɪlɪ] *adj* bête

si·lo ['saɪloʊ] AGR, MIL silo *m*

sil·ver ['sɪlvər] **1** *adj ring* en argent; *hair* argenté **2** *n metal* argent *m*; *medal* médaille *f* d'argent; (*~ objects*) argenterie *f*

'sil·ver med·al médaille *f* d'argent; **sil·ver-plat·ed** [sɪlvər'pleɪtɪd] *adj* argenté; **sil·ver·ware** ['sɪlvərwer] argenterie *f*; **sil·ver 'wed·ding** noces *fpl* d'argent

sim·i·lar ['sɪmɪlər] *adj* semblable (**to** à)

sim·i·lar·i·ty [sɪmɪ'lærətɪ] ressemblance *f*

sim·i·lar·ly ['sɪmɪlərlɪ] *adv*: **be ~ dressed** être habillé de la même façon; **~, you must ...** de même, tu dois ...

sim·mer ['sɪmər] *v/i in cooking* mijoter; *with rage* bouillir de rage

♦ **simmer down** *v/i* se calmer

sim·ple ['sɪmpl] *adj* simple

sim·ple-mind·ed [sɪmpl'maɪndɪd] *adj pej* simple, simplet*

sim·plic·i·ty [sɪm'plɪsətɪ] simplicité *f*

sim·pli·fy ['sɪmplɪfaɪ] *v/t* (*pret & pp -ied*) simplifier

sim·plis·tic [sɪm'plɪstɪk] *adj* simpliste

sim·ply ['sɪmplɪ] *adv* (*absolutely*) absolument; (*in a simple way*) simplement; *it is ~ the best* c'est le meilleur, il n'y a pas de doute

sim·u·late ['sɪmjʊleɪt] *v/t* simuler

sim·ul·ta·ne·ous [saɪməl'teɪnɪəs] *adj* simultané

sim·ul·ta·ne·ous·ly [saɪməl'teɪnɪəslɪ] *adv* simultanément

sin [sɪn] **1** *n* péché *m* **2** *v/i* (*pret & pp -ned*) pécher

since [sɪns] **1** *prep* depuis; *I've been here ~ last week* je suis là depuis la semaine dernière **2** *adv* depuis; *I haven't seen him ~* je ne l'ai pas revu depuis **3** *conj in expressions of time* depuis que; (*seeing that*) puisque; *~ you left* depuis que tu es parti; *~*

you don't like it puisque ça ne te plaît pas

sin·cere [sɪn'sɪr] *adj* sincère

sin·cere·ly [sɪn'sɪrlɪ] *adv* sincèrement; *hope* vivement; *Sincerely yours* Je vous prie d'agréer, Madame / Monsieur, l'expression de mes sentiments les meilleurs

sin·cer·i·ty [sɪn'serətɪ] sincérité *f*

sin·ful ['sɪnfʊl] *adj deeds* honteux*; *~ person* pécheur *m*, pécheresse *f*; *it is ~ to ...* c'est un péché de ...

sing [sɪŋ] *v/t & v/i* (*pret* **sang**, *pp* **sung**) chanter

singe [sɪndʒ] *v/t* brûler légèrement

sing·er ['sɪŋər] chanteur(-euse) *m(f)*

sin·gle ['sɪŋgl] **1** *adj* (*sole*) seul; (*not double*) simple; *bed* à une place; (*not married*) célibataire; *there wasn't a ~ ...* il n'y avait pas un seul ...; *in ~ file* en file indienne **2** *n* MUS single *m*; (*~ room*) chambre *f* à un lit; *person* personne *f* seule; *~s in tennis* simple *m*

♦ **single out** *v/t* (*choose*) choisir; (*distinguish*) distinguer

sin·gle-breast·ed [sɪŋgl'brestɪd] *adj* droit; **sin·gle-hand·ed** [sɪŋgl'hændɪd] **1** *adj* fait tout seul **2** *adv* tout seul; **Sin·gle 'Mar·ket** *in Europe* Marché *m* unique; **sin·gle-mind·ed** [sɪŋgl'maɪndɪd] *adj* résolu; **sin·gle 'moth·er** mère *f* célibataire; **sin·gle 'pa·rent** mère / père qui élève ses enfants tout seul; **sin·gle pa·rent 'fam·i·ly** famille *f* monoparentale; **sin·gle 'room** chambre *f* à un lit

sin·gu·lar ['sɪŋgjʊlər] **1** *adj* GRAM au singulier **2** *n* GRAM singulier *m*; *in the ~* au singulier

sin·is·ter ['sɪnɪstər] *adj* sinistre

sink [sɪŋk] **1** *n* évier *m* **2** *v/i* (*pret* **sank**, *pp* **sunk**) *of ship, object* couler; *of sun* descendre; *of interest rates, pressure etc* baisser; *he sank onto the bed* il s'est effondré sur le lit **3** *v/t* (*pret* **sank**, *pp* **sunk**) *ship* couler; *money* investir

♦ **sink in** *v/i of liquid* pénétrer; *it still hasn't really sunk in* of realization je n'arrive pas encore très bien à m'en rendre compte

sin·ner ['sɪnər] pécheur *m*, pécheresse *f*

si·nus ['saɪnəs] sinus *m*

si·nus·i·tis [saɪnə'saɪtɪs] MED sinusite *f*

sip [sɪp] **1** *n* petite gorgée *f*; *try a ~* tu veux goûter? **2** *v/t* (*pret & pp -ped*) boire à petites gorgées

sir [sɜːr] monsieur *m*

si·ren ['saɪrən] *on police car* sirène *f*

sir·loin ['sɜːrlɔɪn] aloyau *m*

sis·ter ['sɪstər] sœur *f*

'sis·ter-in-law (*pl* **sisters-in-law**) belle-sœur *f*

sit [sɪt] *v/i* (*pret & pp* **sat**) (*~ down*) s'asseoir; *she was ~ting* elle était assise

♦ **sit down** *v/i* s'asseoir

♦ **sit up** *v/i in bed* se dresser; (*straighten back*) se tenir droit; (*wait up at night*) rester debout

sit·com ['sɪtkɑːm] sitcom *m*

site [saɪt] **1** *n* emplacement *m*; *of battle* site *m* **2** *v/t new offices etc* situer

sit·ting ['sɪtɪŋ] *n of committee, court, for artist* séance *f*; *for meals* service *m*

'sit·ting room salon *m*

sit·u·at·ed ['sɪtʊeɪtɪd] *adj*: *be ~* être situé

sit·u·a·tion [sɪtʊ'eɪʃn] situation *f*; *of building etc* emplacement *m*

six [sɪks] six

'six-pack *of beer* pack *m* de six

six·teen [sɪks'tiːn] seize

six·teenth [sɪks'tiːnθ] seizième; → *page 720*

sixth [sɪksθ] sixième; → *fifth*

six·ti·eth ['sɪkstɪɪθ] soixantième

six·ty ['sɪkstɪ] soixante

size [saɪz] *of room, jacket* taille *f*; *of project* envergure *f*; *of loan* montant *m*; *of shoes* pointure *f*

♦ **size up** *v/t* évaluer

size·a·ble ['saɪzəbl] *adj meal, house* assez grand; *order, amount of money* assez important

siz·zle ['sɪzl] *v/i* grésiller

skate [skeɪt] **1** *n* patin *m* **2** *v/i* patiner

'skate·board *n* skateboard *m*; **'skate-board·er** skateur(-euse) *m(f)*;

'skate·board·ing skateboard *m*

skat·er ['skeɪtər] patineur(-euse) *(m)f*

skat·ing ['skeɪtɪŋ] patinage *f*

'skat·ing rink patinoire *f*

skel·e·ton ['skelɪtn] squelette *m*

'skel·e·ton key passe-partout *m*

skep·tic ['skeptɪk] sceptique *m/f*

skep·ti·cal ['skeptɪkl] *adj* sceptique

skep·ti·cism ['skeptɪsɪzm] scepticisme *m*

sketch [sketʃ] **1** *n* croquis *m*; THEA sketch *m* **2** *v/t* esquisser

'sketch·book carnet *m* à croquis

sketch·y ['sketʃɪ] *adj knowledge etc* sommaire

skew·er ['skjʊər] *n* brochette *f*

ski [skiː] **1** *n* ski *m* **2** *v/i* faire du ski; *we ~ed back* nous sommes revenus en skiant

'ski boots *npl* chaussures *fpl* de ski

skid [skɪd] **1** *n* dérapage *m* **2** *v/i* (*pret & pp -ded*) déraper

ski·er ['skiːər] skieur(-euse) *m(f)*

ski·ing ['skiːɪŋ] ski *m*

'ski in·struc·tor moniteur(-trice) *m(f)* de ski

'ski jump saut *m* à ski; *structure* tremplin *m*

skil·ful *etc Br* → **skillful** *etc*

'ski lift remonte-pente *m*, téléski *m*

skill [skɪl] technique *f*; *~s* connaissances *fpl*, compétences *fpl*; *with great ~* avec adresse

skilled [skɪld] *adj person* habile

skilled 'work·er ouvrier *m* qualifié, ouvrière *f* qualifiée

skill·ful ['skɪlfʊl] *adj* habile

skill·ful·ly ['skɪlfʊlɪ] *adv* habilement

skim [skɪm] *v/t* (*pret & pp -med*) *surface* effleurer

♦ **skim off** *v/t the best* retenir

♦ **skim through** *v/t text* parcourir

'skimmed milk [skɪmd] lait *m* écrémé

skimp·y ['skɪmpɪ] *adj account etc* sommaire; *dress* étriqué

skin [skɪn] **1** *n* peau *f* **2** *v/t* (*pret & pp -ned*) *animal* écorcher; *tomato, peach* peler

'skin div·ing plongée *f* sous-marine autonome

skin·flint ['skɪnflɪnt] F radin(e) *m(f)* F

S

'skin graft greffe f de la peau
skin·ny ['skɪnɪ] adj maigre
'skin-tight adj moulant
skip [skɪp] 1 n (little jump) saut m 2 v/i (pret & pp -ped) sautiller 3 v/t (pret & pp -ped) (omit) sauter
'ski pole bâton m de ski
skip·per ['skɪpər] capitaine m/f
'ski re·sort station f de ski
skirt [skɜːrt] n jupe f
'ski run piste f de ski
'ski tow téléski m
skull [skʌl] crâne m
skunk [skʌŋk] mouffette f
sky [skaɪ] ciel m
'sky·light lucarne f; 'sky·line of city silhouette f; sky·scrap·er ['skaɪskreɪpər] gratte-ciel m inv
slab [slæb] of stone, butter plaque f; of cake grosse tranche f
slack [slæk] adj rope mal tendu; discipline peu strict; person négligent; work négligé; period creux*
slack·en ['slækn] v/t rope détendre; pace ralentir
♦ slacken off v/i of trading, pace se ralentir
slacks [slæks] npl pantalon m
slain [sleɪn] pp → slay
slam [slæm] v/t & v/i (pret & pp -med) claquer
♦ slam down v/t poser brutalement
slan·der ['slændər] 1 n calomnie f 2 v/t calomnier
slan·der·ous ['slændərəs] adj calomnieux*
slang [slæŋ] also of a specific group argot m
slant [slænt] 1 v/i pencher 2 n inclinaison f; given to a story perspective f
slant·ing ['slæntɪŋ] adj roof en pente; eyes bridé
slap [slæp] 1 n (blow) claque f 2 v/t (pret & pp -ped) donner une claque à; ~ s.o. in the face gifler qn
'slap·dash adj work sans soin; person négligent
slash [slæʃ] 1 n cut entaille f; in punctuation barre f oblique 2 v/t painting, skin entailler; prices, costs réduire radicalement; ~ one's wrists s'ouvrir

les veines
slate [sleɪt] n material ardoise f
slaugh·ter ['slɒːtər] 1 n of animals abattage m; of people, troops massacre m 2 v/t animals abattre; people, troops massacrer
'slaugh·ter·house for animals abattoir m
Slav [slɑːv] adj slave
slave [sleɪv] n esclave m/f
'slave-driv·er F négrier(-ère) m(f) F
slay [sleɪ] v/t (pret slew, pp slain) tuer
slay·ing ['sleɪɪŋ] (murder) meurtre m
sleaze [sliːz] POL corruption f
slea·zy ['sliːzɪ] adj bar, character louche
sled, sledge [sled, sledʒ] traîneau m
'sledge ham·mer masse f
sleep [sliːp] 1 n sommeil m; go to ~ s'endormir; I need a good ~ j'ai besoin de dormir; a good night's ~ une bonne nuit de sommeil; I couldn't get to ~ je n'ai pas réussi à m'endormir 2 v/i (pret & pp slept) dormir; ~ late faire la grasse matinée
♦ sleep on v/t: sleep on it attendre le lendemain pour décider; sleep on it! la nuit porte conseil!
♦ sleep with v/t (have sex with) coucher avec
sleep·i·ly ['sliːpɪlɪ] adv say d'un ton endormi; look at s.o. d'un air endormi
'sleep·ing bag sac m de couchage; 'sleep·ing car RAIL wagon-lit m; 'sleep·ing pill somnifère m
sleep·less ['sliːplɪs] adj: a ~ night une nuit blanche
'sleep·walk·er somnambule m/f
'sleep·walk·ing somnambulisme m
sleep·y ['sliːpɪ] adj person qui a envie de dormir; yawn, fig: town endormi; I'm ~ j'ai sommeil
sleet [sliːt] n neige f fondue
sleeve [sliːv] of jacket etc manche f
sleeve·less ['sliːvlɪs] adj sans manches
sleigh [sleɪ] traîneau m
sleight of 'hand [slaɪt] trick tour m de passe-passe
slen·der ['slendər] adj mince; chance,

income, margin faible

slept [slept] *pret & pp* → *sleep*

slew [slu:] *pret* → *slay*

slice [slaıs] **1** *n of bread, pie* tranche *f*; *fig: of profits* part *f* **2** *v/t loaf etc* couper en tranches

sliced 'bread [slaıst] pain *m* coupé en tranches

slick [slık] **1** *adj performance* habile; *pej (cunning)* rusé **2** *n of oil* marée *f* noire

slid [slıd] *pret & pp* → *slide*

slide [slaıd] **1** *n for kids* toboggan *m*; PHOT diapositive *f* **2** *v/i (pret & pp* **slid**) glisser; *of exchange rate etc* baisser **3** *v/t (pret & pp* **slid**) *item of furniture* faire glisser

slid·ing door [slaıdıŋ] porte *f* coulissante

slight [slaıt] **1** *adj person, figure* frêle; *(small)* léger*; **no, not in the ~est** non, pas le moins du monde **2** *n (insult)* affront *m*

slight·ly [slaıtlı] *adv* légèrement

slim [slım] **1** *adj person* mince; *chance* faible **2** *v/i (pret & pp* **-med**) être au régime

slime [slaım] *(mud)* vase *f*; *of slug, snail* bave *f*

slim·y [slaımı] *adj liquid etc* vaseux*

sling [slıŋ] **1** *n for arm* écharpe *f* **2** *v/t (pret & pp* **slung**) F *(throw)* lancer

'sling·shot catapulte *f*

slip [slıp] **1** *n on ice etc* glissade *f*; *(mistake)* erreur *f*; **a ~ of paper** un bout de papier; **a ~ of the tongue** un lapsus; **give s.o. the ~** se dérober à qn **2** *v/i (pret & pp* **-ped**) *on ice etc* glisser; *in quality, quantity* baisser; **he ~ped out of the room** il se glissa hors de la pièce **3** *v/t (pret & pp* **-ped**) *(put)* glisser; **it ~ped my mind** cela m'est sorti de la tête

◆ **slip away** *v/i of time* passer; *of opportunity* se dérober; *(die quietly)* s'éteindre

◆ **slip off** *v/t jacket etc* enlever

◆ **slip on** *v/t jacket etc* enfiler

◆ **slip out** *v/i (go out)* sortir

◆ **slip up** *v/i (make a mistake)* faire une gaffe

slipped 'disc [slıpt] hernie *f* discale

slip·per [slıpər] chausson *m*

slip·per·y [slıpərı] *adj* glissant

slip·shod [slıpʃɑːd] *adj* négligé

'slip-up *(mistake)* gaffe *f*

slit [slıt] **1** *n (tear)* déchirure *f*; *(hole), in skirt* fente *f* **2** *v/t (pret & pp* **slit**) ouvrir, fendre; **~ s.o.'s throat** couper la gorge à qn

slith·er [slıðər] *v/i of person* déraper; *of snake* ramper

sliv·er [slıvər] *of wood, glass* éclat *m*; *of soap, cheese, garlic* petit morceau *m*

slob [slɑːb] *pej* rustaud(e) *m(f)*

slob·ber [slɑːbər] *v/i* baver

slog [slɑːg] *n long walk* trajet *m* pénible; *hard work* corvée *f*

slo·gan [slougən] slogan *m*

slop [slɑːp] *v/t (pret & pp* **-ped**) *(spill)* renverser

slope [sloup] **1** *n* inclinaison *f*; *of mountain* côté *m*; **built on a ~** construit sur une pente **2** *v/i* être incliné; **the road ~s down to the sea** la route descend vers la mer

slop·py [slɑːpı] *adj* F *work, in dress* négligé; *(too sentimental)* gnangnan F

slot [slɑːt] *n* fente *f*; *in schedule* créneau *m*

◆ **slot in 1** *v/t (pret & pp* **-ted**) insérer **2** *v/i(pret & pp* **-ted**) s'insérer

'slot ma·chine *for vending* distributeur *m* (automatique); *for gambling* machine *f* à sous

slouch [slautʃ] *v/i* être avachi; **don't ~!** tiens-toi droit!

slov·en·ly [slʌvnlı] *adj* négligé

slow [slou] *adj* lent; **be ~** *of clock* retarder; **they were not ~ to ...** ils n'ont pas été longs à ...

◆ **slow down 1** *v/t* ralentir **2** *v/i* ralentir; *in life* faire moins de choses

'slow·down *in production* ralentissement *m*

slow·ly [sloulı] *adv* lentement

slow 'mo·tion: in ~ au ralenti

slow·ness [slounıs] lenteur *f*

'slow·poke F lambin(e) *m(f)* F

slug [slʌg] *n animal* limace *f*

slug·gish [slʌgıʃ] *adj pace, start* lent; *river* à cours lent

slum [slʌm] *n area* quartier *m* pauvre; *house* taudis *m*

slum·ber par·ty ['slʌmbər] *soirée où des enfants / adolescents se réunissent chez l'un d'entre eux et restent dormir là-bas*

slump [slʌmp] **1** *n in trade* effondrement *m* **2** *v/i of economy* s'effondrer; *of person* s'affaisser

slung [slʌŋ] *pret & pp* → **sling**

slur [slɜːr] **1** *n on s.o.'s character* tache *f* **2** *v/t* (*pret & pp* **-red**) *words* mal articuler

slurp [slɜːrp] *v/t* faire du bruit en buvant

slurred [slɜːrd] *adj speech* mal articulé

slush [slʌʃ] neige *f* fondue; *pej* (*sentimental stuff*) sensiblerie *f*

'slush fund caisse *f* noire

slush·y ['slʌʃɪ] *adj snow* à moitié fondu; *movie, novel* fademente sentimental

slut [slʌt] *pej* pute *f* F

sly [slaɪ] *adj* (*furtive*) sournois; (*crafty*) rusé; **on the ~** en cachette

smack [smæk] **1** *n:* **a ~ on the bottom** une fessée; **a ~ in the face** une gifle **2** *v/t:* **~ a child's bottom** donner une fessée à un enfant; **~ s.o.'s face** gifler qn

small [smɔːl] **1** *adj* petit **2** *n:* **the ~ of the back** la chute des reins

small 'change monnaie *f*; **'small hours** *npl* heures *fpl* matinales; **small·pox** ['smɔːlpɒks] variole *f*; **'small print** texte *m* en petits caractères; **'small talk** papotage *m*; **make ~** faire de la conversation

smart [smɑːrt] **1** *adj in appearance* élégant; (*intelligent*) intelligent; *pace* vif*; **get ~ with qn 2** *v/i* (*hurt*) brûler

'smart ass F frimeur(-euse) *m(f)* F

'smart bomb bombe *f* intelligente

'smart card carte *f* à puce, carte *f* à mémoire

◆ **smart·en up** ['smɑːrtn] *v/t* rendre plus élégant

smart·ly ['smɑːrtlɪ] *adv dressed* avec élégance

smash [smæʃ] **1** *n noise* fracas *m*; (*car crash*) accident *m*; *in tennis* smash *m* **2** *v/t break* fracasser; (*hit hard*) frapper; **~ sth to pieces** briser qch en morceaux **3** *v/i break* se fracasser; **the driver ~ed into ...** le conducteur heurta violemment ...

◆ **smash up** *v/t place* tout casser dans

smash 'hit F: **be a ~** avoir un succès foudroyant

smat·ter·ing ['smætərɪŋ]: **have a ~ of Chinese** savoir un peu de chinois

smear [smɪr] **1** *n of ink etc* tache *f*; *Br MED* frottis *m*; *on character* diffamation *f* **2** *v/t smudge:* paint faire des traces sur; *character* entacher; **~ X with Y, ~ Y on X** *cover, apply* appliquer Y sur X; *stain, dirty* faire des taches de Y sur X

'smear cam·paign campagne *f* de diffamation

smell [smel] **1** *n* odeur *f*; **sense of ~** sens *m* de l'odorat **2** *v/t* sentir **3** *v/i unpleasantly* sentir mauvais; (*sniff*) renifler; **what does it ~ of?** qu'est-ce que ça sent?; **you ~ of beer** tu sens la bière; **it ~s good** ça sent bon

smell·y ['smelɪ] *adj:* qui sent mauvais; **have ~ feet** puer des pieds; **it's ~ in here** ça sent mauvais ici

smile [smaɪl] **1** *n* sourire *m* **2** *v/i* sourire

◆ **smile at** *v/t* sourire à

smirk [smɜːrk] **1** *n* petit sourire *m* narquois **2** *v/i* sourire d'un air narquois

smog [smɑːg] smog *m*

smoke [smoʊk] **1** *n* fumée *f*; **have a ~** fumer (une cigarette) **2** *v/t also food* fumer **3** *v/i of person* fumer

smok·er ['smoʊkər] *person* fumeur (-euse) *m(f)*

smok·ing ['smoʊkɪŋ] tabagisme *m*; **~ is bad for you** c'est mauvais de fumer; **no ~** défense de fumer

'smok·ing car RAIL compartiment *m* fumeurs

smok·y ['smoʊkɪ] *adj room, air* enfumé

smol·der ['smoʊldər] *v/i of fire* couver; *fig: with anger, desire* se consumer (**with** de)

smooth [smuːð] **1** *adj surface, skin, sea*

lisse; *ride, flight, crossing* bon*; *pej: person* mieilleux* **2** *v/t hair* lisser

♦ **smooth down** *v/t with sandpaper etc* lisser

♦ **smooth out** *v/t paper, cloth* défroisser

♦ **smooth over** *v/t*: **smooth things over** arranger les choses

smooth·ly ['smuːðlɪ] *adv* (*without any problems*) sans problème

smoth·er ['smʌðər] *v/t person, flames* étouffer; **~ s.o. with kisses** couvrir qn de baisers; **~ the bread with jam** recouvrir le pain de confiture

smoul·der *Br* → **smolder**

smudge [smʌdʒ] **1** *n* tache *f* **2** *v/t ink, mascara, paint* faire des traces sur

smug [smʌɡ] *adj* suffisant

smug·gle ['smʌɡl] *v/t* passer en contrebande

smug·gler ['smʌɡlər] contrebandier (-ière) *m(f)*

smug·gling ['smʌɡlɪŋ] contrebande *f*

smug·ly ['smʌɡlɪ] *adv say* d'un ton suffisant; *smile* d'un air suffisant

smut·ty ['smʌtɪ] *adj joke, sense of humor* grossier*

snack [snæk] *n* en-cas *m*

'**snack bar** snack *m*

snag [snæɡ] *n* (*problem*) hic *m* F

snail [sneɪl] *n* escargot *m*

snake [sneɪk] *n* serpent *m*

snap [snæp] **1** *n sound* bruit *m* sec; PHOT instantané *m* **2** *v/t* (*pret & pp* **-ped**) *break* casser; (*say sharply*) dire d'un ton cassant **3** *v/i* (*pret & pp* **-ped**) *break* se casser net **4** *adj decision, judgment* rapide, subit

♦ **snap up** *v/t bargains* sauter sur

snap fast·en·er ['snæpfæsnər] bouton-pression *m*

snap·py ['snæpɪ] *adj person, mood* cassant; *decision, response* prompt; **be a ~ dresser** s'habiller chic

'**snap·shot** photo *f*

snarl [snɑːrl] **1** *n of dog* grondement *m* **2** *v/i of dog* gronder en montrant les dents

snatch [snætʃ] **1** *v/t* (*grab*) saisir; F (*steal*) voler; F (*kidnap*) enlever **2** *v/i*: **don't ~!** ne l'arrache pas!

snaz·zy ['snæzɪ] *adj* F *necktie etc* qui tape F

sneak [sniːk] **1** *v/t* (*remove, steal*) chiper F; **~ a glance at** regarder à là dérobée **2** *v/i* (*pret & pp* **~ed** or F **snuck**): **~ into the room** entrer furtivement dans la pièce; **~ out of the room** sortir furtivement de la pièce

sneak·ers ['sniːkərz] *npl* tennis *mpl*

sneak·ing ['sniːkɪŋ] *adj*: **have a ~ suspicion that ...** soupçonner que ..., avoir comme l'impression que ... F

sneak·y ['sniːkɪ] *adj* F (*underhanded*) sournois

sneer [snɪr] **1** *n* ricanement *m* **2** *v/i* ricaner

sneeze [sniːz] **1** *n* éternuement *m* **2** *v/i* éternuer

snick·er ['snɪkər] **1** *n* rire *m* en dessous **2** *v/i* pouffer de rire

sniff [snɪf] *v/t & v/i* renifler

snip [snɪp] *n Br* F (*bargain*) affaire *f*

snip·er ['snaɪpər] tireur *m* embusqué

snitch [snɪtʃ] **1** *n* (*telltale*) mouchard(e) *m(f)* F **2** *v/i* (*tell tales*) vendre la mèche

sniv·el ['snɪvl] *v/i* (*pret & pp* **-ed**, *Br* **-led**) pleurnicher

snob [snɑːb] snob *m/f*

snob·ber·y ['snɑːbərɪ] snobisme *m*

snob·bish ['snɑːbɪʃ] *adj* snob *inv*

♦ **snoop around** *v/i* fourrer le nez partout

snoot·y ['snuːtɪ] *adj* arrogant

snooze [snuːz] **1** *n* petit somme *m*; **have a ~** faire un petit somme **2** *v/i* roupiller

snore [snɔːr] *v/i* ronfler

snor·ing ['snɔːrɪŋ] ronflement *m*

snor·kel ['snɔːrkl] *n of swimmer* tuba *m*

snort [snɔːrt] *v/i of bull, horse* s'ébrouer; *of person* grogner

snout [snaʊt] *of pig, dog* museau *m*

snow [snoʊ] **1** *n* neige *f* **2** *v/i* neiger

♦ **snow under** *v/t*: **be snowed under with work** être submergé de travail

'**snow·ball** *n* boule *f* de neige; '**snow·bound** *adj* pris dans la neige; '**snow chains** *npl* MOT chaînes *fpl* à neige;

S

'snow·drift amoncellement *m* de neige; **'snow·drop** perce-neige *m*; **'snow·flake** flocon *m* de neige; **'snow·man** bonhomme *m* de neige; **'snow·plow** chasse-neige *m inv*; **'snow·storm** tempête *f* de neige

snow·y ['snoʊɪ] *adj weather* neigeux*; *roads, hills* enneigé

snub [snʌb] **1** *n* rebuffade *f* **2** *v/t* (*pret & pp* **-bed**) snober

snub-nosed ['snʌbnoʊzd] *adj* au nez retroussé

snuck [snʌk] *pret & ptp* → **sneak**

snug [snʌg] *adj* bien au chaud; (*tight-fitting*) bien ajusté; (*too tight*) un peu trop serré

♦ **snug·gle down** ['snʌgl] *v/i* se blottir

♦ **snuggle up to** *v/t* se blottir contre

so [soʊ] **1** *adv* ◊ *si*, tellement; ~ **kind** tellement gentil; **not ~ much for me thanks** pas autant pour moi merci; ~ **much better / easier** tellement mieux / plus facile; **eat / drink ~ much** tellement manger / boire; **there were ~ many people** il y avait tellement de gens; **I miss you ~** tu me manques tellement

◊: ~ **am I / do I** moi aussi; ~ **is / does she** elle aussi; **and ~ on** et ainsi de suite; ~ **as to be able to …** afin de pouvoir …; **you didn't tell me – I did** – tu ne me l'as pas dit - si, je te l'ai dit

2 *pron*: **I hope ~** je l'espère bien; **I think ~** je pense que oui; **50 or ~** une cinquantaine, à peu près cinquante

3 *conj* (*for that reason*) donc; (*in order that*) pour que (+*subj*); **and ~ I missed the train** et donc j'ai manqué le train; ~ **(that) I could come too** pour que moi aussi venir; ; ~ **what?** F et alors?

soak [soʊk] *v/t* (*steep*) faire tremper; *of water, rain* tremper

♦ **soak up** *v/t liquid* absorber; **soak up the sun** prendre un bain de soleil

soaked [soʊkt] *adj* trempé; **be ~ to the skin** être mouillé jusqu'aux os

soak·ing (wet) ['soʊkɪŋ] *adj* trempé

so-and-so ['soʊənsoʊ] F *unknown person* un tel, une telle; *euph: annoying person* crétin(e) *m(f)*

soap [soʊp] *n for washing* savon *m*

soap, 'soap op·e·ra feuilleton *m*

soap·y ['soʊpɪ] *adj water* savonneux*

soar [sɔːr] *v/i of rocket, prices etc* monter en flèche

sob [sɑːb] **1** *n* sanglot *m* **2** *v/i* (*pret & pp* **-bed**) sangloter

so·ber ['soʊbər] *adj* (*not drunk*) en état de sobriété; (*serious*) sérieux*

♦ **sober up** *v/i* dessoûler F

so-called *adj* referred to as comme on le / la / les appelle; *incorrectly referred to as* soi-disant *inv*

soc·cer ['sɑːkər] football *m*

'soc·cer hoo·li·gan hooligans *mpl*

so·cia·ble ['soʊʃəbl] *adj* sociable

so·cial ['soʊʃl] *adj* social; (*recreational*) mondain

so·cial 'dem·o·crat social-démocrate *m/f* (pl sociaux-démocrates)

so·cial·ism ['soʊʃəlɪzm] socialisme *m*

so·cial·ist ['soʊʃəlɪst] **1** *adj* socialiste **2** *n* socialiste *m/f*

so·cial·ize ['soʊʃəlaɪz] *v/i* fréquenter des gens

'so·cial life: I don't have much ~ je ne vois pas beaucoup de monde; **so·cial 'sci·ence** sciences *fpl* humaines; **'so·cial work** travail *m* social; **'so·cial work·er** assistant sociale *m*, assistante sociale *f*

so·ci·e·ty [sə'saɪətɪ] société *f*

so·ci·ol·o·gist [soʊsɪ'ɑːlədʒɪst] sociologue *m/f*

so·ci·ol·o·gy [soʊsɪ'ɑːlədʒɪ] sociologie *f*

sock[1] [sɑːk] *for wearing* chaussette *f*

sock[2] [sɑːk] **1** *n* (*punch*) coup *m* **2** *v/t* (*punch*) donner un coup de poing à

sock·et ['sɑːkɪt] ELEC *for light bulb* douille *f*; (*wall ~*) prise *f* de courant; *of bone* cavité *f* articulaire; *of eye* orbite *f*

so·da ['soʊdə] (*~ water*) eau *f* gazeuse; (*soft drink*) soda *m*; (*ice-cream ~*) soda *m* à la crème glacée; **whiskey and ~** un whisky soda

sod·den ['sɑːdn] *adj* trempé

so·fa ['soʊfə] canapé *m*

'so·fa bed canapé-lit *m*

soft [sɑːft] *adj* doux*; (*lenient*) gentil*; **have a ~ spot for** avoir un faible pour

'soft drink boisson *f* non alcoolisée

'soft drug drogue *f* douce

soft·en ['sɑːfn] **1** *v/t position* assouplir; *impact, blow* adoucir **2** *v/i of butter, icecream* se ramollir

soft·ly ['sɑːftlɪ] *adv* doucement

soft 'toy peluche *f*

soft·ware ['sɑːftwer] logiciel *m*

sog·gy ['sɑːgɪ] *adj soil* détrempé; *pastry* pâteux*

soil [sɔɪl] **1** *n* (*earth*) terre *f* **2** *v/t* salir

so·lar en·er·gy ['soʊlər] énergie *f* solaire; 'so·lar pan·el panneau *m* solaire; 'solar sys·tem système *m* solaire

sold [soʊld] *pret & pp* → sell

sol·dier ['soʊldʒər] soldat *m*

♦ soldier on *v/i* continuer coûte que coûte

sole[1] [soʊl] *n of foot* plante *f*; *of shoe* semelle *f*

sole[2] [soʊl] *adj* seul; *responsibility* exclusif*

sole[3] [soʊl] *fish* sole *f*

sole·ly ['soʊlɪ] *adv* exclusivement; **she was not ~ to blame** elle n'était pas la seule responsable

sol·emn ['sɑːləm] *adj* solennel*

so·lem·ni·ty [sə'lemnətɪ] solennité *f*

sol·emn·ly ['sɑːləmlɪ] *adv* solennellement

so·li·cit [sə'lɪsɪt] *v/i of prostitute* racoler

so·lic·i·tor [sə'lɪsɪtər] *Br* avocat *m*; *for property, wills* notaire *m*

sol·id ['sɑːlɪd] *adj* (*hard*) dur; (*without holes*) compact; *gold, silver etc, support* massif*; (*sturdy*), *evidence* solide; **frozen ~** complètement gelé; **a ~ hour** toute une heure

sol·i·dar·i·ty [sɑːlɪ'dærətɪ] solidarité *f*

so·lid·i·fy [sə'lɪdɪfaɪ] *v/i* (*pret & pp -ied*) se solidifier

sol·id·ly ['sɑːlɪdlɪ] *adv built* solidement; *in favor of* massivement

so·lil·o·quy [sə'lɪləkwɪ] *on stage* monologue *m*

sol·i·taire [sɑːlɪ'ter] *card game* réussite *f*

sol·i·ta·ry ['sɑːlɪterɪ] *adj life, activity* solitaire; (*single*) isolé

sol·i·ta·ry con'fine·ment régime *m* cellulaire

sol·i·tude ['sɑːlɪtuːd] solitude *f*

so·lo ['soʊloʊ] **1** *adj* en solo **2** *n* MUS solo *m*

so·lo·ist ['soʊloʊɪst] soliste *m/f*

sol·u·ble ['sɑːljubl] *adj substance, problem* soluble

so·lu·tion [sə'luːʃn] *also mixture* solution *f*

solve [sɑːlv] *v/t* résoudre

sol·vent ['sɑːlvənt] *adj financially* solvable

som·ber ['sɑːmbər] *adj* (*dark, serious*) sombre

som·bre ['sɑːmbər] *Br* → somber

some [sʌm] **1** *adj* ◊ : **~ cream / chocolate / cookies** de la crème / du chocolat / des biscuits

◊ (*certain*): **~ people say that …** certains disent que …

◊ : **that was ~ party!** c'était une sacrée fête!, quelle fête!; **he's ~ lawyer!** quel avocat!

2 *pron* ◊ : **~ of the money** une partie de l'argent; **~ of the group** certaines personnes du groupe, certains du groupe

◊ : **would you like ~?** est-ce que vous en voulez?; **give me ~** donnez-m'en

3 *adv* ◊ (*a bit*) un peu; **we'll have to wait ~** on va devoir attendre un peu

◊ (*around*): **~ 500 letters** environ 500 lettres

some·bod·y ['sʌmbədɪ] *pron* quelqu'un

'some·day *adv* un jour

'some·how *adv* (*by one means or another*) d'une manière ou d'une autre; (*for some unknown reason*) sans savoir pourquoi

'some·one *pron* → somebody

'some·place *adv* → somewhere

som·er·sault ['sʌmərsɑːlt] **1** *n* roulade *f*; *by vehicle* tonneau *m* **2** *v/i of vehicle* faire un tonneau

'some·thing *pron* quelque chose;

would you like ~ *to drink / eat?* voulez-vous boire / manger quelque chose?; ~ *strange* quelque chose de bizarre; *are you bored or* ~? tu t'ennuies ou quoi?

'some·time *adv* un de ces jours; ~ *last year* dans le courant de l'année dernière

'some·times ['sʌmtaɪmz] *adv* parfois

'some·what *adv* quelque peu

'some·where **1** *adv* quelque part **2** *pron: let's go* ~ *quiet* allons dans un endroit calme; ~ *to park* un endroit où se garer

son [sʌn] fils *m*

so·na·ta [sə'nɑːtə] MUS sonate *f*

song [sɑːŋ] chanson *f*

'song·bird oiseau *m* chanteur

'song·writ·er *of music* compositeur *m*, compositrice *f*; *of words* auteur *m* de chansons; *both* auteur-compositeur *m*

'son-in-law (*pl* **sons-in-law**) beau-fils *m*

son·net ['sɑːnɪt] sonnet *m*

son of a 'bitch V fils *m* de pute V

soon [suːn] *adv* (*in a short while*) bientôt; (*quickly*) vite; (*early*) tôt; *come back* ~ reviens vite; *it's too* ~ c'est trop tôt; ~ *after* peu (de temps) après; *how* ~ dans combien de temps; *as* ~ *as possible* dès que; *as* ~ *as possible* le plus tôt possible; ~*er or later* tôt ou tard; *the* ~*er the better* le plus tôt sera le mieux; *see you* ~ à bientôt

soot [sʊt] suie *f*

soothe [suːð] *v/t* calmer

so·phis·ti·cat·ed [sə'fɪstɪkeɪtɪd] *adj* sophistiqué

so·phis·ti·ca·tion [səfɪstɪ'keɪʃn] sophistication *f*

soph·o·more ['sɑːfəmɔːr] étudiant(e) *m(f)* de deuxième année

sop·py ['sɑːpɪ] *adj* F gnangnan F

so·pra·no [sə'prɑːnou] *n* soprano *m/f*

sor·did ['sɔːrdɪd] *adj affair, business* sordide

sore [sɔːr] **1** *adj* (*painful*): *is it* ~? ça vous fait mal?; *have a* ~ *throat* avoir mal à la gorge; *be* ~ F (*angry*) être fâché; *get* ~ se fâcher **2** *n* plaie *f*

sor·row ['sɑːrou] chagrin *m*

sor·ry ['sɑːrɪ] *adj day* triste; *sight* misérable; (*I'm*) ~! (*apologizing*) pardon!; *be* ~ être désolé; *I was* ~ *to hear of your mother's death* j'ai été peiné d'apprendre le décès de ta mère; *I won't be* ~ *to leave here* je ne regretterai pas de partir d'ici; *I feel* ~ *for her* elle me fait pitié

sort [sɔːrt] **1** *n* sorte *f*; ~ *of ...* F plutôt; *it looks* ~ *of like a pineapple* ça ressemble un peu à un ananas; *is it finished? -* ~ *of* F c'est fini? - en quelque sorte **2** *v/t also* COMPUT trier

♦ sort out *v/t papers* ranger; *problem* résoudre

SOS [esou'es] S.O.S. *m*; *fig: plea for help* appel *m* à l'aide

so-'so *adv* F comme ci comme ça

sought [sɔːt] *pret & pp* → **seek**

soul [soul] *also fig* âme *f*; *there wasn't a* ~ il n'y avait pas âme qui vive; *he's a kind* ~ c'est une bonne âme

sound¹ [saund] **1** *adj* (*sensible*) judicieux*; *judgment* solide; (*healthy*) en bonne santé; *business* qui se porte bien; *walls* en bon état; *sleep* profond **2** *adv: be* ~ *asleep* être profondément endormi

sound² [saund] **1** *n* son *m*; (*noise*) bruit *m* **2** *v/t* (*pronounce*) prononcer; MED *ausculter*; ~ *s.o.'s chest* ausculter qn; ~ *one's horn* klaxonner **3** *v/i: that* ~*s interesting* ça a l'air intéressant; *that* ~*s like a good idea* ça a l'air d'être une bonne idée; *she* ~*ed unhappy* elle avait l'air malheureuse; *it* ~*s hollow* ça sonne creux

♦ sound out *v/t* sonder

'sound ef·fects *npl* effets *mpl* sonores

sound·ly ['saundlɪ] *adv sleep* profondément; *beaten* à plates coutures

'sound·proof *adj room* insonorisé

'sound·track bande *f* sonore

soup [suːp] soupe *f*

'soup bowl bol *m* de soupe

souped-up [suːpt'ʌp] *adj* F gonflé F

'soup plate assiette *f* à soupe

'soup spoon cuillère *f* à soupe

sour [saʊər] *adj apple, milk* aigre; *expression* revêche; *comment* désobligeant

source [sɔːrs] *n of river, noise, information etc* source *f*

sour(ed) 'cream [sauərd] crème *f* aigre

south [sauθ] **1** *n* sud *m*; *the South of France* le Midi; *to the ~ of* au sud de **2** *adj* sud *inv; wind* du sud; *~ Des Moines* le sud de Des Moines **3** *adv travel* vers le sud; *~ of* au sud de

South 'Af·ri·ca Afrique *f* du sud; **South 'Af·ri·can 1** *adj* sud-africain **2** *n* Sud-Africain(e) *m(f)*; **South A'mer·i·ca** Amérique *f* du sud; **South A'mer·i·can 1** *adj* sud-américain **2** *n* Sud-Américain(e) *m(f)*; **south'east 1** *n* sud-est *m* **2** *adj* sud-est *inv; wind* du sud-est **3** *adv travel* vers le sud-est; *~ of* au sud--est de; **south'east·ern** *adj* sud-est *inv*

south·er·ly ['sʌðərlɪ] *adj wind* du sud; *direction* vers le sud

south·ern ['sʌðərn] *adj* du Sud

south·ern·er ['sʌðərnər] habitant(e) *m(f)* du Sud; *US* HIST sudiste *m/f*

south·ern·most ['sʌðərnmoust] *adj* le plus au sud

South 'Pole pôle *m* Sud; **south·ward** ['sauθwərd] *adv* vers le sud; **south·-west 1** *n* sud-ouest *m* **2** *adj* sud--ouest *inv; wind* du sud-ouest **3** *adv* vers le sud-ouest; *~ of* au sud-ouest de; **south'west·ern** *adj part of a country etc* sud-ouest *inv*

sou·ve·nir [suːvə'nɪr] souvenir *m*

sove·reign ['saːvrɪn] *adj state* souverain

sove·reign·ty ['saːvrɪntɪ] *of state* souveraineté *f*

So·vi·et ['souvɪət] *adj* soviétique

So·vi·et 'U·nion Union *f* soviétique

sow¹ [sau] *n (female pig)* truie *f*

sow² [sou] *v/t (pret* **sowed**, *pp* **sown**) *seeds* semer

sown [soun] *pp* → **sow²**

soy bean ['sɔɪbiːn] soja *m*

soy 'sauce sauce *f* au soja

space [speɪs] *n (outer ~, area)* espace *m; (room)* place *f*

♦ **space out** *v/t* espacer

spaced out [speɪst'aut] *adj* F défoncé F

'space-bar COMPUT barre *f* d'espacement; **'space·craft** vaisseau *m* spatial; **'space·ship** vaisseau *m* spatial; **'space shut·tle** navette *f* spatiale; **'space sta·tion** station *f* spatiale; **'space·suit** scaphandre *m* de cosmonaute

spa·cious ['speɪʃəs] *adj* spacieux*

spade [speɪd] *for digging* bêche *f; ~s in card game* pique *m*

spa·ghet·ti [spə'getɪ] *nsg* spaghetti *mpl*

Spain [speɪn] Espagne *f*

span [spæn] *v/t (pret & pp* **-ned**) *(cover)* recouvrir; *of bridge* traverser

Span·iard ['spænjərd] Espagnol *m*, Espagnole *f*

Span·ish ['spænɪʃ] **1** *adj* espagnol **2** *n language* espagnol *m; the ~* les Espagnols

spank [spæŋk] *v/t* donner une fessée à

spank·ing ['spæŋkɪŋ] fessée *f*

span·ner ['spænər] *Br* clef *f*

spare [sper] **1** *v/t time* accorder; *(lend: money)* prêter; *(do without)* se passer de; *money* **to ~** argent en trop; *time* **to ~** temps libre; *can you ~ the time?* est-ce que vous pouvez trouver un moment?; *there were five* **to ~** *(left over, in excess)* il y en avait cinq de trop **2** *adj (extra) cash* en trop; *eyeglasses, clothes* de rechange **3** *n: ~s (~ parts)* pièces *fpl* de rechange

spare 'part pièce *f* de rechange; **spare 'ribs** *npl* côtelette *f* de porc dans l'échine; **spare 'room** chambre *f* d'ami; **spare 'time** temps *m* libre; **spare 'tire** MOT pneu *m* de rechange; **spare 'tyre** *Br* → **spare tire**

spar·ing ['sperɪŋ] *adj: be ~ with* économiser

spa·ring·ly ['sperɪŋlɪ] *adv* en petite quantité

spark [spaːrk] *n* étincelle *f*

spar·kle ['spaːrkl] *v/i* étinceler

spark·ling wine ['spaːrklɪŋ] vin *m* mousseux

'spark plug bougie *f*

spar·row ['spærou] moineau *m*

sparse [spɑːrs] *adj vegetation* épars

sparse·ly ['spɑːrslɪ] *adv:* ~ *populated* faiblement peuplé

spar·tan ['spɑːrtn] *adj room* spartiate

spas·mod·ic [spæz'mɑːdɪk] *adj visits, attempts* intermittent; *conversation* saccadé

spat [spæt] *pret & pp →* **spit**

spate [speɪt] *fig* série *f*, avalanche *f*

spa·tial ['speɪʃl] *adj* spatial

spat·ter ['spætər] *v/t mud, paint* éclabousser

speak [spiːk] **1** *v/i* (*pret* **spoke**, *pp* **spoken**) parler (to, with à); *we're not* ~*ing* (*to each other*) (*we've quarreled*) on ne se parle plus; ~*ing* TELEC lui-même, elle-même **2** *v/t* (*pret* **spoke**, *pp* **spoken**) *foreign language* parler; ~ *one's mind* dire ce que l'on pense

♦ **speak for** *v/t* parler pour

♦ **speak out** *v/i* s'élever (**against** contre)

♦ **speak up** *v/i* (*speak louder*) parler plus fort

speak·er ['spiːkər] *at conference* intervenant(e) *m(f)*; (*orator*) orateur (-trice) *m(f)*; *of sound system* haut-parleur *m*; *French / Spanish* ~ francophone *m/f* / hispanophone *m/f*

spear·mint ['spɪrmɪnt] menthe *f* verte

spe·cial ['speʃl] *adj* spécial; *effort, day etc* exceptionnel*; *be on* ~ être en réduction

spe·cial ef·fects *npl* effets *mpl* spéciaux, trucages *mpl*

spe·cial·ist ['speʃlɪst] spécialiste *m/f*

spe·cial·i·ty [speʃɪ'ælətɪ] *Br →* **specialty**

spe·cial·ize ['speʃəlaɪz] *v/i* se spécialiser (**in** en, dans); *we* ~ *in ...* nous sommes spécialisés en ...

spe·cial·ly ['speʃlɪ] *adv →* **especially**

spe·cial·ty ['speʃəltɪ] spécialité *f*

spe·cies ['spiːʃiːz] *nsg* espèce *f*

spe·cif·ic [spə'sɪfɪk] *adj* spécifique

spe·cif·i·cal·ly [spə'sɪfɪklɪ] *adv* spécifiquement; *I* ~ *told you that ...* je vous avais bien dit que ...

spec·i·fi·ca·tions [spesɪfɪ'keɪʃnz] *npl of machine etc* spécifications *fpl*, ca-

ractéristiques *mpl*

spec·i·fy ['spesɪfaɪ] *v/t* (*pret & pp* -*ied*) préciser

spec·i·men ['spesɪmən] *of work* spécimen *m*; *of blood, urine* prélèvement *m*

speck [spek] *of dust, soot* grain *m*

spec·ta·cle ['spektəkl] (*impressive sight*) spectacle *m*

spec·tac·u·lar [spek'tækjʊlər] *adj* spectaculaire

spec·ta·tor [spek'teɪtər] spectateur (-trice) *m(f)*

spec·ta·tor sport sport que l'on regarde en spectateur

spec·trum ['spektrəm] *fig* éventail *m*

spec·u·late ['spekjʊleɪt] *v/i also* FIN spéculer (**about**, on sur)

spec·u·la·tion [spekjʊ'leɪʃn] spéculations *fpl*; FIN spéculation *f*

spec·u·la·tor ['spekjʊleɪtər] FIN spéculateur(-trice) *m(f)*

sped [sped] *pret & pp →* **speed**

speech [spiːtʃ] (*address*) discours *m*; (*ability to speak*) parole *f*; (*way of speaking*) élocution *f*

'speech de·fect trouble *m* d'élocution

speech·less ['spiːtʃlɪs] *adj with shock, surprise* sans voix

'speech ther·a·pist orthophoniste *m/f*; **'speech ther·a·py** orthophonie *f*, **'speech writ·er** personne qui écrit les discours d'une autre

speed [spiːd] **1** *n* vitesse *f*; *at a* ~ *of ...* à une vitesse de ... **2** *v/i* (*pret & pp* **sped**) (*go quickly*) se précipiter; *of vehicle* foncer; (*drive too quickly*) faire de la vitesse

♦ **speed by** *v/i* passer à toute vitesse

♦ **speed up 1** *v/i* aller plus vite **2** *v/t* accélérer

'speed·boat vedette *f*, *with outboard motor* hors-bord *m inv*

'speed bump dos d'âne *m*, ralentisseur *m*

speed·i·ly ['spiːdɪlɪ] *adv* rapidement

speed·ing ['spiːdɪŋ] *when driving* excès *m* de vitesse

'speed·ing fine contravention *f* pour excès de vitesse

'speed lim·it limitation f de vitesse

speed·om·e·ter [spiːˈdɑːmɪtər] compteur m de vitesse

'speed trap contrôle m de vitesse

speed·y ['spiːdɪ] adj rapide

spell¹ [spel] 1 v/t word écrire, épeler; **how do you ~ it?** comment ça s'écrit? 2 v/i: **he can / can't ~** il a une bonne / mauvaise orthographe

spell² n (period of time) période f

spell³ n magic sort m

'spell·bound adj sous le charme; 'spell·check COMPUT correction f orthographique; **do a ~** effectuer une correction orthographique (**on** sur); 'spell·check·er COMPUT correcteur m d'orthographe, correcteur m orthographique

spell·ing ['spelɪŋ] orthographe f

spend [spend] v/t (pret & pp **spent**) money dépenser; time passer

'spend·thrift n pej dépensier(-ière) m(f)

spent [spent] pret & pp → **spend**

sperm [spɜːrm] spermatozoïde m; (semen) sperme m

'sperm bank banque f de sperme

'sperm count taux m de spermatozoïdes

sphere [sfɪr] also fig sphère f; **~ of influence** sphère d'influence

spice [spaɪs] n (seasoning) épice f

spic·y ['spaɪsɪ] adj food épicé

spi·der ['spaɪdər] araignée f

'spi·der·web toile f d'araignée

spike [spaɪk] n pointe f; on plant, animal piquant m

'spike heels npl talons mpl aiguille

spill [spɪl] 1 v/t renverser 2 v/i se répandre 3 n of oil, chemicals déversement m accidentel

spin¹ [spɪn] 1 n (turn) tour m 2 v/t (pret & pp **spun**) faire tourner 3 v/i (pret & pp **spun**) of wheel tourner; **my head is ~ning** j'ai la tête qui tourne

spin² v/t (pret & pp **spun**) wool etc filer; web tisser

♦ **spin around** v/i of person faire volte-face; of car faire un tête-à--queue; of dancer, several times tourner

♦ **spin out** v/t faire durer

spin·ach ['spɪnɪdʒ] épinards mpl

spin·al ['spaɪnl] adj de vertèbres

spin·al 'col·umn colonne f vertébrale

spin·al 'cord moelle f épinière

'spin doc·tor F conseiller(-ère) m(f) en communication; 'spin-dry v/t essorer; 'spin-dry·er essoreuse f

spine [spaɪn] of person, animal colonne f vertébrale; of book dos m; on plant, hedgehog épine f

spine·less ['spaɪnlɪs] adj (cowardly) lâche

'spin-off retombée f

spin·ster ['spɪnstər] célibataire f

spin·y ['spaɪnɪ] adj épineux*

spi·ral ['spaɪrəl] 1 n spirale f 2 v/i (pret & pp **-ed**, Br **-led**) (rise quickly) monter en spirale

spi·ral 'stair·case escalier m en colimaçon

spire ['spaɪr] of church flèche f

spir·it ['spɪrɪt] esprit m; (courage) courage m; **in a ~ of cooperation** dans un esprit de coopération

spir·it·ed ['spɪrɪtɪd] adj (energetic) énergique

'spir·it lev·el niveau m à bulle d'air

spir·its¹ ['spɪrɪts] npl (alcohol) spiritueux mpl

spir·its² npl (morale) moral m; **be in good / poor ~** avoir / ne pas avoir le moral

spir·i·tu·al ['spɪrɪtʊəl] adj spirituel*

spir·it·u·al·ism ['spɪrɪtʊəlɪzm] spiritisme m

spir·it·u·al·ist ['spɪrɪtʊəlɪst] n spirite m/f

spit [spɪt] v/i (pret & pp **spat**) of person cracher; **it's ~ting with rain** il bruine

♦ **spit out** v/t food, liquid recracher

spite [spaɪt] n malveillance f; **in ~ of** en dépit de

spite·ful ['spaɪtfl] adj malveillant

spite·ful·ly ['spaɪtflɪ] adv avec malveillance

spit·ting im·age ['spɪtɪŋ]: **be the ~ of s.o.** être qn tout craché F

splash [splæʃ] 1 n noise plouf m; (small amount of liquid) goutte f; of color tache f 2 v/t person éclabousser; water, mud asperger 3 v/i of person pa-

S

tauger; **~ against sth** *of waves* s'écraser contre qch
♦ **splash down** *v/i of spacecraft* amerrir
♦ **splash out** *v/i in spending* faire une folie
'**splash·down** amerrissage *m*
splen·did ['splendɪd] *adj* magnifique
splen·dor, *Br* **splen·dour** ['splendər] splendeur *f*
splint [splɪnt] *n* MED attelle *f*
splin·ter ['splɪntər] **1** *of wood, glass* éclat *m*; *of bone* esquille *f*, *in finger* écharde *f* **2** *v/i* se briser
'**splin·ter group** groupe *m* dissident
split [splɪt] **1** *n damage: in wood* fente *f*, *in fabric* déchirure *f*, *(disagreement)* division *f*, *(of profits etc)* partage *m*; *(share)* part *f* **2** *v/t (pret & pp* **split***) wood* fendre; *fabric* déchirer; *log* fendre en deux; *(cause disagreement in, divide)* diviser **3** *v/i (pret & pp* **split***) of fabric* se déchirer; *of wood* se fendre; *(disagree)* se diviser (**on, over** au sujet de)
♦ **split up** *v/i of couple* se séparer
split per·son·al·i·ty PSYCH dédoublement *m* de personnalité
split·ting ['splɪtɪŋ] *adj:* **a ~ headache** un mal de tête terrible
splut·ter ['splʌtər] *v/i* bredouiller
spoil [spɔɪl] *v/t child* gâter; *surprise, party* gâcher
'**spoil·sport** F rabat-joie *m/f*
spoilt [spɔɪlt] *adj child* gâté; **be ~ for choice** avoir l'embarras du choix
spoke[1] [spəʊk] *of wheel* rayon *m*
spoke[2] [spəʊk] *pret →* **speak**
spo·ken ['spəʊkən] *pp →* **speak**
'**spokes·man** ['spəʊksmən] porte-parole *m*
spokes·per·son ['spəʊkspɜːrsən] porte-parole *m/f*
spokes·wom·an ['spəʊkswʊmən] porte-parole *m*
sponge [spʌndʒ] *n* éponge *f*
♦ **sponge off, sponge on** *v/t* F vivre aux crochets de F
'**sponge cake** génoise *f*
spong·er ['spʌndʒər] F parasite *m/f*
spon·sor ['spɑːnsər] **1** *n (guarantor)*

répondant(e) *m(f)*; *for club membership* parrain *m*, marraine *f*; RAD, TV, SP sponsor *m/f* **2** *v/t for immigration etc* se porter garant de; *for club membership* parrainer; RAD, TV, SP sponsoriser
spon·sor·ship ['spɑːnsərʃɪp] RAD, TV, SP, *of exhibition etc* sponsorisation *f*
spon·ta·ne·ous [spɑːn'teɪnɪəs] *adj* spontané
spon·ta·ne·ous·ly [spɑːn'teɪnɪəslɪ] *adv* spontanément
spook·y ['spuːkɪ] *adj* F qui fait froid dans le dos
spool [spuːl] *n* bobine *f*
spoon [spuːn] *n* cuillère *f*
'**spoon·feed** *v/t (pret & pp* **-fed***) fig* mâcher tout à
spoon·ful ['spuːnfʊl] cuillerée *f*
spo·rad·ic [spə'rædɪk] *adj* intermittent
sport [spɔːrt] *n* sport *m*
sport·ing ['spɔːrtɪŋ] *adj event* sportif*; *(fair, generous)* chic *inv*; **a ~ gesture** un geste élégant
'**sports car** [spɔːrts] voiture *f* de sport; '**sports·coat** veste *f* sport; '**sports jour·nal·ist** journaliste *m* sportif, journaliste *f* sportive; '**sports·man** sportif *m*; '**sports med·i·cine** médecine *f* du sport; '**sports news** *nsg* nouvelles *fpl* sportives; '**sports page** page *f* des sports; '**sports·wear** vêtements *mpl* de sport; '**sports·wom·an** sportive *f*
sport·y ['spɔːrtɪ] *adj person* sportif*
spot[1] [spɑːt] *n on skin* bouton *m*; *of pattern* pois *m*; **a ~ of ...** *(a little)* un peu de ...
spot[2] *n (place)* endroit *m*; **on the ~** sur place; *(immediately)* sur-le-champ; **put s.o. on the ~** mettre qn dans l'embarras
spot[3] *v/t (pret & pp* **-ted***) (notice, identify)* repérer
spot 'check *n* contrôle *m* au hasard; **carry out ~s** effectuer des contrôles au hasard
spot·less ['spɑːtlɪs] *adj* impeccable
'**spot·light** *beam* feu *m* de projecteur; *device* projecteur *m*

spot·ted ['spɑːtɪd] *adj fabric* à pois

spot·ty ['spɑːtɪ] *adj with pimples* boutonneux*

spouse [spaʊs] *fml* époux *m*, épouse *f*

spout [spaʊt] **1** *n* bec *m* **2** *v/i of liquid* jaillir **3** *v/t* F débiter

sprain [spreɪn] **1** *n* foulure *f*; *serious* entorse *f* **2** *v/t ankle, wrist* se fouler; *seriously* se faire une entorse à

sprang ['spræŋ] *pret → spring³*

sprawl [sprɔːl] *v/i* s'affaler; *of city* s'étendre (de tous les côtés); **send s.o. ~ing** *of punch* envoyer qn par terre

sprawl·ing ['sprɔːlɪŋ] *adj* tentaculaire

spray [spreɪ] **1** *n of sea water* embruns *mpl; from fountain* gouttes *fpl* d'eau; *for hair* laque *f*, *container* atomiseur *m* **2** *v/t perfume, hair lacquer, furniture polish* vaporiser; *paint, weed-killer etc* pulvériser; **~ s.o. with sth** asperger qn de qch; **~ graffiti on sth** peindre des graffitis à la bombe sur qch

'spray·gun pulvérisateur *m*

spread [spred] **1** *n of disease, religion etc* propagation *f*; F (*big meal*) festin *m* **2** *v/t (pret & pp spread) (lay), butter* étaler; *news, rumor, disease* répandre; *arms, legs* étendre **3** *v/i (pret & pp spread)* se répandre; *of butter* s'étaler

'spread·sheet COMPUT feuille *f* de calcul; *program* tableau *m*

spree [spriː] F: **go (out) on a ~** faire la bringue F; **go on a shopping ~** aller claquer son argent dans les magasins F

sprig [sprɪg] brin *m*

spright·ly ['spraɪtlɪ] *adj* alerte

spring¹ [sprɪŋ] *n season* printemps *m*

spring² [sprɪŋ] *n device* ressort *m*

spring³ [sprɪŋ] **1** *n (jump)* bond *m*; (*stream*) source *f* **2** *v/i (pret sprang, pp sprung)* bondir; **~ from** venir de, provenir de

'spring·board tremplin *m*; **spring 'chick·en** *hum:* **she's no ~** elle n'est plus toute jeune; **spring- 'clean·ing** nettoyage *m* de printemps; **'spring·time** printemps *m*

spring·y ['sprɪŋɪ] *adj mattress, ground,* walk souple

sprin·kle ['sprɪŋkl] *v/t* saupoudrer; **~ sth with sth** saupoudrer qch de qch

sprin·kler ['sprɪŋklər] *for garden* arroseur *m; in ceiling* extincteur *m*

sprint [sprɪnt] **1** *n* sprint *m* **2** *v/i* SP sprinter; *fig* piquer un sprint F

sprint·er ['sprɪntər] SP sprinteur (-euse) *m(f)*

sprout [spraʊt] **1** *v/i of seed* pousser **2** *n:* (*Brussels*) **~s** choux *mpl* de Bruxelles

spruce [spruːs] *adj* pimpant

sprung [sprʌŋ] *pp → spring³*

spry [spraɪ] *adj* alerte

spun [spʌn] *pret & pp → spin*

spur [spɜːr] *n* éperon *m; fig* aiguillon *m;* **on the ~ of the moment** sous l'impulsion du moment

◆ **spur on** *v/t (pret & pp -red) (encourage)* encourager

spurt [spɜːrt] **1** *n in race* accélération *f*; **put on a ~** *in race* sprinter; *fig: in work* donner un coup de collier **2** *v/i of liquid* jaillir

sput·ter ['spʌtər] *v/i of engine* tousser

spy [spaɪ] **1** *n* espion(ne) *m(f)* **2** *v/i (pret & pp -ied)* faire de l'espionnage **3** *v/t (pret & pp -ied) (see)* apercevoir

◆ **spy on** *v/t* espionner

squab·ble ['skwɑːbl] **1** *n* querelle *f* **2** *v/i* se quereller

squad [skwɑːd] *n* escouade *f*, groupe *m;* SP équipe *f*

squal·id ['skwɑːlɪd] *adj* sordide

squal·or ['skwɑːlər] misère *f*

squan·der ['skwɑːndər] *v/t* gaspiller

square [skwer] **1** *adj in shape* carré; **~ mile / yard** mile / yard carré **2** *n in shape,* MATH carré *m; in town* place *f, in board game* case *f;* **we're back to ~ one** nous sommes revenus à la case départ

◆ **square up** *v/i (settle accounts)* s'arranger; **square up with s.o.** régler ses comptes avec qn

square 'root racine *f* carrée

squash¹ [skwɑːʃ] *n vegetable* courge *f*

squash² [skwɑːʃ] *n game* squash *m*

squash³ [skwɑːʃ] *v/t (crush)* écraser

squat [skwɑːt] **1** *adj in shape* ramassé

2 *v/i* (*pret & pp* **-ted**) *sit* s'accroupir; *illegally* squatter

squat·ter ['skwɑːtər] squatteur(-euse) *m(f)*

squeak [skwiːk] **1** *n of mouse* couinement *m*; *of hinge* grincement *m* **2** *v/i of mouse* couiner; *of hinge* grincer; *of shoes* crisser

squeak·y ['skwiːkɪ] *adj hinge* grinçant; *shoes* qui crissent; **~ voice** petite voix aiguë

'squeak·y clean *adj* F blanc* comme neige

squeal [skwiːl] **1** *n* cri *m* aigu; *of brakes* grincement *m* **2** *v/i* pousser des cris aigus; *of brakes* grincer

squeam·ish ['skwiːmɪʃ] *adj* trop sensible

squeeze [skwiːz] **1** *n*: **with a ~ of her shoulder** en lui pressant l'épaule; **give s.o.'s hand a ~** serrer la main de qn **2** *v/t hand* serrer; *shoulder, (remove juice from)* presser; *fruit, parcel* palper; **~ sth out of s.o.** soutirer qch à qn

♦ squeeze in 1 *v/i to car etc* rentrer en se serrant **2** *v/t* réussir à faire rentrer

♦ squeeze up *v/i to make space* se serrer

squid [skwɪd] calmar *m*

squint [skwɪnt] *n*: **have a ~** loucher

squirm [skwɜːrm] *v/i (wriggle)* se tortiller; *in embarrassment* être mal à l'aise

squir·rel ['skwɪrl] écureuil *m*

squirt [skwɜːrt] **1** *v/t* faire gicler **2** *n* F *pej* morveux(-euse) *m(f)*

St *abbr* (= *saint*) St(e) (= saint(e)); (= *street*) rue

stab [stæb] **1** *n* F: **have a ~** essayer (*at doing sth* de faire qch) **2** *v/t* (*pret & pp* **-bed**) *person* poignarder

sta·bil·i·ty [stə'bɪlɪtɪ] stabilité *f*

sta·bil·ize ['steɪbɪlaɪz] **1** *v/t* stabiliser **2** *v/i* se stabiliser

sta·ble[1] ['steɪbl] *n for horses* écurie *f*

sta·ble[2] ['steɪbl] *adj* stable

stack [stæk] **1** *n* (*pile*) pile *f*, (*smoke~*) cheminée *f*; **~s of** F énormément de **2** *v/t* empiler

sta·di·um ['steɪdɪəm] stade *m*

staff [stæf] *npl* (*employees*) personnel *m*; (*teachers*) personnel *m* enseignant

staf·fer ['stæfər] employé(e) *m(f)*

'staff·room *Br*: *in school* salle *f* des professeurs

stag [stæg] cerf *m*

stage[1] [steɪdʒ] *n in life, project, journey* étape *f*

stage[2] **1** *n* THEA scène *f*; **go on the ~** devenir acteur(-trice) **2** *v/t play* mettre en scène; *demonstration* organiser

'stage-coach diligence *f*

stage 'door entrée *f* des artistes; **'stage fright** trac *m*; **'stage hand** machiniste *m/f*

stag·ger ['stægər] **1** *v/i* tituber **2** *v/t* (*amaze*) ébahir; *coffee breaks etc* échelonner

stag·ger·ing ['stægərɪŋ] *adj* stupéfiant

stag·nant ['stægnənt] *adj water, economy* stagnant

stag·nate [stæg'neɪt] *v/i fig: of person, mind* stagner

stag·na·tion [stæg'neɪʃn] stagnation *f*

'stag par·ty enterrement *m* de vie de garçon

stain [steɪn] **1** *n* (*dirty mark*) tache *f*; *for wood* teinture *f* **2** *v/t* (*dirty*) tacher; *wood* teindre **3** *v/i of wine etc* tacher; *of fabric* se tacher

stained-glass 'win·dow [steɪnd] vitrail *m*

stain·less steel [steɪnlɪs'stiːl] **1** *adj* en acier inoxydable **2** *n* acier *m* inoxydable

stain re·mov·er ['steɪnrɪmuːvər] détachant *m*

stair [ster] marche *f*; **the ~s** l'escalier *m*

'stair·case escalier *m*

stake [steɪk] **1** *n of wood* pieu *m*; *when gambling* enjeu *m*; (*investment*) investissements *mpl*; **be at ~** être en jeu **2** *v/t tree* soutenir avec un pieu; *money* jouer; *person* financer

stale [steɪl] *adj bread* rassis; *air* empesté; *fig: news* plus très frais*

'stale·mate *in chess* pat *m*; *fig* impasse *f*; **reach ~** finir dans l'impasse

stalk[1] [stɔːk] *n of fruit, plant* tige *f*

stalk[2] [stɔːk] *v/t animal, person* traquer

stalk·er ['stɔːkər] *of person* harceleur *m*, -euse *f*

stall¹ [stɔːl] *n at market* étalage *m*; *for cow, horse* stalle *f*

stall² [stɔːl] **1** *v/i of vehicle, engine* caler; *(play for time)* chercher à gagner du temps **2** *v/t engine* caler; *person* faire attendre

stal·li·on ['stæljən] étalon *m*

stalls [stɔːlz] *npl* THEA orchestre *m*

stal·wart ['stɔːlwərt] *adj supporter* fidèle

stam·i·na ['stæminə] endurance *f*

stam·mer ['stæmər] **1** *n* bégaiement *m* **2** *v/i* bégayer

stamp¹ [stæmp] **1** *n for letter* timbre *m*; *device, mark* tampon *m* **2** *v/t letter* timbrer; *document, passport* tamponner; *I sent them a self-addressed ~ed envelope* je leur ai envoyé une enveloppe timbrée à mon adresse

stamp² [stæmp] *v/t*: **~ one's feet** taper du pied

♦ **stamp out** *v/t (eradicate)* éradiquer

'stamp col·lec·ting philatélie *f*; **'stamp col·lec·tion** collection *f* de timbres; **'stamp col·lec·tor** collectionneur(-euse) *m(f)* de timbres

stam·pede [stæm'piːd] **1** *n of cattle etc* débandade *f*; *of people* ruée *f* **2** *v/i of cattle* s'enfuir à la débandade; *of people* se ruer

stance [stæns] position *f*

stand [stænd] **1** *n at exhibition* stand *m*; *(witness ~)* barre *f* des témoins; *(support, base)* support *m*; **take the ~** LAW venir à la barre **2** *v/i (pret & pp stood)* *(be situated)* se trouver; *as opposed to sit* rester debout; *(rise)* se lever; **~ still** ne bouge pas; **where do I ~ with you?** quelle est ma position vis-à-vis de toi? **3** *v/t (pret & pp stood)* *(tolerate)* supporter; *(put)* mettre; **you don't ~ a chance** tu n'as aucune chance; **~ s.o. a drink** payer à boire à qn; **~ one's ground** tenir ferme

♦ **stand back** *v/i* reculer

♦ **stand by 1** *v/i (not take action)* rester là sans rien faire; *(be ready)* se tenir prêt **2** *v/t person* soutenir; *decision* s'en tenir à

♦ **stand down** *v/i (withdraw)* se retirer

♦ **stand for** *v/t (tolerate)* supporter; *(represent)* représenter

♦ **stand in for** *v/t* remplacer

♦ **stand out** *v/i be visible* ressortir

♦ **stand up 1** *v/i* se lever **2** *v/t* F: **stand s.o. up** poser un lapin à qn F

♦ **stand up for** *v/t* défendre

♦ **stand up to** *v/t (face)* tenir tête à

stan·dard ['stændərd] **1** *adj procedure etc* normal; **~ practice** pratique *f* courante **2** *n (level)* niveau *m*; *moral* critère *m*; TECH norme *f*; **be up to ~** *of work* être à la hauteur; **set high ~s** être exigeant

stan·dard·ize ['stændərdaɪz] *v/t* normaliser

stan·dard of 'li·ving niveau *m* de vie

'stand·by 1 *n ticket* stand-by *m*; **be on ~ at airport** être en stand-by; **be ready to act** être prêt à intervenir **2** *adv fly* en stand-by

'stand·by pas·sen·ger stand-by *m/f inv*

stand·ing ['stændɪŋ] *n in society* position *f* sociale; *(repute)* réputation *f*; **a musician / politician of some ~** un musicien / un politicien réputé; **a friendship of long ~** une amitié de longue date

'stand·ing room places *fpl* debout

stand·off·ish [stænd'ɒfɪʃ] *adj* distant; **'stand·point** point *m* de vue; **'stand·still**: **be at a ~** être paralysé; *of traffic also* être immobilisé; **bring to a ~** paralyser; *traffic also* immobiliser

stank [stæŋk] *pret* → **stink**

stan·za ['stænzə] strophe *f*

sta·ple¹ ['steɪpl] *n foodstuff* aliment *m* de base

sta·ple² ['steɪpl] **1** *n fastener* agrafe *f* **2** *v/t* agrafer

sta·ple 'di·et alimentation *f* de base

'sta·ple gun agrafeuse *f*

sta·pler ['steɪplər] agrafeuse *f*

star [stɑːr] **1** *n in sky* étoile *f*; *fig also* vedette *f* **2** *v/t (pret & pp -red) of movie* avoir comme vedette(s) **3** *v/i (pret & pp -red) in movie* jouer le rôle

S

principal

'**star·board** *adj* de tribord

starch [stɑːrtʃ] *in foodstuff* amidon *m*

stare [ster] **1** *n* regard *m* fixe **2** *v/i*: ~ **into space** regarder dans le vide; **it's rude to** ~ ce n'est pas poli de fixer les gens

♦ **stare at** *v/t* regarder fixement, fixer

'**star·fish** étoile *f* de mer

stark [stɑːrk] **1** *adj* landscape, color austère; reminder, contrast etc brutal **2** adv: ~ **naked** complètement nu

star·ling ['stɑːrlɪŋ] étourneau *m*

star·ry ['stɑːrɪ] *adj* night étoilé

star·ry-eyed [stɑːrɪˈaɪd] *adj* person idéaliste

Stars and 'Stripes bannière *f* étoilée

start [stɑːrt] **1** *n* début *m*; **make a** ~ **on sth** commencer qch; **get off to a good / bad** ~ **in race** faire un bon / mauvais départ; in marriage, career bien / mal démarrer; **from the** ~ dès le début; **well, it's a** ~ c'est un début **2** *v/i* commencer; of engine, car démarrer; ~**ing from tomorrow** à partir de demain **3** *v/t* commencer; engine, car mettre en marche; business monter; ~ **to do sth**, ~ **doing sth** commencer à faire qch

start·er ['stɑːrtər] part of meal entrée *f*; of car démarreur *m*

'**start·ing point** point *m* de départ

'**starting sal·a·ry** salaire *m* de départ

start·le ['stɑːrtl] *v/t* effrayer

start·ling ['stɑːrtlɪŋ] *adj* surprenant

starv·a·tion [stɑːrˈveɪʃn] inanition *f*; **die of** ~ mourir de faim

starve [stɑːrv] *v/i* souffrir de la faim; ~ **to death** mourir de faim; **I'm starving** F je meurs de faim F

state¹ [steɪt] **1** *n* (condition, country, part of country) état *m*; **the States** les États-Unis *mpl* **2** *adj* capital, police etc d'état; banquet, occasion etc officiel*

state² [steɪt] *v/t* déclarer; qualifications, name and address décliner

'**State De·part·ment** Département *m* d'État (américain)

state·ment ['steɪtmənt] to police dé-

claration *f*; (announcement) communiqué *m*; (bank ~) relevé *m* de compte

state of e'mer·gen·cy état *m* d'urgence

state-of-the-'art *adj* de pointe

states·man ['steɪtsmən] homme *m* d'État

state troop·er ['truːpər] policier *m* d'état

state 'vis·it visite *f* officielle

stat·ic (**e·lec·tric·i·ty**) ['stætɪk] électricité *f* statique

sta·tion ['steɪʃn] **1** *n* RAIL gare *f*, of subway, RAD station *f*; TV chaîne *f* **2** *v/t* guard etc placer; **be ~ed at** of soldier être stationné à

sta·tion·a·ry ['steɪʃnərɪ] *adj* immobile

sta·tion·e·ry ['steɪʃənərɪ] papeterie *f*

'**sta·tion·e·ry store** papeterie *f*

sta·tion 'man·ag·er RAIL chef *m* de gare

'**sta·tion wag·on** break *m*

sta·tis·ti·cal [stəˈtɪstɪkl] *adj* statistique

sta·tis·ti·cal·ly [stəˈtɪstɪklɪ] adv statistiquement

sta·tis·ti·cian [stætɪsˈtɪʃn] statisticien(ne) *m(f)*

sta·tis·tics [stəˈtɪstɪks] nsg science statistique *f* npl figures statistiques *fpl*

stat·ue ['stætʃuː] statue *f*

Stat·ue of 'Lib·er·ty Statue *f* de la Liberté

sta·tus ['steɪtəs] (position) statut *m*; (prestige) prestige *m*

'**sta·tus bar** COMPUT barre *f* d'état

'**sta·tus sym·bol** signe *m* extérieur de richesse

stat·ute ['stætʃuːt] loi *f*

staunch [stɔːntʃ] *adj* fervent

stay [steɪ] **1** *n* séjour *m* **2** *v/i* rester; **come to** ~ **for a week** venir passer une semaine; ~ **in a hotel** descendre dans un hôtel; **I am** ~**ing at Hotel ...** je suis descendu à l'Hôtel ...; ~ **right there!** tenez-vous là!; ~ **put** ne pas bouger

♦ **stay away** *v/i* ne pas s'approcher

♦ **stay away from** *v/t* éviter

♦ **stay behind** *v/i* rester; in school rester après la classe

♦ **stay up** v/i (*not go to bed*) rester debout

stead·i·ly ['stedɪlɪ] adv *improve etc* de façon régulière

stead·y ['stedɪ] **1** adj *hand* ferme; *voice* posé; (*regular*) régulier*; (*continuous*) continu; **be ~ on one's feet** être d'aplomb sur ses jambes **2** adv: **be going ~** of *couple* sortir ensemble; **be going ~ (with s.o.)** sortir avec qn; **~ on!** calme-toi! **3** v/t (pret & pp **-ied**) *person* soutenir; *one's voice* raffermir

steak [steɪk] bifteck m

steal [stiːl] **1** v/t (pret **stole**, pp **stolen**) *money etc* voler **2** v/i (pret **stole**, pp **stolen**) (*be a thief*) voler; **~ in / out** entrer / sortir à pas feutrés

'stealth bomb·er [stelθ] avion m furtif

stealth·y ['stelθɪ] adj furtif*

steam [stiːm] **1** n vapeur f **2** v/t *food* cuire à la vapeur

♦ **steam up 1** v/i of *window* s'embuer **2** v/t: **be steamed up** F être fou de rage

steam·er ['stiːmər] for *cooking* cuiseur m à vapeur

'steam i·ron fer m à vapeur

steel [stiːl] **1** adj (*made of ~*) en acier **2** n acier m

'steel·work·er ouvrier(-ière) m(f) de l'industrie sidérurgique

steep¹ [stiːp] adj *hill etc* raide; F *prices* excessif*

steep² [stiːp] v/t (*soak*) faire tremper

stee·ple ['stiːpl] of *church* flèche f

'stee·ple·chase in *athletics* steeple-chase m

steep·ly ['stiːplɪ] adv: **climb ~** of *path* monter en pente raide; of *prices* monter en flèche

steer¹ [stɪr] n *animal* bœuf m

steer² [stɪr] v/t diriger

steer·ing ['stɪrɪŋ] n of *motor vehicle* direction f

'steer·ing wheel volant m

stem¹ [stem] n of *plant* tige f; of *glass* pied m; of *pipe* tuyau m; of *word* racine f

♦ **stem from** v/t (pret & pp **-med**) provenir de

stem² [stem] v/t (*block*) enrayer

stem·ware ['stemwer] verres mpl

stench [stentʃ] odeur f nauséabonde

sten·cil ['stensɪl] **1** n *tool* pochoir m; *pattern* peinture f au pochoir **2** v/t (pret & pp **-ed**, Br **-led**) *pattern* peindre au pochoir

step [step] **1** n (*pace*) pas m; (*stair*) marche f; (*measure*) mesure f; **~ by ~** progressivement **2** v/i (pret & pp **-ped**) in *puddle*, on *nail* marcher; **~ forward / back** faire un pas en avant / en arrière

♦ **step down** v/i from *post etc* se retirer

♦ **step up** v/t (*increase*) augmenter

'step·broth·er demi-frère m; **'step-daugh·ter** belle-fille f; **'step-fa·ther** beau-père m; **'step·lad·der** escabeau m; **'step·moth·er** belle-mère f

step·ping stone ['stepɪŋ] pierre f de gué; fig tremplin m

'step·sis·ter demi-sœur f

'step·son beau-fils m

ster·e·o ['sterɪoʊ] n (*sound system*) chaîne f stéréo

ster·e·o·type ['sterɪoʊtaɪp] stéréotype m

ster·ile ['sterəl] adj stérile

ster·il·ize ['sterəlaɪz] v/t stériliser

ster·ling ['stɜːrlɪŋ] n FIN sterling m

stern¹ [stɜːrn] adj sévère

stern² [stɜːrn] n NAUT arrière m

stern·ly ['stɜːrnlɪ] adv sévèrement

ster·oids ['sterɔɪdz] npl stéroïdes mpl

steth·o·scope ['steθəskoʊp] stéthoscope m

Stet·son® ['stetsn] stetson m

stew [stuː] n ragoût m

stew·ard ['stuːərd] on *plane*, *ship* steward m; at *demonstration*, *meeting* membre m du service d'ordre

stew·ard·ess ['stuːərdes] on *plane*, *ship* hôtesse f

stewed [stuːd] adj: **~ apples** compote f de pommes

stick¹ [stɪk] n morceau m de bois; of *policeman* bâton m; (*walking ~*) canne f; **live in the ~s** F habiter dans un trou perdu F

stick² [stɪk] **1** v/t (pret & pp **stuck**)

with *adhesive* coller (**to** à); F (*put*) mettre **2** *v/i* (*pret & pp* **stuck**) (*jam*) se coincer; (*adhere*) adhérer

♦ **stick around** *v/i* F rester là

♦ **stick by** *v/t* F ne pas abandonner

♦ **stick out** *v/i* (*protrude*) dépasser; (*be noticeable*) ressortir; **his ears stick out** il a les oreilles décollées

♦ **stick to** *v/t* (*adhere to*) coller à; F (*keep to*) s'en tenir à; F (*follow*) suivre

♦ **stick together** *v/i* F rester ensemble

♦ **stick up** *v/t* *poster, leaflet* afficher; **stick 'em up** F les mains en l'air!

♦ **stick up for** *v/t* F défendre

stick·er ['stɪkər] autocollant *m*

'stick-in-the-mud F encroûté(e) *m(f)*

stick·y ['stɪkɪ] *adj hands, surface* gluant; *label* collant

stiff [stɪf] **1** *adj brush, cardboard, mixture etc* dur; *muscle, body* raide; *in manner* guindé; *drink* bien tassé; *competition* acharné; *fine* sévère **2** *adv*: **be scared** ~ F être mort de peur; **be bored** ~ F s'ennuyer à mourir

stiff·en ['stɪfn] *v/i* se raidir

♦ **stiffen up** *v/i of muscle* se raidir

stiff·ly ['stɪflɪ] *adv* avec raideur; *fig*: *smile, behave* de manière guindée

stiff·ness ['stɪfnɪs] *of muscles* raideur *f*; *fig*: *in manner* aspect *m* guindé

sti·fle ['staɪfl] *v/t yawn, laugh, criticism, debate* étouffer

sti·fling ['staɪflɪŋ] *adj* étouffant; **it's ~ in here** on étouffe ici

stig·ma ['stɪgmə] honte *f*

sti·let·tos [stɪ'letəʊz] *npl Br: shoes* talons *mpl* aiguille

still¹ [stɪl] **1** *adj* calme **2** *adv*: **keep** ~! reste tranquille!; **stand** ~! ne bouge pas!

still² [stɪl] *adv* (*yet*) encore, toujours; (*nevertheless*) quand même; **do you** ~ **want it?** est-ce que tu le veux encore?; **she** ~ **hasn't finished** elle n'a toujours pas fini; **she might** ~ **come** il se peut encore qu'elle vienne; **they are** ~ **my parents** ce sont quand même mes parents; ~ **more** (*even more*) encore plus

'still·born *adj* mort-né; **be** ~ être mort à la naissance, être mort-né

still 'life nature *f* morte

stilt·ed ['stɪltɪd] *adj* guindé

stim·u·lant ['stɪmjʊlənt] stimulant *m*

stim·u·late ['stɪmjʊleɪt] *v/t* stimuler

stim·u·lat·ing ['stɪmjʊleɪtɪŋ] *adj* stimulant

stim·u·la·tion [stɪmjʊ'leɪʃn] stimulation *f*

stim·u·lus ['stɪmjʊləs] (*incentive*) stimulation *f*

sting [stɪŋ] **1** *n from bee, jellyfish* piqûre *f* **2** *v/t & v/i* (*pret & pp* **stung**) piquer

sting·ing ['stɪŋɪŋ] *adj remark, criticism* blessant

sting·y ['stɪndʒɪ] *adj* F radin *F*

stink [stɪŋk] **1** *n* (*bad smell*) puanteur *f*; F (*fuss*) grabuge *m* F; **make a** ~ F faire du grabuge F **2** *v/i* (*pret* **stank**, *pp* **stunk**) (*smell bad*) puer; F (*be very bad*) être nul

stint [stɪnt] *n* période *f*; **do a six-month** ~ **in prison / in the army** faire six mois de prison / dans l'armée

♦ **stint on** *v/t* F lésiner sur

stip·u·late ['stɪpjʊleɪt] *v/t* stipuler

stip·u·la·tion [stɪpjʊ'leɪʃn] condition *f*; *of will, contract* stipulation *f*

stir [stɜːr] **1** *n*: **give the soup a** ~ remuer la soupe; **cause a** ~ faire du bruit **2** *v/t* (*pret & pp* **-red**) remuer **3** *v/i* (*pret & pp* **-red**) *of sleeping person* bouger

♦ **stir up** *v/t crowd* agiter; *bad memories* remuer; **stir things up** *cause problems* semer la zizanie

stir-'cra·zy *adj* F: **be** ~ être devenu fou en raison d'un confinement prolongé

stir-fry *v/t* (*pret & pp* **-ied**) faire sauter

stir·ring ['stɜːrɪŋ] *adj music, speech* émouvant

stir·rup ['stɪrəp] étrier *m*

stitch [stɪtʃ] **1** *n* point *m*; ~**es** MED points *mpl* de suture; **be in** ~**es** *laughing* se tordre de rire; **have a** ~ avoir un point de côté **2** *v/t* (*sew*) coudre

♦ **stitch up** *v/t wound* recoudre

stitch·ing ['stɪtʃɪŋ] (*stitches*) couture *f*

stock [stɑːk] **1** *n* (*reserve*) réserves *fpl*;

COMM *of store* stock *m*; *animals* bétail *m*; FIN actions *fpl*; *for soup etc* bouillon *m*; **be in / out of ~** être en stock / épuisé; **take ~** faire le bilan **2** *v/t* COMM avoir (en stock)

♦ **stock up on** *v/t* faire des réserves de

'**stock-brok-er** agent *m* de change; '**stock ex-change** bourse *f*; '**stock-hold-er** actionnaire *m/f*

stock-ing ['stɑːkɪŋ] bas *m*

stock-ist ['stɑːkɪst] revendeur *m*

'**stock mar-ket** marché *m* boursier; **stock-mar-ket 'crash** krach *m* boursier; '**stock-pile 1** *n of food, weapons* stocks *mpl* de réserve **2** *v/t* faire des stocks de; '**stock-room** *of store* réserve *f*; **stock-'still** *adv*: **stand ~** rester immobile; '**stock-tak-ing** inventaire *m*

stock-y ['stɑːkɪ] *adj* trapu

stodg-y ['stɑːdʒɪ] *adj food* bourratif*

sto-i-cal ['stoʊɪkl] *adj* stoïque

sto-i-cism ['stoʊɪsɪzm] stoïcisme *m*

stole [stoʊl] *pret* → **steal**

stol-en ['stoʊlən] *pp* → **steal**

stom-ach ['stʌmək] **1** *n* (*insides*) estomac *m*; (*abdomen*) ventre *m* **2** *v/t* (*tolerate*) supporter

'**stom-ach-ache** douleur *f* à l'estomac

stone [stoʊn] *n material*, (*precious ~*) pierre *f*; (*pebble*) caillou *m*; *in fruit* noyau *m*

stoned [stoʊnd] *adj* F *on drugs* défoncé F

stone-'deaf *adj* sourd comme un pot

'**stone-wall** *v/i* F atermoyer

ston-y ['stoʊnɪ] *adj ground, path* pierreux*

stood [stʊd] *pret & pp* → **stand**

stool [stuːl] *seat* tabouret *m*

stoop[1] [stuːp] **1** *n* dos *m* voûté **2** *v/i* (*bend down*) se pencher

stoop[2] [stuːp] *n* (*porch*) perron *m*

stop [stɑːp] **1** *n for train, bus* arrêt *m*; **come to a ~** s'arrêter; **put a ~ to** arrêter **2** *v/t* (*pret & pp* **-ped**) arrêter; (*prevent*) empêcher; **~ doing sth** arrêter de faire qch; **~ to do sth** s'arrêter pour faire qch; **it has ~ped raining** il s'est arrêté de pleuvoir; **I ~ped her from leaving** je l'ai empêchée

de partir; **~ a check** faire opposition à un chèque **3** *v/i* (*pret & pp* **-ped**) (*come to a halt*) s'arrêter

♦ **stop by** *v/i* (*visit*) passer

♦ **stop off** *v/i* faire étape

♦ **stop over** *v/i* faire escale

♦ **stop up** *v/t sink* boucher

'**stop-gap** bouche-trou *m*; '**stop-light** (*traffic light*) feu *m* rouge; (*brake light*) stop *m*; '**stop-o-ver** étape *f*

stop-per ['stɑːpər] *for bottle* bouchon *m*

'**stop sign** stop *m*

'**stop-watch** chronomètre *m*

stor-age ['stɔːrɪdʒ] COMM emmagasinage *m*; *in house* rangement *m*; **in ~** en dépôt

'**stor-age ca-pac-i-ty** COMPUT capacité *f* de stockage

'**stor-age space** espace *m* de rangement

store [stɔːr] **1** *n* magasin *m*; (*stock*) provision *f*; (*~house*) entrepôt *m* **2** *v/t* entreposer; COMPUT stocker

'**store-front** devanture *f* de magasin; '**store-house** entrepôt *m*; **store-keep-er** ['stɔːrkiːpər] commerçant(e) *m(f)*; '**store-room** réserve *f*

sto-rey ['stɔːrɪ] *Br* → **story**[2]

stork [stɔːrk] cigogne *f*

storm [stɔːrm] *with rain, wind* tempête *f*; (*thunder~*) orage *m*

'**storm drain** égout *m* pluvial; '**storm warn-ing** avis *m* de tempête; '**storm win-dow** fenêtre *f* extérieure

storm-y *adj weather, relationship* orageux*

sto-ry[1] ['stɔːrɪ] (*tale, account*, F: *lie*) histoire *f*; *recounted by victim* récit *m*; (*newspaper article*) article *m*

sto-ry[2] ['stɔːrɪ] *of building* étage *m*

stout [staʊt] *adj person* corpulent, costaud; *boots* solide; *defender* acharné

stove [stoʊv] *for cooking* cuisinière *f*; *for heating* poêle *m*

stow [stoʊ] *v/t* ranger

♦ **stow away** *v/i* s'embarquer clandestinement

'**stow-a-way** passager clandestin *m*, passagère clandestine *f*

strag-gler ['stræglər] retardataire *m/f*

straight [streɪt] **1** *adj line, back, knees* droit; *hair* raide; *(honest, direct)* franc*; *(not criminal)* honnête; *whiskey etc* sec*; *(tidy)* en ordre; *(conservative)* sérieux*; *(not homosexual)* hétéro F; *be a ~ A student* être un étudiant excellent; *keep a ~ face* garder son sérieux **2** *adv (in a straight line)* droit; *(directly, immediately)* directement; *think ~* avoir les idées claires; *I can't think ~ any more!* je n'arrive pas à me concentrer!; *stand up ~!* tiens-toi droit!; *look s.o. ~ in the eye* regarder qn droit dans les yeux; *go ~* F *of criminal* revenir dans le droit chemin; *give it to me ~* F dites-le moi franchement; *~ ahead be situated, walk, drive, look* tout droit; *carry ~ on of driver etc* continuer tout droit; *~ away, ~ off* tout de suite; *~ out* très clairement; *~ up without ice* sans glace

straight·en ['streɪtn] *v/t* redresser
♦ **straighten out 1** *v/t situation* arranger; F *person* remettre dans le droit chemin **2** *v/i of road* redevenir droit
♦ **straighten up** *v/i* se redresser

straight'for·ward *adj (honest, direct)* direct; *(simple)* simple

strain[1] [streɪn] **1** *n on rope, engine* tension f; *on heart* pression f; *suffer from ~* souffrir de tension nerveuse **2** *v/t back* se fouler; *eyes* s'abîmer; *fig: finances, budget* grever

strain[2] [streɪn] *v/t vegetables* faire égoutter; *oil, fat etc* filtrer

strain[3] [streɪn] *n of virus etc* souche f

strained [streɪnd] *adj relations* tendu

strain·er ['streɪnər] *for vegetables etc* passoire f

strait [streɪt] GEOG détroit m

strait-laced [streɪt'leɪst] *adj* collet monté *inv*

Straits of 'Dover Pas m de Calais

strand[1] [strænd] *n of hair* mèche f; *of wool, thread* brin m

strand[2] [strænd] *v/t* abandonner à son sort; *be ~ed* se retrouver bloqué

strange [streɪndʒ] *adj (odd, curious)* étrange, bizarre; *(unknown, foreign)* inconnu

strange·ly ['streɪndʒlɪ] *adv (oddly)* bizarrement; *~ enough, ...* c'est bizarre, mais ...

strang·er ['streɪndʒər] étranger(-ère) m(f); *he's a complete ~* je ne le connais pas du tout; *I'm a ~ here myself* moi non plus je ne suis pas d'ici

stran·gle ['stræŋgl] *v/t person* étrangler

strap [stræp] *n of purse, shoe* lanière f; *of brassiere, dress* bretelle f; *of watch* bracelet m
♦ **strap in** *v/t (pret & pp -ped)* attacher
♦ **strap on** *v/t* attacher

strap·less ['stræplɪs] *adj* sans bretelles

stra·te·gic [strə'tiːdʒɪk] *adj* stratégique

strat·e·gy ['strætədʒɪ] stratégie f

straw [strɔː] **1** *n material, for drink* paille f; *that is the last ~* F c'est la goutte d'eau qui fait déborder le vase **2** *adj hat, bag, mat* de paille; *seat* en paille

straw·ber·ry ['strɔːberɪ] fraise f

stray [streɪ] **1** *adj animal, bullet* perdu **2** *n animal* m errant **3** *v/i of animal* vagabonder; *of child* s'égarer; *fig: of eyes, thoughts* errer

streak [striːk] **1** *n of dirt, paint* traînée f; *in hair* mèche f; *fig: of nastiness etc* pointe f **2** *v/i move quickly* filer **3** *v/t: be ~ed with* être strié de

streak·y ['striːkɪ] *adj window etc* couvert de traces

stream [striːm] **1** *n* ruisseau m; *fig: of people, complaints* flot m; *come on ~ of new car etc* entrer en production; *of power plant* être mis en service **2** *v/i: people ~ed out of the building* des flots de gens sortaient du bâtiment; *tears were ~ing down my face* mon visage ruisselait de larmes; *sunlight ~ed into the room* le soleil entrait à flots dans la pièce

stream·er ['striːmər] *for party* serpentin m

'stream·line *v/t fig* rationaliser

'stream·lined *adj car, plane* caréné; *fig: organization* rationalisé

street [striːt] rue f

'street·car tramway *m*; 'street cred [kred] F image *f* de marque; 'street·light réverbère *m*; 'street peo·ple *npl* sans-abri *mpl*; 'street val·ue *of drugs* prix *m* à la revente; 'street·walk·er F racoleuse *f*; 'street·wise *adj* débrouillard; **this kid is totally ~** ce gamin est un vrai gavroche

strength [streŋθ] force *f*; (*strong point*) point *m* fort

strength·en ['streŋθn] 1 *v/t body* fortifier; *bridge, currency, bonds etc* consolider 2 *v/i* se consolider

stren·u·ous ['strenjʊəs] *adj climb, walk etc* fatigant; *effort* acharné

stren·u·ous·ly ['strenjʊəslɪ] *adv deny* vigoureusement

stress [stres] 1 *n* (*emphasis*) accent *m*; (*tension*) stress *m*; **be under ~** souffrir de stress 2 *v/t syllable* accentuer; *importance etc* souligner; **I must ~ that …** je dois souligner que …

stressed 'out [strest] *adj* F stressé F

stress·ful ['stresful] *adj* stressant

stretch [stretʃ] 1 *n of land, water* étendue *f*; *of road* partie *f*; **at a ~** (*non-stop*) d'affilée 2 *adj fabric* extensible 3 *v/t material* tendre; *small income* tirer le maximum de; F *rules* assouplir; **he ~ed out his hand** il tendit la main; **a job that ~es me** un métier qui me pousse à donner le meilleur de moi-même 4 *v/i to relax muscles, to reach sth* s'étirer; (*spread*) s'étendre (*from* de; *to* jusqu'à); *of fabric*: *give* être extensible; *of fabric*: *sag* s'élargir

stretch·er ['stretʃər] brancard *m*

strict [strikt] *adj* strict

strict·ly ['striktlɪ] *adv* strictement; **it is ~ forbidden** c'est strictement défendu

strict·ness ['striktnəs] sévérité *f*

strid·den ['stridn] *pp* → **stride**

stride [straid] 1 *n* (*grand*) pas *m*; **take sth in one's ~** ne pas se laisser troubler par qch; **make great ~s** *fig* faire de grands progrès 2 *v/i* (*pret strode*, *pp stridden*) marcher à grandes enjambées

stri·dent ['straidnt] *adj* strident; *fig*: *demands* véhément

strike [straik] 1 *n of workers* grève *f*; *in baseball* balle *f* manquée; *of oil* découverte *f*; **be on ~** être en grève; **go on ~** faire grève 2 *v/i* (*pret & pp struck*) *of workers* faire grève; (*attack*: *of wild animal*) attaquer; *of killer* frapper; *of disaster* arriver; *of clock* sonner 3 *v/t* (*pret & pp struck*) *also fig* frapper; *match* allumer; *oil* découvrir; **he struck his head against the table** il s'est cogné la tête contre la table; **she struck me as being …** elle m'a fait l'impression d'être …; **the thought struck me that …** l'idée que … m'est venue à l'esprit

♦ strike out *v/t delete* rayer

strike-break·er ['straikbreikər] briseur(-euse) *m(f)* de grève

strik·er ['straikər] (*person on strike*) gréviste *m/f*; *in soccer* buteur *m*

strik·ing ['straikiŋ] *adj* (*marked, eye-catching*) frappant

string [striŋ] *n* ficelle *f*; *of violin, tennis racket* corde *f*; **the ~s** *musicians* les cordes; **pull ~s** user de son influence; **a ~ of** (*series*) une série de

♦ string along (*pret & pp strung*) F 1 *v/i*: **do you mind if I string along?** est-ce que je peux vous suivre? 2 *v/t*: **string s.o. along** tromper qn, faire marcher qn

♦ string up *v/t* F pendre

stringed 'in·stru·ment [striŋd] instrument *m* à cordes

strin·gent ['strindʒnt] *adj* rigoureux*

'string play·er joueur(-euse) *m(f)* d'un instrument à cordes

strip [strip] 1 *n* bande *f*; (*comic ~*) bande *f* dessinée; *of soccer team* tenue *f* 2 *v/t* (*pret & pp -ped*) *paint, sheets* enlever; *of wind* arracher; (*undress*) déshabiller; **~ s.o. of sth** enlever qch à qn 3 *v/i* (*pret & pp -ped*) (*undress*) se déshabiller; *of stripper* faire du strip-tease

'strip club boîte *f* de strip-tease

stripe [straip] rayure *f*; MIL galon *m*

striped [straipt] *adj* rayé

'strip mall centre *m* commercial (*linéaire*)

strip·per ['stripər] strip-teaseuse *f*;

male ~ strip-teaseur *m*

'**strip show** strip-tease *m*

strip'tease strip-tease *m*

strive [straɪv] *v/i* (*pret* **strove**, *pp* **striven**): ~ **to do sth** s'efforcer de faire qch; *over a period of time* lutter *or* se battre pour faire qch; ~ *for* essayer d'obtenir

striv·en ['strɪvn] *pp* → **strive**

strobe, 'strobe light [stroʊb] lumière *f* stroboscopique

strode [stroʊd] *pret* → **stride**

stroke [stroʊk] **1** *n* MED attaque *f*; *in writing* trait *m* de plume; *in painting* coup *m* de pinceau; *style of swimming* nage *f*; *a ~ of luck* un coup de chance; *she never does a ~ (of work)* elle ne fait jamais rien **2** *v/t* caresser

stroll [stroʊl] **1** *n*: *go for or take a ~* aller faire une balade **2** *v/i* flâner; *he just ~ed into the room* il est entré dans la pièce sans se presser

stroll·er ['stroʊlər] *for baby* poussette *f*

strong [strɒːŋ] *adj* fort; *structure* solide; *candidate* sérieux*; *support, supporter* vigoureux*

'**strong·hold** *fig* bastion *m*

strong·ly ['strɒːŋlɪ] *adv* fortement; *she feels very ~ about it* cela lui tient très à cœur

strong-mind·ed [strɒːŋ'maɪndɪd] *adj*: *be ~* avoir de la volonté; '**strong point** point *m* fort; '**strong·room** chambre *f* forte; **strong-willed** [strɒːŋ'wɪld] *adj* qui sait ce qu'il veut

strove [stroʊv] *pret* → **strive**

struck [strʌk] *pret & pp* → **strike**

struc·tur·al ['strʌktʃərəl] *adj damage* de structure; *fault, problems, steel* de construction

struc·ture ['strʌktʃər] **1** *n* (*something built*) construction *f*, *fig: of novel, poem etc* structure *f* **2** *v/t* structurer

strug·gle ['strʌgl] **1** *n* (*fight*) lutte *f*; *it was a ~ at times* ça a été très dur par moments **2** *v/i with a person* se battre; ~ *to do sth / for sth* avoir du mal à faire qch / à obtenir qch

strum [strʌm] *v/t* (*pret & pp* **-med**) *guitar* pincer les cordes de

strung [strʌŋ] *pret & pp* → **string**

strut [strʌt] *v/i* (*pret & pp* **-ted**) se pavaner

stub [stʌb] **1** *n of cigarette* mégot *m*; *of check, ticket* souche *f* **2** *v/t* (*pret & pp* **-bed**): ~ *one's toe* se cogner le pied (*on* contre)

♦ **stub out** *v/t* écraser

stub·ble ['stʌbl] *on face* barbe *f* piquante

stub·born ['stʌbərn] *adj person, refusal etc* entêté; *defense* farouche

stub·by ['stʌbɪ] *adj fingers* boudiné

stuck [stʌk] **1** *pret & pp* → **stick 2** *adj* F: *be ~ on s.o.* être fou* de qn

stuck-'up *adj* F snob *inv*

stu·dent ['stuːdnt] *at high school* élève *m/f*; *at college, university* étudiant(e) *m(f)*; **stu·dent 'driv·er** apprenti(e) conducteur(-trice) *m(f)*; **stu·dent 'nurse** élève-infirmier *m*, élève-infirmière *f*; **stu·dent 'teach·er** professeur *m/f* stagiaire

stu·di·o ['stuːdɪoʊ] *of artist* atelier *m*; (*film ~, TV ~, recording ~*) studio *m*

stu·di·ous ['stuːdɪəs] *adj* studieux*

stud·y ['stʌdɪ] **1** *n room* bureau *m*; (*learning*) études *fpl*; (*investigation*) étude *f* **2** *v/t* (*pret & pp* **-ied**) *at school, university* étudier; (*examine*) examiner **3** *v/i* (*pret & pp* **-ied**) étudier

stuff [stʌf] **1** *n* (*things*) trucs *mpl*; *substance, powder etc* truc *m*; (*belongings*) affaires *fpl* **2** *v/t turkey* farcir; ~ *sth into sth* fourrer qch dans qch

stuff·ing ['stʌfɪŋ] *for turkey* farce *f*; *in chair, teddy bear* rembourrage *m*

stuff·y ['stʌfɪ] *adj room* mal aéré; *person* vieux jeu *inv*

stum·ble ['stʌmbl] *v/i* trébucher

♦ **stumble across** *v/t* trouver par hasard

♦ **stumble over** *v/t object, words* trébucher sur

stum·bling block ['stʌmblɪŋ] pierre *f* d'achoppement

stump [stʌmp] **1** *n of tree* souche *f* **2** *v/t*: *I'm ~ed* je colle F

♦ **stump up** *v/t* F (*pay*) cracher F

stun [stʌn] *v/t* (*pret & pp* **-ned**) étourdir; *animal* assommer; *fig* (*shock*) abasourdir

stung [stʌŋ] *pret & pp* → *sting*

stunk [stʌŋk] *pp* → *stink*

stun·ning ['stʌnɪŋ] *adj* (*amazing*) stupéfiant; (*very beautiful*) épatant

stunt [stʌnt] *for publicity* coup *m* de publicité; *in movie* cascade *f*

'stunt·man *in movie* cascadeur *m*

stu·pe·fy ['stu:pɪfaɪ] *v/t* (*pret & pp -ied*) stupéfier

stu·pen·dous [stu:'pendəs] *adj* prodigieux*

stu·pid ['stu:pɪd] *adj* stupide

stu·pid·i·ty [stu:'pɪdətɪ] stupidité *f*

stu·por ['stu:pər] stupeur *f*

stur·dy ['stɜ:rdɪ] *adj* robuste

stut·ter ['stʌtər] *v/i* bégayer

style [staɪl] *n* (*method, manner*) style *m*; (*fashion*) mode *f*; (*fashionable elegance*) classe *f*; *in* ~ à la mode; *go out of* ~ passer de mode

styl·ish ['staɪlɪʃ] *adj* qui a de la classe

styl·ist ['staɪlɪst] (*hair* ~, *interior designer*) styliste *m/f*

sub·com·mit·tee ['sʌbkəmɪtɪ] sous-comité *m*

sub·con·scious [sʌb'kɑ:nʃəs] *adj* subconscient; *the* ~ *mind* le subconscient

sub·con·scious·ly [sʌb'kɑ:nʃəslɪ] *adv* subconsciemment

sub·con·tract [sʌbkən'trækt] *v/t* sous-traiter

sub·con·trac·tor [sʌbkən'træktər] sous-traitant *m*

sub·di·vide [sʌbdɪ'vaɪd] *v/t* sous-diviser

sub·due [səb'du:] *v/t rebellion, mob* contenir

sub·dued [səb'du:d] *adj person* réservé; *lighting* doux*

sub·head·ing ['sʌbhedɪŋ] sous-titre *m*

sub·hu·man [sʌb'hju:mən] *adj* sous-humain

sub·ject ['sʌbdʒɪkt] **1** *n of country*, GRAM, (*topic*) sujet *m*; (*branch of learning*) matière *f*; *change the* ~ changer de sujet **2** *adj*: *be* ~ *to* être sujet à; ~ *to availability tickets* dans la limite des places disponibles; *goods* dans la limite des stocks disponibles **3** *v/t* [səb'dʒekt] soumettre (*to* à)

sub·jec·tive [səb'dʒektɪv] *adj* subjectif*

sub·junc·tive [səb'dʒʌŋktɪv] *n* GRAM subjonctif *m*

sub·let ['sʌblet] *v/t* (*pret & pp -let*) sous-louer

sub·ma·chine gun [sʌbmə'ʃi:ngʌn] mitraillette *f*

sub·ma·rine ['sʌbməri:n] sous-marin *m*

sub·merge [səb'mɜ:rdʒ] **1** *v/t in sth* immerger (*in* dans); *be* ~*d of rocks, iceberg* être submergé **2** *v/i of submarine* plonger

sub·mis·sion [səb'mɪʃn] (*surrender*), *to committee etc* soumission *f*

sub·mis·sive [səb'mɪsɪv] *adj* soumis

sub·mit [səb'mɪt] (*pret & pp -ted*) **1** *v/t plan, proposal* soumettre **2** *v/i* se soumettre

sub·or·di·nate [sə'bɔ:rdɪnət] **1** *adj employee, position* subalterne **2** *n* subordonné(e) *m(f)*

sub·poe·na [sə'pi:nə] LAW **1** *n* assignation *f* **2** *v/t person* assigner à comparaître

♦ **sub·scribe to** [səb'skraɪb] *v/t magazine etc* s'abonner à; *theory* souscrire à

sub·scrib·er [səb'skraɪbər] *to magazine* abonné(e) *m(f)*

sub·scrip·tion [səb'skrɪpʃn] abonnement *m*

sub·se·quent ['sʌbsɪkwənt] *adj* ultérieur

sub·se·quent·ly ['sʌbsɪkwəntlɪ] *adv* par la suite

sub·side [səb'saɪd] *v/i of flood waters* baisser; *of high winds* se calmer; *of building* s'affaisser; *of fears, panic* s'apaiser

sub·sid·i·a·ry [səb'sɪdɪrɪ] *n* filiale *f*

sub·si·dize ['sʌbsɪdaɪz] *v/t* subventionner

sub·si·dy ['sʌbsɪdɪ] subvention *f*

♦ **sub·sist on** *v/t* subsister de

sub·sis·tence lev·el: *live at* ~ vivre à la limite de la subsistance

sub·stance ['sʌbstəns] (*matter*) substance *f*

sub·stan·dard [sʌb'stændərd] *adj* de
qualité inférieure

sub·stan·tial [səb'stænʃl] *adj (considérable)* considérable; *meal* consistant

sub·stan·tial·ly [səb'stænʃlɪ] *adv
(considerably)* considérablement; *(in
essence)* de manière générale

sub·stan·ti·ate [səb'stænʃɪeɪt] *v/t*
confirmer

sub·stan·tive [səb'stæntɪv] *adj* réel*

sub·sti·tute ['sʌbstɪtuːt] **1** *n for commodity* substitut *m (for* de); *SP* remplaçant(e) *m(f) (for* de) **2** *v/t* remplacer; *X for Y* remplacer Y par X **3** *v/i*:
~ for s.o. remplacer qn

sub·sti·tu·tion [sʌbstɪ'tuːʃn] *act*
remplacement *m*; *make a ~ SP* faire
un remplacement

sub·ti·tle ['sʌbtaɪtl] *n* sous-titre *m*;
with ~s sous-titré

sub·tle ['sʌtl] *adj* subtil

sub·tract [səb'trækt] *v/t number* soustraire

sub·urb ['sʌbɜːrb] banlieue *f*; *the ~s*
la banlieue

sub·ur·ban [sə'bɜːrbən] *adj* typique
de la banlieue; *pej: attitudes etc* de
banlieusards

sub·ver·sive [səb'vɜːrsɪv] **1** *adj* subversif* **2** *n* personne *f* subversive

sub·way ['sʌbweɪ] métro *m*

sub·ze·ro [sʌb'ziːroʊ] *adj temperature*
en-dessous de zéro

suc·ceed [sək'siːd] *v/i (be successful)*
réussir; *~ in doing sth* réussir à faire
qch; *to throne, presidency* succéder à
2 *v/t (come after)* succéder à

suc·ceed·ing [sək'siːdɪŋ] *adj* suivant

suc·cess [sək'ses] réussite *f*; *be a ~*
avoir du succès

suc·cess·ful [sək'sesfʊl] *adj person*
qui a réussi; *talks, operation, marriage*
réussi; *be ~ in doing sth* réussir à
faire qch

suc·cess·ful·ly [sək'sesfʊlɪ] *adv* avec
succès

suc·ces·sion [sək'seʃn] *(sequence), to
office* succession *f*; *in ~* d'affilée

suc·ces·sive [sək'sesɪv] *adj* succes-

sif*; *on three ~ days* trois jours de
suite

suc·ces·sor [sək'sesər] successeur *m*

suc·cinct [sək'sɪŋkt] *adj* succinct

suc·cu·lent ['sʌkjʊlənt] *adj* succulent

suc·cumb [sə'kʌm] *v/i (give in)* succomber; *~ to temptation* succomber
à la tentation

such [sʌtʃ] **1** *adj*: *~ a (so much of a)* un
tel, une telle; *it was ~ a surprise*
c'était une telle surprise
◇ *(of that kind)*: *~ as* tel / telle que;
there is no ~ word as ... le mot ...
n'existe pas; *~ people are ...* de telles
personnes sont ...
2 *adv* tellement; *~ an easy question*
une question tellement facile; *as ~*
en tant que tel

suck [sʌk] **1** *v/t candy etc* sucer; *~
one's thumb* sucer son pouce **2** *v/i*
P: *it ~s* c'est merdique P
♦ **suck up** *v/t moisture* absorber
♦ **suck up to** *v/t* F lécher les bottes à

suck·er ['sʌkər] F *person* niais(e) *m(f)*;
F *(lollipop)* sucette *f*

suc·tion ['sʌkʃn] succion *f*

sud·den ['sʌdn] *adj* soudain; *all of a ~*
tout d'un coup'

sud·den·ly ['sʌdnlɪ] *adv* tout à coup,
soudain, soudainement; *so ~* tellement vite

suds [sʌdz] *npl (soap ~)* mousse *f* de
savon

sue [suː] *v/t* poursuivre en justice

suede [sweɪd] *n* daim *m*

suf·fer ['sʌfər] **1** *v/i* souffrir; *be ~ing
from* souffrir de **2** *v/t experience* subir

suf·fer·ing ['sʌfərɪŋ] *n* souffrance *f*

suf·fi·cient [sə'fɪʃnt] *adj* suffisant; *not
have ~ funds / time* ne pas avoir assez d'argent / de temps; *just one
hour will be ~* une heure suffira

suf·fi·cient·ly [sə'fɪʃntlɪ] *adv* suffisamment

suf·fo·cate ['sʌfəkeɪt] **1** *v/i* s'étouffer
2 *v/t* étouffer

suf·fo·ca·tion [sʌfə'keɪʃn] étouffement *m*

sug·ar ['ʃʊgər] **1** *n* sucre *m* **2** *v/t* sucrer

'sug·ar bowl sucrier *m*

'sug·ar cane canne *f* à sucre

sug·gest [səˈdʒest] v/t suggérer

sug·ges·tion [səˈdʒestʃən] suggestion f

su·i·cide [ˈsuːɪsaɪd] also fig suicide m; **commit ~** se suicider

'**su·i·cide bomb at·tack** attentat m suicide; '**su·i·cide bomb·er** kamikaze m/f; '**su·i·cide pact** accord passé entre deux personnes pour se suicider ensemble

suit [suːt] **1** n for man costume m; for woman tailleur m; in cards couleur f **2** v/t of clothes, color aller à; **red ~s you** le rouge te va bien; **~ yourself!** F fais comme tu veux!; **be ~ed for sth** être fait pour qch

sui·ta·ble [ˈsuːtəbl] adj approprié, convenable

sui·ta·bly [ˈsuːtəblɪ] adv convenablement

'**suit·case** valise f

suite [swiːt] of rooms suite f; furniture salon m trois pièces; MUS suite m

sul·fur [ˈsʌlfər] soufre m

sul·fur·ic ac·id [sʌlˈfjuːrɪk] acide m sulfurique

sulk [sʌlk] v/i bouder

sulk·y [ˈsʌlkɪ] adj boudeur*

sul·len [ˈsʌlən] adj maussade

sul·phur etc Br → **sulfur** etc

sul·try [ˈsʌltrɪ] adj climate lourd; sexually sulfureux*

sum [sʌm] (total, amount) somme f; in arithmetic calcul m; **a large ~ of money** une grosse somme d'argent; **~ insured** montant assuré; **the ~ to·tal of his efforts** la somme de ses efforts

♦ **sum up** (pret & pp **-med**) **1** v/t (summarize) résumer; (assess) se faire une idée de; **that just about sums him up** c'est tout à fait lui **2** v/i LAW résumer les débats

sum·ma·rize [ˈsʌməraɪz] v/t résumer

sum·ma·ry [ˈsʌmərɪ] n résumé m

sum·mer [ˈsʌmər] été f

sum·mit [ˈsʌmɪt] of mountain, POL sommet m

'**sum·mit meet·ing** → **summit**

sum·mon [ˈsʌmən] v/t staff, meeting convoquer

♦ **summon up** v/t strength faire appel à

sum·mons [ˈsʌmənz] nsg LAW assignation f (à comparaître)

sump [sʌmp] for oil carter m

sun [sʌn] soleil m; **in the ~** au soleil; **out of the ~** à l'ombre; **he has had too much ~** il s'est trop exposé au soleil

'**sun·bathe** v/i prendre un bain de soleil; '**sun·bed** lit m à ultraviolets; '**sun·block** écran m solaire; '**sun·burn** coup m de soleil; '**sun·burnt** adj: **be ~** avoir des coups de soleil

Sun·day [ˈsʌndeɪ] dimanche m

'**sun·dial** cadran m solaire

sun·dries [ˈsʌndrɪz] npl expenses frais mpl divers; items articles mpl divers

sung [sʌŋ] pp → **sing**

'**sun·glass·es** npl lunettes fpl de soleil

sunk [sʌŋk] pp → **sink**

sunk·en [ˈsʌŋkn] adj cheeks creux*

sun·ny [ˈsʌnɪ] adj day ensoleillé; disposition gai; **it's ~** il y a du soleil

'**sun·rise** lever m du soleil; '**sun·set** coucher m du soleil; '**sun·shade** handheld ombrelle f; over table parasol m; '**sun·shine** soleil m; '**sun·stroke** insolation f; '**sun·tan** bronzage m; **get a ~** bronzer

su·per [ˈsuːpər] **1** adj F super inv F **2** n (janitor) concierge m/f

su·perb [suˈpɜːrb] adj excellent

su·per·fi·cial [suːpərˈfɪʃl] adj superficiel*

su·per·flu·ous [suˈpɜːrflʊəs] adj superflu

su·per·hu·man adj efforts surhumain

su·per·in·ten·dent [suːpərɪnˈtendənt] of apartment block concierge m/f

su·pe·ri·or [suˈpɪrɪər] **1** adj quality, hotel, attitude supérieur **2** n in organization, society supérieur m

su·per·la·tive [suːˈpɜːrlətɪv] **1** adj (superb) excellent **2** n GRAM superlatif m

'**su·per·mar·ket** supermarché m

'**su·per·mod·el** top model m

su·per·nat·u·ral 1 adj powers surnaturel* **2** n: **the ~** le surnaturel

'**su·per·pow·er** POL superpuissance f

su·per·son·ic [suːpərˈsɑːnɪk] *adj flight, aircraft* supersonique

su·per·sti·tion [suːpərˈstɪʃn] superstition *f*

su·per·sti·tious [suːpərˈstɪʃəs] *adj person* superstitieux*

su·per·vise [ˈsuːpərvaɪz] *v/t children activities etc* surveiller; *workers* superviser

su·per·vi·sor [ˈsuːpərvaɪzər] *at work* superviseur *m*

sup·per [ˈsʌpər] dîner *m*

sup·ple [ˈsʌpl] *adj* souple

sup·ple·ment [ˈsʌplɪmənt] *n (extra payment)* supplément *m*

sup·pli·er [səˈplaɪr] COMM fournisseur (-euse) *m(f)*

sup·ply [səˈplaɪ] **1** *n of electricity, water etc* alimentation *f* (*of* en); **~ and demand** l'offre et la demande; *supplies of food* provisions *fpl*; *office supplies* fournitures *fpl* de bureau **2** *v/t (pret & pp -ied) goods* fournir; **~ s.o. with sth** fournir qch à qn; *be supplied with ...* être pourvu de ...

sup·port [səˈpɔːrt] **1** *n for structure* support *m; (backing)* soutien *m* **2** *v/t building, structure* supporter; *financially* entretenir; *(back)* soutenir

sup·port·er [səˈpɔːrtər] *of politician, football etc team* supporteur(-trice) *m(f); of theory* partisan(e) *m(f)*

sup·port·ive [səˈpɔːrtɪv] *adj attitude* de soutien; *person* qui soutient; *be very ~ of s.o.* beaucoup soutenir qn

sup·pose [səˈpoʊz] *v/t (imagine)* supposer; *I ~ so* je suppose que oui; *be ~d to do sth (be meant to, said to)* être censé faire qch; *supposing ...* si ...

sup·pos·ed·ly [səˈpoʊzɪdlɪ] *adv: this is ~ the ...* c'est soi-disant *or* apparemment le ...

sup·pos·i·to·ry [səˈpɑːzɪtɔːrɪ] MED suppositoire *m*

sup·press [səˈpres] *v/t rebellion etc* réprimer

sup·pres·sion [səˈpreʃn] répression *f*

su·prem·a·cy [suːˈpreməsɪ] suprématie *f*

su·preme [suːˈpriːm] *adj* suprême

sur·charge [ˈsɜːrtʃɑːrdʒ] surcharge *f*

sure [ʃʊr] **1** *adj* sûr; *I'm ~* as answer j'en suis sûr; *be ~ that* être sûr que; *be ~ about sth* être sûr de qch; *make ~ that ...* s'assurer que ... **2** *adv:* **~ enough** en effet; *it ~ is hot today* F il fait vraiment chaud aujourd'hui; **~!** F mais oui, bien sûr!

sure·ly [ˈʃʊrlɪ] *adv with negatives* quand même; *(gladly)* avec plaisir; **~ there is someone here who ...** il doit bien y avoir quelqu'un ici qui ...

sure·ty [ˈʃʊrətɪ] *for loan* garant(e) *m(f)*

surf [sɜːrf] **1** *n on sea* écume *f* **2** *v/t the Net* surfer sur

sur·face [ˈsɜːrfɪs] **1** *n of table, water etc* surface *f; on the ~ fig* en surface **2** *v/i of swimmer, submarine* faire surface; *(appear)* refaire surface

'sur·face mail courrier *m* par voie terrestre ou maritime

'surf·board planche *f* de surf

surf·er [ˈsɜːrfər] *on sea* surfeur(-euse) *m(f)*

surf·ing [ˈsɜːrfɪŋ] surf *m; go ~* aller faire du surf

surge [sɜːrdʒ] *n in electric current* surtension *f; in demand, interest, growth etc* poussée *f*

♦ **surge forward** *v/i of crowd* s'élancer en masse

sur·geon [ˈsɜːrdʒən] chirurgien *m(f)*

sur·ger·y [ˈsɜːrdʒərɪ] chirurgie *f; undergo ~* subir une opération (chirurgicale)

sur·gi·cal [ˈsɜːrdʒɪkl] *adj* chirurgical

sur·gi·cal·ly [ˈsɜːrdʒɪklɪ] *adv remove* par opération chirurgicale

sur·ly [ˈsɜːrlɪ] *adj* revêche

sur·mount [sərˈmaʊnt] *v/t difficulties* surmonter

sur·name [ˈsɜːrneɪm] nom *m* de famille

sur·pass [sərˈpæs] *v/t* dépasser

sur·plus [ˈsɜːrplʌs] **1** *n* surplus *m* **2** *adj* en surplus

sur·prise [sərˈpraɪz] **1** *n* surprise *f* **2** *v/t* étonner; *be / look ~d* être / avoir l'air surpris

sur·pris·ing [sər'praɪzɪŋ] *adj* étonnant

sur·pris·ing·ly [sər'praɪzɪŋlɪ] *adv* étonnamment; *not ~, ...* comme on pouvait s'y attendre, ...

sur·ren·der [sə'rendər] **1** *v/i of army* se rendre **2** *v/t weapons etc* rendre **3** *n* capitulation *f*; *(handing in)* reddition *f*

sur·ro·gate moth·er ['sʌrəgət] mère *f* porteuse

sur·round [sə'raʊnd] **1** *v/t* entourer; *be ~ed by* être entouré par **2** *n of picture etc* bordure *f*

sur·round·ing [sə'raʊndɪŋ] *adj* environnant

sur·round·ings [sə'raʊndɪŋz] *npl* environs *mpl*; *setting* cadre *m*

sur·vey 1 ['sɜːrveɪ] *n of modern literature etc* étude *f*; *of building* inspection *f*; *(poll)* sondage *m* **2** *v/t* [sər'veɪ] *(look at)* contempler; *building* inspecter

sur·vey·or [sɜːr'veɪr] expert *m*

sur·viv·al [sər'vaɪvl] survie *f*

sur·vive [sər'vaɪv] **1** *v/i* survivre; *how are you? - I'm surviving* comment ça va? - pas trop mal; *his two surviving daughters* ses deux filles encore en vie **2** *v/t accident, operation, (outlive)* survivre à

sur·vi·vor [sər'vaɪvər] survivant(e) *m(f)*; *he's a ~ fig* c'est un battant

sus·cep·ti·ble [sə'septəbl] *adj emotionally* influençable; *be ~ to the cold* être frileux*; *be ~ to the heat* être sensible à la chaleur

sus·pect 1 ['sʌspekt] *n* suspect(e) *m(f)* **2** *v/t* [sə'spekt] *person* soupçonner; *(suppose)* croire

sus·pect·ed [sə'spektɪd] *adj murderer* soupçonné; *cause, heart attack etc* présumé

sus·pend [sə'spend] *v/t (hang), from office* suspendre

sus·pend·ers [sə'spendərz] *npl for pants* bretelles *fpl*; *Br porte-jarretelles m*

sus·pense [sə'spens] suspense *m*

sus·pen·sion [sə'spenʃn] *in vehicle, from duty* suspension *f*

sus·pen·sion bridge pont *m* suspendu

sus·pi·cion [sə'spɪʃn] soupçon *m*

sus·pi·cious [sə'spɪʃəs] *adj (causing suspicion)* suspect; *(feeling suspicion)* méfiant; *be ~ of s.o.* se méfier de qn

sus·pi·cious·ly [sə'spɪʃəslɪ] *adv behave* de manière suspecte; *ask* avec méfiance

sus·tain [sə'steɪn] *v/t* soutenir

sus·tain·a·ble [sə'steɪnəbl] *adj economic growth* durable

swab [swɑːb] *n* tampon *m*

swag·ger ['swægər] *n* démarche *f* crâneuse

swal·low[1] ['swɑːloʊ] *v/t & v/i* avaler

swal·low[2] ['swɑːloʊ] *n bird* hirondelle *f*

swam [swæm] *pret →* **swim**

swamp [swɑːmp] **1** *n* marécage *m* **2** *v/t*: *be ~ed with* with letters, work etc être submergé de

swamp·y ['swɑːmpɪ] *adj ground* marécageux*

swan [swɑːn] cygne *m*

swap [swɑːp] *(pret & pp -ped)* **1** *v/t* échanger; *~ sth for sth* échanger qch contre qch **2** *v/i* échanger

swarm [swɔːrm] **1** *n of bees* essaim *m* **2** *v/i of ants, tourists etc* grouiller; *the town was ~ing with ...* la ville grouillait de ...; *the crowd ~ed out of the stadium* la foule est sortie en masse du stade

swar·thy ['swɔːrðɪ] *adj face, complexion* basané

swat [swɑːt] *v/t (pret & pp -ted) insect* écraser

sway [sweɪ] **1** *n (influence, power)* emprise *f* **2** *v/i in wind* se balancer; *because drunk, ill* tituber

swear [swer] *(pret swore, pp sworn)* **1** *v/i (use swearword)* jurer; *~ at s.o.* injurier qn **2** *v/t* LAW, *(promise)* jurer *(to do sth* de faire qch)

♦ **swear in** *v/t witnesses etc* faire prêter serment à

'swear·word juron *m*

sweat [swet] **1** *n* sueur *f*; *covered in ~* trempé de sueur **2** *v/i* transpirer, suer

'sweat band bandeau *m* en éponge

sweat·er ['swetər] pull *m*

sweats [swets] *npl* SP survêtement *m*

'sweat·shirt sweat(-shirt) *m*

sweat·y ['swetɪ] *adj hands, forehead* plein de sueur

Swede [swi:d] Suédois(e) *m(f)*

Swe·den ['swi:dn] Suède *f*

Swe·dish ['swi:dɪʃ] **1** *adj* suédois **2** *n* suédois *m*

sweep [swi:p] **1** *v/t (pret & pp swept) floor, leaves* balayer **2** *n (long curve)* courbe *f*

♦ **sweep up** *v/t mess, crumbs* balayer

sweep·ing ['swi:pɪŋ] *adj statement* hâtif*; *changes* radical

sweet [swi:t] *adj taste, tea* sucré; F *(kind)* gentil*; F *(cute)* mignon*

sweet and 'sour *adj* aigre-doux*

'sweet·corn maïs *m*

sweet·en ['swi:tn] *v/t drink, food* sucrer

sweet·en·er ['swi:tnər] *for drink* édulcorant *m*

'sweet·heart amoureux(-euse) *m(f)*

swell [swel] **1** *n (of wound, limb)* enfler **2** *adj* F *(good)* super F *inv* **3** *n of the sea* houle *f*

swell·ing ['swelɪŋ] *n* MED enflure *f*

swel·ter·ing ['sweltərɪŋ] *adj heat, day* étouffant

swept [swept] *pret & pp →* **sweep**

swerve [swɜːrv] *v/i of driver, car* s'écarter brusquement

swift [swɪft] *adj* rapide

swim [swɪm] **1** *v/i (pret swam, pp swum)* nager; **go ~ming** aller nager; *my head is ~ming* j'ai la tête qui tourne **2** *n* baignade *f*; **go for a ~** aller nager, aller se baigner

swim·mer ['swɪmər] nageur(-euse) *m(f)*

swim·ming ['swɪmɪŋ] natation *f*

'swim·ming pool piscine *f*

'swim·suit maillot *m* de bain

swin·dle ['swɪndl] **1** *n* escroquerie *f* **2** *v/t person* escroquer; **~ s.o. out of sth** escroquer qch à qn

swine [swaɪn] F *person* salaud *m* P

swing [swɪŋ] **1** *n* oscillation *f*; *for child* balançoire *f*; **~ to the Democrats** revirement *m* d'opinion en faveur des démocrates **2** *v/t (pret & pp swung)*

object in hand, hips balancer **3** *v/i (pret & pp swung)* se balancer; *(turn)* tourner; *of public opinion etc* virer

swing-'door porte *f* battante

Swiss [swɪs] **1** *adj* suisse **2** *n person* Suisse *m/f*; **the ~** les Suisses *mpl*

switch [swɪtʃ] **1** *n for light* bouton *m*; *(change)* changement *m* **2** *v/t (change)* changer de **3** *v/i (change)* passer (**to** à)

♦ **switch off** *v/t lights, engine, PC* éteindre; *engine* arrêter

♦ **switch on** *v/t lights, engine, PC* allumer; *engine* démarrer

'switch·board standard *m*

'switch·o·ver *to new system* passage *m*

Swit·zer·land ['swɪtsərlənd] Suisse *f*

swiv·el ['swɪvl] *v/i (pret & pp -ed, Br -led) of chair, monitor* pivoter

swol·len ['swoʊlən] **1** *pp →* **swell 2** *adj stomach* ballonné; *ankles, face, cheek* enflé

swoop [swu:p] *v/i of bird* descendre

♦ **swoop down on** *v/t prey* fondre sur

♦ **swoop on** *v/t nightclub, hideout* faire une descente dans

sword [sɔːrd] épée *f*

swore [swɔːr] *pret →* **swear**

sworn [swɔːrn] *pp →* **swear**

swum [swʌm] *pp →* **swim**

swung [swʌŋ] *pret & pp →* **swing**

syc·a·more ['sɪkəmɔːr] sycomore *m*

syl·la·ble ['sɪləbl] syllabe *f*

syl·la·bus ['sɪləbəs] programme *m*

sym·bol ['sɪmbəl] symbole *m*

sym·bol·ic [sɪm'bɑːlɪk] *adj* symbolique

sym·bol·ism ['sɪmbəlɪzm] *in poetry, art* symbolisme *m*

sym·bol·ist ['sɪmbəlɪst] symboliste *m/f*

sym·bol·ize ['sɪmbəlaɪz] *v/t* symboliser

sym·met·ri·cal [sɪ'metrɪkl] *adj* symétrique

sym·me·try ['sɪmətrɪ] symétrie *f*

sym·pa·thet·ic [sɪmpə'θetɪk] *adj (showing pity)* compatissant; *(understanding)* compréhensif*; **be ~ toward** *person* être compréhensif envers; *idea* avoir des sympathies pour

♦ **sym·pa·thize with** ['sɪmpəθaɪz] *v/t*

person compatir avec; *views* avoir des sympathies pour

sym·pa·thiz·er ['sɪmpəθaɪzər] POL sympathisant(e) *m(f)*

sym·pa·thy ['sɪmpəθɪ] *(pity)* compassion *f*; *(understanding)* compréhension *f* (*for* de); **you have our deepest ~ on bereavement** nous vous présentons toutes nos condoléances; **don't expect any ~ from me!** ne t'attends pas à ce que j'aie pitié de toi!

sym·pho·ny ['sɪmfənɪ] symphonie *f*

'sym·pho·ny or·ches·tra orchestre *m* symphonique

symp·tom ['sɪmptəm] MED, *fig* symptôme *m*

symp·to·mat·ic [sɪmptə'mætɪk] *adj:* **be ~ of** *fig* être symptomatique de

syn·chro·nize ['sɪŋkrənaɪz] *v/t* synchroniser

syn·o·nym ['sɪnənɪm] synonyme *m*

sy·non·y·mous [sɪ'nɑːnɪməs] *adj* synonyme; **be ~ with** *fig* être synonyme de

syn·tax ['sɪntæks] syntaxe *f*

syn·the·siz·er ['sɪnθəsaɪzər] MUS synthétiseur *m*

syn·thet·ic [sɪn'θetɪk] *adj* synthétique

syph·i·lis ['sɪfɪlɪs] *nsg* syphilis *f*

Syr·i·a ['sɪrɪə] Syrie *f*

Syr·i·an ['sɪrɪən] **1** *adj* syrien* **2** *n* Syrien(ne) *m(f)*

sy·ringe [sɪ'rɪndʒ] *n* seringue *f*

syr·up ['sɪrəp] sirop *m*

sys·tem ['sɪstəm] système *m*; *(orderliness)* ordre *m*; *(computer)* ordinateur *m*; **~ crash** COMPUT panne *f* du système; **the digestive ~** l'appareil *m* digestif

sys·te·mat·ic [sɪstə'mætɪk] *adj* approach, person systématique

sys·tem·at·i·cal·ly [sɪstə'mætɪklɪ] *adv* systématiquement

sys·tems an·a·lyst ['sɪstəmz] COMPUT analyste-programmeur (-euse) *m(f)*

T

tab [tæb] *n for pulling* languette *f*; *in text* tabulation *f*; **pick up the ~** régler la note

ta·ble ['teɪbl] *n* table *f*; *of figures* tableau *m*

'ta·ble·cloth nappe *f*; **'ta·ble lamp** petite lampe *f*; **ta·ble of 'con·tents** table *f* des matières; **'ta·ble·spoon** cuillère *f* à soupe

tab·let ['tæblɪt] MED comprimé *m*

'ta·ble ten·nis tennis *m* de table

tab·loid ['tæblɔɪd] *n newspaper* journal *m* à sensation; **the ~s** la presse à sensation

ta·boo [tə'buː] *adj* tabou *inv in feminine*

tac·it ['tæsɪt] *adj* tacite

tac·i·turn ['tæsɪtɜːrn] *adj* taciturne

tack [tæk] **1** *n nail* clou *m* **2** *v/t in sewing* bâtir **3** *v/i of yacht* louvoyer

tack·le ['tækl] **1** *n (equipment)* attirail *m*; SP tacle *m*; *in rugby* plaquage *m* **2** *v/t* SP tacler; *in rugby* plaquer; *problem* s'attaquer à; *(confront)* confronter; *physically* s'opposer à

tack·y ['tækɪ] *adj paint, glue* collant; F *(cheap, poor quality)* minable F

tact [tækt] tact *m*

tact·ful ['tæktfʊl] *adj* diplomate

tact·ful·ly ['tæktflɪ] *adv* avec tact

tac·ti·cal ['tæktɪkl] *adj* tactique

tac·tics ['tæktɪks] *npl* tactique *f*

tact·less ['tæktlɪs] *adj* qui manque de tact, peu délicat

tad·pole ['tædpoʊl] têtard *m*

tag [tæg] *n (label)* étiquette *f*

◆ **tag along** *v/i (pret & pp -ged)* venir aussi

tail [teɪl] n queue f

'**tail-back** Br. in traffic bouchon m

'**tail light** feu m arrière

tai-lor ['teɪlər] n tailleur m

tai-lor-made [teɪlər'meɪd] adj also fig fait sur mesure

'**tail pipe** of car tuyau m d'échappement

'**tail wind** vent m arrière

taint-ed ['teɪntɪd] adj food avarié; atmosphere gâté

Tai-wan [taɪ'wɑn] Taïwan

Tai-wan-ese [taɪwɑn'iːz] 1 adj taïwanais 2 n Taïwanais(e) m(f)

take [teɪk] v/t (pret **took**, pp **taken**) prendre; (transport, accompany) amener; subject at school, photograph, photocopy, stroll faire; exam passer; (endure) supporter; (require: courage etc) demander; ~ **s.o. home** ramener qn chez lui; **how long does it ~?** journey, order combien de temps est-ce que cela prend?; **how long will it ~ you to ...?** combien de temps est-ce que tu vas mettre pour ...?

♦ **take after** v/t ressembler à

♦ **take apart** v/t (dismantle) démonter; F (criticize) démolir F; F in fight, game battre à plates coutures

♦ **take away** v/t object enlever; pain faire disparaître; MATH soustraire (from de); **15 take away 5 is 10** 15 moins 5 égalent 10; **take sth away from s.o.** driver's license etc retirer qch à qn; toys, knife etc confisquer qch à qn

♦ **take back** v/t object rapporter; person to a place ramener; **that takes me back** of music, thought etc ça me rappelle le bon vieux temps; **she wouldn't take him back** husband elle ne voulait pas qu'il revienne

♦ **take down** v/t from shelf, wall enlever; scaffolding démonter; pants baisser; (write down) noter

♦ **take in** v/t (take indoors) rentrer; (give accommodation to) héberger; (make narrower) reprendre; (deceive) duper; (include) inclure

♦ **take off 1** v/t clothes, hat enlever; 10% etc faire une réduction de; (mimic) imiter; **can you take a bit off here?** to hairdresser est-ce que vous pouvez couper un peu là?; **take a day / week off** prendre un jour / une semaine de congé **2** v/i of airplane décoller; (become popular) réussir

♦ **take on** v/t job accepter; staff embaucher

♦ **take out** v/t from bag, pocket sortir (**from** de); appendix, tooth, word from text enlever; money from bank retirer; to dinner, theater etc emmener; dog sortir; kids emmener quelque part; insurance policy souscrire à; **he's taking her out** (dating) il sort avec elle; **take it out on s.o.** en faire pâtir qn

♦ **take over 1** v/t company etc reprendre; **tourists take over the town** les touristes prennent la ville 2 v/i POL arriver au pouvoir; of new director prendre ses fonctions; (do sth in s.o.'s place) prendre la relève; **take over from s.o.** remplacer qn

♦ **take to** v/t: **she didn't take to him / the idea** (like) il / l'idée ne lui a pas plu; **take to doing sth** (form habit of) se mettre à faire qch; **she took to drink** elle s'est mise à boire

♦ **take up** v/t carpet etc enlever; (carry up) monter; dress etc raccourcir; judo, Spanish etc se mettre à; new job commencer; space, time prendre; **I'll take you up on your offer** j'accepterai votre offre

'**take-home pay** salaire m net

tak-en ['teɪkən] pp → take

'**take-off** of airplane décollage m; (impersonation) imitation f; '**take-o-ver** COMM rachat m; '**take-o-ver bid** offre f publique d'achat, OPA f

ta-kings ['teɪkɪŋz] npl recette f

tal-cum pow-der ['tælkəmpaʊdər] talc m

tale [teɪl] histoire f

tal-ent ['tælənt] talent m

tal-ent-ed ['tæləntɪd] adj doué

'**tal-ent scout** dénicheur(-euse) m(f) de talents

talk [tɔːk] 1 v/i parler; **can I ~ to ...?**

est-ce que je pourrais parler à …? **2**
v/t *English etc* parler; **~ business /
politics** parler affaires / politique;
~ s.o. into doing sth persuader qn
de faire qch **3** n (*conversation*) conversation f; (*lecture*) exposé m; **give a ~**
faire un exposé; **he's all ~** il ne
fait que parler; **~s** (*negotiations*)
pourparlers *mpl*
♦ **talk back** v/i répondre
♦ **talk down to** v/t prendre de haut
♦ **talk over** v/t discuter
talk·a·tive ['tɔːkətɪv] *adj* bavard
talk·ing-to ['tɔːkɪŋtuː] *savon* m F;
give s.o. a ~ passer un savon à qn F
'**talk show** talk-show m
tall [tɔːl] *adj* grand
tall 'or·der: **that's a ~** c'est beaucoup
demander
tall '**tale** histoire f à dormir debout
tal·ly ['tælɪ] **1** n compte m **2** v/i (*pret &
pp* **-ied**) correspondre; *of stories*
concorder
♦ **tally with** v/t correspondre à; *of stories* concorder avec
tame [teɪm] *adj which has been tamed*
apprivoisé; *not wild* pas sauvage; *joke
etc* fade
♦ **tam·per with** ['tæmpər] v/t toucher à
tam·pon ['tæmpɑːn] *tampon* m
tan [tæn] **1** n *from sun* bronzage; *color*
marron m clair **2** v/i (*pret & pp* **-ned**)
in sun bronzer **3** v/t (*pret & pp* **-ned**)
leather tanner
tan·dem ['tændəm] *bike* tandem m
tan·gent ['tændʒənt] MATH tangente f
tan·ge·rine [tændʒə'riːn] *fruit* mandarine f
tan·gi·ble ['tændʒɪbl] *adj* tangible
tan·gle ['tæŋgl] n enchevêtrement m
♦ **tangle up** v/t: **get tangled up** *of
string etc* s'emmêler
tan·go ['tæŋgoʊ] n *tango* m
tank [tæŋk] MOT, *for water* réservoir
m; *for fish* aquarium m; MIL char
m; *for skin diver* bonbonne f d'oxygène
tank·er ['tæŋkər] (*oil ~*) pétrolier m;
truck camion-citerne m
'**tank top** débardeur m
tanned [tænd] *adj* bronzé

Tan·noy® ['tænɔɪ] système m de hauts-
-parleurs; **over the ~** dans le haut-
-parleur
tan·ta·liz·ing ['tæntəlaɪzɪŋ] *adj* alléchant
tan·ta·mount ['tæntəmaʊnt]: **be ~ to**
équivaloir à
tan·trum ['tæntrəm] *caprice* m
tap [tæp] **1** n Br (*faucet*) robinet m **2** v/t
(*pret & pp* **-ped**) (*knock*) taper; *phone*
mettre sur écoute
♦ **tap into** v/t *resources* commencer à
exploiter
'**tap dance** n claquettes *fpl*
tape [teɪp] **1** n *for recording* bande f;
recording cassette f; *sticky* ruban m
adhésif **2** v/t *conversation etc* enregistrer; *with sticky tape* scotcher
'**tape deck** platine f cassettes; '**tape
drive** COMPUT lecteur m de bandes;
'**tape meas·ure** mètre m ruban
ta·per ['teɪpər] v/i *of stick* s'effiler; *of
column, pant legs* se rétrécir
♦ **taper off** v/i diminuer peu à peu
'**tape re·cord·er** magnétophone m
'**tape re·cord·ing** enregistrement m
tap·es·try ['tæpɪstrɪ] tapisserie f
tar [tɑːr] n goudron m
tar·dy ['tɑːrdɪ] *adj reply, arrival* tardif*
tar·get ['tɑːrgɪt] **1** n *in shooting* cible f;
fig objectif m **2** v/t *market* cibler
'**tar·get au·di·ence** public m cible;
'**tar·get date** date f visée; '**tar·get
fig·ure** objectif m; '**tar·get group**
COMM groupe m cible; '**tar·get
mar·ket** marché m cible
tar·iff ['tærɪf] (*customs ~*) taxe f;
(*prices*) tarif m
tar·mac ['tɑːrmæk] *at airport* tarmac m
tar·nish ['tɑːrnɪʃ] v/t ternir
tar·pau·lin [tɑːr'pɔːlɪn] *bâche* f
tart [tɑːrt] n *tarte* f
tar·tan ['tɑːrtn] *tartan* m
task [tæsk] n *tâche* f
'**task force** commission f; MIL corps m
expéditionnaire
tas·sel ['tæsl] *gland* m
taste [teɪst] **1** n *goût* m; **he has no ~** il
n'a pas de goût **2** v/t *goûter*; (*perceive
taste of*) sentir; *try, fig* goûter à **3** v/i: **it
~s like …** ça a un (un) goût de …; **it ~s**

very nice c'est très bon

taste·ful ['teɪstfl] *adj* de bon goût

taste·ful·ly ['teɪstflɪ] *adv* avec goût

taste·less ['teɪstlɪs] *adj food* fade; *remark, décor* de mauvais goût

tast·ing ['teɪstɪŋ] *of wine* dégustation *f*

tast·y ['teɪstɪ] *adj* délicieux*

tat·tered ['tætərd] *adj* en lambeaux

tat·ters ['tætərz] *in* ~ en lambeaux; *fig* ruiné

tat·too [tə'tuː] *n* tatouage *m*

tat·ty ['tætɪ] *adj Br F* miteux*

taught [tɔːt] *pret & pp* → **teach**

taunt [tɔːnt] **1** *n* raillerie *f* **2** *v/t* se moquer de

Tau·rus ['tɔːrəs] ASTROL Taureau *m*

taut [tɔːt] *adj* tendu

taw·dry ['tɔːdrɪ] *adj* clinquant

tax [tæks] **1** *n on income* impôt *m*; *on goods, services* taxe *f*; *before / after* ~ brut / net, avant / après déductions **2** *v/t income* imposer; *goods, services* taxer

tax·a·ble 'in·come revenu *m* imposable

tax·a·tion [tæk'seɪʃn] *act* imposition *f*; *(taxes)* charges *fpl* fiscales

'tax a·void·ance évasion *f* fiscale; **'tax brack·et** fourchette *f* d'impôts; **'tax-de·duct·i·ble** *adj* déductible des impôts; **'tax e·va·sion** fraude *f* fiscale; **'tax-free** *adj goods* hors taxe; **'tax ha·ven** paradis *m* fiscal

tax·i ['tæksɪ] *n* taxi *m*

'tax·i driv·er chauffeur *m* de taxi

tax·ing ['tæksɪŋ] *adj* exténuant

'tax·i stand, *Br* **'tax·i rank** station *f* de taxis

'tax·pay·er contribuable *m/f*; **'tax re·turn** *form* déclaration *f* d'impôts; **'tax year** année *f* fiscale

TB [tiː'biː] *abbr (= **tuberculosis**)* tuberculose *f*

tea [tiː] *drink* thé *m*

tea-bag ['tiːbæg] sachet *m* de thé

teach [tiːtʃ] **1** *v/t (pret & pp* **taught**); *subject* enseigner; *person, student* enseigner à; ~ *s.o. sth* enseigner qch à qn; ~ *s.o. to do sth* apprendre à qn à faire qch; *who taught you?* qui était ton prof? **2** *v/i (pret & pp* **taught**) en-

seigner

teach·er ['tiːtʃər] professeur *m/f; in elementary school* instituteur(-trice) *m(f)*

'teach·ers' lounge salle *f* des professeurs

teach·er 'train·ing formation *f* pédagogique

teach·ing ['tiːtʃɪŋ] *profession* enseignement *m*

'teach·ing aid outil *m* pédagogique

'tea·cup tasse *f* à thé

teak [tiːk] tek *m*

'tea leaves *npl* feuilles *fpl* de thé

team [tiːm] équipe *f*

'team mate coéquipier(-ière) *m(f)*

team 'spir·it esprit *m* d'équipe

team·ster ['tiːmstər] camionneur (-euse) *m(f)*

'team·work travail *m* d'équipe

tea·pot ['tiːpɑːt] théière *f*

tear¹ [ter] **1** *n in cloth etc* déchirure *f* **2** *v/t (pret* **tore**, *pp* **torn**) *paper, cloth* déchirer; *be torn (between two alternatives)* être tiraillé (entre deux possibilités) **3** *v/i (pret* **tore**, *pp* **torn**) *(run fast, drive fast)*: *she tore down the street* elle a descendu la rue en trombe

♦ **tear down** *v/t poster* arracher; *building* démolir

♦ **tear out** *v/t* arracher (*from* de)

♦ **tear up** *v/t* déchirer; *fig: contract etc* annuler

tear² [tɪr] *n in eye* larme *f*; *burst into* ~*s* fondre en larmes; *be in* ~*s* être en larmes

tear·drop ['tɪrdrɑːp] larme *f*

tear·ful ['tɪrfl] *adj look* plein de larmes; *be* ~ *person* être en larmes

'tear gas gaz *m* lacrymogène

tea·room ['tiːruːm] salon *m* de thé

tease [tiːz] *v/t* taquiner

'tea·spoon cuillère *f* à café

teat [tiːt] *of animal* tétine *f*

tech·ni·cal ['teknɪkl] *adj* technique

tech·ni·cal·i·ty [teknɪ'kælətɪ] *(technical nature)* technicité *f*; LAW point *m* de droit; *that's just a* ~ c'est juste un détail

tech·ni·cal·ly ['teknɪklɪ] *adv (strictly*

speaking) en théorie; *written* en termes techniques

tech·ni·cian [tek'nɪʃn] technicien(ne) *m(f)*

tech·nique [tek'niːk] technique *f*

tech·no·log·i·cal [teknə'lɑːdʒɪkl] *adj* technologique

tech·nol·o·gy [tek'nɑːlədʒɪ] technologie *f*

tech·no·pho·bi·a [teknə'foʊbɪə] technophobie *f*

ted·dy bear ['tedɪber] ours *m* en peluche

te·di·ous ['tiːdɪəs] *adj* ennuyeux*

tee [tiː] *n in golf* tee *m*

teem [tiːm] *v/i:* **be** ~**ing with rain** pleuvoir des cordes; **be** ~**ing with tourists / ants** grouiller de touristes / fourmis

teen·age ['tiːneɪdʒ] *adj magazines, fashion* pour adolescents; ~ **boy / girl** adolescent / adolescente

teen·ag·er ['tiːneɪdʒər] adolescent(e) *m(f)*

teens [tiːnz] *npl* adolescence *f*; **be in one's** ~ être adolescent; **reach one's** ~ devenir adolescent

tee·ny ['tiːnɪ] *adj* F tout petit

teeth [tiːθ] *pl* → **tooth**

teethe [tiːð] *v/i* faire ses dents

teeth·ing prob·lems ['tiːðɪŋ] *npl* problèmes *mpl* initiaux

tee·to·tal [tiː'toʊtl] *adj* qui ne boit jamais d'alcool

tee·to·tal·er [tiː'toʊtlər] personne qui ne boit jamais d'alcool

tel·e·com·mu·ni·ca·tions [telɪkəmjuːnɪˈkeɪʃnz] télécommunications *fpl*

tel·e·gram ['telɪgræm] télégramme *m*

tel·e·graph pole ['telɪgræfpoʊl] *Br* poteau *m* télégraphique

tel·e·path·ic [telɪ'pæθɪk] *adj* télépathique; **you must be** ~**!** vous devez avoir le don de télépathie!

te·lep·a·thy [tɪ'lepəθɪ] télépathie *f*

tel·e·phone ['telɪfoʊn] **1** *n* téléphone *m*; **be on the** ~ (*be speaking*) être au téléphone; (*possess a phone*) avoir un téléphone **2** *v/t person* téléphoner à **3** *v/i* téléphoner

'tel·e·phone bill facture *f* de télé-phone; **'tel·e·phone book** annuaire *m*; **'tel·e·phone booth** cabine *f* téléphonique; **'tel·e·phone call** appel *m* téléphonique; **'tel·e·phone con·ver·sa·tion** conversation *f* téléphonique; **'tel·e·phone di·rec·to·ry** annuaire *m*; **'tel·e·phone ex·change** central *m* téléphonique; **'tel·e·phone mes·sage** message *m* téléphonique; **'tel·e·phone num·ber** numéro *m* de téléphone

tel·e·pho·to lens [telɪ'foʊtoʊlenz] téléobjectif *m*

tel·e·sales ['telɪseɪlz] *npl or nsg* télévente *f*

tel·e·scope ['telɪskoʊp] télescope *m*

tel·e·scop·ic [telɪ'skɑːpɪk] *adj* télésco-pique

tel·e·thon ['telɪθɑːn] téléthon *m*

tel·e·vise ['telɪvaɪz] *v/t* téléviser

tel·e·vi·sion ['telɪvɪʒn] *also see* télévision *f*; **on** ~ à la télévision; **watch** ~ regarder la télévision

'tel·e·vi·sion au·di·ence audience *f* de téléspectateurs; **'tel·e·vi·sion pro·gram** émission *f* télévisée; **'tel·e·vi·sion set** poste *m* de télévi-sion; **'tel·e·vi·sion stu·di·o** studio *m* de télévision

tell [tel] **1** *v/t* (*pret & pp* **told**) *story* raconter; *lie* dire; **I can't** ~ **the dif·fe·rence** je n'arrive pas à faire la différence; ~ **s.o. sth** dire qch à qn; **don't** ~ **Mom** ne le dis pas à maman; **could you** ~ **me the way to …?** pourriez-vous m'indiquer où se trouve …?; ~ **s.o. to do sth** dire à qn de faire qch; **you're** ~**ing me!** F tu l'as dit! F **2** *v/i* (*have effect*) se faire sentir; **the heat is** ~**ing on him** il ressent les effets de la chaleur; **time will** ~ qui vivra verra

♦ **tell off** *v/t* F (*reprimand*) remonter les bretelles à F

tell·er ['telər] *in bank* guichetier(-ière) *m(f)*

tell·ing ['telɪŋ] *adj blow* percutant; *sign* révélateur*

tell·ing 'off F: **get a** ~ se faire remon-ter les bretelles F

tell·tale ['telteɪl] **1** *adj signs* révéla-teur* **2** *n* rapporteur(-euse) *m(f)*

temp [temp] **1** *n employee* intérimaire *m/f* **2** *v/i* faire de l'intérim

tem·per ['tempər] *character* caractère *m*; (*bad* ~) mauvaise humeur *f*; **have a terrible** ~ être coléreux*; **now then,** ~! maintenant, on se calme!; **be in a** ~ être en colère; **keep one's** ~ garder son calme; **lose one's** ~ se mettre en colère

tem·per·a·ment ['tempramant] tempérament *m*

tem·per·a·men·tal [tempra'mentl] *adj (moody)* capricieux*

tem·per·ate ['temparat] *adj* tempéré

tem·per·a·ture ['temprat∫ar] température *f*

tem·ple¹ ['templ] REL temple *m*

tem·ple² ['templ] ANAT tempe *f*

tem·po ['tempou] MUS tempo *m*; *of work* rythme *m*

tem·po·rar·i·ly [tempə'rerılı] *adv* temporairement

tem·po·ra·ry ['tempərerı] *adj* temporaire

tempt [tempt] *v/t* tenter

temp·ta·tion [temp'teı∫n] tentation *f*

tempt·ing ['temptıŋ] *adj* tentant

ten [ten] dix

te·na·cious [tı'neı∫əs] *adj* tenace

te·nac·i·ty [tı'næsıtı] ténacité *f*

ten·ant ['tenənt] locataire *m/f*

tend¹ [tend] *v/t lawn* entretenir; *sheep* garder; *the sick* soigner

tend² [tend] *v/i*: ~ **to do sth** avoir tendance à faire qch; ~ **toward sth** pencher vers qch

ten·den·cy ['tendənsı] tendance *f*

ten·der¹ ['tendər] *adj (sore)* sensible; *(affectionate), steak* tendre

ten·der² ['tendər] *n* COMM offre *f*

ten·der·ness ['tendənıs] *of kiss etc* tendresse *f*; *of steak* tendreté *f*

ten·don ['tendən] tendon *m*

ten·nis ['tenıs] tennis *m*

'ten·nis ball balle *f* de tennis; **'ten·nis court** court *m* de tennis; **'ten·nis play·er** joueur(-euse) *m(f)* de tennis; **'ten·nis rack·et** raquette *f* de tennis

ten·or ['tenər] *n* MUS ténor *m*

tense¹ [tens] *n* GRAM temps *m*

tense² [tens] *adj* tendu

♦ **tense up** *v/i* se crisper

ten·sion ['ten∫n] tension *f*

tent [tent] tente *f*

ten·ta·cle ['tentəkl] tentacule *m*

ten·ta·tive ['tentətıv] *adj smile, steps* hésitant; *conclusion, offer* provisoire

ten·ter·hooks ['tentərhuks]: **be on** ~ être sur des charbons ardents

tenth [tenθ] dixième; → **fifth**

tep·id ['tepıd] *adj also fig* tiède

term [tɜːrm] *(period, word)* terme *m*; EDU trimestre *m*; *(condition)* condition *f*; **be on good / bad** ~**s with s.o.** être en bons / mauvais termes avec qn; **in the long / short** ~ à long / court terme; **come to** ~**s with sth** accepter qch

ter·mi·nal ['tɜːrmınl] **1** *n at airport* aérogare *m*; *for buses* terminus *m*; *for containers,* COMPUT terminal *m*; ELEC borne *f* **2** *adj illness* incurable

ter·mi·nal·ly ['tɜːrmınəlı] *adv*: ~ **ill** en phase terminale

ter·mi·nate ['tɜːrmıneıt] **1** *v/t* mettre fin à; ~ **a pregnancy** interrompre une grossesse **2** *v/i* se terminer

ter·mi·na·tion [tɜːrmı'neı∫n] *of contract* résiliation *f*; *in pregnancy* interruption *f* volontaire de grossesse

ter·mi·nol·o·gy [tɜːrmı'naːlədʒı] terminologie *f*

ter·mi·nus ['tɜːrmınəs] terminus *m*

ter·race ['terəs] *on hillside,* (*patio*) terrasse *f*

ter·ra cot·ta [terə'kaːtə] *adj* en terre cuite

ter·rain [te'reın] terrain *m*

ter·res·tri·al [te'restrıəl] **1** *adj television* terrestre **2** *n* terrien(ne) *m(f)*

ter·ri·ble ['terəbl] *adj* horrible, affreux*

ter·ri·bly ['terəblı] *adv (very)* très

ter·rif·ic [tə'rıfık] *adj* génial

ter·rif·i·cal·ly [tə'rıfıklı] *adv (very)* extrêmement, vachement F

ter·ri·fy ['terıfaı] *v/t (pret & pp -ied)* terrifier; **be terrified** être terrifié

ter·ri·fy·ing ['terıfaıŋ] *adj* terrifiant

ter·ri·to·ri·al [terə'tɔːrıəl] *adj* territorial

ter·ri·to·ri·al 'wa·ters *npl* eaux *fpl* territoriales

ter·ri·to·ry ['terɪtɔːrɪ] territoire *m; fig* domaine *m*

ter·ror ['terər] terreur *f*

ter·ror·ism ['terərɪzm] terrorisme *m*

ter·ror·ist ['terərɪst] terroriste *m/f*

'ter·ror·ist at·tack attentat *m* terroriste

'ter·ror·ist or·gan·i·za·tion organisation *f* terroriste

ter·ror·ize ['terəraɪz] *v/t* terroriser

terse [tɜːrs] *adj* laconique

test [test] **1** *n scientific, technical* test *m; academic, of theory* examen *m; put sth to the ~* mettre qch à l'épreuve **2** *v/t person, machine, theory* tester, mettre à l'épreuve; *~ s.o. on a subject* interroger qn sur une matière

tes·ta·ment ['testəmənt] *to s.o.'s life* témoignage *m* (*to* de); *Old / New Testament* REL Ancien / Nouveau Testament *m*

test-drive ['testdraɪv] *v/t* (*pret* **-drove**, *pp* **-driven**) *car* essayer

tes·ti·cle ['testɪkl] testicule *m*

tes·ti·fy ['testɪfaɪ] *v/i* (*pret & pp* **-ied**) LAW témoigner

tes·ti·mo·ni·al [testɪ'mounɪəl] références *fpl*

tes·ti·mo·ny ['testɪmənɪ] LAW témoignage *m*

'test tube éprouvette *f*

'test-tube ba·by bébé-éprouvette *m*

tes·ty ['testɪ] *adj* irritable

te·ta·nus ['tetənəs] tétanos *m*

teth·er ['teðər] **1** *v/t horse* attacher **2** *n:* **be at the end of one's ~** être au bout du rouleau

text [tekst] **1** *n* texte *m; message* texto *m*, SMS *m* **2** *v/t* envoyer un texto à

'text·book manuel *m*

tex·tile ['tekstaɪl] textile *m*

'text mes·sage texto *m*, SMS *m*

tex·ture ['tekstʃər] texture *f*

Thai [taɪ] **1** *adj* thaïlandais **2** *n person* Thaïlandais(e) *m(f); language* thaï *m*

Thai·land ['taɪlænd] Thaïlande *f*

than [ðæn] *adv* que; *with numbers* de; *faster ~ me* plus rapide que moi; *more than 50* plus de 50

thank [θæŋk] *v/t* remercier; *~ you* mer-

ci; *no ~ you* (non) merci

thank·ful ['θæŋkfl] *adj* reconnaissant

thank·ful·ly ['θæŋkfʊlɪ] *adv* avec reconnaissance; (*luckily*) heureusement

thank·less ['θæŋklɪs] *adj task* ingrat

thanks [θæŋks] *npl* remerciements *mpl; ~!* merci!; *~ to* grâce à

Thanks·giv·ing (Day) [θæŋks'gɪvɪŋ (deɪ)] jour *m* de l'action de grâces, Thanksgiving *m* (*fête célébrée le 4ème jeudi de novembre*)

that [ðæt] **1** *adj* ce, cette; *masculine before vowel* cet; *~ one* celui-là, celle-là **2** *pron* ◊ cela, ça; *give me ~* donne-moi ça

◊ *: ~'s mine* c'est à moi; *~'s tea* c'est du thé; *~'s very kind* c'est très gentil; *what is ~?* qu'est-ce que c'est que ça?; *who is ~?* qui est-ce? **3** *relative pron* que; *the person / car ~ you see* la personne / voiture que vous voyez **4** *adv* (*so*) aussi; *~ big / expensive* aussi grand / cher **5** *conj* que; *I think ~ …* je pense que …

thaw [θɔː] *v/i of snow* fondre; *of frozen food* se décongeler

the [ðə] le, la; le, les; *to the station / theater* à la gare / au théâtre; *~ more I try* plus j'essaie

the·a·ter ['θɪətər] théâtre *m*

'the·a·ter crit·ic critique *m/f* de théâtre

the·a·tre *Br* → **theater**

the·at·ri·cal [θɪ'ætrɪkl] *adj also fig* théâtral

theft [θeft] vol *m*

their [ðer] *adj* leur; *pl* leurs; (*his or her*) son, sa; *pl* ses; *everybody has ~ favorite* tout le monde a son favori

theirs [ðerz] *pron* le leur, la leur; *it's ~* c'est à eux / elles

them [ðem] *pron* ◊ *object* les; *indirect object* leur; *with prep* eux, elles; *I know ~* je les connais; *I gave ~ a dollar* je leur ai donné un dollar; *this is for ~* c'est pour eux / elles; *who? - ~* qui? - eux / elles

◊ (*him or her*) le, l'; *indirect object*, *with prep* lui; *if someone asks you should help ~* si quelqu'un demande tu devrais l'aider; **does any-one have a pen with ~?** est-ce que quelqu'un a un crayon sur lui?

theme [θiːm] thème *m*

'theme park parc *m* à thème

'theme song chanson *f* titre d'un film

them·selves [ðem'selvz] *pron* eux--mêmes, elles-mêmes; *reflexive* se; *after prep* eux, elles; **they gave ~ a holiday** ils se sont offerts des vacances; **by ~** (*alone*) tout seuls, toutes seules

then [ðen] *adv* (*at that time*) à l'époque; (*after that*) ensuite; *deducing* alors; **by ~** alors; **he'll be dead by ~** il sera mort d'ici là

the·o·lo·gi·an [θiːə'loʊdʒiən] théologien(-ne) *m(f)*

the·ol·o·gy [θiˈɑːlədʒi] théologie *f*

the·o·ret·i·cal [θiːə'retɪkl] *adj* théorique

the·o·ret·i·cal·ly [θiːə'retɪkli] *adv* en théorie

the·o·ry ['θiːri] théorie *f*; **in ~** en théorie

ther·a·peu·tic [θerə'pjuːtɪk] *adj* thérapeutique

ther·a·pist ['θerəpɪst] thérapeute *m/f*

ther·a·py ['θerəpi] thérapie *f*

there [ðer] *adv* là; **over ~ / down ~** là-bas; **~ is / are ...** il y a ...; **is / are ...?** est-ce qu'il y a ...?, y a-t-il ...?; **is / are not ...** il n'y a pas ...; **~ you are** voilà; **~ and back** aller et retour; **~ he is!** le voilà!; **~, ~!** allons, allons; **we went ~ yesterday** nous y sommes allés hier

there·a·bouts [ðerə'baʊts] *adv*: **$500 or ~** environ 500 $

there·fore ['ðerfɔːr] *adv* donc

ther·mom·e·ter [θər'mɑːmɪtər] thermomètre *m*

ther·mos flask ['θɜːrməsflæsk] thermos *m*

ther·mo·stat ['θɜːrməstæt] thermostat *m*

these [ðiːz] **1** *adj* ces **2** *pron* ceux-ci, celles-ci

the·sis ['θiːsɪs] (*pl* **theses** ['θiːsiːz]) thèse *f*

they [ðeɪ] *pron* ◇ ils, elles; *stressed* eux,

elles; **~ were the ones who ...** c'était eux / elles qui ...; **there ~ are** les voilà

◇ (*he or she*) il; **if anyone looks at this ~ will see that ...** si quelqu'un regarde ça il verra que ...; **~ say that ...** on dit que ...; **~ are changing the law** la loi va être changée

thick [θɪk] *adj* épais*; F (*stupid*) lourd; **it's 3 cm ~** ça fait 3 cm d'épaisseur

thick·en ['θɪkən] *v/t sauce* épaissir

thick·set ['θɪkset] *adj* trapu

thick-skinned ['θɪkskɪnd] *adj fig* qui a la peau dure

thief [θiːf] (*pl* **thieves** [θiːvz]) voleur(-euse) *m(f)*

thigh [θaɪ] cuisse *f*

thim·ble ['θɪmbl] dé *m* à coudre

thin [θɪn] *adj material* léger*, fin; *layer* mince; *person* maigre; *line* fin; *soup* liquide; **his hair's getting ~** il perd ses cheveux

thing [θɪŋ] chose *f*; **~s** (*belongings*) affaires *fpl*; **how are ~s?** comment ça va?; **it's a good ~ you told me** tu as bien fait de me le dire; **that's a strange ~ to say** c'est bizarre de dire ça

thing·um·a·jig ['θɪŋʌmədʒɪg] F machin *m* F

think [θɪŋk] **1** *v/i* (*pret & pp* **thought**) penser; **I ~ so** je pense que oui; **I don't ~ so** je ne pense pas; **I ~ so too** je le pense aussi; **~ hard!** creuse-toi la tête! F; **I'm ~ing about emigrating** j'envisage d'émigrer; **I'll ~ about it** *offer* je vais y réfléchir **2** *v/t* (*pret & pp* **thought**) penser; **what do you ~ (of it)?** qu'est-ce que tu en penses?

◆ **think over** *v/t* réfléchir à

◆ **think through** *v/t* bien examiner

◆ **think up** *v/t plan* concevoir

'think tank comité *m* d'experts

thin-skinned ['θɪnskɪnd] *adj fig* susceptible

third [θɜːrd] troisième; (*fraction*) tiers *m*; → **fifth**

third·ly ['θɜːrdli] *adv* troisièmement

third-'par·ty tiers *m*; **third-party in'-**

sur·ance _Br_ assurance _f_ au tiers;
third 'per·son GRAM troisième personne _f_; **'third-rate** _adj_ de dernier ordre; **'Third World** Tiers-Monde _m_

thirst [θɜːrst] soif _f_

thirst·y ['θɜːrstɪ] _adj_ assoiffé; **be ~**
avoir soif

thir·teen [θɜːr'tiːn] treize

thir·teenth [θɜːr'tiːnθ] treizième; →
fifth

thir·ti·eth ['θɜːrtɪɪθ] trentième

thir·ty ['θɜːrtɪ] trente

this [ðɪs] **1** _adj_ ce, cette; _masculine before vowel_ cet; **~ one** celui-ci, celle-ci **2** _pron_ cela, ça; **~ is good** c'est bien; **~
is ...** c'est ...; _introducing s.o._ je vous
présente **3** _adv_: **~ big / high**
grand / haut comme ça

thorn [θɔːrn] épine _f_

thorn·y ['θɔːrnɪ] _adj also fig_ épineux*

thor·ough ['θɜːroʊ] _adj search, knowledge_ approfondi; _person_ méticuleux*

thor·ough·bred ['θʌrəbred] _n horse_
pur-sang _m_

thor·ough·ly ['θʌrəlɪ] _adv spoilt,
ashamed, agree_ complètement; _clean,
search for, know_ à fond

those [ðoʊz] **1** _adj_ ces **2** _pron_ ceux-là,
celles-là

though [ðoʊ] **1** _conj (although)_ bien
que (+_subj_), quoique (+_subj_); **as ~**
comme si; **it sounds as ~ you've
understood** on dirait que vous avez
compris **2** _adv_ pourtant; **it's not finished ~** mais ce n'est pas fini

thought[1] [θɒt] _n_ pensée _f_

thought[2] [θɒt] _pret & pp_ → **think**

thought·ful ['θɒtfʊl] _adj (pensive)_
pensif*; _book_ profond; _(considerate)_
attentionné

thought·ful·ly ['θɒtflɪ] _adv (pensively)_
pensivement; _(considerately)_ de manière attentionnée

thought·less ['θɒtlɪs] _adj_ inconsidéré

thought·less·ly ['θɒtlɪslɪ] _adv_ de façon inconsidérée

thou·sand ['θaʊznd] mille _m_; **~s of**
des milliers _mpl_ de; _exaggerating_
des millions de

thou·sandth ['θaʊzndθ] millième

thrash [θræʃ] _v/t_ rouer de coups; SP
battre à plates coutures

♦ **thrash about** _v/i with arms etc_ se débattre

♦ **thrash out** _v/t solution_ parvenir à

thrash·ing ['θræʃɪŋ] volée _f_ de coups;
get a ~ SP se faire battre à plates coutures

thread [θred] **1** _n for sewing_ fil _m_; _of
screw_ filetage _m_ **2** _v/t needle, beads_ enfiler

thread·bare ['θredber] _adj_ usé jusqu'à
la corde

threat [θret] menace _f_

threat·en ['θretn] _v/t_ menacer

threat·en·ing ['θretnɪŋ] _adj gesture, letter, sky_ menaçant

three [θriː] trois

three-'quar·ters les trois-quarts _mpl_

thresh·old ['θreʃhoʊld] _of house, new
era_ seuil _m_

threw [θruː] _pret_ → **throw**

thrift [θrɪft] économie _f_

thrift·y ['θrɪftɪ] _adj_ économe

thrill [θrɪl] **1** _n_ frisson _m_ **2** _v/t_: **be ~ed**
être ravi

thrill·er ['θrɪlər] thriller _m_

thrill·ing ['θrɪlɪŋ] _adj_ palpitant

thrive [θraɪv] _v/i of plants_ bien pousser;
of business, economy prospérer

throat [θroʊt] gorge _f_

'throat loz·enge pastille _f_ pour la
gorge

throb [θrɑːb] **1** _n of heart_ pulsation _f_; _of
music_ vibration _f_ **2** _v/i (pret & pp
-bed) of heart_ battre fort; _of music_ vibrer

throm·bo·sis [θrɑːm'boʊsɪs] thrombose _f_

throne [θroʊn] trône _m_

throng [θrɑːŋ] _n_ foule _f_

throt·tle ['θrɑːtl] **1** _n on motorbike,
boat_ papillon _m_ des gaz **2** _v/t (strangle)_
étrangler

♦ **throttle back** _v/i_ fermer les gaz

through [θruː] **1** _prep_ ◇ _(across)_ à travers; **go ~ the city** traverser la ville
◇ _(during)_ pendant; **all ~ the night**
toute la nuit; **Monday ~ Friday** du
lundi au vendredi (inclus)
◇ _(by means of)_ par; **arranged ~ an**

T

agency organisé par l'intermédiaire d'une agence

2 *adv:* **wet ~** mouillé jusqu'aux os; **watch a film / read a book ~** regarder un film / lire un livre en entier **3** *adj:* **be ~** (*have arrived: of news etc*) être parvenu; **you're ~** TELEC vous êtes connecté; **we're ~** *of couple* c'est fini entre nous; **be ~ with s.o. / sth** en avoir fini avec qn / qch

'**through flight** vol *m* direct

through·out [θruːˈaʊt] **1** *prep* tout au long de, pendant tout(e); **~ the novel** dans tout le roman **2** *adv* (*in all parts*) partout

'**through train** train *m* direct

throw [θrəʊ] **1** *v/t* (*pret* **threw**, *pp* **thrown**) jeter, lancer; *of horse* désarçonner; (*disconcert*) déconcerter; *party* organiser **2** *n* jet *m*; **it's your ~** c'est à toi de lancer

♦ **throw away** *v/t* jeter

♦ **throw off** *v/t jacket etc* enlever à toute vitesse; *cold etc* se débarrasser de

♦ **throw on** *v/t clothes* enfiler à toute vitesse

♦ **throw out** *v/t old things* jeter; *from bar, home* jeter dehors, mettre à la porte; *from country* expulser; *plan* rejeter

♦ **throw up 1** *v/t ball* jeter en l'air; (*vomit*) vomir; **throw up one's hands** lever les mains en l'air **2** *v/i* (*vomit*) vomir

throw·a·way [ˈθrəʊəweɪ] *adj* (*disposable*) jetable; **a ~ remark** une remarque en l'air

'**throw-in** SP remise *f* en jeu

thrown [θrəʊn] *pp →* **throw**

thru [θruː] *→* **through**

thrush [θrʌʃ] *bird* grive *f*

thrust [θrʌst] *v/t* (*pret & pp* **thrust**) (*push hard*) enfoncer; **~ one's way through the crowd** se frayer un chemin à travers la foule

thud [θʌd] *n* bruit *m* sourd

thug [θʌg] *n* voyou *m*

thumb [θʌm] **1** *n* pouce *m* **2** *v/t:* **~ a ride** faire de l'auto-stop

thumb·tack [ˈθʌmtæk] punaise *f*

thump [θʌmp] **1** *n blow* coup *m* de poing; *noise* bruit *m* sourd **2** *v/t person* cogner; **~ one's fist on the table** cogner du poing sur la table **3** *v/i of heart* battre la chamade; **~ on the door** cogner sur la porte

thun·der [ˈθʌndər] *n* tonnerre *m*

thun·der·ous [ˈθʌndərəs] *adj applause* tonitruant

thun·der·storm [ˈθʌndərstɔːrm] orage *m*

thun·der·struck *adj* abasourdi

thun·der·y [ˈθʌndərɪ] *adj weather* orageux*

Thurs·day [ˈθɜːrzdeɪ] jeudi *m*

thus [ðʌs] *adv* ainsi

thwart [θwɔːrt] *v/t person, plans* contrarier

thyme [taɪm] thym *m*

thy·roid gland [ˈθaɪrɔɪdglænd] thyroïde *f*

tick [tɪk] **1** *n of clock* tic-tac *m*; (*checkmark*) coche *f* **2** *v/i* faire tic-tac

tick·et [ˈtɪkɪt] *for bus, museum* ticket *m*; *for train, airplane, theater, concert, lottery* billet *m*; *for speeding, illegal parking* P.V. *m*

'**tick·et col·lec·tor** contrôleur(-euse) *m(f)*; '**tick·et in·spec·tor** contrôleur(-euse) *m(f)*; '**tick·et ma·chine** distributeur *m* de billets; '**tick·et of·fice** billetterie *f*

tick·ing [ˈtɪkɪŋ] *noise* tic-tac *m*

tick·le [ˈtɪkl] *v/t & v/i* chatouiller

tick·lish [ˈtɪklɪʃ] *adj person* chatouilleux*

tid·al wave [ˈtaɪdlweɪv] raz-de-marée *m*

tide [taɪd] marée *f*; **high / low ~** marée haute / basse; **the ~ is in / out** la marée monte / descend

♦ **tide over** *v/t* dépanner

ti·di·ness [ˈtaɪdɪnɪs] ordre *m*

ti·dy [ˈtaɪdɪ] *adj person, habits* ordonné; *room, house, desk* en ordre

♦ **tidy away** *v/t* (*pret & pp* **-ied**) ranger

♦ **tidy up 1** *v/t room, shelves* ranger; **tidy o.s. up** remettre de l'ordre dans sa tenue **2** *v/i* ranger

tie [taɪ] **1** *n* (*necktie*) cravate *f*; SP (*even result*) match *m* à égalité; **he doesn't**

have any ~*s* il n'a aucune attache **2**
v/t laces nouer; *knot* faire; *hands* lier; ~
sth to sth attacher qch à qch; ~ *two
ropes together* lier deux cordes entre elles **3** *v/i* SP *of teams* faire match
nul; *of runner* finir ex æquo

♦ **tie down** *v/t with rope* attacher; *fig
(restrict)* restreindre

♦ **tie up** *v/t hair* attacher; *person* ligo-
ter; *boat* amarrer; *I'm tied up tomorrow (busy)* je suis pris demain

tier [tɪr] *of hierarchy* niveau *m*; *of seats*
gradin *m*

ti-ger ['taɪgər] tigre *m*

tight [taɪt] **1** *adj clothes, knot, screw*
serré; *shoes* trop petit; *(properly shut)*
bien fermé; *not leaving much time*
juste; *security* strict; F *(drunk)* bourré
F **2** *adv hold* fort; *shut* bien

tight-en ['taɪtn] *v/t control, security*
renforcer; *screw* serrer; *(make tighter)*
resserrer

tight-fist-ed [taɪt'fɪstɪd] *adj* radin

tight-ly *adv* → **tight** *adv*

tight-rope ['taɪtroʊp] corde *f* raide

tights [taɪts] *npl Br* collant *m*

tile [taɪl] *n on floor, wall* carreau *m*; *on
roof* tuile *f*

till[1] [tɪl] *prep, conj* → **until**

till[2] [tɪl] *n (cash register)* caisse *f*

till[3] [tɪl] *v/t soil* labourer

tilt [tɪlt] *v/t & v/i* pencher

tim-ber ['tɪmbər] bois *m*

time [taɪm] **1** *n* temps *m*; *(occasion)* fois
f; *for the* ~ *being* pour l'instant;
have a good ~ bien s'amuser; *have
a good* ~*!* amusez-vous bien!;
what's the ~*?, what* ~ *is it?* quelle
heure est-il?; *the first* ~ la première
fois; *four* ~*s* quatre fois; ~ *and again*
cent fois; *all the* ~ pendant tout ce
temps; *he knew all the* ~ *that ... il
savait depuis le début que ...*;
two / three at a ~ deux par deux /
trois par trois; *at the same* ~ *speak,
reply etc, (however)* en même temps;
in ~ à temps; *on* ~ à l'heure; *in no
~ in the past* en un rien de temps;
in the future dans un rien de temps
2 *v/t* chronométrer

'time bomb bombe *f* à retardement;

'time clock *in factory* horloge *f* poin-
teuse; **'time-con-sum-ing** *adj task*
de longue haleine; **'time dif-fer-
ence** décalage *m* horaire; **'time-
lag** laps *m* de temps; **'time lim-it** limite *f* dans le temps

time-ly ['taɪmlɪ] *adj* opportun

'time out SP temps *m* mort

tim-er ['taɪmər] *device* minuteur *m*

'time-sav-ing économie *f* de temps;
'time-scale *of project* durée *f*; **'time
switch** minuterie *f*; **'time-warp**
changement *m* subit d'époque; **'time
zone** fuseau *m* horaire

tim-id ['tɪmɪd] *adj* timide

tim-id-ly ['tɪmɪdlɪ] *adv* timidement

tim-ing ['taɪmɪŋ] *of actor, dancer* synchronisation *f*; *the* ~ *of the announcement was perfect* l'annonce est venue au parfait moment

tin [tɪn] *metal* étain *m*

tin-foil ['tɪnfɔɪl] papier *m* aluminium

tinge [tɪndʒ] *n* soupçon *m*

tin-gle ['tɪŋgl] *v/i* picoter

♦ **tin-ker with** ['tɪŋkər] *v/t engine* bricoler; *stop tinkering with it!* arrête de
toucher à ça!

tin-kle ['tɪŋkl] *n of bell* tintement *m*

tin-sel ['tɪnsl] guirlandes *fpl* de Noël

tint [tɪnt] **1** *n of color* teinte *f*; *for hair*
couleur *f* **2** *v/t*: ~ *one's hair* se faire
une coloration

tint-ed ['tɪntɪd] *adj eyeglasses* teinté;
paper de couleur pastel

ti-ny ['taɪnɪ] *adj* minuscule

tip[1] [tɪp] *n (end)* bout *m*

tip[2] [tɪp] **1** *n advice conseil m, truc m* F;
money pourboire *m* **2** *v/t (pret & pp
-ped)* *waiter etc* donner un pourboire
à

♦ **tip off** *v/t* informer

♦ **tip over** *v/t* renverser

'tip-off renseignement *m*, tuyau *m* F;
have a ~ *that ...* être informé que ...

tipped [tɪpt] *adj cigarettes* à bout filtre

tip-py-toe ['tɪpɪtoʊ]: *on* ~ sur la pointe
des pieds

tip-sy ['tɪpsɪ] *adj* éméché

tire[1] ['taɪr] *n* pneu *m*

tire[2] ['taɪr] **1** *v/t* fatiguer **2** *v/i* se fatiguer; *he never* ~*s of it* il ne s'en lasse

pas

tired ['taɪrd] *adj* fatigué; **be ~ of s.o. / sth** en avoir assez de qn / qch

tired·ness ['taɪrdnɪs] fatigue *f*

tire·less ['taɪrlɪs] *adj efforts* infatigable

tire·some ['taɪrsəm] *adj (annoying)* fatigant

tir·ing ['taɪrɪŋ] *adj* fatigant

tis·sue ['tɪʃuː] ANAT tissu *m*; *handkerchief* mouchoir *m* en papier

'tis·sue pa·per papier *m* de soie

tit¹ [tɪt] *bird* mésange *f*

tit² [tɪt] **give s.o. ~ for tat** rendre la pareille à qn

tit³ [tɪt] V *(breast)* nichon *m* V; **get on s.o.'s ~s** P casser les pieds de qn F

ti·tle ['taɪtl] *of novel, person etc* titre *m*; LAW titre *m* de propriété é (**to** de)

'ti·tle·hold·er SP tenant(e) *m(f)* du titre

'ti·tle role rôle *m* éponyme

tit·ter '['tɪtər] *v/i* rire bêtement

to [tuː], *unstressed* [tə] **1** *prep* à; **~ Japan** au Japon; **~ Chicago** à Chicago; *let's go ~ my place* allons chez moi; *walk ~ the station* aller à la gare à pied; **~ the north / south of** au nord / sud de; *give sth ~ s.o.* donner qch à qn; *from Monday ~ Wednesday* once de lundi à mercredi; *regularly* du lundi au mercredi; *from 10 ~ 15 people* de 10 à 15 personnes; *5 minutes ~ 10* esp Br 10 heures moins 5 **2** *with verbs*: **~ speak, ~ shout** parler, crier; *learn ~ drive* apprendre à conduire; *nice ~ eat* bon à manger; *too heavy ~ carry* trop lourd à porter; *~ be honest with you, …* pour être sincère, … **3** *adv*: *~ and fro* walk, pace de long en large; *go ~ and fro between …* of ferry faire la navette entre …

toad [toʊd] crapaud *m*

toad·stool ['toʊdstuːl] champignon *m* vénéneux

toast [toʊst] **1** *n for eating* pain *m* grillé; *when drinking* toast *m*; *propose a ~ to s.o.* porter un toast à qn **2** *v/t when drinking* porter un toast à

to·bac·co [tə'bækoʊ] tabac *m*

to·bog·gan [tə'bɑːgən] *n* luge *f*

to·day [tə'deɪ] *adv* aujourd'hui

tod·dle ['tɑːdl] *v/i of child* faire ses premiers pas

tod·dler ['tɑːdlər] jeune enfant *m*, bambin *m* F

to-do [tə'duː] F remue-ménage *m*

toe [toʊ] **1** *n* orteil *m*; *of sock, shoe* bout *m* **2** *v/t*: **~ the line** se mettre au pas; **~ the party line** suivre la ligne du parti

toe·nail ['toʊneɪl] ongle *m* de pied

to·geth·er [tə'geðər] *adv* ensemble; *(at the same time)* en même temps

toil [tɔɪl] *n* labeur *m*

toi·let ['tɔɪlɪt] toilettes *fpl*; *go to the ~* aller aux toilettes

'toi·let pa·per papier *m* hygiénique

toi·let·ries ['tɔɪlɪtrɪz] *npl* articles *mpl* de toilette

'toi·let roll rouleau *m* de papier hygiénique

to·ken ['toʊkən] *sign* témoignage *m*; *(gift ~)* bon *m* d'achat; *instead of coin* jeton *m*

told [toʊld] *pret & pp* → **tell**

tol·er·a·ble ['tɑːlərəbl] *adj pain etc* tolérable; *(quite good)* acceptable

tol·er·ance ['tɑːlərəns] tolérance *f*

tol·er·ant ['tɑːlərənt] *adj* tolérant

tol·er·ate ['tɑːləreɪt] *v/t* tolérer; *I won't ~ it!* je ne tolérerai pas ça!

toll¹ [toʊl] *v/i of bell* sonner

toll² [toʊl] *n (deaths)* bilan *m*

toll³ [toʊl] *n for bridge, road* péage *m*

'toll booth poste *m* de péage; **'toll-free** *adj* TELEC gratuit; **~ number** numéro *m* vert; **'toll road** route *f* à péage

to·ma·to [tə'meɪtoʊ] tomate *f*

to·ma·to 'ketch·up ketchup *m*

to·ma·to 'sauce *for pasta etc* sauce *f* tomate

tomb [tuːm] tombe *f*

tom·boy ['tɑːmbɔɪ] garçon *m* manqué

tomb·stone ['tuːmstoʊn] pierre *f* tombale

tom·cat ['tɑːmkæt] matou *m*

to·mor·row [tə'mɔːroʊ] **1** *n* demain *m*; *the day after ~* après-demain **2** *adv* demain; **~ morning** demain matin

ton [tʌn] tonne f courte (= 907 kg)

tone [toun] of color, conversation ton m; of musical instrument timbre m; of neighborhood classe f; **~ of voice** ton m

♦**tone down** v/t demands réduire; criticism atténuer

ton·er ['touner] toner m

tongs [taːŋz] npl pince f; (curling ~) fer m à friser

tongue [tʌŋ] langue f

ton·ic ['taːnɪk] MED fortifiant m

'ton·ic (wa·ter) Schweppes® m, tonic m

to·night [tə'naɪt] adv ce soir; sleep cette nuit

ton·sil·li·tis [taːnsə'laɪtɪs] angine f

ton·sils ['taːnslz] npl amygdales fpl

too [tuː] adv (also) aussi; (excessively) trop; **me** aussi; **~ big / hot** trop grand / chaud; **~ much rice** trop de riz; **eat ~ much** manger trop

took [tʊk] pret → take

tool [tuːl] outil m

toot [tuːt] v/t F: **~ the horn** klaxonner

tooth [tuːθ] (pl teeth [tiːθ]) dent f

'tooth·ache mal m de dents

'tooth·brush brosse f à dents

tooth·less ['tuːθlɪs] adj édenté

'tooth·paste dentifrice m

'tooth·pick cure-dents m

top [taːp] **1** n also clothing haut m; (lid: of bottle etc) bouchon m; of pen capuchon m; of the class, league premier (-ère) m(f)); MOT: gear quatrième f / cinquième f; **on ~ of** sur; **be at the ~ of** être en haut de; league être premier de; **get to the ~** of company, mountain etc arriver au sommet; **be over the ~** Br (exaggerated) être exagéré **2** adj branches du haut; floor dernier*; player etc meilleur; speed maximum inv in feminine; note le plus élevé; **~ management** les cadres mpl supérieurs; **~ official** haut fonctionnaire m **3** v/t (pret & pp **-ped**): **~ped with cream** surmonté de crème chantilly

top 'hat chapeau m haut de forme

top 'heav·y adj déséquilibré

top·ic ['taːpɪk] sujet m

top·i·cal ['taːpɪkl] adj d'actualité

top·less ['taːplɪs] adj waitress aux seins nus

top·most ['taːpmoust] adj branch le plus haut; floor dernier*

top·ping ['taːpɪŋ] on pizza garniture f

top·ple ['taːpl] **1** v/i s'écrouler **2** v/t government renverser

top 'se·cret adj top secret inv

top·sy-tur·vy [taːpsɪ'tɜːrvɪ] adj sens dessus dessous

torch [tɔːrtʃ] n with flame flambeau m; Br lampe f de poche

tore [tɔːr] pret → tear

tor·ment ['tɔːrment] **1** n tourment m **2** v/t [tɔːr'ment] person, animal harceler; **~ed by doubt** tourmenté par le doute

torn [tɔːrn] pp → tear

tor·na·do [tɔːr'neɪdou] tornade f

tor·pe·do [tɔːr'piːdou] **1** n torpille f **2** v/t also fig torpiller

tor·rent ['taːrənt] also fig torrent m

tor·ren·tial [tə'renʃl] adj rain torrentiel*

tor·toise ['tɔːrtəs] tortue f (terrestre)

tor·ture ['tɔːrtʃər] **1** n torture f **2** v/t torturer

toss [taːs] v/t ball lancer; rider désarçonner; salad remuer; **~ a coin** jouer à pile ou face **2** v/i: **~ and turn** se tourner et se retourner

to·tal ['toutl] **1** adj sum, amount total; disaster complet*; idiot fini; **he's a ~ stranger** c'est un parfait inconnu **2** n total m **3** v/t (pret & pp **-ed**, Br **-led**) F car bousiller F

to·tal·i·tar·i·an [toutælɪ'terɪən] adj totalitaire

to·tal·ly ['toutəlɪ] adv totalement

tote bag ['toutbæg] fourre-tout m

tot·ter ['taːtər] v/i of person tituber

touch [tʌtʃ] **1** n in sense toucher m; **a ~ of** (a little) un soupçon de; **lose ~ with s.o.** perdre contact avec qn; **keep in ~ with s.o.** rester en contact avec qn; stay in touche; **be out of ~ (with sth)** ne pas être au courant (de qch); **be out of ~ with s.o.** avoir perdu le contact avec qn **2** v/t also emotionally toucher; exhibits etc toucher à **3** v/i of two things se toucher; **don't ~** ne touche pas à ça

♦ **touch down** v/i of airplane atterrir; SP faire un touché-en-but

♦ **touch on** v/t (mention) effleurer

♦ **touch up** v/t photo retoucher

touch-down ['tʌtʃdaʊn] of airplane atterrissage m; SP touché-en-but; **score a ~** SP faire un touché-en-but

touch-ing ['tʌtʃɪŋ] adj emotionally touchant

'touch-line SP ligne f de touche

'touch screen écran m tactile

touch-y ['tʌtʃi] adj person susceptible

tough [tʌf] adj person, material résistant; meat, question, exam, punishment dur

♦ **tough-en up** ['tʌfn] v/t person endurcir

'tough guy F dur m F

tour [tʊr] **1** n visite f (of de); as part of package circuit m (of dans); of band, theater company tournée f **2** v/t area visiter **3** v/i of tourist faire du tourisme; of band être en tournée

'tour guide accompagnateur(-trice) m(f)

tour-ism ['tʊrɪzm] tourisme m

tour-ist ['tʊrɪst] touriste m/f

'tour-ist at-trac-tion attraction f touristique; **'tour-ist in-dus-try** industrie f touristique; **tour-ist in-for-'ma-tion of-fice** syndicat m d'initiative, office m de tourisme; **'tour-ist sea-son** saison f touristique

tour-na-ment ['tʊrnəmənt] tournoi m

'tour op-er-a-tor tour-opérateur m, voyagiste m

tou-sled ['taʊzld] adj hair ébouriffé

tow [toʊ] **1** v/t car, boat remorquer **2** n: **give s.o. a ~** remorquer qn

♦ **tow away** v/t car emmener à la fourrière

to-wards [tə'wɔːdz], Br **to-ward** [tə'wɔːd] prep in space vers; with attitude, feelings etc envers; aiming at en vue de; **work ~ a solution** essayer de trouver une solution

tow-el ['taʊəl] serviette f

tow-er ['taʊər] tour f

♦ **tower over** v/t building surplomber;

person être beaucoup plus grand que

town [taʊn] ville f

town 'cen-ter, Br **town 'centre** centre-ville m; **town 'coun-cil** conseil m municipal; **town 'hall** hôtel m de ville

tow-rope ['toʊroʊp] câble m de remorquage

tox-ic ['tɑːksɪk] adj toxique

tox-ic 'waste déchets mpl toxiques

tox-in ['tɑːksɪn] BIOL toxine f

toy [tɔɪ] jouet m

♦ **toy with** v/t jouer avec; idea caresser

'toy store magasin m de jouets

trace [treɪs] **1** n of substance trace f **2** v/t (find) retrouver; draw tracer

track [træk] n path, (racecourse) piste f; motor racing circuit m; on record, CD morceau m; RAIL voie f (ferrée); **~ 10** RAIL voie 10; **keep ~ of sth** suivre qch

♦ **track down** v/t person retrouver; criminal dépister; object dénicher

track-suit ['træksuːt] survêtement m

trac-tor ['træktər] tracteur m

trade [treɪd] **1** n (commerce) commerce m; (profession, craft) métier m **2** v/i (do business) faire du commerce; **~ in sth** faire du commerce dans qch **3** v/t (exchange) échanger (for contre)

♦ **trade in** v/t when buying donner en reprise

'trade fair foire f commerciale; **'trade-mark** marque f de commerce; **'trade mis-sion** mission f commerciale

trad-er ['treɪdər] commerçant(e) m(f)

trade 'se-cret secret m commercial

tra-di-tion [trə'dɪʃn] tradition f

tra-di-tion-al [trə'dɪʃnl] adj traditionnel*

tra-di-tion-al-ly [trə'dɪʃnli] adv traditionnellement

traf-fic ['træfɪk] n on roads circulation f; at airport, in drugs trafic m

♦ **traffic in** v/t (pret & pp **-ked**) drugs faire du trafic de

'traf-fic cir-cle rond-point m; **'traf-fic cop** F agent m de la circulation; **'traf-fic is-land** refuge m; **'traf-fic**

jam embouteillage *m*; **'traf·fic light** feux *mpl* de signalisation; **'traf·fic po·lice** police *f* de la route; **'traf·fic sign** panneau *m* de signalisation

trag·e·dy ['trædʒədɪ] tragédie *f*

trag·ic ['trædʒɪk] *adj* tragique

trail [treɪl] **1** *n* (*path*) sentier *m*; *of blood* traînée *f* **2** *v/t* (*follow*) suivre à la trace; (*tow*) remorquer **3** *v/i* (*lag behind: of person*) traîner; *of team* se traîner

trail·er ['treɪlər] *pulled by vehicle* remorque *f*; (*mobile home*) caravane *f*; *of movie* bande-annonce *f*

train¹ [treɪn] *n* train *m*; **go by ~** aller en train

train² [treɪn] **1** *v/t* entraîner; *dog* dresser; *employee* former **2** *v/i of team, athlete* s'entraîner; *of teacher etc* faire sa formation; **~ as a doctor** faire des études de médecine

train·ee [treɪ'niː] stagiaire *m/f*

train·er ['treɪnər] SP entraîneur(-euse) *m(f)*; *of dog* dresseur(-euse) *m(f)*

train·ers ['treɪnərz] *npl Br. shoes* tennis *mpl*

train·ing ['treɪnɪŋ] *of new staff* formation *f*; SP entraînement *m*; **be in ~** SP être bien entraîné; **be out of ~** SP avoir perdu la forme

'train·ing course cours *m* de formation

'train·ing scheme programme *m* de formation

'train sta·tion gare *f*

trait [treɪt] trait *m*

trai·tor ['treɪtər] traître *m*, traîtresse *f*

tramp¹ [træmp] *v/i* marcher à pas lourds

tramp² [træmp] *pej* femme *f* facile; *Br* clochard *m*

tram·ple ['træmpl] *v/t*: **be ~d to death** mourir piétiné; **be ~d underfoot** être piétiné

♦ **trample on** *v/t person, object* piétiner

tram·po·line ['træmpəliːn] trampoline *m*

trance [træns] transe *f*; **go into a ~** entrer en transe

tran·quil ['træŋkwɪl] *adj* tranquille

tran·quil·i·ty [træŋ'kwɪlətɪ] tranquil-

lité *f*

tran·quil·iz·er, *Br* **tran·quil·liz·er** ['træŋkwɪlaɪzər] tranquillisant *m*

trans·act [træn'zækt] *v/t deal, business* faire

trans·ac·tion [træn'zækʃn] *of business* conduite *f*; *piece of business* transaction *f*

trans·at·lan·tic [trænzət'læntɪk] *adj* transatlantique

tran·scen·den·tal [trænsen'dentl] *adj* transcendental

tran·script ['trænskrɪpt] transcription *f*

trans·fer [træns'fɜːr] **1** *v/t* (*pret & pp* **-red**) transférer **2** *v/i* (*pret & pp* **-red**) *when traveling* changer; *in job* être muté (**to** à) **3** *n* ['trænsfɜːr] *of money, in job, in travel* transfert *m*

trans·fer·a·ble [træns'fɜːrəbl] *adj ticket* transférable

'trans·fer fee *for sportsman* prix *m* de transfert

trans·form [træns'fɔːrm] *v/t* transformer

trans·for·ma·tion [trænsfər'meɪʃn] transformation *f*

trans·form·er [træns'fɔːrmər] ELEC transformateur *m*

trans·fu·sion [træns'fjuːʒn] transfusion *f*

tran·sis·tor [træn'zɪstər] *also radio* transistor *m*

trans·it ['trænzɪt] transit *m*; **in ~** en transit

tran·si·tion [træn'zɪʒn] transition *f*

tran·si·tion·al [træn'zɪʒnl] *adj* de transition

'trans·it lounge *at airport* salle *f* de transit

'trans·it pas·sen·ger passager(-ère) *m(f)* en transit

trans·late [træns'leɪt] *v/t& v/i* traduire

trans·la·tion [træns'leɪʃn] traduction *f*

trans·la·tor [træns'leɪtər] traducteur (-trice) *m(f)*

trans·mis·sion [trænz'mɪʃn] TV, MOT transmission *f*

trans·mit [trænz'mɪt] *v/t* (*pret & pp* **-ted**) *news, program* diffuser; *disease* transmettre

trans·mit·ter [trænz'mɪtər] RAD, TV émetteur *m*

trans·par·en·cy [træns'pærənsɪ] PHOT diapositive *f*

trans·par·ent [træns'pærənt] *adj* transparent; *(obvious)* évident; **he is so ~** c'est tellement facile de lire dans ses pensées

trans·plant ['trænsplænt] **1** *n* MED transplantation *f*; *organ transplanted* transplant *m* **2** *v/t* [træns'plænt] MED transplanter

trans·port ['trænspɔːrt] **1** *n of goods, people* transport *m* **2** *v/t* [træns'pɔːrt] *goods, people* transporter

trans·por·ta·tion [trænspɔːr'teɪʃn] *of goods, people* transport *m*; **means of ~** moyen *m* de transport; **public ~** transports *mpl* en commun; **Department of Transportation** ministère *m* des Transports

trans·ves·tite [træns'vestaɪt] travesti *m*

trap [træp] **1** *n also fig* piège *m*; **set a ~ for s.o.** tendre un piège à qn **2** *v/t* (*pret & pp* **-ped**) *also fig* piéger; **be ~ped** *by enemy, flames, landslide etc* être pris au piège

trap·door ['træpdɔːr] trappe *f*

tra·peze [trə'piːz] trapèze *m*

trap·pings ['træpɪŋz] *npl of power* signes extérieurs *mpl*

trash [træʃ] **1** *n (garbage)* ordures *fpl*; F *goods etc* camelote *f* F; *fig: person* vermine *f* **2** *v/t* jeter; *(criticize)* démolir; *bar, apartment etc* saccager, vandaliser

'trash can poubelle *f*

trash·y ['træʃɪ] *adj goods* de pacotille; *novel* de bas étage

trau·ma ['trɔːmə] traumatisme *m*

trau·mat·ic [trɔː'mætɪk] *adj* traumatisant

trau·ma·tize ['trɔːmətaɪz] *v/t* traumatiser

trav·el ['trævl] **1** *n* voyages *mpl*; **~s** voyages *mpl* **2** *v/i* (*pret & pp* **-ed**, *Br* **-led**) voyager **3** *v/t* (*pret & pp* **-ed**, *Br* **-led**) *miles* parcourir

'trav·el a·gen·cy agence *f* de voyages; **'trav·el a·gent** agent *m* de voyages;

'trav·el bag sac *m* de voyage

trav·el·er ['trævələr] voyageur(-euse) *m(f)*

'trav·el·er's check chèque-voyage *m*

'trav·el ex·pen·ses *npl* frais *mpl* de déplacement

'trav·el in·sur·ance assurance-voyage *f*

trav·el·ler *Br* → **traveler**

'trav·el pro·gram, 'trav·el pro·gramme *Br* programme *m* de voyages

'trav·el sick·ness mal *m* des transports

trawl·er ['trɔːlər] chalutier *m*

tray [treɪ] *for food, photocopier* plateau *m*; *to go in oven* plaque *f*

treach·er·ous ['tretʃərəs] *adj* traître

treach·er·y ['tretʃərɪ] traîtrise *f*

tread [tred] **1** *n* pas *m*; *of staircase* dessus *m* des marches; *of tire* bande *f* de roulement **2** *v/i* (*pret* **trod**, *pp* **trodden**) marcher; **mind where you ~** fais attention où tu mets les pieds

♦ **tread on** *v/t person's foot* marcher sur

trea·son ['triːzn] trahison *f*

treas·ure ['treʒər] **1** *n* trésor *m* **2** *v/t gift etc* chérir

treas·ur·er ['treʒərər] trésorier(-ière) *m(f)*

Treas·ur·y De·part·ment ['treʒərɪ] ministère *m* des Finances

treat [triːt] **1** *n* plaisir *m*; **it was a real ~** c'était un vrai bonheur; **I have a ~ for you** j'ai une surprise pour toi; **it's my ~** (*I'm paying*) c'est moi qui paie **2** *v/t materials, illness, (behave toward)* traiter; **~ s.o. to sth** offrir qch à qn

treat·ment ['triːtmənt] traitement *m*

trea·ty ['triːtɪ] traité *m*

tre·ble¹ ['trebl] *n* MUS soprano *m* (*de jeune garçon*)

tre·ble² ['trebl] **1** *adv*: **~ the price** le triple du prix **2** *v/i* tripler

tree [triː] arbre *m*

trem·ble ['trembl] *v/i* trembler

tre·men·dous [trɪ'mendəs] *adj* (*very good*) formidable; *(enormous)* énorme

tre·men·dous·ly [trɪ'mendəslɪ] *adv*

(*very*) extrêmement; (*a lot*) énormément

trem·or ['tremər] *of earth* secousse *f* (sismique)

trench [trentʃ] tranchée *f*

trend [trend] tendance *f*, (*fashion*) mode *f*

trend·y ['trendɪ] *adj* branché

tres·pass ['trespæs] *v/i* entrer sans autorisation; *no ~ing* défense d'entrer
♦ **trespass on** *v/t land* entrer sans autorisation sur; *s.o.'s rights* violer; *s.o.'s time* abuser de

tres·pass·er ['trespæsər] *personne qui viole la propriété d'une autre*; *~s will be prosecuted* défense d'entrer sous peine de poursuites

tri·al ['traɪəl] LAW procès *m*; *of equipment* essai *m*; *be on ~* LAW passer en justice; *have sth on ~* equipment essayer qch, acheter qch à l'essai

tri·al 'pe·ri·od période *f* d'essai

tri·an·gle ['traɪæŋgl] triangle *m*

tri·an·gu·lar [traɪ'æŋgjʊlər] *adj* triangulaire

tribe [traɪb] tribu *f*

tri·bu·nal [traɪ'bjuːnl] tribunal *m*

trib·u·ta·ry ['trɪbjətərɪ] *of river* affluent *m*

trick [trɪk] **1** *n to deceive* tour *m*; (*knack*) truc *m*; *just the ~* F juste ce qu'il me faut; *play a ~ on s.o.* jouer un tour à qn **2** *v/t* rouler; *be ~ed* se faire avoir

trick·e·ry ['trɪkərɪ] tromperie *f*

trick·le ['trɪkl] **1** *n* filet *m*; *fig* tout petit peu *m* **2** *v/i* couler goutte à goutte

trick·ster ['trɪkstər] escroc *m*

trick·y ['trɪkɪ] *adj* (*difficult*) délicat

tri·cy·cle ['traɪsɪkl] tricycle *m*

tri·fle ['traɪfl] *n* (*triviality*) bagatelle *f*

tri·fling ['traɪflɪŋ] *adj* insignifiant

trig·ger ['trɪgər] *n on gun* détente *f*; *on camcorder* déclencheur *m*
♦ **trigger off** *v/t* déclencher

trim [trɪm] **1** *adj* (*neat*) bien entretenu; *figure* svelte **2** *v/t* (*pret & pp* **-med**) *hair* couper un peu; *hedge* tailler; *budget, costs* réduire; (*decorate: dress*) garnir **3** *n cut* taille *f*; *in good ~* en bon état; *boxer* en forme

tri·mes·ter [trɪ'mestər] trimestre *m*

trim·ming ['trɪmɪŋ] *on clothes* garniture *f*; *with all the ~s* avec toutes les options

trin·ket ['trɪŋkɪt] babiole *f*

tri·o ['triːoʊ] MUS trio *m*

trip [trɪp] **1** *n* (*journey*) voyage *m*; (*outing*) excursion *f*; *go on a ~ to Vannes* aller visiter Vannes **2** *v/i* (*pret & pp* **-ped**) (*stumble*) trébucher **3** *v/t* (*pret & pp* **-ped**) (*make fall*) faire un croche-pied à
♦ **trip up 1** *v/t* (*make fall*) faire un croche-pied à; (*cause to go wrong*) faire trébucher **2** *v/i* (*stumble*) trébucher; (*make a mistake*) faire une erreur

tri·ple ['trɪpl] → **treble**

tri·plets ['trɪplɪts] *npl* triplé(e)s *m(f)pl*

tri·pod ['traɪpɑːd] PHOT trépied *m*

trite [traɪt] *adj* banal

tri·umph ['traɪʌmf] *n* triomphe *m*

triv·i·al ['trɪvɪəl] *adj* insignifiant

triv·i·al·i·ty [trɪvɪ'ælətɪ] banalité *f*

trod [trɑːd] *pret* → **tread**

trod·den ['trɑːdn] *pp* → **tread**

trol·ley ['trɑːlɪ] (*streetcar*) tramway *m*

trom·bone [trɑːm'boʊn] trombone *m*

troops [truːps] *npl* troupes *fpl*

tro·phy ['troʊfɪ] trophée *m*

trop·ic ['trɑːpɪk] GEOG tropique *m*

trop·i·cal ['trɑːpɪkl] *adj* tropical

trop·ics ['trɑːpɪks] *npl* tropiques *mpl*

trot [trɑːt] *v/i* (*pret & pp* **-ted**) trotter

trou·ble ['trʌbl] **1** *n* (*difficulties*) problèmes *mpl*; (*inconvenience*) dérangement *m*; (*disturbance*) affrontements *mpl*; *sorry to put you to any ~* désolé de vous déranger; *go to a lot of ~ to do sth* se donner beaucoup de mal pour faire qch; *no ~!* pas de problème!; *get into ~* s'attirer des ennuis **2** *v/t* (*worry*) inquiéter; (*bother, disturb*) déranger; *of back, liver etc* faire souffrir

'trou·ble-free *adj* sans problème; **'trou·ble-mak·er** fauteur(-trice) *m(f)* de troubles; **'trou·ble-shoot·er** conciliateur(-trice) *m(f)*; **'trou·ble-shoot·ing** dépannage *m*

trou·ble·some ['trʌblsəm] *adj* pénible

trou·sers ['traʊzərz] *npl Br* pantalon

m

trout [traʊt] (*pl* **trout**) truite *f*

truce [truːs] trêve *f*

truck [trʌk] camion *m*

'**truck driv·er** camionneur(-euse) *m(f)*; '**truck farm** jardin *m* maraîcher; '**truck farm·er** maraîcher(-ère) *m(f)*; '**truck stop** routier *m*

trudge [trʌdʒ] **1** *v/i* se traîner **2** *n* marche *f* pénible

true [truː] *adj* vrai; *friend, American* véritable; *come ~ of hopes, dream* se réaliser

tru·ly ['truːlɪ] *adv* vraiment; *Yours ~* je vous prie d'agréer mes sentiments distingués

trum·pet ['trʌmpɪt] *n* trompette *f*

trum·pet·er ['trʌmpɪtər] trompettiste *m/f*

trunk [trʌŋk] *of tree, body* tronc *m*; *of elephant* trompe *f*; *(large suitcase)* malle *f*; *of car* coffre *m*

trust [trʌst] **1** *n* confiance *f*; FIN fidéicommis *m* **2** *v/t* faire confiance à; *I ~ you* je te fais confiance

trust·ed ['trʌstɪd] *adj* éprouvé

trust·ee [trʌs'tiː] fidéicommissaire *m/f*

trust·ful, trust·ing ['trʌstfl, 'trʌstɪŋ] *adj* confiant

trust·wor·thy ['trʌstwɜːrðɪ] *adj* fiable

truth [truːθ] vérité *f*

truth·ful ['truːθfl] *adj* honnête

try [traɪ] **1** *v/t (pret & pp -ied)* essayer; LAW juger; *~ to do sth* essayer de faire qch; *why don't you ~ chang·ing suppliers?* pourquoi tu ne changes pas de fournisseur? **2** *v/i (pret & pp -ied)* essayer; *you must ~ harder* tu dois faire plus d'efforts **3** *n* essai *m*; *can I have a ~?* of food est-ce que je peux goûter?; *at doing sth* est-ce que je peux essayer?

◆ **try on** *v/t clothes* essayer

◆ **try out** *v/t* essayer

try·ing ['traɪɪŋ] *adj (annoying)* éprouvant

T-shirt ['tiːʃɜːrt] tee-shirt *m*

tub [tʌb] *(bath)* baignoire *f*; *for liquid* bac *m*; *for yoghurt, ice cream* pot *m*

tub·by ['tʌbɪ] *adj* boulot*

tube [tuːb] *(pipe)* tuyau *m*; *of toothpaste, ointment* tube *m*

tube·less ['tuːblɪs] *adj* tire sans chambre à air

tu·ber·cu·lo·sis [tuːbɜːrkjə'loʊsɪs] tuberculose *f*

tuck [tʌk] **1** *n in dress* pli *m* **2** *v/t (put)* mettre

◆ **tuck away** *v/t (put away)* ranger; *(eat quickly)* bouffer F

◆ **tuck in 1** *v/t children* border; *tuck the sheets in* border un lit **2** *v/i (start eating)* y aller

◆ **tuck up** *v/t sleeves etc* retrousser; *tuck s.o. up in bed* border qn

Tues·day ['tuːzdeɪ] mardi *m*

tuft [tʌft] touffe *f*

tug¹ [tʌg] **1** *n (pull)*: *I felt a ~ at my sleeve* j'ai senti qu'on me tirait la manche **2** *v/t (pret & pp -ged) (pull)* tirer

tug² NAUT remorqueur *m*

tu·i·tion [tuː'ɪʃn] cours *mpl*

tu·lip ['tuːlɪp] tulipe *f*

tum·ble ['tʌmbl] *v/i* tomber

tum·ble-down ['tʌmbldaʊn] *adj* qui tombe en ruines

tum·bler ['tʌmblər] *for drink* verre *m*; *in circus* acrobate *m/f*

tum·my ['tʌmɪ] F ventre *m*

'**tum·my ache** mal *m* de ventre

tu·mor ['tuːmər] tumeur *f*

tu·mult ['tuːmʌlt] tumulte *m*

tu·mul·tu·ous [tuː'mʌltʊəs] *adj* tumultueux*

tu·na ['tuːnə] thon *m*; *~ sandwich* sandwich *m* au thon

tune [tuːn] **1** *n air m*; *in ~ instrument* (bien) accordé; *sing in ~* chanter juste; *out of ~ instrument* désaccordé; *sing out of ~* chanter faux **2** *v/t instrument* accorder

◆ **tune in** *v/i* RAD, TV se mettre à l'écoute

◆ **tune in to** *v/t* RAD, TV se brancher sur

◆ **tune up 1** *v/i of orchestra, players* s'accorder **2** *v/t engine* régler

tune·ful ['tuːnfl] *adj* harmonieux*

tun·er ['tuːnər] *of hi-fi* tuner *m*

tune-up ['tuːnʌp] *of engine* règlement

m

tun·nel ['tʌnl] *n* tunnel *m*

tur·bine ['tɜːrbaɪn] turbine *f*

tur·bu·lence ['tɜːrbjələns] *in air travel* turbulences *fpl*

tur·bu·lent ['tɜːrbjələnt] *adj* agité

turf [tɜːrf] gazon *m*; *piece* motte *f* de gazon

Turk [tɜːrk] Turc *m*, Turque *f*

Tur·key ['tɜːrkɪ] Turquie *f*

tur·key ['tɜːrkɪ] dinde *f*

Turk·ish ['tɜːrkɪʃ] **1** *adj* turc* **2** *n language* turc *m*

tur·moil ['tɜːrmɔɪl] confusion *f*

turn [tɜːrn] **1** *n* (*rotation*) tour *m*; *in road* virage *m*; *in vaudeville* numéro *m*; **the second ~ on the right** la deuxième (route) à droite; **take ~s doing sth** faire qch à tour de rôle; **it's my ~** c'est à moi; **it's not your ~ yet** ce n'est pas encore à toi; **take a ~ at the wheel** conduire à son tour; **do s.o. a good ~** rendre service à qn **2** *v/t wheel* tourner; ~ *the corner* tourner au coin de la rue; ~ *one's back on s.o.* also fig tourner le dos à qn **3** *v/i of driver, car, wheel* tourner; *of person* se retourner; ~ *right / left here* tournez à droite / gauche ici; **it has ~ed sour / cold** ça s'est aigri / refroidi; **he has ~ed 40** il a passé les 40 ans

♦ **turn around 1** *v/t object* tourner; *company* remettre sur pied; COMM *order* traiter **2** *v/i* se retourner; *with a car* faire demi-tour

♦ **turn away 1** *v/t* (*send away*) renvoyer **2** *v/i* (*walk away*) s'en aller; (*look away*) détourner le regard

♦ **turn back 1** *v/t edges, sheets* replier **2** *v/i of walkers etc, in course of action* faire demi-tour

♦ **turn down** *v/t offer, invitation* rejeter; *volume, TV, heating* baisser; *edge, collar* replier

♦ **turn in 1** *v/i* (*go to bed*) aller se coucher **2** *v/t to police* livrer

♦ **turn off 1** *v/t radio, TV, computer, heater* éteindre; *faucet* fermer; *engine* arrêter; F *sexually* couper l'envie à **2** *v/i of car, driver* tourner; *of machine*

s'éteindre

♦ **turn on 1** *v/t radio, TV, computer, heater* allumer; *faucet* ouvrir; *engine* mettre en marche; F *sexually* exciter **2** *v/i of machine* s'allumer

♦ **turn out 1** *v/t lights* éteindre **2** *v/i:* **as it turned out** en l'occurence; **it turned out well** cela s'est bien fini; **he turned out to be ...** il s'est avéré être ...

♦ **turn over 1** *v/i in bed* se retourner; *of vehicle* se renverser **2** *v/t* (*put upside down*) renverser; *page* tourner; FIN avoir un chiffre d'affaires de

♦ **turn up 1** *v/t collar* remonter; *volume* augmenter; *heating* monter **2** *v/i* (*arrive*) arriver, se pointer F

turn·ing ['tɜːrnɪŋ] *in road* virage *m*

'**turn·ing point** tournant *m*

tur·nip ['tɜːrnɪp] navet *m*

'**turn-out** *at game etc* nombre *m* de spectateurs; '**turn·o·ver** FIN chiffre *m* d'affaires; '**turn·pike** autoroute *f* payante; '**turn sig·nal** MOT clignotant *m*; '**turn·stile** tourniquet *m*; '**turn·ta·ble** *of record player* platine *f*

tur·quoise ['tɜːrkwɔɪz] *adj* turquoise

tur·ret ['tʌrɪt] *of castle, tank* tourelle *f*

tur·tle ['tɜːrtl] tortue *f* de mer

tur·tle·neck '**sweat·er** pull *m* à col cheminée

tusk [tʌsk] défense *f*

tu·tor ['tuːtər] Br: *at university* professeur *m/f*; (*private*) ~ professeur *m* particulier

tux·e·do [tʌk'siːdou] smoking *m*

TV [tiːˈviː] télé *f*; **on** ~ à la télé

T'V din·ner plateau-repas *m*; **T'V guide** guide *m* de télé; **T'V pro·gram** programme *m* télé

twang [twæŋ] **1** *n in voice* accent *m* nasillard **2** *v/t guitar string* pincer

tweez·ers ['twiːzərz] *npl* pince *f* à épiler

twelfth [twelfθ] douzième; → *fifth*

twelve [twelv] douze

twen·ti·eth ['twentɪθ] vingtième; → *fifth*

twen·ty ['twentɪ] vingt; **~-four sev·en** 24 heures/24, 7 jours/7

twice [twaɪs] *adv* deux fois; ~ **as**

much deux fois plus

twid·dle ['twɪdl] *v/t* tripoter; ~ *one's* ***thumbs*** se tourner les pouces

twig [twɪg] *n* brindille *f*

twi·light ['twaɪlaɪt] crépuscule *m*

twin [twɪn] jumeau *m*, jumelle *f*

'twin beds *npl* lits *mpl* jumeaux

twinge [twɪndʒ] *of pain* élancement *m*

twin·kle ['twɪŋkl] *v/i* scintiller

twin 'room chambre *f* à lits jumeaux

'twin town ville *f* jumelée

twirl [twɜːrl] **1** *v/t* faire tourbillonner; *mustache* tortiller **2** *n of cream etc* spirale *f*

twist [twɪst] **1** *v/t* tordre; ~ *one's* ***an·kle*** se tordre la cheville **2** *v/i of road* faire des méandres; *of river* faire des lacets **3** *n in rope* entortillement *m*; *in road* lacet *m*; *in plot, story* dénouement *m* inattendu

twist·y ['twɪstɪ] *adj road* qui fait des lacets

twit [twɪt] *Br* F bêta *m* F, bêtasse *f* F

twitch [twɪtʃ] **1** *n nervous* tic *m* **2** *v/i (jerk)* faire des petits mouvements saccadés

twit·ter ['twɪtər] *v/i of birds* gazouiller

two [tuː] deux; ***the ~ of them*** les deux

two-faced ['tuːfeɪst] *adj* hypocrite; **'two-stroke** *adj engine* à deux temps; **two-way 'traf·fic** circulation *f* à double sens

ty·coon [taɪˈkuːn] magnat *m*

type [taɪp] **1** *n (sort)* type *m*; ***what ~ of …?*** quel genre de …? **2** *v/i (use a keyboard)* taper **3** *v/t with a typewriter* taper à la machine

type·writ·er ['taɪpraɪtər] machine *f* à écrire

ty·phoid ['taɪfɔɪd] typhoïde *f*

ty·phoon [taɪˈfuːn] typhon *m*

ty·phus ['taɪfəs] typhus *m*

typ·i·cal ['tɪpɪkl] *adj* typique; ***that's ~ of you / him!*** c'est bien de vous / lui!

typ·i·cal·ly ['tɪpɪklɪ] *adv* typiquement; ***~, he was late*** il était en retard comme d'habitude; ***~ American*** typiquement américain

typ·ist ['taɪpɪst] dactylo *m/f*

ty·po ['taɪpoʊ] coquille *f*

tyr·an·ni·cal [tɪˈrænɪkl] *adj* tyrannique

tyr·an·nize [tɪˈrənaɪz] *v/t* tyranniser

tyr·an·ny ['tɪrənɪ] tyrannie *f*

ty·rant ['taɪrənt] tyran *m*

tyre *Br →* ***tire***¹

U

ug·ly ['ʌglɪ] *adj* laid

UK [juːˈkeɪ] *abbr (= United Kingdom)* R.-U. *m (=* Royaume-Uni)

ul·cer ['ʌlsər] ulcère *m*

ul·ti·mate ['ʌltɪmət] *adj (best, definitive)* meilleur possible; *(final)* final; *(fundamental)* fondamental

ul·ti·mate·ly ['ʌltɪmətlɪ] *adv (in the end)* en fin de compte

ul·ti·ma·tum [ʌltɪˈmeɪtəm] ultimatum *m*

ul·tra·sound ['ʌltrəsaʊnd] MED ultrason *m*

ul·tra·vi·o·let [ʌltrəˈvaɪələt] *adj* ultra-

violet*

um·bil·i·cal cord [ʌmˈbɪlɪkl] cordon *m* ombilical

um·brel·la [ʌmˈbrelə] parapluie *m*

um·pire ['ʌmpaɪr] *n* arbitre *m/f*

ump·teen [ʌmpˈtiːn] *adj* F des centaines de

UN [juːˈen] *abbr (= United Nations)* O.N.U. *f (=* Organisation des Nations unies)

un·a·ble [ʌnˈeɪbl] *adj:* ***be ~ to do sth*** *not know how to* ne pas savoir faire qch; *not be in a position to* ne pas pouvoir faire qch

un·ac·cept·a·ble [ʌnək'septəbl] *adj* inacceptable

un·ac·count·a·ble [ʌnə'kauntəbl] *adj* inexplicable

un·ac·cus·tomed [ʌnə'kʌstəmd] *adj:* **be ~ to sth** ne pas être habitué à qch

un·a·dul·ter·at·ed [ʌnə'dʌltəreitid] *adj fig (absolute)* à l'état pur

un·A·mer·i·can [ʌnə'merikən] *adj (not fitting)* antiaméricain; **it's ~ to run down your country** un Américain ne débine pas son pays

u·nan·i·mous [juː'næniməs] *adj verdict* unanime

u·nan·i·mous·ly [juː'næniməsli] *adv vote, decide* à l'unanimité

un·ap·proach·a·ble [ʌnə'prouʧəbl] *adj person* d'un abord difficile

un·armed [ʌn'ɑːrmd] *adj person* non armé; **~ combat** combat *m* à mains nues

un·as·sum·ing [ʌnə'suːmiŋ] *adj* modeste

un·at·tached [ʌnə'tæʧt] *adj without a partner* sans attaches

un·at·tend·ed [ʌnə'tendid] *adj* laissé sans surveillance; **leave sth ~** laisser qch sans surveillance

un·au·thor·ized [ʌn'ɔːθəraizd] *adj* non autorisé

un·a·void·a·ble [ʌnə'vɔidəbl] *adj* inévitable

un·a·void·a·bly [ʌnə'vɔidəbli] *adv:* **be ~ detained** être dans l'impossibilité absolue de venir

un·a·ware [ʌnə'wer] *adj:* **be ~ of** ne pas avoir conscience de

un·a·wares [ʌnə'werz] *adv:* **catch s.o. ~** prendre qn au dépourvu

un·bal·anced [ʌn'bælənst] *adj also* PSYCH déséquilibré

un·bear·a·ble [ʌn'berəbl] *adj* insupportable

un·beat·a·ble [ʌn'biːtəbl] *adj* imbattable

un·beat·en [ʌn'biːtn] *adj team* invaincu

un·be·knownst: [ʌnbi'nounst] *adv:* **~ to** à l'insu de; **~ to me** à mon insu

un·be·lie·va·ble [ʌnbi'liːvəbl] *adj also* F incroyable

un·bi·as(s)ed [ʌn'baiəst] *adj* impartial

un·block [ʌn'blɑːk] *v/t pipe* déboucher

un·born [ʌn'bɔːrn] *adj generations, child* à naître

un·break·a·ble [ʌn'breikəbl] *adj* incassable

un·but·ton [ʌn'bʌtn] *v/t* déboutonner

un·called-for [ʌn'kɔːldfɔːr] *adj* déplacé

un·can·ny [ʌn'kæni] *adj* étrange, mystérieux*

un·ceas·ing [ʌn'siːsiŋ] *adj* incessant

un·cer·tain [ʌn'sɜːrtn] *adj* incertain; **be ~ about sth** avoir des doutes à propos de qch

un·cer·tain·ty [ʌn'sɜːrtnti] *of the future* caractère *m* incertain; **there is still ~ about ...** des incertitudes demeurent quant à ...

un·checked [ʌn'ʧekt] *adj:* **let sth go ~** ne rien faire pour empêcher qch

un·cle ['ʌŋkl] oncle *m*

un·com·for·ta·ble [ʌn'kʌmftəbl] *adj* inconfortable; **feel ~ about sth** être gêné par qch; **I feel ~ with him** je suis mal à l'aise avec lui

un·com·mon [ʌn'kɑːmən] *adj* inhabituel*

un·com·pro·mis·ing [ʌn'kɑːprəmaiziŋ] *adj* intransigeant

un·con·cerned [ʌnkən'sɜːrnd] *adj:* **be ~ about s.o. / sth** ne pas se soucier de qn / qch

un·con·di·tion·al [ʌnkən'diʃnl] *adj* sans conditions

un·con·scious [ʌn'kɑːnʃəs] *adj* MED, PSYCH inconscient; **knock s.o. ~** assommer qn; **be ~ of sth** *(not aware)* ne pas avoir conscience de qch

un·con·trol·la·ble [ʌnkən'troulabl] *adj* incontrôlable

un·con·ven·tion·al [ʌnkən'venʃnl] *adj* non conventionnel*

un·co·op·er·a·tive [ʌnkou'ɑːpərətiv] *adj* peu coopératif*

un·cork [ʌn'kɔːrk] *v/t bottle* déboucher

un·cov·er [ʌn'kʌvər] *v/t* découvrir

un·dam·aged [ʌn'dæmidʒd] *adj* intact

un·daunt·ed [ʌn'dɔːntid] *adv:* **carry on ~** continuer sans se laisser décourager

un·de·cid·ed [ʌndɪˈsaɪdɪd] adj question laissé en suspens; **be ~ about s.o. / sth** être indécis à propos de qn / qch

un·de·ni·a·ble [ʌndɪˈnaɪəbl] adj indéniable

un·de·ni·a·bly [ʌndɪˈnaɪəblɪ] adv indéniablement

un·der [ˈʌndər] **1** prep (beneath) sous; (less than) moins de; **he is ~ 30** il a moins de 30 ans; **it is ~ review / investigation** cela fait l'objet d'un examen / d'une enquête **2** adv (anesthetized) inconscient

un·der·age adj mineur; **~ drinking** la consommation d'alcool par les mineurs

'un·der·arm adv throw par en-dessous

'un·der·car·riage train m d'atterrissage

'un·der·cov·er adj clandestin; **~ agent** agent m secret

un·der'cut v/t (pret & pp -cut) COMM: **~ the competition** vendre moins cher que la concurrence

'un·der·dog outsider m

un·der'done adj meat pas trop cuit; pej pas assez cuit

un·der'es·ti·mate v/t person, skills, task sous-estimer

un·der·ex'posed adj PHOT sous-exposé

un·der'fed adj mal nourri

un·der'go v/t (pret -**went**, pp -**gone**) subir

un·der'grad·u·ate Br étudiant(e) (de D.E.U.G. ou de licence)

'un·der·ground 1 adj passages etc souterrain; POL resistance, newpaper etc clandestin **2** adv work sous terre; **go ~** POL passer dans la clandestinité

'un·der·growth sous-bois m

un·der'hand adj (devious) sournois; **do sth ~** faire qch en sous-main

un·der'lie v/t (pret -**lay**, pp -**lain**) sous-tendre

un·der'line v/t text souligner

un·der'ly·ing adj causes, problems sous-jacent

un·der'mine v/t saper

un·der·neath [ʌndərˈniːθ] **1** prep sous

2 adv dessous

'un·der·pants npl slip m

'un·der·pass for pedestrians passage m souterrain

un·der·priv·i·leged [ʌndərˈprɪvɪlɪdʒd] adj défavorisé

un·der'rate v/t sous-estimer

'un·der·shirt maillot m de corps

un·der·sized [ʌndərˈsaɪzd] adj trop petit

'un·der·skirt jupon m

un·der·staffed [ʌndərˈstæft] adj en manque de personnel

un·der·stand [ʌndərˈstænd] **1** v/t (pret & pp -**stood**) comprendre; **they are understood to be in Canada** on pense qu'ils sont au Canada **2** v/i comprendre

un·der·stand·a·ble [ʌndərˈstændəbl] adj compréhensible

un·der·stand·a·bly [ʌndərˈstændəblɪ] adv naturellement

un·der·stand·ing [ʌndərˈstændɪŋ] **1** adj person compréhensif* **2** n of problem, situation compréhension f; (agreement) accord m; **my ~ of the situation is that ...** ce que je comprends dans cette situation, c'est que ...; **we have an ~ that ...** il y a un accord entre nous selon lequel ...; **on the ~ that ...** à condition que ...

'un·der·state·ment euphémisme m

un·der'take v/t (pret -**took**, pp -**taken**) task entreprendre; **~ to do sth** (agree to) s'engager à faire qch

un·der·tak·er [ˈʌndərteɪkər] Br entrepreneur(-euse) des pompes funèbres

'un·der·tak·ing (enterprise) entreprise f; (promise) engagement m

un·der'val·ue v/t sous-estimer

'un·der·wear sous-vêtements mpl

un·der'weight adj en-dessous de son poids normal

'un·der·world criminal monde m du crime organisé

un·der'write v/t (pret -**wrote**, pp -**written**) FIN souscrire

un·de·served [ʌndɪˈzɜːrvd] adj non mérité

un·de·sir·a·ble [ʌndɪˈzaɪrəbl] adj indé-

sirable; ~ **element** *person* élément *m*
indésirable

un·dis·put·ed [ʌndɪˈspjuːtɪd] *adj* *champion, leader* incontestable

un·do [ʌnˈduː] *v/t* (*pret* -**did**, *pp* -**done**) défaire

un·doubt·ed·ly [ʌnˈdaʊtɪdlɪ] *adv* à n'en pas douter

un·dreamt-of [ʌnˈdremtɒv] *adj* *riches* inouï

un·dress [ʌnˈdres] **1** *v/t* déshabiller; **get ~ed** se déshabiller **2** *v/i* se déshabiller

un·due [ʌnˈduː] *adj* (*excessive*) excessif*

un·du·ly [ʌnˈduːlɪ] *adv* (*excessively*) excessivement

un·earth [ʌnˈɜːrθ] *v/t also fig* déterrer

un·earth·ly [ʌnˈɜːrθlɪ] *adj*: **at this ~ hour** à cette heure impossible

un·eas·y [ʌnˈiːzɪ] *adj* *relationship, peace* incertain; **feel ~ about** avoir des doutes sur; **I feel ~ about signing this** je ne suis pas sûr de vouloir signer cela

un·eat·a·ble [ʌnˈiːtəbl] *adj* immangeable

un·e·co·nom·ic [ʌniːkəˈnɑːmɪk] *adj* pas rentable

un·ed·u·cat·ed [ʌnˈedʒəkeɪtɪd] *adj* sans instruction

un·em·ployed [ʌnɪmˈplɔɪd] **1** *adj* au chômage **2** *npl*: **the ~** les chômeurs(-euses)

un·em·ploy·ment [ʌnɪmˈplɔɪmənt] chômage *m*

un·end·ing [ʌnˈendɪŋ] *adj* sans fin

un·e·qual [ʌnˈiːkwəl] *adj* inégal; **be ~ to the task** ne pas être à la hauteur de la tâche

un·er·ring [ʌnˈɜːrɪŋ] *adj* *judgment, instinct* infaillible

un·e·ven [ʌnˈiːvn] *adj* *surface, ground* irrégulier*

un·e·ven·ly [ʌnˈiːvnlɪ] *adv* *distributed, applied* inégalement; **be ~ matched** *of two contestants* être mal assorti

un·e·vent·ful [ʌnɪˈventfl] *adj* *day, journey* sans événement

un·ex·pec·ted [ʌnɪkˈspektɪd] *adj* inattendu

un·ex·pec·ted·ly [ʌnɪkˈspektɪdlɪ] *adv* inopinément

un·fair [ʌnˈfer] *adj* injuste

un·faith·ful [ʌnˈfeɪθfl] *adj* *husband, wife* infidèle; **be ~ to s.o.** tromper qn

un·fa·mil·i·ar [ʌnfəˈmɪljər] *adj* peu familier*; **be ~ with sth** ne pas (bien) connaître qch

un·fas·ten [ʌnˈfæsn] *v/t* *belt* défaire

un·fa·vo·ra·ble [ʌnˈfeɪvərəbl] *adj* défavorable

un·feel·ing [ʌnˈfiːlɪŋ] *adj* *person* dur

un·fin·ished [ʌnˈfɪnɪʃt] *adj* inachevé

un·fit [ʌnˈfɪt] *adj* *physically* peu en forme; *morally* indigne; **be ~ to eat / drink** être impropre à la consommation

un·fix [ʌnˈfɪks] *v/t part* détacher

un·flap·pa·ble [ʌnˈflæpəbl] *adj* imperturbable

un·fold [ʌnˈfould] **1** *v/t* *sheets, letter* déplier; *one's arms* ouvrir **2** *v/i* *of story etc* se dérouler; *of view* se déployer

un·fore·seen [ʌnfɔːrˈsiːn] *adj* imprévu

un·for·get·ta·ble [ʌnfərˈgetəbl] *adj* inoubliable

un·for·giv·a·ble [ʌnfərˈgɪvəbl] *adj* impardonnable; **that was ~ of you** c'était impardonnable de votre part

un·for·tu·nate [ʌnˈfɔːrtʃənət] *adj* malheureux*; **that's ~ for you** c'est dommage pour vous

un·for·tu·nate·ly [ʌnˈfɔːrtʃənətlɪ] *adv* malheureusement

un·found·ed [ʌnˈfaʊndɪd] *adj* non fondé

un·friend·ly [ʌnˈfrendlɪ] *adj* *person, welcome, hotel* froid; *software* rébarbatif*

un·fur·nished [ʌnˈfɜːrnɪʃt] *adj* non meublé

un·god·ly [ʌnˈgɑːdlɪ] *adj*: **at this ~ hour** à cette heure impossible

un·grate·ful [ʌnˈgreɪtfl] *adj* ingrat

un·hap·pi·ness [ʌnˈhæpɪnɪs] chagrin *m*

un·hap·py [ʌnˈhæpɪ] *adj* malheureux*; *customers etc* mécontent (**with** de)

un·harmed [ʌnˈhɑːrmd] *adj* indemne

un·health·y [ʌnˈhelθɪ] *adj* *person* en

mauvaise santé; *food, atmosphere* malsain; *economy, finances* qui se porte mal

un·heard-of [ʌnˈhɜːrdəv] *adj:* **be ~** ne s'être jamais vu; *it was ~ for a woman to be in the police force* personne n'avait jamais vu une femme dans la police

un·hurt [ʌnˈhɜːrt] *adj* indemne

un·hy·gien·ic [ʌnhaɪˈdʒiːnɪk] insalubre

u·ni·fi·ca·tion [juːnɪfɪˈkeɪʃn] unification *f*

u·ni·form [ˈjuːnɪfɔːrm] **1** *n* uniforme *m* **2** *adj* uniforme

u·ni·fy [ˈjuːnɪfaɪ] *v/t (pret & pp **-ied**)* unifier

u·ni·lat·er·al [juːnɪˈlætərəl] *adj* unilatéral

u·ni·lat·er·al·ly [juːnɪˈlætərəlɪ] *adv* unilatéralement

u·n·i·ma·gi·na·ble [ʌnɪˈmædʒɪnəbl] *adj* inimaginable

u·n·i·ma·gi·na·tive [ʌnɪˈmædʒɪnətɪv] *adj* qui manque d'imagination

un·im·por·tant [ʌnɪmˈpɔːrtənt] *adj* sans importance

un·in·hab·i·ta·ble [ʌnɪnˈhæbɪtəbl] *adj building, region* inhabitable

un·in·hab·it·ed [ʌnɪnˈhæbɪtɪd] *adj* inhabitée

un·in·jured [ʌnˈɪndʒərd] *adj* indemne

un·in·tel·li·gi·ble [ʌnɪnˈtelɪdʒəbl] *adj* inintelligible

un·in·ten·tion·al [ʌnɪnˈtenʃnl] *adj* non intentionnel*; *that was ~* ce n'était pas voulu

un·in·ten·tion·al·ly [ʌnɪnˈtenʃnlɪ] *adv* sans le vouloir

un·in·ter·est·ing [ʌnˈɪntrəstɪŋ] *adj* inintéressant

un·in·ter·rupt·ed [ʌnɪntəˈrʌptɪd] *adj sleep, two hours' work* ininterrompu

u·nion [ˈjuːnjən] POL union *f*; *(labor ~)* syndicat *m*

u·nique [juːˈniːk] *adj also* F *(very good)* unique

u·nit [ˈjuːnɪt] unité *f*

u·nit 'cost COMM coût *m* à l'unité

u·nite [juːˈnaɪt] **1** *v/t* unir **2** *v/i* s'unir

u·nit·ed [juːˈnaɪtɪd] *adj* uni; *efforts*

conjoint

U·nit·ed 'King·dom Royaume-Uni *m*

U·nit·ed 'Na·tions Nations *fpl* Unies

U·nit·ed States (of A·mer·i·ca) États--Unis *mpl* (d'Amérique)

u·ni·ty [ˈjuːnətɪ] unité *f*

u·ni·ver·sal [juːnɪˈvɜːrsl] *adj* universel*

u·ni·ver·sal·ly [juːnɪˈvɜːrsəlɪ] *adv* universellement

u·ni·verse [ˈjuːnɪvɜːrs] univers *m*

u·ni·ver·si·ty [juːnɪˈvɜːrsətɪ] **1** *n* université *f*; *he's at ~* il est à l'université **2** *adj* d'université

un·just [ʌnˈdʒʌst] *adj* injuste

un·kempt [ʌnˈkempt] *adj* négligé

un·kind [ʌnˈkaɪnd] *adj* méchant, désagréable

un·known [ʌnˈnoʊn] **1** *adj* inconnu **2** *n*: *a journey into the ~* un voyage dans l'inconnu

un·lead·ed [ʌnˈledɪd] *adj gas* sans plomb

un·less [ənˈles] *conj* à moins que *(+subj)*; *don't say anything ~ you are sure* ne dites rien si vous n'êtes pas sûr

un·like [ʌnˈlaɪk] *prep*: *the photograph was completely ~ her* la photographie ne lui ressemblait pas du tout; *it's ~ him to drink so much* cela ne lui ressemble pas de boire autant

un·like·ly [ʌnˈlaɪklɪ] *adj* improbable; *he is ~ to win* il a peu de chances de gagner; *it is ~ that …* il est improbable que … *(+subj)*

un·lim·it·ed [ʌnˈlɪmɪtɪd] *adj* illimité

un·list·ed [ʌnˈlɪstɪd] *adj* TELEC sur liste rouge

un·load [ʌnˈloʊd] *v/t* décharger

un·lock [ʌnˈlɑːk] *v/t* ouvrir (avec une clef)

un·luck·i·ly [ʌnˈlʌkɪlɪ] *adv* malheureusement

un·luck·y [ʌnˈlʌkɪ] *adj day* de malchance; *choice* malheureux*; *person* malchanceux*; *that was so ~ for you!* tu n'as vraiment pas eu de chance!

un·made-up [ʌnmeɪdˈʌp] *adj face* non

maquillé

un·manned [ʌn'mænd] adj spacecraft sans équipage

un·mar·ried [ʌn'mærɪd] adj non marié

un·mis·ta·ka·ble [ʌnmɪ'steɪkəbl] adj handwriting reconnaissable entre mille

un·moved [ʌn'muːvd] adj emotionally pas touché

un·mu·si·cal [ʌn'mjuːzɪkl] adj person pas musicien*; sounds discordant

un·nat·u·ral [ʌn'nætʃrəl] adj contre nature; it's not ~ to be annoyed il n'est pas anormal d'être agacé

un·nec·es·sa·ry [ʌn'nesəserɪ] adj non nécessaire

un·nerv·ing [ʌn'nɜːrvɪŋ] adj déstabilisant

un·no·ticed [ʌn'noʊtɪst] adj: it went ~ c'est passé inaperçu

un·ob·tain·a·ble [ʌnəb'teɪnəbl] adj goods qu'on ne peut se procurer; TELEC hors service

un·ob·tru·sive [ʌnəb'truːsɪv] adj discret

un·oc·cu·pied [ʌn'ɑːkjʊpaɪd] adj (empty) vide; position vacant; person désœuvré

un·of·fi·cial [ʌnə'fɪʃl] adj non officiel*

un·of·fi·cial·ly [ʌnə'fɪʃlɪ] adv non officiellement

un·pack [ʌn'pæk] 1 v/t case défaire; boxes déballer, vider 2 v/i défaire sa valise

un·paid [ʌn'peɪd] adj work non rémunéré

un·pleas·ant [ʌn'pleznt] adj désagréable; he was very ~ to her il a été très désagréable avec elle

un·plug [ʌn'plʌg] v/t (pret & pp -ged) TV, computer débrancher

un·pop·u·lar [ʌn'pɑːpjələr] adj impopulaire

un·pre·ce·den·ted [ʌn'presɪdentɪd] adj sans précédent

un·pre·dict·a·ble [ʌnprɪ'dɪktəbl] adj person, weather imprévisible

un·pre·ten·tious [ʌnprɪ'tenʃəs] adj person, style, hotel modeste

un·prin·ci·pled [ʌn'prɪnsɪpld] adj sans scrupules

un·pro·duc·tive [ʌnprə'dʌktɪv] adj meeting, discussion, land improductif*

un·pro·fes·sion·al [ʌnprə'feʃnl] adj person, behavior non professionnel*; workmanship peu professionnel; it's very ~ not to ... ce n'est pas du tout professionnel de ne pas ...

un·prof·it·a·ble [ʌn'prɑːfɪtəbl] adj non profitable

un·pro·nounce·a·ble [ʌnprə'naʊnsəbl] adj imprononçable

un·pro·tect·ed [ʌnprə'tektɪd] adj sans protection; ~ sex rapports mpl sexuels non protégés

un·pro·voked [ʌnprə'voʊkt] adj attack non provoqué

un·qual·i·fied [ʌn'kwɑːlɪfaɪd] adj non qualifié; acceptance inconditionnel*

un·ques·tion·a·bly [ʌn'kwestʃnəblɪ] adv (without doubt) sans aucun doute

un·ques·tion·ing [ʌn'kwestʃnɪŋ] adj attitude, loyalty aveugle

un·rav·el [ʌn'rævl] v/t (pret & pp -ed, Br -led) knitting etc défaire; mystery, complexities résoudre

un·read·a·ble [ʌn'riːdəbl] adj book illisible

un·re·al [ʌn'rɪəl] adj irréel*; this is ~! F je crois rêver!

un·re·a·lis·tic [ʌnrɪə'lɪstɪk] adj irréaliste

un·rea·so·na·ble [ʌn'riːznəbl] adj déraisonnable

un·re·lat·ed [ʌnrɪ'leɪtɪd] adj sans relation (to avec)

un·re·lent·ing [ʌnrɪ'lentɪŋ] adj incessant

un·rel·i·a·ble [ʌnrɪ'laɪəbl] adj pas fiable

un·rest [ʌn'rest] agitation f

un·re·strained [ʌnrɪ'streɪnd] adj emotions non contenu

un·road·wor·thy [ʌn'roʊdwɜːrðɪ] adj qui n'est pas en état de rouler

un·roll [ʌn'roʊl] v/t carpet dérouler

un·ru·ly [ʌn'ruːlɪ] adj indiscipliné

un·safe [ʌn'seɪf] adj dangereux*

un·san·i·tar·y [ʌn'sænɪterɪ] adj conditions, drains insalubre

un·sat·is·fac·to·ry [ʌnsætɪs'fæktərɪ] adj insatisfaisant; (unacceptable) inacceptable

un·sa·vo·ry [ʌn'seɪvərɪ] *adj* louche

un·scathed [ʌn'skeɪðd] *adj* (*not injured*) indemne; (*not damaged*) intact

un·screw [ʌn'skru:] *v/t sth screwed on* dévisser; *top* décapsuler

un·scru·pu·lous [ʌn'skru:pjələs] *adj* peu scrupuleux*

un·self·ish [ʌn'selfɪʃ] *adj* désintéressé

un·set·tled [ʌn'setld] *adj* incertain; *lifestyle* instable; *bills* non réglé; *issue, question* non décidé

un·shav·en [ʌn'ʃeɪvn] *adj* mal rasé

un·sight·ly [ʌn'saɪtlɪ] *adj* affreux*

un·skilled [ʌn'skɪld] *adj worker* non qualifié

un·so·cia·ble [ʌn'souʃəbl] *adj* peu sociable

un·so·phis·ti·cat·ed [ʌnsə'fɪstɪkeɪtɪd] *adj person, beliefs, equipment* peu sophistiqué

un·sta·ble [ʌn'steɪbl] *adj* instable

un·stead·y [ʌn'stedɪ] *adj on one's feet* chancelant; *ladder* branlant

un·stint·ing [ʌn'stɪntɪŋ] *adj* sans restriction; *be ~ in one's efforts* ne pas ménager sa peine (*to* pour)

un·stuck [ʌn'stʌk] *adj*: *come ~ of notice etc* se détacher; *F of plan etc* tomber à l'eau *F*

un·suc·cess·ful [ʌnsək'sesfl] *adj attempt* infructueux*; *artist, writer* qui n'a pas de succès; *candidate, marriage* malheureux*; *it was ~* c'était un échec; *he tried but was ~* il a essayé mais n'a pas réussi

un·suc·cess·ful·ly [ʌnsək'sesflɪ] *adv try, apply* sans succès

un·suit·a·ble [ʌn'su:təbl] *adj* inapproprié; *the movie is ~ for children* le film ne convient pas aux enfants

un·sus·pect·ing [ʌnsəs'pektɪŋ] *adj* qui ne se doute de rien

un·swerv·ing [ʌn'swɜ:rvɪŋ] *adj* loyalty, *devotion* inébranlable

un·think·a·ble [ʌn'θɪŋkəbl] *adj* impensable

un·ti·dy [ʌn'taɪdɪ] *adj* en désordre

un·tie [ʌn'taɪ] *v/t laces, knot* défaire; *prisoner, hands* détacher

un·til [ən'tɪl] **1** *prep* jusqu'à; *from*

Monday ~ Friday de lundi à vendredi; *not ~ Friday* pas avant vendredi; *it won't be finished ~ July* ce ne sera pas fini avant le mois de juillet **2** *conj* jusqu'à ce que; *can you wait ~ I'm ready?* est-ce que vous pouvez attendre que je sois prêt?; *they won't do anything ~ you say so* ils ne feront rien jusqu'à ce que tu le leur dises

un·time·ly [ʌn'taɪmlɪ] *adj death* prématuré

un·tir·ing [ʌn'taɪrɪŋ] *adj efforts* infatigable

un·told [ʌn'tould] *adj riches, suffering* inouï; *story* inédit

un·trans·lat·a·ble [ʌntræns'leɪtəbl] *adj* intraduisible

un·true [ʌn'tru:] *adj* faux*

un·used[1] [ʌn'ju:zd] *adj goods* non utilisé

un·used[2] [ʌn'ju:st] *adj*: *be ~ to sth* ne pas être habitué à qch; *be ~ to doing sth* ne pas être habitué à faire qch

un·u·su·al [ʌn'ju:ʒl] *adj* inhabituel*; (*strange*) bizarre; *story* insolite; *not the standard* hors norme; *it's ~ for him to ...* il est rare qu'il ... (+*subj*)

un·u·su·al·ly [ʌn'ju:ʒəlɪ] *adv* anormalement, exceptionnellement

un·veil [ʌn'veɪl] *v/t memorial, statue etc* dévoiler

un·well [ʌn'wel] *adj* malade

un·will·ing [ʌn'wɪlɪŋ] *adj*: *be ~ to do sth* refuser de faire qch

un·will·ing·ly [ʌn'wɪlɪŋlɪ] *adv* à contre-cœur

un·wind [ʌn'waɪnd] **1** *v/t* (*pret & pp -wound*) *tape* dérouler **2** *v/i of tape, story* se dérouler; (*relax*) se détendre

un·wise [ʌn'waɪz] *adj* malavisé

un·wrap [ʌn'ræp] *v/t* (*pret & pp -ped*) *gift* déballer

un·writ·ten [ʌn'rɪtn] *adj law, rule* tacite

un·zip [ʌn'zɪp] *v/t* (*pret & pp -ped*) *dress etc* descendre la fermeture-éclair de; COMPUT décompresser

up [ʌp] **1** *adv*: *~ in the sky / on the roof* dans le ciel / sur le toit; *~ here* ici; *~ there* là-haut; *be ~* (*out of bed*) être debout; *of sun* être levé; (*built*) être construit; *of shelves* être en place; *of prices, temperature* avoir augmenté; *(have expired)* être expiré; **what's ~?** F qu'est-ce qu'il y a?; **~ to 1989** jusqu'à 1989; **he came ~ to me** il s'est approché de moi; **what are you ~ to these days?** qu'est-ce que tu fais en ce moment?; **what are those kids ~ to?** que font ces enfants?; **be ~ to something** être sur un mauvais coup; **I don't feel ~ to it** je ne m'en sens pas le courage; **it's ~ to you** c'est toi qui décides; **it's ~ to them to solve it** c'est à eux de le résoudre; **be ~ and about** *after illness* être de nouveau sur pied **2** *prep*: **further ~ the mountain** un peu plus haut sur la montagne; **he climbed ~ a tree** il est monté à un arbre; **they ran ~ the street** ils ont remonté la rue en courant; **the water goes ~ this pipe** l'eau monte par ce tuyau; **we traveled ~ to Paris** nous sommes montés à Paris **3** *n*: **~s and downs** hauts *mpl* et bas

'**up·bring·ing** éducation *f*

'**up·com·ing** *adj (forthcoming)* en perspective

up·date[1] *v/t file, records* mettre à jour; **~ s.o. on sth** mettre / tenir qn au courant de qch

→ '**up·date**[2] *n of files, records, software* mise *f* à jour

up·grade *v/t computers etc*, *(replace with new versions)* moderniser; *ticket etc* surclasser; *product* améliorer

up·heav·al [ʌpˈhiːvl] bouleversement *m*

up·hill [ʌpˈhɪl] **1** *adv*: **walk / go ~** monter **2** *adj*: [ˈʌphɪl] **~ walk** montée *f*; **it was an ~ struggle** ça a été très difficile

up·hold *v/t (pret & pp -held)* traditions, rights, decision maintenir

up·hol·ster·y [ʌpˈhoʊlstərɪ] *fabric* garniture *f*; *padding* rembourrage *m*

'**up·keep** *of buildings etc* maintien *m*

'**up·load** *v/t* COMPUT transférer

up·mar·ket *adj Br: restaurant, hotel* chic *inv*; *product* haut de gamme

up·on [əˈpɑːn] *prep* → **on**

up·per [ˈʌpər] *adj part of sth* supérieur; **~ atmosphere** partie *f* supérieure de l'atmosphère

up·per-ˈclass *adj accent, family* aristocratique, de la haute F

up·per ˈclas·ses *npl* aristocratie *f*

'**up·right 1** *adj citizen* droit **2** *adv sit* (bien) droit **3** *n (also: ~ piano)* piano *f* droit

up·ris·ing [ˈʌpraɪzɪŋ] soulèvement *m*

'**up·roar** vacarme *m*; *fig* protestations *fpl*

'**up·scale** *adj restaurant, hotel* chic *inv*; *product* haut de gamme

up·set 1 *v/t (pret & pp -set)* drink, glass renverser; *emotionally* contrarier **2** *adj emotionally* contrarié, vexé; **get ~ about sth** être contrarié par qch; **why's she ~?** qu'est-ce qu'elle a?; **have an ~ stomach** avoir l'estomac dérangé

up·set·ting *adj* contrariant

'**up·shot** *(result, outcome)* résultat *m*

up·side ˈdown *adv* à l'envers; *car* renversé; **turn sth ~** tourner qch à l'envers

up·stairs 1 *adv* en haut; **~ from us** au-dessus de chez nous **2** *adj room* d'en haut

'**up·start** arriviste *m/f*

up·stream *adv* en remontant le courant

'**up·take**: **be quick / slow on the ~** F piger rapidement / lentement F

up·tight *adj* F *(nervous)* tendu; *(inhibited)* coincé

up-to-ˈdate *adj* à jour

'**up·turn** *in economy* reprise *f*

up·ward [ˈʌpwərd] *adv*: **fly ~** s'élever dans le ciel; **move sth ~** élever qch; **~ of 10,000** au-delà de 10 000

u·ra·ni·um [jʊˈreɪnɪəm] uranium *m*

ur·ban [ˈɜːrbən] *adj* urbain

ur·ban·i·za·tion [ɜːrbənaɪˈzeɪʃn] urbanisation *f*

ur·chin [ˈɜːrtʃɪn] gamin *m*

urge [ɜːrdʒ] **1** *n* (forte) envie *f* **2** *v/t*: **~ s.o. to do sth** encourager qn à faire qch

♦ **urge on** *v/t (encourage)* encourager

ur·gen·cy [ˈɜːrdʒənsɪ] *of situation* urgence f

ur·gent ['ɜːrdʒənt] *adj* urgent

u·ri·nate ['jʊrəneɪt] *v/i* uriner

u·rine ['jʊrɪn] urine *f*

urn [ɜːrn] urne *f*

US [juː'es] *abbr* (= *United States*) USA *mpl*

us [ʌs] *pron* nous; **he knows ~** il nous connaît; **he gave ~ a dollar** il nous a donné un dollar; **that's for ~** c'est pour nous; **who's that? - it's ~** qui est-ce? - c'est nous

USA [juːes'eɪ] *abbr* (= *United States of America*) USA *mpl*

us·a·ble ['juːzəbl] *adj* utilisable

us·age ['juːzɪdʒ] *linguistic* usage *m*

use 1 *v/t* [juːz] *also pej: person* utiliser; **I could ~ a drink** F j'ai besoin d'un verre **2** *n* [juːs] utilisation *f*; **be of great ~ to s.o.** servir beaucoup à qn; **that's of no ~ to me** cela ne me sert à rien; **is that of any ~?** est-ce que cela vous sert?; **it's no ~** ce n'est pas la peine; **it's no ~ try·ing / waiting** ce n'est pas la peine d'essayer / d'attendre

♦ **use up** *v/t* épuiser

used[1] [juːzd] *adj car etc* d'occasion

used[2] [juːst] *adj*: **be ~ to s.o. / sth** être habitué à qn / qch; **get ~ to s.o. / sth** s'habituer à qn / qch; **be ~ to doing sth** être habitué à faire qch; **get ~ to doing sth** s'habituer à faire qch

used[3] [juːst]: **I ~ to work there** je tra-

vaillais là-bas avant; **I ~ to know him well** je l'ai bien connu autrefois

use·ful ['juːsfʊl] *adj* utile

use·ful·ness ['juːsfʊlnɪs] utilité *f*

use·less ['juːslɪs] *adj* inutile; F (*no good*) nul F; **it's ~ trying** ce n'est pas la peine d'essayer

us·er ['juːzər] *of product* utilisateur (-trice) *m(f)*

us·er-'friend·li·ness facilité *f* d'utilisation; COMPUT convivialité *f*

us·er-'friend·ly *adj* facile à utiliser; COMPUT convivial

ush·er ['ʌʃər] *n at wedding* placeur *m*

♦ **usher in** *v/t new era* marquer le début de

u·su·al ['juːʒl] *adj* habituel*; **as ~** comme d'habitude; **the ~, please** comme d'habitude, s'il vous plaît

u·su·al·ly ['juːʒəlɪ] *adv* d'habitude

u·ten·sil [juːˈtensl] ustensile *m*

u·te·rus ['juːtərəs] utérus *m*

u·til·i·ty [juːˈtɪlətɪ] (*usefulness*) utilité *f*; **public utilities** services *mpl* publics

u'til·i·ty pole poteau *m* télégraphique

u·til·ize ['juːtɪlaɪz] *v/t* utiliser

ut·most ['ʌtmoʊst] **1** *adj* le plus grand **2** *n*: **do one's ~** faire tout son possible

ut·ter ['ʌtər] **1** *adj* total **2** *v/t sound* prononcer

ut·ter·ly ['ʌtərlɪ] *adv* totalement

U-turn ['juːtɜːrn] MOT demi-tour *m*; *fig* revirement *m*

V

va·can·cy ['veɪkənsɪ] *Br: at work* poste *m* vacant, poste *m* à pourvoir

va·cant ['veɪkənt] *adj building* inoccupé; *look, expression* vide, absent; *Br: position* vacant, à pourvoir

va·cant·ly ['veɪkəntlɪ] *adv stare* d'un air absent

va·cate [veɪ'keɪt] *v/t room* libérer

va·ca·tion [veɪ'keɪʃn] *n* vacances *fpl*; **be on ~** être en vacances; **go to Egypt / Paris on ~** passer ses vacances en Égypte / à Paris, aller en vacances en Égypte / à Paris

va·ca·tion·er [veɪ'keɪʃənər] vacancier

m

vac·cin·ate ['væksɪneɪt] *v/t* vacciner; **be ~d against sth** être vacciné contre qch

vac·cin·a·tion [væksɪ'neɪʃn] vaccination *f*

vac·cine ['væksiːn] vaccin *m*

vac·u·um ['vækjʊəm] **1** *n* vide *m* **2** *v/t floors* passer l'aspirateur sur

'vac·u·um clean·er aspirateur *m*; **'vac·u·um flask** thermos *m* or *f*; **vac·u·um-'packed** *adj* emballé sous vide

va·gi·na [vəˈdʒaɪnə] vagin *m*

va·gi·nal [vædʒɪnl] *adj* vaginal

va·grant ['veɪɡrənt] vagabond *m*

vague [veɪɡ] *adj* vague

vague·ly ['veɪɡlɪ] *adv* vaguement

vain [veɪn] **1** *adj person* vaniteux*; *hope* vain **2** *n*: **in ~** en vain, vainement; **their efforts were in ~** leurs efforts n'ont servi à rien

val·en·tine ['væləntaɪn] *card* carte *f* de la Saint-Valentin; **Valentine's Day** la Saint-Valentin

val·et ['væleɪ] **1** *n person* valet *m* de chambre **2** *v/t* ['vælət] nettoyer; **have one's car ~ed** faire nettoyer sa voiture

'val·et ser·vice *for clothes, cars* service *m* de nettoyage

val·iant ['væljənt] *adj* courageux*, vaillant

val·iant·ly ['væljəntlɪ] *adv* courageusement, vaillamment

val·id ['vælɪd] *adj* valable

val·i·date ['vælɪdeɪt] *v/t with official stamp* valider; *claim, theory* confirmer

va·lid·i·ty [vəˈlɪdətɪ] validité *f*; *of argument* justesse *f*, pertinence *f*; *of claim* bien-fondé *m*

val·ley ['vælɪ] vallée *f*

val·u·able ['væljʊbl] **1** *adj ring, asset* de valeur, précieux*; *colleague, help, advice* précieux* **2** *npl*: **~s** objets *mpl* de valeur

val·u·a·tion [væljʊ'eɪʃn] estimation *f*, expertise *f*

val·ue ['væljuː] **1** *n* valeur *f*; **be good ~** offrir un bon rapport qualité-prix; **you got good ~** tu as fait une bonne

affaire; **get ~ for money** en avoir pour son argent; **rise / fall in ~** prendre / perdre de la valeur **2** *v/t* tenir à, attacher un grand prix à; **have an object ~d** faire estimer un objet

valve [vælv] *in machine* soupape *f*, valve *f*; *in heart* valvule *f*

van [væn] *small* camionnette *f*, *large* fourgon *m*

van·dal ['vændl] vandale *m*

van·dal·ism ['vændəlɪzm] vandalisme *m*

van·dal·ize ['vændəlaɪz] *v/t* vandaliser, saccager

van·guard ['vænɡɑːrd]: **be in the ~ of** *fig* être à l'avant-garde de

va·nil·la [vəˈnɪlə] **1** *n* vanille *f* **2** *adj* à la vanille

van·ish ['vænɪʃ] *v/i* disparaître; *of clouds, sadness* se dissiper

van·i·ty ['vænətɪ] *of person* vanité *f*

'van·i·ty case vanity(-case) *m*

van·tage point ['væntɪdʒ] position *f* dominante

va·por ['veɪpər] vapeur *f*

va·por·ize ['veɪpəraɪz] *v/t of atomic bomb, explosion* pulvériser

'va·por trail *of airplane* traînée *f* de condensation

va·pour *Br →* **vapor**

var·i·a·ble ['verɪəbl] **1** *adj* variable; *moods* changeant **2** *n* MATH, COMPUT variable *f*

var·i·ant ['verɪənt] *n* variante *f*

var·i·a·tion [verɪ'eɪʃn] variation *f*

var·i·cose vein ['værɪkoʊs] varice *f*

var·ied ['verɪd] *adj* varié

va·ri·e·ty [vəˈraɪətɪ] variété *f*, **a ~ of things to do** un grand nombre de choses à faire; **for a whole ~ of reasons** pour de multiples raisons

var·i·ous ['verɪəs] *adj* (*several*) divers, plusieurs; (*different*) divers, différent

var·nish ['vɑːrnɪʃ] **1** *n* vernis *m* **2** *v/t* vernir

var·y ['verɪ] **1** *v/i* (*pret & pp* **-ied**) varier, changer; **it varies** ça dépend; **with ~ing degrees of success** avec plus ou moins de succès **2** *v/t* varier, diversifier; *temperature* faire varier

vase [veɪz] vase *m*

vas·ec·to·my [vəˈsektəmɪ] vasectomie *f*

vast [væst] *adj* vaste; *improvement, difference* considérable

vast·ly [ˈvɑːstlɪ] *adv improve etc* considérablement; *different* complètement

Vat·i·can [ˈvætɪkən]: *the* ~ le Vatican

vau·de·ville [ˈvɔːdvɪl] variétés *fpl*

vault¹ [vɔːlt] *n in roof* voûte *f*, ~*s of bank* salle *f* des coffres

vault² [vɔːlt] **1** *n SP* saut *m* **2** *v/t beam etc* sauter

VCR [viːsiːˈɑːr] *abbr* (= *video cassette recorder*) magnétoscope *m*

veal [viːl] veau *m*

veer [vɪr] *v/i* virer; *of wind* tourner

veg·an [ˈviːgn] **1** *n* végétalien(ne) *m(f)* **2** *adj* végétalien*

vege·ta·ble [ˈvedʒtəbl] légume *m*

vege·tar·i·an [vedʒɪˈterɪən] **1** *n* végétarien(ne) *m(f)* **2** *adj* végétarien*

vege·ta·tion [vedʒɪˈteɪʃn] végétation *f*

ve·he·mence [ˈviːəməns] véhémence *f*

ve·he·ment [ˈviːəmənt] *adj* véhément

ve·he·ment·ly [ˈviːəməntlɪ] *adv* avec véhémence

ve·hi·cle [ˈviːɪkl] véhicule *m*; *for information etc* véhicule *m*, moyen *m*

veil [veɪl] **1** *n* voile *m* **2** *v/t* voiler

vein [veɪn] ANAT veine *f*; *in this* ~ *fig* dans cet esprit

Vel·cro® [ˈvelkroʊ] velcro® *m*

ve·loc·i·ty [vɪˈlɑːsətɪ] vélocité *f*

vel·vet [ˈvelvɪt] *n* velours *m*

vel·vet·y [ˈvelvɪtɪ] *adj* velouté

ven·det·ta [venˈdetə] vendetta *f*

vend·ing ma·chine [ˈvendɪŋ] distributeur *m* automatique

vend·or [ˈvendər] LAW vendeur(-euse) *m(f)*

ve·neer [vəˈnɪr] *n* placage *m*; *of politeness, civilization* vernis *m*

ven·er·a·ble [ˈvenərəbl] *adj* vénérable

ven·er·ate [ˈvenəreɪt] *v/t* vénérer

ven·er·a·tion [venəˈreɪʃn] vénération *f*

ve·ne·re·al dis·ease [vəˈnɪrɪəl] M.S.T. *f*, maladie *f* sexuellement transmissible

ve·ne·tian blind [vəˈniːʃn] store *m* vénitien

ven·geance [ˈvendʒəns] vengeance *f*; *with a* ~ pour de bon

ven·i·son [ˈvenɪsn] venaison *f*, chevreuil *m*

ven·om [ˈvenəm] venin *m*

ven·om·ous [ˈvenəməs] *adj also fig* venimeux*

vent [vent] *n for air* bouche *f* d'aération; *give* ~ *to feelings, emotions* donner libre cours à, exprimer

ven·ti·late [ˈventɪleɪt] *v/t* ventiler, aérer

ven·ti·la·tion [ventɪˈleɪʃn] ventilation *f*, aération *f*

ven·ti·la·tion shaft conduit *m* d'aération

ven·ti·la·tor [ˈventɪleɪtər] ventilateur *m*; MED respirateur *m*

ven·tril·o·quist [venˈtrɪləkwɪst] ventriloque *m/f*

ven·ture [ˈventʃər] **1** *n* (*undertaking*) entreprise *f*; COMM tentative *f* **2** *v/i* s'aventurer

ven·ue [ˈvenjuː] *for meeting, concert etc* lieu *m*; *hall also* salle *f*

ve·ran·da [vəˈrændə] véranda *f*

verb [vɜːrb] verbe *m*

verb·al [ˈvɜːrbl] *adj* (*spoken*) oral, verbal; GRAM verbal

verb·al·ly [ˈvɜːrbəlɪ] *adv* oralement, verbalement

ver·ba·tim [vɜːrˈbeɪtɪm] *adv repeat* textuellement, mot pour mot

ver·dict [ˈvɜːrdɪkt] LAW verdict *m*; (*opinion, judgment*) avis *m*, jugement *m*; *bring in a* ~ *of guilty / not guilty* rendre un verdict de culpabilité / d'acquittement

verge [vɜːrdʒ] *n of road* accotement *m*, bas-côté *m*; *be on the* ~ *of ...* être au bord de ...

♦ verge on *v/t* friser

ver·i·fi·ca·tion [verɪfɪˈkeɪʃn] (*check*) vérification *f*

ver·i·fy [ˈverɪfaɪ] *v/t* (*pret & pp* **-ied**) (*check*) vérifier, contrôler; (*confirm*) confirmer

ver·min [ˈvɜːrmɪn] *npl* (*insects*) vermine *f*, parasites *mpl*; (*rats etc*) animaux *mpl* nuisibles

ver·mouth [vər'muːθ] vermouth *m*

ver·nac·u·lar [vər'nækjələr] *n* langue *f* usuelle

ver·sa·tile ['vɜːrsətəl] *adj person* plein de ressources, polyvalent; *piece of equipment* multiusages; *mind* souple

ver·sa·til·i·ty [vɜːrsə'tɪlətɪ] *of person* adaptabilité *f*, polyvalence *f*; *of piece of equipment* souplesse *f* d'emploi

verse [vɜːrs] *(poetry)* vers *mpl*, poésie *f*; *of poem* strophe *f*; *of song* couplet *m*

versed [vɜːrst] *adj*: **be well ~ in a subject** être versé dans une matière

ver·sion ['vɜːrʃn] version *f*

ver·sus ['vɜːrsəs] *prep* SP, LAW contre

ver·te·bra ['vɜːrtɪbrə] vertèbre *f*

ver·te·brate ['vɜːrtɪbreɪt] *n* vertébré *m*

ver·ti·cal ['vɜːrtɪkl] *adj* vertical

ver·ti·go ['vɜːrtɪɡoʊ] vertige *m*

ver·y ['verɪ] **1** *adv* très; **was it cold? - not ~** faisait-il froid? - non, pas tellement; **the ~ best** le meilleur **2** *adj* même; **at that ~ moment** à cet instant même, à ce moment précis; **in the ~ act** en flagrant délit; **that's the ~ thing I need** c'est exactement ce dont j'ai besoin; **the ~ thought of it makes me ...** rien que d'y penser, je ...; **right at the ~ top / bottom** tout en haut / bas

ves·sel ['vesl] NAUT bateau *m*, navire *m*

vest [vest] gilet *m* Br: *undershirt* maillot *m* (de corps)

ves·tige ['vestɪdʒ] vestige *m*; *fig* once *f*

vet[1] [vet] *n* (*veterinarian*) vétérinaire *m/f*, véto *m/f* F

vet[2] [vet] *v/t* (*pret & pp* **-ted**) *applicants etc* examiner

vet[3] [vet] *n* MIL F ancien combattant *m*

vet·e·ran ['vetərən] **1** *n* vétéran *m*; (*war veteran*) ancien combattant *m*, vétéran *m* **2** *adj* (*old*) antique; (*old and experienced*) aguerri, chevronné

vet·e·ri·nar·i·an [vetərə'nerɪən] vétérinaire *m/f*

ve·to ['viːtoʊ] **1** *n* veto *m inv* **2** *v/t* opposer son veto à

vex [veks] *v/t* (*concern, worry*) préoc-

cu·per

vexed [vekst] *adj* (*worried*) inquiet, préoccupé; **a ~ question** une question épineuse

vi·a ['vaɪə] *prep* par

vi·a·ble ['vaɪəbl] *adj* viable

vi·brate [vaɪ'breɪt] *v/i* vibrer

vi·bra·tion [vaɪ'breɪʃn] vibration *f*

vice[1] [vaɪs] vice *m*

vice[2] [vaɪs] *Br* → **vise**

vice 'pres·i·dent vice-président *m*

'vice squad brigade *f* des mœurs

vi·ce 'ver·sa [vaɪs'vɜːrsə] *adv* vice-versa

vi·cin·i·ty [vɪ'sɪnətɪ] voisinage *m*, environs *mpl*; **in the ~ of ...** *place* à proximité de ...; *amount* aux alentours de ...

vi·cious ['vɪʃəs] *adj* vicieux*; *dog* méchant; *person, temper* cruel*; *attack* brutal

vi·cious 'cir·cle cercle *m* vicieux

vi·cious·ly ['vɪʃəslɪ] *adv* brutalement, violemment

vic·tim ['vɪktɪm] victime *f*

vic·tim·ize ['vɪktɪmaɪz] *v/t* persécuter

vic·tor ['vɪktər] vainqueur *m*

vic·to·ri·ous [vɪk'tɔːrɪəs] *adj* victorieux*

vic·to·ry ['vɪktərɪ] victoire *f*; **win a ~ over** remporter une victoire sur

vid·e·o ['vɪdɪoʊ] **1** *n* vidéo *f*; *actual object* cassette *f* vidéo; **have sth on ~** avoir qch en vidéo **2** *v/t* filmer; *tape off TV* enregistrer

'vid·e·o cam·e·ra caméra *f* vidéo; **vid·e·o cas'sette** cassette *f* vidéo; **vid·e·o 'con·fer·ence** TELEC visioconférence *f*, vidéoconférence *f*; **'vid·e·o game** jeu *m* vidéo; **'vid·e·o·phone** visiophone *m*; **'vid·e·o re·cord·er** magnétoscope *m*; **'vid·e·o re·cord·ing** enregistrement *m* vidéo; **'vid·e·o·tape** bande *f* vidéo

vie [vaɪ] *v/i* rivaliser

Vi·et·nam [vɪet'næm] Vietnam *m*

Vi·et·nam·ese [vɪetnə'miːz] **1** *adj* vietnamien* **2** *n* Vietnamien(ne) *m(f)*; *language* vietnamien *m*

view [vjuː] **1** *n* vue *f*; (*assessment, opinion*) opinion *f*, avis *m*; **in ~ of**

V

compte tenu de, étant donné; **he did it in full ~ of his parents** il l'a fait sous les yeux de ses parents; **be on ~ of paintings** être exposé; **with a ~ to** en vue de, afin de 2 v/t events, situation considérer, envisager; TV program regarder; house for sale visiter 3 v/i (watch TV) regarder la télévision

view•er ['vju:ər] TV téléspectateur (-trice) m(f)

view•find•er ['vju:faɪndər] PHOT viseur m

'**view•point** point m de vue

vig•or ['vɪgər] vigueur f, énergie f

vig•or•ous ['vɪgərəs] adj vigoureux

vig•or•ous•ly ['vɪgərəslɪ] adv vigoureusement

vig•our Br → **vigor**

vile [vaɪl] adj smell etc abominable; action, person ignoble

vil•la ['vɪlə] villa f

vil•lage ['vɪlɪdʒ] village m

vil•lag•er ['vɪlɪdʒər] villageois(e) m(f)

vil•lain ['vɪlən] escroc m; in drama, literature méchant m

vin•di•cate ['vɪndɪkeɪt] v/t (prove correct) confirmer, justifier; (prove innocent) innocenter; **I feel ~d** cela m'a donné raison

vin•dic•tive [vɪn'dɪktɪv] adj vindicatif

vin•dic•tive•ly [vɪn'dɪktɪvlɪ] adv vindicativement

vine [vaɪn] vigne f

vin•e•gar ['vɪnɪgər] vinaigre m

vine•yard ['vɪnjɑːrd] vignoble m

vin•tage ['vɪntɪdʒ] 1 n of wine millésime m 2 adj (classic) classique; **this film is ~ Charlie Chaplin** ce film est un classique de Charlie Chaplin

vi•o•la [vɪ'oʊlə] MUS alto m

vi•o•late ['vaɪəleɪt] v/t violer

vi•o•la•tion [vaɪə'leɪʃn] violation f; (traffic ~) infraction f au code de la route

vi•o•lence ['vaɪələns] violence f; **outbreak of ~** flambée f de violence

vi•o•lent ['vaɪələnt] adj violent; **have a ~ temper** être d'un naturel violent

vi•o•lent•ly ['vaɪələntlɪ] adv violemment; **fall ~ in love with s.o.** tomber follement amoureux de qn

vi•o•let ['vaɪələt] n color violet m; plant violette f

vi•o•lin [vaɪə'lɪn] violon m

vi•o•lin•ist [vaɪə'lɪnɪst] violoniste m/f

VIP [vi:aɪ'pi:] abbr (= **very important person**) V.I.P. m inv F, personnalité f de marque

vi•per ['vaɪpər] snake vipère f

vi•ral ['vaɪrəl] adj infection viral

vir•gin ['vɜːrdʒɪn] vierge f; male puceau m F; **be a ~** être vierge

vir•gin•i•ty [vɜːr'dʒɪnətɪ] virginité f; **lose one's ~** perdre sa virginité

Vir•go ['vɜːrgoʊ] ASTROL Vierge f

vir•ile ['vɪrəl] adj viril; fig vigoureux

vi•ril•i•ty [vɪ'rɪlətɪ] virilité f

vir•tu•al ['vɜːrtʃʊəl] adj quasi-; COMPUT virtuel*; **he became the ~ leader of the party** en pratique, il est devenu chef du parti

vir•tu•al•ly ['vɜːrtʃʊəlɪ] adv (almost) pratiquement, presque

vir•tu•al re'al•i•ty réalité f virtuelle

vir•tue ['vɜːrtʃuː] vertu f; **in ~ of** en vertu ou raison de

vir•tu•o•so [vɜːrtʊ'oʊzoʊ] MUS virtuose m/f; **give a ~ performance** jouer en virtuose

vir•tu•ous ['vɜːrtʃʊəs] adj vertueux*

vir•u•lent ['vɪrʊlənt] adj disease virulent

vi•rus ['vaɪrəs] MED, COMPUT virus m

vi•sa ['viːzə] visa m

vise [vaɪz] étau m

vis•i•bil•i•ty [vɪzə'bɪlətɪ] visibilité f

vis•i•ble ['vɪzəbl] adj visible; **not ~ to the naked eye** invisible à l'œil nu

vis•i•bly ['vɪzəblɪ] adv visiblement; **he was ~ moved** il était visiblement ému

vi•sion ['vɪʒn] (eyesight) vue f; REL vision f, apparition f

vis•it ['vɪzɪt] 1 n visite f; (stay) séjour m; **pay s.o. a ~** rendre visite à qn; **pay a ~ to the doctor / dentist** aller chez le médecin / dentiste 2 v/t person aller voir, rendre visite à; doctor, dentist aller voir; city, country aller à / en; castle, museum visiter; website consulter

♦ **visit with** v/t bavarder avec

vis·it·ing card ['vɪzɪtɪŋ] carte f de visite

'vis·it·ing hours npl at hospital heures fpl de visite

vis·it·or ['vɪzɪtər] (guest) invité m; (tourist) visiteur m

vi·sor ['vaɪzər] visière f

vis·u·al ['vɪʒʊəl] adj visuel*

vis·u·al 'aid support m visuel; **'vis·u·al arts** npl arts mpl plastiques; **vis·u·al dis'play u·nit** écran m de visualisation

vis·u·al·ize ['vɪʒʊəlaɪz] v/t (imagine) (s')imaginer; (foresee) envisager, prévoir

vis·u·al·ly ['vɪʒʊlɪ] adv visuellement; **~, the movie was superb** d'un point de vue visuel, le film était superbe

vis·u·al·ly im'paired adj qui a des problèmes de vue, malvoyant

vi·tal ['vaɪtl] adj (essential) vital, essentiel*; **it is ~ that …** il faut absolument que …

vi·tal·i·ty [vaɪ'tælətɪ] of person, city etc vitalité f

vi·tal·ly ['vaɪtlɪ] adv: **~ important** d'une importance capitale

vi·tal 'or·gans npl organes mpl vitaux

vi·tal sta'tis·tics npl of woman mensurations fpl

vit·a·min ['vaɪtəmɪn] vitamine f

'vit·a·min pill comprimé m de vitamines

vit·ri·ol·ic [vɪtrɪ'ɑːlɪk] adj au vitriol; attack violent; humor caustique

vi·va·cious [vɪ'veɪʃəs] adj plein de vivacité, vif*

vi·vac·i·ty [vɪ'væsətɪ] vivacité f

viv·id ['vɪvɪd] adj vif*; description vivant

viv·id·ly ['vɪvɪdlɪ] adv vivement; remember clairement; describe de façon vivante; **~ colored** aux couleurs vives

V-neck ['viːnek] col m en V

vo·cab·u·lar·y [vou'kæbjʊlərɪ] vocabulaire m; (list of words) glossaire m, lexique m

vo·cal ['voukl] adj vocal; **teachers are becoming more~** les enseignants se font de plus en plus entendre

'vo·cal cords npl cordes fpl vocales

'vo·cal group MUS groupe m vocal

vo·cal·ist ['voukəlɪst] MUS chanteur (-euse) m(f)

vo·ca·tion [və'keɪʃn] vocation f

vo·ca·tion·al [və'keɪʃnl] adj guidance professionnel*

vod·ka ['vɑːdkə] vodka f

vogue [voug] mode f, vogue f; **be in ~** être à la mode or en vogue

voice [vɔɪs] **1** n voix f **2** v/t opinions exprimer

'voice·mail messagerie f vocale

'voice·o·ver voix f hors champ

void [vɔɪd] **1** n vide m **2** adj: **~ of** dénué de, dépourvu de

vol·a·tile ['vɑːlətl] adj personality, moods lunatique, versatile

vol·ca·no [vɑːl'keɪnou] volcan m

vol·ley ['vɑːlɪ] n volée f

'vol·ley·ball volley(-ball) m

volt [voult] volt m

volt·age ['voultɪdʒ] tension f

vol·ume ['vɑːljəm] volume m

'vol·ume con·trol (bouton m de) réglage m du volume

vol·un·tar·i·ly [vɑːlən'terɪlɪ] adv de son plein gré, volontairement

vol·un·ta·ry ['vɑːlənterɪ] adj volontaire; worker, work bénévole

vol·un·teer [vɑːlən'tɪr] **1** n volontaire m/f; (unpaid worker) bénévole m/f **2** v/i se porter volontaire

vo·lup·tu·ous [və'lʌpʃʊəs] adj woman, figure voluptueux*

vom·it ['vɑːmɪt] **1** n vomi m, vomissure f **2** v/i vomir

♦ **vomit up** v/t vomir

vo·ra·cious [və'reɪʃəs] adj vorace; reader avide

vo·ra·cious·ly [və'reɪʃəslɪ] adv avec voracité; read avec avidité

vote [vout] **1** n vote m; **have the ~** avoir le droit de vote **2** v/i POL voter (for pour; against contre) **3** v/t: **they ~d him President** ils l'ont élu président; **they ~d to stay** ils ont décidé de rester

♦ **vote in** v/t new member élire

♦ **vote on** v/t issue soumettre qch au vote

♦ **vote out** *v/t of office* ne pas réélire

vot·er ['vəʊtər] POL électeur *m*

vot·ing ['vəʊtɪŋ] POL vote *m*

'**vot·ing booth** isoloir *m*

♦ **vouch for** [vaʊtʃ] *v/t truth, person* se porter garant de

vouch·er ['vaʊtʃər] bon *m*

vow [vaʊ] **1** *n* vœu *m*, serment *m* **2** *v/t*:

~ **to do sth** jurer de faire qch

vow·el ['vaʊl] voyelle *f*

voy·age ['vɔɪɪdz] *n* voyage *m*

vul·gar ['vʌlgər] *adj person, language* vulgaire

vul·ne·ra·ble ['vʌlnərəbl] *adj* vulnérable

vul·ture ['vʌltʃər] *also fig* vautour *m*

W

wad [wɑ:d] *n of paper, absorbent cotton etc* tampon *m*; **a ~ of $100 bills** une liasse de billets de 100 $

wad·dle ['wɑ:dl] *v/i* se dandiner

wade [weɪd] *v/i* patauger

♦ **wade through** *v/t*: **I'm wading through ...** j'essaie péniblement de venir à bout de …

wa·fer ['weɪfər] *cookie* gaufrette *f*; REL hostie *f*

'**wa·fer-thin** *adj* très fin

waf·fle[1] ['wɑ:fl] *n to eat* gaufre *f*

waf·fle[2] ['wɑ:fl] *v/i* parler pour ne rien dire

wag [wæg] *v/t & v/i (pret & pp -ged)* remuer

wage[1] [weɪdz] *v/t*: ~ **war** faire la guerre

wage[2] [weɪdz] *n* salaire *m*

wage earn·er ['weɪdʒɜ:rnər] salarié(e) *m(f)*; '**wage freeze** gel *m* des salaires; '**wage ne·go·ti·a·tions** *npl* négociations *fpl* salariales; '**wage pack·et** *fig* salaire *m*

wag·gle ['wægl] *v/t* remuer

wag·on, *Br* **wag·gon** ['wægən] RAIL wagon *m*; **covered ~** chariot *m* (bâché); **be on the ~** F être au régime sec

wail [weɪl] **1** *n* hurlement *m* **2** *v/i* hurler

waist [weɪst] taille *f*

'**waist·coat** *Br* gilet *m*

'**waist·line** *of person* tour *m* de taille; *of dress* taille *f*

wait [weɪt] **1** *n* attente *f* **2** *v/i* attendre **3** *v/t*: **don't ~ supper for me** ne m'attendez pas pour le dîner; ~ **table** servir à manger

♦ **wait for** *v/t* attendre; **wait for me!** attends-moi!

♦ **wait on** *v/t (serve)* servir

♦ **wait up** *v/i*: **don't wait up (for me)** ne m'attends pas pour aller te coucher

wait·er ['weɪtər] serveur *m*; ~**!** garçon!

wait·ing ['weɪtɪŋ] attente *f*

'**wait·ing list** liste *f* d'attente

'**wait·ing room** salle *f* d'attente

wait·ress ['weɪtrɪs] serveuse *f*

waive [weɪv] *v/t* renoncer à

wake[1] [weɪk] **1** *v/i (pret woke, pp woken)*: ~ **(up)** se réveiller **2** *v/t person* réveiller

wake[2] [weɪk] *n of ship* sillage *m*; **in the ~ of** *fig* à la suite de; **follow in the ~ of** venir à la suite de

'**wake-up call**: **have a ~** se faire réveiller par téléphone

Wales [weɪlz] pays *m* de Galles

walk [wɔ:k] **1** *n* marche *f*; *(path)* allée *f*; **it's a long / short ~ to the office** le bureau est loin / n'est pas loin à pied; **go for a ~** aller se promener, aller faire un tour **2** *v/i* marcher; *as opposed to taking the car, bus etc* aller à pied; *(hike)* faire de la marche **3** *v/t dog* promener; ~ **the streets** *(walk around)* parcourir les rues

♦ **walk out** *v/i of spouse* prendre la porte; *of theater etc* partir; *(go on strike)* se mettre en grève

♦ **walk out on** *v/t family* abandonner; *partner, boyfriend, wife* quitter

walk·er ['wɒːkər] *(hiker)* randonneur (-euse) *m(f)*; *for baby* trotte-bébé *m*; *for old person* déambulateur *m*; **be a slow / fast ~** marcher lentement / vite

walk-in 'clos·et placard *m* de plain-pied

walk·ing ['wɒːkɪŋ] *as opposed to driving* marche *f*, *(hiking)* randonnée *f*; **be within ~ distance** ne pas être loin à pied

'walk·ing stick canne *f*

'Walk·man® ['wɒːkmæn] walkman *m*; **'walk·out** *(strike)* grève *f*; **'walk·o·ver** *(easy win)* victoire *f* facile; **'walk-up** appartement dans un immeuble sans ascenseur

wall [wɒːl] mur *m*; **go to the ~** *of company* faire faillite; **drive s.o. up the ~** F rendre qn fou

wal·let ['wɑːlɪt] *(billfold)* portefeuille *m*

'wall·pa·per 1 *n also* COMPUT papier *m* peint **2** *v/t* tapisser

'Wall Street Wall Street

wal·nut ['wɒːlnʌt] *nut* noix *f*; *tree, wood* noyer *m*

waltz [wɒːlts] *n* valse *f*

wan [wɑːn] *adj face* pâlot*

wan·der ['wɑːndər] *v/i (roam)* errer; *(stray)* s'égarer

♦ **wander around** *v/i* déambuler

wane [weɪn] *v/i of moon* décroître; *of interest, enthusiasm* diminuer

wan·gle ['wæŋgl] *v/t* F réussir à obtenir (par une combine)

want [wɑːnt] **1** *n:* **for ~ of** par manque de, faute de **2** *v/t* vouloir; *(need)* avoir besoin de; **~ to do sth** vouloir faire qch; **I ~ to stay here** je veux rester ici; **I don't ~ to** je ne veux pas; **she ~s you to go back** elle veut que tu reviennes *(subj)*; **he ~s a haircut** *(needs)* il a besoin d'une coupe de cheveux; **you ~ to be more careful** il faut que tu fasses *(subj)* plus atten-

tion **3** *v/i:* **~ for nothing** ne manquer de rien

'want ad petite annonce *f*

want·ed ['wɑːntɪd] *adj by police* recherché

want·ing ['wɑːntɪŋ] *adj:* **be ~ in** manquer de

wan·ton ['wɑːntən] *adj* gratuit

war [wɒːr] guerre *f*; *fig: between competitors* lutte *f*; **the ~ on drugs / unemployment** la lutte antidrogue / contre le chômage; **be at ~** être en guerre

war·ble ['wɒːrbl] *v/i of bird* gazouiller

ward [wɒːrd] *Br: in hospital* salle *f*; *child* pupille *m/f*

♦ **ward off** *v/t* éviter

war·den ['wɒːrdn] *of prison* gardien (ne) *m(f)*

'ward·robe *for clothes* armoire *f*; *(clothes)* garde-robe *f*

ware·house ['werhaʊs] entrepôt *m*

war·fare ['wɒːrfer] guerre *f*

'war·head ogive *f*

war·i·ly ['werɪlɪ] *adv* avec méfiance

warm [wɒːrm] *adj* chaud; *fig: welcome, smile* chaleureux*; **be ~** *of person* avoir chaud

♦ **warm up 1** *v/t* réchauffer **2** *v/i* se réchauffer; *of athlete etc* s'échauffer

warm-heart·ed ['wɒːrmhɑːrtɪd] *adj* chaleureux*

warm·ly ['wɒːrmlɪ] *adv* chaudement; *fig: welcome, smile* chaleureusement

warmth [wɒːrmθ] *also fig* chaleur *f*

'warm-up SP échauffement *m*

warn [wɒːrn] *v/t* prévenir

warn·ing ['wɒːrnɪŋ] avertissement *m*; **without ~** *start to rain etc* tout à coup; *leave s.o. etc* sans prévenir

'warn·ing light voyant *m* (d'avertissement)

warp [wɒːrp] **1** *v/t wood* gauchir; *fig: character* pervertir **2** *v/i of wood* gauchir

warped [wɒːrpt] *adj fig* tordu

'war·plane avion *m* de guerre

war·rant ['wɒːrənt] **1** *n* mandat *m* **2** *v/t (deserve, call for)* justifier

war·ran·ty ['wɒːrəntɪ] *(guarantee)* garantie *f*; **be under ~** être sous garan-

W

tie

war·ri·or ['wɔːrɪər] guerrier(-ière) *m(f)*

'**war·ship** navire *m* de guerre

wart [wɔːrt] verrue *f*

'**war·time** temps *m* de guerre

war·y ['werɪ] *adj* méfiant; **be ~ of** se méfier de

was [wʌz] *pret* → **be**

wash [wɑːʃ] **1** *n*: **have a ~** se laver; **that shirt needs a ~** cette chemise a besoin d'être lavée **2** *v/t clothes, dishes* laver; **~ the dishes** faire la vaisselle; **~ one's hands** se laver les mains **3** *v/i* se laver

♦ **wash up** *v/i (wash one's hands and face)* se débarbouiller

wash·a·ble ['wɑːʃəbl] *adj* lavable

'**wash·ba·sin**, '**wash·bowl** lavabo *m*

'**wash·cloth** gant *m* de toilette

washed out [wɑːʃt'aʊt] *adj (tired)* usé

wash·er ['wɑːʃər] *for faucet etc* rondelle *f*; → **wash·ing ma·chine**

wash·ing ['wɑːʃɪŋ] lessive *f*; **do the ~** faire la lessive

'**wash·ing ma·chine** machine *f* à laver

'**wash·room** toilettes *fpl*

wasp [wɑːsp] *insect* guêpe *f*

waste [weɪst] **1** *n* gaspillage *m*; *from industrial process* déchets *mpl*; **it's a ~ of time / money** c'est une perte de temps / d'argent **2** *adj* non utilisé **3** *v/t* gaspiller

♦ **waste away** *v/i* dépérir

'**waste bas·ket** corbeille *f* à papier

'**waste dis·pos·al (u·nit)** broyeur *m* d'ordures

waste·ful ['weɪstfʊl] *adj person, society* gaspilleur*

'**waste·land** désert *m*; **waste 'pa·per** papier(s) *m(pl)* (jeté(s) à la poubelle); '**waste pipe** tuyau *m* d'écoulement; '**waste prod·uct** déchets *mpl*

watch [wɑːtʃ] **1** *n timepiece* montre *f*; **keep ~** monter la garde **2** *v/t* regarder; *(look after)* surveiller; *(spy on)* épier; **~ what you say** fais attention à ce que tu dis **3** *v/i* regarder

♦ **watch for** *v/t* attendre

♦ **watch out** *v/i* faire attention; **watch out!** fais attention!

♦ **watch out for** *v/t (be careful of)* faire attention à

'**watch·ful** ['wɑːtʃfʊl] *adj* vigilant

'**watch·mak·er** horloger(-ère) *m(f)*

wa·ter ['wɒːtər] **1** *n* eau *f*; **~s** *pl* NAUT eaux **2** *v/t plant, garden* arroser **3** *v/i of eyes* pleurer; **my eyes were ~ing** j'avais les yeux qui pleuraient; **my mouth is ~ing** j'ai l'eau à la bouche

♦ **water down** *v/t drink* diluer

'**wa·ter can·non** canon *m* à eau

'**wa·ter·col·or**, *Br* '**wa·ter·col·our** aquarelle *f*

'**wa·ter·cress** ['wɒːtərkres] cresson *m*

wa·tered down ['wɒːtərd] *adj fig* atténué

'**wa·ter·fall** chute *f* d'eau

'**wa·ter·ing can** arrosoir *m*

'**wa·ter·ing hole** *hum* bar *m*

'**wa·ter lev·el** niveau *m* de l'eau; '**wa·ter lil·y** nénuphar *m*; '**wa·ter·line** ligne *f* de flottaison; '**wa·ter·logged** ['wɒːtərlɔːgd] *adj earth, field* détrempé; *boat* plein d'eau; '**wa·ter main** conduite *f* d'eau; '**wa·ter·mark** filigrane *m*; '**wa·ter·mel·on** pastèque *f*; '**wa·ter pol·lu·tion** pollution *f* de l'eau; '**wa·ter po·lo** water polo *m*; '**wa·ter·proof** *adj* imperméable; '**wa·ter·shed** *fig* tournant *m*; '**wa·ter·side** *n* bord *m* de l'eau; **at the ~** au bord de l'eau; '**wa·ter·ski·ing** ski *m* nautique; '**wa·ter·tight** *adj compartment* étanche; *fig: alibi* parfait; '**wa·ter·way** voie *f* d'eau; '**wa·ter·wings** *npl* flotteurs *mpl*; '**wa·ter·works** F: **turn on the ~** se mettre à pleurer

wa·ter·y ['wɒːtərɪ] *adj soup, sauce* trop clair; *coffee* trop léger*

watt [wɑːt] watt *m*

wave[1] [weɪv] *n in sea* vague *f*

wave[2] [weɪv] **1** *n of hand* signe *m* **2** *v/i with hand* saluer; *of flag* flotter; **~ to s.o.** saluer qn (de la main) **3** *v/t flag etc* agiter

'**wave·length** RAD longueur *f* d'onde; **be on the same ~** *fig* être sur la même longueur d'onde

'**wa·ver** ['weɪvər] *v/i* hésiter

wav·y ['weɪvɪ] adj ondulé
wax[1] [wæks] n cire f
wax[2] [wæks] v/i of moon croître
way [weɪ] **1** n (method, manner) façon f; (route) chemin m (**to** de); **the ~ he behaves** la façon dont il se comporte; **this ~** (like this) comme ça; (in this direction) par ici; **by the ~** (incidentally) au fait; **by ~ of** (via) par; (in the form of) en guise de; **in a ~** (in certain respects) d'une certaine façon; **be under ~** être en cours; **be well under ~** être bien avancé; **give ~** (collapse) s'écrouler; **give ~ to** (be replaced by) être remplacé par; **want to have one's (own) ~** n'en faire qu'à sa tête; **he always had his own ~** il a toujours fait ce qu'il voulait; **OK, we'll do it your ~** O.K., on va le faire à votre façon; **lead the ~** passer en premier; fig être le premier; **lose one's ~** se perdre; **be in the ~** (be an obstruction) gêner le passage; disturb) gêner; **it's on the ~ to the station** c'est sur le chemin de la gare; **I was on my ~ to the station** je me rendais à la gare; **it's a long ~** c'est loin; **no ~!** pas question!; **there's no ~ he can do it** il ne peut absolument pas le faire **2** adv F (much): **it's ~ too soon to decide** c'est bien trop tôt pour décider; **they're ~ behind with their work** ils sont très en retard dans leur travail
way 'in entrée f; **way of 'life** mode m de vie; **way 'out** sortie f; fig issue f
we [wiː] pron nous
weak [wiːk] adj government, currency, person faible; tea, coffee léger*
weak·en ['wiːkn] **1** v/t affaiblir **2** v/i of currency, person s'affaiblir; in negotiation etc faiblir
weak·ling ['wiːklɪŋ] faible m/f
weak·ness ['wiːknɪs] faiblesse f; **have a ~ for sth** (liking) avoir un faible pour qch
wealth [welθ] richesse f; **a ~ of** une abondance de
wealth·y ['welθɪ] adj riche
weap·on ['wepən] arme f

wear [wer] **1** n: **~ (and tear)** usure f; **this coat has had a lot of ~** cette veste est très usée; **clothes for everyday / evening ~** vêtements de tous les jours / du soir **2** v/t (pret **wore**, pp **worn**) (have on) porter; (damage) user; **what are you ~ing to the party?** comment t'habilles-tu pour la soirée?; **what was he ~ing?** comment était-il habillé? **3** v/i (pret **wore**, pp **worn**) (**~ out**) s'user; **~ well** (last) faire bon usage
♦ **wear away 1** v/i s'effacer **2** v/t user
♦ **wear down** v/t user; **wear s.o. down** make s.o. change their mind avoir qn à l'usure
♦ **wear off** v/i of effect, feeling se dissiper
♦ **wear out 1** v/t (tire) épuiser; shoes, carpet user **2** v/i of shoes, carpet s'user
wea·ri·ly ['wɪrɪlɪ] adv avec lassitude
wear·ing ['werɪŋ] adj (tiring) lassant
wear·y ['wɪrɪ] adj las*
weath·er ['weðər] **1** n temps m; **be feeling under the ~** ne pas être très en forme **2** v/t crisis survivre à
'weath·er-beat·en adj hâlé; 'weath·er chart carte f météorologique; 'weath·er fore·cast prévisions météorologiques fpl, météo f; 'weath·er·man présentateur m météo
weave [wiːv] **1** v/t (pret **wove**, pp **woven**) cloth tisser; basket tresser **2** v/i (pret **weaved**, pp **weaved**) of driver, cyclist se faufiler
Web [web]: **the ~** COMPUT le Web
web [web] of spider toile f
webbed 'feet [webd] npl pieds mpl palmés
'**web page** page f de Web
'**web site** site m Web
wed·ding ['wedɪŋ] mariage m
'**wed·ding an·ni·ver·sa·ry** anniversaire m de mariage; '**wed·ding cake** gâteau m de noces; '**wed·ding day** jour m de mariage; **on my ~** le jour de mon mariage; '**wed·ding dress** robe f de mariée; '**wed·ding ring** alliance f
wedge [wedʒ] **1** n to hold sth in place cale f; of cheese etc morceau m **2** v/t: ~

W

open maintenir ouvert avec une cale
Wed·nes·day ['wenzdeɪ] mercredi *m*
weed [wiːd] **1** *n* mauvaise herbe *f* **2** *v/t* désherber
◆ **weed out** *v/t* (*remove*) éliminer
'**weed·kill·er** herbicide *f*
weed·y ['wiːdɪ] *adj* F chétif*
week [wiːk] semaine *f*; **a ~ tomorrow** demain en huit
'**week·day** jour *m* de la semaine
'**week·end** week-end *m*; **on the ~** (*on this ~*) ce week-end; (*on every ~*) le week-end
week·ly ['wiːklɪ] **1** *adj* hebdomadaire **2** *n* magazine hebdomadaire *m* **3** *adv* **be published** toutes les semaines; **be paid a ~** à la semaine
weep [wiːp] *v/i* (*pret & pp* **wept**) pleurer
weep·y ['wiːpɪ] *adj*: **be ~** pleurer facilement
wee-wee ['wiːwiː] *n* F pipi *m* F; **do a ~** faire pipi
weigh [weɪ] **1** *v/t* peser; **~ anchor** lever l'ancre **2** *v/i* peser
◆ **weigh down** *v/t*: **be weighed down with** être alourdi par; *fig*: **with cares** être accablé de
◆ **weigh on** *v/t* inquiéter
◆ **weigh up** *v/t* (*assess*) juger
weight [weɪt] *of person, object* poids *m*; **put on ~** grossir; **lose ~** maigrir
◆ **weight down** *v/t* maintenir en place avec un poids
weight·less·ness ['weɪtlɪsnɪs] apesanteur *f*
weight·lift·er ['weɪtlɪftər] haltérophile *m/f*
weight·lift·ing ['weɪtlɪftɪŋ] haltérophilie *f*
weight·y ['weɪtɪ] *adj fig* (*important*) sérieux*
weir [wɪr] barrage *m*
weird [wɪrd] *adj* bizarre
weird·ly ['wɪrdlɪ] *adv* bizarrement
weird·o ['wɪrdoʊ] F cinglé(e) *m(f)* F
wel·come ['welkəm] **1** *adj* bienvenu; **make s.o. ~** faire bon accueil à qn; **you're ~!** je vous en prie!; **you're ~ to try some** si vous voulez en essayer, vous êtes le bienvenu **2** *n also*

fig: **to news, announcements** accueil *m* **3** *v/t* accueillir; *fig*: **news, announcement** se réjouir de; *opportunity* saisir
weld [weld] *v/t* souder
weld·er ['weldər] soudeur(-euse) *m(f)*
wel·fare ['welfer] bien-être *m*; *financial assistance* sécurité *f* sociale; **be on ~** toucher les allocations
'**wel·fare check** chèque *m* d'allocations; **wel·fare 'state** État *m* providence; '**wel·fare work** assistance *f* sociale; '**wel·fare work·er** assistant social *m*, assistante sociale *f*
well¹ [wel] *n for water, oil* puits *m*
well² [wel] **1** *adv* bien; **you did ~ in the exam** tu as bien réussi à l'examen; **~ done!** bien!; **as ~** (*too*) aussi; (*in addition to*) en plus de; **it's just as ~ you told me** tu as bien fait de me le dire; **very ~** *acknowledging order* entendu; *reluctantly agreeing* très bien; **~, ~!** *surprise* tiens, tiens!; **~ ... uncertainty, thinking** eh bien … **2** *adj*: **be ~** aller bien; **feel ~** se sentir bien; **get ~ soon!** remets-toi vite!
well-'bal·anced *adj person, meal, diet* équilibré; **well-be-haved** [welbɪ'heɪvd] *adj* bien élevé; **well-'be·ing** bien-être *m*; **well-'built** *adj also euph* (*fat*) bien bâti; **well-'done** *adj meat* bien cuit; **well-'dressed** [wel'drest] *adj* bien habillé; **well-'earned** [wel'ɜːrnd] *adj* bien mérité; **well--heeled** [wel'hiːld] *adj* F cossu; **well-in·formed** [welˈɪnfɔːrmd] *adj* bien informé; **be ~** (*knowledgeable*) être bien informé; **well-'known** *adj* connu; **well-'made** *adj* bien fait; **well-man·nered** [wel'mænərd] *adj* bien élevé; **well-'mean·ing** *adj* plein de bonnes intentions; **well-'off** *adj* riche; **well-'paid** *adj* bien payé; **well-read** [wel'red] *adj* cultivé; **well-timed** [wel'taɪmd] *adj* bien calculé; **well-to-'do** *adj* riche; **well--wish·er** ['welwɪʃər] personne *f* apportant son soutien; **a ~** *at end of anonymous letter* un ami qui vous veut du bien; **well-'worn** *adj* usé
Welsh [welʃ] **1** *adj* gallois **2** *n language* gallois *m*; **the ~** les Gallois *mpl*

went [went] *pret* → **go**

wept [wept] *pret & pp* → **weep**

were [wɜːr] *pret pl* → **be**

West [west]: *the ~* POL Western nations l'Occident *m*; *part of a country* l'Ouest *m*

west [west] **1** *n* ouest *m*; *to the ~ of* à l'ouest de **2** *adj* ouest *inv*; *wind* d'ouest; *~ Chicago* l'ouest de Chicago; *~ Africa* l'Afrique de l'Ouest **3** *adv travel* vers l'ouest; *~ of* à l'ouest de

West 'Coast *of USA* la côte ouest

west·er·ly ['westərlɪ] *adj wind* d'ouest; *direction* vers l'ouest

West·ern ['westərn] *adj* occidental

west·ern ['westərn] **1** *adj* de l'Ouest **2** *n movie* western *m*

West·ern·er ['westərnər] occidental(e)

west·ern·ized ['westərnaɪzd] *adj* occidentalisé

west·ward ['westwərd] *adv* vers l'ouest

wet [wet] *adj* mouillé; *(rainy)* humide; *get ~* se mouiller, se faire tremper F; *it's ~ today* il fait humide aujourd'hui; *be ~ through* être complètement trempé; *~ paint as sign* peinture fraîche

wet 'blan·ket F rabat-joie *m*

'wet suit *for diving* combinaison *f* de plongée

whack [wæk] **1** *n* F *(blow)* coup *m* **2** *v/t* F frapper

whacked [wækt] *adj Br* crevé F

whack·o ['wækoʊ] F dingue *m/f* F

whack·y ['wækɪ] *adj* F déjanté F

whale [weɪl] baleine *f*

whal·ing ['weɪlɪŋ] chasse *f* à la baleine

wharf [wɔːrf] *Br* quai *m*

what [wɑːt] **1** *pron* ◇ : *~?* quoi?; *~ for? (why?)* pourquoi?; *so ~?* et alors? ◇ *as object* que; *before vowel* qu'; *~ did he say?* qu'est-ce qu'il a dit?, qu'a-t-il dit?; *~ is that?* qu'est-ce que c'est?; *~ is it? (what do you want?)* qu'est-ce qu'il y a? ◇ *as subject* qu'est-ce qui; *~ just fell off?* qu'est-ce qui vient de tomber? ◇ *relative as object* ce que; *that's not*

~ I meant ce n'est pas ce que je voulais dire; *I did ~ I could* j'ai fait ce que j'ai pu; *I don't know ~ you're talking about* je ne vois pas de quoi tu parles; *take ~ you need* prends ce dont tu as besoin ◇ *relative as subject* ce qui; *I didn't see ~ happened* je n'ai pas vu ce qui s'est passé ◇ *suggestions*: *~ about heading home?* et si nous rentrions?; *~ about some lunch?* et si on allait déjeuner? **2** *adj* quel, quelle; *pl* quels, quelles; *~ color is the car?* de quelle couleur est la voiture?

what·ev·er [wɑːt'evər] **1** *pron* ◇ *as subject* tout ce qui; *as object* tout ce que; *~ is left alive* tout ce qui est encore vivant; *he eats ~ you give him* il mange tout ce qu'on lui donne ◇ *(no matter what) with noun* quel(le) que soit; *with clause* quoi que *(+subj)*; *~ the season* quelle que soit la saison; *~ you do* quoi que tu fasses ◇ : *~ gave you that idea?* qu'est-ce qui t'a donné cette idée?; *ok, ~* F ok, si vous le dites **2** *adj* n'importe quel(le); *you have no reason ~ to worry* tu n'as absolument aucune raison de t'inquiéter

wheat [wiːt] blé *m*

whee·dle ['wiːdl] *v/t*: *~ sth out of s.o.* soutirer qch de qn par des cajoleries

wheel [wiːl] **1** *n* roue *f*; *(steering ~)* volant *m* **2** *v/t bicycle, cart* pousser **3** *v/i of birds* tournoyer

◆ **wheel around** *v/i* se retourner (brusquement)

'wheel·bar·row brouette *f*; **'wheel·chair** fauteuil *m* roulant; **'wheel clamp** *Br* sabot *m* de Denver

wheeze [wiːz] *v/i* respirer péniblement

when [wen] **1** *adv* quand; *~ do you open?* quand est-ce que vous ouvrez?; *I don't know ~ I'll be back* je ne sais pas quand je serai de retour **2** *conj* quand; *esp with past tense also* lorsque; *~ I was a child* quand *or* lorsque j'étais enfant; *on the day ~*

W

... le jour où ...

when·ev·er [wen'evər] *adv* each time chaque fois que; *regardless of when* n'importe quand

where [wer] **1** *adv* où; **~ from?** d'où?; **~ to?** où? **2** *conj* où; *this is ~ I used to live* c'est là que j'habitais

where·as *conj* tandis que

where·a·bouts [werə'baʊts] **1** *adv* où **2** *npl: nothing is known of his ~* personne ne sait où il est

wher·ev·er [wer'evər] **1** *conj* partout où; **~ you go, don't forget to ...** où que tu ailles (*subj*), n'oublies pas de ...; *sit ~ you like* assieds-toi où tu veux **2** *adv* où (donc); **~ can it be?** où peut-il bien être?

whet [wet] *v/t* (*pret & pp* **-ted**) *appetite* aiguiser

wheth·er ['weðər] *conj* (*if*) si; *I don't know ~ to tell him or not* je ne sais pas si je dois lui dire ou pas; **~ you approve or not** que tu sois (*subj*) d'accord ou pas

which [wɪtʃ] **1** *adj* quel, quelle; *pl* quels, quelles; **~ boy / girl?** quel garçon / quelle fille?

2 *pron* ◊ *interrogative* lequel, laquelle; *pl* lesquels, lesquelles; **~ are your favorites?** lesquels préférez-vous?; *take one, it doesn't matter ~* prends-en un, n'importe lequel

◊ *relative: subject* qui; *object* que; *after prep* lequel, laquelle; *pl* lesquels, lesquelles; *the mistake ~ is more serious* l'erreur qui est plus grave; *the mistake ~ you're making* l'erreur que tu fais; *the house in ~ ...* la maison dans laquelle ...

which·ev·er [wɪtʃ'evər] **1** *adj* quel(le) que soit; *pl* quels / quelles que soient; **~ flight you take** quel que soit le vol que vous prenez; *choose ~ color you like* choisis la couleur que tu veux

2 *pron subject* celui / celle qui; *object* celui / celle que; *you can have ~ you want* tu peux avoir celui / celle que tu veux

◊ *no matter which* n'importe lequel / laquelle; **~ you choose** quel que soit

celui / quelle que soit celle que vous choisissez

whiff [wɪf]: *catch a ~ of sth* sentir qch

while [waɪl] **1** *conj* pendant que; (*although*) bien que (+*subj*) **2** *n: a long ~* longtemps; *it's been a long ~ since we last met* ça fait longtemps qu'on ne s'est pas vu; *for a ~* pendant un moment; *I'll wait a ~ longer* je vais attendre un peu plus longtemps

♦ **while away** *v/t time* passer

whim [wɪm] caprice *m*; *on a ~* sur un coup de tête

whim·per ['wɪmpər] **1** *n* pleurnichement *m*; *of animal* geignement *m* **2** *v/i* pleurnicher; *of animal* geindre

whine [waɪn] *v/i of dog etc* gémir; F (*complain*) pleurnicher

whip [wɪp] **1** *n* fouet *m* **2** *v/t* (*pret & pp* **-ped**) (*beat*) fouetter; *cream* battre; F (*defeat*) battre à plates coutures

♦ **whip out** *v/t* F (*take out*) sortir en un tour de main

♦ **whip up** *v/t crowds* galvaniser; *hatred* attiser

whipped cream ['wɪptkriːm] crème *f* fouettée

whip·ping ['wɪpɪŋ] (*beating*) correction *f*; F (*defeat*) défaite *f* à plates coutures

whirl [wɜːrl] **1** *n: my mind is in a ~* la tête me tourne **2** *v/i of leaves* tourbillonner; *of propeller* tourner

♦ **whirl around** *v/i of person* se retourner brusquement

whirl·pool *in river* tourbillon *m*; *for relaxation* bain *m* à remous

whirl·wind tourbillon *m*

whirr [wɜːr] *v/i* ronfler

whisk [wɪsk] **1** *n* fouet *m* **2** *v/t eggs* battre

♦ **whisk away** *v/t plates etc* enlever rapidement

whis·kers ['wɪskərz] *npl of man* favoris *mpl*; *of animal* moustaches *fpl*

whis·key, *Br* **whis·ky** ['wɪskɪ] whisky *m*

whis·per ['wɪspər] **1** *n* chuchotement *m*; (*rumor*) bruit *m* **2** *v/t & v/i* chuchoter

whis·tle ['wɪsl] **1** *n sound* sifflement *m*; *device* sifflet *m* **2** *v/t & v/i* siffler

whis·tle-blow·er ['wɪslblouər] F personne *f* qui vend la mèche

white [waɪt] **1** *n color, of egg* blanc *m*; *person* Blanc *m*, Blanche *f* **2** *adj* blanc*; **go ~** *of face* devenir pâle; *of hair, person* blanchir

white 'Christ·mas Noël *m* blanc; **white-col·lar 'work·er** col *m* blanc; **'White House** Maison *f* Blanche; **white 'lie** pieux mensonge *m*; **'white meat** viande *f* blanche; **'white-out** *in snow* visibilité *f* nulle à cause de la neige; *for text* fluide *m* correcteur; **'white·wash 1** *n* blanc *m* de chaux; *fig* maquillage *m* de la vérité **2** *v/t* blanchir à la chaux; **'white wine** vin *m* blanc

whit·tle ['wɪtl] *v/t wood* tailler au couteau

♦ **whittle down** *v/t* réduire (**to** à)

whizz [wɪz] *n*: **be a ~ at** F être un crack en F

♦ **whizz by, whizz past** *v/i of time, car* filer

'whizz·kid F prodige *m*

who [hu:] *pron* ◊ *interrogative* qui; **~ was that?** c'était qui?, qui était-ce? ◊ *relative*: *subject* qui; *object* que; **the woman ~ saved the boy** la femme qui a sauvé le garçon; **the woman ~ you saw** la femme que tu as vue; **the man ~ she was speaking to** l'homme auquel elle parlait

who·dun·nit [hu:'dʌnɪt] roman *m* policier

who·ev·er [hu:'evər] *pron* ◊ qui que ce soit; **you can tell ~ you like** tu peux le dire à qui tu veux; **~ gets the right answer ...** celui / celle qui trouve la bonne réponse ... ◊ : **~ can that be?** qui cela peut-il bien être?

whole [houl] **1** *adj* entier*; **the ~ ...** tout le (toute la) ...; **the~ town** toute la ville; **he drank / ate the ~ lot** il a tout bu / mangé; **it's a ~ lot easier / better** c'est bien plus facile / bien mieux **2** *n* tout *m*, ensemble *m*; **the**

~ of the United States l'ensemble *m* des États-Unis; **on the ~** dans l'ensemble

whole-heart·ed [houl'hɑ:rtɪd] *adj* inconditionnel*; **whole-heart·ed·ly** [houl'hɑ:rtɪdlɪ] *adv* sans réserve; **'whole·meal bread** Br pain *m* complet; **'whole·sale 1** *adj* de gros; *fig* en masse **2** *adv* au prix de gros; **whole·sal·er** ['houlseɪlər] grossiste *m/f*; **whole·some** ['houlsəm] *adj* sain; **'whole wheat bread** pain *m* complet

whol·ly ['houlɪ] *adv* totalement

whol·ly owned sub·sid·i·ar·y filiale *f* à 100%

whom [hu:m] *pron fml* qui

whoop·ing cough ['hu:pɪŋ] coqueluche *f*

whop·ping ['wɑ:pɪŋ] *adj* F énorme

whore [hɔːr] *n* putain *f*

whose [hu:z] **1** *pron* ◊ *interrogative* à qui; **~ is this?** à qui c'est? ◊ *relative* dont; **a man ~ wife ...** un homme dont la femme ...; **a country ~ economy is booming** un pays dont l'économie prospère **2** *adj & adv*: **~ bike is that?** à qui est ce vélo?; **~ car are we taking?** on prend la voiture de qui?; **~ fault is it then?** à qui la faute alors?

why [waɪ] *adv* pourquoi; **that's ~** voilà pourquoi; **~ not?** pourquoi pas?; **the reason ~ I'm late** la raison pour laquelle je suis en retard

wick [wɪk] mèche *f*

wick·ed ['wɪkɪd] *adj* méchant; (*mischievous*) malicieux*; P (*great*) tip top F

wick·er ['wɪkər] *adj* osier *m*

wick·er 'chair chaise *f* en osier

wick·et ['wɪkɪt] *in station, bank etc* guichet *m*

wide [waɪd] *adj* street, field large; *experience, range* vaste; **be 12 foot ~** faire 3 mètres et demi de large

wide-a'wake *adj* complètement éveillé

wide·ly ['waɪdlɪ] *adv* largement; **~ known** très connu; **it is ~ believed that ...** on pense généralement

W

que …

wid·en ['waɪdn] **1** v/t élargir **2** v/i s'élargir

wide-'o·pen adj grand ouvert

wide-rang·ing [waɪd'reɪndʒɪŋ] adj de vaste portée

'wide·spread adj hunger, poverty, belief répandu

wid·ow ['wɪdoʊ] n veuve f

wid·ow·er ['wɪdoʊər] veuf m

width [wɪdθ] largeur f

wield [wiːld] v/t weapon manier; power exercer

wife [waɪf] (pl **wives** [waɪvz]) femme f

wig [wɪg] perruque f

wig·gle ['wɪgl] v/t loose screw, tooth remuer; hips tortiller

wild [waɪld] **1** adj animal, flowers sauvage; teenager rebelle; party fou*; scheme délirant; applause frénétique; **be ~ about** enthusiastic être dingue de F; **go ~** devenir déchaîné; (become angry) se mettre en rage; **run ~ of** children faire tout et n'importe quoi; of plants pousser dans tous les sens **2** npl: **the ~s** les régions reculées

wil·der·ness ['wɪldərnɪs] désert m; fig: garden etc jungle f

'wild·fire: **spread like ~** se répandre comme une traînée de poudre; **wild-'goose chase** recherche f inutile; **'wild·life** faune f et flore f; **~ pro·gram** émission f sur la nature

wild·ly ['waɪldlɪ] adv applaud, kick frénétiquement; F extremely follement

wil·ful Br → **willful**

will·ful ['wɪlfl] adj person, refusal volontaire

will[1] [wɪl] n LAW testament m

will[2] [wɪl] n (willpower) volonté f

will[3] [wɪl] v/aux: **I ~ let you know tomorrow** je te le dirai demain; **~ you be there?** est-ce que tu seras là?; **I won't be back until late** je ne reviendrai qu'assez tard; **you ~ call me, won't you?** tu m'appelleras, n'est-ce pas?; **I'll pay for this - no you won't** je vais payer - non; **the car won't start** la voiture ne veut pas démarrer; **~ you tell her that …?** est-ce que tu pourrais lui dire que

…?; **~ you have some more coffee?** est-ce que vous voulez encore du café?; **~ you stop that!** veux-tu arrêter!

will·ing ['wɪlɪŋ] adj helper de bonne volonté; **be ~ to do sth** être prêt à faire qch

will·ing·ly ['wɪlɪŋlɪ] adv (with pleasure) volontiers

will·ing·ness ['wɪlɪŋnɪs] empressement m (**to do** à faire)

wil·low ['wɪloʊ] saule m

'will·pow·er volonté f

wil·ly-nil·ly [wɪlɪ'nɪlɪ] adv (at random) au petit bonheur la chance

wilt [wɪlt] v/i of plant se faner

wi·ly ['waɪlɪ] adj rusé

wimp [wɪmp] F poule f mouillée

win [wɪn] **1** n victoire f **2** v/t & v/i (pret & pp **won**) gagner; prize remporter

◆ **win back** v/t money, trust, voters regagner

wince [wɪns] v/i tressaillir

winch [wɪntʃ] n treuil m

wind[1] [wɪnd] **1** n vent m; (flatulence) gaz m; **get ~ of …** avoir vent de … **2** v/t: **be ~ed** by ball etc avoir le souffle coupé

wind[2] [waɪnd] **1** v/i (pret & pp **wound**) of path, river serpenter; of staircase monter en colimaçon; of ivy s'enrouler **2** v/t (pret & pp **wound**) enrouler

◆ **wind down 1** v/i of party etc tirer à sa fin **2** v/t car window baisser; business réduire progressivement

◆ **wind up 1** v/t clock, car window remonter; speech, presentation terminer; affairs conclure; company liquider **2** v/i (finish) finir; **wind up in the hospital** finir à l'hôpital

'wind·bag F moulin m à paroles F; **'wind·fall** fig aubaine f; **'wind farm** champ m d'éoliennes

wind·ing ['waɪndɪŋ] adj path qui serpente

'wind in·stru·ment instrument m à vent

'wind·mill moulin m (à vent)

win·dow ['wɪndoʊ] also COMPUT fenêtre f; of airplane, boat hublot m; of store vitrine f; **in the ~** of store dans la vitrine

'win·dow box jardinière *f*; **'win·dow clean·er** *person* laveur(-euse) *m(f)* de vitres; **'win·dow·pane** vitre *f*; **'win·dow seat** *on train* place *f* côté fenêtre; *on airplane* place côté hublot; **'win·dow-shop·ping**: *go* ~ faire du lèche-vitrines; **'win·dow·sill** ['wɪndousɪl] rebord *m* de fenêtre

'wind·pipe trachée *f*; **'wind·screen** *Br* **'wind·shield** pare-brise *m*; **'wind·shield wip·er** essuie-glace *m*; **'wind·surf·er** véliplanchiste *m/f*; **'wind·surf·ing** planche *f* à voile; **'wind tur·bine** éolienne *f*

wind·y ['wɪndɪ] *adj weather, day* venteux*; *it's so* ~ il y a tellement de vent; *it's getting* ~ le vent se lève

wine [waɪn] vin *m*

'wine bar bar *m* à vin; **'wine cel·lar** cave *f* (à vin); **'wine glass** verre *m* à vin; **'wine list** carte *f* des vins; **'wine mak·er** vigneron(ne) *m(f)*; **'wine mer·chant** marchand *m* de vin

win·er·y ['waɪnərɪ] établissement *m* viticole

wing [wɪŋ] *of bird, airplane*, SP aile *f*

'wing·span envergure *f*

wink [wɪŋk] **1** *n* clin *m* d'œil; *I didn't sleep a* ~ F je n'ai pas fermé l'œil de la nuit **2** *v/i of person* cligner des yeux; ~ *at s.o.* faire un clin d'œil à qn

win·ner ['wɪnər] gagnant(e) *m(f)*

win·ning ['wɪnɪŋ] *adj* gagnant

'win·ning post poteau *m* d'arrivée

win·nings ['wɪnɪŋz] *npl* gains *mpl*

win·ter ['wɪntər] *n* hiver *m*

win·ter 'sports *npl* sports *mpl* d'hiver

win·try ['wɪntrɪ] *adj* d'hiver

wipe [waɪp] *v/t* essuyer; *tape* effacer; ~ *one's eyes / feet* s'essuyer les yeux / les pieds

♦ **wipe out** *v/t* (*kill, destroy*) détruire; *debt* amortir

wip·er ['waɪpər] → **windshield wiper**

wire ['waɪr] *n* fil *m* de fer; *electrical* fil *m* électrique

wire·less ['waɪrlɪs] **1** *n* radio *f* **2** *adj* sans fil

wire net·ting [waɪr'netɪŋ] grillage *m*

wir·ing ['waɪrɪŋ] ELEC installation *f* électrique

wir·y ['waɪrɪ] *adj person* nerveux*

wis·dom ['wɪzdəm] sagesse *f*

'wis·dom tooth dent *f* de sagesse

wise [waɪz] *adj* sage

'wise·crack F vanne *f* F

'wise guy *pej* petit malin *m*

wise·ly ['waɪzlɪ] *adv act* sagement

wish [wɪʃ] **1** *n* vœu *m*; *make a* ~ faire un vœu; *my* ~ *came true* mon vœu s'est réalisé; *against s.o.'s* ~*es* contre l'avis de qn; *best* ~*es* cordialement; *for birthday, Christmas* meilleurs vœux **2** *v/t* souhaiter; *I* ~ *that you didn't have to go* je regrette que tu doives partir; *I* ~ *that I could stay here for ever* j'aimerais rester ici pour toujours; *I* ~ *him well* je lui souhaite bien de la chance; *I* ~ *I could* si seulement je pouvais

♦ **wish for** *v/t* vouloir

'wish·bone fourchette *f*

wish·ful ['wɪʃfl] *adj*: *that's* ~ *thinking* c'est prendre ses désirs pour des réalités

wish·y-wash·y ['wɪʃɪwaːʃɪ] *adj person* mollasse; *color* délavé

wisp [wɪsp] *of hair* mèche *m*; *of smoke* traînée *f*

wist·ful ['wɪstfl] *adj* nostalgique

wist·ful·ly ['wɪstflɪ] *adv* avec nostalgie

wit [wɪt] (*humor*) esprit *m*; *person* homme *m*/femme *f* d'esprit; *be at one's* ~*s' end* ne plus savoir que faire; *keep one's* ~*s about one* garder sa présence d'esprit; *be scared out of one's* ~*s* avoir une peur bleue

witch [wɪtʃ] sorcière *f*

'witch-hunt *fig* chasse *f* aux sorcières

with [wɪð] *prep* ◊ avec; ~ *a smile / a wave* en souriant / faisant un signe de la main; *are you* ~ *me?* (*do you understand?*) est-ce que vous me suivez?; ~ *no money* sans argent ◊ *agency, cause* de; *tired* ~ *waiting* fatigué d'attendre ◊ *characteristics* à; *the woman* ~ *blue eyes* la femme aux yeux bleus; *s.o.* ~ *experience* une personne d'expérience

◊ *at the house of* chez; **I live ~ my aunt** je vis chez ma tante

with·draw [wɪð'drɔː] **1** *v/t* (*pret* **-drew**, *pp* **-drawn**) retirer **2** *v/i* (*pret* **-drew**, *pp* **-drawn**) se retirer

with·draw·al [wɪð'drɔːəl] retrait *m*

with·draw·al symp·toms *npl* (symptômes *mpl* de) manque *m*

with·drawn [wɪð'drɔːn] *adj person* renfermé

with·er ['wɪðər] *v/i* se faner

with·hold *v/t* (*pret & pp* **-held**) *information, name, payment* retenir; *consent* refuser

with·in *prep* (*inside*) dans; *in expressions of time* en moins de; *in expressions of distance* à moins de; **is it a ~ walking distance?** est-ce qu'on peut y aller à pied?; **we kept a ~ the budget** nous avons respecté le budget; **~ my power / my capabilities** dans mon pouvoir / mes capacités; **~ reach** à portée de la main

with·out *prep* sans; **~ looking / asking** sans regarder / demander; **~ an umbrella** sans parapluie

with·stand *v/t* (*pret & pp* **-stood**) résister à

wit·ness ['wɪtnɪs] **1** *n* témoin *m* **2** *v/t* être témoin de

'wit·ness stand barre *f* des témoins

wit·ti·cism ['wɪtɪsɪzm] mot *m* d'esprit

wit·ty ['wɪtɪ] *adj* plein d'esprit

wob·ble ['wɑːbl] *v/i* osciller

wob·bly ['wɑːblɪ] *adj* bancal; *tooth* qui bouge; *voice* chevrotant

woke [woʊk] *pret* → **wake**

wok·en ['woʊkn] *pp* → **wake**

wolf [wʊlf] **1** *n* (*pl* **wolves**) loup *m*; (*fig: womanizer*) coureur *m* de jupons **2** *v/t:* **~ (down)** engloutir

'wolf whis·tle *n* sifflement *m* (au passage d'une fille)

wom·an ['wʊmən] (*pl* **women** ['wɪmɪn]) femme *f*

wom·an 'doc·tor femme *f* médecin

wom·an 'driv·er conductrice *f*

wom·an·iz·er ['wʊmənaɪzər] coureur *m* de femmes

wom·an·ly ['wʊmənlɪ] *adj* féminin

wom·an 'priest prêtresse *f*

womb [wuːm] utérus *m*; **in his mother's ~** dans le ventre de sa mère

wom·en ['wɪmɪn] *pl* → **woman**

wom·en's lib [wɪmɪnz'lɪb] libération *f* des femmes

wom·en's lib·ber [wɪmɪnz'lɪbər] militante *f* des droits de la femme

won [wʌn] *pret & pp* → **win**

won·der ['wʌndər] **1** *n* (*amazement*) émerveillement *m*; **no ~!** pas étonnant!; **it's a ~ that …** c'est étonnant que … (+*subj*) **2** *v/i* se poser des questions **3** *v/t* se demander; **I ~ if you could help** je me demandais si vous pouviez m'aider

won·der·ful ['wʌndərfəl] *adj* merveilleux*

won·der·ful·ly ['wʌndərflɪ] *adv* (*extremely*) merveilleusement

won't [woʊnt] → **will not**

wood [wʊd] bois *m*

wood·ed ['wʊdɪd] *adj* boisé

wood·en ['wʊdn] *adj* (*made of wood*) en bois

wood·peck·er ['wʊdpekər] pic *m*; **'wood·wind** MUS bois *m*; **'wood·work** *parts made of wood* charpente *f*; *activity* menuiserie *f*

wool [wʊl] laine *f*

wool·en ['wʊlən] **1** *adj* en laine **2** *n* lainage *m*

wool·len *Br* → **woolen**

word [wɜːrd] **1** *n* mot *m*; *of song,* (*promise*) parole *f*, (*news*) nouvelle *f*; **is there any ~ from …?** est-ce qu'il y a des nouvelles de …?; **you have my ~** vous avez ma parole; **have ~s** (*argue*) se disputer; **have a ~ with s.o.** en parler à qn **2** *v/t article, letter* formuler

word·ing ['wɜːrdɪŋ] formulation *f*

word 'pro·cess·ing traitement *m* de texte

word 'pro·ces·sor *software* traitement *m* de texte

wore [wɔːr] *pret* → **wear**

work [wɜːrk] **1** *n* travail *m*; **out of ~** au chômage; **be at ~** être au travail **2** *v/i of person* travailler; *of machine,* (*succeed*) marcher **3** *v/t employee* faire travailler; *machine* faire marcher

♦ **work off** *v/t excess weight* perdre; *hangover, bad mood* faire passer

♦ **work out 1** *v/t solution*, (*find out*) trouver; *problem* résoudre **2** *v/i at gym* s'entraîner; *of relationship, arrangement etc* bien marcher

♦ **work to** *v/t* (*add up to*) faire

♦ **work up** *v/t*: **work up enthusiasm** s'enthousiasmer; **work up an appetite** s'ouvrir l'appétit; **get worked up** *angry* se fâcher; *nervous* se mettre dans tous ses états

work·a·ble ['wɜːrkəbl] *adj solution* possible

worka·hol·ic [wɜːrkə'hɑːlɪk] F bourreau *m* de travail

'**work·day** *adj* (*part of work*) journée *f* de travail; (*not weekend*) jour *m* de travail

work·er ['wɜːrkər] travailleur(-euse) *m(f)*; **she's a good ~** elle travaille bien

'**work·force** main-d'œuvre *f*

'**work hours** *fpl* heures *fpl* de travail

work·ing ['wɜːrkɪŋ] *adj day, week* de travail

'**work·ing class** classe *f* ouvrière; '**work·ing-class** *adj* ouvrier*; '**work·ing con·di·tions** *npl* conditions *fpl* de travail; **work·ing 'day** → **workday**; **work·ing hours** → **work hours**; **work·ing 'knowledge** connaissances *fpl* suffisantes; **work·ing 'moth·er** mère *f* qui travaille

'**work·load** quantité *f* de travail; '**work·man** ouvrier *m*; '**work·man·like** *adj* de professionnel*; '**work·man·ship** fabrication *f*; **work of 'art** œuvre *f* d'art; '**work·out** séance *f* d'entraînement; '**work per·mit** permis *m* de travail; '**work·shop** *also seminar* atelier *m*; '**work sta·tion** station *f* de travail; '**work·top** plan *m* de travail

world [wɜːrld] monde *m*; **the ~ of computers / the theater** le monde des ordinateurs / du théâtre; **out of this ~** F extraordinaire

world-'class *adj* de niveau mondial; **World 'Cup** *in soccer* Coupe *f* du monde; **world-'fa·mous** *adj* mondialement connu

world·ly ['wɜːrldlɪ] *adj* du monde; *person* qui a l'expérience du monde

world 'pow·er puissance *f* mondiale; **world 're·cord** record *m* mondial; **world 'war** guerre *f* mondiale; '**world·wide 1** *adj* mondial **2** *adv* dans le monde entier

worm [wɜːrm] *n* ver *m*

worn [wɔːrn] *pp* → **wear**

worn-'out *adj shoes, carpet* trop usé; *person* éreinté

wor·ried ['wʌrɪd] *adj* inquiet*

wor·ried·ly ['wʌrɪdlɪ] *adv* avec inquiétude

wor·ry ['wʌrɪ] **1** *n* souci *m* **2** *v/t* (*pret & pp* **-ied**) inquiéter **3** *v/i* (*pret & pp* **-ied**) s'inquiéter

wor·ry·ing ['wʌrɪɪŋ] *adj* inquiétant

worse [wɜːrs] **1** *adj* pire **2** *adv play, perform, feel* plus mal

wors·en ['wɜːrsn] *v/i* empirer

wor·ship ['wɜːrʃɪp] **1** *n* culte *m* **2** *v/t* (*pret & pp* **-ped**) *God* honorer; *fig: person, money* vénérer

worst [wɜːrst] **1** *adj* pire **2** *adv*: **the areas ~ affected** les régions les plus (gravement) touchées; **we came off ~** nous sommes sortis perdants **3** *n*: **the ~** le pire; **if (the) ~ comes to (the)** ~ dans le pire des cas

worst-case scen'a·ri·o scénario *m* catastrophe

worth [wɜːrθ] *adj*: **$20~ of gas** 20 $ de gaz; **be ~ ...** *in monetary terms* valoir; **it's ~ reading / seeing** cela vaut la peine d'être lu / vu; **be ~ it** valoir la peine

worth·less ['wɜːrθlɪs] *adj object* sans valeur; *person* bon à rien

worth'while *adj cause* bon*; **be ~** (*beneficial, useful*) être utile; **it's not ~ waiting** cela ne vaut pas la peine d'attendre

worth·y ['wɜːrðɪ] *adj person, cause* digne; **be ~ of sth** (*deserve*) être digne de qch

would [wʊd] *v/aux*: **I ~ help if I could** je vous aiderais si je pouvais; **I said that I ~ go** j'ai dit que je viendrais;

~ you like to go to the movies? est-ce que tu voudrais aller au cinéma?; **~ you tell her that ...?** pourriez-vous lui dire que ...?; **I ~ not have** or **~n't have been so angry if ...** je n'aurais pas été aussi en colère si ...

wound¹ [wuːnd] **1** *n* blessure *f* **2** *v/t with weapon, words* blesser

wound² [waʊnd] *pret* & *pp* → **wind²**

wove [woʊv] *pret* → **weave**

wo·ven ['woʊvn] *pp* → **weave**

wow [waʊ] *int* oh là là!

wrap [ræp] *v/t* (*pret* & *pp* **-ped**) *parcel, gift* envelopper; *scarf etc* enrouler

♦ **wrap up** *v/i against the cold* s'emmitoufler

wrap·per ['ræpər] emballage *m*; *for candy* papier *m*

wrap·ping ['ræpɪŋ] emballage *m*

'wrap·ping pa·per papier *m* d'emballage

wrath [ræθ] colère *f*

wreath [riːθ] couronne *f*

wreck [rek] **1** *n of ship* navire *m* naufragé; *of car, person* épave *f*; **be a nervous ~** avoir les nerfs détraqués **2** *v/t* détruire

wreck·age ['rekɪdʒ] *of ship* épave *f*; *of airplane* débris *mpl*; *fig: of marriage, career* restes *mpl*

wreck·er ['rekər] *truck* dépanneuse *f*

wreck·ing com·pa·ny ['rekɪŋ] compagnie *f* de dépannage

wrench [rentʃ] **1** *n tool* clef *f* **2** *v/t injure* fouler; (*pull*) arracher; **~ one's shoulder** se fouler l'épaule; **he ~ed it away from me** il me l'a arraché

wres·tle ['resl] *v/i* lutter

♦ **wrestle with** *v/t fig* lutter contre

wres·tler ['reslər] lutteur(-euse) *m(f)*

wres·tling ['reslɪŋ] lutte *f*

'wres·tling con·test combat *m* de lutte

wrig·gle ['rɪgl] *v/i* (*squirm*) se tortiller

♦ **wriggle out of** *v/t* se soustraire à

♦ **wring out** [rɪŋ] *v/t* (*pret* & *pp* **wrung**) *cloth* essorer

wrin·kle ['rɪŋkl] **1** *n in skin* ride *f*; *in clothes* pli *m* **2** *v/t clothes* froisser **3** *v/i of clothes* se froisser

wrist [rɪst] poignet *m*

'wrist·watch montre *f*

write [raɪt] **1** *v/t* (*pret* **wrote**, *pp* **written**) écrire; *check* faire **2** *v/i* (*pret* **wrote**, *pp* **written**) écrire

♦ **write down** *v/t* écrire

♦ **write off** *v/t debt* amortir; *car* bousiller F

writ·er ['raɪtər] *of letter, book, song* auteur *m/f*; *of book* écrivain *m/f*

'write-up F critique *f*

writhe [raɪð] *v/i* se tordre

writ·ing ['raɪtɪŋ] (*handwriting, script*) écriture *f*; (*words*) inscription *f*; **in ~** par écrit; **~s** *of author* écrits *mpl*

'writ·ing pa·per papier *m* à lettres

writ·ten ['rɪtn] *pp* → **write**

wrong [rɒːŋ] **1** *adj information, decision, side* mauvais; *answer also* faux*; **be ~** *of person* avoir tort; *of answer* être mauvais; *morally* être mal; **get the ~ train** se tromper de train; **what's ~?** qu'est-ce qu'il y a?; **there is something ~ with the car** la voiture a un problème **2** *adv* mal; **go ~** *of person* se tromper; *of marriage, plan etc* mal tourner **3** *n* mal *m*; *injustice* injustice *f*; **be in the ~** avoir tort

wrong·ful ['rɒːŋfl] *adj* injuste

wrong·ly ['rɒːŋlɪ] *adv* à tort

wrong 'num·ber faux numéro *m*

wrote [roʊt] *pret* → **write**

wrought 'i·ron [rɔːt] fer *m* forgé

wrung [rʌŋ] *pret* & *pp* → **wring**

wry [raɪ] *adj* ironique

WWW [dʌblju:dʌblju:'dʌblju:] *abbr* (= **Worldwide Web**) réseau *m* mondial des serveurs multimédias, web *m*

X

xen·o·pho·bi·a [zenoʊˈfoʊbɪə] xénophobie *f*

X·mas [ˈkrɪsməs, ˈeksməs] *abbr* (= *Christmas*) Noël *m*

X-ray [ˈeksreɪ] **1** *n* radio *f* **2** *v/t* radiographier

xy·lo·phone [ˈzaɪləˈfoʊn] xylophone *m*

Y

yacht [jɑːt] *n* yacht *m*

yacht·ing [ˈjɑːtɪŋ] voile *f*

yachts·man [ˈjɑːtsmən] yachtsman *m*

Yank [jæŋk] F Ricain(e) *m(f)* F

yank [jæŋk] *v/t* tirer violemment

yap [jæp] *v/i (pret & pp -ped) of small dog* japper; F *(talk a lot)* jacasser

yard[1] [jɑːrd] *of prison, institution etc* cour *f*; *behind house* jardin *m*; *for storage* dépôt *m*

yard[2] [jɑːrd] *measurement* yard *m*

'yard·stick point *m* de référence

yarn [jɑːrn] *n (thread)* fil *m*; F *(story)* (longue) histoire *f*

yawn [jɒːn] **1** *n* bâillement *m* **2** *v/i* bâiller

yeah [je] *adv* F ouais F

year [jɪr] année; *for ~s* depuis des années; *be six ~s old* avoir six ans

year·ly [ˈjɪrlɪ] **1** *adj* annuel* **2** *adv* tous les ans

yearn [jɜːrn] *v/i* languir

♦ **yearn for** *v/t* avoir très envie de

yeast [jiːst] levure *f*

yell [jel] **1** *n* hurlement *m* **2** *v/t & v/i* hurler

yel·low [ˈjeloʊ] **1** *n* jaune *m* **2** *adj* jaune

yel·low 'pag·es pages *fpl* jaunes

yelp [jelp] **1** *n of animal* jappement *m*; *of person* glapissement *m* **2** *v/i of animal* japper; *of person* glapir

yes [jes] *int* oui; *after negative question* si; *you didn't say that! - ~ (, I did)* tu n'as pas dit ça - si (je l'ai dit)

'yes·man *pej* béni-oui-oui *m* F

yes·ter·day [ˈjestərdeɪ] **1** *adv* hier **2** *n* hier *m*; *the day before ~* avant-hier

yet [jet] **1** *adv:* *the best ~* le meilleur jusqu'ici; *as ~* pour le moment; *have you finished ~?* as-tu (déjà) fini?; *he hasn't arrived ~* il n'est pas encore arrivé; *is he here ~? - not ~* est-ce qu'il est (déjà) là? - non, pas encore; *~ bigger* encore plus grand **2** *conj* cependant, néanmoins; *~ I'm not sure* néanmoins, je ne suis pas sûr

yield [jiːld] **1** *n from crops, investment etc* rendement *m* **2** *v/t fruit, good harvest* produire; *interest* rapporter **3** *v/i (give way)* céder; MOT céder la priorité

yo·ga [ˈjoʊgə] yoga *m*

yog·hurt [ˈjoʊgərt] yaourt *m*

yolk [joʊk] jaune *m* (d'œuf)

you [juː] *pron* ◇ *familiar singular: subject* tu; *object* te; *before vowels* t'; *after prep* toi; *he knows ~* il te connaît; *for ~* pour toi

◇ *polite singular, familiar plural and polite plural, all uses* vous

◇ *indefinite* on; *~ never know* on ne

sait jamais; **if ~ have your passport with ~** si on a son passeport sur soi

young [jʌn] *adj* jeune

young·ster ['jʌnstər] jeune *m/f*; (*child*) petit(e) *m(f)*

your [jʊr] *adj familiar* ton, ta; *pl* tes; *polite* votre; *pl familiar and polite* vos

yours [jʊrz] *pron familiar* le tien, la tienne; *pl* les tiens, les tiennes; *polite* le / la vôtre; *pl* les vôtres; *a friend of ~* un(e) de tes ami(e)s; un(e) de vos ami(e)s; *~ ... at end of letter* bien amicalement; *~ truly at end of letter* je vous prie d'agréer mes sentiments distingués

your'self *pron familiar* toi-même; *po-*lite vous-même; *reflexive* te; *polite* se; *after prep* toi; *polite* vous; **did you hurt ~?** est-ce que tu t'es fait mal / est-ce que vous vous êtes fait mal?; *by ~* tout(e) seul(e)

your'selves *pron* vous-mêmes; *reflexive* se; *after prep* vous; **did you hurt ~?** est-ce que vous vous êtes fait mal?; *by ~* tout seuls, toutes seules

youth [ju:θ] *age* jeunesse *f*; (*young man*) jeune homme *m*; (*young people*) jeunes *mpl*

'youth club centre *m* pour les jeunes

youth·ful ['ju:θfʊl] *adj* juvénile

'youth hos·tel auberge *f* de jeunesse

yup·pie ['jʌpɪ] F yuppie *m/f*

Z

zap [zæp] *v/t* (*pret & pp* **-ped**) F COMPUT (*delete*) effacer; (*kill*) éliminer; (*hit*) donner un coup à; (*send*) envoyer vite fait

♦ **zap along** *v/i* F (*move fast*) filer; *of work* avancer vite

zapped [zæpt] *adj* F (*exhausted*) crevé F

zap·py ['zæpɪ] *adj* F *car, pace* rapide; *prose, style* vivant

zeal [zi:l] zèle *m*

ze·bra ['zebrə] zèbre *m*

ze·ro ['zɪrou] zéro *m*; **10 below ~** 10 degrés au-dessous de zéro

♦ **zero in on** *v/t* (*identify*) mettre le doigt sur

ze·ro 'growth croissance *f* zéro

zest [zest] *enjoyment* enthousiasme *m*; *~ for life* goût *m* de la vie

zig·zag ['zɪgzæg] **1** *n* zigzag *m* **2** *v/i* (*pret & pp* **-ged**) zigzaguer

zilch [zɪltʃ] F que dalle F

zinc [zɪŋk] zinc *m*

♦ **zip up** *v/t* (*pret & pp* **-ped**) *dress, jack*-et remonter la fermeture éclair de; COMPUT compresser

'zip code code *m* postal

zip·per ['zɪpər] fermeture *f* éclair

zit [zɪt] F *on face* bouton *m*

zo·di·ac ['zoudɪæk] zodiaque *m*; *signs of the ~* signes *mpl* du zodiaque

zom·bie ['zɑ:mbɪ] F zombie *m/f*

zone [zoun] zone *f*

zonked [zɑ:ŋkt] *adj* P (*exhausted*) crevé F

zoo [zu:] jardin *m* zoologique

zo·o·log·i·cal [zu:ə'lɑ:dʒɪkl] *adj* zoologique

zo·ol·o·gist [zu:'ɑ:lədʒɪst] zoologiste *m/f*

zo·ol·o·gy [zu:'ɑ:lədʒɪ] zoologie *f*

zoom [zu:m] *v/i* F (*move fast*) filer (à toute vitesse) F

♦ **zoom in on** *v/t* PHOT faire un zoom avant sur

'zoom lens zoom *m*

zuc·chi·ni [zu:'ki:nɪ] courgette *f*

Remarques sur le verbe anglais

a) Conjugaison

Indicatif

1. **Le présent** conserve la même forme que l'infinitif à toutes les personnes, à l'exception de la troisième personne du singulier, pour laquelle on ajoute un -s à la forme infinitive, par ex. *he brings*. Si l'infinitif se termine par une sifflante (ch, sh, ss, zz), on ajoute -es, comme dans *he passes*. Ce *s* peut être prononcé de deux manières différentes : après une consonne sourde, il se prononce de manière sourde, par ex. *he paints* [peɪnts] ; après une consonne sonore, il se prononce de manière sonore, par ex. *he sends* [sendz]. De plus, -es se prononce de manière sonore lorsque le *e* fait partie de la désinence ou est la dernière lettre de l'infinitif, par ex. *he washes* ['wɑ:ʃɪz], *he urges* ['ɜːrdʒɪz]. Dans le cas des verbes se terminant par -y, la troisième personne se forme en substituant -ies au y (*he worries, he tries*). Les verbes se terminant, à l'infinitif, par un -y précédé d'une voyelle sont tous réguliers (*he plays*). Le verbe *to be* est irrégulier à toutes les personnes : *I am, you are, he is, we are, you are, they are*. Trois autres verbes ont des formes particulières à la troisième personne du singulier : *do – he does, go – he goes, have – he has*.

Aux autres temps, les verbes restent invariables à toutes les personnes. **Le prétérit** et **le participe passé** se forment en ajoutant -ed à la forme infinitive (*I passed, passed*), ou bien en ajoutant uniquement -d au verbe se terminant par un -e à l'infinitif, par ex. *I faced, faced*. (Il existe de nombreux verbes irréguliers ; voir ci-après). Cette désinence -(e)d se prononce généralement [t] : *passed* [pæst], *faced* [feɪst] ; cependant, lorsqu'il s'agit d'un verbe dont l'infinitif se termine par une consonne sonore, un son consonantique sonore ou un *r*, elle se prononce [d] : *warmed* [wɔːrmd], *moved* [muːvd], *feared* [fɪrd]. Lorsque l'infinitif se termine par -d ou -t, la désinence -ed se prononce [ɪd]. Lorsque l'infinitif se termine par un -y, ce dernier est remplacé par -ie, à quoi on ajoute ensuite le -d : *try – tried* [traɪd], *pity – pitied* ['pɪtiːd]. **Les temps composés du passé** sont formés avec l'auxiliaire *to have* et le participe passé : **passé composé** *I have faced*, **plus-que-parfait** *I had faced*. On forme **le futur** avec l'auxiliaire *will*, par ex. *I will face* ; **le conditionnel** se forme avec l'auxiliaire *would*, par ex. *I would face*.

De plus, il existe pour chaque temps une forme progressive, qui est formée avec le verbe *to be* (= être) et le participe présent (voir ci-après) : *I am going, I was writing, I had been staying, I will be waiting*, etc.

2. En anglais, **le subjonctif** n'est pratiquement plus utilisé, à l'exception de quelques cas particuliers (*if I were you, so be it, it is proposed that a vote be taken*, etc.). Le subjonctif présent conserve la forme infinitive à toutes les personnes : *that I go, that he go*, etc.

3. En anglais, **le participe présent** et **le gérondif** ont la même forme et se construisent en ajoutant la désinence -*ing* à la forme infinitive : *painting, sending*. Toutefois : 1) lorsque l'infinitif d'un verbe se termine par un -*e* muet, ce dernier disparaît lors de l'ajout de la désinence, par ex. *love - loving, write - writing* (exceptions à cette règle : *dye - dyeing, singe - singeing*, qui conservent le -*e* final de l'infinitif) ; 2) le participe présent des verbes *die, lie, vie* etc., s'écrit *dying, lying, vying*, etc.

4. Il existe une catégorie de verbes partiellement irréguliers, se terminant par une seule consonne précédée d'une voyelle unique accentuée. Pour ces verbes, on double la consonne finale avant d'ajouter les désinences -*ing* ou -*ed* :

lob	lob*bed*	lob*bing*	compel	compel*led*	compel*ling*
wed	wed*ded*	wed*ding*	control	control*led*	control*ling*
beg	beg*ged*	beg*ging*	bar	bar*red*	bar*ring*
step	step*ped*	step*ping*	stir	stir*red*	stir*ring*

Dans le cas des verbes se terminant par un -*l* précédé d'une voyelle inaccentuée, l'orthographe britannique double cette consonne au participe passé et au participe présent, mais pas l'orthographe américaine :

travel travel*led*, *Am* traveled travel*ling*, *Am* traveling

Lorsqu'un verbe se termine par -*c*, on substitue -*ck* au *c*, puis on ajoute la désinence -*ed* ou -*ing* :

traffic traffi*cked* traffi*cking*

5. **La voix passive** se forme exactement de la même manière qu'en français, avec le verbe *to be* et le participe passé : *I am obliged, he was fined, they will be moved*, etc.

6. Lorsque l'on s'adresse, en anglais, à une ou plusieurs autres personnes, on n'emploie que le pronom *you*, qui peut se traduire à la fois par le *tu* et le *vous* du français.

b) Verbes irréguliers anglais

Vous trouverez ci-après les trois formes principales de chaque verbe : l'infinitif, le prétérit et le participe passé.

arise - arose - arisen
awake - awoke - awoken, awaked
be (am, is, are) - was (were) - been
bear - bore - borne (1)
beat - beat - beaten
become - became - become
begin - began - begun

behold - beheld - beheld
bend - bent - bent
beseech - besought, beseeched - besought, beseeched
bet - bet, betted - bet, betted
bid - bid - bid
bind - bound - bound

bite - bit - bitten
bleed - bled - bled
blow - blew - blown
break - broke - broken
breed - bred - bred
bring - brought - brought
broadcast - broadcast - broadcast
build - built - built
burn - burnt, burned - burnt, burned
burst - burst - burst
bust - bust(ed) - bust(ed)
buy - bought - bought
cast - cast - cast
catch - caught - caught
choose - chose - chosen
cleave (*cut*) - clove, cleft - cloven, cleft
cleave (*adhere*) - cleaved - cleaved
cling - clung - clung
come - came - come
cost (*v/i*) - cost - cost
creep - crept - crept
crow - crowed, crew - crowed
cut - cut - cut
deal - dealt - dealt
dig - dug - dug
dive - dived, dove [douv] (2) - dived
do - did - done
draw - drew - drawn
dream - dreamt, dreamed - dreamt, dreamed
drink - drank - drunk
drive - drove - driven
dwell - dwelt, dwelled - dwelt, dwelled
eat - ate - eaten
fall - fell - fallen
feed - fed - fed
feel - felt - felt
fight - fought - fought
find - found - found
flee - fled - fled
fling - flung - flung
fly - flew - flown
forbear - forbore - forborne
forbid - forbad(e) - forbidden

forecast - forecast(ed) - forecast(ed)
forget - forgot - forgotten
forgive - forgave - forgiven
forsake - forsook - forsaken
freeze - froze - frozen
get - got - got, gotten (3)
give - gave - given
go - went - gone
grind - ground - ground
grow - grew - grown
hang - hung, hanged - hung, hanged (4)
have - had - had
hear - heard - heard
heave - heaved, naut hove - heaved, naut hove
hew - hewed - hewed, hewn
hide - hid - hidden
hit - hit - hit
hold - held - held
hurt - hurt - hurt
keep - kept - kept
kneel - knelt, kneeled - knelt, kneeled
know - knew - known
lay - laid - laid
lead - led - led
lean - leaned, leant - leaned, leant (5)
leap - leaped, leapt - leaped, leapt (5)
learn - learned, learnt - learned, learnt (5)
leave - left - left
lend - lent - lent
let - let - let
lie - lay - lain
light - lighted, lit - lighted, lit
lose - lost - lost
make - made - made
mean - meant - meant
meet - met - met
mow - mowed - mowed, mown
pay - paid - paid
plead - pleaded, pled - pleaded, pled (6)
prove - proved - proved, proven
put - put - put

quit – quit(ted) – quit(ted)
read – read [red] – read [red]
rend – rent – rent
rid – rid – rid
ride – rode – ridden
ring – rang – rung
rise – rose – risen
run – ran – run
saw – sawed – sawn, sawed
say – said – said
see – saw – seen
seek – sought – sought
sell – sold – sold
send – sent – sent
set – set – set
sew – sewed – sewed, sewn
shake – shook – shaken
shear – sheared – sheared, shorn
shed – shed – shed
shine – shone – shone
shit – shit(ted), shat – shit(ted), shat
shoe – shod – shod
shoot – shot – shot
show – showed – shown
shrink – shrank – shrunk
shut – shut – shut
sing – sang – sung
sink – sank – sunk
sit – sat – sat
slay – slew – slain
sleep – slept – slept
slide – slid – slid
sling – slung – slung
slink – slunk – slunk
slit – slit – slit
smell – smelt, smelled – smelt, smelled
smite – smote – smitten
sneak – sneaked, snuck – sneaked, snuck (7)
sow – sowed – sown, sowed
speak – spoke – spoken
speed – sped, speeded – sped, speeded (8)
spell – spelt, spelled – spelt, spelled (5)
spend – spent – spent
spill – spilt, spilled – spilt, spilled

spin – spun, span – spun
spit – spat – spat
split – split – split
spoil – spoiled, spoilt – spoiled, spoilt
spread – spread – spread
spring – sprang, sprung – sprung
stand – stood – stood
stave – staved, stove – staved, stove
steal – stole – stolen
stick – stuck – stuck
sting – stung – stung
stink – stunk, stank – stunk
strew – strewed – strewed, strewn
stride – strode – stridden
strike – struck – struck
string – strung – strung
strive – strove, strived – striven, strived
swear – swore – sworn
sweep – swept – swept
swell – swelled – swollen
swim – swam – swum
swing – swung – swung
take – took – taken
teach – taught – taught
tear – tore – torn
tell – told – told
think – thought – thought
thrive – throve – thriven, thrived (9)
throw – threw – thrown
thrust – thrust – thrust
tread – trod – trodden
understand – understood – understood
wake – woke, waked – woken, waked
wear – wore – worn
weave – wove – woven (10)
wed – wed(ded) – wed(ded)
weep – wept – wept
wet – wet(ted) – wet(ted)
win – won – won
wind – wound – wound
wring – wrung – wrung
write – wrote – written

(1) mais **be born** *naître*

(2) **dove** n'est pas utilisé en anglais britannique

(3) **gotten** n'est pas utilisé en anglais britannique

(4) **hung** pour les tableaux mais **hanged** pour les meurtriers

(5) l'anglais américain n'emploie normalement que la forme en **-ed**

(6) **pled** s'emploie en anglais américain ou écossais

(7) la forme **snuck** ne s'emploie que comme forme alternative familière en anglais américain

(8) avec **speed up** la seule forme possible est **speeded up**

(9) la forme **thrived** est plus courante

(10) mais **weaved** au sens de *se faufiler*

French verb conjugations

The verb forms given on the following pages are to be seen as models for conjugation patterns. In the French-English dictionary you will find a code given with each verb (*1a, 2b, 3c, 4d* etc). The codes refer to these conjugation models.

Alphabetical list of the conjugation patterns given

abréger 1g	couvrir 2f	manger 1l	rire 4r
acheter 1e	croire 4v	menacer 1k	saluer 1n
acquérir 2l	croître 4w	mettre 4p	savoir 3g
aimer 1b	cueillir 2c	moudre 4y	sentir 2b
aller 1o	déchoir 3m	mourir 2k	seoir 3k
appeler 1c	dire 4m	mouvoir 3d	suivre 4h
asseoir 3l	échoir 3m	naître 4g	traire 4s
avoir 1	écrire 4f	paraître 4z	vaincre 4i
blâmer 1a	employer 1h	payer 1i	valoir 3h
boire 4u	envoyer 1p	peindre 4b	vendre 4a
bouillir 2e	être 1	plaire 4aa	venir 2h
clore 4k	faillir 2n	pleuvoir 3e	vêtir 2g
conclure 4l	faire 4n	pouvoir 3f	vivre 4e
conduire 4c	falloir 3c	prendre 4q	voir 3b
confire 4o	fuir 2d	punir 2a	vouloir 3i
conjuguer 1m	geler 1d	recevoir 3a	
coudre 4d	haïr 2m	régner 1f	
courir 2i	lire 4x	résoudre 4bb	

Note:

1. The *Imparfait* and the *Participe présent* can always be derived from the 1st person plural of the present indicative, eg:. nous trou**vons**; je trou**vais** *etc*, trou**vant**

2. The *Passé simple* is nowadays normally replaced by the *Passé composé* in spoken French.

3. The *Imparfait du subjonctif* is nowadays almost only used in the 3rd person singular, whether in spoken or in written French. It is normally replaced by the *Présent du subjonctif*.

Auxiliaries

(1) avoir

A. Indicatif

I. Simple forms

Présent

- sg. j'ai
- tu as
- il a
- pl. nous avons
- vous avez
- ils ont

Imparfait

- sg. j'avais
- tu avais
- il avait
- pl. nous avions
- vous aviez
- ils avaient

Passé simple

- sg. j'eus
- tu eus
- il eut
- pl. nous eûmes
- vous eûtes
- ils eurent

Futur simple

- sg. j'aurai
- tu auras
- il aura
- pl. nous aurons
- vous aurez
- ils auront

Conditionnel présent

- sg. j'aurais
- tu aurais
- il aurait
- pl. nous aurions
- vous auriez
- ils auraient

Participe présent

ayant

Participe passé

eu (f eue)

II. Compound forms

Passé composé

j'ai eu

Plus-que-parfait

j'avais eu

Passé antérieur

j'eus eu

Futur antérieur

j'aurai eu

Conditionnel passé

j'aurais eu

Participe composé

ayant eu

Infinitif passé

avoir eu

B. Subjonctif

I. Simple forms

Présent

- sg. que j'aie
- que tu aies
- qu'il ait
- pl. que nous ayons
- que vous ayez
- qu'ils aient

Imparfait

- sg. que j'eusse
- que tu eusses
- qu'il eût
- pl. que nous eussions
- que vous eussiez
- qu'ils eussent

Impératif

aie – ayons – ayez

II. Compound forms

Passé

que j'aie eu

Plus-que-parfait

que j'eusse eu

(1) être

Auxiliaries

A. Indicatif

I. Simple forms

Présent

sg. je suis
tu es
il est

pl. nous sommes
vous êtes
ils sont

Imparfait

sg. j'étais
tu étais
il était

pl. nous étions
vous étiez
ils étaient

Passé simple

sg. je fus
tu fus
il fut

pl. nous fûmes
vous fûtes
ils furent

Futur simple

sg. je serai
tu seras
il sera

pl. nous serons
vous serez
ils seront

Conditionnel présent

sg. je serais
tu serais
il serait

pl. nous serions
vous seriez
ils seraient

Participe présent
étant

Participe passé
été

II. Compound forms

Passé composé
j'ai été

Plus-que-parfait
j'avais été

Passé antérieur
j'eus été

Futur antérieur
j'aurai été

Conditionnel passé
j'aurais été

Participe composé
ayant été

Infinitif passé
avoir été

B. Subjonctif

I. Simple forms

Présent

sg. que je sois
que tu sois
qu'il soit

pl. que nous soyons
que vous soyez
qu'ils soient

Imparfait

sg. que je fusse
que tu fusses
qu'il fût

pl. que nous fussions
que vous fussiez
qu'ils fussent

Impératif
sois – soyons – soyez

II. Compound forms

Passé: que j'aie été

Plus-que-parfait
que j'eusse été

(1a) blâmer

First conjugation

I. Simple forms

	Présent	Impératif	Conditionnel
sg.	je blâme	blâme – blâmons – blâmez	je blâmerais
	tu blâmes	NB. blâmes-en (-y)	tu blâmerais
	il blâme[1]		il blâmerait

	Imparfait		
sg.	je blâmais		
	tu blâmais		
	il blâmait		

	Passé simple		Subjonctif présent
pl.	nous blâmions		que je blâme
	vous blâmiez		que tu blâmes
	ils blâmaient		qu'il blâme

Présent
sg. je blâme
tu blâmes
il blâme[1]

pl. nous blâmons
vous blâmez
ils blâment

Imparfait
sg. je blâmais
tu blâmais
il blâmait

pl. nous blâmions
vous blâmiez
ils blâmaient

Passé simple
sg. je blâmai
tu blâmas
il blâma

pl. nous blâmâmes
vous blâmâtes
ils blâmèrent

Participe passé
blâmé(e)

Infinitif présent
blâmer

Impératif
blâme – blâmons – blâmez
NB. blâmes-en (-y)

Futur
sg. je blâmerai
tu blâmeras
il blâmera

pl. nous blâmerons
vous blâmerez
ils blâmeront

Participe présent
blâmant

Conditionnel
sg. je blâmerais
tu blâmerais
il blâmerait

pl. nous blâmerions
vous blâmeriez
ils blâmeraient

Subjonctif présent
sg. que je blâme
que tu blâmes
qu'il blâme

pl. que nous blâmions
que vous blâmiez
qu'ils blâment

Subjonctif imparfait
sg. que je blâmasse
que tu blâmasses
qu'il blâmât

pl. que nous blâmassions
que vous blâmassiez
qu'ils blâmassent

II. Compound forms

Using the *Participe passé* together with **avoir** and **être**

1. Active

Passé composé: j'ai blâmé
Plus-que-parfait: j'avais blâmé
Passé antérieur: j'eus blâmé
Futur antérieur: j'aurai blâmé
Conditionnel passé: j'aurais blâmé

2. Passive

Présent: je suis blâmé
Imparfait: j'étais blâmé
Passé simple: je fus blâmé
Passé composé: j'ai été blâmé
Plus-que-parf.: j'avais été blâmé
Passé antérieur: j'eus été blâmé
Futur: je serai blâmé
Futur antérieur: j'aurai été blâmé
Conditionnel: je serais blâmé
Conditionnel passé: j'aurais été blâmé
Impératif: sois blâmé
Participe présent: étant blâmé
Participe passé: ayant été blâmé
Infinitif présent: être blâmé
Infinitif passé: avoir été blâmé

---

[1] (blâme-t-il?)

Infinitif	Notes	Présent de l'indicatif	Présent du subjonctif	Passé simple	Futur	Impératif	Participe passé
(1b) aimer	When the second syllable is not silent the **ai** is often pronounced as an open e [e]: **aime** [em] but **aimons** [emõ].	aime aimes aime aimons aimez aiment	aime aimes aime aimions aimiez aiment	aimai aimas aima aimâmes aimâtes aimèrent	aimerai aimeras aimera aimerons aimerez aimeront	aime aimons aimez	aimé(e)
(1c) appeler	Note the consonant doubling.	appelle appelles appelle appelons appelez appellent	appelle appelles appelle appelions appeliez appellent	appelai appelas appela appelâmes appelâtes appelèrent	appellerai appelleras appellera appellerons appellerez appelleront	appelle appelons appelez	appelé(e)
(1d) geler	Note the switch from e to è.	gèle gèles gèle gelons gelez gèlent	gèle gèles gèle gelions geliez gèlent	gelai gelas gela gelâmes gelâtes gelèrent	gèlerai gèleras gèlera gèlerons gèlerez gèleront	gèle gelons gelez	gelé(e)
(1e) acheter	Note the è.	achète achètes achète achetons achetez achètent	achète achètes achète achetions achetiez achètent	achetai achetas acheta achetâmes achetâtes achetèrent	achèterai achèteras achètera achèterons achèterez achèteront	achète achetons achetez	acheté(e)

Infinitif	Notes	Présent de l'indicatif	Présent du subjonctif	Passé simple	Futur	Impératif	Participe passé
(1f) régner	Note that the é becomes è only in the *prés.* and *impér.*, not in the *fut.* or *cond.*	règne	règne	régnai	régnerai		régné (*inv*)
		règnes	règnes	régnas	régneras	règne	
		règne	règne	régna	régnera		
		régnons	régnions	régnâmes	régnerons	régnons	
		régnez	régniez	régnâtes	régnerez	régnez	
		règnent	règnent	régnèrent	régneront		
(1g) abréger	Note that é becomes è only in the *prés.* and *impér.*, not in the *fut.* or *cond.* A silent **e** is inserted after a **g** coming before **a** and **o**.	abrège	abrège	abrégeai	abrégerai		abrégé(e)
		abrèges	abrèges	abrégeas	abrégeras	abrège	
		abrège	abrège	abrégea	abrégera		
		abrégeons	abrégions	abrégeâmes	abrégerons	abrégeons	
		abrégez	abrégiez	abrégeâtes	abrégerez	abrégez	
		abrègent	abrègent	abrégèrent	abrégeront		
(1h) employer	Note the switch from **y** to **i**.	emploie	emploie	employai	emploierai		employé(e)
		emploies	emploies	employas	emploieras	emploie	
		emploie	emploie	employa	emploiera		
		employons	employions	employâmes	emploierons	employons	
		employez	employiez	employâtes	emploierez	employez	
		emploient	emploient	employèrent	emploieront		
(1i) payer	Where both the **y** and the **i** spelling are possible, the spelling with **i** is preferred.	paie, paye	paie, paye	payai	paierai, paye-		payé(e)
		paies, payes	paies, payes	payas	paieras	paie, paye	
		paie, paye	paie, paye	paya	paiera	payons	
		payons	payions	payâmes	paierons	payez	
		payez	payiez	payâtes	paierez		
		paient, -yent	paient, -yent	payèrent	paieront		

Infinitif	Notes	Présent de l'indicatif	Présent du subjonctif	Passé simple	Futur	Impératif	Participe passé
(1k) menacer	c takes a cedilla (ç) before **a** and **o** so as to retain the [s] sound.	menace menaces menace menaçons menacez menacent	menace menaces menace menacions menaciez menacent	menaçai menaças menaça menaçâmes menaçâtes menacèrent	menacerai menaceras menacera menacerons menacerez menaceront	menace menaçons menacez	menacé(e)
(1l) manger	A silent **e** is inserted after the **g** and before an **a** or **o** so as to keep the **g** soft.	*mange* manges mange mangeons mangez mangent	mange manges mange mangions mangiez mangent	mangeai mangeas mangea mangeâmes mangeâtes mangèrent	mangerai mangeras mangera mangerons mangerez mangeront	mange mangeons mangez	mangé(e)
(1m) conjuguer	The silent **u** is always kept, even before **a** and **o**.	conjugue conjugues conjugue conjuguons conjuguez conjuguent	conjugue conjugues conjugue conjuguions conjuguiez conjuguent	conjuguai conjuguas conjugua conjuguâmes conjuguâtes conjuguèrent	conjuguerai conjugueras conjuguera conjuguerons conjuguerez conjugueront	conjugue conjuguons conjuguez	conjugué(e)
(1n) saluer	**u** is pronounced shorter when another syllable follows: **salue** [saly] but **saluons** [salɥɔ̃].	salue salues salue saluons saluez saluent	salue salues salue saluions saluiez saluent	saluai saluas salua saluâmes saluâtes saluèrent	saluerai salueras saluera saluerons saluerez salueront	salue saluons saluez	salué(e)

Infinitif	Notes	Présent de l'indicatif	Présent du subjonctif	Passé simple	Futur	Impératif	Participe passé
(1o) aller	Not every form uses the stem **all**.	vais vas va allons allez vont	aille ailles aille allions alliez aillent	allai allas alla allâmes allâtes allèrent	irai iras ira irons irez iront	va (vas-y; but: va-t'en) allons allez	allé(e)
(1p) envoyer	As (1h) but with an irregular fut. and cond.	envoie envoies envoie envoyons envoyez envoient	envoie envoies envoie envoyions envoyiez envoient	envoyai envoyas envoya envoyâmes envoyâtes envoyèrent	enverrai enverras enverra enverrons enverrez enverront	envoie envoyons envoyez	envoyé(e)

(2a) punir*

Second conjugation

The second, regular conjugation, characterized by ...iss...

1. Simple forms

	Présent	Impératif	Futur
sg.	je punis	punis	je punirai
	tu punis	punissons	tu puniras
	il punit	punissez	il punira
pl.	nous punissons		nous punirons
	vous punissez		vous punirez
	ils punissent		ils puniront

	Imparfait		Conditionnel
sg.	je punissais		je punirais
	tu punissais		tu punirais
	il punissait		il punirait
pl.	nous punissions		nous punirions
	vous punissiez		vous puniriez
	ils punissaient		ils puniraient

	Passé simple	Participe présent
sg.	je punis	punissant
	tu punis	
	il punit	
pl.	nous punîmes	
	vous punîtes	
	ils punirent	

	Subjonctif présent	Futur
sg.	que je punisse	
	que tu punisses	
	qu'il punisse	
pl.	que nous punissions	
	que vous punissiez	
	qu'ils punissent	

	Subjonctif imparfait
sg.	que je punisse
	que tu punisses
	qu'il punît
pl.	que nous punissions
	que vous punissiez
	qu'ils punissent

Participe passé

puni(e)

Infinitif présent

punir

* **fleurir** in the figurative sense normally has as *Participe présent* **florissant** and as *Imparfait* **florissait**.

II. Compound forms

Using the *Participe passé* with **avoir** and **être**; see (1a)

Infinitif	Notes	Présent de l'indicatif	Présent du subjonctif	Passé simple	Futur	Impératif	Participe passé
(2b) sentir	No ...iss...	sens sens sent sentons sentez sentent	sente sentes sente sentions sentiez sentent	sentis sentis sentit sentîmes sentîtes sentirent	sentirai sentiras sentira sentirons sentirez sentiront	sens sentons sentez	senti(e)
(2c) cueillir	*prés., fut.* and *cond.* as in the first conjugation	cueille cueilles cueille cueillons cueillez cueillent	cueille cueilles cueille cueillions cueilliez cueillent	cueillis cueillis cueillit cueillîmes cueillîtes cueillirent	cueillerai cueilleras cueillera cueillerons cueillerez cueilleront	cueille cueillons cueillez	cueilli(e)
(2d) fuir	No ...iss... Note the switch between **y** and **i**.	fuis fuis fuit fuyons fuyez fuient	fuie fuies fuie fuyions fuyiez fuient	fuis fuis fuit fuîmes fuîtes fuirent	fuirai fuiras fuira fuirons fuirez fuiront	fuis fuyons fuyez	fui(e)
(2e) bouillir	*prés. ind.* and derived forms as in the fourth conjugation	bous bous bout bouillons bouillez bouillent	bouille bouilles bouille bouillions bouilliez bouillent	bouillis bouillis bouillit bouillîmes bouillîtes bouillirent	bouillirai bouilliras bouillira bouillirons bouillirez bouilliront	bous bouillons bouillez	bouilli(e)

Infinitif	Notes	Présent de l'indicatif	Présent du subjonctif	Passé simple	Futur	Impératif	Participe passé
(2f) couvrir	*prés. ind.* and derived forms as in the first conjugation; *p.p.* ends in **-ert.**	couvre couvres couvre couvrons couvrez couvrent	couvre couvres couvre couvrions couvriez couvrent	couvris couvris couvrit couvrîmes couvrîtes couvrirent	couvrirai couvriras couvrira couvrirons couvrirez couvriront	couvre couvrons couvrez	couvert(e)
(2g) vêtir	Follows (2b) apart from *p.p.* **vêtir** is rarely used other than in the form **vêtu.**	vêts vêts vêt vêtons vêtez vêtent	vête vêtes vête vêtions vêtiez vêtent	vêtis vêtis vêtit vêtîmes vêtîtes vêtirent	vêtirai vêtiras vêtira vêtirons vêtirez vêtiront	vêts vêtons vêtez	vêtu(e)
(2h) venir	*prés. ind., fut., p.p.* and derived forms as fourth conjugation. Vowel change in the *passé simple;* note the added **-d-** in the the *fut.* and *cond.*	viens viens vient venons venez viennent	vienne viennes vienne venions veniez viennent	vins vins vint vînmes vîntes vinrent	viendrai viendras viendra viendrons viendrez viendront	viens venons venez	venu(e)
(2i) courir	*prés. ind., p.p., fut.* and and derived forms as in the fourth conjugation. *passé simple* as in the third conjugation; **-rr-** in *fut.* and *cond.*	cours cours court courons courez courent	coure coures coure courions couriez courent	courus courus courut courûmes courûtes coururent	courrai courras courra courrons courrez courront	cours courons courez	couru(e)

Infinitif	Notes	Présent de l'indicatif	Présent du subjonctif	Passé simple	Futur	Impératif	Participe passé
(2k) mourir	*prés. ind., fut.* and derived forms as in the fourth conjugation, but note vowel shift to **eu** from **ou**; *passé simple* as in the third conjugation.	**meurs** **meurs** **meurt** mourons mourez **meurent**	**meure** **meures** **meure** mourions mouriez **meurent**	mourus mourus mourut mourûmes mourûtes moururent	mourrai mourras mourra mourrons mourrez mourront	**meurs** mourons mourez	mort(e)
(2l) acquérir	*pres. ind.* and derived forms as in the fourth conjugation with an **i** inserted before **e**; *p.p.* with **-s**; **-err-** in *fut.* and *cond.*	acquiers acquiers acquiert acquérons acquérez acquièrent	acquière acquières acquière acquérions acquériez acquièrent	acquis acquis acquit acquîmes acquîtes acquirent	acquerrai acquerras acquerra acquerrons acquerrez acquerront	acquiers acquérons acquérez	acquis(e)
(2m) haïr	Follows (2a); but in *sg. prés. ind.* and *impér.* the dieresis on the i is dropped.	hais [ε] hais haït haïssons haïssez haïssent	haïsse haïsses haïsse haïssions haïssiez haïssent	haïs [a'i] haïs haït haïmes haïtes haïrent	haïrai haïras haïra haïrons haïrez haïront	hais haïssons haïssez	haï(e)
(2n) faillir	defective verb			faillis faillis faillit faillîmes faillîtes faillirent	faillirai failliras faillira faillirons faillirez failliront		failli

(3a) recevoir

Third conjugation

I. Simple forms

Présent

sg. je reçois
   tu reçois
   il reçoit

pl. nous recevons
   vous recevez
   ils reçoivent

Impératif

reçois
recevons
recevez

Imparfait

sg. je recevais
   tu recevais
   il recevait

pl. nous recevions
   vous receviez
   ils recevaient

Passé simple

sg. je reçus
   tu reçus
   il reçut

pl. nous reçûmes
   vous reçûtes
   ils reçurent

Futur

sg. je recevrai
   tu recevras
   il recevra

pl. nous recevrons
   vous recevrez
   ils recevront

Conditionnel

sg. je recevrais
   tu recevrais
   il recevrait

pl. nous recevrions
   vous recevriez
   ils recevraient

Subjonctif présent

sg. que je reçoive
   que tu reçoives
   qu'il reçoive

pl. que nous recevions
   que vous receviez
   qu'ils reçoivent

Subjonctif imparfait

sg. que je reçusse
   que tu reçusses
   qu'il reçût

pl. que nous reçussions
   que vous reçussiez
   qu'ils reçussent

Participe présent

recevant

Participe passé

reçu(e)

Infinitif présent

recevoir

II. Compound forms

Using the *Participe passé* together with **avoir** and **être**

Infinitif	Notes	Présent de l'indicatif	Présent du subjonctif	Passé simple	Futur	Impératif	Participe passé
(3b) voir	Switch between **i** and **y** as in (2d). Derived forms regular, but with **-err-** (instead of **-oir-**) in *fut.* and *cond.*	vois vois voit voyons voyez voient	voie voies voie voyions voyiez voient	vis	verrai *pourvoir:* je pourvoirai; *prévoir:* je prévoirai	vois voyons voyez	vu(e)
(3c) falloir	Only used in the third person singular.	il faut	qu'il faille	il fallut	il faudra		fallu (*inv*)
(3d) mouvoir	Note the switch between **eu** and **ou**.	meus meus meut mouvons mouvez meuvent	meuve meuves meuve mouvions mouviez meuvent	mus mus mut mûmes mûtes murent	mouvrai mouvras mouvra mouvrons mouvrez mouvront	meus mouvons mouvez	mû, mue
(3e) pleuvoir		il pleut	qu'il pleuve	il plut	il pleuvra		plu (*inv*)
(3f) pouvoir	In the *prés. ind.* sometimes also **je puis**; interrogative **puis-je?**	peux peux peut pouvons pouvez peuvent	puisse puisses puisse puissions puissiez puissent	pus pus put pûmes pûtes purent	pourrai pourras pourra pourrons pourrez pourront		pu (*inv*)

Infinitif	Notes	Présent de l'indicatif	Présent du subjonctif	Passé simple	Futur	Impératif	Participe passé
(3g) savoir	*p.pr.* **sachant**	sais sais sait savons savez savent	sache saches sache sachions sachiez sachent	sus sus sut sûmes sûtes surent	saurai sauras saura saurons saurez sauront	sache sachons sachez	su(e)
(3h) valoir	**prévaloir** is regular in the *prés. subj.*: **que je prévale** etc.	vaux vaux vaut valons valez valent	vaille vailles vaille valions valiez vaillent	valus valus valut valûmes valûtes valurent	vaudrai vaudras vaudra vaudrons vaudrez vaudront		valu(e)
(3i) vouloir	Note the switch between **eu** and **ou**. In the *fut.* a **-d-** is inserted.	veux veux veur voulons voulez veulent	veuille veuilles veuille voulions vouliez veuillent	voulus voulus voulut voulûmes voulûtes voulurent	voudrai voudras voudra voudrons voudrez voudront	veuille veuillons veuillez	voulu(e)
(3k) seoir	Restricted usage: *p.pr.* **seyant**; *impf.* **seyait**; *cond.* **siérait**	il sied					

Infinitif	Notes	Présent de l'indicatif	Présent du subjonctif	Passé simple	Futur	Impératif	Participe passé
(31) asseoir	Apart from in the *passé simple* and *p.p.* (**assis**), there are two forms. *Impf.* **asseyais** or **assoyais**. However it is not common to use the **oi** or **oy** forms with either **vous** or **nous**.	assieds assieds assied asseyons asseyez asseyent *or* assois assois assoit assoyons assoyez assoient	asseye asseyes asseye asseyions asseyiez asseyent *or* assoie assoies assoie assoyions assoyiez assoient	assis assis assit assîmes assîtes assirent	assiérai assiéras assiéra assiérons assiérez assiéront *or* assoirai assoiras assoira assoirons assoirez assoiront	assieds asseyons asseyez *or* assois assoyons assoyez	assis(e)
	surseoir forms **je sursois, nous sursoyons** etc, *fut.* **je surseoirai**.						
(3m) déchoir		déchois déchois déchoit déchoyons déchoyez déchoient	déchoie déchoies déchoie déchoyions déchoyiez déchoient	déchus déchus déchut déchûmes déchûtes déchurent	déchoirai déchoiras déchoira déchoirons déchoirez déchoiront		déchu(e)
échoir	defective verb	il échoit ils échoient	qu'il échoie qu'ils échoient	il échut ils échurent	il échoira ils échoiront		échu(e)

Fourth conjugation

(4a) vendre

Regular fourth conjugation, no change to stem

I. Simple forms

Présent

sg. je vends*
tu vends*
il vend*

pl. nous vendons
vous vendez
ils vendent

Passé simple

sg. je vendis
tu vendis
il vendit

pl. nous vendîmes
vous vendîtes
ils vendirent

Imparfait

sg. je vendais
tu vendais
il vendait

pl. nous vendions
vous vendiez
ils vendaient

Participe passé

vendu(e)

Impératif

vends
vendons
vendez

Futur

sg. je vendrai
tu vendras
il vendra

pl. nous vendrons
vous vendrez
ils vendront

Conditionnel

sg. je vendrais
tu vendrais
il vendrait

pl. nous vendrions
vous vendriez
ils vendraient

Participe présent

vendant

Infinitif présent

vendre

Subjonctif présent

sg. que je vende
que tu vendes
qu'il vende

pl. que nous vendions
que vous vendiez
qu'ils vendent

Subjonctif imparfait

sg. que je vendisse
que tu vendisses
qu'il vendît

pl. que nous vendissions
que vous vendissiez
qu'ils vendissent

* **rompre** has: il rompt; **battre** has: je (tu) bats, il bat; **foutre** has: je (tu) fous.

II. Compound forms

Using the *Participe passé* together with **avoir** and **être**: see (1a)

Infinitif	Notes	Présent de l'indicatif	Présent du subjonctif	Passé simple	Futur	Impératif	Participe passé
(4b) peindre	Switch between nasal **n** und palatalized **n** (**gn**); **-d-** only before **r** in the *inf.*, *fut.* and *cond.*	peins peins peint peignons peignez peignent	peigne peignes peigne peignions peigniez peignent	peignis peignis peignit peignîmes peignîtes peignirent	peindrai peindras peindra peindrons peindrez peindront	peins peignons peignez	peint(e)
(4c) conduire	**Luire, reluire, nuire** do not take a **t** in the *p.p.*	conduis conduis conduit conduisons conduisez conduisent	conduise conduises conduise conduisions conduisiez conduisent	conduisis conduisis conduisit conduisîmes conduisîtes conduisirent	conduirai conduiras conduira conduirons conduirez conduiront	conduis conduisons conduisez	conduit(e)
(4d) coudre	**-d-** is replaced by **-s-** before endings which start with a vowel.	couds couds coud cousons cousez cousent	couse couses couse cousions cousiez cousent	cousis cousis cousit cousîmes cousîtes cousirent	coudrai coudras coudra coudrons coudrez coudront	couds cousons cousez	cousu(e)
(4e) vivre	Final **-v** of the stem is dropped in the *sg.* *prés. ind.; passé simple* **vécus**; *p.p.* **vécu**	vis vis vit vivons vivez vivent	vive vives vive vivions viviez vivent	vécus vécus vécut vécûmes vécûtes vécurent	vivrai vivras vivra vivrons vivrez vivront	vis vivons vivez	vécu(e)

Infinitif	Notes	Présent de l'indicatif	Présent du subjonctif	Passé simple	Futur	Impératif	Participe passé
(4f) écrire	Before a vowel the old Latin **v** remains.	écris écris écrit écrivons écrivez écrivent	écrive écrives écrive écrivions écriviez écrivent	écrivis écrivis écrivit écrivîmes écrivîtes écrivirent	écrirai écriras écrira écrirons écrirez écriront	écris écrivons écrivez	écrit(e)
(4g) naître	**-ss-** in the *pl. prés. ind.* and derived forms; in the *sg. prés. ind.* **i** before **t** becomes **î**	nais nais naît naissons naissez naissent	naisse naisses naisse naissions naissiez naissent	naquis naquis naquit naquîmes naquîtes naquirent	naîtrai naîtras naîtra naîtrons naîtrez naîtront	nais naissons naissez	né(e)
(4h) suivre	*p.-p.* as in the second conjugation	suis suis suit suivons suivez suivent	suive suives suive suivions suiviez suivent	suivis suivis suivit suivîmes suivîtes suivirent	suivrai suivras suivra suivrons suivrez suivront	suis suivons suivez	suivi(e)
(4i) vaincre	No **t** in the third person *sg. prés. ind.*; switch from **c** to **qu** before vowels (exception: **vaincu**)	vaincs vaincs vainc vainquons vainquez vainquent	vainque vainques vainque vainquions vainquiez vainquent	vainquis vainquis vainquit vainquîmes vainquîtes vainquirent	vaincrai vaincras vaincra vaincrons vaincrez vaincront	vaincs vainquons vainquez	vaincu(e)

Infinitif	Notes	Présent de l'indicatif	Présent du subjonctif	Passé simple	Futur	Impératif	Participe passé
(4k) clore	*prés.* third person *pl.* **closent**: likewise *prés. subj.*; third person *sg. prés. ind.* in **...ôt**.	je clos tu clos il clôt ils closent	que je close		je clorai	clos	clos(e)
éclore	Only used in the third person.	il éclôt ils éclosent	qu'il éclose qu'ils éclosent		il éclora ils écloront		éclos(e)
(4l) conclure	*passé simple* follows the third conjugation. **Reclure** has **reclus(e)** in *p.p.*; likewise: **inclus(e)**; but note: **exclu(e)**.	conclus conclus conclut concluons concluez concluent	conclue conclues conclue concluions concluiez concluent	conclus conclus conclut conclûmes conclûtes conclurent	conclurai concluras conclura conclurons conclurez concluront	conclus concluons concluez	conclu(e)
(4m) dire	**Redire** is conjugated like **dire**. Other compounds have **...disez** in the *prés.* with the exception of **maudire**, which follows the second conjugation, except for **maudit** in the *p.p.*	dis dis dit disons dites disent	dise dises dise disions disiez disent	dis dis dit dîmes dîtes dirent	dirai diras dira dirons direz diront	dis disons dites	dit(e)

Infinitif	Notes	Présent de l'indicatif	Présent du subjonctif	Passé simple	Futur	Impératif	Participe passé
(4n) faire	Frequent vowel shifts in the stem. [fə-] in all *fut.* forms.	fais [fɛ] fais [fɛ] fait [fɛ] faisons [fəzõ] faites [fɛt] font	fasse fasses fasse fassions fassiez fassent	fis fis fit fîmes fîtes firent	ferai feras fera ferons ferez feront	fais faisons faites	fait(e)
(4o) confire	**suffire** has **suffi** in the *p.p.*	confis confis confit confisons confisez confisent	confise confises confise confisions confisiez confisent	confis confis confit confîmes confîtes confirent	confirai confiras confira confirons confirez confiront	confis confisons confisez	confit(e)
(4p) mettre	Only one **t** in the *sg. prés. ind.* first three persons.	mets mets met mettons mettez mettent	mette mettes mette mettions mettiez mettent	mis mis mit mîmes mîtes mirent	mettrai mettras mettra mettrons mettrez mettront	mets mettons mettez	mis(e)
(4q) prendre	Omission of **d** in some forms.	prends prends prend prenons prenez prennent	prenne prennes prenne prenions preniez prennent	pris pris prit prîmes prîtes prirent	prendrai prendras prendra prendrons prendrez prendront	prends prenons prenez	pris(e)

Infinitif	Notes	Présent de l'indicatif	Présent du subjonctif	Passé simple	Futur	Impératif	Participe passé
(4r) rire	p.-p. as in the second conjugation.	ris ris rit rions riez rient	rie ries rie riions riiez rient	ris ris rit rîmes rîtes rirent	rirai riras rira rirons rirez riront	ris rions riez	ri (*inv*)
(4s) traire	There is no *passé simple*.	trais trais trait trayons trayez traient	traie traies traie trayions trayiez traient		trairai trairas traira trairons trairez trairont	trais trayons trayez	trait(e)
(4u) boire	Note the **v** before a vowel (from the old Latin **b**); *passé simple* follows the third conjugation.	bois bois boit buvons buvez boivent	boive boives boive buvions buviez boivent	bus bus but bûmes bûtes burent	boirai boiras boira boirons boirez boiront	bois buvons buvez	bu(e)

Infinitif	Notes	Présent de l'indicatif	Présent du subjonctif	Passé simple	Futur	Impératif	Participe passé
(4v) croire	passé simple as in the third conjugation	crois crois croit croyons croyez croient	croie croies croie croyions croyiez croient	crus crus crut crûmes crûtes crurent	croirai croiras croira croirons croirez croiront	crois croyons croyez	cru(e)
(4w) croître	î in the sg. pres. ind. and the sg. imper.; passé simple as in the third conjugation	croîs croîs croît croissons croissez croissent	croisse croisses croisse croissions croissiez croissent	crûs crûs crût crûmes crûtes crûrent	croîtrai croîtras croîtra croîtrons croîtrez croîtront	croîs croissons croissez	crû, crue
(4x) lire	passé simple as in the third conjugation	lis lis lit lisons lisez lisent	lise lises lise lisions lisiez lisent	lus lus lut lûmes lûtes lurent	lirai liras lira lirons lirez liront	lis lisons lisez	lu(e)
(4y) moudre	passé simple as in the third conjugation	mouds mouds moud moulons moulez moulent	moule moules moule moulions mouliez moulent	moulus moulus moulut moulûmes moulûtes moulurent	moudrai moudras moudra moudrons moudrez moudront	mouds moulons moulez	

Infinitif	Notes	Présent de l'indicatif	Présent du subjonctif	Passé simple	Futur	Impératif	Participe passé
(4z) paraître	î before t; *passé simple* as in the third conjugation	parais parais paraît paraissons paraissez paraissent	paraisse paraisses paraisse paraissions paraissiez paraissent	parus parus parut parûmes parûtes parurent	paraîtrai paraîtras paraîtra paraîtrons paraîtrez paraîtront	parais paraissons paraissez	paru(e)
(4aa) plaire	*passé simple* as in the third conjugation; **taire** has **il tait** (without the circumflex)	plais plais plaît plaisons plaisez plaisent	plaise plaises plaise plaisions plaisiez plaisent	plus plus plut plûmes plûtes plurent	plairai plairas plaira plairons plairez plairont	plais plaisons plaisez	plu (*inv*)
(4bb) résoudre	**absoudre** has no *passé simple*; *participe passé* **absous, absoute.**	résous résous résout résolvons résolvez résolvent	résolve résolves résolve résolvions résolviez résolvent	résolus résolus résolut résolûmes résolûtes résolurent	résoudrai résoudras résoudra résoudrons résoudrez résoudront	résous résolvons résolvez	résolu(e)

Numbers / Les nombres

Cardinal Numbers / Les nombres cardinaux

0	zero, *Br aussi* nought *zéro*
1	one *un*
2	two *deux*
3	three *trois*
4	four *quatre*
5	five *cinq*
6	six *six*
7	seven *sept*
8	eight *huit*
9	nine *neuf*
10	ten *dix*
11	eleven *onze*
12	twelve *douze*
13	thirteen *treize*
14	fourteen *quatorze*
15	fifteen *quinze*
16	sixteen *seize*
17	seventeen *dix-sept*
18	eighteen *dix-huit*
19	nineteen *dix-neuf*
20	twenty *vingt*
21	twenty-one *vingt et un*
22	twenty-two *vingt-deux*
30	thirty *trente*
31	thirty-one *trente et un*
40	forty *quarante*
50	fifty *cinquante*
60	sixty *soixante*
70	seventy *soixante-dix*
71	seventy-one *soixante et onze*
72	seventy-two *soixante-douze*
79	seventy-nine *soixante-dix-neuf*
80	eighty *quatre-vingts*
81	eighty-one *quatre-vingt-un*
90	ninety *quatre-vingt-dix*
91	ninety-one *quatre-vingt-onze*
100	a hundred, one hundred *cent*
101	a hundred and one *cent un*
200	two hundred *deux cents*
300	three hundred *trois cents*
324	three hundred and twenty-four *trois cent vingt-quatre*
1000	a thousand, one thousand *mille*
2000	two thousand *deux mille*
1959	one thousand nine hundred and fifty-nine *mille neuf cent cinquante-neuf*

2000	two thousand *deux mille*
1 000 000	a million, one million *un million*
2 000 000	two million *deux millions*
1 000 000 000	a billion, one billion *un milliard*

Notes / Remarques:

i) **vingt** and **cent** take an -s when preceded by another number, except if there is another number following.
ii) If **un** is used with a following noun, then it is the only number to agree (one man **un homme**; one woman **une femme**).
iii) 1.25 (one point two five) = 1,25 (un virgule vingt-cinq)
iv) 1,000,000 (en anglais) = 1 000 000 ou 1.000.000 (in French)

Ordinal Numbers / Les nombres ordinaux

1st	first	1er/1ère	*premier / première*
2nd	second	2^e	*deuxième*
3rd	third	3^e	*troisième*
4th	fourth	4^e	*quatrième*
5th	fifth	5^e	*cinquième*
6th	sixth	6^e	*sixième*
7th	seventh	7^e	*septième*
8th	eighth	8^e	*huitième*
9th	ninth	9^e	*neuvième*
10th	tenth	10^e	*dixième*
11th	eleventh	11^e	*onzième*
12th	twelfth	12^e	*douzième*
13th	thirteenth	13^e	*treizième*
14th	fourteenth	14^e	*quatorzième*
15th	fifteenth	15^e	*quinzième*
16th	sixteenth	16^e	*seizième*
17th	seventeenth	17^e	*dix-septième*
18th	eighteenth	18^e	*dix-huitième*
19th	nineteenth	19^e	*dix-neuvième*
20th	twentieth	20^e	*vingtième*
21st	twenty-first	21^e	*vingt et unième*
22nd	twenty-second	22^e	*vingt-deuxième*
30th	thirtieth	30^e	*trentième*
31st	thirty-first	31^e	*trente et unième*
40th	fortieth	40^e	*quarantième*
50th	fiftieth	50^e	*cinquantième*
60th	sixtieth	60^e	*soixantième*
70th	seventieth	70^e	*soixante-dixième*
71st	seventy-first	71^e	*soixante et onzième*
80th	eightieth	80^e	*quatre-vingtième*
90th	ninetieth	90^e	*quatre-vingt-dixième*
100th	hundredth	100^e	*centième*
101st	hundred and first	101^e	*cent unième*

1000th	thousandth	1000ᵉ	*millième*
2000th	two thousandth	2000ᵉ	*deux millième*
1,000,000th	millionth	1 000 000ᵉ	*millionième*
1,000,000,000th	billionth	1 000 000 000ᵉ	*milliardième*

Fractions and other Numbers
Les fractions et autres nombres

¹/₂	one half, a half	*un demi, une demie*
1¹/₂	one and a half	*un et demi*
¹/₃	one third, a third	*un tiers*
²/₃	two thirds	*deux tiers*
¹/₄	one quarter, a quarter	*un quart*
³/₄	three quarters	*trois quarts*
¹/₅	one fifth, a fifth	*un cinquième*
3⁴/₅	three and four fifths	*trois et quatre cinquièmes*
¹/₁₁	one eleventh, an eleventh	*un onzième*
	seven times as big,	*sept fois plus grand*
	seven times bigger	
	twelve times more	*douze fois plus*
	first(ly)	*premièrement*
	second(ly)	*deuxièmement*
7 + 8 = 15	seven and (or plus) eight are (or is) fifteen	*sept plus huit égalent quinze*
10 – 3 = 7	ten minus three is seven, three from ten leaves seven	*dix moins trois égalent sept, trois ôté de dix il reste sept*
2 x 3 = 6	two times three is six	*deux fois trois égalent six*
20 ÷ 4 = 5	twenty divided by four is five	*vingt divisé par quatre égalent cinq*

Dates / Les dates

1996	nineteen ninety-six	*mille neuf cent quatre-vingt-seize*
2005	two thousand (and) five	*deux mille cinq*

November 10/11 (ten, eleven), *Br* **the 10th/11th of November**
le dix/onze novembre

March 1 (first), *Br* **the 1st of March**
le premier mars

A		
B	Headword in **blue**	**bloop•er** ['blu:pər] F gaffe *f*
	Entrée en **bleu**	
C		**con•flict** ['kɑ:nflɪkt] **1** *n* (*disagreement*) conflit *m* **2** *v/i* [kən'flɪkt] (*clash*) s'opposer, être en conflit; *of dates* coïncider
D	International Phonetic Alphabet	
	Alphabet phonétique international	
E		**clip•pers** ['klɪpərz] *npl for hair* tondeuse *f*; *for nails* pince *f* à ongles; *for gardening* sécateur *m*
F	Translation in normal characters with gender shown in *italics*	
G	Traduction en caractères normaux et genre en *italique*	**as•sai•lant** [ə'seɪlənt] assaillant(e) *m(f)*
H	Hyphenation points	**flam•ma•ble** ['flæməbl] *adj* inflammable
I	Points de coupure de mot	
J		**fly•ing 'sau•cer** soucoupe *f* volante
K	Stress shown in headwords	**di•scrim•i•nate** [dɪ'skrɪmɪneɪt] *v/i*: **~ against** pratiquer une discrimination contre; **be ~d against** être victime de discrimination; **~ between sth and sth** distinguer qch de qch
L	Accent indiqué dans les entrées	
M	Examples and phrases in **bold italics**	**en•try** ['entrɪ] (*way in, admission*) entrée *f*; *for competition: person* participant(e) *m(f)*; *in diary, accounts* inscription *f*; *in reference book* article *m*
N		
O	Exemples et locutions en **gras et italique**	
P	Indicating words in *italics*	
Q	Indicateurs contextuels et sémantiques en *italique*	**du•ress** [dʊ'res]: **under ~** sous la contrainte
R		
S	Swung dash replaces the entire headword	**ea•gle-eyed** [i:gl'aɪd] *adj*: **be ~** avoir des yeux d'aigle
T	Le tilde (~) remplace l'entrée en entier.	
U		**'brown-nose** *v/t* P lécher le cul à P; **brown 'pa•per** papier *m* d'emballage, papier *m* kraft; **brown pa•per 'bag** sac *m* en papier kraft; **brown 'sug•ar** sucre *m* roux
V	Compounds	
W	Mots composés	
X		
Y		
Z		